Hellmuth Hecker

Der Heilsweg des Erwachten

Ein Leitfaden für angewandten Buddhismus

Verlag Beyerlein & Steinschulte 2012

Impressum

Herrnschrot
D-95236 Stammbach
Tel.: 09256-460
Fax: 09256-8301
Mail: verlag.beyerlein@buddhareden.de
www.buddhareden.de

ISBN 978-3-931095-86-4

INHALT

STUFE ACHT: RECHTE EINIGUNG

Vorwort

„Das soll ich geschrieben haben?" Dieser Gedanke kam Hellmuth Hecker, als er das Manuskript des „Heilsweges" fertig vor sich sah. Ja, er war der Verfasser dieses großen Werkes, aber er kam sich im Rückblick eher wie ein Sprachrohr der nun auf so vielen Seiten formulierten Wahrheit vor. „Was wahr und tief ist, das ist nicht von mir, sondern vom Gesetz der Wirklichkeit selber. Und was von mir ist, von der beschränkten Persönlichkeit, das ist nicht wahr und tief", empfand er selbst. Den Leserinnen und Lesern wird es jedoch leicht fallen, die Bescheidenheit des Autors zu relativieren. Denn wer ein solches Buch schreiben kann, muss tief in die Lehre des Buddha eingedrungen und sich weit für ihre zeitlosen Einsichten geöffnet haben.

„Der Heilsweg des Erwachten" beschreibt wie kaum eine andere Arbeit in deutscher Sprache derartig breit gefächert und facettenreich die spirituelle Praxis des Buddhismus. Der von dem Buddha als Vierte Edle Wahrheit verkündete Achtfache Pfad ist der rote Faden, an dem entlang der Autor eine bemerkenswerte Fülle von Stoff aufbereitet. Einführend werden wir vertraut gemacht mit den Grundlagen des Buddhismus: Buddha, Dhamma und Saṅgha und lesen auf den letzten Seiten des Buches alles Wichtige über das alles überragende Ziel – Nirvāna. Die insgesamt 70 Kapitel lassen nichts aus, was den Leserinnen und Lesern über die drei Übungsschwerpunkte auf dem Weg dahin – Wissen, ethisches Handeln und Herzensläuterung – sowie deren beiden Früchte – erfahrene Weisheit und Befreiung – wissenswert ist.

Als exzellenter Kenner nicht nur der christlichen Mystik zeigt der Autor immer wieder erhellende Parallelen in den anderen Religionen und verweist damit auf den universellen Wahrheitsgehalt aller großen Weisheitslehren. Er stellt aber auch die Einzigartigkeit der buddhistischen Lehre heraus – eben das, „was den Erwachten eigentümlich ist" und in keiner Religion oder Weltanschauung sonst zu finden ist: das Transzendieren alles Gewordenen und Bedingten, das Übersteigen jeder Erfahrung.

Bei der Lektüre beginnt man die beispiellose Tiefe und das kaum auslotbare Freiheitspotenzial der Wahrheiten des Buddha zu ahnen – im Gegensatz zum allgemeinen Trend der Verflachung und der Banalisierung buddhistischer Anschauungen und Übungen. Die differenzierten und nuancierten Betrachtungen Hellmuth Heckers machen auch die Genialität des Buddha als Lehrer erkennbar. Dem Leser wird in dem Buch einsichtig, wie konsequent der empfohlene Übungsweg konzipiert und wie feinsinnig die einzelnen Schritte aufeinander bezogen sind. Und wohin diese Praxis führt: zum endgültigen und vollständigen Aufhören von Leiden und Unzulänglichkeit.

Um tatsächlich die Belehrungen des Erwachten darzustellen und – soweit das überhaupt möglich ist – keine persönlichen Sichtweisen weiterzugeben, verweist der Autor immer wieder auf den Pāli-Kanon, die älteste umfassende Sammlung des Buddhawortes. Damit steht die Arbeit auf einem festen Fundament und ermöglicht dem Interessierten ein vertiefendes Studium anhand der Quellen.

Hellmuth Hecker schloss seine Arbeit 1977 ab, vervielfältigte sie aber nur in kleiner Auflage für einen interessierten Kreis von Freunden. Es hat fast vier Jahrzehnte gedauert, bis jetzt ein Buch daraus geworden ist. Das eine oder andere würde der Autor heute vermutlich anders formulieren, gelegentlich andere Begriffe wählen oder Akzente anders setzen. Wegen seines fortgeschrittenen Alters und seines gesundheitlichen Zustandes ist jedoch eine eigenhändige Überarbeitung nicht mehr möglich. Deshalb hat sich der Verlag entschlossen, das Werk in seiner ursprünglichen Fassung herauszugeben, wenn man von der Textgestaltung und kleineren redaktionellen Anpassungen absieht. Das vorliegende Buch ist damit so etwas wie ein historisches Dokument, das aber bezüglich seiner zeitlosen Botschaft und der vermittelten Wahrheiten nichts an Wert eingebüßt hat.

Nach Abschluss des Manuskriptes sprach Hellmut Hecker von seinem „Lebenswerk". Er wusste selbst noch nichts von den vielen noch folgenden kleineren und größeren Arbeiten aus seiner Feder. Aber ein Lebenswerk ist es in einem gewissen Sinne doch, weil es sich mit dem großen Ganzen des Dhamma beschäftigt und eine Summe der buddhistischen Anschauung und Praxis zieht.

Und so gilt es, Hellmuth Hecker für seine unermüdliche und umfangreiche schriftstellerische Tätigkeit, die vielen Menschen zu einem echten Verständnis der Lehre des Buddha verholfen hat, von ganzem Herzen zu danken.

Damit dieses Buch erscheinen konnte, bedurfte es vieler Stunden der Mühe und der Hingabe auch von ehrenamtlichen Mitarbeiterinnen und Mitarbeitern. Susi Poppenberg und Peter Karnotzki haben den Text digitalisiert und vorformatiert. Erika Weichert übernahm eine erste, gründliche Durchsicht, und Andreas Hubig kümmerte sich um das Layout, die Einarbeitung weiterer Korrekturen und die Vorbereitung für den Druck. Der Verleger Raimund Beyerlein ergriff die Initiative zu dieser wertvollen Publikation und koordinierte die Arbeiten. Ihnen allen ein besonderes Dankeschön.

Alfred Weil

Einleitung

Ein dreifacher Boden war es, der das Wachstum dieses Buches ermöglichte, ein natürlicher, ein geistiger, ein seelischer.

Der natürliche Boden, der diese Blätter keimen und wachsen und grünen ließ, waren die Heide und die Alpen. In den Ausläufern der Lüneburger Heide, vor den Toren Hamburgs, verbrachte ich seit 1955 die sommerlichen Wochenenden. Auf den weißen Sandwegen und unter den hohen Kiefern wurden die Gedanken der Lehre bewegt und geordnet, die Lehrreden überdacht und wiederholt. Und am Lago Maggiore, unmittelbar vor der Grenze Italiens, verbrachte ich seit 1952, meist im stillen Winkel des Gambarogno, den Jahresurlaub. Auf den Bergwiesen und unter den Maronen wurde alljährlich Einkehr gehalten und in privaten Exerzitien immer wieder der große Überblick über die Existenz zu gewinnen versucht. Es gibt ja kaum etwas Ungeeigneteres für die Entfaltung der Lehre des Buddha als die lärmvolle Asphaltkultur der Großstadt.

Der geistige Boden, der Dünger, der die Entfaltung der Blätter dieses Buches vorantrieb, waren das Buddhistische Seminar und die Erfahrungsberichte der Mystiker. Die ungezählten Vorträge und Gespräche von und mit Paul Debes seit 1945 lieferten überhaupt erst die geistige Zange, um in der uferlosen Vielfalt der Lehrreden und ihren Begriffen das Wesentliche der Existenz zu begreifen, um das Leben in der Lehre wiederzuerkennen und dann im Leben die Existenz. Ohne eine solche Anleitung wären die Lehrreden jenes Buch mit Sieben Siegeln geblieben, das sie für die meisten Menschen, nicht nur im Westen, sind. Dieselbe Anleitung hatte von Anfang an auf die Mystiker aller Religionen hingewiesen, deren Erfahrungen die Schatzkammer einer daseinserweiternden Seelenkunde sind, die weit über die bekannte Psychologie hinausreicht. Da wurde jenes existentielle, d. h. seelische Material bewegt und bewältigt, aus dem auch die Lehrreden bestehen. Ihr exotisches Gewand ist uns aber fremder als die Sprache abendländischer Mystiker, wenngleich deren Symbolik wiederum nur von der Lehre des Buddha her durchleuchtet zu werden vermag. Das Buddhistische Seminar lieferte eine Brücke sowohl zu den Lehrreden wie zu den Mystikern, und deren Kenntnis wiederum fördert rückwirkend das Verstehen der Pāli-Texte.

Der seelische Wurzelgrund, der das Wachstum dieser Blätter antrieb und sie nicht vertrocknen ließ, waren Wille und Anliegen nach Klarheit, Ordnung und Überblick, d. h. nach dem Passepartout, das alle Schlösser öffnet, nach dem Zauberschlüssel für das Labyrinth der philosophischen Sprachverwirrung. Schon bei der ersten Berührung mit der Philosophie in der Schule hatte ich geradezu einen Widerwillen gegen die knochentrockene Begrifflichkeit eines Hegel oder den groben Vitalismus eines Nietzsche und besonders gegen die bodenlosen Gespinste der religiösen Scholastik. Was würde es mir nützen, derartige geistige Abfallprodukte nun in buddhistischer Verpackung zu genießen? Das genannte Anliegen bewahrte davor, irgendein fertiges Begriffssystem zu übernehmen und mich darin häuslich einzurichten. Ich wollte eben wissen, welche Realität hinter den Formulierungen der Lehrreden stand; ich wollte wissen, nach welchem Gesetz der Erwachte seine Lehrreden schuf. Auf diesem Wege des Forschens gab es nun unzählige Hindernisse, und zwar meist im eignen Inneren. Es ist kaum zu glauben, wie groß die Zahl der Irrtumsmöglichkeiten und Fehlerquellen ist, wenn man sich um Überblick und Ordnung bemüht. Nur millimeterweise, von einem groben Irrtum zu einem etwas feineren, geht der Weg von der chaotischen Vielfalt zur Einfachheit des Gesetzes der Wahrheit. Und nur der Wille, lieber alle 360 Grad der Fehlermöglichkeiten ungenügender Antworten abzuschreiten, als sich mit Scheinantworten zu begnügen, dürfte zum Ergebnis führen. Wenn dann irgendwann einmal alle Bausteine ineinanderpassen, dann besteht das größte Verwundern darin, wieso man auf das Einfachste immer erst zuletzt kommt. Dabei blieb mir immer im Sinn, was Schopenhauer von Kant sagt, nämlich dass dieser noch viel weiter gekommen wäre, wenn ihn nicht ein Hang zur architektonischen Symmetrie beirrt hätte. Als ich das einst in der Einleitung zu „Die Welt als Wille und Vorstellung" las, da schlug es richtig ein, denn genau diesen Hang kannte ich auch und er störte entsprechend das Forschen nach dem wirklichkeitsgemäßen Überblick.

Der Sinn und Zweck dieses Buches ist es, das Wesentliche der Lehre des Buddha, d. h. die Gesetze der Wirklichkeit, klar und einleuchtend vor Augen zu führen. Als Ordnungsgesichtspunkt für die Darbietung wurde dabei der edle achtfältige Pfad gewählt, der in seinem ersten Glied auch die ganze theoretische Lehre enthält, nämlich alle vier Heilswahrheiten des Buddha. Da diesen Pfad jeder gehen muss, der zur Erlösung kommen will, erschien dies der beste Anknüpfungspunkt, um möglichst wenig theoretische Streitereien aufzurühren.

Eine der größten Schwierigkeiten dabei bestand darin, keine „Wasserköpfe" entstehen zu lassen, d. h. ein gut ausgewogenes Verhältnis der einzelnen Kapitel zueinander zu erreichen. Es galt, für das ganze Werk einen einheitlichen Maßstab für alle Kapitel zu finden, d. h. es wurde angestrebt, weder einen zu kleinen Maßstab (ein geistiges Messtischblatt) noch einen zu großen (einen geistigen Globus) für die Landkarte des Heilsweges anzulegen. Dies wurde, wie gesagt, angestrebt, aber es kann nicht ausbleiben, dass die Interessen des Autors die Schwerpunkte manchmal verschieben.

Die allererste Frage, die man in Bezug auf den Buddhismus mit Recht stellen mag, lautet: „Lohnt es sich überhaupt, sich damit zu beschäftigen?" Zu viele Lehren sind schon in der Welt angepriesen worden, zu viele Enttäuschungen hat der Abendländer schon erlebt, als dass er nicht auch gegenüber dem Buddhismus zunächst sehr kritisch eingestellt ist. Was hat diese asiatische Religion, diese indische Philosophie, diese exotische Lehre zu bieten? Was spricht dafür, die Zeit aufzubringen, sich näher mit dem Buddhismus zu beschäftigen? Vor jeder sachlichen Prüfung der Lehrinhalte steht diese Vorfrage, und solange sie nicht positiv beantwortet ist, wird mancher die nähere Prüfung nicht für lohnend halten. Es ist dies die Vertrauensfrage schlechthin. Die Antwort darauf sind drei vertrauenswürdige Dinge, die den Sockel der Lehre ausmachen, nämlich:

Der Erwachte, die Lehre, die Gemeinschaft. Das, was diesen drei buddhistischen Werten zu Grunde liegt, findet sich durchaus auch in anderen Religionen in entsprechender Form, wie der Buddha es in der Lehre gegenüber seiner Jüngergemeinschaft selber betont (M 11). Der Meister, die Lehre, die Nachfolge – das ist der Inhalt jeglicher Religion und überhaupt jeder geistigen Lehre. Eine solche Dreieinigkeit ergibt sich aus der Natur der Sache, ist dem Dasein immanent: Ein Meister fand etwas; das lehrte er; andere nahmen es auf. Ob wir zum Beispiel an die übersinnlichen Erfahrungen von Jesus oder Mohammed und die daraus formulierte Lehre und ihre Nachfolgerschaft denken – oder ob wir etwa an Marx, den Marxismus und die Marxisten denken: es ist immer derselbe dreiteilige Entwicklungsprozess. Daher ist die Dreiheit von Buddha, Buddhismus und Buddhisten eben der Sockel der Heilslehre des Achtpfades.

Dieser dreifache Sockel bildet den Anfang des Buches und ebenso endet es mit einer Dreiheit, nämlich mit den Ergebnissen, die aus dem Beschreiten des Achtpfades folgen, und die sind: anschauliche Erfahrung („Wissen"), Erlösung und Wissensklarheit der Erlösung. So sind es 3 + 8 + 3, also 14 Punkte, die den Gang der Nachfolge insgesamt ausmachen. Der Achtpfad ist dabei der aktive Teil zwischen der dreifachen Basis und der dreifachen Spitze, eben die Bewegung des Bergsteigens und daher der eigentliche Pfad. Das Endziel aber, um dessentwillen alle vierzehn Punkte behandelt werden, ist das Nirvāna. Durch die Untergliederung der einzelnen Punkte ergeben sich dann die siebzig Kapitel der vorliegenden Darstellung.

Der abstrakte Gehalt dieses Buches lässt sich auch in dreifacher Hinsicht formulieren. Er besteht in: Information, Interpretation und Impulsen.

Information: Es geht hierbei darum, die riesige Fülle der Aussagen des buddhistischen Kanons in geordneter Form vorzustellen, d. h. die zahlreichen verstreuten Aussagen zu einem Komplex zusammenzufassen und das Wesentliche dessen herauszuarbeiten. Was hat der Buddha über den Heilsweg gesagt? Die Antwort auf diese Frage ist der Aspekt der Information.

Interpretation: Es ist notwendig, die derart geordneten Aussagen mit der Existenz als solcher und gelegentlich auch mit abendländischen Aussagen über diese zu konfrontieren, um dadurch die allgemeinmenschliche Gültigkeit der buddhistischen Aussage zu zeigen, die sich unter dem indischen Gewand verbirgt. Zu diesem Zweck sind jedem Kapitel möglichst ein buddhistisches und ein Zitat aus anderen Religionen, meist dem Christentum, vorangestellt. Was bedeuten die zur Information herangezogenen Aussagen des Buddha für mich und meine Entwicklung? Die Antwort auf diese Frage ist der Aspekt der Interpretation.

Impulse: Es zeigt sich, dass die derart interpretierten Lehren heute ebenso praktikabel und hilfreich sind wie vor 2500 Jahren. Es zeigt sich, dass das Anliegen aller Menschen nach Glück und Vermeidung von Leid, das Anliegen nach Sinnerfüllung, hier kaum geahnte Möglichkeiten findet. Das, was der Mensch im Grunde braucht, ist ja Ansporn, Ermutigung und Ermunterung zum Guten. Er braucht Vorbilder, einleuchtende Anhaltspunkte für die Existenzbewältigung, Kraft, um mit den Lebensproblemen fertig zu werden. Woher bekomme ich diese Kraft? Die Antwort auf diese Frage ist der Aspekt der Impulse.

Diese drei Maßstäbe sind indes das Ideal, so dass es nur darum gehen konnte, die bestmögliche Annäherung an diese ideale Zielvorstellung zu erreichen, und das bedeutet: unnötige Informationen möglichst zu vermeiden, gewagte und unklare Interpretationen möglichst zu lassen und bei den fruchtbaren Impulsen nicht allein eigenen Lieblingsvorstellungen zu folgen. Diese Annäherung an das Ideal ist, wie nicht anders zu erwarten, auch bei den einzelnen Kapiteln unterschiedlich gut ausgefallen. Bei einfacheren Kapiteln lag die Gefahr nahe, sich nicht genug Mühe zu geben und sie zu kurz zu behandeln; bei schwierigeren Kapiteln bestand die Versuchung, allzu umständlich die ganzen Irrtumsmöglichkeiten vorzuführen. Oder es lag die Versuchung nahe, sich mit phrasenartigen Leerformeln, die es auch in der buddhistischen Literatur gibt, zu begnügen, ohne der Sache auf den Grund zu gehen. Dass trotz bester Bemühungen der Stil gelegentlich nicht vor dem Abgleiten in bloß scholastische Information bewahrt blieb, lag besonders bei der Schilderung tieferer Meditationserfahrungen nahe, für die der eigne Zugang noch fehlt. Gerade auf diesem Gebiet ist es am schwierigsten, eine ansprechende Schilderung zu geben, die doch mit der Überlieferung der Texte übereinstimmt. Wie sehr der Strom der mystischen Erfahrung im Abendland abgerissen ist, merkt man gerade hieran. Die scholastische Gefahr bloßer trockener Aufzählungen und dürrer Begriffe ist stets gegenwärtig und wird nicht verkannt. Dass ein erkannter Feind immerhin besser zu besiegen ist als ein unbekannter, mag dabei als ein gewisser Trost dienen.

Von den zahlreichen Hindernissen, Missverständnissen und Vorurteilen, die uns Abendländern ein existentielles Aufschließen der Lehrreden so schwer machen, seien hier in der Einleitung wenigstens einige angesprochen:

Kabbalistik: Von außen gesehen, scheint die Lehre ein intellektuelles Gebäude zu sein, das sich in unzählbaren Begriffsreihen gefällt. Die Reden sind voll von Aufzählungen von Dingen und Eigenschaften und erscheinen daher als eine reine Kabbalistik. Dies fällt uns umso mehr auf, als unser gewohntes Religionsverständnis dergleichen aus der Bibel überhaupt nicht kennt. Das Christentum ist geradezu arm an solchen phänomenologischen Reihen: drei evangelische Räte, vier Kardinaltugenden, sieben Todsünden, zehn Gebote, viel mehr gibt es dort nicht. Ganz anders aber die Naturwissenschaft, die – nicht nur in der Statistik – in Zahlen aufgeht. Nehmen wir das nächstliegende Beispiel der Natur, unseren Körper. Da gibt es ein Herz, zwei Lungen, drei Körperabschnitte, vier Gliedmaßen, fünf Finger usw. Niemand wundert sich im Geringsten darüber.

Und wenn man jemanden darüber befragt, wird er sagen, die Wirklichkeit sei eben so beschaffen. Ganz ebenso ist aber auch die Wirklichkeit des Psychischen beschaffen, von der der Buddha spricht. Dort gibt es ebenso klar umrissene und aufzählbare Phänomene, sie sind uns nur weniger bekannt. Wo Vielfalt ist, da ist eben Zahl. Und wo man die Vielfalt ordnet und überblickt, da äußert sich das in Zahlenverhältnissen. Einer der großen Mängel des Christentums ist es, dass es keine umfassende Psychenlehre kennt, so dass es von der Naturwissenschaft völlig überrundet wurde.

Allerdings gibt es allgemein gültige, unveränderliche Aufzählungen und auch beliebig variable Begriffsreihen. Eindeutige Phänomene, bei denen man nichts hinzufügen und fortlassen kann, sind in der Lehre die vier Wahrheiten, die fünf Fähigkeiten, die sechs Sinnesgebiete. Aber es gibt auch zahlreiche gleitende Reihen, wie die fünf Tugenden (Sīlas) oder die sechzehn Herzenstrübungen. Durch Untergliederungen und Kombinationen sind den Vervielfältigungsmöglichkeiten der Reihen keine Grenzen gesetzt, und soweit es heilsam war, hat der Buddha davon jeweils ausgiebig Gebrauch gemacht. Ein Musterbeispiel für eine nicht logisch, sondern psychologisch aufgebaute Phänomenen-Aufzählung sind die fünf Hemmungen. Die Darlegung des Buches wird auf diese Reihen ausgiebig zurückkommen.

Symbolik: So voll die Lehre von Phänomen-Aufzählungen ist, so leer ist sie andererseits an Symbolik – oder genauer gesagt, so wenig bedarf sie der symbolischen Deutung. Was in den Lehrreden gesagt ist, das ist auch genauso gemeint, das Natürliche natürlich und das Geistige geistig, wobei die Brücke zwischen beiden Dimensionen die zahlreichen Gleichnisse sind. In der Bibel hingegen spielt sich fast alles auf historisch-weltlicher Ebene ab, so dass die allegorische Schriftdeutung, die Origines einführte, eine Notlösung war, um durch Symbolisierung des Natürlichen einen geistigen Sinn zu erreichen. Man kann sagen: Je unbekannter die existentiellen Phänomene, desto näher liegt ein allegorischer Symbolismus. So haben die Mystiker, um die Bibel überhaupt noch benutzen zu können, sie gründlich vergeistigt, sei es Bernhard von Clairvaux hinsichtlich des Hoheliedes oder Meister Ekkehard auch hinsichtlich der Geschichten des Neuen Testaments. All das ist in der ursprünglichen Lehre des Buddha nicht nötig. Erst als der tiefere Sinn der Lehre mehr und mehr verblasste, breitete sich in der nachklassischen Zeit ein buddhistischer Symbolismus eigener Art aus. Er ist ein Zeichen für die Entfernung von der eigentlichen Lehre.

Historismus: Weil das Weltbild Christi von den Evangelisten nur sehr dürftig aufgezeichnet ist, hat sich eine christliche Weltanschauung erst später herausgebildet, und zwar unter Übernahme tieferer griechischer Weisheit und Erfahrungen ostkirchlicher Mystiker. Dort verläuft also eine Entwicklungslinie vom unvollkommenen Anfang im Neuen Testament bis zu einer ausgeprägten Psychen- und Jenseitslehre der Mystik. Im Buddhismus aber ist es genau umgekehrt: Am Anfang stand das vollkommene, lückenlose Weltbild des Buddha, und die buddhistische Geschichte ist nichts anderes als eine Chronik des Abfalls vom Ursprung oder bestenfalls des Bemühens, zu ihm zurückzukehren. Daher ist die ganze buddhistische Geschichte im Grunde unwesentlich. Je mehr man beim ursprünglichen Kern bleibt, desto heilsamer und tiefer ist es. Das ist uns Abendländern völlig ungewohnt: Für uns ist der Anfang immer primitiv und archaisch, erst die Entwicklung macht daraus Höheres und Besseres. Wir sind derart vom evolutionären Denken infiziert, ja geradezu vergiftet, dass uns folgendes Wort Goethes nottut:

> „*Die geschichtlichen Symbole –*
> *töricht, wer sie wichtig hält;*
> *immer forschet er ins Hohle*
> *und versäumt die reiche Welt.*“

Wenn wir uns in der Geschichte der buddhistischen Schulmeinungen verirren, dann versäumen wir die reiche Welt der existentiellen Erfahrung, die der Buddha in seinen Lehrreden ausgebreitet hat. Weil der Autor dieses Buches aber die Entziehungskur in Historismus noch nicht beendet hat, ließen sich einige geschichtliche Anspielungen nicht vermeiden.

Realismus: Unter Realismus verstehen wir landläufig diejenige philosophische Theorie, die weltgläubig und weltverliebt ist und daher die Materie für Grund und Substanz aller Dinge hält. Dieser naive Realismus hat sich im Abendland derart durchgesetzt, dass seine Vertreter ihn gar nicht mehr für eine Theorie halten, sondern für die selbstverständliche Wirklichkeit. Bei Zerfall der ursprünglichen Lehre hat sich auch ein buddhistischer Realismus herausgebildet, der an eine anfangs- und endlose Urmaterie glaubt, die zwar unaufhörlich veränderlich sei, aber dabei ewige Dauer im Wandel besitze und die die Grundlage für alle seelisch-geistigen Phänomene sei. Dieser buddhistische Materialismus leugnet daher, dass das Seelische die Grundlage aller Dinge ist, hält eine weltüberwindende Herzensläuterung für überflüssig und versteht das Nirvāna als einen bloßen Ausfallwert. In Wirklichkeit bestehen alle Dinge psychisch und sind vom Geiste gewirkt, sind Ernte der Saat (*Karma*), so dass die Welt nichts ist als ein Spiegelbild der Wiederkehr der Taten. Das, was uns fremdartig, magisch, mystisch erscheint, ist in der Lehre der selbstverständliche Hintergrund der Aussagen. Weil die Inder zur Zeit des Buddha ebenso stark an der philosophischen Theorie des Idealismus und einer ewigen Seelensubstanz hingen wie wir an der philosophischen Theorie des Realismus und einer ewigen Weltsubstanz, deshalb lehrt der Buddha weit mehr ein Loslassen des Idealismus und der Ichgläubigkeit, als dass er sich mit dem weltgläubigen Materialismus auseinandersetzt. Das Nirvāna aber als die einzig wahre „Realität“ anzustreben, ist eine „Idee“, die über jede philosophische Theorie hinausgeht und der Dimension der höchsten mystischen Erfahrung angehört.

METHODIK: Eine verbreitete Einstellung zur buddhistischen Praxis besteht darin, sofort gedankenlose Meditation anzustreben, was auf der letzten Stufe des Achtpfades nicht einmal das erste, sondern das zweite Stadium der Einigung ist. Die Gegeneinstellung lehrt eine sozialpolitische Geschäftigkeit als praktische Methode des Buddhisten, weil doch am Anfang des Heilsweges Tugend stehe. Beide Haltungen übersehen, dass am Anfang des Achtpfades weder „Action“ noch Gedankenstille steht, sondern rechtes Denken und rechte Gesinnung. Nur die Praxis darin bewahrt die Tugend vor einem sich Verlieren in Oberflächlichkeit, und nur solche heilige Tugend liefert eine solide Grundlage für wirkliche Meditation. Allerdings ist der Heilsweg mit seinen drei Hauptetappen (Weisheit, Tugend, Vertiefung) nicht so zu beschreiten, dass jedes Glied vollendet sein müsste, ehe das nächste an die Reihe kommt, sondern jeder Buddhist durchläuft den Achtpfad unzählige Male, bis in der Heiligkeit alle Teile vollendet sind. In jedem der acht Glieder gibt es Anfang, Mitte und Vollendung. Je besser nun die ersten Glieder des Pfades erprobt sind, desto weniger schwer sind auch die weiteren. So verschiebt sich auf dem Heilsweg allmählich der Schwerpunkt. In der Darstellung eines Buches muss allerdings alles nacheinander aufgereiht werden und es können die nötigen Vor- und Rückverweisungen nur angedeutet werden.

RELATIVITÄT: Nicht nur in der Praxis gibt es in dem eben beschriebenen Sinne eine Methode der Stufen, sondern auch in der Theorie. Die gesamte Lehre lässt sich, kurz gesagt, als eine Aufbauschule in fünf Klassen verstehen, die je nach der zunehmenden Weite des Weltbildes auch andere Klassenziele haben. Sie sind aber so entscheidend wichtig, dass es unumgänglich ist, bereits hier vorgreifend darauf hinzuweisen. Was nämlich für die erste Klasse ein über ihr stehender Idealzustand ist, nämlich die Klassen zwei bis fünf, das ist hingegen für die fünfte Klasse eine unter ihr stehende Unvollkommenheit, nämlich die Klassen eins bis vier. Nur bei Berücksichtigung dieser Relativität der Anschauung lösen sich die Widersprüche, von denen sonst die Lehre voll zu sein scheint. Allein die fünfte Klasse oder Stufe nennt die absolute Wahrheit, während alles Vorangehende noch relative Wahrheit ist. Im elften Kapitel wird dieser Unterschied zwischen wahnloser und wahnhafter rechter Anschauung näher zu beschreiben sein. Es handelt sich hierbei um zwei Arten des wirklichkeitsgemäßen Erkennens. Die erste Art von Wahrheit antwortet auf die Frage „Wie ist ein bestimmtes Ding“, die zweite Art auf die Frage „Warum ist überhaupt so etwas wie Dasein?“ Die erste ist die Wahrheit innerhalb der Kausalität, die andere die Wahrheit über das Wesen von Kausalität. Oder die erste ist die Wahrheit über die Erscheinungen, die zweite die Wahrheit über das Erscheinen überhaupt, und dies wird „edle Wahrheit“ genannt. Nur weil im Abendland die höchste und absolute Wahrheit trotz allen Bemühens und Forschens nicht gefunden wurde, glaubt man nicht, dass es so etwas überhaupt gibt und berücksichtigt daher dann auch nicht jenen Unterschied. Oder man hält sich an den immer wieder zitierten Ausspruch Lessings von dem ewigen Streben nach der ebenso ewig unerreichbaren Wahrheit. Dieser Ausspruch, der so oft als Symbol des abendländischen Schaffensdranges idealisiert wird, mag hier wegen seiner Wichtigkeit zum Problem der Wahrheitsfrage wörtlich zitiert werden. Lessing sagt da 1778 in Bezug auf die selbstgerechten Christen, die da meinen, sie hätten allein die Wahrheit und alle anderen seien arme irrende Heiden:

> *„Nicht die Wahrheit, in deren Besitz irgendein Mensch ist oder zu sein vermeint, sondern die aufrichtige Mühe, die er angewandt hat, hinter die Wahrheit zu kommen, macht den Wert des Menschen. Denn nicht durch den Besitz, sondern durch die Nachforschung der Wahrheit erweitern sich seine Kräfte, worin allein seine immer wachsende Vollkommenheit besteht. Der Besitz macht ruhig, träge, stolz. Wenn Gott in seiner Rechten alle Wahrheit und in seiner Linken den einzigen immer regen Trieb nach Wahrheit, obschon mit dem Zusatze, mich immer und ewig zu irren, verschlossen hielte und spräche zu mir: ‚Wähle', ich fiele ihm mit Demut in seine Linke und sagte: ‚Vater, gib! Die reine Wahrheit ist ja doch nur für Dich allein'."*

Auch der Buddha sagt, dass die Wahrheit nicht für „uns" durch Gier, Hass und Verblendung Getrübte sei, sondern nur für Wesen, die sich davon freigemacht haben. Dazu leitet er an; und wer der Anleitung folgt, der erfährt bald, dass Besitzerstolz und Trägheit zu den Hemmungen gehören, welche die Nachfolge verhindern.

STUFE NULL: GRUNDLAGEN

1. Der Buddha, der Erwachte

Du bist erwacht, bist Lehrer auch,
hast überwunden Todesweh,
hast überwältigt Wunschgewalt:
errettet rettest and're du. (Sn 545)

Wer war jener Mann, den man vor 2500 Jahren in Indien den Buddha, den Erwachten, nannte? Manches Bild und manche Figur mag man schon von ihm gesehen haben und an den besten Buddha-Statuen mag man jenes feine Lächeln bewundert haben, das aus einer tiefen Ruhe und vollkommenen Sicherheit zu uns spricht.

Wer war jener Religionsgründer, den Millionen Menschen Asiens noch heute als den aus Nichtwissen Erwachten (*Buddha*), als den Vollendeten (*Tathāgata*), als den Erhabenen (*Bhagava*), als den Weisen aus dem Sakyervolke (*Śakyamuni*) verehren? Aus welchem Nichtwissen ist er erwacht, worin ist er vollendet, wieso ist er erhaben, inwiefern ist er weise? Zu einer solchen Prüfung lädt er ausdrücklich ein, und zwar bei den sichtbaren und hörbaren Dingen (M 47). Was war es also, was die Menschen seinerzeit am Buddha gesehen und gehört haben, so dass es ihnen Vertrauen einflößte? Als Antwort darauf lassen sich folgende fünf Aspekte nennen:

1. Der Buddha als vollkommener Charakter

Der Ruf von der Menschlichkeit des Erwachten drang schon früh, wenn auch noch undeutlich, ins Abendland. So spricht Dante in der „Göttlichen Komödie" von ihm:

„Ein Mann ist geboren an den Ufern des Indus –
und niemand ist dort, der von Christus spricht
und auch nicht liest oder schreibt –
und all seine Neigungen und Handlungen,
soweit menschliche Vernunft es sieht, sind gut,
und er beleidigt nicht in Wort oder Tat." (Paradiso XIX, 70-75)

Aus diesen Zeilen spricht eine gewisse Verwunderung des mediterranen Menschen, dass es auch ohne Kenntnis des Christentums bei den heidnischen Barbaren einen derart guten Menschen geben kann. Nachdem seit dem neunzehnten Jahrhundert die Überlieferung der Gestalt des Buddha auch nach Europa gelangt ist, findet jenes frühe Urteil Dantes seine volle Bestätigung. Die ältesten Texte zeigen folgendes Charakterbild:

Der Buddha hat, wie auch seine Gegner anerkennen mussten, nie andere beleidigt oder verletzt oder missachtet. Er hat nicht gestritten und ist nie zornig aufgebraust: er kannte auch keinen sog. „heiligen Zorn", sondern war immer milde, gelassen und besonnen. So hart die geistigen Auseinandersetzungen, die andere mit ihm entfachten, in der Sache oft auch waren, er ist dabei niemals aggressiv oder ausfallend geworden.

Es fehlte ihm auch jene gutgemeinte Aufdringlichkeit, die oft aus missionarischem Eifer entsteht. Er redete nicht zu und redete nicht ab, sondern legte nur nüchtern die Zusammenhänge dar, frei von jeder Hast, Unruhe und Nervosität. Trotz der zahllosen Menschen, die bei ihm Rat suchten und ihm die vielfältigsten Fragen stellten, trotz der Fürsorge für den von ihm gegründeten Orden, in dem es Vielerlei zu regeln gab, ist er nie in Geschäftigkeit und Betriebsamkeit geraten. Andererseits ist er auch nicht in das Gegenteil dessen, eine kühle Reserve, verfallen: Er hat keinen Frager abgewiesen, sondern ist auf jeden eingegangen. Und er hieß jeden willkommen als Freund.

Obwohl er der berühmteste geistige Lehrer seiner Zeit war, lebte er persönlich so bescheiden wie der geringste Pilger. Er war, wie Franziskus, besitzlos und ging täglich auf den Almosengang; er begnügte sich mit der einfachsten Lebensnotdurft, ohne jeden Luxus und jede Bequemlichkeit. Andererseits mied er aber auch jede Körperqual und asketische Selbstpeinigung, die er in der Zeit seines eigenen Suchens als nutzlos durchschaut hatte.

In den seltenen Fällen, in denen andere ihm mit bösartiger Feindseligkeit gegenübertraten, wie sein Vetter Devadatto, zeigte er auch in Lebensgefahr keinerlei Furcht. Als, durch Devadatto veranlasst, ein wilder Elefant auf ihn losgelassen wurde, als ein Felsbrocken ihn zu zerschmettern drohte, als gedungene Mörder ihm auflauerten – er blieb ohne jegliche Angst und meisterte als der Stärkere auch solche Situationen.

Als er auf seinem persönlichen Läuterungswege, d. h. als Bodhisatto (einer, der nach der Erwachung strebt), in Krisen und Sackgassen geriet, wurde er nie verzweifelt, kopflos oder resigniert, sondern behielt nüchtern das Heft in der Hand.

Fünfundvierzig Jahre lang, von seinem 35. bis zu seinem 80. Lebensjahr, zog er als geistiger Lehrer durch Nordindien und in dieser langen Zeit fand sich nichts, was an ihm zu tadeln war: kein sittlicher Vorwurf, keine Unvollkommenheit, keine menschliche Schwäche, kein Charakterfehler. Er war eben frei von jeder Ichsucht, frei von Mögen und Nichtmögen. Er war ein völlig freier Mensch. Was immer auch an ihn herantrat an Aufgaben, an Forderungen, an Feindschaft, an Verwicklungen – er blieb der ruhende Pol in der Erscheinungen Flucht. Weil er keinen Eigenwillen mehr hatte, konnte er so ganz auf andere eingehen und ihnen helfen. Für sich selber hatte er alle Konflikte und Probleme gelöst und daher wirkte er so ausgeglichen und heiter, so sicher und klar.

Die vorbildliche Untadeligkeit und Lauterkeit des Buddha ist der Anhalt für die Möglichkeit einer entsprechenden Charakterveredelung bei seinen Nachfolgern. Weil er sich selber durch seine geistigen Bemühungen heil gemacht und von allem Zwiespalt geheilt hat, deshalb konnte er auch anderen überzeugend verheißen, dass sie ebenfalls dieses Heil finden können. So war er in seiner Person der lebendige Beweis für die Verwirklichung dessen, was er lehrte. Er war das inkarnierte Heil, der Heile und Heilige. Dabei ist es gerade eines der Kennzeichen eines solchen Heiligen, dass er darauf nicht stolz ist, sich deswegen nicht überhebt und nicht auf andere herabsieht. Er beanspruchte nichts, keine Verehrung und keine Anbetung, keine Sonderrolle und keine Machtposition, sondern er verheißt seinen Jüngern, dass sie dieselbe Erwachung erlangen: „Mir gleich ja werden Siegende“ (M 26). Jeder, der der Weisung des Buddha getreulich nachfolgt, kann dasselbe Heil verwirklichen.

Der Buddha versteifte sich auch nicht auf eine einmalige historische Position, sondern betonte ausdrücklich, dass er sei nur **einer** in der Kette von Erwachten sei, die schon in weit zurückliegenden Epochen in der Welt erschienen wären und die auch in späteren Zeiten erscheinen werden. Er behauptete also nicht, der eine und einzige Heilbringer zu sein, sondern erklärte sogar, dass er genau dasselbe lehre, was schon die früheren Buddhas gelehrt hätten, eben die Heilswahrheit.

2. Der Buddha als vollkommener Forscher

Der Buddha hat das Wissen vom Heil und den dahin führenden Weg nicht ergrübelt und konstruiert und auch nicht von anderen übernommen, sondern selber entdeckt. Er hat an sich selber die Existenz erforscht und das Daseinsproblem geprüft. Sechs Jahre lang hatte er vielerlei geistige Wege und Praktiken ausprobiert, mit manchen Umwegen und Irrwegen; er ist also den Weg der Erfahrung gegangen. Sein Wissen beruhte auf nichts anderem als auf der Übung in Selbsterkenntnis und Selbstläuterung. Indem er aber sich entdeckte, entdeckte er die ganze Existenz, so dass er allgemeingültige Aussagen für jeden Heilssucher machen konnte. Seine Theorie war nichts anderes als die Formulierung seiner Praxis.

Er hat sein Wissen von niemand anderem erhalten: „Kein Lehrer hat mich aufgeklärt" (M 26). Er ist nicht von einem Gott gesandt und begnadet, nicht von transzendenten Mächten abhängig, sondern hat durch Entfaltung der eigenen Kräfte das Heil aus sich heraus erreicht. Wo, wie bei ihm, die existentielle Forschung die einzige Methode der Heilsgewinnung ist, da herrscht wissenschaftliche Exaktheit anstelle irrationaler Unsicherheit.

Erst als er den Weg des Ringens um eigene Erfahrung ganz zu Ende gegangen war, hat er gelehrt, nicht eher. Er ist erst dann öffentlich hervorgetreten, als er alle Experimente abgeschlossen und alle Forschungsergebnisse gefunden hatte. Er war nicht ungeduldig und voreilig, hat nicht aus frommem Übereifer halbfertige Lehren verkündet, die er später hätte ergänzen und verbessern müssen, sondern er konnte warten.

Diese drei Dinge – das Prinzip der Erfahrung, der Selbständigkeit und des warten Könnens – machen die Vollkommenheit eines Forschers aus, hier eines Erforschers der menschlichen Seele (Psyche).

3. Der Buddha als vollkommen Glücklicher

Der Buddha hat als Forscher nicht etwas erforscht, was für das eigentliche Streben des Menschen belanglos ist, er hat keine unverbindliche Wissenschaft betrieben, sondern er erforschte die Wege zu dem, was alle Menschen und Wesen ersehnen, die Wege zum vollkommenen Glück. Er ging diese Wege selber bis zu Ende und war damit die Inkarnation dessen, der Glück, Frieden, Ruhe und Wohl gefunden hat. Nicht irgendein Glück hat er gefunden, sondern das Glück schlechthin, die vollkommene Glückseligkeit dessen, der frei von allen Bedrängnissen, Sorgen und Problemen ist. Das Ziel aller Ziele der Menschen, die unverletzbare Unverletztheit, hat er verwirklicht.

Als Königssohn Siddhattho Gotamo geboren, wuchs er in den glücklichsten Verhältnissen auf. Als Sohn eines Mahārāja kannte er alles Erdenglück: Er besaß alles, was das Herz an irdischen Dingen nur besitzen kann und er lebte glücklich in seiner Familie und mit seinen Lieben. Trotzdem aber suchte er ein noch höheres Glück, nämlich ein solches, das nicht zerstört werden kann, das stärker als die Unbeständigkeit ist. „Das ist der Asket Gotamo, der dem Erbe der Sakyer entsagt hat" – mit diesen Worten drückten die Inder damals ihre Verwunderung aus: Wenn einer alle Herrlichkeit auf Erden hat und sie dann aus freien Stücken klarbewusst aufgibt, dann muss er schon sehr gewichtige Gründe für einen solchen Schritt haben. Das ließ die Menschen aufhorchen. Dass er nicht aus Armut und Dürftigkeit heraus, sondern aus der Fülle kam und erklärte, es gebe eine noch unvergleichlich größere Fülle, wirkte er so besonders überzeugend. Alle Wesen streben ja nach Glückseligkeit – und hier war nun ein Lehrer, der sagte, er habe das höchste Glück gefunden, und der es dadurch bewies, dass er in seiner äußeren Entsagung eine vollkommene Heiterkeit ausstrahlte. Schon als Kronprinz hatte er weit mehr Besitz und Vermögen besessen als heute ein Multimillionär – und trotzdem hatte er auf alles verzichtet, um Höheres zu erlangen.

So wird der Buddha der Wohlgegangene (*su-gato*) genannt, d. h. der zum Wohl Gelangte. Er ist in der Wanderung der existentiellen Pilgerreise ans Ziel gelangt. Er war ein Mensch wie wir, ein Glücksucher wie wir, aber er begnügte sich nicht mit Halbheiten und vorübergehendem Glück, sondern er wollte einen Zustand, den er nicht mit der Vergänglichkeit teilen musste. Weil er am Ziel angekommen ist, weil er das höchste Glück unverlierbar besitzt, deshalb geht von ihm jenes Lächeln aus, das Lächeln dessen, der den ewigen Frieden gefunden hat und darin für immer verweilt. Darum heißt es, dass selbst die Götter ihn beneiden (Dh 181), denn er besitzt mehr als alle Götterpracht und alles Himmelsglück, das doch nur geworden ist und als Gewordenes dem Gesetz des Wandels unterliegt.

Niemand konnte ihm sein Glück rauben. Wenn auch seine beiden Hauptjünger vor ihm starben, wenn auch sein Vetter Devadatto ihn mit Feindschaft verfolgte, wenn auch sein engster Begleiter, sein Vetter Ānando, das Ziel erst nach seinem Tode erreichte und wenn auch die Jünger manchmal keine Folge leisteten – der Buddha blieb in seinem Glück unverletzbar. Ob er durch Devadattos Attentat verwundet auf der Bahre davongetragen werden musste, ob er körperliche Schmerzen aus Krankheit erlitt, ob er als Achtzigjähriger seinen alten Leib wie einen Karren rattern sah, ob diese oder jene unangenehmen Dinge an ihn herantraten – er blieb in seinem Glück der Gleiche. Und er blieb vor allem auch der Gleiche, wenn gar nichts an ihn herantrat. Er sagte: „Ich kann ohne körperliche Bewegung und ohne ein Wort zu reden mich sieben Tage lang vollkommen wohl fühlen" (M 14), d. h. auch ohne die letzten Belästigungen zu spüren, die mit dem Leibe gegeben sind. Sein Existenzgefühl kannte nur noch zwei Zustände: im Leibe das Glück des vollkommenen Gleichmuts angesichts der Vielfalt; in der Vertiefung dazu auch noch das Glück der vollkommenen Körper- bzw. Gemütsbeschwichtigung.

4. Der Buddha als Kenner der Welt

Wir Menschen stecken unheimlich tief im Unwissen über das Dasein und seine Gesetze. Wir wissen nicht, was das sogenannte Schicksal uns morgen bringen wird; wir wissen nicht, was in unserem Unbewussten noch an Möglichkeiten versteckt ist; wir wissen nicht, woher die Welt kommt und warum es sie überhaupt gibt; und wir wissen vor allem nicht, wie wir in der Welt glücklich leben können. Dieses Unwissen über das Phänomen „Welt" hat ein Buddha nicht mehr. Er kennt diese Welt und er kennt jene Welt:

> *So diese Welt wie jene Welt*
> *hat klar der Kenner aufgehellt:*
> *Naturgebiet, Naturgebot*
> *und Freiheit, Ende aller Not.* (M 34)

Er hat den Schleier der Māyā durchschaut und er sagt, er komme, um der Welt den Schleier hinweg zu nehmen. Uns vergleicht er mit Küken in der Eierschale, die nicht das Geringste von der Welt draußen wissen, von der sie doch völlig abhängig und der sie auf Gedeih und Verderb ausgeliefert sind. (A VIII 11)

Er sagt, er habe diese Eierschale des Unwissens durchbrochen und den universalen

Blick gewonnen, der ihm das Unwissen vertilgte und das Wissen über die Zusammenhänge der Existenz eröffnete. So eilte ihm in Indien die Kunde voran:

„Er zeigt diese Welt mit ihren Göttern, ihren bösen und reinen Geistern, mit ihrer Schar von Priestern und Büßern, Göttern und Menschen, nachdem er sie selbst verstanden und durchdrungen hat."

Das ist ein gewaltiger Ausspruch, doch verlangt er von niemandem, es einfach zu glauben. Er zeigt vielmehr den Menschen die Ansatzpunkte, durch welche sie auf Entwicklungen innerhalb ihres Horizontes aufmerksam werden und damit die Gesetzmäßigkeiten kennenlernen, die auch für alle noch unbekannten Dimensionen gelten, die nach oben und unten weit über unsere gewöhnliche Erfahrung hinausreichen. Durch seine Anleitungen befähigt er den Menschen, selber allmählich zum Kenner der Welt zu werden und dann nicht mehr auf Glauben angewiesen zu sein, sondern selbständig sehen zu können. Weil die Welt ein Erfahrungsinhalt ist, deshalb kann, wer das Wesen der Erfahrung überhaupt versteht, auch die Welt vollkommen verstehen. Da indes bei uns, trotz Kant, der erkenntniskritische Ansatz noch nicht exakt genug ist, deshalb fällt es uns so schwer, aus dem Gefängnis des Unwissens herauszukommen. Götter und Geister – wir schütteln den Kopf. Der Buddha aber zeigt den Weg, wie man selber erkennen kann, was es mit solchen Namen auf sich hat. Wer den Weltentwurf ganz erfasst, der versteht auch alle möglichen Erfahrungsinhalte und er überschreitet sie, so wie es der Buddha ebenfalls tat. Nicht um sich neugierig mit der Welt zu beschäftigen, sondern um von ihrer Vergänglichkeit frei zu werden, ging er den Weg, ein Kenner der Welt zu werden. Und was er dabei entdeckte, teilte er mit.

5. Der Buddha als vollkommener Lehrer

Nachdem der Buddha im Alter von fünfunddreißig Jahren die Erwachung und Vollendung gefunden hatte, widmete er sein ganzes übriges Leben – fünfundvierzig Jahre, fast ein halbes Jahrhundert – nur der Hilfe für andere. Er ließ die Trommel der Unsterblichkeit erdröhnen; er ließ den Löwenruf zur Selbstüberwindung ertönen; er setzte das Rad des Gesetzes in Bewegung. Und seine Zeitgenossen bezeichneten ihn als den besten Arzt, als den guten Hirten und geistigen Säemann. All sein Leben ging auf in Mitleid und Barmherzigkeit, im Dienste der heilssuchenden Mitwesen. Für sich selber brauchte er keine Aktivität mehr zu entfalten, ihn trieb keinerlei Missionseifer: Nur wegen der anderen nahm er die Mühe des Lehrens auf sich. Aus der Fülle seiner Erfahrungen und seines Wissens gab er an andere ab. Er ließ sozusagen sein Wissen überlaufen, zum ausschließlichen Zweck, den anderen Wesen dasselbe Heil zu vermitteln, das er gewonnen hatte.

Dabei lässt sich seine gesamte Wirksamkeit in zwei Aspekten erfassen: Er zeigte die edleren Ziele und das Anziehende des Heiles auf (*Nirvāna*) und er sprach von den Gefahren des Unwissens und von der Gefangenschaft in der Subjektivität (*Saṁsāra*). Im Ersteren ist er der Helfer, Retter, Heilsbringer und Ermunterer; im Zweiten ist er der Warner, Bändiger und Meister der Zucht. Erst beides zusammen macht den vollkommenen Lehrer aus. Entsprechend heißt es in den Texten, der Buddha sei einerseits „der Lenker der zu bezähmenden Menschen" und andererseits „der Meister der Götter und Menschen", also in umgekehrter Reihenfolge als oben. Dem Lenker gehorcht man, den Meister verehrt man. Der Lenker bändigt die Wildheit unserer Gemüter, der Meister führt uns zum Höheren. Wenn es – siehe das Motto dieses Kapitels – heißt *„Errettet,* *rettest and're du"*, dann bezieht sich das auf den Meister, der zum rettenden Gestade führt. Und wenn es heißt *Als Sieger zog ich hin erlöst, der ander'n Fesseln lös' ich nun* (A VIII 85), dann bezieht sich dies auf die Bändigung und Zähmung des gefesselten und getriebenen Menschen. Zusammengefasst wird dies in der Aussage: Erwacht, gezähmt, beruhigt, gerettet und wunschlos geworden ist der Buddha, und zum Erwachen, zur Zähmung, Ruhe, Rettung und Wunschlosigkeit zeigt er die Lehre (M 35).

Die Lehrreden sind voll von den mannigfachsten Beispielen für die pädagogischen Fähigkeiten des Erwachten, die es ihm erlaubten, jedem das Seine zu sagen und jedem wenigstens etwas auf den Weg mitzugeben. Aus der Fülle der Überlieferung kann hier nur Einiges an Beispielen erwähnt werden:

Der Erwachte hat als Lehrer nichts geheim gehalten und keine esoterische Lehre für Eingeweihte hinterlassen. Er hat sich nicht mit dem Nimbus eines Geheimlehrers umgeben, sondern alles, was er lehrte, war offen und jedem zugänglich. Er hielt nichts in der hohlen Faust zurück. Etwas ganz anderes ist es, dass seine offenen Aussagen oft so tief sind, dass sie sich erst beim wiederholten Bedenken allmählich erschließen.

Der Erwachte wurde von vielen Andersgläubigen in Diskussionen verwickelt, aber nicht ein einziges Mal konnte jemand ihn widerlegen und der Unwahrheit überführen. Vielmehr widerlegte er in streitloser Weise alle schiefen und falschen und unvollkommenen Ansichten – und oft wurden seine Diskussionsgegner seine Jünger. Er ging nicht von vornherein gegen andere und anderes vor, sondern er erkannte alles Wahre als wahr an und kam den Menschen so weit wie möglich entgegen. Die Weise seines Entgegnens war nicht das trennende „Nein, wenngleich vielleicht ..." sondern das verbindende „Ja, allerdings ..."

Hunderte und Tausende kamen als Jünger zu ihm und ließen sich von ihm zu ihrem Heile erziehen, erkannten ihn als Lenker und Meister an. Aus allen Ständen und Dimensionen rekrutierten sich seine Anhänger, er schloss niemanden aus. Die Kastenunterschiede waren in seinem Orden nicht mehr vorhanden. Wer immer das Heil suchte, war ihm willkommen. Und er war von vielen Kongenialen umgeben, die zur Heiligkeit gelangt waren als seine geistigen Söhne. Und seine ganze Familie führte er auf den Weg zum inneren Frieden.

Weil er als Lehrer um den großen Wert einer Gemeinschaft Gleichgesinnter wusste, gründete er sofort einen Orden und gab ihm eine Verfassung, die noch heute – nach über 2500 Jahren – besteht als die wohl älteste Organisationsform der Menschheit. Nichts war ihm zu gering, als dass er es im Orden nicht zweckmäßig geordnet hätte, um späteren Generationen von Mönchen zu helfen, sich der Gemeinschaft einzuordnen. Er war nicht nur der geistig-seelische Lehrer der Menschen, sondern auch der Vater des Ordens, der in materiellen Alltagsdingen ebenso hilfreiche Anweisungen gab.

Da ein solcher Orden – in gewisser Weise ein geistlicher Staat im Staate – nur bestehen kann, wenn die Obrigkeit ihn toleriert, war es entscheidend wichtig für die Lehrtätigkeit, dass die damaligen Könige sie nicht störten. Ohne dass der Buddha sich aufdrängte, gewann er schon gleich zu Anfang die beiden Großkönige (*Mahārāja*) Indiens, die Herrscher von Kosala und Magadha für sich. Damit war in deren Reichen die ungestörte Lehrtätigkeit garantiert. Dies brachte für jene beiden Reiche nur Blühen, Gedeihen, Frieden und Wohlfahrt mit sich, indem durch die Lehre immer mehr Menschen in ihren sozialen Eigenschaften gehoben wurden: *Wo ein Vollendeter erscheint, gedeihet alles Volk umher* (Dh 193).

Die Aussage, dass der Erwachte nicht nur der Lehrer der Menschen, sondern auch der Götter ist – die sogar an erster Stelle genannt werden – klingt zunächst recht befremdlich und mutet „typisch indisch" an. Es ist an dieser Stelle nicht der Ort, dafür Begründungen zu geben. Hier interessiert nur Folgendes: Falls es so etwas wie Götter (Engel) geben sollte, bezeichnet sich der Buddha auch als ihr Meister. Nicht sie waren ihm überlegen und nicht er war ihr Schüler, sondern er war ihnen überlegen und wurde ihr Lehrer. Wo findet sich ein Religionsgründer, der aussagt, dass ihn auch die Götter als Meister anerkennen? Der Buddha ist nicht nur der Herr niederer Geister, die ihm nichts anhaben können (D 4): das findet sich auch bei anderen Großen. Aber dass er von solchen Göttern, die anderwärts als die erhabensten gelten, als überlegen anerkannt wird, ist zumindest ungewöhnlich. Nach der Überlieferung hatte der Buddha bei den Göttern zahlenmäßig sogar die meisten Anhänger. Kurz: Er bezeichnete sich als einen Lehrer, der von keiner metaphysischen Macht, von keinem Gott und Schöpfer abhängig war, sondern völlig aus eigner Kraft lehrte.

Die Eigenschaft als vollkommener Lehrer wirkte auch noch in seiner Sterbestunde. Noch kurz vor seinem Abscheiden führte er einen Sucher in die Heilslehre ein und gab auch den Jüngern noch Anweisungen. Als letzte Mahnung sprach er zu der Schar der Jünger:

„Wohlan denn, ihr Mönche, lasst euch gesagt sein:
Unbeständig sind alle Gestaltungen.
Ernsten Sinnes mögt ihr da kämpfen." (D 16 VI)

Das war sein Vermächtnis, sein Abschiedswort für seine Nachfolger – und dies Wort war wiederum ausschließlich zum Wohle anderer gesprochen, eine verdichtete existentielle Belehrung ohne jegliche Anspielung auf seine Person und ihre Rolle.

Alle in diesem Kapitel behandelten Eigenschaften des Buddha sind es zusammengenommen, die dazu führten, dass ihm seinerzeit in Indien der folgende sogenannte „Ruhmesruf" voraneilte:

„Das ist der Erhabene, der heilige Vollkommen-Erwachte,
der Wissens- und Wandelsbewährte,
der zum Wohl Gegangene, der Welt Kenner,
der unvergleichliche Lenker der zu bezähmenden Menschen,
der Meister der Götter und Menschen:
der Erwachte, der Erhabene."

2. Der Buddhismus, das Gesetz, die Lehre (*dhammo*)

Sich allem Bösen wenden ab,
erkämpfen Gutes Schritt um Schritt,
sein Herz von Schlacken rein zu glüh'n:
das ist Erwachter Lehrgebot. (Dh 183)

Das wichtigste Kennzeichen der reinen Lehre des Buddha ist, dass sie nichts anderes ist und sein will als die in Worte gefasste Gesetzlichkeit der Existenz selber. Insofern gibt es nicht so etwas wie „Buddhismus" neben anderen Ismen und Lehren, sondern es gibt nur eine Wahrheit über die immer vorgegebene Wirklichkeit, die in den überlieferten Religionen und Weisheitslehren nur unterschiedlich weit und deutlich gesagt wurde. Der Buddha verkündet daher:

„Wovon die anderen Weisen sagen ‚Das ist', davon sage auch ich ‚Das ist';
wovon die anderen Weisen sagen ‚Das ist nicht', davon sage auch ich ‚Das ist nicht.'"
(S [III] 22, 94)

Daher erkennt der Buddha alle Bemühungen, zum Verständnis der Existenz zu kommen, und alle Findungen, die helfen, die Problematik des Lebens zu lösen, als etwas Heilsames an. Wie Wanderer, die einen hohen Berg besteigen, einander immer näher kommen und deutlicher sehen, je näher sie der Spitze sind, ebenso stimmen die tiefsten Aussagen der Religionen, wie sie die Mystiker entdeckten, viel mehr überein als Aussagen, die der Höhe fern stehen. Wo immer in der Welt Menschen zum inneren Frieden und zur Herzensreinheit gelangten, indem sie sich überwanden, da sind sie Symbole und Sprachrohre des Gesetzes (*dhamma*). Das Pāliwort *dhammo* (Skt. *dharma*) bedeutet von seiner Wurzel her: das Tragende, das Zusammenhaltende, der Anhalt, das Bleibende, das Feste und Sichere in der Erscheinungen Flucht. Das aber ist gerade keine Substanz, sondern das Gesetz, nach welchem die Erscheinungen erscheinen und schwinden. Unaufhörlich wechseln die Phänomene, aber dieser Wechsel ist nicht chaotisch und willkürlich, sondern er unterliegt einem Gesetz. Das „Haltbare" an den Erscheinungen ist einzig und allein das Ver-hältnis, in welchem sie zueinander stehen. Wie es sich mit der Existenz ver-hält und wie wir uns daher in ihr ver-halten sollen – das ist „die Lehre", nicht mehr und nicht weniger. Die Lehre ist also weit mehr als eine Substanz, sie ist vielmehr die Kunde von den Relationen, welche zwischen allen als Substanzen erscheinenden Dingen walten, und die Anleitung zur Anwendung dieser Kunde.

Es kam einmal ein Pilger zum Erwachten und fragte ihn, inwiefern die Lehre, wie er gehört habe, ersichtlich sei, zeitlos, einladend, hinführend, dem Verständigen von selbst verständlich? Der Buddha antwortete zunächst mit einer Gegenfrage, nämlich ob sein Gegenüber merken könne, wenn er von etwas hinreißend angezogen oder heftig abgestoßen werde, oder wenn ihm etwas unklar sei, sowie wenn er ohne Anziehung, Abstoßung und Verblendung sei? Der andere bejahte dies. Da erwiderte der Erwachte:

„Insofern du aber solches merkst, ist die Lehre eben ersichtlich, zeitlos, einladend, hinführend, dem Verständigen von selbst verständlich." (A VI 47)

Mit einer solchen Anführung ist zwar noch keine für jeden ausreichende Begründung dafür gegeben, dass die Lehre nichts anderes als die Gesetzmäßigkeit der Existenz aufzeigt, es ist aber immerhin doch schon ein Hinweis vorhanden, der in eine bestimmte Richtung deutet. Und dieser Fingerzeig weist auf die Richtung nach innen, weist auf uns selber. „Erkenne dich selbst", so lautete das Motto des existentialen Denkens bei den frühen Griechen. Nichts anderes sagt der Erwachte in der obigen Lehrrede, wenn er auf die inneren Verhaltensweisen der Psyche hinweist, nämlich auf den positiven Pol (Anziehung), auf den negativen Pol (Abstoßung) und auf die Unklarheit über deren Wesen (Verblendung) sowie auf die Möglichkeit, dass die Seele mehr oder weniger frei von diesen drei Weisen sein kann. In diesen sechs Haltungen (2 x 3) liegt, so lautet die buddhistische Hypothese, das Geheimnis der Existenz beschlossen. Das soll nun unter den fünf in obiger Lehrrede genannten Kriterien der Lehre näher entfaltet werden:

1. Das Gesetz ist ersichtlich

Das Gesetz, die Lehre, ist einsehbar. Wenn man das Gesetz anschaut, leuchtet es ein. Wenn man die Lehre einsieht, wird sie einleuchtend. Sie ist eben sichtbar und nicht unsichtbar. Wovon der Buddha spricht, das liegt nicht jenseits von Erfahrbarkeit, sondern in ihr. Das zeigt sich in verschiedener Weise:

Die Lehre als Gesetz der Existenz ist ebenso erfahrbar wie die Existenz selber. Was der Buddha lehrt, ist reine Empirie (Erfahrungslehre). Er geht in seiner Darlegung immer von der „Anschaulichkeit“ aus und verliert sich nie in Spekulationen, Glaubenspostulaten und unnachprüfbaren Offenbarungen. Das Gesetz der Existenz und das Gesetz der Psyche sind ebenso Naturgesetze wie die physikalischen Gesetze. So wie die Natur von strengen Gesetzmäßigkeiten durchwaltet wird, die man eben entdecken muss, ebenso unterliegt das Seelenleben erfahrbaren, strengen Gesetzmäßigkeiten, die es zu entdecken gilt, nicht anders als das Fallgesetz oder die Gesetze der Elektrizität.

Indem der Buddha nur die Erfahrung als Quelle der Erkenntnis anerkennt, gibt es im Buddhismus nirgends den Widerspruch zwischen Religion und Wissenschaft, wie er das Abendland so schmerzlich zerrissen hat. Der Buddha übersteigt allerdings die sinnliche Erfahrung der Wissenschaft durch innere, geistige Erfahrung. Dabei wird dann von uns auch die Frage gestellt, inwieweit z. B. die Naturwissenschaft ausreicht, um den Menschen glücklich zu machen, was doch ihr Ausgangspunkt und Endzweck war. Es ist ein wichtiger Grundsatz in der Lehre des Buddha, dass nicht alles Wahre auch heilsam und sinnvoll zu wissen ist. Zwar ist alles Heilsame wahr, aber das gilt nicht umgekehrt: Es gibt viel Wahres, das gleichgültig zu wissen ist und damit von den eigentlichen Fragen der Existenz ablenkt. Die Lehre ist zwar ersichtlich, aber nicht alles Ersichtliche ist die Lehre.

Die heilsamen Wahrheiten, die der Buddha verkündet, die Heilswahrheiten, sind nie anti-logisch und anti-rational, sondern sie erweitern höchstens den Anwendungsbereich der Logik auf Bereiche, die sonst als unzugänglich gelten. Der Buddha zeigt, dass Dinge der sogenannten Transzendenz zwar durch bestimmte Übungen erfahren und damit immanent werden können, dass aber auch solche Transzendierung den Gesetzen der strengen Bedingtheit unterliegt. Auch das Irrationale, Wunderbare, Metaphysische, Numinose, Okkulte unterliegt nicht grundsätzlich anderen Gesetzen als unsere gewöhnliche sinnliche Erfahrung. Gerade dort, wo die uns zugängliche Wirklichkeit zutiefst durchschaut und verstanden wird, da offenbart sich auch das sonst Unzugängliche. Der Buddha erklärt das Unsichtbare nur als eine Durchgangsstufe zwischen dem Sichtbaren von gestern und von morgen, und er zeigt die Zusammenhänge dieser erweiterten Anwendung des Kausalgesetzes auf.

Bei uns im Abendland stehen sich nicht nur Rationales und Irrationales, Vernunft und Glauben, Diesseits und Jenseits als unvereinbare Gegensätze gegenüber, sondern auch Subjekt und Objekt, Geist und Materie, Raum und Zeit, Ich und Du, Vergangenheit und Zukunft usw. Bei allen diesen Phänomenen erklärt der Buddha nun, dass sie keine sich ausschließenden starren Gegensätze sind, sondern dass sie in bestimmten Abhängigkeiten voneinander stehen und auch aufeinander einwirken. Nichts besteht unverbunden nebeneinander, sagt er, sondern alles ist auf alles bezogen als ein riesiges Netz von Bezügen, als ein gewaltiges existentielles Feld, als ein psychisches Relationssystem. Unser mehr oder minder klares Erkenntnisvermögen ist es, welches die stillschweigende Voraussetzung aller Möglichkeit von Erfahrung überhaupt ist. Wenn also dies Erkenntnisvermögen ganz und gar durchschaut wird, dann ist damit auch alle

Welt durchschaut, die sich in ihm spiegelt. Nur weil wir uns selber nicht klar genug erkennen, ist uns die Welt voller Rätsel und Gegensätze.

Der Buddha erklärt: Das Gesetz steht dem Menschen zu Häupten, zu Lebzeiten und darüber hinaus (D 26) oder Ich lehre ein heiliges überweltliches Gesetz als Besitztum des Menschen (M 96). Und dieses dem Menschen überlegene Gesetz kann er sich doch verfügbar und zum Besitz machen, nämlich mittels des Gesetzes. Es sagt mir: „Es gibt nichts Angenehmes oder Unangenehmes, das Du nicht selber bewirkt hast." Wie ist das möglich? Nun, weil ich mir z. B. einen Ärger auf jemanden angedacht habe, deshalb muss ich mich jedes Mal über ihn ärgern, wenn er mir begegnet. Weil ich mir bestimmte Triebe angedacht habe, deshalb muss ich leiden, wenn sie nicht erfüllt werden. Weil ich mir illusionäre Vorstellungen über das Leben gemacht habe, deshalb falle ich aus allen Wolken, wenn die Realität sich als das entpuppt, was sie immer schon war. Indem ich mir Anziehung, Abstoßung und Verblendung angewöhnt habe, bin ich selber meines Glückes oder Unglückes Schmied. Ich gestalte mein Schicksal selber, indem ich mich bedürftig und verletzbar mache. Die Dinge und Ereignisse tragen ihren Wert nicht in sich, sondern ich verleihe ihnen diesen erst durch meine Bezüge. Das ist das Gesetz des sogenannten Schicksals, das Karma-Gesetz, das Gesetz von Saat und Ernte. Dies Gesetz lässt keinerlei Raum für irgendeine Ungerechtigkeit des Schicksals, für irgendwelche unberechenbaren Zufälle oder Prädestinationsakte. Ich ernte immer das, was ich gesät habe, nämlich vor allem mich selber mit allen meinen Charaktereigenschaften, und in zweiter Linie die von mir gestaltete Welt – was an dieser Stelle nur erwähnt, aber nicht begründet werden kann. Mir wird nichts vorenthalten, weder an Gutem noch Bösem. Wie schlecht aber auch mein Charakter angelegt ist und wie ungünstig auch die Umwelt sein mag, ich habe doch die Möglichkeit in mir, wenigstens etwas davon zu überwinden. Nur weil ich die gewaltigen Möglichkeiten nicht kenne, die jeder Mensch in sich hat, deshalb resigniere ich so leicht. Das Gewisseste, auf das ich mich in der Existenz hundertprozentig verlassen kann, das sind meine Anliegen, Wünsche und Triebe: Sie sind so, wie ich sie gemacht habe, und bleiben so, wenn ich sie nicht ändere. Insofern ist eben die Lehre, das Gesetz, ersichtlich.

2. Das Gesetz ist zeitlos

Indem die Lehre auf die Psyche verweist und von ihr aus letztlich alle Phänomene zu erklären vermag, ist sie zeitlos gültig. Denn wo immer Existenz ist, da gibt es als Wichtigstes die seelische Wirklichkeit mit ihren Problemen.

Die Buddha-Lehre ist daher nicht historisch beschränkt. Sie gilt nicht etwa nur für die Inder vor 2 500 Jahren, sondern sie ist allgemein menschlich und damit überzeitlich. Sie setzt nicht bestimmte kulturelle Verhältnisse voraus, sondern zeigt die Gesetze, nach welchen alle Kulturen blühen und vergehen.

Zeitlos ist die Lehre auch insofern, als sie keine Entwicklung kennt und keinen Fortschritt. Entwicklung und Fortschritt gibt es nur bei etwas Unvollkommenem, beim Unfertigen, beim Halben. Da der Buddha das lückenlose Gesetz der Existenz lehrte, bedarf die Lehre keiner Entwicklung. Was in der Geschichte als Entwicklung des Buddhismus bezeichnet wird, das ist in Wirklichkeit Dreierlei: Erstens Abweichungen, Verirrungen, Rückwärtsentwicklungen; zweitens dadurch bedingte Bemühungen, zum Kern zurückzufinden; drittens Bemühungen um die Anpassung des Gewandes an andere Kulturräume, besonders im Fernen Osten.

Wir Menschen ändern uns unaufhörlich, als Person und als Menschheit. Das Gesetz aber bleibt immer gleich, durch keine Zeit beeinflussbar und beschränkbar, beharrender als der Himālaya. Es gibt keine Zeit, in der die Lehre nicht gültig und anwendbar wäre. Sie passt immer und überall und kann uns Rat erteilen für unser Tun und Lassen. Ob es herantretende Pflichten sind, ob auftauchende Versuchungen, ob Erfolg und Versagen – immer weist die Lehre auf das rechte Verhalten hin: Die Pflichten muss ich meistern, die Versuchungen bestehen, bei Erfolg darf ich nicht übermütig werden und bei Versagen nicht deprimiert.

Die Lehre als das Gesetz der Wirklichkeit ist immer da, so wie auch das Fallgesetz oder die Gesetze der atomaren Struktur schon vor ihrer Entdeckung da waren. Ob daher Vollendete erscheinen und das Gesetz in Form der Lehre verkünden oder nicht – das Gesetz ist immer da. Weil das Wort der Lehre nur verlautbarter Sinn ist und nichts Ergrübeltes, deshalb hängt der Bestand des Gesetzes auch nicht vom Bestand des Wortes ab. Das Gesetz überdauert sogar den Untergang des Wortes – und wenn einmal wieder ein Buddha erscheint, erscheint es genauso wieder im Wort, gleichwie der Phönix aus der Asche aufersteht.

Die Lehre ist schließlich auch noch deshalb zeitlos, weil sie das Problem der Zeit löst. Nicht ist da erst die Zeit und innerhalb der Zeit Entwicklungen und Ereignisse, von denen eines die Lehrtätigkeit eines Buddha wäre, sondern grundlegend ist das Gesetz der Wirklichkeit und sekundär erscheinen Zeit und Raum. Ein Uranfang, eine Schöpfung oder Emanation ist eine Denkunmöglichkeit. Da überall kausale Gesetzmäßigkeit herrscht, gibt es keinen Anfang der Kausalität, denn dieser müsste selber wieder eine causa haben. Vielmehr hängen Sein und Zeit so zusammen, dass keine ohne das andere ist, wie man ja auch bei Huhn und Ei nicht sagen kann, was eher ist. Eines bedingt eben das andere. Der Entwurf der Existenz ist auch der Entwurf der Zeit: Und die Verkündung dieses Zusammenhanges ist zeitlos.

3. Das Gesetz ist einladend

Der Buddha sagt, die Lehre habe die Eigenschaft „Komm und sieh", d. h. sie lädt ein, heranzutreten und selber zu sehen, ob es sich lohnt. Sie braucht keine Kritik zu fürchten, denn sie löst auch die schwierigsten philosophischen Fragen, erklärt alle Antinomien von einer höheren Warte aus und setzt keine Dogmen voraus, deren Nachprüfung verboten oder als hybrid erklärt wird. Diese gewaltige Verheißung äußert der Buddha – lohnt es nicht, heranzukommen und sie zu prüfen? Die Lehre braucht deswegen keine Furcht vor Kritik zu haben, weil sie eben nichts als die Wirklichkeit aufzeigt. Und die ist, wie sie ist, d. h. die beweist sich durch sich selber. Man muss sie nur zur Kenntnis nehmen. Ja, je kritischer und gründlicher man prüft, umso besser wird man das Gesetz finden. Der Buddha selber war der größte Kritiker an den überkommenen Substanz-, Seelen- und Gottesbegriffen Indiens. Und nur, weil er so auf den Grund ging, deshalb konnte er so finden. Die Aufforderung zur Nachprüfung seiner Lehre wird z. B. wie folgt formuliert:

> *„Wie der Weise das Gold brennt, schneidet und reibt, so nimm meine Worte nur nach gründlicher Prüfung an und nicht bloß aus Verehrung für mich."*
>
> (*Jñāna-sara-samuccaya,* bei Śāntideva)

Ob ein Metall reines Gold ist oder nur Messing oder eine bloße Vergoldung, das prüft man mit drei Mitteln: Man brennt es an – dann bleibt nur das reine Gold übrig, alles andere verdampft; man schneidet hinein – dann erweist sich nur das Gold als das Echte; man reibt daran – dann wird der falsche Überzug abgerieben. So auch soll man die Lehre prüfen. Wo Gold ist, da bleibt es Gold und da geht es aus allen Prüfungen nur immer wieder als Gold hervor.

Am bekanntesten ist die Einladung des Buddha zur eigenen Prüfung in der Rede an die Hausväter der Kālāmer ausgesprochen:

> *„Geht nicht nach Hörensagen, nicht nach Überlieferungen, nicht nach Tagesmeinungen, nicht nach der Autorität heiliger Schriften, nicht nach Gedankenkonstruktionen und Schlussfolgerungen, nicht nach bloßem Wortkram und Lieblingsideen, nicht nach dem Eindruck persönlicher Vorzüge und auch nicht nach der Autorität eines Meisters! Nur wenn ihr selber erkennt: ‚Diese Dinge sind unheilsam, sind verwerflich, werden von Verständigen getadelt und, wenn ausgeführt oder unternommen, führen sie in Unheil und Leiden', dann mögt ihr sie aufgeben."* (A III 65)

Im weiteren Verlauf dieser Lehrrede wird dann wieder auf Anziehung, Abstoßung und Verblendung hingewiesen, welche Triebkräfte eben das Unheilsame herbeiführen. Indem der Mensch so zur Prüfung der Lehre eingeladen wird, prüft er sich selber. Und er sieht in sich seine tausend Antriebe, die ihn drängen und ihm keine Ruhe lassen. Wir alle sind Getriebene, Gejagte, Gehetzte, Rasende – und ebenso rast draußen das Leben der Begegnung an uns vorbei. Der Zusammenstoß dieser beiden Kraftströme – das ist das „Schicksal". Indem man dies bei der Prüfung der Lehre entdeckt, kann man anfangen, alle Probleme zu lösen.

Weil die Lehre nichts als die existentiellen Gesetze aufzeigt, braucht sie auch keine Ketzereien zu fürchten. In anderen Religionen ist Ketzerei das schlimmste Verbrechen und wird mindestens mit Exkommunikation bedroht. In der buddhistischen Gemeinschaft, im Orden, ist das Vertreten irriger Anschauungen (Ketzerei) nicht einmal ein Ausschlussgrund, wie es tief eingefahrene Unarten des Charakters sind, die den Betreffenden für die Ordensgemeinschaft untauglich machen. Denn falsche Anschauungen kann man durch geistige Einsichten leicht kurieren, während unmoralische seelische Gewöhnungen erst durch lange Übung zu überwinden sind.

Das, was religiöser Dogmatismus sonst am meisten fürchtet, die Kritik am Glauben, das braucht der Buddhismus nicht nur nicht zu fürchten, sondern dazu lädt er geradezu ein. Die Lehre ist eben rein sachlich und beruft sich auf Vernunft und Einsicht, fern von allem Persönlichkeitskult. Darum konnte der Buddha auch empfehlen, dass nach seinem Tode allein die Lehre als Meister gelten sollte und nicht irgendein Mensch. Allein die Lehre blieb nach dem Tode des Meisters die Zuflucht unmittelbarer Art, während vom Meister nur die Erinnerung seiner Worte blieb. Und doch ist beides gar nicht zu trennen: *Wer die Lehre sieht, sieht mich; und wer mich sieht, sieht die Lehre,* sagt der Buddha. (S [III] 22, 87)

4. Das Gesetz ist hinführend

Die Lehre führt hin zu dem, was alle Wesen ersehnen: zum inneren Frieden. Während sie selber unverändert bleibt, verändert sie den Menschen. Sie ergreift ihn. Das Gesetz zieht den Menschen hin zum Heile. Der Strom des Gesetzes (*dhamma-sota*) reißt den Menschen mit (A VI 44). Die Lehre bleibt nicht in der Theorie stecken, wie manche sich selbst genügende Philosophie, sondern sie hilft dem Menschen verbindlich, zu seinen ureigensten Zielen zu kommen. Wo jemand gründlich nachgeprüft und gesehen hat, dass es stimmt, was der Buddha über unsere Triebe sagt, da zwingt diese Erkenntnis im eigenen Interesse zur Praxis. Nicht braucht von außen irgendein Zwang ausgeübt zu werden, sondern das Gesetz ist in sich selber zwingend und hinführend. So wie der Wagenlenker sein Pferd auf den rechten Weg zwingt, so zwingt der Geist die Seele zu ihrem Heil, wenn er recht erkannt hat, wo es liegt (S [I] 1, 46). Der Erwachte selber ließ sich durch das Gesetz der Wirklichkeit auf den rechten Weg führen, indem er sich ihm ganz und gar unterordnete (S [I] 6, 2).

Damit ist die Lehre nur ein Mittel zum Zweck, nämlich ein Mittel, zum Heil zu führen. Sie ist kein Selbstzweck. Die Lehre ist nach den Worten des Buddha wie ein Floß: zum Übersetzen tauglich, nicht zum Festhalten (M 22). Der Buddhismus ist so die einzige Heilslehre der Welt, deren erklärter Zweck es ist, sich im Ergebnis selber überflüssig zu machen. Oder der Buddha sagt: Wie das Meer nur einen Geschmack hat, den des Salzes, so hat die Lehre nur einen Geschmack, den der Erlösung (A VIII 19). Weil die Lehre nur Mittel zum Zweck ist, braucht sie sich auch nicht zu verteidigen und Schutzwälle für die „Ewigkeit" aufzurichten. Sie versteht sich selber nur als einen bedingten Wert – und das hat weitreichende Folgen für ihre geschichtliche Rolle.

Der hinführende Charakter der Lehre äußert sich in einem Ansporn zum Guten und in einem Anruf zur Tat. Die Lehre ist das Gegenteil jedes depressiven Pessimismus. Sie sagt: „Du bist nicht ausweglos gefangen in der Höhle des sterblichen Leibes, bist nicht verraten und verkauft an den verweslichen Körper. Du bist zwar mitgegangen und mitgefangen, aber du hast es in der Hand, dass du nicht mitgehangen wirst." Und dafür gibt die Lehre lockende und lohnende Ziele und Aufgaben, die dem Leben überhaupt erst den rechten Sinn verleihen. Sie zeigt, dass nichts und auch gar nichts an gutem Bemühen vergeblich ist und dass alle Taten ihre Früchte tragen.

Dabei zeigt die hinführende Lehre einen Stufenweg. So wie das Meer einen allmählichen Abfall zeigt, so ist auch der Weg der Lehrnachfolge allmählich und nicht plötzlich (A VIII 19). Jeder kann auf seiner Stufe etwas zur Verbesserung seiner Situation tun. Insofern ist die Lehre, wie an zahllosen Stellen gesagt wird, bereits am Anfang begütigend und veredelnd und heilswirksam. Sie verheißt nicht erst im Jenseits Glück und vertröstet den Menschen nicht darauf, dass er erst nach einer langen irdischen Durststrecke das Paradies erlange, sondern sie zeigt ihm, wie er schon hier und jetzt etwas Sinnvolles für sein Heil tun kann, das ihn glücklicher macht. Schon das bloße Verstehen der Wahrheiten über die Existenz bringt Freude und Erleichterung. Auf Grund dieser Wahrheitswonne kann man leichter gut handeln und gewinnt auch Freude an guten Werken. Freude an Wahrheitsfindung (innen) und Freude am Freude-Machen für andere (außen): Das ist das Hinführende, was die Lehre dem Sucher nach Wohl gleich am Anfang zu bieten hat. Sie führt den Menschen hin zur unangreifbar sicheren Orientierung für sich und zum Verständnis für die Mitwesen. So befähigt einen die Lehre, sich selber glücklicher zu machen und auch andere glücklicher zu machen. Das ist ihr hinführender Charakter.

5. Das Gesetz ist dem Verständigen von selbst verständlich

Die Lehre ist, wenn man der Gesetzmäßigkeit der Existenz aufmerksam nachspürt, unmittelbar einsehbar, ist eben evident und überzeugt durch sich selber. Das bedeutet:

Die Lehre statuiert keine Abhängigkeit von einem Erlöser. Sie geht nicht davon aus, dass der Mensch derart schwach und hilflos sei, dass nur ein allmächtiger gewaltiger Erlöser ihm helfen könne. Der Buddha zeigt vielmehr, dass zwar ein äußerer Anstoß zur Einkehr nötig ist, dass er aber dabei nur wie ein Wegweiser wirkt. Jeder Mensch hat die Möglichkeit der Verbesserung in sich und wird durch den Buddha nur darauf gebracht, sie anzuwenden. Der Mensch wird durch die Lehre zu nichts anderem veranlasst, als sich auf seine eigene Stärke und Einsicht zu besinnen. Sie macht den Menschen also selbständig.

Die Lehre ist sinn- und wortgetreu. Das, was man an Aussagen von ihr hört und zunächst noch nicht aus eigener Erfahrung ganz erfassen kann, das erweist sich auf dem Wege mehr und mehr als richtig. Auch das noch nicht voll zugängliche Wort enthält bereits den ganzen Sinn. Der Kommentar, der den Sinn des Wortes erschließt, ist die eigene Erfahrung. Wer den Weg geht, wird die Bestätigung in der Wirklichkeit selber finden und erfahren. Und er wird dann bei anderen Religionen und Weisheitslehren verwandte Erfahrungen wiedererkennen, nur in anderer Einkleidung. So öffnet ihm die Nachfolge wachsendes Verständnis des Daseins bei sich selber und ebenso außen bei den Darlegungen anderer. Die Unterscheidungsgabe für Wahrheit und Irrtum wird ihm so selbstverständlich.

Auf dem Wege mag man sich dann immer wieder erneut wundern, dass man nicht selber darauf gekommen ist, wo doch alles im Grunde so einfach und schlicht ist. Kompliziert und undurchsichtig sind nur wir selber mit unseren Meinungen und Neigungen. Immer mehr versteht man die Notwendigkeit der immanenten Ordnung, das der Existenz zu Grunde liegende System. Und man merkt: Das ist die Lehre, das ist das Gesetz. Es kann gar nicht anders sein als so. Und doch merkt man immer wieder, dass es gerade die Einfachheit der Lehre ist, die so schwer zu sehen ist von einem Vielfalt gewohnten Geist. Darum eben sagt der Buddha mit demselben Recht, mit dem er die Lehre dem Verständigen von selbst verständlich nennt, auch etwas anderes, nämlich:

> *„Gar tief ist diese Lehre, schwer zu entdecken, schwer zu gewahren, still und erlesen, nicht ausgegrübelt, ganz fein, Weisen merkbar.“* (M 72)

Nur wenn wir im Augenblick unsere klarsten Möglichkeiten der Weisheit aufmachen, verstehen wir ihre Tiefe. In einem Blitzmoment erscheint uns dann die Lehre völlig selbstverständlich, doch schon im nächsten Augenblick kann wieder ein Schleier sie verhüllen und uns nebelhafter erscheinen lassen.

3. Die Buddhisten, die Gemeinschaft, der Orden (*saṅgho*)

> *„Gleichwie die Säule eingestemmt im Boden*
> *vor Stürmen der 4 Winde nicht erbeben kann,*
> *erkenn ich also gern den rechten Menschen,*
> *der edle Wahrheit auf den Grund ermisst*
> *im Orden, wie er kostbar uns erkoren:*
> *so wahr ich sage, sei uns Wohl erwiesen.“* (Sn 229)

Diejenigen, welche sich nach dem Buddha als Buddhisten um die Nachfolge der Lehre bemühen, bestehen in zwei Arten von Gemeinden, die einander auch überschneiden können. Das eine ist die organisierte Ordensgemeinschaft, die in der Geschichte sichtbar gewordene Gemeinschaft der Mönche und Nonnen mit ihren Unterstützern (Laienanhänger und Laienanhängerinnen). Das zweite ist die „unsichtbare Kirche“ der von der Wahrheit Ergriffenen, die innerhalb oder außerhalb der organisierten Ordensgemeinschaft zu finden sein können.

3.1. Die organisierte Gemeinschaft

Ganz bewusst hat der Erwachte keine Kirche gegründet, sondern einen Orden. Nur durch lebendige Vorbilder sollte die Lehre tradiert und wach gehalten worden. Die Nachfolger sollten durch ihre Nachfolge beweisen, dass die Lehre sinnvoll und fruchtbar ist. Durch fünfundzwanzig Jahrhunderte von Lehrer zu Schüler überliefert, lebten sie den ethischen und mystischen Maßstab vor. Das allein ist die „apostolische Nachfolge" im Buddhismus. Während im Christentum die Kirche allmählich verweltlichte und die eigentliche Religion nur von einzelnen leuchtenden Vorbildern in und außerhalb der Kirche hochgehalten wurde (Märtyrer, Mönche, Mystiker, Heilige), ist es im Buddhismus umgekehrt gewesen. Die Mönche tradierten durch ihr Vorbild von Anfang an die Religion, während nur wenige Gruppen und Sekten verweltlichten. Während im Christentum das Mönchtum mit Ordensregeln erst im 4. Jahrhundert spontan in der ägyptischen Wüste aus dem Bedürfnis nach tieferer Läuterung entstand, zunächst völlig unabhängig von der Kirche, ist der Orden im Buddhismus von Anfang an immer der Kern der Nachfolge gewesen.

Aus dem Charakter der reinen Nachfolgergemeinschaft ergibt sich zwingend, dass der Orden keinerlei Machtanspruch stellte, d. h. nicht nach politischer Herrschaft strebte. Erst im 20. Jahrhundert zeigten sich unter westlichem Einfluss (Nationalismus, Antikolonialismus) Anfänge einer Politisierung des Ordens, die auch sofort ungünstige Folgen hatte. Vorher gab es eine politische Macht des Ordens lediglich in den Gebieten des Lamaismus, und das tragische Schicksal Tibets ist letztlich auf diese Theokratisierung zurückzuführen, die dem Geiste des Buddhismus fremd ist. Weil der Orden sich 2 500 Jahre lang konsequent aus aller Politik heraushielt und weil der Mönch persönlich besitzlos war und kein Kirchenbesitz zu verteidigen war, deshalb überdauerte der Orden bisher alle politischen Umwälzungen. Nicht der Orden wurde ein Opfer der Politik, sondern das Vorbild des Ordens beeinflusste immer wieder die Politiker Asiens, von denen manche noch in unserem Jahrhundert eine Zeit lang im Orden lebten.

Vor allem war der Orden konsequent gewaltlos. Schon die uneingeschränkte Geltung des ersten Tugendgebotes (Nicht töten) hatte unabsehbar günstige Folgen. Im Namen des Buddhismus ist seit 2 500 Jahren kein Blut geflossen und keine Gewalt ausgeübt worden, weder an Menschen noch an Tieren. Es gibt in der Religionsgeschichte des Buddhismus keine Ketzerverfolgung, keine Hexenverbrennung, keine Inquisition, keine Kreuzzüge und Religionskriege, keine Ausbreitung mit Feuer und Schwert, keine Tieropfer und keine Schlachtung von Osterlämmern und Weihnachtsgänsen. Natürlich haben einzelne Buddhisten Gewalt ausgeübt, aber sie wurde nie religiös gerechtfertigt, sondern wurde als menschliche Schwäche verurteilt. Dabei hat die Gewaltlosigkeit der Ausbreitung des Buddhismus keinen Abbruch getan sondern im Gegenteil diese nur gefördert. Wo in der Geschichte des Buddhismus extreme Sekten auftauchen, da wurden diese toleriert und eben hingenommen. Die einzige selber intolerante Sekte, diejenige NICHIRENS in Japan, passte sich später mehr der Grundhaltung des Buddhismus an. Der Grund für die Gewaltlosigkeit aber ist, dass die Buddhisten die Gewalt dem Naturgesetz des Karma selber überlassen.

Die Hauptaufgabe des Ordens auf gesellschaftlichem Gebiet war die Weitergabe und Erhaltung der Lehre. Die Tatsache, dass heute die Lehre in Europa gedruckt und übersetzt vorliegt, ist von einer ganzen Kette von Voraussetzungen abhängig gewesen: Es musste der Buddha auch lehren, und zwar nicht nur persönlich für einzelne, sondern systematisch und allgemeingültig. Und die Mönche, die ein uns kaum fassbares Maß an

Gedächtniskraft besaßen, mussten die Lehrreden aufmerksam hören, behalten und wiederholen, denn in den ersten Jahrhunderten wurden sie nur mündlich überliefert. Erst im Jahre 29 v. Chr. kam es auf Ceylon zu der heute vorliegenden Form der schriftlichen Fixierung des Pāli-Kanons, der immer wieder neu auf Palmblätter abgeschrieben wurde. Dabei ist er an Umfang weit größer als die heiligen Bücher aller anderen Weltreligionen zusammen. Und die Texte wurden ohne willkürliche Änderungen getreulich bewahrt.

Der Buddhismus, der im Orden institutionalisiert ist, kennt auch keine Feindschaft gegen indische Schwesterreligionen, so wie es uns innerhalb der drei semitischen Religionen selbstverständlich ist. Wie der Buddha vorausgesagt hatte, blühte seine Lehre 500 Jahre lang, und diese Zeit nennen die Historiker bedauernd die nahezu weißen Blätter der Geschichte Indiens, weil es hier wenig Dramatisches zu berichten gab. Als der Buddhismus in Indien danach unmerklich-merklich an Kraft verlor und zu welken begann, in scholastische Sekten zerfiel und auch durch den Reformationsversuch des MAHĀYĀNA nicht wieder zum Ursprung zurückfand, da tauchte er allmählich wieder im Hinduismus unter, aus dem er einst hervorgegangen war. Der ISLAM fegte dann bei seinem Einbruch in Indien nur die morschen Reste fort. Während das Christentum nur 600 Jahre in seiner palästinensischen Heimat herrschte, bis der Islam es dort überrannte, blieb der Buddhismus mehr als doppelt so lange in Indien heimisch. Und während das christliche Mönchtum im Judentum kaum einen Anhalt gefunden hatte, erst in der Fremde (Ägypten) entstand und erst in einer anderen Kultur, im Bereich der Antike, erblühte, war das buddhistische Mönchtum tief in der hinduistischen Tradition verwurzelt. Der Buddha wurde als der Asket Gotamo bekannt, d. h. als einer unter den damaligen Asketenmeistern. Und der spätere Hinduismus betrachtete den Buddha als Avatar (Herabgestiegener), d. h. als eine der Inkarnationen, die von Zeit zu Zeit auf Erden erscheinen, um die Menschen zu erziehen. So herrscht zwischen Buddhisten und Hindus ein ganz anderes Verhältnis als zwischen den drei semitischen Religionen.

Die buddhistischen Mönche betrieben auch keine gezielte Mission. Sie drängten sich nicht gewaltsam auf. Die Randvölker Indiens holten sich bei ihnen die Weisheit, die sie haben wollten. So brachten chinesische Pilger ganze Karawanenladungen buddhistischer Bücher aus Indien heim. Und die „Missionierung" Ceylons wurde durch einen einzigen Buddhisten, den Sohn Kaiser Asokas, durchgeführt, der die Lehre auf die Insel brachte. Die Ausbreitung des Buddhismus war ein Wachstumsprozess, der ohne jede Gewaltsamkeit vor sich ging.

Der Buddhismus wirkte auch weit über seinen Namen hinaus als „Kulturdünger", indem er ganz Asien sittliche Impulse vermittelte. Die Spitzenlehre des Hinduismus, der ADVAITA-VEDANTA Shankaras, hat die Ideen des Buddhismus so weit rezipiert, dass er in Indien oft als „Buddhismus in Verhüllung" bezeichnet wird. Und auf den explosiven Islam hat das buddhistische Mönchtum auf dem Wege über den Sufismus (die mystische Richtung des Islam) stark eingewirkt. Ähnlich ging es in Bezug auf den chinesischen Taoismus, dessen dreihundert Mönchsregeln weitgehend von den buddhistischen Grundsätzen inspiriert sind.

Andererseits vermischte sich der spätere Buddhismus derart mit anderen Religionen und nahm Elemente von ihnen auf, dass man eine Trennung kaum noch vollziehen kann. Der LAMAISMUS Tibets nahm die schamanistische BÖN-Religion weitgehend in sich auf; der tantrische Buddhismus Indiens entlehnte viel vom volkstümlichen HINDUISMUS; und der chinesische ZEN, in welchem der Buddhismus eine Nachblüte der Mystik erlebte, verarbeitete vieles vom TAOISMUS in sich. So entstanden manche Formen eines buddhistischen Synkretismus. Je weiter sich diese Richtungen vom ursprünglichen Buddhismus entfernten, desto mehr gab es auch Rivalitäten zwischen ihren Sekten, wie in Tibet, China und Japan, ohne dass diese aber auch nur annähernd die Aggressivität anderer religiöser Auseinandersetzungen erreichten. Ja, man kann sagen; wohin auch der Buddhismus bei seiner Ausbreitung über den größeren Teil Asiens kam, da wirkte er veredelnd auf die Menschen. So wurden aus den wilden Steppenvölkern und Bergstämmen Innerasiens, vor deren mongolischen Horden die Welt gezittert hatte, durch ihre Zuwendung zum Buddhismus ungleich friedfertigere Menschen. Immer aber blieb das Mönchstum der eigentliche Kern des Buddhismus, ob im gelben, roten oder schwarzen Gewand. Wenn auch heute die ursprüngliche Schlichtheit des Mönchsordens am Verblassen ist und aus der Asketengemeinschaft mehr eine Priesterschaft wird, so geht doch noch immer vom Orden eine erzieherische Wirkung aus. In Burma und Hinterindien verbrachte ein Großteil der männlichen Bevölkerung in der Jugend oder im Urlaub gewisse Zeiten im Kloster und gewann daraus sittliche Impulse für das ganze Leben. Dass die Bevölkerung in den buddhistischen Ländern noch heute durch eine erheblich hellere, freundlichere und sanftere Art auffällt, ist eine Folge des Einflusses jener Vorbilder, die jahrhundertelang von den Mönchen vorgelebt wurden.

3.2. Die unsichtbare Gemeinschaft

Der Nachfolger-Orden (*sāvaka-saṅgho*) ist – innerhalb oder außerhalb des Mönchsordens (*bhikkhu-saṅgho*) – die Gruppe derer, die unwiderruflich nach Freiheit von den Fesseln an das Leiden strebt und sich nicht mehr der tödlichen Gewohnheit unterwerfen will. Dieser Orden ist in der Welt die stille und gewaltlose Opposition gegen die Gewöhnung an das Dahinleben und Dahinsterben. Dieser Verein ist für die Welt unsichtbar. Es gibt dafür keinen Aufnahmeritus, keinen Mitgliedsausweis, kein Glaubensbekenntnis. Dieser Orden konstituiert sich durch rein geistige Akte. Sein Zusammenhalt besteht in der Gleichheit einer auf das Nirvāna gerichteten Gesinnung.

Zum Verständnis dieses Ordens muss hier, weit vorgreifend, auch folgendes gesagt werden: Dieser Orden bestand schon vor dem Buddha, nämlich in der Gemeinschaft derjenigen *Devas* und *Brahmas*, die Jünger eines früheren Buddha geworden waren. Und er wird auch im Jenseits weiterbestehen, wenn er auf Erden längst ausgestorben sein wird. Dieser Orden ist also ein kosmischer Orden, er ist immer vorhanden und überdauert sogar Weltuntergänge: Bei den Reinhausigen Göttern, deren Himmel nie leer wird, sind stets Mitglieder dieses Ordens vorhanden. So ist diese Gemeinschaft haltbarer als alle anderen, ist langlebiger als alle anderen.

So wie die Zuflucht zum Erwachten nicht vor dem Bild erfolgt, wie die Zuflucht zur Lehre nicht vor dem Buch erfolgt, so erfolgt die Zuflucht zur Jüngerschaft nicht vor dem Bhikkhu. Man nimmt Zuflucht zu jener Jüngerschaft, wenn man sich ihr annähert und in ihren Anziehungsbereich gerät. Man wird darin aufgenommen, wenn man beginnt, ein solches Verständnis des Daseins zu erlangen, wie es der Buddha fand. Diese Jüngerschaft ist also die inkarnierte Verwirklichung des Geistes des Buddha in gegenwärtigen, früheren und künftigen Nachfolgern, im Himmel und auf Erden, bei Mönchen, Nonnen und Laien.

Man kann sagen: Die Jüngerschaft ist die Projektion des Lächelns des Erhabenen in die Zeit und die Vielfalt. Die Jüngerschaft ist das Symbol, welches die Vielfalt wieder zur Einfalt zusammenfasst im immer gleichen Streben der Wesen nach Glückseligkeit, hier ausgerichtet auf die höchste und ewige Glückseligkeit. Auch ein Buddha strebte nach nichts anderem als nach ewiger Seligkeit oder nach unverletzbarer Unverletztheit. Es ist ein Wunder, dass verhältnismäßig wenig Wesen von der Botschaft der Erwachten ergriffen werden, die doch allen das Wohl bringen könnte. Es ist andererseits aber auch ein Wunder, dass sich überhaupt Nachfolger finden angesichts der Zähigkeit der Verblendung und ihrer Verlockungen. Die Existenz dieser Jüngerschaft ist also, je nach dem Standpunkt, ein zweifaches Wunder.

Konkret ausgedrückt besteht die Jüngerschaft aus den Freunden auf dem Heilswege, aus den geistigen Mitstreitern und Kameraden, aus den Vorbildern und Spiegelbildern der höchsten Wahrheit. Der Erwachte vergleicht die Jüngerschaft mit dem Kleid des Menschen (A III 70): das Kleid ist es, das uns wärmt und vor der Umwelt schützt; ebenso schützt die Jüngerschaft in der Welt vor der Welt. Die Jüngerschaft wirkt als ein Schutzschild, das sich zwischen mich und die Welt schiebt. Einerseits bremst es mich, allzu sehr nach der Welt zu greifen; andererseits hindert es die Welt, allzu sehr nach mir zu greifen. Der Freundeskreis der Gleichgesinnten ist so eine Zufluchtsstätte für den um Wahrheit Bemühten, in der jeder für jeden in dieser Art einer Symbiose wirkt.

Diese Jüngergemeinde, die zur Lebenszeit des Erwachten nicht nur aus den Ordensangehörigen bestand, wird durch vier Merkmale näher angedeutet:

Wohl fortgeschritten ist beim Erhabenen die Jüngerschaft. Hier gibt es wirklichen Fortschritt im Leben, nämlich den entscheidenden Schritt aus der Unendlichkeit zur Endlichkeit des Leidens. Es gibt nichts Wichtigeres in der Existenz. Dies ist überhaupt der einzig wesentliche Fortschritt, ungleich bedeutsamer als aller Fortschritt auf dem Wege der Veredelung, die aus diesem Fortschritt allein für endgültig erfolgt. Nirgends in der Welt gibt es eine geradlinige Aufwärtsentwicklung ohne Rückfall außer hier. Diese Jüngerschaft ist auch zu meinem ganz persönlichen Heil wohl fortgeschritten, indem sie mich zur Nachfolge aufruft und zur Gleichwerdung einlädt. Von dieser wohlfortgeschrittenen Jüngerschaft spricht der Erwachte kurz vor seinem Tode wie folgt:

> *„Nicht eher werde ich zur Erlöschung eingehen, solange nicht Mönche, Nonnen, Anhänger, Anhängerinnen bei mir Jünger geworden sind, kluge, gezügelte, überzeugte, in Sicherheit geborgene, vielerfahrene, Träger der Lehre, der Lehre lehrgemäß nachfolgend, auf dem richtigen Pfade vorschreitend, und solange sie nicht der Lehre gemäß wandelnd die eigene Meisterschaft erworben haben und anzuzeigen, aufzuweisen, darzulegen, darzustellen, zu enthüllen, zu entwickeln, offenbar zu machen vermögen, einen von anderen vorgebrachten Einwand mit Fug und Recht wohlabgewehrt abwehren können, gut erfassbar die Lehre aufweisen werden.“* (D 16 III)

Aufrecht fortgeschritten ist beim Erhabenen die Jüngerschaft. Die Jünger haben sich der Wahrheit gebeugt, haben sie erduldet, haben nicht vor Schwierigkeiten kapituliert und sind nicht in Nebensächlichkeiten und Selbsttäuschungen ausgewichen. Sie haben es oft nicht leicht gehabt, aufrecht und gerade zu bleiben und nicht sich umwerfen zu lassen. Sie haben ringen und kämpfen müssen, denn sie waren Menschen wie wir, mit allen Fehlern und Schwächen. Aber weil sie aufrecht waren, haben sie sich überwunden und damit das Vorbild in die Welt gesetzt: man kann es. So lenken sie die Aufmerksamkeit auf den geraden Weg, bei dem Wort und Werk übereinstimmen. So wie es der Buddha verkündet hat, so haben sie es erfahren, indem sie auf echte Weise den Weg gingen. Nicht auf die innere Entfernung vom Heil kommt es an, sondern auf die Ehrlichkeit des Bemühens, auch ein fernes Ziel anzustreben und nicht zu kapitulieren.

Methodisch fortgeschritten ist beim Erhabenen die Jüngerschaft. Sie kämpfte nicht unsystematisch sondern zielstrebig. Ihre Bemühungen sind nicht chaotisch gewesen und ihre Ergebnisse nicht zufällig. Und deshalb ist ihr Kampf auch nachvollziehbar. Die echten Nachfolger des Erwachten folgten alle der gleichen Methode des Heilsweges, die vom Geiste ausgeht und zuerst das Äußere und dann das Innere beruhigt. Sie alle kannten den Wert der rechten Anschauung, die unterschied, was Leiden ist und was nicht. Diese Anschauung zeigte ihnen, dass sie ihre Chance nützen mussten, um das Steuer des Lebensschiffes in die Hand zu bekommen.

Richtig fortgeschritten ist beim Erhabenen die Jüngerschaft. Richtig ist auf dem Heilswege alles, was zum Ziele führt. Trotz grundsätzlich gleicher Methode kann jeder sich seiner Anlage gemäß, seinem Typ gemäß auf diesem Wege entfalten. Der Buddha hat für jeden Typ etwas zu sagen und ermöglicht jedem einen Zugang in der rechten Richtung. Von allen Punkten der Peripherie führt ein Weg zur Mitte. Ob Mönch oder Laie, Mann oder Frau, Brahmane oder Diener, Gemütsmensch oder Intellektueller, Gläubiger oder Forschender, Choleriker oder Phlegmatiker, Introvertierter oder Extravertierter – allen hat der Buddha etwas zu sagen und jeden weist er auf seinen Weg. Die Lebensbeschreibungen der buddhistischen Heiligen zeigen, wie groß diese Unterschiede der Jünger sein können: Vom Massenmörder und von der Hetäre bis zum Landesvater und dem Mystiker reicht der Bogen. In S [II] 14, 15 wird geschildert, wie jeder der großen Mönche bestimmte Typen anzog: Um den Brahmanen Sāriputto scharten sich Menschen von großer Weisheit; um seinen Freund Mahāgmoggallāno waren solche mit magischen Anlagen; um Mahākassapo sammelten sich Menschen von strenger Askezucht; um Buddhas Vetter Anuruddho waren Mönche mit Hellsichtigkeit; um Puṇṇa, den Sohn der Mantānī, scharten sich Jünger mit der Fähigkeit zum Lehren; um Ānando solche, die viel erfahren und gelernt hatten usw. Und dementsprechend bildeten sich nach dem Tode des Buddha bald gewisse Schwerpunkte heraus. Doch alle gingen sie recht und richtig vor. Und der Buddha erkannte ausdrücklich alle diese unterschiedlichen Gruppen als seine echten Jünger an.

So lässt sich nun auch das dritte buddhistische Kleinod, die dritte Zuflucht besser verstehen, von der es immer wieder in gleicher Weise heißt:

> „*Wohl fortgeschritten ist beim Erhabenen die Jüngerschaft; aufrecht, methodisch und richtig fortgeschritten ist beim Erhabenen die Jüngerschaft, und zwar vier Paare der Menschen nach acht Arten: das ist des Erhabenen Jüngerschar, die Opfer und Spende, Gabe und Gruß verdient, das beste Feld in der Welt für Verdienst.*“

Was die vier Paare der Menschen nach acht Arten sind, wird später näher zu zeigen sein.

STUFE EINS: RECHTE ANSCHAUUNG

4. Geben, Gewähren, Humanität (*dānaṃ*)

Mann mit zugeknöpften Taschen,
dir tut keiner was zulieb:
Hand wird nur von Hand gewaschen,
wenn du nehmen willst, so gib. (Goethe)

Wo keine Reue sich erhebt,
selbst wenn man fortgibt vielerlei,
da preist die Gabe, die man gibt,
ein jeder, der voll Einsicht ist. (A VIII 37)

Wenn der Erwachte die Lehre Herantretenden darlegt, dann beginnt er in der Regel mit einem Gespräch über das Geben. Er hält also offenbar die Anschauung über den Sinn des Gebens für die Grundlage aller nur möglichen rechten Anschauung. Die buddhistische Philosophie beginnt mit einer Lehre vom Geben. Warum ist das so? Was steckt dahinter?

Das Wesen des Menschen besteht darin, dass er Bedürfnisse hat. Er braucht etwas von außen. Kein Mensch vermag, ganz auf sich gestellt zu existieren. Er braucht Nahrung samt Licht und Wärme und Luft, er braucht Kleidung und Unterkunft. Vor allem aber braucht er seelisches Entgegenkommen, Rücksicht und Anerkennung, Hilfe, Beistand und Trost. Wenn diese materiellen und seelischen Bedürfnisse erfüllt werden, ist der Mensch glücklich und zufrieden. Wenn sie unerfüllt bleiben, ist er unglücklich und unzufrieden, ja, muss zugrunde gehen. Wir alle sind, wie der Buddha es ganz knapp ausdrückt, Wesen, die Wohl begehren und Wehe verabscheuen. Ganz ebenso, wie ich Bedürfnisse habe, deren Erfüllung mir wohltut, ebenso hat jeder andere Bedürfnisse, deren Erfüllung ihm wohl tut. Ebenso wie ich von der gewährenden Haltung der Welt abhängig bin, sind es alle anderen auch. Wenn ich nun immer nur haben will, immer nur fordere und verlange, dass andere das Loch meiner allgemeinen und speziellen Wünsche stopfen, dann bin ich ihnen unlieb, dann mögen sie mich nicht, dann werden sie mir aus dem Wege gehen und mich meiden. Dadurch vereinsame ich und werde verbittert. Dadurch bin ich in der Begegnung mit anderen noch brüsker und härter, werde aggressiv und bösartig, verweigere und entreiße – und dadurch antworten die anderen entsprechend mit Verteidigung und Gegenangriff, bis ich mich auf diese Weise durch eigene Schuld völlig ins Elend gebracht habe. Wenn ich die Welt nur ausbeuten will, wenn ich nur haben will und dabei anderen das Ihre verweigere, dann baue ich durch diese Ungerechtigkeit eine Welt voll Feindschaft und Kälte und Aversion, eine unheile Welt.

Dieser Zusammenhang wird bei uns in die bekannte goldene Regel gefasst:

„Was du nicht willst, das man dir tu, das füg auch keinem andern zu",

deren positive Umkehrung dann lautet:

„Was du willst, das man dir tu, das füge auch den andern zu."

Die menschliche Existenz ist eben eine Symbiose. Jeder ist auf jeden angewiesen. Und jeder hat es in der Hand, durch seinen Beitrag das Klima der zwischenmenschlichen Beziehungen zu verbessern.

Wenn ich dem anderen dasjenige gewähre, wovon ich gern hätte, dass andere es mir gewähren, dann lebe ich gerecht und beginne, den egozentrischen Standpunkt zu verlassen. Damit beginne ich gleichzeitig, den Nächsten zu entdecken. Man behauptet gern „Ich kenne die Menschen". Aber wenn ich wirklich die Menschen kenne, dann weiß ich, dass sie bedürftig sind und sich freuen, wenn ich da, wo ich kann, ihnen entgegen komme und Verständnis zeige. Daher lässt sich meine Menschenkenntnis an meinem Verhalten ablesen. Wenn ich immer nur aus meinen Bedürfnissen heraus auf die Welt schaue und verlange, dass sie mir gewährt, dann bin ich weit, weit vom Verständnis der Menschen entfernt. Die Menschen entdecken: Das ist wahre Humanität, die sich in gewährender Haltung erweist. Eine humane Einstellung ist eine soziale Einstellung, die auf das Wohl des Nächsten bedacht ist und ihn als Mitmenschen anerkennt, der genau das gleiche Lebensrecht wie ich hat. Wenn ich viel von der Welt haben will, dann muss ich viel geben. Und wenn ich wenig geben will, dann darf ich nicht viel verlangen. Beides ist eine untrennbare Einheit.

Die Haltung des Gewährens ist eine Aufgeschlossenheit für die Seele des Nächsten, ist ein Offensein für die Realität der Psyche. Ich schaue dann nicht immer nur auf mich und meine Wünsche, sondern ich lausche auch auf das, was der andere will und wünscht und braucht. So wird das soziale Gewissen geweckt und die Aufmerksamkeit auf den eigentlichen Untergrund des Lebens gelenkt, nämlich auf die Wirklichkeit der seelischen Antriebe. Es mag manchem ziemlich primitiv vorkommen, wenn der Buddha zuerst vom Geben spricht, aber bei näherem Zusehen enthüllt sich bereits hier eine beträchtliche Tiefendimension. Durch das Geben komme ich nämlich zum ersten Male von der egozentrischen Selbstverständlichkeit, von der verabsolutierenden Ich-Perspektive ab.

Und darum ist dies der erste Grad rechter Anschauung.

Erst durch die Praxis des Gebens merke ich, wie schief ich früher die Dinge gesehen hatte. Ich war stillschweigend und unreflektiert davon ausgegangen, dass die Welt wie ein großer Garten ist, aus dem man sich ununterbrochen Früchte herausholen könne, ohne etwas investieren zu müssen. Jetzt aber sehe ich, dass ich diesen Garten auch hegen und pflegen muss. Ich muss auch säen, gießen und düngen, damit ich ernten kann. Das lässt sich in der bekannten Devise „leben und leben lassen" zusammenfassen. Ich will leben, ich will haben, ich will genießen – aber alle anderen wollen es auch. Also muss ich ihnen mindestens ihren Spielraum und Lebensraum lassen und ihnen helfen, so wie ich wünsche, dass mir geholfen wird.

Wenn ich z. B. einmal finanziell in eine Notlage gerate und den Banken für Kredit nicht vertrauenswürdig genug bin oder sie zu hohe Zinsen verlangen, dann wird mir durch Freunde und Verwandte nur geholfen, wenn ich auch ihnen gegenüber hilfsbereit war, mich um sie gekümmert habe, mich ihrer angenommen habe. Wo ich nicht derart gegeben habe, da wird auch mir nicht gegeben. Wenn ich gesagt habe: „Lass sie doch selber fertig werden. Jeder ist sich selbst der Nächste", dann kehrt sich jetzt der Spieß um.

Ein anderes Beispiel: Ich liege im Krankenhaus. Niemand kümmert sich um mich. Ich bin eine Nummer unter anderen. Keiner unterhält sich mit mir, keiner besucht mich, niemand tröstet und ermuntert mich. Da ernte ich, was ich irgendwann in die Welt setzte: „Ich kann diese Krankenhausatmosphäre nicht vertragen. Meine Zeit ist zu schade für derartige Höflichkeitsbesuche." Daher haben die anderen jetzt keine Zeit für mich.

Und ebenso geht es, wenn ich im Jugendrausch die Alten nicht beachte, wenn ich mich über sie hinwegsetze und sie als lästig und altmodisch beiseiteschiebe. Wenn ich selber dann einmal alt bin, dann wird es mir nicht anders ergehen. Meine Kinder werden mich ins Altersheim stecken, um mich los zu sein und nicht immer durch mich an ihr eigenes Altern erinnert zu werden.

Wer aufmerksam ins Leben schaut, der findet es voller Beispiele dafür, wie man sich durch Gewähren eine freundlichere Umgebung schafft und durch Habenwollen und Entreißen und Verweigern eine unfreundliche Atmosphäre erwirkt. Gerade in Familie und Verwandtschaft, unter Nachbarn, Kollegen und Freunden zeigt sich deutlich überschaubar, wie sehr ich das jeweilige Klima selbst bestimme, getreu dem Sprichwort „Wie man in den Wald hineinruft, so schallt es zurück."

Der vordergründige Mensch sagt sich: „Wenn ich etwas gebe, dann ist eine Minderung eingetreten, dann habe ich etwas verloren." Der tiefer blickende Mensch aber erkennt: „Wenn ich dem anderen etwas gegeben habe, dann habe ich ihn erfreut und ihn für seine Umgebung ein wenig heller gemacht, und ich habe meinem sozialen Gewissen entsprochen – so habe ich durch Geben etwas Größeres erworben, nämlich Freude bei mir am Freudemachen und Helligkeit in meiner Umwelt." Für eine vergängliche Sache, die morgen aufgezehrt sein wird, habe ich Sympathie und Freundschaft gewonnen, die unvergleichlich länger bestehen. Daher kann der Erwachte sagen:

> *„Würden, ihr Mönche, die Wesen die Ernte für das Austeilen von Gaben kennen, wie ich sie kenne, so würden sie nichts essen, ohne gegeben zu haben, und es würde der Makel des Geizes von ihrem Gemüte nicht dauernd Besitz ergreifen. Selbst den letzten Bissen, den letzten Brocken, den sie hätten, würden sie nicht essen, ohne davon auszuteilen, wenn sie Empfänger dafür hätten. Da nun aber, ihr Mönche, die Wesen die Ernte für das Austeilen von Gaben nicht kennen, wie ich sie kenne, essen sie, ohne abgegeben zu haben und der Makel des Geizes ergreift von ihrem Gemüte Besitz."* (It 26)

> *„Selbst wenn einer die Spülreste aus Schüssel oder Schale in einen Tümpel oder Teich entleerte mit dem Wunsche, dass die darin befindlichen Lebewesen davon verzehren möchten, so hat er, sag ich, dadurch schon Gutes getan – wie viel mehr aber, wenn es sich um menschliche Wesen handelt."* (A III 57)

Die Tatsache, dass Geben für den Bestand der zwischenmenschlichen Beziehungen notwendig ist, ist ein Akt der Erkenntnis und Anschauungsbildung. Man erkennt als Erstes:

Geben ist immer besser als Nichtgeben. Aber man erkennt allmählich auch, dass es innerhalb des Phänomens Geben natürlich mancherlei unterschiedliche Motive gibt, edlere und weniger edle. Selbst wenn ich allein aus dem Grunde geben sollte, dass ich durch jede Gabe Vorteile habe, dann ist auch diese geringste Art des Gebens doch ungleich besser als jeder Akt des Verweigerns, sei er auch noch so raffiniert psychologisch „gerechtfertigt". Das Geben hat eben seine Wirkungen auf die Umwelt, ob ich daran denke oder nicht, ob ich sie beabsichtige oder nicht. Wer ganz edel ist – aber wer wäre das schon? – der kann jedes Verdienst, das ihm aus den Folgen guter Akte des Gewährens erwächst, wieder zu weiteren guten Taten verwenden. Doch solche Vollkommenheit des Gebens ist unvergleichlich seltener, als es nach manchen wortreichen Versicherungen der Fall ist. Jedenfalls ist Geben immer seliger als Nehmen. Das ist nicht nur eine schön klingende religiöse Forderung, sondern entspricht einem existentiellen Gesetz.

In der immer wiederkehrenden Formulierung des Erwachten über das Geben lassen sich drei Aspekte gewährender Haltung unterscheiden: Geben, Spenden, Opfern.

Das **Geben** im engeren Sinne ist die gewährende Haltung in der gewohnten Umgebung. Denen, die mir unmittelbar begegnen, komme ich gebend entgegen. Dabei lässt sich Folgendes betrachten:

Um mein Leben zu erhalten, brauche ich lebensnotwendige Dinge. Dafür muss ich Geld hingeben und darf mir nichts stehlen. Ware gegen Geld tauschen: das ist das Grundgesetz des Staates und der zwischenmenschlichen Organisation. Das ist die Urform des Gebens.

Um Geld für Ware geben zu können, muss ich Geld verdienen, ich muss meine Arbeitskraft geben, meine Berufspflicht erfüllen, meine Fähigkeiten am Arbeitsplatz einsetzen, meine Zeit hingeben.

Das, was ich mir mit dem verdienten Geld kaufe, braucht ein Depot, ein Nest, ein Lager, wo ich essen und schlafen und wohnen kann, d. h. eine Wohnung. Die braucht Pflege. Für all das brauche ich in der Regel Partner. Und da muss ich wieder gewähren, nicht nur Geld, sondern vor allem Zeit und Anwesenheit und Zuwendung. Und vor allem auch muss ich meinen Kindern Liebe gewähren.

Wenn ich und meine Frau aber alt sind und nicht länger Geld verdienen können und nicht mehr so viel in der Welt herumlaufen können, dann brauchen wir Hilfe von Jüngeren. Da setzt der alte Mensch alle Hoffnung auf seine Kinder, von denen er nun Gewähren wünscht, von denen er aber nur das an Gewähren erhält, was er ihnen gewidmet hat.

Entsprechendes gilt dann über die eigene Familie hinaus für Verwandte, Freunde, Bekannte, Nachbarn, Kollegen usw. Überall ist Geben hilfreich. Auch beim Bettler, was immer er mit der Gabe anfangen mag. Auch wenn ich nur einer Pflanze Wasser gebe, ist das ein Geben. Die humane Haltung des Gebens ist nicht, wie der Begriff Humanität (Menschlichkeit) es nahelegen könnte, auf Menschen beschränkt sondern umfasst auch Tiere und Pflanzen mit.

Das **Spenden** ist die Ausdehnung des individuellen Gebens auf einen unüberschaubar größeren Bezirk. Auch dort, wo ich keine unmittelbare Not sehe, ist es sinnvoll, durch Geben künftige Not zu lindern oder mir unsichtbare fremde Not durch meinen Beitrag lindern zu helfen. Das ist das Spenden für soziale Tätigkeiten zur Erhaltung der allgemeinen Ordnung. Dies ist bei uns zwangsweise als Steuer institutionalisiert. Dabei ist es ein Widerspruch in sich, wenn man einerseits über zu hohe Steuern klagt und vielleicht sogar mehr oder weniger Steuerhinterziehungen begeht, andererseits aber über überfüllte Krankenhäuser, zu niedrige Renten, vernachlässigten Straßenbau usw. jammert. Dazu eben spendet man ja durch den Steuerbeitrag.

In Asien aber spendet man noch viel unmittelbarer für das Heil, wenn man aus Verehrung den Orden unterstützt, der das sittliche Vorbild für die Menschen abgibt und die sozialadäquate Haltung aller Bürger fördert. Dabei ist bemerkenswert, dass sowohl der Buddha selber wie später der buddhistische Kaiser Asoka ausdrücklich erklärten, es solle nicht nur dem buddhistischen Orden gespendet werden, sondern auch anderen Asketen, Priestern und Pilgern.

Das **Opfern** schließlich geht sowohl über das individuelle Geben als auch über das kollektive Spenden hinaus. Opfern ist das Geben von etwas, das ich selber brauche und auch gern behalten hätte, das aber der andere noch nötiger als ich braucht. Solches Opfern, das um des anderen willen auf etwas verzichtet, ist die höchstmögliche Form des Gebens. Ein solches loslassendes Opfern war es, das der Bodhisattva früher als

Vollendung des Gebens übte. Noch heute wird in den buddhistischen Ländern davon als dem Hohelied der hingebenden Haltung gesprochen, die selbst das Opfer des eigenen Lebens nicht scheut, um andere zu retten.

5. Tugend, sittliche Zucht, Ethik (*sīlaṃ*)

Liebet eure Feinde,
segnet, die euch fluchen,
tut wohl denen, die euch hassen,
bittet für die, so euch verfolgen und beleidigen. (Matth. 5, 45)

Die Tugend ist der Eckstein,
Grund und Giebel aller Edelart,
der Anfang aller Wesenheit:
die Tugend taug' uns immerdar. (Thag 612)

Wenn jemand die Notwendigkeit des Gebens als unabdingbare Grundvoraussetzung eines gedeihlichen Zusammenlebens eingesehen hat und sich nun dementsprechend darum bemüht, dem Nächsten gewährend zu begegnen und ihn als gleichberechtigtes Wesen zu verstehen, dann merkt der darum Bemühte recht bald verschiedene Dinge:

Man gibt z. B. einem Bedürftigen großzügig etwas und sagt sich, was er damit mache, sei nun seine Sache. Aber man ertappt sich, wie man doch immer wieder kontrollieren möchte, was er mit „meinem" Geld macht. Wenn er nun das Geld sinnlos verpulvert und bald wieder nichts hat, dann ärgert man sich, macht ihm Vorwürfe und fasst Entschlüsse mit dem Inhalt „Nie wieder". So schnell stößt man an die Grenzen der Gebefreudigkeit!

Oder ich gebe wahllos und verschwenderisch und sonne mich in dem Gefühl, immer der Gebende zu sein. Da ziehe ich allerlei Schmarotzer an, die meine Dummheit ausbeuten und mich umschmeicheln. Schließlich bin ich selber arm und falle der Fürsorge anheim. Und dabei habe ich es doch soo gut gemeint! Da werde ich nun verbittert über den Undank der Welt – und so gelange ich wieder an die Grenzen des Gebens!

Oder ich werde eindringlich um etwas gebeten, aber ich kann mich nicht überwinden, das Opfer zu bringen. So mache ich allerlei Ausflüchte und vertröste den anderen. Der kommt nun in Not und ich bekomme Gewissensbisse. Auch hier liegen die Grenzen meines Gebens viel näher, als ich denke.

Oder ich beschenke jemanden reichlich und bin sehr befriedigt über mein gutes Werk – aber was der andere eigentlich brauchte, war seelische Ermunterung, doch dafür hatte ich keine Zeit und keine Lust und wenig Fähigkeit, mich in den anderen einzufühlen, weil ich immer nur an meine Wünsche dachte.

So stoße ich auf Schritt und Tritt an die Grenzen des Gebens und merke, dass ich mir selber im Wege stehe. Allein meine eigenen Bedürfnisse und Triebe und Wünsche sind es, die mich hindern, richtig zu handeln, richtig zu reden, richtig zu planen. ich denke nur kurzfristig an das vor Augen Liegende, aber ich beziehe nicht die weiteren Entwicklungen ein. Insofern bin ich eben beschränkt und handele auch beschränkt (borniert). Und das verweist mich darauf, mich selber kritischer zu betrachten. Dabei komme ich dazu, schnell die Notwendigkeit dessen zu erkennen, was in den Religionen „Tugend" genannt wird und was die Tauglichkeit für den sozialen Umgang ausmacht. Das Geben beginnt auf dem Felde einer äußeren Sozialethik, die Tugend begreift auch die innere Sozialethik mit ein. Das soll ausdrücken: Um sinnvoll und wirksam geben zu können, muss ich mich erst selber zu einem Gebefähigen erziehen. Diese Selbsterziehung zum Zwecke eines „sozialadäquaten" Verhaltens – das ist Tugend. Dies ist die eigentliche Ethik, zu der das Geben nur eine Vorstufe ist, die auf die Notwendigkeit der inneren Sozialethik hinweist. Je ernster ich das Geben nehme, umso mehr sehe ich, wie ich mich erst selber umerziehen muss, um von einem Habsüchtigen zu einem Gebefreudigen zu werden.

Die Tugend in diesem umfassenden Sinne rechnet immer mit längeren Zeitepochen. Ich kann mich nicht von heute auf morgen ändern, sondern die Umerziehung ist eine allmähliche Umgewöhnung. Je mehr ich sehe, wie wir Menschen getrieben sind und unter den Zwängen unserer unerfüllbaren und unerfüllten Wünsche leiden, desto deutlicher tritt mir die Notwendigkeit vor Augen, diejenigen Triebe, die über mich und andere offensichtlich Unheil bringen, abzubauen und aufzulösen. Um das zu können und die Kraft dafür zu haben, muss ich aber ihren Unwert ganz durchschauen. Nur in dem Maße meiner Einsicht gelingt es mir, mich allmählich umzugewöhnen.

Was habe ich z. B. davon, wenn ich andere anschnauze und mir Türen knallend einen effektvollen Abgang verschaffe? Man wird über meine Unbeherrschtheit insgeheim witzeln und das, was mir nicht passte, wird man nun versteckter tun, oder man verbündet sich gegen mich und legt mir überall Steine in den Weg. – Was habe ich davon, wenn ich mir mit viel Raffinesse, mit Lug und Trug, Vorteile erschleiche? Ich muss immer auf der Hut sein, entdeckt zu werden, und muss mein Lügengewebe mit höchster Konzentration pflegen. Welch eine Nervenbelastung! – Was habe ich davon, wenn ich sexuell von Genuss zu Genuss taumele wie ein Schmetterling? Wenn ich krank oder alt oder unglücklich bin, dann habe ich keinen Kameraden, der mir zur Seite steht. – Was habe ich davon, wenn ich Geld auf Geld raffe, in der Welt herumreise und mir viele Häuser baue? Meine Sorgen nehmen nur zu, meine Habsucht will immer noch mehr und seelisch bin ich arm und gehetzt und leer.

Wenn ich aber auf ehrliche Weise, unter Berücksichtigung der Bedürfnisse der anderen und meiner eigenen Kräfte, mein Leben führe und mich vor allem bemühe, meine Triebe, die sich auf Kosten des Nächsten ausbreiten möchten, unter Kontrolle zu bekommen, dann erhelle ich meine eigene Seele und kann ein nützliches Glied der menschlichen Gemeinschaft sein. Sowohl außen als auch innen mache ich das Leben heller und freundlicher und entspannter. Dabei lerne ich mich schrittweise immer besser kennen: Ich merke, wie ich viele meiner Triebe solange nicht kenne, als mich nicht eine Mangelsituation auf sie aufmerksam macht. Ich sehe, wie ich oft nur mangels Gelegenheit brav bin, aber in Situationen, in denen es darauf ankommt, die Fassung verliere und aus der Rolle falle. Ich habe mich nicht in der Hand – und gerade das wäre doch so wichtig! So merke ich, dass ich viel, viel tiefer auf mich achten und viel sorgfältiger mit mir umgehen muss.

Mir wird bewusst, dass ich mich wandeln kann. Im Umgang mit mir merke ich, wie sehr die geistige Einstellung und Bewertung es ist, die meine Triebe bestimmt. Ich sehe, dass ich ihnen nicht blind ausgeliefert bin, sondern dass ich Möglichkeiten der Steuerung und des Eingriffes habe, wenn ich bestimmte heilsame Gedanken fasse. Alle meine Gewohnheiten, die guten wie die schlechten, habe ich mir durch mein Denken angewöhnt. Ich bin so, wie ich mich von Jugend an erzogen und gemacht habe. Und ich kann mich ganz genauso wieder umerziehen, umgewöhnen, anders machen. Nicht bin ich der Vorherbestimmung eines Schöpfers blind ausgeliefert – und auch nicht dessen Ersatz, der Vererbung – so dass ich fatalistisch vor der „Erbsünde" kapitulieren müsste. Nicht hat das Milieu, die Gesellschaft, die Erziehung schuld, dass ich so bin, wie ich bin, vielmehr: Hier und jetzt, in jedem Augenblick kann ich mich ein wenig verbessern und verschlechtern, je nachdem, welche Gedanken ich hege und pflege. Ich bin ganz und gar selber für mich verantwortlich und kann die Schuld auf keine Instanzen abschieben. Was ich aus meinen Anlagen und aus meiner Umwelt mache, das liegt an mir. Anlagen und Umwelt machen nur, dass es mir schwerer oder leichter fällt, mich zu ändern.

Bei dem Bemühen um Selbsterziehung merke ich auch, wie nötig es ist, dass ich mir bestimmte Grenzen setze und feste Regeln auf mich nehme, die in kritischen Situationen dann ihre Bremswirkung entfalten. Solche Regeln, die in allen Religionen für die soziale Selbsterziehung vorgesehen sind, ergeben sich aus der Natur der Sache. Sie sind keine beliebig ausweitbare Kasuistik, sondern weil es nur bestimmte Reaktionsweisen gibt, deshalb gibt es auch nur wenige Grundregeln, die völlig ausreichen, ungeahnte Veränderungen zu bewirken, nämlich folgende vier: Weil ich aggressiv bin, deshalb ist es nötig, in Werken und Worten meine Aggression zu bremsen und meine Kräfte sinnvoller anzuwenden als mit Schlagen und Schelten, nämlich mit Helfen und Ermuntern.

Weil ich bequem bin, deshalb ist es nötig, in Werken und Worten meine Trägheit zu überwinden und meine Neigung zur Ruhe nicht auf Kosten anderer zu befriedigen, wie es so leicht durch Wegnehmen und Lügen zu gehen scheint.

Weil ich die Welt als Erfüller meiner Wünsche brauche, deshalb ist es nötig, dass ich in Werken und Worten etwas Gutes in die Welt für Kameradschaft und Partnerschaft gebe und nicht untreu, hinterhältig und ehebrecherisch bin, sondern mich um Treue und Eintracht bemühe.

Und weil ich zerstreut und oberflächlich, abwechslungssüchtig bin, deshalb ist es nötig, dass ich meine Konzentration auf Sinnvolles richte, um mein Berufs- und Privatleben zweckmäßig zu gestalten und um anderen Sinnvolles sagen zu können, was sie weiterbringt. Aggression, Faulheit, Habsucht und Zerstreutheit – in diesen vier Grundtrieben liegt die Wurzel allen asozialen Verhaltens. Im Umgang mit anderen merke ich mehr und mehr, wie diese Triebe mich beherrschen und wie ich sie durch Einhaltung der Tugendregeln in die Hand bekomme.

Bei dieser Philosophie der Tugend als zweitem Bereich der Bildung einer wirklichkeitsgemäßen Anschauung geht es im Grunde um die Erkenntnis des Gesetzes von Saat und Ernte guter und böser Werke, d. h. um die wahren Folgen meines Wirkens nach außen und innen. Wenn ich mich zurücknehme und zügele und mich sozial umerziehe, dann wandeln sich allmählich auch alle meine Aktionen: Die schlechten Handlungen nehmen ab, die guten nehmen zu. Ich säe viel Gutes und davon ernte ich schon viel Gutes. So kann ich das Daseinsgesetz des Wirkens in meinem Leben deutlich erkennen. Das einzige, was hierzu nötig ist, ist ein etwas längerer Atem. Wenn ich so mein Leben mit etwas Überblick betrachte, dann sehe ich diese Entwicklungen, durch die ich mir mein Schicksal selber gestalte. Ich sehe mit Staunen, wie manche äußeren Probleme, die ich mit Fanatismus und Pochen auf mechanische Gerechtigkeit und Gewalt nie lösen konnte, sich von selber unerwartet auflösten, wenn ich mich zurücknahm und nachgiebiger wurde. Da sehe ich, dass in der Welt ein ganz anderes Gesetz waltet, als es die bloß mechanische Kausalität bei den toten Dingen lehrt. Ich sehe die moralische Kausalität, das sittliche Naturgesetz, die kosmischen Ordnungsprinzipien. Und deren Inhalt lautet: So wie ich bin und den Menschen entgegentrete, so kommen sie mir entgegen. „Was ihr wollt, dass euch die Leute tun sollen, das tuet ihnen auch“, sagt dementsprechend Christus.

Bin ich verbissen und hart, dann stoße ich auf Unnachgiebigkeit; bin ich verhandlungsbereit und entgegenkommend, dann kann ich viel eher Konzilianz erwarten. Wir machen unsere Mitmenschen froh und traurig, glücklich und ärgerlich, hoffnungsvoll und verzweifelt. Und so wie wir sie gemacht haben, so treten sie uns wieder entgegen. Wir erleben das von ihnen, was wir ausgeschickt haben. Wir geben dauernd der Welt gute und schlechte Beispiele, wir setzen unentwegt Vorbilder in die Welt – und Entsprechendes erleben wir dann als Ernte unserer Saat. Es ist nur nötig, dass wir die Entwicklungen auf etwas längere Sicht betrachten und ein wenig Geduld im Urteilen haben. Ich sehe ja bei mir selber, wie viel Geduld ich mit mir haben muss und wie oft ich noch gegen meine besseren Einsichten handele. Und ganz genauso geht es den anderen auch, auch sie ändern sich nicht von heut auf morgen, sondern erst allmählich.

Und noch etwas Erstaunliches merke ich auf dem Wege der Tugend: Meine Gesundheit hängt ganz wesentlich von meiner Gesinnung ab. Wenn ich zornig und bösartig, geizig und neidisch, starrsinnig und schadenfroh denke, dann schlägt mir das auf Magen und Galle und Nerven. Alle meine Untugenden – nicht nur Rauschgiftsucht und Rauchen schaden mir selber am meisten, stören den vegetativen Impuls des Körpers, wirken sich früher oder später, mehr oder weniger auf die Lebenskraft aus. Wenn ich dagegen freundlich, hilfsbereit, wohlwollend, nachgiebig bin, dann harmonisiere ich damit nicht nur meine Umwelt, sondern auch meinen Leib und sein empfindsames System. Viel, viel stärker, als ich denke, und noch über die Psychosomatik hinaus wirken sich die Stimmungen und Tendenzen meines Gemütes auf den Körper aus. Es ist geradezu barbarisch, wie wir durch unsere Triebe unseren Körper misshandeln und dann nach dem Arzt schreien, aber nichts davon wissen wollen, uns zu ändern. Mit Pillen wollen wir die Folgen unserer Sünden beseitigen, aber die Ursachen wollen wir beibehalten.

Wenn wir zu viel Unzuträgliches essen und Gallensteine bekommen, dann sehen wir zähneknirschend ein, dass wir vielleicht selber daran schuld haben und dass es geraten sein könnte, Diät einzuhalten. Wenn wir uns aber dauernd über andere ärgern und uns einen nervösen Magen oder ein Magengeschwür zulegen, dann wollen wir den Zusammenhang nur selten einsehen. Und wenn wir uns in der Mitwelt unbeliebt machten, weil wir aufdringlich und intolerant waren, dann mögen wir schon gar nicht hören, dass wir selber an unserer Isolation schuld sind.

Je mehr wir aber unser Wirken prüfend betrachten, umso mehr sehen wir, wie wir selber unseres Glückes oder Unglückes Schmied sind, wie unsere Umgebung ständig von uns verändert wird, wie unser Schicksal eigentlich unser Schaffsal ist. Ich und Umwelt rücken viel näher zusammen.

Im späteren Verlauf der Darstellung werden wir überdies sehen, dass die Tugend noch viel weiter hinaufreicht – bis zu unermesslichen Gemütserhellungen.

6. Jenseitskunde, Fortexistenz, Metaphysik (*sagga*)

Es ist nicht hienieden zu Ende, indem sie nun eben als Bösewichter sterben,
sondern die früher verübten Handlungen haben jeweils das im Gefolge,
was ihnen nach Vernunft und Natur entspricht:
die schlechten Schlechtes, die guten Gutes.

Übrigens muss man auch die Rechnung bis zu den früher gelebten Leben zurückverfolgen, denn von dorther rühren die Folgewirkungen. (Plotin, *Von der Vorsehung*)

Geh weiter deinen rechten Gang,
folg nicht dem falschen, bösen Weg:
wer recht lebt, lebet glücklich hier,
in dieser und in jener Welt. (Dh 169)

Auch bei der zweiten Stufe rechter Anschauung, bei der Erkenntnis von der Notwendigkeit, meine Triebe zu verbessern und mich zu erziehen (Tugend), bleiben noch Fragen offen. Ich kann zwar erkennen, wie ich meine nähere Umwelt mit gestalte, aber ich kann nicht erkennen, warum meine weitere Umgebung so ist, wie sie ist, d. h. warum ich mich gerade in einem solchen Milieu, bei solchen Eltern, bei einem solchen Volke vorfinde und damit kollektiven Schicksalsschlägen ausgesetzt bin, die in keinerlei Zusammenhang mit mir zu stehen scheinen. Und ich kann mich bemühen, den Menschen freundlich zu begegnen, aber ich sehe dennoch auch nach längerer Zeit keinen Erfolg; oder ich kann gegen meine Leidenschaften kämpfen, aber es scheint nach Jahren, als habe sich nichts geändert. Und ich sehe bei anderen, dass es oft Guten sehr schlecht geht und Schlechten sehr gut. Wie reimt sich das alles zusammen? Wie passt das zu dem Lehrsatz, dass jeder selber seines Glückes und Unglückes Schmied ist? Und selbst wenn ich sehe, dass ich nach innen und außen durch meine sittlichen Bemühungen etwas verbessere, dann stellt sich doch noch die Frage, ob der Aufwand sich wirklich lohnt. Ich kämpfe und kämpfe um Tugend, aber der Erfolg ist nur, dass es bestenfalls ein paar Jahre harmonischer ist.

Alle solche Fragen sind durchaus berechtigt. Gäbe es diese Fragen nicht, dann könnte der Buddhismus mit der Tugendlehre aufhören, aber in Wirklichkeit fängt er mit diesen Fragen überhaupt erst eigentlich an. Alles bisher Erörterte – Geben und Tugend – bezog sich lediglich auf die physische Welt unter Ignorierung der Metaphysik. Es schien alles bloß immanent, unter Ausschluss der Transzendenz. Kurz: Es wurde nur diese Welt und nicht jene Welt betrachtet. Aber „Jene Welt" – was ist das? Gibt es überhaupt so etwas wie Metaphysik und Transzendenz?

Bei gründlicher Betrachtung erweist sich, dass auch bei dem bisher Gesagten schon Transzendenz im Spiele war. Denn alle seelischen Kräfte und Neigungen und Vorgänge, alle Stimmungen und Vorstellungen, sind etwas, das nicht sichtbar und tastbar ist, d. h. etwas Transzendentes. Das Psychische geht über das Physische hinaus, es ist bereits jenseits des Physischen, d. h. meta-physisch. Wenn ich jemanden beleidigt habe und er entweder Rache brütet oder mir verzeiht, dann ist das in ihm ein innerseelischer Vorgang, der mir gänzlich entzogen ist und von dem ich höchstens Auswirkungen erlebe. Alle solchen innerseelischen Vorgänge – und die sind das Wichtigste im Leben – sind aber sinnestranszendent. Sie existieren in einer anderen Dimension, in einer anderen Welt, genauso wie Radiowellen, Elektrizität und Ultraschall. Solche unsichtbaren und unhörbaren physikalischen Phänomene kann ich nur erleben, wenn ich ein Werkzeug habe, das sie ins Diesseits der Wahrnehmung überträgt. Ganz genauso kann ich das Seelische hier nur wahrnehmen, wenn es sich im oder am Werkzeug des Leibes abspielt. Meine Triebe oder die Triebe anderer merke ich nur, wenn sie im Leibe zum Bewusstsein kommen – bei mir unmittelbar, bei anderen erst indirekt durch ihre Bewegungen oder Handlungen.

Diese Triebe und Tendenzen sind eine Welt für sich, sind eben jene Welt. Das Psychische ist eine Dimension für sich. Und deren Gesetze gilt es zu erforschen. Das aber ist ausschließlich durch eigene Beobachtung an sich möglich. Alles andere wäre unwissenschaftlich, indirekt, spekulativ. Die Selbstbeobachtung aber zeigt, wie unheimlich stark das Beharrungsvermögen der Triebe ist. Ich kann sehen, wie nur ein beharrliches Üben durch rechte Gedanken und Betrachtungen etwas an dem Strom der Tendenzen ändert. Wo ich mich gehen lasse, da bleibe ich so, wie ich bin. Das heißt: Die stets unsichtbare Psyche besteht jetzt unsichtbar in ihrer Dimension so weiter wie bisher, die Triebe sind, solange sie sich nicht äußern, latent. Mit der Erfahrung von der Latenz der Triebe als erstes, mit der Erfahrung von ihrem Beharrungsvermögen als zweitem und mit der Erfahrung, dass bezugswandelndes Denken die einzige Veränderungsmöglichkeit bietet, mit diesen drei Erfahrungen habe ich den Schlüssel in der Hand, um das Tor zur weiterreichenden Transzendenz der Psyche aufzuschließen und auch die scheinbar unübersteigbare Schranke des Todes zu übersteigen, d. h. zu transzendieren im wörtlichen Sinne. Über dieses Transzendieren sagt ein buddhistischer Denker Japans:

> *„Die wahre Erkenntnis der Weltlichkeit der Welt und das Sein des Seienden wird erst durch die Erkenntnis der Transzendenz gewonnen, die sich nur dem philosophisch meditierenden Menschen nach mühsam vorbereitenden Schritten erschließt. Solange man selbst in dem Wandelspiel des Lebens und Todes steht, erfährt man nichts vom Tode und Leben; erst dann, wenn man aus dem Wechsel herausgetreten ist, sieht man die Wahrheit des Todes und Lebens ein. In der wahren Erkenntnis versteht man, dass die Realität und somit die Substanzialität der alltäglichen Welt direkt nichtig ist."*
>
> (Kitayama, *Metaphysik des Buddhismus*, 1934, S. 35)

Die entscheidende Frage lautet wirklich: Was wird aus der Seele nach dem Tode? Besteht sie weiter oder wird sie vernichtet? Das führt zu dem psycho-physischen Problem, d. h. zur Frage des wahren Verhältnisses von Seele und Leib. Wenn die Seele vom Leib abhinge, dann wäre es vertretbar zu sagen, sie stürbe mit dem Leibe. Würde aber der Leib von der Seele abhängen, dann könnte der Tod des Leibes nicht den Tod der Seele bedeuten.

Die existentielle Erfahrung im Umgang mit dem eigenen Psychischen zeigt nun, dass es einer Gesetzmäßigkeit unterliegt, die unabhängig von der des Leibes ist. Der Körper folgt seiner Entwicklungskurve: Er blüht auf und wird alt, unaufhaltsam. Die Seele kennt dergleichen überhaupt nicht: Ein junger Mensch kann seelisch verkümmert, ein alter seelisch blühend sein. Oder einer ist am Anfang des Lebens hell und verdunkelt sich allmählich, während ein anderer anfangs dunkel ist und allmählich heller wird. Die seelische Entwicklung hat mit der Entwicklungskurve des Physischen nichts zu tun, sie hängt entscheidend von der Weltanschauung und Gesinnung ab. Die Kurve der Seele ist nicht prädestiniert wie die Kurve des Leibeslebens. Die Kurve der Seele ist vielmehr ein Spielball des Denkens.

Alle körperlichen Eingriffe können nur die Betätigung unserer Triebe hindern, sie aber selber nicht beeinflussen. Es ist dasselbe wie beim Radio: Wenn ich es abstelle, dann kann ich nicht sagen, der Sender habe aufgehört. Durch Operationen am Körper wird es den Trieben lediglich unmöglich gemacht, sich in der gewohnten Weise zu äußern. Die Triebe suchen sich dann Ersatz oder machen sich in einer allgemeinen Herabstimmung des Lebensgefühls geltend.

Das Wesen der Triebe ist ihre Endlosigkeit und Ewigkeit und Unverändertheit, solange nicht ein Denkakt die Veränderung vornimmt. Der Fluss der inneren Antriebskräfte folgt, ebenso wie ein Fluss in der Natur, seinem Gefälle und strömt durch seinen eigenen Druck auch in der Ebene dahin.

Wenn nun der Leib stirbt, dann ändert sich am Spannungsgefüge des weitgehend Unbewussten überhaupt nichts. Die Psyche als eine Art elektromagnetisches Spannungsfeld der Seele bleibt wie bisher. Der Tod ist für die Psyche weit unwichtiger als ein neuer Denkakt, denn dieser ändert sie, der Tod aber nicht. Der Tod ist, wie Ernst Jünger es einmal ausdrückte, nicht mehr als eine totale Amputation. Verlieren wir durch Amputation ein Glied des Körpers, dann verlieren wir nicht die Seele und besonders auch nicht den jetzt lediglich unerfüllbaren Willen, jenes Glied zu haben. Und verlieren wir durch die totale Amputation des Todes alle Glieder, d. h, den ganzen Werkzeugleib, dann verlieren wir dadurch ebenso wenig die Seele mit ihrem Trieb nach Leben, der jetzt lediglich nicht mehr mittels des bisherigen Werkzeuges leben kann. Die Psyche besteht nach dem Tode genauso weiter wie vorher. Das ist die Fortexistenz. Dazu sagt Goethe:

> *„Die Überzeugung unserer Fortdauer entspringt mir aus dem Begriff der Tätigkeit; denn wenn ich bis zum Ende rastlos wirke, so ist die Natur verpflichtet, mir eine andere Form des Daseins anzuweisen, wenn die jetzige meinen Geist nicht ferner auszuhalten vermag.“*
>
> (zu Eckermann, 4.2.1829)

Aber selbst wenn man, wie auch Goethe, zu der Einsicht gelangt, dass logischerweise Fortexistenz der Seele nach dem Tode sein muss, dann besteht doch noch ein großes Hindernis für eine praktische Anwendung dieser Erkenntnis. Denn wie soll man sich Seelen ohne Sinne vorstellen? Ein im Raume frei schwebendes Seelenfeld – wäre das nicht ein Unding? Gewiss, das wäre ein Unding. Inwiefern aber die Psyche zwar immateriell, aber doch in gewisser Weise ein Ding ist, erhellt aus folgender Überlegung:

Jeder Trieb ist hier immer ein Bezug zwischen zwei Polen, zwischen einem Innen und einem Außen. Die Spannung zwischen diesen beiden Polen macht den Trieb aus, der nichts als das ist. Ebenso wie die Triebe während des Lebens im Fleischleibe wohnten und sich mittels dieses Werkzeuges auf die diesseitige Welt bezogen, ebenso ist die Situation auch nach dem Fortfall des Fleischleibes. Dieser ist nämlich durchaus nicht die einzige Leiblichkeit des Menschen, sondern nur die äußerste Verdichtung des stofflichen Innen-Poles. Zusammen mit dieser dichtesten und gröbsten Form besteht immer schon ein feinstofflicher Leib, ein elektromagnetischer Kohäsionsleib, der den Fleischleib durchzieht und ihn überhaupt lebendig macht. Diese eigentliche Lebenskraft kann nun zusammen mit dem Fleischleib bestehen (das nennen wir Leben) und sie kann ebenso ohne ihn bestehen (das nennen wir vom Fleischleib aus gesehen Tod). Schon während des Lebens aber kann dieser feinstoffliche Leib in gedämpfterer Art den Fleischleib bewegen: das nennen wir Schlaf. Ja, er kann sogar aus ihm aussteigen wie bei Träumen oder klinischem Tod. Schon zu Lebzeiten können wir die Existenz dieses sogenannten „Astralleibes“ merken, wenn wir uns durch größere Konzentration auf ihn einstellen. Was da Aura, Odfeld, Prāṇa, Astralkörper, Kohäsionsleib oder sonst wie genannt wird, ist der Erfahrung und Erforschung nicht unzugänglich. Würden wir im Abendland auf die wissenschaftliche Erforschung dieses feinstofflichen Körpers so viel Energie verwenden wie auf die Erforschung der Atomkraft oder des Mondes, dann gäbe es keinen Zweifel mehr an seiner Existenz und Wirkensweise. Das, was neuerdings die Kraft „Psi“ genannt wird, ist nur der allererste Anfang solcher exakten Erforschung.

Ein Naturwissenschaftler erklärt: „Wenn man das und das Experiment macht, dann wird man zu den und den Ergebnissen kommen.“ Und der Buddha sagt: „Wenn man solche und solche meditativen Übungen macht, dann wird man zu solchen und solchen Erfahrungen kommen." Und eine dieser Erfahrungen ist die des Astralleibes. Wenn man aber diese Übungen nicht auf sich nehmen will, dann darf man auch nicht behaupten, der Buddha habe unrecht und sei ein okkulter Phantast oder dergleichen. Dem Naturwissenschaftler glaubt man seine Ergebnisse, obwohl kein Laie seine Experimente nachmachen kann und kaum ein Experte sich die Mühe machen wird, sie nachzumachen. Man glaubt ihm, weil er Kredit hat und weil seine Ergebnisse praktisch anwendbar sind. Warum aber sollte man dem Buddha weniger Kredit zubilligen, zumal seine Ergebnisse seit 2 500 Jahren von Millionen Menschen praktisch angewendet worden sind?

Was der Buddha über die Fortexistenz des Astralleibes und der Psyche sagt, wird auch von anderen Religionen und den Erfahrungen der religiösen Nachfolger aller Zeiten tausendfältig bestätigt. Gerade die Großen, die als Weise und Heilige bezeichneten Menschen, haben solche Erfahrungen gemacht und sind völlig sicher in der Überzeugung der Fortexistenz geworden. Der vordergründig denkende Mensch aber fährt fort, die Berichte über ein Jenseits als Märchen, Legenden, Einbildungen, Phantasieprodukte, Projektionen des kollektiv Unbewussten zu bezeichnen. Mit ähnlichen Anwürfen hat man vor 200 Jahren Telefon, Fernsehen, Mondfahrt, Tiefseeforschung u. Ä. bezeichnet, zusätzlich noch als gottlos, hybrid, blasphemisch. Kurz: Damals hatte der vordergründige Mensch einen ganz erheblichen Mangel an Vorstellungskraft über die Entwicklung der Technik und ebenso hat er heute einen großen Mangel an Vorstellungskraft über die Möglichkeiten einer Seelentechnik der Alten.

Der entscheidende Unterschied zwischen dem ganzen Komplex des Übersinnlichen im Abendland einerseits und in den Lehren der Hochreligionen andererseits besteht darin, dass die Erfahrung des Übersinnlichen bei religiös Strebenden ein Ergebnis sittlicher Läuterungsbemühungen ist, während sie bei weltlich Orientierten ein meist völlig von ethischen Bemühungen losgelöstes Gebiet der Sensationen ist, die Neugierige sich durch Medien vorführen lassen. Es ist bemerkenswert, dass im gesamten buddhistischen Kanon nicht einmal etwas von Medien erwähnt wird, die Sitzungen abhalten und Geister sprechen lassen usw. Der Geläuterte macht auf seinem Wege selber solche Erfahrungen, wenn er überhaupt Wert darauf legt. Beim modernen Mediumismus melden sich dann auch fast nur solche Astralwesen, die recht primitiv sind und die sich aus Langeweile und Mitteilungsdrang betätigen wollen: Ihre Aussagen sind dann auch dem entsprechend.

Außerdem spielt neben dem sowieso vorhandenen Unglauben des Sinnenmenschen an das Übersinnliche auch das Misstrauen gegen die zahlreichen Betrügereien des Mediumismus eine Rolle. Niemand kann ernstlich bestreiten, dass im abendländischen Okkultismus sehr viel Scharlatanerie, Betrug und Täuschung vorgekommen sind, wie es eben zwangsläufig der Fall ist, wenn solche Praktiken abgelöst von religiöser Selbsterziehung betrieben werden. Es ist ja auffällig, dass der Okkultismus der Medien im Abendland erst aufblühte, als die christliche Lebenshaltung mehr und mehr verblasste. In genau dem gleichen Maße, wie die christlichen Mystiker mit ihren transzendenten Erfahrungen immer spärlicher wurden, kam als Ersatz des religiösen Bedürfnisses etwa ab dem 18. Jahrhundert der Okkultismus auf.

So ist der abendländische Okkultismus in ein vielfaches Netz von Irrtümern eingesponnen. Erstens ist da die natürliche Täuschung des Sinnenmenschen über die wahre Natur der Welt, die er völlig unabhängig von seinem Wirken sieht; zweitens ist da die Täuschung durch unreine Geister, die falsche, verschwommene oder belanglose Mitteilungen vom Jenseits machen; drittens ist da die Täuschung durch Medien, die Fähigkeiten vorspiegeln, die sie nicht besitzen bzw. die bei Abnahme ihrer Fähigkeiten diese noch vortäuschen, um weiter den Ruf, übernatürliche Fähigkeiten zu besitzen, genießen zu können.

Auf diese Weise ist der abendländische Okkultismus, als Ganzes genommen, eher eine Erschwerung des exakten Verstehens parapsychologischer Realitäten des Buddhismus als eine Erleichterung. Dieser Okkultismus hat es im Abendland erreicht, dass man eine große Scheu davor hat, sich überhaupt ernsthaft mit dem ganzen suspekten Gebiet des Übersinnlichen zu beschäftigen. Es gilt als Jahrmarktniveau, mit dem zu beschäftigen, es sich eben nicht lohnt.

Und da das gewöhnliche Christentum nur eine sehr unvollkommene und unklare Lehre vom Jenseits besitzt und insbesondere die Wiedergeburtslehre offiziell verwirft, da andererseits aber auch primitive Medien und Geister ganz selbstverständlich von der Wiedergeburt als Faktum sprechen, so steht die Kirche solchen Jenseitslehren auch dann ablehnend gegenüber, wenn es sich nicht um Phantasien und Betrug handelt. Daher kommt es, dass die Lehre vom Jenseits und der Fortexistenz fast nur in Sekten und Zirkeln ernst genommen wird, die außerhalb der Kontrolle und Erfahrung der Allgemeinheit stehen und so im Dunklen (okkult heißt ja „dunkel") ihr Schattendasein fristen. Die ethischen Lehren des Christentums, die in den Jenseitsberichten der Mystiker so vielfältig eingeflochten sind, kommen beim Okkultismus fast gar nicht zur Anwendung und Würdigung.

Aus allen solchen Gründen ist beim abendländischen Menschen eine Blockierung vorhanden, die ihn hindert, die Darlegungen des Buddha über die Fortexistenz nüchtern zu prüfen. Vielmehr geht er mit starken Vorurteilen belastet an entsprechende Aussagen heran. Die Hypothek des Misstrauens gegenüber allem Übersinnlichen ist noch größer, als man gemeinhin denkt. Der Gegensatz zwischen Religion und Naturwissenschaft ist für den Abendländer seit der Renaissance der Gegensatz zwischen Spekulation und Wissenschaft überhaupt.

Die einzige Möglichkeit des Zugangs liegt für den modernen Abendländer darin, dass er einsieht, wieso es auch eine exakte Wissenschaft des Übersinnlichen gibt. Hier wird man an die Parapsychologie und sogenannte Grenzwissenschaften denken, denen man aber auch mit Misstrauen begegnet. Wo diese Parapsychologie sich um exakte Erfahrungen bemüht, da sind diese noch so eng und schmal, wie es eben bei mangelnden Bemühungen um Umgang mit der eigenen geläuterten Seele nicht anders sein kann. Man wendet die Parapsychologie ebenso wie die Psychologie eben auf andere an und nicht auf sich selber, bleibt also in der Dimension des Sinnlichen, ohne die Transzendenz der Triebe selber zu erfassen. Was von der Parapsychologie erforscht wird, ist oft eben solch ein Behaviorismus wie in der normalen Psychologie, z. B. bei den Experimenten von Prof. Rhine von der Duke University in Amerika, der an Hand des Ratens von Spielkarten eine gewisse außersinnliche Wahrnehmung nachwies. Es wurde bewiesen, dass es *extrasensory perception* (ESP) gibt. Aber was das für die materialistische Weltanschauung bedeutet und wie weit das reicht und wie es überhaupt zu erklären ist, das liegt noch völlig im Dunkel. Im Grunde hat man nur die Zahl der beziehungslos nebeneinander stehenden Phänomene, mit denen sich Spezialisten beschäftigen, um ein weiteres Feld vermehrt.

Es ist daher kein Wunder, dass im Bereiche des abendländischen Buddhismus die Tendenz besteht, die Aussagen des Buddha über das Jenseits möglichst zu ignorieren oder sie gar für nicht authentisch zu erklären. Da aber die ganze Lehre davon durchsetzt und durchzogen ist, bleibt bei solchen Versuchen vom Buddhismus nicht mehr viel übrig. Immer wieder zeigt sich hier, wie weit wir eben von der Grundlage entfernt sind, die die Inder zur Zeit des Buddha noch besaßen. Wenn der Buddha in seltenen Fällen Materialisten begegnete, die ein Jenseits und Götter leugneten, dann konnte er antworten: *Der Hochsinnige ist sich einig geworden in der Welt, dass es Götter gibt* (M 100), denn die überwiegende Mehrzahl der damaligen Menschen war in diesem Sinne hochsinnig, d. h. zumindest aufgeschlossen für Erfahrungserweiterungen.

Die Erkenntnis von der Fortexistenz ist eben der entscheidende Schritt von der beschränkten zur unbeschränkten Perspektive, der Schritt von der materiellen Endlichkeit zur seelischen Unendlichkeit. Das wird noch deutlicher, wenn die Folgerungen betrachtet werden, die sich aus dieser Sicht ergeben:

Zunächst führt die Frage, was aus der Psyche nach dem Tode werde, zwangsläufig auch zu der Frage, was denn mit ihr vor der Geburt war. Wenn die Triebe nur durch Denken veränderbar sind und daher durch Wegfall des Leibes nicht zu beeinflussen sind und fortbestehen müssen, dann können sie doch auch nicht durch den materiellen Akt der Zeugung geschaffen sein. Wenn die Seele beim Tode aus dem Fleischleib aussteigt, dann muss sie bei der Zeugung irgendwie einsteigen. Sie besteht nämlich schon vorher ebenso in astraler Dimension, wie auch beim Tode. Dieses astrale Seelenfeld mit seinem Charakterkomplex inkarniert sich: Kraft Wahlverwandtschaft (Anziehung) fasst es dort Fuß, wo ähnliche Tendenzenfelder vorhanden sind. Die Eltern stellen also nur die grobe Materie mit ihren Vererbungsgesetzen zur Verfügung, aber der Astralleib materialisiert sich in der diesseitigen Dimension. Er baut nach dem ihm innewohnenden Prinzip (Bauplan) einen Fleischleib, d. h. er reichert sich gewissermaßen mit dichterer Materie an. Die Eltern erzeugen also nie eine Seele und auch kein Gott ist es, der in unermüdlichem Schöpfungsdrang immer neue Seelen aus nichts schafft, sondern die Eltern rufen nur eine schon vorhandene Psyche herbei und bereiten ihr einen Zugang zu dieser Welt, zu welcher das Eingangstor nur durch den Mutterleib geht. Dies steckt dahinter, wenn der Erwachte als Inhalt der rechten Anschauung auf dieser dritten Stufe sagt, dass es nicht nur diese, sondern auch jene Welt gebe, dass es nicht nur Vater und Mutter, sondern auch die Astralperson gebe.

Mit der Erkenntnis, dass die menschliche Existenz nur eine Durchgangsstation eines astralen Pilgers ist, der zeitweise im Fleischleib Herberge nimmt und dann weiter wandert, ist ein noch weiteres Feld eröffnet. Der Astralleib ist viel wandlungsfähiger als der Fleischleib. Wir pflegen von Engeln oder Teufeln oder Tieren in Menschengestalt zu sprechen. Und das ist richtiger, als man ahnt. Wenn nämlich diese Menschengestalt stirbt, dann bleibt der Engel oder Teufel oder das Tier in astraler Form übrig. In der jenseitigen Dimension, die im Ganzen Psychen-unmittelbarer ist, entspricht nun die Form der leiblichen Darstellung genau der inneren Art der Psyche. Daher sprechen alle Religionen übereinstimmend von unter- und übermenschlichen Wesen, von Teufeln, Dämonen, bösen Geistern einerseits und von Engeln, Göttern und guten Geistern andererseits. Und die Orte solcher Wesen werden mit den Begriffen Hölle und Himmel umschrieben. Solche Namen von Wesenheiten und Orten bezeichnen indes nur den Zustand der jeweiligen selbstgewirkten Dunkelheit oder Helligkeit, der unermesslich viele Schattierungen und Übergänge kennt. Die Aussage Christi, in seines Vaters Haus seien *viele* Wohnungen (Joh. 14, 2) und die Erfahrung der Mystiker von den neun himmlischen Chören deckt sich mit der vom Buddha geschauten außerordentlichen Vielfalt außermenschlicher Daseinsformen. Es wird da eine unermessliche Hierarchie entrollt, vom tiefsten Dunkel der Qual und Verworfenheit („wo da ist Heulen und Zähneklappern“) bis zur seligsten Seligkeit (Paulus ward verzückt in den dritten Himmel: 2. Kor. 12, 2). In einem solchen real geschauten Weltbild steht der Mensch in der Mitte zwischen Dunkel und Licht. Die uns gewohnte Dreiteilung des organischen Lebens in Pflanzen-, Tier- und Menschenreich wird hier gewaltig erweitert in die Dreifaltigkeit der Dreiwelt: Da ist inmitten diese Welt, und da sind im Dunkleren die Unterwelten (Hölle, Fegefeuer, Schattenreich, Gespenster, Dämonen, Titanen) und im Helleren die Überwelten (Paradies, Himmel, Lichtwelt, Götterwelt, Elysium). Die Inkarnation in menschlicher Gestalt und irdischer Umgebung ist nur eine der zahlreichen Möglichkeiten. Der Mensch ist hier nicht Zentrum, sondern nur eine der zahllosen Übergänge zwischen Licht und Schatten. Der Mensch hat alle diese Möglichkeiten in sich, sein Unbewusstes, sein Psychenfeld, birgt Bezüge zu allen Existenzformen. Welchen Weg er künftig wählt, liegt in seiner Hand.

Damit aber wächst die Verantwortlichkeit des Menschen ins Unermessliche. Das Schicksal ist dann total in seiner Hand. Hier ergibt sich, dass das Gesetz von Saat und Ernte noch viel, viel weiter reicht. Dass ich so und so geboren bin, einen solchen kranken oder gesunden Leib aufgebaut habe, mit solcher Lebenskraft, bei solchen Eltern, bei solchem Volke, in solcher Kultur, unter solchen äußeren Umständen – all das ist Ernte meiner früheren Saat und ebenso säe ich für künftig und bestimme, was mir in der nächsten Daseinsform begegnen wird. Wenn mir hier auf Erden irgendwo etwas ungerecht zu sein scheint, ein willkürliches Schicksal, eine ungerechte Strafe, so erweist sich eine solche Beurteilung als Mangel an weiter reichendem Blick. Würde ich das und die früheren Leben mit ihrem Säen mit einbegreifen, dann würde ich auch die jetzige Ernte verstehen. Die Jenseitskunde, wie sie sich aus der Erfahrung der Schau des Buddha ergibt, zeigt, dass alles und jedes selber geschaffen und gewirkt ist, nur dauert die Auswirkung manchmal über ein Leben oder gar mehrere Leben hinaus. Daher gibt es nirgends so etwas wie ungerechtes Schicksal oder Zufall. Das schlechte Geschick habe ich irgendwann früher selber ausgeschickt und es hinkt nach, auch wenn ich jetzt viel besser sein sollte. Und das gute Geschick habe ich auch früher ausgeschickt und es hinkt nach, auch wenn ich jetzt viel schlechter bin. Das ist das, was die immanente Gerechtigkeit des Weltgesetzes genannt wird und was wir unter dem Ausdruck „Karma“ kennen. Entsprechend heißt es in den Texten:

Auch einem Bösen geht es gut,
solang das Böse nicht gereift;
ist aber reif die böse Frucht,
dann geht es schlecht dem schlechten Mann. (Dh 119)

Auch einem Guten geht es schlecht,
solang das Gute nicht gereift;
ist aber reif die gute Frucht,
dann geht es gut dem guten Mann. (Dh 120)

Gutes Werk geht nicht zu Grunde,
nicht hilft vor dem Bösen Flucht:
alles reift zu seiner Stunde,
bitter oder süß als Frucht. (Divyavadāna)

In dieser Betrachtung schließt sich der Kreis der Zusammenhänge nach vorn und hinten. Hier endlich findet sich eine befriedigende Erklärung des Daseinsrätsels, unter dem so viele Sucher des Abendlandes tief gelitten haben. Da herrscht eine lückenlose geistige Kausalität: Schon vor der Zeugung und Geburt existierte und wirkte die Psyche; und auch nach dem Tode wird die Psyche existieren und wirken. So wie aus ihr heraus in diesem jetzigen Leben gewirkt wurde, so bereitet sie sich ihr künftiges Geschick, sei es wieder als Mensch oder sei es an einem dunkleren oder helleren Ort der psychischen Geographie. Und so wie sie in früherem Dasein gewirkt hatte, so ist jetzt hier der Teil ihres Geschickes, den sie nicht unmittelbar beeinflussen kann. So wird die Ursache aller Wirkungen in der Psyche erkannt. Alles hängt kausal zusammen, alles ist eine Ordnung immanenter Gerechtigkeit. Alles ist genauso, wie ich es selber gemacht habe. Da hilft nur besseres Wirken und kein Klagen. So sagt Wilhelm Busch:

Und schimpfe auf die Welt, mein Sohn,
nicht gar zu laut:
ehe du geboren, hast du schon
mit dran gebaut.

Erst in dem hier skizzierten Weltbild, das man, wenn man will, psychozentrisch nennen könnte, erhalten Geben und Tugend diejenige Fundierung, welche die rechte Durchschlagskraft verleiht und eine beharrliche Nachfolge ermöglicht. Erst angesichts dieses erweiterten Weltbildes wird meine Aufgabe der Läuterung, hier und jetzt, richtig verbindlich und zwingend. Das ist der dritte Grad rechter Anschauung.

7. Weltüberwindung, Verinnerlichung, Mystik (*nekkhammaṃ*)

Habt nicht lieb die Welt und alles, was in der Welt ist,
denn alles, was in der Welt ist - der Augen Lust, des Fleisches Lust,
hoffärtiges Leben -
ist nicht vom Vater sondern von der Welt,
und die Welt vergeht mit ihrer Lust. (1. Joh.2, 15-17)

Fünf Wunschgebiete kennt die Welt,
Gedenken noch als sechstes dann:
den Willen, wer da von sich weist,
der Leiden ledig wird er so. (Sn 171)

So unermesslich weit auch die Einbeziehung des Jenseits den weltanschaulichen Horizont des Menschen erweitert, so bleiben doch auch hier noch Fragen übrig. Da tauchen etwa Erwägungen folgender Art auf:

In der Welt bin ich eigentlich nie sicher, weil ich nicht weiß, was ich früher gewirkt habe und was daher noch auf mich zukommen kann. Ich stehe immer in der Gefährdung durch das Schicksal, das mich aus dem Verborgenen überrollen kann. Die Tatsache, dass ich weiß, wieso ich alles Schicksal einmal selber ausgeschickt habe und wie ich es künftig durch besseres Wirken neutralisieren kann, ändert noch nichts an der Gefährdung selber. Die unbewältigte Vergangenheit läuft mir nach.

Und selbst wenn ich mich innerhalb meines Lebens durch tugendhaftes Bemühen zu einer helleren Seinsweise emporgearbeitet habe, was dann? Bleibt ein solcher himmlischer Zustand wirklich für immer, bin ich am Ziel meiner Wünsche und meiner Wanderungen durch die Welt? Ist himmlisches Wohl überhaupt die von allen ersehnte ewige Seligkeit? Ist es nicht langweilig, immer dasselbe zu erleben? Und ist es andererseits nicht mühsam, immer nach Abwechslung streben zu müssen? Ein Kirchenlied fragt „Wo findet die Seele die Heimat, die Ruh'?", aber wo ist eine befriedigende Antwort?

Wenn ich gründlich überlege, muss ich erkennen: Aus einem Wirken in der Endlichkeit kann auch nur eine endliche Wirkung hervorgehen. Je intensiver ich mich um ein glücklicheres Dasein bemühe, desto länger hält es zwar vor, aber ewig? Ich habe mir für meine Triebe und Wünsche eine Erfüllung erwirkt, Verlangen und Erlangen stimmen dann überein, aber „ewig" sind nur die Triebe, nicht die Erfüllung. Ein himmlisches Dasein ist auch nur eine Ernte der Saat, ebenso wie irdisches Glück. Es wird irgendwann einmal aufgezehrt und von der Zeit überwältigt. Und was dann?

Dann stehe ich als Mensch wieder da, wo ich vorher stand, und muss neu wirken. Alles fängt wieder von vorne an. So habe ich nie Ruhe. Innen sind meine Triebe, die eine schöne Welt ersehnen, und dafür muss ich mich anstrengen und läutern. Ich muss, wie der Buddha es ausdrückt, als ein Durstiger Süßwasser produzieren statt Salzwasser. Aber da ist kein Ende abzusehen, ebenso wie ich auch jeden Tag wieder essen und trinken muss und den Mangel nicht beseitige. Immer muss ich strampeln und mich oben halten, um nicht durch die Triebe ins Dunkel zu sinken. Immer muss ich fürchten, dass noch dunkle Ernte auf mich wartet. Kurz: Ich bin und bleibe in der Zweiheit, in der Spaltung des Gegenübers, welches als Welt auf ein Ich einstürmt.

Wenn ich nun aber keine Triebe nach einer zu erlebenden schönen Welt (griech. Kosmos = Schmuck, daher Kosmetik) hätte, wenn gar keine Abwechslungssucht da wäre, wenn ich in mir mit mir völlig zufrieden wäre, wie wäre es dann? Dann wäre ich doch satt und gestillt. Dann hätte ich doch jenes Glück, das ich sonst nur mühsam und zeitweise durch gutes Wirken erlangen kann, für immer bei mir. Ein zeitgenössischer Inder, Gandhis Mitarbeiter Vinoba Bhave, sagt gerade hierzu:

> *„Es gibt keine Erfahrung, die beweist, dass in der Erfüllung von Wünschen dauernder Friede zu finden ist oder Gleichmut oder Gelassenheit. Wünsche machen das Herz unbeständig und ruhelos. Diese Ruhelosigkeit verwirrt uns. Die Sehnsucht unerfüllten Verlangens brennt wie Feuer. Warum sollten wir die erfrischende Kühle der Zufriedenheit verlieren, wenn das Verlangen beseitigt ist? Erfüllung des Verlangens erzeugt eine Illusion von Befriedigung. Die Erfüllung eines Wunsches macht glücklich, weil damit der Wunsch beseitigt worden ist. Sie ist ein Weg, von dem Wunsch frei zu werden. Bei einiger Überlegung verstehen wir, dass nicht der Wunsch selbst sondern das Freisein vom Wunsch das Glück in sich trägt."*
>
> (aus: *Struktur und Technik des inneren Friedens*, Bellnhausen 1971, S. 23)

Das Problem der Existenz liegt im Grunde nicht außen, in der Welt, liegt nicht in der Wunscherfüllung und Befriedigung, sondern problematisch ist das Wünschen selber, das Wünsche-Haben nach einem Außen, von dem man abhängig ist, indem man von dort Befriedigung erhofft. Wirklichkeitsgemäß betrachtet muss ich sagen: Mein weltliches Begehren auf dem Wege der äußeren Sinne ist eigentlich der Glück-Verhinderer, denn es lässt mich nie zur Ruhe kommen. Entweder muss ich arbeiten, um Erfüllung zu bekommen, oder ich muss sorgen, dass die Erfüllung nicht wieder vergeht. Ich stehe mir also selber im Wege. Die stillschweigend als existentielle Basis angenommene Struktur des Ich-Welt-Bezuges ist in sich bereits so angelegt, dass ich nie dauerhaftes Glück erlangen kann, wenn ich sie in dieser Form beibehalte. Erst wo das weltliche Begehren beruhigt und abgebaut ist, gibt es wahres Wohl und Sicherheit. Ich muss also radikal umlernen und meine bisher nach außen gerichtete Aufmerksamkeit nach innen kehren. Zwar dienten alle drei bisherigen Erkenntnisse – von Humanität, Tugend und Jenseits – bereits einer stufenweise vermehrten Aufmerksamkeit auf die Seele, auf das Innere, auf die Triebe, aber es wurde doch bisher stillschweigend als selbstverständlich vorausgesetzt, dass die Psyche von außen Erfüllung erwartet und daher das Außen entsprechend angehen müsse. Jetzt aber beginnt man zu ahnen, dass die Psyche grundsätzlich auf eine andere Dimension schalten muss und kann, nämlich, den Blick von der Welt fort lenken und erkennen, dass dauerhaftes Glück nur in mir selber liegen kann, wenn ich unabhängig vom Außen bin.

Die Menschen, die zu einer solchen Einsicht über den trügerischen Charakter der Welt gekommen sind, werden dadurch veranlasst, die Aufmerksamkeit auf das Wesentliche und Eigentliche zu lenken, auf die Möglichkeiten der Psyche, autark zu sein. Diese Menschen bemühen sich, die stets gierig nach außen geöffneten Tore der fünf Sinne zu schließen. Schließen heißt griechisch *myein*. Daher kommt „Mystik". Die. Mystiker sind es, die durch das Wegschauen von der Welt, auf die wir alle so gebannt starren, ein ganz anderes und viel unmittelbareres Existenzverständnis gewinnen, das gewissermaßen psychozentrisch ist. Das Außen verliert seine künstliche Färbung, seine verführerische Lockung, seine trügerische Bedeutung, wenn man erkennt, dass allein die Triebe der Psyche es waren, die ihm durch ihr Begehren Bedeutung verliehen haben. Allein darum sind wir daran gefesselt und objekthörig und weltverliebt.

Erst hier, auf der Ebene der echten Mystiker, fängt man an, die Lehren der tieferen Religiosität zu verstehen, die über alle Schranken historisch beschränkter Religionsformen und ihrer bunten Vielfalt hinausreichen. Die Mystik umfasst überhaupt die eigentliche Religiosität, die Lehre vom herzunmittelbaren Frieden, der in sich ruhend nicht mehr vom Auf und Ab der Welt abhängig ist. In allen Hochkulturen findet sich in verblüffender Übereinstimmung diese Lehre der Mystik: im indischen Vedānta, im chinesischen Taoismus, im fernöstlichen Zen, im islamischen Sufismus, im antiken Neuplatonismus und, uns am bekanntesten, in der christlichen Mystik. Am tiefsten war sie in der ursprünglichen Ostkirche verankert, am breitesten in der katholischen Mystik des Mittelalters. Als der machtvolle Strom der gotischen Mystik Deutschlands von der Höhe, auf die Ekkehard, Ruisbroeck, Seuse, Tauler sie geführt hatten, wieder abstürzte, da versandete sie um 1450 und machte jener Öde Platz, die noch wusste, was sie verloren hatte und die in der Reformation vergeblich die Öde zu beseitigen versuchte. Seitdem ist der Strom der Mystik in Deutschland versiegt und die Tradition so gründlich abgebrochen, dass ein echtes existentielles Verständnis für die Haltung der Mystik noch schwerer ist als ein Verständnis der Fortexistenz. Die Mystik ist uns bloß noch ein historisches Phänomen, das mit Gelehrsamkeit be- und misshandelt wird, oder aber man hält sich an die irrlichternden Schwärmereien der Pseudomystik, die im Gefolge der echten Mystik an ihrem Rande als Sumpfblüten auftauchten. Innerlich und äußerlich sind wir jener tieferen Religiosität, wie sie die echte Mystik repräsentiert, noch ferner, als es uns bewusst zu sein pflegt. Wir merken nämlich gar nicht mehr, was wir verloren haben – und das ist der größte Verlust. Genauer ausgedrückt, muss man sagen: Obwohl der Abendländer weltanschaulich die Haltung der Mystik nicht vermisst, sehnt er sich doch vielfach nach ihren Früchten und vermisst sehr die innere Ruhe. Die Flucht in Rauschgifte oder östliche Meditationen entspringt dieser Sehnsucht nach innerem Frieden. Solange der Mensch aber die existentiellen Zusammenhänge und wahren Bedingungen für diesen inneren Frieden nicht kennt, geht er in die Irre und macht seine Abhängigkeit durch Rauschgift nur noch schlimmer oder wird von Meditationstechniken enttäuscht. Ein buddhistischer Mönch gab einmal auf die Frage „Was ist der Preis des inneren Friedens?" die lapidare Antwort: „Die ganze

Welt". Das ist vollkommen richtig, aber schwer einsehbar und noch schwerer nachzuvollziehen. Der Grund, warum uns dies so schwer fällt, liegt darin, weil wir beides haben wollen, die Welt und den inneren Frieden, oder christlich ausgedrückt: Gott und den Mammon. Man kann aber nicht zwei Herren dienen. Man kann nicht Körperkultur und Seelenkultur gleichzeitig bejahen, aber genau das tun wir. Und darum ist uns die Mystik so fern.

Wir können uns die weltüberhöhende Haltung der Mystik nur näher heranrücken, wenn wir ihren existentiellen Hintergrund in Augenschein nehmen. Dafür können Überlegungen wie die folgenden helfen: Weil ich sehen, hören, riechen, schmecken, tasten will, weil ich Sinnesobjekte erleben will, habe ich mir als Werkzeug einen Körper materialisiert und der hat nun dauernd Hunger und Durst, ist Hitze und Kälte, Wind und Wetter, Unpässlichkeiten und Beschwerden ausgesetzt. Wenn er eine Minute lang keine Luft bekommt, ist er tot. Wenn er einige Stunden starkem Frost ausgesetzt wird, ist er erfroren. Wenn er einige Tage keine Flüssigkeit bekommt, ist er verdurstet. Wenn er einige Wochen keine Nahrung erhält, verhungert er. Er ist also ständig von den vier Elementen abhängig. Um nun diesen Körper erhalten zu können, muss der Mensch normalerweise einen mehr oder weniger aufreibenden Beruf ausüben. Als Kind dachte man noch, das Leben bestehe aus Genießen in vollen Zügen, aber schon in dem Leistungssoll der Schule wurde man eines anderen belehrt. So muss der Mensch ständig unangenehme Dinge tun, damit er sich die Objekte zur Lebenserhaltung und darüber hinaus zu den zehntausend Sondergenüssen verschaffen kann. Für das Geld, mit dem wir dem Leib die Wünsche des sinnlichen Begehrens erfüllen, müssen wir schwer bezahlen. Das ganze Leben lang muss man schuften, um den Leib mit seinen unzähligen Begierden zu erhalten, und dann stirbt er – und es geht von vorne los. Der Leib ist dauernd auf dem Wege zum Tode. Solange ich auf den Leib setze, setze ich auf den Tod, kann ihm nicht entgehen, muss ihn mehr oder weniger bewusst fürchten. Das sinnliche Begehren aber ist es, welches sowohl außen die Welt wie innen den Leib begehrt. Diese Triebe sind es, die mich zum Tode und Unglück verurteilen, die die Erfüllung vergehen lassen und die dann selber als Wunsch übrig bleiben, der unbefriedigt ins Leere greift.

Erst wenn ich über die Welt und die Sinne und den Leib und damit über das sinnliche Begehren transzendiere, kann ich der ständigen Gefährdung und Unsicherheit entgehen. Dann ist das, was vergeht, nicht mehr das Ich und Mein. Dessen Vernichtung trifft mich nicht mehr, denn ich habe mich aus dem Vernichtbaren gerettet in ein höheres Bewusstsein, das über die Welt hinausgestiegen ist. Das ist die Weltüberwindung, von der die Mystik spricht.

Alles konzentriert sich darauf, dass ich das Wesen des sinnlichen Begehrens richtig erfasse. Was ist es also? Es ist ein Mangel. Die Begehrlichkeit gleicht einem Moloch, der offenen Rachens nach Erfüllung schreit und vor Entbehrung heult, wenn er sie nicht erhält. Wir können in den Rachen einfüllen, was wir wollen, wir können mit weit offenen Nüstern einsaugen, was wir wollen, wir können die ganze Welt zur Augenweide nehmen und darauf grasen, wir können Genuss auf Genuss häufen, gemeinen oder edlen – satt werden wir davon doch nie. Man kann trinken und trinken und wird dennoch immer nur durstiger, so wie wenn man Salzwasser trinkt. Das Begehren ist wie ein Loch, das Füllung heranzieht und dabei sich selber erweitert. Indem es aber sich selber erweitert, muss es nächstes Mal etwas mehr Erfüllung haben. So züchtet das Begehren sich selber Mangel und kann nie zufrieden werden.

Erst auf diesem Hintergrund können nun die Formulierungen des Buddha über den vierten Grad rechter Anschauung näher betrachtet werden. Die erste dieser Formulierungen birgt zwei Elemente:

Er machte des Begehrens Elend, Niederziehen, Trübung und der Entsagung Vorzüglichkeit offenbar.

Während bei den ersten drei Erkenntnisstufen stets nur ein einziges Stichwort genannt wurde, an das der Buddha im Gespräch erinnerte (*dāna-kathā, sīla-kathā, sagga-kathā*), bedarf es hier einer ausführlicheren Formulierung in Form einer Gegenüberstellung, in die der Buddha durch seine Eröffnung Licht brachte (*pa-kāseti*). Dabei sind es drei Dinge, die von den Begierden offenbar gemacht werden: Erstens bringen sie das Elend der Leerheit, des Mangels, der ewigen Unbefriedigung und dazu noch das Vergehen von momentanem Glück sowie den Tod. Zweitens ziehen sie unter das Menschentum hinab, weil die Gier immer bereit ist, in Hass umzuschlagen, in jene Rücksichtslosigkeit, die ins Finstere führt. Und drittens trüben sie alles Höhere, verdunkeln das Licht des inneren Glücks und Friedens. Diese drei Stichworte sind drei Meditationsthemen, die fließenden Überganges dazu hinleiten, die Begierdenfreiheit (die Entsagung) als höheres und vorzüglicheres Wohl zu verstehen. Es geht also um ein Vergleichen, Unterscheiden und Gegenüberstellen: Erst wo man zwei Dinge kennt, hat man Vergleichsmöglichkeiten. Daher erscheint dem normalen Sinnenmenschen, der nur kurzen Genuss und langes Entbehren kennt, aber nichts vom inneren Wohl weiß, das bereits bei der Tugend beginnt, die Entsagung ebenso ein Abgrund wie einem Hausner zur Zeit des Buddha (A IX 41).

Die Entsagung scheint solange wie ein Abgrund, wie man selber trübe und im Finsteren ist. Nur der sucht außen in der Welt das Schöne, der innen unschön, dunkel, leer und kalt – d. h. voll sinnlichen Begehrens – ist. Die Sinnesobjekte sind ihm das einzig Schöne, das er kennt. Ihr momentaner Genuss ist ihm die einzige Möglichkeit, einmal einen Augenblick dem Mangel der Triebe zu entgehen. Aber man kann lernen, innen selber schöner und heller zu werden, und zwar durch Geben, Tugend und Bewusstseinserweiterung. Auf diesem Wege wird der Hungerleider, Bettler und Sklave zum König und Herren. Er wird selbstgewaltig, selbständig, unabhängig und gewinnt ein Glück, das keiner rauben kann:

> *„Und seid gewiss: Jeder Friede, der nicht aus der Übung der Tugend kommt, ist falsch. Im Inneren und Äußeren muss er geübt werden. Und den Frieden, der von innen kommt, den kann euch niemand nehmen.* (Tauler)

Eine zweite Formulierung dieses vierten Grades rechter Anschauung wird vom Buddha wie folgt gegeben:

> *„Es gibt in der Welt asketische Brahmanen, die recht gegangen, recht fortgeschritten sind, die diese und jene Welt überblickt und sich vor Augen geführt haben und die dies nachzuempfinden lehren.“*

In diesem Satz liegt nicht weniger als eine Definition des Wesens der echten Mystik und ihrer Wirkung auf den Zuhörer. Wirklich überzeugend können vom Elend des Begehrens und von der Vorzüglichkeit der Entsagung eben nur die sprechen, die den Unterschied zwischen dem nimmersatten Habenwollen und dem inneren Frieden an sich selber erfuhren. Sie überzeugen durch ihr Vorbild. Gerade hier ist das Beispiel ein wesentlicher Bestandteil der Belehrung. Gerade weil es sich um ein sinnestranszendentes Gebiet handelt, bei dem es um Gefühlserhöhungen geht, wirkt die Ausstrahlung jenes weltübersteigenden Ruhegefühls der Mystiker als bester Beweis für die Realität dieser Sache. Darum erkannte auch Schopenhauer, dass alle Tiefe seiner Darlegungen über den unersättlichen Willen weniger Gewicht hatte als die Überzeugungskraft der Großen der Religionen, die lächelnd über dem Willen standen und frei von seinem Zwang geworden waren. Und darum verweist eben auch der Erwachte auf die asketischen Brahmanen – das waren zu seiner Zeit die Mystiker Indiens – welche durch eigene Erfahrung den Sinn dieser und jener Welt geschaut und verstanden haben und nun die Freiheit von Welt, den inneren weltlosen Frieden, lehren. Sie leben es vor, dass eine Überwindung des sinnlichen Begehrens kein Minus, kein Weniger, kein Mangel, kein Entbehren, keine Langeweile ist, sondern ein Plus, ein Mehr, eine Fülle, ein Reichtum, eine Vollkommenheit. Sie kennen die innere Stille, die auch nicht mehr auf himmlische Paradiese und Götterwelten angewiesen ist. Sie wohnen in jener Einheit und Einheitlichkeit, die in den mystischen Lehren mit unterschiedlichen Worten gleich beschrieben wird, nämlich als Brahman, als Tao, als Satori, als Tauhid, als Hen, als Gottesgrund, als Hesychia.

Diese Anschauung, dass es Menschen gibt, die durch Läuterung über die Sinne emporsteigen können, ist wiederum die Voraussetzung für die höchste Form rechter Anschauung, die fünfte Stufe. Nur wer überzeugt werden kann, dass man den Sinn von Welt irgendwie erfassen und den Nebel der Täuschung durchdringen kann, indem man sich einwärts wendet, nur der ist auch aufgeschlossen für die Erwachten, die erst auf dieser Basis ihre eigentliche Lehre verkünden. Darum heißt es im Pāli-Kanon immer wieder:

Da hat ihn der Erhabene stufenweise in das Gespräch eingeführt: Er sprach erst mit ihm vom Geben, von der Tugend, von seliger Welt und machte des Begehrens Elend, Niederziehen, Trübung und der Entsagung Vorzüglichkeit offenbar. Als dann der Erhabene merkte, dass jener im Herzen aufgeschlossen, milde, unbehindert, aufgerichtet, heiter geworden war, gab er die Darlegung jener Lehre, die den Erwachten eigentümlich ist: Das Leiden, die Entwicklung, die Auflösung, den Weg.

So sind die vier bisher genannten Stufen notwendige Etappen der rechten Anschauung, bei denen eine in die andere greift und eine die andere voraussetzt. Da darf keine Stufe fehlen und man kann keine überspringen. Es ist ein an der existentiellen Wirklichkeit abgelesener Gedankengang, der langsam höher führt und den Menschen innerlich verändert und verwandelt und seine besten und tiefsten Möglichkeiten, die bisher meist geschlummert haben, anspricht. Die Lehre vom Geben weckt überhaupt die Vertrauensgrundlage, dass es noch mehr und Wesentlicheres gibt als das sinnliche Besitzen. Die Lehre von der Tugend weckt die Tatkraft zur Selbsterziehung. Die Lehre vom Jenseits weckt die Kraft der Besinnung, die dessen eingedenk bleibt, was den Tod überdauert. Die Lehre von der Weltüberwindung erweckt die Kraft der inneren Stille und des Herzensfriedens. Und auf dieser vierfachen Grundlage kann die Kraft der tiefsten Weisheit erweckt werden, die Kraft der Wachheit (*bodhi*) selber, die Spitze der buddhistischen Erkenntnis. Dafür muss das Herz aufgeschlossen, milde, unbehindert, aufgerichtet, heiter sein. Erstens muss man gemütsmäßig aufgeschlossen, bereit, hellhörig sein, d. h. man muss seine Konzentrationsfähigkeit uneingeschränkt einsetzen. Zweitens muss man milde, sanft, weich, geschmeidig sein, ohne Heftigkeit und Erregung. Drittens muss man geistig entwirrt, unumsponnen, unbehindert von unsicher und ratlos machenden Anschauungen sein, viertens aufgerichtet, erhoben, ohne Trägheit und Lethargie sein. Und fünftens muss man heiter zufrieden mit dem Bisherigen sein, vertrauend in die Möglichkeit der Wahrheitsfindung. Nur unter diesen Voraussetzungen kann die Lehre so ankommen, dass sie den Zuhörer gleich zum vollen Verständnis führt und ihm die vier Wahrheiten rundum offenbart.

8. Die edle Wahrheit vom Leiden (*dukkhaṃ*)

Herzeliebes, was ich des noch je gesach,
da war Herzeleides bei:
ließen mich Gedanken frei,
ja da wüsst Ich nichts um Ungemach. (Walther v. d. Vogelweide)

Nur Leiden ist es, was entsteht,
vorhand'nes Leiden nur vergeht:
nichts außer Leid ist's, was entsteht,
nichts außer Leiden hebt man auf. (S [I] 5, 10)

Selbst beim Weltbild der Mystik, so haushoch es auch über unser alltägliches Vermeinen hinausreicht, bleiben noch wesentliche Fragen der Existenz ungelöst. Wer sich durch Ablösung von aller äußeren Abhängigkeit zum Herzensfrieden entwickelt hat und selbst-genugsam geworden ist, so dass er auch nach dem Tode im gleichen Zustand des reinen Herzens sein würde, der ist noch nicht am Ende der Probleme, die das Dasein stellt. Es wirft Fragen auf wie folgende: Wenn ich auch von der Vergänglichkeit erlöst wäre, was wird aus den anderen? Soll ich ewig tatenlos zusehen, wie sie sich quälen? Oder werden sie einmal alle erlöst, und wann? Woher kommt überhaupt die ganze Unvollkommenheit der Welt? Ist das Ganze ewig und immer so vorhanden oder ist es geschaffen und geworden? Von wem? Von einem Gott? Aus dem Nichts? Hat sich die Unvollkommenheit der Vielheit aus der Vollkommenheit der Einheit entwickelt? Besteht die Existenz aus einer evolutionären Emanation, so wie bei allen Mystikern der Weisheit letzter Schluss ist, selbst bei Meister Ekkehard? Wenn aber aus dem Gottesgrund, dem Einen, dem freien Nichts, dem Ungeschaffenen so etwas wie Welt, Vielheit, Etwas, Geschaffenes werden kann, wenn aus dem Guten das Schlechte werden kann, dann kann ganz ebenso auch das Umgekehrte geschehen. Wenn die Seele zu jenem Urzustand zurückkehrt, dann kehrt sie dahin zurück, von wo das ganze Leidenstheater seinen Ausgang nahm, also zur Quelle des Unheils. Ganz ebenso wie es einst angefangen hat, kann und muss es auch wieder einmal anfangen, und dann war alles Mühen umsonst. Wenn das trächtige Nichts eines Urzustandes die Möglichkeit der Entwicklung in sich barg, dann nützt die Rückentwicklung dorthin letztlich nichts, denn irgendwann muss die Möglichkeit der Auswicklung sich wieder realisieren. Wo Evolution aus der Vollkommenheit ist, ist Unvollkommenheit. Denn für etwas Vollkommenes gäbe es keinen Grund und keine Möglichkeit zur Entwicklung, die immer unterhalb ihrer stehen und ein Minus bedeuten würde. Nur wo Mangel ist, kann es Entwicklung geben, um ihn zu beseitigen und etwas Besseres zu schaffen. Wo aber das schlechthin Beste ist, da hat Emanation nichts mehr zu schaffen.

In solche und ähnliche Fragen verstrickt sich das Denken und gerät in unlösbare Widersprüche und Antinomien. Wie haben die christlichen Denker, nicht nur die Scholastiker, sondern ebenso die Mystiker, gerungen, um die Widersprüche zu überbrücken – doch es ist ihnen nicht gelungen. Und was haben weltliche Philosophen von Aristoteles bis Kant gegrübelt über die Daseinsrätsel und doch nur zu mehr oder weniger Resignation geführt. Auch die indischen Denker vor dem Buddha haben die immer gleichen Menschheitsfragen nach der Welt und der Seele, nach dem Sinn von

Raum und Zeit gestellt und ebenso wenig gelöst. Nirgends findet sich Sicherheit, keine Garantie eines heilen Zustandes, der absolut befriedigend und eben das *Summum Bonum* wäre.

Der Buddha aber behauptet nun, es gäbe einen solchen Zustand und er nennt ihn Nirvāna. Um das verständlich zu machen, ist es notwendig, weiter auszuholen. Unmöglich wäre es, obige Fragen sofort zu beantworten, denn die Antwort würde unverständlich und daher nutzlos sein. Erst muss die Erscheinung des Unheilen, das wir kennen, zutiefst durchschaut sein, dann offenbart sich das Heile, das wir noch nicht kennen, von selber. Daher nennt der Erwachte vier edle Wahrheiten, von denen erst die dritte vom Nirvāna handelt. Es sind die Wahrheiten über die Existenz selber, die wesentlichen Wahrheiten, in denen alle Fragen eine Lösung finden, die für das Heil notwendig sind. Es geht nicht um Wahrheit als Selbstzweck, denn viele Wahrheit ist ganz unnütz, sondern um die „edle" (*ariya*) Wahrheit, d. h. die höchste und gleichzeitig heilsame, heilstaugliche Wahrheit.

Die erste dieser vier edlen Wahrheiten wird wie folgt definiert:

> *„Dies ist die edle Wahrheit vom Leiden: Geburt ist Leiden, Alter ist Leiden, Sterben ist Leiden; Kummer, Jammer, Schmerz, Gram und Verzweiflung ist Leiden; was man verlangt, nicht erlangen ist Leiden; kurz gesagt: Die fünf Erscheinungen des Aneignens sind Leiden."*
>
> (M 141)

Was bedeutet dieser kaum verständliche Satz?

8.1 Geburt ist Leiden

Zuerst ist der Mensch im engen Gefängnis des Mutterleibes eingepfercht. Dann folgt der schmerzliche Vorgang des Austritts: das Geworfensein in die raue Welt. Und dann beginnt überhaupt erst das eigentliche Leiden der Geburt. Ich bin in bestimmte Verhältnisse hineingeworfen: bei bestimmten Eltern, in einem bestimmten Leib, in ein bestimmtes Volk und eine bestimmte Zeitsituation. Diesem Milieu bin ich völlig hilflos ausgeliefert, total von der Gnade der Eltern und anderer abhängig, die einst ebenso abhängig waren. Und man wird geboren mit bestimmten Eigenschaften und Leidenschaften, mit unwürdigen und störenden Trieben, deren Wucht man ausgeliefert ist. Man ist zunächst animalisch-triebhaft wie ein Tier und muss alles Menschliche erst mühsam, mühsam lernen. Wie viele Jahre braucht es, den Geist so auszubilden, dass er die Lebensprobleme und die Daseinsfragen überhaupt versteht! Etwa zwei Jahrzehnte lang ist man unmündig und nur ein halber Mensch. Man muss lernen und lernen und sich einen Erfahrungsschatz zulegen, um durchs Leben zu kommen.

Vor allem aber, und das ist das Entscheidende, ist dieses nicht nur einmal so. Dann wäre es noch erträglich und zu überstehen. Aber es ist nicht das erste Mal so. In jedem früheren Leben habe ich genauso gelernt, aber alles wieder vergessen. In jedem Erdenleben muss man wieder ganz von vorn anfangen, muss laufen, sprechen, denken lernen. Das neu aufgebaute Gehirn wirkt als Barriere: Es sammelt nur die diesseitigen Daten ein und verhindert die Nutzbarmachung aller Schätze früherer Erfahrungen, die uns normalerweise unzugänglich sind. So wird man als Unwissender in ein gefährdetes Dasein hineingeboren und der Ernte seiner früheren Werke ausgeliefert, die man ebenso wenig kennt wie die Abgründe der eigenen Seele. Alles ist ringsumher finster. Man findet sich vor und weiß nicht woher und warum und wohin. Und das geht schon immer so und wird immer wieder so vor sich gehen. Alles, was ich jetzt weiß – ich, die souveräne, angesehene Persönlichkeit des Erwachsenen – das wird zu nichts werden und ich werde wieder ein schreiender Säugling sein, der im eigenen Unrat liegt. Immer wieder, immer wieder, ohne Ende. Ich werde geboren, um zu sterben. Ich lerne, um zu vergessen. Ist das würdig und sinnvoll? In einem lebenswerten Leben müsste dieses Versunkensein in den Zwang der Wiedergeburten nicht sein. Keine Zerstörung, kein Vergessen, kein Neu-anfangen-müssen: das wäre sinnvoll. Vollkommenheit wäre die geburtlose Stätte, die Freiheit von Geburt, die Freiheit von der Geburt als Leiden. Das Nirvāna ist die geburtlose Stätte.

8.2 Alter ist Leiden

Der Körper, der erst aufblüht und seinem Höhepunkt zustrebt, eilt dann ebenso unaufhaltsam seinem Verfall entgegen, unmerklich-merklich. Irgendwann geht etwas nicht mehr ganz so wie früher. Man kommt schneller außer Atem, man lernt mühsamer, vergisst schneller, und auch die Knochen nutzen sich ab. Da schmerzt es, da zieht es und ganz so scharf sehen und hören kann man auch nicht mehr. Und wie bald schwinden Schönheit und Gestalt: Die Haare grau, weiß, fallen aus; die Zähne werden morsch, brauchen Ersatz. Die glatte Haut wird faltig und runzelig. Und so schreitet der Prozess der Abnutzung, des Verfalls fort. Die Bekannten sterben, man wird einsam. Früher kam man aufs Altenteil, heute ins Altersheim. Die Lebensgenüsse werden schmaler, die Kräfte nehmen ab.

Das Pāli-Wort für Alter (*jaro*) heißt wörtlich „besiegt werden", nämlich von etwas, das stärker ist, vom Verfall:

> *„Ein Ringer findet in seinem Schopf ein weißes Haar. Er weint und spricht: so viele Männer habe ich niedergerungen, aber dieses weiße Haar zwingt mich nieder. Mit allen Männern nahm ich es auf, aber vor diesem Haar bin ich machtlos."*
>
> (aus: Fariddin Attar, *Buch der Plage* 36, 5)

In einem deutschen Spruch des 16. Jahrhunderts heißt es:

„Zehn Jahr:	kindischer Art,
zwanzig Jahr:	ein Jungfrau zart;
dreißig Jahr:	im Haus die Frau,
vierzig Jahr:	eine Matron' genau;
fünfzig Jahr	ein Großmutter,
sechzig Jahr:	des Alters Schudder;
siebzig Jahr:	alt, ungestalt,
achtzig Jahre:	mürb und kalt;
neunzig Jahre:	ein Marterbild,
hundert Jahre:	das Grab ausfüllt"

Der Buddha sagt:

> *„Was ist nun, ihr Mönche, Elend des Körperlichen? Da sehe man nur diese Schwester, ihr Mönche, zu anderer Zeit, im 80. oder 90. oder 100. Lebensjahre, gebrochen, giebelförmig geknickt, abgezehrt, auf Krücken gestützt, schlotternd dahinschleichen, siech, welk, zahnlos, mit gebleichten Strähnen, kahlem, wackelndem Kopf, verrunzelt, die Haut voller Flecken. was meint ihr wohl, Mönche, ist, was einst schimmernde Schönheit war, verschwunden und Elend ruchbar geworden"*

Nicht nur einmal, sondern immer wieder sind wir dem Alter unterworfen, in jedem Menschenleben aufs Neue. Das Gesetz des Alterns ist schon in der Jugend verborgen, sagte der Erwachte, wie Ānando traurig bemerkte, dass selbst der Leib des Buddha im 80. Jahre schlaff und gebeugt wurde (S [V] 48, 41). Aber der Buddha, der ausgezogen war, die alterslose unvergleichliche Sicherheit, das Nirwahn, zu finden (M 26), der hatte es gefunden und so betraf das Altern nur den Leib, nicht mehr ihn – er war unabhängig davon.

Auch die Götter altern: Ihre Kränze werden welk, die Gewänder zerfallen, aus den Achseln bricht Schweiß, Missfarbe befällt den Leib und der Gott fühlt sich nicht wohl (It 83): Götterdämmerung. Ist das würdig und sinnvoll? Vollkommenheit wäre nur da, wo es kein Altern gibt, keinen Verfall, kein Besiegt-werden. Das Nirvāna aber ist die alterslose Stätte, wo es keinen Verfall gibt.

8.3 Sterben ist Leiden

Pflanzen, Tiere, Menschen, Staaten, Kulturen, Sterne, Kosmen kommen und gehen, entstehen und vergehen, tauchen auf, um unterzugehen. Der dänische Dichter Jens Peter Jacobsen fasste diese Existenzschau in die Worte:

„Ewig und ohne Veränderung ist nur die Leere.
Alles, was war und was ist, des Lebendigen Heere,
keimen, sprossen, entstehen,
wechseln, altern, vergehen.
Welten sind gewandert, wo Welten jetzt wandern,
einst in den Zeiten kommen die andern.
Tod geweiht sind des Lebenden Heere,
ewig nur ist die unendliche Leere.“

Ich habe am Sterbebett anderer Menschen gesessen und musste denken: Auch ich bin dem unterworfen, kann dem nicht entgehen. Und wie oft habe ich vom Tode anderer gehört, wenn in meiner Familie und Bekanntschaft jemand zu Grabe getragen wurde. Und ich musste denken: Das steht auch mir bevor. Daher rührt die ständige geheime Lebensangst, die man so gut wie möglich ins Unterbewusstsein verdrängt, die aber von dorther ihre depressive Wirkung genauso entfaltet. Man kann es nicht hören, man will es nicht hören, wie das Leben zum Tode wirklich ist, denn es ist zu schrecklich. Augustinus sagt:

„Vom ersten Augenblick an, da man sich im sterblichen Leibe befindet, geht im Menschen stetig etwas vor, was zum Tode führt. Die Wandelbarkeit arbeitet die ganze Zeit des irdischen Lebens daran, - wenn man dies überhaupt Leben nennen will – dass man zu Tode kommt. Dem Tode ist jeder nach einem Jahr näher, als er das Jahr zuvor war, näher morgen als heute, und heute näher als gestern, näher kurz nachher als jetzt, und jetzt näher als kurz zuvor. Jede Spanne Lebenszeit verkürzt die Lebensdauer, und der Rest wird kleiner und kleiner mit jedem Tag, und die ganze Lebenszeit ist so nichts als ein Todeslauf, bei dem keiner auch nur ein wenig innehalten oder etwas langsamer gehen darf, vielmehr werden alle im gleichen Schritt gedrängt und alle zur gleichen Eile getrieben.“

Und dann wirft mich die Macht des Todes, die gewaltigste Macht innerhalb der Welt, um. Mein geliebter Leib, den ich die ganze Lebenszeit mit größter Sorgfalt gehegt und gepflegt habe, das Werkzeug meiner Lust, er wird mir innerhalb einer

Sekunde entrissen, oder, noch schlimmer, ich muss im Todeskampf zwischen Nichtmehr-leben- und Noch-nicht-sterben-können aufgerieben werden. Alles verlassend, muss man dann gehen, fort von den geliebten Dingen und Menschen. Das ist die größte Katastrophe, das Elend des Elends.

Wenn da von Osten ein Bote käme und meldete, es rücke ein gewaltiger Berg alles zermalmend heran, dann würde man nach Westen ausweichen. Aber da käme von dort ein Mann, voll Entsetzen berichtend, dass auch von Westen ein riesiges Bergmassiv heranrücke und alles Leben zerstöre. Man würde nach Norden fliehen – aber auch von da käme dieselbe Nachricht der Bedrohung. So bleibt nur die Flucht nach Süden – und da erscheint auch von dort dieselbe Hiobsbotschaft (S 3, 25). Diese vier Berge des Unheils, die sich drohend heranwälzen und mich zermalmen werden, sind: Geburt, Alter, Krankheit und Tod. Das sind die vier großen Feinde des Lebens, das eigentliche Übel der Existenz. Der Krankheit mag man durch frühere intensive Tugendläuterung innerhalb eines Lebens einmal entgehen – darum nennt der Erwachte sie hier bei der ersten Wahrheit in der Regel auch nicht mit (aber in S 56, 11) – aber auch der Leib eines Buddha ist geboren, altert und stirbt. Unausweichlich sind diese Leiden an die Existenz geknüpft.

Gäbe es nur einen Tod, dann könnte man sich damit abfinden und das Bewusstsein davon so gut wie möglich verdrängen. Aber man stirbt nicht nur einmal, nicht nur zweimal, nicht nur mehrfach, sondern immer wieder. Immer wieder von neuem lebt und stirbt man, unendliche Tode hat man hinter sich, unendliche Tode vor sich. Tief, tief hinab reichen die Übel von Geburt, Alter und Tod. Wo ist da ein Ausweg, wo ist Unsterblichkeit, Todlosigkeit, Unvergänglichkeit? Wie kann man frei werden vom Leiden des Sterben-Müssens? Ein Leben, das nur auf Sterben zueilt, das ist kein lebenswertes Leben, das ist kümmerlich. Weil Geburt, Alter und Tod in der Welt erscheinen, deshalb erscheint ein Vollendeter und deshalb leuchtet seine Lehre und Ordnung in der Welt (A X 76). Der Buddha behauptet, dass es das Todlose, die Todlosigkeit gebe. Das Nirvāna ist die Stätte, das schützende Eiland, wohin kein Tod reicht.

8.4 Kummer, Jammer, Schmerz, Gram und Verzweiflung sind Leiden

Wenn ein mir lieber Mensch erkrankt, altert oder gar stirbt, dann werde ich traurig. Und wenn ich selber erkranke, altere und daran denke, dass ich bald sterben werde, um mit neuer Geburt alle Erfahrungen vergessen zu haben, dann werde ich traurig. Ganz zu schweigen von den täglichen Kümmernissen, wenn etwas sich mir verweigert oder mich enttäuscht. Wenn etwas anders ist, als ich möchte, wenn ich Geliebtes verliere oder vermisse, wenn Ungeliebtes da ist, dann bin ich traurig und bekümmert. Meine Wünsche greifen ins Leere, ins Dunkel, ins Kalte. Am erschütterndsten ist die Trauer des Kummers, wenn ein lieber Nächster gestorben ist. Erst dann merken wir, wie sehr wir uns auf ihn gestützt haben. Überall fehlt er uns, überall ist es leer. Draußen mag die warme Sonne strahlen, uns ist die Welt eisig und ungemütlich. Wir mögen das beste Essen bekommen, wir sind seelisch darbend, arm und leer. Und die sonst interessanteste Unterhaltung ist uns trocken, bitter. Ach, wäre ich ohne Kummer (*asoko*), könnte ich doch trotz der Vergänglichkeit unbekümmert sein wie die Heiligen. Die kummerlose Stätte, das ist das Nirvāna.

Wenn ich traurig bin, umkreise ich dauernd die Kummersituation und fühle mich dabei jämmerlich und kläglich. Ich vergleiche wehmütig mit früheren Zeiten: Ach, wie schön war das noch, ja damals! Und ich klage die Gegenwart an: Warum gerade ich, und warum gerade jetzt, und warum muss ich das erleiden? Und ich hadere anklagend mit dem Geschick, gebe irgendwas und irgendwem die Schuld: Hätte ich es bloß anders gemacht, dann wäre es nicht so gekommen. Und wie bin ich von nun an bedauernswert und bemitleidenswert! Das heulende Elend, der Menschheit ganzer Jammer, die Erde ein Jammertal und Tal der Tränen.

Der Buddha sagt, dass jedes Wesen im Laufe seiner langen Wanderung mehr Tränen über den Verlust von Lieben vergossen hat, als Wasser in den vier Weltmeeren ist (S 15, 3). Ach, wäre es doch möglich, diesem Meer des Jammers und der Klage zu entrinnen! Die klaglose Stätte, das ist das Nirvāna.

Kummer und Jammer gehen nicht spurlos an meinem Körper vorüber. Wir fühlen uns angeschlagen davon, mitgenommen, siech und matt. Nichts bekommt uns. Wir kümmern dahin wie eine Pflanze ohne Wasser. Der Kummer und Jammer zehrt und frisst an uns, wie der Adler Prometheus die Leber anfraß. Welk vegetieren wir dahin. Der Körper wird vom seelischen Wehe in Mitleidenschaft gezogen, wird in seinen Funktionen gestört, bis hin zu organischen Leiden, und besonders auch von den Leidenschaften mitgenommen oder von Gewissensqual beeinflusst. Das sowieso schon so empfindliche Feintastgerät des Leibes belasten wir zusätzlich noch mit unseren subjektiven Leiden. Das ist ihm zu viel. Er wird geschwächt, erschöpft, abgespannt, ausgelaugt, verausgabt; er versagt seine Dienste und quält uns durch passiven Widerstand. Die dauernden Gedanken des Kummers, des Jammers, der Leidenschaften erschöpfen Herz und Hirn und Nerven. Das kann der beste Leib nicht vertragen und streikt. Die körperlichen Wehgefühle, die mit der Existenz sowieso schon gegeben sind, verdoppeln wir noch. Und dann glauben wir fest, dass der Körper schuld am Leiden habe, und rufen nach dem Arzt und Tabletten. Doch Kummer und Jammer nehmen wir ins Sanatorium und auf die Weltreise mit. Was der Leib an Wehe bietet, sehen wir mit dem Vergrößerungsglas und belasten ihn durch trauriges Gejammer noch mehr. So kommen wir in einen Teufelskreis des Leidens und des Schmerzes. Ach, wäre es doch möglich, allem Schmerz (*dukkha*) des Leibes zu entrinnen! Die schmerzlose Stätte ist das Nirvāna.

Ist durch Kummer und Jammer der Leib in Mitleidenschaft gezogen, so wirkt sich das rückwirkend wiederum verstärkt auf das Gemüt aus. Das körperlich-geistige Gesamtleiden macht nun den Menschen gedrückt, niedergeschlagen, kleinmütig, depressiv. Alles erscheint grau, verhangen, bewölkt, eben trüb. Dieser grämliche Trübsinn macht schlecht gelaunt, missgestimmt, missmutig. Alles scheint festgefahren, ausweglos, sinnlos. So versinkt man im Gefühl der trüben Resignation des Grams und Harms. In Leiden versunken wird man schwermütig, schwerfällig. Alles scheint uns dann ohne Ziel und ohne Kraft. Oft ist der traurige Anlass lange vergessen und der Gram wird Selbstzweck des Gemütes. Es kommen aus trüber Psyche selber trübe Wellen auf und verdunkeln uns, wir wissen nicht, warum. Alle Versäumnisse, alles Unrecht gegen andere, auch alle bloß gedachten Bosheiten wirken sich trübend auf uns aus. Wegen unserer bedürftigen Triebe sind wir sowieso schon trüb, und jetzt laden wir dem trüben Gemüt noch neuen Gram auf. Ach, wäre es doch möglich, allem Trübsinn und Missmut und Gram (*do-manassaṃ*) zu entgehen! Ein Heiliger ist für immer von diesem Gram befreit.

Während Gram als passive Verzweiflung bezeichnet werden könnte – eben als ausweglose Missmut – ist dessen Kehrseite ein sich Auflehnen der Triebe gegen jene Ausweglosigkeit. Das ist aktive Verzweiflung. Man läuft Sturm gegen die eigenen Wehgefühle, protestiert, schlägt um sich, ballt die Fäuste, möchte buchstäblich die Wände hoch gehen, rauft sich die Haare, gerät außer sich. Es kocht über, es knallt und explodiert. Man empört sich, braust auf, wird erbost und gereizt und ungehalten und erbittert. Der innere Druck der Unbefriedigung jagt uns hoch, irgendetwas zu tun. Das ist die Wut der Verzweiflung, die Flucht in die Aktion. Man hält es mit sich nicht aus, man rüttelt an den Stangen des Gefängnisses der Leidgefühle. Aber wie bei allen gewaltsamen Revolutionen wird es dadurch nur noch schlimmer. Wütend über sich und die Welt wütet man gegen sich und die Welt mittels Verzweiflungsausbrüchen. So vermehrt man sinnloserweise die Anzahl der Wehgefühle um ein weiteres, um ein fünftes. Ach, wäre es doch möglich, der Verzweiflung zu entgehen! Ein Heiliger kennt keine Verzweiflung mehr.

8.5 Was man verlangt, nicht erlangen, ist Leiden

Zwei Dinge verlangt man vom Leben, etwas Objektives und etwas Subjektives. Das Objektive ist ein vollkommener äußerer Zustand, d. h. Glück, unvergängliches Glück. Das Subjektive ist ein vollkommener innerer Zustand, d. h. unvergängliches Wohl. Wenn die erlebte Form Glück ist und wenn das erlebte Gefühl Wohl ist, dann hat man erlangt, was man verlangt.

Alle unsere Pläne, Überlegungen Bestrebungen, Grübeleien und Unternehmungen setzen voraus, dass wir jenes glückliche Wohl nicht besitzen. Denn besäßen wir es, dann brauchten wir nichts zu unternehmen, dann wären wir wunschlos glücklich. Weil wir aber nicht in der vollkommenen Situation sind, deshalb sind wir bemüht, die unvollkommene Situation – den Leidenszustand – zu verbessern. Nur deshalb müssen wir aktiv sein, weil wir uns nicht wohl befinden, weil wir Mangel leiden, weil wir abseits der Erfüllung sind. Die Tatsache unserer Aktivität beweist, dass wir nicht erlangten, was wir verlangten, und dass wir nun anstreben, das Erlangen dem Verlangen anzugleichen.

Unaufhörlich blitzen in uns die Gedanken auf: „Das werde ich unternehmen, so werde ich es machen, mit dem werde ich sprechen, das muss ich noch untersuchen" usw. Und wie tönt es allenthalben in der Welt? Wir werden alles erforschen, bis zum letzten Krankheitserreger; wir werden alles noch viel schneller machen, noch perfekter, noch glänzender. Die ganze Technik ist Ausdruck des Mangels, der eine ameisenartige Aktivität erzeugt, um den Mangel zu beseitigen und zu erlangen, was man verlangt. Wie viele Utopien hat es schon gegeben: einen Gottesstaat hat man schaffen wollen, ein Tausendjähriges Reich, ein Paradies aller Werktätigen. Emsig und emsig war man bemüht – aber das Leiden blieb dasselbe, nur seine Erscheinungsformen wechselten geringfügig. Wir haben wohl den theoretischen Willen, alles Leiden aufzuheben und aus der Welt zu verbannen, aber wir gestalten doch immer wieder nur etwas, das unvollkommen und leidig ist. All unsere Produktionen und Produkte, all unsere Aktivitäten erweisen sich als unbefriedigend, als ungenügend, unsere Sehnsucht nach Aufhebung des Leidens zu erfüllen. Das, was man eigentlich mit aller Aktivität des Denkens, Redens und Handelns ersehnt, die Leidlosigkeit, das erlangt man auch durch noch so komplizierte Aktivitäten nicht.

Und selbst wenn man durch tugendhaftes Bemühen in eine ideale Götterwelt gelangt, sie bleibt nicht ewig. Und selbst wenn man durch verinnerlichtes Bemühen um den mystischen Weg zu einem Zustand des Herzensfriedens gelangt, der lange, lange, äonenlang bestehen kann, er bleibt nicht ewig. Der Buddha, der alle Daseinsmöglichkeiten durchschaute und überblickte, sah, dass nirgends im Erscheinenden ein Zustand von dauerhaftem Wohl besteht. Wie ist das möglich? Man strebt nur solange nach Wohl, als man es nicht hat. Hat man einen relativen Glückszustand, der über menschliche Art hinausgeht und himmlisch ist, erreicht, dann genießt man ihn und vergisst das Bemühen um Tugend und Verinnerlichung, welches dahin führte. Dann zehrt man die Frucht des eigenen Bemühens auf, gewöhnt sich ans Glück, mehrt so seine Abhängigkeit davon, und wenn eines Tages unweigerlich das Ende jenes zeitlich gewirkten Zustandes der glücklichen Zeit kommt, dann „fällt man aus allen Wolken". Man findet sich wieder in der Unvollkommenheit. Das Glück war nur eine Pause zwischen zwei Unvollkommenheiten, eine vorher, die andere nachher. Und wieder von neuem muss man anfangen, die eigene Genusssucht zu überwinden und sich um Tugend und Verinnerlichung zu bemühen, um wieder, nach längerer oder kürzerer Zeit ein Glück zu erlangen – das dann genauso vergänglich ist. Im chinesischen Buddhismus gibt man dafür folgendes Gleichnis: Das Streben des Menschen gleicht einem Floh, der auf einer heißen Herdplatte hochspringt. Weil ihm die Füße weh tun, weil er leidet, deshalb strebt er fort und springt hoch – aber er kann sich oben nicht halten und fällt immer wieder herunter. Das ist das Symbol für: Was man verlangt, nicht erlangen, ist Leiden. Es genügt also nicht, wie ethische und mystische Lehren in der Welt darlegen, einen Zustand von Glück und Wohl zu erlangen, sondern es ist nötig, dass ein solcher Zustand auch bleibt und nicht wieder entschwindet. Wohin wir auch schauen, in die Kulturen, in die himmlischen Zustände, nirgends ist ein Bleiben von Glück. Alles ist in Wandlung, nur die Wellen und Takte sind länger oder kürzer.

Erst auf diesem Hintergrund wird die Heilssehnsucht jener Inder zur Zeit des Erwachten verständlich, die an ihn herantraten mit dem Gedanken:

> *„Versunken sind wir in Geburt, in Altern und Sterben in Kummer, Jammer, Schmerz, Gram und Verzweiflung, in Leiden versunken, in Leiden verloren! O dass es doch etwa möglich wäre, dieser ganzen Leidensfülle ein Ende zu machen."* (M 68)

Und darum definiert der Erwachte die Leidenssituation wie folgt:

> *„Was ist nun, was man verlangt nicht erlangen für Leiden? Die Wesen, der Geburt, dem Alter und Sterben, Kummer, Jammer, Schmerz, Gram und Verzweiflung unterworfen, kommt das Verlangen an: ‚O dass wir dem doch nicht unterworfen wären, dass uns dies doch nicht bevorstünde.' Aber das kann man durch Verlangen nicht erreichen. Das nun eben, was man verlangt, nicht erlangen, das ist Leiden."* (M 141)

Man müht sich und müht sich, man schafft und gestaltet, man setzt alle Aktivität ein – und doch dreht man sich letztlich nur im Kreise und ist wie einer, der der rollenden Kugel der Fortuna nachjagt oder der so vergeblich sich müht wie Sisyphos. Immer wieder reißt die Kluft zwischen Verlangen und Erlangen auf, sie wird überhaupt nie endgültig geschlossen:

> *Denn je mehr sie mehr vermeinen,*
> *immer wandelbarer wird es und ist alsbald entschwunden;*
> *sieh, das heißt man Weltenwandel.* (Sn 588)

Der Erwachte sagt, es gebe drei Arten des Leidens: Leiden als Leidwesen, Leiden als Aktivität, Leiden als Wandelbarkeit. Das Leiden als Wandelbarkeit zeige sich bei allen bedingten Erscheinungen, die dem Gesetze von Geburt, Altern und Tod unterworfen sind. Das Leiden als Leidwesen zeige sich an der Subjektivität der fünf Wehgefühle, in die alles Wohlgefühl letztlich wieder umschlägt. Und das Leiden als Aktivität bestehe geistig in der Erkenntnis, dass alle meine Geisteskraft und Tätigkeit am Unbestand und Wehe nichts ändert.

Somit ergibt sich aus der Vergänglichkeit (erste Art des Leidens) das Leidwesen der Wehgefühle (zweite Art des Leidens) und daraus ergibt sich, dass jenes Ich, welches das Leiden aufheben will, ohnmächtig ist. Wenn „ich" am Leiden nichts ändern kann, dann ist dieses „Ich" auch nur ein Stück Leiden. Was bisher als Ich angesehen wurde, der planende Geist, erweist sich als ohnmächtig und unfähig, das Leiden aufzuheben (dritte Art des Leidens).

8.6 Kurz gesagt: Die fünf Erscheinungen des Aneignens sind Leiden

Die gesamte Existenz in allen Daseinsformen lässt sich, auf die kürzeste Kategorisierung gebracht, als Fünfheit folgender Erscheinungen beschreiben: Form, Gefühl, Gewahrung, Aktivität, Erfassung. Diese fünf Phänomene sind die eigentlichen Elemente der Existenz. Sie sind es, die dann als Ich und Mein angeeignet und als Selbst und sein Eigen aufgefasst werden. Nur weil und soweit diese fünf Phänomene als Ich und Eigen aufgefasst werden, interessieren sie, sind sie unser Lebenselixier. Wenn sie aber, wie der Buddha behauptet, Leiden wären, dann wären sie nicht das wahre Leben, sondern nur ein Scheinleben. Wieso sind sie also Leiden?

FORM: Das ist der Leib mit seinen fünf Sinnen und ihren Objekten als untrennbarem Korrelat (genannt Welt). Beides ist nur zusammen oder gar nicht. Die Form erscheint vordergründig schön und lieblich und glänzend, mit Jugendfrische und Lebenskraft und Beherrschung. Aber ihre Kehrseite zeigt: der Leib wird geboren, altert und stirbt immer wieder. Und auch jedes Ding hat Anfang (Geburt), Verschleiß (Alter) und Untergang (Sterben). Dass eben zwangsläufig die schöne Vorderseite in die leidige Rückseite umschlagen muss, das stempelt die Form als solche zum Leiden. Dass zeitweise, unter Umständen sehr lange, die Form schön erscheint, das ist der Grund, warum man sie sich aneignet und zum Ich zählt und ergreift als Besitz und Eigentum. Dass aber die Form auf die Dauer nie das hält, was sie zu versprechen scheint, nämlich Bestand des Schönen, das lässt uns sie mit Abstand kritisch betrachten. Dieser Blick zeigt: Wo Form ist, da ist wegen der Vergänglichkeit des Schönen eben Leiden. Solange man sich mit der Form identifiziert, entrinnt man dem Leiden nicht. Die Form ist ein Mörder.

GEFÜHL: Die Form, die dem einen angenehm ist, ist dem anderen unangenehm. Was den einen brennend interessiert, ist dem anderen langweilig. Was der eine als schmerzliches Problem empfindet, ist dem anderen völlig gleichgültig. Die subjektive Unterschiedlichkeit unserer Empfindungen und Stimmungen, unserer Befindlichkeiten und Launen, die uns Lust oder Unlust erleben lassen – macht Farbe und Gehalt der Existenz aus. Und das scheint daher das eigentliche Leben. Kummer, Jammer, Schmerz, Gram und Verzweiflung: das ist das Leiden am Gefühl. und das wollen wir loswerden. Jeder Druck ist wehe, jede Druckentlastung wohl. Nie sind wir ohne das Gewoge von Wohl und Wehe, das im Auf und Ab unser Existenzgefühl bestimmt. Die Vorderseite des Gefühls ist das Wohl – und es gibt schier unvorstellbar größeres Wohl, als man normalerweise kennt. Aber das Glücksgefühl bleibt nicht, es schlägt notwendigerweise wieder in Wehgefühl um. Wegen des Wohlgefühls eignet man sich das Gefühl an, aber das Wehgefühl wird mitgeliefert, und es gibt noch unvorstellbar größeres Wehe, als man gewöhnlich kennt. So ist Gefühl deswegen eben selber Leiden. Der Begriff Leiden (*dukkhaṃ*) hat drei Bedeutungen: Körperlicher Schmerz im Gegensatz zu seelischem

Leid; Wehgefühl im Gegensatz zu Wohlgefühl; auch beim Wohlgefühl ans Wehgefühl gefesselt sein, im Gegensatz zum Nirvāna als dem höchsten Wohl. Bei tieferer Betrachtung ist also das Gefühlsleben auch nur ein Scheinleben: auch das Gefühl ist ein Mörder, weil es alles Wohlgefühl zerstört. Solange man sich mit Gefühl identifiziert, entrinnt man dem Leiden nicht.

GEWAHRUNG: *Wie man fühlt, so gewahrt man* (M 18), d. h. die Stärke des jeweiligen Gefühls bestimmt, was wir im Gedächtnis registrieren und aufbewahren und beachten. Von den gesamten Dingen eines Erlebnisses behalten wir das, was uns interessiert, am meisten, und das ist das, was uns besonderes Wohlgefühl oder Wehgefühl bereitete. So baut sich unser Geistesinhalt aus einer Unsumme von Gewahrungsdaten darüber auf, welche der fünf Sinnesobjekte und Gedanken uns in welcher Kombination Wohl bereiteten und welche uns störten oder am Wohl hinderten. Dabei vergessen wir meist völlig, dass die Ursache für Wohl und Wehe gar nicht in den Dingen als solchen lag, sondern in dem triebhaften Bezug unseres Herzens. Wir haben die Dinge erst mit jener Farbe übergossen, die wir dann als von dem Ding herrührend registrieren (Gefühlsbesetzung der Objekte). Unsere Gewahrungen, Vorstellungen, Unterscheidungen sind also bereits subjektiv gefärbt. Die Gewahrung ist gefühlshörig, gefühlsabhängig, d. h. sie ist nichts als eine Schein-Objektivierung des Gefühls. In dem Maße, wie Leiden am Gefühl ist, ist auch Leiden an der Gewahrung. Daher brauchte letzteres oben auch nicht extra nach den fünf Gefühlsleiden aufgeführt zu werden. Gelegentlich sagt der Buddha aber an jener Stelle:

> *„Mit Unliebem vereint, von Liebem getrennt sein, ist Leiden (S 56, 11). Das ist das Leiden an der Gewahrung. Wohlgefühle machen Dinge lieb, Wehgefühle machen Dinge unlieb. Und genauso wie alle Wohlgefühle in der Welt in Wehgefühle umschlagen, ebenso wird jede liebliche Gewahrung einmal zur hässlichen und jede Vereinigung mit Liebem zur Trennung davon. Solange man sich mit der Gewahrung identifiziert, entrinnt man also dem Leiden nicht.“*

AKTIVITÄT: *Wie man gewahrt, so erwägt man* (M 18). Auf jener gefühlsbesetzten Gewahrung bauen sich dann unsere gesamten Aktionen, Taten, Handlungen, Werke, Gestaltungen auf. Wir streben aktiv die Dinge an, die wir als angenehm empfinden mussten und daher als „lieb“ gewahren, und wir streben aktiv von den Dingen fort, die uns unlieb vorkamen. Diese Bewegung ist im Grunde der ganze Lebensinhalt, mit aller Dramatik und allen Tragödien und Komödien: Hin zum Angenehmen, weg vom Unangenehmen. Und da dies bei jedem Wesen etwas anders ist, gibt es genug Konfliktstoff und Dramatik. Vordergründig betrachtet sehen wir bei der Aktivität gerade die, welche uns Wohlgefühle verschaffte und Wehgefühle beseitigte. Aber dieses Wirken hat keine Dauerwirkung, die guten Werke vergehen wieder, und wir müssen aufs Neue wirken. *Was man verlangt, nicht erlangen, ist Leiden*: das ist eben das Leiden an der Aktivität, dass sie nicht zum endgültigen Heil führt. Solange wir uns mit den Vorstellungen von Objektivem (Form) und Subjektivem (Gefühl) identifizieren, sie uns aneignen und daran hängen, solange kann unsere Aktivität nie zu einem Ende kommen. Solange leiden wir an der Aktivität, die nur eine Scheinlebendigkeit innerhalb des Sterblichen und Wandelbaren ist und sich dort im Kreise dreht.

ERFASSUNG: Der Grund, warum wir bei dem einen Ding Wohl, bei dem anderen Wehe erleben, liegt in unserer Gewöhnung des Erfassens, Erkennens und Aufnehmens. Dieses unser Erkenntnisvermögen, das eigentliche Subjekt, ist unsere Empfänglichkeit. Wir können erfassen, wir wollen aber auch erfassen, und wir müssen sogar erfassen.

Können, wollen und müssen ist im Subjekt eines. Und diese Gewöhnung, die ist gleichzeitig Erfassungsgewöhnung wie auch eigentliche Denkgewöhnung. Weil im Leibe diese Erkenntnisfähigkeit, Erfassungsgewöhnung und Empfindlichkeit wohnt, deshalb nur können uns bestimmte Dinge wohltun und andere wehtun. Weil wir auf Dinge aus sind, weil wir Vorlieben, Interessen, Bezüge, Gewohnheiten haben, deshalb sind wir so treffbar. Hier wohnt unser Verlangen, welches uns am Nichterlangen leiden lässt. Und je mehr wir erkennen, dass wir das Verlangte nicht erlangen, desto stärker wird das Verlangen und Sehnen, werden unsere Triebe. Die Aktivität des denkenden Bewertens bestätigt unsere Gewöhnungen und verstärkt damit unsere Empfindlichkeit. Auf diese Weise ist die Erfassung, welche auf Aneignen von Wandelbarem und Leidigem (d. h. den vier anderen Erscheinungen) aus ist, selber die tiefste Form des Leidens. Dass ich überhaupt Vergängliches verlange, darauf aus bin, dazu neige und völlig daran gewöhnt bin, das ist Leiden. Der Schwung dieser Erfassungsgewöhnung ist ein so gewaltiger Strom, dass ich auch dann, wenn ich ihn einmal als leidig durchschaue, noch lange nicht von ihm loskomme. Triebe und Gewöhnungen haben, aber sie nicht überwinden können, unter ihrer Gewalt stehen: das ist das Leiden des Leidens. Wenn ich sehe, wie eine starke Leidenschaft mich treibt und reißt und ins Unheil führt, aber wenn ich gleichzeitig sehe, wie ich davon nicht loskomme, dann ist eine solche Gewöhnung wahrlich Leiden. Und alle guten Gewöhnungen schlagen einmal wieder in böse um – und dann muss ich wieder damit fertig werden und dann sehe ich, wie ich nicht damit fertig werde. Das eben ist das Leiden an der Erfassung, solange man sich mit dieser Verletzbarkeit identifiziert und sie sich aneignet. Mit dieser fünften und letzten Erscheinung geht der Satz: *Kurz gesagt die fünf Erscheinungen des Aneignens sind Leiden* über die vorigen Sätze hinaus, überhöht sie.

9. Die edle Wahrheit von der Leidensentstehung (*samudayo*)

> „*Was da hinsichtlich von Welt Welt-Gewahrung und Welt-Dünken ist, das wird in des Edlen Zucht Welt genannt.*“ (S [IV] 35, 116)

Warum ist überhaupt Leiden? Woher kommen Geburt und Tod, Wehgefühle, Schicksals-schläge, Vergeblichkeit der Leidensentrinnung? Was ist der Grund dafür, dass die Welt vergeht und das Herz nicht aufhören kann zu verlangen? Aus welchem Grund sind überhaupt jene fünf Leidenserscheinungen Form, Gefühl, Gewahrung, Aktivität, Erfassung? Nur wenn man den Grund des Leidigen wüsste, könnte man durch Beseitigung der Ursache auch die Wirkung beseitigen. Solange die Wurzel des Leidens nicht ausgerissen ist, gibt es keine Leidensüberwindung. Die zweite edle Wahrheit nennt nun alle zu überwindenden Dinge, d. h. alles, was weg sein muss, damit Leiden aufhört. Was ist das? Die Antwort des Buddha wird in dem zwölfgliedrigen Bedingungszusammenhang des Leidens genannt. Diese zwölf Stufen gilt es nun näher zu betrachten.

Das erste Phänomen der Reihe, der Ausgangspunkt, heißt Unwissen. Welches Unwissen ist da gemeint? Die Antwort darauf gibt der Buddha in Bildern:

Wenn ich träume, dann entwirft der Traum die Gewahrung einer Welt, mit der ich mich auseinandersetze. Und dabei erlebe ich von gesehenen, gehörten und getasteten Formen Wohl und Wehe. Ich kann im Traum in paradiesischer Wonne schweben und ich kann im Traum von höllischer Gewalt bedroht sein. Und ich reagiere darauf entsprechend, indem ich das Wohl genieße und vor den Bedrohungen fliehe, weil ich eben Wohl ersehne und Wehe verabscheue. Der Traum besteht aus ganz genau denselben fünf Phänomenen wie die sogenannte Wirklichkeit, aus Formen, Gefühlen, Gewahrungen, Aktivität und Erfassungen. Ich habe den felsenfesten Glauben, dass das, was ich erlebe, „wirklich" ist; und dass es eine andere Wirklichkeit auch nur geben könnte, kommt mir nicht einmal als Möglichkeit in den Sinn. Wenn ich aber den Traum als Traum zu durchschauen beginne, dann wache ich auf. Die Substanz des Traumes ist also Unwissen über eine andere Dimension.

Der Traum diktiert einen Ausschließlichkeitsanspruch, der eine Faszination bewirkt, die uns gefangen hält. Der Traum entwirft auch seine eigene Vergangenheit und Zukunft mit: Aus dem Traum geboren ist ein Gestern und Morgen, ein Vorher und Nachher. Und aus dem Traum entstanden sind auch die dort begegnenden anderen Wesen, die mir die Realität des Erlebens bezeugen. Wenn ich aber aufwache, ist die Traumwelt verschwunden, die Dimension der Zeit jenes Traumes verschwunden, die Zeugen des Traumerlebens verschwunden. Es war alles, als wäre es nie gewesen.

Die sogenannte Wirklichkeit ist nur eine andere Kammer des Traum-Labyrinthes der Existenz. Im Traum ist die Alltagswelt verschwunden und untergegangen, und im sogenannten Wachzustand ist die Traumwelt verschwunden und untergegangen. Leben und Träumen sind zwei Weisen der Existenz der fünf Phänomene, und meditative Vertiefung ist eine dritte Weise. Dabei ist nie eine Welt an sich, ein Kosmos und eine Materie die Grundlage und Ursache des Erlebens, sondern all das ist nur Inhalt der Gewahrung, ist eine Weise des Bewusstseins. Nicht kommt das Bewusstsein von der Welt sondern die Welt vom Bewusstsein. Geistig ist die Substanz des Daseins, und was Form genannt wird, ist nur die Kraft, mit welcher die Gewahrung herandrängt. Die fünf Erscheinungen sind wie ein Blitz, der aufleuchtet und den Schein von Materie, Raum und Zeit entwirft, ganz genau wie im Traume. Nicht zu erkennen, dass nur die fünf Erscheinungen spielen und eine Welt vorgaukeln, das ist Unwissen. Nicht zu erkennen, dass andere Wesen und kosmische Entwicklung und Geschichte nur Inhalte der jeweiligen Gegenwärtigkeit des Erlebens sind, das ist Unwissen. Nicht zu erkennen, dass da kein Ich ist, welches anfangslos durch einen Saṃsāro wandert, sondern immer nur wechselnde fünf Phänomene, die als Ich aufgefasst werden, aber den Akteur immer wieder selber vernichten, das ist Unwissen. Der aufleuchtende Bewusstseinsblitz der Gegenwart ist der Grund dafür, dass eine in Raum und Zeit ausgebreitete Welt erscheint, in der ich mich mit einem Leibe identifiziere, während dieser sich unaufhörlich wandelt. Nicht irgendwo in der Zeit ist aus dem Nichts durch Emanation eine Welt geworden, sondern alles, was ist, ist in der Gegenwart geboren. Dort liegt die Wurzel aller Phänomene und Probleme. Existenz ist ein geistiger Prozess des dauernden Erscheinens, das bestimmten Gesetzen unterliegt, über die ebenso Unwissen herrscht, wie über die Substanz des Daseins. Aus dem Traum dieses Unwissens ist ein Erwachter erwacht und er kommt, „um der Welt den Schleier hinweg zu nehmen". Der Schleier der Täuschung durch Raum und Zeit: das ist Unwissen. Den Traum als Traum sehen: das ist Wissen oder Erwachung. Das Erscheinen eines Erwachten im Traume ist das Symbol der Erwachung.

Wenn ich ein Gemälde betrachte, auf dem ein Wagen mit durchgehenden Pferden gemalt ist, dann lässt man sich leicht davon faszinieren: gebannt von der Perspektive denkt man sich einen Raum, aus dessen Hintergrund der Wagen nach vorn eilt, und eine Zeit, in welcher sich die schnelle Fahrt abspielt. Je stärker diese Einbildung ist, desto mehr vergisst man im Moment die Wirklichkeit, dass das Bild aus Farbe gemalt ist, aus Farbe geboren, im Geiste des Malers erzeugt. Man vergisst durch solche Faszination die eigene Situation, nämlich dass man einem Bild auf der Leinwand gegenübersteht und selber als Betrachter außerhalb des Scheingeschehens steht. – Ganz ebenso bilden wir uns ein, dass der Augenblicksblitz der jeweiligen Erlebniserscheinung sich in einem Raum und einer Zeit an sich abspiele, während in Wirklichkeit alles aus der Situation selber entworfen ist. Statt dieses Gleichnisses vom Gemälde (S 22, 100) hätte auch das Gleichnis vom Kino gegeben werden können, das noch deutlicher den Wahn der Lebendigkeit eines Geschehens zeigt, das doch nur aus der Abfolge der Lichtblitze des Projektors entstanden ist.

Wenn im Ei ein Küken heranwächst, dann hat es keine Ahnung von der Außenwelt, ist darüber im totalen Unwissen und hält sein Leben im Ei für die einzige Wirklichkeit. Dabei ereignen sich nicht weniger als drei Aspekte des Unwissens: Erstens ist dem Küken das Licht der Welt verhüllt und es lebt in Wirklichkeit im Dunkel, für das ihm nur die Vergleichsmöglichkeit fehlt; zweitens ist es gebannt und gefesselt und eingeschnürt in der Enge des Eies – es kann nicht heraus, bevor es nicht ausgebrütet ist und die Schalen zerbricht; drittens ist es gefährdet und abhängig von äußeren Faktoren, die sein Leben zerstören können und hat keine Ahnung davon. Dunkelheit, Fesselung und Gefährdung – das sind auch drei Aspekte des existentiellen Unwissens. In der Erwachung wird das Ei des Unwissens zerbrochen (A VIII 11) – und dieses Bild erinnert an Platons Höhlengleichnis, welches Bild in Sn 772 ebenfalls angedeutet ist.

Durch die drei Bilder vom Träumen, von der Ein-bildung und vom Küken im Ei versucht der Buddha, uns ein Gefühl für die Unwissenheit und Abseitigkeit unseres scheinbaren Wissens zu geben. Wir halten das jeweils Erschienene für eine durch eine Welt bedingte Wirklichkeit und folgern aus der Gegenwartsperspektive eine objektive Zeit nach beiden Richtungen. Wir sehen nicht, wie ein Erwachter, wohin unsere Taten gehen und woher unser Schicksal kommt. So leben wir abseits der wahren Realität, leben im Falschwissen und sind im Nichtwissen über die wahren Gesetze des existentiellen Erscheinens und vor allem im Nichtwissen über die wahrhaft heile Situation ohne Wechsel. Im Grunde ist das Nichtwissen ein Unwissen über das Nirvāna, die unverletzbare Unverletztheit. Sie kennen wir nicht, von ihr haben wir keine Ahnung und sie vermissen wir nicht einmal, wenn es uns leidlich geht – so tief ist unsere Nacht, unsere Verblendung, Illusion und Täuschung: *Nichtwissen ist das tiefste Schwarz.* (Dh 243) Und „Unwissenheit schützt nicht vor Strafe" – das Leiden ist die Folge unseres Unwissens. Indem wir leiden und ihm nicht entrinnen können, offenbart sich das Unwissen. „Der Tod ist der Sünde Sold" (Röm. 6,23) und die „Sünde wider den heiligen Geist" ist das Unwissen.

Und woher kommt das Unwissen? Es ist. Es ist die Faszination, die aus der Geneigtheit dazu aufrecht erhalten wird. Das Unwissen ernährt sich selber durch das Beharrungsvermögen der Unwissensneigung, die ein wesentlicher Bestandteil der Unwissensituation ist:

> *„Nicht lässt sich ein erster Anfang des Unwissens erkennen, als ob es etwa vorher nicht gewesen und erst dann erzeugt wäre."* (A X 61)

Erst auf diesem Hintergrund lassen sich nun die Glieder des Bedingungszusammenhanges einzeln erörtern:

9.1 Durch Unwissen bedingt sind die Aktivitäten

Wenn ich irgendein wesentliches Faktum nicht kenne, verstehe und weiß, dann wird all mein Denken und Handeln falsch, lückenhaft, zufällig. Der Grad meines Wissens oder Nichtwissens über ein Faktum bestimmt den Grad der Richtigkeit oder Falschheit meiner entsprechenden Aktionen. Columbus z. B. kannte nicht das Faktum „Amerika“ und musste daher das Neuland für Indien halten – und demgemäß spricht alle Welt noch heute von Indianern und Westindien. Durch das Unwissen von Columbus sind unsere sprachlichen Aktivitäten im Gebrauch des Begriffs „Westindien“ bedingt.

Wie viel gewichtiger aber ist das Unwissen, wenn es sich um die wichtigste Frage, die von der Bedingtheit des Leidens, handelt. Der Buddha sagt, es gebe hier grobes, mittleres und feines Unwissen (S [II] 14, 13) und dementsprechend sei dann die Aktivität.

Wo grobes Unwissen ist, ist grobe Aktivität. Wenn z. B. jemand das Unwissen hat, das Leiden käme von kapitalistischen Ausbeutern oder von einer Weltverschwörung der Freimaurer oder von irgendwelchen Ketzern, dann muss all seine Aktivität darin bestehen, die Feinde zu bekämpfen – wobei es immer schlimmer wird. Oder wenn einer das Unwissen hat, alles Leiden würde von einem Gott als Strafe geschickt, dann wird all seine Aktivität darin bestehen, diesen Gott wieder zu versöhnen und entsprechende Werke zu tun. Oder wenn einer das Unwissen hat, alles Leiden sei reiner Zufall, sei blindes Schicksal, dann wird all seine Aktivität darin bestehen, sinnlich so viel wie möglich zu genießen, ehe das Leiden eintritt.

Wo grobes Unwissen abnimmt, wo das falsche Weltbild schwindet, da bleibt nur noch mittleres Unwissen, das mittlere Aktivität erzeugt. Je mehr man sieht, wie alles Leiden durch das Verhältnis zwischen Verlangen und Erlangen bedingt ist, desto mehr wird die Aktivität darauf gerichtet sein, einerseits gut zu säen und andererseits das Verlangen zu mindern. Wer da sieht „Weil ich solche Triebe habe, deshalb nur können mir solche Schicksalsschläge solche Leiden bereiten“, der wird allmählich seine Aktivität darauf richten, die Triebe zu mindern und zu verbessern, um weniger treffbar zu werden. Die ersten vier Grade rechter Anschauung (Geben, Tugend, Jenseits, Entsagung) gehören zum mittleren Unwissen, welches das grobe Unwissen schon verfeinert hat.

Das feinste Unwissen aber ist es noch, wenn man irgendein Etwas außerhalb des Erscheinens der jeweiligen Gewahrung für absolut hält und an eine Emanation daraus glaubt, z. B. wenn man meint, aus dem Nirvāna sei der Saṃsāro (die Wandelwelt) hervorgegangen und ein Selbst kehre dorthin als seine Heimat zurück – und dergleichen mehr. Dies feinste Unwissen gebiert die feinste Aktivität, die vielleicht nur noch in dem Gedanken besteht, ein Ich zu formulieren.

Wo auch das feinste Unwissen, jedenfalls für einen Moment, einmal aufgehoben oder besser gesagt beiseite gedrängt ist, da wird damit auch für den Moment jede Aktivität aufgehoben. Da ist dann nur der nüchterne Blick auf die Erscheinungen, die mich eigentlich gar nichts mehr angehen, weil ich mich nicht mehr mit ihnen identifiziere. Es ist da der Eindruck einer Spaltung von Subjekt und Objekt, aber diese Spaltung selber wird zum Gegenstand der Beobachtung, ohne dass der Beobachter zu einem neuen Ich ausgesponnen wird. Das ist die reine Beobachtung, der Aufblick auf die Phänomene, der unbeeinflusste existentielle Augenblick. Nur Schatten huschen vorüber, die Flucht der Erscheinungen, das Welttheater. Da ist Leiden – aber nicht mehr für mich. Die Verklammerung des Leidensvorganges mit einem angeeigneten Subjekt ist aufgehoben. Und da endet dann auch alle Aktivität, denn da ist kein leidendes Ich mehr, welches Leidensminderung oder -aufhebung anstreben müsste. Solange man unwissend den Vorstellungsweg in den Saṃsāro-Traum hinein geht, muss man unendlich gegen die Vergänglichkeit ankämpfen, muss schaffen und gestalten, und zwar vergeblich. Durch Unwissen wird die Aktivität falsch eingesetzt, nämlich zur Bestätigung des Leidens; durch Verdünnung des Unwissens wird die Aktivität richtig eingesetzt, nämlich zur Triebminderung und damit Leidensminderung; durch Aufhebung des Unwissens wird schließlich auf dem Heilswege am Ende die Aktivität überflüssig und löst sich bald ganz auf. Das Zur-Ruhe-Kommen aller Gestaltungen (*sabba-saṅkhāra-samatho*), das ist das ungestaltete, ungeschaffene Nirvāna.

9.2 Durch Aktivitäten bedingt ist die Erfassung

So wie ich denke und denkend rede und handle, so werde ich. In der Art, wie ich etwas mache, mache ich mich. Mein Charakter ist durch meine Werturteile bedingt. Durch meine denkerische Aktivität wird meine Gewöhnung geschaffen, mein Geneigtsein, mein verändertes Verhältnis zu etwas und daher meine Empfindlichkeit. Wenn ich gestern eine Sache bejahend umkreist und ihre Vorteile für mich mir ausgemalt habe, dann stehe ich ihr heute als ein anderer gegenüber, indem ich jetzt einen positiven Bezug zu ihr habe. Nur weil dies so unmerklich still vor sich geht und weil wir zu sehr auf das achten, was wir durch unsere Aktivität außen verändern, deshalb übersehen wir die unmittelbarste Folge der Aktivität, nämlich die Veränderung unserer Erfassungsgewöhnung, unserer Auffassungsweise, unseres Charakters.

Wer z. B. immer wieder bedenkenlos zur Lüge greift (Aktivität im Reden), der eignet sich die Art an, es sich durch Lügen bequem zu machen und kann es nachher gar nicht mehr lassen: Die Lüge ist ihm zur zweiten Natur geworden; er ist ein Lügner geworden; seine Erfassungsgewöhnung ist auf Lügen programmiert.

Oder ein Kind, dem die Eltern aus Bequemlichkeit alles erlauben, das entnimmt aus dem Vorbild der Eltern die Aktivität des Denkens, dass man sich alles erlauben kann und gewöhnt sich so die Art an, sich immer gehen zu lassen, gleichgültig ob es sich selber oder anderen schadet. Durch Nichterziehung ist es zur Ungezogenheit erzogen worden.

Oder wer immer denkt, dass die Welt doch einen Anfang in der Zeit haben müsse und dass Gott eben der Schöpfer von allem sei, der kann gar nicht mehr anders, als dahin zu neigen, und wenn ihm die Wahrheit begegnet, dann muss sie ihn befremden, weil seine Denkgewöhnung falsch programmiert worden ist.

Die denkerische Aktivität, die Bewegung des Geistes ist es, die ständig in unser Herz hinein spricht und dadurch die Seele mit ihren Gewöhnungen verändert: *Was der Mensch häufig erwägt und sinnt, dahin neigt sich das Herz,* sagt der Buddha (M 19). Oder: *Was einer beabsichtigt, plant und sich anlegt, damit begründet er den Bestand der Erfassung* (S [II] 12, 38). Oder: *Wenn man in Betrachtung der Labsal fesselnder Dinge verweilt, wird Erfassung bewirkt* (S [II] 12, 59). Oder: *Wer den Dingen, denen keine Aufmerksamkeit zu schenken ist, solche schenkt, der zeitigt neue Beeinflussbarkeit und lässt alte erstarken* (M 2). Durch die denkerische Aktivität wird die Erfassung mit den tausend Trieben des Herzens geladen, so dass es nun zu jener reizbaren Substanz wird, die verletzbar und treffbar ist.

Durch verdienstlose Aktivität, d. h. ein Denken aus falscher Anschauung, wird die Erfassung des Herzens einmal zu falschem Denken geneigt, vor allem aber zum dementsprechenden vordergründigen Handeln, das nur egoistisch auf Genuss gerichtet ist, ohne Rücksicht auf die Folgen. Durch verdienstvolle Aktivität schafft man sich selber ein reineres Herz mit besseren Neigungen, eine Erfassungsgewöhnung an Rücksicht. Und durch eine Aktivität, die auf Anhalten, auf Reglosigkeit gerichtet wird, wie es nur bei hohen Mystikern zu finden ist, wird eine Seele geschaffen, deren Gewöhnung es ist, lange stillzustehen und in sich zu ruhen.

Wo aber für einen Moment kein Unwissen ist, und wo daher in einem solchen Anblick nichts mehr gestaltet zu werden braucht, weil die vollkommene Situation herrscht, da ist solange auch keinerlei Geneigtheit, kein seelisches Sondersein, keinerlei Gewöhnung an Dasein. Das ist das Wirken (Aktivität), das weder dunkle noch lichte Folgen hat (M 57). Solange der Heilige noch im Leibe lebt, neigt seine Gewöhnung nur zu einem, zum Nirvāna, während er zu allem Vergänglichen Gleichmut hegt.

9.3 Durch Erfassung bedingt ist Name-und-Form

So wie die Erfassungsgewöhnungen, die Neigungen und Kräfte des Erkenntnisvermögens sind, so wird, wie bereits oben (Kap. 5) ausgeführt wurde, der Körper beeinflusst (Psychosomatik). Wie meine seelischen Eigenschaften sind, so bilden sich meine Züge:

> *„Jede Tat, die du getan, und jeder Gedanke, den du gedacht,*
> *ist auf dem offenen Plan deines Antlitzes wie eine Schlacht.*
> *Dein Geist oder Widergeist gibt dir Gesicht und Gewicht,*
> *ohne dass du es weißt, stündlich stehst du vor Gericht.“* (Hans Harbeck)

Die Aktivität der Gedanken und gedankengesteuerten Taten bildet nicht direkt den Körper, sondern der Einfluss geht über die Erfassung, die dann den Grad ihrer Spannungen dem Leibe mitteilt. Etwas vereinfachend, könnte man die Aktivität „Geist“ nennen und dann sagen, dass durch den Geist die Seele (Erfassung) und durch sie der Körper verändert wird. Aber die Erfassung beeinflusst nicht nur den Leib, sondern sie ist die unerlässliche Bedingung für dessen Leben: Wo keine Seele, da keine Beseelung. Ohne die Erfassung gibt es kein Leben des Körpers. Der Leib ist immer, solange er lebt, mit der Erfassung besetzt (*sa-viññāṇake kāyo*). Sie hat den Körper überhaupt erst aufgebaut, sie tritt bei der Zeugung unsichtbar hinzu und inkarniert sich (D 15). Die ganze Wiedergeburtslehre hängt hiervon ab. Das von der Naturwissenschaft so intensiv gesuchte Geheimnis des Lebens liegt darin beschlossen, dass Erfassung (*viññāṇa*) das Lebensprinzip ist, die lebendige Dynamik der seelischen Kräfte.

So wie zwei sich stützende Schilfbündel sich nur zusammen halten, ebenso können *viññāṇa* und *nāma-rūpa* (Name-und-Form) nur zusammen bestehen oder gar nicht (S 12, 67). Mit der gegenseitigen Bedingtheit beider schließt sich der Kreis des Daseins (D 15). Dabei ist Name-und-Form letztlich das Außen (S 12, 19), dem das *viññāṇa* als Innen gegenübersteht. Ebenso wie Subjekt und Objekt korrelative Begriffe sind, und ebenso wie Außen und Innen aufeinander bezogen sind, ganz genau so bedingen sich Erfassung und Name-und-Form wechselseitig. Sie stehen und fallen miteinander.

Was zunächst das Verhältnis der Erfassung zur Form angeht, so ist sie nur deren Spiegelbild. Es gibt keine Form an sich, sondern sie ist nur das nach außen projizierte Symbol der Erfassung. Die Form ist ebenso geistig wie die Erfassung, ist eben das Erfasste. Dass alle Welt, alle Materie, alle Körperlichkeit, eben alles Objektive nichts anderes ist als ein spiegelbildliches Mitbringsel der Subjektivität des Erkenntnisvermögens (*viññāṇa*), das wird hier ausgesagt. „Stoff" ist etwas aus Fäden Zusammengewebtes, und der Stoff der Welt hängt an den Fäden der Erfassung, die die Aktivität zusammenwebte. Wenn Neumann hier Form mit „Bild" übersetzt, dann deutet dies zutreffenderweise auf den geistigen Charakter dessen, was die Erfassung ins Bild rief und einbildete. Das Pāliwort *viññāṇa* heißt wörtlich auseinander-wissen, d. h. die Erfassung setzt ihrem Wesen nach etwas Erfassbares in die Welt, spaltet es ab, entwirft bei ihrer Geburt sofort einen Gegenstand mit. Die Form, das Bild, ist mit-geboren (*saha-ja*), wenn Erfassung erscheint. Indem die Aktivität ein geistiges Ja spricht, hat sie primär eine Geneigtheit und Gewöhnung geschaffen und sekundär die Sache selber, denn jedes Subjekt setzt auch ein Objekt. Ist dies nur bei einem einzigen Existenzakt verstanden, dann ist die ganze Existenz verstanden, denn sie ist nichts anderes als die unendliche Wiederholung solcher Schöpfungsakte, solcher Spaltungen und solcher Entwürfe.

Nun steht aber nicht da, dass Erfassung nur Form bedinge, sondern es heißt, dass sie Name-und-Form bedinge, „Bild und Begriff" in Neumanns Übersetzung, die die Reihenfolge aus bestimmten Gründen umkehrt. Was ist Name (*nāma*)? So wie die Form nichts ist als die Zweiheit der fünf Sinneswerkzeuge und ihrer Objekte (Auge und Bild, Ohr und Ton, Nase und Duft, Zunge und Saft, Körper und Tastbares), ebenso bezieht sich Name auf die Zweiheit des sechsten Sinnes, nämlich auf Gedächtnis und Gedanken. Wo Form ist, da ist immer auch das Gedächtnis dabei, es gibt keine isolierte Form an sich. Die Erfassung, die immer nach dem jeweiligen inneren Sinn genannt wird, ist sechsfach, wobei es keine sinnliche Erfassung ohne geistige Erfassung (*mano-viññāṇa*) gibt. Wenn Name definiert wird als Gefühl, Gewahrung, Absicht, Berührung, Aufmerksamkeit (M 9), dann lässt sich das aus dem Gleichnis des Lebensrades gut erklären. Dort ist Name-und-Form ein bemanntes Boot: Das Boot ist die Form; die drei Männer, die im Boot sitzen, sind das, was durch Berührung hineingekommen ist (Gefühl, Gewahrung, Absicht als Inhalte des Gedächtnisses), der vierte Mann, der Steuermann, ist die Aufmerksamkeit, die die Fahrt des Bootes verändern kann. Name ist sozusagen das Archiv alles im Dasein Eingesammelten samt der Ordnungsmöglichkeit und Veränderungsmöglichkeit. Die drei ersten Männer im Boot schauen in der Zeichnung nach rückwärts, in die Vergangenheit, nur die Aufmerksamkeit schaut vorwärts in die Zukunft.

Weil Erfassung und Name-und-Form sich gegenseitig bedingen, kann in einer der verkürzten Beschreibungen des Bedingungszusammenhanges die Reihenfolge auch umgekehrt werden, indem es heißt, dass durch die sechs Sinne und Sinnesobjekte einerseits die jeweilige Erfassung andererseits bedingt sei (M 181 28, 38). Das ist der empirische Erscheinungszusammenhang, während in der bedingten Entstehung der Erzeugungszusammenhang aus der Aktivität her beschrieben wird.

9.4 Durch Name-und-Form bedingt ist Sechsreich

Dieser Zusammenhang ist eigentlich schon im vorigen enthalten, so dass er in D 15 auch entbehrt werden kann. Hier bedeutet es: Die Form besteht nie an sich, sondern immer bezogen auf fünf Sinnesorgane, und es gibt auch keinen Geist an sich oder ein Ding an sich, sondern immer nur das Gegenüber von Gedächtnis und Gedankendingen. So ist durch Name-und-Form derart das Sechsreich bedingt, dass Form das Gegenüber der fünf Sinne und ihrer Objekte darstellt, Name das geistige Gegenüber. Wo Name-

und-Form erscheinen, da erscheinen sie immer in der Auffächerung eines sechsfachen Gegenüber. Und erst hier bei diesem Sechsreich sind wir bei dem, was gewöhnlich als empirische Wirklichkeit bezeichnet wird: Der fünffache Andrang von Bildern, Farben, Gestalten als erstes und den vier anderen Sinnesobjekten ist unser Weltraum, in dem Ereignis auf Ereignis als eine endlose Flucht von Erscheinungen an uns heranzutreten scheint. Das, was dieser Gegenwart der anflutenden Reize gegenübersteht, ist der Leib, d. h. die fünf Sinneswerkzeuge. Aristoteles nannte den Leib „Organ der Seele" und der Buddha spricht von dem erfassungsbesetzten Leibe. Name und Form aktualisieren sich ständig in dem Gegenüber der sechs Sinne mit ihrer Zwiefalt, die wir allein sehen, während die eigentliche Zweiheit durch die Erfassung bedingt ist, die sich als Subjekt der sechs Sinnengebiete nur als Tore zu ihren Objekten bedient.

9.5 Durch Sechsreich bedingt ist Berührung

Wo die sechs Sinnesgebiete mit ihrer Zwiefalt sind, da gibt es in ihnen ein Gegenüber, das ständig ein Verhältnis zwischen Innengebiet und Außengebiet bedingt. Und das ist Berührung. Leib und Gedächtnis werden ständig von den sechs Objekten betroffen und berührt und beeinflusst. Und so wie die in den sechs Sinnen wohnende Psyche ist, so ist die Berührung. Wo starke Gewöhnung an Liebliches ist, da bedingt Hässliches eine stark unangenehme Berührung. Wo viele Triebe sind, da ist viel Getroffen-Sein, da hämmern die Schicksalsschläge; wo wenige Triebe sind, da wirken dieselben Ereignisse wie ein sanftes Säuseln; wo gar keine Triebe sind, da ist das Herz unberührbar. Dem gewöhnlichen Menschen sind die Berührungen wie Steine im Lehmsumpf, die tief und wuchtig eindringen; dem Heiligen sind sie wie Fadenknäuel gegen eine Bohlentür (M 119). Und in bestimmten Vertiefungen fällt sinnliche Berührung überhaupt weg. Nur wegen der Empfindlichkeit und Verletzbarkeit gibt es schmerzliche Berührungen, also Leiden.

9.6 Durch Berührung bedingt ist Gefühl

Die Gefühle fliegen uns nicht grundlos an und sie kommen auch nicht von außen, so dass ich durch Weltverbesserung meine Gefühle verbessern kann, sondern jedes Gefühl ist bedingt durch meine innere Treffbarkeit, die die Berührung ermöglicht. Die Berührung ist wie der Schlag auf einen Gong (das Herz, die Gewöhnung) und das Gefühl ist wie der daraus als Antwort erklingende Ton. Das Herz mit seinen Anliegen ist der untrügliche Resonanzboden, der bei jedem solchen Schlag anzeigt, wie einem zumute ist, wie man wirklich ist, was man mag oder nicht. Das Subjektivste, die Stimmung des Gefühls, ist – so paradox es zunächst klingt – das sicherste „Wissen" – dementsprechend nennen die Inder das Fühlen *vedanā* und das heißt auch etymologisch „wissen". Das Gewisseste in der Existenz ist der Klang des Gefühls. Will ich etwas Bestimmtes erleben, dann muss ich Wehe fühlen, wenn es ausbleibt oder schwindet, und mich wohl fühlen, wenn es herantritt. Und wenn ich gerade einmal keine besonderen Wünsche gegenwärtig habe, dann fühle ich mich entsprechend neutral und unbewegt. So sind die drei nur möglichen Gefühlsarten (Wohl, Wehe, Neutralität) abhängig von den Anliegen des Herzens. Dabei geben die fünf sinnlichen Berührungen körperliches Gefühl, nämlich Schmerz oder Behagen (*sukha/dukkha* im engeren Sinne), während durch die Geistberührung seelisches Gefühl entsteht, nämlich Trübsinn und Frohsinn (*domanassa/somanassa*) sowie die Neutralität des Gleichmuts.

9.7 Durch Gefühl bedingt ist Durst

Während beim Gefühl der Eindruck besteht, dass in der Berührung etwas auf mich zukommt, geht der Durst umgekehrt auf die Welt zu. Durch das gefühlsauslösende Objekt wird dieses jetzt als Lieferant der Gefühle wichtig und die Seele entwirft sich auf das Objekt zu, beleuchtet es, rückt es deutlich ins Bewusstsein. ohne dass man die subjektive Quelle dessen zu merken pflegt, wird hier das Objekt – und damit die Welt – enorm aufgewertet und hochgespielt. Allein dadurch wird überhaupt die Welt zum Problem. Im Durst tendieren die Triebe der Seele, die das Gefühl bewirkten, nun konzentriert auf das, was sie begehren und verleihen der Welt ihre Farbe. So werden aus Schatten grelle Lichter und lockende interessante Farben. Der Durst ist die triebhafte Auswahl aus den Dingen, die das Interessante auffärbt und das Uninteressante übersieht. „Da ist ja das Schöne, das fehlt mir noch zum Glück, wenn ich das hätte", so spricht der Durst und will mehr davon. Oder: „Das ist ja das Lästige, was mein Glück verhindert", spricht der Durst und drängt zum Wegdrängen dessen. Durst ist also das gefühlsabhängige Wichtig-Nehmen der Objekte als Mittel zur Triebbefriedigung. Und dabei gibt es den Durst danach, Sinnesdinge zu besitzen, zu genießen und den eigenen Leib als Werkzeug dafür zu erhalten (*kāma-taṇhā*), den Durst danach, Wohl in sich selber zu entwickeln (*bhava-taṇhā*) und drittens noch den Durst danach, das Dasein irgendwie zu durchschauen, darüberzustehen und Klarheit erlösend zu finden (*vibhava-taṇhā*).

Welchen Durst erzeugt aber nun das neutrale Gefühl? Gar keinen. Dann aber stimmt der Satz „Durch Gefühl bedingt ist Durst" insofern nicht, oder wie ist das zu verstehen? Das Wesen des neutralen Gefühls ist es, dass momentan die Triebe schweigen: Und wo das Subjekt ohne Anliegen ist, da werden die Dinge nicht durch Wohl und Wehe gefärbt gesehen. Dafür aber wohnt im „neutralen" Gefühl ein anderer Feind, das Unwissen, mit welchem der ganze Bedingungszusammenhang beginnt und dann eben zum Durst führt. Wohl- und Wehgefühle, die aus Unwissen geboren sind, bedingen direkt den Durst, während neutrale Gefühle auf dem Wege über das Unwissen ebenfalls zum Durst führen. Jedoch gibt es hierbei die Möglichkeit, den Leidenszirkel aufzubrechen, indem das Denken das Unwissen als Unwissen durchschaut. Damit wird dann auch Durst abgebaut.

Durst und Unwissen sind die beiden unheilsamen Gewahrungen, derentwegen überhaupt alles Leiden zustande kommt. Der Durst ist eine Gewahrung, die ein Durstlöschungsobjekt vorspiegelt, und das Unwissen ist eine Gewahrung, die diese Vorspiegelung nicht durchschaut. Weil im Bedingungszusammenhang der Leidenszusammenhang genannt ist, deshalb wird hier die Gewahrung unter ihren beiden Namen genannt, die den leidhaften Charakter ausmachen. Der absolut gültige Zusammenhang lautet hier: „Wie und was man fühlt, so gewahrt man" (M 18). Das gilt sowohl für den gewöhnlichen Menschen wie für einen Heiligen. Beim triebhaften Menschen ist seine Gewahrung Durst und Unwissen; die Gewahrung des Heiligen hingegen ist Durstversiegung und Wissen.

Der Lehrsatz „Durch Gefühl bedingt ist Durst" ist also je nach dem Standpunkt zu verstehen.

9.8 Durch Durst bedingt ist Aneignen

Wenn ich in der Kehle Durst habe, dann greife ich nach Wasser und lösche meinen Durst. Wenn ich leidenschaftlich auf etwas aus bin, dann hole ich es zu mir. Ich greife zu, ich ergreife die Gelegenheit, ich eigne mir an und zu, ich befriedige den Durst. Er offeriert das Löschungsmittel, und da kann ich nicht widerstehen, da muss ich der Versuchung solange folgen, als mir keine wissende Gewahrung gegenwärtig ist, die mir wegen leidiger Folgen abrät. Wo der Durst durch Unwissen ungeschmälert anerkannt ist, da ist das Gefälle des Durstes einfach zwingend und führt zur Befriedigung. Jede Spannung (und das ist der Durst) schreit nach Entspannung durch das Objekt, zu welchem die polare Spannung besteht. Diese Entspannung annehmen, das ist Aneignen, Ergreifen, Anhangen, Genießen, Befriedigen oder wie immer man es umschreiben will.

Aber diese Entspannung ist nur eine Scheinlösung, denn die Befriedigung bringt nicht den ersehnten Frieden. Der Durst ist nur einen Moment still, dann schreit er wieder von neuem. Er ist unersättlich, er ist durch das Aneignen nicht stillzustellen. Denn indem ich das Angebot des Durstes annehme, nehme ich die Situation des Unwissens an, welches die Spaltung in Ich und Welt setzt. Das Aneignen ist also eine falsche Annahme, ist eine Täuschung, ja die raffinierteste Täuschung. „Es tut doch wohl", sagt der Durst, wenn ihm gefolgt wird; und damit ist die Sache für ihn zu Ende. Für den Durst gibt es keine andere Leidensüberwindung als die Befriedigung – und gerade diese ist die Leidensfortsetzung. Diese unheimliche Täuschung zu durchschauen, bedarf es eines Erwachten, denn wer käme von sich aus darauf, dass das Aneignen der fünf Erscheinungen, das den Durst befriedigt, gerade die Leidenswurzel ist? Beim Wohlgefühl dem Durst folgen – wer hätte gedacht, dass darin der Schlüssel für das Existenzproblem liegt?

Das Aneignen ist diejenige Aktivität, welche beim Wohlgefühl unmittelbar und beim Wehgefühl mittelbar dem Durst nach Wohl folgt. Beim Wehgefühl ergreift man durstig die Gelegenheit, es wegzuschieben, um des Wohles willen. An dieser Stelle gibt es keine Eingriffsmöglichkeit mehr, wohl aber bei derjenigen Aktivität, die beim neutralen Gefühl überlegt, ob wohl ein bestimmtes Genießen richtig ist oder ob dem momentanen Genuss ein schlimmer Katzenjammer folgt oder sonstiges Unerfreuliche. Beim Denken habe ich die Möglichkeit der Umorientierung, die ein Nein zu den Trieben spricht und ihnen das Werturteil entzieht, womit sie gemindert werden – beim Durst dagegen reißt der Schwung des Triebes uns ins Genießen hinein. Diese Willensunfreiheit gegenüber dem Durst ist aber selber „freiwillig" im früheren Denken gewählt worden, nämlich im seichten Denken.

Im Durst als der offenbaren Erscheinungsform der Triebe rückt das zentrale Phänomen der Existenz in den Blick. Darum definiert der Erwachte die zweite edle Wahrheit in der Kurzform auch mit dem Durst. Er sagt:

> *„Was aber ist die edle Wahrheit von der Leidensentwicklung? Es ist dieser Durst, der wiederdasein-säende, genügensgierverbundene, bald da, bald dort sich ergetzende: der Sinnesdurst, der Daseinsdurst, der Wissensdurst."* (D 22)

Die darin genannten drei Merkmale des Durstes bedeuten Folgendes:

(1) Er hat ein Beharrungsvermögen, ewig zu bestehen, weiter zu sein, er ist „selbstgefällig" im Sinne, dass er sein eigenes Gefälle will. Er ist die Inkarnation oder das Symbol aller auf die betreffende Sache gerichteten positiven Werturteile, die etwas haben wollen, sein wollen und wissen wollen, und zwar für alle Zeiten der Zukunft.

(2) Er führt unmittelbar von der Gier (Anziehung) her, d. h. von den Trieben her, dazu, diese zu bestätigen, indem er genug an ihnen findet. Die Gier liegt verborgen als Quellgrund im Hintergrund, als heimlicher Motor aus der Vergangenheit. Darum ist er genügens-gierverbunden.

(3) Und in der Gegenwart ergötzt er sich gerade da, wo er will, geht jedem Impuls nach: das ist Aneignen.

9.9 Durch Aneignen bedingt ist Werden

Wenn der Arzt eine Medizin verabreicht, dann stellt sich die Besserung vielleicht erst nach Wochen ein. Wenn der Bauer den Samen in die Erde senkt, dann muss er warten, bis er aufgeht. Wenn Mann und Frau verkehren, dann wird in erst einiger Zeit offenbar, ob eine Zeugung eingetreten ist, und noch länger dauert es, bis man weiß, ob das Kind ein Junge oder ein Mädchen sein wird. In all solchen alltäglichen Fällen rechnet man damit, dass aus dem Ergreifen des Augenblicks (Saat) erst nach einer gewissen Inkubationsfrist eine Folge (Ernte) entsteht.

Dies Gesetz des Werdens und der Zeit gilt aber unendlich viel weiter, es ist das Naturgesetz schlechthin. Immer stehen wir in der Gegenwart an den Toren der sechs Sinne und erleben das Herankommen der Berührungen, die wir Welterlebnis nennen. Da greifen wir zu, eignen uns das Angenehme an, stoßen das Unangenehme ab und denken, damit sei die Sache erledigt. Wir sehen aus Unwissen nicht, dass unser Anhangen einen Anhang zeitigt. Wir haben etwas in die Welt gesetzt: ein Beispiel gegeben, anderen Wohl oder Wehe bereitet, jemanden belehrt, unsere Körperkräfte angestrengt und vor allem unsere Gewöhnung an Reagieren und Aneignen bestätigt. Unser Wirken hat mannigfache Auswirkungen, die aus dem Schoß der Zeit wieder an uns herantreten, es geht nichts verloren. Die Zeit zwischen Saat und Ernte kann aber auch solange dauern, dass ich darüber sterbe und die Ernte mich erst in späteren Leben trifft. Durch meine Taten wird die Zukunft festgeschrieben und festgelegt. Die gewöhnlich uneinsehbare Zukunft, die Schicksalsfäden der Nornen, der unerforschliche Ratschluss Gottes, wird manchmal bei Präkognition, Prophetie und Wahrtraum ein wenig gelüftet und es zeigt sich eine Spur jenes Gesetzes, das ich selber bestimme. Ich spinne den Faden, ich werfe den Bumerang. Die Menschen, Geister und Götter, die mir mein Geschick präsentieren, sind nur Handlanger dessen, was ich selber ausgeschickt habe, sind nur Vollstrecker, aber nicht Gesetzgeber.

Wir überblicken das Gesetz des Werdens und seines Zeitraums nur in unserem alltäglichen Rahmen. Manche Hellseher und Propheten überblicken es in größerem Rahmen. Ein Buddha aber sieht es im universalen Ausmaß unermesslicher Dimensionen, in denen immer doch nur das eine Gesetz von Saat und Ernte gilt: Was ich mir aneigne, das kommt in der Zeit wieder.

Vor allem aber, und das ist sogar das Entscheidende, eigne ich mir, indem ich etwas ergreife, den entsprechenden Trieb an, den ich bestätige oder verändere oder neu schaffe. Die unmittelbare Wirkung des Aneignens ist die Fortsetzung des triebgeborenen Durstes für die Unendlichkeit der Zeit. Vordergründig greift man beim Genuss zu: „Jetzt hab ich's, aber untergründig raunt es gleichzeitig: „Weiter! Mehr! Noch einmal!" Das im Augenblick Genossene vergeht wieder, aber der Wunsch nach Genießen besteht weiter und ist neu befestigt worden. Das ist das Werden, das ist das Dasein, das ist die Zeitlichkeit, wodurch dann sekundär die Weltausbreitung als der andere Pol des Triebes mit entsteht.

Der im Vordergrund stehende Akt des Aneignens besteht darin, aus dem Habenwollen oder der Ansicht über die Welt, die man haben will, heraus, die Welt zu ergreifen: Damit ist die Tendenz, der Durst, das Aneignen hinsichtlich von Welt ins Werden geschickt und damit ist Welt für die Sinne oder den Geist da. Zweitens gibt es denjenigen Akt des Aneignens, der aus dem Seinwollen oder der Ansicht über das Ich, das sein will, heraus, das Selbst und seine Betätigungen ergreift: damit ist die Tendenz, der Durst, das Aneignen hinsichtlich von Ich ins Werden geschickt und damit ist ein Ich in den Sinnen oder im Geiste da.

Das Aneignen ist also die Fortsetzung der Spaltung in Ich und Welt, die Bestätigung des Zwieheitswahnes, der sich aus Unwissen im Durst so hinreißend aktualisiert. Das Aneignen setzt das geistige Gespinst dieser leidigen Zwieheit fort. Darum sagt der Buddha „Genügen ist des Leidens Wurzel."

9.10 Durch Werden bedingt ist Geburt

Wo durch Aneignen ein Werden in die Zeit geschickt wurde, da tritt dieses als Flucht der Erscheinungen auch nach dem Tode weiter an mich heran und liefert mir damit auch gleichzeitig wieder einen Leib als Ich-Stätte. So wie ich gewirkt habe, so wird mein Leib werden, so gut oder so schlecht. Ich werde leiblich so geboren, wie ich es verdient habe. Das Werden ist die verborgene Ernte der Saat (Aneignen), die Geburt ist die offenbare Ernte, die Reife der Taten.

Dabei ist „Geburt" nur ein Stichwort: Sie ist wie das erste Aufdrehen eines Wasserhahnes, der nun solange läuft, wie er läuft. Das erste Aufdrehen ist die Geburt, aber sie geht ununterbrochen weiter. Das ganze Leben ist nichts anderes als ein ständiges Geborenwerden von Ernten, die an den Leib herantreten. Oder es ist so wie bei einem Sack, den ich ausschütte: Die Geburt ist nur das Aufbinden des Sackes; und dann schüttet Fortuna ihr Füllhorn mit den Spielsachen und Bausteinen aus. Aber ohne das Aufdrehen des Wasserhahnes und das Aufbinden des Sackes würde das Weitere nicht eintreten, insoweit ist die Geburt die unerlässliche Bedingung für alles Weitere. Daher definiert der Buddha die Geburt auch nicht nur leiblich, sondern sagt, sie sei das Offenbarwerden der fünf Erscheinungen und das Wiedererlangen der sechs Gebiete. Damit ist die gesamte Zwiefalt genannt, die ganze Kette der Ereignisse, der Fluss des Lebens. Für 60, 70, 80, 90 Jahre quillt nun aus dem Sack des Werdens das hervor, was ich früher hineingesteckt habe: Innerlich als Triebe, Gewöhnungen, Durst; äußerlich als die dazugehörigen Objekte. Das ist die immerwährende Geburt.

9.11 Durch Geburt bedingt ist Alter und Tod

Dieser Satz klingt einerseits wie ein Gemeinplatz und andererseits wie eine einseitig verzerrte Vereinfachung. Man denkt: Durch den kurzen Zeitmoment der Geburt ist das jahrzehntelange bunte Leben mit all seinen Ereignissen bedingt und dadurch bedingt ist dann der kurze Moment des Sterbens und die meist vorangehende Zeit des Alterns. Man meint: der Buddha habe hier das Wichtigste, nämlich das lebendige Leben, vergessen und nur einseitig den bloßen Rahmen, die beiden Endpunkte, genannt.

In Wirklichkeit besteht das, was der Geist als Leben registriert, aus nichts anderem als einem ununterbrochenen Ablauf von Geburt und Tod, d. h. von Entstehen und Vergehen, Auftauchen und Untertauchen. Eine Freundschaft z. B. wird geboren, sie hat Krisenzeiten (kränkelt), sie wird blasse Gewohnheit der Routine (altert, verfällt), und sie wird abgebrochen und löst sich auf (stirbt). Alle Dinge werden einmal abgenutzt, verschlissen, können sich nicht ewig so halten, wandeln und verändern sich. Die fünf Erscheinungen, die bei der Geburt sichtbar werden, altern und sterben dauernd, und zwar nicht nur die Form, sondern auch die Gefühle wechseln, die Vorstellungen ändern sich, die Aktivitäten wandeln sich und die Gewöhnungen werden anders. Das ist das Leben, nämlich ein ununterbrochenes Entstehen und Vergehen, ein ständiges Geborenwerden und Sterben. Und nicht gibt es daneben und außerdem so etwas wie Leben, sondern es ist identisch mit dem Aufblitzen ständiger Akte von Geburt und Tod. „Was irgend auch entstanden ist, muss alles wieder untergehen": Diesen Hauptlehrsatz des Buddha begründet der Bedingungszusammenhang im Allgemeinen, und der Satz „Durch Geburt bedingt ist Alter und Tod" im Besonderen. Das ist die Wandelwelt (*Saṃsāro*) des unaufhörlichen Wechsels, die durch den Gang in die Zeit bedingt ist. Und dieser Wechsel ist Leiden. Darum schließt der Buddha oft die Betrachtung über den Bedingungszusammenhang ab mit den Worten:

„Durch Geburt bedingt geh'n Alter und Tod, Kummer, Jammer, Schmerz, Gram und Verzweiflung hervor: also kommt dieses gesamten Leidensstückes Entwicklung zustande."
(M 38)

Wo durch Unwissen und Durst Geburt und Tod ist, da sind jene fünf Wehgefühle unausweichlich, solange man sich mit dem Wandelsein identifiziert. Wenn man aber diesen Bedingungszusammenhang durchschaut, dann fasst man Vertrauen zum Ungewordenen als der einzigen Rettungsstätte vor dem Leiden und dann gilt:

„Der Geburt angeschlossen ist Leiden, dem Leiden angeschlossen Vertrauen,
dem Vertrauen angeschlossen Freude, der Freude angeschlossen Jubel,
dem Jubel angeschlossen Beschwichtigung, dieser angeschlossen Wohl,
Frieden, wirklichkeitsgemäßes Erkennen, Überdruss, Entreizung, Erlösung,
Erkenntnis der Triebversiegung." (S [II] 12, 23)

10. Die edle Wahrheit von der Leidensauflösung (*nirodho*)

„Für Abhängiges gibt es auch Bewegung, für Unabhängiges gibt es keine Bewegung. Ohne Bewegung ist Ruhe. Wo Ruhe, da keine Lust. Wo keine Lust ist, ist kein Kommen und Gehen, Vergehen und Entstehen, ist weder diese noch jene Welt noch etwas dazwischen: eben das ist das Ende des Leiden." (Ud VIII 4)

„So weit Dasein reicht, ist ewige Art jene hanglose Herzensfreiheit." (M 106)

So gewaltig und hinreißend auch der genusssüchtige Durst, d. h. die merklichste Leidensursache ist, so unabdingbar und unaufhebbar daher das Leiden des Daseins erscheint, man kann doch dem Durste beikommen. Bei all seiner Kraft besteht er ja nicht aus sich heraus, er ist nicht die selbständige Macht, als die er erscheint, sondern er steht und fällt mit einer einzigen Bedingung. Und die heißt Unwissen. Unwissen war es, das ihn so gewaltig anschwellen ließ. Unwissen ist es, das ihn so gewaltig anschwellen lässt. Das Unwissen aber lässt sich auflösen durch tiefe Einsicht in die Sinnlosigkeit und Leidigkeit der Durst-Erscheinungen. Die Tatsache, dass es durch solches Wissen, und nur dadurch, endgültige Erlösung vom Leiden und vollkommene Befreiung vom Durste gibt, das ist die dritte gewaltige Wahrheit, die der Buddha entdeckte. Ihr Inhalt besagt: Wir sind dem Leiden (Saṃsāro) und seiner Antriebsdynamik (Durst) nicht gnadenlos ausgeliefert, sondern wir können ihm durch Entziehung seiner Ursache entrinnen. Und das, sagt der Erwachte, ist die große und einzig lohnende Aufgabe, die es zu verwirklichen gilt. Schon im Kleinen kann man solche Leidensauflösung erleben. Wo immer ich Objekte des Durstes entreize, indem ich ihre Nichtigkeit sehe, da löst er sich genau im Maße dieser Einsicht auf, zergeht und verschwindet spurlos.

Der Lehrsatz „Was irgend auch entstanden ist, muss alles wieder untergehen" bedeutet im Vordergrunde „O Jammer, alles ist vergänglich, wie schade, wie schrecklich". Unter anderem Aspekt lässt sich derselbe Pāli-Satz auch übersetzen: „Was irgend auch entstanden ist, **kann** alles wieder untergehen". Und das bedeutet dann: „Welch ein Glück, dass alles Vergängliche verschwinden kann, und dass ich nicht für ewig darin eingesperrt bin!" In genau dem Maße, wie das kleine Wörtchen „muss" ehrlicherweise durch das Wörtchen „kann" ersetzt wird, nähert man sich dem Verständnis der dritten Wahrheit, eher nicht.

Stellen wir uns ein Zimmer voll Gerümpel, Schmutz und Unrat vor: voll rostiger Konservendosen, verschimmelter Äpfel, alter Pappkartons, voll Spinnenweben und Staub, dann ist doch das Hinauswerfen des ganzen Unrats eine Wohltat. Erst das also entleerte Zimmer ist bewohnbar. Ganz genauso ist es mit den vergänglichen Dingen. Erst wenn sie aus dem Herzen hinausgeworfen werden, ist das Herz bewohnbar. Wäre das Zimmer sauber und ausgestattet mit stilvollen Möbeln und echten Teppichen, dann würde der Eigner es nicht ausräumen wollen. Das Herz aber ist nicht sauber und voll Schönheit. Dass wir Unrat für Schönes halten, das ist die Faszination des Durstes durch das Unwissen, und das ist eben die Leidensursache. Wer die rostigen Konservendosen unbedingt festhalten will, der bleibt eben im Unrat und Abfall und kann sich nicht wohlfühlen. Daher muss man die Auflösung des Unrats verwirklichen, realisieren, erleben, sich vor Augen führen. Nur Negatives kann sich überhaupt auflösen. Dass etwas auflösbar ist und zu nichts werden kann, beweist seinen negativen und haltlosen Charakter, eben die Schwäche dieses Dinges. Etwas wirklich Positives muss unzerstörbar und unauflöslich sein.

Die erste edle Wahrheit zeigte, kurz gesagt, Hinfälliges als hinfällig (*Saṃsāro*), die zweite edle Wahrheit zeigte seine Verursachung (vom Unwissen genährter Durst), die dritte edle Wahrheit zeigt nun die Reinheit und die vierte den Weg, um vom Schmutz zur Reinheit zu kommen. Dieser Weg, der edle Achtpfad, zeitigt zwei Früchte: Wissen und Erlösung, d. h. Wissen statt Unwissen und Erlösung statt Durst. Durch Entfaltung der vierten Wahrheit (Achtpfad) kommt man dann zur Verwirklichung der dritten (Wissen und Erlösung). Aber man muss erst wissen, dass es dieses Ziel überhaupt gibt, ehe man den Weg gehen kann. Darum muss die dritte Wahrheit natürlicherweise vor der vierten genannt werden. Es ist wie bei einer Wanderung: Erst muss man das Ziel wissen, dann hat es Sinn, sich auf den Weg zu machen. Wenn man nicht weiß, wohin man will, dann gibt es kein Ziel. Und so geht die Wanderung der Wesen durch den Saṃsāro gewöhnlich vor sich, ohne jegliche Klarheit über ein Ziel. Darum ist dann alles ziellos, ein sinnloses Gekreise, das völlig unnütz ist. Die Ungeduld, mit der man immer nach der Praxis schreit und die Theorie (d. h. griech. *Anblick*) abwertet, ist genau die Ursache, warum man nie ans Ziel kommt. Der banal klingende Satz „Erst besinn's, dann beginn's" birgt viel mehr Weisheit in sich, als man denkt. Sich besinnungslos in irgendwelche hochtrabenden Aktionen stürzen, das ist leicht, das tun alle. Aber sich besinnen, zu welchem Ziel denn letztlich all diese Aktionen führen, das tut man nur, wenn man es sich von den Weisen sagen lässt. Und darum ist es so nötig, den Aussagen des Buddha über die dritte Wahrheit ebenso zu lauschen wie denen über die anderen Wahrheiten.

Die dritte Wahrheit handelt von der Durstversiegung, Triebversiegung, Leidensversiegung, Wahnversiegung, und das heißt vom Nirvāna. Nirvāna (Pāli: *nibbānam*) ist *nirvāna*, d. h. ohne Wunsch, ohne Wähnen, ohne Wehen, frei sein von allem wollen Müssen, erlöst sein vom Wahn der Zwieheit. Wenn alle Wünsche weg sind, ist Wunschlosigkeit. Wenn alle Geräusche weg sind, bleibt die Stille übrig. Die Geräusche sind ein nichtiges Nichts, denn was vernichtbar ist, das ist wertlos. Das wahre „Sein", das was wirklich den Namen „Sein" verdient, wäre nur das Unvernichtbare und Unbedingte und Nicht-Werdende und Unveränderliche. Das aber ist allein das Nirvāna, d. h. der Zustand der Wunschlosigkeit. Die Wunschlosigkeit bleibt übrig, wenn alle Wünsche schwinden. Sie war schon immer da, ebenso wie die Stille schon immer da war. Die Geräusche übertönten die Stille, ebenso übertönen die Wünsche die Wunschlosigkeit. Das Nirvāna wird also freigelegt, kommt zum Vorschein, wird entdeckt und gefunden, und zwar zuerst von einem Erwachten. Wenn die Schleier fortfallen, tritt das, was sie verschleierten, unverschleiert vor Augen. Alles Seiende und Gewordene ist nur Schleier vor dem Ungewordenen.

Der Buddha sagt:

> *„Was aber ist die edle Wahrheit von der Leidensauflösung? Es ist eben diesen Durst durch restlose Entreizung auflösen, auf ihn verzichten und ihn loslassen, sich von ihm befreien, nicht mehr an ihm haften."* (M 141)

Dieser kurze Satz bedeutet Folgendes:

(1) Es ist möglich, den Durst durch Entreizung aufzulösen, da er nur durch Reiz (Anziehung, Spannung) besteht und gehalten wird. Und er muss restlos entreizt werden, um völlige Freiheit zu erlangen.

(2) Es ist nicht unmöglich, auf ihn zu verzichten und ihn loszulassen, wenn man sieht, dass er nichts als Leiden und Mangel ist. Ich kann ohne ihn viel besser leben und so lass ich ihn fahren.

(3) Je mehr man ihn fahrenlässt, desto freier wird man; erlöst kann man aufatmen, man fühlt sich immer wohler durch die Entspannung aller Spannungen.

(4) Und dadurch endet alles Haften, Anhangen, Ergreifen, Aneignen – denn wer die Fülle hat, wonach sollte der noch greifen?

Die edle Wahrheit von der Leidensauflösung kennt zwei Arten von Auflösung, nämlich die der Dinge und die der Bezüge zu ihnen:

Mit der Auflösung aller Dinge entfallen auch alle Bezüge zwischen ihnen, sie fallen zusammen und können nicht mehr bestehen. Das ist der Weg der Gemütserlösung, bei dem die fünf Erscheinungen allmählich aufgelöst werden, bis sie restlos verschwunden sind und nichts Vergängliches mehr übrig ist.

Mit der Auflösung der Bezüge werden die dann noch bestehenden Dinge entwertet, werden nicht weiter erhalten und verfallen der natürlichen Auflösung. Das ist der Weg der Weisheitserlösung, bei dem die Dinge zwar noch da sind, aber nicht mehr für mich, nicht mehr bezogen auf mich, so dass ihre Vergänglichkeit nicht mehr meine Vergänglichkeit ist.

Da das Leiden im Aneignen der fünf vergänglichen Erscheinungen besteht, besteht die Leidensauflösung darin, die fünf Erscheinungen des Aneignens aufzulösen. Das Nirvāna, das Unauflösliche, Ewige, Bleibende, lässt sich daher unter fünf Aspekten betrachten, indem jeweils eine der fünf Erscheinungen zum Ausgangspunkt genommen wird. Wie sollte man denn auch die Leidensauflösung anders betrachten können als vom Wegsein der fünf Leidenserscheinungen her?

(1) Auflösung der Form: Wird Form aufgelöst, werden vier Dinge aufgelöst, nämlich Geburt, Krankheit, Alter und Tod, die untrennbar mit der Form verbunden sind und ihre konstitutiven Merkmale ausmachen. Das Nirvāna als Leidensauflösung ist daher: das Ungeborene, die Gesundheit, das Unverwelkliche, die Todlosigkeit. Daher rührt der Buddha die Trommel der Unsterblichkeit, und wer sie hört, der steht bald anklopfend vor dem Tor der Unsterblichkeit (S [II] 12, 33). Insofern das Nirvāna die Todlosigkeit ist, ist es das wahre Leben.

(2) Auflösung des Gefühls: Wird das Phänomen der Berührbarkeit durch Erscheinungen aufgelöst, dann enden alle Wohl- und Wehegefühle, die tatsächlich ja alle Leidensmöglichkeit in sich schließen. Das Nirvāna als Leidensauflösung ist daher: das höchste Wohl, ohne Beschwer und Belastung, die Entlastung, das Günstige der heilen Situation, die Zuflucht und Heimat, das Eiland, das andere Ufer ohne Gefahr, der große Frieden. Es ist, wie der Buddha es auch nennt, das Erstaunliche und Außerordentliche, nämlich die Tatsache, dass es Wohl ohne Gefühl gibt und dass gerade dieses Wohl das höchste Wohl ist. Das Ende der Mangelhaftigkeit des Durstes, das eben ist die Sättigung und Stillung, der Frieden der heilen Situation, die wunschlos glücklich macht.

(3) Auflösung der Gewahrung: Werden alle Vorstellungen und Unterscheidungen, alle Absonderungen und Besonderheiten aufgelöst, dann endet die Abspaltung von Objekten, die herausprojiziert werden und die Flucht der Erscheinungen von endlosen Namen beinhalten. Das Nirvāna als Leidensauflösung ist daher: das Nichtmehrprojizieren von Namen und Vorstellungen und Begriffen, damit das Namenlose, das Unvergleichliche, das Loslassen aller Beziehungen und Benennungen. Das, was nicht von Vorstellungen abhängig ist, sondern so besteht, das erst ist das Absolute, das Zweitlose, das ohne ein Zweites (*a-daya*) unabhängig und abgelöst besteht.

(4) Auflösung der Aktivitäten: Werden alle Aktivitäten aufgelöst, dann wird das Nirvāna nicht mehr überdeckt und durch Bauen zugebaut und verstellt. Das Nirvāna als Leidensauflösung ist das Ungestaltete, das Ungewordene, das Nicht-Gebildete, eben das, was schon immer war und sein wird. Sein immerwährender Bestand, seine Beständigkeit liegt darin, dass es die einzige Art ist, die aus sich besteht und nicht abhängig und bedingt ist. Daher ist es das Starke, das Haltbare, das Kernhafte. Es ist nicht nötig, etwas aufzubauen, weil das Vollkommene schon da ist.

(5) Auflösung der Erfassung: Wird die Subjektivität der Triebe und Neigungen, die Gewöhnung an Erkennen-Wollen, -Können und -Müssen aufgehoben, dann endet alles Erfassen und Auffassen von etwas. Das Nirvāna als Leidensauflösung ist die Wahrheit als solche, die Realität, das Echte, das Sosein. Da gibt es kein Gegenüberstehen mehr, keinen Erkenner von Erkanntem, keine Abspaltung eines Subjekts, sondern da ist die Wahrheit erreicht und verwirklicht als Identität mit der Realität. Solange noch Wahrheit verstanden und erfasst werden will, ist sie noch nicht erreicht. Vollkommenheit ist da, wo es keine Unvollkommenheit mehr gibt und wo sie auch nie gewesen ist.

11. Die edle Wahrheit von dem zur Leidensauflösung führenden Pfad (*maggo*)

Gesundheit ist das höchste Gut
und das Nirvāna höchstes Wohl,
der achtmal echte bester Pfad,
um todlos sicher auszugeh'n. (M 75)

„Wo da in einer Lehre und Ordnung der edle achtfältige Pfad nicht zu finden ist, da ist auch der Asketenstand nicht zu finden.“ (D 16 V)

Der Weg, um vom Leiden (*saṃsāro*) zur Leidensauflösung (*nirvāna*) zu kommen, ergibt sich aus dem Verständnis dieser beiden Situationen. Je deutlicher man die Leidenssituation für gefährlich und unheilvoll hält und je leuchtkräftiger das Wohl der heilen Situation ist, desto leichter fällt uns auch das Verständnis des Weges, um von dem einen fort und zu dem anderen hin zu kommen. Der erste Schritt auf diesem Wege liegt bereits im Verständnis der drei ersten Wahrheiten.

Im Geiste fängt der Weg an, im rechten Bewerten, Anschauen und Sehen. Und aus dem theoretischen (Einsehen) und praktischen (Entschluss) Urteilen ergibt sich als zweites die Konsequenz, sich im nächstliegenden Bereich, im äußeren Gehaben gegenüber der Welt entsprechend der Anschauung zu erziehen. Und drittens gilt es, innen an die Wurzel allen Unheils im eigenen Herzen heranzukommen und es zu säubern. Es sind also drei Takte: der erste betrifft den Geist, der zweite den Körper, der dritte die Seele. Daher sagt der Erwachte, dass der Heilsweg aus drei Etappen bestehe: Weisheit (Einsicht und Entschluss), Tugend (Rede, Handeln, Wandel) und Vertiefung (Mühen, Achtsamkeit, Frieden).

So zwangsläufig, wie man auf dem Wege zu einer Stadt einen Schritt nach dem anderen machen, einen Fuß vor den anderen setzen muss, oder so wie die Bändigung eines ungezähmten Tieres allmählich und schrittweise erfolgt, oder so wie die Feldarbeit eines Bauern sich nach den Gegebenheiten der Natur richten muss, ebenso zwangsläufig besitzt der Heilsweg eine pädagogische Reihenfolge, die unserer Psyche gemäß ist, die sich aus der Natur der Sache ergibt und die der Erwachte als vierte edle Wahrheit entdeckt hat.

Die Wahrheit des Buddha kommt zuerst in unseren Kopf und muss dort als Stimme des anderen so tief einschlagen, dass das Hören und Gehorchen gegenüber dieser Weisheitsstimme unverlierbar wird (Anschauung). So wie im Kopf die Gedanken laufen, so werden die Nerven angespannt und die Geleise im Körper gelegt, die das Agieren vorbereiten (Gesinnung, Entschluss). Nerven und Muskeln bewegen nun das dem Kopf nächstliegende, den Mund (Rede) und die Hände (Handeln) und schließlich auch die gewohnten Pfade der Füße (Wandel). Danach richten sich die Impulse nun nach innen, gehen an die Veränderung des Herzens (Mühen), wirken auf die Beobachtung (Achtsamkeit) und gehen schließlich in Fleisch und Blut über (Frieden). Wenn dann das Wesen entspannt ist, wenn Nerven, Muskeln und Organe das Ihre getan haben und nun ruhig gestellt worden sind, so dass normalerweise der Schlaf eintreten würde, dann können die übersinnlichen Möglichkeiten zur Bewusstseinsentfaltung erweckt werden (Erkenntnis) und man kann damit die Lösung aller Probleme finden (Erlösung). Auf diese Weise wird der achtfältige Heilsweg ein Pfad zum Heranreifen der beiden genannten Früchte (Wissen und Erlösung), die die dritte edle Wahrheit beinhalten.

Die Einzelheiten des Heilsweges und seiner beiden Früchte können hier im Rahmen der vierten edlen Wahrheit nur in Form einer Programmvorschau gegeben werden, denn die genauere Beschreibung dessen ist der Inhalt dieses ganzen Buches, wie er ab dem nächsten Kapitel folgt. Hier geht es sozusagen um die Theorie der Praxis, d. h. um die Erkenntnis der Notwendigkeit, warum der Heilsweg in seiner Reihenfolge zu beschreiten ist. Die späteren Kapitel beschreiben dann dieses Beschreiten selber und erfordern ein gemütmäßiges Mitgehen, während hier zunächst ein intellektuelles Mitgehen genügt

11.1 1. Stufe: rechte Ansicht (*diṭṭhi*)

Ansicht kommt von Sehen, d. h. vom ersten der fünf Sinne. Nicht ohne Grund sind Sehen und Ansicht, Schauen und Anschauung, Blicken und Anblick im Deutschen ebenso eng miteinander verbunden wie in anderen Sprachen und auch im Pāli. Versetzen wir uns einmal dahin, die Erde vom Mond aus zu sehen: Dann haben wir geistig einen Gesichtspunkt außerhalb der Erde bezogen, die jetzt als ferne kleine Kugel erscheint. Diesen höheren Standort nimmt nicht das fleischliche Auge ein, sondern wir sehen von diesem Blickpunkt aus mit einem unsichtbaren Auge der Vorstellung. Im Geiste liegt nämlich die Fähigkeit, die Anschauung derart zu verändern, dass man nicht mehr mit den Augen des Leibes auf die vordergründigen Dinge sieht, wie es der gewöhnlichen Weltanschauung entspricht. Erst wenn man geistig diese Körperperspektive verlässt und dem Agieren des Fleischleibes von höherer Warte zusieht, wird das Wesen der Dinge klarer. Nur wo ein höherer Gesichtspunkt eingenommen wird, der die dauernd sich wandelnden Dinge überblickt, kann man hinter das Gesetz der Wandlungen kommen, denen man sonst ausgesetzt ist.

Dabei muss man sehen, dass Anschauung nicht etwas Statisches ist, sondern etwas äußerst Bewegliches. In jedem Bewusstseinsblitz wird neu Ansicht geschaffen und ein Blickpunkt bezogen. Nur weil der gewöhnliche Mensch einzig seine materialistische Weltanschauung bestätigt und betätigt, erliegt er der Täuschung, entweder die Anschauung überhaupt nicht zu beachten oder sie mindestens für eine Konstante zu halten. In Wirklichkeit ist die Anschauung in jedem Moment ein komplizierter Prozess. Schon ein so primitiv erscheinender Vorgang wie das Gehen verlangt eine beständige Aufmerksamkeit, um den Weg zu finden, Hindernissen auszuweichen, sich zu korrigieren usw. Der Geist ist dabei wie ein Fahrer eines großen Fahrzeuges, das er sicher durch den Verkehr lenken muss. So wie dieser Fahrer mit gespannter Aufmerksamkeit am Steuer sitzt und immer reagieren muss, so steuert unser Geist mittels der Anschauung, die er jeden Moment aufmachen muss, den Leib und die Seele, wenn auch viele Vorgänge durch Gewöhnung „programmiert“ ablaufen. Die Bildung der Anschauung hängt dabei ganz wesentlich von der Aufmerksamkeit ab, die man den Fragen des Lebens schenkt. Die Grundfragen heißen: Was ist das? Woher kommt das? Was folgt daraus? Was soll ich nun tun? Diese vier Kardinalfragen wiederholen sich in jeder Lebenssituation, sei sie auch noch so alltäglich. Wenn es mich z. B. am Kopfe juckt, dann fragt der wachwerdende Geist aufmerksam: „Was ist los? Soll ich kratzen? Und wo?“ Und wenn kein Grund vorliegt, nicht zu kratzen, dann kratze ich eben. Und warum? Weil das Wohl des Tastens durch das Kratzen wiederhergestellt wird, indem dann das Wehe des Juckens beseitigt ist. Die Frage nach dem Wohl ist überhaupt die Frage aller Fragen. Man kann, von diesem Beispiel ausgehend, sagen, das ganze Leben bestehe nur aus Jucken und Kratzen. Die Sinne jucken, der Geist will kratzen und der Leib befolgt den Befehl unter Zwischenschaltung der Überlegung, die sich etwa ausmalt, ob ich bequemer mit der Linken oder Rechten kratze.

Ständig springt die Aufmerksamkeit herum und rückt mal dieses, mal das vor den Geist, mal äußere Bilder, mal Erinnerungen, mal Pläne. Jede Frage der Aufmerksamkeit führt aber zu einer Antwort, die oft so angelernt und gewohnt ist, dass man sie gar nicht mehr als solche bemerkt. Darum vergisst man, wie alle Aktionen und Reaktionen von der Anschauung abhängig sind, die jeweils im Geist aufgemacht wird.

Normalerweise hat unsere Anschauung die Qualität des Nichtwissens – das ist die falsche Anschauung. Die rechte Anschauung ist dann das Kennen der vier Heilswahrheiten. Und damit schließt sich der Kreis, indem die vierte Wahrheit wiederum mit rechter Anschauung beginnt.

Das Unwissen zeigt sich an vier Faktoren, die die Abwesenheit der rechten Anschauung ausmachen:

1. Aus Nichtwissen wird die jeweilig gegenwärtige Gewahrung für die einzige Wirklichkeit gehalten und objektiviert. Wir glauben felsenfest an das Phantasiegebilde einer Welt an sich und sind daher dem Leiden einer unveränderlich erscheinenden Schicksalsmacht ausgeliefert.

2. Im Nichtwissen werden die wahren Ursachen für die Entwicklung von Welt und Ich nicht gesehen. Es wird nicht erkannt, dass alles Erleben nur Ernte der eigenen Saat ist. Nicht ein blindes Schicksal, nicht Zufall oder Vorsehung oder Gott sind die Verursacher des Erlebens sondern das Wirken (*kamma*, Skt. *karma*). Wir sehen nur die innerweltliche materielle Kausalität, aber nicht die geistigen Bedingungen, aus denen das Phänomen Materie entsteht und vergeht.

3. Im Nichtwissen wird die Möglichkeit, durch Aufhebung des Leidenswirkens dem Leidenskreis zu entrinnen, als Ich-Vernichtung aufgefasst. In dem Maße, wie man den Saṃsāro für real hält, hält man das Nirvāna für eine bloße Negation, einen Ausfallwert. Weil man innerhalb des Saṃsāro nach dem Glück sucht, hat man das wahre Glück, dessen Name Nirvāna heißt, nicht auf der Rechnung und bleibt weiter abseits davon im Mangel.

4. Aus Nichtwissen meint man, das, was man jeweils im Dasein verbessern will, sofort durchführen zu können. Man meint, Kennen sei gleichbedeutend mit Können. Man sieht nicht, dass im Geiste der einzige Einsatzpunkt liegt, um allmählich an den Trieben etwas zu ändern, die nichts als fixierte Ideen, inkarnierte Werturteile sind. Kurz: Wir sind im Unwissen über Methode und Weg, wie wir uns und unsere Verhältnisse wirklich heilsam gestalten können.

Die Qualität der Existenz nicht kennen, ihre Herkunft nicht kennen, ein lohnendes Ziel nicht kennen und den Weg dahin nicht kennen: Das ist falsche Anschauung. Blind, augenlos, im Dunkel sein, verblendet die Wirklichkeit nicht sehen: Das ist falsche Anschauung. Immer wieder leidige Wirkungen erleben und nicht darauf kommen, woher sie stammen und wie sie wirksam endgültig abzustellen sind: Das ist falsche Anschauung. Je weniger man die Gesetze der Existenz kennt, umso mehr ist man ihnen ausgeliefert. Unwissen schützt nicht vor Strafe – das gilt auch hier.

Die falsche Anschauung gleicht einem Gestrüpp und Urwald, in den kein Licht dringt und das als Dickicht undurchdringlich ist. Sie gleicht einer Gasse, einem Hohlweg, einem ausgetretenen Weg, den man so gewöhnt ist, dass man ihn schwer verlässt. Sie gleicht einer wüsten Wildnis, einer Öde, die schwer zu kreuzen ist, weil man in der Trockenheit der Dogmen nichts Erfrischendes zur Durststillung erhält. Sie ist wie eine Verzerrung und Irreleitung des Blickes durch die unendliche Vielfalt mit ihrem Wechsel der Abwechslungen. Und sie gleicht den Pendel-Ausschlägen, weil man sich in den Einseitigkeiten und Übertreibungen und Extremen der Antinomien hoffnungslos verrennt:

> *„Das nennt man, ihr Mönche, Gasse der Ansichten, Dickicht der Ansichten, Wüste der Ansichten, Zerrung der Ansichten, Ausschlag der Ansichten und Garn der Ansichten. Ins Garn der Ansichten geraten wird der unerfahrene Erdensohn nicht frei von Geburt, Alter und Tod, von Kummer, Jammer, Schmerz, Gram und Verzweiflung, nicht frei wird er, sag ich, vom Leiden.“* (M 2)

Demgegenüber ließe sich die rechte Anschauung dadurch kennzeichnen, dass sie im rechten Anblick von Ich und Welt besteht, denn Subjekt und Objekt, Innen und Außen sind die letztmöglichen Kategorien des Denkens. Dabei gibt es nun zwei Möglichkeiten: Man kann mehr vom Ich her die Welt betrachten, und man kann umgekehrt mehr von der Welt her das Ich betrachten. Es ist der Aufmerksamkeit wert, dass wir das Wissen um das Dasein ganz selbstverständlich mit dem Begriff „Welt-Anschauung" wiedergeben, ohne zu beachten, dass damit bereits eine Vorentscheidung für das Objekt auf Kosten des Subjekts erfolgt. Im Abendland wird eben die Existenz philosophisch als Weltanschauung erfasst, während bei den Indern gerade die Ich-Inschauung das Primäre war und die Philosophie in erster Linie um das lch (*atman*) kreiste. Im Abendland dreht sich das Denken weit mehr um die Frage, was die Welt (die Schöpfung, der Kosmos) sei, als um die Frage, was das Ich sei, weshalb uns die umgekehrte indische Denkweise, die auch den Lehrreden des Buddha als selbstverständlich zu Grunde liegt, von vornherein befremdet. Für den Inder wird die Daseinsproblematik vom Ich her gelöst, womit sich die Welträtsel von selber mit lösen. Für uns Abendländer steht primär die Welt und das Weltbild als Problem vor Augen, und nur, wenn unsere Welt-Anschauung geklärt ist, können wir das Ichproblem lösen. Für uns wirft sozusagen die Welt als Gegenwurf das Ich aus: Die Welt ist uns der feste Punkt (die Konstante), während das Ich daraus hervorgewachsen ist und davon abhängig sich wandelt (Variante). Dem Inder ist dagegen das Ich der feste Punkt, an welchem Geburt und Tod, Welten auf Welten vorbeiziehen. Die buddhistische Literatur des Abendlandes hat heroisch versucht, der indischen Denkweise zu folgen und hat sich daher hundertmal mehr mit dem Ichproblem als mit dem Weltproblem beschäftigt. Da aber die abendländische Grundhaltung unverändert von der Welt als Basis ausging, mussten diese Versuche fehlschlagen. Aus diesem Grunde musste bei der obigen Darlegung der edlen Wahrheiten des Buddha auch die Weltanschauung stärker berücksichtigt werden und erst im weiteren Verlauf der Darlegung des Heilsweges lässt sich das Ichproblem einer Klärung zuführen.

Unausgesprochen wurde der obigen Darlegung eine Unterscheidung zu Grunde gelegt, die für das ganze Lehrverständnis entscheidend ist, nämlich die Differenzierung von wahnhafter und wahnloser, beeinflusster und unbeeinflusster rechter Anschauung (M 117). Ersteres ist eine relative, letzteres die absolute Wahrheit. Die erstere Art rechter Anschauung gibt Antwort auf die Frage des Verhältnisses von Ich und Welt, ohne deren Wesen selber ganz aufzuhellen, was erst die zweite Art tut. So kann man die „wahnhafte" rechte Anschauung die konkret-empirische, die „wahnlose" die abstrakt-metaphysische nennen. Erstere befasst sich mit dem Erschienenen (Geben, Tugend, Himmel, Entsagen), letztere mit dem Erscheinen selber (das sind die vier edlen Wahrheiten). Dazu sagt ein nachklassischer buddhistischer Denker:

„Zwiefache Wahrheit gibt es nach des Buddhas Meinung,
die höchste Wahrheit und die Wahrheit der Erscheinung:
die diesen Unterschied zutiefst heraus nicht fanden,
die haben auch den Sinn der Lehre nicht verstanden." (Nāgarjuna, Madhyamika XXIV, 8-9)

Aus den vielen Gleichnissen, mit denen der Erwachte die rechte Anschauung als Einsatzpunkt des Heilsweges beschreibt, seien folgende drei herausgegriffen:

Wie die Pferde am Wagen immer voran eilen, immer am weitesten voran sind, so auch eilt die rechte Anschauung den guten Eigenschaften, die auf dem Heilswege erscheinen, weit voraus (S [I] 1, 46). Der Wagen ist dabei das Herz mit seinen Lasten und seinen Schätzen. Der Wagen ist auf den rechten Weg gebracht, aber die Zugtiere sind immer die ersten. So auch ist die Anschauung der Pionier, der zuerst das unbetretene Gebiet betritt, während das Herz erst allmählich nachfolgt, im Bösen wie im Guten.

Wie der Sonnenaufgang durch nichts aufzuhalten ist, wenn die Zeit des Morgenrots gekommen ist, so bringt auch die rechte Anschauung zwangsläufig die Erlösung mit sich. Und auch wenn sich Wolken vor die Sonne schieben sollten, sie ist doch aufgegangen: Ebenso steht, wenn auch Schwierigkeiten auf dem Wege auftauchen, die Kraft der rechten Anschauung unsichtbar hinter uns und hilft. So zaghaft und dämmerig wie das erste Morgenrot sich andeuten mag – es ist doch der Anfang des strahlenden Sonnenscheins. Und ebenso wie man den ersten Abglanz der Frühdämmerung unterschätzt, so unterschätzt man auch das erste Licht des rechten Anblicks (A X 121).

Wie der Same des Zuckerrohrs, in feuchte Erde gesät, allem, was er an Festem oder Flüssigem an sich zieht, einen süßen und lieblichen Geschmack gibt, ebenso auch macht die rechte Anschauung alles gut, dagegen die falsche alles schlecht, so wie der Samen eines Bitterkürbis alles bitter macht (A I 23). Vom Samen geht alles aus, in ihm liegt der Keim für alles. So auch macht der die Dinge recht Anschauende aus allen Erlebnissen Heilsames.

11.2 2. Stufe: rechte Gesinnung (*saṅkappo*)

Sinnen bedeutet: Mit den Sinnen einer Richtung folgen, sich einstellend nach etwas richten. Gesinnung ist dann wörtlich eine geistige Einstellung, eine Ausrichtung, und zwar nach etwas, das Sinn für uns hat. Erst nachdem man sich auf einen Sinn festgelegt, sich für einen Wert entschieden und somit eine Vorwahl getroffen hat (das ist die Anschauungsbildung), geht es nun darum, über Verwirklichung und Durchführung der Anschauung nachzusinnen. Erst besinn's, dann beginn's. Dabei stehen drei Dinge im Spiel: Der Sinn (Ansicht) ist die theoretische Vernunft (1. Stufe), die besinnende Gesinnung ist die praktische Vernunft (2. Stufe) und das Beginnen ist dann das Tun im sinnlichen Bereich (3.-5. Stufe). So steht die Gesinnung zwischen Ansicht und Tat, zwischen Sinn und Beginn. Anders ausgedrückt: Zwischen Anschauung und Tat steht der aus der abstrakten Ansicht folgende konkrete Entschluss zur Tat. Die Ansicht legte die Gewichte fest: „So sollte man tun, so wäre es richtig", die Gesinnung sinnt: „Wie kann ich das jetzt ausführen?" Die Ansicht wäre sozusagen das Gesetz, die Gesinnung die Durchführungsverordnung, d. h. die Anwendung auf das konkrete Leben.

Sind Gesinnung und Entschluss dasselbe? Wenn man im Deutschen „Entschluss" sagt, meint man damit allein das bewusste Sich-Entscheiden. „Gesinnung" dagegen ist ein Begriff, der zwanglos auch die viel zahlreicheren unterbewusst-triebhaften Einstellungsveränderungen mit umgreift. Es wäre geradezu verhängnisvoll, die zweite Stufe des buddhistischen Achtpfades allein mit Entschluss zu übersetzen. Dann würde man nämlich allzu leicht meinen „Ich fasse nur rechte Entschlüsse", während man durch falsche Taten das Gegenteil beweist. Verwendet man dagegen den Begriff der Gesinnung, dann ist damit auch diejenige tiefeingefahrene Gewohnheit einbegriffen, die uns z. B. von einer grausamen Gesinnung oder einer staatstreuen Gesinnung sprechen lässt. All das sind keine einmaligen Entschlüsse, sondern ständig wiederholte Gewohnheitskomplexe, die nur durch Änderung der Ansicht allmählich zu beeinflussen sind.

Weil die Gesinnung als der Vorgang bewusster und unbewusster Entscheidung jeder Tat in Reden und Handeln vorangeht, deshalb hat sie Anteil sowohl an der Theorie als an der Praxis. Man kann sie gut mit einer Drehscheibe vergleichen, deren Einstellung bestimmt, wohin die über sie rollenden Züge in den Tatbereich fahren. Von der Gesinnung hängt alles Tun ab, sie ist die Motivation (Beweggrund) der Motorik (Taten). Auf der Stufe der Gesinnung kann die Ansicht noch mit vernünftigen Argumenten eingreifen und ein triebhaftes Handeln wegen seiner ungünstigen Folgen zurückhalten.

Wenn es einen bösen Geist gäbe, der die Menschen zum Unheil führen wollte, dann würde er am wirksamsten damit anfangen, die Gesinnung zu entwerten, etwa so: „Das ist doch alles bloß intellektueller Wortkram, ist rein theoretisches Kopfwissen, das den lebendigen Impuls verhindert." Im Faust tut Mephisto dergleichen weidlich. Nach außen sagt er:

„Grau, teurer Freund, ist alle Theorie
und grün des Lebens gold'ner Baum",

aber insgeheim lacht er sich ins Fäustchen über seine gelungenen Verführungskünste:

„Verachte nur Vernunft und Wissenschaft,
des Menschen allerhöchste Kraft."

Der teuflische Aufstand der Triebe gegen die Vernunft ist im Abendland in vollem Gange. Weil der frühere flache Rationalismus zu nichts Gutem führte, meint man, es läge überhaupt daran, dass man zu intellektuell sei, und so klagt man den Geist als Widersacher der Seele an und setzt den Vitalismus der Spontaneität auf den Thron. Eine solche Einstellung ist selber schon eine Gesinnung, nämlich die Gesinnung weltlicher Lust, die sich auf diese Weise zu rechtfertigen sucht. Gerade die Tatsache, dass die anti-intellektuelle Gesinnung sich mit intellektuellen Argumenten weidlich zu rechtfertigen sucht, beweist, wie tief die triebhafte Steuerung der Gesinnung reicht.

Gesinnung ist Denken, und zwar ein sprachliches Denken, das sich vorbereitend ausgestaltet. Gesinnung ist ein Aspekt dessen, was man das innere Wort nennt, d. h. eine geistige Zwiesprache mit sich selber, ein erwägendes Selbstgespräch. Ständig redet es in uns: Der Geist sagt uns dauernd an, was für Pläne da geschmiedet werden. Ununterbrochen werden da Vorhaben gemeldet. Es ist ein dauerndes Fließen. Während es bei der Anschauung um das Erkennen des Gewordenen und Vorhandenen geht, geht es bei der Gesinnung um das Werden (Zukunftsgestaltung). „Was willst du werden?", fragen wir einen jungen Menschen und meinen damit den Beruf. Bei der Gesinnung aber geht es um ein viel wichtigeres Werden, nämlich um die charakterliche Entwicklung in der Auseinandersetzung mit dem Leben. Dieses Werden ist Bildung, nämlich Bildung des Charakters, des Gemütes, des Herzens, des Unbewussten, und zwar im Hinblick auf die Welt und den Nächsten. Es ist die Selbsterziehung zu einem sozialadäquaten Verhalten, während die Selbsterziehung der Seele im Umgang allein mit sich erst zur sechsten. Stufe (rechtes Mühen) gehört.

Die Gesinnung zielt immer auf Situationsverbesserung: Die falsche ergreift dazu falsche Maßnahmen, die wahnhaft rechte ergreift langfristig rechte Maßnahmen, die wahnlose dagegen zielt auf endgültig rechte Verhaltensweisen und denkt wirklich zu Ende. Wenn die vollkommene Situation erreicht wäre, dann entfiele auch die Notwendigkeit, sich noch in der Gesinnung mit Verbesserungsvorschlägen auseinanderzusetzen, es sei denn für die Erhaltung des Körpers oder zum Wohle anderer.

Die Gesinnung kann dabei immer nur zwischen den Fakten entscheiden, die einem als Werte vorliegen. Etwas, mit dem ich überhaupt nicht rechne und von dem ich mir keinerlei Vorstellung machen kann, kann meine Gesinnung auch nicht verändern. Die vergessenen Faktoren, die überhaupt nicht in den Vorstellungskreis traten, wirken sich auch aus, nämlich als Striche durch meine Rechnung, als Schicksalsschläge, die alle meine Pläne umwerfen. Darum ist es so wichtig, dass Ausgangsbasis der Gesinnung eine umfassende wirklichkeitsgemäße Vorstellung ist. Darum ist die rechte Anschauung der unverzichtbare Vorgänger jeder heilsamen Gesinnung. In der rechten Anschauung werden die Vorstellungen verwertet und bereits so vorsortiert, dass das Unmögliche und Unsinnige von vornherein ausgeschieden wird und somit gar nicht erst für die Planung in Frage kommt. Ohne eine solche Bindung an die rechte Anschauung gibt es Fehlentschlüsse und Fehlentscheidungen. Es kommt zu bodenlosen Entschlüssen, zu heroischen Schwüren „Von heute an nie mehr! Ab jetzt sofort das!" Die sind dann in der Praxis nicht durchzuhalten. Daher ist, das Mögliche und Unmögliche zu kennen, eines der Merkmale rechter Anschauung (M 115). Aus solcher Kunde folgen dann Gesinnungsakte, die realistisch sind.

Wenn auch die Gesinnung unmittelbar die Taten bestimmt, so spricht bei ihr doch stets das Herz mit. Ist das Herz lauter, dann hemmt es unlautere Taten, für die der Geist in der Gesinnung Scheingründe herbeizuschaffen bemüht war. Und ist das Herz unlauter, dann durchkreuzt es oft beim Tun die beste Gesinnung. Darum sagt der Buddha zwar im Achtpfad, aus der Gesinnung folgten die Gehabensweisen, aber er sagt ebenfalls in anderen Reden, die Taten entsprängen aus dem Herzen (M 78). Das ist so zu verstehen:

In der Gesinnung ist Kampfplatz zwischen Herz und Geist, zwischen Trieb und Verstand, und die Taten sind nur Ausdruck dessen. Wenn wir nun erleben, dass unsere Taten so oft hinter unseren Plänen zurückbleiben, so kommt das daher, dass im Augenblick des planenden Erwägens die klare Vernunft spricht, dagegen im Augenblick der Tat die sinnlichen Triebe ein Wörtchen mitreden. Dadurch ist dann die dortige Gesinnung eine ganz andere. Die Gesinnung, welche die Tat beschloss und die Gesinnung, welche die Tat ausführte, sind oft völlig gegensätzlich. Ich habe mir z. B. aus guten Gründen vorgenommen, in der Stadt nicht immer herumlugend auf die Angebote der Plakate zu schauen, aber wenn ich dann dort gehe, dann mag ich versagen und werde hingerissen, doch hinzuschauen. Oder ich habe mir vorgenommen, aus überzeugenden Gründen einem Freund von einem gewagten Unternehmen abzuraten, aber wenn ich ihm gegenübersitze und ihn eifrig von seinen Lieblingsideen reden höre, dann kapituliere ich, um eine unbequeme Auseinandersetzung zu sparen und lasse ihn in sein Unheil laufen. Solche Beispiele treffen wir immer wieder. „Das Gute, das ich tun will, das tue ich nicht, und das Böse, das ich nicht tun will, das tue ich", bekannte schon Paulus – und wer wüsste nicht auch um dieses Dilemma? Die rechte Gesinnung erzieht eben unser Herz nur langsam. Es gibt immer wieder den Widerspruch zwischen einer Vernunft-geführten rechten Gesinnung und einer Trieb-geführten falschen Gesinnung. Meist wird es so sein, dass der Mensch in den sinnlichen Begegnungssituationen („Ernstfall") eine falschere Gesinnung hat als in der Ruhe vernunftgemäßer Überlegung. Aber es gibt ebenfalls die umgekehrte Möglichkeit, dass jemand sich in der Situation zusammenreißt und recht handelt, während er in Zeiten der Besinnung gerade von triebhaften Phantasien überschwemmt wird, deren er nicht Herr werden kann.

Alle falsche Gesinnung fasst der Buddha in der Triade Begehren-Hassen-Gewalt zusammen und alle rechte Gesinnung in deren Gegenteil Entsagung-Nichthass-Nicht-gewalt. Die Behandlung dieser drei Arten rechter Gesinnung ist Gegenstand der konkreten Behandlung unten.

11.3 3.-5. Stufe: recht reden, handeln, wandeln

Während der erste Abschnitt des Weges unter dem Stichwort der Weisheit steht (rechte Anschauung und Gesinnung), wird der zweite als Tugend zusammengefasst und aus praktischen Gründen in drei Stufen gegliedert. So wie meine Bewertungsmaßstäbe sind, so plane ich mein Verhalten in der Welt und so wirke ich dann auch. Die Bewährung im Umgang mit dem Außen, mit der Welt, mit dem Du, ist die erste Anwendung und Folge der rechten Anschauung. Hier geht es um den Einsatz des Körpers mit seiner Bewegtheit. Dieses Werkzeug der Atemmaschine wird von Gedankenimpulsen gelenkt und diese sollen tugendhaft sein, d. h. keinen Schaden verursachen, sondern Nutzen für einen selber und andere. Die Gesinnung ist ein vorbereitendes Denken, die Tugend ist ein ausführendes Denken. Die Gesinnung bewegt sich allein im Geiste, die Tugend bewegt den Leib mit und lenkt die Fünfsinnenmaschine mit ihren chemo-elektrischen Apparaturen zu den Objekten hin und von ihnen weg.

Dabei werden im Achtpfad die Worte an erster Stelle genannt, weil sie am direktesten aus der inneren Rede des Geistes folgen, eben artikulierte Gedanken darstellen, sinnbezogene Geräusche, Gestaltungen des Atemstromes mittels Mund, Gaumen und Kehle. Die Worte sind Gedanken, die den Leib mit bewegen und oft, im wahrsten Sinne des Wortes, in Mitleidenschaft ziehen. Lügen, Schelten, Hintertragen, Schwatzen sind Leidenschaften, die sich in der Rede verlautbaren und das Gegenteil davon ist rechte Rede, ist Tugend der Rede.

Nach der Rede folgt das Handeln, das nicht umsonst von der Hand abgeleitet wird. Die Gewöhnung, den Leib triebhaft einzusetzen, ist vom Geiste etwas schwerer zu bremsen und zu beeinflussen als die Gewöhnung der Rede. Der Leib ist schwerfälliger, hat ein Eigengewicht und steht dem geistigen Einfluss daher eine Spur ferner als die Redeweisen. Andererseits kann man mit dem Leib unwiderruflicheres Unheil anrichten, bis zur Tötung, weshalb in den fünf Tugendregeln die Handlungsweisen vor der Rede genannt werden. Mit der starken einen Hand kann ich andere totschlagen, mit der anderen mache ich die Bewegung des Entwendens und mit dem ganzen Tastorgan der Haut kann ich sexuell ausschweifen. Das sind die drei Formen falschen Handelns, die ich mir endgültig und zutiefst abgewöhnen muss. Dabei ist das Schelten ein Schlagen mit Worten, das Lügen ein Stehlen mit Worten, das Hintertragen eine „Ausschweifung" in Worten. Beim Töten schlägt man um sich wie im Schelten mit Worten, beim Stehlen macht man es sich auf Kosten anderer bequem wie im Lügen mit Worten, beim Ausschweifen bricht man in Treue ein wie im Hintertragen mit Worten.

Rein logisch betrachtet, bildet der rechte Wandel nichts anderes als die vierte Art des rechten Handelns. Dabei stellt er die genaue Entsprechung zu der Tugend dar, die Schwatzen meidet. Falscher Wandel ist Unordnung und Sinnlosigkeit im Handeln, so wie Schwatzen dasselbe in Worten ist. Rechtes Wandeln bringt Ordnung in die Taten, so wie sinnvolle statt plappernder Rede Ordnung in die Worte bringt. Der Grund, warum der rechte Wandel (Lebensführung) als eigene Stufe des Achtpfades hervorgehoben wird, hat keine logischen, sondern rein psychologische und pädagogische Gründe. Bei diesem achten und letzten Tugendgebot steht das Mönchsleben derart im Vordergrund, dass als Vollkommenheit der rechten Lebensführung nur das Mönchstum erscheint, während für den Laien auf dem Gebiete des rechten Wandels nur geringe Ansätze gefordert werden. Der Laie soll auf diesem Gebiet hauptsächlich Rauschmittel meiden (das ist das fünfte *sīla*), und wenn er noch mehr tun will, guten Umgang suchen und im Hause ein Leben sublimierter Sinnlichkeit und Zerstreuung führen (D 31). Für den Mönch dagegen werden hier – kurz im sogenannten *Tathāgata*-Gang und äußerst breit im sogenannten *Vinaya* – zahllose Verhaltensweisen gegeben. Das hat seinen Grund darin, dass die Regeln der zwischenmenschlichen Ordnung (das, was man tut und was sich gehört) für den Laien durch die staatliche Berufsordnung, durch die Familientradition usw. schon weitgehend festgelegt sind, jedenfalls im damaligen Indien durch die Kastenordnung und im Mittelalter durch das Zunftwesen. Für die Lebensform des Mönches musste der Buddha dagegen alle diese Berufsregeln selber erlassen, indem er anstelle frei schweifender Pilger den ersten festen Mönchsorden Indiens gründete. Er musste also die Verfassung des Mönchsstandes selber regeln und ihm eine Lebensordnung geben, die einzig auf das Seelenheil abzielt. Jedenfalls wird durch die Hervorhebung des rechten Wandels als eigene Stufe des Achtpfades ausgedrückt, dass es hier für den Mönch um den Schritt vom Laien- zum Mönchsleben geht, d. h. bereits um Weltüberwindung, während der Laie sie nur an den wöchentlichen Feiertagen (*Uposatha*) pflegt, um ihr dadurch allmählich einfühlend Schritt um Schritt näher zu kommen.

Der Inhalt des rechten Wandels lässt sich unter drei Aspekten sehen: Die Lebensnotwendigkeiten muss man pflegend berücksichtigen (Essen, Kleidung, Wohnung, Besitz), die lästigen Unumgänglichkeiten des Lebens gilt es duldend zu ertragen (Klima, Krankheit und insbesondere Mangel an den vier Lebensnotwendigkeiten) und sonstiges Schädliches im Leben gilt es möglichst fliehend zu umgehen (Meiden schlechter Einflüsse von Menschen und Natur).

So wie das wilde Ross beim Rossebändiger unter den drei Gangarten zuerst Schritt, dann Trab, dann Galopp lernt, ebenso lernt der Mensch unter den drei Gangarten der Tugend zuerst rechte Rede, dann rechtes Handeln und erst zuletzt rechten Wandel (M 65). In diesen drei Abschnitten der Tugend liegt die Umerziehung des Menschen von einem sinnlich Bedürftigen zu einem selbständigen Wesen. Er bekommt sich allmählich in die Hand, lernt den Umgang mit sich, gewinnt Freude an Unabhängigkeit, an edlerer Art, an Verständnis und Hilfe für den Nächsten, den er überhaupt erst entdeckt, wenn er weniger egozentrisch denkt. Man kann sagen, dass die beiden ersten Stufen des Achtpfades (Ansicht und Gesinnung) zu einer Plattform führen, die auf ihrer großen Grundfläche dann die drei nächsten Stufen (Tugend) anbaut. Auf der Stufe des rechten Wandels gibt es dann wiederum eine solche breite Plattform, auf welcher die drei letzten Stufen des Pfades sich aufbauen, die selber wiederum die Plattform für die beiden Früchte abgeben, wie es im Verlaufe dieses Buches noch ausführlich erklärt werden wird.

11.4 6. Stufe: rechtes Mühen (*vayāmo*)

Alle sechs bisherigen Stufen des Achtpfades spielen sich im Denken ab, gestalten die sprachliche Aktivität des Erwägens und Gedenkens, des Überlegens und Folgerns. Und der Abschluss dieser Veränderung des Denkprozesses ist das rechte Mühen. Während die rechte Gesinnung eine Zukunftsplanung nach außen war, ist das rechte Mühen eine solche nach innen. Die rechte Gesinnung änderte die Gewöhnungen des planenden Denkens in Bezug auf die Welt, das rechte Mühen ändert die Gewöhnungen des planenden Denkens in Bezug auf das Ich. Hier geht es um Tiefenläuterung, um das innere Herz, um die Triebe als solche, unabhängig von der Auseinandersetzung mit dem Du. Die rechte Gesinnung war eine Läuterung des Verhältnisses Ich-Du, das rechte Mühen ist eine Läuterung des Verhältnisses Ich-Ich, nämlich eine Änderung des Verhältnisses zwischen der triebhaften und der triebfreien Seele zugunsten letzterer. Die Tugendläuterung als Anwendung der rechten Gesinnung war Tatenläuterung, das rechte Mühen ist Herzensläuterung an sich. Die 6. Stufe wird daher als Rüstzeug oder Voraussetzung der Vertiefung bezeichnet: Sie ist unumgängliche Vorstufe jeden meditativen Fortschritts. Ihr Inhalt wird als die vier rechten Kämpfe bezeichnet: Kampf um Vermeidung weiteren Übels, Kampf um Überwindung des vorhandenen Unheilsamen, Kampf um Entfaltung von Gutem, Kampf um Erhaltung des aufgestiegenen Heilsamen. Diese vier Kämpfe sind unten im Laufe der Behandlung des Achtpfades dann genauer zu behandeln und praktisch zu erläutern.

11.5 7. Stufe: rechte Achtsamkeit (*sati*)

Normalerweise denkt der Mensch: Erst muss ich die Dinge beachten und beobachten, dann kann ich das, was ich dabei als schlecht betrachtet habe, überwinden und bekämpfen. Der Buddha aber verkündet genau die umgekehrte Reihenfolge. Erst muss ich das Schlechte, was ich in der Anschauung als negativ bewertet habe, auf den bisherigen Stufen des Achtpfades überwunden haben, besonders auf der 6. Stufe bekämpft haben, und erst dann kann ich jene unabgelenkte Konzentration gewinnen, um nun auch den verborgenen Akteur, das Ich mit seiner Selbstsucht, Egozentrik und ihren tiefsten Schichten zu beobachten. Was der Buddha unter rechter Achtsamkeit versteht, ist nur diese Selbstbeobachtung und Selbstdurchschauung, während die Kraft der Achtsamkeit sonst nur ein Hilfsmittel auf dem Wege ist, um die ersten 6 Stufen abzugrenzen und im Bewusstsein zu behalten (vergl. M 117). An das Zentrum, an das Ich, komme ich überhaupt erst heran, wenn die Bezüge zur Welt, zum Außen, geklärt und entspannt und geläutert sind. Sonst ist es vergebliche Liebesmüh, ist heroische Selbstqual, eben falsche Achtsamkeit. Es ist bemerkenswert und nicht zu übersehen, dass das letzte Wort des Buddha an seine Jünger nicht etwa lautete „Übt rechte Achtsamkeit, pflegt Selbstbeobachtung“, sondern er sagte: „Ernsten Sinnes mögt ihr euch mühen“. Das ist ein Appell an die Tatkraft, an die Bemühung um die 6. Stufe, denn aus dem rechten Mühen geht die rechte Achtsamkeit im Laufe der Zeit von selber hervor, während das Umgekehrte nicht der Fall ist. Wer der Aufforderung des Buddha zum rechten Mühen, die auch bei den Mystikern aller Religionen entsprechend als Läuterungsbemühung (*via purgativa*) verstanden wird, folgt, der wandelt sich derart um und gewöhnt sich einen ganz anderen Blick an, mit welchem er dann erst fähig ist, die rechte Achtsamkeit durchzuführen. Man muss erst abschichten, dann kann man achtsam sehen. Das fürwitzige und neugierige Eindringen in das Innere z. B. mittels Rauschmitteln bringt immer nur Ruin und zerstört die Fähigkeit zum rechten Mühen der Selbstüberwindung. Bei der praktischen Betrachtung der 7. Stufe wird darauf noch einmal ausführlicher zurückzukommen sein.

Der Inhalt der 7. Stufe sind die sogenannten vier „Pfeiler der Einsicht“ (*satipaṭṭhāna*), deren Sinn es ist, die Ichidentifizierung mit vier Dingen zu überwinden: mit dem Körper, mit dem Gefühl, mit dem Herzen, mit den Dingen überhaupt. Diese vier sind die Vorstellungsgegenstände der Vertiefung.

11.6 8. Stufe: rechter Friede (*samādhi*)

Die Krone des Achtpfades und sein Endpunkt ist der Frieden oder die Einigung des Herzens. Die drei letzten Stufen des Achtpfades gelten bereits als Abschnitt der Vertiefung (das ist nur eine andere Übersetzung von *samādhi*), weil sie Rüstzeug und Vorstellungs-Gegenstände der Innigkeit des Herzens betreffen. Ja, der Erwachte nennt alle sieben bisher betrachteten Glieder des Achtpfades bloße Hilfsmittel und Vorstufen des *samādhi*, während eine Vertiefung, die nicht derart auf einem siebenfachen Unterbau ruht, eben falsche Vertiefung ist (M 117). In gewisser Weise sind diese Stufen ein notwendiges Übel. Sie sind unabdingbar notwendig, aber sie sind kein Selbstzweck, sondern sollen einzig und allein Zubringerdienste zur 8. Stufe darstellen. Insbesondere heißt es von den drei Tugendstufen, dass sie ihren Sinn und Zweck dadurch bekommen, dass sie zur Vertiefung tauglich sind und zu ihr hinführen.

Vertiefung, Frieden, Einigung oder wie immer man das höchste religiöse Ideal der Inder, *samādhi*, noch übersetzen mag, ist die vollkommene Selbständigkeit und Autarkie und Autonomie eines geläuterten Herzens, das der Welt nicht mehr bedarf und als selbstleuchtendes Gemüt die eigene Reinheit zur Sonne hat. Es ist das innere Wohl der Unabhängigkeit, in welcher der Durst mit seinen Spaltungen zum Schweigen gebracht wurde. Im Christentum spricht die Mystik von den aus der Läuterung (*via purgativa*) hervorgehenden beiden Zuständen der Erleuchtung und Einigung (*via illuminativa* und *via unitiva*). Das ist eben die *Unio mystica*. Auch der Erwachte nennt verschiedene Grade des *samādhi*. Wenn er manchmal *samādhi* als die vier „Schauungen" definiert (was das ist, kann erst unten gesagt werden), so ist das nur pars pro toto zu verstehen, denn es gibt Herzensfrieden schon vor ihnen (angrenzender *samādhi*) und nach ihnen (formlose Vertiefung) und neben ihnen (z. B. Strahlungen). Es eröffnet sich hier ein weites Feld, weiter als unsere Welt, es ist eben die Weltüberwindung und das Eintreten in höhere Bewusstseinszustände brahmischen oder formhaften Seins, die in ihrem Wesen anders sind als unser Dualitätsbewusstsein.

11.7 9. Die Frucht: rechtes Erkennen (*ñāṇaṃ*)

Dies ist keine Stufe mehr, kein Schritt auf dem Wege, sondern es ist das Ergebnis und die Frucht der letzten Stufe, des *samādhi*. Der Erwachte nennt es „in Vertiefung ausgediehene Weisheit" (D 16). Und diese Weisheit wird meist als drei Wissen definiert, die auf der Grundlage des vollkommenen Herzensfriedens aufbrechen können, wenngleich allein das dritte Wissen von jedem Heiligen erlebt wird. Wissen, Erkennen, Weisheit: Das alles ist der erste Teil dessen, was sich als dritte edle Wahrheit entfaltet, womit die Rückbeziehung auf das vorige Kapitel hergestellt ist.

Wieso aber bezeichnet der Erwachte nun bereits die beiden ersten Stufen des Achtpfades (Ansicht und Gesinnung) als Abschnitt der Weisheit? Der Grund liegt darin, dass es verschiedene Grade der Weisheit gibt, nämlich anfängliche und fortgeschrittene. Die anfängliche Weisheit ist die angehörte Weisheit, die durch Anhören gebildet wurde, indem man der Stimme eines anderen (des Buddha) lauschte und sich das Gehörte mittels gründlicher Aufmerksamkeit aneignete, so dass dann auch die Taten-Gesinnung davon bestimmt wurde. Indem man dann aber in der Tugend zu eigenen Erfahrungen im Umgang mit den Trieben kam, ist man reif zum unmittelbaren Eindringen in das Herz, was mit der 6. Stufe beginnt. Und wenn dann das Herz ganz sauber ist, dann bricht die erlebte Weisheit, die entfaltete Weisheit auf. Und das ist dann die fortgeschrittene Weisheit, in welcher man selber das erfährt, was man zuerst nur hörte.

Aber noch ein weiterer Grund besteht, warum beide Arten von Weisheit mit demselben Begriff bezeichnet werden. Wenn der Erwachte jemanden am Leitfaden der vier hinführenden rechten Anschauungsweisen (Geben. Tugend, Himmel, Entsagung) so beruhigt und klärt, dass der Betreffende nun die eigentliche Lehre des Erwachten von den vier edlen Wahrheiten aufnehmen kann, dann schlägt es ein und eine solche durchschlagende Erkenntnis rückt einen Augenblick schon das rechte Erkennen und Wissen der fortgeschrittenen Weisheit vor Augen. Das kommt daher, weil der Zuhörer unter dem Eindruck der Worte des Erwachten, ihm selber unbewusst, den ganzen Heilsweg bis zum Herzensfrieden durchschritt und auf Grundlage dieser Ruhe nun zum höheren Erkennen fähig war. In einem solchen Bewusstseinsblitz, bei dem die ganze Wucht der Triebe für einen Augenblick zurückgedrängt ist, wird der Pfad geboren und der Beschreiter des Pfades geboren und die Garantie des Nirvāna geboren. Dies ist der wichtigste und entscheidendste Daseinsaugenblick. Aber im nächsten Augenblick wird das Ziel schon wieder unsichtbar, indem die Triebe das Herz wieder umspinnen. Was dort gesehen wurde, bleibt aber unwiderruflich und der ganze buddhistische Weg mit aller Dramatik und allen Kämpfen ist nichts anderes als ein immer erneutes Vorstoßen in Richtung auf jenes Erkennen erlebter Weisheit. Um den Achtpfad überhaupt beschreiten zu können, muss jener Erkenntnisblitz gewesen sein und der ist nur möglich, wenn eine gewisse Weisheitsfähigkeit (*cinta-maya-paññā*), die dritte Art von Weisheit, mitgebracht wurde, die in früheren Leben tropfenweise angesammelt wurde. Diese Weisheitsfähigkeit ermöglicht es, dass die angehörte Weisheit (*suta-maya-paññā*) für einen Moment erlebte Weisheit offenbar werden lässt (*bhāvana-maya-paññā*). Und nur dadurch kann die rechte Anschauung des edlen Jüngers gradlinig sein und immer wieder die nötigen Korrekturen anbringen. Seine rechte Anschauung ist zunächst und zuerst 1 % erlebte und 99 % angehörte Weisheit, und der ganze Weg besteht darin, dieses Verhältnis immer mehr zugunsten der erlebten Weisheit zu verschieben. Die Heiligkeit ist dann 100 % erlebte Weisheit. Die rechte Anschauung gleicht dem Erblicken des Himālaya aus der Ferne, das rechte Erkennen gleicht dem dort Sein. Aber man muss sozusagen mit den Flügeln des Geistes bereits einmal dort gewesen sein, um nun auch den Leib dorthin bringen zu können und die Verwirklichung leibhaftig zu erfahren.

11.8 10. Die Frucht: rechte Erlösung (*vimutti*)

In dem ersten rechten Erkennen, das den Pfad gebar, wurde auch der erste Grad rechter Erlösung, die Hörerschaft (*sotāpatti*) geboren, die Erlösung von aller Unterwelt, von mehr als sieben Leben, von drei Fesseln. Und alle weitere Erlösung wächst im Grade des rechten Erkennens als weitere Frucht heran, bis über die sogenannte Einmalwiederkehr, Nichtwiederkehr und Heiligkeit die höchste Erlösung errungen ist und das Nirvāna völlig verwirklicht wurde. Da erst ist die dritte edle Wahrheit dann ganz entfaltet und es kann wiederum auf das oben bei ihr Gesagte zurückgegriffen werden.

Jetzt lässt sich erst verstehen, warum der Erwachte den Heilsweg in der vorliegenden Form formulierte. Der Mensch hat im Herzen fünf Möglichkeiten von Fähigkeiten für die Heilserlangung. Diese werden vom Erwachten gewissermaßen nacheinander abgerufen und entfaltet. Dieser Vorgang heißt dann achtfältiger Pfad. Dabei sind diese fünf in einer Kreisstruktur zu verstehen, bei welcher das erste und letzte Glied sich berühren, nämlich:

Das Vertrauen, das am Anfang steht, wurde geboren in dem Erlösungsmoment, welcher durch erlebte Weisheit entstand.

Mittels dieses Vertrauens als Grundlage werden dann mit Tatkraft die ersten sechs Stufen des Achtpfades beschritten, die alle eine Anstrengung und eine Umwandlung des Herzens darstellen.

Die Tatkraft gibt dann sozusagen die Stafette weiter an die Kraft der Achtsamkeit, die nun zur Tiefenbeobachtung kommt.

Aus der Achtsamkeit folgt dann die Kraft des Herzensfriedens, mit der sich der Achtpfad vollendet.

Als Frucht des Herzensfriedens entsteht da die erlebte Weisheit, die den ersten Erkennensblitz immer wieder vollzieht und ausbaut.

Als Letztes entsteht dann jenes Vertrauen, das mit jeder endgültig aufgelösten Spaltung entsteht, wenn mit einer Tendenz auch ihr Objekt eingeschmolzen wird – und das sind die weiteren Heilsstufen bis hin zur Heiligkeit.

STUFE ZWEI: RECHTE GESINNUNG

12. Entsagung sinnen (*nekkhamma-saṅkappo*)

Heitere Armut schenkt durch Entsagen
Reichtum in Fülle, ohne zu fragen. (Michelangelo)

Entsagung heißt: gegen den Strom schwimmen. (It 109)

Der deutsche Begriff „Entsagung" hat meist einen etwas bitteren Beigeschmack angenommen. Er klingt nach Entbehren, Mangel, Schwäche, Resignation, schmerzlichem verzichten Müssen. Entsagung erscheint als die Losung vom Leben Enttäuschter. Oder Entsagung als entbehren Müssen gleicht jenem Zwang der Verhältnisse, von dem Faust klagt:

„Entbehren sollst du, sollst entbehren!
Das ist der ewige Gesang,
der jedem an die Ohren klingt,
den unser ganzes Leben lang
uns heiser jede Stunde singt."

Wenn wir von Entsagung hören, denken wir in der Regel: „Ach, alles lassen? Wie steh' ich da ohne das? Was wird dann aus mir so allein in der Welt? Nein, wie öde, wie schrecklich, bloß das nicht!"

Wir sprechen aber auch anerkennend von einem entsagungsreichen Bemühen, das um eines höheren Zieles willen auf manche vordergründige persönliche Annehmlichkeit verzichtet. Dass jemand ein aufopferndes entsagungsreiches Leben für andere geführt habe, ist ein hohes Lob. Mit diesem Aspekt unseres Begriffes kommen wir der vom Buddha gemeinten Sache schon näher. Der Pāli-Begriff *nekkhammo* bedeutet wörtlich: Hinaus-schreiten, Wegziehen, Aus-weg. Es ist eine Absage an das Vergängliche, ein Entsagen. In diesem Sinne ist Entsagung (*nekkhammo*) gerade ein Mittel, um dem ewigen Entbehren zu entgehen. Ja, es ist der einzige Ausweg, um dem Unbefriedigenden der Begierden zu entkommen und nicht mehr unter ihnen zu leiden.

Ununterbrochen läuft in unserer Phantasie der Weltfilm ab, der weltverliebt die Sinnendinge umkreist, sie ausspinnt, positiv bewertet, planend fortsetzt und ausgestaltet. Jede der oben genannten Erkenntnisstufen des Buddha mindert schon die Sinnensucht. Geben, Tugend, Jenseits, Begierden Elend, Wahrheit. Die vierte dieser Stufen hatte ja gerade der Entsagung Vorzüglichkeit zum Inhalt. Ist das also nicht dasselbe? Warum wird es hier noch einmal genannt? Es ist dasselbe und doch nicht dasselbe, denn derselbe ist nicht mehr derselbe. Wer vom Erwachten auf den Weg zur Erkenntnis der vier edlen Wahrheiten geführt wurde, ist ein anderer als der, welcher nach dem Verständnis dieser edlen Wahrheiten nun über die Welt nachsinnt. Auch dieser sinnt meistens noch begehrlich süchtend. Je nachdem, welches innere Niveau er bereits hatte, bevor er die Lehre hörte, zwingt sie ihn nun zur Anwendung auf dieses sein Sinnen. Bevor er seine Taten ändert, wird er erst seine Tatenvorbereitungen prüfen und sondieren und bremsen. Und das ist entsagende Gesinnung. Es ist ein großer Unterschied zwischen drei Dingen: Entsagungserkenntnis, Entsagung sinnen und entsagend mühen. Dies sind Inhalte, die zur ersten, zweiten und sechsten Stufe des Achtpfades gehören. Die Entsagung als Gesinnung steht zwischen den beiden anderen Stufen, ist sozusagen der Übergang. Die Entsagungserkenntnis legt die intellektuelle

Grundlage, begründet den Sinn und die Notwendigkeit der Entsagung. Die Entsagungsgesinnung wendet diese Erkenntnis auf das Weltverhältnis an, die Entsagung als Bemühen dagegen richtet sich auf das Ausroden jeden begehrlichen Denkens, das vom Körpergenuss ausgeht, wie unten noch näher zu zeigen sein wird. Weil die Entsagung sich ganz stark gegen den Strom der Gewöhnung richtet, deshalb teilt der Erwachte ihre Praktizierung auf: zuerst nur nach außen, erst dann auch nach innen. Auf der Stufe der entsagenden Gesinnung ist also durchaus noch nicht jegliche Entsagung gemeint, und vor allem geht es hier überhaupt noch nicht um entsagende Taten, sondern erst um Urteile, um Werturteile, um Gedanken. Die entsagende Gesinnung entspricht dem inneren Gebet der Mystiker, die sich geistig von der Welt fortwenden und dem zuwenden, was sie Gott nennen. Erst ganz am Ende des Entsagens steht, sozusagen als reifste Frucht eines langen Weges, das, was Hermann Hesse in einem Gedicht so eindrucksvoll ausdrückt:

„Erst wenn du jedem Wunsch entsagst,
nicht Ziel mehr noch Begehren kennst,
das Glück nicht mehr bei Namen nennst,
dann reicht dir des Geschehens Flut
nicht mehr ans Herz und deine Seele ruht."

Bevor diese Ruhe erreicht werden kann, ist indes viel Arbeit und Selbsterziehung nötig. Und der Anfang dessen ist eben die entsagende Gesinnung, die gegen den Strom geht. Entsagung ist dabei nur ein Oberbegriff, gewissermaßen ein buddhistisches Schlagwort, um den lockenden vereinfachenden Schlagworten der Begierden auf gleicher Ebene entgegenzutreten. Die Schlagworte des alltäglichen Begehrens sind so ungeheuer wirksam, weil sie so einfach sind. Dem setzt der Buddha ebenso einfach das Gegenteil entgegen, Entsagung. Die ganze Fülle und Tiefe dessen, was dahinter steckt, zeigt sich indes nur in der Anwendung. Da fächert sich die Entsagung wie folgt vierfach auf:

12.1 Grundlegende Entsagung sinnen

Schiller sagt:

„Es ist nicht da draußen, da sucht es der Tor:
es ist in dir, du bringst es noch ewig hervor!"

Du glaubst es kaum, aber es ist wahr: Du hast alles Glück in dir. Du hast es viel näher, als du meinst. Du brauchst gar nicht so viel zu unternehmen und zu versuchen, brauchst nicht so viel Umständlichkeit und Reibungen, um zu deinem Glück zu kommen. Dein Herz kann so hell werden, dass du daran übergenug hast. Mehr als deine kühnsten Träume erträumen, hast du an Glücksmöglichkeiten in dir selber. Aber du suchst es außen, und das ist vergeblich, bringt dir letztlich nur Leiden. Die Mystiker sprechen:

„Alle Kreaturen sagen dir nur ein Wort: ‚Geh weiter, wir sind Gott nicht'."

Im Geschaffenen, in den äußeren Dingen, liegt eben keine Befriedigung für die Dauer, keine Lösung des existentiellen Problems, kein Ausweg. Besitz genießen, Menschenumgang genießen, das tut zwar wohl, sehr wohl sogar, aber es züchtet Leiden auf. Bald stehst du mit leeren Händen da, musst dich trennen, weil die Menschen und

Dinge sich von dir trennen. Ewig endet das Begehren mit Katzenjammer, mit schmerzlicher Ernüchterung und Enttäuschung. Wie sinnlos ist das doch, immer wieder Abschied zu nehmen und ins Tal der Tränen zu stürzen. Wie verrückt ist es doch, sich selber und andere unglücklich zu machen, indem das ewig brennende Feuer des Begehrens angefacht wird. Wie ein Gefängnis, wie welkes Laub, wie etwas Ausgespienes sind dem Entsagung Sinnenden die Begierdengenüsse, sagt der Buddha, der die Entsagung vor seiner Erwachung schon als eine von zehn Vollkommenheiten übte.

Warum gleicht die Entsagung aber andererseits auch gerade dem Gegen-den-Strom Schwimmen? Weil der Trick der Wünsche darin besteht, dass sie unseren Blick wie gebannt festnageln auf den saftigen Brocken des Genusses vor unseren Augen und uns damit die Zwangsvorstellung aufnötigen, es gäbe jetzt allein die Wahl zwischen Erfüllung („Greif zu") und Entbehrung („Kneif es dir ab"). Haben wir uns auf jene Alternative im Geiste eingelassen, dann haben wir schon verloren, denn dann geraten wir mit der Gesinnung in den Teufelskreis von Genuss und Selbstqual, wo es nur endloses Pendeln zwischen Hingabe und Verdrängung gibt. „Denn im Genuss verschmacht' ich nach Begierde und in Begierde nach Genuss", sagt wiederum Faust, das Symbol abendländischer Ausweglosigkeit. Im Genuss wird der Genuss schal und öde, und es lockt ein neues anderes Begehren. Und im unerfüllten Begehren gaukelt uns die Vorstellung die Vorteile des Genusses vor. Da lehrt nun der Erwachte bereits in seiner allerersten Predigt den dritten Weg, den mittleren Pfad, der durch die Durchschauung des Elends der Begierden zu der Entsagung Vorzüglichkeit hinlenkt. Diese Durchschauung sagt: Was da so bunt und verlockend und sprühend lebendig erscheint („... grün des Lebens gold'ner Baum"), das ist nichts anderes als der Vorbote des Katzenjammers und elenden Durstes, so wie der Köder für den gierigen Fisch der Vorbote des elenden Zugrundegehens am Angelhaken ist. Und was dem Weltmenschen als „Abgrund der Entsagung" (A IX 41) erscheint, die er deshalb flieht (Dh 271), das wird auf dem Heilswege zum leuchtenden Wohl der Befreiung. Und das gilt es zu bedenken, darüber gilt es grundlegend nachzusinnen, um nicht immer wieder auf den schönen Schein hereinzufallen, sondern Bremsen einzubauen.

12.2 Zurücktretende Entsagung sinnen

Untergründig wirkt die rechte Anschauung, dort wo sie eingeschlagen hat, blitzartig öfter dazwischen, nämlich bremsend, verzichtend, zurücktretend, die hemmungslose Phantasie stoppend: „Halt, du weißt doch, es ist doch anders." Viel mehr geht unterbewusst in dieser Weise von der rechten Anschauung aus, als man ahnt. Sie ist nie arbeitslos, sie ist immer anwendbar – nur vielfach, und besonders am Anfang, merkt man das noch gar nicht, weil man nicht gewohnt ist, auf sich zu achten. Man kann aber noch mehr tun, wenn man bewusster das Falsche mindert.

So kommt es dazu, dass man im Verlaufe des Tages ab und an zu sinnen beginnt, dass man sich doch etwas mehr Ruhe schaffen will, etwas mehr Zeitgewinn, um tiefer nachzudenken und nicht immer von der Strömung mitgerissen zu werden. Normalerweise ist es so, dass 24 Stunden lang die Begierden-Gesinnung dahin rast: im Wachen meist unterbewusst, im Schlafen unbewusst oder träumend. Wach oder bewusst sind wir eigentlich nur sehr selten. Wenn ich nun beginne, von diesen 24 Stunden täglich nur eine halbe Stunde einer höheren Gesinnung zu widmen, indem ich das Wohl der Entsagung betrachte und im Nachfolgen der Lehrrede im Sinne des Erwachten denke, dann ist das doch wahrlich keine Überforderung.

Es ist doch nur 47:1 ! Und diese halbe Stunde täglich wirkt ins Herz hinein, durchdringt allmählich wie Sauerteig alles und macht mich unabhängiger und selbstständiger, so dass ich nicht mehr hemmungslos von der Propaganda der Sinnengenüsse gegängelt werde, bis ich alt und ausgelaugt bin. Diese halbe Stunde verschiebt unmerklich-merklich die Gewichte auf der inneren Waagschale der Gesinnung. Alle Begierden, so wuchtig sie auch erscheinen, sind ja aus nichts anderem entstanden als aus positivem Bewerten der Sache, eben aus einer Bezug aufnehmenden Gesinnung, die eine Gewöhnung an falsche Anschauung schuf.

Wenn man sich auf diese Weise eine tägliche Meditationszeit geschaffen hat, gegen mehr oder weniger große Widerstände von innen und außen, dann wird man auch am Tage, wo immer man etwas Zeit hat, schon darüber nachsinnen, was man in der Ruhezeit bedenken will: Ich will über dieses Versagen nachdenken, ich will dieser guten Anmutung folgen, ich will mich bemühen, Verständnis für die Interessen des andern aufzubringen, ich will überlegen, wie ich aus Verwicklungen und Gefährdungen besser heraus komme. So bereitet die entsagende Gesinnung innerhalb der bewegten Zeit des Tages bereits die entsagende Gesinnung in der Ruhe vor. So schafft man sich hautnahe, lebendige Programme der Lehrnachfolge, die natürlich gewachsen sind, ganz auf mich zugeschnitten. Da gibt es dann keinen Leerlauf in der Besinnungszeit.

In der Ruhezeit wird man dann wiederum sinnen, was man am Tage besser machen oder lassen will, wo man etwas Überflüssiges abstellen kann. Ich nehme mir vor, mich nicht schon wieder in Dinge einzumischen, die mich nichts angehen und die nur Wirbel nutzloser Art machen. Wie herrlich ist es doch, wenn man schon vorher Abstand von den Dingen gewinnt, ehe sie einem wider Willen entrissen werden, und wenn man sein Glück eben dort sucht, wo einem nichts entrissen werden kann. So wird das Zurücktreten einprogrammiert.

Dieser Prozess kann sich allmählich potenzieren, indem man einmal in der Woche einen ganzen Tag zum Feiertag (*Uposatha*) macht, wo man sich nur der heilsamen Gesinnung widmet. Und irgendwann wird man auch den Urlaub hierfür benutzen, jedenfalls einen Teil. Oder man wird nach Möglichkeiten Ausschau halten, auf längere Sicht einmal eine größere Periode des Abstands anzupeilen, einen unbezahlten Urlaub, eine Zwischenzeit, in der man sich ganz der Lehre widmet, so wie es in Asien noch weitgehend üblich ist. Erst ganz am Ende solcher Gesinnungen und Besinnungen steht dann jenes Erwägen, hauptberuflich die Lehrnachfolge zu wählen, d. h. aus dem Hause in die Hauslosigkeit zu ziehen. Die allermeisten Menschen taten dies in der Vergangenheit der Geschichte des abendländischen Buddhismus zu früh, ohne dass die Gesinnung allmählich dahin gewachsen war. Weil es als ein heroischer Gewaltakt vollzogen wurde, deshalb musste es meistens scheitern. Überhaupt ist die Lage für den abendländischen Buddhisten im allgemeinen in Asien ungünstiger, noch ungünstiger als hier. Was man als Novize in einem buddhistischen Kloster an Entsagung lernen müsste, das kann man auch vorher lernen, nämlich sich selber umprogrammieren.

12.3 Entsagungsreiche Pflicht sinnen

Außer der untergründig wirkenden grundlegenden Gesinnung der Entsagung und außer der Einprogrammierung von Zeiten des Zurücktretens gibt es darüber hinaus noch eine dritte Erweiterung entsagender Gesinnung. Man kann nämlich selbst die Zeit der Berufsarbeit und der sonstigen Pflichten entsagend nutzen. Während der gewöhnliche Mensch widerwillig seine Pflichten erfüllt, gehetzt von Ehrgeiz, und immer auf den Erfolg schielt, wo er die Früchte ernten kann (Genuss), kann der Nachfolger der Lehre auch diese Zeiten der Pflichten in Entsagung umwandeln, umprogrammieren, umfunktionieren. Das, was als unumgehbare Pflicht in Beruf und Familie auf mich zukommt, das kann ich mir zur Bewährung dienen lassen. Was hindert uns denn am meisten an der sachgerechten Erfüllung der Pflichten für andere? Unsere Eigenliebe, unser Begehren, unsere Genuss-Sucht, kurz das Nicht-entsagen-Mögen, aus welchem dann Aversionen gegen die Pflichten kommen, Ungehaltenheit und Groll. Weil das Begehren zwangsläufig auch diese und andere Hassensformen, die in den nächsten Kapiteln zu betrachten sind, mit sich bringt, erweist es sich auch noch deshalb als negativ. Es ist der Mutterboden für solche Aggressionen, die mich immer mehr hindern, für andere da zu sein. Je weniger Wünsche und Ideen und Genussphantasien ich aber im Kopfe habe, desto weniger störe ich andere und lasse sie nicht zu kurz kommen. Wenn ich Entsagung sinne, dann wird die Pflicht nicht sauer, sondern ich mache aus der Not eine Tugend. Ich will mich selbst erziehen, ich will meine Eigenliebe los werden – nun gut, dann kann ich es am einfachsten und ohne jeden Aufwand dort, wo meine Pflichten meiner Selbstsucht im Wege stehen. Wenn ich das, was ich ja doch tun muss, nicht widerwillig, sondern dienstbereit bedenke – vor und bei und nach der Ausführung – dann erweitere ich damit die Zeit der entsagenden Gesinnung bis ins Unendliche. Die Inder haben hierfür einen spezifischen Fachausdruck, sie nennen das KARMA-YOGA, d. h. Anjochung an das, was ich mir von früher gewirkt habe, und zwar im positiv hilfreichen Sinne anjochend. Ich stelle mich positiv dazu, ich trage mein „Karma“ ab, ich nehme mein Schicksal an, ohne Gewinnspekulationen, ohne Sucht nach Verdienst und Vergeltung und Anerkennung, sondern mit dem einzigen Zweck der Läuterung von den Begierden und ihren Folgeerscheinungen. So wird die Arbeit geadelt, aber auch nur so und nicht anders.

Ein Hindernis daran wäre es, wenn man während der Arbeit immer nur denken würde, wie lästig sie doch ist und wie viel sinnvoller es wäre, still in seiner Meditationsecke zu sitzen oder gar Mönch zu werden. Dann versäumt man das Nächstliegende und läuft einem Phantom nach, nämlich einer abstrakten Entsagung, die man im Ernstfall gar nicht ausfüllen kann.

Die Heilige Katharina von Siena sagt in einem ihrer Briefe hierzu sehr trefflich:

> *„Man arbeitet mit seinen Händen oder dient seinen Mitbrüdern, wie es die Umstände erfordern, ohne Widerrede, ohne das Gemüt dadurch beunruhigen zu lassen, und ohne eigensinniges Verlangen nach der Einsamkeit und Ruhe in sich zu nähren. Wollte man sich eben zum Gebete absondern, und es wird einem etwas anderes aufgetragen, so wird man deswegen nicht unzufrieden, sondern unterlässt gern seine besondere Andacht und dient in Liebe und Demut dem Nächsten.“*

12.4 Nach Vorbildern Entsagung sinnen

Wenn man sich in den drei bisher skizzierten Weisen um Entsagungsgesinnung zur Welt bemüht, dann ist der größte Feind dabei die Macht der Gewohnheit, welche durch das Beispiel der anderen am wirkungsvollsten genährt wird. „Die tun das doch auch“, sagt unsere Sinnenlust und achtet nur darauf, wie die anderen lachen und genießen. Soll ich da als Außenseiter abseits stehen? Weil die anderen so viel mehr sind als ich, also nach dem Prinzip der Statistik und Demokratie, wo Mehrheit Richtigkeit bedeutet, deshalb schiele ich immer wieder dorthin und untergrabe so meine Anschauung von der Nichtigkeit der Begierden.

Deshalb ist es so wichtig, außen nach guten Vorbildern Ausschau zu halten, die meine Anschauung stützen und mir Rückhalt geben, indem sie beweisen, dass es allein auf das entsagende Sinnen ankommt, wenn man Glück erlangen will. Solche Vorbilder findet der abendländische Buddhist in den Lehrreden, in den Liedern der Mönche und Nonnen, in Hülle und Fülle – nur sind sie räumlich und zeitlich sehr fern. Buddhistische Vorbilder in unseren Breiten zu finden, ist aber recht selten. Da bietet sich als beste Hilfe der Blick auf diejenigen an, die hier im Abendland erfolgreich um Entsagung bemüht waren, d. h. die christlichen Heiligen, Mönche und Mystiker. Wie herrlich unverletzbar sind die Mystiker, die von Sinnlichkeit Befreiten in allen Religionen. Sie haben sich frei gerungen. Vergängliches gaben sie auf und erhielten dafür ein ungleich größeres Glück. Unabhängig wurden sie vom Leibe, d. h. vom Sterben: Sein Tod war nicht mehr ihr Tod. Darum ertrugen sie alles so heiter. Sie sind keine Hungerleider, die der Frau Welt nachlaufen, die der rollenden Kugel der Fortuna vergeblich nachjagen. Sie haben den Trank, der wahrhaft stillt, getrunken. Sie sind satt: Die Unersättlichkeit des hungrig-durstigen Bettlers Sinnensucht ist zu Ende. Sie sind reich, sind Könige und Meister des Lebens statt Sklaven.

Indem ich so die Aufmerksamkeit auf solche Vorbilder der Entsagung richte und meine Gedanken darauf stütze, wie sie bewiesen haben, dass Entsagung möglich ist und glücklich macht und sicher, da greife ich frontal meine sonstige Oberflächlichkeit, meinen vordergründigen Leichtsinn an. Ich nehme ernst, was von den Mahnungen der Weisen und Heiligen und Großen ernst zu nehmen ist, ich verdränge nicht diese Mahnungen, sondern nehme sie verbindlich. Darüber heißt es in einem theosophischen Text:

„Die große Kunst des Yogi und auch desjenigen, der die Gebote Christi aus der Bergpredigt befolgen will, besteht in einem Lassen. Dieses Lassen hat vielerlei Bedeutung und lässt den Menschen, der vorwärts strebt, nicht los, ehe er nicht alle die Stufen, die mit diesem Wort ‚Lassen' zusammenhängen, erreicht bzw. durchgemacht hat. Das Erste, was der Yogi und der wahrhaft strebende Christ zu tun haben, ist das Verlassen aller Dinge, die ihn an die Welt der Erscheinungen binden. Gerade dieses Verlassen ist für den Anfänger recht schwer. Denn der Durchschnittsmensch ist noch sehr behaftet mit Wünschen und Bestrebungen, die aus der Welt der Erscheinungen, aus der Welt der Unwirklichkeit hervortreten, als Bindemittel bzw. Sklavenketten, die für jeden Fortschritt große Hemmungen bedeuten. Es heißt in einem christlichen Liede:

„Verlasse die Welt, die Heimat zu sehn,
die Heimat der Seele, so herrlich, so schön!"

(aus: H. Jürgens: *Das edle Leben*, 1955, S. 15)

Nur um höheren Wohles willen konnte auch der Erwachte niederes Wohl aufgeben. Nur wo Herrlicheres und Schöneres und Sichereres gezeigt wird, wird man fähig zum Lassen des Niederen. Darum kommt den Vorbildern, den geistlichen Freunden und Pionieren der Entsagung solche große Bedeutung zu. Und über ihren Weg und ihr Leben nachzusinnen, ist einer der wesentlichen Inhalte entsagender Gesinnung. Damit ernähre ich mich richtig und verlasse die falsche Ernährung, die die Welt sonst anbietet und die nur schön verpacktes Gift enthält.

13. Wohlwollend sinnen (*avyāpāda-saṅkappo*)

„Bei jedem Menschen, mit dem man in Berührung kommt, unternehme man nicht eine objektive Abschätzung desselben nach Wert und Würde, sondern man fasse allein seine Leiden, seine Not, seine Angst, seine Schmerzen ins Auge: Da wird man sich stets mit ihm verwandt fühlen, mit ihm sympathisieren und statt Hass oder Verachtung Mitleid mit ihm empfinden.“ (Schopenhauer)

„Wie ich bin, sind auch jene da, wie jene sind, bin ich auch hier:
sich selber wer als Gleichnis nimmt, nicht mag er quälen, töten nicht.“ (Sn 705)

13.1 Übelwollen durch Konkurrenz

Nur wenn man sich durch entsagende Gesinnung ein wenig Abstand geschaffen hat, kann man auch wohlwollende und gewaltlose Gedanken denken. Die entsagende Gesinnung lenkte fort vom Leib, von der Materie, von Dingen, Totem, Äußerlichen, eben von der Oberfläche, und nur dann wird das Lebendige, die Seele, das dem ich gleichende Du gesichtet. Wer sich Materie zuwendet, wendet sich ab von der Seele, genau in gleichem Maße. Und wer sich der Materie zuwendet, der wird notwendig unzufrieden mit denen, die ihm seinen Materie-Genuss stören: er wird hartherzig, ärgerlich, aggressiv, gehässig, übelwollend. So entsteht das Nichtmögen anderer und alle Feindschaft aus dem Begehren, das außen etwas haben und genießen will. Weil ich etwas haben und mich ausbreiten will, deshalb sind die, die mich darin stören, meine Feinde. Wer dabei dasselbe will wie ich, der ist mein Feind, mein Konkurrent. Ich brauche unbedingt das Ding da – er auch. Ich kann das nicht ausstehen, was ihm lieb ist – und er kann das nicht ausstehen, was mir lieb ist. Er bekommt, was mir fehlt und was ich heiß ersehnte – und ich bekomme das, worauf er intensiv reflektierte. Ich bin eben voller Wünsche, Bedürfnisse, Abhängigkeiten, Verletzbarkeiten – er auch. Ich ersehne Wohl und verabscheue Wehe, er auch. Er muss aus seinen Trieben und Einsichten heraus so handeln wie er handelt – und ich auch. Da ist kein Unterschied in der Grundnatur des Menschen. Feindschaft, Rivalität und Hass gibt es eben deshalb, weil sich die Interessen überschneiden und widersprechen. Er fällt mir auf die Nerven – aber genauso falle ich ihm auf die Nerven mit meinen Eigenheiten. „Immer sieht er nur sich und nimmt keine Rücksicht“ ja, genau wie ich. Das ist eben das Wesen des egoistischen Begehrens der Sinnensucht, dass man sich selber auf dem Thron sieht und alle anderen weit unterhalb und als potentiellen Störer meines Hochsitzes.

Je ähnlicher mir jemand ist, d. h. je stärker er im Begehren abhängig von der Welt ist, desto mehr stört er mich, desto eher ist er mein Feind. Feindschaft kommt von Gleichheit im Grunde, die Unterschiede sind demgegenüber nur Modifikationen. Wenn zwei Menschen auch ganz verschieden veranlagt sind und der eine das mag, was dem andern lästig ist, dann können sie doch gut zusammen leben, wenn ihrer beider Begehren schwach ist und sie gewohnt sind, Rücksicht zu nehmen.

13.2 Wohlwollen als sich Versetzen

Das Wohlwollen ist die Umkehrung von Nichtmögen, Abwendung, Übelwollen, Hartherzigkeit und Hassen. Rein wörtlich ist das Pāliwort eine Negierung des Nichtmögens; aber weil dies eben ein Negativum ist, deshalb ist dessen Aufhebung etwas stark Positives. *A-vi-ā-pada* ist wörtlich: nicht gegen-an gehen. Und das ist ein Mitgehen, welches mit dem Wunsche des anderen nach Wohlergehen geht und also wünscht, dass es ihm gut gehen möge. Die Aufhebung der Abwendung ist so Zuwendung. Dieses Gegenteil von Hartherzigkeit ist Offenherzigkeit, Herzlichkeit, herzliche Güte. Wer die materialistische Nächstenblindheit besiegt, gewinnt Verständnis für den Nächsten. Und das ist eben wohlwollende Gesinnung.

Das Wohlwollen macht die genannte Gleichheit, die die Quelle des Übelwollens war, gerade zum Ausgangspunkt des Verstehens. Der andere will dasselbe wie ich – das heißt doch: Er ist genauso ein Hungerleider und Bettler und Habsüchtiger wie ich. Wir sind völlig gleich, wir sind alle Brüder im Streben nach Wohl: „Da ist auch so einer wie ich." Ob er besser oder schlechter ist als ich, klüger oder dummer, schöner oder unschöner, älter oder jünger, das ist das Sekundäre, das Unwesentliche für mein zwischenmenschliches Verhältnis. Das Entscheidende ist, dass er, ebenso wie ich, voller Triebe ist und Erfüllung sucht. Jeder „Glücksritter", der mir begegnet, ist eine wandelnde Verletzbarkeit, eine Mimose, eine höchstempfindliche Wesenheit – und das schonend zu berücksichtigen, das ist wohlwollende Gesinnung. Ich wünsche mir ja auch, dass man mich rücksichtsvoll behandelt und mir entgegenkommt: Also muss ich selber auch gegenüber anderen es praktizieren. Dann hört Feindschaft auf. Sie kommt ja nur daher, dass ich durch das Aufblasen meines Ich gleichzeitig tausend andere Ichs aufgeblasen habe, die mir Konkurrenz zu machen scheinen. Indem ich sie als völlig Gleichberechtigte anerkenne und mich ihnen gegenüber wohlwollend verhalte, mindere ich die Spaltung in die Vielfalt und hebe den Riss der Subjekt-Objekt-Spaltung allmählich auf. Wohlwollen ebnet ein, macht das Gleiche wieder gleich – und in der höchsten Vollendung der *mettā* gibt es dann keine Ich-Du-Unterscheidung mehr.

Ich brauche mich nur in dieser Situation an die Stelle des anderen zu versetzen. Wenn ich in seiner äußeren und inneren Situation wäre, mit seinen Trieben (Seele) und seinem Schicksal (Materie) und seinen Bewertungsmaßstäben (Geist), dann würde ich doch genauso fühlen, wollen und handeln. Wie kann ich ihm da böse sein? Je mehr ich mich in ihn einfühle, desto mehr lasse ich gelten und erkenne ich an. Und so zu allen Wesen offen zu sein, wie die Sonne alle erwärmt, wie der Regen alle erquickt, das ist das Ziel, zu dem die wohlwollende Gesinnung hinlenkt.

Wo ich wirklich einmal diese Warte eingenommen habe, da wird es für mich niedrig, dumpf und primitiv, mich bei allem, was mir nicht passt, so beeindrucken zu lassen, dass ich grolle, mäkele und ärgerlich werde. Wie viel feiner und edler ist es doch, empfänglich zu sein für das tiefere Anliegen nach Wohl im anderen und sich davon mitempfindend beeindrucken zu lassen, dass man mitschwingt und dabei sich selber vergisst, das eigene dumme Ich mit seiner Habsucht und seinem Echobedürfnis.

13.3 Beispiele wohlwollender Gesinnung

Ich höre, die Preise für Rindfleisch seien schon wieder gestiegen. Der Fleischgierige schimpft und macht sich eine verärgerte Gesinnung. Die wohlwollende Gesinnung aber denkt an die gemordeten Rinder, die wegen der Geschmacksgier umgebracht werden. Und auch ich war im Laufe der langen Wanderung Tier und brüllte aus Angst vor der Schlachtung. Und die Metzger werden einmal Tiere werden und selber erleiden müssen, was sie jetzt anderen zufügen.

Ein lange gesuchter Terrorist („Freiheitskämpfer") wird endlich gefasst. „Rübe ab", fordert der Mob, der sich im Genießen gestört fühlt, „aufhängen sollte man diese Chaoten". Die wohlwollende Gesinnung denkt an die innere Finsternis, die der arme Kerl sich andachte und an das Dunkel, in das er nach dem Tode fällt. Da wird er jammern und brüllen „Nie wieder“, aber die Höllenwächter lachen ihn hämisch aus. „Gott sei seiner armen Seele gnädig“, sagt die wohlwollende Gesinnung in christlicher Formulierung.

Ein Baulöwe ist pleite. „Geschieht ihm recht, diesem profitgierigen Kapitalisten“, denkt der Normalmensch. Die wohlwollende Gesinnung denkt an die Firmenangehörigen, die nun arbeitslos sind und an den Jammer des Bankrotteurs und seiner Familie. Wenn ich an seiner Stelle wäre – welche Sorgen und schlaflosen Nächte, welche Verzweiflung!

Ein Erdbeben „hinten fern in der Türkei“. Der Spießbürger sitzt im Fernsehsessel und genießt die Sensationen und vergleicht die Zahlen der Toten und Obdachlosen mit anderen Zahlen. Die wohlwollende Gesinnung denkt: „Wenn mein Haus zusammenbräche und ich würde nur mit knapper Not gerettet, stünde in Wind und Wetter obdachlos da – ach ja, die armen Menschen“.

Ein Kollege bekommt den Posten, auf den ich scharf war. Die normale Gesinnung ärgert sich und gratuliert ihm mit sauersüßer Miene. Die wohlwollende Gesinnung überlegt: Ich hab es mir erwirkt, dass ich zurückgesetzt wurde; ich weiß, dass alles gerecht Ist. Wenn er nun zurückgesetzt worden wäre, dann wäre er wütend geworden, und weil er die Zusammenhänge nicht kennt, wäre er dem Ärger hilflos ausgeliefert. Er hätte mehr gelitten als ich. Also gönne ihm diese Kleinigkeit: alle Wesen mögen glücklich sein.

Auf der Straße geht eine verlebte alte Frau mit ihrer bildhübschen Tochter. Da sagt das gefesselte Herz erst „I !“ und dann „O !“ Die wohlwollende Gesinnung denkt: So hübsch war die Alte auch mal, und jetzt trauert sie dem nach; und so hässlich wird die Junge auch mal, aber das muss sie immerfort verdrängen. Ach, der Jammer der Vergänglichkeit – immer wieder fallen wir auf schimmernde Schönheit herein. Wo das schöne Fell verfällt, da endet die sinnliche Liebe; und wo die trübe Seele der Geliebten schlechtgelaunt ist, da endet diese Liebe auch. Aber die wohlwollende Liebe höret nimmer auf.

Zwei Autos mit jungen Leuten rasen einen stillen Waldweg entlang, im Naturschutzgebiet, und aus den Autoradios ertönt nervenzersägende Höllenmusik. Da sagt der Hass: „Hoffentlich schnappt die Polizei sie und entzieht ihnen den Führerschein. Diese Halbstarken, laufen können sie überhaupt nicht mehr, diese Faulpelze, diese arbeitsscheuen Playboys“. Das Wohlwollen sinnt: „Wenn ihnen antiautoritäre Erzieher einredeten, dass alle Verbote bloß repressiv sind und die freie Entfaltung der Persönlichkeit verhindern, dann kann man sich doch nicht wundern, wenn sie diese Schlagworte nun in die Tat umsetzen. Und laufen müssen sie noch genug, beim Militär, und vor allem in der Saṃsāro-Wüste, in der langen Öde der Gespensterwelten. Und wenn ihre Eltern nichts anderes können, als in ihrer Freizeit in den Fernsehkasten zu glotzen, wie soll den Kindern dann nicht die Decke auf den Kopf fallen, so dass sich die Leeren zusammentun, um der Öde lärmend zu entrinnen?“ Und das Gedächtnis fügt hinzu: „Hab‘ ich es im Jugendrausch denn so viel anders gemacht?“

14. Gewaltlos sinnen (*avihiṃsā-saṅkappo*)

Ihr Mund ist voll Fluchens und Bitterkeit.
Ihre Füße sind eilend, Blut zu vergießen;
auf ihren Wegen ist eitel Schaden und Herzeleid
– und den Weg des Friedens wissen sie nicht (Röm. 3, 14-17)

Nicht also wird zum Edlen,
wer Wesen vergewaltiget:
zu allen, wer gewaltlos ist,
der ist es, den man Edlen nennt. (Dh 270)

Unter Gewalt verstehen wir: Bedrängen anderer, störendes Eingreifen, unheilsames Einmischen in die Interessensphären anderer, eben Vergewaltigen. Das Verb *hiṁsati* dürfte im Pāli von *hīna asti* abzuleiten sein und das heißt: sei klein, sei nieder, bleib im Elend, sei „draußen vor der Tür". Während *vyāpādo* aus dem Bereich der Rücksicht und des Wohlwollens herauswarf und damit den anderen zum Störer und Feind erklärte, geht *vihiṁsā* nun vielfach gegen den Feind vor, verfolgt ihn, missgönnt ihm, verachtet ihn. *Vihiṁsā* als Gewalt ist also eine wehtuende Gegenwendung als Fortsetzung der übelwollenden Abwendung vom Störer der Gier. Ebenso wie aus Habsucht Übelwollen folgt, so folgt aus Übelwollen als weitere Fortsetzung die Gewalt. Und ebenso wie aus Entsagung Wohlwollen folgt, so folgt aus Wohlwollen Gewaltlosigkeit.

Gewaltlosigkeit ist die feine, vornehme und edle Haltung einer Hochherzigkeit, die unauffällig wohltuend wirkt, Gewalt ist etwas Negatives und Künstliches, Gewaltlosigkeit ist etwas Positives und Natürliches. Die Gesinnung der Gewaltlosigkeit wirkt sich deshalb so wohltuend aus, weil es ihr nicht um Selbstsucht und deren Verbreitung, sondern um Freiheit davon geht. Unter drei Hauptgesichtspunkten lässt sich die Gesinnung der wohltuenden Gewaltlosigkeit konkret fassen und nachvollziehen und im Geiste anreichern, nämlich als: Helfen, Gönnen, Schätzen.

14.1 Aktiv helfen

Die Gewaltlosigkeit als Hilfe ist Barmherzigkeit, Erbarmen denen gegenüber, die momentan in einer ungünstigen und schwachen Situation stehen, die vom sogenannten Schicksal benachteiligt sind, die Ausgebeuteten, Unterdrückten, Leidenden, Betrübten – aber ohne dadurch Dritte zu hassen. Parteinehmen und Aufhetzen ist leicht, aber Helfen und Erbarmen ist weniger leicht. Es ist ja nicht so, dass ich sicher auf festem Land stünde und nun hilfsbereit dem Ertrinkenden meine Hand reiche. So denkt man zwar meistens, wenn von Helfen die Rede ist, aber in Wirklichkeit bin ich genauso ein Leidender, nur momentan in etwas anderer Weise. Ich bin eben nicht der Mittelpunkt, um den herum Leidende schwimmen, sondern das Nirvāna ist der Mittelpunkt, und alle Wesen schwimmen im Saṃsāro darum herum, darauf zu, von ihm weg, einmal so, einmal anders. Wir sind alle gleich im Leiden der Unerlöstheit, wir schwimmen alle im unendlichen Meer der Wandlungen. Wir sind alle Schwache, ja Ausgebeutete von den Trieben.

Wie könnte ich, wenn ich bei Vernunft bin, einem Leidenden, der ohnehin unter seinem Leiden stöhnt, nun von mir aus noch mehr Leiden zufügen, indem ich ihn verfolge, unterdrücke und herrschsüchtig für meine Zwecke einspannen will? Wie wild und heftig und brutal ist es doch, immer nur auf Schaden und Verletzen anderer zu sinnen, Rache zu brüten, Aggressionen auszutoben! Die Gewalt will wehtun, verletzen, schädigen oder nimmt dies zumindest in Kauf. Eigentlich müsste sich da doch alles bessere Gefühl in mir sträuben, das könnte doch mein Gewissen nicht gutheißen. Wenn ich aber die Leidensgemeinschaft mehr bedenke, dann sinne ich Erbarmen. Und damit treibe ich hier die Gewalt aus, die in die Bereiche anderer aktiv eingreifen will, indem ich stattdessen darauf sinne, sein Leiden möglichst zu erleichtern. Ich programmiere meine Aktivität um und richte sie auf barmherzige Hilfe. Und wo ich, wie sehr oft, selber keine direkte Hilfe leisten kann, da wünsche ich ihm die Hilfe des Himmels, wünsche ihm eigene Kraft und bete für ihn und sein Seelenheil. Auch das ist gewaltlose Gesinnung.

Wo ich Leiden sehe und wo es in meiner Macht steht, etwas davon zu mindern, da muss ich, wenn ich barmherzig gesonnen bin, es auch tun, denn das Verweigern der Hilfe wäre unbarmherzig. Ich bin auch froh, wenn mir aus Not geholfen wird. Wie anklagend erhebe ich meine Stimme, wenn andere mir Hilfe verweigerten. „Es ist keine Liebe mehr unter den Menschen".

Die Hilfsbereitschaft als augenfälligste Form der erbarmenden Gesinnung reicht aber noch erheblich weiter. Wenn da jemand die geforderte Anteilnahme am Geschick anderer durch unverbindliche Heucheleien einer gespielten Freundlichkeit ersetzt und aalglatt und ölig soziale Harmonie vortäuscht, dann kann diese getarnte Gewalt in der Maske der Gewaltlosigkeit noch unangenehmer wirken als die offene Aggression. Wie fein und hilfreich ist dagegen echte Anteilnahme, die mit Rat und Tat zur Hilfe bereit ist. Wie freue ich mich, wenn jemand sich echt für mich einsetzt und mir in einer Verzagtheit Mut macht, mich stärkt und ermuntert und aufklärt. Die übertünchte Höflichkeit der Scheinheiligkeit nützt mir nichts, da werde ich mit hohlen Phrasen und leeren Versprechungen abgespeist. Die echte Anteilnahme dagegen wirkt erhellend und kräftigend. Wenn ich darauf sinne, andere zu trösten und zu unterstützen, dann sinne ich auf Verbesserung beim anderen für künftig und nehme aktiv teil an seinem Wohl. So treibe ich sowohl die aggressive Gewalt des Verfolgens anderer als auch die schleichende Gewalt der Verstellung aus.

14.2 Passiv schonen

Während gegenüber den irgendwie Schwachen und Hilfsbedürftigen eben Hilfe (Erbarmen, Teilnahme) angebracht ist, ist gegenüber den irgendwie Starken und Mächtigen Gönnen, Verzeihen und Schonen angebracht. Ein Starker ist der, der mir momentan überlegen ist, weil er mehr hat, mehr ist, mehr kann, mehr weiß. Die Gewalt neidet es ihm, missgönnt es ihm, blickt scheel auf seine Gunst, in der er sich als Glückskind sonnt. Sein Glück macht mir Unlust, gibt mir einen Stich und ich wünsche, er würde es verlieren, sei es durch Dritte, sei es durch die Umstände, sei es gar durch mich. Und dieses missgünstige Sinnen ist gewaltsames Sinnen.

Das Gönnen dagegen sieht, dass niemand in der Welt Glück gewährt wird, der es nicht Verdient hat. So wie jeder sich sein Leiden selber eingebrockt hat, so auch ist jeder seines Glückes Schmied gewesen. Was einer genießt, was ihm an Glücksgütern in den Schoß fällt, das steht ihm vollkommen berechtigt zu. Der aufrührerische Neid der Besitzlosen, die „denen da oben" ihren Besitz entreißen möchten, um ihn unter sich aufzuteilen, ist eine Schiefheit aus Blindheit für die Daseinsgesetze. Was irgendjemand an Glück in der Welt hat, das könnte ich genauso haben, wenn ich mich entsprechend bemühte und mein Herz so wandelte, dass es diese Ernte erlebte. Der andere hat sein Glück ja nicht durch seine Tricks und Intrigen erreicht, sondern trotz dieser – und mit diesen baut er schon für künftig sein Unglück an. Das Gönnen ist daher gewaltlos zufrieden mit der sittlichen Weltordnung, an der sowieso niemand etwas ändern kann. Gönnen ist Nicht-Neiden, Gönnen ist Verschonen mit Missgunst und mit Entreißen gegenüber den Besitzenden und Begünstigten. Ohne solche schonende Gesinnung kann mein Herz nicht frei werden von der Verdunkelung der Gewalt. Ich muss mich überwinden, muss über meinen Schatten springen und anerkennen, dass das Lob, der Besitz, die Erfüllung ihm zusteht. Je mehr ich entbehre und benachteiligt bin, desto schwerer fällt mir dieses Gönnen. Aber gerade durch das Gönnen raffe ich mich auf, an mir zu arbeiten und etwas zu tun, damit auch ich Glück ernte. Damit ich mir selber etwas gönnen und leisten kann, muss ich etwas geleistet haben. So zwingt mich die gönnende Gesinnung, aus meiner fruchtlosen Haltung der missgünstigen Unlust herauszukommen. Die gönnende Gesinnung ist der erste Schritt dazu, dasselbe Glück zu bekommen, das der andre jetzt hat.

Und noch eine andere Art des Schonens gibt es, nämlich die sanftmütig-verzeihende Gesinnung, die es dem anderen auch gönnt, einmal gegen mich vorgehen zu können. Wie wohltuend ist es, wenn jemand mir verzeiht und mir nicht immer wieder meinen Fehltritt vorhält. Wenn ich also gegen andere nachsichtig bin und sanftmütig für die Zukunft über vergangene Ungeschicklichkeiten, Versäumnisse und Sünden hinwegsehe, dann tut dies Schonen dem anderen genauso wohl, wie es mir getan hätte. Ich weiß doch, wie langsam ich mich zum Guten entwickle, und wie schwer es ist, geistig Eingesehenes nun auch gegenüber den Trieben durchzusetzen: Dann muss ich das auch auf andere anwenden und ihnen die Zeit gönnen, sich zu entwickeln. Wenn ich langmütig und nachsichtig bin, verschone ich andere vor dem Anspruch, dass alles perfekt sein müsste, vor welchem Anspruch ich auch versage. Eine solche Toleranz, die die Schwäche des anderen berücksichtigt, ist gewaltlose Gesinnung. Die schonende Sanftmut nimmt das Versagen und die Fehler anderer als die natürlichste Sache der Welt, als das allgemein Menschliche („Wir sind hier allzumal Sünder") und macht kein Aufhebens davon. Indem ich den anderen vor meinem erhobenen Zeigefinger verschone, gönne ich ihm Raum, sich selber zu entwickeln.

14.3 Neutral schätzen

Die neutralste Gewaltlosigkeit ist: weder andere aktiv verändern (helfen) noch mich passiv zurücknehmen (schonen), sondern rein zuzuschauen. Nur wenn ich nüchtern beobachte, kann ich einen Überblick gewinnen. Wenn ich immer gleich etwas machen will, dann geht es oft schief. Auch der Lehrling muss ja erst zusehen. Die feinste Gewaltlosigkeit ist so die Bereitschaft, aufzunehmen, zuzuhören, zu gehorchen, im Gedächtnis zu behalten. Dagegen vergewaltigt der Rausch und versucht, Mahnungen und Erinnerungen zu verdrängen und zu vergessen. Die Nüchternheit aber beobachtet die Verhältnisse realistisch, bevor man etwas tut. Der gelassene Mensch verbiegt und vergewaltigt nicht, sondern nimmt einfach rein auf und schaut dem zu, was sich da tut, um sich dann zweckmäßig verhalten zu können.

Dabei schält sich besonders folgende Gewaltsamkeit heraus, die durch gewaltlose Gesinnung zu überwinden ist: Wie oft maßt man sich gewaltsam eine Richterrolle an, macht den anderen herunter und lässt kein gutes Haar an ihm! Was es nur Minderes an ihm geben könnte, das spielt man hoch und bewirft den anderen mit entsprechenden Verurteilungen. Wie fein und wohltuend ist es dagegen, wenn ich bei jedem gerade sein Gutes und Positives sehe, sein ehrliches Bemühen, von dem ich auch noch lernen könnte. Wie viel kann ich überhaupt von anderen lernen, als junger Mensch von Älteren, als geistiger Anfänger von den Weisen, als einer, der in einer verfallenden Kultur lebt, von denen, die sie einst zur Blüte gebracht haben. Überall finde ich Menschen, die ich wertschätzen kann. Und wenn ich das, was andere an Tugenden und Kräften erwarben, sammle und übernehme, dann kann ich leicht reich werden, reich an Erfahrungen und Belehrungen. Wenn ich auf ihre Stimme höre und ihre Einsichten nüchtern prüfe, anstatt ihre Mahnungen leichtsinnig zu verdrängen und gering zu schätzen, dann kann ich mir manche Umwege und schmerzliche Enttäuschungen ersparen.

Warum aber falle ich immer wieder in die Geringschätzung anderer zurück? Weil ich mich selber überhebe, weil ich von oben auf andere herabblicke und mich sehr wichtig nehme. Ich wähne mich im sicheren Port des Beurteilers und glaube, von dort herablassend auf die tief unter mir Stehenden blicken zu können. In Wirklichkeit aber lebe ich, wie alle, in der Unsicherheit der Vergänglichkeit, die mich alsbald umwirft. Oft erkenne ich erst dann die Überlegenheit der Weisen an, wenn ich selber unten bin. Wenn ich aber das gewaltsame Überspielen der Erfahrungen anderer aufgebe, dann kann ich vorbeugen und kann mir die Reinfälle sparen. Die Bereitschaft, nüchternes Sehen zu lernen, rückt die Maßstäbe zurecht und macht die Verbiegungen meiner selbstgefälligen Besserwissereien wieder gerade. Aufnahmebereitschaft für die Erfahrungen anderer – auch das ist eine wichtige Form von Gewaltlosigkeit.

Der Mensch vergisst nämlich völlig, wie abhängig er von anderen ist, ohne die er überhaupt nicht so existieren und genießen könnte, wie er es kann. Der Gedanke daran aber stört ihn und er verdrängt ihn gerne. Er weist es schon unbewusst von sich zuzugeben, wie unselbständig er ist und wie sehr er der Hilfe und des Wohlwollens anderer bedarf. Es gilt nun, diesen Zusammenhang nicht zu vergewaltigen, sondern sich bewusst zu machen, wie viel wir anderen verdanken, was andere uns alles Gutes getan haben. Da ist nämlich gar keine graue Masse Mensch, die wir als lästigen potentiellen Störer unserer Genüsse gleichgültig beiseiteschieben, sondern da zeigt sich nüchtern: Ohne die mannigfache Arbeit anderer Menschen im Staate hätte ich nicht Licht, nicht Wärme, nicht Kleidung, nicht Möbel, keine Post, keine Bahn usw. Bei tausend Dingen hänge ich von anderen ab, bin ihnen zu Dank verpflichtet, dass sie ihre Pflicht als Rädchen im sozialen Gefüge tun. Die anderen sind keine gleichgültigen Nummern, keine toten Maschinen und Automaten, die ich wahllos ausbeute, sondern sie tun etwas für mich. Mit ganz anderen Augen kann ich da die Menschen anblicken: den Straßenfeger, den Stationsvorsteher, den Briefträger, den Verkäufer. Sie sind meine Nächsten, meine Helfer, die für mein Wohl unentbehrlich sind, im wahrsten Sinne des Wortes wohl-tuend. Und ich sollte mich täglich wieder wundern, dass sie mich überhaupt leben und weben und gelten lassen, anstatt mir dauernd weh zu tun, wie es in der Hölle gang und gäbe ist. Wenn ich mein schrankenloses egoistisches Begehren und meine Gewaltsamkeit ansehe und daran denke, dass es bei anderen ebenso aussieht, dann kann ich ihnen wahrhaftig dankbar sein, dass sie der Vernunft und Rücksicht folgend mich nicht dauernd überfahren und vergewaltigen. Nur weil die Mitmenschen Moral kennen, kann ich ko-existieren. Durch eine Besinnung auf solche wirklichkeitsgemäßen Zusammenhänge der symbiotischen Struktur der Existenz kann ich meine ganze Welt verändern, ohne einen Finger zu rühren. Rein durch Wandlung meiner Einstellung und Gesinnung, indem ich die faustdicke Undankbarkeit des gewaltsamen Verdrängens des Wertes und Nutzens anderer lasse, kann ich aus einer grauen Massenwelt von potentiellen Störern und gleichgültigen Nummern eine schätzenswerte Umwelt von tausend Helfern und Freunden machen. Während die großen Vorbilder mir fern sind, mir jedenfalls nicht jeden Tag auf der Straße begegnen, bietet sich hier bei der alltäglichen Begegnung Anlass genug, die gewaltlose Gesinnung des Wertschätzens, der Dankbarkeit und Achtung zu praktizieren. Schon wenn die anderen mich ko-existieren lassen, kann ich zufrieden sein, wie erst, wenn sie mir freundlich entgegenkommen, und wie gar, wenn sie mir Wichtiges raten oder sogar die Lehre zeigen!

STUFE DREI: RECHTE REDE

15. Wahrhaftigkeit statt Lüge (*musā-vādo*)

Wer einmal lügt, dem glaubt man nicht
und wenn er auch die Wahrheit spricht." (Deutsches Sprichwort)

Wenn auch die Winde die Berge verwehten,
Sonne und Mond und die Erde verdrehten,
wenn alle Flüsse auch stromaufwärts gingen:
niemand doch könnte zum Lügen mich zwingen. (J 537)

Wenn jemand mir ins Gesicht lügt, indem er bewusst falsche Auskünfte gibt, mir heuchlerisch Schmeicheleien sagt, auf Vorhalt Dinge nicht zugibt, mit falschen Entschuldigungen kommt, dann ist mir ein solcher Mensch doch ziemlich unangenehm und ich werde über seine Unaufrichtigkeit leicht empört. Ich kann ihm jedenfalls nicht mehr trauen und werde ihn künftig meiden, soweit es geht. Und falls er einmal Hilfe braucht, werde ich nicht leicht bereit sein, sie ihm zu gewähren.

Ganz genau ebenso aber ergeht es mir, wenn ich mit Lug und Trug in seinen mannigfaltigen Erscheinungsformen vorgehe. Die Menschen würden mich meiden, zurückweisen und, wenn sie nicht empört reagieren, mir keine Hilfe angedeihen lassen.

Will ich also in Frieden und Harmonie mit den Menschen leben, in einem gesunden sozialen Verhältnis, dann muss ich wahrhaftig, ehrlich und aufrecht sein. Ich muss mich also zunächst bemühen, auf keinen Fall jemanden bewusst zu täuschen, zu betrügen, zu belügen. Wie gut ist doch eine menschliche Beziehung, bei der man sich auf den andern verlassen kann, so dass man weiß: Was er sagt, das ist so und nicht anders. Wie wohltuend ist es, wenn man einander offen in die Augen schauen kann und nichts zu verschleiern und zu verheimlichen hat.

Will ich mir eine Umgebung schaffen, in der Offenheit und Wahrhaftigkeit herrschen, dann gibt es dafür keinen anderen Weg, als dass ich selber bemüht bin, die Lüge zu überwinden. Dazu gehört auch, dass ich niemanden zur Lüge anstifte und ihn auf den Weg schiefer Machenschaften bringe. Dazu gehört ferner, dass ich niemanden in der Rechtfertigung des Lügens bestätige oder gar bestärke.

Erst wenn ich mich darin geübt habe, die gröberen Lügen zu lassen und dadurch mein Gewissen geschärft ist, indem ich besonders die Wohltat der Offenheit gespürt habe, dann wird in der Regel die Überzeugung wachsen, dass jegliche Lüge – wie immer sie motiviert ist – zu lassen ist und dass es immer besser ist, ohne Unwahrheit auszukommen. Wie kann ich denn die Heilswahrheit suchen und einem Lehrer nachfolgen wollen, der mir die Wirklichkeit entschleiert, wenn ich in direktem Widerspruch dazu selber noch Dinge beschönige oder sie anderen nicht vorzusetzen wage?

Wenn ich mich bemühe, die Lüge zu lassen, dann werde ich gezwungen, mir über meine Handlungen und Motive viel klarer zu werden. Schon das erste Tugendgebot des Achtpfades, nicht zu lügen, fordert von mir eine große Aufmerksamkeit und Gewissenhaftigkeit, eben eine Zügelung der unbedachten Worte, die aus den Trieben heraus gesagt werden. Dann merke ich, wie die Lüge nicht nur die Umwelt in Mitleidenschaft zieht, verdunkelt, mein Unterscheidungsvermögen trübt, indem sie mir immer noch die letzte Hintertür offen zu lassen scheint, den Folgen schlechter Handlungen zu entgehen.

Wenn ich konsequent aufrichtig sein und nicht mehr lügen will, dann darf ich eben auf die Dauer viele Dinge nicht mehr tun, von denen ich höchst peinlich berührt würde, falls sie irgendwie und irgendwem bekannt werden sollten. Darum steht die Lüge an der Spitze der unheilsamen Dinge im Bereich der Untugenden. Sie eröffnet den Abschnitt der Selbsterziehung im Gehaben.

Um mich zu prüfen, wie es bei mir mit dem Verhältnis von Wahrhaftigkeit zu Lüge steht, ist es gut, wenn ich mir in stillen Stunden den ganzen langen Katalog von Lug und Trug vor Augen führe, den der wahrheitsfeindliche menschliche Geist ersonnen hat. Da habe ich mich zu fragen, wo in der Leiter vom Gröbsten bis Feinsten ich im Durchschnitt stehe, wo es mir anfängt, schwer zu werden und was mir schon gar nicht mehr möglich ist:

(1) Lug und Trug, um andere hereinzulegen und sich hämisch an ihrem Unglück zu freuen, gibt es bei mir wohl nicht mehr? Bewusst falsche Auskünfte, um anderen zu schaden, eben aus Schadenfreude, kann ich mir das bei mir noch vorstellen?

(2) Berufsmäßige Betrügereien, um andere auszubeuten und ihre Unerfahrenheit auszunutzen – Rechtsverdrehung, Bestechung, Korruption, Hochstapelei – wie steht es damit?

(3) Wie ist es aber dann, wenn ich die einmalige Chance habe, durch einen großen Coup mit solchen Mitteln mein ganzes Leben zu sichern? Kann ich dann dem Betrug widerstehen und ist es keine Versuchung für mich?

(4) Mache ich andere schlecht, verleumde ich sie, erfinde ich Ungünstiges über sie, um sie zu verdrängen und an ihre Stelle zu treten? Kurz: wie steht es mit der Möglichkeit der Intrige bei mir?

(5) Rate ich anderen wahrheitswidrig von guten Dingen ab, weil mein Ruhm abnehmen würde, wenn sie dasselbe machten wie ich? Lüge ich also aus Missgunst noch?

(6) Kommt es noch vor, dass ich doppelzüngig rede und Freundlichkeit heuchele, während ich hinterrücks nicht nur das Gegenteil denke, sondern zu anderen auch sage?

(7) Übertreibe ich meine Vorzüge, liebe ich das Schönfärben, das Aufbauschen, Prahlen und Retuschieren? Gebe ich z. B. bessere Motive vor, als bei mir vorhanden sind, und übertreibe ich wahrheitswidrig die Fehler anderer?

(8) Greife ich einfach Dinge aus der Luft, indem ich meiner Phantasie freien Lauf lasse und für Wahrheit ausgebe, was nur Idee ist? Oder gebe ich einfach für Eigen aus, was ich von anderen entlehnt und abgeschrieben habe?

(9) Rede ich gern zweideutig, unscharf und verschwommen konturlos, um mir stets ein Hintertürchen offenzulassen und mich nicht festlegen zu müssen?

(10) Mache ich leere Versprechungen, mit denen ich andere abfertige, um sie loszuwerden oder um als großzügig anerkannt zu werden? Kommt es vor, dass ich Zusagen mache, von denen ich genau weiß, dass ich sie nie einhalten kann?

(11) Leugne ich auf Vorhalt Übeltaten oder Peinlichkeiten anderer, um sie mir dadurch geneigt zu machen, indem sie nun von meiner Gnade abhängen?

(12) Kommt es vor, dass ich, in die Enge getrieben, allerlei Ausflüchte mache und abstreite, etwas gesagt zu haben, indem ich *z. B.* dem andern die Beweislast zuschiebe und dabei weiß, dass er es nie beweisen kann?

(13) Lasse ich einen anderen in seinem Irrtum, obwohl wir ausdrücklich oder still schweigend vereinbart haben, dass ich ihn aufkläre?

(14) Kommt es vor, dass ich eine Sache vor mir selber gar nicht mehr wissen will und solange verdränge, bis ich auf eine Frage dann antworten kann „Ich weiß es nicht"?

(15) Wie steht es mit den alltäglichen Notlügen, den kleinen Unaufrichtigkeiten, dem Ausweichen auf peinliche Fragen?

(16) Kommt es vor, dass ich vorschnell mit etwas herausplatze, im Reden merke, dass es falsch ist, aber dann, um nicht als Leichtfertiger ertappt zu werden, dabei bleibe und so weiterrede?

(17) Sage ich auch nicht im Spaß eine Lüge, etwa um beim Freunde das Vergnügen zu haben, ihn momentan stutzen zu sehen? Es scheint so harmlos, aber wenn ich mich an dergleichen gewöhne, wer garantiert, dass ich solche Schauspielkünste nicht auch im Ernstfall anwende?

(18) Wie ist es, wenn ich für etwas bedauert werde, was ich gar nicht erlitten habe oder für etwas gelobt werde, was gar nicht so geschehen ist? Wie lange dauert es dann, bis ich mich zu einer Berichtigung des Nimbus bequeme, den ich gern beibehalten möchte?

(19) Kann ich dafür garantieren, dass ich, um mich aus Lebensgefahr oder Lebensbedrohung zu retten, in einem einmaligen Notstandsfall nicht zu irgendeiner Unaufrichtigkeit greifen würde, wenn dadurch meine Situation zu retten wäre? Kann ich mir vorstellen, dass ich lieber ein Märtyrer würde als eine Lüge zu begehen?

(20) Wie wäre es, wenn ich mir folgende Situation vorstelle: Ein anderer käme in eine höchst peinliche Situation, wenn etwas herauskäme. Ich könnte ihm helfen, wenn ich ihm ein Alibi ausstellte. Wenn ich dies auch aus reinem Mitleid und ohne andere Motive täte, es wäre doch eine Lüge. Würde ich einsehen können, dass auch das noch eine Form von Unehrlichkeit wäre? Würde ich nachempfinden können, dass barmherzige Gedanken hier weit besser sind als eine Lüge und dass ich durch solches Mitempfinden Kräfte herbeirufen kann, die ihn auf unvorhergesehene Weise retten können?

(21) Wie wäre es, noch dramatischer, in dem Paradefall, den manche so oft zitieren, um zu beweisen, dass man ohne Lügen nicht auskomme, nämlich im Fall, dass die Häscher hinter einem Verfolgten her sind, dessen Versteck ich weiß und nach dem sie mich fragen? Nur wenn ich weiß, dass das Gebot des Nichtlügens auch in diesem Falle gilt, werde ich mich intensiv bemühen, andere Möglichkeiten zu finden.

(22) Und wie ist es in dem nächsten Musterfall: Soll ich einem Todkranken sagen, dass keine Hoffnung für ihn besteht oder soll ich ihm leere Hoffnungen machen? Würde ich nicht seinen Lebenswillen lähmen und ihn in Verzweiflung stürzen, wenn ich ihm die Wahrheit sage? Nun, ich könnte ihm sagen, dass niemand die Zukunft kennt, dass es unverhoffte Heilungen auch in scheinbar aussichtslosen Fällen gibt. Vor allem aber müsste ich ihm sagen, dass der Tod kein Tod ist, dass es ja weitergeht, und versuchen, ihm dafür hilfreiche Worte zu finden, die weit besser sind als ein bewusst falscher Trost. Gerade in solchen Fällen der sogenannten frommen Lüge kommt es sehr auf das Taktgefühl an. Ich muss die Lüge meiden, aber das Nichtlügen kann in sehr vielen Möglichkeiten praktiziert werden, wobei es auch solche eines harten Wahrheitsfanatismus gibt, die kaum besser als eine Lüge sind, die bloß eine anderes Tugendgebot verletzen. Die Lüge zu meiden, aber sie durch eine andere Form unheilsamer Rede zu ersetzen, ist keine Lösung. Das Meiden der Lüge soll immer etwas Positives beinhalten, und sei es letztlich ein Schweigen.

(23) Wie wäre es, wenn ein frommer Mann, um sich vor zu viel Lob und Besuch zu retten, seine Fähigkeiten abstreitet? Auch das ist nicht Wahrheit.

(24) Auch von den feinsten und allerfeinsten Fasern der Fessel des Lügens frei ist aber erst jemand, der nahe der Heiligkeit ist: Er kann auch nie mehr durch Irrtum in

die Nähe der Unwahrhaftigkeit kommen. Aber diese letzten Feinheiten kennen wir noch gar nicht.

Dies soll – ebenso wie die folgenden Kapitel – insbesondere ein „Testbogen“ zur Feststellung meiner derzeitigen inneren Verfassung auf der Skala vom Gröbsten zum Feinsten sein, keinesfalls eine Aufforderung zu Werkgerechtigkeit, Rigorismus oder Falldiskussionen: Meine unzulängliche Herzensart führt mich noch in Situationen, in denen sie mir scheinbar nur die Wahl des geringeren Übels lässt. Verzweiflung und Resignation wären dabei völlig falsch. Nicht minder falsch wäre es, wenn ich – obwohl ich ihm im Moment noch nicht gewachsen bin – den ehernen geistigen Maßstab verböge: Lüge ist nie heilsam. – Den rechten Weg finde ich auf die Dauer in dem Rat des Erwachten, mich stets in die Situation des andern zu versetzen. Dieser Rat löst alle nur denkbaren „Fallprobleme“.

Eine große Schwierigkeit bei der Regel des Nichtlügens ist folgende: Alles, was ich sage, soll zwar wahr sein, aber nicht alles, was wahr ist, soll ich auch sagen. Der erste Satz ist also nicht umkehrbar. Auch der Buddha hat längst nicht alles Wahre gesagt, sondern nur dasjenige Wahre, was auch heilsam war. Wahrheit kann auch verletzen und kann schaden und oft kann Schweigen besser sein. Die Grenze, wo heilsames Schweigen zu unheilsamem Verschweigen wird, ist natürlich nicht immer leicht zu ziehen. Um dieser Schwierigkeit abzuhelfen, hat der Buddha für seine Ordensgemeinschaft zwei klare Auslegungsregeln gegeben: Er sagt erstens, dass Gedanken nicht zu beichten sind, und seien sie noch so böse. Was man denkt, nicht zu sagen, ist im Orden nie eine Pflichtverletzung gegenüber den Ordensregeln. Ob man aus Erbarmen etwas sagen will oder nicht, ist dagegen dem Einzelnen frei überlassen. Und der Buddha sagt zweitens, dass ein Verschweigen der Taten und Worte, die in den 227 Ordensregeln genau niedergelegt sind, als bewusste Lüge gilt. Übertragen auf das bürgerliche Leben gibt es auch hier manche Pflichten, etwas offenzulegen, so dass ein Verschweigen Lüge oder Betrug ist, wobei bei uns die meisten Lügen ja schriftlich geschehen, etwa in wahrheitswidrigem Verschweigen bei Befragungen.

16. Eintracht statt Hintertragen (*pisuṇā-vācā*)

„Hörst du etwas Böses, so sage nicht nach,
denn Schweigen schadet dir nicht.“ (Sir. 19, 6)

Intrigen redend, was Zerwürfnis schafft,
und mehr und mehr zerstörend Zank und Streit erzeugt,
den Zwist und Zwiespalt aufreißt, Unglimpf aufgeh'n lässt,
zum Bruche Brüder aufzuhetzen, lag ihm fern. (D 30, XXVII)

Nicht nur die Unwahrheit kann ich benutzen, um mir auf Kosten anderer momentane Scheinbefriedigung zu holen, sondern auch die Wahrheit, insbesondere Halbwahrheiten. Darum nennt der Buddha unmittelbar nach der Lüge das Hintertragen. Wer hinterträgt, nimmt das wirklich und wahrhaftig bei jedem Menschen, der kein Heiliger ist, noch vorhandene Schlechte und Mangelhafte in geschickter Weise zur Waffe, um damit andere gegen Dritte aufzuhetzen. Das Hintertragen, die üble Nachrede, das Verleumden in diesem Sinne bezweckt, mit dem Gesprächspartner eine Partei zu bilden, sich bei ihm „lieb Kind“ zu machen, und zwar auf Kosten anderer, die schlecht gemacht werden. Wird der Dritte heruntergemacht, dann hebt sich dadurch mein Wert. Wenn die ganze Welt voll Teufel ist, dann bin ich der einzige Engel. Das

Ich-Du-Verhältnis wird zu einem Wir, das Front macht gegen andere (Ihr, die da, die da oben).

Wenn jemand etwas „äußert", d. h. nach außen trägt, wenn er etwas veröffentlicht, d. h. der Öffentlichkeit unterbreitet, dann soll es die Eintracht fördern und liebevoll sein. Nicht liebevoll aber handelt, wer Fehler anderer breit auswalzt, wer die Aufmerksamkeit auf die Fehler anderer hinlenkt und damit die Kritiksucht schürt. Im Grunde ist das Hintertragen das einfachste und daher beliebteste Ablenkungsmanöver von der eigenen Läuterung. Man beschäftigt sich mit dem Bösen, mit dem Falschen, mit Fehlermöglichkeiten und Sünden, also mit der Psyche, mit der Wurzel aller Dinge – nur nicht bei sich selber, sondern beim anderen. An sich selbst stellt man keine Forderungen nach Läuterung und Überwindung und Opfer, nur an andere. Solche Psychologie ist also ein unverbindlicher Ersatz für eigene Erziehung oder gar ein bloßes Gesellschaftsspiel und eine sensationelle Unterhaltung.

In früheren Zeiten hechelte man die Fehler des Nachbarn durch, tuschelte über den Nächsten („Haben Sie schon gehört, der soll ... ") und machte solches Hintertragen zum Hauptgegenstand des scheinbar so harmlosen Schwatzes. Heute aber ist das nicht weniger geworden, sondern es ist so institutionalisiert, dass man den asozialen Gehalt nicht mehr so leicht erkennt. Ja, man hat sich an das tägliche Aufhetzen und Breittreten der Fehler anderer so gewöhnt, dass einem ohne Zeitung und Fernsehen öde und leer ist. Unter der Maske objektiver Information wird man täglich mit Nachrichtenübertragungen überschüttet, die eben Hintertragen in potenzierter Form sind. Ein Hauptinhalt der Politik besteht heute darin, dass die Opposition die Fehler der Regierung und die Regierung die Fehler der Opposition hinterträgt, und dass die Staaten untereinander wiederum ihre Fehler wechselseitig hintertragen und aufbauschen.

Die Wurzel dieser Seuche der kollektiven Hintertragungssucht, die die Welt immer mehr aufspaltet, ist aber das individuelle Hintertragen im Alltag, das Familie, Freunde und Nachbarn und Kollegen spaltet. Wie sieht es dort aus?

Wenn jemand ungünstige Wahrheiten über mich bei Dritten verbreitet oder günstige Dinge absichtlich unterdrückt und verschweigt, dann schädigt er meinen Ruf und mein Ansehen, eben meinen Leumund (Verleumdung). Wenn jemand peinliche Dinge, die ich ihm einmal als Freund anvertraut habe, ausplaudert, um mit seinem Wissen anzugeben oder mich kleinzumachen und abzuschießen, dann empfinde ich das als Verrat und Untreue. Und wenn mein Freund mich, wo ich anderswo angegriffen werde, nicht wahrheitsgemäß verteidigt, sondern sein Mäntelchen nach dem Winde hängt und in die Kerbe des anderen schlägt, dann erscheint mir das zumindest sehr unkameradschaftlich. Durch derartige Handlungen würde ich in meinem Verhältnis zum anderen geschädigt, würde entzweit und entfremdet, es würde ein Keil zwischen uns getrieben. Das ist mir unangenehm, sehr unangenehm, ich mag das gar nicht.

Wo ich also einträchtig mit meinen Nächsten leben will, da darf ich auch nicht selber derart hintertragen und ausrichten und entzweien und spalten. Will ich Eintracht in meiner Umwelt erleben, dann muss ich einträchtig reden. Ich muss mich bemühen, Spannungen auszugleichen, statt sie zu schüren; ich muss mich bemühen, bei Gegnern so gut wie möglich Verständnis füreinander zu erwecken. Ich muss überhaupt alle Einseitigkeiten meiden und mehr das Ganze als die Teile (Partei kommt von *pars* = Teil) sehen, darf eben nicht parteilich und parteiisch sein. Wie schön ist es, wenn man das Gute aller Menschen betont, wenn man ihr Streben nach Wohl sieht und ihr Unwissen, aus dem sie fehlen. Nur so wird man den Menschen und der Wirklichkeit gerecht. Kurz: Die Eintracht erkennt bei auftretenden Spannungen, wie im Grunde beide Parteien teils recht, teils unrecht haben, und versucht zu vermitteln und auszugleichen.

Will ich mir eine Umgebung schaffen, bei der nicht ständig Parteien und Standpunkte wild aufeinanderplatzen, dann darf ich eben nicht die Einseitigkeit schüren und darf nicht Ungünstiges weitererzählen, damit die Lawine endlich einmal zum Stoppen kommt. Und ich darf ferner nicht zustimmen, wo etwas als vollkommen gegen ein anderes ausgespielt wird, wobei es doch nur bestenfalls eine Teilwahrheit ist, die der Ergänzung dringend bedarf, wenn nicht ein völlig schiefer Eindruck entstehen soll. Und ich muss mich schließlich bemühen, andere nicht durch sorglos unbedachtes Weitergeben von Informationen aufzuhetzen oder sie anzustiften, Dinge weiterzuerzählen, die dann lawinenartig um sich greifen.

Wenn ich mich nun derart bemühe, das Hintertragen zu lassen und die Eintracht zu pflegen, dann darf ich nur über Dinge reden, die ich genau kenne; und wo ich wirklich reden muss, da muss ich mich um ein vollständiges Bild bemühen. Ich muss mich anstrengen, auch dem anderen gerecht zu werden und das Gemeinsame in unterschiedlich formulierten Standpunkten zu erkennen. So zwingt mich die Tugend des Nichthintertragens zu großer Aufgeschlossenheit und Weite des Blickes, zu umfassender Gerechtigkeit, zum Gelten-Lassen des Nächsten, eben zur Liebe.

Hin und wieder mag ich mir einmal konkrete Formen des Hintertragens vor Augen führen und mich prüfen, wie es bei mir damit steht:

(1) Wenn ich Glied einer sozialen Gemeinschaft bin – vom kleinen Verein über eine Sekte bis zur Fraktion oder zum Staat – und aus Ehrgeiz an der Spitze stehen möchte und es nur möglich scheint, indem ich die anderen gegen den derzeitigen Führer aufhetze und von ihm Ungünstiges eifrig herausstreiche, wäre mir so etwas möglich? Wäre ich fähig, mir selber vorzumachen, dass ich der einzige Retter sei, der alles so viel besser machen würde, während die alte Führung völlig versage? Gibt es bei mir noch solche Neigungen zur Demagogie, zum Hochverrat, zum Berufsrevolutionär, zum Klassenhass oder wie sonst man dieses spaltende Hintertragen umschreiben mag? Was steckt noch vom Umstürzler in mir?

(2) Kann ich noch aus Rachsucht einen Feind denunzieren, damit er bestraft und unschädlich gemacht wird, so dass ich mir schadenfroh ins Fäustchen lache? Neige ich dazu, die Obrigkeit zu benutzen, um derart durch Hintertragen und Anzeigen eines Vergehens Gewalt zu üben?

(3) Wenn ich die einmalige Chance hätte, ein Firmen- oder Staatsgeheimnis zu verraten und dafür sehr viel Geld bekäme und die Firma oder der Staat ziemlich unmoralisch sind, so dass ich ihnen Schaden wünsche, wäre ich gegen solche Versuchung zum Hintertragen gefeit?

(4) Wie, wenn ich durch Anzeige eines Konkurrenten große Vorteile hätte? Wenn er wegen seiner Vergehen ins Gefängnis käme, dann wäre ich den größten Konkurrenten los, dann könnte ich mich ausbreiten und glänzen, dann bekäme ich alle Ehre, die sonst auf ihn gefallen wäre. Könnte ich da noch hintertragen und mich vor mir selbst rechtfertigen, dass ich nur der Gerechtigkeit freien Lauf lasse oder sein Karma beschleunige?

(5) Wenn zwei sich streiten, freut sich der Dritte. Bin ich der Dritte? Mag ich, um von eigenen Fehlern abzulenken und ungestört im Trüben fischen zu können, gern Streitende aufhetzen, indem ich wechselseitig Ungünstiges erzähle?

(6) Erliege ich der Propaganda der Umstürzler und schließe mich ihren Spaltereien an, weil ich mir davon Vorteile erwarte oder weil ich künftig nicht auf der Seite der Verlierer stehen will?

(7) Bin ich fähig, jemanden abzuwerben? Mache ich jemandem seinen Chef schlecht, indem ich suggeriere, dass er zu schlecht zahlt, und verspreche ich ihm goldene Berge, wenn er zu mir kommt?

(8) Wenn ich in einer guten Lehre gescheitert bin, neige ich dann dazu, um das zu bemänteln, diese Lehre schlecht zu machen und zu kritisieren und damit in anderen Zweifel an der Läuterung zu erwecken? Trage ich ein Gerede von der Unauthentitzität der Lehre weiter?

(9) Würde ich jemand, ohne dass Anzeigepflicht oder besondere Gefahr besteht, anzeigen, „weil es sich so gehört", d. h. weil ich künftig Störungen meiner bürgerlichen Bequemlichkeit vorbeugen will und gern alle Verbrecher hinter Schloss und Riegel sitzen sehe?

(10) Schüre ich den Hass gegen irgendwelche Unterdrücker irgendwo in der Welt, indem ich ihre Schandtaten verbreiten helfe und Hetzpropaganda und Gräuelpropaganda betreibe? Bin ich vielleicht gar unbefriedigt, wenn ich keine schwarzen Schafe und Sündenböcke finden kann?

(11) Ist es möglich, dass ich aus Angeberei Geheimnisse weitererzähle, die mir anvertraut wurden und deren Preisgabe dem anderen unangenehm ist? Umgebe ich mich gern mit dem Nimbus des Informierten und Allwissenden, ohne Rücksicht auf die anderen, auf deren Kosten ich auspacke?

(12) Wenn ich in die Situation komme, andere zu beurteilen – als Gutachter, Rezensent, Prüfer, Personalchef usw. – behandle ich dann gern die Schwächen und Fehler anderer breiter und ausführlicher als die guten Seiten dieser, während ich selber im Nimbus der Objektivität stehen möchte? Denke ich dann daran, dass ich selber meine eigenen Schwächen verzeihlich finde und mir selber gegenüber sehr großzügig bin? Messe ich da mit zweierlei Maß?

(13) Wenn ich höre, dass ein Dritter mich tadelt, neige ich dann dazu, den Spieß umzukehren und nun meinerseits über den Tadler auszupacken? Kommt es also vor, dass ich zu meiner Verteidigung diese Retourkutsche benutze und dem anderen damit den Mund stopfen will, dass ich drohe, nun zu offenbaren, was er für Dreck am Stecken hat?

(14) Lasse ich mich von geschickten Entmythologisierern und Entlarvern dazu bewegen, ihren Einseitigkeiten zuzustimmen und Kollektivurteile über die ausbeuterischen Kapitalisten, über die kommunistischen Chaoten, über die unduldsame Kirche mit ihren Ketzerverfolgungen, über die islamischen Mordbrenner, über die Passivität der Inder usw. zu fällen? Oder bin ich immun gegen das Pathos aller Kreuzzüge?

(15) Wie ist es, wenn ich ungerecht verfolgt worden bin und nun die Möglichkeit habe, bei anderen als Opfer Mitleid zu erwecken? Schüre ich dann den Hass gegen meine Verfolger und sonne mich in den Urteilen, die mich bedauern und die Gemeinheit der anderen beklagen?

(16) Kommt es vor, dass ich aus rein pädagogischen Gründen Beispiele bringe, die doch andere desavouieren, weil man leicht erkennen kann, wer mit dem scheinbar neutralen Beispiel gemeint ist?

Auch diese Zusammenstellung darf – wie die vorherige und die folgenden – keinesfalls missverstanden werden als „Forderungskatalog für das äußere Verhalten", sondern er ist ein „Testbogen" für die Beschaffenheit meines Herzens, damit ich erkenne, wie sehr ich mich noch wandeln muss, um nie mehr und in keiner Weise hintertragen zu können.

17. Freundlichkeit statt Schelten (*pharusa-vācā*)

„Hüte deine Zunge wohl,
bald ist ein böses Wort gesagt.
O Gott, es war nicht bös gemeint,
der and're aber geht und klagt.“ (Freiligrath)

Zu keinem rede hart und rau,
leicht möchte er's erwidern dir;
gar schmerzlich, ach, ist Zank und Streit,
zu Tätlichkeiten kommt es bald. (Dh 133)

Das Hintertragen sagte Richtiges innerhalb eines Dreiecksverhältnisses und spaltete dieses auf in Parteien; das Schelten hingegen sagt auch nichts Falsches, aber es spricht dem anderen direkt ins Gesicht und meint ihn, nicht Dritte. Schelten ist eine Rede in grober, heftiger Weise, im falschen Ton, mit unsachlich emotionaler Betonung, es ist Totschlagen mit Worten.

Werde ich grob angefahren, werde ich beschimpft und heruntergemacht, werde ich ironisch behandelt oder kaltschnäuzig abgefertigt, werde ich hämisch kritisiert oder donnernd ausgescholten, dann ist all das unangenehm, es tut mir weh und verletzt mich. Niemand mag es, wenn man ihn so gewaltsam und aggressiv behandelt, genauso wenig wie jemand es mag, wenn man ihn mit Stöcken verprügelt. Die Gewaltsamkeit des Scheltens aber ist ein geistiges Verprügeln.

Ganz ebenso nun würde ich den Menschen unangenehm sein, wenn ich derart ausfällig gegen sie vorgehen würde: Es würde ihnen sehr weh tun und sie würden seelisch verletzt sein. Die Folge wäre, dass sie mich nicht mögen, mir möglichst aus dem Wege gehen oder mir mit gleicher Münze heimzahlen.

Will ich also eine sanfte Begegnung mit den Wesen erleben, will ich in Ruhe und Frieden mit ihnen leben, ohne Zank und Streit, dann muss ich das Schelten und Schimpfen meiden. Ich muss mich stattdessen um Freundlichkeit bemühen, um genau die Freundlichkeit, die auch ich als wohltuend empfinden würde. Ich muss geduldiger und einfühlender sein und, wenn sich Meinungsverschiedenheiten ergeben, sachlich erklären, wie ich es sehe, anstatt sie gleich anzuschnauzen. Bei unterschiedlichen Standpunkten gibt es nur dann eine Annäherung, wenn man sachlich und gleichzeitig wohlwollend miteinander spricht, eben in freundlicher Sachlichkeit. Freundlichkeit ohne Sachlichkeit ist Heuchelei, Sachlichkeit ohne Freundlichkeit ist kalt und hart, ist grobe Rede und gehört zum Bereich der hier behandelten Falschheit auf dem Gebiete der Rede. Diese Freundlichkeit ist eine echte gesittete Höflichkeit, die grobe Umgangsformen vermeidet und alle heftige Aufdringlichkeit abgetan hat.

Um in der Umwelt wohltuende Harmonie, Frieden und Höflichkeit zu erleben, muss ich erstens selber bemüht sein, nicht grob und scheltend vorzugehen. Zweitens darf ich nicht anderen zuraten und sie anstiften, mit dem Nächsten mit unhöflichen Worten, besonders in Briefen, vorzugehen. Und ich darf drittens nicht zustimmen, wenn solche Redeweisen gerechtfertigt werden mit Schlagworten wie „Auf einen groben Klotz gehört ein grober Keil“ oder „Man muss ihm einmal gehörig die Meinung sagen“ oder „Lieber ehrlich schimpfen als hinterrücks heucheln“ usw.

Wenn ich mich nun bemühe, derart freundliche und höfliche Umgangsformen zu pflegen und möglichst zu jedem nett zu sein, dann muss ich meine Launen und Aggressionen sehr kontrollieren und zügeln und abmildern und muss mein Ertragen und meine Sanftmut stärken und ausbauen. Um zu vermeiden, dass mir barsche und brüske Worte herausfahren, muss ich die dahinterstehende heftige und explosive, eben cholerische, Art mäßigen und mich daran gewöhnen, dass Impulsivität nie auf Kosten anderer gehen darf. Wenn auch der Phlegmatiker eher zur Lüge und der Choleriker eher zum Schelten greifen wird, so hat doch jeder Mensch beide Formen unheilsamer Rede an sich, nur das Übergewicht liegt mehr beim einen oder anderen. Jedenfalls muss jeder, der noch dazu neigt, scheinbar gerechten Zorn um einer sogenannten guten Sache willen zu rechtfertigen, es lernen, dies als Schwäche und falschen Weg zu durchschauen. Der Zorn ist immer triebhaft und nie gerechtfertigt, er ist immer Gewalt. Will ich meine gewaltsamen Eruptionen und Aggressionen in die Hand bekommen, dann muss ich mich bei den herausplatzenden Worten und den heftigen Entgegnungen zügeln, muss die Triebhaftigkeit dabei durchschauen und auflösen. Kurz: Ich muss mir die Härte gegen andere, die in der Scheltrede zu Tage tritt, abgewöhnen und mir die Milde, die in der höflichen Rede liegt, angewöhnen.

Und ab und zu, wenn ich eine besinnliche Zeit habe, mag ich mir dann das Sündenregister der konkreten Erscheinungsformen von Schelten und Grobheit zu Gemüte führen und mich entsprechend überprüfen:

(1) Kommen bei mir noch Verwünschungen und Verfluchungen vor, indem ich andere aus flammender Wut zum Teufel, zur Hölle oder, verschleierter, dahin wünsche, wo der Pfeffer wächst?

(2) Drohe ich anderen mit Gewaltanwendung, schreibe ich Drohbriefe, die von Erpressungen handeln, mehr oder weniger deutlich?

(3) Neige ich dazu, bei der geringsten Kleinigkeit andere mit Scheltworten und Vorwürfen zu überschütten, und habe ich sogar Lust daran, andere derart fertigzumachen, so dass ich geradezu auf Gelegenheiten lauere, mich auszutoben?

(4) Gehe ich, wenn ich wirklich beleidigt werde, nun mit gleichen Waffen, mit geballten Fäusten und empörten Worten gegen den anderen los?

(5) Neige ich dazu, wenn andere meine Befehle oder Erwartungen nicht erfüllen, mit Scheltworten gegen sie vorzugehen und dies durch Türen Knallen und Aufstampfen zu unterstreichen?

(6) Habe ich mich daran gewöhnt, grundsätzlich den anderen mit aggressiven Worten zu bewerfen, hart und brutal, grob und wild, spitz und scharf, spöttisch und ironisch?

(7) Mache ich mich frivol über heilige Dinge lustig und verspotte das, was andere verehren? Entziehe ich durch niederziehende Reden den Menschen ihr Vertrauen in Edleres und Höheres?

(8) Habe ich mich an die grobe und gemeine Umgangssprache der Straße gewöhnt, lasse ich Schimpfworte („Du Rindvieh“) oder Fluchworte („verdammt noch mal“) oder gemeine Worte („Scheiße“) bedenkenlos daherrauschen?

(9) Habe ich ein Vergnügen daran, mit theatralischen Auftritten und effektvollen Abtritten meine Tadelworte zu unterstreichen und, ohne mir viel dabei zu denken, im Kommandoton mit anderen umzugehen?

(10) Liebe ich es, weil mir Ruhe und Harmonie langweilig sind, kontroverse Diskussionen, erhitzte Rededuelle, heftige Debatten zu führen, wo es vor Spannung nur so knistert und jedes Wort ein Schlag ist?

(11) Rühre ich aus Streitlust lange erledigte Dinge immer wieder auf und habe ich eine Freude, meinen Tatendrang an solchen Prozessen zu erfüllen?

(12) Lehne ich eine angebotene Versöhnung und Schlichtung trotzig und barsch ab?

(13) Poche ich, wenn ich mich ungerecht behandelt fühle, impertinent auf den Gleichheitsgrundsatz und ziehe eifrig Fälle herbei, denen gegenüber ich ungerecht behandelt scheine? Belästige ich dadurch andere?

(14) Ist es mir zur zweiten Natur geworden, ständig über die Verhältnisse und Zeiten zu meckern, zu schelten und mich aufzuregen? Kritisiere ich immerfort die da oben, die heutige Jugend, das Wetter usw.?

(15) Neige ich dazu, anderen das Wort zu entziehen, dazwischen zu fahren, sie nicht ausreden zu lassen, sie zu überfahren?

(16) Neige ich dazu, jemanden, der etwas von mir will, kurz angebunden und hart und kühl abzufertigen?

(17) Neige ich aus Bequemlichkeit dazu, in Abwesenheit Betroffener zu entscheiden, anderen etwas zuzudiktieren, um so kurzen Prozess zu machen und vollendete Tatsachen zu schaffen?

(18) Neige ich dazu, im Gespräch bei Verteidigung meiner Ansichten die Stimme betonter zu erheben und rascher als nötig zu reden, damit der andere nicht so leicht Gelegenheit hat, mich zu unterbrechen?

Irgendwo auf dieser Skala befinde ich mich mit meiner derzeitigen Herzensverfassung, und von da aus komme ich am besten weiter von der harten Rede ab, wenn ich mich um verstehende Einfühlung bemühe und mich an die Stelle des Betroffenen und Getroffenen versetze.

18. Sinnvoll reden statt Plappern und Plaudern (*sampha-palāpo*)

„Der ist ein schlechter Mann,
der immer seinen Mund
zum Reden offen hat
und immer ohne Grund.“ (Gleim)

Und seien's tausend Worte auch,
geordnet ohne Sinn und Zweck:
ein Sinnspruch ist vortrefflicher,
der Frieden dem Vernehmer bringt. (Dh 100)

Unter den drei unheilsamen Redeweisen, die nicht unwahr sind, ist gegenüber der niederträchtigen Gemeinheit des Hintertragens und der groben Gewaltsamkeit des Scheltens die hier behandelte letzte Redeweise am wenigsten leicht zu überwinden, weil ihr Unwert nicht so deutlich ist. Plappern und Plaudern – wörtlicher „leeres Geschwätz“ – ist eine unnütze Rede, aber dass das, was keinen Nutzen hat, unheilsam und untugendhaft ist, leuchtet nicht so ohne weiteres ein. Darum nennt der Buddha mit Bedacht diese Redeweise erst als letzte in der Reihe der vier unheilsamen Arten des Sprechens. Das Plappern und Plaudern ist ungefähr jegliche sinnentleerte Rede, die nicht Lüge, Hetze und Schimpferei darstellt, also ziemlich viel von demjenigen, was die Menschen tagaus, tagein bewegt. Dass Lügen, Aufhetzen und Schelten eine Untugend sein könnte, das kann unser Geist und Gewissen noch einsehen, aber an das leere Geschwätz sind wir so gewöhnt, dass wir dabei kaum einen Bezug zur Tugend herstellen.

Eben wegen dieser tief eingefahrenen Gewöhnung an sinn- und nutzlose Information fällt uns die Einhaltung dieser Tugendregel entsprechend schwer.

Überlegen wir einmal: Wenn da jemand auch für ihn selber ganz belanglose Alltagsdinge erzählt und lang und breit ausschmückt und weiter ausmalt, dann ist er mir doch lästig. Oder wenn jemand liebend gern sich selber reden hört und dabei noch mehr die effektvolle Ausdrucksweise als den Inhalt im Kopfe hat, dann stiehlt er mir mit seinem hohlen Gerede doch die Zeit. Solche Schwätzer sind mir unangenehm. Ich suche ihrer seichten Redseligkeit zu entgehen und weiche ihnen schon von ferne aus. Oder ich schalte resignierend ab und verzichte darauf, mit ihnen Wesentliches zu besprechen und Wichtiges mitzuteilen.

Ganz ebenso aber würde ich auf andere wirken, wenn ich derart als Schwätzer, als Angeber, als Causeur auftreten würde. Ich bekäme jedenfalls auch nur Oberflächliches zu hören. Und die Menschen, die noch tiefer denken, würden mich nicht ernst nehmen. Andere würden von mir sagen, ich rede so viel, damit keiner Gelegenheit habe, durch gezielte Fragen festzustellen, dass ich eigentlich nichts zu sagen habe.

Will ich also sinnvolle Gespräche erleben, die in den Daseinsproblemen helfen, die da trösten und ermuntern und uns Klarheit bringen, dann muss ich mich bemühen, selber Geschwätz zu vermeiden und Sinnvolles zu sprechen. Ich muss daher überlegen, ob das, was ich sage, auch irgendeinen Nutzen für den anderen hat, indem ich mit ihm gemeinsam das Rechte suche und bespreche, mir seine Sorgen und Nöte anhöre, ihn tröste oder ihm sonst irgendwie helfe: Das ist ja sinnvolle Rede, das Gegenteil von Plappern und Plaudern. Aber womit verbringen wir im Gespräch unsere Zeit und unser Leben? Ist es nicht erschreckend, welche Oberflächlichkeiten da geredet werden und wie die kostbare Lebenszeit durch Geschwätz verspielt wird? Damit ist keineswegs gemeint, dass man sich nicht auch über Alltagsdinge unterhalten müsste oder dass man nicht auch oft zuhören sollte, wenn jemand sich Dinge vom Herzen reden will. Der Buddha hat mit seinen Mönchen über die Anlage von Aborten und den Gebrauch der Zahnstäbchen gesprochen und er hat sich Mancherlei von Menschen angehört. Es kommt immer auf die innere Haltung dabei an: Alltägliche Sachprobleme müssen besprochen werden, und dann ist wieder Wichtigeres dran. Das Reden der Menschen muss man erdulden und kann sich dabei in Geduld üben, aber man soll selber anderen nicht durch Gerede lästig fallen. In den Lehrreden sind freundliche, denkwürdige Worte, teilnehmende Erkundigungen, der Anfang sinnvoller Gespräche. Man braucht aber nicht dabei stehenzubleiben.

Drei Dinge sind für mich bei diesem Tugendgebot zu beherzigen: Erstens muss ich mich selber bemühen, leeres Geschwätz zu vermeiden. Zweitens muss ich bestrebt sein, andere nicht zum Gerede zu veranlassen, z. B. indem ich ihnen seichte Bücher empfehle. Drittens muss ich mich zurückhalten, um den Werturteilen anderer über das übliche Geplapper nicht zuzustimmen.

Das Tugendgebot der sinnvollen Rede ist deshalb relativ am schwersten zu erfüllen, weil es eine große Nüchternheit, einen großen Überblick über die heilsamen und unheilsamen Dinge voraussetzt und ein Einfühlungsvermögen, wann die passende Gelegenheit ist, dem anderen Sinnvolles fasslich zu sagen. Durch das Hingeben an den Strom des Schwatzens werden diese Fähigkeiten aber verhindert. Indem ich mich anstrenge, vom leeren Gerede zurückzutreten, merke ich erst, wie wuchtig der Drang des Mitteilungsbedürfnisses und der Redseligkeit ist, die um jeden Preis mit jemandem reden will, gleich was.

Hier ist es besonders nötig, sich ab und an eine ruhige Zeit zu gönnen und sich zu prüfen, wie es bei mir um die sinnvolle Rede steht.

(1) Hüpfe ich im Gespräch vom Hundertsten ins Tausendste, nur um meine chaotische Redseligkeit auf andere abzuladen, rede ich so wie ein Wasserfall und kümmere mich nicht darum, ob der andere davon Kopfweh bekommt?

(2) Neige ich dazu, immer nur von mir zu erzählen und mich prahlerisch über meine Angelegenheiten, meine Vorzüge und Pläne und Probleme zu verbreiten. Neige ich so zur Wichtigtuerei und Angeberei?

(3) Neige ich dazu, in Diskussionen kein Ende zu finden und alles in Frage zu stellen und zu zerreden, bis jede Klarheit beseitigt ist?

(4) Schwatze ich gern über belanglose Tagesereignisse, die morgen schon wieder vergessen sein werden, über Könige und Räuber? Rede ich immer nur davon „was los ist“ in der Nachbarschaft, in der Gemeinde, im Lande, in der Welt?

(5) Verbreite ich mich ebenso endlos wie belanglos über das, was ich gegessen habe, damals dort und dort, was ich essen will, was andere essen, was man essen und trinken sollte usw.?

(6) Dränge ich mich gern auf und rede zu jedem Beliebigen, um ihn zu meinen jeweiligen Ansichten zu bekehren und sie bei ihm an den Mann zu bringen? Falle ich ihnen damit so lästig, bis sie mir Ja und Amen sagend zustimmen?

(7) Neige ich dazu, mich gern fachsimpelnd über allerlei Themen, die zur inneren Entwicklung wirklich nichts beitragen, zu verbreiten? Lade ich anderen unnützes Scheinwissen auf?

(8) Bringe ich gern die seichte Unterhaltung, die ich in mich hineinzufressen pflege, an den Mann, und rede immer das, was gerade im Radio oder Fernsehen oder in Illustrierten und Romanen „in“ ist?

(9) Behandle ich Phänomene, die über das Diesseits hinausgehen, im Gespräch mit der gleichen Sensationslust wie Krimis oder Fußballspiele? Nehme ich das Okkulte nur als interessantes unverbindliches Gesprächsthema, um Stoff für endloses Geschwätz zu haben?

(10) Neige ich dazu, wenn ein Gespräch verbindlich zu werden droht, geschickt auf Nebengleise abzulenken, damit nur nichts Wesentliches über das Dasein zur Sprache kommt, was mir unbequem sein könnte?

(11) Schlage ich Ermahnungen in den Wind und trumpfe mit ablenkenden Reden auf, Obstruktion verkündend?

(12) Rede ich über den Kopf anderer hinweg, indem ich nur Endergebnisse eines Denkprozesses behandle, ohne die Begründung zu geben, so dass alles in der Luft steht und der andere nur bewundernd über unverständlichen Tiefsinn staunt?

Hier geht es weitgehend noch darum, dass ich überhaupt einen Sinn dafür entwickele, wie sinnloses Reden die innere Entwicklung verwässert. Andererseits bedarf es gerade auch hier der liebenden Einfühlung in den Nächsten, um nicht aus Bequemlichkeit Sorgen, die mir ein Mitmensch vorträgt, als „Plappern und Plaudern“ abzutun, nur weil sie den andern bedrängenden Alltagsdingen entstammen.

STUFE VIER: RECHTES HANDELN

19. Helfen statt Töten (*pān'ātipāto*)

„Doch wehe, wehe, wer verstohlen
des Mordes schwere Tat vollbracht!
Wir heften uns an seine Sohlen,
das furchtbare Geschlecht der Nacht.“ (Schiller, *Die Kraniche des Ibykus*)

Ein jedes Wesen scheuet Qual
und jedem ist sein Leben lieb,
erkenn dich selbst in jedem Sein,
und quäle nicht und töte nicht. (Dh 130)

Wenn mir jemand nach dem Leben trachtet, dann suche ich mich auf jede Weise zu wehren und mit allen Mitteln, mein Leben zu erhalten. Schon wenn ich nur höre oder vermute, dass mein Leben gefährdet ist, ergreife ich zur Sicherung Gegenmaßnahmen. Und wenn jemand nicht mit Totschlag sondern mit anderen Schlägen gegen mich vorgeht, werde ich zurückschlagen. Wenn ich aber schwächer bin und mich nicht wehren kann, dann werde ich mir Verbündete suchen oder Rache gegen die brüten, die mich blutig schlugen. So erzeugen alle die mannigfachen Gewalttaten, bei denen statt mit Worten mit Taten um sich geschlagen wird, nur wieder Gewalt gegen die Täter.

Will ich also verhindern, dass ich mit Schlägen bedroht werde, dann darf ich selber nicht derartig um mich schlagen. Genauso wie mir mein Leben lieb ist, so ist auch allen anderen Wesen ihr Leben und die Unversehrtheit ihres Leibes lieb. Niemand mag durch Gewalt anderer vorzeitig zu Tode kommen. Darin stimmen wir alle überein: Mensch und Tier und Geistwesen. Ganz ebenso unangenehm wie mir solche Gewaltakte sind, so unangenehm sind sie auch anderen, die sie von mir erleben. Und bin ich, der jetzt so starke Schläger, einmal schwach oder in Not, dann hilft mir niemand oder man rächt sich gar an mir für die früheren Taten.

Will ich mir jetzt und auf lange Sicht eine Umgebung schaffen, in der nicht geschossen und geschlagen, gemordet und geschlachtet wird, dann muss ich selber die falsche Aktivität des Schlagens umwandeln in die rechte Aktivität des Helfens. Hilfsbereitschaft und Erbarmen zielen statt auf den Schaden anderer auf ihren Nutzen ab, auf Förderung, Fürsorge, Pflege und Lebenserhaltung. Wo ich lebenserhaltend und lebensverbessernd wirke, schaffe ich eine Atmosphäre, die auch auf mich zurückstrahlt und mir die Gewährung meines Wunsches nach Leben bringt.

Kurz: Ich darf erstens selber nicht töten und schlagen. Ich muss zweitens vermeiden, andere dazu anzustiften. Und ich muss drittens bemüht sein, bei Rechtfertigung von Krieg oder Tiermord usw. nicht zuzustimmen.

Wie leicht rutscht mir die Hand aus und ich schlage zu – sei es auch nur bei einer Mücke – aber wie schwer fällt es mir andererseits, in der Bahn meinen schweren Leib zu erheben und einem Älteren meinen bequemen Sitzplatz anzubieten. In der Wut der Aggression und des Hasses kann ich schwerste Lasten gegen andere schleudern, aber für die Gesinnung der Hilfsbereitschaft folge ich nur sehr mühsam und schwerfällig dem Impuls, der gegen die Schwerkraft gerichtet ist. Tief eingefahren ist die Gewohnheit, den daherwuchtenden Körper als Werkzeug der Aggression zu benutzen, zu schlagen, zu treten, zu zerquetschen, zu zerstören. Da muss ich mich sehr umgewöhnen, meine leibliche Aktivität in den Aktionen umzuerziehen und das grobe, schwerfällige Werkzeug des Leibes dem Geiste gefügig zu machen. Wenn man es wirklich ernst damit nimmt, ist es nicht einfach, jedenfalls ist die selbstmotorische Aktivität des Körpers als Zerstörungsmittel, Dampfwalze und Schlaginstrument dem Geiste ferner als die Sprache. Andererseits richte ich mit dem gefährlichen Werkzeug dieses Leibes Unheil an, das nicht wieder gut zu machen ist. Darum wird das Gebot des Nichttötens in der Alltagsethik der fünf Sīla an die Spitze gestellt, dagegen im Achtpfad erst nach der Rede genannt. Je nach dem Standpunkt ist es da zu beurteilen.

In der Besinnung gilt es nun, sich immer wieder einmal klar zu machen, wie weit ich die Impulsivität des Leibes, der nur zu bereit ist zuzuschlagen, unter Kontrolle habe und wie weit ich meine körperlichen Aktionen von Erbarmen und Hilfsbereitschaft leiten lasse. Da lassen sich etwa folgende konkreten Fälle aufführen, an Hand derer ich mich prüfen kann, ob ich Lebendiges umzubringen verworfen habe, samt allen Weiterungen – auch den bloßen Gedanken?

(1) Ich stelle mir vor, dass jemand aus Quälsucht, Sadismus und Blutrausch jemanden umbringt und sich als Starker weidlich daran ergötzt, über Leichen zu gehen und andere als Opfer seiner perversen Lust hinzumorden. Könnte ich das noch?

(2) Wie, wenn ich in einer Zeit und Kultur lebte, wo religiöse Menschenopfer an Götzen üblich sind, um Geister günstig zu stimmen, oder wo ein Ritualmord durch geschickte Theorien bemäntelt wird? Wenn meine ganze Umwelt das richtig findet, würde ich dann gegen den Strom schwimmen? Wäre ich von all solchen Bemäntelungen des Sadismus unbeeinflussbar? Nur dann wäre ich sicher, frei vom Mordrausch zu sein.

(3) Wenn meinen Trieben ein anderer im Wege steht, wenn ich nur durch Mord zu meinen Ziele kommen könnte und wenn ich die Macht dazu hätte, ungestraft den anderen aus dem Wege zu räumen, wie König David den Feldherrn Urias, nach dessen Weib er gierte – wie wäre es da?

(4) Und wie steht es in folgendem Falle: Ich bin Mitglied einer Nation, die „Todfeinde“ hat, und da ist eine Konstellation, wo um des nationalen Zieles willen Geiseln geopfert werden müssen – mit Bedauern, aber leider müssen sie dran glauben – würde ich da immun gegen solche Rechtfertigungen des Tötens sein?

(5) Oder wie steht es mit ideologisch aufgefärbten sogenannten Befreiungskriegen, die im Namen eines Staatsidols die Mordlust entfesseln? Oder wie ist es mit Kreuzzügen gegen Untermenschen und Feinde der Menschlichkeit und Ketzer, wie steht es mit Rechtfertigung des Präventivkrieges? Habe ich genug Phantasie, mich darein verwickelt zu sehen und nicht nur am Schreibtisch ein entrüstetes Nein zu sagen, aber wenn es um das eigene Volk geht oder die eigene Religion doch mitzumachen und zuzustimmen?

(6) Würde ich, wenn ich als Soldat den Befehl bekäme, eine Exekution vorzunehmen, Bombenteppiche gegen die Zivilbevölkerung abzuwerfen oder all die Grausamkeiten zu begehen, die auf höheren Befehl erfolgten, würde ich da lieber in Kauf nehmen, selber an die Wand gestellt zu werden als zu töten?

(7) Wenn ich von Gangstern und Terroristen höre, von unmenschlichen Grausamkeiten, die sie begehen, und wenn nun laut nach Wiedereinführung der Todesstrafe für sie geschrien wird, bin ich dann bis zum Grund meiner Seele frei von jedem Ja dazu?

(8) Oder wenn ein Tyrann die Menschlichkeit und die Religion verfolgt und alles Edle mit Füßen tritt und ich hätte die Möglichkeit, dem Leben des Tyrannen ein Ende zu machen und Tausende aus den Konzentrationslagern zu befreien und vor den Gaskammern zu bewahren, würde diese Möglichkeit an meiner Haltung, die das Töten verworfen hat, nichts ändern?

(9.)Wenn ich Jäger, Fischer, Schlachter wäre, würde ich diese grausame Beschäftigung oder diesen Beruf aufgeben, wenn ich die Lehre hörte? Würde ich erkennen, dass Töten Töten ist, ob es Menschen oder Tiere betrifft?

(10) Und wie stehe ich zur Abtreibung? Bin ich überzeugt, dass auch das reiner Mord ist, begangen an einer Seele, die sich gerade inkarnieren will und die völlig wehrlos der Willkür der Menschen ausgeliefert ist? Oder folge ich hier noch der eingefahrenen Denkgewohnheit, die sich als Embryo mit einem Körper umkleidende Psyche als bloßen „Zellhaufen" anzusehen?

(11) Dass eine Aussetzung Neugeborener den Tod des Wesens in Kauf nimmt und daher verwerflich ist, wird auch der zugeben, der die Abtreibung aus Unwissen befürwortet, aber wie steht es mit der Aussetzung junger Hunde und Katzen? Ist das nicht genauso Töten?

(12) Wer speziell mit Tötungswaffen handelt und sie anpreist, sei es gegen Menschen oder Tiere, der wird, wenn er die Lehre ernst nimmt, diese Tätigkeit oder diesen Beruf früher oder später aufgeben.

(13) Auch wer in irgendeiner Weise mit Vivisektion befasst wird, um dadurch Medizinen oder bloß Kosmetika herzustellen oder auszuprobieren, handelt aus Verblendung falsch und rücksichtslos. Lasse ich mich von den Rechtfertigungen dessen nun noch beeindrucken?

(14) Wie verhalte ich mich überhaupt selber gegen die schwächsten Tiere? Schlage ich Stechmücken auf der Hand tot, benutze ich Fliegenfänger oder Ameisengift oder Totschlagsfallen für Mäuse? Rechtfertige ich noch irgendwie die Vernichtung von „Ungeziefer"?

(15) Kann ich aus erzieherischen Gründen noch Ohrfeigen oder Prügel verabreichen – oder sehe ich ein, dass solche Schlägerei grundsätzlich verfehlt und nur die Vorstufe der Bereitschaft zum Totschlagen ist?

(16) Wie stehe ich zur Freiheitsberaubung als Druckmittel? Ist nicht auch das Einsperren Gewalt gegen den Körper anderer?

(17) Wenn ich direkt angegriffen werde, könnte ich dann in Notwehr noch den Angreifer umbringen, im Affekt?

(18) Und wie stehe ich zu dem Musterfall vom Brett des Karneades? Wenn auf einer Planke im Ozean zwei sitzen und sie trägt nur einen, wäre ich dann aus Selbsterhaltung bereit, den anderen herunterzustoßen?

(19) Oder wie steht es, wenn ich auf der Straße dazukomme, wie ein Tier überfahren wird: Meine ich dann, sein Leiden abkürzen zu müssen oder kann ich es vielmehr nur nicht mit ansehen? Ich weiß doch gar nicht, ob das Tier lieber von meiner Hand sterben will!

(20) Wie steht es, wenn auf der Straße jemand von anderen zusammengeschlagen wird und ich stehe dabei – was würde ich tun?

(21) Wenn mich ein Schwerkranker, ein Todeskandidat oder ein seelisch Verzweifelter bäte, ihm dabei zu helfen, das Leidensleben zu beenden, wie würde ich dann meine grundsätzliche Ablehnung auch dieser Euthanasie begründen?

(22) Gehe ich so vor, dass ich andere nicht so wichtig nehme und daher gefährde, so dass fahrlässige Körperverletzung die Folge ist?

(23) Und denke ich, wenn ich im Laden Fleisch kaufe oder wenn ich im Restaurant Fleischspeisen bestelle, überhaupt an das dafür getötete Tier oder gehe ich leicht darüber hinweg, damit mein Genuss nicht gestört wird?

Gerade beim Gebot des Nichttötens zeigt sich, wie der menschliche Geist äußerst produktiv ist, immer neue Entschuldigungen und Ausflüchte zu finden, um das Töten zu rechtfertigen. Ganze Bibliotheken sind voll davon, von der Rechtfertigung des Krieges bis zu Rezepten zur Fleischzubereitung, von Anleitungen zum Fischen bis zur Gutheißung der Abtreibung. Gerade hier zeigt sich, wie man leicht in der Fülle der Kasuistik ertrinkt und auch gern Beispiele bringt, die praktisch bei mir nie vorkommen, dagegen eifrig von den Fällen ablenken, die gerade dran wären. Nur von der höheren Gesinnung des Wohlwollens und der Erkenntnis, dass Menschentum selber eben ein Gefängnis und eine niedere Welt ist, der es zu entgehen gilt, lässt sich das Töten restlos überwinden: auf lange Sicht. Denn die Verstrickungen, welchen den Menschen der Sinnenwelt in Situationen bringen, in denen er der Versuchung zum Töten oder seiner Rechtfertigung erliegt, sind noch so zahlreich, dass der Erwachte die Einstellung eines Menschen, der sich im Geist vom Töten abwenden will, realistisch kennzeichnet mit den Worten:

*„Die Fesseln, die mich zum Mörder machen könnten, **beginne** ich zu lösen.“* (M 54)

Denn die letzten, feinsten Regungen der Fessel des wissentlichen Tötens schwinden erst beim Heiligen.

20. Besitz schonen statt stehlen (*a-dinn'ā-dānaṃ*)

Angst erfasst des Diebs Gemüt,
wann er viel' Leute flüstern sieht. (Freidank)

Dann soll man sich Ungegebenes nicht nehmen,
nicht irgend ja, als Jünger, der erweckt ist,
noch Nehmen anbefehlen, gut es heißen:
Was nicht gegeben, sei gemieden weislich. (Sn 395)

Wenn mir die Äpfel aus dem Garten gestohlen werden, wenn jemand ungefragt mein Fahrrad benutzt, wenn ich die von mir ausgeliehenen Bücher nicht wieder bekomme, wenn gar Räuber meine Wohnung ausplündern oder wenn ich von einem Raubstaate gegen wertlose Papiere enteignet werde, dann bin ich normalerweise empört über solche Ungerechtigkeiten und rechtswidrigen Handlungen.

Wenn aber nun ich selber nichtgegebene Dinge nehmen würde, dann würde ich mir doch selber widersprechen. Wenn z. B. der Gauner im Frack, der der Volksgemeinschaft Millionen von Steuern hinterzogen hat, jetzt in einer seiner Luxusvillen ausgeraubt wird, dann ruft er laut nach der Obrigkeit und kommt gar nicht auf den Gedanken, wie er mit sich selber im Widerspruch steht. Er erntet, was er gesät hat. Würde er nicht in diesem oder im früheren Leben Diebstahl und Unterschlagung begangen haben, dann könnte er jetzt nicht ausgeraubt werden.

Will ich also, dass mein Besitz erhalten wird, im Großen wie im Kleinen, dann muss ich den Besitz anderer schonen und darf nicht in ihre Interessensphären beim Besitz eingreifen. Ich bin zwar, um leben zu können, darauf angewiesen zu nehmen, denn ich muss von außen nehmen, was ich zur Lebenserhaltung benötige. Aber da jeder Mensch derart nehmen muss, so muss das Nehmen geordnet sein und ich darf nur das nehmen, was mir rechtlich zusteht, was mir gehört und was ich mir verdient habe. Nehme ich Nichtgegebenes, d. h. etwas, was mir nicht zusteht, dann störe ich die Besitzordnung, und das wirkt, früher oder später, wieder auf mich zurück. Wenn ich nur ein einigermaßen normales Gewissen habe, dann merke ich auch, wie gemein es ist, sich bequem das anzueignen, was andere im Schweiße ihres Angesichts irgendwann erworben haben, insbesondere durch frühere gute Werke. Jeglicher Besitz ist Spiegelbild früheren Verdienstes, jeder Reiche verdient seinen Reichtum. Und wenn er ihn unrechtmäßig erworben hat, dann sorgt die ausgleichende Gerechtigkeit des moralischen Gesetzes unweigerlich dafür, dass er ihn wieder verliert. So kann ich jedem das Seine gönnen und mich über jeden Besitz als Frucht guter Werke freuen. Und wenn es dem skrupellosen Raffer heute noch gut geht und er seinen Besitz noch ungestört genießen kann, dann nur deshalb, weil er früher auch besitzerhaltend wirkte. Wenn ich scheel blicke und ungeduldig warte, wann er wohl endlich seine verdiente karmische Ernte erlebt, dann gönne ich ihm also nicht, dass Gutes Gutes bewirkt. Erst wenn ich dabei die tieferen Zusammenhänge sehe, dann kann ich Neid und Eigensucht, die Wurzeln des besitzgierigen Stehlens, ganz ausgraben.

Um drei Dinge muss ich mich praktisch bemühen: Ich darf erstens selber nicht direkt Dinge an mich reißen. Ich muss ferner bestrebt sein, andere nicht zum Stehlen zu veranlassen, gegen Reiche aufzuhetzen usw. Und ich muss mich schließlich anstrengen, nicht zuzustimmen, wenn der Diebstahl verharmlost wird und von Kavaliersdelikten gesprochen wird usw.

Um mich zu überprüfen, ob und wieweit der Hang zum Nehmen von Nichtgegebenem überwunden ist, kann ich mir als Besinnung folgende Fragen über mannigfach abgestufte Erscheinungsformen dieser Untugend vorlegen, vom gröberen bis zum feineren fortschreitend:

(1) Andere schädigen, damit eine Sache zerstört wird, gleichgültig auch, ob jemand dabei umkommt, das kann ich doch nicht mehr, wie z. B. bei Brandstiftung aus Rachsucht, bei mutwilligen Rockern, wie beim Befehl zur „verbrannten Erde“ ?

(2) Oder das Rauben als bequemen und interessanten Beruf des Asozialen auszuüben, das liegt mir doch fern: Einbrecher, Bankräuber oder Berufsrevolutionäre und Partisanen, Aber es gibt sogar Staatspräsidenten, die Einbrüche bei politischen Gegnern organisieren!

(3) Und wie steht es, wenn ich als Hehler irgendwie von unrechtmäßig erworbenem Gut profitiere?

(4) Wenn die Wühltische der Warenhäuser zum Mitnehmen verlocken, bin ich dann restlos frei von Reiz des kleptomanischen Hamsterns?

(5) Wenn mir jemand eine Sache partout nicht überlassen will, obwohl ich ihm einen sehr guten Preis dafür geboten habe, kann ich dann meine Sammlerleidenschaft zügeln, so dass ich nicht nachhelfe?

(6) Neige ich dazu, bei geliehenen Sachen, besonders Büchern, die Rückgabe geflissentlich zu vergessen?

(7) Wie ist es, wenn ich die Fülle sehe und die Verfügungsbefugnis habe, stehle ich dann meiner Firma etwas, sei es nur Papier oder Ferngespräche?

(8) Wie reagiere ich, wenn ich Wertgegenstände oder Geld finde, nehme ich sie mit oder denke ich, sie abzugeben?

(9) Wenn ich mich mit Ratenzahlungen übernommen habe, oder wenn ich eine sehr anspruchsvolle Frau habe, kurz, wenn ich über meine Verhältnisse lebe, kann ich dann ganz sicher der Versuchung widerstehen, eine Unterschlagung zu begehen oder sonst wie das Loch unrechtmäßig zu stopfen?

(10) Wenn ich eine Sache verschenkt habe, aber wenn der Freund sich nun ganz

anders entwickelt als ich es mir vorstellte, neige ich dann dazu, ihm die Sache wieder abzunehmen?

(11) Wie steht es mit dem Zoll: Macht es mir Spaß, etwas zu schmuggeln oder stimme ich anderen darin zu, weil ich die hohen Zölle für ungerecht halte und die Zöllner ja sowieso Sünder sind ?

(12) Habe ich als Kind nie Kirschen aus Nachbars Garten gestohlen oder dergleichen, und wie stehe ich später als Erwachsener dazu, besonders wenn meine eigenen Kinder bei dergleichen ertappt werden?

(13) Wie wenn ich aus einer allgemeinen Notlage in Armut geraten bin und Hunger leide, könnte ich dann noch zur Selbsterhaltung Mundraub begehen?

(14) Wenn ich selber arm bin, aber noch Ärmere sehe, denen ich gern helfen würde, kann ich dann aus dem Überfluss der Reichen etwas stehlen, um es zu verschenken?

(15) Denke ich, es sei doch viel zu umständlich, erst lange zu fragen, und der andere werde schon nichts dagegen haben, wenn ich seine Sache mal eben benutze? Wie ist es hier mit dem Gebrauchsdiebstahl?

(16) Nehme ich aus Spaß einem Freunde etwas weg und verstecke es, um sein verdutztes Gesicht zu sehen und ihn suchen zu lassen? Wie wenn dieser Spaß auf meine Kosten ginge?

(17) Hat mir jemand etwas versprochen und drängele ich ihn dann immer wieder, dann übe ich eine Art Erpressung aus: Er will es jetzt vielleicht nicht mehr geben, also will ich Nichtgegebenes nehmen.

(18) Wie ist es, wenn ich selber zu träge bin, etwas zu erwerben: bin Ich dann fähig, einen moralischen Druck auszuüben, damit ich es bequem bekomme, indem ich andere anbettele?

(19) Oder wie steht es mit der Neigung, die Gutmütigkeit anderer auszunutzen und auf ihre Kosten zu leben, eben zu „nassauern"? Bleibe ich als Gast länger als es anderen lieb ist? Ist nicht auch das, Nehmen von Nichtgegebenem?

(20) Wenn jemand mich in einer Notlage sieht und mir für diesen bestimmten Fall etwas schenkt, aus Mitleid mit meiner Zwangslage, und wenn ich es aber nun für meine egoistischen Zwecke verwende, dann nehme ich doch auch Nichtgegebenes, denn dafür hätte ich es nicht bekommen.

(21) Und wenn ich in all solchen Fällen andere zu einen entsprechenden Handeln veranlasse oder ihm zustimme, dann sind auch das noch feine Arten von Verstößen gegen das Gebot, nichts Ungegebenes zu nehmen, aus der Haltung eigenmächtigen Verfügens über den Besitz anderer.

Die letzten feinsten Fesseln, Ungegebenes zu nehmen, hat aber – wie beim Töten – erst der Heilige gelöst, wie der Buddha sagt. Auch hier hängt also alles davon ab, dass die Herzensbeschaffenheit auf Liebe (*mettā*) ausgebildet wird. Das reine Herz, das alles bei sich hat, braucht nichts mehr zu nehmen, nicht einmal Gegebenes, geschweige denn Ungegebenes.

21. Keuschheit statt Unkeuschheit (*a-brahma-cariyaṃ*)

21.1 Gewähren statt Ausschweifen (*kāmesu micchācārā*)

„Wer ein Weib ansieht, ihrer zu begehren,
der hat schon mit ihr die Ehe gebrochen in seinem Herzen.“ (Matth. 5, 28)

Unkeuschen Wandel soll man nicht erwählen mehr,
wie flacker Kohlenglut entflieh'n, gewitzigt;
doch wer da keuschen Wandel nicht bewahren mag,
versuchen wird er nicht des Nächsten Weib. (Sn 396)

Wenn jemand meine Tochter vergewaltigen oder sie verführen und mit einem Kind sitzen lassen würde, wenn jemand ein Verhältnis mit meiner Frau anknüpfen und in meine Ehe einbrechen würde, dann wäre ich sicher empört und auf den Verführer und Ehebrecher böse. Und wenn, im umgekehrten Falle, ich eine Frau wäre und die Sekretärin meines Mannes würde mit ihm ein sexuelles Verhältnis anfangen oder meine Freundin würde das Vertrauensverhältnis ausnutzen, um mir meinen Mann abspenstig zu machen, oder nach längerer Ehekameradschaft würde eine Jüngere auftauchen und meinen Mann mit ihren Reizen einfangen, dann wäre ich sicher empört und auf den Zerstörer meiner Ehe böse.

Wenn ich nun aber, sei es als Mann oder als Frau, selber derlei Ausschweifungen begehen würde, dann würde ich mir selber widersprechen: Was ich einerseits als Regel für die Ordnung der Geschlechtsbeziehungen befürworte und von anderen verlange, das halte ich selber nicht ein. Will ich erreichen, dass die Beziehungen der Geschlechter harmonisch verlaufen, dann darf ich nicht derart hemmungslos meinen Wollüsten nachgehen. Zweierlei ist gleichzeitig nötig, um ein glückliches Verhältnis von Mann und Frau herbeizuführen: Die Beziehung muss auf dauerhafter seelischer Liebe beruhen und darf darüber hinaus nicht in die Sphäre Dritter eingreifen. Wenn ich auch noch so tiefe Liebe zu einer Frau habe, die in bestehender Ehe lebt, dann darf ich nicht in die Ehe einbrechen, dann muss ich mich zügeln und darf um keinen Preis meiner Liebe nachgehen. Und wenn die Frau, mit der ich verkehre, zwar in keiner solchen Bindung steht, aber ich habe keine wirkliche Liebe und Achtung ihr gegenüber, sondern benutze sie nur zeitweise als Lustobjekt, um sie dann im Stich zu lassen, dann ist das ebenfalls Ausschweifung.

Ich muss mich also erstens bemühen, selber nicht in derartigen Weisen ausschweifend zu leben. Als zweites muss ich bestrebt sein, andere nicht zu irgendwelchen Ausschweifungen anzustiften, indem ich ihre moralischen Skrupel wegwische und so der weiteren Hemmungslosigkeit Vorschub leiste. Und ich muss mich drittens anstrengen, den Auffassungen sexueller Zügellosigkeit nicht zuzustimmen und die Institution der Ehe und Familie nicht durch solche Ansichten zu zerstören.

Um was ich mich dagegen positiv bemühen muss, das ist wachsende Liebe, Wohlwollen, Rücksicht und Verständnis für den Geschlechtspartner, eben gewährende Haltung. Gerade hier in den intimsten menschlichen Beziehungen zeigt sich das gegenseitige Austauschverhältnis von Nehmen und Geben am stärksten. Wenn ich von der Welt etwas nehmen will – hier die Zuwendung des Partners – dann muss ich ihm Zuwendung geben, muss ihm Liebe gewähren.

Das Gewähren als Tatform der Liebe ist es, welches das Gegenteil der Ausschweifung ist, die immer nur haben und nehmen will. Der sexuelle Immer-nur-Nehmer schadet sich und anderen, weil er die tiefsten Anliegen der Seelen nach einer harmonischen Gemeinschaft – Eros im feineren Sinne – nicht erfüllt, sondern darben lässt und so Unordnung und Konflikte in die Welt setzt. Daher ist die moderne Sexwelle, die immer nur die Körperlust und den Jugendrausch empfiehlt, sich aber von Verantwortung oder väterlich-mütterlicher Gesinnung immer weiter entfernt, eine ständige Propaganda zur Ausschweifung und damit zu seelischer Öde und Leere. Ausschweifung ist Treuebruch, Untreue, Verrat am Partner in Taten, so wie es Hintertragen in Worten ist. Diese Treulosigkeit besteht hier darin, dass ich dem Partner die Liebe verweigere, die ich ihm geben müsste und die er erwarten dürfte.

Um sich hier die Möglichkeiten vom Gröbsten zum Feinsten vor Augen zu führen, ist es gut, sich gelegentlich in einer ruhigen Stunde in dieser Hinsicht zu prüfen. Dabei sei hier, der Einfachheit halber und wie in den Lehrreden, jeweils von der Situation des Mannes ausgegangen:

(1) Bin ich völlig gefeit gegen alle Gedanken, die die Blutschande rechtfertigen, d. h. der verbotenen Geschlechtsbeziehungen, die bei den meisten Tieren üblich ist, nicht aber beim Menschen?

(2) Könnte ich dafür garantieren, gegen jede Verführung zu Orgien gefeit zu sein, sowohl zu altertümlichen religiös verbrämten Riten als auch zu modernem Gruppensex?

(3) Bin ich immun gegen jede Möglichkeit, ein heftig begehrtes reizendes Mädchen zu entführen oder zu vergewaltigen?

(4) Kann ich jeder Anmutung zur Verführung und zum Missbrauch Minderjähriger sofort widerstehen?

(5) Sind religiös an die Keuschheit gebundene Personen, wie Ordensmitglieder, für mich in sexueller Beziehung, auch in Gedanken, unbedingt tabu?

(6) Liegt es mir ganz fern, mit Angestellten oder mir als Schüler usw. Anvertrauten eine sexuelle Beziehung vorstellbar werden zu lassen?

(7) Weise ich alle Formen des Ehebruchs entschieden zurück oder nur lau oder gar nicht?

(8) Bin ich sicher, dass ich einen Partner dann nicht lieblos verlasse, wenn er mir nicht mehr genug Lust gibt?

(9) Wie fern liegt es mir, zu groben oder feineren Dirnen zu gehen?

(10) Gibt es bei mir noch irgendwelche Regungen, die eine Affinität zu gleichgeschlechtlicher Unzucht beinhalten?

(11) Bin ich allen Perversionen und Entartungen auf sexuellem Gebiet gänzlich fern?

(12) Bin ich bereit, um des Partners willen auch einmal auf sexuelle Begegnung zu verzichten, wenn er dies ausdrücklich oder stillschweigend wünscht?

(13) Halte ich mindestens bei der Erotik den wöchentlichen Uposatha-Tag der sexuellen Enthaltung ein, den der Erwachte den Laien-Anhängern empfiehlt?

Besonders hier, im Bereich der Begegnung, wo es für den Nichtmönch und Hausvater noch nicht um Keuschheit, sondern um Abstehen von Ausschweifung geht, ist die beständige Entfaltung von Verstehen, herzlicher Zuwendung, Bereitschaft, des anderen Last mitzutragen – kurz: von *mettā* – das Ein und Alles, das vor Ausschweifung bewahrt.

21.2 Keuschheit

„Es ist dem Menschen gut,
dass er kein Weib berühre.“ (1. Kor. 7, 1)

Dem Geschlechtsgenuss kann man immer wieder
und wieder frönen und wird doch nicht satt. (A III 106)

Außer dem bisher Gesagten, das auf Laienanhänger (Hausleute) zugeschnitten war, gibt es bei diesem Gebot noch eine weit umfassendere Form für mönchisch Lebende. Gegenüber der relativen Keuschheit (nur nicht ausschweifen) gibt es die absolute Keuschheit, d. h. den gänzlichen Verzicht auf körperliche Liebe (Sexus) sowie sogar auf jeden sonstigen intimen Umgang mit dem anderen Geschlecht (Eros). Diese Erweiterung des Tugendgebotes reicht so weit, dass man fast von einem anderen und neuen Tugendgebot sprechen kann. Die Einhaltung völliger Keuschheit setzt in der Tat eine viel tiefere seelische Stärke und Selbstständigkeit voraus als die Einhaltung natürlicher Grenzen in den Geschlechtsbeziehungen. Und doch darf man das Meiden der Ausschweifung nicht unterschätzen, es ist die unabdingbare Voraussetzung für die völlige Keuschheit. Wer sich nicht einmal im bürgerlichen Bereich des Geschlechtlichen zügelt, der ist zu voller Keuschheit völlig unfähig. Die erste Sprosse einer Leiter ist eben die Grundlage für alle anderen Sprossen: Wer die erste nicht will, kann die anderen nie haben.

Die Keuschheit einzuhalten, ist nur möglich, wo eine darauf zielende Anschauung überzeugend vorhanden und eine Kraft zur Durchführung gewachsen ist. Der Gang in einen Orden ist das sichtbarste Symbol für das Keuschheitsgelöbnis, welches dann ein neues Treueverhältnis zur mystischen Gemeinschaft derer, die nach weltüberwindendem, brahmischem Sein streben, begründet. In genau dem gleichen Maße, wie uns seit der Reformation der Sinn des Mönchstums entschwunden ist, verstehen wir auch den tieferen Sinn dieses Zölibats nicht mehr, ohne das Aufstieg zur Einheit eben nicht denkbar ist.

Der Erwachte hat darauf Rücksicht genommen, dass die Gewöhnung an die Unkeuschheit beim Menschen unheimlich tief ist und dass die Wenigsten gleich die vollkommene Keuschheit einhalten können. Darum hat er bei diesem Tugendgebot auch eine deutliche Unterteilung für Anfänger (Laien) und Fortgeschrittene (Mönche) vorgenommen, die bei sämtlichen bisher genannten sechs Tugendgeboten nicht bestand. Auch dass die Regel über die sexuelle Zügelung im Achtpfad erst als die siebente und letzte der Gebote des Redens und Handelns genannt wird, hat seinen Grund in der starken Gewöhnung des Menschen an die Unkeuschheit.

Hierbei ist zu erwähnen, dass der Erwachte bei der Schilderung aller Tugendbemühungen, die er in zahllosen früheren Leben durchführte und die in zwanzig große Tatbestände aufgefächert sind (D 30), mit keinem Wort erwähnt, dass er früher Keuschheit geübt hätte. Hätte er die Keuschheit so intensiv gepflegt wie die 20 anderen Tugenden, dann wäre er überhaupt nicht wieder Mensch geworden und nicht einmal in höheren sinnlichen Himmeln, wie im Tusita-Himmel, seiner vorletzten Existenz, wiedererschienen. Aber die Pflege aller jener anderen sozialen Tugenden des Gewährens, die mit ihren feinen Gesinnungen die Ausschweifung stillschweigend ausschlossen, schuf auch und gerade die Grundlage jener Kräfte, mit denen er im letzten Leben erstens ein vorbildliches Eheleben und zweitens und vor allem ein vollkommenes Asketenleben bis zur vollendeten Heiligkeit führen konnte. Darin liegt überhaupt das

Geheimnis der Tugend der Keuschheit beschlossen: Man muss bereits höheres und feineres Wohl besitzen, bevor man reif und fähig zur vollen Keuschheit ist. Und dieses Wohl gewann der Erwachte und gewinnt jeder aus der gewährenden Haltung und all ihren Verästelungen und Anwendungsmöglichkeiten. Die beiden vom Bodhisattva früher intensiv geübten Haltungen, die Vollkommenheit des Gebens und die Vollkommenheit der wohlwollenden Liebe (*mettā*), zwingen geradezu die Keuschheit herbei, zumal der Bodhisattva die Einhaltung des Feiertages (*Uposatha*) ebenso strikt erfüllte, also jeden siebten Tag schon die Keuschheit einhielt.

Das indische Wort für Keuschheit, *brahma-cariyaṃ*, hat vor allem einen positiven Klang, indem es auf das religiöse Leben und das Streben nach einer solchen inneren Selbstständigkeit ausgerichtet ist, wie sie ein Brahma besitzt. Brahma ist der große Liebende, und der Brahmacārin muss um diese All-liebe (*mettā*) bemüht sein, wenn er die sinnliche Liebe (*methuna*) überwinden will, wobei bezeichnenderweise im Indischen beide Begriffe von der gleichen Wurzel abgeleitet sind, die „Treffen, Begegnung" bedeutet. *Methuna* ist die leibliche Begegnung der Geschlechtsorgane, *mettā* ist die seelische Begegnung ichloser Liebe. Wo wenig *mettā* ist, da ist viel *methuna*; wo wenig *methuna* ist, da ist viel *mettā*; wo *mettā* wächst, da schwindet *methuna*. Als Zwischenstufe zwischen Sexualität und Zölibat steht der liebevoll gewährende Umgang mit dem Geschlechtspartner, wodurch allmählich das seelische Element mehr dominiert und das leibliche zurücktritt. So lassen sich mehrere Stufen erkennen: Sexus der Ausschweifung, Sexus mit Gewähren, Eros ohne Sexus, Agape auch als Überhöhung des Sexus. Oder: Am Anfang des Heilsweges hört man den Buddha vom Ideal des vollkommen geläuterten *Brahmacaricaṃ* sprechen; in der Mitte des Weges kommt die Erwägung auf, dass es nicht leicht sei, dies inmitten des Hauslebens Punkt für Punkt zu erfüllen, so dass man sich um immer mehr *mettā* bemüht; am Ende des Weges aber steht der Heilige, der von sich weiß: „Vollendet ist das *Brahmacaricaṃ*."

Dieser ganze Weg lässt sich wiederum in viele kleine Schritte der Sublimation teilen. Dabei sind Rückgriffe auf das unter A Gesagte und Vorgriffe auf spätere Kapitel unvermeidlich, wenn die allmählichen und fließenden Übergänge vor den Blick gerückt werden sollen. Die sieben vom Buddha einmal genannten Entwicklungsstufen zur vollkommenen Keuschheit (A VII 47) lassen sich aus Lehre und Leben noch durch weitere Stadien unterscheiden:

(1) Wenn durch Zunahme an Liebe (mettā) der Partner nicht mehr nur wegen des Geschlechtsaktes gesucht wird (A V 192), wenn sich also das wechselseitige Habenwollen in Gewähren zu wandeln beginnt, dann führt das allmählich schon über das Menschentum hinaus, zu menschenähnlichen himmlischen Geistern, bei denen die Geschlechtsbeziehungen derart verfeinert sind.

(2) Auf diesem Wege zunehmender Liebe wird man innerlich reicher und kann dann irgendwann den Geschlechtsakt als grob hinter sich lassen und sich mit Kuss und Streicheln begnügen, wie in einigen christlichen Kreisen auch. Das weist in jene Dimension engelhafter Götter, bei denen die Zeugung darin besteht, bloß den Nabel des Partners zu berühren.

(3) Auf der nächsten Stufe hört die direkte körperliche Berührung auf und die Geschlechter vergnügen sich nur noch mit Scherz und Spiel und freundlichem Gehaben, wie gewisse spielfreudige lustige Götter.

(4) So wächst dann jene keusche Ehe heran, wo nur noch die Vermählung der Blicke gesucht wird, als weiter verfeinerte Form der seelischen Begegnung der Geschlechts-

partner. Der Blick, das Du, genügt als Anerkennung. Und das ist ein Bereich noch stillerer Götterwesen.

(5) Nach dem Abschiedsblick beginnt die Selbstständigkeit, wo man versucht, ohne Partner glücklich zu sein. Da werden aber zunächst noch die Sinne zum anderen Geschlecht wandern, besonders um die so andere weibliche Stimme zu hören: „So lauscht er hinter Wall oder Mauer auf die Stimme des Weibes, wie es lacht, redet, singt oder weint".

(6) Doch früher oder später merkt der mönchisch zu leben Bemühte – von ihm ist inzwischen die Rede – die Wahrheit des Satzes „Die Sinne nicht zügeln, gefährdet die Keuschheit" (A X 73). Wenn er sich auf der Straße nach Frauen umguckt, ihren Blick sucht, ihren Duft einzieht, ihre Stimmen gern hört usw., dann bringt das Verstörung und Aufwühlung mit sich.

(7) Wenn er auch die fünf Sinne zügelt, dann mag er doch noch manchmal an seine einstigen Scherze, Plaudereien und Tändeleien mit dem Weibe, halb sehnsüchtig, denken. Und das macht ihm das Herz schwer.

(8) Wenn er dann in solcher Schwermut sieht, wie die Bürger heiter dahinleben und sich fröhlich mit dem Geschlechtspartner vergnügen, dann kommt leicht ein gewisser Neid auf: „Ach, die dürfen noch." Und dann sucht sich die Sinnenlust in Träumen einen Ausweg.

(9) Auf dieser Stufe muss der Mönch mit der Versuchung vieler Asketen zur Onanie kämpfen, die so leicht und nahe liegt und auch im Orden nicht auffällt. Darum ist sie zu beichten, und Verschweigen gilt als bewusste Lüge im Orden.

(10) Wenn es gelungen ist, dieser Verführung durch Dämonen – so sehen es jedenfalls viele Asketen an – durch Standhaftigkeit zu entgehen, dann wird damit den sexuellen Träumen die Basis entzogen, so wie es von einem brahmanischen Meister lobend hervorgehoben wurde: „... er hatte Paarung nie begehrt, ertrachtet auch im Traume nicht" (Sn 293).

(11) Damit werden auch die Samenergüsse unfreiwilliger Art auf immer größere Zeitabstände verteilt, bis sie einmal ganz aufhören mögen – so wie es Cassian sehr anschaulich von den ersten Wüstenvätern berichtet (*Collationen* Nr. 4, 12 und 22).

(12) Trotzdem mag es – wie auch große Asketen berichten – manchmal noch rein gedanklich plötzliche Versuchungen sexueller Art geben. So berichtet St. Franziskus von solchen Vorstellungen, denen zu entgehen er sich in den Schnee zur Abkühlung warf. Oder St. Benedikt warf sich dabei in eine Dornenhecke, um wieder zur Besinnung zu kommen.

(13) Eine noch höhere Stufe ist es, wenn selbst bei aufdringlichen äußeren Reizen auch kein tief verborgener Trieb mehr da ist, der geweckt werden könnte. So geschah es dem jungen St. Bernhard, dass ihn in einer Herberge die Wirtstochter verführen wollte: Er aber zog seine Kapuze über die Ohren, drehte sich gegen die Wand und sagte, die andere Hälfte der Holzpritsche könne sie haben. In Kanon wird ebenfalls berichtet, es sei eine hohe Stufe, sich von solchen Versuchungen als Sieger loszureißen (A V 75-76).

(14) Die Vollendung der Keuschheit aber liegt darin, dass ein Heiliger unfähig wird, noch jemals wieder der Unkeuschheit irgendwelcher Art erliegen zu können. Er hat das Ergänzungsbedürfnis restlos überwunden, weil er alles Fehlende an Kräften, die der Mensch sonst beim Partner sucht, selber in sich hat.

STUFE FÜNF: RECHTER WANDEL

22. Ernährung

„Hütet euch aber, dass eure Herzen nicht beschwert werden mit Fressen und Saufen und mit Sorgen der Nahrung.“ (Luk. 21, 34)

„Was immer man zur Unzeit isst, gibt keine Kraft.“ (A V 228)

Das Gebot der rechten Lebensführung beginnt mit der Ernährung. Rechte Lebensführung als letztes und achtes Tugendgebot zielt darauf ab, das gesamte Leben allmählich immer schlichter zu machen. Am leichtesten fällt dies relativ noch auf dem Gebiete des Essens. Der gewöhnliche Mensch, der ganz in den Sinnen lebt, überschätzt die Bedeutung des Essens sehr und macht aus der für die Lebenserhaltung notwendigen Nahrungsaufnahme einen regelrechten Kult, mit welchem er einen großen Teil der Langeweile und Öde des sinnlichen Lebens zu vertreiben sucht. Bei der buddhistischen Lebensführung geht es hier darum, alles Unnötige allmählich zu lassen und der Faszination des Essrausches nach und nach zu entgehen. Als Stufen dafür und dabei lassen sich etwa folgende denken:

(1) Als allererstes soll das Essen nicht auf Kosten anderer gehen. Wir pflegen herablassend auf die primitiven Wilden zu blicken, die da Menschenfresser sind, aber dass wir selber Tierfresser sind, bekümmert uns meist gar nicht. Das erste Gebot der Ernährung lautet: Ich will nicht aus Geschmacksgier freiwillig Fleisch und Fisch kaufen und mich so am Tiermord beteiligen. Wo es mir aber vorgesetzt wird, werde ich nicht allerlei Umständlichkeiten machen, sondern es ebenso essen wie die Mönche des Buddha auch. Da trifft mich kein Gewissensvorwurf.

(2) Als zweites soll das Essen auch nicht zur eigenen Beschwer sein, soll nicht mir selber schaden. Wenn ich aber als Vielfraß den Magen überlade und als Schleckermaul dauernd Zucker esse, dann behandle ich den Körper unzweckmäßig und schaffe mir mancherlei Leiden an, von Gallensteinen bis zu Zahnfäule. Meinen eigenen Interessen schade ich ja dadurch. Es wäre unvernünftig, ebenso wie Tiermord unmoralisch ist.

(3) Wenn ich auch weder andere noch mich durch Essen physisch beschwere, so kann ich mich doch noch geistig mit Essengedanken beschweren. Der sinnliche Mensch überbewertet das Essen und denkt dauernd an Vitamine und Kalorien. Auch wenn er aus ethischen Gründen Vegetarier wird, dann ersetzt er die kulinarischen Genüsse der Fleischesser oft durch vegetarische Extravaganzen, die ebensolchen Aufwand erfordern. Das Gebot der Vernunft aber heißt, einfach zu essen und sich nicht durch das Essen so viel Zeit rauben zu lassen und zu viel Umstände und Umständlichkeiten damit zu verbringen. Eine gewisse Abwechslung braucht man, aber das Maß pflegen wir hundertfach zu übertreiben. Damit ketten wir den Geist an die Materie und verringern die Zeit, uns mit Nützlicherem zu befassen.

(4) Welchen Nutzen hat es, immer wieder zwischen den Mahlzeiten etwas zu knabbern und zu kauen, wie ein Kaninchen, das dauernd vor sich hin muffelt? Kaugummi, Bonbons, Chips, Eis, Zigarette, Schokolade – all das sind nutzlose Beschäftigungen des Verdauungsapparates.

(5) Das alles dient im Grunde der Langeweile und Abwechslungssucht. Der Schmecksinn soll, wie auch die anderen Sinne, dauernd berieselt werden. Die Mahl-Zeiten, d. h. die Zeiten, wo die Zähne etwas zu zermahlen bekommen, werden so zum

Dauerzustand. Der Mund hat dauernd Öffnungszeit. Ist das nicht ausgesprochen primitiv und tierisch? Das kann ein vernunftbegabter Mensch doch lassen.

(6) Wenn ich dreimal am Tag eine Mahlzeit einnehme – morgens wie ein König, mittags wie ein Bürger, abends wie ein Bettler, wie es das Sprichwort empfiehlt – dann habe ich doch reichlich genug. Wozu dann noch die diversen Zwischenmahlzeiten, das zweite Frühstück, die nachmittägliche Kaffeestunde, das spätabendliche „Nachtmahl"? Das ist doch völlig überflüssig.

(7) Wenn ich mich längere Zeit so geübt habe und außerhalb der drei Mahlzeiten nichts kaue, dann mag ich mich auch bereitfinden, alle sieben Tage den Feiertag einzuhalten und das heißt unter anderem auf das Abendessen zu verzichten. Die Mönche leben ihr ganzes Leben ohne Abendessen. Wenn ich ihnen alle sieben Tage nachfolge, ist das doch sehr milde im Verhältnis zu den guten Folgen.

(8) Wer längere Zeit den Uposatha-Tag derart einhält, der merkt, wie er gar nichts entbehrt. Er mag dann in seinem Urlaub, wo er Ruhe und Ausspannung erlebt und sich von der Lehre ernährt, jeden Tag dazu übergehen, das Abendessen fortzulassen. Da der Verschleiß hier geringer ist, ist auch kein Bedarf nach Überfüllung des Leibes.

(9) Erst auf diesem Wege gewinnt einer allmählich die sichere Grundlage, nun schließlich ganz auf das Abendessen zu verzichten. Er behält ja noch zwei Drittel der Essenszeiten. Aber er merkt, – sofern er keine schwere Arbeit hat – dass er das Abendessen nach einiger Umgewöhnung gar nicht mehr vermisst; es hatte also bisher den Organismus vor der Nachtruhe noch einmal auf Hochtouren gekurbelt – wer es merkt, der merkt es eben – und dann fällt es nicht schwer, auf solchen Ballast zu verzichten und das Leben weiter zu erleichtern. Das ist weit besser als alle Fastenkuren. Es ist das maßvolle Dauerfasten, das Asketen Indiens schon immer pflegten.

(10) Dagegen stehen die Regeln, die im bürgerlichen Leben mit dem Essen zusammenhängen und bei uns so wichtig genommen werden, in ihrem Rang weit, weit unter den vorstehenden Regeln des Erwachten. Es handelt sich hierbei um die Regeln der Ästhetik bei Tisch, die im Vinaya an letzter Stelle genannt werden:

(11) Nicht hastig die Speisen hinunterschlingen, nicht schmatzen, nicht den Teller zu voll nehmen, eben nicht grob und unfein essen, nicht tierisch, sondern menschlich. Wir gucken schief, wenn jemand Fisch mit dem Messer isst, aber dass die Leiche eines umgebrachten Fisches auf dem Tisch steht, finden wir nicht unästhetisch. Unsere Ästhetik ist gründlich verdorben!

(12) Schließlich geht es noch darum, beim Essen nicht so wählerisch zu sein, das eine stark zu bevorzugen, beim anderen die Nase zu rümpfen und es zurückzuschieben. Hier kann man sich darin üben, beim Essen nicht so eigenwillig zu sein und sich bemühen, Zufriedenheit zu bewahren, was immer auf den Tisch kommt.

(13) Alle bisher genannten zehn Essenregeln kann auch der Laie im bürgerlichen Leben einhalten. Nun aber beginnt erst das spezifisch Mönchische auf dem Gebiet des Essens. Der Mönch bereitet sich selber kein Essen, er kann nicht auswählen, er ist völlig abhängig von dem, was die Spender ihm geben, wenn er auf den Almosengang geht, so wie es auch die christlichen Bettelorden ursprünglich taten (Franziskaner, Dominikaner). Er mag auch eingeladen werden, es mag ihm auch das Essen von Laien ins Kloster gebracht werden, aber er soll es nie selber bereiten, keinen Herd haben, keine Küche, sondern abhängig sein von seinen guten Werken. Das ist das Wagnis des Mönchtums – aber noch kein echter Mönch ist verhungert, wenngleich der normale Mensch zu geringen Glauben auch an solche Aussprüche Christi hat, nicht für den morgigen Tag zu sorgen.

(14) Als Mönch gibt es dann nur noch die eine weitere Bemühung, nämlich Maßhalten beim Essen, und das gehört schon zur Dimension der Sinnenzügelung, die unten zu besprechen sein wird.

(15) Zwar soll sich der Mönch beim Maßhalten vor Augen führen, dass die Unabhängigkeit von der Nahrung, wie sie die Götter besitzen, das Ziel ist, aber die völlige Nahrungslosigkeit, wie sie manche christlichen Mönche und Nonnen praktizierten, wird im Buddhismus nicht gepflegt – die paar Jahre des Leibeslebens mögen auch noch so dahingehen. Wenn dann künftig nie wieder Essensfragen auftauchen, weil man den Leib nicht mehr durch grobe Nahrung zu erhalten braucht, dann ist das Ernährungsproblem restlos gelöst.

23. Freizeit und Umgang

„Sage mir, mit wem du umgehst,
so will ich dir sagen, wer du bist.“ (Sprichwort)

In edlem Umgang sei gesellt, so wächst die Weisheit bald empor:
wer edlen Umgang eifrig übt, mag enden alles Leiden lind. (Thīg 214)

In der Zeit, wo ich weder schlafe und esse noch arbeite, d. h. wo ich Freizeit habe, bin ich am stärksten der Welt ausgesetzt. Der Mensch kann auf die Dauer nicht allein sein, sondern er braucht weit länger, als er glaubt, Gesellschaft, Begegnung, Austausch. Darum ist es so wichtig, dass die Freizeit, in welcher dieser Umgang an stärksten stattfindet, richtig genutzt wird. Man muss sich prüfen, wie man seine Freizeit verbringt, und man soll sich dann fragen, ob dabei noch Verbesserungen möglich sind.

(1) Die schlechteste Gesellschaft sind böse Geister. Die aber ziehe ich durch Rauschgift und Alkohol in Massen an. Da setze ich mich, natürlich aus Unwissen, dem verderblichsten Einfluss unterschwelliger Werbung aus, nämlich den Stimmen der Tiefe, des Lasters, der Dämonie. Die Folge davon ist irgendwann Besessenheit, d. h. ununterbrochene Gesellschaft böser Geister in meinem Leibe, der ihr Spielball wird. Dass der Süchtige, der sich voll laufen lässt, allein sei, ist eben sein Wahn. Damit fängt sein Wahnsinn schon an. Weil er aus innerer Öde und Leere überhaupt nicht allein sein kann, aber die Kraft zu menschlichen Bindungen nicht aufbringt, deshalb verfällt er dem Teufel des Alkohols, der Dämonie den Rauschgifts.

(2) Die sichtbare Seite der Unterwelt ist das, was auch im Menschentum Unterwelt genannt wird, das zwielichtige Milieu der Kaschemmen, Spelunken, Bordelle, Spielhöllen, das immer wieder die labilen Menschen anzieht wie die Motten das Licht. Die Gesellschaft mit der Unterwelt führt schnell zu Ruin an Leib und Seele. Nach der Gesellschaft mit Dämonen ist dies die nächstschlechte Gesellschaft, der auch die sogenannte gute Gesellschaft oft verfällt.

(3) Nur äußerlich etwas weniger wild und roh, sozusagen die kalte Seite der Unterwelt, ist das Leben der Glücksspieler und Spielernaturen, die in staatlich konzessionierten Spielkasinos in Gesellschaft Gleichgesinnter verkommen. Wer dem Spielteufel verfällt, ist nicht weniger gefährdet und dem dämonischen Kreis angeschlossen, weil er einen Frack trägt. Jede Form von Glückspiel ist eine Affinität zur verderblichen Gesellschaft von Glücksrittern und Spielteufeln.

(4) Die bürgerlich gemäßigte Form derart extremer schlechter Gesellschaft ist das sich Herumtreiben: auf der Straße, auf Fußballplätzen, auf Reisen, auf dem Tanzboden, in politischen Versammlungen, Kinos, Klubs, am Stammtisch. Aus Budenangst sucht

man Geselligkeit um jeden Preis, sucht auf der Flucht vor sich selber Sensationen und Zerstreuungen. Man geht hin, wo was los ist, ziemlich egal was. Weil einem, wie man so treffend sagt, die Decke auf den Kopf fällt, läuft man vor diesem Druck davon. Und solche Menschen, die alle vor sich davonlaufen, begegnen sich an jenen Stätten. So potenziert sich dort die innere Öde.

(5) Die alltägliche Langeweile wird durch wahllose Berieselung von Zeitungen, Illustrierten, Radio, Fernsehen übertönt. Weil man die Stille nicht aushält, weil man die Freizeit allein nicht ertragen kann, sucht man Ablenkung, Unterhaltung, Zerstreuung. Worüber sollte man auch im Büro, mit dem Nachbarn, am Familientisch reden, wenn nicht von dem, wovon alle reden, von den Füllmitteln der Öde?

(6) Eine gezieltere Form der Unterhaltung durch Geselligkeit sind dann die Vereine und Klubs mit gemeinsamen Interessen, die etwas über Kartenspiel und Kaffeekränzchen hinausgehen. Da beginnt eine Sublimierung der Geselligkeit durch eine gemeinsame Beschäftigung, die dann erstmals auch einen Nutzen haben kann, sei es für den Körper (Wandern, Schwimmen, Gymnastik), sei es für die Seele (karitative Tätigkeit, gute, gemütvolle Musik) oder den Geist (entsprechende Vorträge). Der Schritt von der schädlichen oder sinnlosen Geselligkeit zu diesen Formen einer nützlichen Unterhaltung ist für viele Menschen schon schwer genug, aber umso notwendiger, weil nur so eine Sublimierung auf diesem Gebiet eintreten kann.

(7) Eine nächste Stufe wäre dann die Gemeinschaft mit existentiellen und religiösen Interessen, d. h. zur Förderung in Tugend und Erhellung. Der Übergang von der vorigen zu dieser Gruppe ist durchaus fließend, wie sich schon am Beispiel religiöser Musik alter Meister zeigt. Wer nicht die Fähigkeit erworben hat, in einer sachlich konzentrierten Gruppe der vorigen Art den zerstreuten Geist zu sammeln, der wird auch in einem religiösen Kreis keinen Nutzen haben sondern nur störend wirken. Er muss sozusagen zurückversetzt werden in die Vorschule und erst einmal lernen, geordnet mit seinem Geist in Gesellschaft zu hantieren. Gespräche, gemeinsame Lesungen und Besinnungen, Anhören von Vorträgen in natura oder vom Band – das sind die Mittel dieser Gemeinschaftsbildung.

(8) Auch hier geht der Übergang unmerklich zu einer weiteren Stufe über, wo man nur noch den Erwachten selber hört und ihn als den besten Freund erkennt. Eine Gemeinschaftsbildung, die nur noch aus mir und dem Buddha und seinen Mönchen besteht – mittels der Lehrreden – ist schon ein recht hoher Grad von Selbständigkeit. Meist überschätzt man sich und glaubt zu früh, auf alle andere Gesellschaft verzichten zu können. Erst wer es nicht mehr nötig hat, Brücken zwischen seiner Zeit und der Zeit des Buddha zu schlagen, der ist unabhängig von Gesprächen mit seinen Zeitgenossen und kann allein dem Buddha lauschen. Gewöhnlich wird sich dies aber in einem Mischungsverhältnis darstellen, bei dem nur sehr allmählich der unmittelbare Zugang mit den Lehrreden zunimmt.

(9) Auf dem genannten Wege der allmählichen Gewöhnung an erhebenden Umgang mag man dann fähig werden, sowohl in der Gesellschaft wie bei der Arbeit wie in der Einsamkeit überwiegend Heilsames zu denken und damit das zu verwirklichen, was in der Gesinnung der Entsagung vorprogrammiert wurde. Da wird man dann fähig, sich nun in die Gesellschaft derer zu begeben, die die Läuterung zum Beruf gemacht haben, die Mönche des Buddha. Dann fallen Freizeit und Beruf sozusagen zusammen. Dann sucht man die Gesellschaft derer auf, die die Selbständigkeit anstreben und ausschließlich einen dafür förderlichen Umgang wählen. Inwiefern es einen solchen Orden wie zur Zeit des Buddha und 500 Jahre danach, heute noch auf Erden gibt, ist eine andere Frage.

(10) Die Spitze der guten Gesellschaft ist dann, dass man statt mit Dämonen nun nur noch mit Engeln und guten Geistern umgeht. Unsichtbar bestand diese Gesellschaft schon lange auf dem Wege – jetzt mag sie auch sichtbar werden. Das ist dann die höhere Unterhaltung der Asketen und Mystiker, dass sie sich mit Jenseitigen unterhalten, natürlich nicht mit schwatzhaften Geistern, sondern nur mit solchen, die etwas zu bieten haben, z. B. früheren Mönchen des Buddha. Dadurch rückt die Gesellschaft der Lehre noch näher. Doch diese Oberstufe der guten Freunde und des heilsamen Umgangs geht so weit über das Verständnis der Menschen hinaus, dass es schwer ist, hier überhaupt eine Vorstellung zu gewinnen. Wie dem auch sei, der Heilige ist der einzige, der keinerlei Umgang mehr nötig hat, weder diesseitigen noch jenseitigen, denn solange man noch Durst hat, ist man immer noch in Gesellschaft, sagt der Buddha. Der Heilige als Versieger des Durstes ist autark, und zwar für immer. Er hat das Problem des Umgangs gelöst.

24. Besitz

„Ihr sollt nicht Schätze sammeln auf Erden,
da sie die Motten und der Rost fressen
und da die Diebe nachgraben und stehlen.
Sammelt euch aber Schätze im Himmel,
da sie weder Motten noch Rost fressen
und da die Diebe nicht nachgraben und stehlen,
denn wo euer Schatz ist, da ist euer Herz.“ (Matth. 6, 19-21)

O wie so glücklich leben wir,
die wir gar nichts besitzen, nichts!
Von Heiterkeit durchsättiget
wie lichte Götter strahlen wir. (Dh 200)

Zur Vereinfachung des Essens und zur Sublimierung des Umgangs kommt als drittes Merkmal mönchischen Daseins die größtmögliche Reduzierung des Besitzes. Freiwillige Armut ist eines der Merkmale, die Mönch und Bürger unterscheiden. Beim modernen Menschen dagegen zeigt sich die Tendenz, allen Besitz auch zum Eigentum zu haben. Er will eine Sache nicht nur mieten, leihen, pachten und benutzen dürfen, sondern er will sie zum Allein-Eigentum besitzen, um mit ihr nach Lust und Laune schalten zu können, wozu auch gehört, dass er sie wegwerfen kann, wenn er keine Lust mehr an ihr hat. Eigentumssucht ist so auch Zerstörungssucht. Diese Tendenz, alles als Eigen haben zu wollen, ist eine Herrschsucht über die Dinge, ist Ausbeutungswille im Kleinen wie im Großen. Es ist im Grunde das deutlichste Zeichen des Materialismus. Wie überall, so gibt es auch hier zahlreiche Formen des allmählichen sich Lösens von der belastendsten Vielfalt, eben eine schrittweise Annäherung an eine Besitzfreiheit.

(1) Statt vier Wohnungen zu besitzen – außer der Stadtwohnung ein Heidehaus mit Reitstall, ein Sommerhaus an der Riviera mit Segelyacht, eine Eigentumswohnung für den Winterurlaub auf Teneriffa – würde doch eigentlich eine einzige genügen. Und die eine Wohnung könnte man mieten. Ebenso könnte man für den Urlaub eine Unterkunft mieten, auch Reitpferde und Segelboote. könnte man mieten, und man brauchte auch kein Eigentum an einem Swimmingpool, sondern könnte baden wie früher auch. Man kann den aufwändigen Lebensstil eines bürgerlichen Highlife beibehalten, aber

ein wesentlicher Fortschritt wäre es schon, dabei den Eigentumswahn aufzugeben und sich auf einen einzigen Ort zu beschränken.

(2) Schwerer wird es dem modernen Menschen (auch wenn er nicht fern von Arbeits- und Einkaufsstätte wohnt, statt eines (oder gar mehrerer) Autos sich für die wenigen notwendigen Fälle einmal ein Taxi zu nehmen oder einen Leihwagen – so wie auch früher nicht jeder eine eigene Kutsche besaß. Aber das ganze Ich sträubt sich dagegen, „sein" Auto aufzugeben. Lieber hungern als das! Dabei könnte jeder Mensch, schon durch mittlere Grade von Tugend innerhalb der Jahre irdischen Lebens, dahin kommen, dass er nach dem Tode das besitzt und zu Eigen hat, was die Inder *vimāna* nannten, einen himmlischen Wohnwagen, der mit einer palastartigen Wohnung identisch ist.

(3) Und muss man innerhalb der eigenen Wohnung denn unbedingt in Kacheln und Parkett wohnen, umgeben von einer reichhaltigen Ausstattung schnurrender Elektrogeräte? Muss man unbedingt ein oder zwei Dutzend elektrischer Maschinen in seiner Wohnung aufstellen? Muss man den Individualismus des „Fortschritts" immer noch weiter ausdehnen und sich damit immer abhängiger machen? Ist es denn so schwer, den Zusammenhang zwischen Umweltverschmutzung und steigendem Stromverbrauch zu erkennen?

(4) Statt ein eigenes Schallplattenlager aufzutürmen, könnte mancher auch ins Konzert gehen. Statt dass sich jeder ein Heimkino des Fernsehens einrichtet, könnte mancher ins normale Kino oder Theater gehen. Statt bei sich die Bücher bis an die Decke in Borden aufzubauen, könnte man manche auch in einer Bibliothek ausleihen. All die Bücher, die man nur wegen des schönen Rückens oder der Buntheit oder wegen irgendeiner Erinnerung hat, aber doch nie wieder liest, könnte man diese Staubfänger nicht entbehren?

(5) Ist es unbedingt nötig, aus seiner Wohnung ein Gewächshaus und einen Zoo zu machen? Genügen nicht Blumen im Garten oder im Sommer auf dem Balkon? Genügt es nicht, draußen Vögel zu füttern, statt sie in Käfigen gefangen zu halten? Und ist es etwa sinnvoll als „Statussymbol" teure Hunde in seine Wohnung zu holen, sie vielleicht in einem Hochhaus zu halten? Was auf dem Lande, überhaupt zu Wachzwecken, angebracht sein kann, ist es als sozialer Ersatz gewiss nicht.

(6) Und müssen alle Schränke vollgestopft sein mit Geschirr und Kleidung und tausend Dingen, die man längst vergessen hat und die einem erst beim Umzug entgegenquellen? Muss jeder ein Warenhaus in der Wohnung haben? Ich kann doch nur von einem Teller essen, nur mit einem Besteck, kann nur auf einem Stuhl an einem Tisch sitzen und nur einen Wintermantel anziehen usw.

(7) Gegenüber der Schlichtheit des Mönches, der nichts besitzt als Mantel und Schale und ein paar Kleinigkeiten, ist unsere schlichteste Wohnkultur mit den obigen Vereinfachungen immer noch der reinste Luxus. Die Begründer der größten Kulturen – Christus und Buddha – besaßen gar nichts zu eigen. Was Christus dem armen Jüngling sagte, befolgten Tausende von Mönchen in Ost und West und erlangten dafür inneren Reichtum. Demgegenüber ist eine gewisse vernünftige Reduzierung unseres Besitzes doch wahrlich nicht unmöglich. Ohne Einbuße an Genussbefriedigung kann man doch das Überflüssigste aufgeben, d. h. die Herrschaftsansprüche auf Eigentum, indem man alles nur als geliehen betrachtet.

(8) Aber – so wird eingewandt – kann man nicht alle Dinge haben und doch nicht daran hängen, wie es in M 66 geschildert ist? Gewiss, das kann man – aber wer ist „man"? Brächte der Abendländer es fertig, unerschüttert danebenzustehen, wenn sein

ganzer Berg an Eigentum in Flammen aufgeht ohne ein dickes Bankkonto zu haben, mit welchem er sich noch modernere Sachen statt der alten anschaffen würde? Nur wer so loslassen könnte, der könnte haben, ohne daran zu hängen. Der Buddha hat keinen Hausner wegen Besitzes getadelt, wohl aber wegen der geizenden Eigensucht – und das eben ist die Sucht nach Eigentum anstelle von bloßem Besitz.

(9) Am Feiertag soll der Hausner einmal in der Woche den Luxus hinter sich lassen, sich nicht schmücken und putzen und herausstaffieren, auch nicht prächtige hohe Lagerstätten benutzen. Mehr verlangt der Buddha vom Laien nicht. Für den Mönch aber gibt der Erwachte zahlreiche Regeln über die Reduzierung des persönlichen Besitzes und des kollektiven Ordenseigentums, denn am Besitz unterscheiden sich Mönch und Laie am meisten. Und mögen Hippies und moderne Karikaturen der Jugendbewegung in vieler Hinsicht exzentrisch und überspannt sein – bei allen Absurditäten könnten sie in einer Hinsicht doch vernünftiger sein als die Etablierten, nämlich in der Frage der Verwerfung der Eigentumssucht.

(10) Ein Heiliger kann nicht mehr im Besitze als Hausner leben, und wenn er als Laie heilig geworden sein sollte – wie es zu Lebzeiten des Buddha gelegentlich vorkam – dann könnte er nur entweder am gleichen Tage sterben oder sofort Mönch werden. So unvereinbar sind Eigentum und Ichlosigkeit, wie sie der Heilige in Vollkommenheit erreicht hat.

25. Beruf

> *„Erinnere dich, dass unter allen menschlichen Angelegenheiten keine mit so vieler Bedachtsamkeit erwogen und geprüft, auf keine mehr Zeit zum Überlegen verwendet worden soll, als auf die Wahl der Lebensweise, die wir zu beginnen und bis an unser Ende zu führen gedenken.“* (Ludwig von Granada)

> *„Unrechtes Leben tauscht er einst mit rechtem ein, gewann Erwerb durch saub're Mühe, nach Gebühr: was keinem frommt, vermied er; nur was frommen kann, den Leuten Wohl vermitteln, das erkor er gern.“* (D 30 XX)

Der Beruf füllt die Hauptzeit des bewussten Lebens aus. Er prägt am stärksten die Gewöhnung des Umgangs mit dem Sinnenwerkzeug (Leib) und mit der Sinnenwelt. Nicht ohne Grund wird daher vom Buddha die Läuterung des Berufs als letzter der vier Bereiche der Lebensführung genannt. Denn hier die Vollkommenheit zu erlangen, ist schwerer als bei Ernährung, Umgang und Besitz. Im Beruf muss man sowohl mit den Dingen wie mit den Menschen umgehen, und er ist die Basis für den Broterwerb (Ernährung), also umfasst er abschließend alle drei bisherigen Bereiche mit. Der Beruf steht *pars pro toto* für die Lebensführung überhaupt.

Während bei uns die Frage der Berufswahl meist große Schwierigkeiten bereitet, gar manches Leiden und Schwanken, weshalb bei uns eine Berufsberatung notwendig wurde, bestand dieses Problem im Indien des Buddha überhaupt nicht. Dort war die Berufswahl dadurch erfolgt, dass man bereits mit der Inkarnation in eine der vier Kasten den Beruf gewählt hatte. Die Berufswahl lag also bereits hinter einem. Was einer im früheren Leben sich angewöhnt hatte, das ließ ihn bei einem Vater geboren werden, der aus der gleichen Kaste war, und damit war das Berufsproblem erledigt. Die einzige Wahl war jetzt nur noch, ob man bei den bürgerlichen Berufen der vier Kasten bleiben wollte oder ob man stattdessen den geistlichen Beruf des Asketen ergreifen wollte. Das war die Berufswahl, das war das Berufsproblem. Es fällt uns schwer, diese beiden Hintergründe zu erfassen und überhaupt die Ausgangslage der Berufsfrage in damaliger Zeit zu verstehen.

Für uns stellt sich nur die Frage, wo man unter Berücksichtigung der eigenen Anlagen am meisten Geld, am meisten Ehre und am meisten Interessantes im Beruf erleben kann. Dabei ist das Können der Anlage meist auch ein Müssen, d. h. ein Drang zur Betätigung und Beschäftigung auf diesem Gebiet. Der Beruf soll uns also auf zwei Gebieten Erfüllung der Triebe bringen: der inneren Triebe nach Betätigung und der äußeren Triebe nach Besitz, Genuss und Macht. Die Frage, ob und wieweit der Beruf heilsam ist, d. h. für unser Seelenheil förderlich ist, stellt sich kaum. Das aber ist die wichtigste Frage. Es geht also darum zu prüfen, ob der gewählte oder zu wählende Beruf heilsam ist:

(1) Der unheilsamste Beruf ist der, bei dem man Menschen und Tieren Leiden zufügt und auf ihre Kosten lebt. So nennt der Buddha fünf verwerfliche Berufe, die der Laie nicht ausüben soll: Handel mit Waffen, mit Lebewesen, mit Fleisch, mit Rauschmitteln, mit Giften (A V 177). Dieser Hinweis wird nun oft als Definition des falschen Berufes überhaupt genommen, und dann ist man eben zufrieden, die rechte Lebensführung zu erfüllen, wenn man diese fünf Arten des Handels nicht betreibt. Das ist eine der vielen Verdrehungen der Lehre. Einmal sind Berufe wie Henker, Kerkermeister, Jäger, Fischer (M 60) nicht weniger übel, und vor allem schneidet man sich die ganze folgende Skala der Berufsläuterung ab.

(2) Unheilsam sind ferner Berufe, bei denen man nur sinnlose Triebe anderer weckt, gleichgültig ob es Gier ist (Reklame) oder Hass (Agitator). Dadurch schadet man anderen gewaltig, indem man sie unzufrieden und unglücklich macht. Das eigene Wohl (Broterwerb) wird hier auf dem Wehe anderer aufgebaut.

(3) Alle unmoralischen Berufe lassen sich bereits unter diesen beiden ersten Gruppen einordnen. Bei manchen gibt es außerdem, mehr oder weniger, auch noch eine eigene Gefährdung durch den Beruf, z. B. bei einer Tätigkeit in Kneipen, Spelunken, Diskotheken, Bars usw. Das rauschhafte Milieu verführt auch den Guten leicht. Wenn schon der gelegentliche Umgang mit Rauschverliebten unheilsam ist, so erst recht der tägliche.

(4) Ein Beruf, wo ständig Hetze und Hektik herrschen, über das normale Maß des Abendländers noch hinausgehend, ist unheilsam. Wenn man immer unter Termindruck, Zeitnot, Nervosität steht, wird man unfähig zur Besinnung.

(5) In jedem Beruf besteht die Möglichkeit, ihn zur Raffgier zu benutzen, um immer mehr zu verdienen. All das Anpreisen und Ausbauen, die Umsatzsteigerung usw. sind bloß Vergrößerungen der Sorgenlast, sind sinnlose Weltausbreitung. Der Beruf soll mir mein Auskommen sichern, alles andere ist von Übel.

(6) Und ebenso kann man jeden Beruf zum Ehrgeiz, zur Postenjägerei, zur Beförderungssucht benutzen. Man sucht dann immer mehr Einfluss in Räten, Ehrenämtern – und um dieser Sucht entgegenzukommen, werden immer mehr Räte geschaffen. Ein Beruf, in dem man keine Aufstiegschancen hat, braucht daher für einen Buddhisten nicht der schlechteste zu sein. Man kann da immer bescheiden derselbe bleiben.

(7) Ein Beruf, der weder anderen noch mir schadet, der ohne die bisher geschilderten sechs Mängel ist und der mir Geld und Erfüllung des Betätigungsdranges bringt, wäre derjenige, bei dem relativ neutrale Dinge getan werden, sei es materielles oder geistiges Handwerk.

(8) Darüber hinaus reichen Berufe, die nicht nur niemandem schaden, sondern die Entfaltung von Freundlichkeit ermöglichen und welche dann sowohl das körperliche

wie vor allem das seelische Wohl des anderen fördern – vorausgesetzt dass man selber einigermaßen Fähigkeit zur Hilfsbereitschaft und zum Verständnis für andere mitbringt. Das reicht vom bescheidensten Posten mit Publikumsverkehr bis hin zum Lehren guter (z. B. künstlerischer) Tätigkeiten. Andere seelische Zucht zu lehren, fördert auch die eigene Disziplinierung. Es geht dabei nicht um Virtuosität oder sportliche Leistung, sondern um Konzentration und Zusammenarbeit, in welcher Form es auch sei.

(9) Bei den „Sozialberufen" – von Krankenpfleger und Kindergärtnerin bis Musiklehrerin und Psychotherapeut – besteht aber noch die Gefahr, dass man sich nun dort aufreibt. Wenn man sich auch nicht mehr aus Geldgier überfordert und verausgabt, so hier doch aus karitativem Trieb. Da gilt es im Auge zu behalten, dass der Beruf nichts als Mittel zum Zweck der eigenen Läuterung sein soll, nicht aber der Weltausbreitung und Zementierung der Vielfalt dienen soll. Maßhalten im Helfen, das ist hier das Gebot.

(10) Irgendwann stellt sich dann manchem von selbst die Frage, ob es nicht möglich ist, der aufreibenden Vollbeschäftigung zu entgehen und eine Halbtagstätigkeit zu finden. Das setzt aber voraus, dass man den Rest des Tages auch wirklich sinnvoll im Sinne der Lehre arbeitet, an der eigenen Läuterung, nährend und klärend. Wenn man aber merkt, dass der Beschäftigungsdrang dann ein neues Hobby sucht, weil man sonst gelangweilt und unausgefüllt wäre, dann ist es eben noch nicht an der Zeit, Zeit zu sparen. Halbtagsbeschäftigung ist auch nicht mit bloßen Jobs zu verwechseln, die der Unstetigkeit und Zerfahrenheit des Menschen Gelegenheit geben, diesen Trieben zu frönen, d. h. der Regelmäßigkeit und Sammlung auszuweichen.

(11) Wer niemandem zur Last fällt, weil er sein Auskommen hat – sei es als Rentner, sei es als jemand, der genug besitzt oder erworben hat, um bescheiden leben zu können – der könnte sich den ganzen Tag der Lehre und Läuterung widmen und „Privatier" werden. Aber die Fähigkeit dazu ist selten und muss erst allmählich erworben werden.

(12) Der vollkommene Beruf im Sinne der Lehre wäre dann der Mönchsberuf, so wie auch im Mittelalter der geistliche Beruf des Ordensmannes oder der Ordensfrau in kontemplativen Klöstern der höchste Beruf war. Aber hier gibt es, besonders heute, unzählige Fallen, indem die Hauslosigkeit doch zu einer zweiten Häuslichkeit wird und man sich dann im Orden in Gelehrsamkeit, Politik oder Seelsorge etabliert und die Abgeschiedenheit eben nicht durchhält. Dann war man eben noch nicht reif für diesen vollkommenen Beruf.

STUFE DREI BIS FÜNF

26. Sinn der edlen Tugend (*ariyaṃ sīlaṃ*)

> *„Nicht dass ich die Tugend verschmähe,*
> *sondern die Tugend soll in mir wesentlich sein*
> *und ich soll über der Tugend wesen.“* (Ekkehart, Predigt 57)

> *„So gilt es, dass der Mönch zwar tugendhaft sei,*
> *aber nicht nur aus Tugend bestehe.“* (M 78)

Durch die Erfüllung dieses edlen Tugendabschnittes empfindet er das innere Glück der Untadeligkeit. Mit diesem Satz schließt der erste der drei großen Wegabschnitte in der Übungsanleitung des Erwachten ab, nämlich der Tugendabschnitt. Das Wichtigste an diesem Satz ist ein kleines Wörtchen, das leicht zu übersehen ist: edel (*ariya*). Was ist edle, heilige, heilende, erhabene, unvergleichliche Tugend oder wie immer man das Wort *ariya* hier übersetzen mag? Solche Tugend – und nur sie ist die Tugend, wie der Erwachte sie lehrt – lässt sich am einfachsten von ihrem Gegenteil her verstehen. Es gibt Untugend (*dusīla*), Tugend, die hilfreich, aber noch nicht edel ist (*an-ariya sīla*) und edle Tugend (*ariya sīla*). Diese drei unterscheiden sich wie folgt:

(1) Untugend ist entweder absolut oder relativ. Absolute Untugend findet sich in Menschenreich kaum, denn eine gewisse Tugend ist bereits unabdingbare Voraussetzung, damit überhaupt so etwas wie Menschentum erscheinen kann. Die relative Untugend ist die gebrochene Tugend des Weltmenschen. Er sucht immer wieder Lücken in den Tugendgeboten, sucht Entschuldigungen für sein unmoralisches Verhalten, sucht Rechtfertigungen, um die Ethik zu durchbrechen. Vor sich selbst und in Diskussionen sucht er ständig Hintertürchen. Und ganze Bibliotheken sind aus dieser Haltung geschrieben. Am auffälligsten ist die tugendfeindliche Haltung in Diskussionen, wo immer wieder ähnlich extreme Fälle konstruiert werden, bei denen die Erfüllung einer Tugendregel schwer fällt, ja unmöglich erscheint. Damit soll dann gerechtfertigt werden, dass Tugend eben überhaupt unmöglich sei. Und so versucht man, sich ein einigermaßen gutes Gewissen zu schaffen, um sich auch bei eindeutigen Fällen nicht zügeln zu brauchen. Die Tugend wird mit Verdrängung, Heuchelei, Schwäche, Unnatürlichkeit, Krampf, Autoritätsgläubigkeit usw. gleichgesetzt und so abgewertet. Diese Haltung steht noch weit unter der Tugend, ist rein triebhaft und führt abwärts unter das Menschentum oder in dürftige menschliche Verhältnisse.

(2) Die Tugend, die hilfreich aber noch nicht edel ist, wird in den verschiedenen Heilslehren gepflegt. Dort nimmt man die Tugend als Weg zur Lebenserhellung ernst und bemüht sich um Läuterung und Nachfolge. Aber man geht ganz darin auf, besteht dann nur aus Tugend, geht nicht darüber hinaus, kennt keine höhere Warte. Und so verfällt man leicht in Kasuistik und wird zum Moralisten und „Tugendbold“. Gebannt starrt man immer nur auf die Regeln und fällt in tiefste Reue, wenn man noch nicht vollkommen darin ist. Oder wenn man sich wirklich geläutert hat und den Lohn dessen in innerer Helligkeit und äußerer Harmonie erlebt, dann genießt man diesen Zustand und hört mit der Läuterung auf, so wie es die Geschichte und die Mythen vielfach berichten. In der Blüte einer Kultur, die immer aus Tugend entstand, verweichlicht man, wird oberflächlich und denkt nur noch an die vor Augen liegenden Genüsse und dann geht es langsam wieder bergab. Solche Tugend hat also keinen Bestand. Sie führt zwar zum Himmel und zu paradiesischer Herrlichkeit, aber das dauert nicht. Man verzehrt

das Verdienst, schafft kein neues, und so sinkt man wieder ab. Letztlich gesehen, aus der Schau eines Erwachten, ist das nur ein Umweg zur Hölle. Solche Tugend reicht nicht aus.

(3) Die edle Tugend dagegen geht über beide Weisen weit hinaus. Bei ihr ereignen sich gleichzeitig zwei Dinge, und diese Gleichzeitigkeit macht ihr Wesen aus:

Im Gegensatz zur Untugend ist diese Tugend lückenlos, ungebrochen, unverbogen, ungefärbt. Man duldet bei sich keinerlei Entschuldigung für Tugendverstöße. Im Geist ist das Bild der vollkommenen Tugend deutlich eingezeichnet, der Tugend, wie sie den Heiligen eignet. Man ist noch lange nicht so weit, dass man kein Tugendgebot mehr bricht, aber man hält ungebrochen an der Anschauung fest, dass man nicht aufhören darf, bis man die Vollkommenheit in der Tugend erreicht hat. Man tut das Gegenteil des Weltmenschen, der durch Rausch und Verdrängung sein Tugendgewissen möglichst einschläfert und abstumpft. Man hält sein Gewissen hellwach, so dass es wie ein Seismograph die leisesten Abweichungen kritisch meldet. Man erwirbt die Fähigkeit, jede eigene Untugend sofort als leidig zu erkennen und zu empfinden. Man ist vor geringstem Fehl auf der Hut, sieht in kleinsten Verstößen die Gefahr der Triebe. Wenn man sich etwas hat zuschulden kommen lassen, dann schreckt man davor zurück, wie ein gebranntes Kind das Feuer scheut, und hütet sich künftig umso mehr. Man bekennt es vor sich oder, wo nötig, vor anderen. Und wo man dunkel gehandelt hat, da rächt sich dies durch dunkle Träume und Gemütsverfassungen. Der einzige Weg gegen dieses gespürte Leid der Untugend ist die Tugend. So wird man gezwungen, die Tugend immer mehr zu vervollkommnen.

Im Gegensatz zur noch nicht edlen Tugend aber ist einem die Tugend kein Selbstzweck, sondern nur Mittel zum Zweck, ist nur ein Floß zum anderen Ufer. Es gibt keinen anderen Ausweg aus dem Leiden des Saṃsāro als den Weg nach oben, den Weg ins Hellere durch die Tugend. Aber die sanfte Begegnung, die Inhalt der Tugend ist, dient dann nur zur Vertiefung, zur Unabhängigkeit von der Vielfalt. Die Ruhe, die durch die Tugendbemühung eintritt, die Erhellung und Besänftigung, dient dann nicht nur zum Genuss, sondern als Ansporn zum Weiterstreben zu noch größerer Ruhe. Was dem einen das Endstadium seines Bemühens ist (Tugendglück), das ist dem anderen erst der Anfang, der erste Schritt zum eigentlichen Wohl des Herzensfriedens. Was den einen passiv macht und ihn seine Bemühungen einstellen lässt, das macht den anderen umso freudiger aktiv und lässt ihn seine Bemühungen verdoppeln. Und nur dadurch wird man erhaben über alle Kasuistik und alles Klammern an Tugendwerk, eben weil man den ganzen Tugendbereich sozusagen von oben sieht, *sub specie aeternitatis*. Nur dadurch wird alles richtig eingeordnet und erhält seinen rechten Rang, ohne Überschätzung und ohne Unterschätzung. Wo immer man sich im Begegnungsbereich um Tugend bemüht, da spricht im Hintergrund mehr oder weniger deutlich die Stimme mit: „Dies Ganze gilt nicht wirklich." Und gerade das lähmt nicht etwa die Tugend sondern gibt allein die Garantie zu ihrer Vollkommenheit. Wenn schon der unterste Grad der Wegbeschreitung solches Wohl bringt, wie erst die weiteren Schritte!

Erst auf dieser Grundlage ist verstehbar, was das Glück der Untadeligkeit bedeutet und von welchem Tadel der Edle hier frei wird:

Wenn ich außen in der Welt meine Pflichten erfüllt und niemanden wissentlich verletzt habe, dann werde ich dadurch frei vom Tadel der Menschen. Ich brauche nicht mehr zu fürchten, dass man mich verhaften will, dass der Gerichtsvollzieher erscheint, dass mir Prozesse drohen, dass ich vom Vorgesetzten vorgeladen werde, dass ich ausgescholten oder geschnitten werde usw. Wenn ich von Übeltätern höre, die bestraft werden, dann brauche ich es nicht auf mich zu beziehen, weil ich Ähnliches begangen habe. Und wenn die Menschen tadelnd von rücksichtslosen Ausbeutern, von Gaunern und Gemeinheiten sprechen, dann brauche ich es nicht auf mich zu beziehen. Wenn ich tugendhaft bin, dann brandet der Tadel wegen Untugend nicht mehr an mich heran, kann mich nicht mehr verstören, berühren, aufregen, deprimieren, verängstigen.

Und ich werde ferner frei vom Tadel der Unsichtbaren, der Jenseitigen, der Himmlischen. Wenn ich an mich gehalten und mich nicht gegen andere vergangen habe, dann schwinden die belastenden Träume, dann werde ich allmählich frei von den Fesseln an die Unterwelt, die sonst jedem Menschen früher oder später bevorsteht. Und ich werde auch frei von den leise raunenden Vorwürfen der Schutzgeister und Engel, die mich vom Abweg zurückhalten wollen und traurig sind, wenn ich ihnen nicht folge.

Drittens aber werde ich frei vom Tadel meines eigenen Gewissens, weil ich den besseren Einsichten des Geistes nicht zuwider handelte, sondern mich ihnen unterstellte. Die Stimme des Buddha, die ich als maßgebliche Richtschnur in mein Gedächtnis aufgenommen habe, tadelt mich nicht mehr, wenn ich den Tugendgeboten nachfolge und sie verwirkliche.

Das Glück der Untadeligkeit besteht also in der Übereinstimmung meines Handelns mit der sittlichen Weltordnung, mit dem Naturrecht, dem Sittengesetz. Das, was dem Menschen aus der Ordnung der Dinge her aufgegeben ist, diese Aufgabe erfülle ich, ihr komme ich nach, wenn ich der Tugend nachfolge. Da schwinden alle Verdunkelungen und Vorwürfe von außen und innen. Und das ist eben das Glück des guten Gewissens, des reinen Gewissens als Anfang eines reinen Herzens. Das ist es, was der Buddha die Kraft der Untadeligkeit (*ana-vajja-bala*) nennt (A IX 5). Er gibt dafür ein Gleichnis: So wie ein König, wenn er den Feind besiegt hat, nicht irgendwoher noch Gefahr erspähen kann, die vom Feinde käme, ebenso nun auch kann der Mönch, der tüchtig in Tugend ist, nicht irgendwoher noch Gefahr erspähen, die von Mangel an Tugend käme. Es ist dies eben der erste Sieg auf dem Wege, wenn man auf dem Tugendpfade sicher geworden ist und auch die kleinsten Verstöße sofort korrigiert. Alles Leiden des *Saṃsāro*, das durch Untugend entsteht, alle Verfinsterungen und Höllen, schwinden hier. Es ist die erste Form seelischen Wohles, das nicht von außen abhängig ist, es ist der Anfang der Erhellung eines selbstleuchtenden Gemütes, es ist ein Schritt in Richtung auf *samādhi* (Frieden).

Wie steht es also mit dem Erleben dieses vom Erwachten verheißenen ersten Lohnes der Asketenschaft? Mancher Nachfolger wird sich fragen, ob er denn schon dieses Glück der Untadeligkeit spüre. Und mancher wird es noch ziemlich vermissen, obwohl er sich bemüht. Das kann verschiedene Gründe haben:

Ein Grund dafür, warum der Lohn der Tugend noch wenig spürbar wird, kann im Geiste liegen, der schiefe Vorstellungen pflegt, die das Glück der Tugend verhindern. Da sagt sich z. B. einer: „Wer weiß, wer weiß, was noch alles von früher her an Üblem auf mich zukommt? Wer weiß, was ich mir noch an Dunklem eingebrockt habe? Wer weiß, was mir noch in der Zeiten Schoß an karmischer Ernte blüht? Wie kann ich angesichts dessen glücklich sein?" Dazu wäre zu bedenken: Was immer ich in diesem Leben Gutes gewirkt habe, das kommt als Gutes auf mich zurück. Und was ich an Trieben gemindert habe, das macht mich künftig untreffbarer und entlastet mich schon jetzt und zieht dunkle Dinge ein. Hätte ich nicht so gut gewirkt, dann hätte ich zusätzlich zur eventuell negativen Ernte von früher noch die Folgen meines jetzigen Dunklen zu tragen. Ich kann mich also des Guten auf jeden Fall freuen, weil es auf jeden Fall gute Folgen hat. Jene Sorgen dagegen sind Teufelsgedanken, sie stellen eine der zahlreichen Verführungs- und Verwirrungskünste des Dia-bolus (Durcheinanderbringer) dar, um den Weg zu verdunkeln und zu erschweren. Was völlig vage und unsicher ist, nämlich künftig noch drohende negative Ernte (vielleicht gibt es sie überhaupt gar nicht mehr für mich), das wird künstlich hochgespielt, um das, was hundertprozentig sicher ist, nämlich der Nutzen des gegenwärtigen Bemühens um Tugend, zu unterlassen.

Ein weiterer Grund, warum das Glück der Untadeligkeit meist vermisst wird, liegt einfach daran, dass man es zu billig erwerben möchte. Erst muss die Tugend eingeübt und durchgeübt sein, ehe die Früchte sich als Tugendwohl deutlich zeigen können. Man übersieht auch so leicht, dass an sämtlichen Stellen der Lehrreden, in welchen der Buddha den eingangs zitierten Satz vom untadeligen Glück der Tugend spricht, vom Mönch die Rede ist, der als Asket die acht Tugendgebote samt ihrer Gesinnung erfüllte und der innerhalb eines Ordens das Tugendtraining mit regelmäßiger Beichte durchmachte. Können wir uns damit gleichstellen? Jene Verheißung wird dem Mönch gegeben, der ganz ohne Besitz lebt und der daher keine Sorgen um Verluste zu haben braucht. Es heißt von ihm, dass er gänzlich genügsam sei, dass er mit Mantel und Schale zufrieden, leicht und frei wie ein Vogel durch die Welt gehe. Wie fern sind wir in der Regel von diesem Ideal, wir mit all unseren Verstrickungen und Verwicklungen, mit unserem Anhangen an weltliche Güter, die wir verteidigen wollen, mit unserem Ehrgeiz, der auf andere angewiesen ist usw. Wir können also gar nicht erwarten, dass uns das Glück der Untadeligkeit in dem Maße zuteilwird, wie es der Buddha dem durchgeübten Mönch verheißt. Das Tugendglück des Laien, das natürlich auch er teilweise erfährt, liegt mehr in derjenigen Gewissensreinheit, die aus Hass-Minderung gegen den Nächsten entsteht, während das Tugendglück des Mönches darüber hinaus auch die Sorgenfreiheit mit umfasst, die aus Gier-Minderung entsteht.

Es ist bezeichnend, dass gerade in dieser Frage die Überlieferung zwiespältig ist. In den zwölf Reden der Längeren Sammlung, die vom Tugendwohl auf dem Übungswege sprechen (D 2-13), wird jene Genügsamkeit erst sehr viel später auf dem Wege als Stufe genannt, nämlich erst nach der Klarbewusstheit (7. Stufe). In den Reden der Mittleren Sammlung dagegen wird jene Genügsamkeit des Mönches unmittelbar vor dem Satz vom Glück der Untadeligkeit aufgeführt. Der Grund dürfte in Folgendem liegen: Wer sehr an der Welt und an Besitz und Menschen hängt, der bleibt auch als Mönch noch länger ungenügsam und in gewissem Mangel, jedenfalls solange bis das Ich, das da sinnlich im Leibe unzufrieden ist, aufgelöst wurde, was erst durch die Klarbewusstseinsübung geschieht (wie unten noch zu zeigen sein wird). Wer dagegen weniger weltabhängig ist, der kann sich wegen seiner Genügsamkeit schon sehr viel früher an der Tugendreine erfreuen und wird nicht durch Unzufriedenheit mit dem Äußeren gestört. Es hängt also vom Menschentyp ab, wann die Genügsamkeit eintritt, wovon wiederum das Maß an Tugendwohl abhängt.

Immer aber und vor allem ist es möglich, sich geistig an der Tugend zu erfreuen, an dem richtigen Wege, den man betreten hat, wenngleich man den Tugendweg noch lange nicht erfüllt. Das ist dann eine Art von Wahrheitswonne, bezogen auf die Tugend als Mittel zum Frieden. Irgendwo auf dem Wege zwischen der geistigen Befriedigung über die Tugendlehre und der seelischen Befriedigung über die Erfüllung des Tugendweges liegen alle Stadien und Stufen des Glücks der Untadeligkeit.

STUFE SECHS: RECHTES MÜHEN

27. Sinnenzügelung (*indriyesu gutta-dvāra*)

„Behutsamkeit ist not.
Viel' wär'n nicht umgekommen,
wenn sie der Sinnen Tür
in bess're Hut genommen.“ (Angelus Silesius, ChW VI / 99)

Wer Formen sieht, wird sinnberückt,
sobald er Reize reizen lässt:
erregt im Busen, ruhelos,
verliert er sich in derbe Lust. (Thag 794)

Mit der Übung der Sinnenzügelung, dem ersten von vier Kämpfen, die die sechste Stufe des Achtpfades ausmachen, beginnt der Abschnitt der Vertiefung, beginnt die Weltüberwindung. Jedoch gibt es in der Wirklichkeit des Lebens keine so scharfen Zäsuren wie auf dem Papier. Da geht alles fließend ineinander über. So auch ist der Übergang zwischen der Tugend und der Sinnenzügelung besonders bei den beiden letzten der acht Tugendgebote (Keuschheit, Lebensführung) schon vorgezeichnet.

27.1 Sinnenzügelung und Mystik

So fremd unserer heutigen Sinnlichkeitskultur auch die Weltüberwindung anmutet, so nah war sie vor einigen Jahrhunderten auch uns, nämlich in der Mystik. Mystik (von „myein“ = schließen) bedeutet ja wörtlich: Die Sinne schließen, d. h. Sinnenzügelung. Hier liegen also Wesen und Kern der Mystik. Daher finden sich überall in der christlichen Mystik in Hülle und Fülle Hinweise auf die Sinnenzügelung, etwa wie folgt:

„Hüte die Sinne, durch welche der Tod an die Seele herantritt“
(Franziskus, bei Celano, Vita 1, S.16)

„Nicht herauslaufen durch die fünf Sinne in die Mannigfaltigkeit der Kreaturen,
sondern innig sein und einig sein“. (Ekkehard, Predigt Nr. 1)

„Bewacht man die Sinne, diese Tore der Seele,
dann ist man gut geschützt und hat umso mehr Reinheit und Ruhe.“
(Joh. vom Kreuz, Karmel, Ed. 1927, S. 345)

„Aug', Ohr und Zunge sind die Türen,
die dich so leicht von Gott abführen:
gehst du zu viel dadurch hinaus,
so bringst du Unruh' mit nach Haus.“ (Tersteegen, Lotterie Nr. 34)

Besonders eindringlich heißt es in dem mittelalterlichen Epos „Die Erlösung“ (13. Jh.) wie folgt:

„Nachhängt wer mit Augen,
Dingen, die nicht taugen
was der Seele schaden mag;
und wer will hören allen Tag,

das auch der Seel'ist schädelich;
und wer will befleiß'gen sich,
dass zu allen Tiden,
er will tasten und liden,
was der Taste sanfte tut;
und wer auch will haben seinen Mut
zu Ruhme deme Geschmacke
mit Gesied'nem und Gebacke,
mit Essen und mit Tranke;
und wer auch will zu danke
diensthaft dem Geruche sin,
der lässet Rechtes werden schin,
dass er ihm gerne ist untertan:
Die wollen ihn zum Knechte han!
An welchen Leuten ***d a s*** *geschieht,*
wer **so** *höret, tastet, sieht,*
riechet oder schmacket,
der steht der Tugend nacket". (Zeile 6907 ff)

So wie hier die Sinnenzügelung das Tor zur Mystik ist, ebenso auch nennt der Erwachte die Sinnenzügelung das Eingangstor zur Vertiefung, zum *samādhi*. Sie wird als Kampf zur Abwehr von Neumann wie folgt übersetzt:

„Unaufgestiegenes Unheilsames nicht aufsteigen zu lassen, weckt er seinen Willen, müht sich darum mutig bestrebt, rüstet das Herz im Kampfe: Hat er mit dem Gesichte eine Form erblickt, so fasst er keine Neigung, fasst keine Absicht. Da Begierde und Missmut, böse und unheilsame Dinge gar bald den überwältigen, der unbewachten Gesichtes verweilt, befleißigt er sich dieser Bewachung, er hütet das Gesicht, er wacht eifrig über das Gesicht."

Diese entsprechend bei den anderen Sinnen, einschließlich des Denkens, vorzunehmende Übung kann man nun zu leicht nehmen oder zu schwer. Viel zu leicht fasst man sie auf, wenn man sie mit einem bloßen Nichthinsehen auf die Dinge und einer Verdrängung des hinsehen Wollens verwechselt. Viel zu schwer nimmt man sie, wenn man etwa das Keine-Neigung-Fassen mit dem Zustand eines haftensledigen Heiligen gleichsetzt.

Ausgehend vom Worte ist dieser Kampf zur Abwehr ein Schließen, Zudecken, Zuhalten, Zurückhalten an den sechs Toren der Sinne, aus welchen das sinnliche Begehren zu seinen Objekten hinausstürmen will. Diesem Treiben stellt sich der Kampf um Sinnenzügelung – auch genannt das Vorgehen in Zähmung (*damā-paṭipadā:* A IV 164-165) – entgegen. Er richtet sich gegen das, was wir die Natur des Menschen nennen, die eben in ständigem genießerischem Austausch zwischen Innen und Außen besteht. Insoweit ist diese Abwehr wirklich unnatürlich: Sie ist das genaue Gegenteil der natürlichen Sinnestätigkeit (*pākat'indriya*). Daher ist sie genau in dem Maße schwer, wie jemand natürlicherweise auf die Sinne vertraut und in ihnen lebt und webt, leidet und stirbt. Die zügellosen, unbändigen Sinne in die Gewalt bekommen, sie sich unterwerfen, sie zähmen, bändigen, zügeln, gleichwie wilde Tiere – das ist unabdingbare Voraussetzung für den inneren Frieden. Bezeichnenderweise beziehen sich die buddhistischen Gleichnisse der Sinnenzügelung immer auf das Verhalten von Tieren: Der Kutscher bekommt Gewalt über die wilden Rosse und kann sie lenken (S [IV] 35, 198);

wenn der wilde Elefant gezähmt ist, beschützt er in der Schlacht seinen Reiter, d. h. den Geist (A V 140); ein Rinderhirte, der seine Herde erhalten will, muss die Wunden seiner Tiere verbinden (M 33); nur wenn die Schildkröte keines ihrer Glieder unter ihrer Schale hervorstreckt, kann die Hyäne sie nicht fressen (S [IV] 35, 199). Die wilden, tierischen, natürlichen Sinne einerseits und der Herzensfrieden andererseits schließen sich aus. So ist also die Sinnenzügelung der erste Schritt zum Frieden, der nur aus der Abwendung vom Gewöhnlichen und der Hinwendung zum Übernatürlichen entsteht. Sich erfolgreich zurückhalten vor den lockenden vielfältigen Genussmöglichkeiten kann nur, wer die bisherigen fünf Stufen des Achtpfades beschritten hat. Das heißt: Man muss als erstes die Sinnendinge zutiefst durchschaut und entlarvt haben. Die Sinnenzügelung ist im Grunde nichts anderes als ein Bemühen, den Anblick dieser Durchschauung, (rechte Anschauung) innerlich in die Praxis umzusetzen, so wie es äußerlich bei Gesinnung und Tugend bereits geschah. Man könnte daher die Sinnenzügelung als das ständige Nein dessen bezeichnen, der die verführerischen Versuchungen kennt und dementsprechend fürchtet. Er hält sich deshalb vor ihnen zurück, hütet und bewahrt sich, um nicht seine durch Tugend gewonnenen Schätze an innerem Glück wieder zu verlieren. Wer keine solchen Schätze in sich kennt, sondern wer ohne ständige Berieselung von Sinnesreizen trüb und leer wäre, der kann überhaupt keinerlei Verständnis für die Sinnenzügelung aufbringen. Was für ihn der Abgrund der Entsagung, die Hölle auf Erden, scheint, das ist für den von der Tugend Erfüllten hingegen die Übung zur Erhaltung seines Paradieses. Derart gegensätzlich und schlechthin unvereinbar können hier die Standorte sein.

Wer auf dem Läuterungswege dahin gekommen ist, dass er die Gesinnung und Praxis der Tugend so durchgeübt hat, dass die Probleme in diesem Bereich abnehmen und immer besser bewältigt werden, der wird reif zur Sinnenzügelung. Er mag sich da etwa sagen: „Du weißt doch, dass das Glück nicht in den Dingen liegt, fall' doch nicht immer wieder auf den schönen Schein herein!" Er füttert daher die hungrigen und unruhigen Tiere des inneren Verlangens noch mehr mit guten Gedanken und feinen Betrachtungen, so dass sie allmählich umerzogen werden und einen besseren Geschmack bekommen und weniger wilde Sitten annehmen. Das, was dem sogenannten natürlichen Menschen das natürlichste von der Welt erscheint, die Augenweide und der Ohrenschmaus, dieses Futter der Sinne, beginnt er als giftig zu durchschauen. Es ist ihm wie ein zwar schön erscheinender, aber vergifteter Trank, an dem er sterben würde am Anfang; am Ende aber sieht er den falschen Glanz, den die Sinnesgier den vergänglichen Objekten überwirft, als eine Giftschlange an, die nichts Anheimelndes mehr an sich hat, sondern nur noch die nackte Gefahr darstellt (M 46). Zwischen diesen beiden Arten von Gift, dem verborgenen und dem offenen, spannt sich der Bogen des Bemühens der Sinnenzügelung, die das Gift meidet, um der Tödlichkeit zu entgehen. So sagt auch einer der Wüstenväter vom ersten Sinn, der meist *pars pro toto* steht:

„Wende deine Augen ab, damit sie die Eitelkeit nicht sehen.
Denn die Freiheitlichkeit tötet die Seele." (Nr. 746)

27.2 Sinnenzügelung und Keuschheit

Während theoretisch alle sechs Sinne gleichgeordnet gezügelt werden müssen, hat in der Praxis doch das Auge den Vorrang. Sinnenzügelung ist eben vorwiegend Zügelung der Blicke, die anderen Sinne sind nur Hilfsmittel dafür. Und in der Praxis spielt sich die Sinnenzügelung innerhalb der Sehobjekte noch konkreter ab, indem sie sich ganz überwiegend auf das andere Geschlecht bezieht (M 67; S [IV] 35, 127). „Die Frau Welt“, das ist für den Mann das andere Geschlecht. Daher eben sagt der Erwachte: „Die Sinne nicht zügeln, gefährdet die Keuschheit“ (A X 73). Und warum? Der Erwachte antwortet darauf in der ersten Lehrrede der Angereihten Sammlung: *Keine andere Gestalt gibt es, die das Herz des Mannes mehr erquickt als die Gestalt des Weibes*, wobei es wörtlich sogar heißt *Weibsbild*. Näher führt er das in A V 55 aus:

Fünf sinnliche Genüsse sind's,
die man am Weiberleib gewahrt:
Gestalt und Stimme, Duft, Geschmack,
Berührung, die den Sinn berückt.
Den Unachtsamen fesselt ja
durch Blick und Lächeln stets das Weib,
durch ihre dünne Kleidung auch
sowie durch ihrer Stimme Reiz.

Der Stiefbruder des Buddha, Nando, sehnte sich als Mönch so nach seinem schönen Weibe, dass er trotz der Gegenwart des Buddha der Gefahr des Haies schon erliegen und aus dem Orden austreten wollte. Da fing ihn der Erwachte aber schließlich durch seine Hilfe wieder auf, und Nando wurde später ein Heiliger. Gerade Nando war es dann, der unter den Spitzen der Jüngerschaft als der erste der Sinnenzügler gepriesen wurde (A I 19), weil er eben die Notwendigkeit dessen am eigenen Leibe so eindringlich erfahren hatte. Die Sinnenzügelung steht genau in der Mitte zwischen der Tat der Fernhaltung vom Geschlechtlichen (Tugend der Keuschheit) und der Meditation der Entlarvung der Leibesschönheit (Körperbetrachtung), wobei auch hier die Übergänge fließend sind, wie bereits oben bei den höheren Graden der Keuschheit betont wurde. Die Sinnenzügelung setzt Bewährung bei der Keuschheit, wenn auch natürlich noch nicht Vollkommenheit, voraus, während die intensive Übung der Unschönheitsbetrachtungen noch vor einem liegt. Zwischen diesen beiden Polen spannt sich die Praxis der Sinnenzügelung, bezogen auf den praktisch wichtigsten Fall ihrer Anwendung.

Nicht umsonst sind die indischen Worte für Keuschheit und für Mönchstum und Askese (*brahma-cariya*) identisch. Und da die Sinnenzügelung der Inbegriff der Askese ist, das Eingangstor nach innen, so ist das größte Hindernis dafür eben die Verlockung des anderen Geschlechtspoles. Daher spielt die sexuelle Sinnenzügelung bei den Gründern der christlichen Askese, bei den ägyptischen Wüstenvätern, eine große Rolle, und es ist nützlich, ihre Erfahrungen zu hören:

„Wer in seinem Denken nicht gegen die Sünde kämpft und auch keinen Widerspruch erhebt, tut sie leiblich. Wo die Tat vorliegt, nur da wird man von Gedanken nicht belästigt.“ (Nr. 445)

„Wer Unkeuschheit auch nur kurz im Herzen erwägt, hat nicht nur keinerlei Nutzen davon, sondern er muss, um vor solchen Gedanken Ruhe zu haben, sich heftig davon abwenden.“ (Nr. 728)

„Die Seele wird befleckt, wenn man, die Stadt durchwandelnd, die Augen nicht bewacht oder irgendeine Bekanntschaft mit einem Weibe unterhält.“ (Nr. 1033)

„Ein Mönch wurde sexuell versucht. Sein Gedanke sagte: ‚Heirate‘. Da bildete er aus Lehm ein Weibsbild und sprach: ‚Sieh, da ist ein Weib, jetzt musst du viel arbeiten, um sie zu ernähren.‘ Und er arbeitete mit großer Anstrengung. Nach einem Tage machte er wieder Lehm zurecht und formte eine Tochter: ‚Dein Weib hat geboren, nun musst du noch mehr arbeiten, um dein Kind zu ernähren und zu bekleiden.’ So arbeitete er, bis er es nicht ertragen konnte. Da sagte er zu sich: ‚Wenn du die Mühe nicht ertragen kannst, dann verlange auch nicht nach einem Weibe.' Da hatte er Ruhe." (Nr. 572)

„Wenn der Teufel unsere Gedanken auf das weibliche Geschlecht gelenkt hat, indem er in schlauer Weise uns zunächst unsere Mutter, Schwester, Verwandte oder andere fromme Personen vor die Seele führt, so muss es unsere vorzüglichste Sorge sein, diese Gedanken aus dem Sinn zu schlagen." (Cassian, Inst. VI 13)

„Der erste Grad der Schamhaftigkeit ist nun, dass der wachende Mönch nicht durch fleischliche Anfechtung gestürzt werde. Der zweite, dass sein Geist nicht bei lüsternen Gedanken verweile. Der dritte, dass er durch den Anblick eines Weibes auch nicht leichthin zu einer Begierde gereizt werde. Der vierte, dass er im Wachen nicht einmal eine einfache Regung des Fleisches erdulde. Der fünfte, dass sein Geist auch nicht die leiseste Beistimmung zu der Lust treffe, wenn der Inhalt einer Abhandlung oder eine notwendige Lesung ihm die Erinnerung an die menschliche Zeugung beibringt, sondern dass er dies als eine ganz einfache Sache und als eine dem menschlichen Geschlecht notwendig zugewiesene Leistung mit ruhigem und reinem Herzensauge betrachte und nicht mehr daran denke, als wenn es sich um die Bereitung von Ziegelsteinen oder irgend ein anderes Geschäft handelt. Der sechste Grad ist, dass er selbst im Schlaf nicht durch verführerische Vorstellungen von Weibern betrogen werde." (Cassian, Coll. XII 7).

27.3 Sinnenzügelung und Achtsamkeit

Bevor nun der oben zitierte Text der Übungsanweisung des Buddha näher betrachtet werden soll, geht es noch darum, einige wichtige Abgrenzungen und Klärungen vorzunehmen:

1. Die Sinnenzügelung als der erste der vier Kämpfe gehört zum rechten Mühen (sechste Stufe) und nicht etwa zur rechten Achtsamkeit (siebte Stufe). Eine solche Verwechslung wird nämlich durch die Übersetzung nahegelegt. Wenn es bei Neumann heißt, man solle über die Sinnestore „wachen" (*indriyesu gutta-dvārā*) und sich der „Bewachung" befleißigen (*saṃvaraṃ āpajjati*), dann ist das nicht von dem Wortlaut zu unterscheiden, man solle sich der „Wachsamkeit" (*jāgariyaṃ*) weihen oder beim Körper über den Körper „wachen" (*anupassati*). Nicht weniger als vier ganz verschiedene Pāli-Worte werden hier also mit dem einen deutschen Begriff „wachen" übersetzt. Dabei gehört das Wachen als Achtsamkeit aber allein zur siebten Stufe. Hier beim rechten Mühen der sechsten Stufe geht es darum, die Tore der Sinne abzuschließen, zuzuschließen und sich der Abwehr zu befleißigen. Unter Zügelung ist hier auch nicht die Besonnenheit und Konzentriertheit eines Gezügelten zu verstehen, sondern es wird vielmehr der Prozess beschrieben, wie man allmählich die Ungezügeltheit in den Griff bekommt.

Der erste Kampf schützt die Seele vor den Bildern der Welt, die uns gleich Räubern ausplündern wollen und sich dabei einschmeichelnd nähern. Gegen diesen verderblichen schönen Schein muss man sich wehren und hüten und sich vor allem weigern, in eine Diskussion mit den Stimmen Māros hineingezogen zu werden. Man darf gerade nicht erst genau hinsehen, wie es die wache Achtsamkeit tun würde. Man muss vielmehr wissen, dass man mit Hinsehen nur verlieren kann, weil man nicht stark genug ist, das Blenden der Erscheinung zu bezwingen. Kurz: Die Sinnenzügelung besteht gerade darin, nicht scharf zu beobachten und zu unterscheiden, wie es die Achtsamkeit tun würde, sondern schon bei undeutlichen und vagen Andrängen der verlockenden Bilder abzuwehren und sie möglichst nicht zu beachten. Hier heißt das Gebot: Ignorieren, nicht hinsehen, nicht beachten. Es gibt also keinen größeren Gegensatz als zur scharfen, wachen Achtsamkeit.

Der Sinn der Sinnenzügelung heißt: nach außen sich hüten und wehren, nach innen sich schützen und bewahren. Oder: nach außen sich abriegeln, nach innen sich zähmen. Von außen wollen die lockenden Bilder in das Tor der Sinne eindringen, von innen wollen die Triebe heraus auf ihre Weide. In beiderlei Hinsicht ist es da nötig, sich zu wehren.

Man muss außen vieles übersehen, darf den Blick sich nicht festsaugen lassen, sondern man muss eine Abwehrfront aufbauen, eine schützende Mauer, die man auch außerhalb der eigenen vier Wände oder der Klostermauern mitnehmen kann.

Erst wenn man sich mit derartigem Mühen gewappnet hat, dann wird man reif für die Achtsamkeit. Gerade an dieser Gegenüberstellung zwischen Sinnenzügelung und Achtsamkeit zeigt sich, warum im Achtpfad erst das Mühen und dann die Achtsamkeit genannt wird. Dem bloßen Theoretiker kann diese Reihenfolge kaum einleuchten, aus der Praxis aber ergibt sie sich ganz zwanglos als die einzig richtige und mögliche. Wer ohne Sinnenzügelung Achtsamkeit (*satipaṭṭhāna*) üben wollte, der würde falsche Achtsamkeit üben, denn er würde das Unheilsame beachten und schädliche Vorstellungen erzeugen. Auf der Stufe der Sinnenzügelung besteht die Funktion der Achtsamkeit (*sati*) allein darin, auf die Sinnesreize nicht zu achten und mit wacher Aufmerksamkeit abzuwehren, wenn man sie beachten will. Erst geflissentlich hingucken, um dann zu entreizen – das wäre die größte Selbstqual: Das wäre, nicht aufgestiegenes Unheilsames aufsteigen lassen, um ihm dann schließlich zu erliegen.

27.4 Notwendigkeit der Sinnenzügelung

Wer sich angewöhnt, die Triebe nur zurückzuweisen, ohne sie auflösend abzuwerten und zu entlarven, wer ihnen also nur die Erfüllung verweigert und sie ins Unterbewusste abdrängt, der schafft sich das, was man vage eine Neurose nennt. C. G. Jung definiert eine Neurose als steckengebliebenen Versuch einer Selbstheilung. Woher kommt dieses Steckenbleiben? Aus einem Mangel an Vertrauen darin, dass die Auflösung der Triebe gerade Wohl bringt, während die Hingabe an sie nur im Moment eine Scheinbefriedigung, aber keine wirkliche Sättigung bringt. „Das Auge sieht sich nimmer satt und das Ohr hört sich nimmer satt“ (Pred. 1, 8). Den Sinnen verfallen, kann man nie satt und zufrieden werden, bleibt immer in Mangel und Unruhe. Darum ist Sinnenzügelung dringend nötig. Die Sinne als Ausdruck der Triebe sind maßstablos. Ekkehart sagt: „Den Augen ist das Böse allezeit ebenso bereit zu sehen als das Gute“. (Traktat 2). Darum müssen die Sinne dringend erzogen werden.

Vor allem aber muss man wissen, dass die Sinnenzügelung nicht nur eine Maßnahme gegen die Feinde (Triebe) ist, sondern eine Erziehungsmaßnahme zum Heil der Seele. Nur wer sich auf die Seite seiner edleren Neigungen stellt und dafür kämpft, dass diese nicht von gröberen unterdrückt werden, kann ausdauernd die Sinne zügeln.

Wer etwa meinen würde, Sinnenzügelung bestünde darin, auf den Gebieten der sechs Sinne nicht mehr die geringste Neigung zu dulden, auch nicht zur Vertiefung und nicht einmal zum Nirvāna, der macht sich Sinnenzügelung garantiert unmöglich. Man muss vielmehr wissen, dass man das Niedere immer nur um des jeweilig Höheren lassen kann. Man kann die inneren Tiere nicht hungern lassen und glauben, sie würden dadurch verhungern: Sie sind immer stärker und holen sich dann mit Gewalt ihr

Futter. Man darf ihnen aber auch kein Futter anbieten, das sie noch nicht verdauen können, das zu verdünnt ist. Vielmehr müssen die inneren Kräfte abgelenkt und umgelenkt werden auf positive Ziele. Dabei helfen uns folgende vier Vorstellungen: Erstens trägt man alles Gute und Helle in sich, es liegt nicht da draußen in den gespiegelten Objekten des Durstes; zweitens erfährt man bei der Tugendläuterung, dass durch sie ein Wohl beginnt, das über die Sinne hinausgeht und nicht durch sie bedingt ist; drittens muss man sich davor fürchten, dass die Sinnesbefriedigung dieses Wohl wieder auffrisst, wenn man es nicht vor den gefräßigen Tieren der Weltsüchtigkeit bewahrt; viertens kommt alles noch höhere Wohl der Vertiefung und Befreiung erst recht nicht von den Sinnesdingen der Welt, sondern wird einzig durch die Sinnenzügelung ermöglicht.

Eine der vielen Versuchungen, die dämonische Stimmen uns auf diesem Wege einflüstern mögen, ist etwa die, dass die Zähmung im Vergleich zur „prächtigen Wildheit" etwas Armseliges sei, wie z. B. die Hauskatze gegenüber einem Löwen. Dementsprechend mag dann beim Lesen von M 125 Folgendes gedacht werden: Der dort geschilderte wilde Elefant konnte im Walde frisch nach Herzenslust leben, aber nach der Gefangennahme wird er in ein Zwangssystem eingejocht, wird an einen Pfahl gebunden, muss Fronarbeit verrichten. Solche Zähmung, Bändigung, Domestizierung ist doch ein Brechen der Kraft und Unmittelbarkeit, ist eben etwas Armseliges. Wenn solche Art von Vorstellungen in einem aufkommen, mag man, zunächst eng beim Beispiel des M 125 bleibend, Folgendes überlegen: Der wilde Elefant braucht nur eine begrenzte Schulungszeit durchzumachen, aber dann ist er der unerschütterliche Königselefant, der überall in höchstem Ansehen steht, das Staatssymbol, in nächster Nähe des Königs. Was ist demgegenüber das sogenannte „freie" Waldleben mit seinen Nahrungssorgen, mit der Angst vor dem Löwen und dem Jäger anderes als eine Freiheit zum Leiden? Es ist also gerade umgekehrt: Die Wildheit ist erbärmliche Abhängigkeit, Unterworfenheit unter Stärkere; die Zähmung macht stark und erhebt zur höchsten Dimension. Diesen Gewinn aber kann der natürliche – d. h. der wilde – Mensch zunächst nicht deutlich erkennen, und darum sagt der Erwachte in M 125, dass sich Götter und Menschen dann so nach den Sinnengenüssen zurücksehnen wie der frisch gefangene Elefant. Gefühlsmäßig nimmt man eben noch die gewohnte Dschungel-Perspektive ein: Man sieht das, was man nicht mehr hat, während man das, was man gewinnt, sehr gering einschätzt. Oder: Die Gefahr, aus der man herauskommt, verniedlicht man und unterschätzt sie weit; und die Sicherheit, in die man hineinkommt, unterschätzt man noch mehr und macht sich völlig abwegige Vorstellungen von ihr. Mit solchen abwegigen Vorstellungen, welcher Art auch immer, macht man sich die echte Sinnenzügelung schlechthin unmöglich. Erst muss die Verblendung über die Situation einigermaßen zurückgetreten sein und rechte Anschauung durch den Nebel geblitzt sein, ehe man fähig zu dem Weg wird, der die Notwendigkeit der Sinnenzügelung mit sich bringt.

In der Rede M 66 schildert der Erwachte die geistige Lage dabei wie folgt: Indem man sich auf den Weg begibt, das Anhangen zu verleugnen, merkt man erst, was Anhangen ist und wie man überall anhangt. Früher hing man an und wusste es nicht; jetzt weiß man es, aber zunächst hängt man deswegen noch nicht weniger an. Da aber fängt auch die Sinnenzügelung an. Man merkt, dass man etwas tut, was die Erkenntnis verneint, und langsam zwingt uns nun die Anschauung, die Tat der Sinnesbefriedigung zu meiden, zu bremsen und sich gegen die natürliche Hingabe zu wehren. Es zeigt sich ein erster Widerstand gegen die bisherige Hemmungslosigkeit: So fängt Sinnenzügelung an. Man darf von sich nicht verlangen, dass man die Sinnenzügelung schon durchführen könnte. Nein, man kann es gerade noch nicht – aber man beginnt es zu lernen! Üben heißt ja, etwas, das man noch nicht kann, nun mit der Zeit etwas weniger schlecht können und schließlich erst gut können. Was man kann, das braucht man nicht mehr zu üben. Erst wenn man in der Übung weiter fortgeschritten ist und das heißt, sich aus hundert und tausend Niederlagen und Rückfällen und Versagern immer wieder aufgerafft hat, dann gelangt man irgendwann zu der zweiten vom Buddha in M 66 genannten Stufe, dass man nämlich begehrliche Anwandlungen so schnell überwindet, wie ein Wassertropfen auf heißer Herdplatte verzischt. Das erste Merken, dass man die Sinne ***nicht*** in der Gewalt hat, und das letztgenannte Merken, dass man sie sofort in die Gewalt bekommt – das sind die beiden Endpunkte, zwischen denen sich die Übung der Sinnenzügelung erstreckt. Und beim Heiligen ist die Sinnenzügelung so vollkommen, dass er ohne jegliche Übung mit gezähmten Sinnen lebt. Er braucht keine Sinnenzügelung mehr zu üben, weil sie restlos und für immer gezügelt sind.

27.5 Die Übungspraxis

Die Sinnenzügelung als Kampf zur Abwehr von unaufgestiegenem Unheilsamen wird in der oben gegebenen Beschreibung des Erwachten näher umrissen. Dabei sind folgende Einzelheiten zu beachten:

(1) Es wird bei der Sinnenzügelung stets von den sechs Sinnen gesprochen, also einschließlich des Denkens. Dabei ist nur jenes Denken gemeint, welches sich mit den fünf Sinnen und ihren Objekten beschäftigt, d. h. das normale, wilde, ungezügelte Denken. Es ist überhaupt noch nicht daran zu denken, etwa Denkstille anzustreben. Der sechste Sinn wird hier mit genannt, weil er derjenige ist, den man am wenigsten zügelt. Wenn man sich nur körperlich bei den fünf Sinnen zügeln und z. B. die Augen niederschlagen würde, um nicht zu sehen, dann würden die Triebe sich umso stärker in den Vorstellungen austoben, d. h. jeden Erfolg bei den fünf Sinnen wieder zunichtemachen. Darum ist die Behütung des Denksinnes so wichtig. Alles, was der Denksinn aber an Überwindung der Sinnlichkeit denkt, das soll man hier natürlich noch nicht verleugnen; denn nur das Denken ist das Mittel, wie man falsche Bewertungen von früher aufheben kann.

(2) *Hat man mit dem Gesichte eine Form gesehen, so fasst man keine Neigung, keine Absicht*, so hieß es. Die natürliche Lebensweise besteht eben darin, mit einem der Sinne einen Gegenstand wahrzunehmen und ihn zwecks Sinnesbefriedigung zu umkreisen und mit dem Herzen abzuschmecken. Ununterbrochen ernähre ich mit den sechs Außengebieten das Innengebiet und denke mir nichts dabei:

Ich	*sehe*	ein schönes Mädchen – was wäre natürlicher als das?
Ich	*höre*	eine bekannte Melodie – was ist denn schon dabei?
Ich	*rieche*	bei der Bäckerei frisches Brot – ei ja.
Ich	*schmecke*	meine Lieblingsspeise – hm.
Ich	*empfinde*	wohlig die Sonnenstrahlen – das ist doch selbstverständlich.

Der um Überwindung der Natur Bemühte würde fragen: „Was ist denn schon dabei? Was habe ich eigentlich davon? Es ist doch immer dasselbe, immer bloß fünf Eindrücke, mehr nicht. Was soll das?“

Der normale Mensch erzeugt aus Innen und Außen ein Drittes, nämlich einen Bezug und ein Bedürfnis. So wie aus der Vereinigung von Ich (Mann) und Du (Weib) ein Es (Kind) entsteht, so entsteht aus Innengebiet (sechs Sinne) und Außengebiet (sechs Gegenstände) ein beide verbindender Bezug, welcher das Außen als angenehm auffasst und somit ein Trieb wird, der nun für ewig weitersein will. Das ist die Zeugung, welcher dann die Geburt eines Gefühls, einer Vorstellung und eines Gedankenaktes folgt. So wie das neugeborene Kind ein Triebebündel ist, das schreiend Leiden dokumentiert und nach Leidensbeseitigung ruft, so ist der neugeborene Trieb eine Leidensmasse. Diese geistige Zeugung des Bezuges, der den Trieb gebiert, welcher ohne Veränderung unsterblich ist, diese verhängnisvolle Zeugung mit ihren Folgen, das ist der Akt des „Fassens" (*gāhāti*), d. h. Ergreifen, Anhangen, Aneignen, und zwar hier nur als sinnliches Aneignen (*kām'upādāna*).

(3) Wenn es in der Übersetzung dann weiter hieß, man fasse keine Neigung und Absicht, dann wird mit diesen Worten der deutschen Übersetzung der Vorgang subjektbezogen, während er im Pāli objektverknüpft ist. Die Objekte des Fassens (Aneignens), sind die sechs Vorstellungsgegenstände des Durstes als erstes (*nimitta*) und die davon ausgehenden weiter ausgemalten Einzelheiten, Assoziationen und Beziehungspunkte als zweites (*anu-vyañjana*). Jeder Gegenstand ist als erstes etwas irgendwie Abgegrenztes (*ni-mitta* = Abgemessenes), das nur dadurch von anderen Gegenständen unterschieden wird, dass es einen Namen hat. Wenn ich z. B. mit dem Gesichte eine bestimmte Form (Umriss in bestimmter Helligkeit) sehe, dann qualifiziere ich sie sofort als das, was der Geist zu ihr sagt, indem ich sie wiedererkenne. Sehe ich einen dunklen Menschen, dann liefert der Geist zu dem Gegenstand (*nimitta*) sofort den Namen „Schwarzer", der mit Afrika, Kolonialismus, Jazz, Rassenproblem und ähnlichen Assoziationen der Phantasie verbunden wird (*anuvyañjana*). Es ist klar, dass es viel leichter ist, das zweite ausmalende Ergreifen zu stoppen als den ersten Akt des Zugriffs, und auch viel nötiger. Das erstere ist die Neigung, das zweite die Absicht: Zum Gegenstand neigt man von Natur, zu den Assoziationen fasst man Absichten und Pläne.

Zum Gegenstand gilt es, nicht hinzugucken und ihn nicht im Gedächtnis zu behalten; zu den Assoziationen gilt es, sie nicht weiter zu spinnen, sondern zu stoppen.

(4) Praktisch spielt sich das Nicht-ergreifen in folgenden drei Möglichkeiten ab:

- Ich schaue gar nicht erst hin, wo ein Ergreifensobjekt vermutet wird,
- ich bewahre mich bei einem Objekt, das mir in den Gesichtskreis tritt, und bremse das Einsaugen-Wollen,
- ich drehe nicht den Kopf um und schaue nicht immer wieder hin oder schreibe es nicht leuchtend in den Geist ein.

Gar nicht sehen, nur schlicht sehen, nicht wieder sehen: Das sind die drei Weisen, die es hier praktisch gibt.

Etwas ganz anderes ist es, überhaupt nicht durch die Füße den Leib in solche Situationen zu bringen, in denen die Sinne aufgereizt würden. Das ist nicht Sinnenzügelung, sondern gehört bereits zur rechten Lebensführung. So sagt der Buddha, beides verbindend, dass derjenige, der Sinnenzügelung übt, Festversammlungen wie einen Pfeil oder einen Dorn im Fleische empfindet (A X 72).

(5) Sinnenzügelung ist deshalb zu üben, weil und soweit uns Begierde und Missmut überwältigen würden, wenn wir es nicht täten. Damit ist klar ausgedrückt, dass hier nur solche Objekte nicht zu ergreifen sind, die sinnliches Begehren, Begierde, Bedürfen, Habsucht (*abhijjha*) bestärken und dadurch in genau dem gleichen Maße, beim

Fehlen des Begehrten, Missmut, Bekümmern Traurigkeit, Trübsinn, Leere, Dunkelheit (*domanassaṃ*) zeitigen. Das ergreifende Bejahen (Aktivität) bestätigt im Herzen die begehrliche Gewöhnung und diese antwortet immer wieder mit Missmut (Gefühl). Wer sich dem Begehren hingibt und einen Mangel züchtet, muss auch immer wieder das Leiden der Nichterfüllung erleben, den akuten Mangel. Begierde ist chronischer Mangel, Missmut akuter. Und dieser Missmut ist weit tiefer als die aus Tugendverstößen folgende Dunkelheit des schlechten Gewissens, das leicht durch gewährende Taten zu vertreiben ist, während dieser unlustige Missmut in den Tiefen des Herzens herumschleicht und alles verbittert und verfinstert. Dadurch aber wird man fast unwiderstehlich dahin getrieben, nun beim Sinnengenuss eine Erleichterung zu finden, wodurch dieser Mangel momentan verschwindet, aber nur um chronisch umso stärker geworden zu sein. Das ist der Teufelskreis der sinnlichen Triebe. Und dagegen ist die Übung der Sinnenzügelung notwendig.

(6) Aber die sinnlichen Triebe verleiten uns doch immer wieder dazu, uns an diesen Teufelskreis von Begierde und Missmut zu fesseln. So sagt Shivananda, dass diese Triebe wie eingesperrte Tiere in uns rumorten und bettelten: „Lass uns doch bleiben! Bisher hast du uns doch immer hier wohnen lassen, nun mit einem Mal willst du uns das Wohnrecht verweigern." Und dann drohen sie, wenn man sie nicht füttere, sich mit immer schlimmeren Wehgefühlen zu rächen, mit immer depressiverer Traurigkeit. Genau entsprechend heißt es in einem mittelalterlichen Gedicht:

„Ein Bild sprach zu den Sinnen:
‚Lasst mich noch einmal ein;
Ist's, dass ich kumm von hinnen,
so müsst ihr traurig sein'".

Da gilt es immer wieder zu durchschauen, dass diese Traurigkeit gerade nichts anderes ist als das Barometer der früheren Begierdenbejahungen, und dass man nur durch Sinnenzügelung zu dem Wohl höherer Art gelangt, welches davon befreit. Darum fährt jenes Gedicht denn auch mit der Stimme der Einsicht fort:

„Vernunft sprach zu den Sinnen:
‚Ich weiß ein Fröhlichkeit,
dahin wir kehren sullen'
- das Bild, das musst sich scheid'."

(7) Die Anweisung des Buddha schließt mit folgenden, hier etwas schärfer übersetzten Worten:

„Da Begierde und Missmut, böse und unheilsame Dinge gar bald den überwältigen, der unbehüteten Gesichtes verweilt, so schreitet man voran in der Abwehr, hütet den Gesichtssinn, geht bei ihm in der Abwehr auf."

In diesem Satz sind drei Dinge genannt, die das überwältigt Werden, das überflutet Werden durch Gier und Trauer, bekämpfen: Erstens schreitet man unbeirrt voran in der Abwehr, zweitens riegelt man den jeweiligen Sinn ab und isoliert ihn, wie einen ansteckenden Kranken, drittens geht man ganz in der Abwehr auf und lässt sich nicht davon ablenken. Das aber bedeutet: Man macht die Sinnenzügelung zur Hauptübung, zum wichtigsten Lebensinhalt, zur Hauptbeschäftigung, weil man erkannt hat, dass man sich ohne sie ewig im Kreise des Leidens dreht. Man identifiziert sich hier mit seinem besseren Herzen und Geist, mit der buddhistischen Gesinnung, und ruft sie zur

Hilfe, um sich von der gewohnten Sinnlichkeit loszureißen. Man bemüht sich, in der Burg zu bleiben – Seuse nennt die Sinnenzügelung ‚Inburgheit' – und sich nicht auf das unsichere Feld der Welt zu begeben, wo Frau Sorge mit ihren grauen Gestalten auf uns lauert. Oder: So wie ein Ritter eine Prinzessin gegen Räuber verteidigt, so verteidigt die Seele ihr besseres Wesen, ihre bessere Hälfte, gegen die Lockungen der Welt, gegen die Räuber der Jungfräulichkeit der Seele (*anima*).

28. Das unüberschwemmte Glück (*avyāseka-sukha*)

„Diese innere Erquickung ist nämlich so zart,
dass sie die Seele gewöhnlich nicht fühlt,
wenn sie ein übermäßiges Verlangen danach trägt oder
in besonderem Maße um den Genuss derselben besorgt ist."

(Joh. vom Kreuz, *Nacht*, ed. 1924, S. 40)

Vollkommen dieses Ernstes bewusst in allem und in jedem Ding
sind Weise ernsten Sinnes froh, im edlen Wandel so beglückt. (Dh 22)

„Durch die Erfüllung dieser edlen Sinnenzügelung erfährt er ein inneres ungetrübtes Glück", so heißt es in Neumanns Text. Aber das fleckenlose Glück der Tugend und dieses ungetrübte Glück der Sinnenzügelung haben keinerlei Trennschärfe. Denn ein Fleck ist auch eine Trübung. Was bedeutet also dieses zweite Wohl? Es ist das Glück der Nichtüberschwemmung, der Nichtbenetzung, der Nichtbesudelung. Und wovon? Vom Strom der sinnlichen Spritzer, der stets an die Sinne anbrandenden Wellen der Welt. Die Flut der Verlockungen und Versuchungen durch die sinnlichen Genüsse überschwemmt den Menschen immer wieder. Die Reizüberflutung der Welt beeinflusst uns weit mehr, als wir denken, sie sickert unmerklich-merklich in das Herz ein und macht es bedürftig, leer und unzufrieden, dunkel und trübe. So heißt es von dem, der keine Sinnenzügelung übt:

Wer Formen sieht, wird sinnberückt,
sobald er Reize reizen lässt:
erregt im Busen, ruhelos,
verliert er sich in derbe Lust.
Gefühle fühlt er schwelen schwül
und zehrend züngeln, formerzeugt;
Verlangen lauert, Wahn verwirrt,
in bangem Pochen bebt sein Herz:
so nährt er Leiden, fördert Weh,
erfindet Wahnerlöschung nie. (Thag 794-795)

Dieses Leiden wird durch die Sinnenzügelung überwunden – und das eben zeigt sich dann als Wohl der Nichtüberschwemmung. Da wird man stärker als die Überschwemmung und die Brandung und die Wogen. Man gewinnt ein Eiland, wohin die Wogen nicht mehr reichen. Dies ist das Wohl der Unberührbarkeit von den Räubern der Sinne. Es ist wie bei einem Schiff, das ohne Leck ist, so dass die Fluten nicht eindringen können und es sicher durch die Wassermassen fahren kann. Man ist autark geworden, unabhängig vom Wechsel der Dinge.

Woran zeigt sich das nun? Wenn man einige Zeit lang, sei es im Urlaub, sei es in einer Besinnungswoche, intensiv der Weisheit des Buddha gelauscht hat, oder wenn man eindringlich längere Zeit die Herzensreinheit betrachtet und sich zu ihr erhoben hat, oder wenn man vom Glück des Herzensfriedens der großen Mystiker gelesen hat, dann kann sich bei alledem ergeben, dass unwillkürlich die Welt zurücktrat und dass sich als überraschende Folge davon ein verändertes Lebensgefühl, ein anderes Grundgefühl einstellte. Für einige Zeit, für Stunden oder gar für einige Tage, fühlt man sich autark und immun gegen die Welt. Alles Äußere prallt an einem ab, kann nicht eindringen, weil man stärker ist. Man ist die ewige untergründige Sorge um die Vergänglichkeit und Gefährdung des Leibes einmal zeitweise losgeworden, weil man umgezogen ist auf eine höhere und andere Plattform. Man ist in sich sicher und heiter und fühlt sich endlich auf festem Boden.

Was hier einmal sporadisch und zum Leidwesen bald wieder abklingend auftrat, das kann durch die Sinnenzügelung fortgesetzt werden, zum Dauerbesitz. Aber dazu würde gehören, dass man den Aufschwung, den man einmal im Jahr für 14 Tage vollzieht, wobei man mehr unterbewusst die Anbrandung der Welt zurückdrängt, nun 365 Tage lang vollziehen kann. Das wäre Vollendung der Sinnenzügelung, die dann auch eine Vollendung des Glücks der Unüberschwemmtheit mit sich bringen würde. Doch das ist erst bei einem Nichtwiederkehrer denkbar, der alles sinnliche Bedürfen abgetan hat. Der Weg dazu, nicht mehr überflutet zu werden, der Weg zum vollendeten Glück der Nichtüberschwemmung ist ein genauso langer und gegliederter Übungsweg wie der Tugendweg.

Von drei Weisen des Glückes, die sich auf dem Wege zum vollendeten Herzensfrieden als Stationen einstellen, ist dies die mittlere Weise. Dazu mögen folgende Bilder zur Verdeutlichung dienen:

Da ist ein ausgedörrter trockener Boden, der nach dem belebenden Nass lechzt. Mit der Gießkanne wird er ein bisschen begossen: Das wäre dem Tugendwohl vergleichbar, dem Glück der Untadeligkeit. Wenn aber dann ganze Eimer voll Wasser ausgeschüttet werden, dann wäre das etwas, das länger vorhält, bis der Boden es aufgesaugt hat: Das wäre das Wohl der Sinnenzügelung. Und wenn es dann aber vom Himmel regnet, dann wäre das die angrenzende Sammlung, der beginnende *samādhi*, der selber dann noch viele Grade hat, wie unten zu zeigen sein wird. Solche Beispiele vom „feuchten" *samādhi*, der oft mit Wasser verglichen wird, stehen allerdings im Gegensatz zu dem hier gebrauchten Begriff der Nichtüberschwemmung, der von der falschen Nässe handelt. Solche gegensätzlichen Bilder aber finden wir zahlreich in den Lehrreden. Man muss sie, wie der Buddha sagt, eben je nach dem Standpunkt verstehen.

Ein anderes Bild: Vor mir ist eine große und dicke Mauer. Ich habe gehört, dass dahinter ein schöner Garten liegen soll (Anschauung) und gehe nun darauf zu (Gesinnung). Dabei springe ich ab und an schon einmal hoch und erhasche einen momentanen Blick über die Mauer: Das wäre dem Tugendwohl vergleichbar. Doch dann gelange ich bis unter die Mauer und recke mich dort auf den Zehenspitzen und schaue mit der Nase schon hinüber. Auf Zehen stehen kann ich schon länger als hochspringen. Aber nicht immer kann man auf Zehen stehen. Dies ist dann das Glück der Sinnenzügelung, das Glück der Abkehr von der hinter mir liegenden Welt. Wenn ich dann aber hinübersteige und oben auf der Mauer sitzend den herrlichen Garten vor mir sehe, dann ist das die angrenzende Sammlung. Und wenn ich hineinspringe, dann ist das *samādhi.*

Das Verständnis für diese zweite und mittlere Stufe des Lohnes der Asketenschaft auf dem Wege zum *samādhi* hängt wesentlich auch von dem Unterschied zwischen ihr und der ersten Stufe, dem Tugendwohl, ab. Beide haben etwas Gemeinsames und etwas sie Unterscheidendes.

Das Gemeinsame ist, dass sie beide nicht von der Welt sind, nicht aus sinnlicher Befriedigung herstammen, sondern aus Herzensläuterung und Gemütsumwandlung entstanden sind. Der Hunger der niederen Triebe und die Trauer der feineren Triebe machen beim natürlichen Menschen ein permanent dunkles und ödes Gefühl, das er nur durch kurzfristige Sinnengenüsse manchmal übertönen kann, eben durch Spritzer der Sinneseindrücke. Dieses dunkle Gefühl, in das man hineingeboren ist, merkt man aber überhaupt nicht, besonders weil man es selbstverständlich so gewohnt ist. Erst wenn man darüber hinauszusteigen beginnt, fängt man an, es zu merken.

Das Unterscheidende ist, dass das vorwurfsfreie Tugendglück in der äußeren Harmonie besteht, während das unüberschwemmbare Glück der Sinnenzügelung dessen Erweiterung auf das Innen bedeutet. Die Tugend befreite von äußeren Feinden und vom Druck des schlechten Gewissens, die Sinnenzügelung befreit von inneren Feinden, besonders vom Trübsinn der nichterfüllten Sinnentriebe und ihrer Leere. So besteht das Tugendwohl in Entlastung, das andere Wohl in beginnender Fülle. Das Eiland des Tugendwohls ist noch sehr unstabil und kann sofort wieder von der Flut der Begierden überschwemmt werden, während das Eiland des Sinnenzügelungswohls stabiler ist und nur langsam wieder überspült wird.

Beide Arten von Wohl sind der Welt fremd, und ihre Erlangung wird in den Schulen der Welt fast nirgends gelehrt. Darum erkennt der ans sinnliche Wohl Gewöhnte dies auch nicht so leicht. Wer tugendhaft wird, gewöhnt sich allmählich auch an den besseren Status der Harmonie mit dem Außen und vergisst den Unterschied zum früheren Zustand der Beklemmung, Darum beachtet er das Tugendwohl nicht in dem Maße, wie es nötig wäre, um es zu erweitern und sich zum nächsten Wohl hin zu entwickeln. Beim Wohl der zweiten Art hingegen ist das Schwinden erheblich schmerzlicher und fällt mehr auf. Der natürliche Mensch, dem einmal solches Wohl durch besondere Umstände zugefallen ist, stürzt sich dann umso mehr ins Sinnenwohl und vertreibt jenes dadurch umso sicherer. Wer es aber als Wissender erlebte, der weiß seine Herkunft und wird, wenn es schwindet, wieder auf das Tugendwohl zurückgreifen und merken, dass es nur eine beschränktere Form derselben Harmonisierung des Daseinsgefühls ist. So wird das Tugendwohl in seiner Bedeutung und in seinem Umfang oft erst von der nächsthöheren Stufe her richtig erfasst und verstanden. Auch das ist ein Gesetz des geistigen Weges, das immer wieder begegnet. Erst wenn man einmal eine höhere Warte eingenommen hat, kann man das, was man besitzt, richtig überblicken.

29. Maßhalten beim Essen (*bhojane mattaññū*)

„Der Mensch lebt nicht vom Brot allein.“ (Matth. 4, 4)

„Für den, der stets besonnen ist, beim Mahle Maß zu halten weiß,
gibt es geringe Schmerzen nur, er altert langsam, wahrt sich Kraft. (S [I] 3, 13)

In D 33 II wird gesagt:

„Es sind von ihm, dem Erhabenen, dem Kenner, dem Seher, dem Heiligen, vollkommen Erwachten zwei Dinge genau erklärt worden, wobei wir eben alle übereinkommen können und nichts zu verändern brauchen. Welche zwei? Die Tore der Sinne hüten und Maßhalten beim Mahle.“

Dementsprechend wird in der Mittleren Sammlung in der Übungsanleitung des Mönches nach der Sinnenzügelung viermal das Maßhalten beim Essen als weiterer

Übungsschritt genannt (M 39, 53, 107, 125). Nun aber hieß es doch eben bei der Sinnenzügelung bereits: „Hat er mit dem Geschmackssinn einen Saft geschmeckt, dann fasst er keine Neigung, keine Absicht...“. Was könnte man denn beim Schmecken noch mehr tun, als nicht der Geschmacksgier zu folgen, d. h. den Schmecksinn zu zügeln?

Der Grund, warum der Schmecksinn hier noch einmal zum Gegenstand einer besonderen Übung gemacht wird, ist theoretisch nicht zu erklären, sondern ergibt sich aus einer rein praktischen Psychologie. Was rein begrifflich überflüssig und doppelt gesagt erscheint, ist übungsmäßig ausgesprochen sinnvoll, und zwar aus folgendem Grunde: Die Sinnenzügelung soll man bei den Stunden des Tages beginnen, an welchen die Sinne frei herumschweifen und sich auf der Augenweide ernähren und überfressen. Erst wenn man dieses überflüssige „Essen“ eingeschränkt und kontrolliert hat, kann man nun daran gehen, auch bei dem, was zur Lebenserhaltung unentbehrlich ist, Sinnenzügelung zu üben, und das heißt hauptsächlich beim Essen und Trinken. Es ist eben ein großer praktischer Unterschied: Bei der allgemeinen Sinnenzügelung kann man sich fast ganz von den reizenden Objekten abwenden und die Sinne schon durch Nichtsehen oder Nichthingucken bewahren, so wie der Mönch vier Spannen vor sich blickend gehen soll. Ohne diese Augenweide kann man leben, sogar viel besser. *Unkeuschheit verkürzt das Leben,* sagt der Buddha (A V 125). Aber wer nicht mehr essen wollte, der würde bald sterben. Das ist der Unterschied. Dem Essen kann auch der Mönch, der sonst Sinnenzügelung streng durchführt, nicht ausweichen. Zur morgendlichen Essenszeit, ein oder zweimal am Tage, wird das Tor des Mundes zum Schmecken aufgemacht: da wird der Geschmackssinn berührt und herausgefordert. Die Übung im Maßhalten beim Essen dehnt nun die bei der allgemeinen Sinnenzügelung erworbenen Erfahrungen auch noch auf das letzte unkontrollierte Gebiet aus. Gerade daran zeigt sich die Weisheit des Buddha, der seine Übungsanleitung rein für die Praxis gibt. Erst muss man durch die Erfahrungen mit der Sinnenzügelung etwas Wohl erfahren haben, dann kann man das unmittelbare Leibeswohl des Wohlgeschmacks angehen und zum Übungsgegenstand machen. Erst muss man sich daran gewöhnen, kein Fleisch mehr zu sehen (Sinnenzügelung bei der Erotik), dann kann man daran gehen, nun auch kein „Fleisch“ – im weiteren Sinne – mehr zu sich zu nehmen. Daher werden auch in der christlichen Askese Wollust und Völlerei als zwei Übel genannt. Und gar die Betrachtung über den Ekel der Nahrung, sie kommt erst noch viel später, nämlich erst bei der siebten Stufe des Heilsweges. So zeigt auch hier der Buddha die Methode der kleinen Schritte.

Die Übung im Maßhalten beim Essen wird nun unter zwölf verschiedenen Aspekten behandelt, von denen die ersten vier das Falsche, die zweiten vier das Rechte und die letzten vier lediglich die Folgen dessen nennen, so dass in M 91 nur von 8 Aspekten die Rede ist. Diese 12 Aspekte sind:

(1) Iss' nicht zur <u>Letzung</u>, d. h. nicht nur zur Geschmäckigkeit. Gewöhnlich isst man hauptsächlich wegen der Gaumenlust. Aber was habe ich davon, wenn da eingespeichelte Nahrungsmengen am Gaumen vorbeirutschen? Lohnt es, wegen dieser winzigen Stelle am Leibe so viel Aufwand zu machen? Der Arzt Dr. Dahlke sagt, man esse zu einem Drittel zur Ernährung, zu einem Drittel aus Lust, zu einem Drittel wegen des Leeregefühls. Also wären zwei Drittel der Nahrung für die Lebenserhaltung nicht nötig.

(2) Iss nicht zur <u>Ergetzung</u>, d. h. nicht um die Langeweile zu vertreiben, nicht bloß um des sozialen Erlebnisses willen, das z. B. schon bei der gemeinsamen Frühstückspause eintritt. Die Kau-Gemeinschaft ist doch nicht die edelste, und besser kann man sich doch unterhalten, während man nicht kaut.

(3) Iss nicht zur Schmuckheit, d. h. nicht um den Leib schön rund und voll zu machen, nicht um die Knochen zu verdecken, nicht um eine gute Figur zu machen. Was habe ich denn davon, wenn andere meinen Leib begehren und ich ihren Geschlechtsdurst wecke?

(4) Iss nicht zur Zier, d. h. zur Auspolsterung durch Fettpolster – ein Gesichtspunkt, der besonders bei dem orientalischen „Schönheitsideal" des fülligen Menschen und auch im Abendland zu früheren Zeiten eine heute kaum noch vorstellbare Rolle spielte.

(5) Iss stattdessen nur, um diesen Leib zu erhalten, also aus rein nüchternen Gründen, ohne Nebenabsichten. Der Leib ist eben so beschaffen, dass er Nachschub braucht, wie eine Maschine oder ein Ofen Brenn- und Treibstoff nötig hat.

(6) Iss, um den Leib zu fristen, d. h. um ihn seine durch die Lebenskraft bestimmte Zeit zu Ende leben zu lassen und ihn nicht vorzeitig zu ruinieren. Auch durch die beste Speise kann ich den Leib nicht über seine Lebensdauer hinaus erhalten, er wird eines Tages doch vergehen: Wie kann ich da das Essen so wichtig nehmen? Entsprechend kann ich das Pauluswort verstehen: „Die Speise ist für den Leib und der Leib für die Speise; Gott aber wird sowohl diese wie jenen zerstören." (1. Kor. 6,13).

(7) Iss, um Schaden (Gewalt) zu verhüten und zu verhindern. Mache keine besonderen Fastenkuren, die dann leicht einen Nachholbedarf züchten. Und meide alle gewaltsamen Maßnahmen, die aus zu wenig Nahrung entstehen. Nicht um der schlanken Linie willen, nicht aus asketischer Rekordsucht soll man das Essen meiden.

(8) Iss vielmehr, um ein heiliges Leben führen zu können. Immer soll man beim Essen denken, dass man durch die Ernährung des Leibes den Geist befähigt, nun weiter lehrgemäß zu arbeiten. Das Essen ist nur ein notwendiges Übel, wie der Buddha an vier Gleichnissen zeigt: Das Essen ist wie das Salben einer Wunde, damit sie heilt, oder wie das Ölen eines Lastwagens, damit er leichter die Lasten tragen kann (S [IV] 35, 198). Es ist wie das Salben der Augen, wobei man vorsichtig nicht zu viel hineintun darf (J 255) oder wie das Fleisch des eigenen Sohnes, den die Eltern in einer Wüste klagend schlachten, um nicht zu verhungern (S [II] 12, 63).

(9) So werde ich das frühere Gefühl abtöten und ein neues nicht aufkommen lassen. Das frühere Gefühl der sinnlichen Esslust wird durch jene acht obigen Gedanken immer weiter abgeschwächt. Im Idealfall kommt einer so weit, dass er im nächsten Leben gar keine Nahrung mehr braucht, weil er keinen groben Leib mehr hat: So lässt er ein neues Gefühl nicht aufkommen.

(10) Ich werde ein Auskommen haben. Wenn ich bescheiden bin, bin ich leicht von anderen als Mönch zu ernähren. Ich mache überhaupt keine besonderen Ansprüche und finde so auch als Laie leichter mein Auskommen. Man mag auch dankbar denken, dass es einem erlaubt ist, satt zu werden, während so viele andere Wesen hungern.

(11) Ich werde ohne Tadel bestehen: Die anderen werden mich nicht als Fresser bezeichnen und kritisieren, dass ich einer sei, dessen „Gott sein Bauch" ist (Phil. 3, 19). Und auch mein Gewissen wird mich nicht tadeln, das Glück der Vorwurfsfreiheit wird gestärkt.

(12) Ich werde mich wohl befinden, werde körperlich und seelisch leicht leben, werde nicht aus Überfressen krank werden. So heißt es im Mahābhārata: „Sechs Vorzüge werden dem zuteil, der mäßig im Essen ist: Gesundheit, langes Leben, Kraft, Freude gesunde Kinder, man schilt ihn nicht einen Fresser" (V, 1367). Als einmal König Pasenadi von Kosalo sich ganz rundum vollgegessen hatte, kam er schnaufend zum Buddha, um die Lehre zu hören, entgegen seiner Körperneigung, die da sagte: „Voller Bauch studiert nicht gern." Der Buddha gab ihm bei dieser Gelegenheit den Vers:

„Für den, der stets besonnen ist, beim Mahle Maß zu halten weiß,
gibt es geringe Schmerzen nur, er altert langsam, wahrt sich Kraft.“

Da ließ der König sich diesen Vers täglich bei Hofe vorsagen und nach und nach reduzierte er seine Nahrung auf einen Teller Reisbrei pro Mahlzeit (S [I] 3, 13). – Als einmal ein Mönch an Überfressung gestorben war, sagte der Buddha, wer im inneren Wohlbefinden des *samādhi* lebe, der könne sich pro Tag mit vier bis fünf Bissen begnügen und den Rest mit Wasser auffüllen (J 255).

Das Maßhalten beim Essen als besondere Form der Sinnenzügelung wird nun vom Buddha auch als genereller Hinweis verstanden, sich nur auf die vier Grundlebensnotwendigkeiten zu beschränken und die Sinne nicht darüber hinausgehen zu lassen; nämlich über das Minimum an Nahrung, an Kleidung, an Wohnung, an Arzneimitteln. Dadurch wird die Triebhaftigkeit pflegend überwunden (M 2).

30. Der innere Kampf (*pahāna-padhānaṃ*)

„Wachet und betet, dass ihr nicht in Anfechtung fallet.
Der Geist ist willig, aber das Fleisch ist schwach.“ (Mark. 14, 38)

„Erhebt empor euch, setzt euch hin,
unbeugsam, bis ihr Frieden habt,
auf dass euch keiner lässig weiß,
als blinde Beute ködern kann.“ (Sn 332)

30.1 Die existentielle Situation

Bei den christlichen Mystikern findet sich immer wieder folgender fast typisch zu nennender Geschehensablauf: Gegen viele Widerstände der Welt sind sie – Männer oder Frauen – endlich ins Kloster gekommen und konnten das ersehnte geistliche Leben aufnehmen. Sie üben sich in der Regel des Ordens, sie fasten, wachen und beten. Und sie erlangen ab und an schon eine „Gnade“, d. h. zeitweise innere Erquickung und Erhellung. Aber dann, nach einiger Zeit, trocknet das Pflänzchen des geistigen Wachstums wieder ein. Es kommt Öde, Missmut, Depression, Finsternis über sie. Schwere sinnliche Versuchungen überfallen sie, leidenschaftliche Bilder sehen sie aus ihrem Inneren aufsteigen. Und es kommt das Heer der Zweifel und Ängste. Diesen Zustand nannte Johannes vom Kreuz „die dunkle Nacht der Seele“. Die Mystiker sprechen davon, dass Gott ihnen seine Gnade entzogen habe und dass der Teufel sie verfolge. Das geistliche Leben scheint ihnen trocken und schal, und sie können gar nicht mehr verstehen, dass sie es so sehr ersehnten und solche Opfer dafür brachten. Schon die ersten Asketen, die ägyptischen Wüstenväter, kannten diesen Zustand des inneren Kampfes und Zwiespaltes. So sagt Makarios:

„Jemand verlässt das Seinige, nimmt Abschied von dieser Welt, reißt sich vom Weltgenuss und von Besitztum und Vater und Mutter um des Herrn willen los, kreuzigt sich selbst und wird ein Fremdling und arm und dürftig. Allein statt der weltlichen Erquickung findet er in sich nicht göttliche Erquickung, statt des zeitlichen Genusses findet er in seiner Seele nicht den Genuss des Geistes.“ (Homilie 49, 1)

Oder Jahrhunderte später sagt Seuse:

> „*Das ist ein armes trostloses Leben und ein Vorhof der Hölle: Die Welt nicht haben können und Gott entbehren, weltlichen und göttlichen Trostes beraubt sein, beides verloren haben.*“ (Briefbüchlein 1)

Und viele Mystiker berichten, dass sie in solchem Zustand des Tiefes die anfänglichen Tröstungen als ganz fremd ansahen, gar nicht zu ihnen gehörig, so als seien sie nie bei ihnen gewesen.

Der Erwachte, als der vollkommene Lehrer, kannte diese Gefahr des geistlichen Lebens und berücksichtigte sie. Er sagt, dass sich Götter und Menschen, wenn sie die Lehre kennengelernt haben, nach den fünf Begehrungen zurücksehnen (M 125). Ein besonders eindringliches Beispiel dafür ist der Mönch Tālapuṭo, der in den Liedern der Mönche diesen Zwiespalt des inneren Kampfes schildert (Thag 1091 ff). Der Erwachte nennt dies kurz eine Lebensführung, die gegenwärtiges Wehe und künftiges Wohl bringt, wenn man sie durchhält. Sie entstehe, wenn einer nach seinen Anlagen stark zu Gier, Hass und Verblendung neigt, also tiefverwurzelte Triebe hat: Der kann nur unter Tränen das Läuterungsleben der Askese führen, der ist Mönch mit Schmerzen und Trübsinn (M 45). Mehr oder weniger, sagt der Erwachte, geht es jedem so, der gegen den Strom schwimmt und sich zügelt und nicht den Begierden folgt (A IV 5). Oder er sagt, das komme immer dann auf, wenn die fünf Fähigkeiten schwach entwickelt seien (A IV 162). Wer aber trotz Tränen und Schmerzen und Trübsinn die Askese durchhält, der sei zu loben (A V 5).

Wenn jemand Mönch wird und die sinnlichen Genüsse verlässt und über die Tugend zur Sinnenzügelung kommt, dann erlangt er Tugendwohl und Sinnenzügelungswohl – aber das hält nicht vor, wenn in ihm noch starke Triebe sind. Die Sinnenzügelung, einschließlich des Maßhaltens beim Essen, verhindert nur, dass nicht durch Einflüsse von außen neue Triebe entstehen und alte verstärkt werden. Die Sinnenzügelung bremst also nur den Zufluss des Unheilsamen, bewirkt eben, wie der Erwachte sagt, dass unentstandenes Unheilsames nicht entsteht. Aber das alte Unheilsame, das äonenlang im Herzen angesammelt wurde, an das man mit allen Fasern gewöhnt ist, das sitzt noch im Herzen, und davon hat die gute Gesinnung und die Tugendübung nur die Oberfläche erfasst und geläutert. Wenn der Übende nun auch von außen nichts Neues durch die Tore der Sinne ins Herz hinein lässt, wenn er auch von außen nicht überflutet wird, so kocht er doch sozusagen im eigenen Saft und muss sich mit den Dämonen herumschlagen, die in seinem Innern hausen. Kurz: Er kommt erst hier an die Wurzel der Triebe, die pausenlos aus der Tiefe des Herzens aufsteigen und einen gewaltigen Kräftestrom bilden. Um damit fertig zu werden, ist der innere Kampf nötig.

30.2 Der zweite Kampf

Darum eben nennt der Buddha nach dem Kampf der Abwehr (erster Kampf: Sinnenzügelung) noch den Kampf der Überwindung, auch genannt Vorgehen zur Einebnung (A IV 164-165) oder Überwindung durch Zurückstoßen (M 2) oder Anjochung an die Wachsamkeit (M 39, 53, 107). Dieser zweite der vier großen Kämpfe wird wie folgt definiert:

> „*Da weckt ein Mönch seinen Willen, dass er aufgestiegene unheilsame Dinge nicht aufsteigen lasse, er müht sich darum, mutig bestrebt, rüstet das Herz, macht es kampfbereit. Er lässt einen aufgestiegenen Gedanken des Begehrens, des Hassens, der Gewalt nicht zu,*

überwindet ihn, zerstört ihn, macht ihm ein Ende, bringt ihn zum Nichtwiederkommen; was immer an bösen und unheilsamen Dingen aufsteigt, das lässt er nicht zu, überwindet es, zerstört es, macht ihm ein Ende, bringt es zum Nichtwiederkommen."

Dieser Kampf der Überwindung hat zur Voraussetzung, dass aus dem Herzen böse Dinge aufsteigen. Die Überwindung ist also das Verleugnen, Verneinen, Verwerfen dessen, was auch wert ist, verleugnet, verneint, verworfen zu werden. Nur dort, wo der Geist etwas rundum als Böses erkannt hat, kann er den Kampf damit richtig beginnen, ob sich dies nun dramatisch oder stiller abspielt, ob es viel oder wenig Anstrengung mit sich bringt, ob es kurz oder lange dauert. Und wenn die Triebe des Herzens noch so stark sind, der Geist sie aber richtig durchschaut, dann wird er auf die Dauer der Stärkere bleiben.

Dieser Kampf der Überwindung, der empirisch so dramatisch aussehen mag, besteht an sich aus den oben genannten drei Weisen des Nichtzulassens, Zurückschlagens und Vernichtens. Das eben ist das Schwerste an diesem Kampf, dass im Grunde ganz einfache Dinge zu tun sind: Die Triebe locken bunt und wild und alles, was sie vorspiegeln, scheint so interessant; demgegenüber erscheint dann das einfache Überwinden und Verneinen geradezu trocken und langweilig. Von diesem Schein aber leben die Triebe, während sie an jenen drei Weisen absterben:

NICHTZULASSEN: Man muss sich um nichts anderes bemühen, als Nein zu sagen, d. h. die Triebe nicht weiterhin, wie bisher, zu billigen und zu dulden. Man muss stattdessen die Stimme der Lehre dulden, die dieses Nein ausspricht. Man wehrt sich und weigert sich also, der Verlockung zu folgen und sie zuzulassen. Man stellt sich also dem Gefühl entgegen, gibt ihm nicht nach, wird nicht schwach. Man stimmt nicht in die Melodie der Triebe ein, wenn auch die Gedanken noch so verführerisch locken und drängen. Der Geist sagt: „Nein, ich mache nicht mit, ich lasse mich nicht verführen." Er lässt sich natürlich noch oft verführen, aber die Akte des Nichtzulassens schaffen allmählich eine Gegenkraft, die die Triebe schwächt. Selbst wenn man schwach geworden ist, stimmt man dem nachträglich nicht zu, sondern stellt sich dagegen.

ZURÜCKSCHLAGEN: Während man beim ersten Nichtzulassen oft nicht mehr im Geiste hat als das Argument, dass das Nachgeben doch gefährlich sei und dass man es früher tief eingesehen habe, besteht das Zurückschlagen darin, dass einem im Moment auch die zugkräftigen und wirklich schlagkräftigen Gegenvorstellungen gegenwärtig sind. Dann kann man mit der ganzen Überzeugungskraft das Richtige und Heilsame gegen das Falsche und Unheilsame stellen. Und vor dieser Kraft der Wahrheit weicht der Feind noch stärker zurück, er wird davon entwaffnet. Je stärker die leidigen Folgen des Nachgebens im Geiste aufleuchten, desto stärker und hartnäckiger kann man auch zurückschlagen.

VERNICHTEN: Durch das Nichtzulassen und Zurückschlagen wird das Böse schließlich wirklich vertilgt, vernichtet, zerstört, erstickt, ausgerottet und zunichte gemacht. Das, was ein Unwert und Scheinwert war, löst sich in das Nichts auf, das es eigentlich in seinem Wesen ist. Weil die sinnlichen Triebe aus Irrtum erzeugte Scheinwerte sind, wird hier durch ihre Vernichtung der eigentliche Zustand wiederhergestellt. Mit dieser Überzeugungskraft verfolgt man das Böse möglichst bis in seine letzten Schlupfwinkel und ruht nicht, bis man seine letzten Spuren vertilgt und es zum Nichtwiederkehren gebracht hat.

Die hier vom Buddha verwendeten Ausdrücke klingen sehr militärisch und kriegerisch, aber sie sind der Sache völlig gemäß. In genau den drei Stadien des Nichtunterwerfens, des Abwehrkampfes und der Verfolgung bis zum Endsieg spielt sich auch in der Welt ein Krieg ab – nur mit dem Unterschied, dass dort kein Sieg je endgültig ist. Die drei Stadien eines solchen Krieges in der Welt sind folgende: Zuerst versucht der Feind mit politischen Waffen, mit Intrigen, Drohungen, Erpressungen und Lügen, mit wirtschaftlichem Druck usw., sich den anderen Staat gefügig zu machen und zu unterwerfen – ebenso versuchen es die Triebe zuerst mit solchen Argumenten, sich den Geist gefügig zu machen. Wenn das erste aber nicht fruchtet, dann greift er mit Brachialgewalt an und marschiert ein: Dabei stößt er auf den Widerstand der Wehrmacht, die ihren Abwehr- und Verteidigungskampf mit der Kraft dessen, der überfallen ist, führt. Wenn sie stärker ist, wird sie den Angreifer schließlich besiegen und in sein Land zurückverfolgen, um ihn restlos zu vernichten und neue Angriffe unmöglich zu machen.

Schon bei der Tugendläuterung hieß es, dass der Mönch wie ein Kriegerfürst den Feind niedergestreckt habe und die vier großen Kämpfe werden mit den 4 indischen Wehrmachtteilen verglichen. Das alles geschieht nicht etwa, weil der Buddha aus der Kriegerkaste stammte und ihm daher solche Analogien nahe lagen, sondern weil der innere Kampf, gegen die inneren Feinde eben der Sache nach ein totaler Krieg ist, bei dem alle soldatischen und heroischen Eigenschaften, die sonst sinnlos in äußeren Kriegen verschwendet werden, angewendet werden können und müssen.

Die Stärke und Wucht der Formulierung des Buddha ist auch deshalb nötig, weil der Mensch leicht auf einen gefährlichen Irrgedanken kommt. Wenn er sich nämlich durch die Tugendgesinnung daran gewöhnt, gegen andere immer geduldig, sanft und milde zu sein, dann liegt es manchen Menschen gar nicht so fern, nun auch innen gegen die eigenen Triebe ebenso großzügig und milde zu sein. Man lässt dann vieles durchgehen, drückt ein Auge zu und ist sehr nachsichtig mit sich: „Was wird es schon auf solche Kleinigkeit ankommen?“ und man hat vielerlei Scheingründe bereit, die eigenen Schwächen zu rechtfertigen. Die Sinnentriebe und ihre Begleiter müssen aber restlos ausgerottet werden, bis zur Vernichtung – und das ist eben der zweite Kampf.

30.3 Gedankenzügelung

Warum werden nun bei der Beschreibung des zweiten Kampfes gar nicht die Triebe selber, sondern die Erwägungen (Gedanken) genannt? Warum ist der Überwindungskampf Gedankenzügelung? Weil alle Triebe aus nichts anderem als aus positiv bewertenden Gedanken über das jeweilige Objekt entstanden sind. Die Triebe sind die unbewältigte Vergangenheit, die man mit sich schleppt, weil man früher nicht die rechte Anschauung gegenwärtig hatte und sie dann zugelassen hatte. Weil in den Erwägungen alles Böse erzeugt wurde und wird, deshalb liegt dort allein der Ansatz. Mit den aus Gedanken entstandenen Trieben, die nichts anderes als inkarnierte und dynamisierte Ideen sind, kann man einzig und allein auf der Ebene reden, aus der sie herstammen. Wenn in den Erwägungen die Quelle verstopft wird, dann werden künftig die richtigen Erwägungen mit all den Folgeerscheinungen der Triebe, mit Gefühl und Durst, fertig werden. Darum nennt der Buddha hier beim zweiten Kampf als das zu Vernichtende zuerst die drei bösen Erwägungen des Begehrens, des Hasses und der Gewalt, danach dann sozusagen als Generalklausel „immer wieder aufsteigende unheilsame Dinge“. Dieser Oberbegriff ist weit genug, um darunter alles zu verstehen, was sonst noch Leiden bringt und was zu überwinden ist, nämlich sowohl die Herzensregungen selber wie ihre Ausflüsse in Gefühl und dursthaften Vorstellungen.

Der Grund dafür, dass beim zweiten Kampf die drei bösen Erwägungen derart in den Vordergrund geschoben werden, während die Überwindung der weit umfangreicheren und vielfältigeren anderen Dinge nur leicht angedeutet wird, dürfte, wie immer in solchen Fällen, in rein praktisch psychologischen Gründen liegen. Man hätte nämlich in der Praxis gar keinen realen Angriffspunkt, wenn etwas fordern würde, „alles Unheilsame" zu überwinden. Dann würde man mutlos werden und wüsste überhaupt nicht, wo anfangen. Wenn man hingegen auf die Gedankenerwägungen verwiesen wird, dann weiß man, was man zu tun hat. Die Gedanken sind sowohl die Ursache als die Folge der Triebe. In Gedanken kann man daher mit den Trieben in ihrer eigenen Sprache reden und sie durch Vernunft überzeugen, während die Gefühle und dursthaften Regungen nur Reflexerscheinungen der Triebe sind, die nur indirekt von ihnen künden. Diese Reflexe aber reagieren nicht auf Vernunft, sie sind ein blindes Drängen aus der Quelle der Triebe her, die selber energetische Werturteile sind. Man kann auch einen Schatten nicht am Schatten vernichten, sondern muss die Lichtquelle beseitigen – ebenso auch sind die anderen Dinge Schatten der Triebe, dagegen die bösen Erwägungen die Quelle der Triebe. Den triebbedingten Erwägungen wohnt es inne, weiterhin triebhaft zu denken und das früher Bejahte weiter zu bejahen und die triebhaften Wohlgefühle zu genießen und mit der Phantasie zu umspinnen. Das ist das Gefälle des Anhangens und Aneignens. Daher müssen diese Gedanken in ihrem Wert verleugnet werden und dadurch allmählich die Triebe ausgehungert werden.

Die hier und in den Übersetzungen häufig verwendeten Worte „Verleugnung" oder „Verneinung" bedeuten selbstverständlich in keiner Weise, dass man die Triebe etwa nicht wahrhaben wolle und ihre Existenz leugne oder sie einfach verdränge, um Ruhe zu haben. Das, was der Buddha unter Überwindung (*pahānā*) versteht und was oft mit Verleugnung und Verneinung übersetzt wird, ist immer nur die Wertverleugnung, da diese die einzig reale Überwindung darstellt. In den Gedanken und durch die Gedankenerwägungen soll man das Böse verwerfen, hinauswerfen, ihm keinen Platz gönnen, es nicht zulassen, es wegstoßen und verstoßen.

Erwägungen der Gewaltsamkeit gehören zu den drei unheilsamen Erwägungen – aber die Gewalt des zweiten Kampfes ist etwas sehr anderes. Gewaltsamkeit kommt aus den Trieben und richtet sich entweder gegen andere oder gegen mich selber, ohne Entwertung der eigenen Triebe. Wenn ich etwa meine Triebe gewaltsam verdränge und unterdrücke, oder wenn ich ungeduldig nach dem Heil strebe und mich antreibe, dann bin ich gegen mich gewaltsam. Wenn ich dagegen im klaren Erwägen solche und andere Gedanken der Gewaltsamkeit als sinnlos entlarve und mich ihnen aktiv und kraftvoll im Verleugnen entgegenstelle, dann ist das zwar Kampf und Mühe, aber keine Vergewaltigung oder Gewaltsamkeit in obigem Sinne.

Die drei bösen Erwägungen und ihre Folgeerscheinungen, soweit sie beim zweiten Kampf bekämpft werden, vergleicht der Buddha mit dem Hirten, der bei den Rindern die Fliegeneier zerstört (M 33), mit dem Kriegselefanten, der in der Schlacht den vierfachen feindlichen Heerbann vernichtet (A V 140) oder – im Endstadium – mit Wassertropfen, die auf der glühenden Herdplatte sofort verzischen (M 66). Oder er vergleicht die unheilsamen Gedanken mit Fliegen, die bei stinkendem Aas (Begehren und Hass) schwärmen (A III 126). Oder er sagt, das Böse sei wie eine eiternde Wunde, die man auswaschen muss (M 106), wobei das Waschen von Kleid (M 7) oder Kopf und Leib (A III 70) oder Gold (A III 99) überhaupt ein häufiges Gleichnis für den inneren Kampf ist.

30.4 Unterschied zur rechten Gesinnung

Gesinnung und Tugend stellen eine Zügelung nach außen hin dar, sozusagen vor dem Tore, Sinnenzügelung dagegen wirkt am Tore und der innere Kampf ist eine Gedankenzügelung nach innen hin, hinter dem Tore. So schreitet die Übung der Zügelung im Achtpfad von außen nach innen fort.

Jeder Akt der Gesinnung ist ein Gedanke, aber nicht jeder Gedanke ist eine Gesinnung. Gesinnung (*saṅkappo*) heißen nur die handlungsvorbereitenden Gedanken, die die Planung nach außen hin betreffen. Hier beim zweiten Kampf dagegen geht es hauptsächlich um die Gedanken, die das Ich selber betreffen. Dabei geht es beide Male um die drei Übel Begehren, Hassen und Gewalt, aber diese gibt es sowohl nach außen hin wie nach innen. Wenn nun auch hier, beim rechten Mühen, die Gesinnungsläuterung als Stufe hinter einem liegt, so doch noch nicht restlos. Im Geiste fluktuiert es immer zwischen Plänen nach außen und Gedanken um das Ich herum. Was sich theoretisch säuberlich trennen lässt, das liegt in der Wirklichkeit viel näher beieinander. Darum nennt der Buddha hier, bei der sechsten Stufe, auch nicht einen Begriff, der die Gesinnung ausschließt, sondern einen Oberbegriff, der alle Gedanken umfasst, sowohl die Ich-betonten wie die Reste von Welt-betonten. Es geht hier um eine Generalbereinigung der Gedanken (*vitakka*), um eine Vor- und Nachreinigung, eben um die Läuterung der Erwägungen schlechthin.

Ein historisches Beispiel hierfür liefert der Buddha selber. Als er noch ein Bodhisattva, d. h. noch nicht Erwachter, war, da bemühte er sich um Läuterung der Gedankenerwägungen (*vitakka*), die er nach zwei Seiten sortierte: auf die eine Seite die Erwägungen des Begehrens, Hassens und der Gewalt, auf die andere Seite die Erwägungen der Entsagung, des Nichthassens und der Nicht-Gewalt. Und wo immer die drei ersteren Erwägungen auftauchten, da vertrieb er sie. Dabei werden zwischen Erwägungen nach außen und nach innen keine Unterschiede gemacht. Der Erwachte kannte damals den Achtpfad ja auch noch gar nicht. Er hatte zwar kaum noch Anliegen an die Welt und daher kaum noch schlechte Gesinnungen, aber dieser Unterschied wurde von ihm noch nicht gemacht. Er sprach auch nicht von weiteren unheilsamen Dingen, wie dies oben bei der Formel für den zweiten Kampf der Fall ist. Er ging rein empirisch vor und entdeckte, dass alles, was Begehren, Hassen und Gewalt fördert, von Übel ist, ob dies nun nach außen oder nach innen gerichtet ist. Er stellte vielmehr folgende sechs Überlegungen, die ihn zur Verleugnung der drei bösen Erwägungen brachten:

„Diese führen zu eigener Beschwer: Sie belasten mich, schaffen einen Mangel, ganz gleich, ob nach außen oder innen hin gerichtet.“

„Sie führen zu fremder Beschwer: Sie belasten andere, die bösen Gesinnungen, die gegen andere vorgehen wollen.“

„Sie führen zu beider Beschwer: Wenn ich den bösen Gesinnungen folge und den anderen beschwere, schaffe ich mir eine schlechte Ernte, die dann wieder mich selber belastet.“

„Sie roden die Weisheit aus, nämlich die Weisheit, die unterscheiden kann, was belastet und was nicht, d. h. Heil und Unheil.“

„Sie bringen sorgende Verstörung mit sich: Sowohl äußere wie innere Gedanken der drei bösen Arten, schüren die Phantasie, machen unruhige Vorstellungen, Sorgen und Sorgen.“

„Sie führen, kurz gesagt, nicht zum Nirvāna hin.“ (M 19)

So bekämpfte der Bodhisattva die aufgestiegenen unheilsamen Gedanken, die das Herz und Gemüt beunruhigten, störten und belasteten.

Blickt man nun einmal lediglich auf die nach innen gerichteten, auf das Ich bezogenen unheilsamen Gedanken, dann findet der Übende, dass es hier vier verschiedene Gruppen gibt:

Da sind Gedanken, die um Genuss und Erhaltung des Körper-Ichs kreisen, und die dann vor dem Gegenteil Abscheu und Abwehr zeigen.

Da sind Gedanken, die das Ich verengen und abkapseln wollen, wie Zerstreuung und Verdrängung gegenüber dem besseren Ich oder wie Stolz und Trotz auf das schlechtere Ich.

Da sind Gedanken, die das Ich schwächen und deprimiert machen, träge, kleinmütig, sich gehenlassend, öde.

Da sind Gedanken, die das Ich unruhig machen, wirbelig, reuig, aufgeregt und ungeduldig.

Das sind im Grunde die Qualitäten, die beim inneren Kampf zu bekämpfen sind, wo immer sie aus dem Herzen hervor aufsteigen und zur Bejahung drängen. Wo die Gedanken zustimmen wollen zu Ich-Ausbreitung und Ich-Abkapselung, zu Depression und zu Unruhe, da stellt sich der zweite Kampf dem entgegen. Aber dazwischen kommen immer wieder auch Erwägungen, die asoziale Gesinnungen betreffen und das Übel nach außen projizieren oder außen Ablenkung suchen wollen. Dieses ganze Feld der Gedanken, die aus dem Herzen kommen und ins Herz gehen, das ist das Übungsgebiet des zweiten Kampfes. Da wird der Lehrsatz des Erwachten „Was der Mensch häufig erwägt und bedenkt, dahin neigt sich das Herz“ (M 19) zur eigenen Erfahrung, zur schmerzlichen, wenn man den drei bösen Erwägungen nachging, zur erleichternden, wenn man ihnen widerstand.

Je nachdem wie stark die unheilsamen Triebe der Tendenzen des Menschen zu Begehren, Hassen und Gewalt sind, so mühsam ist auch dieser Kampf. Da aber nun die meisten Abendländer, die zur Lehre kommen, in ihrem Leben ihre ganzen Kräfte darauf richten, die wahnhaften Weltbilder überhaupt zu durchschauen und die Weisheit zu mehren, deshalb fehlt ihnen zu allererst meist jene Herzensreinheit, die nur aus einem überzeugenden Weltbild heraus die seelische Umerziehung ermöglicht. Die die abendländischen Weltbilder, sei es Materieglaube oder Schöpfergottglaube, mühsam überwanden, die sind eben nicht geläutert im Herzen. Und die rein im Herzen geworden sind, weil sie noch dem christlichen Weltbild trotz seiner Widersprüche folgten, wie die Mystiker des Mittelalters, die kommen nicht zur Lehre des Buddha, weil sie durch ihre Läuterung zeitweiliges Wohl erleben. Daher gilt für die abendländischen Nachfolger des Buddha fast überall die Feststellung, dass ihre Lebensführung zunächst mit Wehe und Mühe verbunden ist. Und diese Durststrecke muss durchstanden werden. Die inneren Konflikte und Spannungen, die bei diesem Kampf mit dem verdorbenen abendländischen Herzen, das voll Unheil steckt, entstehen, sind fast unvermeidlich, ja sind selber Anzeichen der rechten Bemühung.

Diese Konflikte sind völlig anderer Art als die aus asozialer Haltung und Ichverklemmung folgenden Konflikte, die der Abendländer allein kennt und in seiner Psychologie behandelt. Darum gibt es in solcher Psychologie auch keinerlei Hilfen für den inneren Kampf, eher nur Behinderungen und Erschwerungen. Das rechte Mühen geht gegen den Strom, auch gegen den Strom aller Auslebens-Psychologie.

30.5 Fünf Weisen der Überwindung (M 20)

Zur Hilfe für den Menschen, der den inneren Kampf kämpft, nennt der Buddha in der Lehrrede „Der Erwägungen Eingehen" (M 20) fünf Vorgehensweisen, die sich radikal gegen alle Erwägungen aus einem triebhaften Herzen richten, nicht nur gegen Erwägungen des Begehrens, Hassens und der Gewalt, sondern gegen Wille, Abstoßung und Verblendung als solche. Für diese fünf Übungsweisen werden in der alten Überlieferung fünf Stichworte gegeben (Ps II 220). Seitdem Seidenstücker einmal versuchte, diese fünf Weisen zu kommentieren (Buddh. Warte 1907/8, S. 340-347), sind sie in der buddhistischen Literatur noch nie wieder behandelt worden. Worum handelt es sich also nun?

30.5.1 Verleugnung durch Entsprechendes (*tadaṅga-pahāna*)

Wenn bei einem Übenden bei einem Betrachtungsgegenstand noch böse Erwägungen aufsteigen, dann soll er auf Grund dieses Vorstellungsgegenstandes einem anderen heilsamen Gegenstand seine Aufmerksamkeit schenken, so wie man einen groben Keil durch einen feinen austreibt. Für diese Umwandlung des unheilsamen Gedankens in einen aufbauenden („Meta-syn-these") gibt Seidenstücker als Beispiel an: Wer von Abwehr überfallen wird, möge Gedanken brüderlicher Liebe entwickeln; wer von Sinnengier geplagt wird, möge das Unschöne der Knochen betrachten; wer von wahnhaften Besorgnissen beherrscht wird, möge schlicht den Atem betrachten. Das sind auch die in den Lehrreden angegebenen Medizinen. Hier nimmt man die genau abgestimmte Gegenmedizin ein, d. h. die Abwehr lässt sich vom Angriff her bestimmen, geht genau auf ihn ein. Diese Verleugnung eines unheilsamen Gedankens durch einen genau dazu passenden entsprechend heilsamen Gedanken ist die nächstliegende und gleichzeitig wirksamste Form der Überwindung.

Nicht etwa hält man stur an der Übung fest, die man betrieb, bevor der unheilsame Gedanke auftauchte, sondern man lässt die Übung völlig beiseite, bis man durch den Gegengedanken den Überfall abgewehrt hat. Man passt sich also an, ist geschmeidig in der Abwehr. Das setzt natürlich voraus, dass man im Geiste schon weiß, welche Mittel es gegen Bestimmtes gibt. Wer von diesen Gegen-Meditationen noch keine Ahnung hat, der muss gegen den groben Keil auch mit groben Mitteln angehen, die nun in den folgenden Fällen auch für den genannt werden, der mit diesem ersten und wirksamsten Mittel wegen der Stärke der unheilsamen Gedanken keinen Erfolg hatte. Gegenüber diesem ersten Mittel des feinen Keils sind die vier folgenden Mittel alle etwas gröber und indirekter.

30.5.2 Verleugnung durch Entrinnung (*nissaraṇa-pahāna*)

Hier betrachtet man das Elend der Folgen der bösen Erwägungen. Dafür muss man etwas weiter ausholen, indem man den Trieben von ihren Folgen her zeigt, wie übel sie sind. Aus dem Schatz der eigenen Erfahrungen und Belehrungen tritt man den bösen Gedanken entlarvend gegenüber: „Da sind sie ja, diese unheilsamen, tadelhaften, Leiden ausbrütenden Gedanken", so wie ein Mann sich von einem Schlangenaas voll Abscheu abwendet, nachdem er den Geruch erfahren hat. Man sagt sich hier etwa: „Und wenn ich euch bösen Gedanken folge, was ist dann? Da wird der Trieb nur stärker, ich kann ihm noch weniger widerstehen und muss noch mehr leiden." So entlarvt man den Unwert der Gedanken, indem man von der gegenwärtigen Gefühlsbefriedigung ablenkt und auf längere Sicht die Wehgefühle sieht, die da ausgebrütet werden. Seidenstücker nennt das Diagnose. Man schaut durch den schönen Schein hindurch und merkt dahinter das Elend. So entrinnt man den bösen Folgen und bösen Gedanken, indem man diese Verknüpfung erblickt, für die in M 19 sechs Argumente gegeben werden.

30.5.3 Verleugnung durch Abschneiden (*samuccheda-pahāna*)

Wenn auch die Diagnose der Elendsfolgen nicht hilft, dann soll man die ankommenden Ideen einfach nicht beachten, soll die Achtsamkeit nicht auf sie richten, sondern sich mit irgendetwas Heilsamem, ganz gleich was, ablenken. Hier benutzt man sozusagen ein Laster, die Zerstreutheit und Ablenkungsbereitschaft des Geistes, der stets fluktuiert, um sich auf jeden Fall vom Bösen abzulenken. Das wird verglichen mit einem Mann, der entweder die Augen schließt oder woandershin guckt, wenn er etwas nicht sehen will. Man mag hier träumerisch vor sich hin denken (Augen zu) oder etwas Interessantes beackern (woandershin gucken). Man ergreift kein direktes Gegenmittel wie im ersten Falle und greift auch nicht auf die bösen Folgen zurück wie im zweiten, sondern man behandelt die schlechten Gedanken wie Luft: „Was wollt ihr denn? Ich denke, was ich will." Seidenstücker nennt es *Abnegation*: Man negiert die Berechtigung der Ideen, in meinem Geist zu sein. Man schneidet ihnen einfach das Wort ab oder überschreit sie. Diese Ohne-mich-Methode wird dem besonders liegen, der sowieso leicht ablenkbar ist. Von der Sinnenzügelung als Abwehr von unaufgestiegenen Übeln unterscheidet sich diese Weise darin, dass es hier nicht um momentan sinnlich Erlebtes und die Gedanken darüber geht, sondern um geistige Erwägungen, die ganz unabhängig von der konkreten Situation aus der Tiefe des Gemütes aufsteigen.

30.5.4 Verleugnung durch Beschwichtigung (*paṭipassaddhi-pahāna*)

Wenn aber die Gedanken sich durch Ablenkung nicht abschneiden lassen und hartnäckig immer wiederkommen, dann ist es nötig, sie der Reihe nach vorzunehmen und einzeln eingehen zu lassen. Man beschäftigt sich hier gründlich mit ihnen, geht ganz auf sie ein und bemüht sich erst einmal, die Übertreibungen zu sublimieren. Der Geist sagt etwa: „Na ja, aber nicht so doll!" Bei jedem bösen Gedanken gibt es ja Möglichkeiten, ihn noch böser zu machen oder aber ihn zu sublimieren. Wenn man damit nur konsequent genug fortschreitet, kommt man über eine Reihe von Zwischenstufen schließlich doch zur Auflösung des bösen Gedankens. Wie ein eilig dahin Rasender zunächst auf Gehen umschaltet, dann auf Stehen und Sitzen, bis er sich schließlich legt, ebenso gibt man hier geistig die gröberen Bewegungen auf und gibt sich den jeweils feineren Übergangsweisen hin. „Das auf keinen Fall", sagt man sich und beruhigt so das Gröbste. „Und das wäre eigentlich auch noch überflüssig zu denken", sagt man sich dann. „Was habe ich schließlich davon?", denkt man ferner. Und so reduziert man allmählich die Wucht der triebhaften Gedanken, indem man einzeln bekämpft, was als Ganzes nicht zu bewältigen war. Seidenstücker nennt es, etwas schwach, Analyse. Beschwichtigung trifft es besser. Man redet hier mit den wilden Tieren der Seele einzeln. Man lässt die Bestien vorzeigen, was sie eigentlich wollen, und zeigt ihnen dann: „Was du willst und was dir sinnvoll erscheint, ist in Wirklichkeit ganz anders, lohnt sich nicht." Man sagt z. B.: „Der Mann, der mich da anfuhr, hat es wohl gar nicht so böse gemeint: Jeder fährt eben mal aus der Haut." Jedes einzelne Argument der Triebe wird hier beachtet, aber dann eins nach dem anderen von der höheren Instanz widerlegt. Das ist umständlicher und mühsamer als die drei ersten Methoden, aber es kann notwendig sein, wenn man sonst der Zähigkeit der Triebgedanken nicht beikommt.

30.5.5 Verleugnung durch Unterdrückung (*vikkhambhana-pahāna*)

Wenn aber alles nichts hilft, dann besteht die letzte Möglichkeit, die Ultima Ratio, darin, mit an den Gaumen gepresster Zunge und zusammengebissenen Zähnen kraft des Gemütes das Herz niederzuringen, so wie ein Stärkerer einen Schwächeren in den Schwitzkasten nimmt und abwürgt. Man sagt sich etwa unter Aufbietung aller Kräfte: „Bis hierher und nicht weiter! Jetzt aber Schluss, nein, nein, kommt gar nicht in Frage." Ich habe zwar im Augenblick die besseren Argumente nicht im Gedächtnis verfügbar, aber ich erinnere noch, dass es sie gab und dass der jetzt aufkommende Gedanke widerlegbar wäre, wenn ich klar wäre. Damit ist man trotz momentaner Schwäche doch wieder der Stärkere, da man mit der Vernunft geht. Und nur deshalb ist es sinnvoll, hier mit solcher Gewalt der Unterdrückung vorzugehen. Seidenstücker nennt es, wieder wenig trennscharf, Katalyse. – Meist fällt einem diese Methode als erste ein. Sie ist ja auch am eindrucksvollsten und heroischsten – aber es ist doch die schlechteste aller fünf Methoden. Der gewöhnliche Mensch kennt fast nur sie, wenn es ernst wird. Er hat auch keine sichere Erinnerung an das Rechte und Gute, sondern nur ein unbestimmtes Ahnen, dass er da etwas Ungutes ausbrütet und hilft sich dann durch einen solchen heroischen Akt.

30.5.6 Wachsamkeit

In der Übungsanweisung des Buddha wird der innere Kampf konkret mit folgenden Worten geschildert:

> *„Sobald nun der Mönch beim Essen Maß zu halten weiß, dann weist ihn der Vollendete weiter zurecht: ‚Willkommen, du Mönch, der Wachsamkeit weihe dich: Bei Tage sollst du gehend und sitzend das Gemüt von trübenden Dingen läutern; in den ersten Stunden der Nacht das Gemüt von trübenden Dingen läutern; in den mittleren Stunden der Nacht magst du auf die rechte Seite wie der Löwe dich hinlegen, einen Fuß über dem anderen, gesammelten Sinnes, der Zeit des Aufstehens gedenkend; sollst in den letzten Stunden der Nacht, wieder aufgestanden, gehend und sitzend das Gemüt von trübenden Dingen läutern.'"* (M 107)

Während man auf dem Heilswege innerhalb des Tugendabschnittes nur gegen die äußeren Gedanken vorging und die triebhaften Erwägungen des Herzens als solche meist noch gar nicht merkte, ist es hier auf der sechsten Stufe des Heilsweges schon sehr anders. Hier macht der Kampf gegen die bösen Gedanken sozusagen den Beruf aus: Man ist damit vollbeschäftigt. Dies füllt den ganzen Tag aus, in einer uns kaum vorstellbaren Intensität und Konzentration. Wer Sinnenzügelung und Maßhalten geübt hat und heller geworden ist, der sieht nun erst alles Dunkle deutlich und es erscheint ihm unheimlich viel mehr als früher. Es ist aber in Wirklichkeit nicht mehr, sondern weniger geworden, nur sein Blick sieht erst jetzt überhaupt die ganze Menge des Trübenden. Das ist die Situation des inneren Kampfes um Wachsamkeit.

Der Mönch sitzt hier und arbeitet an sich. Zeitweise geht er auf und ab, erfüllt noch seine Bewegungstendenzen, indem er zu einem anderen Ort geht, wo er dann doch wieder nur dasselbe tut wie am bisherigen Ort. In allen Haltungen tut er dasselbe, so wie der Buddha sagt:

„Ob man geh'n, ob steh'n, ob sitzen mag, niederliegen:
treibt man nur die Trägheit aus.“ (Sn 151)

Für diese Arbeit der Läuterung von allem Dunklen, was er in sich sieht, wird dem Mönch – nur er kann dies natürlich in der hier geschilderten Form – dann die Zeit des Tages zu kurz. Er sieht so viel Arbeit vor sich, dass er die Nacht zu Hilfe nehmen muss, um es zu bewältigen. Daher, und nur daher, aus keinem anderen Grunde, reduziert er den Schlaf allmählich auf die vier mittleren Nachtstunden. Das kann er, weil er weniger Verschleiß durch Sinnesreize hat und weil die störenden Triebe, die den Leib müde machen, abnehmen. Je mehr er sich anstrengt, desto weniger ermüdet er – so paradox es klingt. Dieses Läuterungsbemühen ent-müdet, macht immer wacher. Es geht hier nicht um einen asketischen Selbstzweck, nicht um heroische Leistungen, sondern um eine innere Notwendigkeit, um Zeit zu gewinnen. Schon die höheren Sinnengötter und erst recht Brahmas brauchen keinen Schlaf mehr, weil die Ermüdungstendenzen fort sind. Der Buddha sagt, dass fünf Menschen wenig schlafen: Das Weib, das an den Mann denkt; der Mann, der an das Weib denkt; der Räuber, der an Diebstahl denkt; der Fürst, der in seinen Regierungsgeschäften aufgeht; der Mönch, der auf Loslösung sinnt (A V 137). Jeder, der in Gedanken intensiv mit etwas beschäftigt ist, verscheucht den Schlaf – aber welcher Unterschied ist zwischen dem schlaflosen Verliebten und dem Wachsamkeit gewohnten Mönch!

Von den vier Grundbedürfnissen des Körpers – Sexualität, Essen, Schlafen, Bewegung – wird der Schlaf erst hier, nach Sinnenzügelung und Maßhalten, angegangen, während die Bewegung noch später daran ist.

Die trübenden Dinge, von denen sich der Mönch hier läutert, sind weniger die sechzehn Herzenstrübungen aus M 7, die schon auf der Stufe der rechten Gesinnung bearbeitet werden, soweit sie sozial bezogen sind, sondern die inneren Trübungen, die Gedanken hervorbringen, welche eine falsche Passivität (Depression, sich gehenlassen), eine falsche Aktivität (Wirbeligkeit, Ungeduld), eine falsche Verengung (Egozentrik) und eine falsche Weite (Genuss) darstellen. Von solchen Dingen, die in den vielfältigsten Formen den Geist beirren, läutert der Mönch hier systematisch sein Herz. Der innere Kampf zur Überwindung stellt sich empirisch als diese Wachsamkeit dar.

31. Kampf zur Entfaltung und Erhaltung (*bhāvana-, anurakkhaṇā-padhāna*)

Wer sich, wenigstens einige Zeit, um Anfänge des inneren Kampfes bemüht hat, bei dem kann es auf die Dauer nicht ausbleiben, dass sich die Glücksgefühle der Gewissensreinheit (Untadeligkeit) und Unabhängigkeit (Unüberschwemmtheit), die beim zweiten Kampf zurücktraten, aus der Latenz wieder melden, und sogar stärker als zuvor. Immer wieder berichten die Mystiker, dass nach der Durststrecke des inneren Kampfes mehr oder weniger plötzlich wieder „Tröstungen“ auftraten, oft auch zwischendurch, indem Nacht und Tag wechselten. Das Durchhalten im Bemühen um Läuterung zeitigt bald wieder seine Früchte, in den verschiedensten Weisen.

In der Übung der Wachsamkeit, bei der man sich von trübenden Dingen läutert, ist es selbstverständlich, dass bei diesem Bemühen auch – und allmählich häufiger – lichte Momente auftauchen, Beglückungen und Anmutungen von innerem Wohl, die intensiver sind als auf den früheren Stufen. Diese Entwicklung kann man nun einerseits fördern und andererseits erhalten. Das Bemühen darum macht den Inhalt des dritten und vierten Kampfes aus. Da geht es um Entfaltung von noch unaufgestiegenem Guten und um dessen Erhaltung und Festigung. Zuerst entfaltet sich dies Gute nur sporadisch und man kann es nicht halten: Man prescht vor, aber man fällt wieder zurück. So nähert man sich langsam mehr der siebten und achten Stufe des Achtpfades. Und auf diesem Wege gibt es dann das Problem der Erhaltung, der Entfaltung und wieder Erhaltung der lichten Momente und Durchblicke und Beruhigungen.

In der empirischen Schilderung der Stufen des praktischen Übungsweges brauchen diese beiden Kämpfe nicht extra genannt zu werden – sie ergeben sich im Laufe des Fortschreitens sozusagen von selber – aber bei der analytischen Beschreibung aller Kampfesmöglichkeiten ist es doch sehr nützlich, dem Menschen zu zeigen, dass er diese Entwicklung noch intensivieren und fördern kann: Darum werden eben vier Kämpfe aufgeführt.

Einer, der auf dem Wege weiter fortgeschritten ist, wird rückblickend immer sagen, dass er sich in der Tat immer wieder auch um diese beiden letzten Kämpfe bemüht hat, dass er sie aber mangels Achtsamkeit oft nicht als solche erkannte. Weiß er dagegen schon vorher, dass es die vier Kämpfe gibt, dann kann er sich besser darauf einrichten und das Gute mehr fördern, als wenn er es nur unbewusst täte. Es geht hierbei also um ein Bewusstmachen der positiven Möglichkeiten, die sich auf dem Wege der beiden ersten Kämpfe gegen das Negative sowieso einstellen. Dabei lässt es sich nicht vermeiden, dass dabei Vorgriffe auf Späteres gemacht werden müssen und dass manches mehr als Programmvorschau denn als Übungsstufe aussieht.

31.1 Kampf zur Entfaltung

Der dritte Kampf wird wie folgt formuliert:

> *„Da weckt ein Mönch seinen Willen, dass er unaufgestiegene heilsame Dinge aufsteigen lasse, er müht sich darum, mutig bestrebt, rüstet das Herz, macht es kampfbereit: er entfaltet die sieben Erweckungen.“*

Was ist hier Entfaltung? Das ist ein sich Auftun von Möglichkeiten, Ausbildung von Fähigkeiten, Entwicklung von Kräften. Entfalten bedeutet, etwas, das gefaltet als Möglichkeit in mir liegt, zu verwirklichen, es aus der Latenz in die Potenz zu bringen. Das aber ist hier das Erwerben eines größeren Erfahrungsbereiches durch Bewusstseinserweiterung und -erhellung. Das geht nicht nach außen, sondern nach innen, indem man noch mehr von der Vielfalt der Gedanken zurücktritt und stiller wird. Da erschließt sich Unbekanntes, Tieferes, Besseres. Unaufgestiegenes Heilsames aufsteigen lassen, setzt voraus, dass vorher das Unheilsame bekämpft wurde, das ja der einzige Grund ist, warum das Heilsame nicht aufsteigen kann. Das, was jetzt die Möglichkeit hat, aufzusteigen, das lässt sich noch bewusst fördern und intensivieren und beschleunigen, wenn man es bewusst und systematisch betreibt.

Es geht hier darum, seelisch Neuland zu erobern, tiefere Schichten der Seele kennenzulernen, die gewöhnlich überdeckt sind. Das, was bisher dem Menschen so unbekannt war wie dem Mittelalter Amerika, das tritt allmählich ins Bewusstsein. Was bisher blockiert und verbaut war, das wird nun befreit. Es ist nur insoweit schöpferisch, als die vorhandenen Möglichkeiten tieferer Art auch ausgeschöpft werden. So wie sich ein Schlafender beim Aufwachen allmählich seiner selbst und seiner Möglichkeiten des Wachlebens bewusst wird, eben zu sich kommt, so auch werden auf dem Weg der buddhistischen Übung die sogenannten sieben Erweckungen entfaltet. Es sind die Fähigkeiten, die aus dem Merken eines zunehmenden beglückenden Wachwerdens aus dem Traum der *māyā* bestehen. Aus der Höhle des Leibes, in die der Mensch verstrickt ist, gelangt er durch diese Entfaltung allmählich heraus. Nach D 33 III gibt es drei Stufen solcher Entfaltung, nämlich körperlich, seelisch, geistig (*kāya-bhāvana, citta-bhāvana, paññā-bhāvana*): Man beginnt, **körperlich** den Astralleib zu lockern. Man entfaltet ihn ein wenig, der bis dahin völlig unbekannt war und mit dem Fleischleib identifiziert wurde. Diesen jenseitigen Leib (*dibba-kāya*) entfaltet man schon durch die Tugend. Durch sie setzt man statt auf den verweslichen Fleischleib auf den nicht mehr solchem Sterben ausgesetzten Astralleib, der über den Tod hinaus Träger der Früchte der Tugend ist und dessen Läuterung sich beim nächtlichen Aussteigen im Schlafe schon wohltuend auswirkt. So beginnt man, allmählich einen Anfang von Gewalt über den Körper zu erlangen und kann sich leichter auf die höhere Ebene des Astralen zurückziehen, wenn der Fleischleib seinem Gesetz des Verfalls unterliegt. Der Astralleib, der gefangen war, wird allmählich befreit. Insoweit entfaltet man sich, was sich z. B. am Atem bemerkbar macht, der irgendwie tiefer wird – was sich aber außer durch Tugend und Sinnenzügelung nicht erzwingen lässt.

Ferner wird damit auch schon begonnen, **seelisch** den Mentalleib der Brahmawelt zu lockern und überhaupt eine Spur davon zu entdecken, was mit zunehmender Sinnenzügelung und Wachsamkeit ermöglicht wird. Auf diesem Weg der Vertiefung wird das reine Herz entfaltet – und das ist der brahmische Leib. Indem man den inneren Kampf kämpfte, erwarb man schon entsprechende seelische Fähigkeiten: Indem die Schwäche bekämpft wurde, erwarb man Tatkraft; indem die Unruhe bekämpft wurde, erwarb man Beruhigung; indem die Genusssucht bekämpft wurde, erwarb man den Abstand der Achtsamkeit; indem die Irritierbarkeit der Ablenkbarkeit bekämpft wurde, erwarb man festes Selbstvertrauen. Und diese Entfaltung heilsamer Dinge kann man nun, nachdem sie gemehrt sind, noch bewusster pflegen und heraufholen und wirken lassen. So entfaltet man das reine Herz noch mehr.

Schließlich legt man auch **geistig** das Gesetz frei, das Verständnis für das gesamte Dasein und alle Leiber (Fleischleib, Astralleib, Mentalleib), die nur Ausdruck von Weltsucht, Tugend und Vertiefung sind. So wird das, was in der Lehre manchmal *dhammakāyo* (*Dharmakāya* im Sanskrit-Buddhismus) genannt wird, entfaltet. Während die beiden bisherigen Entfaltungen auch in der Mystik vorkommen, ist diese dritte Entfaltung – das sind dann die sieben Erweckungen – spezifisch buddhistisch. Sie setzt die anderen Entfaltungen einerseits voraus, andererseits fördert sie sie aber am intensivsten. Es ist ein Wechselbezug. Zwar kennt man die 7 Erweckungen noch kaum, man hat hauptsächlich von ihnen durch den Buddha gehört, aber man strebt in ihrer Richtung, manchmal unbewusst stärker, als man bewusst weiß. Und diese Entfaltung kann man durch geeignete Gedanken fördern, welche die Weisheit auf den eigenen Weg noch unmittelbarer anwenden. So wie eine Wunde, wenn man sie gut salbt, dadurch schneller und besser heilt, ebenso geht der Weg glatter und besänftigter, wenn man den dritten Kampf mehr anzuwenden versteht (M 105).

Der dritte Kampf wird mit dem dritten indischen Wehrmachtteil verglichen, mit der Wagenstreitmacht (*yāna-bala*). Die Schlachtwagen dringen keilförmig weit ins Feindesland vor, wie Panzerspitzen und Panzerspähwagen. Das Gute dringt vor, erobert sich Raum, breitet sich aus: So prescht der dritte Kampf im Gemüt weit vor, ist weit voraus und bemüht sich, Unbekanntes in den Blick zu holen.

31.2 Kampf zur Erhaltung

Der vierte und letzte Kampf wird wie folgt beschrieben:

> *„Er weckt seinen Willen, dass er aufgestiegene heilsame Dinge sich festigen, nicht lockern, weiterentwickeln, erschließen, entfalten lasse: er müht sich darum, mutig bestrebt, rüstet das Herz, macht es kampfbereit."*

Erhalten ist Hegen und Pflegen, Bewahren und Verbessern, ist Unterstützen des Guten. Man erhält das Gute – ob es zufällig oder systematisch aufgestiegen ist –, indem man es sich ausbreiten lässt und die Ausbreitung nicht behindert. Man lässt es wachsen und gedeihen, so wie es seinem eigenen Gesetz nach wachsen und gedeihen würde. Dabei achtet man sorgsam darauf, dass das zarte Pflänzlein des Guten nicht etwa aus Mangel an Nahrung oder durch unsachgemäße Behandlung wieder eingeht. Man bemüht sich darum, dass das Gute nicht verkümmert und verkommt, oder dass es aus Sorglosigkeit versiegt. Man schneidet ihm die Ernährung nicht ab, sondern erneuert es und hält es frisch – so wie man einem Kranken und Verwundeten geeignete Nahrung zuführt, die ihm gut bekommt (M 105). Was man im dritten Kampf zu entfalten begonnen hatte, das fördert man nun weiter. So ist der vierte Kampf eine Entwicklungshilfe des starken Geistes für das noch schwache Herz, das im Guten noch nicht völlig sicher und gefestigt ist. Diese Hilfestellung unterstützt das Gute und ist um seine Ausreifung unter Obhut bemüht.

Wo immer sich gute Dinge in mir zeigen, wo ich zu Recht guter Dinge bin, wo es mich hell anmutet – da bestätige und bejahe ich es. Ich lasse die guten Gedanken nicht nur so eben durch den Geist huschen, kaum bemerkt und in ihrem Wert kaum beachtet, sondern ich bin erpicht auf derartiges Gutes und halte es fest: „Da sind sie ja, die ersehnten und geliebten hellen Gedanken, willkommen, bleibt nur hier, lauft nicht gleich wieder davon!" So begrüßt man das Gute und bereitet ihm eine Heimstatt. Solange es nur irgend möglich ist, hält man gute Vorstellungen und Gefühle wach.

Wenn man beim Lesen, bei einem Vortrag, beim eigenen Betrachten an Höheres herangekommen ist, dann hält man diese Stimmung und Gemütslage bestmöglich bei sich fest. Das Bemühen des vierten Kampfes besteht hier darin, den guten Impuls zu verlängern und ihn nicht so schnell, wie es natürlich der Fall wäre, wieder ins Unterbewusstsein sacken zu lassen. Man bemüht sich, weniger schnell zurückzufallen und sich wieder ablenken zu lassen, sondern man kämpft darum, im Bunde des Hellen zu bleiben. Das ist wirklich sinnvoller Kampf um Selbsterhaltung indem man sein besseres Selbst hier erhält und es nicht so schnell wieder von den minderen Trieben überrollen lässt.

Das Verständnis des vierten Kampfes wird nun allerdings durch das dazu gegebene Beispiel erschwert. Es heißt nämlich, man solle als einen aufgestiegenen glücklichen Gegenstand des Herzensfriedens fünf verschiedene Leichenvorstellungen erhalten (D 33 IV; A IV 14). Dass alle Aspekte den Herzensfriedens etwas Glückliches sind, ist einleuchtend, jedoch sind alle Aspekte der Weisheit nicht minder heilsam. Und innerhalb des Herzensfriedens sind jene Leichenvorstellungen nur eine von vielfältigen Betrachtungsgegenständen, die einigend wirken. Durch sie wird man von der Welt abgezogen und gesammelt und kann in eine feine Gemütsverfassung der Unangreifbarkeit und des lächelnden Darüberstehens kommen. Aber es ist eben nur ein Beispiel, das offenbar den damaligen Indern als Symbol für aufgestiegenes Heilsames diente, als pars pro toto. Uns dagegen könnte kaum ein Bild fernerliegen.

Eine zweite Verständnisschwierigkeit liegt darin, dass in den Lehrreden, welche die Kämpfe beschreiben, der vierte Kampf oft gar nicht beschrieben wird (M 29, 33; A IV 114, IV 164/5, V 140; S [IV] 35, 198). Er ist eben nur eine Ausdehnung des dritten Kampfes, eine Bestätigung und Erhaltung.

Bei den vier Wehrmachtteilen gelten die Elefanten, an denen alles abprallt (Sinnenzügelung) als Bild des ersten Kampfes, die Rosse, die wendig den Feind verfolgen (Wachsamkeit) als Bild des zweiten Kampfes, die Wagentruppen, die ins Neuland vordringen (Entfaltung) als Bild des dritten Kampfes und die Infanterie, die Fußtruppen als Bild des letzten Kampfes. Die Infanterie besetzt das Feindesland und richtet dort eine Verwaltung ein. Sie sorgt dafür, dass dort keine Aufstände ausbrechen und der Feind nicht zurückkehrt, indem sie alle strategisch wichtigen Punkte massiv besetzt hält. Die Masse der Soldaten sichert das Land und bleibt dort.

Der vierte Kampf ist vielleicht leichter von seinem Gegenteil her zu verstehen, weil uns das bekannter ist. Die vierte Art des falschen Mühens bestünde darin, aufgestiegenes Unheilsames zu erhalten. Wenn man sich einer Lustvorstellung so lange wie möglich hingibt, wenn man mit raffinierten Mitteln einen Sexualgenuss zu verlängern trachtet, dann gehört das dazu. Oder wenn man als Kind ein spannendes Buch liest und nicht zu Bett zu bekommen ist und um jede Minute bettelt, dann gehört das dazu. Oder wenn ein zum Tode verurteilter Verbrecher wie ein Löwe um sein jetziges Leben kämpft, mit allen Tricks der Instanzen und Gnadengesuche, dann ist auch das ein Beispiel für den großen Energieeinsatz, dessen man fähig ist, wenn man etwas für gut Gehaltenes erhalten will. Ebenso auch ist der vierte Kampf eben ein Kampf, aber das zeigt sich erst bei den Vertiefungen: Wer z. B. die zweite Schauung erreichte, bemüht sich, die entsprechende Gemütsverfassung solange wie möglich zu halten und ein Zurücksinken auf die erste Schauung oder darunter möglichst lange zurückzuschieben. Daher gibt es den vierten Kampf, solange man nicht heilig ist!

STUFE SIEBEN: RECHTE ACHTSAMKEIT

32. Die „Pfeiler der Einsicht" (*satipaṭṭhāna*)

Altvater Theodor in der Sketis sagte:

„Ein Gedanke kommt mir, verwirrt mich und nimmt mir die Ruhe, aber zur Ausführung vermag er nicht fortzuschreiten, doch hindert er mich in der Tugend. Ein wachsamer Mann aber schüttelt ihn ab und erhebt sich zum Gebet." (Wüstenväter Nr. 300)

Am inner'n Geistespfosten bind' ich Herz, dich fest,
wie man am Pfahl den Elefanten fest versträngt:
So wirst du wohlbewacht entfalten Achtsamkeit,
wirst ledig lösen dich von aller Daseinsart. (Thag 1141)

An diesem Punkt der Darstellung ist es notwendig, den Gang der Übungsbeschreibung durch ein erwägendes Kapitel zu unterbrechen. Dieser intellektuelle Exkurs ist unerlässlich für das Verständnis der folgenden Wegweisungen des Erwachten. Gerade die siebte Stufe des Achtpfades, die vorletzte, wird nicht selten isoliert betrachtet und aus ihrem Platz im Übungsgefüge herausgelöst. Das gilt gleicherweise für Formen der Vipassanā-Meditation im Theravāda wie für Zen-Meditation im Mahāyāna-Buddhismus wie auch für allgemein-indische Yoga-Übungen, insbesondere des Atems. Bei alledem berücksichtigt der Abendländer meist nicht genug, welche Vorstufen dafür erfüllt sein müssen. Er betreibt dann das, was mit gewissem Recht eine Technik **nach** der Läuterung genannt werden kann, als eine freischwebende Technik ohne religiöse Läuterungspraxis. Das uns in Fleisch und Blut übergegangene technische Denken verführt uns auch hier leicht dazu, alles für machbar und manipulierbar zu halten. Die Ergebnisse entsprechen dann auch der Einstellung. Man betreibt die Übung als eine Art Leistungssport („Wer kann länger im Meditationssitz sitzen?") und die Erfolgserlebnisse dabei führen dann zu mancherlei Stolz und Dünkel („Wir Meditierenden"). Der Meditationssitz wird dann zum Status-Symbol wie bei anderen das Auto. Ob man währenddessen träumt, döst, phantasiert, heroisch sich verkrampft oder sonst etwas denkt, sieht man ja nicht. Der akute Nachholbedarf zeigt sich nach der Übung dann nicht selten als gesteigerte Geschwätzigkeit, bei der sich die gestauten Schleusen der Triebe in Plappern und Plaudern ergießen. – Es war einmal in alten Zeiten ein Meditationsmeister, den störte die Tempelkatze, die ihn beim Lotossitz immer um die Beine strich. Er band sie daher währenddessen an seinem Bettpfosten fest. Seine Schüler sahen das und schafften sich nunmehr Katzen an, die sie während der Meditation an ihren Bettpfosten festbanden. Deren Schüler wiederum behielten nur den Brauch bei, Katzen anzubinden und meditierten gar nicht mehr. Dabei sind es oft gerade ernsthaft Strebende, die sich in jugendlichem Krafteinsatz so hochschrauben, dass sie sich irgendwelche der vom Buddha verheißenen Früchte vom Baum der Übung herunterreißen: Einige erleben tiefen Frieden, intuitive Durchblicke, Verklärung der Welt, Licht-Phänomene usw. All das hebt weit über die normale Öde des Alltags hinaus. Aber es ist – gar nicht so unähnlich wie bei den Drogen – eine Art geistiger Hochsprung mit schweren Kugelgewichten an den Beinen. Man fällt zurück und der Rückfall ist bitter. „Man kann nicht immer auf den Zehen gehen", sagt ein chinesisches Sprichwort. So kommt es dann durch die Verbitterung und das Nichtwiedererreichen der Anfangserfolge dazu, dass man dort zugreift, wo spielend leicht Wohl zu erlangen ist, bei den fünf Sinnen. Das ist dann der chronische Nachholbedarf. Der nicht gründlich ausgetriebene Teufel kommt zurück und bringt sieben andere Teufel mit sich (Matth. 12, 45) – und mit selbigem wird es schlimmer denn zuvor, sagt Christus. Ebenso sagt der Buddha, dass einen solchen die fünf Hemmungen wie große Bäume überwuchern, und dass die Sinnlichkeit bei ihm schlimmer als zuvor wird (S [V] 46, 39).

Soll das nun heißen, dass die diversen Formen von Achtsamkeitsübungen für den Abendländer generell verfrüht und daher ungeeignet sind? Keineswegs, man soll ihnen nur den richtigen Inhalt und Ort anweisen. Und das ist bereits im Flusse.

Der Senior der deutschen Mönche auf Ceylon, Nyanaponika, nannte die zweite Auflage seines meditativen Buches nicht mehr wie die erste *Satipaṭṭhāna*, sondern „Geistestraining durch Achtsamkeit“, und zwar in bewusster Analogie zum Autogenen Training. Das Buch will eine Anleitung zu größerer Besonnenheit im praktischen Leben sein. Es soll helfen, beim Denken, Reden und Handeln die buddhistische Einstellung – oder überhaupt eine auf Selbsterziehung gerichtete Einstellung – bewusster anzuwenden und durch diese Achtsamkeit besser Falsches zu korrigieren. Das ist die allgemeine Achtsamkeit, Besonnenheit und Eingedenkensbemühung, die der Buddha in der Tat in M 117 als unentbehrliches Hilfsmittel auf allen fünf ersten Stufen des Achtpfades nennt und empfiehlt. Die *sati* (Achtsamkeit), die ich brauche, um falsche und rechte Erkenntnis, wahnlose und wahnhafte rechte Anschauung zu unterscheiden, ist die Voraussetzung, um mich nun auf den Tugendstufen zu beobachten, ob ich meiner Anschauung und Gesinnung treu bleibe oder wieweit ich davon durch meine Triebe abweiche. Das ist die *sati*, die auch zu jedem weltlichen und erst recht religiösen Ziel unumgänglich und unverzichtbar ist. Davon spricht der Buddha auch in M 61 in der Ermahnung seines Sohnes Rāhula, dem er rät, sich vor, während und nach seinen Gedanken, Worten und Taten achtsam zu prüfen, ob und wieweit sie heilsam sind. – Damit aber wird hier eine hilfreiche Umdeutung vorgenommen, nämlich indem von *sati* statt von *satipaṭṭhāna* die Rede ist. Statt von mönchischen Meditationsübungen des *Satipaṭṭhāna*, also der siebten Stufe des Achtpfades, wird hier gerade von Übungen für Laien gesprochen, die den Alltag zur Übung machen wollen, um die Lehre inniger mit dem Leben zu verbinden.

Entsprechendes hat Pater Lasalle, ein deutscher Missionar in Japan, hinsichtlich der Zen-Übung vorgenommen. Er hat den Zen-Sitz und die zenbuddhistische Atemübung vom buddhistischen Hintergrund gelöst und lehrt sie als allgemeine Praktik und Technik der Beruhigung. Die Umdeutung liegt hier darin, dass die Übung nicht mehr dem buddhistischen höchsten Ziel der *bodhi* (Erwachung, Erleuchtung) dient, sondern mehr einer gruppentherapeutischen Behandlung, die allerdings dann so oder so (christlich oder buddhistisch oder sonst wie) nutzbar gemacht werden kann. Es geht hier also um ein soziales Gemeinschaftserlebnis, nämlich gemeinsam schweigen zu können, indem jeder still, locker und gesammelt dasitzt. Gegenüber dem hektischen Alltagsleben und dem alles zerredenden Intellektualismus, gegenüber dem gemeinsamen Fernsehen als einzigem Gemeinschaftserlebnis der Familie, ist dieses Ruhe-Erlebnis des ZAZEN die Erfüllung eines abendländischen Bedürfnisses schlechthin. Und weil es mehr oder weniger losgelöst vom Buddhismus ist, gibt es auch kaum jene Überforderungen, wie sie beim mönchischen *Satipaṭṭhāna* und den Übungen der alten Zen-Meister eintreten, für die dem Abendländer ziemlich alle Voraussetzungen fehlen. Andererseits kann die dadurch gewonnene Beruhigung manchem als Basis dienen, um nun besser die vom Buddha gewiesenen Betrachtungen und Besinnungen zu beginnen, die alle jenseits der Gruppentherapie stehen. Während die Übung der Achtsamkeit als

Geistestraining mehr für den bewegten Alltag gedacht ist, ist die Übung der Achtsamkeit durch ZAZEN mehr für die bewusst eingelegten Pausen im Alltagsleben gedacht, d. h. für eine sinnvolle Freizeitgestaltung.

Um die Frage, wann denn aber *satipaṭṭhāna*, wie der Buddha es im Achtpfad lehrt, zu üben ist, besser beantworten zu können, seien in folgendem **Gespräch** die dialektischen Positionen gegenübergestellt. Es ist eine Unterhaltung zwischen Jack und Anton, wie die beiden Partner genannt werden sollen:

JACK: Wann *satipaṭṭhāna* zu üben ist? Die Antwort ist doch klar: Es ist der Helfer für alles, wie der Buddha sagt (S [V] 46, 53). Es ist also von jedem und jederzeit zu üben. Es ist der einzige Weg zum Heile, wie der Buddha sagt (M 10).

ANTON: *Satipaṭṭhāna* ist in der Tat der einzige Weg, um vom rechten Mühen (sechste Stufe des Achtpfades) zum rechten Frieden (achte Stufe) zu gelangen. Es ist der gerade Weg, um auch die Tugend, die man erworben hat, niemals wieder zu verlieren. Dieser Weg führt geradewegs, geradlinig, schnurstracks zum Frieden, und er ist, wie Dahlke übersetzt, einzigartig, weil ein solcher Weg systematischen Vorschreitens von der Ebene des rechten Mühens zur Ebene des Friedens, vom aktiven zum passiven Teil der Meditation, sich sonst nirgends findet.

JACK: Jedenfalls ist *satipaṭṭhāna* der Weg, um die Triebe aufzuheben, um frei von unguten Stimmungen zu werden, eben um Begehren und Bekümmern zu überwinden, oder – in der Übersetzung von Günther – „auf dass er eifrig, achtsam und besonnen in der Welt Begehrlichkeit und Trübsal vertreibe." (Der Buddha und seine Lehre, Zürich 1956, S. 347)

ANTON: Das entsprechende Pāliwort „*vineyya*" lässt in der Tat sowohl die Übersetzung „um zu" als auch die Übersetzung „nachdem" zu. Wenn Neumann, der alten Tradition folgend (Vbn p. 195), übersetzt „nach Verwindung weltlichen Begehrens und Bekümmerns", dann ist das psychologisch richtig: Man muss mit der Welt fertig sein, muss frei von weltlichen Süchten und Sorgen sein, ehe man diejenige Konzentration aufzubringen vermag, die für die *Satipaṭṭhāna*-Übung notwendig ist.

JACK: Da kann ich dir nicht beipflichten. Der Buddha sagt doch in M 118 deutlich, dass erst durch den vierten und letzten Gegenstand der Übung weltliches Begehren und Bekümmern überwunden werde. Das ist eben der Zweck der Übung von Anfang an, der dann erst bei der letzten Stufe vollendet ist. Wer schon Süchten und Sorgen, Begehren und Bekümmern, überwunden hat, was braucht der noch zu üben?

ANTON: Es ist hier Zweierlei zu unterscheiden, die aktuelle Überwindung und die chronische. Die aktuelle Überwindung geschieht auf dem Achtpfad bis zur sechsten Stufe, die chronische Überwindung dagegen gerade erst auf der siebten Stufe. Das eine ist die Vorreinigung, das andere die Nachreinigung.

JACK: Damit degradierst du diese Übung zu einem bloß sekundären Phänomen, zu einer bloßen Schönheitsreparatur. Das aber widerspricht doch dem unübersehbaren Lobpreis des Buddha für diese Übung, die er wie kaum eine andere hervorhebt und für unumgänglich erklärt.

ANTON: Unumgänglich ist die *Satipaṭṭhāna*-Übung in der Tat, aber erst zur rechten Zeit. Erst müssen auf den sechs Stufen des Achtpfades die Fäden zu den sinnlichen Objekten, die Fesseln weltlicher Vielfalt, die Sucht nach dem Außen weitgehend beseitigt sein, bevor nun die Spinne selber Objekt des Übens werden kann, d. h. das Subjekt. Solange der Blick noch gierig auf den Außendingen ruht und man durch sie verstörbar und betrübbar ist, ist noch nicht die rechte Zeit dieser Übung.

JACK: Wieso? Gerade dann muss man sich momentan aufraffen, Begehren und Bekümmern schnell zu überwinden, um dann mit *Satipaṭṭhāna* die endgültige Reinigung vorzunehmen – so müsstest du jedenfalls sagen, wenn ich einmal deiner Argumentation folge.

ANTON: Das ist in der Praxis gar nicht möglich. Es wäre ein sinnloser und schmerzlicher Krampf. Der Buddha will den Menschen solche Selbstqual ersparen und führt ihn daher auf einem organischen Stufenweg vom Leichteren zum Schwereren. Die Identifikation mit dem Körper aufzuheben – worum es bei *Satipaṭṭhāna* zunächst geht – ist aber das Schwerere. Auf der sechsten Stufe werden durch den Kampf zur Überwindung die Fäden weltlichen Begehrens und Bekümmerns („Begierde und Missmut" in der Übersetzung bei der Sinnenzügelung) gelöst. Danach ist man dann frei, nun die Ich-Fesseln, die Fesseln ans Subjekt anzugehen. Das ist ein ganz neues Gebiet, eine völlig andere Übung.

JACK: Wieso denn das? Du selber sprachst von einem organischen Stufenweg, da gibt es nichts völlig Neues.

ANTON: Ja und Nein. Alle vorangehenden sechs Stufen des Achtpfades hatten ein Streben und Kämpfen zum Inhalt, waren Inbegriff der Läuterung und Überwindung durch Tatkraft (*viriya*). Jetzt aber übernimmt eine andere Kraft die Führung, nämlich *sati*, das bloße Zusehen, die Betrachtung mit Abstand. Das ergibt sich organisch aus dem Kämpfen: Wenn akut in der bisherigen Weise der Objekt-Befassung nichts mehr zu bekämpfen ist, dann sieht man sich sozusagen danach um, was sonst noch fesselt. Die *sati* entdeckt hier dann neue Übungsfelder, bei denen man dann später auch wieder zu kämpfen hat, um sie zu erhalten.

JACK: Ach was, immer kommst du mit deiner Reihenfolge. Der Achtpfad darf nicht als zeitliche Reihenfolge verstanden werden, sondern alles muss gleichzeitig geübt werden, wie aus M 117 hervorgeht, wo schon zu den ersten fünf Stufen Achtsamkeit und Tatkraft gleicherweise gehören. Und die Anwendung der *sati* ist eben *Satipaṭṭhāna*, und *sati* ist Helfer für alles.

ANTON: So ist das nicht zu verstehen. Nur innerhalb der sieben Erweckungen ist die erste Erweckung, nämlich der Achtsamkeit Erweckung, immer hilfreich, während die anderen Glieder je nach der Art des Menschen zu pflegen sind. Daher ist der achtfältige Weg kein „ein-fältiger" Weg, bei dem alles der *sati* unterzuordnen wäre. Die *sati* wirkt zwar, wie alle fünf Kräfte, von Anfang an mit, aber ihr Schwerpunkt ist eben erst die siebte Stufe: Dort wird sie eigentlich entfaltet und vervollkommnet.

JACK: Dann müsste also jemand erst in Tugend ganz und gar vollkommen sein, ehe er *Satipaṭṭhāna* üben dürfte?

ANTON: Das wäre überspitzt ausgedrückt. Die Tugend schafft aber erst die Voraussetzungen, nämlich ein helleres und selbständigeres Gemüt, das bei sich selber schon zeitweise glücklich sein kann, und um dessentwillen kann man dann auf die Welt verzichten – und *Satipaṭṭhāna* ist eben ein hoher Grad von Weltüberwindung.

JACK: Da kann ich nicht mit! Der Buddha sagt doch immer wieder, dass erst ein Heiliger in Tugend vollkommen ist, dass erst er die Untugend bis zur Wurzel ausgerottet hat. Um ein Heiliger zu werden, ist es aber, wie auch du zugabst, unumgänglich, *Satipaṭṭhāna* zu üben. Wenn man also die Vollkommenheit der Tugend – also die Heiligkeit – zur Voraussetzung der *Satipaṭṭhāna* machen wollte, würde niemand ein Heiliger werden können, weil eben *Satipaṭṭhāna* zur Heiligkeit unerlässlich ist. Man dreht sich also im Kreise und verstrickt sich in lauter Widersprüche. Das ist doch absurd, ist reine Theorie!

ANTON: Reine Theorie ist es, wenn man den Tugendbegriff abgelöst von der Lebenserfahrung verwendet. Man muss subjektiv in der Tugend alles getan haben, was einem das eigene Gewissen vorschrieb – d. h. man darf nicht mit Reue und Selbstvorwürfen finster herumlaufen und in dauernder Spannung mit seiner Umwelt leben – ehe man *Satipaṭṭhāna* üben kann. Aber das ist noch meilenweit von der vollkommenen Tugend des Heiligen entfernt. Subjektive Tugendhaftigkeit und objektive Tugendvollkommenheit sind zwei sehr verschiedene Dinge.

JACK: Das erscheint mir, entschuldige den Ausdruck, etwas spitzfindig und bei den Haaren herbei gezerrt. Du spaltest damit den Tugendbegriff unnötig auf.

ANTON: Die Wirklichkeit der Psyche ist aber so, wie sie ist. Wenn ich durch Tugendbemühungen die weltlichen Triebe aus dem vordergründigen und mir zunächst allein zugänglichen Teil meiner Psyche herausgeläutert habe, dann sind sie damit noch nicht endgültig überwunden. Gewöhnlich brechen sie dann irgendwann – und sei es erst nach mehreren Leben – wieder durch. Darum genügt Tugendübung allein nicht, um die Untugend für ewig zu vernichten, sondern es ist noch mehr zu tun. Und zu diesem Mehr gehört *Satipaṭṭhāna.*

JACK: Das lässt sich hören. *Satipaṭṭhāna* als Mittel zur Vervollkommnung der Tugend. Das gefällt mir.

ANTON: Hören wir doch dazu auch noch den Buddha selber. Da heißt es in den Lehrreden, wenn die rechte Anschauung ganz und gar gerade ist und man in Tugend wohlgeläutert ist, dann ist es sinnvoll, mit *Satipaṭṭhāna* zu beginnen (S [V] 47,3; 47, 15-16). Wenn man den dreifachen bösen Wandel im Denken, Reden und Tun überwunden und den guten ausgebildet hat, dann kann man, auf die Tugend gestützt, die *sati*-Übungen üben (A X 62; S [V] 47, 5; 47, 47). Oder auf die Frage, welchen Sinn heilsame Tugendbemühung habe, antwortet Ānando, ihr Sinn bestehe eben darin, zu *satipaṭṭhāna* hinzuführen (S [V] 47, 21). Oder umgekehrt wird gesagt, es gebe sechs Hindernisse für die *satipaṭṭhāna*-Übung: Gefallen an Beschäftigung, Schlaf, Diskutieren, Geselligkeit, ferner die Sinne nicht zügeln und beim Essen kein Maß halten (A VI 118).

JACK: Welcher Grad von Tugend und Askese auch immer nötig sein mag, um *satipaṭṭhāna* durchhalten zu können, auf jeden Fall wird man es ja durch die gesteigerte Achtsamkeit selber merken, ob man in der Tugend noch etwas nachzuholen hat. *Satipaṭṭhāna* kann also nie schaden, sondern es kann im ungünstigsten Fall nur zeigen, dass man sich noch besser vorbereiten musste.

ANTON: Das kann man nicht so allgemein sagen. Es gibt manche Europäer, die sich eifrig um *Satipaṭṭhāna* bemüht haben, obwohl sie dafür in keiner Weise reif waren, und die dann so enttäuscht und zurückgeworfen wurden, dass sie den Buddhismus ganz aufgaben oder lange Jahre brauchten, bis sie sich psychisch wieder erholt hatten. Unreife Meditationsübungen können also sogar ziemlich schaden.

JACK: Das ist ungefähr dasselbe, als wenn du sagst, weil schon viele Flugzeuge abgestürzt sind, solle man lieber nie eines besteigen. Gewiss, dann kann man nicht abstürzen, aber man kommt auch nicht dahin, wohin man will, zumindest nur mit unendlich größerem Aufwand.

ANTON: Dein Beispiel hinkt. Auf die große Zahl der Flugzeuge gesehen, stürzt davon prozentual nur ganz selten eines ab, während bei Autos der Prozentsatz der Todeswagen viel größer ist. Und bei denen, die *Satipaṭṭhāna* zu früh übten, ist es umgekehrt, da sind die Abstürze die Regel und das Heilbleiben ist eine prozentual kaum fassbare winzige Zahl.

JACK: Woher willst du das so genau wissen? Und selbst wenn du einige tragische Fälle kennst, woher nimmst du die Statistik des Zahlenverhältnisses? Hast du alle

Menschen in Asien getestet, die dort Meditationsübungen machten und Erfolge und Misserfolge abgewogen?

ANTON: Ich sprach ausdrücklich nur von Europäern. Bei den meisten Asiaten, besonders in Burma, Sri Lanka und Thailand, herrschen gemütsmäßig ganz andere Voraussetzungen. Da bringen die Menschen in dieses Leben schon eine gewachsene Heiterkeit und Helligkeit mit, die sie zur Autarkie für gewisse Zeiten befähigt, so dass sich viele wenigstens eine Periode ihres Lebens in ein Kloster zur Meditation zurückzogen und davon für ihr ganzes Leben Kraft gewannen.

JACK: Was die können, können wir auch. Wer nichts wagt, der nichts gewinnt. Mit deiner „Sati-Pathologie" nimmst du den Menschen ja geradezu den Mut, sich intensiver anzustrengen!

ANTON: O nein, im Gegenteil. Ich möchte nur dazu beitragen, dass der Mut an der rechten Stelle eingesetzt wird, wo er die optimale Wirkung entfaltet. Mut braucht man zum Kämpfen. Kämpfen ist die sechste Stufe des Achtpfades. Die aber wird meist allzu sehr vernachlässigt und gegenüber *Satipaṭṭhāna* geradezu stiefmütterlich behandelt. Auf der Stufe des rechten Mühens, ebenso auf der Tugendstufe, ist aber für Heroismus, Wagnis und Einsatzfreude, für Mut und Bewährung, ein reiches, reiches Feld. Niemand kann sich hier über einen Mangel an Aufgaben und Überwindungsmöglichkeiten beklagen. Hier hat der Europäer das Betätigungsfeld, das er sucht. Und da wird immer mehr *sati*-Fähigkeit mit erworben, unmerklich fast.

Nachdem vorstehend die wichtigste Frage, nämlich diejenige nach dem Ort der *Satipaṭṭhāna* im System der Übungen besprochen ist, geht es nun noch um einige weitere Vorklärungen:

(1) Das Wort *satipaṭṭhāna* übersetzt Karl Eugen Neumann mit „Pfeiler der Einsicht" und dieser Begriff ist so eingebürgert, dass er als stehende Redewendung auch hier verwandt werden mag. Dabei ist jedoch zu beachten, dass „Ein-Sicht" hier im Sinne von Hineinsehen zu verstehen ist, d. h. man sieht in die Natur der Dinge hinein und schaut ihr Wesen. Im Deutschen nennt „Einsicht" allerdings nicht den Vorgang solchen Sehens, sondern dessen Ergebnis (Weisheit). Besser ist *sati* daher mit Achtsamkeit, Eingedenksein oder Tiefen-Erfahrnis zu umschreiben, wörtlich bedeutet es „im Gedächtnis behalten", und zwar vorzüglich in der Gegenwart. Wer jeweils in der Gegenwart „geistesgegenwärtig" ist, der gewinnt dadurch ein immer schärferes Gedächtnis für alles Erfahrene. Auch der Begriff „Pfeiler" ist keine direkte Übersetzung. Das Pāli-Wort heißt „nahestellen, vergegenwärtigen, sich fest einstellen auf". Das aber ist ein sich Binden an das Beobachtungsobjekt, so wie man sich an einen Pfosten oder Pfeiler anbindet. Dementsprechend wird in dem Vers am Eingang dieses Kapitels (Thag 1141) ebenso vom Pfosten gesprochen wie in M 125, wo die *Satipaṭṭhāna* mit einem Elefanten verglichen wird, der an einen Pfosten gebunden ist. Der Gegenstand, an den sich die *Satipaṭṭhāna* bindet, ist die bisherige Selbsterfahrnis: Was als Ich angesehen wurde, das wird jetzt Gegenstand der konzentrierten Beobachtung. An den Geistespfosten gebunden, soll man keinen anderen Gedanken zulassen als den an dieses Übungsobjekt. „Anhalten und untersuchen" nannten es die alten chinesischen Meditationsmeister. Diese Konzentration ist die einzige Aktivität und sie besteht darin, jede andere Aktivität als Ablenkung zu betrachten und zu meiden. Nicht mit einem Programm an die Dinge herangehen, sondern sie sich selbst offenbaren lassen: Das ist hier das Neue der Haltung, die viel tiefer in die Psyche eindringt als alles Bisherige. Nicht mehr draußen vor dem Fabriktor der Psyche (Tugend) und nicht mehr direkt am Tor (Sinnenzügelung und Kämpfen), sondern in der Ich-Fabrik selber wird hier geübt.

(2) Wenn es darum geht, durch *Satipaṭṭhāna* den Ich-Glauben auszutreiben, dann läge doch nichts näher, als die fünf Erscheinungen des Ergreifens zu betrachten, an denen der Buddha doch immer die Nicht-Ichheit aufzeigt. Stattdessen werden hier aber vier Dinge genannt, von denen nur eines, das Gefühl, mit einer der fünf Erscheinungen identisch ist. Warum ist das so? Wie meist bei solchen Problemen liegt die Lösung auf der psychologisch-pädagogischen Ebene. Man kann zwar die fünf Erscheinungen logisch als etwas Unbeständiges erkennen und daher die Aussage des Buddha über deren Uneigenheit einsehen, aber damit ist man noch lange nicht fähig, selbstständig eine entsprechende Beobachtung als Übung durchzuführen. Es ist etwas sehr anderes, die Richtigkeit einer Aussage des Buddha logisch nachzuvollziehen und selber experimentell jene Beobachtungsreihen zu erleben, die jener Aussage zugrunde lagen. Dazu bedarf es erst einer Schulung. Und das geschieht durch die vier Pfeiler der Einsicht.

Wir haben bestimmte Knoten, bei denen sich unser Ichgedanke verfestigt und verknäuelt hat. Diese Knotenpunkte sind Perspektiven, die uns scheinbar die Realität des Ich bestätigen. Ehe nicht diese Knäuel aufgelöst sind, sind wir nicht in der Lage, die fünf Erscheinungen selber zu beobachten, die daher auch erst innerhalb des vierten Pfeilers auftauchen. Der Buddha nimmt also Rücksicht auf die gewohnte Blickweise des Menschen und zeigt ihm dabei Folgendes: Da ist vor allem der geliebte Körper, die Innenseite der Form, das „lebendige" Stück Materie. Das ist die wichtigste Burg des Ichglaubens. Ist diese Bastion gefallen, dann sind alle weiteren Übungen viel leichter verständlich. Erst nach dem Zurücktreten vom Körperlichen entdeckt man jene feineren Gefühle, die nicht durch äußere Sinneseindrücke bedingt sind, und kann sie von den durch sinnliches Körpererleben ausgelösten Gefühlen unterscheiden, die man zunächst allein kennt. Diese Unterscheidung ist Hauptinhalt der Gefühlsbeobachtung und erst allmählich macht man auch die feineren *samādhi*-Gefühle zum Gegenstand der Betrachtung und kann zum Gleichmut hin gedeihen. Dann aber merkt man, wie alle Gefühle nur aus dem Herzen entspringen, nur Klänge sind, deren Resonanzboden das Herz (Psyche) ist. Da liegt die eigentliche Subjektivität, bei der wiederum zunächst Lasten und Kräfte unterschieden werden, d. h. unheilsame und heilsame Herzensverfassungen. Erst danach ist man dann fähig, nicht mehr nur Phänomene zu unterscheiden, sondern Funktionen und Zusammenhänge in den Blick zu rücken und die Gesetzmäßigkeit zwischen den Phänomenen zu erkennen und zu beobachten: Das ist dann der tiefste und letzte Pfeiler, bei dem über die *dhamma* (Dinge, Gesetze, Bedingtheiten) gewacht wird. Da erst kann man sich übend völlig aus allem Bedingten heraushalten und da erst werden die fünf Erscheinungen selber zum Objekt der Beobachtung.

(3) Warum werden nun aber im Tathāgata-Gang nur zwei Übungen der *sati* genannt, dagegen bei den Pfeilern der Einsicht in M 10 nicht weniger als dreizehn Übungen? Wie ist diese große Abweichung zu verstehen? Der Kern der Übungen bezieht sich auf Körper und Geist als Orte der Seele. Bei den Körperbetrachtungen und bei den Geistbetrachtungen ist nun jeweils eine Übung die zentrale, die Schlüsselübung. Das ist beim Körper die Klarbewusstheit, beim Geist die Betrachtung der fünf Hemmungen. Und diese beiden Übungen werden im Tathāgata-Gang *Pars pro Toto* genannt.

Der Klarbewusstheit gehen als einfachere Vorübung die vier Haltungen voraus und dieser als generelle Übung zur Beruhigung der Bewegtheit die Atembetrachtung, die für manchen Menschen sogar die Hauptübung bleibt. Wer durch die Klarbewusstheit allein noch nicht vom Körper loskommt, für den gibt der Buddha je nach dem typischen Schwerpunkt noch drei gezielte Sonderübungen, nämlich gegen Jugendrausch (insbesondere Sexualität), Gesundheitsrausch und Lebensrausch. Bei allen sechs Körperübungen geht es um die Bewegung als letzte der Lebensphänomene biologischer Art. Die Bewegtheit der körperlichen Aktivität soll für *samādhi* beruhigt werden, worauf alle Übungen hier zielen. Die Klarbewusstheit, mit mehr oder weniger Atemkonzentration, ist nun für jeden ausnahmslos notwendig, während die anderen Übungen variabel anwendbar sind. Für diese Spezialübungen gezielter Art gilt das Gleichnis des Buddha vom Koch: Ein Hofkoch muss unter den Speisen wissen, welche seinem König besonders liegen und welche dessen Geschmack bedarf, sonst kommt er nicht zu Wohlstand; ebenso muss ein Mönch bei diesen Übungen der *sati* wissen, auf welche er anspricht und welche am wirksamsten sind, sonst kommt er nicht zum Wohl des Erfolges (S [V] 47, 8).

Und bei den unkörperlichen Übungen gehen der zentralen Übung der Aufhebung der fünf Hemmungen ebenfalls eine Vorübung (Betrachtung des Herzens) und eine Vor-vorübung (Gefühlsbetrachtung) voran, wie unten noch näher begründet werden wird. Die vier dann folgenden Übungen haben dagegen im Übungsweg hier eigentlich noch gar keinen Platz, sondern gehören, ebenso wie die beiden letzten der vier Kämpfe, pädagogisch-systematisch an spätere Stelle. Erst muss durch Aufhebung der fünf Hemmungen *samādhi* erreicht sein, dann können darauf bezogen die vier weiteren Übungen vor sich gehen, die schließlich direkt zur Heiligkeit führen. Auch das ist erst unten zu behandeln.

(4) Wie verhalten sich die recht oft im Kanon genannten Übungen zur Veränderung der Wahrnehmung (*saññā*) zu den Übungen der vier Pfeiler der Einsicht? Diese *saññā*-Übungen sind Bemühungen, die schon auf der Stufe des rechten Mühens beginnen. Aber erst wenn daraus eine anschaulich erlebte Vorstellung, eine Wahrnehmung, wird, ist ein Zustand erreicht, bei dem die Kraft der Achtsamkeit das Andauern der Gewahrung ermöglicht. Die *sati* ist die Haltung, die *saññā* ist ihr Inhalt. Dabei lassen sich die Körper- und Geist-Betrachtungen wie folgt im Hinblick auf die *saññā*-Übungen darstellen, die oft einen bestimmten Aspekt der *satipaṭṭhāna* beinhalten:

Hauptübung (M 10) Körper	
1. Atem	Die sechzehnfache Atembetrachtung (M 118)
2. Klarbewusstheit	Die vier Körperhaltungen (M 10)
Aspekte	
3. Unschönheit	Betrachtung der Widerwärtigkeit der Nahrung (A VII 46)
4. Elemente	Betrachtung des Elends (A X 60)
5. Leichenstätte	Betrachtung des Todes(A VIII 73-74)

Hauptübung (M 10) Geist	Aspekte in (M 118)	Weitere Aspekte
1. Die 5 Hemmungen	Entreizung	Überwindung
2. Die 5 Erscheinungen	Unbeständigkeit	Unbestand aller Aktivität
3. Die 6 Gebiete	Auflösung	Nicht-Ich-heit
4. Die 7 Erweckungen	Loslassen	Freudlosigkeit der ganzen Welt
5. Die 4 Wahrheiten	(als Zusammenfassung 1-4)	Leiden

(5) Was bedeuten die bei jeder Übung genannten vier Nutzanwendungen? Sie verdeutlichen den immer gleichen Übungszweck, der für jede der einzelnen Übungen gleicherweise gilt und die Vielfalt wieder zusammenfasst:

a) Jede Übung beginnt bei einem selber, also innen, also als Selbstbeobachtung. Erst wenn man die Übung an sich selbst gemeistert hat, kann man auch die Außenwelt mit einbeziehen oder dies ist mehr oder weniger von selber der Fall. Es ist genau der umgekehrte Weg unserer Gewohnheit: Wir pflegen meist zuerst nach außen zu blicken und vergessen uns selber als Werkzeug des Weltentwurfs. Wenn man den Achtpfad bis zur Reife für die *satipaṭṭhāna* gegangen ist, dann hat man den Bezug zum Außen schon erheblich beruhigt und sowieso schon weitgehend den Blick auf sich gelenkt („nach Verwindung weltlichen Begehrens und Bekümmerns"). Indem man nun durch die *satipaṭṭhāna*-Übung das Schein-Ich entlarvt, gewinnt man in gleichem Maße auch einen anderen Blick für die anderen Wesen. Man sieht, dass sie, ebenso wie das gewähnte Ich, auch nur als eine Körpermaschine mit seelisch-geistigen Impulsen erscheinen. Alle Wesen sind geschoben. Was da als Flucht der Erscheinungen auftaucht, als Ich und Du, das ist gar nicht das Eigentliche: „Wie bei mir, so bei dir". Wo die Spaltung in Subjekt und Objekt (andere Subjekte) auftaucht, da herrscht in Wirklichkeit völlige Gleichheit. Indem diese Gleichheit gesehen wird, steht die Betrachtung oberhalb von Ich und Du, innen und außen, und das ist der Sinn der Worte „So wacht er nach innen-außen bei den Dingen über die Dinge". Und das führt schließlich dazu, dass irgendwann weder Innen noch Außen wahrgenommen werden und der *samādhi* eintritt.

b) Der zweite Dreiklang ist die Betrachtung von Entstehen, Vergehen, Entstehen-Vergehen, was wiederum als Viertes dazu führt, schließlich das Weder-entstehen-noch-vergehen zu erreichen. Das Entstehen betrachten (*samudaya-dhamm'anupassi*) heißt das Gesetz (*dhamma*) in seiner Notwendigkeit betrachten. Bei allen vier Pfeilern ist jeweils auch zu betrachten, wodurch sie entstehen. So sagt der Buddha: Der Körper entsteht durch Nahrung, die Gefühle durch Berührungen, das Herz durch Geist-Körperlichkeit, die Dinge durch Aufmerksamkeit (S [V] 47, 42). Alle vier Gegenstände bestehen also nicht durch sich selbst, sondern sind abhängig von anderen, die wieder im Kreise von weiteren abhängen und so das Geschiebe des Saṃsāro hervorrufen.

Und diese Herkunft hat zum Gegenteil das entsprechende Vergehen. Die Erscheinungen bleiben nicht. Der Leib ändert sich, wenn die Nahrung sich ändert oder gar ausbleibt; jedes Gefühl ändert sich entsprechend der Berührung; das Herz ändert sich, wenn Geist-Körperlichkeit sich verändert; und vor allem ändern sich die Dinge mit jedem neuen Aufmerken. Indem man so das Entstehen und Vergehen der beobachteten Dinge sieht, kann man auch darüber treten und es als einen einzigen Leidenskreis sehen, von dem man unabhängig werden kann.

c) Die dritte allgemeine Betrachtung vergegenwärtigt sich den Zweck der ganzen Übung. Sie ist ja nicht Selbstzweck, ist keine unverbindliche Wissenschaft der Klassifizierung. Immer wenn man merkt, dass man von der eigentlichen Übung auf scholastische Sandbänke gerät, hat man sich erneut zu vergegenwärtigen, warum man denn eigentlich übte. Wenn einer z. B. anfängt, die einunddreißig Körperteile anatomisch zu sortieren oder ihre Pāli-Worte zu analysieren, dann ist er dabei, von der Übung abzukommen. Dann wacht er nicht mehr beim Körper über den Körper, sondern bei den Gedanken über Körpergedanken. Darum rät der Buddha, sich immer wieder darauf zu besinnen, ob die Übung denn zur Erkenntnis und Besinnung taugt (*ñāṇa-matta, paṭissati-matta*). Erkenntnis ist höhere Erkenntnis, die andere Dimensionen eröffnet und Transzendentes ahnen lässt. Und Besinnung ist eine Achtsamkeit, die sich von den

Dingen absetzt, indem man gerade durch die *sati* von den Dingen zurücktritt, während wir meist gewohnt sind, uns in das Beobachtete umso mehr zu verstricken. Die *sati*, die sich zurück (*pati*) nimmt, das ist hier *pati-ssati*.

d) Die vierte Generalisierung aber erlangt man nur, wenn man die drei vorangehenden beherzigte, denn nur dann gelangt man zu jener Ablösung, die unverletzbar und todlos macht: „Und uneingepflanzt verharrt er und nirgends in der Welt ist er angehangen", auch nicht an der *satipaṭṭhāna*-Methode.

33. Bedachtsame Ein- und Ausatmung (*ānāpāna-sati*)

„Im Atemholen sind zweierlei Gnaden:
die Luft einziehend, sich ihrer entladen;
jenes bedrängt, dieses erfrischt; so wunderbar ist das Leben gemischt.
Du danke Gott, wenn er dich presst, und dank ihm, wenn er dich wieder entlässt." (Goethe)

„Der Frieden bedachtsamer Ein- und Ausatmung, entfaltet und häufig geübt, ist still, erlesen, ungemischt wohltuendes Verweilen, und er zerstört und beruhigt aufgestiegene böse unheilsame Dinge im Nu." (S [V] 54, 9)

Vom Sanskritwort Atman (Ich) stammen unsere Worte Atmen, Anima (Seele) und Anemone (Windröschen). Wind, Hauch, Lebensprinzip, Seele, Ich – all das hängt aufs Innigste zusammen. „Ich atme, also bin ich" können wir normalerweise sagen, denn wir identifizieren uns mit dem Atem, der unser Leben beginnt und beendet. Den ersten Atemzug tun, heißt leben; den letzten Atemzug tun, heißt sterben. Darum ist es nicht zu verwundern, dass dem Atem in der Menschheitskultur besondere Bedeutung beigemessen wurde: vom indischen HATHA-YOGA über fernöstliches ZAZEN und den Hesychasmus der Ostkirche bis hin zur modernen medizinischen Atemtherapie und gymnastischen Atemschulen.

Drei Vorteile bringen Atemübungen – von Gefahren gewaltsamer Atemveränderungen einiger YOGA-Richtungen sei hier abgesehen – mit sich:

Der **erste** Vorteil ist ganz einfach, dass die Beruhigung eines regelmäßigen und tieferen Vollatems die Gesundheit fördert: Die Durchblutung wird verbessert, der ganze Körperrhythmus harmonisiert und dadurch die Leistungsfähigkeit und das Wohlbefinden verbessert. Dieser körperliche Vorteil wird im Abendland meist allein angestrebt. Allerdings tut auch er sich nicht so leicht, wie es oft angepriesen wird, wenn man mit künstlichem Drill den untrennbar mit der Seele verbundenen Atem beruhigen will.

Der **zweite** und wichtigere Vorteil ist psychisch, indem die Atemübung Konzentration, Selbstbeherrschung und Zucht fördert, nämlich einmal überhaupt schon Ausdauer und Regelmäßigkeit. Vor allem aber wird die Gewohnheit verstärkt, im Leben erst einmal tief Atem zu holen und nicht immer sofort blind aus den Trieben zu reagieren. Allerdings kann auch ein böser Mensch durch Atemübungen kaltblütiger und berechnender handeln.

Der **dritte** und wichtigste Vorteil ist geistig: die Übung vertreibt Langeweile und lenkt das Interesse nach innen. Während der Atemübung tut man weder Böses noch Belangloses, sondern man beginnt, auf die Nahtstelle zwischen Physis und Psyche zu stoßen und den gewaltigen Einfluss des Seelenlebens auf den Atem zu spüren, – ein Zusammenhang, der dem heutigen gehetzten Menschen fast unbekannt geworden ist, der aber den alten Indern ganz geläufig war.

Und wie, schildert nun der Buddha die Atembetrachtung, die bedachtsame Ein- und Ausatmung? Er sagt:

> *„Da begibt sich der Mönch ins Innere des Waldes oder unter einen großen Baum oder in eine leere Klause, setzt sich mit verschränkten Beinen nieder, den Körper gerade aufgerichtet und konzentriert die Achtsamkeit auf das Gesicht: Achtsam atmet er ein, achtsam atmet er aus; atmet er tief ein, so weiß er ‚Ich atme tief ein', atmet er tief aus, so weiß er ‚Ich atme tief aus'; atmet er kurz ein, so weiß er ‚Ich atme kurz ein', atmet er kurz aus, so weiß er ‚Ich atme kurz aus', den ganzen Körper empfindend werde ich einatmen, den ganzen Körper empfindend werde ich ausatmen', so übt er sich; ‚die körperlichen Aktivitäten beschwichtigend will ich einatmen, die körperlichen Aktivitäten beschwichtigend will ich ausatmen', so übt er sich."*

Das sieht höchst einfach aus. Ja, im Gegensatz zu anderen Übungen des Buddha, mit denen man zunächst nichts Rechtes anzufangen weiß, erscheint diese Übungsanweisung jedem Kind verständlich. Also beginnt man damit. Und dann merkt man, wie es nicht geht. Man kommt in keuchend schnelles Atmen oder man schnürt den Atem ab. Man scheint gegen einen eisernen Widerstand anzukämpfen. Man erinnert sich, dass gesagt wird, man dürfe nicht mit dem Willen atmen. Also versucht man es von neuem, aber was man erreicht, ist nur, dass ein ganz klein wenig weniger Wille dabei ist. Wie man den Atem ganz ohne Willen betrachten soll, das versteht man überhaupt nicht. Wenn man so bei der Atemübung nicht ruhiger sondern noch unruhiger wird, wenn man manchmal überhaupt nicht mehr weiß, wie man noch atmen soll, wenn alles durcheinander geraten ist, dann verfällt man in das andere Extrem. Man lässt seinen Übungswillen ganz fallen. Da wird der Atem stiller und immer stiller, es wird ruhiger und immer ruhiger. Und wenn man wieder aufwacht, dann weiß man, dass man jetzt die Kunst gelernt hat, im Sitzen einzuschlafen. Aber den Atem hat man nicht betrachtet. Besonders wenn man abends nach des Tages Mühen diese Übung durchführen will, kommt es leicht zum Schlaf, zumindest zum halbschläfrigen Dösen. Der Körper ist es eben gewohnt, wenn der Atem ruhiger wird, einzuschlafen. Die Kunst, ganz ruhig wie im Schlaf zu atmen, und doch die Beobachtung festzuhalten, die kennt man eben noch nicht. Entweder beobachtet man, aber dann wird man immer kribbeliger; oder man wird ruhiger, dann aber beobachtet man nicht mehr sondern schläft bzw. döst. Mit bedachtsamer Ein- und Ausatmung, wie der Buddha sie lehrt, hat beides nichts zu tun.

33.1 Voraussetzungen

Ein solches Scheitern bleibt wohl den wenigsten Europäern erspart, die sich um Atembetrachtung bemühen. Was ist der Grund dafür? Einmal die eingefleischte Agilität des Abendländers und zweitens die Nichtbeachtung der Vorbedingungen zur *Satipaṭṭhāna*-Reife.

Für den Inder und den fernöstlichen Menschen, der von Natur durchweg viel ruhiger ist, ist es daher viel leichter, den Atem zu betrachten. Von Jugend an hört der Inder Aussagen über den Atem, der die Grundlage des Lebens sei. Er hört die Auffassung, dass jede Weltentstehung wie ein Ausatmen Brahmas und jede Weltvergehung ein Einatmen Brahmas sei. Und er erfährt an sich selber, wie eng der Atem mit der eigentlichen psychischen Wirklichkeit verbunden ist, und weiß sich daher entsprechend zu entspannen. Auch wenn ihm die philosophischen Theorien über eine feinstoffliche Weltsubstanz des Prāṇa fern liegen, so wächst er doch in einem Milieu auf, wo der

Atem etwa denselben Rang einnimmt wie bei uns der Sport. Von daher liegt ihm der Atem viel näher. Wenn der Europäer seine ganze Verachtung der Nichtstuer in den Ausdruck „Bauchnabelbetrachter“ legt, dann verbindet der Inder mit diesem Bild eher den Gedanken von Asketen, die auf dem Wege über den Atem Herr des Lebens geworden sind. So ist es leicht verständlich, dass orientalische Gurus dem Europäer als erste Meditation die Atemübungen beibringen wollen, weil diese ihm offensichtlich fehlen. Aber das geht nicht von heut‘ auf morgen und führt oft zu erheblichen Verspanntheiten.

Außer der Agilität des Abendländers ist das zweite Hindernis für Atembetrachtungen bei ihm das Nichtberücksichtigen der sechs anderen Stufen des Achtpfades. Auch das ist letztlich eine Folge seiner Ungeduld, die eben aus der Beschränkung auf das eine Leben herrührt und nicht den von der Wiedergeburt durchdrungenen „längeren Atem“ des Inders hat. Der Inder und orientalische Buddhist bringt es fertig, trotz seiner weltlichen Interessen und Triebe diese zeitweise vergessen – abschalten – zu können, um sich dann ganz in sich zu versenken. Dass dies aber einen ausdrücklichen Akt der Weltabwendung und Einkehr, jedenfalls für die Stunde der Übung, voraussetzt, übersieht der Europäer meist. Er meint, er könne seine tausend weltverliebten und rücksichtlos-ausbeuterischen Triebe beibehalten und trotzdem auf den Wogen des Atems ins *samādhi* hineingleiten. Einen größeren Widerspruch kann man sich gar nicht vorstellen. All sein Wünschen drängt zur Weltbetätigung und will sich des Körpers als Werkzeug dafür bedienen – und dann soll ein bloßer Meditationswille diese Gewalt im Moment besiegen können! Was dabei herauskommt, kann nur Verwirrung sein. Wer so handelt, der will einen Preis ohne Fleiß erlangen. Er will trotz seines weltlichen Begehrens, das die Quelle seines Leidens ist, doch Glück erlangen. Er will sich also *samādhi* erschleichen. Ist er dagegen ehrlich, dann versteht er, dass er erst seinen Willen aus der Welt zurückziehen und überhaupt ein ganz anderes Verhältnis zu Welt und Seele gewinnen muss, nämlich eine Umkehrung der Werte. Das aber geschieht systematisch auf den bisher geschilderten sechs Stufen des Achtpfades. Dabei wächst dann auch jene innerseelische Autarkie heran, die aus dem Wohl der Tugend und der Sinnenzügelung entsteht und die von selber den Blick mehr nach innen lenkt. Die innere Helligkeit, Heiterkeit und Strebsamkeit nimmt zu und die Welt rückt ferner und das Streben, sich die Erde untertan zu machen, wird blasser. Damit erwächst man zu der Grundhaltung der *sati*, die die Basis für *samādhi* ist.

33.2 Technik

Erst wo diese psychennähere Grundhaltung der inneren Autonomie herangereift ist, kann die buddhistische Atem-Meditation fruchtbar werden. Erst dann spielt auch die Technik des Atems, der Lieblingsaspekt des Europäers, eine Rolle. Die Technik beginnt damit, dass der Übende einen sowohl ruhigen als gesammelten Ort wählt. Das waren im obigen Text drei: Wald, großer Baum, leere Klause. Alle drei Orte unterscheiden sich von anderen Meditationsorten, die in den Texten genannt werden – Friedhof, Felsenkluft, offene Ebene usw. – durch ihre Geschlossenheit. Ein leerer Raum, eine leere Klause, ist am abgeschlossensten in ihren vier Wänden. Das ist der Ort besonders für den, der am meisten der Konzentration bedarf, wozu ihm die Abschirmung des Zimmers hilft. Der Wald hingegen ist geeignet für denjenigen Menschen, der so veranlagt ist, dass ihn die Natur und die Vielfalt der Natur nicht stört, sondern noch eher sammelt als alles, was ihn an menschliche Häuslichkeit erinnert. Ein großer Raum dagegen ist der mittlere Ort, bei dem eine gewisse, aber keine geschlossene Abgrenzung vorliegt, und auch noch ein gewisser Anhalt am Mein (mein Meditationsplatz unter dem Baum). Die eigentliche buddhistische Atem-Meditation eignet sich in keiner Weise für Gemeinschaftsunternehmungen. Dergleichen kommt in den Lehrreden auch nie vor.

Der zweite Punkt der Technik ist die Sitzhaltung, auf die im YOGA (ASANAS) und im ZEN (ZAZEN) großes Gewicht gelegt wird. Der Buddha sagt nur, dass der Übende sich mit verschränkten Beinen niederlasse. Während bei der Übung der „Wachsamkeit" Gehen und Sitzen noch abwechselten, herrscht hier allein das Sitzen. Der Buddha- oder Lotossitz ist in der Tat für den Leib optimal: Man sitzt am bequemsten und ruhigsten, der Kreislauf kann am harmonischsten fließen. Der Leib ruht auf einer breiten Unterlage, Beine und zusammengelegte Hände bilden einen geschlossenen Kreis. Für den Europäer, der diese Sitzweise nicht von Kind an gewöhnt ist, hat sie eher gegenteilige Wirkungen. Seine Unruhe nimmt dadurch nur zu, die Beine schmerzen und schlafen ein, überhaupt wird der Körper aufdringlicher als sonst. Da genügt für ihn aber auch der halbe Lotossitz oder der Diamantsitz (Fersenhocken). Ein jeder solcher Sitz lässt den Menschen in sich selber ruhen und ist schon ein gewisses Symbol der Sammlung. Aber für wen auch das zu unbequem und ungewohnt ist, der mag sich damit trösten, dass Tausende christlicher Mystiker auch ohne die geringste Ahnung oder Praktizierung solcher Sitzweisen tiefe *samādhi*-Zustände erreicht haben, bei denen der Körper völlig vergessen wurde (Schauung). Der Sitz ist also kein unabdingbares Erfordernis. Er scheint vom Buddha hauptsächlich deshalb gegeben worden zu sein, um das Umfallen des Leibes in der Versenkung zu verhüten und überhaupt für andere anzuzeigen, dass der Mensch nicht gestört werden will. Er wird daher nicht angesprochen. Christliche Mystiker, die dagegen von einer Schauung überrascht wurden, hat man oft recht unsachgemäß behandelt.

Der dritte technische Hinweis ist, dass der Körper gerade aufgerichtet sein soll. Wer die Übung im Liegen vollführt, wird – besonders in den Tropen – leicht zur Trägheit, zum Dösen und Träumen, verlockt, anstatt zur geistigen Arbeit. Aber für manche agilen Europäer ist auch das Liegen keine Gefahr, weil sie eben immer bewegt sind. Den Körper gerade aufrichten kann man auch, wenn man sich anlehnt. Indes ist natürlich das angelehnte Sitzen noch ein Sich-stützen, folgt noch dem allgemeinen Anlehnungsbedürfnis des Menschen. Das Sitzen mit gerader Wirbelsäule ohne Anlehnung – sei es in einem der Lotossitze oder im Diamantsitz – fordert große Zucht, ein ständiges waches sich Korrigieren. Außerdem kann man bei diesem Bemühen schwerlich einschlafen, denn durch den Ruck des Herunterfallens des Kopfes oder des Zusammensackens würde man wieder aufwachen. Aber der technisch begabte Europäer bringt auch das Kunststück fertig, mit gerader Wirbelsäule zu dösen. Und wiederum gilt das oben Gesagte: Auch die Mystiker haben solchen Sitz nicht gekannt und doch *samādhi* erreicht.

Die vierte und letzte technische Anweisung besteht in *pari-mukhaṃ satiṃ upaṭhapetvā*. Was heißt das? *Mukha* ist der Mund, übertragen auch die Mündung, der meisten Sinnesorgane, d. h. das Gesicht. „Die Achtsamkeit um das Gesicht herum stellen" heißt: Man soll die Achtsamkeit vor sich, vor Augen haben. Das kann die Nasenspitze sein oder die Stirnmitte oder – wie es die älteste Tradition angibt – der Nasenausgang (PS 1, 175).

33.3 Übungs-Inhalt

Zum Übungsinhalt wird ebenfalls eine vierfache Gliederung gegeben: Zuerst heißt es, dass einer lediglich das Ein- und Ausatmen beachte, und zwar immer mit dem Einatmen beginnend. Im Einatmen dringt etwas auf mich ein, da bin ich der passive Teil. Gewöhnlich ist der Mensch dagegen nach außen gewandt und reitet daher mit der Ausatmung zu seinen weltlichen geliebten und gehassten Objekten. Im Ausatmen stelle ich mich irgendwie dar, gestalte etwas, bilde an der Welt. Hier dagegen ist es umgekehrt, um die Zerstreuung nach außen zu verhindern (Ps 1, 162). Auf dieser ersten Stufe geht es noch gar nicht um ein klarbewusstes Erkennen des Atems und erst recht nicht um seine Veränderung, sondern allein darum, in den Rhythmus des Atems einzusteigen. In der Ruhe greift man schon selber nach der einzigen Bewegung, eben nach dem Atem, und ganz zwangsläufig rückt dessen Rhythmus jetzt ins Bewusstsein – vorausgesetzt, dass die rasenden Gedanken schon auf den früheren Übungsstufen ihrer Grundlage entzogen wurden. Man entdeckt hier überhaupt den immer schon vorhandenen Atem und schwingt sich in seinen Rhythmus ein, anstatt ihn gewaltsam zu verkrampfen. Man lernt, geschehen zu lassen, hinzuhorchen, sich einzufühlen. Ob man dabei nach irgendeiner Methode zählt – im Zen meist bis 10 und dann wieder von vorn – mag jeder individuell ausprobieren. Der Buddha hat vom Zählen nichts gesagt. Aber besser mit Zählen als gar nicht. Es ist hier ähnlich wie beim Tanzen lernen: Solange man mit dem Willen, mit dem Zählen der Schritte heranzugehen versucht, ist es ziemlicher Krampf – allerdings oft eine unvermeidliche Durchgangsstufe – und erst wenn man sich mit dem Herzen in den Rhythmus eingeschaltet hat, geht alles wie von selber. Der Rhythmus der Musik diktiert ganz von selber die Schritte des Körpers. Und der Rhythmus des Atems diktiert ganz von selber die Schritte der Beobachtung.

Nachdem man überhaupt den Atemstrom, das Heben und Senken der Brust, gemerkt hat, kann man dann als Zweites darauf achten, ob er lang oder kurz (tief oder flach) ist. Je unruhiger man ist, desto kurzatmiger ist man gewöhnlich. Der normale Arbeitsatem des Europäers ist recht flach. In der Ruhe wird der Atem von selber länger, tiefer und voller. Hier geht es nun darum, diese Unterschiede, die sonst nur unbewusst eintreten, zu merken. Man merkt besonders, wie stark der Atem von den im Geiste sich spiegelnden Seelenbewegungen abhängig ist, indem sich die geringste Veränderung des Denkens auch im Atem niederschlägt. So erfährt man hier die gewaltige Maschine des Atems und merkt, dass man die Flachatmung hatte, weil sie weniger Arbeit zu machen scheint, nämlich für den, der seine Kräfte nach außen verschwenden will. An diese zweite Erfahrungstatsache knüpft der Buddha auch das Gleichnis für die gesamte Atemübung. Er sagt nämlich, dass man den Atem beobachten solle wie ein Drechsler, der das Werkzeug bald lang, bald kurz anzieht und dabei stets weiß, wie er angezogen hat.

Die dritte Stufe besagt, dass man jetzt beim Ein- und Ausatmen den ganzen Körper empfinden lernt und dass man sich darin übt, dies zu merken. Bei den ersten beiden Stufen ging man nur dem vorhandenen Atem nach, ohne ihn verändern zu wollen. Er veränderte sich aber gerade dadurch ganz zwanglos, er wurde ruhiger und fließender und innerlicher, nämlich durch die Konzentration des Denkens auf ihn. Jetzt aber, auf der dritten Stufe, geht es darum, den Bereich des Atems in seiner Ganzheit zu erfassen. Und das muss ausdrücklich geübt werden. Das geht nicht mehr nur von selber. Man geht hier über den Bereich der Lunge hinaus und merkt immer mehr, wie weit der Atem auch den ganzen Unterleib mit seinen Organen bewegt. Man spürt dem Atem nach, wie er die Organe nach unten drängt, wie er das Zwerchfell bewegt und den Herzschlag steuert. Auf dergleichen achtet besonders die burmesische Atemschule (Bauchfell-Meditation) und die japanische HARA-Technik. Und man erfährt hier, wie der gesamte Körper – bis in die Fingerspitzen – durch den Atem bewegt wird, sozusagen auf ihm schwimmt.

Als Viertes und Letztes gewinnt man das, was der Voreilige als Erstes erzielen wollte: die Beruhigung des Körpers, die Stillung der körperlichen Aktivität. Zuerst werden auch hier die gröberen körperlichen Gestaltungen beschwichtigt, dann die feineren. Dadurch tritt im Gesamtgefüge des Leibes eine immer stärkere Harmonisierung und Beruhigung ein und diese bringt Wohl mit sich. Und wegen dieses Wohles kann man weltliches Wohl leichter lassen und kehrt wieder gern zur Übung zurück, die anfangs mehr bittere Pflicht gewesen sein mochte.

33.4 Auswirkungen der Übung

Drei weltliche Auswirkungen der Atembetrachtung, die auch ohne einen religiösen oder buddhistischen Bezug entstehen, wurden bereits eingangs genannt. Der Buddha nennt nun als Auswirkungen und Segen der Atemübung, die als Stufe des Achtpfades betrieben wird besonders in dem speziell dem Atem gewidmeten 54. Saṃyutta (ferner in A VI 115, Ud IV 1, It 85 und 87) noch Folgendes:

Weil der übermäßige Verschleiß des Leibes durch zweckmäßiges Atmen nachlässt, wird die Lebenskraft gestärkt und es nimmt überhaupt die Kraft des vegetativen Impulses zu. Dadurch wird man dann nicht nur gesünder, sondern generell weniger müde. Der Buddha sagt, dass er, als er als Bodhisattva diese Übung betrieben habe, gemerkt habe, wie Leib und Augen nicht mehr müde wurden (S [V] 54, 8).

Die Klarbewusstheit, die in der nächsten Körperbetrachtung speziell betrieben wird, wird schon hier gestärkt. Bei intensiv betriebener Atemübung gehen auch die letzten Atemzüge wissentlich ein und aus (M 62), d. h. man steht über dem Körper, schaut ihm auch im Sterben zu und stirbt nicht mit ihm.

Vor allem kommen die Gedanken und Erwägungen zur Ruhe, die nach außen gerichteten Sorgen, die hausgewohnten Erinnerungen, alle schlechten und unheilsamen Erwägungen werden abgeschnitten. Die seelische Abgelenktheit und Zerstreutheit durch die Gedanken macht Stille und Wohlbefinden Platz. Die Gedankenunruhe ist ja eines der großen Hindernisse des *samādhi* und diese Unruhe besteht solange, als inneres Wohl nicht vorherrschend geworden ist. Die rechte Atem-Achtsamkeit aber bringt solches Wohl, weshalb der Buddha sagt, sie sei auch für Heilige bester Zustand des Wohlbefindens bei klarbewusster Achtsamkeit (S [V] 54, 11).

Die Selbstbeherrschung wächst, man wird Herr der seelischen Regungen. Nimmt man etwas Unschönes und Widerwärtiges wahr, bei dem Hass aufkommen würde, solange man noch Triebe hat, dann kann man sofort Wohlwollen erzeugen und die Entstehung von Aversion verhindern.

Oder nimmt man Schönes und Liebliches wahr, wobei Anziehung (Gier) aufkommen kann, dann vermag man es, das Reizende sofort zu entlarven, so dass Gier abgeschnitten wird (S [V] 54, 8).

Früherer Wunscheswille wird überwunden, nach Künftigem vergeht der Wunscheswille, und in der Gegenwart wird bei den Außendingen die Vorstellung des Widerstandes (Gegenüber) hinweggeführt, d. h. die Spaltung in Objekt und Subjekt wird eingeebnet (S [V] 54, 6). Überhaupt wird bei intensiver Atemübung alles Unheilsame sofort zerstört, so wie der Staub des Sommers vor dem Herbstregen verschwindet oder wie der Staub an einer Straßenkreuzung durch die Wagen aus den vier Richtungen in alle Winde verweht wird (S [V] 54, 9-10).

Je nach dem Menschentyp gibt es dann hinsichtlich des weiteren Übungsweges noch folgende Auswirkungen:

Für Menschen, die kein besonderes Verhältnis gerade zur Atemübung haben, weder positiv noch negativ, ist diese Übung die beste Vorübung zur Klarbewusstheit. Der Normalfall des Menschen ist, dass er die volle Ruhe der Atemübung noch nicht ständig und als Hauptübung aushalten kann, sondern noch Bewegung braucht. Aber mittels der Atemübung hat er den Leib so erfahren, dass er auf dieser Grundlage nun die weitere Übung des klarbewussten Handelns viel besser durchführen kann. Die Atemübung ist eben der beste Eingang zur *sati* überhaupt.

Es gibt ferner Menschen, die – auch nach der Läuterung durch die sechs Stufen des Achtpfades – vom Naturell her so unruhig sind, dass ihnen die Atemübung am schwersten von allen Übungen fällt. Sie haben die Beruhigung zwar am nötigsten und sollten auch Übungen dazu machen. Aber sobald sie merken, dass sie dadurch nur noch unruhiger werden, dann sollten sie lieber die zentrale Übung der Klarbewusstheit wählen, die deshalb im Tathāgata-Gang als einzige unverzichtbare Körperübung genannt wird. Die Körperbetrachtung und ihre ichmindernden Wirkungen sind ja die Hauptsache – darum ist innerhalb der Körperbetrachtungen die Wahl frei, gemäß dem obigen Gleichnis vom Koch.

Es gibt schließlich auch Menschen, die von ihrem Typ her eine Vorliebe und Fähigkeit zur Atemübung besitzen und dadurch leicht zur Ruhe kommen. Für solche Menschen gibt der Buddha nun die Möglichkeit, dass sie überhaupt bei dieser Übung bleiben und keine andere *Satipaṭṭhāna*-Übung anzufangen brauchen. Er zeigt ihnen nämlich, wie bei jedem der drei weiteren Pfeiler vier Dinge mit dem Atem zu verbinden sind und wie dadurch der *samādhi* der sieben Erweckungen erreicht werden kann. Dies wird in nicht weniger als sechzehn Lehrreden gleichlautend beschrieben (M 62, 116; A X 60; S [V] 54, 1, 4, 6, 10, 11, 13-20).

34. Klarbewusst handeln (*sampajāna-kārī*)

„*Das Böse liegt nicht darin, dass der Geist in einem Körper wohnt,*
vielmehr weil das Gesetz, das dem Gesetz des Geistes entgegengesetzt ist,
sich in unseren Gliedern auswirkt.
Darum kämpfen wir gegen das Gesetz der Sünde
und vertreiben es aus dem Körper,
um die Herrschaft des Geistes in ihm auszubreiten.“ (Gregor von Thessaloniki)

„*Da schreitet der Mönch klarbewusst vorwärts,*
klarbewusst kehrt er zurück, klarbewusst steht er,
klarbewusst setzt er sich, klarbewusst legt er sich hin,
klarbewusst entscheidet er sich zum Handeln.
Dies Gebiet der Andacht, Ānando, derart gepflegt und häufig geübt,
führt zu Achtsamkeit und Klarbewusstheit.“ (A VI 29)

Durch den ganzen Kanon zieht sich immer wieder die Betonung, wie wichtig zwei Eigenschaften seien, Achtsamkeit und Klarbewusstheit. Beide sind sie Kräfte des Herzens, beide gehören sie zum Bereich der Achtsamkeit im weiteren Sinne und beide nehmen auf dem Wege immer mehr zu. Dabei ist die Klar-be-wusst-heit (*sam-pa-jañña*) das geistige Begleitwissen, das zu allen Handlungen mitgeht, die helle Wachheit, die immer „da“ ist, eben Geistesgegenwart im höchsten Sinne. Die Achtsamkeit ist dagegen mehr Abstand, Vorsicht, Zurückhaltung, Besonnenheit, Eingedenksein früherer Erfahrungen. Beide Eigenschaften wirken aber zusammen.

Das zeigt sich besonders an der Übung des Klarbewusst-Handelns. Es ist eine der Übungen der *satipaṭṭhāna*, zur Körperbetrachtung gehörig. Es geht hier nämlich darum, den Leib bei seinem Einsatz zu beobachten, bei seinem Handeln in Werken und Worten. Es geht um das Primat des Geistes über den Körper, um diesen völlig unter Kontrolle zu bekommen, anstatt dass das Herz wie üblich in der Gewalt des Körpers ist.

34.1 Die Vorübung

Als Vorläufer der Übung im Klarbewusst-Handeln nennt der Buddha noch die Körperbetrachtung der vier Haltungen, wörtlich: der „Weisen des Inbewegung-Setzens“. Das sind: Gehen, Stehen, Sitzen, Liegen. Auch das Liegen ist noch Bewegung, denn da bewegt der Atem noch den Leib mit Herz und Organen. Jede der vier Haltungen, in denen wir uns das ganze Leben im Leibe befinden, ist so, weil vorher eine andere Haltung war, in welcher die Ursache für die Umwandlung in die jetzige Haltung gelegt wurde. Dass ich im Moment gerade stehe, liegt daran, dass ich entweder aus dem Sitzen oder Liegen aufstand oder aus dem Gehen stehenblieb. So ist jede der vier „Gangarten“ ein Übergang zwischen der vorigen und der späteren Haltung. Das ganze Leben ist im Grunde nichts anderes als ein Film, bei dem ein ständiges Hin- und Herfließen zwischen diesen vier Grundhaltungen stattfindet. Es ist wie bei einer Marionette, wie bei einem Hampelmann, der immer nur diese vier Bewegungsweisen kennt. Was ich tue oder erlebe, ich erfahre es in einer der vier Haltungen, sogar die Erlösung, die z. B. Ānando erlangte, als er sich gerade niederlegen wollte. So einfach ist im Grunde das Leben des Leibes. Mehr kann er nicht, als sich in diesen vier Gerichtetheiten bewegen, ja, selbst der Magiegewaltige ist noch daran gebunden: und wenn er 1000 Leiber erscheinen lässt, sie alle sind den vier Haltungen ausgesetzt.

Drei der Haltungen haben wir als Kind erst mühsam erlernen müssen. Das Liegen ist die normale Haltung des unselbständigen Leibes, beim Kleinkind wie bei der Leiche. Alles andere musste von jedem erst in einem langen Lernprozess geübt werden. Man braucht nur die tapsigen Balancekünste eines Kindes anzusehen, das gehen lernt und schwankt und stolpert: Dann kann man sich daran erinnern, wie dies gar nicht selbstverständlich ist, ein Gewicht von großer Schwere senkrecht zu halten und in eine Richtung zu bewegen. Für uns Erwachsene geht das Gebrauchen des Zentnergewichts des Leibes routinemäßig und unbewusst vor sich und es kostet uns viel größere Anstrengung, darauf zu achten als darauf nicht zu achten. Das macht daher die Übung hier so schwer. Die Übung, bei jeder der vier Körperhaltungen zu wissen, dass man sie einnimmt und wie man sie verändert, wie man eben das Feintastgerät des Leibes bedient, diese Übung geht sozusagen den ganzen Weg des kindlichen Anlernens zurück und ist daher im wahrsten Sinne des Wortes primitiv. Es ist eine einfältige Übung: die *pia simplicitas*, von der in der christlichen Praxis oft gesprochen wird, hat hier ihren berechtigten Platz. Und auch das Wort „Werdet wie die Kindlein“ ist hier haargenau passend: Wir müssen hier wieder zu jener Haltung zurückfinden, bei der das Gebrauchen des Leibeswerkzeuges ein Problem war. Das haben wir vergessen. Diese Vergessenheit wird hier behoben. Das ist das Eingedenksein dabei.

Je mehr man sich bei diesen vier Haltungen ihrer bewusst wird und den Umgang des Geistes mit seinem Leibesgefährt kennenlernt, desto mehr erkennt man, wie diese vier Haltungen wahrhaft elementar sind und wie sie den Möglichkeiten entsprechen, sich überhaupt in Raum und Zeit zu verhalten. Sie eröffnen eine neue Existenzsicht, die vergeistigter wird:

Im **Liegen** kam man in die Welt, im Liegen verlässt man sie meist. Und die Hälfte der Lebenszeit verbringt man liegend im Schlaf. Und wie oft musste man sich vor Erschöpfung legen, wie oft lag man auf dem Krankenlager. In der Ruhelage ist ein Lebewesen nicht nur äußeren Feinden am leichtesten zugänglich, sondern auch inneren Feinden, nämlich den triebhaften An-liegen und unter ihnen besonders der matten Müde. Das Liegen ist das Symbol der Passivität, des Festliegens, des Stilllegens der Aktivität des Aufbruchs.

Im **Gehen** bricht man auf und pilgert zu den tausend Zielen seines Lebens. Mit Anstrengung muss man den schweren Leib gegen den Luftwiderstand und die Schwerkraft vorwärts bewegen. Und doch kommt man durch Gehen nie ans Ende der Welt – aber ohne ans Ende der Welt gekommen zu sein, kann man dem Leiden nicht entrinnen, sagt der Buddha. Man läuft in der Welt herum, eilt der Fortuna auf der sich drehenden Kugel nach – aber alles vergeht. Die Vergänglichkeit holt man gehend nie ein. Gehen ist die Gangart der Unruhe und Ungeduld: Es geht mir nicht schnell genug, darum gehe ich den Dingen entgegen. Wie geht's? fragen sich die Wanderer unterwegs, und sie müssten antworten: Es geht alles vorüber. Man ist bewandert in allem, sehr fortgeschritten, nur nicht in der einzig lohnenden Kunst, dem Wandelsein zu entrinnen, der Weltwanderung ein Ende zu machen.

Im **Sitzen** lernte man. Einen Großteil der Jugend hat man damit verbracht, auf der Schulbank zu sitzen und mancher ist dabei sitzen geblieben. Das übrige Leben sitzt man am Steuer, am Schreibtisch, beim Essen, beim Fernsehen und auf Sitzungen, bis man im gesetzten Alter in der Ecke sitzt. Einer ist Vorsitzender geworden, ein anderer hat viel Besitz – oder ist man davon besessen? Wenige lauschten im Sitzen auch den Weisen (*upaniṣad* = nahebei sitzen) und kamen zu einer Anschauung, die „sitzt" (*pasāda*). Noch geringer war die Anzahl derer, die die Lehre im Sitzen vernahmen und über das Gesetz nachdachten, heilsame Vorsätze fassten und ihre Kraft zur Besinnung einsetzten. Sitzend erlangte der Buddha die Erwachung.

Im **Stehen** ist man imstande, am weitesten zu blicken und über die Dinge hinzuschauen. Dabei hat man sich umgesehen und einen Standpunkt gewonnen: Man steht mit beiden Beinen auf dem Boden der Wirklichkeit, meint man. Aber was hat man von den Gegenständen? Was entsteht, vergeht. Man steht morgens auf, um sich abends müde zu legen: So steht es um das Leben. Nichts besteht beständig, alles fließt dahin, nirgends ist Stillstand. „Schafft Standhafte, ein Eiland euch, das jeder Flut gewachsen ist", sagt der Buddha, denn in den sieben Stätten (*viññāṇa-ṭṭhiti*) ist kein Halt.

34.2 Zweck der Übung

Nachdem man durch die Vorübung mittels der vier Bewegungsarten überhaupt in Kontakt mit der Maschine des Leibes gekommen ist, die wir gleich einem Roboter rangieren, geht es nun bei der Hauptübung darum, jeden einzelnen Akt des Körpereinsatzes bewusst zu vollziehen. Das ist die Klarbewusstheit beim Handeln mit dem Körper. Alle Zwecke und Absichten, die zur Änderung einer Bewegungsart oder nur Bewegungsform führen, sollten unter Kontrolle der rechten Anschauung von der

Welt vollzogen werden, d. h. nicht mehr wie bisher rein triebhaft unwillkürlich. Die Klarbewusstheit beim Handeln dehnt den Anwendungsbereich der rechten Anschauung auf ein Gebiet aus, das bisher noch Dunkelszene war, unterhalb der Bewusstseinsschwelle.

In verschiedenen Gleichnissen wird dieser Zweck noch verdeutlicht. Man soll beim Hin- und Hergehen sein wie ein Wagen, der, durch den Kutscher (Geist der Klarbewusstheit) bewusst gelenkt, keine Wendung ohne dessen Willen vollzieht und nur dorthin rollt, wohin er will (S [IV] 41, 5). Oder wie ein gezähmter Waldelefant es allmählich lernt, hinzugehen und zurückzukehren, den Befehlen des Bändigers (Geist) zu gehorchen, so auch lernt der Mönch diese Klarbewusstheit des Körpereinsatzes (M 125). Oder wie alle Taue, Riemen, Segel eines Schiffes auf den Mast zurückgehen, von ihm dirigiert werden, so soll man alle Handlungen an den Pfeiler der Klarbewusstheit binden (Mil 378).

Hier wird also nicht etwa eine ganz neue Übung geschaffen, sondern es wird die viel schwerere Übung gefordert, bei sämtlichen Verrichtungen nicht diese zu meinen, sondern dabei den Körpereinsatz zu sehen. Wenn man das versucht, merkt man erst, wie sehr man gewohnt ist, immer hundert Schritte voraus zu denken und bei den Objekten zu sein, anstatt das Subjekt des Handelns, den Leib, auf Rechnung zu haben. Ihn merkt man erst, wenn er nicht funktioniert, und dann soll er möglichst schnell wieder in Gang kommen, damit man ihn nicht mehr merkt.

Bei der Übung Klarbewusstheit beim Handeln geht es darum, die Verbindung von Leib und Seele zu erfassen, das Dirigieren des Leibes für die Zwecke der Seele mittels des Geistes zu beobachten. Nur so kann man dahinter kommen, was der Leib wirklich ist, nämlich ein Werkzeug, ein Roboter, eine tote Maschine, eine Gliederpuppe, eine Marionette, ein Kran mit Greifern. Nur dann aber kann man sich vom Leibe lösen, die Versklavung an die Sterblichkeit aufheben und in jene Freiheiten kommen, die der an den Leib Gefesselte gar nicht ahnen kann. Der Leib ist endlich, aber die Möglichkeiten der Befreiung sind unendlich. Da scheiden sich die Geister. Die Mystiker haben selten systematisch diese Übung der Klarbewusstheit betrieben, aber sie durchliefen sie wie selbstverständlich in ihrem Hinstürmen zum Heile, das sie Gott nannten.

34.3 Inhalt der Übung

Die Klarbewusstheit beim Handeln wird an folgenden einzelnen Lebensvorgängen verdeutlicht:

(1) Kommen und Gehen: Weil man aus Trieb oder Vernunft den Leib an einen anderen Ort im Raume bewegen will, muss man den Abstand überwinden und den Körper in Bewegung, das „Auto“ in Gang setzen. Der Leib muss aus seiner Ruhe herausschreiten. Dabei ist jedes Kommen (auf etwas zugehen) gleichzeitig ein Gehen, fort von einem anderen Orte. Und ich kann sowohl auf etwas Angenehmes zugehen als auch von etwas Unangenehmen weggehen, bis zum Hin-laufen und Weg-laufen, zum Hin-eilen und Fliehen. Und wenn es durch Gehen nicht „geht“, dann rutsche, krieche, rolle ich den Leib hin und weg. Der Hauptfall des Kommens und Gehens ist beim Mönch der Almosengang vom stillen Kloster zur Unruhe des Dorfes: Da ist bei diesem Kommen die Gefahr, dass man aus Gier und Hunger schneller geht. Bei der Rückkehr vom Futterplatz zum Arbeitsplatz ist umgekehrt die Gefahr des zu langsam Gehens aus Sattheit. Und beim Gehen spürt man die Körperlast am wenigsten, man schwebt und glaubt an

ein leichtes Leben, weil man den Leib so spielend dirigiert: Diese Illusion der Unbeschwertheit ist die Gefahr der Verblendung beim Hin- und Weg-Gehen.

(2) Hin- und weg-Gucken: Oben am Körper ist der Hals wie eine Drehscheibe angebracht, um auch bei sonstiger Ruhe des Leibes die vier Kopf-Sinne (Sehen, Hören, Riechen, Schmecken) näher an ihre Objekte zu bringen. Der Hauptfall ist dabei der erste Sinn, das Auge. Ich habe z. B. etwas Angenehmes gesehen. Da wird das Auge weit aufgerissen, der Augapfel dreht sich und folgt dem Ding, dann wird der Kopf mit gedreht, und wenn das noch nicht ausreicht, wird der ganze Leib umgedreht und der Körper so gestellt, dass er das wohltuende Sehobjekt erfassen kann. Und entsprechend guckt man bei etwas Unangenehmem weg oder schließt die Augen. In beiden Fällen wird der Fotoapparat des Auges verändert, um mehr auf die Platte zu bekommen, um ein schärferes Bild zu bekommen – oder es wird abgeschaltet. Das Hauptobjekt für den Mönch ist hier wieder der Almosengang, wo es gegenüber der Eintönigkeit des Klosters viel zu sehen gibt. Auch wenn der Mönch, wie es auf dieser Stufe vorausgesetzt wird, in Sinnenzügelung erfahren ist, so kommt es doch immer wieder vor, dass das Auge unkontrolliert etwas Interessantes fotografiert. Da dient dann die Klarbewusstheitsübung rückkoppelnd als Kontrolle für die Sinnenzügelung. Der Mönch soll schließlich das Auge so beherrschen, dass er keinen unwillkürlichen Blick mehr tut, der nicht von der Kontrollinstanz der Vernunft gebilligt ist. Immer wieder wird er sich fragen: Ist es denn sinnvoll, das zu sehen? Was hab' ich davon, dahin zu gucken? Wozu noch eine Vielfalt mehr ins Archiv des Geistes aufnehmen, noch ein Erinnerungsfoto mehr ins Gedächtnisalbum einkleben? – Das Herumgucken tritt außer beim Gehen am meisten beim Herumstehen ein, d. h. beim Warten, also wenn sonst nichts los ist, aber auch, wenn man auf dem Bett liegt und die Zimmerdecke anstarrt und irgendwelchen Mustern und Linien nachgeht, um die Langeweile zu vertreiben. Und man guckt auch herum, wenn man bei einem Vortrag sitzt, der nicht so interessant ist.

(3) Beugen und Strecken: Etwas ist mir hingefallen. Ich bücke mich und hebe es auf. Was geht dabei vor sich? Der Leib wird aus dem Stand wie ein Taschenmesser zusammengeklappt, der Kran des Armes hinunter gestreckt, die Scharniere der Knie eingebogen, bis der Greifer das Ding aufgenommen hat. Dann wird das ganze Gestell wieder gerade gebogen. Die Arme hieven das Ding vor die Augen, der Hals neigt sich hinunter und man prüft, ob es noch in Ordnung ist. – Oder ich sehe auf der Straße etwas Blinkendes. Schon habe ich es aufgehoben und geprüft, ob es ein Geldstück war. Die Selbstverständlichkeit, mit der wir solche Aktionen vornehmen, wird hier gebremst und eine Begleitinstanz eingeschaltet. Und da merkt man erst, wie viel hier „unwillkürlich" geschieht! Man bückt sich, um sich mal eben am Bein zu kratzen. Man biegt das eine Bein, um es über das andere zu schlagen. Man hebt die Hand, um sich die Haare aus der Stirn zu streichen. Beim Stehen strecken wir das eine Bein mehr vor, um das Körpergewicht zu verlagern, dann wieder das andere. Beim Sitzen rutschen wir hin und her. Beim Liegen schlagen wir die Arme unter den Kopf. Wir stützen beim Stehen die Hände in die Hüften. Da sind zahlreiche solcher Situationen, die alle aus Beugen und Strecken bestehen – bis hin zum nervösen Trommeln mit den Fingern oder dem Wippen mit den Füßen.

(4) Tragen: Der Text nennt beim Mönch das Tragen von Mantel, Schale und Gewand. Den Mantel trägt man mit der Schulter, die Schale mit der Hand oder unter dem Arm, das indische Gewand tragen vorwiegend die Hüften. Das sind also drei Tragefunktionen des Leibes als Lastträger, als Bruder Esel, wie Franziskus ihn nennt. Schulter, Arme, Hüfte können tragen und auch noch der Kopf. Ja, eigentlich kann der ganze Leib

etwas tragen: Ohren und Nase tragen eine Brille, der Kopf eine Mütze, die Beine Strümpfe und Schuhe, die Hüfte den Gürtel, der Nacken eine Kette, das Handgelenk ein Armband oder eine Uhr, die Finger Ringe usw. Man staunt, was der Leib alles trägt. Beim Mönch ist die Vielfalt der Traglasten auf jene drei Dinge reduziert. Die große Schale und den Mantel herumzuschleppen, das kompliziert gefaltete Gewand nicht rutschen zu lassen, das bringt auch schon manche Unbequemlichkeit mit sich. Da will man etwas ändern. Gut, man soll es – aber man soll es merken, dass man hier Getragenes erträglich gestalten will. So kann man beim klarbewussten Tragen auch Ertragen üben.

(5) Ernährung: „Klarbewusst handelnd ist er beim Essen und Trinken, Kauen und Schmecken", so heißt es weiter. Man ging zum Esstisch, blieb vor dem Stuhl stehen, setzte sich, ergriff mit dem Arm-Kran eine Schüssel, füllte sich ein und dann bringt der Arm den Bissen zum Mund. Das Tor geht auf, etwas wird zwischen die Zähne geschoben, der Speichel beginnt zu fließen, man zermalmt den Bissen in der Mühle der Zähne, man schmeckt ihn am Gaumen, er rutscht die Speiseröhre hinunter und gelangt in das chemische Labor des Magens. Weil der Magen leer war, weil der Geschmackstrieb hungerte, deshalb brauchte die Maschine Nachschub: Treibstoff, Öl und Kühlerwasser. Diese Übung der Klarbewusstheit bei der Ernährung knüpft an das Maßhalten beim Essen an und führt es fort, indem hier der Essvorgang selber zerlegt wird, um die letzten Reste der Essgier auszutreiben. Das kann in allen vier Körperhaltungen vor sich gehen, wenngleich man meist beim Essen sitzt.

(6) Ausscheidung: Was in den Leib hereinkam und nicht assimiliert wurde – die Schlacken des Verbrennungsvorganges – das wird durch die Auspuffeinrichtungen wieder ausgeschieden als Kot und Urin. Auch dabei soll das klare Bewusstsein nicht aussetzen. Was schön an dem Nahrungsmittel aussah, das hat man jetzt im eigenen Leibe zu Hässlichem und Stinkendem verwandelt. Was oben hereinkam, das nahm man mit Gier; was unten herauskommt, das stößt man mit Hass (Ekel) von sich und hält sich die Nase zu oder atmet durch den Mund, um sich nicht zu riechen.

(7) Generalklausel: Was immer es sonst noch beim Gehen, Stehen, Sitzen gibt, beim Liegen (besonders beim Einschlafen und Erwachen) bis hin zum Sprechen und Schweigen, da ist Klarbewusstheit zu üben. Wo die beiden Aktionsformen des Leibes angestellt werden (Tun und Reden) oder wo sie abgestellt werden (Schlafen, Schweigen), da soll man es bewusst tun. Bei der Übung der „Wachsamkeit" (zweiter Kampf) hieß es schon, dass der Mönch sich klarbewusst wie ein Löwe niederlege. Das war schon ein Anfang für die hier voll einsetzende Übung. Klarbewusst einzuschlafen und aufzuwachen, das ist schon sehr schwer. Der Buddha sagt, das klarbewusste Einschlafen bringe fünf Vorteile mit sich (A V 210). Aber noch schwerer und daher als allerletzte Übung genannt, ist es, klarbewusst zu reden. Was geht da vor sich? In der Kehle wird Luft abgeschnitten, die Sprechwerkzeuge artikulieren Laute, die dann durch die Lippen herausgestoßen werden. Wir aber sind so sehr beschäftigt mit dem Inhalt unserer Worte, dass wir die Herkunft dieser Wortfabrik gar nicht beachten können.

34.4 Auswirkungen der Übung

Als Erstes merkt man durch die Übung, wie sehr man im Leibe gefangen ist. Alles, was ich in der Welt unternehmen will, kann ich nur mittels des schwerfälligen Leibes bewerkstelligen. Er ist wie ein Auto, das ich durch den Verkehr steuere. Mit den Beinen, mit den Armen, mit dem Munde, mit den Sinnen muss ich etwas machen, wenn ich etwas von der Welt will. Diese Abhängigkeit geht hier in ihrem ganzen gewaltigen

Umfang auf. Das ist etwas ganz anderes als das intellektuell unverbindliche Wissen, dass der Leib eine Maschine sei.

Als Zweites erfährt man: Wenn ich so beobachten will, dann kann ich nicht zwei oder drei Dinge auf einmal machen. Gewöhnlich machen wir ja mehrere Dinge gleichzeitig: essen, lesen, Radio hören z. B. Und dabei weilt unser Denken meist noch ganz woanders und bei keinem der Dinge, die wir gerade tun. Wir essen im Gehen, wir pfeifen beim Rasieren, wir lesen weiter, während wir uns ausschnupfen, wir klopfen mit den Fingern nervös auf den Tisch, während wir telefonieren. Wir kratzen uns am Kopf oder Ohr, während wir reden. Wir gestikulieren mit den Händen, wenn wir einen Vortrag über Klarbewusstheit halten. Wir schlagen die Beine übereinander, während wir zuhören. Und wir merken nicht, dass wir oft so Vielerlei gleichzeitig machen, dass wir auf keines achten. Die Übung in Klarbewusstheit vereinfacht das: Wir können da nur bei einer Sache sein, sind dann aber ganz bei der Sache und alles geht viel besser.

Als Drittes erfährt man: Wenn ich eine Sache gründlich machen will, wenn ich genau den jeweiligen Vorgang beobachten will, dann muss ich viel, viel langsamer handeln als gewöhnlich. Bei uns muss alles immer schnell gehen: Das Essen wird in den Mund gestopft, ein paar Mal hastig gekaut, hinuntergeschluckt und schon ist der nächste Happen auf dem Löffel und wartet ungeduldig vor dem großen Tore auf Einlass. Und so ist es überall, alles muss schneller gehen. Hier aber geht alles bedächtiger und besonnener: Hierzu hat man unendlich viel Zeit, wenn man Mönch ist. Es geht hier nicht darum, sein Handeln in Zeitlupe zu vollführen, das wäre auffallen Wollen. Es geht darum, eben gelassen zu handeln. Für den abendländischen Tätigkeitsfanatiker und Schnelligkeitsrekordler mag es dabei anfangs nützlich sein, sogar in Zeitlupe zu handeln, falls eine solche Starthilfe ihm von Nöten ist. Bei alledem merkt man aber, wie man ständig von Sprachimpulsen bewegt wird, die dem Leibe etwas befehlen: Wenn man das gemerkt hat, dann kann man auch alles langsamer und bedachtsamer durchführen. Aber gerade hier merkt man, wie sehr es der Reife für solche Übungen bedarf.

Und als Viertes kann man noch auf Folgendes verweisen: Die Durstimpulse der Gewohnheit haben sich bei uns meist schon derart im Körper inkarniert, dass unsere Körperhaltung ihr direkter Ausdruck ist. Der gehetzte, eifrige Abendländer hat vielfach hochgezogene Schultern und ein verspanntes Gesicht wie ein mit seinem Fahrzeug verwachsener Motorradfahrer. Die modernen Haltungsfehler und Bandscheibenschäden und was dergleichen mehr ist, sind meist Folgen der Überbeanspruchung des Körpers durch den Willen. Dieser zieht und zerrt den Körper dahin, wo er in der Vorstellung schon sein soll, aber in der Wirklichkeit noch nicht ist. Der hastige Gang, die hektischen Bewegungen, die krumme Haltung, die verkrampften Muskeln, der flache Atem – all das ist Ausdruck seelischer Beweggründe, mit denen der Leib überbeansprucht wird. Hier nun wirkt sich die Übung der Klarbewusstheit beim Handeln, ohne dass dies im Geringsten beabsichtigt zu sein braucht, von selber harmonisierend und normalisierend aus. Weil die gierigen Impulse nicht mehr so unkontrolliert in das Selbstbedienungsfahrzeug Körper hineinfahren, sondern die Befehle erst einer Zensur und Kontrollstelle unterliegen, deshalb kann auch das Falsche und Triebhafte an Impulsen nicht mehr so wie bisher in den Körper fahren. Und dadurch bessern sich die Haltungsfehler usw. allmählich und auf die natürlichste Weise, so wie man es durch äußerlich angelernten Drill („Halt dich gerade; mach es ruhig; tue es locker!“) nie erreichen kann.

Die fünfte Folge geht über das Gefängniswissen, das Eines-zur-Zeit-Tun, die Verlangsamung, die Entkrampfung noch weit hinaus und ist sogar die wesentlichste Auswirkung der Übung. Der Sinn der Übung ist es, bei aller Bewegung des Leibes doch von aller Bewegung geschieden zu sein. Durch die Übung kommt man mehr und mehr zu dem Bewusstsein: „Der Leib bewegt sich, nicht ich". Es tut sich da, ausgelöst von einem vernünftigen Impuls, die Leibesbewegung, aber ich stehe darüber als Beobachter und begleite den Vorgang. So wird das, was bisher Subjekt war (Körper) zum Objekt. Und das bedeutet: Bei allen Wandlungen, Veränderungen und Bewegungen des Leibes bleibe ich als Beobachter unverändert und gleich. Ich bleibe in der Unruhe der Bewegung in innerer Ruhe, was zum *samādhi* beiträgt. Überhaupt wird durch die Übung der Klarbewusstheit beim Handeln die seelische Fähigkeit der Klarbewusstheit ausgebildet, die auch den Tod überdauert und von ihm nicht mehr erreicht wird. Dass einer auch bei dem einschneidendsten Ereignis des Lebens, dem Sterben, nicht das Bewusstsein verliert, sondern den Übergang klarbewusst vollzieht und dies auch bis zur nächsten Inkarnation und Geburt beibehält – das ist die Vollendung der Klarbewusstheit. Und ein solcher wird auch bald dazu kommen, dass er überhaupt nicht mehr wiedergeboren wird, denn er wohnt schon im Ungeborenen.

Wie sich die Klarbewusstheit eines Erwachten von außen darstellt, lässt sich an Hand eines zeitgenössischen Berichtes darstellen. Da schildert ein junger Brahmane das Verhalten des Buddha, nachdem er ihn monatelang beobachtet hat:

> *„Im Gange schreitet Herr Gotamo mit dem rechten Fuße voran. Er macht keine zu großen, macht keine zu kleinen Schritte. Er geht nicht zu schnell, geht nicht zu langsam. Beim Gehen stößt er nicht mit den Waden, nicht mit den Knöcheln aneinander; er dreht die Schenkel nicht nach oben, nicht nach unten, nicht einwärts, nicht auswärts. Während Herr Gotamo hinschreitet, ist sein Körper gerade gerichtet, schwankt nicht, tritt nicht mit Leibeswucht auf. Beim Umblicken blickt Herr Gotamo mit dem ganzen Körper um. Er schaut nicht hinauf, er schaut nicht herab, lässt die Blicke nicht hin- und herschweifen, er blickt vier Spannen weit vor sich: so hat er höhere, unbehinderte Wissensklarheit (ñāna-dassana) gewonnen."*
>
> *„Beim Betreten eines Hauses dreht er den Körper nicht nach oben, nicht nach unten, nicht einwärts, nicht auswärts. Nicht zu ferne, nicht zu nahe tritt er an den Stuhl heran, ohne ihn mit der Hand anzufassen, nimmt er Platz, er lässt sich nicht jählings nieder. Und hat er im Hause Platz genommen, so macht er keine ungeduldige Bewegung mit Händen und Füßen. Er sitzt da und hat nicht Wade über Wade geschlagen, nicht Knöchel über Knöchel geschlagen, nicht das Kinn in die Hand gestützt. Im Hause hat er sich niedergesetzt und bangt und bebt nicht und zittert und zagt nicht: Ohne Bangen und Beben, ohne Zittern und Zagen, frei von Haarsträuben, abgeschieden, nimmt Herr Gotamo Platz im Hause."*

35. Betrachtung der leiblichen Unschönheit (*asubha-saññā*)

„*O Leute, sehet ihr denn nicht,*
dass Tag für Tag dem Leib entquillt
nur Unrat, der gar übel riecht:
wie wäre des' Behälter rein?" (Subhāṣitārṇava 75: Bö 1761)

Zweibeinig steht es, das Gestell,
haucht üble Düfte unrein aus,
mit mancher Jauche vollgefüllt,
lebendig sickernd Saft um Saft. (Sn 205)

Während die zentrale Übung der Klarbewusstheit beim Handeln eine Dauerübung ist, die zur Lebensgrundlage dieser Stufe des Weges werden soll, sind die hier folgenden drei Übungen Sonderübungen. Sie sind für Menschen, die durch die Klarbewusstseinsübung noch nicht alle Identifikation mit dem Leibe überwinden können und noch besondere Verknotungen haben, die speziell behandelt werden müssen. Dafür gibt der Buddha nun die drei letzten Körperbetrachtungen. Sie richten sich gegen die drei Räusche: Gegen den Jugendrausch richtet sich die hier als erste zu behandelnde Unschönheitsbetrachtung; gegen den Kraftrausch richtet sich die zweite Betrachtung, die über das Kranken-Elend; gegen die Gewohnheit des selbstverständlichen Lebensrausches richtet sich die Betrachtung über den Tod. Oder, anders ausgedrückt, wird in den Lehrreden gesagt, dass die erste Betrachtung die Sexualität restlos austreibt, die zweite die Geschäftigkeit, die dritte die Bequemlichkeit. Je nachdem, wie stark jemand zu diesen drei Trieben noch neigt, ist für ihn die Übung der Körperbetrachtung auf diesen drei Gebieten wichtig. Die Unterschiede der Veranlagungen der Menschen werden hier also vom Buddha voll berücksichtigt. Damit ist nicht ausgeschlossen, dass manche Menschen damals wie heute alle Körperbetrachtungen üben.

35.1 Der schöne Schein

Bei der Unschönheitsbetrachtung geht es um das Problem der leiblichen Schönheit, also ein ästhetisches Phänomen. Dabei ist Folgendes zu bedenken: Das, was am Körper schön (*su-vaṇṇo*) erscheint, ist, wie der indische Name deutlich sagt, nur eine Bedeckung, nur ein Überzug (*vaṇṇo*), der schön (*su*) aussieht. Es ist nicht so, dass dieser Überzug als solcher offensichtlich hässlich (*dubbaṇṇo = du-vaṇṇo*) wäre – dann brauchte es nämlich keiner Übung der Überwindung. Aber wer diesen schönen Überzug für das Wesen und das Ganze hält, wer also nicht sieht, **was** dieser Überzug denn überzieht und verbirgt, der ist in seiner Vorstellung verdreht und hat eine falsche *saññā*. Das, was nur Decke (*vaṇṇo*) ist, hält er für das Schöne an sich und in sich (*subha*). Das ist seine Verdrehtheit. Ein wirklich Schönes ist aber am Körper nirgends zu finden, nicht einmal am so schön schimmernden Leibe eines Vollkommen Erwachten. Der Körper ist, als Ganzes gesehen, deshalb hässlich (*dubbaṇṇo*), weil sich unter der Haut nur Missfarbiges, Glitschiges, Übelriechendes befindet, eben Unschönes (*asubha*). Der Körper als solcher ist durch und durch unschön, von Kopf bis Fuß. Er scheint nur von außen schön, aber der Schein trügt. Der Schein (Schimmer) ist nur Schein (Trug). Weil nun aber die schön erscheinende Außenseite den Blick auf sich lenkt, deshalb ist eine Umerziehung des natürlichen Anblicks nötig. Aus den natürlichen Augen müssen Röntgenaugen werden. Wer sich nämlich dem natürlichen Anblick aussetzt, der verfällt damit unweigerlich dem Blenden der Erscheinung (*subha-nimitta*: M 5).

Ob es uns passt oder nicht, ob wir daran denken oder nicht – der Leib ist doch nur das, was er ist, nicht das, was er scheint. Er scheint uns generell schön und lieblich, sauber und glatt, anmutig und schmuck – wobei Abweichungen davon als gelegentliche bedauerliche Ausnahmen registriert werden, die die Regel bestätigen. In Wirklichkeit wird der Leib – wie Wenige bestreiten – nicht erst im Alter oder im Tode unschön, hässlich und widerlich, sondern er ist es – unter der Haut – schon jetzt. Wenn einer sich bloß üben wollte, bei begegnenden Leibern zu denken, dass sie irgendwann einmal alt und hässlich werden, dann genügte das keineswegs. Er denkt: „Jetzt ist der Leib aber schön, und er bleibt die nächsten 50 Jahre so; dass er die letzten paar Jahre unschön wird, ist eine bedauerliche Nebenerscheinung, es ist eben nichts vollkommen" – und damit ist er natürlich dem Genuss am Leibe verfallen. Und selbst wenn man an die Fortexistenz denkt, macht man doch dasselbe Rechenexempel, dass der Leib etwa 60 Jahre ansehnlich und 10 bis 20 Jahre unansehnlich sei – so hält man sich an die Mehrheit.

Nur wenn man die schon gegenwärtige Unschönheit erblickt, dann kann man dazu kommen, dass eigentlich am Leibe nichts zu finden ist, was ästhetischen Wert besäße. Wir sind aber zutiefst daran gewohnt, die gegenwärtige Unschönheit zu übersehen. Wir sind mit ganzer Seele oberflächlich. Wir wollen nur die schöne Oberfläche sehen, so wie sie von den Titelseiten der Illustrierten prangt. Aber wie sieht es darunter aus? Was steckt dahinter, wenn wir das Innere nach außen kehren, wie es eine Buddhanonne empfiehlt (Thīg 471)? Dazu heißt es im Hinduismus:

Wenn unser'm Körper würd' gekehrt
das Innere nach außen hin,
dann müssten Stöck' ergreifen wir,
um Hund und Kräh' zu scheuchen fort!
Mit Haut so gelblich überspannt,
mit Kleidung und mit Schmuck verziert,
siehst solch Behälter du, ein Weib,
zieh' ja das Inn're in Betracht!
Der Weiber Brüste sind zwei Klumpen Fleisch,
und ihr von Würmern wimmelnd' Leib
ist voll mit Kot und Unrat vollgestopft:
Verliebter nascht daran nach Krähenart.
Verliebter, der beriechet ja
nach Hundeart der Dirnen Leib –
mit Harn und Schleim und ander'm
Unrat erfüllten, stinkenden
mit Haut umzog'nen Knochenberg. (Subhāṣitārṇava 74, 75, 265: Bö 5251, 2207, 4909, 4777)

Und im Buddhismus wird gesagt:

Aus Bein und Sehnen aufgebaut,
mit Muskeln und mit Fleisch bedeckt,
der Körper, mit der Haut verhüllt,
man sieht nicht, wie er wirklich ist.

Der Leib ist voll, der Bauch ist voll
von Leber, Zwerchfell, Eingeweid',

das Herz, die Lunge fasst er ein,
die Niere birgt er, birgt die Milz,

Von Rotz und Speichel ist er voll,
ist feucht von Schweiß und feucht von Fett,
mit Blut und Flüss'gem angefüllt,
mit Gallensäure, Saft im Mark,

Aus neun der Quellen quillt es ihm,
unsauber fließet immer Saft:
vom Auge sickert Augenharz,
vom Ohr ihm wieder Ohrenschmalz,

Bald rinnt ihm aus der Nase Rotz,
und aus dem Munde Speichel bald,
von Galle speit er, spuckt von Schleim,
schwitzt aus dem Körper faulen Schweiß.

Im Haupte, hoch gewölbt empor,
ist Hirn enthalten allzumal:
wie schön das sei, vermeint der Tor,
Unwissen blendet ihm den Blick. (Sn 194-199)

35.2 Inhalt der Übung

Der Buddha beginnt den Text der Übung damit, dass man zunächst den Leib von Kopf bis Fuß, von Sohle bis Scheitel umwandert, den hautumzogenen. Was ist dabei zu beachten?

Als Erstes fragt man sich, was denn eigentlich den täuschenden Eindruck des Schönen hervorbringt? Da sind drei Dinge als Verzierungen in die nackte Haut gesteckt, gleichwie man einen Schneemann verziert. Die erste Verzierung sind die Haare. Da sind die Kopfhaare, die lockigen, welligen, seidigen, wohlgepflegten. Was tut der Mensch nicht alles für die Frisur! Und wenn die Haare dünn werden, wenn die Glatze sich abzuzeichnen beginnt, wenn die Locken erbleichen und strähnig werden – wo ist dann die Schönheit? Aber schon in der Gegenwart braucht man bloß die Kopfhaut glatt zu rasieren: Da starrt uns ein nackter Schädel entgegen. Das befremdet uns, so wie beim Anblick buddhistischer Mönche und Nonnen, die dadurch so gleich aussehen. Und da sind auch die Körperhaare, die geschwungenen Wimpern und Brauen, der schöne Bart, der seidige Flaum. Wenn man sich nun vorstellt, dass Wimpern und Brauen fehlen, da ändert sich mit einem Schlage das Bild und wirkt gar nicht mehr so schön. Und die zweite Verzierung sind die Nägel: zehn an den Fingern, zehn an den Zehen. Wie pflegt man sie, lackiert sie und feilt an ihnen herum, damit diese Werkzeuge zum Kratzen und Graben schön aussehen! Nimmt man aber die 20 Nägel einmal ab und tut sie im Geiste auf einen Haufen, dann bleiben am Leibe nur 20 nackte Fleischstümpfe übrig, ohne Schönheit. Als die dritte Verzierung dienen die Zähne, das Gebiss, das Kauwerkzeug mit seinen 32 Stücken, die ins Zahnfleisch hineingesteckt sind. Nimmt man die Zähne fort, so fallen sofort die Lippen ein, das Gesicht bekommt einen Stich ins Blöde und Geistlose. Es ist eigentlich erstaunlich, mit wie geringem Aufwand an Verzierungen der Eindruck des Schönen zu erwecken ist und wie geringe Veränderungen daher nötig sind, um ihn aufzuheben. Da braucht man nur drei Haufen zu machen mit Haaren, Nägeln, Zähnen – und durch diese Demontage ist schon alles anders, kippt die Vorstellung sofort um.

Da steht dann also der unverzierte Körper, von der Haut umhüllt. Die Haut aber, die Pelle, macht vor allem den Eindruck des Glatten und Weichen und Schönen. Das ist das Hauptbild, das der Ästhet vor Augen hat und an dem er hängt. Aber wenn man näher zusieht, dann zeigt sich, wie diese glatte Haut doch voll Rillen, Wellen und Fältchen ist, wie die Adern darunter ziehen und sich auch manchmal vordrängen. Man beginnt zu sehen, dass alles höckerig und faltig ist, voller Poren. Die Haut ist eine über das Fleischgerippe gespannte Hülle, die keinen ästhetischen Eigenwert hat, sondern nur durch ihre Ausfüllung glatt und prall und straff erscheint. Man denke sich einmal die Haut für sich: Wenn man dem Leibe die Haut über die Ohren zieht, dann kann man sie wie eine Nylonhülle oder einen Plastiküberzug an einen Baum hängen. Da weht nun die hohle Hülle. Und was bleibt vom Leibe? Eine blutig-rote Masse, ein unschöner Fleischhaufen, ein Hundefraß, ein Fliegenaas. Aber schon im nächsten Augenblick hat man den Leib wieder mit der Haut bekleidet, unheimlich schnell federt die Vorstellung zurück in ihre gewohnte Bahn.

Das Fleisch, der Gegenstand der Fleischeslust, ist also selber gar nicht schön. Man will ja auch eigentlich gar nicht das Fleisch sehen und fühlen, sondern die Haut darüber. Man will auch nicht eine abgezogene Haut befühlen, sondern die Haut über dem Fleische. Man will weder das eine noch das andere isoliert für sich, sondern man will beides zusammen. Es ist also eine Kombination, die sofort zusammenfällt, wenn ihre Bedingungen verändert werden. Aber an dieser Kombination von Haut und Fleisch, von Hülle und Fülle, hängen wir mit tausend Fasern. Beides allein ist gar nicht schön, nur zusammen ergibt es zeitweise den Eindruck des Schönen. In Wirklichkeit ist unser Leib nicht anders als das rote Fleisch, das beim Schlachter an der Wand hängt.

Und in dieses Fleisch verwoben ist ein ganzes System von Muskeln, Sehnen und Bändern, die den Leib dirigieren, wie die Fäden eine Marionette. Überall kann man ziehen, überall sind da Drähte und Fäden. Und das ganze Muskelspiel, das zuckt und zieht ununterbrochen.

Haut, Fleisch und Muskeln aber werden gehalten vom Knochengefüge, vom Gerippe. Man denke sich Fleisch und Muskeln weg, dann bleibt das Gerippe. Es ist der Halter und Mittelpunkt des Fleischgefüges. Am Gerippe sind nun drei verschiedene Gefäße für die Organe: Da ist ein Topf, der Schädel; da ist ein Kasten, die Brust; da ist das Becken. Hirnschale, Brustkasten, Becken – das ist das Grundgefüge am Gerippe, das sich dann in Arme und Beine verzweigt.

Was enthalten nun die drei Schüsseln, die drei Gefäße? In der Hirnschale ist Mark enthalten, das verlängerte Knochenmark und Rückenmark. Das Gehirn füllt den ganzen Schädel aus. Im Tode verwest es am schnellsten und riecht am schlechtesten. Der ganze riesige Computer des Gehirns ist doch bei aller Kompliziertheit des Gefüges nur ein Haufen Mark, der vom Geiste her organisiert wurde, sobald er sich inkarnierte. Dem Mark nicht unähnlich sind die beiden Nieren, die da als Wasserpumpen am Rücken hängen. Eine andere Pumpe ist die Blutpumpe des Herzens, die unermüdlich bis zum Tode arbeitet und unruhig pocht, ein wahrer Schwerarbeiter. Es folgt in der Betrachtung die Leber, besser **der** Leber, denn dieses ist das wärmespendende Organ des Lebens, die Heizanlage: rechts liegt sie auf dem Bauch, eine braune, wabbelig-glitschige Masse. Dann kommt das Zwerchfell, die innere Haut, woran die Organe hängen. Dazu gehört auch die Milz, die man schwer empfinden kann. Umso deutlicher spürt man die beiden „Püsteriche“ wie im Pāli die Lungen genannt werden. Das ist wieder eine Pumpanlage, diesmal aber nicht mit Wasser und Blut, sondern mit Luft. Die Luftröhre, die in die Lunge führt und sie aufbläst und den Atemstrom ermöglicht, hat neben sich die Speiseröhre, die zum Magen leitet. Der Magen: ein Behälter übelriechender Flüssigkeit. Wenn ich irgendwo Kotze merke, dann ekle ich mich sofort – aber vor der eigenen Kotze, die ich in mir habe, ekle ich mich nicht; und dass andere Körper sie auch stets in sich haben, daran denke ich nicht.

Vom Magen, von der Stätte des Nahrungsbreis, verzweigt sich viele Meter lang in Wulsten das Gedärm. Gibt es da irgendwo ein Hindernis, hat man Bauchweh oder Koliken. Die Gedärme sind eine belebte Straße, auf der dauernd die Müllabfuhr zu tun hat, auch sonntags und auch nachts. Und das erste und nächste, das vom Verdauungssystem ernährt wird, das sind die Geschlechtsteile, die Weichteile des Bauches, das Pumpensystem von Drüsen. Und das Ganze endet damit, dass Kot im Gedärme angesammelt wird, Kügelchen für Kügelchen. Das wird dann am After hinausgeworfen – und dann ekeln wir uns und erfinden Geräte, dass man den Kot auf dem Abort nicht riecht und sieht. Aber wir sind doch eine Kloake, schleppen Kot herum und sind „lackiertem Kotgefäße gleich“. Es ist nicht zu ändern: Wir sind von innen durch und durch unsauber, unrein, übelriechend.

Nachdem derart die festen Bestandteile des Leibes, von den Verzierungen bis hin zum Auswurf des Kotes, betrachtet sind, werden nun in gleicher Weise die flüssigen Bestandteile geprüft. Die vier Grundflüssigkeiten des Leibes sind: Galle, Schleim, Eiter, Blut. Nach ihnen bestimmten die Griechen die Temperamente, nach dem Übergewicht von Galle den Choleriker und Melancholiker, nach dem Übergewicht von Schleim den Phlegmatiker, nach dem Übergewicht von Blut den Sanguiniker. Zwischen unserem Gemüt (Temperament und Triebe) und den Mischungsverhältnissen der vier Körpersäfte besteht eben ein psychosomatischer Zusammenhang. Überall im Leibe sind diese vier verteilt: „Blut ist ein besond’rer Saft“, das Element des blutvollen Lebens – aber schön riecht geronnenes Blut wirklich nicht. Blut hat dieselbe chemische Zusammensetzung wie das Meerwasser, das aber viel appetitlicher ist. Im Blute ist die gelbe Galle enthalten, die dem Wütenden manchmal hochkommt und ihn kochen lässt. Mit dem Blute schwimmt auch der stinkende Eiter, d. h. die Leibespolizei, die Störenfriede aus dem Leibe hinausekelt. Und der mannigfache Schleim ist das Schmieröl, das gegen das Heißlaufen der Maschinen eingesetzt wird und überhaupt für glatten Ablauf sorgt. Bohrt man an irgendeiner Stelle den Leib an, dann stößt man auf heraustriefende Blutflüssigkeiten. „Mit Blut besudelt“ sagen wir, jedenfalls bei anderen Leibern. Mit einigen Litern kreist und rast und pocht das Blut unaufhörlich im Blutkreislauf, im Kanalsystem der Adern, die bei jedem einzelnen Menschen mehr an Länge ausmachen als der Erdumfang ist. Was ist das für ein verzweigtes Röhrensystem, was für ein Gewirre!

Dann sind da noch zwei Flüssigkeiten, die überall im Leibe vorhanden sind wie jene vier Grundflüssigkeiten, die aber im Unterschied zu ihnen von selber nach außen dringen. Das sind Schweiß und Fett. Der Körperschweiß dringt durch alle Poren und verbreitet einen üblen Geruch, der heute mit allem möglichen Aufwand künstlich unterdrückt und beseitigt wird. Die Duftwelle ist so widerlich, dass höhere Götter hundert Meilen gegen den Wind davor fliehen (D 23). Parfüm kann diesen Schweißgeruch nicht übertönen. Aber viele Mystiker standen buchstäblich im „Geruch der Heiligkeit“, indem ihre Leiche kraft ihrer Askese einen überaus lieblichen Duft verbreitete. Auf diesem Wege verliert sogar das Unschöne etwas von seiner Unschönheit, aber nur bei dem, der sich vom Leibe löste. – Die zweite Flüssigkeit, das Fett, ist das, was bei fettigen Händen oder sonst wie außer dem Schweiß nach außen dringt.

Ferner gibt es noch eine Vierheit von Flüssigkeiten, die aus den vier Sinnesorganen am Kopf hinaussickern und hinaussintern: Aus den Augen tropfen Tränen, aus den Ohren kommt allmählich Ohrenschmalz, aus dem Munde fließt Speichel, aus der Nase quillt Rotz. Die Schale des Kopfes ist wie ein Gefäß, das dauernd überschwappt. Zwei Augen, zwei Ohren, zwei Nasenlöcher, ein Mund: Das sind am Kopfe schon sieben Tröpfelquellen des Leibes, und keine ist edel und schön. Die achte und neunte Tröpfelquelle sind Blase und After. Da rinnt auch Flüssigkeit, eine Art Öl und Urin. Wie stinkt der Harn, wie faulig ist dieser Flüssigkeitsauswurf, der klares Wasser in übelriechende gelbliche Brühe verwandelt. Gerade zu diesen neun Tröpfelquellen sagt der Buddha:

„Nehmt an, eine alte Eiterbeule habe neun von selbst entstandene Öffnungen: Was da nun hervorquillt und heraussickert, das ist alles unsauber, übelriechend und eklig. Mit Eiterbeule aber bezeichnet man diesen aus den vier Hauptstoffen bestehenden, von den Eltern gezeugten Leib, mit Reis und Grütze großgezogen, der der Vergänglichkeit unterworfen ist, gesalbt und geknetet werden muss, und doch nur der Auflösung und Zerstörung anheimfällt. Dieser Körper nun hat neun von selbst entstandene Öffnungen: Und was da hervorquillt und heraussickert, das ist alles unsauber, übelriechend und eklig. Darum, ihr Mönche, wendet euch ab von solchem Körper!“ (A IX 15)

So sieht der Körper wirklich aus, ungeschminkt betrachtet. So ist er immer, so war er immer, so wird er immer sein. Meine Geburt war schon gestern, Altern und Sterben kommen für mich erst morgen: Aber die Unschönheit des Leibes habe ich jede Minute bei mir. Was ist das nur für eine komplizierte Fabrik, was für ein Gewirre von Pumpanlagen, Apparaten und Kanälen innen und von Werbe- und Tarnanlagen außen! Nun erst mag die Übungsanweisung des Buddha, die siebenmal gleichlautend in den Lehrreden vorkommt, im Wortlaut folgen:

„Da betrachtet sich der Mönch den Körper von der Sohle aufwärts und vom Scheitel abwärts, den hautüberzogenen, den mancherlei Unsauberes ausfüllt. Dieser Körper da hat: Kopfhaare, Körperhaare, Nägel, Zähne, Haut; Fleisch, Sehnen, Knochen; Mark; Nieren, Herz, Leber, Zwerchfell, Milz; Lungen, Magen, Eingeweide, Weichteile und Kot. Er hat: Galle, Schleim, Eiter und Blut; Schweiß und Fett; Tränen, Ohrenschmalz, Speichel, Rotz; Öl und Urin.“

„Gleichwie etwa, ihr Mönche, wenn da ein Sack an beiden Enden zugebunden mit unterschiedlichem Korne gefüllt wäre, als wie etwa mit solchem Reis und anderem Reis, mit solchen Bohnen und anderen Bohnen, mit Sesam und geschältem Reis, und ein scharfsehender Mann bände ihn auf und betrachtete ihn: ‚Das ist diese Reissorte, das jene, das ist diese Bohnensorte, das jene, das ist Sesam, das ist geschalter Reis‘, ebenso nun auch betrachtet sich der Mönch diesen Körper da von der Sohle bis zum Scheitel, den hautüberzogenen, den mancherlei Unsauberes ausfüllt.“ (M 10, 119; D 22, 28; A VI 29, X 60; S [IV] 35, 127)

Der Sack: Das ist die Haut mit den Verzierungen. Die Reissorten als Grundnahrungsmittel des Inders: Das ist am Leibe die Grundsubstanz von Knochen und Fleisch. Die Bohnensorten als Gemüse-Zugabe: Das sind die Organe, die bohnenähnlich gebogenen. Die Sesamkörner als Ölfrucht: Das sind die Flüssigkeiten. Und der geschälte, vom Menschen behandelte Reis: Das ist die Nahrungsmasse mit Kot.

35.3 Auswirkung der Übung

Diese Betrachtung der Unschönheit (*asubha-saññā*), die die Unsauberkeit (*a-suci*) entbirgt, hat eine Wunderwirkung, wenn sie gründlich gepflegt wird. Der Buddha sagt, durch sie werde das erste aller Übel, nämlich die Anziehung des Reizes (*rāgo*), ausgetrieben (M 62; A III 68, VI 107; It 85 und 93), zumindest aber die Sinnengier (*kāma-rāgo*: so A I 2). Wer sich mit gründlicher Aufmerksamkeit intensiv um diesen entlarvenden Anblick bemüht, dem festigt sich der Widerwille vor dem verführerisch gefährlichen Schönen (A V 30), das ihm dann nur noch eine Störung und Bedrängnis ist (A X 72). Der Buddha sagt ferner:

> *„Es wurde gesagt, dass die Betrachtung der Unschönheit, wenn entfaltet und häufig geübt, hohen Lohn und hohe Förderung bringe, dass sie im Todlosen mündet und endet. Warum aber wurde das gesagt? Wer sich da als Mönch häufig mit der Betrachtung der Unschönheit befasst, dessen Herz schreckt zurück vor der Paarung, wendet sich weg, kehrt sich ab, fühlt sich nicht hingezogen, und Gleichmut oder Widerwille stellen sich ein. Gleichwie, ihr Mönche, eine Hahnenfeder oder Bogensehne, ins Feuer geworfen, zusammenschrumpft, sich krümmt, zusammenrollt und nicht mehr ausstreckt, ebenso nun auch, ihr Mönche, schreckt das Herz eines solchen Mönches zurück vor der Paarung, wendet sich weg, kehrt sich ab, fühlt sich nicht hingezogen, und Gleichmut oder Widerwille stellen sich ein.“*
>
> *„Wenn nun, ihr Mönche, bei einem Mönch, der sich häufig mit der Betrachtung der Unschönheit befasst, das Herz noch zur Paarung hinstrebt und kein Widerwille davor besteht, so sollte der Mönch wissen: ‚Noch unentfaltet ist in mir die Betrachtung der Unschönheit. Zwischen früher und jetzt besteht in mir kein Unterschied. Die Frucht der Entfaltung habe ich noch nicht erreicht.‘ Dessen ist er sich klarbewusst.* (A VII 46)

Wo jene Frucht noch nicht eintritt, da hat man mehr Unschönheit gedacht als betrachtet. Man hat beim Denken über den Körper, nicht aber beim Körper über den Körper gewacht. In diesem Falle gibt der Buddha demjenigen, dem immer noch wieder Liebliches aufsteigt, den Rat, erst stärker in der Sinnenzügelung gefestigt zu werden, denn ungezügelte Sinne leisten der falschen Schönheitsvorstellung Zubringerdienste (S [IV] 35, 127).

Die Betrachtung der Unschönheit als wirksamstes Mittel gegen sinnliches Begehren findet sich auch in anderen Religionen. Je ein Beispiel aus Christentum, Islam und dem nachklassischen Buddhismus mögen dies belegen:

„Einem bewährten Wüstenvater kam die Erinnerung an ein schönes Weib und belastete ihn sehr. Da kam ein anderer Bruder aus Ägypten in die Wüste und erzählte, dass jenes Weib gerade gestorben sei. Da machte sich der Vater auf, wanderte zu ihrem Grab, grub die Leiche aus, nahm etwas verwestes Fleisch mit und kehrte in seine Zelle zurück. Und obwohl es entsetzlich stank, legte er es vor sich hin und verwies sich seine begehrlichen Gedanken: ‚Sieh, da ist es, was du in Sehnsucht gesucht hast. Jetzt hast du es, sättige dich daran!‘ Da war seine Gier bald erstorben.“ (Wüstenväter Nr. 1212)

„Ein begabter und fleißiger Student verliebt sich in eine schöne Sklavin seines Lehrers, vernachlässigt darüber seine Studien und wird krank. Da zerstört der Meister die Schönheit des Mädchens durch mehrfaches Zur-Ader-Lassen. Das abgezapfte Blut hebt er sorgfältig auf. Als nun die Liebe des Jünglings erkaltet, zeigt er ihm das mit unreinem Blut gefüllte Gefäß und demonstriert ihm: Nachdem deine Liebe in dem Augenblick erkaltet ist, wo diese Dinge deine Geliebte verlassen haben, ist es offenbar, dass du nicht sie, sondern dieses schmutzige Blut geliebt hast. – Darauf geht der Student in sich, entsagt der Liebe und nimmt seine Studien mit neuem Eifer auf." (Fariddin Attar, Buch der Plagen 25, 4)

„Verliebte streicheln nicht, wie sie meinen, ein sauberes schmuckes Wollkissen, sondern einen unsauberen Leib. Warum ist dir das unverhüllte Skelett zuwider, zu dem du doch Liebe hattest, als es verhüllt war? Wenn du Unsauberes nicht magst, warum umarmst du dann, der du selber unsauber bist, noch anderes Unsauberes? Du empfindest Grauen, wenn du einige Skelette auf dem Leichenacker liegen siehst, und du findest Gefallen an dem Dorfe, in dem es von wandelnden Skeletten wimmelt! Dieser an den Leib gelegte Duft kommt nur vom Sandel, nicht anderswoher. Warum ist man also von einem Duft entzückt, der dem Leibe fremd ist? Wenn infolge des natürlichen Übelgeruchs keine Lust am Leibe besteht, ist das nicht umso besser?" (Śāntideva, Bodhicariyāvatāra, Kap. 8)

Die beiden Hauptjünger des Buddha schildern die Unschönheit des Körpers wie folgt. Der mehr weisheitlich ausgerichtete Sāriputto sagt, in Prosa und relativ nüchterner:

> *„Gleichwie ein Mann einen aus vielen Löchern auslaufenden, triefenden Topf voll Fett mit sich herumtragen würde, genauso trage ich diesen aus vielen Löchern auslaufenden und triefenden Körper mit mir herum. Wem da nicht die Betrachtung über den Körper gegenwärtig ist, ein solcher freilich wäre imstande, einen seiner Ordensbrüder anzufahren und sich, ohne nachgeben zu wollen, auf die Wanderung zu begeben."* (A IX 11)

Der mehr gemütsbetonte Mahāmoggallāno sagt in Versen zu einer Dirne, die ihn versuchen wollte, aber später selber Nonne und Heilige wurde:

> *„Du Beingerippe, Beingerüst,*
> *mit Fleisch und Muskeln aufgemutzt:*
> *O Schande, wer sich gatten will*
> *der Gliederpuppe voller Stank!*
> *Du Sack voll Kot, mit Haut bedeckt,*
> *du Quälgeist mit der Brustgeschwulst:*
> *Neun Höhlen hast im Leibe du,*
> *neun Tröpfelquellen träufeln stets.*
> *Dem Körper mit den neun Kloaken*
> *voll Stink und Stank, dem dreckbedrängten,*
> *dem weicht der Mönch von weitem aus,*
> *gleichwie der Reine meidet Unrat."* (Thag 1150-1152)

35.4 Betrachtung der Widerwärtigkeit der Nahrung

In einigen Texten steht diese Betrachtung an Stelle der Unschönheitsmeditation (M 50; D 33 V; A X 217), in den meisten Texten aber wird sie neben dieser aufgezählt (D 34 IX, X; A I 31, IV 163, 169, V 69, 121, 258, VII 46, VII 84), ohne dass sie jemals als Übung näher beschrieben wird. Der einzige konkrete Hinweis wird in A VII 46 gegeben, wo es heißt, diese Übung habe das Ergebnis, dass man vor dem Geschmacksdurst zurückschrecke. Daraus ergibt sich, dass unter dem Begriff „Nahrung" hier nur die erste der vier Nahrungen, die der Buddha sonst nennt (z. B. S [II] 12, 63), zu verstehen ist, nämlich die körperbildende Nahrung. Zu ihr sagt der Erwachte kurz:

> *„Wahrlich, Essen und Trinken, Kauen und Schmecken endet in Kot und Urin:*
> *das ist der Ausgang."* (A V 30)

In der gleichen Rede wird danach noch die Unschönheitsbetrachtung erwähnt, die Widerwillen vor schönen Vorstellungen hervorrufe. Wie unterscheiden sich also diese beiden Betrachtungen?

Man mag Folgendes erwägen: Man kann Fleisch essen und sich freudig einverleiben; und man kann Fleisch an anderen Leibern, das diese sich angegessen haben, freudig berühren. Beides ist Bezug zur Fleischlichkeit, zum Angenehmen und schön Scheinenden. Die Gegenbetrachtung würde beispielsweise darin bestehen, einen Brotlaib und einen Menschenleib wirklichkeitsgemäß zu betrachten. Der Brotlaib ist im Moment innen und außen gleich; der Menschenleib dagegen ist außen schön und innen unschön. Der Brotlaib wird aber schnell schimmelig und ist beim Essen sofort ein unschöner Brei im Munde, während der Menschenleib viel länger hält. Ansonsten aber ist kein Unterschied. Die Unschönheitsbetrachtung umgreift ja auch diejenige über das Unschöne der Nahrungsmittel, indem dort Kot und Urin als zwei der einunddreißig Körperelemente mit genannt sind.

Aber so wie bei manchen Menschen die Liebe durch den Magen geht, bei anderen über die Haut, so ist es auch nützlich, diese Übung an der Nahrung gesondert zu üben und damit der Unschönheitsbetrachtung Zubringerdienste zu leisten. Nahrung nimmt man ja jeden Tag zu sich, aber reizende Leiber sieht der Mönch oder die Nonne zu Zeiten des Buddha nicht so oft.

Ebenso wie bei der Sinnenzügelung das Maßhalten beim Essen eine Sonderform ist, die das Prinzip der Sinnenzügelung noch konkreter fassen lässt, ebenso ist es auch hier im Verhältnis beider Betrachtungen: die Unschönheitsbetrachtung schaut mehr auf den gegenwärtigen Augenblick, die Nahrungsbetrachtung dagegen schaut mehr auf das Werden und die Verwandlung. Sie lässt den schnellen Wechsel von schön in unschön erfassen: Kaum habe ich den rotbackigen Apfel in den Mund gesteckt, schon ist er ein Haufen unschöner Brei und wird im Leib immer unschöner, bis er zu Kot und Urin wird. Diese dynamische Sicht erleichtert es, die Fesselung an die Statik, den Glauben an die momentane Schönheit, zu verlieren.

35.5 Betrachtung über die Unschönheit des Alters

Um das Elend der Form zu erkennen, empfiehlt der Buddha eine Betrachtung über die Unschönheit des Alters bei anderen Leibern:

> *„Was ist nun Elend der Form? Da sehe man nur diese Schwester zu anderer Zeit, im 80. oder 90. oder 100. Lebensjahre: gebrochen, giebelförmig geknickt, abgezehrt, auf Krücken gestützt schlotternd dahinschleichen, siech, welk, zahnlos, mit gebleichten Strähnen, kahlem wackelndem Kopf, verrunzelt, die Haut voller Flecken. Was meint ihr wohl, Mönche, ist das, was einst schimmernde Schönheit war, verschwunden und Elend offenbar geworden?"*
>
> (M 13, in M 130 und A III 35 als Götterbote)

Das Alter ist nur der sichtbare äußere Verfall dessen, was innen immer schon welk und unschön und unstabil war. Die Altersbetrachtung erstreckt die Unschönheitsbetrachtung auch auf die Zukunft, in welcher die Unschönheit immer offenbarer wird. Während ich die innere Unschönheit schon jetzt bei mir selber betrachten kann, ist das Alter zunächst nur bei anderen sichtbar. Darum ist das Phänomen des Alters zwar ein entscheidender Anstoß, über das Leben nachzudenken, aber für die *satipaṭṭhāna*-Übung ist es weniger geeignet, eben wegen der Zukunft und der Anknüpfung ans Außen. Jedenfalls ist es nur ein ergänzender Aspekt.

Alter und Verwelken sind bedingt. Ist der Lebensimpuls frisch, dann verarbeitet der Körper die Nahrung zu Schönheit außen, zu schönem Schimmer und Hochglanz – jedenfalls bei entsprechender Tugend –; ebbt aber dieser Impuls ab, dann wird der Leib außen grau, runzelig, verfallen, faltig, hinfällig, abgenutzt, gebrechlich und ist gar nicht mehr schön. Da sieht man, dass Alter nur ein Name ist für den außen sichtbaren Verfall einstiger Schönheit.

Als Ambapālī, die einstige Kurtisane, Nonne und Heilige geworden war, da stellte sie rückblickend eine Betrachtung über die Unschönheit des Alterns an, die in vielen Versen überliefert ist, von denen einige Beispiele hier genügen mögen:

Dunkel schwellend, schwere Fülle, bienenschwarz,
dicht in Locken fiel mein Haar gewellt herab:
das hat Alter hänfern, bastig blass gebleicht –
Wahrheitskünders Kunde dauert unverderbt. (Thīg 252)

Wuchtig wie der Boa vorgeblähter Bauch
beugten, schön geschwungen, beide Schenkel ab:
recht im Alter dünken die wie Bambusrohr –
Wahrheitkünders Kunde dauert unverderbt. (Thīg 267)

Ausgepolstert, wie mit Watte ausgebalgt,
wohlgebildet war der Fuß und rund am Rist:
hohl ist nun die Haut im Alter, abgewelkt –
Wahrheitkünders Kunde dauert unverderbt. (Thīg 269)

Also war gewesen dieser Körper da,
unbeständig, Stätte nur der Not und Qual:
Mörtel fiel und Malter ab vom alten Haus –
Wahrheitkünders Kunde dauert unverderbt. (Thīg 270)

36. Betrachtung des Elends der vier Elemente

„Vier Elemente, innig gesellt,
bilden das Leben, bauen die Welt.“ (Schiller)

„Vier Giftschlangen, leicht erregbar und voll schrecklichem Gift:
das ist eine Bezeichnung der vier Elemente.“ (S [IV] 35, 197)

Die in M 10 nun folgende Betrachtung über die vier Elemente des Körpers erscheint äußerst abstrakt, jedenfalls für uns. So wie die frühen Griechen, die sogenannten „Naturphilosophen“, die vier Elemente aber äußerst lebendig empfanden, ebenso scheint es bei den indischen Zeitgenossen des Buddha gewesen zu sein. Um die Diskrepanz zwischen unserer blassen Anschauung und der lebendigen indischen Anschauung zu überbrücken, sei daher hier zunächst ausführlich eine andere Betrachtung vorangestellt, die dasselbe Phänomen anschaulich-konkret darstellt. Das ist die Betrachtung über das Elend (*ādīnava-saññā*) aus A X 60.

36.1 Elende Krankheit

Ich nehme mir vor: Morgen will ich etwas Schönes unternehmen. Ich arrangiere alles aufs Beste, ich verabrede mich und bereite mich innerlich und äußerlich darauf vor. Aber über Nacht wird mir plötzlich übel, ich fühle mich elend und zerschlagen, schwach und fiebrig. Schon zum Bad zu gehen, ist mir eine Plage. Und ich bin froh, wenn ich wieder im Bett liege. So wirft mir die Krankheit alle Pläne über den Haufen. Ich bin gefangen, aber nicht nur im Bett, im Krankenzimmer, in der Wohnung, im Hause, sondern ich bin gefangen im Leibe. Der Körper streikt, er lässt den inneren Leib nicht frei schalten wie sonst, sondern er muss im Gefängnis des Leibes eingesperrt und unbeweglich bleiben. Das ist wirklich ein Elend. Wie dürftig, gebrechlich und ohnmächtig ist doch dieser eitle Leib, wie unberechenbar, wie heimtückisch und niederträchtig. Gestern sprang ich noch lustig und munter herum, mit hundert Plänen im Kopf. Und heute mag ich nicht einmal essen, sondern vegetiere dahin.

Wie eine schwere Last drückt der kranke Leib Seele und Geist nieder. Er ist ja auch eine Last, war immer schon eine Zentnerlast. Jetzt wird es mir bloß bewusst. Im Pāli heißt Krankheit wörtlich Bedrängnis (*ābādha*). Und bin ich nicht in Bedrängnis geraten, in die Enge getrieben? Hatte ich sonst nicht nur tags kurzfristig Ausgang aus dem Gefängnis, Urlaub aus dem Kerker?

Der Krankheit ist der Mensch ausgeliefert. Ich muss sie ertragen und erdulden als Ernte früherer unguter Saat, die nun über mich kommt. In der Krankheit erst merke ich, wie sehr ich vom Leibe abhängig hin. Nach seinen Launen und Tücken muss ich mich richten. Schlägt er mich nieder, so bin ich niedergeschlagen im Gemüte. Wenn ich aber ganz genau hinsehe, dann ist Krankheit nur eine Verstärkung und Fortsetzung dessen, was auch schon alltäglich als Schwere und Last da ist. Es gibt beim Leibe also nur akute und chronische Krankheit. Wir sind gewöhnt, nur die akuten Krankheitsfälle als Krankheiten zu zählen, d. h. den Zustand, wo wir nicht mehr arbeits- und genussfähig sind. Den chronischen Zustand der Leibesschwere nennt nur der Buddha Krankheit: Er spricht dann von geringerer Beschwer (*app'ābādho*), was wir Gesundheit nennen. Auch diejenigen Menschen – es gibt deren heute immer weniger – die innerhalb eines Lebens gar nicht von akuter Krankheit überfallen werden, haben doch jederzeit unter der chronischen Krankheit der Leibeslast zu leiden. Das Elend ist für sie nicht beseitigt, sondern nur gelindert. Das Elend des Leibes besteht eben darin, dass die Person an den Körper gebunden ist und seiner Erdenschwere unterliegt. Was das wirklich bedeutet, könnte wohl erst der richtig ermessen, der klarbewusst aus dem Fleischleibe ausgestiegen ist und die ganz andersartige Beweglichkeit des Astralleibes kennengelernt hat. Erst für ihn ist dann der Fleischleib wirklich das Gefängnis, so wie es manche christliche Mystiker eindrucksvoll erfuhren und beschrieben. Darum sagt der Buddha:

> *„Siech, wahrlich, ist dieser Körper, zerbrechlich wie ein Ei, wie eine Hülle ringsum. Wer einen solchen Körper herumträgt und sich auch nur einen Augenblick für frei von Gebrechen ausgibt, was wäre das anderes als Torheit?“* (S [III] 22, 1)

Normalerweise muss ich erst von außen her auf das Phänomen der Krankheit gestoßen werden. Meine eigene chronische Krankheit merke ich überhaupt nicht, und meine akuten Krankheiten vergesse ich leicht. Aber außen, da treten mir sämtliche nur möglichen Krankheitsformen vor Augen. Darum wird die Krankheit als einer der Götterboten, der ernsten Mahner, genannt (M 130) und es heißt:

> *„Man sehe nur diese Schwester, unwohl, leidend, schwerkrank, mit Kot und Harn beschmutzt daliegen, von anderen gehoben, von anderen bedient. Was meint ihr wohl, Mönche, ist, was einst schimmernde Schönheit war, verschwunden und Elend offenbar geworden? – ‚Freilich, o Herr!‘ – Das aber, Mönche, ist Elend des Körperlichen.“* (M 13)

Wie viel habe ich doch schon an Krankheit gesehen, noch mehr aber davon gehört und gelesen! Bei Freunden und Bekannten, bei Nachbarn und Verwandten, bei Kollegen und Mitmenschen – überall regiert die Krankheit. Zahllos sind die Krankenhäuser dieser Welt. Zu Hunderten und Tausenden liegen jetzt, in diesem Augenblick, die Wesen gefangen, stöhnend, klagend und leidend. Welch ein Elend überall – und wie schnell bin ich bereit, das zu vergessen und wieder dem schönen Schein zu verfallen!

Da gibt nun der Erwachte eine Hilfe, indem er als Gedächtnisstütze nicht weniger als 48 Krankheitsbilder gibt: Das alles gibt es an Krankheit, Gebrechen, Unwohlsein, Unpässlichkeit, Verkrüppelung, Verletzung, Bresthaftigkeit, Beschwerden, Qualen und Leiden. Die Aufzählung dieser Übel verfolgt keine medizinischen Zwecke, sondern soll eine repräsentative Auslese des Krankheitselends geben, und zwar:

> *„Was aber ist die Betrachtung des Elends? Da begibt sich der Mönch in den Wald, an den Fuß eines Baumes oder in eine leere Klause und führt sich vor Augen: ‚Wahrlich, dieser Leib ist voller Leiden, voller Elend. Da entstehen in diesem Leibe mannigfache Leiden wie: Gebrechen an Gesicht, Gehör, Geruch, Geschmack, Getast; an Kopf, Ohr, Mund und Zähnen; Husten, Asthma, Schnupfen, Entzündung, Wundbrand, Bauchweh, Kollaps, Durchfall, Rheuma, Cholera; Lepra, Beulenpest, Ausschlag, Tuberkulose, Epilepsie, Warzen, Krätze, Haarschuppen, Zucken, Flechten; Gelbsucht, Zucker, Hämorrhoiden, Furunkel, Fisteln, Gallenkoliken, Magengeschwüre, Blähungen, Geschlechtskrankheiten; Wetterempfindlichkeit, aus unregelmäßiger Lebensweise entstehende Krankheiten, nur als Frucht früheren Wirkens erklärbare Übel, Kälte und Hitze, Hunger und Durst, Kot und Harn.“* (A X 60)

Diese Dinge sind nicht willkürlich aneinandergereiht, sondern sie umfassen fünf spezifische Krankheitsmöglichkeiten:

Erstens Störungen an den Sinneswerkzeugen: Wie lästig ist bloß Kurzsichtigkeit, wie störend Star, wie schrecklich Blindheit. Wie unangenehm ist Schwerhörigkeit oder gar Taubheit. Wie entsetzlich sind körperliche Lähmungen. Und was Kopfweh und Migräne ist, weiß der davon Geplagte nur zu gut. Und Ohrenreißen, Mittelohrentzündung, Mundfäule, Zahnschmerz.

Zweitens Störungen des Ernährungssystems: Wenn Hals und Bronchien verschleimt sind, wenn die verstopfte Nase trieft, wenn gar Asthma mich beengt, dann merke ich, wie die Haupternährung die Luft ist. Und was alles in der ersten Ernährungsstation, im Blut, vor sich gehen kann an Fieber und Brand und Entzündung. Was gibt es dann bei verdorbenem Magen, bei Darmkrämpfen und anderen Leibschmerzen für Übel! Und was geht bei Durchfall und Cholera vom After aus. Und wie zerren Rheuma und Ischias und solches Gliederreißen an uns!

Drittens Erkrankungen der Außenseite (Haut): Was gibt es alles für Unschönheiten an unserem „Schmuckstück – von Lepra bis Warze, von Pest bis Flechte, von Haarausfall verursachenden Kopfschuppen bis zu verschiedenen Auswüchsen, von Zuckungen und Verrenkungen der Körperoberfläche bis zum Hautkrebs.

Viertens innere Erkrankungen des Kreislaufsystems: An allen inneren Organen kann etwas nicht in Ordnung sein und dann gibt es die verschiedensten oben genannten Krankheiten, die bei kleinster Verschiebung der Körperchemie oder des Säfteausgleichs entstehen.

Fünftens diejenigen Krankheiten, die wir nicht mehr Krankheiten zu nennen pflegen: Ständig ändert sich Luftdruck, Wetter, und fordert Körperanpassung, die oft krank macht (Föhn). Und aus falscher Lebensweise und Unachtsamkeit entstehen manche Unfälle mit ihren Knochenbrüchen usw.; andere Unfälle entstehen trotz Achtsamkeit aus der Frucht früheren Wirkens. Schließlich gibt es noch die drei ewigen Krankheitspaare, die an den Leib gebunden sind (A X 49):

Hitze und Kälte: Mit dem auf mittlere Temperatur gerichteten Leib muss ich bei Hitze schwitzen und bei Kälte zittern, bis zu Hitzschlag und Erfrieren.

Hunger und Durst: Außer der feinen Dauernahrung (Luft und Wärme) braucht der Körper täglich die grobe Nahrung an Essen und Trinken; damit gibt es Hungerödeme, Abmagerung, Verhungern und Verdursten.

Kot und Urin: Wie sehr die Stoffwechselfabrik des Leibes auch eine Ausscheidung braucht, merkt man erst bei Verdauungsstörungen, bei Verstopfung oder wenn man „muss" und keine Toilette in der Nähe ist. Wie erleichtert ist einer, der dann endlich wieder Harn und Kot ablassen kann.

36.2 Die vier Elemente

Statt der Betrachtung des Kranken-Elends wird in M 10 folgende Körperbetrachtung genannt:

> *„Weiter sodann: da betrachtet der Mönch eben diesen Körper da nach den Elementen, wie er daraus besteht und wie er sich mit ihnen bewegt: ‚Es gibt bei diesem Körper das feste Element, das flüssige, feurige, luftige Element; gleichwie ein geschickter Rinderschlachter oder -geselle, nachdem er das Rind erschlagen und es stückweise zerlegt hat, sich am Marktplatz niederlässt."* (M 10, 119; D 22)

Die vier Elemente sind alles andere als Gegenstände, sondern sind Kräfte. Materie ist überhaupt nichts anderes als geballte Kraft. Kraft gibt es nun im Zustand der Ruhe (Energie der Lage) und der Bewegung (kinetische Energie). Ebenso ist es beim Körper, der aus den vier Kräften besteht. Man kann ihn als ruhende und bewegte Energie betrachten. Den Körper als aus den vier Elementarkräften bestehend betrachten, das ist die Betrachtung der Energie unter dem Gesichtspunkt der Ruhe. Den Körper betrachten, wie er sich mit den vier Elementen ausrichtet, sich mit ihnen bewegt und verändert, das ist die Betrachtung der Energie unter dem Gesichtspunkt der Bewegung.

In Ruhe betrachtet ist dieser Leib nichts anderes als eine Anhäufung der von außen herangeholten vier Elemente. Ab der Zeugung begann der Vorgang des Aufhäufens, erst vermittelt durch die Mutter, dann selbstständig. Jedes Atom des Leibes ist ein Stück Umwelt: Aus Festem, Flüssigem, Hitzigem, Luftigem ist der ganze Leib aufgebaut. Wenn man ihn durchwandert, findet man nichts anderes: Das Feste sind die bei der Unschönheitsübung betrachteten festen Teile des Leibes mit Haut und Haar und das macht das Starre aus; das Flüssige sind die ebenfalls dort betrachteten unschönen Säfte, die das Fließen der Nahrung vermitteln; das Feurige sind die Heizkräfte, die Lebenswärme, die Energieumwandlung, der Verbrennungsprozess, die Elektrizität des Leibes; das Luftige ist das Wehende (*vāyo*), sich im Raume Ausbreitende, der Bewegungsimpuls, wie er von der Atmung gesteuert wird, die Anziehung und Abstoßung von Luft bewirkt. Ein starres Bestehen, ein Fließen, Umwandlung, Bewegung – das sind die vier Elementarkräfte, die Elemente.

In der Bewegung betrachtet, müssen diese vier Elemente eingesetzt werden, um die von ihnen gebildete Leibesmasse im Raume an einen anderen Ort oder in eine andere Lage zu bringen. Man muss die schwere Masse des Leibes zum Markt des Lebens hinbewegen, hinschleppen, hinschleifen. Da wird der Körper dann müde, schwitzt, keucht, verbraucht viele Kalorien, das Herz pumpt schneller seine Flüssigkeit, und man braucht bald wieder Nachschub. Woher? Aus den vier äußeren Elementen. Der Leib gibt dauernd Festes ab (Kot, Nägel, Haare, Hautstückchen), gibt dauernd Flüssiges ab (Harn, Schweiß, Speichel, Tränen usw.), gibt dauernd Wärme ab (beim Schwitzen, beim Verdauen, beim Bewegen), gibt dauernd Luft ab (Ausatmung durch die Nase, durch die Poren, Afterwinde). Und das muss er wieder ergänzen durch Essen, Trinken, Wärme, Einatmung. So ist der Leib nur eine Durchgangsstation der ständig sich wandelnden Elemente.

Das Gleichnis soll dies verdeutlichen: Gestern noch trug das Rind (Leib) den Besitzer (Geist) zum Markt (des Lebens). Jetzt ist das Rind erschlagen (der Geist steht als Beobachter außen) und der Besitzer merkt, welche Last die zerteilten Stücke (Elemente) sind, die er zu Markte trägt. Da wirft er sie zur Erde nieder, setzt sich davor und wartet auf Käufer. Die Käufer aber sind die vier äußeren Elemente, die den Leib, wenn er tot wäre, sofort wieder an sich ziehen und zurückerwerben. Würmer, Aasgeier und Krähen haben wir als Interessenten an der Leibesmasse zu erwarten, die als Totengräber dafür sorgen, dass sie wieder das wird, aus dem sie hervorgegangen ist, die vier Elemente. Aber auch schon vor dem Tode verschleißt der Körper und wird ausverkauft.

Anderwärts vergleicht der Buddha die vier Elemente des Leibes mit vier gefährlichen und leicht reizbaren Giftschlangen, die mit äußerster Vorsicht gefüttert, gewaschen und gebettet werden müssen, wenn sie dem Besitzer keine Schwierigkeiten bereiten sollen (S [IV] 35, 197). Ständig muss man die vier Elemente nachfüllen, muss sie richtig handhaben, damit sie keine Opposition machen. Und alle Krankheiten, Verletzungen, Unfälle usw. kommen eben von falschem Umgang mit ihnen, durch Unachtsamkeit, durch Untugend, durch Überanstrengung usw. In der Krankheit erweist sich, wie äußerst schwer es ist, richtig mit den Giftschlangen umzugehen, die uns ständig einen Strich durch die Rechnung machen. In der Krankheit „haut es uns hin" wie das getötete Rind, wir sind dann wie erschlagen und müssen tatenlos dem Schicksal des Leibes zusehen, anstatt dass wir wie sonst lustig mit ihm in die Welt hinausreiten. Der Krankheitsfall offenbart die Gefährlichkeit der mühsam herangerafften vier Elemente. Die Betrachtung der Krankheit ist der Anwendungsfall für die Betrachtung der vier Elemente, mit denen man früher und heute unzweckmäßig umging – überhaupt schon sich einen Leib aus ihnen anzuschaffen, ist unzweckmäßig.

37. Betrachtung über den Tod (*maraṇa saññā*)

„O Tod, du vielberedter Mahner,
alleine du kannst uns beweisen,
in welchen Staub wir sind vernarrt,
wenn wir verliebt um einen Menschen kreisen." (Alexander Pope, in: *Eloisa*)

Gestorben wenn der Körper liegt,
bald aufgedunsen, blau verfärbt,
zum Leichenplatze fortgeschafft:
Da sehn'n Verwandte von ihm fort.

Der Hunde Beute wird er bald,
Schakale, Wölfe, Würmer Fraß,
es frisst ihn Krähe, Geier an,
und was da noch am Aase zehrt. (Sn 200-201)

Alle ab der Klarbewusstheit des Körpers genannten Übungen entlarven den Leib in irgendeiner Weise auch als unschön: Der daherstampfende Roboter mit seinen Kranen ist wahrlich grob und unschön; der von innen betrachtete Körpersack offenbart am deutlichsten unschöne Inhalte; der erkrankende elende Leib ist gar nicht mehr schön; und ebenso wird am gestorbenen Leib die Unschönheit als Verwesung offenbar. Jede dieser vier Übungen führt zu einer anderen Form der Distanzierung des Ich von dem, was nicht schön ist und wessen ich nicht mächtig bin, sondern was nach seinem Gesetz vergeht und verdirbt. Die Betrachtung über den Tod wird nun nicht ohne Grund als letzte dieser Übungen genannt, als Krone des Ganzen. Und sie ist es auch, die daher am meisten Opposition des Weltverliebten erweckt, wenn er von dieser Übung hört und nicht bedenkt, für wen und nach welchen Voraussetzungen sie genannt ist. Weil der Erwachte das sich Sperren gegen diese Betrachtung kennt, deshalb gibt er außer der radikalen Leichenbetrachtung in M 10 auch und zunächst eine mildere Todesbetrachtung, die als Vorübung dienen kann.

37.1 Die Vorübung

Der Erwachte empfiehlt die allgemeine Betrachtung über das Sterben in folgenden drei Beschreibungen:

> *„Die Wesen sind erfüllt vom Lebensrausch, durch den berauscht sie in Werken, Worten und Gedanken einen schlechten Wandel führen. Wer dies aber öfter bei sich erwägt, dem schwindet der Lebensrausch oder wird abgeschwächt. Daher sollte man öfter bei sich erwägen, dass man dem Sterben unterworfen ist, ihm nicht entgehen kann.“* (A V 57)

> *„Der Weltling, selber dem Tode unterworfen, ohne ihm entrinnen zu können, ekelt, entsetzt und sträubt sich vor einem Toten. Auch ich aber bin dem Tode unterworfen, kann ihm nicht entrinnen. Würde ich aber so beim Anblick eines anderen Toten mich ekeln, entsetzen, sträuben, dann würde ich ja mich selber übergehen. Indem ich also sann, schwand mir der Lebensrausch.“* (A III 38)

> *„Es wurde gesagt, dass die Betrachtung des Todes hohen Lohn und Segen bringe, das Todlose zum Stützpunkt und Ziele habe. Und warum? Wer unter den Mönchen häufig im Gemüte von der Vorstellung des Todes ausgefüllt ist, dessen Herz schreckt zurück vor der Lebensgier, wendet sich weg, kehrt sich ab, fühlt sich nicht angezogen und Gleichmut oder Widerwille stellen sich ein.“* (A VII 46)

Oder der Erwachte sagt in Versen:

Früchten ähnlich, reif geword'nen,
fallen und im Falle fürchten
sich die sterblichen Gebor'nen
immer vor dem Todessturze.
Wie des Hafners Töpferware,
vielgeformte Tongefäße
alle doch zerbrechen endlich:
Unser Dasein ist nicht anders.
Junge, Starke, Alte, Schwache,
Toren, Weise, wer es sei auch,
alle wandeln Todesbahnen,
Todesuntertanen alle.

Hinterblieb'ne, Kinder, Eltern,
sieh nur, wie ein jeder wehklagt,
eines auch dem andern hinstirbt,
weggeschleppt wie ein Stück Schlachtvieh. (Sn 576-580)

Dass wir alle sterben müssen, dass der Mensch der Sterbliche ist, ist eine Binsenwahrheit. Aber der gewöhnliche Mensch lebt in einem Rauschzustand, im Rausche des Lebens und der Dauer und nimmt die Beständigkeit seines Lebens zur Grundlage all seines Planens und Wollens. Er schiebt den Gedanken an den Tod so gut wie möglich weit weg.

Wenn aber ein vernünftiger Mensch vom Tode hört oder einen Toten sieht oder gar ein Nächster ihm stirbt oder er selber von gefährlicher Krankheit befallen wird, dann erschüttert ihn das und ergreift ihn, so dass er sich nun bemüht, seine Lebenszeit nicht mehr sinnlos zu verschwenden, sondern die tödlichen Triebe zu überwinden und Todlosigkeit zu verwirklichen (A IV 113). Wer da denkt, dass er nur noch einen Tag lang leben möchte, um Gutes zu wirken, der gilt als lässig: Erst wenn er denke, dass er möglicherweise nur noch einen Atemzug Zeit habe, um noch etwas Heilsames zu verwirklichen, der übe – sagt der Buddha – die Betrachtung über den Tod eifrig (A VIII 73). Es gibt ja in der Tat täglich viele Möglichkeiten, vorzeitig zu Tode zu kommen. Da ist es doch angebracht, die bösen Dinge in sich zu überwinden und eifrig zu kämpfen (A VIII 74). Wer den fünften Götterboten, den Anblick einer Leiche, mit Verstand wahrnimmt, der zieht den Schluss auf sich selbst und sagt sich: „Wohlan denn, günstig will ich wirken in Werken, Worten und Gedanken" (M 130). So sagt denn einer der Buddhamönche:

O nütze tüchtig deinen Tag,
in kleinem Wirken, großem Werk:
mit jedem Tage, jeder Nacht
wird karg und kärger uns're Frist.
Und ob du wandelst, ob du weilst,
und ob du sitzen, liegen magst:
die letzte Stunde stellt sich ein,
die Zeit ist kurz und ungekannt. (Thag 451-452)

Darum sagt eben auch Christus: „Wirket, solange es Tag ist." (Joh. 9, 4). Und ein Sufi spricht:

„Wer viel an sein Grab denkt, wird in ihm eine Aue des Paradieses finden;
wer es aber vergisst, wird in ihm eine Gruft der Hölle finden." (bei Al-Ghasali)

Die Betrachtung über den Tod geht jeden an, aber jeden etwas anders. Man kommt hier nicht ohne individuelle Betrachtung aus. Nicht wie „man" den Tod ansehen soll oder wie „der Buddhist" ihn ansehen soll, ist wichtig, sondern wie ich ihn ansehe. Die folgenden drei persönlichen Bilder mögen als Beispiele dazu anregen, bei sich selber Entsprechendes zu sehen:

Das **erste** Bild: Lange Zeit kam mir hin und wieder die Vorstellung, ich läge in einem Zimmer mit großen Fenstern und wüsste, dass es mit mir zu Ende ginge. Draußen war ein sonniger Maitag. Eine Gruppe von jungen Menschen mit Fahrrädern stand an einer Wegkreuzung und besprach die weitere Tour ihres Ausfluges. Und das alles sollte ich verlassen, die schöne sonnige Welt? Das empfand ich als entsetzlich und grauenvoll. Ich mochte das Bild nicht sehen und lief vor ihm davon in Aktivität. Ich übertönte die Stimme der Mahnung durch die Stimme des Rausches und floh vor dem Abgrund in die blutvolle Gegenwart: Nach mir die Sündflut.

Das **zweite** Bild: An einem Sommertage war ich dabei, im Garten eine Abfallgrube auszuheben. Es war recht warm und ich schwitzte. Als ich die Grube so tief ausgeschachtet hatte, dass ich bis zur Hüfte in ihr stehen konnte, kam mir plötzlich in den Sinn: „In eine solche Grube wird man dich auch einmal legen." Bei dem Gedanken an dieses kühle Loch begann ich zu frösteln und die Sonne schien mir verdunkelt. Mir fiel gleich ein Spruch von Francois Villon ein, den er als Grabspruch gewählt hatte:

„Hier unten ruht bei Wurm und Mist,
besiegt von Suff und Weiberlist
ein fahrend Schüler, ein Vagant,
den man Francois Villon genannt."

Die ganze Welt schien mir trostlos und zum Verzweifeln traurig. Aber dann fiel mir im Geiste noch etwas anderes ein, noch eine andere Assoziation zum Stichwort „Grab". Mir kam das Bild vom Tode des Apostels Johannes in den Sinn. Johannes hatte, als er hundert Jahre alt war und sein Ende nahe fühlte, auf Patmos sein Grab ausheben lassen: Da hatte er sich heiter hineingelegt, um Maß zu nehmen. Auf die Frage, wie er es fertigbringe, so gelassen zu bleiben, erwiderte er, er danke Christus von ganzem Herzen dafür, dass er ihn davor bewahrt habe, der Wollust zu folgen, indem er ihn schon jung zu seinem Jünger berufen habe. Dadurch sei er dem Leibe nicht verfallen und könne jetzt in Ruhe das Werkzeug verfaulen sehen, dessen Sklaverei er sich nicht unterworfen habe. Als ich das betrachtete, da war mir mein Körper in der Grube wie ein fremdes Stück. Ich sah dem Vorgang der Beerdigung von oben zu und er berührte **mich** nicht. Da schien mir wieder die Sonne warm. „Der Tod ist der Sünde Sold", dachte ich.

Das **dritte** Bild: Am S-Bahnhof Hamburg-Dammtor rief der Schaffner: „Nach Ohlsdorf zurückbleiben!" Das hatte ich schon zwanzig Jahre lang gehört. Jetzt aber bekam dieser Satz für mich auf einmal einen anderen Inhalt. „Nach Ohlsdorf zurückbleiben" – das kann heißen: Der Leib muss zum Friedhof nach Ohlsdorf, aber ich will zurückbleiben, ich sollte nicht mit ihm den Weg des Fleisches gehen. Und das war ja möglich: Man konnte sich zurückhalten, man konnte zurückbleiben auf der Fahrt, die fast alle blindlings mitmachten, indem man vorher wieder aus dem Zuge ausstieg.

37.2 Leichen-Betrachtungen

Die letzte der Körperbetrachtungen beginnt mit den Worten:

„Weiter sodann: Als hätte der Mönch einen Leib auf der Leichenstätte liegen sehen, einen Tag nach dem Tode, zwei oder drei Tage nach dem Tode, aufgedunsen, blauschwarz gefärbt, in Fäulnis übergegangen. Und er zieht den Schluss auf sich selbst: Auch dieser Leib ist also beschaffen, wird das werden, kann dem nicht entgehen."[1]

Ebenso wie die mehr gedankliche Betrachtung über die Unausweichlichkeit des Todes (*Memento mori*) wird auch die mehr visuelle Betrachtung über Leiche und Gerippe

[1] M 10, 119; D 22; in M 13 als Elend der Form; 5 Verwesungsstadien: D 33 V, 34 IV; A I 31, IV 14, X 217.

von Askese und Mystik aller großen Religionen gepflegt, ja, es ist dies dort die hauptsächliche Körperbetrachtung, während der Buddha die Leichenbetrachtung bewusst an das Ende stellt, sozusagen als *Ultima Ratio*, wenn die anderen Betrachtungen noch nicht genügend vom Leibe abziehen.

Aus zwei Gründen lagen den Indern die Leichenbetrachtungen näher: Einmal tritt in den Tropen die Verwesung viel schneller ein und zweitens waren damals Leichenstätten üblich, auf denen die toten Körper den Tieren zum Fraße ausgesetzt wurden. Solche Leichenplätze als Schreckensstätten der Entlarvung des sogenannten Lebens kannten die meisten Inder aus eigener Anschauung, während bei uns Friedhöfe gerade zu den letzten stillen Stätten gehören, auf denen eben Frieden waltet. Der Eingangssatz „als hätte der Mönch einen Leib auf der Leichenstätte liegen gesehen" ist für uns in dieser Form nicht nachvollziehbar, während dies in Indien ein allgemein bekanntes Meditationsobjekt der Asketen war.

Jedoch gibt es auch bei uns genügend ergreifende Bilder, um sich zur Betrachtung dieser Art anregen zu lassen, allerdings meist von gewaltsam ums Leben Gekommenen. Mancher hat im Kriege selber zerfetzte und gefrorene Leichen gesehen. Zumindest in Bildern und Filmen sind die Todesspuren des Krieges und der Konzentrationslager und Massenmorde von Katyn bis Auschwitz uns vor Augen geführt worden. Leichen zu Haufen gehäuft, Gerippe und Knochen: Leer und hohl starrt ein Nichts aus den Augenhöhlen, starr und steif liegen die Leiber da, Zähne blecken, Knochen ragen hervor. Die Adern mögen sich einem zusammenkrampfen und man mag dergleichen nicht sehen und denken.

Die erste Betrachtung in M 10 hat folgenden Inhalt: Was eben noch lebendig war, bewegt sich nun nicht mehr. Glasige Augen starren uns an, kalt ist der Leib und steif. Nach einiger Zeit wird der Körper von den Fäulnisgasen aufgedunsen, aufgetrieben, aufgeblasen. Die Haut wird dunkel, verfärbt sich blauschwarz, wird hässlich wie die Pest. Und die Leiche wird immer weniger menschenähnlich, sie eitert, fault, beginnt aufs Übelste zu riechen. Der Mönch stellt sich diesen natürlichen Prozess so lebendig wie möglich vor, und dann zieht er seinen eigenen Körper heran, zieht ihn so nahe heran, dass er die Stelle der Leiche einnimmt: Auch dieser noch lebende Leib hier unterliegt diesem Gesetz, wird morgen genau das werden, kann dem um keinen Preis in der Welt entgehen. Die Wirkung dieser scheinbar so düsteren Betrachtung ist aber geradezu erhellend. Der Betrachter sieht dann: Das bin ich doch nicht! Das ist doch nur mein Werkzeug, mein Kleid, mein „dunkler Überzug" (*kalevara*), wie die Inder sehr plastisch den Fleischleib nannten. Die blauschwarz gefärbte Leiche ist der „dunkle Anzug" des Todes, ist Māros Frack. Aber ich habe mich aus dem Zusammenbruch gerettet und schaue von außen dem zu.

Und weiter verfolgt er im inneren Film die Macht der Zerstörung, die jetzt ihr zweites Stadium erreicht. Der Leib wird von Krähen zerhackt, von Adlern zerfetzt, von Geiern zerrissen, er wird von Hunden zerfleischt, von Hyänen gefressen und von wimmelnden Würmern zernagt. Er ist ein Fraß für die Tiere, die Kunden an der Schlachtbank. Der Leib verliert seine Form und Gestalt. Stück für Stück wird herausgehackt und herausgefressen. Er wird ein Haufen Unrat.

Es bleibt, als dritte Phase, nur noch das Gerippe übrig. Das Knochengestell schält sich heraus, das bisher verdeckte und umwickelte: Zuerst fleischbehangen, blutbefleckt, von den Sehnen zusammengehalten; dann dies ohne Fleisch; dann dies ohne Blut als reines Gerippe. Und der Prozess schreitet weiter: Sind die Sehnen verwest, dann fällt alles auseinander, wird wahrlich vom Winde verweht, da und dahin verstreut, da ein Handknochen, da ein Fußknochen, da Schienbein, da die drei Gefäße und die Wirbelsäule.

Und schließlich: Gebeine blank muschelfarbig; Gebeine zuhauf geschichtet nach einem Jahre; Gebeine verwest in Staub zerfallen: Erde bist du und Erde wirst du werden.

Diese Übung hat, wenn sie auf buddhistischer Grundlage durchgeführt wurde, auch wenn es nur einige Male war, mehrere Wirkungen:

Wie alle Körperbetrachtungen beruhigt sie unmittelbar. Erstaunlicherweise wirkt die Schreckensbetrachtung des Todes auf den Übenden wie Balsam, macht leidenschaftslos, bringt Unruhe und Durst zur Ruhe. Die radikale Loslösung von dem Objekt aller Sorgen und Nöte, vom Leibe, macht weltfern oder gar weltlos, rückt an *samādhi* heran. Darum werden die Bilder der Verwesungsstadien auch geradezu als Musterbeispiel für einen *samādhi*-Eindruck genannt (siehe oben beim 4. Kampf).

Eine zweite Wirkung der Betrachtung ist gegenteiliger Art, die Übung spornt an und ruft auf, mehr als bisher gegen die Sinnlichkeit vorzugehen und sich nicht immer wieder in den Leib einlullen zu lassen. Das Bemühen, dem Tod zuvorzukommen und den Sinnendurst aus dem Leibe mehr auszutreiben, wird verstärkt: „Wer nicht stirbt, ehe er stirbt, der verdirbt."

Eine dritte Wirkung aber ist, dass man trotz dieser guten Früchte sich doch kaum oder nur sehr selten wieder zu dieser Übung aufrafft, wenn nicht schon eine breite Basis für sie gewonnen wurde. Was nur mit Willenskraft einmal geschafft wurde, vor dem hat man später solchen Respekt, dass man es kaum fertigbringt, wieder einen solchen Krafteinsatz zu leisten. Man findet viele Gründe, um es nicht zu tun. Und wenn man es doch versucht, dann wird es leicht blass und farblos. Gerade daran aber erkennt man, wie richtig der Hinweis des Buddha ist, dass die *satipaṭṭhāna*-Übung eben erst „nach Verwindung weltlichen Begehrens und Bekümmerns" systematisch und ausdauernd geübt werden kann. Vorher sind es nur Besuche auf jener Ebene, auf der man noch nicht zu Hause ist.

38. Gefühls- und Herzens-Betrachtung (*vedanā, citt'ānupassanā*)

> *„Hätte ein Mensch aller Menschen Sinne, die in der Zeit sind,*
> *er möchte dennoch nicht das allermindeste davon begreifen,*
> *wes zu der ewigen Freude gehört."* (Ein Gottesfreund des 14. Jh.)

> *„Gleichwie in einer Herberge Gäste aus den vier Himmelsrichtungen kommen und absteigen und wie dabei alle vier Kasten vertreten sind, ebenso steigen in diesem Leibe die verschiedensten Gefühle auf, wohlige und wehe und neutrale, und es steigen dabei grobe Gefühle auf und feine."* (S [IV] 36, 14)

Die zweite und dritte *satipaṭṭhāna*-Stufe, das Wachen über Gefühl und Herz, fehlt im Gang der Nachfolge. Dort folgt auf die Klarbewusstheit (eine der Körperbetrachtungen) gleich die Betrachtung über die fünf Hemmungen (eine der *Dhamma*-Betrachtungen), jedoch steht zwischen beiden in manchen Lehrreden der Längeren Sammlung noch die Stufe der Genügsamkeit und Zufriedenheit. Dabei handelt es sich um eine Herzensqualität, die sich in Gefühlen äußert. So ist darin die hier zu behandelnde Stufe auch angedeutet. In der umfassenden Darlegung aller vier Pfeiler der Einsicht wird das nur ausführlicher behandelt.

38.1 Die Gefühlsbetrachtung

Der Text in M 10 lautet hier:

„Wie aber wacht der Mönch bei den Gefühlen über das Gefühl? Da weiß der Mönch, wem er ein Wohlgefühl, ein Wehgefühl, ein neutrales Gefühl empfindet: ‚Ich empfinde ein solches Gefühl.' Er weiß, wenn er ein grobes Wohlgefühl, Wehgefühl, neutrales Gefühl empfindet: ‚Ich empfinde ein solches Gefühl.' Er weiß, wenn er ein feines Wohlgefühl, Wehgefühl, neutrales Gefühl empfindet: ‚Ich empfinde ein solches Gefühl'".

Der Übende macht sich zunächst bewusst, dass es drei Gefühle gibt. Er merkt die verschiedensten Wohlgefühle in sich, die verschiedensten Wehgefühle und auch das neutrale Gefühl, wenn ihm etwas gleichgültig ist, wozu wir schon gar nicht mehr Gefühl sagen. Diese drei Gefühle hat jeder Mensch. Was nützt es, darauf zu achten? Wenn man darauf achtet, dann lässt man sich nicht von ihnen hinreißen, sondern schaut ihnen mehr zu. Das wurde durch die Körperbetrachtungen, besonders durch die Klarbewusstheit, ermöglicht, die mit der Distanzierung vom Körper auch die Distanzierung von seinen Gefühlen mit sich brachte. Wenn es jetzt dem Körper wohl oder wehe ist, wenn der Leib bequem liegt oder wenn er Schmerzen hat, dann werden diese Gefühle anders als früher betrachtet: Man identifiziert sich nicht mehr mit ihnen. Und so kann man überhaupt beobachten, wie sie in Wellen aufkommen. Ich friere, mein Rücken tut weh, ich bin traurig, ich bin unzufrieden mit mir. Ich habe gut gegessen, ich wurde gelobt, ich bin mit mir zufrieden. Mir ist es gleich, was jener Mensch macht und mir ist es gleich, ob heute Mittwoch oder Donnerstag ist. In unaufhörlicher Folge steigen Gefühle auf und ab.

Das aber ist noch nicht das Wichtigste. Vielmehr merkt man dabei jetzt einen entscheidenden Unterschied. Nicht ob ich Wohl oder Wehe erlebe ist entscheidend – das ist die weltliche Unterscheidung, die Wohl will und Wehe verabscheut. Viel wichtiger ist, ob die Wohl- und Wehgefühle zur Qualität der groben oder der feinen Gefühle gehören. Es gibt eben fleischliche und weltüberwindende Gefühle. Die Wohl- und Wehgefühle kommen aus den vier Himmelsrichtungen als Gäste, aber welche Qualität diese Gäste haben, ob sie zu einer niederen oder höheren Kaste gehören, das ist das Entscheidende für den Wirt (siehe S [IV] 36, 14).

Was sind nun die feineren, weltüberwindenden Wohlgefühle? Da gibt es durch die rechte Anschauung eine Wahrheitwonne des Daseinsverständnisses; da gibt es durch die Tugendläuterung das Wohlgefühl des reinen Gewissens; da gibt es durch das rechte Mühen der Sinnenzügelung das Wohl der Weltentfremdung. Diese drei Wohlgefühle hat der Übende auf dem Wege schon kennengelernt. Sie sind für ihn als Gefühl nichts Neues. Aber erst jetzt macht er es sich bewusst und kann ihren Wert und ihren Unterschied gegenüber den groben Gefühlen verstehen. Er versteht, wie auch die feinen Wehgefühle zu der gleichen Ebene gehören: Das unbefriedigende Gefühl, einen Daseinszusammenhang noch nicht zu verstehen, das Gefühl des schlechten Gewissens bei einer Tugendübertretung, das Gefühl, noch nicht so weit zu sein wie die Heiligen (Sehnsucht nach der Erlösung).

Diese feineren Gefühle – sowohl Wohl wie Wehe – kommen aus einer veränderten Grundart, aus einer anderen inneren Verfassung, aus einem besseren Sein. Indem man sich das bewusst macht, setzt man sich nun auch noch bewusster von den groben Gefühlen ab. So entdeckt man innerhalb der Gefühle ein Gefälle und kann richtig bewerten: Die feineren Gefühle heben und entlasten, die groben bedrücken und fesseln.

Ein Beispiel für diese Entdeckung der entscheidenden Gefühlsunterschiede findet sich bei Ignatius vom Loyola. Er war als Offizier verwundet worden und lag auf dem Krankenbett. Aus Langeweile las er die einzigen auf seinem Schloss vorhandenen Bücher. Es waren Erzählungen vom Leben der Heiligen. Da merkte er erstaunt, wie er über das Gelesene lange nachdenken konnte, ohne dass seine Gedanken schal wurden wie sonst, wenn er an sein Getändel dachte oder wenn er Ritterromane las, die nur den Durst nach immer mehr erweckten. Die frommen Gedanken sättigten ihn und nährten ihn wie Schwarzbrot im Gegensatz zu Kuchen, der nur einen Momentgenuss gab und schon nach neuem Süßen schreien ließ. So merkte er den Unterschied zwischen weltlichen, fleischlichen, groben Gefühlen des Wohls und überweltlichen, feinen.

Der Unterschied ist aber zunächst gar nicht so leicht zu fassen und abzugrenzen. Es ist nicht so, dass die körperlichen Gefühle grob und die geistigen fein wären, denn es gibt auch körperlich feinste Entspannungsgefühle, und es gibt geistig heillose Gefühle von Trübsinn und Verzweiflung. Es ist auch nicht so, dass die groben Gefühle von außen und die feinen von innen kämen, denn der heilsamste Gefühlsanstoß kommt von außen durch die Belehrung des Buddha, während aus mir selber zahllose umheilsame Gefühle auftauchen. Und doch steckt in diesen Unterscheidungen etwas Richtiges. In M 137 verdeutlicht es der Erwachte, indem er mit dem Hause verbundene und mit der Entsagung verbundene Gefühle unterscheidet. Damit zeigt sich die Richtung: Mit dem Hause verbunden, heißt mit dem Sinnengenuss verbunden, auf Außen bedürftig, sich mit dem Sinnenkörper als Werkzeug identifizierend – und das sind die groben Gefühle. Mit der Entsagung verbunden, heißt mit der Weltüberwindung verbunden, mit dem Höheren, mit dem brahmischen Status – und das sind die feinen Gefühle. Die groben Gefühle zielen auf Weltausbreitung und Mehrung der weltlichen Triebe; die feinen Gefühle zielen auf Autarkie und Auflösung der weltlichen Triebspannungen. Ob der Anlass und Anstoß zu den feinen Gefühlen von außen kommt, ist unwichtig: Wenn von außen die Stimme des Buddha ruft, nach innen zu gehen und selbständig zu werden beim erhellenden Gefühl, dann ist das deutlich ein mit der Entsagung verbundenes Gefühl. Und wenn umgekehrt von innen, aus mir selber, ein Gefühl der Langeweile aufkommt, das wieder nach außen blicken lässt, dann ist das ein die Abhängigkeit von der Welt mehrendes, also grobes Gefühl.

Überhaupt ist es so, dass die Gefühlsbetrachtung nicht nur rückwärtsgewandt ist und die bisher erfahrenen feineren Gefühle entdeckt und gegen die groben absetzt. Das ist nur der eine Aspekt. Ebenso wichtig ist aber auch die Hinsicht nach vorwärts, nämlich auf die Gefühle der 8. Stufe des Achtpfades, die Gefühle des *samādhi*. Durch die Körperbetrachtung kommt der Übende diesen Gefühlen immer näher und erlangt schon sporadisch einmal Anflüge davon, jedoch fällt er wieder zurück. Dann ist es sehr heilsam, die neu entdeckten und bei der 8. Stufe erst näher zu schildernden Gefühle als noch feiner als alle bisherigen zu erkennen und ihren Wert für die Wegbeschreitung in den Geist aufzunehmen. Das Hauptgebiet der Gefühlsbetrachtung beginnt eigentlich erst auf der Stufe des *samādhi*, um jeweils in dessen Gefühlsstufen zu noch höherem Wohl vorzuschreiten. Das Wehe besteht dann darin, dass man die nächste Stufe noch nicht hat. Was gestern Wohl war (Stufe über mir), ist heute, nachdem ich diese Stufe erreichte, Wehe (Stufe unter mir). So wandelt sich die Gefühlsbewertung auf dem Wege immer wieder. Insofern ist das hier Gesagte schon ein Vorgriff.

Das eben Gesagte gilt besonders von der Gefühlsbetrachtung, die mit der Atembetrachtung verbunden wird, so wie es in M 118 geschildert ist. Da werden vier Staffeln der mit dem Atem verbundenen Gefühle genannt:

(1) Jubel empfindend, atmet man. Jubel (*pīti*) aber ist das eindrucksvollste der feinen Wohlgefühle im *samādhi*-Bereich. Wer durch die Atembetrachtung sich vom Leibe entlastete, der ist über diesen Beruhigungserfolg zutiefst erfreut. Dieses überweltliche feine Wohlgefühl drängt sich immer mehr vor und wird ihm bewusst. Und er merkt, dass es nur heilsam ist, ein Meilenstein auf dem Heilswege. Demgegenüber erscheinen ihm alle groben Gefühle nun ganz handgreiflich grob.

(2) Wohl empfindend, atmet man. Durch das feine geistige Jubelgefühl merkt er, dass diese Art von Gefühl aus dem reinen Herz kommt und unabhängig von der Vergänglichkeit von Welt und Leib macht. Er merkt, dass er dadurch den Weg zur Unsterblichkeit beschreitet. Das Wohl, die Wonne, die Seligkeit, erfüllt ihn als noch feineres Wohlgefühl durch und durch.

(3) Den *citta-saṅkhāro* empfindend, atmet man. Man entdeckt jetzt die aus dem Herzen (*citta*) hervorgeholten Gefühlswellen, die durch die Aufmerksamkeit als Tätigkeit (*saṅkhāro*) produziert werden und sich ins Bewusstsein einschreiben. Dadurch rückt die Welt noch ferner.

(4) Den *citta-saṅkhāro* beschwichtigend, atmet man. Nachdem man den Gefühlsstrang überhaupt erst einmal in seiner Natur kennengelernt hat, kann man ihn jetzt auch beschwichtigen, kann ihn stillen und beruhigen, weil Ruhe eben wohler als Bewegung ist. Und so kann man denn auch zu feinen neutralen Gefühlen kommen, die man bisher noch nicht kannte.

38.2 Die Herzens-Betrachtung

Wie eben schon angedeutet, merkt der Übende immer mehr, dass diese feineren Gefühle, die er früher schon auf dem Wege erfuhr und die nun zunehmen, nicht von äußeren Dingen abhängig sind, sondern ihre Ursache im Herzen selber haben. Durch die Aufmerksamkeit des Geistes werden sie aus dem Herzen herausgehoben. Die *citta-saṅkhāra* verweisen nun auf das *citta* (Herz) selber. Die Gefühle als Resonanz des Herzens auf die Gedanken verweisen auf das Herz selber als ihre Quelle. Darum gehören Gefühls- und Herzensbetrachtung so nahtlos zusammen und sind eigentlich nur die beiden Aspekte einer Sache. Sie sind wie Klang (Gefühl) und Gong (Herz). Der Übende merkt eben, dass die Art des Herzens, die Grundart seiner Kräfte und Lasten, die Art der Gefühle bestimmt und ausstößt. Ist das Herz grob, so empfindet es grobe Gefühle; ist das Herz fein, so empfindet es feine Gefühle. Man ist also den Gefühlen nicht blind ausgeliefert, sondern kommt hier an ihre Herkunftstätte heran.

In der Übungsanleitung wird nun die Aufmerksamkeit zunächst auf den Unterschied von zwei Triaden gelenkt. Die erste Triade sind Gier, Hass und Irre oder anders übersetzt Anziehung, Abstoßung und Verblendung. Die zweite Triade heißt Gierlosigkeit, Hasslosigkeit, Irrlosigkeit. Feine Gefühle kommen auf, wo Gier, Hass und Irre abnehmen und sublimiert werden. Je dünner Gier, Hass und Irre werden, desto feiner werden die Gefühle. Gier, Hass und Irre sind die Übel aller Übel, sie sind die Triebe schlechthin, das Unheilsame in toto. In mannigfacher Weise weist der Buddha den Menschen darauf hin, diesen drei Übeln in sich Aufmerksamkeit zu schenken und ihnen gegenüber die Achtsamkeit als Wächter aufzustellen (A IV 117, VI 47; S [IV] 35, 152). Allerdings kennt man auf dieser Stufe des Weges nur die vordergründigeren Formen dieses Neigungsfeldes, während die tieferen Formen erst durch *samādhi* offenbar werden. Insofern ist auch die Herzensbetrachtung ein Vorgriff. Die Gesamtheit der Herzensqualitäten, der guten wie der schlechten, ist in „Die Eigenschaften des Herzens“ 1973 ausführlich behandelt. Daher kann es hier nur kurz gemacht werden. Der Buddha nennt nach den zwei grundsätzlichen Triaden dann noch fünf weitere Paare, die jene Triaden indes nur auffächern, jedenfalls was Gier und Hass betrifft sowie deren Abwesenheit. Diese fünf Paare sind diejenigen Kräfte und Eigenschaften des Herzens, welche die Gefühle bestimmen. Sie entsprechen, wie unten zu zeigen sein wird, den vier Weisen des Atmens in Verbindung mit dem Herzen nach M 118.

(1) Das gesammelte und das zerstreute Herz: Man merkt, dass feinere Gefühle nur aufkommen, wenn man nach innen klarbewusst und hell gesammelt ist, wenn man also auf sich selber achtet, anstatt diffus nach außen zerstreut zu sein. Durch *Satipaṭṭhāna* wird das Herz ja gerade nur nach innen gerichtet, konzentriert und gesammelt, d. h. es wird auf sich selbst aufmerksam. Das gesammelte Herz ist dasjenige Herz, welches sich unmittelbar mit sich selbst befasst und nicht auf seine äußeren Spiegelbilder entworfen ist. Das zerstreute Herz dagegen ist das Einlasstor für alles Unheilsame und die Brutstätte grober Gefühle. Aber dass das Herz gesammelt (*saṅkhitta*) ist, genügt allein noch nicht. Es kann dann nämlich auch lethargisch werden (S [V] 51, 20) oder es bleibt unerlöst (S [V] 47, 10, vgl. auch M 138). Es sind daher noch weitere Paare von Herzensverfassungen zu unterscheiden.

(2) Das großzügige und das kleinliche Herz: Auch wenn das Herz nicht mehr gierig nach außen zerstreut ist, bleibt nach seiner Struktur doch ein Bezug und Verhältnis zum Außen. Das aber soll großzügig, großherzig, großmütig sein, d. h. einfühlend und offen und umfassend weit. Das kleinliche Herz dagegen ist egozentrisch, abgekapselt, eng, verschlossen und nimmt die anderen Wesen nicht als gleichberechtigt, sondern sieht sie als zweit- und drittklassig an. Das großzügige Herz umfasst Ich und Du gleicherweise, in göttlich-brahmischer Weite (s. M 127). Diese Großzügigkeit, die keine Gegenwendung und Abwendung bei anderen mehr kennt, ist Merkmal aller vier Strahlungen, d. h. eines *samādhi*-Zustandes.

(3) Das strebsame und das stagnierende Herz: Das strebsame Herz begnügt sich nicht mit dem jeweiligen Zustand, sondern ist zielstrebig, heilsbegierig, kampfesfreudig. Das stagnierende Herz dagegen ist lau, träge, lethargisch und hört auf zu streben, wenn ihm gerade wohl ist oder es resigniert bei Wehe, das ihm noch ein kleineres Übel gegenüber der Anstrengung der Veränderung zu sein scheint. Das strebsame Herz heißt wörtlich „mit dem Höheren verbunden“ (*sa-uttara*). Jeder, der noch nicht heilig und vollkommen erlöst ist, darf im Herz nicht ohne Höheres (*an-uttara*) sein. Und selbst der Heilige kennt noch Höheres, nämlich das Eingehen ins Nirvāna sowie Hilfsbereitschaft für andere. Einzig der Zustand der vollkommenen Erlösung selber ist ohne Höheres.

(4) Das beruhigte und das unruhige Herz: Das beruhigte Herz (*samāhita citta*) ist im Herzensfrieden, ist gestillt und geeinigt, so wie es unten bei der 8. Stufe des Pfades näher zu schildern ist. Auf dem Wege gibt es aber schon gelegentlich solche Momente der inneren Stille und daher lernt man den Unterschied zwischen dem bewegten und dem in sich ruhenden Herz schon kennen. Das bewegte Herz ist z. B. solches, das die Zielstrebigkeit übertreibt und immer in Spannung wegen des noch nicht Erreichten ist, ungeduldig und regsam.

(5) Das erlöste und das unerlöste Herz: Während das beruhigte Herz zeitweise erlöst ist, ist nur das Herz unwiderruflich erlöst, welches endgültig die Triebe zur Leidensfortsetzung besiegt hat – und das beginnt bei der Hörerschaft, die zur Frucht des Achtpfades gehört, zur 10. Eigenschaft. Auch hier wird also ein Vorgriff gemacht, ebenso wie hinsichtlich des *samādhi*. Den Unterschied zwischen den Trieben, die für

immer aufgelöst sind, und denen, die es noch nicht sind, in sich zu erkennen, ist wirklich das höchste und letzte, was man in Bezug auf das Herz feststellen kann. Das erlöste Herz ist in der Vollkommenheit frei von Gier, Hass und Irre.

Die mit dem Atem verbundene Herzensbetrachtung in M 118 geht parallel zu jenen eben genannten fünf heilsamen Eigenschaften: Erstens geht es darum, überhaupt das Herz selber zu empfinden – und das heißt, sich nach innen sammeln und nach außen großzügig zu sein. Zweitens geht es darum, das Herz zu erfreuen, es hochzureißen – das ist die Strebsamkeit. Drittens geht es darum, das Herz zu beruhigen, so wie oben. Viertens geht es darum, das Herz zu erlösen, ebenfalls wie oben.

39. Die fünf Hemmungen (*nīvaraṇa*)

„Vergebens viele Menschen streben
nach unbewusstem Schauensleben.
Sie können nicht, gehemmt, befangen,
in unbewusste Schau gelangen.
Ihr Herz ist kraus und ohne Dauern.
Den Nachbarn diese stets belauern
und wollen fremden Kummer heilen
bei Freunden und Bekannten, eilen
noch obendrein in eignen Sorgen:
vor allen diesen bleibt verborgen
der Himmelsschatz. Weitblick ist gut –
wer zu viel sorgt, trübt seinen Mut.
Sich in der Außenwelt bewegen,
dies hindert, still den Geist zu hegen.
Wer an den Sinnen hat Genüge,
gelangt in sich nicht zu Gefüge,
bleibt auswärts träg und unbereit,
nach innen wüst in Lieb wie Leid.
Er tut zwar keine Todessünden,
doch kommt er nicht zu seinen Gründen,
kann nicht, verfitzt in fremden Dingen,
in unbewusste Schau sich schwingen.“ (Ruisbroeck, *Zwölf Beghinen*)

Von Wunscheswille sauber sein
und auch von Trübsinn allzumal,
verwinden Langeweile öd
Und auch die Hemmung Ungeduld.

Gleichmütig achtsam lauter sein,
der Satzung immer eingedenk:
Erlösung weiß man so gewiss,
Unwissen teilt man also durch. (Sn 1106-1107)

Der zweite Pfeiler rückte in den Blick, was aus dem Herzen als dessen Resonanz hervorgeht (Gefühl), der dritte Pfeiler richtete die Achtsamkeit auf das Herz selber, der vierte aber betrachtet die Gesamtheit der Zusammenhänge, welche überhaupt Gutes und Schlechtes in das Herz hinein- und herausbringen. Insofern umfasst der vierte Pfeiler – die Betrachtung der Gesetze oder Dinge (*dhammā*) – alle anderen in sich und ist der wichtigste aller vier Pfeiler. Jedoch gelangt man zu ihm nur auf dem Wege über die anderen Übungen.

Als erste von fünf Betrachtungen über das Gesetz wird in M 10 nun folgende Übung genannt:

> *„Wie aber wacht der Mönch bei den Dingen über die Dinge, nämlich bei den fünf Hemmungen? Da erkennt der Mönch, wenn Wunscheswille (Hass, matte Müde, aufgeregte Ungeduld, Zweifel) in ihm ist: ‚In mir ist er'; oder wenn er nicht in ihm ist: ‚In mir ist keiner'. Er erkennt auch, wie der unaufgestiegene Wunscheswille usw. aufsteigend ist, wie des entstandenen Überwindung ist und wie der überwundene künftig nicht mehr aufsteigt."*

Dieselbe Übungsstufe wird im Gang der Nachfolge wie folgt beschrieben:

> *„Da sucht der Mönch einen abgelegenen Ruheplatz auf: einen Wald, den Fuß eines Baumes, eine Felsengrotte, eine Bergesgruft, einen Friedhof, die Waldesmitte, ein Streulager in offener Ebene. Nach dem Mahle, wenn er vom Almosengang zurückgekehrt ist, lässt er sich mit verschränkten Beinen nieder, den Körper gerade aufgerichtet und richtet die Achtsamkeit um den Mund herum."*
>
> *„Weltliches Begehren hat er verworfen, begierdelosen Gemütes weilend, läutert er sein Herz von Begehren."*
>
> *„Hassensgroll hat er verworfen, Hasslosen Herzens verweilend, voll wohlwollender Zuwendung zu allen lebenden Wesen läutert er sein Herz von Hassensgroll."*
>
> *„Matte Müde hat er verworfen, frei von matter Müde verweilend, Licht gewahrend, achtsam, klarbewusst, läutert er sein Herz von matter Müde."*
>
> *„Aufregung und Ungeduld hat er verworfen, unaufgeregt verweilend, innerlich beruhigten Herzens, läutert er sein Herz von Aufregung und Ungeduld."*
>
> *„Zweifelsucht hat er verworfen, der Zweifelsucht entronnen verweilend, ohne Fragesucht bei heilsamen Dingen läutert er sein Herz von Zweifelsucht."*
>
> *„So hat er diese fünf Hemmungen verworfen, die Trübungen des Gemütes, die die Weisheit kraftlos machen."*

39.1 Gemeinsames

Während die vier weiteren Betrachtungen der Dinge spezifisch buddhistisch sind und daher als Gesetzesbetrachtungen bezeichnet werden können, erscheint diese erste Betrachtung von allgemeinerer Natur zu sein. Aber der Schein trügt. Zwar haben alle Mystiker aller Zeiten und Räume, die vollen *samādhi* erreichten, besonders die Schauungen, ausnahmslos die fünf Hemmungen aufgehoben – denn das ist die *Conditio sine qua non* dafür – aber fast keiner von ihnen hat die fünf Hemmungen als Hemmungen erkannt. Nur die klarsten Köpfe unter ihnen, wie der *Doctor ec staticus* (Ruisbroeck) oder wie der *Doctor mysticus* (Johannes vom Kreuz) oder wie ostkirchliche Mystiker der PHILOKALIA haben ungefähr geahnt, durch welche Herzensqualitäten die Schauung verhindert wird. Die meisten Mystiker aber – und ihre Zahl ist weit größer als man denkt – verloren ihren *samādhi*-Zustand oft wieder und kamen noch in Nacht und Trockenheit, ohne die Ursache in den fünf Hemmungen klar zu erfassen, so dass sie Gott oder den Dämonen oder der Erbsünde oder ihren eigenen allgemeinen Sünden die Schuld daran gaben. Darum ist es so wichtig, die fünf Hemmungen genau zu kennen, nicht einmal so sehr, um erstmalig eine Vertiefung zu gewinnen, sondern vor allem, um sie nicht wieder sofort zu verlieren, sondern allmählich systematischer wiedergewinnen zu können. Eine solche genaue Kenntnis aber vermittelt nur der Buddha. Daher ist auch schon die erste Betrachtung der Dinge – geschweige die weiteren – vollkommen nur beim Erwachten zu finden. Darum eben wird er der Erwachte genannt.

Nur der Buddha erkennt und nennt auch den wichtigen Unterschied zwischen Fessel und Hemmung. Beides sind Namen der Triebe, ebenso wie Trübungen, Anliegen, Beeinflussbarkeiten. Aber während Fesseln, Trübungen, Anliegen und Beeinflussbarkeiten Namen für die chronische Triebhaftigkeit sind, versteht man unter Hemmungen gerade die akuten Hindernisse des Heilsamen. So kann jemand alle fünf Hemmungen aufheben, ohne die Fesseln als Triebe völlig aufgehoben zu haben. Die Mystiker haben die fünf Hemmungen vielleicht für ihr ganzes weiteres Leben, ja sogar darüber hinaus für ein Äon aufgehoben und damit die Fesseln solange so zurückgedrängt und verdünnt. Aber sie kommen irgendwann wieder, mit tödlicher Sicherheit. Die Hemmungen sind sozusagen die Blüten, deren Wurzeln die Fesseln sind. Die Hemmungen sind nur die sichtbare Seite des Eisberges, bei dem 9/10 unter Wasser schwimmen. Die Hemmungen reagieren sofort auf das Denken, während die Fesseln dagegen nur durch längere Übung im Nirvāna-Anblick zu überwinden sind. Aber ohne die Hemmungen momentan überwunden zu haben, kann auch die Kunde vom Nirvāna nicht im Geiste eines Zuhörers des Buddha Fuß fassen.

Was sind nun diese fünf Hemmungen? In ihrer groben vordergründigsten Form kennt sie jeder. Nehmen wir als Beispiel ein Ferienseminar. Beim Lauschen der Vorträge kann man die fünf Hemmungen bei sich bemerken: Die erste Hemmung zeigt sich an der Neigung, welche daran denkt, was es wohl heute Mittag Schönes zu Essen geben wird; die zweite Hemmung meldet sich, wenn ein penetranter Zwischenfrager den Vortrag stört; die dritte Hemmung entdeckt man, wenn man einmal einen Moment eingenickt war; die vierte Hemmung ist ungeduldig, wenn der Vortragende sich so oft wiederholt und nicht zum Eigentlichen kommt; die fünfte Hemmung fragt sich etwa: „Ob es das wirklich gibt, ganz ohne Welt existieren?“

Jeder Mystiker dagegen kennt die fünf Hemmungen viel tiefer, wenngleich er sie nicht so nennt und definiert. Er verleugnete, verneinte, verwarf, überwand weltliches Begehren und Hassen als Hemmung seines religiösen Weges von Anfang an, denn das ist eben der asketisch-mystische Weg. Und er lernte weiter die träge Unlust der matten Müde kennen, die Trockenheit der Seele, die dunkle Nacht der Sinne. Und er erfuhr auch die Unruhe und Geschäftigkeit, die der Langeweile zu entfliehen suchte und sich ungeduldig selbst antrieb. Und er merkte auch die Zweifel am Weltbild, berechtigte und unberechtigte, religiöse Glaubenszweifel und -krisen.

Und auch der Beschreiter des buddhistischen Weges lernte die fünf Hemmungen bereits auf seinem ganzen Wege kennen als seine Hauptfeinde, als einen einzigen Haufen Unheil (A V 52), wenngleich sie noch nicht unbedingt unter ihrem Namen auftauchten. Auf der Stufe rechter Anschauung durchschaute er weltliches Begehren und Hassen, auf der Stufe rechter Gesinnung bemühte er sich um Minderung nach außen, auf dem Tugendweg bremste er, was aus dem Herzen kam, außen, und beim rechten Mühen überwand er, was aus dem Herzen kam, innen.

Dabei lernte er dann auch deutlicher die Fluktuation des Gemütes zwischen zu schlaffer und zu straffer Spannung kennen, eben die dritte und vierte Hemmung, die bei der inneren Selbsterziehung die gleiche Störungsrolle spielen wie die beiden ersten Hemmungen bei der äußeren Selbsterziehung. Und von Anfang des Weges an wurde auch schon die Zweifelsucht abgemildert, und zwar durch das Wohl der Wahrheitfindung, das Wohl der Tugend, das Wohl der Weltentfremdung. Dadurch schwand der Zweifel, auf dem Heilswege, auf dem Wege zum Wohl zu sein, immer mehr. Und bei der Herzensbetrachtung schließlich lernte der Übende durch die Herzensverfassungen im Allgemeinen auch die fünf Hemmungen im Besonderen kennen. Das einzig Neue auf der jetzigen Stufe ist eigentlich nur der Name „Fünf Hemmungen". Aber so wie in den Märchen das Wissen um ein Wort ein Zauber ist, der Türen und Tore öffnet, so ist auch das Wissen um die fünf Hemmungen ein Phänomen, das die Dimension des *samādhi* eröffnet.

Die fünf Hemmungen sind keineswegs alle Triebe. Sie sind vielmehr aus der Fülle der Fesseltriebe diejenige repräsentative Auswahl, die das Heraustreten aus der Sinnenwelt und damit *samādhi* verhindert. Die Gesamtheit aller Triebe wird vom Buddha in folgender Vierheit erfasst: Sinnliche Triebe, Daseinstriebe, Ansichtstriebe, Nichtwissenstriebe. Davon umfassen die beiden ersten Hemmungen vollständig die Sinnlichkeitstriebe; von den Daseinstrieben nennen die dritte und vierte Hemmung die beiden auffälligsten Extreme und Störungen, an denen mittelbar weitere Daseinstriebe hängen; die Zweifelsucht gehört zu den Ansichtstrieben, bei denen sie die leidigste ihrer Darstellungen ist. Die Nichtwissenstriebe kommen direkt gar nicht bei den fünf Hemmungen vor, jedoch wird die Hemmung des Nichtwissens durch den Hörerschaftsanblick immer wieder zurückgedrängt und schließlich die Aufhebung des Nichtwissenstriebes vorbereitet.

Die Betrachtung der Hemmungen und ihrer Aufhebung setzt eigentlich den ganzen bisherigen Heilsweg voraus und mündet nun in einsamer Übung. Da im „Gang der Nachfolge" nur die Klarbewusstheit als Körperbetrachtung genannt war, muss nun bei der Betrachtung der Hemmungen erst noch gesagt werden, in welcher äußeren Verfassung diese Übung zu erfolgen hat. Das war in M 10 dagegen schon einleitend bei der Atembetrachtung gesagt: Was dort über die einsame Sitzweise und so weiter gesagt ist, wird nun hier bei der Betrachtung der fünf Hemmungen nachgeholt. Beide Male geht es um genau die gleichen Voraussetzungen. Der einzige Unterschied ist, dass bei der Atembetrachtung nur drei geeignete Orte genannt waren, während hier bei den Hemmungen sieben Orte zur Auswahl gestellt werden, also eine größere Variationsbreite für die verschiedenen Vorlieben. Gerade bei der so stillen Übung der Aufhebung der fünf Hemmungen ist es nötig, dass der äußere Ort nicht nur still sondern auch für mich passend ist, denn ein heroisches Ankämpfen gegen eine Umgebung, die mir nicht passt, wäre hier völlig fehl am Platze und würde die Übung garantiert verhindern. Auch der Buddha suchte sich vor der Erwachung ja eine passende Umgebung, und zwar er eine liebliche Landschaft.

Dass Atembetrachtung und Hemmungsbetrachtung durch die fast gleichen Worte eingeleitet werden, hat seinen guten Grund. Mancher wird eben erst längere Zeit Atembetrachtungen pflegen, mancher wird durch die Atembetrachtung allein zur Aufhebung der Hemmungen kommen, mancher wird ganz ohne Atembetrachtung nur durch Klarbewusstheit dieses Ziel erreichen. Jede Weise ist hier recht. Jeder, der zum *samādhi* oder sogar zur Heiligkeit kam, hat die fünf Hemmungen aufgehoben, aber nicht jeder hat jede sonstige *satipaṭṭhāna*-Übung gepflegt.

39.2 Die einzelnen Hemmungen

Während in M 10 die fünf Hemmungen nur als Stichworte vorkommen, werden sie im Gang der Nachfolge ausführlicher beschrieben. Besonders aber werden sie vom Buddha durch zahlreiche Gleichnisbilder erläutert. Auf diese muss hier verzichtet werden, um die Darstellung nicht zu kopflastig zu machen: Die Gleichnisse wurden in einem besonderen Buch über die „Bilder der Existenz"[2] ausführlich behandelt.

(1) **Weltliches Begehren.** Diese erste Hemmung wird in M 10 und meist mit dem Synonym Wunscheswille (Sinnlichkeitswille: *kāma-cchando*) bezeichnet. Diese Hemmung ist die stärkste, vielfältigste und wichtigste: Sie umfasst die gesamte Außenwendung, die Zerstreuung an die Sinnesobjekte, eben die Weltsüchtigkeit und Weltbedürftigkeit. Der Mensch lebt und webt derart in dieser Hemmung, dass sie ihm völlig unbekannt ist. Sie ist ihm so selbstverständlich wie die Luft, in der er atmet, oder wie dem Fisch das Wasser, in dem er schwimmt. Je unbeachteter sie ist, desto hemmender wirkt sie. Der ganze bisherige Übungsweg war im Grunde eine Entwöhnung von der Gewöhnung an das weltliche Begehren. Dreimal tauchte der Ausdruck auf dem Übungswege ausdrücklich auf: Zuerst wird er bei der Gesinnung als Synonym für sinnliche Gesinnung gebraucht (M 41 und M 114). Auf der Ebene der Gesinnung kam gleichsam auf sechzig Minuten Bemühung um entsagende Gesinnung knapp zehn Minuten Zurückdrängung der ersten Hemmung, während sich das Verhältnis bei der *satipaṭṭhāna*-Übung etwa umkehrt. Ein zweites Mal begegnet das Wort bei der Sinnenzügelung, die darauf abzielt, „Begierde und Missmut" zu überwinden. Ein drittes Mal kam es bei der generellen Anweisung vor, dass *satipaṭṭhāna* erst nach Verwindung „weltlichen Begehrens und Bekümmerns" zu üben ist. Das bedeutete, dass die Hemmung so weit wie möglich zurückgedrängt war, so dass sie nicht mehr akut hinriss, sondern nur noch bei gründlicher Aufmerksamkeit als feines Geneigtsein bemerkbar wurde. So abgeschwächt muss die erste Hemmung jedenfalls sein, um in die Betrachtung der Hemmungen eindringen zu können. Es geht hier also mehr um eine Nachsäuberung und Bereinigung als um einen Frontalangriff, wofür die bisherigen Stufen Gelegenheit genug gaben. Es kann nicht oft genug gesagt werden, dass eine radikale Weltentfremdung, ein starkes Zurückdrängen des weltlichen Andrangs bereits nötig ist, um die feine Übung der *samādhi*-Einleitung – und darum handelt es sich hier im Grunde – zu beginnen. Und die fünf Hemmungen stehen und fallen mit dem weltlichen Begehren, das das krasse Gegenteil jeden mystischen Sinnes und jeder asketischen Selbsterfahrnis ist. Zur Welt aber gehört auch der eigene Körper, aus dem durch die Körperbetrachtung erst der Wunscheswille ausgetrieben werden musste, wie die Feuchtigkeit aus einem nassen Holzscheit, das schon auf dem Trockenen liegt (M 36). Weltliches Begehren (*abhi-jjhā loke*) heißt wörtlich: Hin-schauen auf die Welt, d. h. von außen sehnend noch etwas erwarten und verlangen an Glück. Dieser Hinblick auf die Welt ist die Hemmung, welche die Weltüberwindung verhindert. Mit dem Teil des Herzens, der auf dem Läuterungswege schon frei von der Weltsüchtigkeit geworden ist, treibt der Übende nun die letzten Reste von ihr heraus, und sei es auch nur durch Verdrängung für einige Zeit. Die große Flexibilität des Herzens ermöglicht es, die Sinnensucht schon dann aus ihm zu verdrängen, wenn die Fessel dazu noch lange nicht endgültig ge-

---

[2] Hellmuth Hecker, *Bilder der Existenz, 85 Gleichnisse und Parabeln des Buddha*, Verlag Beyerlein & Steinschulte 2001.

schwunden ist – und der Erwachte ermuntert immer wieder zu solcher heilsamen Verdrängung der ersten Hemmung.

(2) **Hassensgrolll** (*vyāpāda-padoso*) ist nichts anderes als die Kehrseite weltlichen Begehrens. Dieses ist sinnliche Anziehung, jenes ist sinnliche Abstoßung. Gehässigkeit (*vyāpādo*, wie es in M 10 heißt) ist diejenige Form von Abstoßung (*doso*), welche gegenüber anderen Wesen ein Nichtmögen hegt, weil diese mich irgendwie stören. Diese zweite Hemmung ist eine Antipathie gegen Reden und Handeln anderer, das meinen Interessen widerstreitet. Anstatt den leidenden Bruder und die Gleichheit aller Seelen zu sehen, sieht der Hassensgroll nur, dass mir etwas am anderen nicht passt. Daher hege ich Aversion gegen ihn, wende mich gegen ihn oder zumindest ab. Im Extremfall wird das zum regelrechten Übelwollen und Übelwünschen, zur Böswilligkeit. Das alles aber ist Mangel an Verständnis, Einfühlung, Großzügigkeit. Das Gegenmittel, das hier im Gegensatz zur ersten Hemmung ausdrücklich genannt wird, heißt „Wohlwollende Zuwendung zu allen Lebewesen". Die Übung darin begann schon bei der rechten Gesinnung, die die wohlwollende Haltung in allen Plänen pflegte. Und beim zweiten Kampf wurden die übelwollenden Gedanken, die noch vorhanden waren, ausgetrieben. Was trotzdem noch an leichten Wellen von Abneigungen gegen andere übrig geblieben ist, merkt erst der durch *satipaṭṭhāna* geschärfte Beobachter. Dabei zeigt sich übrigens, dass es letztlich ganz gleich ist, ob ich durch Überwindung des weltlichen Begehrens der Aversion jeden Boden entziehe oder ob ich durch Bekämpfen der Aversion gezwungen werde, seine Ursache, das Begehren, zu verleugnen. Je nach dem Menschentyp werden hier die Gewichte verschieden sein. Was hier als die letzten Hemmungen durch Aversions-Bindung an die Welt gesehen wird, ist allerdings sehr verschieden von dem, was wir gewöhnlich als Gehässigkeit kennen. Die Überwindung der zweiten Hemmung ist eine starke Kraft von Liebe (*mettā*), die ohne Schranken das Herz der anderen Wesen versteht.

(3) **Matte Müde** (*thīna-middhaṁ*). Weil es dem Menschen sehr fern liegt zu erkennen, dass alle Gehässigkeit nichts als die Kehrseite weltlichen Begehrens ist, deshalb nennt der Buddha die ersten beiden Hemmungen getrennt. Erst wer sich daran gewöhnt hat, diese zwei Übel als im Grunde eines zu sehen, der ist dann auch fähig, bei der dritten Hemmung eine entsprechende Polarität zu sehen, die hier nur als eine einzige Hemmung bezeichnet wird. Die matte Müde ist diejenige Hemmung, bei der der Hemmungscharakter am deutlichsten ist, und zwar Anziehung und Abstoßung gleicherweise umfassend. Der erste Wortteil (*thīnaṁ*) setzt bei der Abstoßungsseite hinsichtlich der Weiterentwicklung an: Langweilige Trockenheit, Apathie, Lustlosigkeit, Öde und Leere. Das Herz ist dumpf, stumpf, schal, benommen. Man mag sich um nichts Heilsames kümmern, hat Überdruss am Überschreiten der Welt und beharrt daher in weltlicher Banalität. Wenn außen nichts los ist, wenn es still ist und man Zeit und Gelegenheit zur Meditation hätte, dann mag man nicht. Und wenn man in einem guten Gespräch ist, dann langweilt es einen, und wenn man einen Vortrag hört, dann wünscht man das Ende herbei. Das ist die Mattheit des Herzens, das sich nicht zu Höherem aufraffen mag. Kaum gab es eine christliche Askese in Ägypten, da ward auch schon diese Hemmung bekannt (*acedia*), die der Weltling durch pausenlose Sinnesberieselung und Geschäftigkeit vergeblich zu übertönen sucht. Wenn man auch die ersten beiden Hemmungen weitgehend verlassen hat, dann bleibt man doch für künftig untergründig an sie gefesselt und das bringt diese Leerheit, Trockenheit und Dunkelheit hervor, die ein Protest der Niedrigkeit gegen das Höhere ist, ein sich Melden der Hefe des Gemütes. Dieser Bodensatz wurde in vielen Leben angesammelt, aber nie als

solcher erkannt. Dass man überhaupt an diesen Keller der Seele herankommt, ist schon ein Fortschritt, allerdings muss man dafür gewappnet sein, kraftvoll den Kampf gegen diesen Haufen Unheil aufzunehmen.

Die Kehrseite dessen, die anziehende Seite, wird mit dem zweiten Wortteil ausgedrückt (*middhaṁ*). Vor der Langeweile flieht man ins Dösen, Träumen, Schlafen und Sich-gehen-lassen: Das ist die „Müde". Man lässt sich dahintreiben, passt sich der Hefe an und gibt jeden Widerstand auf, d. h. man tut gar nichts und genießt so ein Scheinwohl. Man kapituliert vor dem Niederen und taucht in es ein, um sich nicht davon unterscheiden zu müssen. Man schließt die Augen vor dem Leiden, ist indolent, und so bleibt man im Finsteren.

Als Gegenmittel wird hier genannt „achtsam und klarbewusst das Licht gewahrend". Was bedeutet das? Wer auf dem Heilswege innen heller geworden ist, der beginnt irgendwann auch außen mehr Helle zu bemerken. Die Welt wird verklärter, der Weltschleier verdünnt sich, wird transparenter. Darauf ist klarbewusst die Achtsamkeit zu richten und zu merken: Das ist keine Halluzination, keine Sinnestäuschung, kein Augenleiden, sondern eine Vorankündigung der Lichtwelt. Diese Wahrnehmung spornt beglückend an, aus der Finsternis der Leibeshöhle und der Sinneswelt empor zum Licht zu steigen.

(4) **Aufregung und Ungeduld** (*uddhacca-kukkuccaṁ*) verhält sich zur matten Müde wie zu straffe Spannung zu zu schlaffer Spannung. War matte Müde ein Übermaß unheilsamer Passivität (*falschester samādhi*), so ist die vierte Hemmung ein Übermaß an unheilsamer Aktivität, d. h. ein ruheloses Herz, das fern vom Herzensfrieden ist. Hier wird nun als erster Wortteil die Anziehungsseite genannt: Aufgeregtheit, Unruhe, Unrast, Bewegtheit, Agilität. Wenn man mühsam die dritte Hemmung gemindert hat, was nur durch Sich-aufraffen möglich ist, dann gewöhnt man sich leicht daran, überhaupt immer gespannt zu sein, immer aktiv, strebsam, zielgerichtet, bewegt. Und weil man dadurch der ersehnten Ruhe gerade ferner rückt, wird man ungeduldig: Und das ist dann die Abstoßungsseite. Diese Hemmung besteht darin, dass man sozusagen bei allem sich selbst einen Millimeter voran ist: Der Astralleib ist gewissermaßen schon ein Stück weiter als der Fleischleib. Und so ist man immer in Spannung. Während dem Phlegmatiker besonders die matte Müde zur Gefahr werden kann, steht der Choleriker der vierten Hemmung näher. Im Grunde geht es hier um die Gewöhnung, dass alle Ziele durch Aktivität, Aufbau, Gestaltung zu erreichen sind – ausgenommen das Nirvāna, welches nur durch Einebnung der Aktivität zu erreichen ist. Weil aber der Kampf gegen die falsche Aktivität eben nur durch rechte Aktivität möglich ist, gewöhnt man sich eben doch daran, ständig aktiv zu sein. Darin liegt der Hemmungscharakter der vierten Hemmung begründet, die sozusagen erst auf dem Wege zu finden ist. Dies hier ist die religiöse Form dessen, was in der Welt Geschäftigkeit und Hektik ist.

Das Gegenmittel wird nur mit dem Stichwort „unaufgeregt, innerlich beruhigten Herzens" gegeben. Um das zu verstehen, muss man im Herzen etwas haben, bei dem man ruhig bleiben kann, eine Friedensecke, eine Nische der Stille. Und das gewinnt man auf dem Wege durch das innere Wohl. Denn wenn man in sich Wohl hat, dann braucht man es nicht mehr außen zu suchen und damit endet die ewige Unruhe des Herumrasens im Schöpfen und Schaffen. Gerade diese Beruhigung des Gestaltungsdranges und Schaffenstriebes fällt dem Abendländer unheimlich schwer. Er nimmt sich und seine Tätigkeit ja so wichtig, will alles selber machen und möchte vor allem sofort Ergebnisse sehen. Alles Dramatisieren und der Mangel an Reifenlassen zeigen sich hier in der vierten Hemmung noch auf feinster Ebene. Kurz vor der Heiligkeit verfiel Anuruddho noch in die Schlingen dieser vierten Hemmung, ohne sie selber zu erkennen: Er sagte zu sich, dass er aus eigener Kraft mit seinen großen Fähigkeiten ein Heiliger werden wolle (Aufregung), aber dass er leider immer noch nicht das Nirvāna erlangt habe (Ungeduld) (A III 128).

(5) **Zweifelsucht** (*vicikicchā*) ist eine geistige Fessel und Hemmung. Während Begehren und Hassen die sinnlichen Triebe waren und während matte Müde und Aufregung/Ungeduld Selbstgestaltungstriebe waren, gehört die Zweifelsucht zu den Ansichtstrieben. Sie nennt dabei die Abstoßungsseite im Ansichtsjoch. Wer die falsche Ansicht hat, dass das Wohl in der Welt liegt, in der Gierbefriedigung, der kommt von Zweifeln nicht los, weil er dauerhaftes Wohl auf diese Weise eben nicht bekommt. Er will Frieden, Wohl, Geborgenheit, aber er kann in den unbeständigen Dingen keine Heimat finden. So irrt er in einer ewigen Odyssee herum, voller Probleme, voller Misstrauen, mit sich selbst im Widerspruch, zerrissen und unentschieden. Die Welt ist ihm ein Rätsel, das Schicksal ist ihm ein Rätsel, er selbst ist sich ein Rätsel – und so tappt er im Dunklen herum; gehemmt von der Zweifelsucht kommt er nicht zur Klarheit und Entschiedenheit. Alle Anschauungen, die die Welt in bunter Fülle anbietet, erweisen sich bei näherem Zusehen als heilloser Bruch und er kann keiner uneingeschränkt folgen. So wird er ein Nihilist, der alles bezweifelt, alles kritisiert und nirgends etwas Sicheres sieht. Er findet sich ausgeliefert an die Ausweglosigkeit und Ratlosigkeit, die das Hauptmerkmal des Materialismus ist. Diese Zweifelsucht hemmt alle seine Bestrebungen, denn nach seiner Anschauung hat alles ja keinen Zweck. Daher bleibt er so, wie er ist, d. h. in den vier anderen Hemmungen befangen. Die fünfte Hemmung ernährt und bestätigt so die vier anderen Hemmungen und verhindert deren Durchschauung und Auflösung. Da schließt sich der Kreis, indem die Zweifelsucht am Ende und auch am Anfang der Hemmungen steht.

Wer die rechte Anschauung über die Existenz gewinnt – und sei es nur die noch wahnhafte der Mystiker – der geht den Läuterungsweg und findet auf ihm das dreifache Wohl (Wahrheitswonne, Tugendwohl, Weltentfremdungswohl), das ihn immer sicherer macht, auf dem rechten Wege zu sein. Immer wieder kann man bei den Mystikern lesen, wie ihre Fragen und Zweifel – unberechtigte, aber auch berechtigte – durch das Erleben übersinnlichen Wohles geradezu hinweggeschwemmt werden. Sogar die echten Zweifel an christlichen Dogmen, z. B. am Schöpfergott, verblassen vor der Sonne des aufgehenden *samādhi*-Wohles. Für die Mystiker verlieren diese Fragen das Interesse, nachdem sie das ersehnte übersinnliche Wohl erlangt haben. Die Hemmung der Zweifelsucht wird zurückgedrängt und unwirksam gemacht, indem sie ihre Zweifel sozusagen Gott überlassen, nachdem der Hauptzweifel über die Fruchtbarkeit des eigenen Strebens fort ist.

Auf dem buddhistischen Wege wird darüber hinaus der Zweifel ganz aufgelöst, d. h. es wird die Fessel der Zweifelsucht ausgetilgt und nicht nur die Hemmung fortgedrängt. Das gleiche gilt auch von den anderen Hemmungen, aber es beginnt mit der fünften Hemmung. Dabei kann man sich Folgendes vor Augen führen:

Fessel und Hemmung der Zweifelsucht hat der Weltmensch, der ausweglos in seiner falschen Anschauung verstrickt ist, die immer wieder seine Zweifel ernährt.

Fessel ohne Hemmung hat hinsichtlich der Zweifelsucht der Mystiker, der durch Zurückdrängung der Hemmung die Fessel unwirksam macht.

Hemmung ohne Fessel hat der Hörer, wenn er aus Resten früherer Irrtümer noch manchmal bedenkliche Gedanken hegt, die ihn momentan wie eine Hemmung der

Zweifelsucht lähmen. Da sie aber keine Nahrung von unten mehr haben (die Fessel ist ja weg) und nur noch von oben aus dem Geist ernährt werden, kann dieser Geist solche Scheinbilder auch sofort wieder auflösen, und muss es sogar. Was bei ihm noch als Hemmung der Zweifelsucht durch den Geist geistert, ist eigentlich nur ein Double der Hemmung der Zweifelsucht, eine momentane Abwesenheit von Geistesklarheit. Das ist ein kraftloses Gebilde.

Weder Hemmung noch Zweifelsuchtsfessel hat der Nichtwiederkehrer, bei dem auch nicht mehr Reste früherer Beirrungen als Hemmung auftauchen können.

39.3 Auflösung der Hemmungen nach M 10

Während es bei den ersten drei Pfeilern nicht um die Auflösung von Körper, Gefühl und Herz ging, sondern nur um deren Durchschauung und analysierende Betrachtung, besteht der Unterschied zu der Betrachtung der Hemmungen darin, dass es hier auch sofort um deren Auflösung geht. Die Hemmungen sind ja Triebe, d. h. ein Bezug zu Dingen, von denen man angezogen und abgestoßen ist. Indem die Triebe als Unheil entlarvt werden, löst diese Betrachtung sie auch auf, denn vor diesem Blick haben sie keinen Bestand. Bei den anderen drei Pfeilern wurde der Bezug aus den Dingen herausgezogen, aber die Dinge blieben, während hier Bezug und Ding zusammenfallen. Man erfährt hier, dass durch Ernährung seitens des Geistes die Hemmungen der Seele bestehen, durch Nahrungsentzug aber aufgelöst und zum Verschwinden gebracht werden, so dass schließlich durch immer wiederholte Verneinung der Hemmung auch die Fessel aufgelöst wird.

Dieser Prozess wird in M 10 in fünf Stufen geschildert:

(1) Mittels der auf dem Wege gewachsenen Achtsamkeit schaut der Übende in sich und prüft, ob eine der fünf Hemmungen oder alle noch in ihm sind oder nicht. Merkt er, welche Hemmung noch in ihm ist, dann stellt er das zunächst fest. Er merkt: Da ist noch ein Feind.

(2) Merkt er, dass eine Hemmung nicht in ihm ist, dann stellt er auch das fest und freut sich darüber: Die Hemmung ist weg, das ist gut, mein Mühen ist fruchtbar gewesen. Und das fördert seinen Willen, nun so weiterzumachen.

(3) Wenn er gemerkt hatte, dass eine Hemmung noch in ihm ist, dann beobachtet er sie jetzt näher. Er merkt schon, wenn eine dursthafte Vorstellung in ihm ist, die als Leere nach Erfüllung ruft. Er merkt, wie der Geist aus dem Schubfach der Vorstellungen nun Erinnerungsbilder assoziiert und sie in Gedanken ausbreitet und umspinnt und bejaht. Dieser Vorgang bereitet das Aufsteigen jeder Hemmung unmittelbar vor: Das ist ihre Ernährung. Im Einzelnen: Ein schönes Bild, ein widererstehendes Bild, eine Vorstellung faul-trägen Ruhens, eine Vorstellung von interessanten Aufgaben und Aktionen, eine Vorstellung bezweifelbarer Probleme im Intellekt. Das sind die fünf giftigen Nährmittel, die Hemmungen erzeugen und alle früheren Hemmungen erzeugt haben (A I 2; S [V] 46, 51). Daher schneidet er jetzt die Hemmung schon in ihrem Entstehen ab, lässt sie sich gar nicht erst weiter entwickeln: Die eben erst aufsteigenden leisen Wellen vorbereitender Vorstellungen werden gleich wieder beruhigt. Das ist wahre Geisteszügelung.

(4) Wenn aber trotzdem noch eine Hemmung die Wachen des Geistes überrannt hat und aufgestiegen ist – das können auf dieser Stufe der Übung nur noch leisere Nachklänge sein – dann holt der Übende seine heilsamen Gegenvorstellungen heran und überwindet damit die jeweilige Hemmung. Er ruht nicht, bis er auch die feinsten sol-

cher Regungen mittels seiner rechten Anschauung ausgerottet hat. Ein kleiner Anlass, eine winzige Regung von Hemmungen – aber er geht mit zehnfach stärkerer Kraft dagegen an. Im Einzelnen heißen diese Gegenmittel: Eine Vorstellung der Unschönheit des Leibes, eine Vorstellung der allumfassenden Liebe, eine Vorstellung des sich Aufraffens, Durchhaltens und darüber Hinaustretens, eine Vorstellung der Beruhigung und eine Vorstellung des gesetzmäßigen Zusammenhangs der Phänomene (A I 2).

(5) Auf diesem Wege merkt er dann auch bei einer Hemmung „Die kommt so nicht mehr wieder", d. h. sie ist wesentlich abgeschwächt und entkräftet worden, oder eine Spielart einer Hemmung ist gänzlich ausgetilgt. Er merkt z. B., dass die Regung der Aversion gegen einen Verwandten zum letzten Mal aufgestiegen ist, dass sie ausgetilgt ist und die letzte Faser der Fessel weg ist. Oder es merkt einer, dass eine ganze Gruppe von Trieben aufgelöst ist, wie die untermenschlichen bei der Hörerschaft. Oder schließlich gehört hierzu auch das Bemerken, dass eine der fünf Hemmungen für immer gänzlich aufgelöst ist und in der Existenz zum letzten Mal aufkam: Bei der Hörerschaft endet die Fessel der Zweifelsucht, und damit kann die Hemmung von unten nicht mehr aufkommen; bei der Nichtwiederkehr endet die Fessel von Begehren und Hassen, und daher kann die Hemmung dadurch von unten nicht mehr aufkommen; bei der Heiligkeit endet die letzte Unruhefessel, und damit auch die dritte und vierte Hemmung endgültig. Damit verweist auch diese Betrachtung wiederum weit nach vorwärts.

40. Unbeständigkeit der fünf Erscheinungen (*khandhā*)

„Dass wir hier ein Land bewohnen,
wo der Rost das Eisen frisst,
wo durchhin, um Hütten wie um Thronen,
alles brechlich ist.
Wo wir hin aufs Ungewisse wandeln
und in Nacht und Nebel geh'n,
nur nach Wahn und Schein und Täuschung handeln
und das Licht nicht seh'n;
wo im Dunkel wir uns freu'n und weinen,
und rund um uns, rund umher,
alles, alles, mag es noch so scheinen,
eitel ist und leer." (Matthias Claudius)

Vergänglich ist ja, was erscheint,
nur Werden zum gewesen Sein:
Entstanden muss es untergeh'n,
ist Ruhe, reicht es selig aus." (D 17)

40.1 Warum diese Betrachtung hier?

Im Gang der Nachfolge geht die Betrachtung der fünf Hemmungen und ihrer Aufhebung nahtlos in die sieben Erweckungen über, d. h. in die Gefühle der *samādhi*-Stufe. In M 10 werden dagegen zwischen den fünf Hemmungen und den sieben Erweckungen noch zwei weitere Betrachtungen genannt, nämlich die der fünf Erscheinungen und die der sechs Gebiete. Für den gemütsmäßig ergriffenen Menschen ist diese Unterbrechung des Ganges der Nachfolge eine Störung, eine lästige Zwischenschaltung, die er nicht beachten wird. Aber bei näherem Zusehen und bei gründlicherer Einfühlung zeigt sich, wie diese scheinbare Unterbrechung ihren guten Sinn hat.

Wer sich bemüht, die fünf Hemmungen zu überwinden, der merkt, auch wenn sie schon sehr verfeinert worden sind, dass die Überwindungsfähigkeit von der Durchschauung der Dinge abhängt, zu denen der triebhafte Bezug der fünf Hemmungen besteht. Das heißt, die Entreizung (*virāga*), die durch die Distanzierung von den fünf Hemmungen erfolgt und deren Verblassen herbeiführt, hängt ab von dem Überblicken der bisher positiv bewerteten Dinge und deren Entlarvung. Das zeigt sich am deutlichsten bei der Zweifelsucht, die überhaupt nur durch Erkenntnis überwindbar ist, und zwar als Fessel allein durch die Durchschauung der fünf Erscheinungen. Implizite ist also in der Betrachtung der fünf Hemmungen immer auch schon eine mehr oder weniger starke Betrachtung des Unwerts der fünf Erscheinungen einbegriffen, ob man sich dessen bewusst ist oder nicht. Durch die Betrachtung der fünf Hemmungen aber wird man auf diesen Zusammenhang gestoßen. In M 118 wird bei der Verknüpfung der Atembetrachtung mit der Gesetzesbetrachtung auch die logische Reihenfolge genannt, dass durch Betrachtung der Vergänglichkeit sich die Betrachtung der Reizlosigkeit, Auflösung und des Fahrenlassens ergibt.

Ferner ist die Betrachtung der fünf Erscheinungen und ihres Unbestandes an dieser Stelle auch noch aus folgendem Grunde geboten: Der Übende steht hier unmittelbar am Eingangstor zum *samādhi*, zu einer ganz anderen Erlebensweise. Dafür gilt es geistig gerüstet zu sein und sich für sein Verhalten darin zu programmieren. Der unvorbereitete Mystiker wird den *samādhi* nur genießen und als Bestätigung seines bisherigen Weltbildes auffassen bzw. den Widerspruch zu ihm nicht weiter beachten. Der Buddhist hingegen ist darauf vorbereitet, zwar zuerst auch den *samādhi* zu genießen, aber dann im Wohl das Weiterstreben und Weiterprüfen nicht zu vergessen. Dafür eben wird in der hier beschriebenen Übung die Weiche gestellt. Hier wird sozusagen noch einmal der Blick auf den Kompass geworfen und die eiserne Ration an geistigem Marschgepäck überprüft, ehe die große Reise ins Land der Vertiefung beginnt.

Und schließlich wird nach dem Erleben des *samādhi* dessen Auswertung dann wiederum durch eine Betrachtung der fünf Erscheinungen vorgenommen, innerhalb derer sich auch der *samādhi* abspielt. Die Betrachtung der fünf Erscheinungen ist sogar am angemessensten in einem *samādhi*-Zustand durchzuführen, bei dem das Denken noch wirksam ist (siehe D 33 IV). Auch dafür wird hier die Vorbereitung geliefert.

Je mehr man sich in diese Ebene einfühlt, desto mehr sieht man, dass das, was im Augenblick in der Tat eine Störung ist, auf längere Sicht gesehen notwendig ist, um den *samādhi* überhaupt richtig auszunutzen und in der Existenz zum endgültigen Frieden zu kommen. Die Betrachtung der fünf Erscheinungen und sechs Gebiete, die dem Gemütstyp lästig ist, ist dann gegenwärtiges Wehe, das künftiges Wohl mit sich bringt.

Dabei zeigt sich wiederum, dass die Betrachtung der fünf Erscheinungen ebenso wenig etwas Neues ist wie die Betrachtung der fünf Hemmungen. Schon bei der ersten Stufe und bei der ersten der vier edlen Wahrheiten wurden ja die fünf Erscheinungen analysiert. Und bei den bisherigen *satipaṭṭhāna*-Übungen wurden Teile von ihnen bereits gründlicher in Augenschein genommen, nämlich die innere Form (Körper), die Gefühle und das Herz. Jetzt geht es nun darum, speziell unter dem Aspekt der Unbeständigkeit, Vergänglichkeit und schemenhaften Haltlosigkeit diese fünf Erscheinungen zu betrachten. Dabei wird es nicht ausbleiben, dass man längst nicht immer die hier geforderte Höhe der Betrachtung durchhält und noch oft ins mehr Analytische der rechten Anschauung zurückfällt. Das sollte in Kauf genommen werden.

40.2 Die Betrachtung des Unbestandes der Form

Die erste der fünf Erscheinungen, die man meist ganz überwiegend im Auge hat, auch noch lange nach der Belehrung durch den Erwachten, bedarf der nachhaltigsten Aufmerksamkeit, weil mit ihr alles andere steht und fällt. Die Form ist Ich und Welt, ist die gesamte Vielfalt der Weltausbreitung, ist die gespaltene Erlebensweise des Gegenübers von scheinbar materiellem Subjekt und scheinbar materiellem Objekt. Es ist die Grundlage des Wahns der Realität und Beständigkeit und Haltbarkeit überhaupt. Wegen der Form glaubt man an eine objektive Welt, die unabhängig von ihrem Erkennen bestehe. Um dem beizukommen, muss die Betrachtung weit, weit ausholen, bis hin zu den selbstverständlichsten und daher nicht beachteten Phänomenen. Dafür einige Beispiele von Ansatzmöglichkeiten, den Fluss der Dinge und die Flucht der Erscheinungen vor Augen zu rücken:

Ich lebe in einem Staate, und an dessen Spitze steht ein König, der nicht mehr König heißt, sondern dessen Berufsbezeichnung unaufhörlich wechselt. Ich habe zwei Reichspräsidenten erlebt, einen Führer, einen Großadmiral, vier Bundespräsidenten. Deren Namen kenne ich eben noch, aber die Namen der zahlreichen Reichs- und Bundeskanzler der letzten 50 Jahre bekäme ich auch mit großer Mühe nicht ganz zusammen. Noch weniger weiß ich die Namen der kleinen „Könige" meines Heimatstaates Hamburg. – So unbeständig ist alles. Die ganze Geschichte ist eine endlose Kette dauernd wechselnder Namen: eine Vielheit ohne Anfang und Ende. Kulturen erblühen und welken, immer sind Namen von Männern und Frauen und Staaten und ihren Veränderungen. Die Geschichte ist ein Film, der wie ein Traum am Gedächtnis vorüberzieht.

Nicht anders aber ist es in nächster Nähe, in der kleinen Gesellschaft ebenso wie in der großen. Auch bei den Menschen meiner persönlichen Umgebung wechseln ständig die Namen: Schulfreunde, Jugendfreunde, Studienfreunde, Kollegen, buddhistische Freunde, Nachbarn, Verwandte. Wie viele Geburts-, Heirats- und Todesanzeigen habe ich schon bekommen und wie viele werden noch folgen! Und wie viele Namen haben sich geändert: Frauen wechselten den Namen durch die Ehe, Männer nahmen einen Mönchsnamen an und legten ihn wieder ab. Und wie viele Adressen habe ich schon gehabt, wie viele Telefonnummern, wie viele Termine und Verabredungen! Es ist ein ständiges Kommen und Gehen und Fließen.

Und ferner noch: In einer Wohnung kam ich zur Welt, in einer anderen zur Schule, in einer dritten wurde ich ausgebombt, in einer vierten machte ich die Examina, in einer fünften wohne ich jetzt – und dazwischen lagen noch einige andere. Wohnung, Gewöhnung. Und plötzlich war einmal alles fort, alle Andenken, aller Besitz, alle Bücher, alle Notizen. Und die Heimatstadt lag in Trümmern, auf denen später Gras wuchs, bis alles hektisch wieder aufgebaut wurde und von Menschen bewohnt, die oft innerlich noch viel leerer waren als die hohlen Fassaden der Trümmer, so dass sie ständig Unterhaltung brauchten. Die Menschen forcieren die Veränderlichkeit noch künstlich, weil sie Abwechslung brauchen, und so drehen sie das Karussell des Lebens noch schneller, bis sie ganz durchgedreht werden. Was heute modern ist, ist morgen veraltet. Was heute altmodisch ist, war gestern hochmodern. Unaufhörlich wandelt sich der Prozess des Wechselhaften und die Menschen nehmen das alles ernst, obwohl es doch geradezu lächerlich ist.

Und ich selber, mein Leib? Ohne Zähne kommt man zur Welt, dann bohren sich die Milchzähne mühsam durch, fallen aus, machen der nächsten Garnitur Platz – und die wird faul, muss repariert und ersetzt werden. Und die Haare: Erst sind sie noch dünn und spärlich, dann üppig, dann werden sie leicht grau und weiß, fallen aus und dann sind sie wieder dünn und spärlich wie am Anfang. Was sonst noch am Leibe ist, ist zusammengegessen: Jeden Tag füllt man einige Pfunde und Liter ein – von den Luftmassen ganz zu schweigen – und scheidet wieder etwas aus. Der Stoffwechsel ist der größte Wechsel. Unaufhörlich arbeitet die Körper-Chemie, pausenlos wirkt diese Fabrik, ohne Überholung. *Tempora mutantur et nos in illis*: Die Zeiten ändern sich und wir in ihnen. Wir spielen die Rolle in einem Entwicklungsroman, wir treten auf, agieren und treten ab von der Bühne. Und dann fängt ein neues Stück an, endlos dasselbe Theater: „Wer saß nicht bang vor seines Herzens Vorhang? Die Bühne öffnet sich. Die Szenerie war Abschied." (Rilke)

Heute ist ein Datum, einer der sieben Wochentage, einer der zwölf Monate, eine der einunddreißig Nummern, eines der Jahre ab Christus. An einem bestimmten derart nummerierten Datum bin ich geboren, an einem anderen werde ich sterben. Sieben Wochentage habe ich zur Auswahl, um zu sterben, und zwölf Monate und vierundzwanzig Stunden. Unaufhörlich wechseln die Tage, Wochen, Monate, Jahre. Unaufhörlich verschlingt die Zeit das Sein, das ein Scheinsein ist. Das Symbol der Vergänglichkeit heißt in Indien KĀLI: Sie zerstört um zu schaffen und schafft um zu zerstören. Das ist MĀYĀ.

Auch das scheinbar Beharrendste, das Planetensystem, ist einst geworden, und wird einmal wieder vergehen, genauso wie unsere so fest erscheinende Erde. Wärmetod des Weltalls nennt die Wissenschaft den Weltuntergang, Götterdämmerung nannten es die Germanen, Apokalypse und Jüngstes Gericht nennt es das Christentum, Einwärtsentwicklung der Weltausbreitung nennt es der Buddha. Und es heißt in Gjellerups „Pilger Kamanita":

„Alles verwehend hin weht
kühl verwesender Hauch:
wisse, einmal vergeht
Glanz der Brahmawelt auch."

Und wenn ich die ganze Vielfalt zusammenklappe und auf die letzten Bausteine der Erfahrung zurückführe, dann erlebe ich nichts anderes als den Raum der vier Elemente. Irgendetwas sehe ich (z. B. etwas Festes), Wasser läuft mir im Munde zusammen (Flüssiges wird geschmeckt), ich rieche meinen Schweiß (Verbrennungsvorgänge werden gerochen), jetzt läutet eine Glocke (Luftwellen werden gehört). Und das Ganze kommt auf meinen Leib zu, der tastend der Welt gegenübersteht. Die sichtbare Welt sind nur die vier Farben, die den Raum ausfüllen und Grenzen setzen, Lichtunterschiede, Schattenrisse. Und diese Schattenfiguren kommen am Tor der jeweiligen Gegenwart an mich heran und verschwinden wieder. Was wir „Welt" nennen, ist keine Statik, sondern ein Fluss von Wellen, die uns als ein Strom von Licht und Unterschieden erscheinen. Und diese Dynamik ist nicht autonom, sondern abhängig von dem Erkennen, in welchem sie spielt. Die Form ist beherrschbar. Die Form wird wilder, gröber, grotesker, starrer, wenn das Erkennen sehr triebhaft getrübt ist; die Form wird milder, feiner, transparenter, schöner, wenn das Erkennen entreizter wird; und die Form kann aufhören, wenn überhaupt keine Anziehung mehr zu ihr ist – das aber ist bereits ein Vorgriff auf spätere Stufen.

40.3 Die vier anderen Erscheinungen

Gefühl, Gewahrung, Gestaltung, Gewöhnung oder mit anderen Worten: Stimmung, Vorstellung, Aktivität, Erfassung, das sind die vier formlosen Phänomene, die seelisch-geistigen Erscheinungen der Vergänglichkeit.

Wenn die eine Form sich wandelt, bin ich beglückt, nämlich wenn Unangenehmes vergeht und Angenehmes herankommt. Wenn die andere Form sich wandelt, bin ich betrübt, nämlich wenn Angenehmes vergeht und Unangenehmes herankommt. Daher wechselt unaufhörlich das Geflimmer und Geflacker der Gefühle. Abhängig von der unbeständigen Form sind auch die Stimmungen unbeständig. Wohl wechselt in Wehe, Wehe wechselt in Wohl. Eines geht auf, ein anderes geht unter. Das ist kein Bestand, sondern nur Gekreise. Ein Schlag von außen an meine Herzenswünsche und der Herzensgong tönt selig. Ein anderer Schlag: Ich bin tief geknickt. So treffbar bin ich, so verletzbar, so wandelbar ist meine Stimmung.

Auf und ab geht das Lebensgefühl. Auch die heilsamen Gefühle kommen und gehen wieder. Noch ist kein bleibendes Wohl. Wie Gäste in einer Herberge kommen und gehen die Gefühle. So ist unser Leib nur die Durchgangsstation der Gefühle, die er in Lauten des Wohlbehagens oder des Missbehagens auszudrücken pflegt. Der Herzensgong ist es, der diese Gefühlslaute hervorbringt. Und das Gefühlsleben macht das Lebensgefühl und das wechselt unaufhörlich und fluktuiert.

Im ständigen Wechsel der Formen und Gefühle, die der Geist verzeichnet, schreibt er Begriffe ein, merkt sich Verbindungen von Form und Gefühl, d. h. er macht sich Vorstellungen. „Davon kommt Wohl, davon kommt Wehe", notiert der Geist. Daraus wird im Geist ein Weltbild gebaut, das die angenehmen und unangenehmen Situationen sortiert und differenziert. Im Tagebuch oder Archiv des Geistes sind die Vorstellungen verzeichnet, die die Namen aller Erlebnisse enthalten, die Namen aller Objekte und aller durch sie ausgelösten Gefühle. Das ist der Computer des Gehirns, der einen Schwall von Daten durch den Geist wirbeln lässt. Von den Meldestationen der fünf Sinne geht es zum Geist, vom Geist wieder zu den Sinnen – und es wird unermüdlich Neues notiert und deponiert und archiviert. Dieses Archiv der Wahrnehmungen und Vorstellungen, der Gewahrungen, nenne ich stolz „Wissen" und „mein Bewusstsein". Aber es ist doch nur ein Computer, der pausenlos nach Programmen Daten herunterleiert und ausspuckt, im ständigen Wechsel derselben Unbeständigkeiten.

Auf die gefühlten Daten reagiere ich nun, mache Pläne, fasse Entschlüsse, fälle Willensentscheidungen und Werturteile: „Damit muss man so umgehen. Das ist so ähnlich wie jenes, unterscheidet sich indes in gewisser Weise, so dass man etwas anders handeln muss. Das wird sich wahrscheinlich wiederholen." Dauernd beabsichtige ich etwas und will etwas verbessern, wobei wieder anderes dazwischen kommt, so dass ich schon wieder umprogrammieren muss. Immer muss ich mich anpassen, muss umdenken, umlernen. Weil die Formen, Gefühle, Gewahrungen sich wandeln, deshalb muss das Denken stets hinterher hinken, um die neuesten Wandlungen einzukalkulieren und bei den Entscheidungen zu berücksichtigen. Das Denken wird mitgerissen vom Sog des Unbestandes. Es ist ein Wirbelkreis ohne Ende, rastloses tätig sein Müssen des Willens nach Wohl, das er dauerhaft nirgends findet. Wäre wahres Wohl, brauchte es keinen Willen und kein Gedenke mehr zu geben. Nur weil es eben nicht ist, muss ich schaffen und schaffen. Die Frage aus dem „Faust":

„*Was soll uns denn das ew'ge Schaffen,*
Geschaffenes zu nichts hinwegzuraffen?"

... beantwortet sich eben dadurch, dass das vollkommene Wohl noch nicht erreicht ist. Und da man es nicht hat, versucht man der ewigen Unruhe des Denkens einen Selbstzweck unterzuschieben:

„Gestaltung, Umgestaltung: des ew'gen Sinnes ew'ge Unterhaltung.“

Diese Unterhaltung des Geistes mit sich selbst unterhält die Vergänglichkeit, erhält sie aufrecht, ergreift sie und setzt sie fort. Darum heißt die höchste Form der Betrachtung hier:

„Was aber ist die Betrachtung der Unbeständigkeit aller Gestaltungen? Da empfindet der Mönch Entsetzen, Widerwille und Abscheu vor allen Gestaltungen.“ (A X 60)

Das fünfte und tiefste wandelbare Phänomen aber ist die Gewöhnung, so und so da zu sein und als Erkennender auf die anderen Erscheinungen bezogen zu existieren. Wo Erkanntes ist, ist immer auch eine Erkenntnisfähigkeit, aber diese ist mal so getrübt, mal anders getrübt. Mal sieht die Erkenntnisgewöhnung durch die Brille solcher Gier, mal durch die Brille solchen Hasses, mal durch die Brille solcher Verblendung und dann wieder durch tausend andere getrübte Brillen. Jeder Gedanke des Geistes wandelt etwas die Neigung, Gewöhnung und Kraft der Seele; und jedes Aufkommen einer Neigung beeinflusst umgekehrt wiederum den Geist. Das Merken, Erkennen, Abschmecken, eben die Seele, ist ständig im Fluss: Sie wird beeinflusst und ändert sich, und sie beeinflusst die anderen Phänomene und ändert sie. Sie garantiert den Bestand des Unbestandes, ist das inkarnierte Ja zum Fließen der Vergänglichkeit. Sie ist wie ein unruhiger Affe, der dauernd herumwirbelt und herumspringt.

40.4 Die Vorstellung der Vergänglichkeit

Wer jene eben genannte Betrachtung der Unbeständigkeit aller Erscheinungen in der Übung zu einer festen Vorstellung hat werden lassen, der tritt aus dem Unbestand heraus, dem wird die Phänomenalität zum Objekt, das ihn nicht mehr berührt. Dementsprechend sagt der Buddha:

Wenn immer tiefer er durchschaut
Erscheinen, wie's entsteht, vergeht,
ergreift ihn Wonneseligkeit,
da er das Todlose erkennt. (Dh 374)

Aus dieser Perspektive ist es allein verständlich, warum der Erwachte sagt: Noch weit mehr wert als die beste Übung in All-Liebe sei es, auch nur einen Augenblick im Anblick des totalen Unbestandes zu weilen (A IX 20). Aber außerhalb der Flucht der Erscheinungen zu stehen, das sieht leichter aus, als es gesagt ist. Und selbst wenn man sich in einer tiefen Besinnung einmal so ablöst, dass man untreffbar wird, so findet man sich im nächsten Augenblick schon wieder in den Triebkräften und identifiziert sich mit dem Jucken auf dem Kopf oder der Sorge für morgen. Auch der Anblick der Vergänglichkeit und das Weilen in Unvergänglichkeit unterliegen bei uns noch dem Gesetz der Vergänglichkeit. Um das zu verändern, bedarf es gerade des *samādhi.*

Über die Betrachtung der Unbeständigkeit und die unmittelbar daraus folgende Betrachtung der Leidigkeit der Unbeständigkeit sagt der Erwachte Folgendes:

„Wem häufig das Gemüt von der Vorstellung der Unbeständigkeit erfüllt ist, dessen Herz schreckt zurück vor Erlangen, Ehre und Echo. Es wurde gesagt, dass der Unbeständigkeit Leid vorzustellen, hohen Lohn und Segen bringt, das Todlose zum Stützpunkt und Ziele hat. Und warum? Wer als Mönch sich häufig damit erfüllt, der Unbeständigkeit Leid vorzustellen, der hat bei Faulheit, Trägheit, Schlaffheit, Lässigkeit und Nichtanstrengung die stärksten Vorstellungen der Gefahr gegenwärtig gleichwie vor einem Mörder mit gezücktem Schwert.“ (A VII 46)

„Sechs sind es der Fördernisse, deren Anblick einem Mönch schon genügt, um - bei allen Gestaltungen sich in nichts einlassend - die Vorstellung der Unbeständigkeit in sich zu entfalten. Welche sechs? Alle Gestaltungen werden etwas ohne Stillstand sein, an der ganzen Welt kann mein Herz sich nicht mehr erfreuen, über die ganze Welt wird mein Herz sich erheben, zum Nirvāna wird es geneigt sein, die Fesseln werden mir schwinden, das höchste Asketentum wird mir zukommen.“

„Sechs sind es der Fördernisse, deren Anblick einem Mönch schon genügt, um - bei allen Gestaltungen sich in nichts einlassend - die Vorstellung des Leidens zu entfalten. Welche sechs? Bei allen Gestaltungen wird mir die Vorstellung der Gefahr gegenwärtig sein wie vor einem Mörder mit gezücktem Schwert, über die ganze Welt wird mein Herz sich erheben, im Nirvāna werde ich die Stille sehen, die Anliegen werden in mir zur Neige gehen, meine Aufgabe werde ich erfüllt haben, dem Meister werde ich liebevoll gedient haben.“
(A VI 102-103)

Derartige Betrachtungen gehören zu denen, die unmittelbar auf das Nirvāna zuführen, gehen daher weit über die hier behandelte Stufe hinaus. Jedoch ist auch das alles eine Entwicklung und Wandlung. Der Weltmensch kennt von den fünf Erscheinungen und ihrem Unbestand vielleicht 1 %, dünkt sich aber allwissend. Der Übende lernt auf dem Heilsweg bis hierher vielleicht 30 % davon kennen, während die hauptsächliche Horizonterweiterung erst noch vor ihm liegt, was er auch weiß.

40.5 Die Vorstellung der Entreizung

Die Auswirkung der Betrachtung des Unbestandes der fünf Erscheinungen ist eine Abwertung, Entreizung und Verblassung der Triebe, der Fesseln und Anliegen, und damit auch der Hemmungen. So wirkt die zweite der Ding-Betrachtungen auf die erste zurück und fördert und unterstützt sie. Dadurch kann jetzt die Zurückdrängung und Minderung der Hemmungen noch intensiver erfolgen. Ja, man kann Folgendes sagen: Die Betrachtung der totalen Unbeständigkeit lässt sogar alle Triebe verneinen, und wenn nun eine der fünf Hemmungen aufkommt, dann wird diese erst recht verneint. So etwas soll schon gar nicht sein, das ist das Mindeste, was weg muss. Die erste Anwendung der Entreizung, die aus der Durchschauung des Unbestandes folgt, bezieht sich eben auf die fünf Hemmungen, später dann immer mehr auf weitere Triebe bis zur völligen Durstversiegung und Entreizung. Die Betrachtung der Vergänglichkeit und des Leidens bei der Vergänglichkeit führt zu einer Aktivierung des Losreißens von der tödlichen Gefahr des Mörders mit dem gezückten Schwert. Ich will ja doch nicht kaputt gehen und vom Tode immer wieder aufgefressen werden. Der Wille, sich herauszuarbeiten, wird hier angespornt. Dieses sich Losreißen geschieht immer als ein Arbeiten gegen den Strom, der sich hier als die fünf Hemmungen darstellt. Es reizt immer noch, einer Hemmung zu folgen, aber der Impuls, sich dem Reiz entgegenzustellen und ihn durch Betrachtung des Leidigen daran zu entreizen, wird nun stärker. Wo noch eine der Hemmungen aufkommt, da sagt der belehrte Geist: Mach Schluss damit, hör auf. Wenn du heute nicht der Einsicht folgst, dann verschiebst du es nur auf morgen und musst es dann unter erschwerten Umständen vermehrter Triebhaftigkeit doch. Wenn du heute keine Lust hast, dich von einer Hemmung loszureißen, dann wirst du es nie tun. Es gibt keinen anderen Weg zum Heil, als die Unheilsbringer der fünf Hemmungen loszuwerden. Schreite heraus aus dem Leidensgefängnis, in dem sie dich festhalten wollen, und lass dich nicht dadurch ablenken, das Gefängnis zu tapezieren.

Das ist die Vorstellung der Überwindung (*pahāna-saññā*) und die Vorstellung der Entreizung (*virāga-saññā*). Von Letzterer sagt der Erwachte in ihrer höchsten Form:

> *„Da begibt sich der Mönch in den Wald, an den Fuß eines Baumes oder in eine leere Klause und führt sich vor Augen: Das ist das Stille, das ist das Erlesene, das Zur-Ruhe-Kommen aller Gestaltungen, das Loslassen aller Bezüge, die Versiegung des Durstes, die Entreizung, das Nirvāna. Das nennt man die Vorstellung der Entreizung.“* (A X 60)

41. Entfremdung von den sechs Gebieten (*āyatanā*)

Aus sechs entstanden ist die Welt,
in sechs kann wieder ein sie geh'n:
sie reibt sich immer auf an sechs. (Sn 169)

Das Wurzeln hier im Sondern, Unterscheiden,
‚Ich bin's, der denkt', muss gänzlich sein entrodet,
ein jedes Dürsten seiner Brust
entfremden muss man lernen klargemut. (Sn 916)

41.1 Betrachtung der sechs Gebiete nach M 10

Nach der Betrachtung der fünf Erscheinungen folgt als dritte Betrachtung der Dinge diejenige über die sechs Sinnesgebiete. Diese Betrachtung nennt nichts anderes als die fünf Erscheinungen, aber nennt sie unter einem anderen Aspekt. Bei den Erscheinungen war das Verhältnis von Form zu Nichtform 1:4, bei den Sinnesgebieten dagegen ist das Verhältnis 5:1. Der Schwerpunkt liegt hier also bei der ersten Erscheinung, während die vier anderen Erscheinungen im 6. Gebiet einbegriffen sind.

Auch die Betrachtung der sechs Sinnesgebiete ist nichts Neues. Besonders bei der Sinnenzügelung ging es schon um die sechs Sinne, aber auch bei den Körperbetrachtungen (Krankheiten der fünf Sinne, Sinne und Elemente) wurden sie schon angesprochen.

Mittels des Gesichts, Auges, Sehvermögens werden Formen, Farben, Bilder gesehen. Mit dem Fleischauge werden die normalen Bilder und ihre Abbilder (Schatten, Kino, Abbildungen) gesehen. Das übersinnliche Auge sieht die normalerweise unsichtbaren Bilder (Traum, Halluzination, Vision). In jedem Falle aber sind die gesehenen Bilder ein vierfacher Unterschied, nämlich: Unterschiede von Licht (hell-dunkel, farblos-bunt, zart-grell), von Umfang (groß-klein, lang-kurz, rund-zackig, gerade-krumm), von Schwingung (schnell-langsam, aufwärts-abwärts, gradlinig-gekrümmt), und Abstand (nah-fern, oben-unten, vorn-hinten). Licht, Umfang, Bewegung und Abstand sind das, was das Auge im Sehraum sieht und abtastet.

Das Gehör, Ohr, Hörvermögen, „hört“ Töne. Wo Formen sich berühren, gibt es Geräusch, Klang, Stimmen, Lärm, Musik – sei es von Festem (Klappern), Flüssigem (Meeres-Rauschen), Feurigem (Knistern), Luftigem (Wehen, Wind-Rauschen). Das wichtigste Geräusch ist dabei die menschliche Stimme. Alle Töne sind eigentlich nur Differenzierungen von Klangfarbe (laut-leise, sanft-schrill, hart-weich, hoch-tief, eintönig-vieltönend), Klangwechsel (schnell-langsam, abgehackt-harmonisch), und Klangdauer (lang-kurz). Jeder Ton ist eine Welle, die durch eine bestimmte Schwingungsweise gekennzeichnet ist.

Der Geruchssinn, das Riechvermögen, die Nase „riecht" Düfte, Gerüche, Parfüm und Gestank, eben alle chemischen Zersetzungsvorgänge bei Veränderungen von Stoffen. Stechendes, Betäubendes, Dumpfes und Frisches riecht man, d. h. man tastet mit den Schleimhäuten der Nase die Duftwellen der Verbrennungsvorgänge der Materie ab.

Der Geschmackssinn, das Schmeckvermögen, die Zunge „schmeckt" Säfte, in Flüssigkeiten gelöste Stoffe auf dem Gaumen, die abgetastet werden: süß-sauer, scharf-fade, bitter-milde.

Und der ganze Leib, der Körper, das Tastvermögen berührt Tastbares. Da gibt es Druck,

Schlag, Stoß, Streicheln, Kratzen, Schneiden. Da tastet man: schwer-leicht, hart-weich, glatt-rau, heiß-kalt, trocken-nass, bewegt-ruhend. Der Tastsinn ist der Sinn aller Sinne, während die vier Sinne des Kopfes nur lokalisierte spezielle Abtastgeräte sind. Alle fünf Sinne aber reagieren auf Widerstände, auf Gegenüber (Objekt).

Der sechste Sinn aber, das Denken, der Geist, das Erkenntnisvermögen behält und verknüpft die Sinneseindrücke, die es einsammelte, und reproduziert sie wieder – gleichwie man Dinge, die man in ein Archiv hereingenommen hat, nun immer wieder vornehmen kann. Zu diesen sechs Gebieten nun heißt es in M 10:

> *„Wie aber wacht der Mönch bei den Dingen über die Dinge der sechs Innen-Außengebiete? Da kennt der Mönch das Auge und kennt die Formen, und die Fessel, die sich aus beiden ergibt, auch die kennt er. Er kennt es, wenn die Fesselung eben erst erfolgt, wenn die erfolgte aufgehoben wird, wenn die aufgehobene künftig nicht wieder kommt."*

Und so bei allen sechs Sinnen. Man erkennt bei jedem Erlebensvorgang eine Dreiheit: erstens das jeweilige Innengebiet, zweitens das dazu gehörige Außengebiet und als wichtigste den Bezug zwischen beiden, die Fesselung von Innen an das Außen, wörtlich die Zusammenjochung – so wie zwei Zugtiere aneinander gejocht werden. Damit aber ist die Verbindung zu der ersten Ding-Betrachtung hergestellt: Dort wurden die Hemmungen betrachtet, hier auch die Fesseln, d. h. auch die Wurzeln der Hemmungen, die eben in den Fesselungen an die sechs Sinnesgebiete bestehen. Darum wird dann hier ganz genauso wie bei den Hemmungen betrachtet, wie eine Fesselung eben aufkommt, wodurch sie aufgehoben wird und unter welchen Umständen sie für endgültig aufgehoben wird. In dieser Betrachtung wird auch die Entreizung wiederum mit einbegriffen, denn die Überwindung ist ein Vorgang der Reiz-Verdünnung und Reiz-Verblassung bei den Trieben. Die Betrachtung der Fesseln bei den sechs Gebieten erweitert also die Betrachtung über die fünf Erscheinungen auch auf die Überwindung hin. Beide Betrachtungen gehören also untrennbar zusammen und die Betrachtung der Hemmungen ist hier bei den Fesseln mit einbegriffen: die ersten vier Hemmungen sind nichts anderes als Fesseln an die Formen, während die 5. Hemmung (Zweifel) eine geistige Fessel des sechsten Sinnes ist.

41.2 Betrachtung der Entfremdung bei den Sinnesgebieten nach A X 60

Worauf es bei der Betrachtung der sechs Sinne und der Fesselüberwindung eigentlich ankommt, wird in A X 60 deutlicher hervorgehoben. Da heißt es unmittelbar nach der Betrachtung der Unbeständigkeit der fünf Erscheinungen:

> *„Da begibt sich der Mönch in den Wald, an den Fuß eines Baumes oder in eine leere Klause und führt sich vor Augen: ‚Ohne Selbst sind Auge und Formen, Ohr und Töne, Nase und Düfte, Zunge und Säfte, Leib und Tastungen, Geist und Dinge.' So weilt er bei den sechs Innen- und Außengebieten in der Betrachtung der Ich-losigkeit. Das nennt man die Betrachtung der Ichlosigkeit."*

Warum wird die Betrachtung der Ichlosigkeit gerade an die sechs Gebiete geknüpft? Weil das scheinbare Gegenüber der sechs Sinnesgebiete die Quelle jeder Ichauffassung ist. Die wirklich erscheinende Zweiheit (innen und außen) muss von der Schein-Zweiheit (Ich und Welt) genau unterschieden werden. Dass Innen und Außen erscheinen, ist eine Tatsache, aber dass sie als Ich und Welt gedeutet werden, ist subjektive Zutat. Und die gilt es zu entlarven.

Dazu ist erstens Folgendes zu sehen: Es geschieht ein Andrang von Etwas an die sechsfache Empfindlichkeit der Sinne, aber dass das Etwas (der Reiz, der auf die Sinne wirkt) zu einer objektiven Welt und die Empfindlichkeit (die reizbare ‚Substanz') zu einem Ich gemacht wird, ist bereits eine Fehldeutung des Geistes. In Wirklichkeit wird nur ein einheitlicher Vorgang erlebt, nämlich die Gewahrung, die ein Innen und Außen entwirft. Aber beides ist bedingt durch die Gewahrung, die die Dimension des Erlebens ist. Die Struktur der Gewahrung ist nun so, dass das gewahrte Innen ein gewahrtes Außen entwirft. Das nennt man „Ich in der Welt" oder „Welt für ein Ich". Es sind aber nur polare Begriffe, deren Polarität nur innerhalb der Gewahrung erlebt wird, die also in einer doppelten Weise relativ sind: erstens auf die Gewahrung bezogen und zweitens aufeinander bezogen. Dazu sagt ein spätbuddhistischer indischer Text:

> *„Der Unterschied zwischen dem Selbst und anderen ist relativ, wie der Unterschied zwischen diesseitigem und jenseitigem Ufer nichtig ist. Dieses Ufer ist nicht von selbst ein diesseitiges Ufer, und mit Bezug worauf soll es ein jenseitiges Ufer geben? Das Selbstsein kommt nicht von selbst zustande, und mit Bezug worauf soll es einen anderen geben?"*
>
> (*Tathāgata-guyha*, bei Śāntideva, Sikṣasamuccaya, S. 357)

Auch ein Heiliger gewahrt noch die sechs Innengebiete und die sechs Außengebiete, aber er gewahrt sie ohne Identifizierung mit dem Innengebiet, d. h. ohne Triebe. Die Triebe sind es ja, welche das Innen auf ein Außen beziehen und im Durst nach dem Außen diesen Bezug herstellen, den wir dann Ich nennen. Das aber ist eben die Fesselung, das Joch.

Und zweitens ist zu beobachten, dass es überhaupt niemals eine feste Grenze zwischen Ich und Welt gibt. Stets wird das Innen vom Außen verändert und stets verändert das Innen wieder das Außen. Einmal bleibt das Außen eine Zeitlang starr, obwohl ich dringend eine Änderung wünsche und sie vergebens herbeizuführen suche. Ein andermal verändert sich das Außen, obwohl ich heiß ein Beharren ersehne und alles zur Erhaltung unternehme. Sich gegenübersehen bei etwas, das man in keiner Weise in der Hand hat, was ist das anderes als Ohnmacht? Ein solches Ich, das von der Welt verändert wird, wenn es nicht will, und das die Welt nicht verändern kann, wenn es will, ein solches Ich verdient doch nicht den Namen eines Selbständigen. Es unterscheidet sich in nichts von der Welt. Es sind zwei Arten der Vergänglichkeit, die im Wechsel ineinander übergehen. Es ist also überhaupt kein greifbares Unterscheidungsmerkmal für ein Ich da. Etwas Souveränes gibt es jedenfalls in den sechs Gebieten nicht.

41.3 Die Leerheit

Noch deutlicher lässt sich die Tatsache der Nicht-Ich-heit durch das Phänomen der Leerheit erfassen, das Neumann mit „Armut“ übersetzt. Das Pāli-Wort bedeutet an sich gerade das Gegenteil von Leerheit, nämlich Geschwollenheit! Aber gemeint ist dabei eine solche Aufgeblasenheit, die in sich leer ist und nur voll erscheint. Die künstliche Aufgeblasenheit ist ein Schein von Fülle, der in Wirklichkeit Leerheit ist.

Leer ist die Welt, sagt der Buddha. Auf die Frage eines Mönches, wie das zu verstehen sei, erwidert er: Weil die Welt bei den sechs Innen-Außengebieten sich als leer von Ich und Mein zeige (S [IV] 35, 85). Wie das zu verstehen ist, geht näher aus dem berühmten Gleichnis vom leeren Dorf hervor (S [IV] 35, 197):

Ein Mann, der Sicherheit und Geborgenheit sucht, kommt auf der Flucht vor verschiedenen Gefahren – eine davon sind die mörderischen fünf Erscheinungen – an ein Dorf. Er freut sich schon, endlich eine Ruhestätte zu finden. Er sieht den Rauch aus den Schornsteinen aufsteigen, die Blumen in den Gärten blühen, die Häuser sauber – aber wo immer er in ein Haus eintritt, findet er keinen einzigen Menschen. Er findet zwar alle Gebrauchsgegenstände, aber auch sie sind leer. Welche Kruke, welchen Topf er in die Hand nimmt, die sind leer. Das Dorf ist leer und verlassen von Mensch und Tier und Vorräten. Kein Lebewesen zeigt sich, alles ist tot und ausgestorben. Überall gähnt ihm Leere entgegen. Da sagt er sich, dass wohl eben Plünderer das Dorf völlig ausgeplündert hätten, die alle Menschen entführt und alle Nahrungsmittel mitgenommen hätten.

Ganz ebenso sei es, sagt der Buddha, mit den sechs Innengebieten, die deshalb leer seien, weil sie von den Räubern der sechs Außengebiete ausgeplündert worden seien. Die Innengebiete scheinen in jeder Hinsicht täuschend auf ein Ich hinzuweisen, das einer Welt gegenübersteht und welches durch die Andersheit der Welt bestätigt zu werden scheint. Ein Weiser aber sieht, dass der Unterschied nur darin besteht, dass die Außengebiete die Plünderer und die Innengebiete das Ausgeplünderte sind. So überzeugend, wie der Mann zu sehen meint, dass das Dorf eben noch bewohnt war, ebenso überzeugend weisen die Innengebiete auf ein Ich hin. Das eben ist die Verblendung. Und im Unterschied zum Gleichnis vom Dorfe, das jedenfalls früher einmal bewohnt gewesen war, waren die Innengebiete nie von einem Ich bewohnt. Während der Mann im Gleichnis noch hoffen könnte, dass die Bewohner zurückkehren, ist es in der Wirklichkeit so, dass man durch die Betrachtung der Leerheit das Interesse für das Innen zu verlieren beginnt. Die Person ist ja nur ein *per-sonare*, ein Hindurch-Tönen durch eine Maske. Darum heißt es in einem spätbuddhistischen indischen Text: „Die Erscheinung der *māyā* ist der Leerheit Gestalt.“ Anders ausgedrückt: Es ist nur ein Traum von Leerheit. Auch die erscheinende Leerheit ist selber leer an Leerheit. Es ist keine Leerheit an sich in einer realen Welt da, sondern eine Gewahrung von Vielfalt, die den Eindruck von Innen und Außen auseinanderreißt und dabei ein Ich ins Bild setzt und ins Spiel bringt.

Doch nehmen wir ein anderes Bild aus dem Alltag: Ich habe jahrelang in einer

Wohnung gewohnt. Nun ziehe ich aus und verlasse jenes Haus. Dann ist mir das, was mich früher brennend bewegte und interessierte, völlig gleichgültig: ob das Haus frisch gestrichen wird, ob laute Mieter nebenan wohnen, ob Heizung gelegt wird, ob ein Ascheimer mehr angeschafft wird, ob die Miete erhöht wird usw. – Ganz ebenso aber wirkt die Betrachtung der Leerheit: Alle auf das Ich bezogenen Probleme entfallen dann, bestehen nicht mehr. Der Bezug ist gelöst, die Ich-Fessel verschwunden – und schon gehen mich die Veränderungen der Dinge nichts mehr an. Ich bin ausgezogen. Die Wohnung ist leer, leer von meinem Ich-Bezug. Ebenso wirkt auch schon das kleinste Ausziehen aus dem Vergänglichen befreiend. Die ganze Sorgenlast, dass da ein Ich durch den Saṃsāro wandere und immer wieder stürbe, ist verschwunden: Denn das Wandernde ist ein Bild, aber ich bin das nicht.

Doch der Erwachte sagt auch: *Schwer, wahrlich, ist die Nicht-Ichheit zu sehen* (Ud VI 5 = VIII 2). Und wo sie nicht mehr gesehen wird, da gilt ein anderes Wort des Buddha. Er sagt nämlich: Die sich auf die Leerheit beziehenden Lehrreden, die tiefen, überweltlichen, werden verschwinden, werden nicht mehr überliefert, und Ersatz wird vorgetragen (S [II] 20, 7; A II 39, V 79). Dann aber ist die Welt in einem anderen Sinne leer, nämlich leer an höchster Wahrheit – so wie es heißt, dass die zahllosen Äonen, in denen kein Buddha erschien, leer seien.

41.4 Nicht-Ichheit der fünf Erscheinungen

Die fünf Erscheinungen haben drei Merkmale, die es zu durchschauen gilt: Sie sind unbeständig (*anicca-saññā*), sie sind leidig (*dukkha-saññā* der 1. Wahrheit) und sie sind ohne Ich (*anatta-saññā*). Nachdem das sechsfache Gebiet als leer vom Ich durchschaut ist, kann nun auch der Schluss auf die fünf Erscheinungen als solche gezogen werden, dass sie alle ebenso leer und fremd sind, eben bloße Erscheinungen, ohne eine wahre Substanz.

In vielen Lehrreden gibt der Buddha dazu Gleichnisse, die hier zur Verdeutlichung angeführt seien:

M 22: Wenn in einem Wald von Arbeitern Laubgezweig weggeholt und fortgetragen wird, dann bleibe ich völlig gleichmütig und schaue dem zu. Denn nicht ich werde fortgetragen. Ebenso bleibt der, der die Wesenlosigkeit aller Erscheinungen durchschaut hat, gegenüber dem Tode und anderen Leiden der Vergänglichkeit gleichmütig. Indem er sich nicht mehr damit identifiziert, gewinnt er Abstand und leidet daher nicht mehr unter der Unbeständigkeit. So tritt Entfremdung von den Dingen ein, sie rücken ferner, werden ein anderes, ein Jenseitiges (*para*), die Verbindung bricht ab. Daher heißt es, die Dinge seien zu betrachten als fremd, abgebrochen, leer, ichlos (M 64 und M 74).

S [I] 5, 10: Wie bei einem Wagen nur für die Zusammenhäufung der Bestandteile das Wort „Wagen" benutzt wird, ebenso ist da, wo die fünf Erscheinungen sind, der Ausdruck „Wesen" üblich. Wenn sie aber durchschaut sind, entfällt auch das Etikett, das ihnen einen positiven Wert beimaß. – Das wird in einem Gespräch zwischen Māro und der Nonne Vajirā wie folgt ausgedrückt:

Māra: *Von wem dies Wesen ist gemacht?*
Wo ist der Schöpfer seines Seins?
Wie ist dies Wesen aufgetaucht?
Wo wird es wieder untergeh'n?

Vajirā: *Warum sprichst du von Wesen viel?*
Dein Meinen Todesfalle ist:
Wo nur Gestaltung angehäuft,
trifft man ein Wesen nirgends an.

So wie, wenn es die Teile gibt,
das Wort ‚ein Wagen' kann besteh'n,
so ist, wenn's die Erschein'gen gibt,
ein sogenanntes Wesen da.

In Wahrheit Leiden nur erscheint,
nur Leid bestehet und vergeht,
nichts außer Leiden je entsteht,
nichts außer Leiden je erlischt.

S [III] 22, 83: So wie in einem Wand- oder Wasserspiegel das Bild eines Körpers mit allen Einzelheiten genau reflektiert wird, ebenso wirft jede der fünf Erscheinungen die Einbildung eines Ich heraus. In den Erscheinungen liegt bereits die Perspektive, die ein Ich annehmen lässt (siehe oben die sechs Innen-Außen-Gebiete). Daher verschwindet der Ich-Wahn nur dann, wenn die fünf Erscheinungen gänzlich verneint und überstiegen worden sind, so dass der Blick außerhalb steht und auch dieses Außerhalb noch als ein Übergang durchschaut wird. Mit diesem Spiegelgleichnis von der Ichperspektive erlangte Ānando die Hörerschaft.

S [III] 22, 100: So wie ein Hund, der an einen Pfosten gebunden ist, ob er liegt, steht, geht, sitzt, immer im Bereich des Pfostens bleibt, ebenso bleibt ein Mensch im Bereich der fünf Erscheinungen in jeder Haltung in der Verstrickung an Ich und Mein verhaftet. Er kommt von dieser Perspektive nicht los, wie der Hund nicht vom Pfosten loskommt. Und wie der Hund losgebunden werden muss, so muss der Mensch durch einen Buddha von jener Bindung befreit werden.

S [III] 22, 89: Wie bei einer Lotosrose ihr Duft nicht im Blatt, nicht in der schönen Blütenfarbe, nicht in den hübschen Staubgefäßen der Blüte ist, sondern die Zersetzung aller Teile duftet, so ist zwar keine der fünf Erscheinungen das Ich, aber bei ihrem Zusammenspiel kommt doch die Ich-Anmutung auf.

Selbst wenn einer die Nichtwiederkehr erlangt, bleibt doch noch ein Rest der Fessel des Ich-bin-Dünkens, gleichwie ein gesäubertes Gewand in der Truhe noch eine Zeitlang den Duft der Waschmittel bewahrt, der erst allmählich verfliegt. Erst heißt es „Ich will mich läutern" und mit dem strebsamen Ich überwindet man das niedere Ich, aber dabei merkt man, dass Läuterung im Schwinden des Ichgedankens überhaupt besteht. Und dann kann der Ich-Geruch verduften.

Die Nicht-Ich-Betrachtung rottet den Ich-bin-Dünkel (A IX 1) und die dem Ich nachgehenden Ansichten aus (A VI 112). In zwei Reden wird der Segen der Betrachtung der Ichlosigkeit beim Leiden besonders gepriesen:

„Wessen Gemüt häufig von der Vorstellung der Ichlosigkeit beim Leiden erfüllt ist, der ist bei allen äußeren Eindrücken auf diesen mit viññāṇa ausgestatteten Körper dem Ich- und Mein-Macher des Dünkens entgangen, hat die Zweiheit überwunden und beruhigt, ist wohl abgelöst von ihr." (A VII 6)

„Sechs sind es der Fördernisse, deren Anblick einem Mönch schon genügt, um - bei allen Dingen sich in nichts einlassend - die Vorstellung der Ichlosigkeit zu entfalten: Zu allem in der Welt werde ich unmittelbar sein, die Anwandlungen des Ich- und Mein-Machens werde ich auflösen, eine mit gewöhnlichen Maßstäben unvereinbare Wissenschaft werde ich erwerben, die Anlässe werden mir durchsichtig werden und dass die Dinge veranlasst hervorgehen.“ (A VI 104)

41.5 Die beiden letzten Ding-Betrachtungen

Man könnte denken, dass nach der Betrachtung der Entfremdung beim Unbestand der Erscheinungen und Gebiete nichts mehr zu betrachten sei, und doch folgen in M 10 noch zwei Betrachtungen, nämlich über die sieben Erweckungen und die vier Wahrheiten. Über die sieben Erweckungen kann dabei an dieser Stelle ebenso wenig etwas ausgesagt werden wie beim dritten Kampf, dessen Inhalt sie auch ausmachten. Sie gehören erst zur achten Stufe, zum *samādhi.* Sie müssen erst gewonnen sein, ehe man sie betrachten kann. In den Lehrreden werden sie als Gegenteil der fünf Hemmungen geschildert, daher erscheinen sie in M 10 auch mit denselben Formulierungen wie dort bei den fünf Hemmungen. Es sind da vier Fragen: Ist eine der sieben Erweckungen in mir oder nicht? Wenn sie nicht in mir ist, entsteht sie dann wohl gerade eben oder kommt sie gleich zur vollen Entfaltung? Wenn er bei diesen vier Fragen merkt, dass keine der Erweckungen in ihm aufkommen will, dann muss er mittels des dritten Kampfes ihre Entfaltung noch betreiben. Beobachten kann der Übende sie erst, wenn sie in ihm sind, d. h. aber nachdem er *samādhi* erlangt hat.

Als Hilfe für die Entfaltung der sieben Erweckungen mag auch noch die oft genannte Betrachtung über die Unerfreulichkeit der ganzen Welt dienen (M 50, D 34), durch die das Herz vom Weltgedanken abgelöst wird (A VII 6):

„Was da zur Welt anhänglich Anhangen ist, seelischer Hang zum Entscheiden und Gewöhnen, dieses verwerfend verweilt er: das ist die Betrachtung der Unerfreulichkeit der ganzen Welt.“ (A X 60)

Diese Betrachtung und die sieben Erweckungen bedingen sich gegenseitig: Die Erweckungen kommen eben durch Abkehr von der ganzen Welt des Saṃsāro zustande. Erweckung als Wachwerden aus dem Traum des Unbestandes und Scheins ist das Gewinnen eines standpunktlosen Standpunkts im Namenlosen, von dem aus die Frucht der Erscheinungen losgelassen wird. Man betrachtet dann alle Dinge nur noch als vorläufig, baut nicht mehr auf sie, überlässt sie sich selber und ihrer Vergänglichkeit. Man spielt nicht mehr mit und lässt den Unbestand fahren. „Lass fahren dahin, sie haben‘s kein Gewinn. Das Reich muss uns doch bleiben.“ Das einzige Reich, das bleibt, ist das ungewordene Reich der Wunschlosigkeit, das Nirvāna. Die todlose Stätte ist das *Eiland, das jeder Flut gewachsen* ist und da „findet die Seele die Heimat, die Ruh‘.“ Nur dort steht man außerhalb des Vergänglichen, Leidigen, Leeren im ewigen Wohl der Fülle. Und weil man „alles hat“, kann man alles andere loslassen. Der Buddha sagt: Das höchste Verzichten ist, alle Bezüge loslassen (M 140). Das Loslassen (*paṭinissagga)* wird in M 118 als letzte der Verbindungen mit der Atembetrachtung genannt.

Über diese grundsätzliche Haltung des Loslassens, die geradezu die buddhistische Haltung ist und die genau im Maße des Wachwerdens und der Erweckung zunimmt, sagt ein singhalesischer Mönch:

„Wo liegt, Freund, die goldene Mitte? — *Im Loslassen.*
Wo ist das Herz für immer rein? — *Im Loslassen.*
Wo ist das Leben am besten zu sehen? — *Im Loslassen.*
Wann sieht man die Dinge immer klar? — *Beim Loslassen.*
Wann ist man allen Wesen lieb? — *Beim Loslassen.*
Wann wischt man alle Furcht fort? — *Beim Loslassen.*
Wann ist man der Wahrheit zugetan? — *Beim Loslassen.*
Wie legt man rechtes Maß an? — *Durch Loslassen.*
Wie endet man der Dürftigkeit Druck? — *Durch Loslassen.*
Wie erreicht man den seltensten Schatz? — *Durch Loslassen.*
Wie erkennt man die reinste Freude? — *Durch Loslassen.*
Warum sich selbst fest in der Hand behalten? — *Zum Loslassen.*
Warum das Herz durch Zucht geschmeidig machen? — *Zum Loslassen.*
Warum sich tiefer Weisheit zuwenden? — *Zum Loslassen.*
Warum sich nicht um Saat und Ernte kümmern? — *Zum Loslassen.“*

(Soma Thera, 1960, S. 64)

Als fünfte und letzte der Ding-Betrachtungen folgt dann noch diejenige über die vier edlen Wahrheiten. Sie ist einerseits eine Zusammenfassung der vier bisherigen Ding-Betrachtungen und andererseits eine Überhöhung. Die Betrachtung der Vergänglichkeit, der fünf Erscheinungen, der Überwindung der fünf Hemmungen, der Auflösung der Fesseln an die sechs Sinnesgebiete und des Loslassens in den Stadien der sieben Erweckungen – das ist nichts anderes als eine Betrachtung des Sinngehalts der vier Wahrheiten. Richtig und in ganzer Tiefe aber wird dieser Anblick erst auf der 9. Stufe des Heilsweges gewonnen, ebenso wie die sieben Erweckungen erst auf der 8. Stufe gewonnen werden. Die beiden letzten Ding-Betrachtungen gehören also zwar der 7. Stufe zu, setzen aber voraus, dass man die 8. und 9. Stufe bereits kennengelernt hat: Ws geht dann um deren Befestigung durch die Betrachtung der sieben Erweckungen und der vier Wahrheiten. Mehr lässt sich an dieser Stelle nicht darüber sagen.

STUFE ACHT: RECHTE EINIGUNG

42. Die sieben Erweckungen (*bojjhaṅga*)

„In diesem hohen Vertrauen geht eine wahrhaftige Wonne auf.
In der wahrhaftigen Wonne geht eine aufrichtige Freude auf.
In der aufrichtigen Freude geht eine göttliche Klarheit auf.“

(Schwester Hadewijch, Brief Nr. 28)

„Von allen, die der Welt entronnen sind, entrinnen, entrinnen werden,
weiß der Vollendete, dass sie dabei die fünf Hemmungen aufgehoben haben,
die Trübungen des Gemütes, die die Weisheit lähmen,
dass sie bei den vier Pfeilern der Einsicht das Herz wohl gefestigt haben und
dass sie die sieben Erweckungen der Wirklichkeit gemäß entfaltet haben.“ (A X 95)

42.1 Erweckungen und Gefühl

Alles, was nach Gefühl oder Gemüt aussieht, ist dem westlichen Menschen seit langem verdächtig und fern. Das naturwissenschaftliche Denken, von dem er besessen ist, verlangte zur Naturerforschung größte Nüchternheit und Objektivität, wobei eben jede Gemütsbeteiligung nur als Störungsfaktor gewertet wurde. Diese Haltung hat sich als technisiertes Denken auf alle Lebensbereiche ausgebreitet und das Gemüt aus dem Leben verbannt. Die zwischenmenschlichen Beziehungen sind derart versachlicht, dass der Nächste eben nur eine Sache ist, die man auswechseln kann und die man behandeln muss, wie eine Maschine. Damit hat man sich vom eigentlichen Zentrum des Lebens immer weiter entfernt und das rächt sich. Das Leben wird immer kälter, öder, härter, liebloser und im wahrsten Sinne des Wortes un-gemüt-licher. Und noch mehr: Alle Strömungen und Versuche, wieder einen Gefühlsbezug herzustellen und die Gemütskräfte zu beleben, werden sofort als Sentimentalität, als Gefühlsduselei, als romantische Schwärmerei verdächtigt und mit Ausdrücken wie „Nostalgie“ verteufelt. Das Interesse an östlicher Meditation, das aus der Unzufriedenheit mit der abendländischen Gemütsarmut genährt wird, erhält den Namen Eskapismus, Flucht aus der Realität, Bauchnabelbeschauung, oder aber es wird ebenfalls technisiert und auf Körperhaltungen reduziert. Dagegen wird die oberflächlichste und primitivste Flucht in die Gefühle, nämlich in Pop-Musik, Fernseh-Sensationen, Fußball-Begeisterung usw. gepflegt und mit einer Intensität betrieben, die gerade den riesigen Mangel an Gemütsbefriedigung anzeigt. In Bezug auf solche Gefühlsorgien vergisst man die Schlagworte von der Sachlichkeit und Nüchternheit vollkommen, ganz ebenso wie beim Fliehen in den Alkohol, um wenigstens dort durch Enthemmung gefühlsnäher zu sein. Das Bild von den Demagogen der aufgeklärten Sachlichkeit, die ein Weinglas vor sich haben und mit ganzem Gemüte hingegeben dem Krimi im Fernsehen folgen, zeigt die ganze Schizophrenie und Hohlheit der Gemütsfeindlichkeit. Das Ergebnis dessen ist jedenfalls, dass alle echten Gemütsbestrebungen verurteilt, dagegen die falschen und oberflächlichsten gehätschelt werden.

Jede Religion erweckt gerade die höheren und edleren Gefühle, spricht das feinere und tiefere Gemüt des Menschen an. Insofern ist jede Religion Erweckungsbewegung, d. h. eine Bewegung in die Tiefe des Gemütes hinein, dessen bessere Schichten freigelegt werden und zu ganz anderen Gefühlen führen. Die Frucht des religiösen Bemühens ist vor allem eine Gefühlserhöhung und Gemütsverwandlung, so wie Paulus sagt:

„*Die Frucht aber des Geistes ist: Liebe, Freude, Friede, Geduld, Freundlichkeit, Gütigkeit, Glaube, Sanftmut, Keuschheit.*" (Gal. 5, 22)

Und der Satz „an ihren Früchten sollt ihr sie erkennen" muss gerade hierauf bezogen werden. Nicht künstliche Euphorie und Exaltiertheit eines religiösen Massenrausches unter dem Eindruck eines Erweckungspredigers ist die Frucht des Heiligen Geistes, sondern jene tiefere Gemütsumwandlung, die dann ein anderes Lebensgefühl mit sich bringt.

Bei den buddhistischen Erweckungen geht es auch um das Gefühl, und nur um das Gefühl, und zwar in einer kaum vorstellbaren Intensität. Hier wird das Gemüt für alle Mühen reichlich entschädigt und kommt auf seine Kosten. Der ganze bisherige Weg war gewissermaßen nur ein notwendiges Übel, um die Gefühlserhöhung vorzubereiten. Man mag bei den sich so lang hinziehenden Ausführungen über die *Satipaṭṭhāna*-Übungen schon Unbehagen und Ungeduld gespürt haben und das dort zuletzt Gesagte mag wie ein in der Luft sich drehendes Wagenrad erschienen sein, das von der Erdverbindung losgelöst war. Der Grund dafür ist allein der mangelnde Gefühlsuntergrund, der auf dem Übungswege in der Praxis schon viel mehr eine Rolle spielt, als es nach der linearen Schilderung der gesamten siebten Stufe des Heilsweges den Anschein hat. Praktisch kommt es immer wieder schon einmal zu Besuchen in der Gefühlsdimension der Erweckungen, und nur dadurch wird die Gefahr der Austrocknung und Intellektualisierung vermieden. Das eben ist ja Scholastik: Einsichten und Erkenntnisse ohne Gefühlsbeteiligung und ohne Gemütsbezug nur im Geiste hin und her bewegen. Die Scholastik ist der größte Feind der Erweckungen.

Die Erweckungen eröffnen auf dem Heilswege eine ganz neue Dimension, nämlich die Dimension des *samādhi*, die etwas ganz anderes ist als die Stufe der *sati* (Achtsamkeit). Gerade in Absetzung und Vergleich mit den bisherigen Stufen des Heilsweges wird das Wesen des *samādhi* deutlicher. Die ersten sechs Stufen des Pfades galten der Umerziehung, die siebte Stufe (*sati*) betraf das Umlernen, die achte Stufe (*samādhi*) betrifft nun die Umstimmung. Dabei zeigt sich, dass der Heilsweg eine Rückwärtsbewegung innerhalb der fünf Erscheinungen darstellt. Es werden nämlich zuerst die Gestaltungen oder Aktivitäten (*saṅkhāra*) verändert und umgewandelt und umerzogen (Stufe 1-6), dann wird die Gewahrung und Vorstellung durch ganz neue Betrachtungen einem Umlernprozess, einer Umschulung, unterzogen (Stufe 7) und schließlich wird das Gefühl völlig umgestimmt und erhöht (Stufe 8). Das Wesen der Stufe des *samādhi* ist die Gefühlsbewältigung. Die bisherigen drei heilsamen Gefühle, die auf dem Wege zu finden waren (Wahrheitswonne, Tugendwohl, Sinnenzügelungswohl) waren nur schwache Vorstufen und die Gefühlsbetrachtung (zweiter Pfeiler der Einsicht) nur ein schwaches Vorwissen gegenüber dem, was auf der achten Stufe erfahren wird. Diese Erfahrung wirkt dann aber auf die anderen Stufen zurück und intensiviert sie.

So wie man Pflänzchen unter Glas im Treibhaus großzieht, bis es Zeit ist, sie ins Freiland auszusetzen, ebenso wird der *samādhi* auf dem Wege sozusagen unter einem Glaskasten entwickelt, während er auf der 8. Stufe in Freiland und Freiluft kommt, so dass er sich richtig ausbreiten kann. Was bisher allmählich, tropfenweise, an Gemütsveränderung und damit Gefühlsveränderung angesammelt wurde, das fließt jetzt sozusagen über und tritt in einer Kettenreaktion ins Bewusstsein, das nun den rechten Umgang damit lernen muss.

Die sieben Erweckungen sind der Oberbegriff für sämtliche Stufen und Arten des buddhistischen *samādhi*, d. h. für die achte Stufe des Heilsweges. Wörtlich bedeuten sie *bodhi-aṅga* (*bojjhaṅga*) „Erwachungs-glieder". Sie sind Grade zunehmender Wachheit, sie erwecken die Gemütskräfte, um die Wirklichkeit und ihre Ordnung dann in einer ganz anderen, herzunmittelbaren Dimension schauen zu können. Nur ein Wacher sieht die Dinge klar. Es ist wieder genau umgekehrt wie im Abendland. Wir wollen erst wissen und dann darüber glücklich sein. Der Buddha zeigt die Lehre so, dass man erst glücklich wird, ehe man wissen kann. Der Erwachte gibt die ihm eigene Wahrheitslehre nur dann, wenn er den Zuhörer im Herz und Gemüt gehoben hatte, so dass er – wie oben erwähnt – bereitsam, geschmeidig, unbehindert, aufgerichtet und zufrieden war. Oder es heißt, dass nur ein reines Herz reine Anschauung gewinnt (M 24). Entsprechend sagt Christus: „Selig sind, die reinen Herzens sind, denn sie werden Gott schauen." Das reine Herz mit seinen reinen Gefühlen ist die Dimension des *samādhi* und daraus geht dann Wissen und Erlösung hervor. So führen die sieben Erwachungsglieder allmählich, langsam und auf subtile Weise, auf zahlreichen Zwischenstufen, zur vollkommenen Wachheit hin. Sie sind die „die Erwachung beflügelnden Dinge" (*bodhi-pakkhika-dhamma*) und es lässt sich kaum ein treffenderer Ausdruck dafür finden: Sie beflügeln, sie beschwingen und reißen das Gemüt geradezu hin, hin in die rechte Richtung des Heilen.

Dabei bedarf der Satz „Rechter *samādhi* sind die sieben Erweckungen" noch einiger Erläuterungen. Die sieben Erweckungen sind durch Dreierlei gekennzeichnet: Sie sind Gefühl, sie sind auf die Erwachung bezogen, sie wohnen erst auf der 8. Stufe. Dass sie Gefühl sind, das unterscheidet sie von jeder trocken-scholastischen Erkenntnis. Dass sie auf die Erwachung bezogen sind, das unterscheidet sie von anderen Mystikern, die gleiche Gefühlserhöhungen erleben, aber sie wieder verlieren. Und dass sie auf der achten Stufe wohnen, das unterscheidet diese Gemütsäußerungen von allen Versuchen, ohne Vorbereitung höheres Wohl erhaschen zu wollen. Die sieben Erweckungen wohnen auf der akuten oder chronischen Höhe des Heilsweges, auf seiner letzten Stufe. Sie umfassen alle Arten von Gefühlen, beginnend mit den heilsamen geistigen Wohlgefühlen (*somanassaṃ*), übergreifend auf die heilsamen körperlichen Wohlgefühle (*sukhaṃ*) und endend in den heilsamen neutralen Gefühlen des Gleichmuts (*upekkhā*). Die oft als Inbegriff des *samādhi* genannten sogenannten Schauungen sind nur eine Art der sechsten Erweckung, gehören zur Friedenserweckung (*samādhi-sambojjhaṅga*), wie unten noch zu zeigen sein wird.

42.2 Unterschiedliche Formulierungen

Das Verständnis der großen Bedeutung der Erweckungen, die wahrhaft das Herzstück des Heilsweges ausmachen, wird nun dadurch erschwert, dass die Formulierungen nicht wenige Variationen aufweisen. Diese seien hier zunächst einander gegenübergestellt. Erst danach kann erklärt werden, wieso es sich dabei um dasselbe handelt.

„Wie aber werden die vier Pfeiler der Einsicht geübt, wie gepflegt, auf dass sie die sieben Erweckungen zustande bringen? Zu einer Zeit, wo der Mönch bei den vier Pfeilern über diese wacht, unermüdlich, klarbewusst, achtsam, nach Verwindung weltlichen Begehrens und Bekümmerns, gewärtig hat er zu solcher Zeit die Achtsamkeit, unverrückbar."

„Zu einer Zeit, wo der Mönch die Achtsamkeit gewärtig hat, unverrückbar, der Achtsamkeit Erweckung hat er zu dieser Zeit begonnen, er entfaltet sie und bringt sie zur Vollendung."

„Auf die Soheit achtsam verweilend, zerlegt er weise die Dinge, zerteilt sie, dringt in ihre Tiefe ein. Zu einer Zeit, wo der Mönch auf die Soheit achtsam verweilend weise die Dinge zerlegt, sie zerteilt, in ihre Tiefe eindringt, des Tiefsinns Erweckung hat er zu dieser Zeit begonnen, er entfaltet ihn und bringt ihn zur Vollendung.“

„Also die Dinge weise zerlegend, sie zerteilend, in ihre Tiefe eindringend, erwirkt er Tatkraft, unbeugsame. Zu einer Zeit, wo er dies tut, der Tatkraft Erweckung hat er zu dieser Zeit begonnen, er entfaltet sie und bringt sie zur Vollendung.“

„Hat er Tatkraft erwirkt, erhebt sich in ihm ein feiner Jubel. Zu einer Zeit, wo dies geschieht, des Jubels Erweckung hat er zu dieser Zeit begonnen, er entfaltet ihn und bringt ihn zur Vollendung.“

„Mit Jubel im Geiste wird er lind im Leibe, lind im Herzen. Zu einer Zeit, wo dies geschieht, der Lindheit Erweckung hat er zu dieser Zeit begonnen, er entfaltet sie und bringt sie zur Vollendung.“

„Hat er den Leib gelindert, wird dem Glücklichen das Herz geeinigt. Zu einer Zeit, wo dies geschieht, der Einigung Erweckung hat er zu dieser Zeit begonnen, er entfaltet sie und bringt sie zur Vollendung.“

„In der Soheit geeinigt, hat er das Herz wohl ausgeglichen. Zu einer Zeit, wo dies geschieht, des Gleichmuts Erweckung hat er zu dieser Zeit begonnen, er entfaltet ihn und bringt ihn zur Vollendung.“ (M 118)

„Gleichwie die Schuldentilgung, wie die Gesundheit, wie die Befreiung aus dem Kerker, wie die Befreiung aus der Sklaverei, wie die sicher umgrenzte Stätte, ebenso auch mag der Mönch jene in ihm aufgehobenen fünf Hemmungen betrachten. Während er so diese fünf Hemmungen in sich aufgehoben erkennt, wird er freudig bewegt. Freudig bewegt wird er jubelnd. Jubelnd im Geiste, wird der Leib gelindert. Lind im Leibe fühlt er sich wohl. Dem Glücklichen einigt sich das Herz.“ (D 2)

„Meine Zufriedenheit mit dem Erwachten, der Lehre und der Jüngerschaft ist erprobt und die ‚Rücksicht‘, die hab‘ ich abgetan, abgelegt, abgelöst, verleugnet, verworfen: Also gewinnt er Verständnis des Sinnes, Verständnis des Gesetzes, mit dem Gesetz verbundene Freude. Freudig bewegt wird er jubelnd. Jubelnd im Geiste wird der Leib gelindert. Lind im Leibe fühlt er sich wohl. Dem Glücklichen einigt sich das Herz.“ (M 7)

„Im Tugendhaften, der Tugend besitzt, hat die Reuelosigkeit eine Grundlage. Ist Reuelosigkeit da, so hat im Reuelosen die Freude eine Grundlage. Ist Freude da, so hat im Freudigen der Jubel eine Grundlage. Ist Jubel da, so hat im Jubelnden die Lindheit eine Grundlage. Ist Lindheit da, so hat im Linden das Wohl eine Grundlage. Ist Wohl da, so hat im Glücklichen die Einigung des Herzens eine Grundlage. Ist Einigung des Herzens da, so hat im geeinigten Herzen die wirklichkeitsgemäße Erkenntnissicht eine Grundlage.“ (A X 3)

„Dem Leiden angeschlossen ist Vertrauen. Dem Vertrauen angeschlossen ist Freude. Der Freude angeschlossen ist Jubel. Dem Jubel angeschlossen ist Lindheit. Der Lindheit angeschlossen ist Wohl. Dem Wohl angeschlossen ist Einigung. Der Einigung angeschlossen ist wirklichkeitsgemäße Erkenntnissicht.“ (S [II] 12, 23)

„Dem Mönche hat weder der Meister die Lehre dargelegt noch ein vollgültiger Ordensbruder, er trägt auch nicht anderen die Lehre ausführlich vor, wie er sie gehört und aufgefasst hat, er nimmt sie auch nicht, wie er sie gehört und aufgefasst hat, ausführlich bei sich durch, er sinnt und denkt auch nicht im Geiste über die Lehre nach, überlegt sie nicht im Herzen, wie er sie gehört und aufgefasst hat, aber er hat irgendeinen zur Einigung taugli-

chen Eindruck empfangen, hat ihn wohlgemerkt, wohlbewahrt, hat ihn gar weise völlig erforscht. Je mehr er nun dies vermag, desto mehr kommt ihm bei dieser Lehre der Sinn zum Verständnis, das Gesetz zum Verständnis. Während ihm da Verständnis des Sinnes, Verständnis des Gesetzes aufgeht, wird er freudig bewegt. Freudig bewegt wird er jubelnd. Jubelnd im Geiste wird der Leib gelindert. Lind im Leibe fühlt er sich wohl. Dem Glücklichen einigt sich das Herz. Das ist der fünfte Bereich der Erlösung." (D 33 V)

Noch zahlreiche weitere Textstellen ließen sich aus dem Kanon hierzu anführen, und zwar zu den sieben Erweckungen besonders die vielen im 46. Saṃyutta gesammelten Reden, zu den anderen Gefühlsreihen die über den ganzen Kanon verstreuten Reden. Immer stehen diese Reihen in der Mitte zwischen der Tugend und der Weisheit, da eben die Einigung die Brücke von der Tugend zur Weisheit ist. Zahlreiche Unterschiede der Reden ergeben sich nur daraus, dass der jeweilige „Aufhänger" verschieden ist, indem einmal mehr diese, ein andermal mehr jene Voraussetzung des Heilsweges hervorgehoben wird. Insgesamt aber lässt sich folgende Gegenüberstellung der verschiedenen Reihen vornehmen:

Die 7 Erweckungen	„Himmelsleiter" M 7	S (II) 12, 23	Nach Hemmungen
Achtsamkeit	Verständnis des Sinnes	Leiden	achtsam diese aufgehoben erkennen. Dann:
Tiefsinn	Verständnis des Gesetzes	Vertrauen	
Tatkraft	Freude	Freude	Freude
Jubel	Jubel	Jubel	Jubel
Lindheit	Lindheit	Lindheit	Lindheit
Einigung	Wohl: Einigung	Wohl: Einigung	Wohl: Einigung
Gleichmut			

In diesem Kapitel geht es nun darum, noch drei allgemeine Komplexe zu behandeln, bevor die 7 Erweckungen einzeln erörtert werden sollen. Diese drei Komplexe betreffen: erstens die Verbindung zu den 5 Hemmungen, zweitens generelle Aussagen über die 7 Erweckungen, drittens die sogenannten Himmelsleitern.

42.3 Einigung und Aufhebung der fünf Hemmungen

Schon oben bei der Behandlung der Achtsamkeit auf die fünf Hemmungen wurde hervorgehoben, dass ein fließender Übergang von jener Stufe zum Status ihrer Aufhebung besteht. In der Praxis ist es ein Fluktuieren: Unversehens kommt einer in die Einigung hinein und unversehens kommt er wieder heraus. Das kann manchmal so schnell gehen, dass er kaum einen Gefühlsblitz bemerkt. Und doch sind solche Vorboten eine große Hilfe, die die Kraft zur Beobachtung bestärken.

Wo durch intensives Bemühen um *Satipaṭṭhāna*, sei es zuerst akut, später chronisch, die fünf Hemmungen immer mehr zurückgedrängt werden, da springen genau im Maße ihrer Aufhebung die höheren Gefühle auf, und zwar beim Kenner der Lehre die sieben Erweckungen. Die sieben Erweckungen sind, wie besonders im 46. Saṃyutta immer wieder betont wird, geradezu das positive Gegenstück zu den fünf Hemmungen. Wo die fünf Hemmungen sind, fehlen die sieben Erweckungen. Wo die sieben Erweckungen sind, fehlen die fünf Hemmungen. Beides schließt sich aus. Die fünf Hemmungen sind der Name für die *samādhi*-Ferne, die sieben Erweckungen sind der Name für *samādhi*.

Dieser Zusammenhang wird besonders durch das Hauptgleichnis für die fünf Hemmungen und ihre Überwindung, das oben in D 2 schon angedeutet wurde, verdeutlicht. Jede der Hemmungen wird da mit einem Übel verglichen und jede Hemmungsaufhebung mit einem Befreiungswohl, wobei zwischen den einzelnen fünf Bildern auch noch ein innerer Zusammenhang besteht, den man sich etwa so denken kann:

Ein Mann bekommt Darlehen, muss dann aber sehr schuften, um die Schulden mit Zinsen zurückzuzahlen. Da wird er krank und arbeitsunfähig. Deshalb stecken ihn die Gläubiger in den Schuldturm. Als kein Bürge kommt, wird er als Sklave verkauft. Um der Sklaverei zu entgehen, flieht er in die Wildnis.

Darlehen sind die weltlichen Begierden: Alle Sinnesobjekte haben wir durch früheres Tugendwirken (Kredit) geliehen, aber wir zahlen das Darlehen nie zurück, sondern machen immer neue Schulden mit mehr Zinsen. Wenn dagegen die erste Hemmung überwunden ist, dann fühlt man sich wie ein Schuldner, der alle Schulden bezahlt hat und dem kein Gläubiger mehr etwas anhaben kann. Man ist selbstständig geworden, freut sich und ist geistig beglückt (*somanassa*).

Krankheit ist die Gehässigkeit. Der Schuldner wird immer ärgerlicher auf die Mahner und grollt den vielen Hindernissen, wird böse und missgestimmt. So macht die zweite Hemmung gemütskrank. Der arbeite- und genussunfähige Schuldner verdient nichts und was er verdient hat, bekommt ihm als Kranken nicht. Wer die zweite Hemmung dagegen aufgehoben hat, der fühlt sich wie von schwerer Krankheit genesen, so dass ihm das Essen wieder bekommt und er wieder kräftig im Leibe wird. Die Krankheit der Gehässigkeit überstanden zu haben, ist reines Glück und Wohl.

Gefängnis ist die matte Müde. Wie der Gefangene tatenlos im Schuldturm herumsitzt, in Untätigkeit eingemauert, und sich damit tröstet, dass er nichts zu arbeiten brauche, so will man durch die dritte Hemmung nichts von Selbsterziehung wissen, lässt sich gehen im Dahindämmern dumpfer Banalität. Wer dagegen die matte Müde aufgehoben hat, der fühlt sich frisch und frei wie ein entlassener Gefangener. Keine Fesseln schnüren mehr, kein dumpfes Loch beengt ihn mehr und er hat keinen Besitzverlust erlitten. Die Freude über die Aufhebung dieser Hemmung macht reicher als aller Begierdengenuss und alles Glück des Nichtstuns.

Sklaverei ist unruhiger Unmut. Wie der in die Sklaverei Verkaufte ununterbrochen schuften muss, allen Befehlen gehorchen muss, nie sein eigener Herr ist, so muss der Mensch dauernd wirken, um der inneren Schalheit zu entgehen, muss ständig Vergnügen herbeischaffen, um seine Langeweile zu vertreiben, und hetzt sich so unruhig und ungeduldig. Wer die vierte Hemmung aufgehoben hat, fühlt sich wohl wie ein befreiter Sklave: Er ist der Tyrannei des Leistungsdrucks des Ich entgangen, braucht keine Erfolgserlebnisse mehr zu liefern, ist innen sein eigener Herr, kann ohne Zeitdruck und Stress tun, was ihm beliebt.

Eine gefährliche Wüstenei ist die Zweifelsucht. Wie der entlaufene Sklave außerhalb der Grenzen der Zivilisation gehen muss, wo die Räuber und wilden Tiere hausen und Mangel an allem herrscht, ebenso wirkt die Zweifelsucht dessen, der in die Wüste der Meinungen, die Grenzgebiete des Okkulten, die Gefahren der Geheimwissenschaften geriet. Nie kommt er zur Klarheit und Sicherheit und erlangt nie echtes Wohl. Die Aufhebung der fünften Hemmung dagegen ist wie die Befreiung von der Odyssee durch die Wüste des Saṃsāro: nahe dem sicheren Dorf fühlt er sich schon geborgen.

42.4 Die Erweckungen in den Lehrreden

Der Erwachte unterscheidet fünf Kräfte. Wenn er diese auf nur zwei reduziert, dann nennt er erstens die geistige Kraft der rechten Überlegung über Heilsames und Unheilsames sowie zweitens die seelische Kraft der Entfaltung, welche er in drei Weisen erläutert: Sie ist die Übungskraft, welche Gier, Hass und Verblendung überwindet; sie besteht in den sieben Erweckungen; sie besteht in den vier Schauungen (A II 9-11). Wenn man mittels der Weisheit das Rechte und Falsche unterschieden hat, dann besteht der ganze Weg darin, die Seele dementsprechend umzuerziehen und Vertrauen, Tatkraft, Achtsamkeit, Einigung (die vier seelischen Kräfte) darauf auszurichten. Das aber ist Entfaltung, und die Spitze der Entfaltung ist eben die Einigung und der Inbegriff der buddhistischen Einigung sind die sieben Erweckungen, die dann auch Schauungen entwickeln lassen.

Jeder, der zur Erlösung gekommen ist, hat auf diesem Wege zumindest drei Dinge getan: Er hat die fünf Hemmungen überwunden, die vier Pfeiler der Einsicht aufgerichtet, die sieben Erweckungen erworben. So wie eine Stadt, die nur ein einziges Tor hat, nur dadurch zu erreichen ist, ebenso ist das Heilsziel des Nirvāna nur durch jene drei Dinge erreichbar (A X 95; D 28 für Erwachte). Die fünf Hemmungen lässt man sozusagen draußen vor dem Tor, die vier Pfeiler sind die Wache am Tore, die sieben Erweckungen dagegen sind die sichere Stadt innen. Die Hemmungen bekämpft man durch Tatkraft, die Pfeiler sind rechte Achtsamkeit, die Erweckungen sind rechte Einigung – so sind hier die drei mittleren Kräfte angezogen. Das bedeutet nicht weniger, als dass es keine „Trockenerlösung" gibt. Dieser in den Lehrreden nirgend vorkommende Ausdruck ist in der Scholastik entstanden und soll einen Weg ohne Gemütsbeteiligung, rein auf Grund trockener Durchschauung bezeichnen. Dergleichen gibt es aber in der Wirklichkeit nicht. Der trockene Weg führt nicht zur Erlösung; die Erlösung ist immer nur über die Gefühlserhöhung der sieben Erweckungen zu erreichen. Es führt kein anderes Tor zum Nirvāna, dem höchsten Wohl. Um die Gefühle übersteigen zu können, müssen sie immer mehr verfeinert und erhöht werden. Die Entwicklung dessen zeigen die sieben Erweckungen.

Wo ein Kaiserkönig ersteht, erscheinen mit ihm sieben Schätze und Glücksgüter, nämlich sieben Juwelen (Rad, Elefant, Ross, Diamant, Frau, Hausvater, Berater). Wo ein Erwachter ersteht, erscheinen auch sieben Schätze oder Juwelen, nämlich die sieben Erweckungen (S [V] 46, 42). Die Wohlgefühle des Kaisers hängen ab von seinen sieben äußeren Glücksgütern, sind also indirekt; die Wohlgefühle der sieben Erweckungen dagegen sind herzunmittelbar, direkt, hängen von nichts Äußerem ab. Der Kaiser braucht für seine Wohlgefühle noch zusätzliche Dinge, der Übende, der die Erweckungen erlangt, braucht außer ihnen nichts. Sein Wohl sind diese Wohlgefühle.

Die Erweckungen sind jede durch vier gemeinsame Merkmale ausgezeichnet, die ihre Ausrichtung auf die Erwachung bestimmen. Jede Erweckung ist in Abgeschiedenheit eingepflanzt, in Entreizung eingepflanzt, in Auflösung eingepflanzt und führt hin zum Fahrenlassen (M 2, 118 usw.). Das bedeutet: Abgeschieden von den vergänglichen Dingen, sie entreizt habend, ihre Auflösung anstrebend, neigt man durch sie immer mehr zum Fahrenlassen alles Gewordenen hin. Darin sind die vier Wahrheiten angesprochen, deren erste von der abgeschiedenen Durchschauung, deren zweite von der notwendigen Entreizung, deren dritte vom Nirvāna und deren vierte vom Stufen-Weg des Loslassens handelt. Nur diese Verbundenheit mit den vier Wahrheiten macht die Erweckungen zu Erweckungen. Wo die Erweckungen sind, schwindet der Durst, damit das Wirken, damit alles Leiden (S [V] 46, 26). Und darum heißt es, dass die sieben Erweckungen der Pfad sind, um die Heere Māros zu vernichten (S [V] 46, 43).

Wie die Dachsparren eines Hauses alle zum Giebel neigen und dahin gebogen sind, ebenso ist, wer die sieben Erweckungen entfaltet, zum Nirvāna geneigt und gebeugt (S [V] 46, 7). Oder wie der Ganges nach Osten neigt und wie ein nach Osten schief stehender Baum dahin neigt, ebenso neigt, wer die sieben Erweckungen entfaltet, zum Nirvāna (S [V] 46, 77 und 146). Die sieben Erweckungen sind die sieben Dinge, die Rückfall verhindern (S [V] 46, 25). Sie sind es, die stark und kräftig und erwachsen machen (S [V] 46, 1). So wie die vier Bewegungsweisen des Menschen alle auf die Erde gestützt sind, so sind die sieben Erweckungen auf die Tugend gestützt (S [V] 46, 11).

42.5 Die Himmelsleitergefühle

Die parallel zu den Erweckungen verlaufende Reihe der fünf feinen Gefühle, welche die Einigung einleiten (Freude, Jubel, Lindheit, Wohl) und denen öfter noch ein zwiefaches Verstehen (Wahrheitswonne) vorgeschaltet ist, mag hier mit dem Stichwort „Himmelsleiter" gekennzeichnet werden. Es ist die Leiter zu den himmlischen Gefühlen brahmischen Seins, es sind die Stufen der Erhöhung des Grundgefühls. Während bei den sieben Erweckungen auch die Gefühlsbedingungen und Herzensverfassungen mit genannt werden, aus denen sich die Läuterungsgefühle ergeben, stehen bei den Himmelsleitergefühlen allein diese Gefühle. Die Erweckungen sind also umfassender. Auch sind die Himmelsleitergefühle nicht spezifisch buddhistisch, sondern kommen ebenso in allen mystischen Religionen vor.

Ein weiterer Unterschied liegt im Anlass dieser Himmelsleitergefühle. Der Buddha sagt, die sieben Erweckungen seien durch innere oder äußere Dinge veranlasst: Von den inneren Dingen sei gründliche Aufmerksamkeit die beste Quelle, von den äußeren Dingen dagegen treffliche Freundschaft (S [V] 46, 49-50). Die Himmelsleitergefühle nun werden mehr an die äußeren Bedingungen geknüpft, die Erweckungen mehr an die inneren, jedoch ist dies nur eine Sache des Schwerpunkts, nicht der grundsätzlichen Unterscheidung, weil eben die Erweckungen auch der Oberbegriff für beides sind.

Als Anlässe der Himmelsleitergefühle werden immer die vier Schätze genannt: der Erwachte, die Lehre, die Jüngerschaft, die Übung, wobei der letzte Schatz noch aufgefächert wird nach dem Dreiklang Tugend-Verzichten-Götter. Das sind dann insgesamt sechs Gegenstände der Andacht, die das Herz erheben, das Gemüt ergreifen und dementsprechend zu den Himmelsleitergefühlen führen, wobei die Triebe verdrängt werden. Hier wird also betont der positive Weg geschildert, indem durch intensives Heranholen des Guten und Edlen und Feinen das Gemeine, Niedere und Triebhafte überhöht und weggedrängt wird und davor nicht mehr bestehen kann. Die Kraft der edlen Gefühle vertreibt hier die Unkraft der Triebgefühle. Die vier erhabenen Dinge (M 7; S [V] 55, 40) oder die in sechs aufgefächerten Andachten (A VI 10, XI 13) oder allein die Buddha-Lehre (D 33 V; M 33, M 48; D 34 IX; S [II] 12, 23) oder allein die Jüngerschaft (A III 93; MV VIII 15) oder vor allem allein die Übung (M 40; A X 1-3; D 2-13; S [V] 47, 10; S [IV] 42, 13) sind die Anlässe für das Aufspringen der Himmelsleitergefühle. Durch diese hohen Gegenstände der Andacht werden die Triebe des Herzens unwirksam und man wird aufgerichtet (A VI 10, XI 13). Der Buddha sagt sogar, wenn einer bei den 4 Pfeilern nicht zurechtkommt, dann soll er sich erst ein befriedigendes Vorstellungsbild machen, um sein Herz darauf zu richten, so dass er dann die Himmelsleitergefühle erlangt (S [V] 47, 10). Alles, was durch das Auftreten eines Erwachten in der Welt erschienen ist, nämlich die Lehre, die Nachfolger und die persönliche Übung, das sind die äußeren heilsamen Gegenstände, die das Gemüt erheben und zu den Himmelsleitergefühlen hinführen. Dabei ist die Übung natürlich ebenso ein inneres Ding. Und es heißt auch, dass in gründlicher Aufmerksamkeit, also der inneren Bedingung der Erweckungen, die Himmelsleitergefühle wurzeln (D 34 IX). Diese Himmelsleitergefühle nennt der Erwachte jedenfalls die Quelle, die Kraftquelle, das belebende Wasser des Nachfolgers, so entscheidend wichtig wie die Tränke für eine Kuhherde (M 33). Ohne diese Quelle höherer Gefühle verdurstet man auf dem Wege, gerät in die Wüste der Scholastik, in die Trockenheit des Intellektualismus. Dass Trockenzeiten kommen, dass Durststrecken erlebt werden, haben viele Mystiker erfahren, aber sie hatten den Glauben an das „Wasser des Lebens“, das Christus verheißt, und damit überstanden sie die Trockenheitsperioden. Ebenso ist es das Mindeste, dass man das Wissen um die Himmelsleitergefühle in den Geist einschreibt, denn dann kann man durchhalten, bis sie sich einstellen. Wenn man aber nicht einmal daran denkt, dann wird man früher oder später vertrocknen oder wieder der saftigen Sinnlichkeit verfallen.

43. Der Achtsamkeit Erweckung (*sati-sambojjhaṅgo*)

„*Wer da sucht, der hört nicht auf, bis er findet.*
Und hat er gefunden, dann wird er staunen.“ (Christus, im apokryphen Hebräer-Evangelium)

„*Je mehr und mehr nun der Mönch über die Lehre, wie er sie gehört und aufgefasst hat, im Gemüte nachdenkt und nachsinnt, im Geiste nachschaut, desto mehr und mehr kommt ihm bei dieser Lehre Verständnis des Sinnes, Verständnis des Gesetzes.*“ (D 33 V)

43.1 Ein neues Merken

Der Achtsamkeit Erweckung ist etwas sehr anderes als Achtsamkeit (*sati*). So himmelweit wie sich Achtsamkeit und Einigung unterscheiden, so himmelweit unterscheiden sich die siebte und achte Stufe des Weges, deren Einleitung eben diese Erweckung der Achtsamkeit ist. Und doch hängen sie auch wieder zusammen und es ist wohlbegründet in der psychischen Wirklichkeit, dass die erste Stufe der Einigung gerade noch an die Stufe der Achtsamkeit erinnert. Diese feinen Unterscheidungen liegen der Gemütsumwandlung durch den Übungsweg eben zu Grunde und es gilt nur, sie zu merken und in den Worten des Erwachten wiederzuerkennen.

Es gibt in Bezug auf die Achtsamkeit nur drei Dinge: Achtsamkeitsfähigkeit, Achtsamkeitskraft, Achtsamkeitserweckung. Und diese drei entwickeln sich nacheinander. Auf den ersten Stufen des Achtpfades ist die Achtsamkeit eine Fähigkeit, die das Vorgehen kontrollierend begleitet und die besonders nach einem Abweichen vom Wege als Gewissen mahnt und das Verfallen in eine falsche Achtsamkeit vors Bewusstsein rückt. Diese Fähigkeit ist es, die in M 117 unter Achtsamkeit schon ab der Stufe der rechten Anschauung zu verstehen ist. Auf der siebten Stufe dagegen ist die Achtsamkeit schon zur Kraft geworden, die bereits vor einem Abweichen die Vorstellungen der falschen Achtsamkeit so korrigiert, dass sie erheblich schwächer werden und schließlich gar nicht mehr aufkommen. Darum sagt der Erwachte, dass an den vier Pfeilern der Einsicht (*satipaṭṭhāna*) die Kraft der Achtsamkeit (*sati-bala*) zu erkennen sei (A V 15). Der Achtsamkeit Erweckung dagegen ist eine Frucht dieser Kraft und diese Frucht zeigt sich am Merken eines neuen Gefühls, einer Gefühlsveränderung anderer Art als bisher. Es wird etwas anderes wach; statt des bisherigen Traumes beginnt das

Aufwachen daraus in eine neue Dimension. Und das erste Merken dieses Wachwerdens, das ist die Gefühlserhebung, die Inhalt der ersten Erweckung ist.

Der Grund für diese Gefühlsveränderung liegt, wie stets, in einer Bewegung des Herzens, hier in einer Aufwärtsbewegung oder noch besser Entschleierungsbewegung. Die fünf Hemmungen als Herzenstrübungen und Umspinnungen wurden durch *Satipaṭṭhāna* verdünnt und aufgehoben. Wo die fünf Hemmungen sich alle fünf aufzuheben beginnen, da beginnt die vierte Stufe der Heilsgefühle. Wahrheitswonne, Tugendwohl, Sinnenzügelungswohl, das war alles erst Annäherung, sporadisches Ahnen. Erst jetzt wird mit einem Mal, mehr oder weniger schlagartig, eine generelle Hebung des Grundgefühls erlebt, und das drängt sich derart aufdringlich in die Achtsamkeit, dass es unübersehbar ist.

Das oben gebrauchte Bild vom Sprung über die Mauer in den Garten des Heils, der das vierte Heilsgefühl ausmachte, mag hier etwas modifiziert werden. Vergleichen wir die Einigung (*samādhi*) mit dem Garten des Heils, mit dem Paradies der Seele, dann gibt es als Zugang nur ein einziges Tor und das ist verborgen, überdeckt von Efeu, das Schloss rostig, die Angeln rostig. Aber durch den Buddha man hat den Schlüssel gefunden und aufgeschlossen (Satipaṭṭhāna). Jetzt geht die Tür ächzend einen Spalt auf, man setzt den Fuß in den Spalt und steht mit einem Bein schon im gelobten Lande, im heiligen Land. Dieser Anfang des Eindringens in die neue Dimension der herzunmittelbaren Gefühle, das ist die Achtsamkeitserweckung. Verglichen mit allen bisherigen Annäherungsstadien, bis man überhaupt an die Mauer der fünf Hemmungen kam, ist dies bereits etwas Gewaltiges, etwas ganz Neues. Verglichen mit dem, was dem Übenden noch an Verheißungen bevorsteht, ist es erst ganz gering. Da der Übende aber die späteren Überhöhungen noch gar nicht kennt, kann er sie auch nicht mit dem jetzigen Zustand vergleichen, und daher ist der Gefühlswert hier von der Rückschau her bestimmt, und das heißt, er ist subjektiv gewaltig und überwältigend.

Die Achtsamkeit, die auf dem ganzen Heilswege allmählich immer mehr auf das Herz hin gelenkt wurde, lässt sich einem künstlich lang gedehnten Gummiband vergleichen, das allmählich weniger gedehnt wird und schließlich in seine Normallage zurückfedert. Das ist der Anfang der Einigungsgefühle, der herzunmittelbaren Erlebensweise der Verinnerung.

So wie der Erwachte vor seiner Erwachung in der Erinnerung an sein Jugenderlebnis der ersten Schauung das „einsichtsgemäße Bewusstsein", das der Achtsamkeit nachfolgende Erkennen (*sat'anusari viññāṇa*) gewann: *Das ist der Weg zur Erwachung*, ebenso ist die Achtsamkeitserweckung für den edlen Jünger ein Indiz und ein Ansporn für das Ziel der vollen Erwachung. Deshalb eben wird hier von Erwachungsgliedern gesprochen. Nur die vom Saṃsāro abgewandte Achtsamkeit, die das Nirvāna zum Ziele hat, ist die Achtsamkeitserweckung.

43.2 Gefühlserhellung

Die Achtsamkeit reißt das Herz nach innen, auf sich selber, weil hier jetzt „etwas los" ist, etwas viel Interessanteres als außen, nämlich ein Gefühl, das die Welt nicht geben und nicht nehmen kann. Wie am Himmel die Wolken zurücktreten und ein heiteres, klares Blau erscheint, so beginnt auch hier eine heilsame überweltliche Heiterkeit, ein geistiges Wohl (*somanassaṃ*). Der Grund für diese Freilegung des Himmelsblaus, das immer vorhanden und nur durch Wolken getrübt war, ist eben das Zurücktreten der Wolken. Der Grund für die Gefühlserhöhung der Einigungsgefühle ist, dass das Dunkle, Trübe, Hemmende, Beschränkende des Gemütes fort ist, dass die Einflüsterungen der Dämonen im eigenen Innern besiegt sind. Die drei anderen Arten des Wohles auf dem Heilswege waren noch innerhalb der Welt – das Glück der Annäherung an die Wahrheit, das gute Gewissen nach außen, die Unüberschwemmtheit innen – waren zumindest noch auf die Welt bezogen und bestanden in Auseinandersetzung mit ihr, aber hier kommt das Wohl nicht mehr durch einen abgeschwächten Weltbezug, sondern geradezu durch Entweltung und Weltvergessen. Die Welt der Vielfaltsdinge mit Ich und Du, Körper und Sinnesobjekten, die ganze scheinbar so kompakte Alltagswelt, die auf dem Heilswege immer mehr als von geistiger Substanz erkannt wurde, erweist sich hier als nichts anderes denn als Hindernis des inneren Wohles. Je weniger Ich, desto mehr Wohl; je weniger Dinge, desto mehr Fülle; je weniger Tendenzen, desto mehr Heil. Das wird hier schlagartig vor das Verständnis der Achtsamkeit gerückt. Mit einem Fuß auf neuem Boden vergleicht die Achtsamkeit jetzt rückblickend mit allen bisherigen Erfahrungen und versieht sie mit dem Stempel „unzureichend“ oder bestenfalls „edle Vergeblichkeit“. Nur das, was hier zu diesem Tor führte, das war sinnvoll, das war nicht vergeblich, das war heilsam. So kehrt sich die gesamte Bewertung um. Obwohl man erst mit einem Bein auf neuem Boden steht, weiß man doch, dass er der beständigere ist, und deshalb bewertet man den alten Boden als so unzureichend, wie er immer schon war.

Mit diesem neuen Lebensgefühl wird fortgeweht alle Trauer, Enttäuschung, Leere, Kälte, Trockenheit, Ungemütlichkeit, eben aller Kummer, wie er sonst das Leben von der Wiege bis zur Bahre pausenlos begleitet. Hier allein, im reinen Herzen, ist die Stätte kummerlos (*a-soka*), wo der ewige Mangel endlich gestillt wird. Diesen Ausweg versteht man jetzt, und das erwärmt, erhebt, erfüllt die Seele mit einer ganz neuen Wahrheitwonne. Doch dies Wort ist fast zu grob, um den feinen Vorgang der Umkehrung der Gefühlsbewertung anzuzeigen. Man setzt nicht mehr vom Herzen her auf Weltsucht und Gehässigkeit, die beiden ersten Hemmungen. Vom Geiste her hatte man sie lange durchschaut und an ihrer Verdünnung gearbeitet, aber hier macht das Herz nun erstmals ganz und gar mit und bestätigt hundertfältig den Geist: „Alles Bisherige war richtig, alles Mühen lohnt sich.“ So wie Ruisbroeck es sagt: „Unendlicher Lohn für so ärmliche Werke.“ Das Mühen schrumpft geradezu zusammen, so schwer und lang es auch gewesen war. So stark ist die Herzensbeteiligung, auf die sich die Achtsamkeit hier richtet. Wie ein armer Hungerleider, der bisher mühsam bettelnd sein karges Brot bekommen musste, dann aber plötzlich satt zu essen bekommt, so geht es hier. Hier ist der Trank, der ewig stillt. Hier gibt es das Brot des Lebens, das allen Hunger stillt.

Die erste Erweckung wird verglichen mit dem ersten Juwel des Kaiserkönigs, mit dem Rad-Juwel (*cakka-ratana*). Dieses tausendspeichige Rad war ein astrales Symbol, gewirkt aus früheren guten Werken, das dem Kaiser am Himmel erschien, ihm voranrollte und den ganzen Erdkreis untertan machte, dann zu seinen Häupten im Gerichtssaal stehen blieb. Es war die Vorankündigung seiner Herrschaft und des Besitzes der sechs anderen Juwelen. Ebenso lässt der Achtsamkeit Erweckung die sechs anderen Erweckungen heranrollen, zieht sie nach sich, ist nur ihre Vorankündigung. Wie das Rad sozusagen der gute Stern war, unter dem der Kaiser den ganzen Erdkreis erobern konnte, so ist der Achtsamkeit Erweckung die Vorankündigung des Sieges über Māro, der Eroberung der Freiheit. Der Buddha sagt, der Achtsamkeit Erweckung sei zu allem nütze, sei sozusagen alltauglich (*sabb'atthika*), denn sie korrigiert immer wieder, wenn eine der folgenden sechs Erweckungen sich zum Selbstzweck machen will und lenkt die Gefühle überhaupt allmählich zum Gleichmut hin. Insofern hat die erste Erweckung eine besondere Bedeutung auch noch für später. Man kann sagen, dass sie vor allem auch den Rückfall in die Weltlichkeit, den es auch auf dem weiteren Wege noch als Gefahr gibt – wenngleich man es hier noch kaum glauben mag – verhindert. Die erste Erweckung ist vorwärts gerichtet, fort von der Weltlichkeit, und sie schneidet alles Zurückschielen ab. „Wer die Hand an den Pflug legt und schaut zurück, der kann nicht mein Jünger sein", sagt Jesus (Luk. 9, 62). Das gilt hier entsprechend.

43.3 Verständnis des Sinnes

Was bedeutet dieses Verständnis des Sinnes und was hat es mit der ersten Erweckung zu tun? Dafür muss etwas weiter ausgeholt werden. Es gibt dreierlei Verständnis: erstens intellektuelles Verstehen, zweitens menschliches Verstehen, drittens existentielles Verstehen. Das intellektuelle Verstehen ist ein Verständnis allein mit der Logik, ohne davon ergriffen zu sein. Das menschliche Verstehen ist seelisches Verständnis für den Nächsten, ist Großzügigkeit, Einfühlung, Toleranz. Das existentielle Verstehen ist eine solche Einfühlung in Bezug auf mich selber. Das intellektuelle Verstehen ist eine unverzichtbare Vorstufe des letzteren, aber bei manchen Menschen reichte es nur für ersteres, so dass der Buddha auf die Vorbereitung des existentiellen Verstehens verzichtete. Dieses ist ein intuitives Erfassen mit Evidenzgefühl, das mich ergreift und gänzlich bis in die Tiefe beeinflusst. Man könnte pointiert sagen: Das intellektuelle Verstehen erfasst bloß eine Sache, beim Evidenzverstehen dagegen erfasst die Sache mich. Das erstere ist irgendwo und irgendwie noch nicht ganz verbindlich, es steht noch draußen vor mir, ist bloß „an sich richtig". Das letztere ist hingegen verbindlich, ist genau für mich das Richtige. Oder noch kürzer: ersteres ist bloß wissenschaftlich, letzteres schon existentiell.

Auf dem religiösen Wege gibt es immer wieder neue Akte dieses Evidenzverständnisses, bei dem die „Vernunft des Herzens" (Pascal) angerührt wird. Der ganze Weg echter religiöser Nachfolge besteht darin, dass immer tiefere und weitere Dinge aufleuchten und einleuchten. Oft sind es dieselben Probleme und Phänomene, die in verschiedenen Stufen von „Erleuchtungen" allmählich immer klarer werden. Was mir heute schon sonnenklar vorkam, erweist sich morgen, bei erneutem Einblick, als noch viel klarer. Viele solcher Evidenzakte sind einem gar nicht so bewusst, weil sie nur kleine Schritte betreffen. Manche Klärungen aber hat man auch wieder vergessen und benutzt sie ganz selbstverständlich so, als hätte man es immer so gewusst. Aber manche der existentiellen Intuitionen bleiben deutlich im Gedächtnis, weil sie entscheidende Weichenstellungen auf dem religiösen Wege markieren. Es brauchen durchaus nicht immer gleich so dramatische Bekehrungen zu sein, wie die, welche aus einem Saulus einen Paulus oder aus dem Mörder Angulimālo einen echten Mönch machten. Die meisten Umkehrakte und Einkehrakte gehen viel unauffälliger vor sich.

Der Pāli-Begriff *veda*, der hier mit Verstehen oder Verständnis übersetzt ist, bringt den Charakter des unmittelbaren Evidenzgefühls noch viel klarer zum Ausdruck. *Veda* (Verstehen) ist Kurzform von *vedanā* (Gefühl). Für den Inder klingt also beim Hören von *veda* (siehe Dreiveden, *Vedānta*) unmittelbar der Gefühlscharakter an, ohne eine Verwechslung mit bloß intellektuellem Verstehen. Im Sanskrit werden *veda* (Verstehen) und *vidya* (Wissen) so unterschieden, dass ersteres der Kausativ für letzteres ist. Das Verstehen ist also das Tor zum tiefen Wissen: Das seelische Evidenzgefühl der Einfühlung in die Sache ist also die Voraussetzung für das erfahrende geistige Wissen. So gehört im Buddhismus *veda* zur 8. Stufe, dagegen *vijja* zu dessen Frucht, zu dem neunten Phänomen (*sammā-ñāṇa*: rechtes Erkennen). Das intellektuelle Verstehen geht beidem voran.

Das wahre Verstehen ereignet sich meist unerwartet und plötzlich: Es schlägt ein wie der Blitz in die Finsternis. Die Wahrheit ist eben wunderbar, d. h. für uns ungewöhnlich und außerordentlich, eben erhaben und erhoben über den Alltag. Überwältigt von ihr ist man in dem Maße und umso mehr verwundert, als man bisher abseits von ihr wohnte. Obwohl dabei liebgewordene Illusionen fallen, ist dies Verwundern doch keine unangenehme Überraschung, denn die Wahrheit als solche ist unendlich wohltuend und entkrampfend und glättend, weil sie das tiefste Verlangen nach Klarheit erfüllt. Das Verwundern wundert sich vielmehr darüber, dass man bisher nicht selber drauf gekommen ist. Das Wunderbare und Außerordentliche ist gerade deshalb so wunderbar, weil es auf der Hand liegt, dem Verständigen von selbst verständlich – nur hatte man es bisher nicht zu sehen vermocht. Kierkegaard sagt dazu:

> *„So verhält es sich ja, wie der Einfältige leicht versteht, und der Gebildete könnte lediglich verlangen, dass man es etwas schwieriger mache, damit er es leichter verstehe."*
>
> (*Erbauliche Reden* von 1843/4, Ausgabe 1956, S. 114)

Das Ein-fache ist ein-fältig, es fällt alle Vielfalt in eins zusammen, es ist ein-deutig. Das eben macht die Überzeugungskraft des Verstehens aus. Es klärt sich, indem die Sache sich von sich selber her erklärt. Man hatte gemeint, es sei sehr komplex und kompliziert und daher ungeheuer schwierig heraus zu tüfteln. Aber jetzt sind alle Hindernisse fort, wie nie gewesen. Wir stehen sozusagen mit offenem Munde da und starren staunend die schlichte Wahrheit an. Sie dringt in uns ein, wir werden eins mit ihr. Die Hindernisse, die ich zwischen mir und der Wahrheit aufgetürmt hatte, sind fort und ich sehe jetzt unmittelbar, indem ich in die Wirklichkeit einschnelle, die über Subjekt und Objekt steht. Goethe sagt:

> *„Das Höchste, wozu der Mensch gelangen kann, ist das Erstaunen, und wenn ihn das Urphänomen in Erstaunen setzt, so sei er zufrieden; ein Höheres kann es ihm nicht gewähren und ein Weiteres soll er nicht dahinter suchen; hier ist die Grenze."*
>
> (zu Eckermann am 18.2.1829)

Der Buddha aber überschreitet diese Grenze weit. Das staunende Verstehen der angenehmen Überraschung durch die Einfachheit der Wahrheit ist nur der Anfang der Erweckungsgefühle.

Das erste Verstehen ist nun das Verständnis des **Sinnes** (*attha-veda*). Es geht die Evidenz auf: „Aha, das also ist der Sinn des Ganzen! Das hätte ich nie gedacht, es ist ganz anders, als zum ersten Mal gehört." Bei nie zuvor gehörten Dingen gewinnt man Verständnis des tiefen Sinnes. Die Schleier der Māyā lüften sich und man erfasst den Anblick des Heiles, d. h. des Heilen, des höchsten Wohles. Dahin zu kommen, ist der Sinn des Lebens, der Sinn aller Läuterung. Man versteht: Nicht von Erfüllung oder Verfeinerung der Triebe ist wahres Glück zu erwarten, sondern von deren Aufhebung. Der Geist (*manas*) merkt dieses geistige Wohl (*so-manas-ya*) und er sagt: „Erstaunlich fürwahr, außerordentlich fürwahr, dass das Heil dort liegt!" Da ist der Ausweg, da der Sinn. Und das tut wohl zu wissen.

44. Des Tiefsinns Erweckung (*dhamma-vicaya-sambojjhaṅgo*)

„Nun sind sie zerbrochen, die schmählichen Bande,
nun ist es gestillet das klagende Sehnen,
bin frei von der Welt und dem trügenden Zauber,
wie bin ich so reich, so erhaben, so frei.“ (Ruisbroeck)

„Gefunden hab ich's, nicht verfehlt,
kein übel Ding bedünkt es mich,
von allem, was die Welt gewährt,
hab' ich das Beste, auserwählt.“ (Aṅgulimālo, M 86)

44.1 Ein neues Unterscheiden

Der Erwachte sagt:

„Was da im edlen Herzen, im unbeeinflussbaren Herzen, das sich auf edlem Wege befindet, edlen Weg vollendet, Weisheit ist, fähige Weisheit, Kraft der Weisheit, des Tiefsinns Erweckung, eine rechte Anschauung, die auf dem Wege zu finden ist: das ist eine rechte Anschauung, die edel, unbeeinflussbar, überweltlich, auf dem Wege zu finden ist.“
(M 117)

Die Weisheit als Fähigkeit lässt überhaupt die Lehre prüfen, die Weisheit als Kraft vertreibt alle falschen Anmutungen und Weltbilderfetzen, die Erweckung des Tiefsinns dagegen ist die daraus folgende Wahrheitwonne. Des Tiefsinns Erweckung beginnt mit dem Hörerschaftsanblick, denn nur da lösen sich alle Daseinsfragen und tiefen Probleme der Existenz. Nur da leuchtet der große Zusammenhang auf, in welchem alles in der Lehre einzuordnen ist, auch wenn man manches Detail noch nicht erfassen mag. Man versteht auch das, was man noch nicht versteht, und man weiß, warum man es noch nicht versteht. Man weiß, dass dies am Gesamtverständnis nichts ändert und dass die Maxime „Nichterkanntes werde ich erkennen“ in absehbarer Zeit überholt sein wird. Des Tiefsinns Erweckung auf der 8. Stufe des Weges ist nichts anderes als die Wiederholung des Hörerschaftsanblicks der ersten Stufe (rechte Anschauung) auf breiter Front. Waren zuerst sozusagen nur Panzerspähwagen der Vorhut in das neue Gelände vorgedrungen, so wird es jetzt und hier mit der Hauptstreitmacht erreicht. Von daher wird dann nur noch unterschieden, was zu diesem Anblick gehört und was nicht. Das wird in M 118 mit folgenden Worten ausgedrückt:

„Auf die Soheit achtsam verweilend, zerlegt er weise die Dinge, zerteilt sie, dringt in ihre Tiefe ein.

Das ist die Beschreibung der zweiten Erweckung, die mittels der Weisheit die Lehre oder das Gesetz oder die Dinge – all das ist *dhamma* – zerlegt und zerteilt und sie gründlich prüfend vertieft. Die Grundlage dessen ist die „Soheit“ (*tathā*), eben das, was bei der ersten Erweckung Gegenstand der Achtsamkeit war. Der Sinn des Heiles liegt im Nirvāna. Das ist das Sosein der Wahrheit.

Da werden nun mit einem Male all die tiefen Aussagen des Buddha in diesem Lichte gesehen, von der Erfahrung der ersten Erweckung her verstanden. Die Erweckung der Achtsamkeit ist vergleichbar mit dem Merken des Bestandes der Dinge, die Erweckung des Tiefsinns dagegen mit dem Merken des Zusammenhangs und der Folgerungen (S [II] 12, 33). Bei der ersten Erweckung steht man nur mit einem Bein auf dem neuen

Boden, dagegen bei der zweiten Erweckung öffnet sich das Tor und gibt einen breiten Einblick in die Zusammenhänge der Dinge. Da steht man ganz auf dem Boden der Tatsachen und gewinnt von daher eine neue Unterscheidung für alles Frühere. Man kann jetzt endgültig die wahnlose Anschauung von allen anderen Ansichten unterscheiden. Man kann seine jetzige Sicherheit von den früheren Zweifeln und Sorgen unterscheiden. Und man kann unterscheiden, dass all die Schwierigkeiten des Verzichtens auf dem Wege unendlich viel lohnender waren als alles Genießen. Die tiefe Unterscheidung der Dinge (*dhamma-vicaya*) lehrt den Tiefsinn des Verstehens der Zusammenhänge: „Also, deshalb lohnt alles Tugendwerk nicht, deshalb soll man sich von der Welt nicht verlocken lassen, deshalb soll man nicht unterwegs ungeduldig aufbegehren. Und deshalb sagt der Buddha so viel, das dem Vermeinen der Weltmenschen konträr widerspricht, die eben keine tieferen Erfahrungen kennen." Die ganze Vielfalt der Lehre wird mit einem Mal zusammenfassbar in dem Satz des Buddha, dass sie nur einen einzigen Geschmack habe, den Geschmack der Erlösung. Und das ist zunächst die Erlösung vom Wahn, dass Befriedigung der weltlichen Triebe Glück bringe. Da wird es leuchtend klar: „Wie könnte es anders sein? Wie wäre es anders möglich?" Die vergänglichen Dinge müssen ja Wehe bringen, wenn man ihnen anhängt und sich von ihnen mit in den Untergang ziehen lässt. Da wird nun verstanden, dass die Ernährung der zweiten Erweckung in der rechten Unterscheidung der Dinge besteht:

> *„Es gibt, ihr Mönche, heilsame und unheilsame Dinge, tadelhafte und untadelige, niedere und erlesene, mit ihren Teilen von dunkel und licht. Dabei gründliche Aufmerksamkeit häufig betreiben, das ist die Nahrung, um des unaufgestiegenen Tiefsinns Erweckung aufsteigen zu lassen und des aufgestiegenen zur vollen Entfaltung zu bringen."* (S [V] 46, 2)

Immer sind nur zwei Dinge zu unterscheiden: heilsame und unheilsame, untadelige und tadelhafte, erlesene und niedere, lichte und dunkle. Das aber sind: Leiden auflösende und Leiden schaffende. Oder kurz: Nirvāna und Saṃsāro. Das ist die wahre und einzig wichtige Unterscheidung bei den Dingen: Halten sie im Leiden des Saṃsāro fest oder führen sie zur Leidensbefreiung, zum Nirvāna. Damit nähert man sich der Geistesverfassung eines Erwachten an, der nur diese Unterscheidung kennt. *Vi-cayo* heißt wörtlich „auseinander-häufen", zwei Haufen machen. Der eine Haufen ist das Leidige, der andere das Leidlose. Und geistig bekennt man sich zum Leidlosen. Der eine Haufen sind die fünf Erscheinungen des Aneignens, Der andere Haufen sind die fünf Abschnitte des Heilsweges von der Tugend bis zur Wissensklarheit der Erlösung – und beides heißt im Pāli *khandho.*

44.2 Das Gefühl der Sicherheit

Des Tiefsinns Erweckung ist das genaue Gegenteil der Hemmung durch Zweifelsucht. Das daraus folgende Gefühl der Unsicherheit, Ratlosigkeit, Ungeborgenheit, des ausgeliefert Seins, der Kläglichkeit verschwindet damit. Der Mensch voller Zweifel kreist ja immer um sich, fühlt sich von einem unbekannten Schicksal geschlagen und leidet unter dieser Ohnmacht, nicht zu wissen, woher und wohin alles geht. Dieses jämmerliche Gefühl der Wehleidigkeit des Nachklagens, Anklagens, Wehklagens geht fort, wenn die zweifelnde Unsicherheit über den Zusammenhang der Lebenserscheinungen verschwindet. Faust klagt sehnsüchtig:

„O glücklich, wer noch hoffen kann,
aus diesem Meer des Irrtums aufzutauchen:
was man nicht hat, das eben brauchte man,
und was man hat, kann man nicht brauchen."

Derartige geistige Gefühle der Kläglichkeit haben keinen Platz mehr, wo der Zusammenhang der Phänomene überzeugend aufleuchtet, wo man das Meer des Leidens und das Eiland der Leidlosigkeit unterscheiden kann. Da stellt man sich auf den Felsgrund der Wirklichkeit des Heils und so wird man im Gefühl sicher und geborgen, wie der einstige Mörder Angulimālo es als Heiliger sagte: „Gefunden hab ich's, nicht verfehlt ..." Dieses neue Sicherheitsgefühl gleicht dem Elefantenjuwel des Kaiserkönigs: so wie der weiße Staatselefant wuchtig dasteht, als Symbol der in sich ruhenden Sicherheit und Unangreifbarkeit, so ist des Tiefsinns Erweckung wie ein Bollwerk im Meer des Schwankens. Und so wie der Elefant den Kaiser hoch über die Menge erhebt und er alle Feinde niedertritt, so erhebt des Tiefsinns Erweckung über die Welt und tritt alles Vergängliche unter sich. Das Gefühl, endlich die wesentliche Unterscheidung gefunden zu haben, verleiht diese elefantengleiche Sicherheit.

Wenn es aber hier um das Gefühl der Sicherheit geht, warum wird dann die zweite Erweckung nicht des Vertrauens Erweckung oder der Weisheit Erweckung genannt? Weil beide Kräfte hier in innigem Zusammenhang zu nennen sind. Die Weisheit allein schafft Vertrauen, nur die vernunftgemäße Sicherheit ist unangreifbar. Das Gefühl des geistigen Vertrauens ist immer eine Frucht der weisheitlichen Unterscheidung. Und dies beides wird in der zweiten Erweckung als ein einheitliches Phänomen genannt, welches jenes hohe Gefühl der Geborgenheit verleiht, das Gefühl einer geistigen Beglückung durch Überblick über die Zusammenhänge aller die Existenz bildenden Faktoren.

Der Zusammenhang von Tiefsinns Erweckung und Verständnis des Gesetzes ist im Pāli viel enger als in der deutschen Übersetzung, denn die beiden Worte heißen *dhamma-vicaya* und *dhamma-veda*. Beide beziehen sich auf das Gesetz, die Lehre, die Dinge (*dhamma*). Das eine Wort nennt dabei den Vorgang des Unterscheidens (*vicayo*) von Leidigem und Nichtleidigem, das andere Wort nennt das Gefühl des Verstehens dabei.

Dass Verstehen im Pāli ein Gefühl ist, wurde im vorigen Kapitel näher erläutert. Dass die beiden ersten Erweckungen beide das Gefühl des Verstehens zum Hintergrund haben, deutet an, wie eng sie beide zusammengehören, wenn man auf das Gefühl dabei schaut. Das Verständnis des Sinnes bei der ersten Erweckung lässt sich dabei mit dem Gefühl dessen vergleichen, der auf den Weg zur Hörerschaft kommt (*anusāri*), das Verständnis der zweiten Erweckung dagegen mit dem des Hörers, der die Frucht der Hörerschaft erwirbt.

Das geistige Wohl dieser tiefen Wahrheitswonne des Verstehens des Gesetzes wird von einem Anhänger des Buddha wie folgt in Worte gekleidet:

„Gleichwie etwa ein Mann, der sich an den wohlschmeckendsten Speisen gesättigt hat, nicht mehr nach anderem, weniger Schmackhaftem verlangt, ebenso nun auch kann, wer einmal die Lehre des Herrn Gotamo vernimmt, nicht mehr nach den Lehren der anderen vielen Asketen und Priester verlangen."

„Gleichwie etwa, wenn da ein Mann, von Hunger und Schwäche überwältigt, einen Zuckerklumpen erhält und, so oft er davon kostet, stets süßen, lieblichen Geschmack empfindet, oder wie ein Mann, der ein Stück Sandelholz findet, sobald er daran riecht – sei es oben, unten oder in der Mitte – stets einen süßen lieblichen Duft empfindet, ebenso nun auch empfindet jeder, der die Lehre des Herrn Gotamo hört, Freude und Frohsinn im Gemüte."

„Gleichwie etwa, wenn da ein Mann wäre, siech, krank, schwer leidend, und ein geschickter Arzt seine Krankheit auf der Stelle heilen würde, ebenso nun auch kommen, sobald man die Lehre des Herrn Gotamo hört, Kummer, Jammer, Schmerz, Gram und Verzweiflung zum Schwinden.“

„Gleichwie etwa, wenn da ein Teich wäre, mit klarem, erquickendem, kühlem, silberhellem Wasser, lieblich und entzückend gelegen, und es käme ein Mann daher, glühend vor Hitze, von der Hitze überwältigt, ermattet, erschöpft, zitternd, und er stiege in den Teich, badete, labte sich am Wasser und stillte alle Zerrung, alle Erschöpfung und alles Brennen – ebenso nun auch wird, sobald man die Lehre des Herrn Gotamo hört, alle Zerrung gestillt, alle Erschöpfung und alles Brennen.“ (A V 194)

45. Der Tatkraft Erweckung (*viriya-sambojjhaṅga*)

„Ich habe wohl Ursach' genug, mich zu freuen
der ewigen Liebe, die mir ist geworden!
Ihr könnt es nicht fassen, ihr Kinder der Lüste,
ihr kennet die göttliche Fröhlichkeit nicht.“ (Ruisbroeck)

Wenn immer tiefer er durchschaut,
wie da Erscheinung kommt und geht,
ergreift ihn Jubel-Freudigkeit,
da er das Ewige erkennt. (Dh 374)

45.1 Neue Kraft

Wie bei der Achtsamkeit gibt es auch drei Aspekte der Tatkraft auf dem Heilswege. Es gibt Tatkraft als Fähigkeit, als Kraft und als Erweckung. Tatkraft als Fähigkeit ist die Betätigung auf den ersten fünf Stufen des Heilsweges, Tatkraft als Kraft (*viriya-bala*) ist das Siegen über sich selbst auf der sechsten Stufe, wo die falsche Anwendung der Tatkraft überwunden wird. Tatkraft als Erweckung dagegen ist eine Gefühlskraft oder auch ein Kraftgefühl. Die Tatkraft hierbei ist eine Richtung des Herzens und das Merken eines Zuges zum Heil, zum Eiland, zum Nirvāna. Hieran zeigt sich die strömende Kraft der Nachfolge.

Wenn das bisher gebrauchte Bild vom Tor zum paradiesischen Garten weitergeführt wird, dann ist es so, dass nach dem Setzen des Fußes in den offenen Spalt der Tür (der Achtsamkeit Erweckung) und nach dem vollen Öffnen der Tür, in die man ganz eintritt, (des Tiefsinns Erweckung) man nun in die neue Landschaft eintritt: Man schreitet vor, man geht hinein, man springt hinein. Es gibt nur diesen Zug zum Vorwärtsgehen, die Möglichkeiten dazu liegen einem vor den Füßen und vor den Augen. Das vermittelt das Kraftgefühl: Man braucht nur zuzugreifen.

Wie aus der Eigenschaft des Vertrauens die Eigenschaft der Tatkraft erwächst, so ergibt sich aus dem Sicherheitsgefühl der zweiten Erweckung das Kraftgefühl der dritten. Im Maße des Sicherheitsgefühls kommt ganz von selber das Gefühl auf, welches zum Inhalt hat: „Aus eigener Kraft kann ich Wohl erreichen.“ Man fühlt sich unabhängig von anderen und der Welt - wie ein Hund, der von der Kette losgelassen ist. Ich bin also gar nicht schwach, an den Leib gefesselt, ihm ausgeliefert, an seine Vergänglichkeit gebunden; und ich bin nicht in Raum und Zeit der Welt und ihrem Vergehen ausgeliefert. Das falsche Vertrauen in Ich und Welt ist fort. Und daraus ergibt sich ein Kraftgefühl der Beherrschbarkeit der existentiellen Situation. Ein Entlastungsgefühl meldet sich, nachdem der Druck des ausweglosen Leidens fort ist. Ich habe ja das Schicksal in der eigenen Hand: ein Gedanke ins Herz hinein, und schon kann ich es bessern. Da baut sich von innen ein Gefühl der Stärke auf. Ich bin sozusagen am Schalthebel, ich bin mein eigenes Elektrizitätswerk, mein eigener Akkumulator. Das nennt der Buddha Kraft, unbeugsame (M 118): Es ist die Tatkraft aus sich selber, die auf nichts anderes gestützt ist, an nichts gelehnt, insoweit unbeugsam (*a-sallīna*). Und darum heißt es, die Ernährung dieser dritten Erweckung bestehe in der gründlichen Aufmerksamkeit auf drei Grundarten des Herzens, auf die Art des Aufbrechens, die des Herausschreitens und die des Überschreitens (S [V] 46, 2): Aufbrechen vorwärts zum Heil, Herausschreiten aus dem Unheil, Überschreiten der Gewohnheitsgrenzen.

Das Gegenteil dieses Kraftgefühls ist das Schwächegefühl der matten Müde, der Schlappheit, die leer an heilsamer Kraft ist. Das ist das, wovon Faust klagt:

„Ich fühl's, vergebens hab' ich alle Schätze
des Menschengeists auf mich herbeigerafft,
und wenn ich mich am Ende niedersetze,
quillt innerlich doch keine neue Kraft."
Hier aber quillt innerlich eine neue Kraft."

Diese dritte Erweckung gleicht dem Rosse-Juwel. Wie das Leibross des Kaisers, der Wolkenschimmel, diesen mit Windeseile, dem Wolkenzuge gleich, dahin bringt, wohin er will, alle Hindernisse überspringend, ebenso ist die Erweckung der Tatkraft eine Veränderungskraft und Strebenskraft, die mit Gedankenschnelle vermehrtes Wohl bringt.

Dieses Kraftgefühl wird im Deutschen am besten mit Begeisterung wiedergegeben. Be-geiste-rung ist eine Erhabenheit des Geistes, der sich über die gewohnte Dumpfheit hinausgehoben fühlt und sich in eine reinere und hellere Dimension schwingt. Begeisterung als Hochgefühl ist dann hier bei den Erweckungen die Antwort des Geistes, welcher seit unendlichen Zeiten das Heil des höchsten Wohles suchte und es nun zu genießen beginnt. Aber auch auf weltlicherer Ebene ist Begeisterung mit Kraft und Schwung verbunden. Dazu einige Beispiele:

„Begeisterung ist darum so schätzbar, weil sie der menschlichen Seele die Kraft einflößt, ihre schönsten Anstrengungen zu machen und fortzusetzen". (S. Smiles, *Der Charakter*)

„Die Begeisterung für ein würdiges Ziel stärkt die Kräfte und erleichtert die Erholung, sie hebt, wenn sie echt und wahr ist, anderer Kräfte für das gleiche Wirken. Ihr Gegenbild ist die Schwärmerei, jene fieberhafte Hitze, die sich für Irrtümer entzündet." (Knigge)

„Die Begeisterung erhebt dein Herz zu helikon'schem Schwunge." (Schiller, *Semele*)

„Begeisterung, Himmelstochter,
lass dich zur Erde nieder
und schwing ob unsern Häupten
dein siegreich Banner wieder!
Bann ihn hinweg, den Unhold, den Dämon uns'rer Zeit,
dies schläfrig lahme Scheusal, genannt Gleichgültigkeit." (Graf v. Auersperg)

45.2 Das Wesen der Freude

Dass das Kraftgefühl ein Freudengefühl ist, klang schon in dem Begriff der Begeisterung an. Doch wie hängen Kraft und Freude zusammen? Dafür ist es notwendig, etwas weiter auszuholen.

Was bedeutet zunächst „Freude" im Deutschen? Das Wort besteht eigentlich nur aus einer Vorsilbe, nämlich pro (vor, für), die dann substantiviert wurde. Freude lässt sich also bezeichnen als das „Gefühl pro", d. h. als die Stimmungslage, die positiv für etwas ist und sich daher nach vorn bewegt. Das gleiche Bild findet sich in dem Sanskrit-Wort *pra-vate* (nach vorn hüpfen), das ebenfalls Freude bedeutet.

Und was bedeutet nun das hier mit Freude übersetzte Pāli-Wort *pāmojja* (*pā-modya*)? Es kommt von der Wurzel *mod/mud*, zu der etymologisch unser Wort „Most" gehört. Dies liefert ein treffendes Bild dafür, in welchem Sinne hier die Freude zu verstehen ist. Der Most gärt und schäumt, d. h. es steigen Luftblasen nach oben. Die eingeschlossenen Luftblasen drängen kräftig nach oben und es ist ihnen eine Erleichterung, sich wieder mit der Luft vereinigen zu können. So auch ist *pāmojja* das Kraftgefühl einer gerichteten Freude.

Das lässt sich an dreierlei Aspekten verdeutlichen:

Das Kraftgefühl der Freude vertreibt Dunkelheit und Finsternis. Freude ist Helligkeit, ist Leuchten, anstatt einer grauen Öde, wie beim bewölkten Himmel. Freudigkeit ist also eine Gemütserhellung, die sich im Kraftgefühl ausdrückt.

Zweitens macht Freude weit, macht frei von Enge und Druck und eingeschlossen Sein. In der Freude atmet man auf, ist erleichtert, kann sich ausdehnen. Man fühlt sich dadurch kräftig, stark und groß.

Drittens und vor allem aber eignet der Freude ein Zug nach oben und das heißt gleichzeitig: fort vom Niederen. Das kommt in unserem Wort Begeisterung besonders zum Ausdruck. In der Freude ist man beschwingt, beflügelt, erhoben, hingerissen. Man frohlockt und fühlt Schwung und Kraft in sich, anstatt lahm und unbeweglich am Boden zu liegen.

Wenn man sich derart gehoben, weit und hell fühlt, dann ist dadurch eine Veränderung des bisherigen Grundgefühls verzeichnet, das sich eben gehoben hat. Und dann sieht man auch die Welt ganz anders. Man gewinnt einen weiteren Blick, neue Horizonte locken, man merkt, dass man vorankommt, dass es sich lohnt. Man hat „Wind unter den Segeln", wie wir sagen. Oder wir sagen: „Es zieht uns etwas." Was zieht da? Hier bei der Erweckung ist es die Lehre, die Wahrheit. Davon erfüllt (zweite Erweckung), richtet man sich guten Mutes und munter auf die weiteren Heilsziele und nächsten Etappen aus. So ist man gut gestimmt, ist „in the mood". Das Kraftgefühl der Freude ist eben zielgerichtet.

Erst angesichts solcher Freude lässt sich ganz der Unterschied zu allen Gefühlen der Freudlosigkeit erfassen, wie wir sie kennen als Schwermut, Gram, kleinmütige Niedergeschlagenheit, bedrückende Depression. Die Freude ist ein Hochdruckgefühl, im Gegensatz zu diesen Niederdruckgefühlen.

Freude ist eine Art von Frohsinn oder Fröhlichkeit (*somanassaṁ*), im Gegensatz zum Trübsinn (*domanassaṃ*), sie ist ein geistiges Gefühl, ebenso wie das Verstehen, aus welchem sie resultiert. Man kann sagen: Freude ist diejenige Art von Frohsinn, die sich als Kraftgefühl äußert.

Origines, der Kirchenvater, vergleicht die Freude mit der Haltung des Menschen zum Frühling. „Frühling wird es in der Seele", sagt er. Nach winterlicher Kälte und

Finsternis lockt der ersehnte Frühling den Menschen aus der Enge des Hauses heraus in die Weite der Blütenpracht, so wie es im Osterspaziergang des Faust beschrieben ist. Dasselbe wie dort außen geschieht hier innen. Die Seele fängt zu blühen und zu grünen an, sie belebt sich und regt sich und reckt sich. „Geh aus, mein Herz, und suche Freud", singt es in der Seele, und sie sucht diese Freude in ihrem eigenen Herzensgrunde, im „grünenden Nun" der Mystik.

Das ist der belebende Quell, der labt und stärkt (M 33).

45.3 Fünf Arten von Freude

Bisher wurde noch nicht geklärt, ob denn jede Freude heilsam sei oder ob jede Freude gleich heilsam sei. Die Frage, welchen Heilswert die Freude hat, führt zu einer Differenzierung, bei der sich zweckmäßigerweise folgende fünf Bereiche unterscheiden lassen:

(1) **Künstliche** Freude. Es gibt als Unterstes eine unechte Freude, die keinen Grund hat und bei welcher man sich künstlich einen Grund schafft. Man kann die Möglichkeiten eines Kraftgefühls, die normalerweise auf das ganze Leben verteilt sind, vorgreifend zusammenraffen und dadurch eine künstliche Euphorie erzeugen, die einen Kraftrausch von Scheinfreude erzeugt, hinter welchem der Absturz in den Katzenjammer umso schrecklicher ist. Das Hauptgebiet dieser Teufels-Euphorie sind die Drogen, die Rauschmittel, der Alkohol. Auch die Stimuliermittel (Weckmittel) gehören hierher, die eine Wachheit vortäuschen, welche man mit späterem Zusammenbruch bezahlen muss. Auch ohne chemische Mittel kann man sich aber aufdrehen und in Schwärmerei und geistige Exaltiertheit versetzen: Auch das ist künstliche Freude, keine gewachsene Freude. Der Unterschied zeigt sich immer darin, dass man hinterher bitter dafür bezahlen muss.

(2) **Weltliche** Freude. Während man bei der künstlichen Freude überhaupt nichts seelisch vorgeleistet hat und daher hinterher mit Zinsen bezahlen muss, ist es bei der weltlichen Freude so, dass man hier schon vorher bezahlt hat. Man hat karmisch erwirkt, dass man wohltuende Erlebnisse erfährt, sei es, dass man in diesem oder in einem früheren Leben die läuternden Ursachen dafür gesetzt hat. Man hat Erfolg, es gelingt einem etwas: Das ist die karmische Ernte dessen, was man selber aus Tugend gesät hat. Nur weiß der Mensch meist nicht mehr, dass er sich die Freude selber durch Tugend erwirkt hat, die ihn überhaupt Menschentum erlangen ließ und so die menschlichen Freudenmöglichkeiten eröffnete. Diese Form der Freude findet sich besonders rein im Himmel, in göttlichen Sphären: Weil man anderen viel Wünsche erfüllt hatte, erlebt man jetzt viel Wunscherfüllung und freut sich darüber. Im Gegensatz zu den geringen Freuden des Menschentums, das auch die Schadenfreude kennt, sind die Himmelsfreuden viel größer. An einigen Aussprüchen Schillers lässt sich das verdeutlichen:

„Des Lebens ungemischte Freude
ward keinem Irdischen zuteil." (aus: *Ring des Polykrates*)

„Wo nur eine Träne der Freude liegt,
liegen tausend Tränen der Verzweiflung begraben." (aus: *Spaziergang Unter den Linden*)

Doch auch wenn die Menschen resignieren und wie Ovid klagen, dass die Freuden oft nur der Anfang unserer Leiden seien (*gaudia nostra sunt saepe initium nobis doloris*), so können sie, d. h. wir, doch gar nicht anders, als immer wieder Freude zu suchen, wie Schiller sagt:

„Freude heißt die starke Feder
in der ewigen Natur,
Freude, Freude treibt die Räder
in der großen Weltenuhr."

Und da denken die Wesen dann, die Himmelsfreuden seien ewig und sie preisen sie:

„Freude, schöner Götterfunken, Tochter aus Elysium".

(3) **Tugend**-Freude ist die Freude nicht über die Ernte sondern über die Saat. Es ist die Freude, dass man durch Läuterung und Selbstüberwindung sich nun seelisch einen höheren Status erobert hat, der bei einem bleibt, auch wenn die Ernte außen aufgezehrt ist. Dies ist die Freude über die eigene Tugendläuterung, die sich bei allen heilsamen Dingen zeigt (M 15, 61, 151) und sie stammt aus der Reuelosigkeit eines guten Gewissens:

Erfreut hienieden, erfreuet drüben,
an beiden Orten sich freut der Gute;
er freut sich und freut sich,
erkennt er sich selbst als Lauterer dann. (Dh 16)

Vollkommen dieses Ernsts bewusst
in allem und in jedem Ding
sind Weise ernsten Sinnes froh,
sind selig ihrer Heiligung. (Dh 22)

Da die vergänglichen äußeren Dinge eben keine wahre Freude bieten können (Pred. 2, 1), gibt es echte Freude auch nach der christlichen Aussage nur bei gutem Gewissen (1 Chr. 16, 10; Psalm 5, 20; Spr. 29, 6; Spr. 1, 12). Dementsprechend wird gesagt: Nur wenn der Mensch der Unordnung der Sünde und der Triebe entgegenwirkt, entsteht Freude als Erfahrung der Übereinstimmung mit der Wirklichkeit, in welcher nur innerer Frieden, nicht schon äußere Befriedigung, wahre Freude gebären kann (*Lexikon für Theologie und Kirche* Bd. 4, S. 362). In diesem Sinne ist Freude im Buddhismus wie im Christentum: Grundstimmung des inneren Friedens. Auch bei unseren Dichtern findet sich diese Erkenntnis:

„Wer Freude will, besänftige sein Blut." (Goethe, *Faust* II)

„Das Einlassbillet zur Freude ist ein gutes, ruhiges Herz." (K. J. Weber)

„Mitleiden, Großmut, Dankbarkeit
und Menschenliebe und Edelmut
wirkt Freud und Freude nur ist Glück. (Kleist)

„Herz, frohlocke!
Eine gute Tat habe ich getan.
Nun bin ich nicht mehr einsam.
Ein Mensch lebt,

es lebt ein Mensch,
dem die Augen sich feuchten,
denkt er an mich.
Herz, frohlocke:
es lebt ein Mensch!
Nicht mehr, nein, nicht mehr bin ich einsam,
denn ich habe eine gute Tat getan." (Werfel)

(4) **Mystische** Freude ist die herzunmittelbare Freude, die bereits bei der Sinnenzügelung beginnt und im Maße der Herzensläuterung immer mehr zunimmt. Diese göttliche, himmlische, überirdische Freude ist es, die in den Religionen von den echten Nachfolgern erlebt wird. Christus sagt:

„*Solches rede ich zu euch, auf dass meine Freude in euch bleibe*
und eure Freude vollkommen werde." (Joh. 15,11)

Von den Wüstenvätern heißt es:

„*Sie freuten sich, wie man es sehen konnte, bei ihrem Leben in der Wüste. Niemand wäre imstande, hier auf Erden eine gleiche Freude und körperliche Fröhlichkeit aufzuweisen. Es gab zwischen ihnen keine Trüben und Traurigen.*" (*Historie lausiaca* Kap. 97)

Ein anderer ostkirchlicher Mystiker sagt:

„*Es tun sich auf bei beständigem Gebete die Augen der Seele und es wird in ihr eine große Freude sein und ein unaussprechliches Brennen des Gefühls und der ganze Mensch wird vergeistigt.*" (Abba Philemon, *Dobrotolubie* Bd. III, S. 401)

Eine deutsche Mystikerin nannte sich der freudenreichste Mensch:

„*Denn ich achtete alle Freuden, die alle Menschen je gewannen und je gewinnen mögen bis an den Jüngsten Tag, so klein gegen meine Freude, wie eines Mückleins Klaue ist gegen die ganze Welt.*" (Sophia von Klingenau, Nonne zu Töss)

Pascal wurde eines Nachts von einer solchen Himmelsfreude überfallen und schrieb sein Erlebnis nieder, was erst nach seinem Tode offenbar ward:

„*Vergessen der Welt und aller Dinge, ausgenommen Gott. Freude, Freude, Freude, Tränen der Freude.*"

Und Jakob Böhme erzählt von der ...

„*himmlischen Freude in allen Adern, dass der ganze Leib erzittert und der Geist triumphiert, welches nur die verstehen, die an dem Orte sind zu Gast gewesen.*" (Aurora III, 15)

Bei Sunder Singh heißt es:

„*Mein Herz floss über von himmlischer Freude. Ich sah, in dieser Welt der Sorge und des Leidens gibt es eine verborgene und unerschöpfliche Ader großer Freude, von der die Welt nichts weiß, denn selbst die Menschen, die sie erfahren, können von ihr nicht zureichend und überzeugend sprechen.*"

Die großen Mystiker wussten aber auch um die Möglichkeiten der Täuschungen hierbei, weil sich himmlische und irdische Freude nicht selten berühren und nur der feinere Blick den Unterschied herausfindet:

„Sehr häufig denkst du dir, es sei geistige Freude, und es ist bloße Sinnlichkeit, durch den Feind angeregt, aber der geistig Erfahrene unterscheidet es.“
(Gregor v. Sinai, *Dobrotolubie* Bd. V, S. 253)

„Denn es stammt mitunter auch nicht aus Gottesliebe, sondern aus bloßer Natürlichkeit, dass man dergleichen schmelzende Gefühle zu kosten bekommt. Es kann des Himmels Einfluss sein, es kann aber auch sinnlich eingetragen sein.“ (Ekkehard, Traktat 17, Kap. 10)

„Es gibt auch einige Seelen von solch empfindsamer und leicht erregbarer Naturanlage, dass sich in ihnen, sobald ihnen eine geistige oder Gebetsfreude zuteilwird, auch der Geist der Unlauterkeit regt, der sie so mit sich fortreißt.“ (Johannes v. Kreuz, *Nacht*, ed. 1924, S. 22)

(5) **Buddhistische** Freude ist das Kraftgefühl der Freude bei der dritten Erweckung. Diese Freude ist durch vier Merkmale gekennzeichnet: Sie ist geistiger Frohsinn, nicht körperlich; sie ist immer heilsam, nie unheilsam; sie erwächst erst auf der Höhe der Mystik, nicht schon bei der Tugend; sie ist immer verbunden mit der und gerichtet auf die Erwachung. Aus Verständnis des Gesetzes ergibt sich die mit dem Gesetz verbundene Freude (*dhamm'upasaṃhitaṃ pāmojjaṃ*), die Neumann mit Wahrheitwonne übersetzt. Wenn diese Freude sporadisch erreicht wird, dann ist sie auch das Höchstmögliche der geistigen Wohlgefühle (M 33, 48, 99), während bei weiterem Fortschritt diese Freude dann in die weiteren Stufen der Himmelsleiter übergeht (M 7; D 33 V; A VI 10, XI 13)! Diese Freude ist teilweise eine Vorfreude, ein Vorgeschmack der zunehmenden Befreiung, der man sich annähert. Darum sagt der Buddha:

„So diese Welt wie jene Welt
hat klar der Kenner aufgehellt:
Naturgebiet, Naturgebot
und Freiheit, Ende aller Not.
Seid freudig, Jünger, euer Teil
ist sich'rer Toderlösung Heil.“ (M 34)

Und er sagt ferner, *der feinste Wohlgeschmack, es ist die Wahrheit.* (Sn 182). Damit macht man das Herz froh (*abhi-pamodayaṃ*: M 118). Und davon heißt es:

Der Mönch, der reiche Freude hat,
zufrieden in der Lehre ist,
erreichet wohl der Ruhe Reich,
Gestaltungs-Endes Wohligkeit. (Dh 381)

46. Des Jubels Erweckung (*pīti-sambojjhaṅgo*)

„Ich habe die selige Ewigkeit funden!
Ich hab' sie gefunden im innersten Grunde.
Des freut sich mein Geist und es jubelt die Seele,
besiegt ist die Erde, verschwunden die Zeit.“ (Ruisbroeck)

Verborg'ne Süße, wer da schmeckt,
ersaugen aus der Stille kann,
mag ohne Spaltung, ohne Fehl
der Lehre Jubel schlürfen ein. (Sn 257)

46.1 Jubel-Gefühl

Wo die Freude aufhört und der Jubel beginnt, wo das Gefühl der Kraft (3. Erweckung) zur Kraft des Gefühls (4. Erweckung) wird, lässt sich nicht so leicht ausdrücken. Es ist ein fließender Übergang. Die Mystiker haben Freude und Jubel beide erlebt, aber kaum unterschieden. Auch der Erwachte spricht oft von Freude und Jubel in einem Zuge (*pīti-pāmojja*) wobei im Pāli die Reihenfolge der Worte, wie oft, auch hier so zu lesen ist, dass das zweite Wort die Ursache und das erste die Folge nennt.

Wenn ich ein Gefäß voll Wasser laufen lasse, dann breitet sich allmählich die Flüssigkeit im ganzen Topf aus. Und wenn der Topf nun voll ist, was geschieht dann? Dann fließt er über. Ebenso fließt der Geist, der mit dem dreifachen Frohsinn der ersten drei Erweckungen angefüllt wurde, irgendwann einmal über. Und wohin fließt er über? In den Körper, in dem Geist und Seele gefangen sind. Der Jubel ist somit das Eindringen des geistigen Frohsinns in den Leib oder die Ausbreitung dorthin. Der Jubel teilt sich eben nach außen hin mit. Und wer auf die drei ersten Erweckungen, die sich rein im geistigen Teil der Gefühle abspielten, nicht so geachtet hat, der merkt spätestens beim Jubel, dass sich sein Grundgefühl gewandelt hat. Erst hier bei der vierten Erweckung wird diese ja auch nach ihrem Gefühlsinhalt genannt.

Der Jubel lässt sich passiv beschreiben als: schwimmen in Seligkeit, darin gebadet sein, schmelzende Wonne, Wonneschauder geistiger Beglückung. Diese wonnige Beseligung durchdringt und durchströmt einen mit verströmenden Wellen. Diese quellen über und werden zum Entzücken, zur Verzückung, zum Strahlen, das sprühend ausstrahlt. Es ist, als hätte der Jubel sozusagen auf der Lauer gelegen und gewartet, bis er endlich aufkommen darf: Dann meldet er sich wie eine Fontäne, mit Überdruck. Und dieser Fanfarenton lässt die Mystiker oft jauchzen und singen, tanzen und springen.

Im Bilde vom Garten lässt sich hier sagen: Die Freude war das Hineinstürmen in das Neuland des Paradiesgartens. Der Jubel ist ein Hochspringen vor Freude, ein In-die-Hände-Klatschen. Während die Freude noch Bewegung nach vorn war, ist Jubel allein Bewegung auf der Stelle. Die drei ersten Erweckungen sind alle noch Vorgefühle, erst der Jubel ist ein Gefühl des Angekommenseins. Weiter geht es im Geiste nun nicht mehr, und darum breitet sich der Jubel nun in jenen Raum aus, der bisher noch nicht vom Gefühl der Erweckung erfasst war: Das beginnt beim Körper.

Der normale Mensch saugt durch die Kanäle der fünf Sinne dauernd von außen etwas herein, das ihm Sinnenwohl bereitet. Darum ist er mit leidenschaftlichem Fieber darauf versessen. Der Jubel nun beschwichtigt dieses Fieber (Ps II,130), er ist eine Gegenbewegung, die nun von innen her die Kanäle nach außen durchdringt und durchwellt und reinigt.

Unter den sieben Juwelen des Kaisers entspricht der Jubel dem Diamanten-Juwel, das auch des Nachts taghell leuchtet und strahlt. Während ein Diamant sonst nur leuchtet, wenn er vom Licht angestrahlt wird und der Buddha ihm daher das Licht eines selbstleuchtenden Glühwürmchens als überlegen hinstellt (M 79), leuchtet das Diamantenjuwel des Kaisers aus sich selber und erhellt die Nacht, so dass die Menschen den Tag für gekommen halten (D 17). Ebenso ist es mit dem Jubel, der aus dem selbstleuchtenden Gemüt aufsteigt, unabhängig von außen, und leuchtet und strahlt.

Der Jubel ist das erste der feinen Gefühle, die bei der Gefühlsbetrachtung zu beobachten sind, mit dem Atem verbunden (M 118), und dieser Jubel bleibt bis zur zweiten Schauung einschließlich bestehen: Es kommen nur noch andere Gefühle hinzu, nämlich körperliches Wohl, so dass in den Texten oft von Jubel und Wohl (*pīti-sukha*) gesprochen wird.

46.2 Die fünf Arten von Jubel

In J 537 wird berichtet, wie jemand beim Anhören der Lehre seinen Leib von fünffachem Jubel durchdrungen fühlte, so dass er befriedigten Herzens, frohsinnig, auf sich zurückgehend war. Diese fünf Arten von Jubel sind eine Steigerung, die von der Tradition wie folgt mit fünf Stichworten gekennzeichnet wird: kleiner, kurzer, herabkommender, ergreifender, strahlender Jubel.

Kleiner Jubel: Dieser erste Grad ist ein schwacher Jubelton, ein gelinder Anflug von Jubelwellen, ein geringes Haarsträuben vor Ergriffenheit. Weil der Jubel hier schwach ist, wird er oft kaum bemerkt, und er kann auch neben sinnlichem Wohl einhergehen und ist dann von ihm ebenso schwer unterscheidbar, wie es oben bei der Freude beschrieben wurde. Und doch kann man die Unterscheidungsgabe hier gewinnen.

Kurzer Jubel: Der zweite Grad ist nicht so schwach und zart wie der erste, er ist ein stärkerer Impuls, der aber dafür umso kürzer ist. Dieser Jubelton ist wie ein plötzlicher Blitz, wie eine grundlose Beseligung, die einen überfällt und schon wieder fort ist, wenn man gerade beginnt, ihrer bewusst zu werden. Der erste Grad war schwach, aber länger; der zweite Grad ist kurz, aber intensiv.

Herabkommender Jubel: Es ist wie das Ausschütten einer Salbung über einen. Es kommt auf einen herab, nicht als einmaliges Antippen sondern in wiederholten Wellen, die heranfluten, wieder etwas zurücktreten, wieder anbranden und so Leib und Seele erfüllen. Die Mystiker sprechen hier vom eingegossenen Jubel.

Ergreifender Jubel: Der vierte Grad ist ein emporreißender Jubel, eine starke Ergriffenheit, die bis zur ekstatischen Beseligung und zu Anflügen von Levitation reichen kann. Das Pāliwort bedeutet sonst Aufscheuchen: So wie man in der Angst von Wehe hochgebracht wird, so hier von Wohl. Man wird hingerissen vom Jubel, emporgerissen.

Strahlender Jubel: Der fünfte Grad ist eine strahlende, alles erfüllende Beseligung, die dann schon außer sich geraten kann, im Sinne der Verzückung. Der strahlend, alles erfüllende Jubel (*pīti-pharaṇatā*) geht fließend schon in den Einigungszustand über, ist der erste Grad fünffacher Einigung (D 34 V).

46.3 Der Jubel der Mystiker

„Die in Tränen säen, werden in Jubel ernten „(Psalm 126, 5). Von diesem Jubilus des Herzens (Psalm 119, 111) künden die christlichen Mystiker in Hülle und Fülle.

Makerios erfuhr das Fortgerissensein von jubelnder Wonne, von überschwänglichem Jubilieren, von unaussprechlicher Glückseligkeit (Homilien 8, 1, 18, 9). Und Isaak der Syrer schreibt in seinen Homilien:

„Dieses Gebet, das in Danksagung übergeht, wobei der Mensch weder so betet, noch so handelt wie in anderen Gebeten, besteht darin, dass in dem Herzen, das von Freude und Entzückung erfüllt ist, von selber Gefühle der Lobpreisung und des Dankes erwachen.

Ein Brunnen der Entzückung quillt aus seinem Herzen hervor, seine Glieder erschlaffen, sein Antlitz senkt sich, sogar die Knie sind nicht mehr imstande, sich auf die Erde zu stützen wegen der übermächtigen Gnadenfreude, die durch seinen Körper strömt.

Merke, o Mensch, was du liesest. Können diese Dinge durch Tinte erkannt werden? Kann die Süßigkeit des Honigs den Gaumen des Lesers ergreifen durch geschriebene Worte?“

„*Es sprudelt aus dem Herzen unaufhörlich eine gewisse Süße und zieht den ganzen Menschen aus allem heraus, ohne dass er es spürt, Stunde um Stunde. Es strömt in den ganzen Körper eine Nahrung und Freude, dass die fleischliche Zunge dies nicht aussprechen kann, da alle irdische Asche und Spreu im Bewusstsein von ihr ausgelöscht wird. Wenn diese Nahrung in den Menschen kommt und seinen ganzen Körper durchpulst, dann denkt er zu dieser Stunde, dass es nichts anderes als Himmelreich ist – nur dieses.*“ (Gr. Logos 8)

Meister Ekkehard sagt von der „genade jubilus“, der Jubelgnade:

„*Ist ein süßer Honigseim auf seiner Zunge und ein fröhliches Saitenspiel in seinen Ohren und eine unsprechliche Freude in dem Herzen und ein unzählbares Jubilieren in dem Herzen und in der Seele.*“

„*Wo die göttliche Süßigkeit einen Augenblick geschmeckt wird, da labt sie die Seele mehr denn alle Süßigkeit und Wollust, die sie von allen Kreaturen empfangen möchte. Die göttliche sorgenfreie Süßigkeit, die verdrücket alle die Süßigkeit der Kreaturen an der Seele.*“

(Traktat 1)

Seuse erfuhr das herzliche Jubilieren, die jubilierende Gnade, die die Zunge nicht aussprechen kann und die doch Herz und Seele kraftvoll durchströmt, zehn Jahre lang täglich morgens und abends, und sie währte jeweils zwei Vigilien. Später verlor er dann plötzlich diese Beseligung, aber nach manchem Leiden, das er mit Demut erduldete, stellte sich der Jubilus als „emsiges Einströmen himmlischen Trostes“ schließlich wieder ein, war aber äußerlich nicht mehr sichtbar.

Bei Franziskus drängte sich der innere Jubel nach außen, wie berauscht im Geiste jauchzte und sang er Jubellieder in provenzalischer Mundart. Sein Jünger Masseo war beständig in einem Jubilieren und man sah ihn immer nur strahlend. Beim Gebet konnte er nicht an sich halten, so dass der Jubel in gedämpftem Ton wie ein Taubengegurre aus ihm hervorkam.

Johannes vom Kreuz sagt:

„*Ebenso kommt es vor, dass man mit dem Geschmackssinn angenehmen Geschmack und mit dem Tastsinn süße Lust fühlt, die manchmal so stark ist, dass man meint, es würden Mark und Bein frohlocken und erblühen und in Wonne schwimmen. Dies heißt man gewöhnlich Salbung des Geistes, weil sie von ihm aus sich in die Glieder der Seele ergießt.*“

(Karmel, ed. 1927, S. 116)

Das Gleiche findet sich auch bei den Mystikerinnen. Im Kloster Unterlinden in Kolmar lebte eine Nonne Herburgis von Herkenheim, von der Folgendes berichtet wird:

„*Als sie in der Betrachtung der glühendsten Andacht dort (nämlich im Garten) versunken war, drang mit einem Male eine wunderbare Ruhe des Gemütes, eine bisher nicht erfahrene Süße aus dem Himmel, eine innerliche Herzensfreude, wie eine lebendig sprudelnde Quelle in das Innere ihres Körpers und ihrer Seele ein und durchgoss beide Teile ihrer Persönlichkeit mit wundervoller Süße. Nun empfand sie auf eine wunderbare und fühlbare Weise, wie ihre Seele in ihrem Körper in eine jubelnde Bewegung ganz deutlich ausbrach gleich einem mächtigen Adler, welcher seine Schwingen oft und stark schüttelt und wieder schüttelt.*“

Im gleichen Kloster hörte eine Laienschwester, Heilrade von Horburg, einmal eine Sphärenmusik:

„Infolge dieser Süßigkeit der wahrhaft himmlischen Melodie, welche sie nur eine kurze Weile vernahm, ward ihr eine gewisse unaussprechliche Lieblichkeit und Annehmlichkeit zuteil, indem alle Empfindungen ihrer Seele sofort mit dem Nektar des Heiligen Geistes dergestalt übergossen wurden, dass sie in der Unermesslichkeit ihrer Freude in Jubel aufjauchzte und ihre Seele wie außer sich im Körper aufzuhüpfen begann."

Bei einer flämischen Mystikerin, Marie von Oignies, ereignete es sich, dass sie auf dem Sterbebett die letzten drei Tage nur jubelte und sang. Es sang aus ihr heraus, bis sie abends heiser war, und am nächsten Morgen begann der Jubelsang von neuem. Mit dem letzten Jubelton verschied sie.

46.4 Jubel bei den Sinnen?

Während des Jubels Erweckung noch über dem Jubel der Mystiker steht, weil sie mit der Erwachung verbunden ist, fragt sich, ob es auch einen Jubel unterhalb dessen der Mystiker gibt, d. h. bei den Sinnen, ebenso wie es auch eine solche Freude gibt.

Dazu heißt es in S [IV] 36, 29, es gebe einen groben Jubel (*sa-āmisā pīti*), der durch die fünf angenehmen Sinnesobjekte bedingt aufsteige und einen feinen (*nir-āmisā*), der mit der ersten und zweiten Schauung aufkomme sowie einen noch feineren, der beim Heiligen nach Überwindung von Gier, Hass und Verblendung aufkomme. Ein grober Jubel wird im ganzen Kanon nur zweimal erwähnt: In Sn 766 heißt es, wenn man erlange, was man verlange, gebe es bei den Sinnen Jubel; und in D 30 X heißt es im Vers, der Kaiserkönig jubele über seine tausend Söhne. An drei weiteren Stellen heißt es, jemand sei erfreut und jubelnd-frohsinnig, und zwar über die Geburt eines Sohnes (Ud II 8), über Lob der Götter (S [I] 2, 29) und Götter darüber, dass die Himmel durch den Buddha voller werden (D 19). Im Vergleich zu den zahllosen anderen Textstellen, die einen Jubel nur durch geistige Dinge und eigene Läuterung kennen, stehen jene genannten Fälle also ganz am Rande.

Man könnte sagen, der Jubel, der z. B. durch tugendhaftes Verhalten aufkomme (M 15, 61, 151), ereigne sich zwar bei den Sinnen und in Beziehung auf sinnliche Begegnung, aber es ist eher ein Jubel trotz der Sinne und nicht durch ihren Genuss.

Oder es kann ein ungeläuterter Mensch momentan einmal einen Blitz von jubelnder Beseligung erleben, der durch sinnliche Begegnung ausgelöst wurde, aber dessen Ursache eine frühere Läuterung war, die sich erst jetzt als Ernte einstellte.

Oder es wird manchmal aus Indien berichtet, z. B. von Ramakrishna, dass ein Mystiker einen anderen anrührte und in ihm momentan einen Jubel erzeugte, der wie ein elektrischer Strom hineinfuhr.

All solche Fälle könnten unter dem verstanden werden, was in S [IV] 36, 29 als grober Jubel bezeichnet wird.

Nun heißt es aber in Neumanns Übersetzung von M 99, aus der Sinnlichkeit Jubel zu erzeugen sei ebenso unmöglich, wie aus nassem Holz Feuer zu erwecken, es sei denn durch Magie. Jedoch ist hier die Übersetzung irreführend. Im Text steht gar nichts vom nassen Holz. Es heißt vielmehr: Ohne Ernährung durch Stroh und Holz kann kein Feuer brennen, es sei denn durch Magie. Und wie ein Feuer, das durch Stroh und Holz brennt, ist ein Jubel durch die fünf Sinnesobjekte; dagegen wie ein Feuer ohne Stroh und Holz ernährt zu sein, ist ein Jubel fern von Begierden und unheilsamen

Dingen. Das bedeutet: Der Jubel fern von Begierden wird durch nichts Äußeres ernährt, brennt also ganz aus dem inneren Herzen. Der Jubel bei den Sinnendingen bedarf dagegen dieser, kann ohne Sinnesobjekte nicht brennen und ist daher grob. So unbeständig wie die Sinnendinge sind, ist auch ein Jubel bei ihnen, der nur kurz und zufällig sein kann, während der Jubel aus Herzensläuterung einen Zustand des gehobenen Grundgefühls widerspiegelt.

47. Der Lindheit Erweckung (*passaddhi-sambojjhaṅga*)

„Die Seele empfindet in ihrem Innern einen Frieden und eine Stille, dass sie ihr Herz in einen Ozean der tiefsten und seligsten Stille versunken zu sein glaubt, wo sie kein Ereignis dieses Lebens mehr stören kann. Frei von allen Leidenschaften und unentweglich fühlt sie sich innerlich und äußerlich mit dem lieblichsten Frieden erfüllt, so dass, wenn man ihre Adern und Gebeine unter eine Presse legte, nichts als Friede heraus gepresst werden könnte."

(Katharina v. Genua)

„Wie leicht ist wahrlich doch mein Leib, von lichter Freude rüstig froh belebt! Wie Wolle, die der Wind vom Baume weht, getragen treibt mein Leib dahin." (Thag 104)

Lindheit, Lindheit! Was ist Lindheit? Sie ist ein Gefühl. Aber sie ist nicht mehr ein geistiges Gefühl wie Verstehen, Freude und Jubel, sondern ein körperliches Gefühl. Lindheit ist nicht mehr Frohsinn (*somanassa*), sondern Wohl (*sukha*). Genauer gesagt ist Lindheit erst die Einleitung, der Anfang des Übergangs zum körperlichen Wohl. In der Himmelsleiter wird genau unterschieden dahin, dass aus Lindheit Wohl folgt: *Zu einer Zeit, wo man lind im Leibe, lind im Herzen ist, da einigt sich dem Glücklichen das Herz* (M 118). Oder noch genauer: Genau im Maße der Lindheit kommt Wohl auf. Lindheit beseitigt die letzten feinsten Hindernisse, lässt sie eingehen, beruhigt die Sinnenmaschine, deren Wesen Beschwer und Unruhe ist – und im Maße dessen steigt zunehmend Wohl auf. Es ist wiederum ein fließender Übergang.

Und was wird aus dem Jubel im Geiste, der als vierte Erweckung entstand? Wird er von der Lindheit verdrängt oder muss er gar schwinden und überwunden werden, damit Lindheit entstehen kann? Keineswegs. Der Jubel geht nicht weg, er bleibt im Geiste, aber es kommt Lindheit im Leibe hinzu. Es ist so, wie wenn bei einem Orchester ein weiteres Instrument einsetzt und allmählich die Führung übernimmt. Es lenkt dann die Aufmerksamkeit auf sich, aber die anderen Instrumente wirken unverändert mit, werden nur manchmal von dem neuen Instrument etwas übertönt. Die Gefühle der Himmelsleiter sind wie ein Streichquartett, das nur in seinem Zusammenwirken den vollen Klang ergibt, eben die Melodie der Übersteigung der Sinnenwelt.

Mit der Lindheit dehnt sich das Wohlgefühl der höheren Art jetzt auf die Ganzheit der Person aus. Im Geiste begann es – wie alles Heilsame im Geiste beginnt, auch die rechte Anschauung – aber dann ergreift es auch den Leib und durchsetzt ihn. Das ist hier Neuland. Daher ist die fünfte Erweckung wesentlich anders als die vier vorangehenden. Während diese einen Anstieg darstellten, bis die Höhe des Jubels erreicht war, ist die Lindheit ein sich Setzen auf dieser Höhe. Es ist ein Umschlagen von dem Emporreißen zur Höhe zum Gefühl, nun auf der Höhe zu sein.

Der Erwachte gibt dazu ein Gleichnis: Wo ein kleines Feuer brennt, da ist es nicht sinnvoll, es mit Sand und Wasser zu behandeln, denn dann geht es aus. Sondern man muss vielmehr Heu und Holz hinzugeben, damit es ernährt wird. Ebenso ist es beim Normalmenschen, der zum Beharren in der Sinnenwelt neigt, eben zur Trägheit. Für ihn ist es nicht sinnvoll, jetzt Lindheit üben zu wollen, das würde ihn nur auf seinem Niveau in der Trägheit bestätigen. Er muss vielmehr erst die emporreißenden Erweckungen pflegen. – Wo aber ein großes Feuer brennt, da ist es nicht sinnvoll, Holz und Gras hinzuzugeben, dann lodert es nur noch mehr auf, sondern man muss es durch Wasser und Sand etwas eindämmen. Ebenso: wer sich bis zu Jubel emporgearbeitet hat, der soll ihn nicht immer weiter ausbauen, den das würde Unruhe bestätigen, sondern soll nun auch Schlichteres ins Auge fassen, beginnend mit Lindheit und weiter gehend zu Einigung und Gleichmut (S [V] 46, 53).

Der selige Jubel trieb schon etwas aus des Leibes Last heraus und ließ dadurch den Menschen aus sich heraustreten. Durch dieses Über-sich-Hinaustreten wird der Leib beruhigt und beschwichtigt. Weil die Kraft, die im Leibe unruhig arbeiten muss, solange sie keine höheren Ziele kennt, durch das Gefühl des seligen Jubels ins Astrale transponiert wird, deshalb wird der Leib nun entspannt und entkrampft. Er ist jetzt überflüssig zur Wohlerlangung, er hat dafür ausgedient und kann fallengelassen werden. Er ist unbrauchbar für das höhere Wohl. Nur so können die letzten unruhigen, beschwerhaften, groben Regungen beschwichtigt werden. Diese Einstellung der Unruhe wirkt sich dann als ein Gefühl der Gelöstheit aus, als besänftigte Lindheit und beschwichtigende Stillung. Die Lindheit ist dasjenige Gefühl, welches die Verbindung des Herzens zum Leibe und damit zur Sinnenwelt lockert. Wo sich diese Verbindung des Herzens, das bisher über den Leib die Sinnengenüsse erstrebte, auf dem Wege der Himmelsleiter zu lösen beginnt, da entsteht ein Gefühl zarter Versamtung und Besänftigung. Alles scheint glatt und eben, lind und gelöst, harmonisch und spannungslos, wie glatt geölt. Diese Beschwichtigung ist das Gefühl, dass man eine Last abzulegen beginnt (der Leib wiegt ja auch über einen Zentner) und eine unaufhörlich rasende Maschine abzustellen beginnt (der Atem geht ja Tag und Nacht). Weil das Grundproblem des Menschen, die Erlangung von Wohl, gelöst ist, kann sich jetzt das Begehren sozusagen in Wohlgefallen auflösen. Das wirkt sich aus als Gelöstheit, eben als Lindheit.

Die Stimmung ist: Feierabend. Das Pferd geht zum Stall. Der Mensch setzt sich auf die Abendbank. Die Bereitschaftsspannungen des Tages klingen ab. Der ausschließliche Lebenszweck, die Sinnesorgane zu ernähren und in Gang zu halten, wird von einem höheren Zweck abgelöst. Man braucht nicht mehr den Leib und die Sinne mit Strom aufzuladen, um das Werkzeug der Wohlsuche „fit" zu machen. Man hat jetzt vielmehr alles bei sich. Was schon bei der Übung des Klarbewusst-Handelns vorbereitet wurde, die grundsätzliche Umwandlung des Verhältnisses zum Leibe, das wird hier auf höherer Ebene nun im Gefühl ausgebreitet und ausgebaut. Ein indischer Mystiker unserer Tage, Dilip Kumar Roy, sagt über die Folge von meditativen Gebetsübungen:

„Sobald dieses Gebet meinem demütigen Herzen entstieg, erfuhr ich eine samtene Weichheit im Innern und ein Gefühl unbeschreiblicher Plastizität, die so schnell konkret wurde, dass mir beinahe war, als könne ich sie mit meinen Fingern berühren."

Diese Lindheit der Versamtung und Beschwichtigung kann man nicht einfach „machen". Sie muss vielmehr über die anderen Stufen der Himmelsleiter wachsen. Alle Versuche, die Gelöstheit der Beschwichtigung durch äußerliche Entspannungsübungen zu erreichen, führen nur zu geringen Ergebnissen, da sie nicht an die Wurzeln gehen. Der Erwachte selber hatte es schmerzlich erfahren, als er versuchte, die Beschwichtigung über den Leib statt über den Geist zu erreichen: er merkte da, wie zwar seine Kraft und seine Konzentration zunahmen, aber sein Leib blieb regsam und unbeschwichtigt – bis er dann den Weg über die Himmelsleiter beschritt (M 4 und 19). Bestenfalls wird bei der äußerlichen Entspannung nur ein kleiner Teil der Körperlichkeit entspannt, weil man von tausend Fäden zur Welt zehn oder zwanzig zurücknimmt. Und oft wird diese kleine Entspannung bereits als Ideal angesehen und jedes weitere Streben, das ja zunächst mit Anstrengung verbunden wäre, als Störung verurteilt. Diese vordergründige Gelöstheit ist im Grunde nur eine besondere Form von Verdrängung. Die buddhistische Lindheit dagegen zielt auf eine Entspannung mit Dauerwirkung, d. h. mit Tiefenwirkung. Daher ist der Lindheit Erweckung auch etwas anderes als die Lindheit der Mystiker. In der Erscheinung sind beide nicht zu unterscheiden, aber in der Richtung. Die Lindheit als Erweckung ist auf das Nirvāna bezogen, kommt aus dem Herzen, das auf dem edlen Weg zur Triebfreiheit ist.

Eine unmittelbare Folge der Lindheit, die untrennbar damit verbunden ist, ist eine einschneidende Veränderung des Weltverhältnisses. Zwar veränderte der ganze Heilsweg das Weltverhältnis, aber hier dokumentiert es sich sozusagen sinnenfällig. Die Welt wird immer schattenhafter, unwirklicher, unwichtiger. Indira Devi, eine indische Mystikerin unserer Tage, beschreibt, wie sie immer mehr nach innen gezogen wurde und wie in dieser weltfernen Versunkenheit die sinnliche Wahrnehmung immer ferner rückte. Es lässt sich mit dem Verebben der Brandung vergleichen, wenn die Flut überschritten ist und die Wellen langsam zurückgehen. Die Welt brandet noch an, aber immer ferner und schwächer.

Die beiden bisher genannten Phänomene – die Versamtung des Körpers und das Abebben des Weltandrangs – wurzeln aber in einer Veränderung des Herzens. Die Lindheit des Leibes ist eben Ausdruck einer Lindheit des Herzens und Gemütes. Und diese seelische Lindheit und Beschwichtigung stellt sich in einem Gefühl des Friedens dar. Dieses Friedensgefühl ist ein In-sich-Ruhen, ist selbstgenügsames Wohl, das einen ebenso überkommt wie der Jubel, und manchmal wechseln beide Gefühle ab, branden an und ebben wieder ab. Da heißt es:

> *„Ein stiller Friede kommt auf mich,*
> *weiß nicht, wie mir geschehen."* (Goethe, *Jägers Abendlied*)

> *„Ach, ich bin des Treibens müde,*
> *was soll all der Schmerz und Lust:*
> *süßer Friede, komm,*
> *ach komm in meine Brust."* (Goethe, *Wanderers Nachtlied*)

Wie viele Seelenregungen und Herzensverfassungen kannte Goethe auch diese, aber ebenso sporadisch und transitorisch wie bei ihm sind sie auch bei anderen Menschen, die ihren Wert nicht kennen und daher nicht auf sie achten. Manchmal wird ihnen grundlos wohl, es überkommt sie grundlos Freude, Jubel oder Lindheit, aber sie lassen es nutzlos vorübergehen, weil die Kunde mystischer Erfahrungen bei uns abgerissen ist und nur romantische Dichter noch deren Reste besingen. In Indien dagegen gehört dieser Frieden, der Vorfriede des Herzens, zu den bekannten mystischen Phänomenen und wird *bhava samādhi* genannt (werdende Einigung). Die schon genannte Indira Devi sagt von sich selber:

> *„Ein durch keine äußere Ursache begründeter Frieden senkte sich über sie und verlor sich dann ebenso plötzlich wie er gekommen war."*

Dieser Vorfriede des Herzens ist weniger als die volle Einigung des Herzensfriedens der sechsten Erweckung, aber mehr als die Beruhigung, die auf der Stufe der Achtsamkeit durch Schwinden der vierten Hemmung (Aufregung, Geistesunruhe) entsteht.

Diese Beruhigung entsteht durch Hineinwirken der rechten Anschauung und Achtsamkeit in das Herz, es bequemt sich, sich dem Geiste anzupassen. Der Frieden der Herzenslindheit dagegen liegt existentiell tiefer, kommt schon aus dem beruhigten Herzen hervor und ist totaler. Meist wird es so sein, dass jemand, der auf dem Wege ruhiger geworden ist, erst längere Zeit in dieser Beruhigung wohnen muss, bis er zu merken beginnt, dass es noch einen weit tieferen Frieden gibt, der sich auch dem Leibe in der Beschwichtigung mitteilt. Diese Totalität drückt Katharina von Genua, die große Renaissance-Mystikerin, sehr anschaulich mit dem Bild aus, dass, wenn man ihre Adern und Gebeine unter eine Presse legte, nichts anderes als Friede herausgepresst werden könnte. Und noch eine Steigerung ist es dann, wenn sie vom Frieden der vollen Einigung spricht: *Pace, pace, mare di altissima pace* (Frieden, Frieden, Meer des allerhöchsten Friedens). Beruhigung, Frieden der Lindheit, Herzensfrieden und Freude, Jubel, Lindheit – alle diese Dinge lassen sich zwar analytisch unterscheiden, aber in der Praxis sind sie zunächst kaum voneinander zu trennen. Dafür sind die Augenblicke entweder zu kurz, oder es kommen Wellen, die alles sind, oder eines übertönt das andere. Erst der erfahrene Mystiker kann später genauer unterscheiden, was hier in der Psyche vorgeht und kann durch seine Schilderung Liebe und Neigung dazu erwecken. Erst wenn man etwas davon erworben hat und nun weiterstrebt, kommt es ja überhaupt darauf an, mit der Achtsamkeit diese Phänomene klarer zu beleuchten. So spricht Sāriputto davon, dass er nach Wunsch und Wille eine beliebige der sieben Erweckungen entstehen lassen könne, gleichwie ein König Kleider aus dem reichhaltigen Sortiment seines königlichen Kleiderschrankes nimmt (S [V] 46, 4).

In dem hier in diesem Buche herangezogenen Bilde vom Garten gilt für die Erweckung der Lindheit Folgendes: Der Jubel sprang sozusagen in die Luft und klatschte in die Hände vor Wonne, aber die Lindheit setzt sich hin und genießt. Sie sieht den Mittelpunkt des Paradiesgartens vor sich, einen schönen Teich, und beginnt Wasser daraus zu schöpfen und vom Trank des Lebens zu trinken und mit den Füßen die kühlende Wirkung zu spüren. Das ist das Neuland der Lindheit, die andere Dimension. Es jubelt weiter, aber jetzt angesichts des Wassers, am Rande des Teiches, nicht mehr allein auf dem „Trockenen" (im Geiste).

Und im Vergleich der sieben Erweckungen mit den sieben Juwelen ist die Erweckung der Lindheit dem Frauenjuwel zugeordnet. Die ersten vier Erweckungen waren Tieren oder Dingen zugeordnet, die letzten drei Erweckungen sind Menschen zugeordnet und sie sind auch wertvoller als die ersten vier. Die Reihe der kostbaren Menschen, die den Kaiser erfreuen, eröffnet das Frauenjuwel, die ideale Gattin. Sie ist für den Kaiser einzig Wohl, nur angenehm, ist Balsam und Erholung. Sie ist in der Welt sein Ort größter Entspannung, sein Ruheplatz und Ruhepunkt. Ihre Sanftheit beschwichtigt seine Bewegtheit und Aktivität. In ganz gleicher Weise wirkt die Erweckung der Lindheit auf den Menschen ein, beschwichtigt ihn, lässt ihn zum Frieden kommen, ist sein bisher stillster Ort. So wie die Kaiserin nur wohltuend auf den Kaiser wirkt, ebenso wohltuend ist die Lindheit für die Seele und den Leib.

Der Lindheit Erweckung bewirkt: Man hat das Empfinden, getan zu haben, was zu tun war (Lalitavistara Kap. 4), die groben Regungen werden beschwichtigt (Ps II 130), Gefühl, Vorstellung, Aktivität und Erfassung werden beschwichtigt (Vbh 229), das Merkmal der Ruhe tritt hervor (Vbh A 310). Die Abwesenheit der groben Körperregungen aber führt zur vollen Einigung (M 64 und M 128).

48. Der Einigung Erweckung (*samādhi-sambojjhaṅga*)

„*Kennst du die Wahrheit und kannst innen bleiben,*
trübt Furcht dich nicht mehr, noch lockt dich fremde Liebe ....
so kehre denn einwärts und lebe im Grunde,
steig über die Sinne, hier lebet das Leben.“ (Ruysbroeck)

Die an der Sinne Ruhe froh,
die Einigung erringen sie,
des Todes Netz zerschneiden sie,
und wandeln als die Edlen hin. (S [I] 2, 6)

48.1 Wesen der Einigung

Das indische Wort *samādhi* setzt sich aus drei Wortteilen zusammen: *sam-ā-dhi*, und bedeutet wörtlich stark (*ā*) zusammen (*sam*) tun (*dhi*). Das heißt: fest zusammentun, ganz und gar zusammenfügen. Und was wird da zusammengetan? Ich und Welt, innen und außen, Subjekt und Objekt. *Samādhi* ist die Vereinigung der Zweiheit, die Aufhebung der Spaltung, eben die Einheit. Es ist *Unio mystica* im eigentlichen, überpersonalen Sinne als mystische Einigung.

Unsere gewohnte und für die einzig mögliche gehaltene Existenzweise besteht darin, dass der Körper mit seinen Sinnen als Ich einer materiellen Welt gegenübersteht und ihr ausgeliefert ist, von ihr Lust und Leid erfährt, mit ihr sterblich ist, der dauernden Veränderung ausgesetzt. Mit tausend Fäden ist die Seele mit Leib und Welt verbunden und von ihnen abhängig. Die Daseinsform des *samādhi* ist dagegen ein Einheitsbewusstsein, wo es nur noch eine einzige Substanz gibt, und die ist geistig, ist unmittelbar wahr und nicht gespalten in Materie und Erleben. Der *samādhi* ist die Lebensform der zweiten der drei Welten, nicht mehr die der Sinnenwelt und noch nicht die der formlosen Welt, sondern formhaftes (brahmisches) Sein. Form und Sein fallen hier zusammen. Das All ist Ich und Ich ist das All. Es ist All-Einheit. *Samādhi* ist, jedenfalls als Erweckung, ein waches Gewahr-Werden der Gleichheit (Lalitavistara Kap. IV: *samata-anubodha*).

Die Einigung (*samādhi*) ist Einheit des Herzens (*citt'ek'agga-tā*): soweit das All, soweit das Herz. Alles, was erscheint, ist Herz. Das Herz (Seele) ist also allmächtig, unbeschränkt und nicht, wie bei unserer sinnlichen Welt, eingepfercht in das Leibesgefängnis. Was noch an Vielheit im *samādhi* erscheinen mag, das erscheint innerhalb des Herzens, nicht außerhalb seiner wie in der Sinnenwelt, und was außerhalb ist, das wird nicht erlebt. Die Dimension des Herzens ist identisch mit der dort erlebten Welt.

Die Stimmung der Einigung aber ist Frieden. Einigung ist Herzensfrieden, weil das Herz keine Bedürfnisse mehr nach einem Außen hat, weil es völlig selbstgenügsam weilt und alles hat, was es will. Es ist nichts da, was nicht sein wäre und was ihm unberechenbar Unfrieden bringen könnte. Die Seelenruhe des Herzensfriedens macht unverletzbar und unabhängig, eben selbstständig, in sich ruhend, völlig befriedet und zufrieden mit dem, was ist. Das aber ist als Gefühl unvorstellbar tiefes Wohl, höchstes Glück.

Die Ordnung der Einigung ist ein lauteres, reines Herz. Diese Herzensreinheit ist Freiheit von jeglicher Art Öde, Dunkelheit, Kälte und Wirrnis. Das reine Herz ist spiegelblank, strahlt vor Sauberkeit und was es aus sich heraus spiegelt, ist alles leuchtend.

Es ist das leuchtende Herz, das selbstleuchtende Gemüt, die hellmütige Seele, frei von jeder Unordnung und Getrübtheit durch Verfinsterungen.

Der Einigung Erweckung wird verglichen mit dem zweiten Menschen, den der Kaiser als Ideal und Juwel besitzt, nämlich mit seinem Großbankier. Dieser ideale Rothschild oder Fugger liefert ihm jederzeit alle Mengen Gold und Silber, weil er Macht über verborgene Schätze hat, die er dem Kaiser ohne Bedingungen zur Verfügung stellt. Mit diesem Finanzmann im Hintergrund ist der Kaiser stets in der Lage, alle Unternehmungen zu finanzieren und alle Aufgaben im Reiche zu erfüllen. Ebenso macht die Einigung unbeschränkt reich, lässt über ungeahnte Hilfsquellen verfügen. Das ist der Schatz, der der Perle im Acker gleicht. Mit dem Herzensfrieden der Einigung hat man immer und überall alles, ist stets in der Fülle.

In dem hier benutzten Gleichnis vom Garten war die Lindheits-Erweckung das Trinken und allmähliche Hineingehen in den einladenden Teich. Die Einigungs-Erweckung aber ist dann das Schwimmen in diesem Teich. Man ist ganz und gar in das erfrischende Nass eingetaucht und bewegt sich in der anderen Dimension, in welcher man sich vom Wasser tragen lassen kann und Last und Unbequemlichkeit des Leibes nicht mehr spürt. Das vollkommene Wohl, das die Einigung bietet, wird in der Lehre und ebenso in anderen Religionen immer wieder mit dem Wasser verglichen, als Labetrank, als Badeteich, als Ozean.

48.2 Falsche und rechte Einigung

Gibt es das überhaupt: falsche Einigung? Nach dem bisher Gesagten schien *samādhi* doch in sich selber etwas durchaus Positives. Das ist es auch, objektiv, aber etwas anderes ist es, was der Mensch subjektiv daraus macht. Der Mensch mit seinen Trieben kann alles verderben, auch das Beste. So heißt es in M 117, dass rechte Einigung nur eine solche ist, die mit den sieben vorangehenden Gliedern des Achtpfades verbunden ist, d. h. auf Loslassen abzielt. Falsche Einigung ist dann die voraussetzungslos erlangte Einigung, d. h. eine solche bei weltverliebtem und tugendfernem Weltbild, die entweder zufällig erlangt wurde oder auf irgendwelchen technischen Schleichwegen. Noch differenzierter werden nicht weniger als **vier** Arten von *samādhi* unterschieden: schädliche, sterile, vorteilhafte, durchbohrende Einigung (D 34 IV, A IV 179).

(1) Schädliche Einigung: Dafür gibt es eine ganze Reihe von Beispielsfällen. Wer sich zwar durch angestrengtes Mühen *samādhi* erarbeitet hat, aber dabei nicht genügend Nächstenliebe ausbildete, der kann durch überweltliches Wohl leicht hochmütig werden. Nach seinen Erlebnissen beginnt er nämlich, sich mit anderen zu vergleichen, z. B. so: *Ich freilich erlebe die Schauungen, jene anderen da aber nicht* (M 113, M 29, 30). Ein solcher schlechter Mensch – so nennt ihn der Erwachte – übt dann immer weniger Ablösung und verbraucht viel Zeit mit dem sich Vergleichen und verfestigt sich immer mehr in der Spaltungswelt. Dadurch verliert er dann die Einigung bald wieder. Indem er so vom hohen Ross herunterstürzt, wird er gedemütigt – aber nicht jedem hilft die Demütigung zur Umkehr. Devadatto z. B. wurde nach dem Verlust seiner durch *samādhi* gewonnenen Fähigkeiten nur immer bösartiger und asozialer.

Wieder andere werden durch *samādhi* berauscht und leichtsinnig und halten sich für gesichert. Da meint man leicht, die Vielfalt schade einem nichts mehr. Ein solcher mag sich dann wieder in Gesellschaft begeben und sogar Vertiefung predigen, um zu helfen – aber diese Unruhe zehrt seine Kraft zur Stille auf und er verliert die Einigung wieder wie der Mönch Citto, der nicht weniger als siebenmal aus dem Orden austrat, nachdem er sich die Vertiefungen verscherzt hatte (A VI 60).

Noch wieder andere werden sowohl hochmütig wie berauscht (M 29, 30). Sie haben nichts anderes im Sinn, als ihre Erlebnisse genießerisch auszukosten, und sie lauern schon darauf, wann es endlich wieder über sie kommt. Wer aber nicht solche Einigung wie sie erlebt, dem bestreiten sie die religiöse Nachfolge und urteilen besonders abschätzig über die Intellektuellen, die immer nur die Lehre ergründen wollen – aber zufrieden fühlen sich die Aburteiler und Spalter nicht und so vergeht ihnen auch der Frieden (A VI 46).

Schließlich gibt es noch die Möglichkeit, dass jemand durch günstige Umstände einmal oder einige Male Einigung erlangte, dadurch gierig danach wurde, sie aber wegen Abneigung gegen das dafür nötige Mühen nicht wieder erreicht. Da gibt er anderen, den Lehrern und der Lehre die Schuld. Währenddessen bietet sich das Sinnenwohl einschmeichelnd wieder an und spricht: „Du willst doch Wohl? Hier ist es, reichlich, leicht zugänglich." Dem kann der ungeübte Mensch nicht wiederstehen. Er sagt sich, er könne das eigentlich auch noch mitnehmen. Dann hätte er doppeltes Wohl. Durch das zunehmende sinnliche Genießen aber wird er immer unfähiger zu höherem Wohl. Aber es geht noch weiter: Früher genoss er sinnlich und war tugendhaft. Jetzt genießt er, verwirft aber auch noch die Tugendmühe, weil er alles Streben nach Höherem durch seine Resignation verurteilt. So verdunkelt er sich auch noch das Sinnenwohl und hat nicht einmal mehr das Sinnenglück, das er vorher hatte. Er kennt dann höheres Wohl – das hat er nicht mehr. Er kennt auch helleres tugendbedingtes Sinnenwohl – das hat er auch nicht mehr. So bleibt er beim groben Sinnenwohl kleben, wird süchtig nach den momentanen Entspannungen, die ihn immer bedürftiger machen. Die ganze Heimtücke der Sinnlichkeit zeigt sich gerade hier als Auswirkung falscher Einigung, die nur Nachteile bringt.

(2) Sterile Einigung: Manche Menschen erleben durch momentanes stiller Werden ihrer Triebe gewisse kleinere oder auch längere Perioden und Situationen, in denen sie dem *samādhi* weit näher sind, als sie selber wissen. Ja, sie mögen dann mit der Spitze auch in das Reich der Vertiefung vorstoßen, wie mit einer Welle kurzfristig emporgetragen. Da sie aber vom Wert, den sie erlangten, nichts wissen und diese mystische Psychologie eben in der Welt kaum gelehrt wird, so behalten sie nur das Gefühl. Es war ihnen so wohl und oft schieben sie den Grund auf äußere Umstände oder den jeweiligen Ort und bemühen sich, diese zu wiederholen, um das Wohlgefühl zu wiederholen. Einem solchen Menschen nützt der *samādhi* nichts, aber er schadet ihm auch nichts. Unter dem lauten Andrang der Sinneserlebnisse vergisst er die Stille bald wieder und er bewahrt sie im Gedächtnis nur unter den wehmütigen und sentimentalen Erinnerungen des „Ach, damals" auf. Alle anderen Fälle der Einigung sind entweder schädlich oder nützlich.

(3) Vorteilhafte Einigung: Nützliche Einigung ist diejenige der Mystiker, die durch *samādhi* immer mehr über sich und die Welt hinauskommen. Sie merken den grundsätzlichen Unterschied zwischen sinnlichem Wohl und Wohl des Herzensfriedens und merken auch, wie man letzteres erlangen kann. So mag es geschehen, dass sie in brahmischer Welt wiedergeboren werden – und das ist ein gewaltiger Vorteil. Für lange, lange entgehen sie dem Leiden der Sinnenwelt. Oder der *samādhi* spornt sie an, immer weitere Vertiefungen zu erlangen, bis hin zur Formlosigkeit. All das ist vorteilhafte Einigung (*visesa-bhāgiyā samādhi*). Aber solche Einigung führt nicht aus dem Leidenskreislauf hinaus, falls sie nicht durchbohrend ist. Die vorteilhafte Einigung ist also

eine sterile Einigung auf höherer Ebene, die letztlich doch wieder nachteilig wirkt, indem sie abwärts führt wegen der Unbeständigkeit aller Zustände im Gewordenen.

(4) Durchbohrende Einigung: Rechte oder edle Einigung ist die auf Grund des wahnlosen Weltbildes, welches alle Schleier durchdrang. Solche durchbrechende oder durchbohrende Einigung (*nibbedha-bhāgiya samādhi*) allein ist Einigungs-Erweckung (*samādhi-sambojjhaṅga*). Diese vier Ausdrücke sind auf einer Ebene. Diese buddhistische Einigung soll der Übende genauso auskosten wie der Mystiker, auch lange Zeit sich darin baden, aber er kann trotz des Nahziels das Fernziel nicht aus den Augen verlieren, dass es noch immer Höheres gibt, bis hin zur Trieblosigkeit des Nirvāna. Da sind dann drei Aspekte zu unterscheiden:

Es gibt erstens den Abschnitt der Einigung (*samādhi-khandho*), der die Brücke zwischen dem Tugendteil und dem Weisheitsteil des Achtpfades bildet, wo die Tugend zur Einigung hinlenkt. Da ist nun rechtes Mühen (6. Stufe) das Rüstzeug des *samādhi*, die Vorbereitungshandlung und -bemühung; da ist rechte Achtsamkeit (7. Stufe) die Stufe der Vorstellungsgegenstände, die den Mühenden von der Vielheit zur Einheit führen (8. Stufe).

Es gibt zweitens innerhalb der 8. Stufe die Fähigkeit der Einigung (*samādh'indriya*), die auf der Himmelsleiter die ersten fünf Erweckungen erklimmen lässt.

Es gibt drittens die Kraft der Einigung (*samādhi-bala*), die immer weiter in die Vertiefung hineingelangen lässt und die Erweckung der Einigung ausbaut.

Rechte Einigung hat fünf Dinge an sich, die man sich nach Weisung des Erwachten bewusst machen soll: Diese Einigung bringt gegenwärtiges Wohl und lässt künftiges reifen; sie ist edel und fein; wird von Schlechten nicht gepflegt; ist still, erlesen, reich an Beschwichtigung, zur Einheit gekommen und nicht mehr behindert durch mühsame Unterdrückung der Aktivitäten; ich aber kann diese Einigung beobachtbar beginnen und beenden (D 34 V; A V 27). Das bedeutet, wenn man es vom Negativen her ausdrückt: Diese Einigung lässt gegenwärtiges Wehe schwinden und künftiges; sie ist überweltlich und nicht mehr grob; wird von Hochmütigen und Leichtfertigen nicht geübt; braucht nicht durch künstliche Techniken mühsam abgekniffen zu werden; ist kein Zufall und keine Hexerei, sondern systematisch erzeugbar.

48.3 Die Typen der Einigung

Innerhalb des großen Gebietes der Einigung gibt es nicht nur nacheinander Stufen zunehmender Tiefe, sondern auch nebeneinander gleichberechtigte Arten des Erlebens. Diese bestimmen sich nach Typ und Veranlagung des Menschen. Weil es recht unterschiedliche Veranlagungen gibt, deshalb gibt es innerhalb der gleicherweise heilsamen Einigung recht unterschiedliche Vorgehensweisen und Erfahrungsweisen. Auf den ersten Blick mag die Fülle von *samādhi*-Formen, die allein im Pāli-Kanon – geschweige in anderen religiösen Quellen – vorkommen, ziemlich verwirren. Zudem preisen die verschiedenen Meditationsmeister scheinbar ganz gegensätzliche Formen der Einigung an. Deshalb ist es unumgänglich, sich über die wirklichkeitsgemäße Struktur der heilsamen Möglichkeiten der Einigung klar zu werden. Man würde sich nur das Leben schwer machen, wenn man aus irgendwelchen von außen aufgezwungenen Gründen gerade die Einigungsweise wählte, die dem eigenen Typ nicht liegt.

Als deutlichste und in den Texten am meisten in die Augen fallende Unterscheidung zeigt sich nun die von dem, was Schauung einerseits und Strahlung andererseits genannt zu werden pflegt. Obwohl die Einigung Zusammenfall von Ich und Welt ist, gibt es doch zwei Grundarten des Zugangs dazu. Man kann einmal mehr von der Ich-Veränderung ausgehen und dann die Welt sozusagen in sich hineinfallen lassen; und man kann zum anderen umgekehrt die Betrachtung der Welt so verändern, dass das Ich in sie hineinfällt. Diese beiden Zugänge beschreibt der Erwachte in der letzten Lehrrede, die er vor seinem Tode hielt (D 17): Der Große Herrliche, der Kaiserkönig, übte zuerst innen in seinem Palast auf goldenem Ruhebett die Schauung, danach stand er auf, ging auf den Söller hinaus und erwirkte dort auf silbernem Ruhelager die Strahlungen. Die Schauung geht in der Tat ganz nach innen, nimmt die Welt ins Ich hinein und löst so die Zweiheit auf; bei der Strahlung hingegen geht man buchstäblich aus sich heraus ins All hinein. Diesen Unterschied von Innen und Außen drückt der Buddha dadurch aus, dass er die Schauung Wohl, die Strahlung Reichtum nennt (D 26). Oder er bezeichnet die Schauung als himmlisch zu genießendes Ruhelager, die Strahlung als brahmisch-universales Ruhelager (A III 63, IV 190).

Außer Schauungen und Strahlungen gibt es aber noch die sogenannten Machtgebiete (Machtfährten) und die Freiungen, letztere mit verschiedenen Varianten. Dabei stehen die Machtgebiete den Schauungen näher, denn sie gehen auch zunächst nach innen, während die Freiungen insofern den Strahlungen verwandter sind, als sie sich in ihren ersten Stadien auf ein Außen beziehen. Am deutlichsten aber unterscheiden sich diese beiden Übungsweisen nach Ziel und Richtung. Die Machtgebiete zielen nämlich eindeutig auf Weisheitsdurchbrüche, d. h. auf die universale Bewusstseinsweise, nachdem zunächst die sinnliche Welt eingeschmolzen worden war. Die Freiungen hingegen zielen auf nichts anderes als auf formfreie Stille, auf absolute Weltlosigkeit, nachdem zunächst die Welt immer mehr vereinfacht wurde. Anders ausgedrückt: Die Machtgebiete zielen auf Erlösung durch Weisheit, die Freiungen dagegen auf Gemütererlösung. Demgegenüber sind Schauungen und Strahlungen nicht so fest ausgerichtet, sondern können für beide Wege der Erlösung dienen.

Die bisher genannten vier Typen von Einigung (Schauungen, Strahlungen, Machtgebiete, Freiungen) sind so wesentlich und so differenziert, dass sie den Inhalt der vier folgenden Sonder-Kapitel ausmachen sollen. Erst dort wird verständlich werden, was die jeweilige Übung bedeutet. Hier können einleitend nur einige allgemeine Bemerkungen zum Vergleich gebracht werden:

Die vier Typen der Einigung sind so verschieden, weil es in der Existenz vier Säulen gibt, die das Haus der Seele tragen, nämlich Form, Gefühl, Gewahrung, Aktivität. Die Strahlungen sind betont an der Form orientiert und überhöhen sie bis ins Unermessliche (daher Reichtum genannt), die Schauungen hingegen werden vom Buddha als höchste Labsal der Gefühle bezeichnet (M 13) und ihr Merkmal ist Wohl, die Machtgebiete werden als bestimmte Aktivitäten definiert und als Lebenskraft bezeichnet, die Freiungen schließlich sind Vereinfachungen der Gewahrung.

Anders ausgedrückt: Die vier Lebensgüter Besitz, Genuss, Macht und Ordnung entsprechen in ihrer idealsten Form jenen vier Arten von Einigung. Die Strahlung führt dazu, die ganze Welt zu besitzen; die Schauungen verleihen den höchsten Wohlgenuss; die Machtgebiete verleihen die größte Macht und Kraft; die Freiungen verleihen höchste Ordnung der Dinge. Je nachdem, worauf das tiefste Interesse des Menschen sich richtet, ob Besitz, Genuss, Macht oder Ordnung, die Übungsweise wird ihm am nächsten liegen. Der schief stehende Baum fällt nach dort, wohin er geneigt ist.

Das bisher über die Unterschiede der Wege Gesagte lässt sich in einem Merkvers zusammenfassen:

Die Strahlung ist das Nirwahn nicht, jedoch die Füll', durch die es spricht;
die Schauung ist das Nirwahn nicht, jedoch das Wohl, durch das es spricht;
das Machtgebiet ist Nirwahn nicht, jedoch Lebendigkeit, die spricht;
die Freiung ist das Nirwahn nicht, jedoch Vereinfachung, die spricht.

Oder noch kürzer:

In Strahlung lässt sich *samādhi* verschenken,
in Süße lässt sich *samādhi* genießen,
das Magische lässt in *samādhi* versenken,
die Einfachheit lässt in *samādhi* einfließen.

Jede der vier Arten entwickelt sich auch nach einem in der Natur der Sache liegenden Schema: erstens grundlegende Einstimmung, zweitens aktivierender Ausbau, drittens stilles Glück der Vervollkommnung, viertens nüchtern beobachtende Zusammenfassung.

In der geschichtlichen Ausprägung indischer Schulen und Lehrsysteme lassen sich sowohl im Buddhismus wie im Hinduismus jene vier Wege wiederfinden. Im Buddhismus der späteren Entwicklung hat das Bodhisattva-Ideal und der AMIDA-BUDDHISMUS die meiste Affinität zu den Strahlungen, der ZEN-BUDDHISMUS steht schon vom Namen her den Schauungen näher (ZEN heißt Schauung); im tibetischen VAJRAYĀNA-BUDDHISMUS wurden die Machtgebiete mehr ausgeprägt; die Freiungen hingegen kommen in den Leerheitsbetrachtungen des frühen MAHĀYĀNA sowie in den KASIṆA-Übungen des Theravāda in Anklängen vor. Im Hinduismus entspricht den Strahlungen der Weg des BHAKTI-YOGA, den Schauungen der Weg des RĀJA-YOGA, den Machtgebieten der KRIYA (KUNDALINI)-YOGA, den Freiungen der JÑANA-YOGA des ADVAITA-VEDĀNTA. Dies sei jedenfalls mit erwähnt, damit derjenige, dem diese Namen etwas sagen, sich orientieren kann.

48.4 Weltanschauliche Auswirkungen der Einigung

Die Erfahrungen der Mystiker aller Religionen und aller Typen sind insofern völlig gleich, als sie mit der Einigung durch den Wegfall der gewohnten Sinneswahrnehmung nicht ärmer, sondern unendlich reicher wurden und im Lebensgefühl über alle Maßen erhoben und ausgedehnt wurden. Bei uns im Abendland sind aber die mystischen Erfahrungen schon seit Jahrhunderten abgerissen. Seit dem Ausgang des Mittelalters wurde das Erfahren der Einigung immer seltener und dürftiger und kam in der kirchlichen Tradition nur noch als historisches Phänomen vor. Im Bewusstsein der Religion konnte man sich entweder überhaupt kein Bild davon machen oder ein falsches und unzureichendes. Es fehlt seit Langem das geistige Klima, die Atmosphäre, die seelische Stimmung, die ein Gespür für das Wesen der Einigung aufkommen lässt. Höchstens am äußersten Rande des Abendlandes, auf dem Berge Athos, oder in der Stille streng abgeschlossener Klöster lebt noch etwas davon. Für das moderne, d. h. materialistische Verständnis (besser Unverständnis) wird das Gebiet der Einigung mit einer Fülle gelehrter Schimpfworte abgetan, etwa: Kompensatorische Halluzinationen, Katalepsie durch Nervenüberreizung, verdämmernde Trance-Zustände, künstliche Euphorie, entoptische Reflexe von Photismen, pathologische Selbsthypnose, Autosuggestion usw. usw.

Dort, wo die Einigung erfahren wurde – im Mittelalter bei uns, in Indien bis heute – da ist die Auswirkung immer: ein überwältigender Eindruck, der unvergesslich bleibt, weil dieses Wohl alles Sinnliche unvergleichlich übertrifft und in seiner Unverletzbarkeit die Dimension der Begegnungswelt als heillos entlarvt. Der Erlebende weiß durch seine eigene Erfahrung dann, wie recht die Mystiker haben, wenn sie sagen, dass sich nichts sonst lohnt, dass nur hier das Heile liegt. Und so macht die Einigung einsam gesenkt und gebeugt, zur Wiederholung geneigt, dem asketischen Leben zugewandt. Solchen wird das Haus zuwider, sie suchen die Freiheit. Der Ruf „Fort von der Welt" ist in der Mystik unüberhörbar und wohnt als Zug in ihren Herzen. In der Welt kommt sie überweltliche Traurigkeit an, sie fühlen sich dort in der Fremde und sehnen sich nach der Heimat. Und sie suchen Verkehr mit solchen, die Gleiches erleben, treten einem Orden bei, gesellen sich mystischen Kreisen zu (wie im Mittelalter den Beghinen) oder schaffen sich durch Lektüre der mystischen Schriften einen unsichtbaren Freundeskreis.

Während die soeben geschilderten Auswirkungen in Ost und West gemeinsam waren, gibt es aber auch Unterschiede in der Wirkung der Einigung in christlichen und indischen Berichten. Der Mystiker des christlichen Westens wurde, vor allem in den Anfängen der mittelalterlichen Mystik, von einer Verzückung geradezu überfallen, er erlangte die Vertiefung buchstäblich mit Knall und Fall: Das Fünfertor zur Sinnenwelt knallte hörbar zu und sein Leib fiel, der Sinne nicht mehr mächtig, hin. Und dann erlebte er etwas, das im bisherigen Weltbild überhaupt nicht vorgesehen war, dass nämlich die herrliche Gottesschöpfung dieser Welt gegenüber dem *samādhi*-Erlebnis ein elender Bruch war, eine finstere Höhle. Und nun musste der Geist versuchen, Erfahrung und Weltbild, Praxis und Theorie, in Einklang zu bringen. Dabei kam es oft zu den bizarrsten und verschrobensten Konstruktionen, vom quellenden Urgrund der Gottheit, vom überfließenden Gnadengeschenk, von der Sohnesgeburt in der Seele, von der mystischen Hochzeit mit dem himmlischen Bräutigam usw. Der Mystiker suchte verständlicherweise auch irgendeinen Anhalt in seiner Bibel. Da kam außer der Verklärung Christi auf dem Berge Tabor nur vor, dass Paulus bis in den dritten Himmel verzückt wurde, wobei er nicht wusste, ob er im oder außer dem Leibe war (2. Kor. 12, 2). Dieser Bericht wurde von den Mystikern auch weidlich ausgeschlachtet, sichtbar froh, in der Heiligen Schrift wenigstens einen einzigen Präzedenzfall gefunden zu haben. Daher ist es erklärlich, weshalb die christliche Mystik gleichsam die Scholastik um Hilfe anrief, damit sie das Erlebte erkläre. Das tat die Scholastik so gut wie möglich, indem sie kräftige Anleihen beim Neuplatonismus im christlichen Gewand (Dionysius Areopagita) machte, um so die Erfahrung der Einigung „salonfähig" zu machen.

Ganz anders war dagegen die Situation in der indischen Mystik. Dort war die Einigung von vornherein eingeplant und wurde systematisch angestrebt. Sie war als Möglichkeit allgemein bekannt, bis in die breiten Volksschichten hinein. Die Überzeugung vom Māyā-Charakter der Welt ließ die Schauung zwanglos als Wegfall des oder eines der Schleier der Māyā verstehen. Die Vertiefung war dort nurmehr der i-Punkt in einer Entwicklung zunehmenden Wohles durch abnehmendes Welt-Gewicht. So fehlte dort das Überraschungsmoment und damit vieles, was in der christlichen Mystik mit „Pauken und Trompeten" vorkommt. In der indischen Mystik ist alles organischer, undogmatischer, selbstverständlicher und unauffälliger. Was in der christlichen Mystik eine Ausnahme war, die zur Heiligsprechung führte, das war in der indischen Mystik eine Alltäglichkeit.

Aus der indischen Mystik, wie sie bereits lange vor dem Buddha geübt wurde, ist die buddhistische Mystik zwanglos hervorgegangen und hat sie nur überhöht und zur Erweckung weitergebildet. In der ursprünglichen Lehre ist der *samādhi* der vollen Einigung eine Wahrheitsgewahrung (*sacca-saññā*), eine Bestätigung des Weltbildes von der mystischen und geistigen Struktur der Existenz. Der Nachfolger des Buddha erfährt im *samādhi* leibhaftig, wie Welt tatsächlich nur eine grobe Einbildung ist. Es ist so, als wenn man nur auf einen Knopf zu drücken braucht und schon erscheint ein anderes und feineres Erlebensprogramm, nämlich ein herzunmittelbares. Ist das Herz gespalten, erlebt es Spaltung und Leiden, ist es einig, erlebt es das Wohl der Einigung. Der christliche, der hinduistische und der buddhistische Mystiker erleben das gleiche Wohl – aber die weltanschauliche Einordnung ist sehr verschieden, und sie bestimmt letztlich, ob das Wohl wieder verlorengeht oder ob es in Richtung auf das Nirvāna immer mehr zunimmt.

48.5 Verzahnung der Einigung nach rückwärts und vorwärts

Die Einigung als achte Stufe des Heilsweges ist ein Übergang von den beiden vorangehenden Stufen des Einigungsabschnittes (rechtes Mühen und rechte Achtsamkeit) zu den beiden Früchten des Weges (rechte Kunde und rechte Erlösung). In der Wirklichkeit vollziehen sich solche Übergänge immer fließend als ein Vor- und Zurückströmen von Wellen. Der *sāmadhi* ist so immer nach rückwärts und vorwärts verzahnt. Und diese Tatsache berücksichtigt der Buddha in D 33 IV (A IV 41), wenn er dort neben Schauungen und Machtgebieten als erlebtem *sāmadhi* noch zwei weitere Weisen eines mehr programmierenden *sāmadhi* nennt.

Die erste dieser beiden Weisen wird wie folgt beschrieben:

„*Da steigen Gefühle, Gewahrungen, Erwägungen dem Mönch wissentlich auf, halten wissentlich an, gehen wissentlich unter: Das ist ein Entfalten der Einigung, das geübt und gepflegt zu Achtsamkeit und Klarbewusstheit hinlenkt.*“

Das ist eine Art Rückkoppelung. Achtsamkeit und Klarbewusstheit sind ja Voraussetzungen der Einigung, bestimmen die 7. Stufe des Heilsweges. Jede rechte Einigung kann nun dazu benutzt werden, die Voraussetzungen zu erweitern und auszubilden, um dadurch immer leichter den *samādhi* erzielen zu können.

Je stärker die Achtsamkeitsfähigkeit und -kraft wird, desto fester wird man in allen vorangehenden Stufen des Heilsweges, besonders aber im rechten Mühen und in rechter Achtsamkeit selber. So bekommt jetzt der vierte Kampf den Inhalt, das Glück des *samādhi* im Gedächtnis zu behalten und Erinnerungen daran wieder zu entfalten (3. Kampf). Man holt sich im Gedächtnis das Gefühl der Einigung so gut wie möglich wieder heran, richtet die Vorstellung auf die feine Wahrheitsgewahrung, lässt die Gedanken dies positiv bewertend umkreisen. Damit lässt man das, was man erlebt hatte, immer wieder als eine Art Film ablaufen, so wie es ja jeder gewöhnliche Mensch mit seinen Glücks- und Erfolgserlebnissen auch macht, die er immer wiederkaut. Je stärker man beim Erleben der Einigung klarbewusst war, desto besser behält man das Erleben und kann es wieder fruchtbar machen. Was hätte man denn von einem *samādhi,* den man wieder vergisst? Der Bodhisattva hatte z. B. sein Schauungserlebnis der Jugend völlig wieder vergessen und bei seinen asketischen Übungen überhaupt nicht daran gedacht, wodurch seine Leidenszeit sehr verlängert wurde. Hätte er als Kind schon die wache Aufmerksamkeit des Asketen gehabt, dann hätte sich jenes Erleben ganz anders dem Gedächtnis eingeprägt.

Mit Achtsamkeit erlebter *samādhi* bewirkt dann ferner, dass man nun immer genauer die groben und feinen Gefühle unterscheiden kann. Erst jetzt kann man richtig die Gefühlsbeobachtung betreiben, weil man nun eine Rangordnung der Gefühle kennt, die klarbewusst im Gedächtnis gegenwärtig ist. Dadurch weiß man nun auch aus eigener Erfahrung, was ein geeintes Herz ist und merkt, wie man meist nicht geeint, sondern in Vielfalt gespalten ist. So werden also durch *samādhi* beim Klarbewussten die Fähigkeiten zum 3. und 4. Kampf und zu den Pfeilern der Einsicht gefördert.

Die zweite Weise des programmierenden *samādhi* verweist nach vorwärts und das bedeutet einen gewissen Vorgriff in der Darstellung. Diese Weise wird wie folgt beschrieben:

> *„Da schaut der Mönch dem nach, wie die fünf Erscheinungen des Aneignens entstehen und vergehen und verweilt dabei: So ist Form, Gefühl, Gewahrung, Aktivität, Erfassung, so kommen sie zum Vorschein, so gehen sie wieder unter: das ist ein Entfalten der Einigung, das geübt und gepflegt zur Versiegung der Beeinflussbarkeit hinlenkt.“*

Diese Weise der Triebversiegung wird in D 28 neben Strahlungen (Reichtum), Schauungen (Wohl), Machtgebiete (Lebenskraft) als „Kraft“ bezeichnet, nämlich als Kraft zur Besiegung des Todes und zur Erlangung der Erlösung. Hier geht es darum, wie der jeweilige Zustand eines *samādhi* für die endgültige Erlösung ausgewertet wird. Nach M 52 genügt bei manchen Menschen schon der erste Grad einer Vertiefung (erste Schauung oder erste Strahlung), um durch deren rechte Auswertung das Tor zum Nirvāna zu beschreiten. Er erkennt dabei, was noch zusammengesetzt ist, was noch zu den unbeständigen Erscheinungen gehört. In A IX 36 wird ein solches negatives Betrachten der fünf Erscheinungen damit verglichen, dass ein Schütze sich zuerst an einer Strohpuppe oder einem Sandhaufen übt, ehe er später aus der Ferne treffen kann. Die Strohpuppe wird dort mit den verschiedenen Schauungen usw. verglichen, die den Geist an ein Nahziel binden und von der Vielfalt ablenken. An dem jeweiligen *samādhi*-Zustand betrachtet er dann den Unterschied zwischen Saṃsāro und Nirvāna, zwischen Vergänglichkeit und Ewigkeit (ebenso M 64 und A IV 124).

49. Die Schauungen (*jhāna*)

„Es vergisst die Seel' zu merken,
wie und wo der Leib mag sein,
und in dessen Stand und Werken
lässt der Geist sich nicht mehr ein:
Tür und Fenster sich verschließen,
dass nichts hind're ***dies*** *Genießen.“* (Johanna Rodriguez)

In Schauung schickt sich leicht der Heitern leichter Leib,
die rechte Tatenrast ist heilig hier getan:
was reinlichst rein in Tiefen funkelt, kennbar kaum,
erfasse dieses beste Reich der Ewigkeit! (Thag 212)

Von allen Arten der Einigung werden vom Erwachten in den Lehrreden die Schauungen weitaus am meisten genannt und oft überhaupt mit der Einigung gleichgesetzt. Darum sind sie hier als Erste zu behandeln.

Was bedeutet zunächst der Begriff „Schauung“? Was schaut oder sieht man da? Das Pāliwort *jhāna* (Skt. *dhyāna*, chin. *channa*, jap. *zen-na*) entstammt der Wurzel *dhi*, die bedeutet: unmittelbar merken und erfahren, sich ganz in etwas versenken, innewerden. Diese Wurzel wird wiederum verbunden mit der Wurzel *dhā* (*dharati* = halten), was hier zu der Bedeutung führt: fest im Blick halten, anhaltender Zustand einer unveränderten gesammelten Schau. Dieser Erfahrungszustand ist die unmittelbare Selbsterfahrung der befriedeten Seele, ohne die Vermittlung des Fleischleibes mit seinen fünf ablenkenden Sinnen. Und diese Erfahrung ist keine Dunkelheit, kein Versinken im Nichts oder im Unbewussten, sondern es ist ein Überbewusstsein, eine weit größere Klarheit und Helle, als wir sie mit unseren dumpfen und beschränkten Wahrnehmungswerkzeugen kennen.

Die deutschen Mystiker des Mittelalters, besonders Meister Ekkehart, übersetzten mit Schauung den Zustand der *contemplatio Dei* im Sinne der Bergpredigt „Selig sind, die reinen Herzens sind, denn sie werden Gott schauen." Und diese mystische Gottesschau ist Innenschau, ist Nichtschauen der Welt. Das Schließen (*myein*) der fünf Sinne öffnet die unmittelbare Schau der wahren Natur der Dinge, deren Untergrund das Herz, die Seele ist. Darum sagt der Buddha, dass mit der Schauung die zarte Wahrheitsgewahrung beginne.

Zahllos sind die Begriffe für die eine Sache. „Versenkung", „Vertiefung", „Entrückung", „Ekstase", „Raptus", „Trance" nennen allein die negative Seite, das Fortsein der Welt. „Verzückung" spricht am meisten die Gefühlsseite an, „Schauung" betont mehr die Gewahrungsseite. Alles zusammen aber ergibt erst das ganze Phänomen. Im Folgenden sollen zunächst die Inhalte der Schauungen, die in allen Stufen gleich sind, erläutert werden, danach dann die Unterschiede der vier Schauungen.

49.1 Schauung und Gefühl

Mit dem von Neumann zur Verdeutlichung hinzugefügten Begriff „Weihe" ist der Stimmungsgehalt der Schauungen treffend angesprochen: Sie sind in der Tat eine feierliche Weihe, eine Einweihung, die einzige, die diesen Namen verdient. Ist einer dort eingeweiht, *so kennt er Wonnen, wie sie höher keiner kürt* (Thag 518). Immer wieder werden die Schauungen vom Buddha außerordentlich gepriesen: *Wirket Schauung, auf dass ihr nicht lässig werdet, später nicht Reue empfindet: das haltet als unser Gebot* (M 8, 19, 106, 152 usw). Und eine von fünf Eigenschaften zum Heil ist es, die Schauung nicht geringzuschätzen, ihr nicht zu widerstreben (M 6). Wer von Menschen hört, die die Schauungen erlangen, soll sich darüber freuen und sie ehrfürchtig verehren (A IX 33).

Warum das alles? Weil die Schauungen ein unvorstellbares und unvergleichliches Wohl mit sich bringen. Und Wohl zu erlangen, ist ja der Sinn des Lebens und der Zweck der Wesen. Kein anderer Weg führt zum Heil als der über höheres Wohl (M 13, M 75). Erst als der Erwachte den Weg der Schauungen fand, fand er damit den Weg zum Nirvāna, während er vorher immer noch um die Sinnendinge herumgetanzt war (M 14).

Das Wohl der Schauungen ist nicht zu fürchten wie das uns fast allein bekannte Sinnenwohl der Triebgenüsse (M 26) und darum sagt der Buddha:

> *„Das nennt man Wohl der Entsagung, Wohl der Einsamkeit, Wohl der Beruhigung, Wohl der Erwachung. Zu pflegen und zu hegen und zu mehren ist es: nicht zu hüten hat man sich vor solchem Wohl."* (M 66 und M 139)

> *„Das hat der Erhabene als die sichtbare Lehre bezeichnet, das sichtbare Nirvāna, das teilweise Nirvāna, das Nirvāna zu Lebzeiten – in gewisser Hinsicht."* (A IX 46-51)

In der Welt verlockt und fängt uns die Natur mit dem Köder der Sinnenlust, und wir müssen sterben, verderben und erleben bei unseren Lieben Sterben und Verderben. Wir eilen von Beerdigung zu Beerdigung. Aber im Zustand der Schauung ist Unsterblichkeit. Da ist die Bande des Todes (*Māra-bandhanā*) aufgehoben (S [I] 1, 35; Thag 680). Da ist Sicherheit vor der Natur, vor Māro (M 25; A IX 39). Die lebenslängliche Sorge vor kleiner und großer Vergänglichkeit und von Gefährdung an Leib und Leben ist mit einem Schlage fort: Geblendet hat er die Natur, spurlos vertilgt das Auge des Todes. Das Fleischauge, das nur Sterblichkeit sehen musste, ist fort. Die Sterblichkeit ist gestorben. Darum fühlen sich die Mystiker unsterblich und sprechen so überwältigend davon, dass nur „hier lebet das Leben". Der Buddha sagt, in der Schauung sei man *gesättigt, gestillt, entronnen, zum anderen Ufer gelangt* (A IX 33).

Und ferner ist die ganze Last des Leibes, die Zentner, die man mitschleppen musste, fort ebenso wie die anbrandende Flucht der Erscheinungen, die Irrlichter der Sinnesreize. Der Mystiker empfindet so wie der Riese Atlas, der tief aufatmete, als Herkules ihm einmal zeitweise die Last der Weltkugel von den Schultern nahm. Raum und Zeit und Vielheit, die ganze Geschichte von Blut und Tränen, die Ernährungsmaschine des Leibes – alles ist fort: „Besiegt ist die Erde, verschwunden die Zeit." Darum eben nennt der Buddha die Schauungen: Ausweg aus der Bedrängnis, Befreiung von der Krankheit (A IX 42 und 34), höchste Labsal der Gefühle (M 13). Wie ein Fisch, der wieder aus dem Netz entkommen ist, wie ein Wild, das sich auf eine mückenfreie Flur gerettet hat, so ist die Schauung (S [I] 2, 11).

Das reine Herz, gebadet im inneren Bade, ruht selbstgenügsam in sich, im stillen Frieden, in süßer Geborgenheit ohne Wandelbarkeit und Zweiheit und Bedrängnis. Es scheint schon wie das Nirvāna, und es ist auch als relatives Nirvāna, als Nirvāna in gewisser Hinsicht zu bezeichnen (A IX 46). So wie ein Schütze sich zuerst an einer Strohpuppe übt oder an einem Sandhaufen, so übt sich der Nachfolger des Buddha an den Schauungen, um dadurch dann zu lernen, später feinere Ziele treffen zu können (A IX 36). Indische Asketen hielten die Schauungen sogar – wie auch die Mystiker anderer Religionen – für das Nirvāna zu Lebzeiten (D 1). Die Schauungen sind eben ohne Wünsche (*nir-vāna*). Man hat alles bei sich, wie eine wohlproviantierte Festung autark ist (A VII 63).

49.2 Schauung und Gewahrung

Wenn dem gewöhnlichen Menschen die Sinnestätigkeit ausfällt, dann fällt er in Ohnmacht in ein finsteres Loch. Bevor er das Bewusstsein verliert, hat er jedenfalls die Gewahrung, dass ihm das Licht entrissen wird und er in ein Nichts stürzt. Hört er nun Beschreibungen von Schauungen, dann kann er sie sich beim besten Willen nicht anders vorstellen als Ohnmacht. Wieso die Mystiker da von Wohlgefühl sprechen, ist ihm völlig unverständlich, und er mag sich höchstens sagen, dass sie anscheinend eine Ohnmacht mit Wohlgefühl kennen. Der Mystiker aber erlebt, dass er gerade von Finsternis zu Licht geht. Er durchschaut die Welt der tausend Leiden als eine künstlich zeitweise von Sonne beleuchtete Finsternis, während das Herz an sich leuchtend ist. So beschreibt auch der Buddha die Sinnenwelt als Art der Dunkelheit, während die Brahmas vor dem „Sündenfall" ein selbstleuchtendes Gemüt besaßen und erst später Sonne-Mond-Sterne als geborgte Lichter nach außen projiziert wurden (D 27). Alle Götter sind licht und die Brahmagötter sind zunehmend immer strahlender und leuchtender. Deren Seinsweise aber sind die Schauungen. Und eines der fünf Merkmale jeder rechten Einigung ist strahlendes Licht (D 34 V). So wie ein Ritter in seinem Harnisch glänzt, so glänzt ein Brahma durch die Schauung. Der Ritter fängt mit seinem Blech geborgtes Sonnenlicht ein, der Brahma leuchtet aus sich selber (Dh 387). Die vier Schauungen vergleicht der Buddha mit Schönheit und Pracht von vier Stadien des Aufgehens der Blüten des Korallenbaumes (A VII 65). Die Gewahrung der Schauungen ist nun eine solche Helle, eine solche Schönheit, ein solcher Glanz, ein solches Leuchten, dass dagegen das Sonnenlicht eine Verfinsterung ist – wie es der Wüstenvater Antanios ausdrückte. Fort vom Dunklen, hin zum Lichten: Das ist die Gewahrung der Schauungen. So kann der *Doctor mysticus*, Johannes vom Kreuz, in seinem Lied von der *Unio mystica* sagen:

„In einer dunklen Nacht,
o Glück, das selig macht,
entwich ich ungeseh'n
und ließ mein Haus im Dunkeln steh'n."

Das Gefühl der Schauung ist Wohl, die Gewahrung ist Helligkeit. Diese Helligkeit ist auch eine Erhellung, Erleuchtung, weil das Licht der Wahrheit aufgeht. So nennt der Erwachte die Schauungen eine zarte Wahrheitsgewahrung (D 9). Die gewohnte Weltgewahrung, die unseren Glauben an eine objektive Materie mit unheimlicher Zähigkeit immer wieder ernährt, fällt hier weg, und staunend erfährt man, dass man ja ohne diese Welt leben kann, sogar ungleich besser und wahrer. Wir leben eben in der Täuschung, indem wir das, was nur rein geistig besteht, für materielle Dinge halten, die uns in einem objektiven Raum gegenüberstehen. Diese Unwahrheit fällt in den Schauungen und weiteren Vertiefungen fort. Deshalb ist dort Wahrheitsgewahrung. Man ist der wahren Natur der Existenz erheblich näher.

Gegenüber der Schauungs-Erfahrung und -Gewahrung ist das, was wir Wissen nennen, nichts als Unwissen. So sagt Johannes vom Kreuz:

„Die Seele vergisst in der Schau alle Weltdinge; die sind ihr wie Unwissen. Gegenüber ihrem übernatürlichen Wissen ist ihr alle weltliche Bildung wie Nichtwissen. Alle Kenntnisse, die sich nicht um jenes höchste Wissen drehen, verdienten nicht jenen Namen, sind eben Unwissen." (Geistlicher Gesang, dt. Ausg. 1954, S. 209)

49.3 Schauung und Form

In M 64 heißt es, der Übende betrachte, was an der Schauung noch formartig (*rūpagata*) sei, als unbeständig, leidig, wesenlos und ebenso die vier anderen Erscheinungen. Dagegen kommen bei der detailliertesten Beschreibung der Schauungselemente durch Sāriputto zwar diese vier Erscheinungen vor, jedoch nicht die Form (M 111). Ist das nicht ein Widerspruch? Und wieso werden die Schauungen dann als Ausdruck der formhaften Welt bezeichnet ?

In folgenden drei Hinsichten – und nur insoweit – sind die Schauungen noch formhaft:

Erstens: Der Erlebende der Schauungen hat nur den Trieb zur Sinnenwelt zurückgedrängt oder überwunden, nicht aber den Trieb zur reinen Formwelt der Brahmas. Und diese Anziehung (*rūpa-rāga*) seines Herzens ist es, welche das Herz mit dem Schauungswohl antworten lässt. Der feine Trieb, der in der Sinnenwelt immer hungerte, wird hier endlich erfüllt – und das macht Wonne und Seligkeit. Dieser Trieb nach der zweiten der drei Welten gehört zum Herzen – und das Herz ist in M 111 als Inhalt der Schauung genannt.

Zweitens: Mit der Neigung zur reinen Form ist aber untrennbar auch eine formhafte Gewahrung verbunden, eben die Lichtgewahrung als Abglanz des auf reine Form gerichteten Herzens, das sich hier spiegelt. Dagegen ist der *rūpa-khandho* als solcher, nämlich als karmische Ernte des dauernden Andrangs von Formen aus dem Werdesein, nicht vorhanden. Nur in der Sinnenwelt gibt es den Anschein einer Trennung von Form und Gewahrung als zwei Dingen. Hier dagegen gibt es nur Form-Gewahrung: Da wird die Form nur als Inhalt der Gewahrung erlebt, nichts sonst. Deshalb ist sie hier nicht neben der Gewahrung noch selbständig als Element zu nennen. Das Organ für die Form (Licht)-Gewahrung ist hier das brahmische Weltauge, das Auge des Herzens, das dem geistgebildeten Leib eignet. Über diese Frage äußert ein zeitgenössischer singhalesischer Mönch:

> *„Es ist weiterhin beschrieben, dass der Geist des Meditierenden abhängig ist von einem schwachen, feinen Glanz oder Schimmer, der von dem Meditationsobjekt ausgeht. Es ist erklärt, dass dieser feine Glanz von seinem Geist selbst erzeugt wird und nicht irgendetwas Äußeres ist. Auf dieser letzten Stufe der Meditation gibt es nichts, was den Geist als Objekt erreicht, diesen feinen Glanz ausgenommen. Nichtsdestoweniger wird dieser Glanz als etwas angesehen, was zum Bereich der Form gehört und diese Erscheinungsform der Vertiefung nennt man deshalb ‚Vertiefungen der feinkörperlichen Sphären'."*
>
> (Buddh. Monatsblätter 1975, S. 39)

Drittens ist auch insofern noch Form beteiligt, als die körperliche Aktivität bis einschließlich der dritten Schauung noch nicht stillgestellt ist. Der Fleischleib atmet noch leicht, das Herz schlägt noch fein – nur alles stiller, harmonischer, sozusagen auf Sparflamme. Der Meditierende merkt davon aber nichts. Erst hinterher kann er feststellen, dass während der Schauung die Körperform weiter gewesen ist und auch älter wurde. Die Form ist also „objektiv" noch beteiligt, wenn sie auch „subjektiv" nicht mehr bemerkt wird.

49.4 Schauung und Aktivität

Wie bei der Beschreibung der einzelnen Schauungen noch zu zeigen sein wird, ist in der ersten Schauung noch sprachliche Aktivität, die ab der zweiten endet. Und bis zur dritten ist, wie eben gesagt wurde, noch körperliche Aktivität, die erst in der vierten endet. Nun heißt es aber in M 111, dass – wie selbst noch in der formlosen Vertiefung – auch in allen vier Schauungen noch Absicht und Aufmerksamkeit (*cetanā* und *manasikāro*) seien. Das sind zwei Aspekte von Aktivität. Da es nur drei und nicht vier Arten von Aktivität gibt, und da in der vierten Schauung sprachliche und körperliche Aktivität gestillt sind, müssen Absicht und Aufmerksamkeit zur seelischen Aktivität (*citta-saṅkhāra*) gehören. Diese aber wird in M 44 als Gewahrung und Gefühl als Gemütsdinge (*saññā ca cetasikā ete dhamma*) definiert. Ist das nicht ein Widerspruch?

Absicht wird manchmal als Synonym für Aktivität überhaupt benutzt (S [III] 22, 56). Das Fortsetzen von Gefühl und Gewahrung der jeweiligen Schauung hält die seelische Aktivität in Gang: das ist hier die *cetanā* des *citta*. Dafür passt unser Wort „Absicht" allerdings nicht mehr recht, während im Pāli die Verbindung von *citta* und *cetanā* durch die gleiche Wortwurzel dokumentiert wird. Aus dem reinen Herzen kommt direkt, ohne Vermittlung durch die Sinne, das Grundgefühl von Wohl und die Grundgewahrung von Helle. Das ist die Struktur der Erlebensebene der Schauungen. Und was das aufrecht erhält und fortsetzt und als Dauer ermöglicht, das ist die entsprechende *cetanā*. *Cetanā* macht *citta*, und *citta* wirkt sein *cetanā*. Das ist dann in der vierten Schauung die einzige Aktivität, wenngleich auch dieses deutsche Wort sich hier als zu grob erweist. Die naheliegenden deutschen Übersetzungen von *saṅkhāra* und *cetanā* mit Aktivität und Absicht verbauen so ziemlich dies feinere Verständnis.

Ähnlich geht es mit der Aufmerksamkeit (*manasikāro*). Sie stellt den jeweiligen Zustand der Schauung fest, schreibt ihn in den Geist (*manas*) ein. Sie ist hier immer gründlich, d. h. auf den Grund gehend, zur Herkunft gerichtet, d. h. auf das Herz (Seele). Ab der zweiten Schauung ist auch kein Wechsel mehr von Objekten der Aufmerksamkeit, wie noch in der ersten Schauung. Auch die Aufmerksamkeit ist, wie die Absicht, hier immer einheitlich auf den jeweiligen Zustand gerichtet und wird, wie alles, was unverändert immer ist, daher kaum bemerkt.

Solange der Mensch kein vollkommenes Wohl hat, ist er aktiv, um es zu erlangen oder zu erhalten. Im Maße, wie durch die Schauungen immer größeres Wohl erlangt wird, schwindet auch die Aktivität, zuerst die wildeste, die sprachliche (Denken), dann die körperliche (Atem), aber erst im Nirvāna-Zustand die feinste, die seelische, wie unten noch zu zeigen sein wird.

49.5 Schauung und Herz

Um die Schauungsebene zu erreichen, muss das Herz momentan oder endgültig, von den fünf Hemmungen, den sechzehn Herzenstrübungen, den drei unheilsamen Gesinnungsanstößen frei sein, kurz von der Anziehung zur Sinnenwelt, während die Anziehung zur formhaften und formlosen Welt im Herz noch vorhanden ist. Und das *viññāṇa* des Übenden folgt den jeweiligen Inhalten der vier Schauungen nach, genießt sie, gewöhnt sich daran, ist daran noch gefesselt (M 138). Dabei sind bei jeder Schauung die fünf Kampfeskräfte nicht abwesend, auch nicht latent geworden, sondern als Wächter und Hilfen anwesend, die das jeweilige Erlebnis programmieren und in Gang halten (siehe M 111):

Vertrauen ist als Kraft unter dem Namen „Willen zur Befreiung“ (*chando adhimokho*) vorhanden. Ab der Hörerschaft ist dieser Wille nicht zum Schweigen zu bringen, auch nicht durch eine Schauung, wenngleich er zunächst nur untergründig weiterweisen wird und sich erst allmählich wieder als Zug zum Nirvāna meldet.

Die Kraft der Tatkraft (*viriya-bala*) bestimmt die Dauer und Tiefe der Schauung und auch, wie lange die Nachwirkung vorhält.

Die Kraft der Achtsamkeit behält das Erlebnis der Schauung unauslöschbar im Gedächtnis, wenngleich die Erinnerung erst nach Jahren wieder aktiv sein mag, wie es beim Bodhisattva der Fall war. Je klarer die Achtsamkeit, desto klarer wird auch die Schauung erlebt.

Die Kraft der Einigung ist überhaupt der Zustand der Beschwichtigung der Spaltung, d. h. der Schauung, und sie wird als „Einheit des Herzens“ in M 111 allen Inhalten vorangestellt.

Die Kraft der Weisheit erscheint unter dem Namen „Gleichmut“ in allen vier Schauungen, nämlich als Gleichmut gegenüber der jeweils niedrigeren Stufe: in der ersten Schauung ist Gleichmut gegen die Sinnlichkeit, in der zweiten gegen das Denken, in der dritten gegen Jubel, in der vierten gegen Wohlgefühl. Das niedrigere ist momentan uninteressant und wird daher vollendet weise rundum durchschaut, ohne bezugsmäßige Verfärbung.

49.6 Die erste Schauung

Die erste Schauung zeigt sich wie folgt: Das Herz ist so von Freude und Jubel erfüllt, dass der Leib immer mehr beschwichtigt wird. Dadurch richtet sich das Interesse immer stärker auf die innere Helligkeit, und die Welt verblasst. Dazu sagt Meister Ekkehart:

„Was die Seele an Kräften über die, welche sie den fünf Sinnen leiht, hinaus hat, die widmet sie alle dem inneren Menschen, und wenn dieser ein hohes edles Objekt hat, so zieht sie auch all die Kräfte, die sie den Sinnen geliehen hat, an sich. Und der Mensch heißt dann sinnenlos und verzückt."(Traktat 9: Von Abgeschiedenheit)

Dies kann nicht nur allmählich auf dem Wege über die Himmelsleiter geschehen, sondern es kann als Frucht früheren Bemühens auch ganz plötzlich über jemanden kommen, so dass er die Herrschaft über die Sinne mit einem Schlage verliert und der Leib hinfällt. So erging es selbst einem solchen Kenner der Schauung wie Ramakrishna, wobei er dann den Arm brach – weswegen eben der Buddha den Kreuzsitz empfiehlt, bei welchem der Leib nicht umfallen kann. Von zahllosen Mystikern wird solches Einziehen der Sinne berichtet. In Zusammenfassung der Berichte von Johannes vom Kreuz und Therese von Avila heißt es:

> *„Gott reißt die Seele von der rein geistigen Seite her plötzlich und unmittelbar zu außergewöhnlichem erkenntnis- und willensmäßigem Gottesbesitz empor, so dass das körperliche Leben dem todähnlichen sich nähert, der Atem abnimmt, Herz und Puls sich verlangsamen, die Lebenswärme entschwindet, die Glieder erstarren, die äußeren und inneren Sinne meist ganz, anfänglich beinahe ganz gebunden sind. Es ist, als trennte sich wie im Tod die Seele vom Leibe."* (*Lexikon für Theologie und Kirche* Bd. III, 1931, Sp. 610)

Für den Außenstehenden sieht es wie ein Schlaganfall oder eine Ohnmacht, jedenfalls wie eine Katastrophe aus, und die Zeugen werden dann versuchen, den Betreffenden wieder zu Bewusstsein zu bringen, d. h. ins Gefängnis der Sinne zurück zu zerren, wie es in der christlichen Mystik oft geschah. In Indien dagegen war das Erlebnis der Schauungen weit bekannt und ist es bis in unsere Tage. Daher kommt es, dass der Buddha diese Außenseite der Schauungen, die bei den christlichen Mystikern so betont wird, gar nicht erwähnt, zumal dies auch völlig falsche Assoziationen erweckt.

Der Erwachte nennt für die erste Schauung folgende vier innerliche Merkmale, die ihr Wesen ausmachen:

(1) Die Schauung ist *fern von Begierden*, d. h. abgeschieden von den Sinnesobjekten und damit ohne Weltgewahrung, die hier ganz beschwichtigt ist. So heißt es öfter kurz, dass Sinnlichkeit (*kāma*) abwesend sei (D 9, 33 IX; A IX 33, 34, 42). Aber das ist wie eine dünne Eisschicht. Der Betreffende ist durch starke Sinnesreize und durch Worte leicht wieder zurückzuholen. Darum sagt der Erwachte, dass für die erste Schauung Töne, Laute, Geräusche, Stimmen wie ein störender Dorn seien (A X 72). Bei den weiteren drei Schauungen wird dagegen die Störbarkeit und Zurückholbarkeit immer schwieriger bis unmöglich. Manche christlichen Mystiker waren aus der Ekstase durch nichts zurückzuholen als durch Worte ihrer Ordensoberen, und auch dies nur, wenn diese es ihnen kraft des heiligen Gehorsams befahlen. Und Ramakrishna gab seiner Frau bestimmte Mantras, mit denen sie ihn aus der Vertiefung zurückholen konnte, wenn diese zu lange dauerte und sie besorgt um ihn wurde. Es gibt bei der ersten Schauung auch den Wechsel zwischen Sinneswahrnehmung und Vertiefungserlebnis, so wie Wellen, die an- und abbranden. So hörte ein vertiefter Mönch immer wieder

einmal das Lärmen von Elefanten, und der Buddha belehrte ihn, dass dies nicht in der Schauung geschah, sondern dass er momentan aus ihr herausgefallen sei (Pj IV, Fall 18).

(2) Die Schauung ist *fern von unheilsamen Dingen*, d. h. von solchen, die durch Begehren entstanden, d. h. von den weiteren vier Hemmungen (M 43; A VI 73) oder den weiteren zwei unheilsamen Gesinnungsneigungen (M 78; A VI 74).

(3) Die Schauung ist *sinnend-gedenkend*, d. h. es ist noch Erwägen und Nachsinnen vorhanden. Dagegen ist die Sprache untergegangen (S [IV] 36,11): „Im wem Verlauten ist verstummt, fängt an zu singen höchstes Wohl“ (Brahmavidyā-Upaniṣad). Es ist nur noch das innere Wort, die Sprache des Geistes da, die sprachlichen Aktivitäten sind ganz nach innen gekehrt. Das Denken ist hier völlig unabgelenkt, von außen und innen ungestört und daher vollkommen konzentriert. Die Inhalte sind nur noch heilsam, nur noch entsagend, wohlwollend, gewaltlos. Man mag vor allem den großen Unterschied zwischen diesem Schauungs-Zustand und dem sonst allein bekannten Sinnesleben bedenken, dies ausloten und für künftig in den Geist einschreiben. Man mag sich schämen, wie man bisher gelebt hat und die Zeit vertat, der Schauung widerstrebte. Man mag erbarmend an andere denken, die solches Erfahren nicht kennen. Und man mag von hier aus vorausschauen und schon Vorfreude auf die weiteren Stufen empfinden: Wenn schon die erste Schauung so wunderbar ist, wie erst müssen die weiteren Verheißungen des Buddha glücklich machen! Oder man koppelt zurück auf die Pfeiler der Einsicht, auf die Betrachtung der Erscheinungen, was jetzt ungleich besser geht, und pflegt des Tiefsinns Erweckung. Die Möglichkeiten, in der Stille der ersten Schauung Heilsames zu denken, sind also weit größer, als man zuerst meinen mag. Man kann auch von dort schon in die 9. Stufe des Heilsweges hineinkommen. Der Buddha erwähnt, dass es bei alledem auch noch Grade gibt, indem das Erwägen (diskursives Denken) enden kann, und nur noch das stillere Nachsinnen (kontemplatives Denken) da ist (M 120; D 33/4; A VIII 63, S [IV] 43, 3). Die Scholastik hat das benutzt, um statt vier nun fünf Schauungen zu unterscheiden.

(4) Die Schauung ist erfüllt von *ruhegeborener seliger Heiterkeit*, wörtlicher von *in Abgeschiedenheit geborenem Jubel und Wohl*. Das ist das Grundgefühl der ersten Schauung, die eigentliche Stimmung, die herrschende Gemütsverfassung. Das Wohl begann schon mit der Lindheit (5. Erweckung), Jubel war die 4. Erweckung und beides entstand aus dem sich Absetzen von der Welt aus dem Bemühen um abgeschiedenes Denken (1.-3. Erweckung). Weil Leib und Welt beschwichtigt sind, ist unmittelbares Wohl, über das der Geist nun jubelt. Es ist Jubel auf höherer Ebene, Fortsetzung der ersten fünf Erweckungen in einer anderen Dimension, nämlich in weltferner Entrückung des all–einen Herzens, des selbstleuchtenden Gemütes. Hier endet dann auch die auf dem Wege erworbene Fähigkeit, die Welt als leidig zu empfinden (*dukkh'indriya*), sie hat hier ausgedient und ist überflüssig geworden: Deshalb geht sie in der ersten Schauung unter (S [V] 48, 40).

Diese vier Inhalte der ersten Schauung lassen sich wie folgt zusammenfassen: Man ist frei von Weltbedürftigkeit und Unselbständigkeit, d. h. selbständig, selbstleuchtend; man ist frei von Trübungen und Störungen, d. h. unabgelenkt hell; man ist frei vom Weltdenken und Mitteilen, d. h. ganz klar im Denken; man ist frei von Leid und Wehe, d. h. in Jubelwohl. Und dadurch geht der Mensch aus dem Erleben der ersten Schauung gewandelt hervor, mit einem veränderten Werturteil über die Welt und die Begierden: Er kennt jetzt leibhaftig das höhere Wohl und tanzt nicht mehr um die Begierden herum, weil er die Entsagung nicht mehr, wie früher noch, als einen gewissen Abgrund fürchtete. Der Ohnmächtige hingegen kommt mit den gleichen Leidenschaften zurück und krallt sich noch mehr an die Welt, weil das Nichterleben der Welt ihm ein finsteres Loch war.

In vier Gleichnissen beschreibt der Buddha nun das Erleben der ersten Schauung:

Sie ist nur der Anfang des Schauenslebens, so wie zarte Knospen die Vorankündigung der vollen Blüte sind (A VII 65).

Sie ist unter den Vorräten einer Festung das handgreiflichste Material, nämlich Stroh (zum Feuermachen), Holz (zum Feuer unterhalten) und Wasser (zum Trinken und Kochen). Das macht noch nicht satt wie Nahrungsmittel, ist aber notwendig, um sie kochen zu können und um nicht zu verdursten und nicht zu frieren (A VII 63).

An einer Straßenkreuzung entlädt sich eine Wolke und bindet den Staub, der dadurch nun von einer dünnen Feuchtigkeitsschicht bedeckt ist. Aber Menschen und Tiere werden darüberlaufen, Sonne und Wind sie auftrocknen, und so ist der Staub bald wieder da (A VI 60). Der Staub weltlich-irdischer Gedanken zehrt die erste Schauung und ihre Nachwirkung wieder auf, sie wird totgetrampelt vom Weltandrang, so dass nur noch eine wehmütige Erinnerung bleibt.

Ein Bader streut auf ein Metallbecken Seifenpulver, dann mischt er es mit Wasser und lässt einen völlig durchfeuchteten Schaumball entstehen: ebenso soll der Mönch den Fleischleib nach der Schauung mit ihrem Jubelwohl durchtränken (M 39, 77, 119). Das trockene Seifenpulver ist der vom Durst ausgedörrte Leib des Menschen, der kein wirkliches Wohl kennt. Das Metallbecken ist die Übung, der Exerzierplatz der Achtsamkeit. Das Wasser ist das Wasser des Lebens, der Nektar des Schauungswohls. Dieses Wohl, das im Herzen war, wird nach der Schauung nun dem Leib eingeflößt, ihm eingetrichtert, wird überallhin verteilt, damit er bis in die Zehenspitzen weiß, wo wahres Wohl ist. So wird die frühere Trockenheit wirksam ausgetrieben. Der Leib, das Gemächte des Durstes, wird jetzt zum Träger des Schauungswohls. Damit geimpft wird er immun gegen Sinnenwohl. Diese Nachbehandlung ist sehr wichtig, sie lässt das Austrocknen nicht so schnell zu, wenngleich sie eine Wiederholung der Erfahrung nicht ersetzen kann und soll.

49.7 Die zweite Schauung

Während in der ersten Schauung vor allem das Vertrauen bestärkt wird (wenn es dies gibt, dann gibt es auch das Nirvāna als Wohl), bewirkt die zweite Schauung eine Stärkung der Selbstständigkeit, die unabhängig auch vom Denken macht. Während die erste Schauung die fünf Sinne stillstellte, wird in der zweiten Schauung auch der sechste Sinn in seiner Aktivität eingestellt. Wenn das heilsame Denken, das in der ersten Schauung allein noch ist, erkennt, dass eigentlich nichts mehr zu denken, planen, sichern, vergleichen ist, weil man ja unvergleichlich glücklich ist und sich unbedenklich dem überlassen kann, dann hört es von selber auf. Und das nennt man dann zweite Schauung. Das Denken erweist sich als überflüssig, als Störung, als Unfrieden, als Belästigung des reinen Herzens. Hier erst könnte das Wort vom Geist als Widersacher der Seele einen Sinn bekommen. Die Seele ist voll glücklich und das einzige Unglück ist, dass der Geist in die Ruhe immer hineinschreit „Es ist Ruhe, wie herrlich ist diese Ruhe!“ Ramana Maharshi sagt: „Für den Heiligen ist das Denken ebenso schwer wie für den Nichtheiligen das Nichtdenken.“ Wenn nach der Denkstille der zweiten Schauung der Prozess der flitzenden Assoziationen und Geistesblitze wieder anfängt, dann ist das so, als ob man aus der Stille der Natur in das Autogerase der Großstadt kommt. Aber es gibt keine andere Methode, das Denken zur Ruhe zu bringen, als dies vom Erwachten gereichte „Zuckerbrot“ des Schauungsweges. Ramakrishna sagt: Die Biene summt und brummt und schwirrt herum, aber wenn sie auf dem Honig sitzt, ist sie auf einmal ganz still. Ebenso bringt der Honig des inneren Wohles des Herzensfriedens das Denken zur Ruhe.

Auf dieser Ebene lässt sich verstehen, warum im ZEN (Jhāna-)Buddhismus die Denkstille so gepriesen wird. Aber dahin ist ein weiter Weg. Nur mittels des Denkens kann das Herz bewegt werden, die Himmelsleiter hinaufzusteigen. Wer verfrüht das Denken ausschalten wollte, kann es doch nicht und überliefert sich mit solchen Versuchen nur den Trieben. Der Buddha gibt einen Fall: Ein Mönch erreicht die erste Schauung, aber er pflegt die dahin führenden Betrachtungen der Weltüberhöhung nicht weiter, bejaht sie nicht eifrig und entschieden, sondern will vielmehr schon die Denkstille der zweiten Schauung erreichen. Da er merkt, dass ihm das nicht möglich ist, will er nun wenigstens wieder zur ersten Schauung zurück. Aber das kann er nun auch nicht mehr. Die Folge: Er fällt zwangsläufig zurück in die Sinnlichkeit. Der Buddha vergleicht das mit einer Gams, die sich im Gebirge verstiegen hat: Sie will den Vorderfuß hinsetzen (2. Schauung), da bröckelt das Gestein weg; sie will daher mit den Hinterfüßen zurücksetzen, da bröckelt es ebenso ab. Sie kann nicht vor und nicht zurück, daher stürzt sie ab (A IX 35).

Das andere Extrem: Nāthaputto, der Zeitgenosse des Buddha, hatte als strenger Asket einmal die erste Schauung gewonnen und gründete auf dieser Basis einen Orden, der der Schmerzensaskese gewidmet war, mit welcher aber keine Schauung erreichbar ist. Und da er kein höheres Wohl erreichte, so drehte sich das Denken um sich selbst und brütete Ansichten aus. Als er dann von einem Anhänger des Buddha, dazu noch von einem Hausner, hörte, dass dieser Denkstille (2. Schauung) erreiche, erklärte er ihm schlankweg, das gäbe es gar nicht. Das Denken einstellen zu wollen, sei so unmöglich, wie mit der bloßen Hand den mächtigen Gangesstrom aufhalten zu wollen (S [IV] 41, 9).

Das Jubelwohl der zweiten Schauung ist dasselbe wie das der ersten, nur ist es hier nicht mehr durch denkerisches sich Absetzen von der äußeren Welt erzeugt (*viveka-ja*) sondern gebiert sich unmittelbar von innen aus der Einigung her (*samādhi-ja*). Hier kann sich der Jubel sogar erst ungehindert ausbreiten. Die Befreiung von der sprachlichen Aktivität des Denken-Müssens wird nun in dreifacher Hinsicht ausgedrückt:

Erstens ist Erwägen und Nachsinnen beruhigt. Es ist nicht abgewürgt oder unterdrückt, sondern es ist in vollem Einverständnis mit dem Denken stillgeworden, ist auf eigenen Wunsch in den Ruhestand getreten.

Zweitens hat sich das Herz innerlich gesetzt, befriedet, ist zufrieden, innig gestillt, in sich ruhend („innere Meeresstille“ sagt Neumann), jedoch nur nach unten hin (zum Denken), während nach oben hin der Jubel weiterstürmt.

Drittens ist das Gemüt eins geworden mit dem Geist, ohne Unterschied beider (*ekodi-bhāva*). Das ist erst eigentlich *Unio mystica.*

Mit diesem Zustand ist auch die Trübsinnsfähigkeit verschwunden, die in der ersten Schauung noch nicht besiegt war. Wo Denken ist, da gibt es noch manchmal eine Wehmut, z. B. darüber, dass die Schauung nicht anhält und dass man noch nicht am Ziel ist. Diese mit der Entsagung verbundene Trübsinnigkeit (M 137) ist noch möglich. Dazu gehört auch die Erinnerung an frühere Fehler oder die Erinnerung daran, wie letztes Mal nach dem Abebben der Schauung jene Wehmut anhob (M 102). All diese positive Trübsinnsfähigkeit gibt es in der zweiten Schauung nicht mehr, sie ist überflüssig und unmöglich geworden, weil mit dem Denken auch die Zeitvorstellung schwand. Es ist jetzt nur noch ein „ewig grünendes Nun“ (Meister Ekkehart).

Ramakrishna sagt:

> *„Nach dem Gotteserlebnis lässt man die Veden und andere heilige Schriften weit hinter sich. Im Zustand der Einswerdung kann ich nicht einmal die heilige Silbe OM aussprechen. Warum wohl? Man muss, um OM sagen zu können, aus diesem Zustande sehr tief hierniedersteigen.“*

Und ein abendländischer Psychologe schreibt:

> *„Hab keinen Körper mehr,*
> *bin aufgelöst in Licht.*
> *Wer misst die Wehmutsweih,*
> *wenn dieses Glück zerbricht?“*

Der Buddha beschreibt in den vier genannten Gleichnisreihen die zweite Schauung wie folgt:

Aus den Keimen des Korallenbaumes sind jetzt richtige saftige Knospen geworden, mit deutlicher Kontur.

Beim Feuer können ins Wasser jetzt Reis und Gerste getan werden, die Grundnahrungsmittel, die satt machen und nähren.

In einen großen Dorfteich (Herz) regnete es (2. Schauung): Da werden Muscheln und Kies (Abgelegtes und Abgeschliffenes: Erwägen und Nachsinnen) unsichtbar. Aber Menschen und Tiere trinken vom Teich. Wind und Sonne trocknen ihn auf, so dass Muscheln und Kies wieder sichtbar werden.

Da ist ein See, ohne Zuflüsse durch Bäche aus den vier Richtungen (fünf Sinne) oder durch Wolkenschauer von oben (sechster Sinn, Denken), nur ernährt durch eine unterirdische unsichtbare Quelle, die den See durchwellt und kühl durchtränkt. Ebenso soll der Mönch diesen Fleischleib mit dem Wohl der zweiten Schauung durchtränken, so dass der Denkzwang aus dem Fleischgehirn hinausgetrieben wird, die inkarnierte Tendenz des Denken-Müssens. Wenn die überwunden ist, kann man viel besser denken, trieblos, nur der Vernunft gehorchend.

49.8 Die dritte Schauung

Wenn lange genug immer wieder das gedankenfreie Jubelwohl ausgekostet ist, dann mag irgendwann ein Gefühl dafür auftauchen, dass der Jubel jetzt zu viel des Guten ist. So wie in der zweiten Schauung das Denken als Ruhestörung empfunden wird, so jetzt das Jubeln. Der Jubel über das Wohl ist ja noch mittelbar, ist noch ein geistiger Zusatz. Wenn er aufhört, dann ist das Wohl noch vollkommener, dann erst ist ein einheitlicher Genuss. Das geistige Gefühl des Jubels ist eine Frohsinnsfähigkeit, die emporriss, solange man nicht oben war; aber wenn man oben ist, ist sie überflüssig. Darum endet sie in der dritten Schauung. Der Übende nennt auf dieser Stufe den Jubel eine Aufgetriebenheit des Gemütes (D 1) und so kann er entreizt werden. Man ist darüber hinausgewachsen wie über Kinderspiele. Der Übende überlegt, dass man eigentlich nicht so viel Federlesens um das Wegsein der Welt machen sollte. Nur wer so etwas wie Welt noch wichtig nimmt, jubelt über ihr Wegsein. Und so kann man gegenüber dem Jubel gleichmütiger werden und dann die dritte Schauung erreichen.

Die Stimmung, die dort herrscht, ist ein Wohl darüber, dass man völlig ausgeglichen und allseitig unverletzbar ist. Es ist die Wonne darüber, dass der Gleichmut unendlich und grenzenlos ist. Er breitet sich nach allen Seiten aus. Und, wie besonders betont wird, richtet sich die Achtsamkeit und Klarbewusstheit darauf: Da wird unmittelbar, ohne denkerisches Vergleichen, gemerkt, dass dies mehr als Jubel ist. Und dieses Glück empfindet der Mönch „im Körper“, nämlich im geistgebildeten Körper, dem Träger aller formhaften Wohlgefühle als Substrat des reinen Herzens. Erst hier, bei der dritten Schauung, wird dieser Leib überhaupt bemerkt. Man ist dahin umgezogen, ohne darauf geachtet zu haben. Aber jetzt wird die Achtsamkeit darauf gestoßen. Bisher war der Fleischleib nur nach außen stillgelegt, jetzt werden auch die inneren Funktionen allmählich beruhigt, und zwar hier die Wärme, die sich im Jubel entlud, herausgezogen und damit die Voraussetzung für die völlige Stilllegung bei der vierten Schauung geschaffen.

In den vier Gleichnisreihen wird zur dritten Schauung gesagt: Die Knospen des Korallenbaumes beginnen sich zu öffnen, sind jetzt schon halb aufgebrochen. Die Blüte (Geistiger Leib) beginnt sichtbar zu werden. Das „Geheimnis der goldenen Blüte“ heißt es bei den Chinesen.

In der Festung sind es Sesam-Linsen-Bohnen, die Gemüse, die Vitamine, die Zugaben, die feiner als die Grundnahrungsmittel sind. Ihre Säfte bauen im Leib Feineres auf. Wie einer, der sich an bester Speise satt gegessen hat, solange der Nährsaft (*ojā*) noch im Leibe ist, keinen Appetit nach Minderem hat, ebenso ist man in der dritten Schauung wunschlos glücklich – aber so wie jener Saft auch wieder aus dem Körper schwindet, so auch der Zustand der dritten Schauung.

Das Wohlgefühl der dritten Schauung ist wie ein großer Lotosteich. Darin wachsen verschiedenfarbige Lotosrosen, die alle unter Wasser bleiben, sich dort ernähren und von dem kühlen Nass ganz durchdrungen werden. Ebenso wächst aus der dritten Schauung (Teich) der geistgestaltete Körper (Lotos) heraus, der sich aus ihr allein nährt und in ihr verborgen bleibt. Ihn gilt es hinterher, immer mehr mit dem Wohl zu durchdringen, so wie den Fleischleib mit dem Seifenwasser der ersten und seinen Geist mit dem Quellwasser der zweiten Schauung. Hier geht es um Vollsaugen, Einsaugen von Süße, um damit aus dem Fleischleib die letzten Spannungen und Zerrungen auszutreiben und ganz im Geistleib zu wohnen. Daher steht die dritte Schauung am stärksten im Zeichen des seelischen Genusses.

49.9 Die vierte Schauung

Wie glücklich muss ein Mensch sein, der das wonnige innige Wohlgefühl der dritten Schauung gegenüber seinem Glück als Bedrängnis und Störung ansieht? Er sieht es als etwas an, das unter ihm ist, das geringwertiger als sein Gefühlszustand ist. Ein solcher kennt den Unterschied zwischen Wohlgefühl (3. Schauung) und Gleichmutsgefühl (4. Schauung). Und das ist der größte Schritt in der bisherigen Gefühlsentwicklung, der z. B. in der Lebenszeit der entsprechenden Götter als Sprung von drei zu fünfhundert Äonen angedeutet ist. Einem solchen ist Wohlgefühl noch etwas mit bewegter Regsamkeit (M 66), eine belästigende Störung über dem reinen Gleichmut. Nachdem Wehe, Trübsinn und Frohsinn in den bisherigen drei Schauungen jeweils endeten, endet jetzt auch die Fähigkeit zur Wohlgefühlsart: Übrig bleibt dann der immer vorhandene vollkommene Gleichmut des Weder-wohl-noch-weh-Gefühls. Dass auch das noch ein Gefühl ist, ist nicht so leicht einzusehen: Es ist die Gefühlsantwort auf den Trieb, beim Erleben nicht irgendetwas Spezifisches erleben zu wollen, aber eben doch seelisch sich so erleben zu wollen. Ein solches Gefühl ist immer gleich unbewegt und unverstörbar, immer mit sich gleich. Während das Gefühl der dritten Schauung noch das Wohl eines Gemütsgenusses (D 1) war, ist das in der vierten beschwichtigt und die Achtsamkeit unterscheidet nicht mehr zwischen Wohl- und Wehgefühl. Das eben ist die vollkommene Reine der Achtsamkeit, die durch nichts mehr bewegt und irritiert werden kann. Und diese in sich ruhende Beständigkeit ist gerade ein höheres Wohl als das Wohlgefühl der dritten Schauung, die noch aus Wellen von Bewegtheit bestand. Der Erwachte sagt, dass erst die vierte Schauung einzig Wohl sei, während die drei anderen nur den Pfad dahin bezeichneten (M 79).

Erst in der vierten Schauung erfolgt eine restlose Stilllegung der körperlichen Aktivität. Die letzten feinsten Regungen von Ein- und Ausatmung und damit auch Herzschlag usw. hören hier auf. Der Leib wird starr wie tot, weil das Lebendige frei von ihm geworden ist und die Hülle nicht mehr benötigt. Diese Starrheit sehen die Außenstehenden allein und das ist ihre Verblendung. Das Wesentliche und Eigentliche der vierten Schauung sehen sie gerade nicht, sondern sehen nur ihr Abfallprodukt, das, wovon der Gemützustand der vierten Schauung frei ist.

In den vier Gleichnisreihen heißt es dazu:

Die vierte Schauung gleicht der voll aufgebrochenen Blüte, die in vollendeter Schönheit duftet.

In der Festung sind es die feinsten Gewürze (Salz, Zucker und Honig, Rahm und Butter, Öl), die den Nahrungsmitteln Geschmack geben und sie überhaupt genießbar machen.

Der Zustand ist wie die Fläche eines windstillen Bergsees, der von keinen Wellen mehr bewegt wird. Erst hier ist wirklich die „innere Meeresstille“, bei der auch kein Atemwind mehr weht – aber es werden wieder Wellen kommen.

Da ist ein Mann von Kopf bis Fuß in einen weißen Mantel gehüllt. Er sitzt da, so dass der Leib völlig bedeckt ist. Ebenso wird der fertige Geistleib vom ungefärbten Gleichmutsgefühl der vierten Schauung (weißer Mantel) völlig eingehüllt. Wenn der Mann den Mantel ablegt, ist er frei, in jede Richtung zu gehen. Ebenso bietet die vierte Schauung die Freiheit, entweder die Weisheitsdurchbrüche zu erfahren oder in die Formlosigkeit einzudringen oder alle Erscheinungen zu durchschauen oder den Fleischleib eingehen zu lassen, wie der Buddha tat, als er aus der vierten Schauung ins Nirvāna einging (D 16 VI).

49.10 Schauungsberichte

Zur Abrundung und Verlebendigung der bisherigen Ausführungen ist es am förderlichsten, einige Berichte der Mystiker über ihre Schauungserlebnisse zu vernehmen. Das Wesentliche des Stimmungsgehaltes kommt darin besser zum Ausdruck, als alle analytischen Beschreibungen es zu definieren vermögen. Dabei sind allerdings die Tiefengrade der jeweiligen Schauung selten zu erkennen, und auch Überschneidungen mit anderen Arten der Einigung sind nicht auszuschließen. Das, was an Klärendem über die Schauungen zu sagen ist, wurde ja auch oben gemäß den Worten des Erwachten gesagt. Worum es hier geht, ist die unmittelbare Erfahrung, die natürlich jeder Mystiker in sein Weltbild einordnet und von daher interpretiert. Insofern ist zwischen christlicher und hinduistischer Schauung ein Unterschied. Dabei sei mit den Berichten christlicher Mystiker begonnen:

Isaak der Syrer, einer der großen Mystiker der Ostkirche, der auch in der Philokalia einen breiten Raum einnimmt, sagt in seinen Homilien:

„Bisweilen wird aber vom Gebete ein heißes Schauen geboren, und das Gebet verschwindet dann von den Lippen. Und wem dieses Schauen beschieden wird, der gerät in Verwunderung und sein Körper wird starr ... Was weiter kommt, ist Hineintreten in die verborgene Schatzkammer. Hier werden alle Lippen und Zungen schweigend, und das Herz der Bewahrer der Gedanken, der Geist der Lenker der Sinne und alle ihre Kräfte müssen verstummen."

Einige Jahrhunderte später schildert Symeon der Neue Theologe in Byzanz seine Lichterlebnisse in der Dimension der ersten Schauung:

„Eines Nachts stand ich nun aufrecht und sagte ‚O Gott, sei mir gnädig, mir Sünder', mehr im Geiste als mit dem Munde, als mir plötzlich von oben verschwenderisch hell ein göttliches Licht erstrahlte, welches die ganze Umgebung erfüllte. Ich wusste nicht, ob ich im Hause war oder auch nur unter einem Dache. Denn ich sah überall nur das Licht: ob ich noch die Füße auf der Erde hatte, davon konnte ich mir keine Rechenschaft geben. Und ich hatte dabei weder Furcht zu fallen noch weltliche Sorgen und nichts von allem, was die Menschen und die körperlichen Wesen beschäftigt, beschäftigte damals mein Denken, sondern ganz und gar gegenwärtig war ich damals in dem immateriellen Licht und – wie es mir schien – selber ganz und gar licht geworden. Die ganze Welt vergessend wurde ich von Tränen überflutet und einer unaussprechlichen Heiterkeit."

Und Seraphim von Sarow, ein ostkirchlicher Mystiker des vorigen Jahrhunderts, sagt:

„In meiner Freude, die zu dieser Zeit nichts trübte, vergaß ich alles auf der Welt. Ich erinnere mich nur, dass ich in die Kirche kam und sie wieder verließ, die Zeit aber, die ich am Altar des Herrn verbrachte, war nur Helligkeit und Licht. In diesen erhabenen Augenblicken schmolz mein Herz unter dem Anhauch der Gnade vor unaussprechlicher Freude wie Wachs."

Aus dem Bereich der deutschen Mystik gibt Meister Ekkehart von der Schwester Katrei zu Straßburg folgenden Bericht:

„Da kam sie dazu, dass sie all das vergaß, das je Namen gewann, und ward also fern gezogen außer ihr selber und aus allen geschaffenen Dingen, dass man sie aus der Kirche tragen musste, und sie lag bis an den dritten Tag und man hielt sie für tot."

Von Elisabeth von Schönau sagt ihr Bruder in der Beschreibung ihres Lebens:

„Es war ihr die Gnade zuteil geworden, im Geiste entrückt zu werden und in Visionen Geheimnisse des Herrn zu schauen, die den Augen der Sterblichen verborgen sind. Dies aber geschah nicht ohne auffällige Wunder. Denn häufig und fast gewöhnlich wurde sie an Sonn- und Feiertagen um die Stunden, wo die Gläubigen am eifrigsten dem Gebet obliegen, verzückt, wurde heftig bedrängt und lag endlich wie entseelt am Boden, so dass oft kein Lebenshauch noch Bewegung an ihr gefunden werden konnte."

Seuse beschreibt sein erstes Schauungserlebnis in der dritten Person:

„Da ward seine Seele verzückt in dem Leibe oder aus dem Leibe; da sah er und hörte, was allen Zungen unaussprechlich ist. Es war formlos und weiselos und hatte doch aller Formen und Weisen freudenreiche Lust in sich; das Herz war gierig und doch gesattet; der Mut war lustig und wohlgeflorieret; ihm war Wünschen gestillet und Begehren entgangen. Er tat nur ein Starren in den glanzreichen Widerglast, in dem er gewann seiner selbst und aller Dinge ein Vergessen; war es Tag oder Nacht, das wusste er nicht; es war des ewigen Lebens eine

ausbrechende Süßigkeit nach gegenwärtiger, stillstehender ruhiger Empfindlichkeit. Er sprach danach: 'Ist das nicht Himmelreich, so weiß ich nicht, was Himmelreich ist.“

Am genauesten beschreibt vielleicht Jan von Ruysbroeck die Schauung. So sagt er in seinem Hauptwerk (Zierde der geistlichen Hochzeit) unpersönlich:

„Vermöge dieser Flut (von Süße, Wonne, Wohlgeschmack) aber wird der Mensch im Inneren unbeweglich, seiner selbst ohnmächtig und unfähig zu allem Tun. Und weder weiß noch fühlt er im Tiefsten seines Grundes, in Leib und Seele, etwas anderes denn allein einen wundersamen Lichtglanz voller Wonnegefühl und durchdringendem Wohlgeschmack.“

Von seinem eigenen Erleben spricht er in folgenden Versen:

„Ich habe die selige Ewigkeit funden !
Ich hab sie gefunden im innersten Grunde.
Des freut sich mein Herz und es jubelt die Seele,
besiegt ist die Erde, verschwunden die Zeit.
So kehre denn einwärts und lebe im Grunde,
steig über die Sinne, hier lebet das Leben.
O selig der Geist, der dahin ist gekommen,
ihm gleichet wohl keiner, wer immer es sei.
Nun sind sie zerbrochen die schmählichen Bande,
nun ist es gestillet das klagende Sehnen,
bin frei von der Welt und dem trügenden Zauber,
wie bin ich so reich, so erhaben, so frei!
O glaubet mir, Kinder, dies innere Leben
ist einzig das freie, das selige Leben;
es lässt sich nicht schreiben, ihr müsst es erfahren,
sonst kennt ihr die göttliche Fröhlichkeit nicht.“

Aus dem Bereich der romanischen Mystik schreibt Johanna Rodriguez ebenfalls in einem Gedicht:

„Wenn die Seel versammelt stehet,
ganz entbunden, ganz allein
in ihr'n Mittelpunkt eingehet,
von den Sündenflecken rein,
klar und heiter und im Frieden,
und von allem abgeschieden:
Dann vergisset sie zu merken,
wie und wo der Leib mag sein,
und in dessen Stand und Werken
lässt der Geist sich dann nicht ein:
Tür und Fenster sich verschließen,
dass nichts hind're dies Genießen.
Dies Gebot gilt allen Sinnen,
dass sie feiern in der Ruh,
dass sie sich versammeln drinnen:
Aug und Ohren schließt euch zu;
euer Sehen, euer Hören
würd' die stille Seele stören.

Der Einbildungskraft Geschäfte
muss allda ganz stille sein;
ja, der Seele edle Kräfte
sinken als in Ohnmacht ein:
das Geschaff'ne bleibt indessen
alles fern und wie vergessen.
Die Vernunft nicht discurieret,
weil man hemmet ihren Lauf;
der Verstand die Ruhe spüret,
sein Verstehen höret auf,
dass die Liebe ganz alleine
wirken möge sanft und reine."

Eine französische Mystikerin, Armelle Nicolas, erfuhr am Karfreitag beim Gebet folgendes:

„Ich fühlte mich von einem Lichtgewand umgeben und mein Herz so verändert, dass ich mich selbst nicht mehr kannte. Alle meine Wünsche waren jetzt erfüllt, und ich wusste nicht, ob ich im Himmel oder auf Erden war. Wie eine Statue blieb ich einige Zeit unbeweglich stehen, ohne mich regen zu können. Alle Kräfte meiner Seele waren jetzt ersättigt und befriedigt. Der Friede Gottes hatte mein ganzes Wesen durchdrungen und beseligt."

Über Katharina von Siena sagt der spätere Ordens-General der Dominikaner, Raimund von Capua, der vier Jahre als Beichtvater ihr Leben beobachtete:

„Katharina verlor sogar oft das Bewusstsein ihrer Gegenwart im Leibe und wurde entrückt. Ich übertreibe nicht: Sicher tausendmal haben wir diese Verzückung bei ihr erlebt, d. h. ich und meine Brüder."

Der *Doctor mysticus*, Johannes vom Kreuz, beschreibt in seinem „Geistlichen Gesang" eines seiner Schauungserlebnisse:

„Da stand ich denn so ganz versunken,
so hingegeben und verzückt;
alle meine Sinne waren trunken,
besinnungslos sich selbst entrückt.
Jedoch der Geist war da beglückt
durch ein Verständnis, ledig der Gedanken
hoch über alles Wissens Schranken".

Und nun zur indischen Mystik. Da beschreibt Ramakrishna sein höchstes weltloses Erlebnis (*Nirvikalpa-samādhi*), das drei Tage dauerte, wie folgt:

„Ich fühlte mich im selben Augenblick über Name und Form, über Leid und Freude erhoben und fand mich eins mit dem Absoluten. Vor dieser höchsten Ekstase vergingen Gefühl und Denken. Der Körper blieb regungslos wie ein Leichnam. Das All verschwand vor meinen Augen, selbst der Raum schien aufgelöst. Alles sank in die Ideen zurück."

Sein Schüler Vivekananda erlebte das Gleiche für Stunden:

„Er fühlte mit einem Male ein Licht an seinem Hinterkopf. Es wurde immer strahlender, größer und größer, schien schließlich zu bersten und sein Geist verschmolz damit, Sein Leib aber war starr. Als er nach Stunden wieder das Bewusstsein der Außenwelt erlangte, fühlte

er sich in unbeschreiblichen Frieden getaucht und sein Herz von der Ekstase zum Überfließen erfüllt."

Ein anderer Schüler Ramakrishnas, Brahmananda, weilte gar sechs Tage ununterbrochen in jener Vertiefung, die er später wie folgt schilderte:

„Schließlich öffnet sich das Auge der Weisheit und das Unendliche wird unmittelbar wahrgenommen. Ah, hier ist ein anderes Reich, jenseits des Universums! Die Welt versinkt in Nichts. Der Geist scheint sich aufzulösen und fließt über in sa-vikalpa-samādhi. Dann kommt Nirvikalpa, das höchste überbewusste Erlebnis – die absolute Vereinigung. Diese Erfahrung ist jenseits von Gedanken und Worten. Nichts ist zu sehen! Nichts ist zu hören! Unendlichkeit! Unendlichkeit allein! Es ist ein unmittelbares Erlebnis. Dieser Bewusstseinszustand ist jenseits von Dualität und Nicht-Dualität. Wer ihn erreicht, kann nur mit großer Anstrengung in die ihm unwirklich dünkende Welt der Erscheinungen zurückkehren."

Ein christlicher indischer Mystiker, Sundar Singh, sagt über die erste Schauung, die er unerschöpfliche Ader großer Freude nennt, Folgendes:

„Ekstase ist ein wacher, nicht ein Traumzustand. Ich denke darin fortwährend. In normalen Zeiten wird der Fluss meiner Gedanken durch Zerstreuung unterbrochen, jedoch nicht im ekstatischen Zustand. Meist bleibt ein Gedanke nur während einer Minute in meinem Gedächtnis und wird rasch durch andere abgelöst, während ich in der Ekstase fähig bin, lange Zeiten über denselben Gegenstand nachzusinnen. Ich vermute, dass sich dies so verhält, weil die geistigen Funktionen in diesem Zustand nicht mehr durch das physische Gehirn behindert werden."

Eine noch lebende indische Mystikerin, Indira Devi, schreibt von sich in der dritten Person, dass sie sich eines Morgens um acht Uhr zur Meditation niedersetzte und dabei Folgendes erlebte:

„Ein elektrischer Strom schoss in einer Zickzackbewegung vom Ende ihrer Wirbelsäule hoch, und als er aufstieg, senkte sich Frieden wie ein Eisblock auf ihren Kopf herab, und der Körper wurde starr und empfindungslos. Da war kein Gedanke, kein Gebet, keine Ekstase, nur stiller Friede. Das nächste, das sie wusste, war, dass jemand sie rüttelte und dass es nahezu vierzehn Uhr war. Benommen stand sie auf und erledigte ihre Obliegenheiten im Haushalt, doch alles erschien ihr vage und unwichtig. Sie war von einem unwiderstehlichen Drang ergriffen, einfach stumm dazusitzen ... Ein durch keine äußere Ursache bedingter Friede senkte sich über sie."

„Es gab kein Ich mehr, nichts Erfahrbares, keine Form, keine Zweiheit, keinen Gott, keinen Adepten. Sie hatte jegliches Bewusstsein verloren, um Bewusstsein zu werden. Es gab nur Seligkeit und eine unermessliche Wirklichkeit, die regierte, jenseits allen Denkens, aller Beschreibung, aller Vorstellung. Die Zeit blieb stehen – oder es gab vielmehr keine Zeit – dennoch kehrte sie nach einer Weile in den Schatten dieser Realität, dieser Welt, zurück."

Erst wenn man versteht, dass solche Schauungserlebnisse im alten Indien allgemein bekannt waren, können die Schauungsberichte aus den Liedern der Mönche und Nonnen leuchtkräftig werden, weil sie jene Fülle noch durch souveräne Beherrschung der Vertiefung überhöhen, die sie nach Wunsch und Willen erlangen konnten:

Wer kühn das Herz beherrschen kann,
der Wildnis Wonnen köstlich hat erkannt,
in Schauung innig eingesenkt,
erglänzen mag ihm ungemischtes Glück. (Thag 85)

Im dichten Haine, birg dich tief im Busch,
im Herzen von Erlösung selig satt,
und übe Schauung, ledig immerdar,
was kann dir Tadel gelten, Tadel tun? (Thag 119)

In Schauung schickt sich hell des Heitern leichter Leib,
die rechte Tatenrast ist heilig hier getan:
was reinlichst rein in Tiefen funkelt, kennbar kaum,
erfasse dieses beste Reich der Ewigkeit. (Thag 212)

Wo drüben wilder Mango blüht,
am Waldesraine ruht ein Mönch:
entwurzelt hat er allen Wahn,
übt selig Schauung, selbstvertieft. (Thag 466)

Auf Elefanten saß ich einst,
auf seid'nem Teppich, seid'nem Tuch,
und nahm das Mahl ein, wohlbedient,
den reinen Reis, der Kraft verleiht.

Und heute lebt er hochbeglückt:
Mit Bettelresten billig reich,
übt selig Schauung, ohne Sucht,
der Sohn der Godhā, Bhaddiyo. (Thag 842-843)

Auf hohem Walle, hoher Burg,
im Turmgemache, mauerfest,
beschützt von Schwert und Elefant,
verzagt ich einst in banger Angst.

Und heute lebt er unverzagt,
von Angst entängstet, furchterlöst,
übt selig Schauung waldgewohnt,
der Sohn der Godhā, Bhaddiyo. (Thag 863-864)

Verlassen hab ich Haus und Hof
und Eltern, Brüder, Schwestern hold,
verlassen laue Liebeslust
und übe Schauung, selbstvertieft.

Bereit war Tanz, bereit Gesang,
und Zimbelklang erweckte mich:
da fand ich keine Lauterkeit,
das Todesreich war mein Bereich.

Jetzt ist es überwunden, ja,
und mein Bereich des Wachen Reich,
entronnen bin ich allem Wahn
und übe Schauung, selbstvertieft.

Gestalten, Töne, Duft, Geschmack
und Tastung, alles was ergetzt
hab überwältigt ich gewandt
und übe Schauung selbstvertieft. (Thag 892-895: Anuruddho)

Zu Mittag, nach dem Bettelmahl,
steigt Kassapo zum Felsen auf,
übt Schauung, haftet nirgend an,
geheilt von banger Furcht und Angst. (Thag 1059)

Wo Berg und Tal im Morgentau
froh glitzert ihm, der heilig ist,
wo Pfauenruf von ferne grüßt,
mein Felsenjoch gefällt mir wohl.

Zur Schauung reicht es reichlich aus,
dem Manne, der sich innig müht,
zum Heile reicht es reichlich aus
dem Mönche, der sich innig müht. (Thag 1065-66: Kassapo)

Die blau behalsten, schön beschopften Vögel dort,
die hoch im Himmel schimmernd schweben, bunt beschwingt,
und lustig krächzend kreisen, wann der Donner dröhnt,
erheitern dich, weil du im Walde Schauung übst. (Thag 1136)

Wenn Alterqual und Sterbequal der Weise hier,
das Fesselwerk, worin das Volk im Wahne hängt,
den Graus ergründet hat und innig Schauung übt:
so kennt er Wonnen, wie sie höher keiner kürt. (Thag 518)

Wenn kummerlos entsühnt er ewig abgelöst
das Reich des Friedens, frei von aller Übelart,
erringt und Kerkerketten hinter sich verwirft:
so kennt er Wonnen, wie sie höher keiner kürt. (Thag 521)

Wenn dort am Bache, wo gar manche Blume blüht,
wo Kräuter, Gräser bunt erfüllen Feld und Au,
der Mönch am Ufer sitzend heiter Schauung übt:
so kennt er Wonnen, wie sie höher keiner kürt. (Thag 523)

Wenn ohne Dünken, ohne Denken, unbeschwert,
in Bergesgrüften, Bergesgründen schweifend hin,
der Furcht entgangen wie dem Fehl, er Schauung übt:
so kennt er Wonnen, wie sie höher keiner kürt." (Thag 525)

In Schauung innig eingesenkt,
in tiefster Ruh beseliget:
die Götter selbst beneiden ihn,
den, der erwacht, voll Achtsamkeit. (Dh 181)

Nicht wird da Schauung Unweisem
und Weisheit nicht, wem Schauung fern:
wer Schauung wirkt und weise ist,
o, der ist dem Nirvāna nah. (Dh 372)

Des Weisen Stille wer versteht,
wo Schauung waltet, keine Sucht,
in Demut ihnen zugekehrt,
erwachsen mag er, wer mir folgt. (Sn 719)

50. Die Strahlungen (*brahma-vihārā*)

„Liebe, Mitleid, Mitfreude, Gleichmut
über alles Wohl und Wehe hinaus,
über alles Verdienst und Verschulden entfalten,
lässt das Gemüt hell werden.“ (Patañjali)

„In Liebe, Gleichmut, Mitleid ab sich lösen,
und auch in Gönnen wirken so beizeiten:
die ganze Welt in Frieden durchzuleuchten,
allein nur wie das Nashorn mag man wandern.“ (Sn 73)

50.1 Wesen der Strahlungen

Die einzige Art der Einigung, bei der ebenso wie bei den Schauungen die Himmelsleiter der Wohlgefühle ausdrücklich aufgeführt wird, sind die Strahlungen (M 7, 40, 99; D 13 usw.), die auch umfangmäßig den zweiten Platz in den Lehrreden nach den Schauungen einnehmen. Der Begriff, den Neumann frei mit Strahlungen übersetzt, heißt *Brahma-vihāra* (brahmisches Weilen, göttliches Verweilen, wie Brahmā sein, gottgleich sein), auch genannt: brahmische Erreichung oder brahmisch-prächtiges Ruhelager (A IV 190, III 63). „Strahlungen“ können sie deswegen mit Fug und Recht genannt werden, weil es in der unten noch näher zu erläuternden Übungsanleitung stets heißt, dass man alle Richtungen durchstrahlt (*pharitvā*) hat. Dieses Verb bedeutet hier: seelisch anfüllen, durchdringen, sich dahin ausdehnen, darin eindringen. Da das aber vom selbstleuchtenden Herzen ausgeht, so ist es Strahlen, ein Erfüllen mit Licht statt mit Finsternis. Der vieldeutige Begriff „Gott“ oder der fremdartige Begriff „Brahmā“ bekommen hier von der Sache her ihren eigentlichen Bedeutungsgehalt wieder. An sich ist sogar jede Einigung strahlend, da nach dem Wort des Erwachten rechte Einigung in strahlendem Jubel, Wohl, Licht und Gemüt besteht (D 34 V). Das Besondere der hier zu behandelnden Strahlungen ist nun, dass sich die Einigung hier auf die Welt bezieht, auf die Form.

Der Sinn der Strahlungen besteht darin, alle Beziehungen zu anderen Wesen radikal, von der Wurzel her, zu beruhigen und zum Frieden zu bringen. Diese Form des *samādhi* zielt darauf ab, das Wesen der anderen Wesen in ihrer Tiefe zu erfassen, und es bewirkt, dass man sich in allen Wesen widergespiegelt findet: *Tat twam asi.* So hebt sich die Schranke zwischen Ich und Du auf und es wird von daher die ganze Welt in einem milden Lichte verklärt. Wenn der Ich-Du-Gegensatz entfällt, an dem sich alle sinnlichen Begierden und Feindschaften entzünden, dann entfällt damit auch die Problematik der zwischenmenschlichen Beziehungen und die Welt wird heil. Überallhin erlebt man dann Frieden, der überhaupt nicht mehr betont mich oder die anderen betrifft, sondern der über Ich und Du hinauswächst zum Frieden der Verklärung des Alls. Was im Grunde eines ist, das wird wiedervereinigt. Das ist das Meer der All-Liebe.

Wenn sich der innere Weltbezug wandelt, dann wandeln sich auch die Dinge und es sieht alles ganz anders aus. Um dieses Anderswerden der Weltvorstellung aber geht es hier. Es geht darum, von menschlicher Beschränktheit und Enge zu brahmischer Unbeschränktheit und Weite zu erwachsen, zum Gottesbewusstsein im tiefsten Sinne. Darum heißen diese göttlichen Weilungen auch Unermesslichkeiten/Unbeschränktheiten in den Lehrreden. Das ist zwar noch nicht Unendlichkeit, die nur jenseits der Form möglich ist, aber es ist innerhalb der Form die Aufhebung der Ich-Perspektive des Körperstandpunktes. Brahma ist nicht mehr auf irgendeinen Punkt im All beschränkt und er misst und beurteilt nicht mehr die Welt aus einem solchen Winkel her, sondern er ist allgegenwärtig, findet sich in allem wieder. „Der Himmel ist mein Thron, die Erde aber der Schemel meiner Füße", heißt es bei den Juden (Jes 66, 1). „Alles ist voll Gott", heißt es bei Heraklit. In einem Vers erklärt der Buddha einem Brahma, was das Wesen Brahmas sei:

Soweit die Sonne strahlt, der Mond
in voller Pracht die Räume durch,
ist tausendfach die reiche Welt
in deinen Willen eingewiegt.
Die Höh'n und Tiefen kennest Du,
du kennst den Freien und den Knecht,
so dieses Sein wie jenes Sein,
der Wesen Kommen, Wesen Geh'n. (M 49)

Das ist vollendetes *Brahma-vihāra*, vollendete Unbeschränktheit. Aber daran können wir erst ermessen, wie sehr wir begrenzt und insofern „gottlos" sind, eben die rohen Düfte der Sinnlichkeit liebend – so wie es ein Brahma von den Menschen sagt:

„In solcher Sitte zieh'n sie ein den rohen Duft,
in Höllen sinkend, abgekehrt der Brahmawelt." (D 19)

Der Schlüssel für das Verständnis der Strahlungen ist also das Wesen Brahmas. Oft werden die Strahlungen auch als Weg zu Brahma bezeichnet, als brahmische Fährte. Der Buddha erklärt, dass der Brahmane, der seinem Namen Ehre machen und brahmisch leben will, die Eigenschaften Brahmas erwerben müsse, denn nur dann gebe es eine Übereinstimmung und damit eine Wiedergeburt in brahmischer Welt (D 13).

Nun sind zwar alle Arten rechter Einigung Wege zur Wiedergeburt in formhafter (brahmischer) Welt, aber das Besondere der Strahlungen ist, dass sie dieses Ziel am unmittelbarsten und ausdrücklichsten anstreben. Sie zielen direkt auf eine Angleichung des inneren Wesens (Herz) mit dem Wesen Brahmas und damit zu einem Erscheinen dort. Bei den Schauungen ergibt sich diese Folge indirekt: Die Schauungen gehen auf Wohl und weil das übersinnliche Wohl eben brahmisches Sein ist, deshalb lenken auch sie dorthin. Die Strahlungen dagegen zielen nicht so primär auf Wohl, sondern mehr auf Weite. Der Strahlung Übende wird in D 26 mit jemandem verglichen, der riesigen Reichtum, großen Besitz, eben die Fülle erwirbt, nämlich die Fülle des Alls. Auf solche Fülle, auf den besitzlosen Besitz der ganzen Welt, sind die Strahlungen gerichtet. Sie sind daher die einzige Übung des *samādhi*, die betont sozial gefärbt ist und daher für den entsprechend geneigten Menschen naheliegend.

Das Vertrauen zu einem Lehrer, der die Brahmawelt kennt, ist dabei der Angelpunkt. Es ist hier das Vertrauen in die Aussage des Buddha, dass alle Wesen gleich sind in ihrem Streben nach Glückseligkeit, das Vertrauen in das Gute aller Wesen, das Vertrauen in die Möglichkeit aller Wesen, höher zu steigen. Böses erweist sich bei Einfühlung in diese Sicht nur als ein durch Unwissen erzeugter Abstand von dem, was jeder will: wunschlos glücklich sein. Nur wo ein Verständnis für diese Dinge ist, bringt man die Durchschlagskraft auf, entgegen allen Einzelwahrnehmungen von bösen Menschen und schlechten Handlungen sich auf eine höhere Warte zu schwingen und zu erkennen, dass alle noch so finsteren Wesen nichts sind als gefallene Götter, abgesunkene Brahmas, verirrte Selbstleuchtende (D 27). Wer da durch den Erwachten eine Ahnung des Verständnisses dafür bekommt, dass gegen Ende jedes Weltzeitalters sämtliche Höllen verschwinden, sämtliche Gespenster aussterben, alle Sinnenwelten aufhören und die Leuchtenden Götter in Brahmischer Welt die niedersten Wesen sind – der kann auch die Kraft aufbringen, diese Entwicklung sozusagen in seiner Seele vorwegzunehmen und alles Dunkle und Niedere wieder einzuschmelzen. Nur eine starke Gläubigkeit in das Helle und Hohe der Wesen ermöglicht es, die Strahlungen so intensiv zu üben, um selbst Brahma zu werden, gottgleich zu werden.

In anderen Religionen wird diese überhöhende Haltung natürlich mit anderen Begriffen umschrieben. Im Christentum geht man davon aus, dass alle Wesen Ebenbilder und Kinder Gottes seien, und man liebt in den Geschöpfen den Schöpfer, erkennt in jedem Wesen noch seinen göttlichen Ursprung. Im Hinduismus, besonders in der Strömung der Bhakti-Frömmigkeit, heißt es, dass alle Wesen in ihrem Atman hell und rein seien, dass sie sich nur mit grober Materie umkleidet hätten und dass man nur tiefer zu blicken brauche, um das zu erkennen. Eine Giftschlange, ein Verbrecher, ein Wohltäter der Menschheit und ein edler Mönch sind nur der Hülle nach verschieden, haben aber den gleichen reinen Atman, der identisch mit Brahma sei.

So bizarr und verschroben uns derartige Formulierungen auch anmuten, so atmen sie doch mehr von der Haltung der Strahlung als bloße theoretische Abhandlungen über Allgüte und „loving kindness“. Die Strahlungen sind eben etwas, das stark mit Emotionen verbunden ist. Die glühende Gottesliebe eines echten Bhakti-Yogi oder eines christlichen Gottesliebhabers ist etwas, das alle Seelenkräfte des Menschen ergreift und emporreißt und damit in der Läuterung umschmelzend veredelt. Aber sie geht aus vom Engagement, vom irrationalen Impuls der Allverbundenheit, von der leidenschaftlichen Hingabe an das Ideal der All-Liebe. Der größere Gegensatz dazu sind diejenigen Haltungen zum *samādhi*, die mehr nüchtern durchschauend und abschichtend vorgehen. Beides sind *Samādhi*-Formen und beide haben den Gleichmut zum Ziel – aber wie verschieden sind die Wege dorthin! Sie sind so verschieden, dass ein Strahlung übender Buddhist sich der Übung eines Bhakti-Yogi näher fühlt als etwa Armutsübungen eines Buddhisten. Aber das Besondere des Strahlungsweges ist, dass auch solche Unterschiede dabei mit erfasst werden. Gerade diese Differenz ist kein Grund für Gegensätze, sondern ein Objekt der Übung in Unbegrenztheit.

Die Strahlungen, geübt und gepflegt, heben über alle sinnliche Beschränktheit, lassen zu Brahma gelangen – so wie es auch der Bodhisattva in früheren Existenzen oft erlangt hatte (M 83; A VII 58 II). Aber danach sank er wieder ab. Das ist kein Ausweg, bewahrt nicht vor der Hölle (A IV 125). Nur wer die Strahlungen im Rahmen der sieben Erweckungen übt, gewinnt durch sie den endgültigen Ausweg (S [V] 46, 54 und 62-65). Dann, aber nur dann, eben als Einigungserweckung, kann schon die erste Strahlung als Tor zum Nirvāna genügen, wenn auf ihrer Grundlage alle fünf Erscheinungen durchschaut werden (M 52, A IV 126). Dann sind die Strahlungen nicht nur Rinde sondern Kernholz (D 25), indem dann von ihnen aus das, was über alle Gewahrung hinausgeht, erlangt wird (M 7).

50.2 Strahlung und Welt

Anders als bei Schaungen und Machtgebieten scheint die Welt bei den Strahlungen noch wahrgenommen zu werden – und das erscheint als der größte Unterschied dieser Art der Einigung gegenüber jenen. Jedenfalls besteht dadurch bei den Strahlungen am stärksten die Gefahr einer Verflachung und Verkürzung des Verständnisses. Ein bisschen „loving kindness" – und schon nennt man es Strahlung. Aber die Liebe des Strahlenden ist die Liebe dessen, der den ganzen Läuterungsweg gegangen und die Himmelsleiter emporgestiegen ist. Freundliche Einsichten, „Jeder muss so handeln wie er handelt, er ebenso wie ich", sind gut, aber das wäre rechte Erkenntnis und nicht Strahlung. Freundliche Gedanken des Wohlwollens gegen andere hegen, ist gut, aber das ist rechte Gesinnung und nicht Strahlung. Wer etwas sagt wie „Seid umschlungen Millionen", der sagt Gutes, aber das ist rechte Rede und nicht Strahlung. Wer sagen kann „Ich wünsche niemandem Böses, allen soll es wohlergehen", der beginnt die zweite Hemmung aufzuheben, und das kann der Weg zur Strahlung sein, ist es aber noch nicht.

Von Strahlung kann man erst sprechen, wenn die Welt gründlich von innen her verwandelt worden ist. Die Welt ist dann noch da, aber ebenso intensiv verwandelt wie bei der Schauung, so dass die gleiche Wirkung für dieses und das nächste Leben eintreten kann. Die Strahlung ist im Grunde ebenso mystisch wie andere Formen des *samādhi*. Alles wird da ganz anders, die alte Welt ist völlig verschwunden, eine neue ist da. Verschwunden ist nämlich die Welt des Gegenüber als Objekt für Gier und Hass. Neu ist eine Welt, in der es nur noch Psyche gibt, Seelen als Substanz und Realität, so wie bei uns Materie Substanz und Realität scheint. Da ist alles in völlige Gleichheit verwandelt. Das reine Herz hat sich durch selbstvergessenes Einfühlen in die anderen Herzen entwickelt:

> *„Ich will, anstatt an mich zu denken,*
> *ins Meer der Liebe mich versenken."* (Tersteegen)

Was früher eigener und fremder Leib hieß, das ist nun nur noch so viel, wie wenn einer vom Himalaya aus Ameisen der Erde betrachtete. So sehr leuchtet das reine Herz, dass die Stofflichkeit völlig verwandelt und verklärt ist. Die scheinbare Vielfalt ist eben ein Traum, ist Täuschung, ist Spiegelbild und Rest früheren Wirkens aus Wahn. Die Realität ist das reine Herz, die Schönheit des fleckenlosen Gemütes ohne Ichwillen. „Die Welt ist das Ich", könnte man sagen, aber „Überall in allem sich wiedererkennend" ist mehr, ist Ich-Vergessenheit. Das Pan, die All-Einheit, das kosmische Sein, die „Verwandlung des Ich ins Selbst", die Unbeschränktheit brahmischen Weilens – es ist das Wohl, das für den entsteht, der nichts mehr von der Welt will und insofern alles hat.

In der Oper Fra Diavolo tönt aus jedem Busch und Baum, aus Berg und Tal der Klang „Fra Diavolo". Ebenso tönt hier aus allem „Einheit" und das nennen die Religionen Gott, Allah, Brahma, Brahman, Rama, Krischna, Kali. Wie die Posaune von Jericho durch ihren Klang die Stadtmauern umstürzte, so wirft die Posaune der Strahlung alle Materialität um, lässt alle Grenzen des Körper-Ichs umfallen. Wie ein Trompeter nach allen vier Seiten mühelos blasen kann, so wirkt, sagt der Buddha, die Strahlung: Die Luft trägt mühelos den Ton, der Gedanke trägt mühelos die Strahlung überallhin. Grenzen gibt es da nicht mehr. Ob es Tränen der Ergriffenheit und Rührung sind, die alle Unterschiede wegschwemmen, ob es ein mitreißendes Entbrennen über alle

Kreaturen ist wie bei Seuse, ob alles verklärt in Licht getaucht wird und ob dabei die Menschen oder die Natur oder beides eingeschmolzen werden – der Möglichkeiten der Erfahrung der All-Einheit sind viele. Strahlung liegt aber nur vor, wenn solche Erfahrungen als Weltverwandlung vorliegen. Und das eben ist das Mystische an der Strahlung.

50.3 Der Strahlungstext

Etwa dreißig Mal kommt in den Lehrreden des Pāli-Kanons die große Formel der Strahlung vor, ein regelrechtes Mantra. Neumann übersetzt dabei die erste Strahlung wie folgt:

> *„Liebevollen Gemütes weilend strahlt er nach einer Richtung, dann nach einer zweiten, dann nach der dritten, dann nach der vierten, ebenso nach oben und nach unten: überall in allem sich wiedererkennend durchstrahlt er die ganze Welt mit liebevollem Gemüte, mit weitem, tiefem, unbeschränktem, von Grimm und Groll geklärtem.“*

Versucht man, das nachzuempfinden und dem im Geiste nachzugehen, dann ergibt das etwa folgenden Gedankengang:

Nach allen vier Himmelsrichtungen um mich herum, dazu nach den unteren Daseinsmöglichkeiten, nach den oberen und nach denen quer hindurch, überall in allem erkenne ich mich wieder als Wohl suchendes Wesen, das im Grunde ein verdecktes reines Herz ist. So überall dasselbe findend, erfüllt sich die ganze Welt strahlend mit Liebe, mit räumlich unbegrenzt weiter, mit großherzig bis in die Seelentiefe eindringender, ohne Beschränkendes an Abmessungen, Beurteilungen, Vergleichen und Eingruppierungen, und damit ohne grimmige Feindschaft und dadurch ohne Belastung und Bedrängnis. Im Einzelnen wäre das noch wie folgt näher zu erläutern:

(1) Die Richtungen: Es gibt durchaus nicht nur eine einzige Möglichkeit, die vier Himmelsrichtungen mit Leben der Strahlung zu erfüllen, sondern viele:

Ganz primitiv kann ich damit beginnen, daran zu denken, dass rechts von meiner Wohnung, links von meiner Wohnung, über mir und unter mir andere wohnen, Menschen wie ich. Oder ich mag an die Nachbarhäuser denken: links ein Nachbar, rechts einer, gegenüber einer, hintendran einer. Alle wollen leben wie ich, alle wollen ihren Lärm machen wie ich, alle streben wie ich, wühlen sich durch die Existenz wie ich, machen sich ihre Sorgenwolken, Leiden und Leidenschaften wie ich – kurz: Sie sind ein genauer „Abklatsch“ von mir, sozusagen „dasselbe in grün“.

Oder wenn ich irgendwo in der Natur sitze, kann ich von mir ausgehend an alle Lebewesen rings um mich denken, die da wimmeln. Ob vor mir, ob hinter mir, ob links oder rechts von mir, ob über oder unter mir: Überall ist das gleiche Gekrabbel, es lebt und stirbt dahin, getrieben wie ich selber, immer bewegt, immer gejagt.

Über das unmittelbar Sinnenfällige hinaus kann und muss ich aber auch abstrahierender und universaler die Richtungen erfassen:

Wenn ich mehr politisch-geographisch geneigt bin, kann ich daran denken, wie mein Vaterland Deutschland in der Mitte Europas liegt und wie rundherum die anderen Völker leben, die ebenso einen Platz an der Sonne haben wollen, die ebenso um Daseinsberechtigung streben. Alle vier Rassen Europas treffen sich hier: Da sind im Norden die kühleren germanischen Völker mit ihrer immerwährenden Sehnsucht nach dem Süden; da sind im Süden die hitzigeren romanischen Gebiete mit ihren katholischen Heiligen; da sind im Osten die unergründlichen gemütstiefen Slaven, die nur aus Verzweiflung ihr Heil im Kommunismus suchen; da sind im Westen die weitgehend überwucherten Kelten. So verschieden diese vier europäischen Völkerschaften in den vier Himmelsrichtungen auch sind, sie alle haben den gleichen Leidensweg durch die sogenannte Geschichte aufgeschichtet, mit allem Streben und Agieren und Konkurrieren, das die bunte politische Geschichte ausmacht, die Leidensgeschichte der Unerlöstheit und Heillosigkeit.

Wenn ich in sozialen Gruppierungen und Funktionen denke, dann kann ich mir gemäß D 31 die großen Lebensbereiche vor Augen führen, mit denen ich verwoben bin: Wie im Osten die Sonne aufgeht, so sind die Eltern, das Elternhaus nebst den Verwandten: Meine Familie ist die Sonne, die mich ausbrütete und wachsen ließ. Alles, was ich bin, verdanke ich dem Elternhaus, den ersten Lehrern, die für mich sorgten. – Wie im Westen die Sonne zur Ruhe geht (Feierabend), so suche ich Entspannung und Frieden bei meinem Partner, in der Beziehung zum anderen Geschlecht, und sei es vergeistigt in Maria oder dem himmlischen Bräutigam. – Wie im Süden die Sonne am höchsten steht und mich schwitzen lässt, so muss ich unter meinen Lehrmeistern, Ausbildern, Vorgesetzten lernen und im Schweiße meines Angesichts meinen Beruf ausüben und eifrig die Pflichten erfüllen. Und wie vom Norden der lindernde Wind in die Ganges-Ebene weht, so stärken mich meine Freunde, die mich verstehen und mir helfen und raten. – Und da sind fünftens unter mir zahllose Menschen, von denen ich nur etwas will, wie beim Einkaufen und beim Verkehr, eben die graue Masse Mensch, von der ich Rücksicht fordere. – Sechstens aber sind da noch die geistigen Führer, die religiösen Lehrer und Vorbilder, die „Asketen und Priester", zu denen ich aufschaue und die mir den weiteren Blick öffnen. Siebtens aber – und das kommt in Neumanns obiger Übersetzung der Strahlungen nicht zum Ausdruck und kann in D 31 wegen der Diesseitigkeit fehlen – gibt es noch die Richtung quer hindurch (*tiriyaṃ*), nämlich die Richtung der ganz anderen Dimension: der jenseitigen! Überall zwischen allen Lebewesen hier weben und wirken die Geister, die guten und die bösen, sie gehören genauso zum Leben wie etwa die Tiere unterhalb des Menschentums.

(2) Die **Allheit**: Als Zweites geht es dann darum, diese Richtungen und Möglichkeiten ganz und gar mit Liebe usw. auszufüllen, sie total und universal zu behandeln.

Das wird im Pāli durch drei Worte der Allheit ausgedrückt: überall, in allem sich wiedererkennend, die ganze Welt (*sabbadhi, sabbattatāya, sabbāvantaṃ lokaṃ*). In den vier Richtungen hatte man schon das All erfasst, jetzt aber fasst man es zusammen im Begriff der ganzen Welt. Die beiden dem vorangehenden Adjektive nennen nun die subjektive Haltung dazu: Erstens soll ich ausnahmslos, überall, Liebe üben, ohne ein Wesen auszulassen, ohne einen Gleichgültigen oder gar Feind zu haben. Zweitens soll ich überall in allem und jedem mich selber wiedererkennen, denn Ich und Du sind im Grunde dasselbe, nach demselben austauschbaren Muster gebaut:

„Wie ich bin, so sind jene da,
wie jene sind, so bin ich hier."

Tat twam asi (das bist du) – das überwindet alle Unterschiede.

(3) Die **Weisen**: Die jeweilige Strahlungsübung soll fünf Weisen haben, nämlich ein Gemüt, das da ist: *weit, tief, unbeschränkt, von Grimm und Groll geklärt.*

Weit: Das ist umfassend, von höchster Warte aus alles erblickend, nichts auslassend, alle Dimensionen ausleuchtend. Es ist die Weite des Bewusstseins, das alles erfüllt und ausfüllt, passiv.

Tief: das ist wörtlich „großartig", wie Neumann es bei der noch zu behandelnden „großartigen Gemüterlösung" übersetzt. Großartigkeit *(mah'agga-tā)* bezieht sich auf das hohe Ziel, die große Art, das Ideal der Hochsinnigkeit und Großherzigkeit, das man anstrebt, aktiv.

Unbeschränkt: Das ist der Name, den die Strahlungen als unbeschränkte Gemüterlösung oft tragen. Unbeschränktheit ist Ignorieren aller Unterschiede, Schranken und Besonderheiten, welche Grenzen zwischen Ich und Du aufrichten und darüber die Einheit vergessen.

Ohne Grimm und Groll, wörtlich: ohne Feindschaft gegen und ohne Bedrängnis von anderen. Ohne Feindschaft sein, heißt im Frieden mit allen sein. Ohne Bedrängnis sein ist die Rückwirkung dessen auf mich: Ich fühle mich nicht bedrängt, beengt, belästigt durch irgendjemand.

In D 13 nennt der Buddha fünf teils abweichende Eigenschaften, wie man Brahma gleich werden kann: ohne Schranken, ohne Feindschaft, ohne Bedrängnis, ungetrübt, selbstgewaltig.

Ohne Schranken: nicht durch Besitz umzirkt, ohne durch ein Mein beschränkt zu sein. Das Mein setzt ja Zäune und Grenzen. Wer nicht als Mönch allen Besitz verlässt, der soll doch möglichst so leben, dass er tut, als hätte er nicht, d. h. ohne Eigensucht. Beispiel dafür ist der Große Herrliche, der in aller Kaiserpracht bedürfnislos lebte und auf goldenem Ruhebett die Schauung, auf silbernem die Strahlungen erlangte (D 17). Was hier ohne Schranken des Besitzes (*a-pariggaho*) ist, das war oben abstrakter unbeschränkt (*a-ppamāṇo*).

Ohne Feindschaft und ohne Bedrängnis: Wer keinen Besitz, der hat auch keine Feinde und wer keine Feinde, der fühlt sich nicht bedrängt und von Sorgen bedrückt.

Ungetrübt: Das ist das Herz, welches von den Trübungen der fünf Hemmungen befreit ist und sich bemüht hat, „großgeartet" zu werden. Die Trübungen sind die rohen Düfte, von denen es in D 19 heißt:

> *„Dem Zorne fröhnen, Raub begeh'n, Betrug, Verrat, habsüchtig geizen, eitel sein und neidverzehrt, gelüstig, zweifelnd, andern Unrecht tun, an Gier und Hass, an Rausch und Wirrnis da gewohnt: bei solcher Sitte zieh'n sie ein den rohen Duft, in Höllen sinkend, abgekehrt der Brahmawelt."*

Selbstgewaltig: Wo das Herz ungetrübt ist, da ist man nicht mehr ohnmächtig eingesperrter Sklave der eigenen Enge, sondern kann selbstgewaltig die Fülle und Weite des Herzensfriedens erlangen.

50.4 Die vier Strahlungen im Einzelnen

Die vier Eigenschaften, die überhaupt die vier Strahlungen voneinander unterscheiden (Liebe, Erbarmen, Gönnen, Gleichmut) sind – ebenso wie die entsprechenden vier Stichworte der Schauungen und Machtgebiete – nur auf der Höhe des *samādhi* richtig zu verstehen. Diese Eigenschaften muss einer bereits auf dem Heilswege in reichem Maße erworben haben und fest besitzen, ehe er sie als Strahlung einsetzen kann. Der Weg zu ihrer Einprägung ist etwas anderes als der hier allein zu behandelnde Weg zu ihrer Aus-strahlung. Die Einprägung gehörte zu einer Beschreibung der Eigenschaften des Herzens. Von der Ausstrahlung bleibt dann nur noch Folgendes zu sagen:

(1) **Liebe**: „Die Liebe höret nimmer auf", sagt Paulus; „Liebe soll durchleuchten so

die ganze Welt“, sagt der Buddha. Aber meine Liebe hört auf, meine Liebe durchleuchtet nicht die ganze Welt. Die Geliebten lieben – das ist ja nicht so schwer. Aber die Ungeliebten und Unbeliebten lieben – das ist nicht so leicht. Dazu ist nötig der Befehl: Fort mit den leidbringenden wahnhaften Unterscheidungen der Sym- und Antipathien und der Vielfaltsurteile des Be- und Verurteilens. Wir alle wollen ja gleicherweise Wohl und sind ihm so fern wie die Menschenwelt der Brahmawelt fern ist. Alle Wesen – die Netten, die Ekligen und vor allem die graue Masse der mir Gleichgültigen – sind liebenswert in ihrem Streben nach Wohl und ihrer Sehnsucht nach Glück. Die Liebe umschließt wie ein Mantel die Welt: Ich umfasse sie alle, mein Herz ist weit genug. Allen wünsche ich Wohl nach ihrer Art, auch den Teufeln, die morgen Götter, übermorgen gefallene Engel und dann wieder Götter sein werden. Es gibt gar nicht „die Bösen“, sondern nur durch Unwissen bedingtes und sich wandelndes Böses. Und das Böse muss ich bei mir ausroden, nirgends sonst. Wie könnte ich denn außen Böses erleben, wenn ich nicht eine Beziehung dazu hätte und es projizieren würde? Wäre ich reiner, dann würde ich keine Weltkriege, keine Gaskammern, keine Rocker, keine Terroristen, keine Atombomben und keine Umweltverschmutzung erleben. Die sogenannten „Bösen“, das sind nur Symbole meines früheren Hasses, Spiegelbilder meines Mangels an Liebe. Und wenn ich nicht All-Liebe entwickele, erlebe ich dergleichen endlos weiter. Alles bin ich schon gewesen, alles habe ich auch schon getan, im unendlichen Strom der Herzenswandlungen.

Die riesige weite Erde ist innen Glühen und Licht – nur verdeckt von einer harten erkalteten Kruste, in die die Wesen sich verbeißen und dort nach Naturschätzen wühlen wie die Wühlmäuse. Eines Tages verbrennt die ganze Kruste, nachdem alle Wesen wieder Licht wurden, aus dem sie hervorgegangen waren. Das ist die „Wiederherstellung aller Dinge“. Also liebe ich überall das Licht, das Licht der Erde, das Licht der reinen Herzen, hier und da – denn es ist alles dasselbe, nur ein Licht und ein Leuchten, das sich tausendfältig gebrochen widerspiegelt, was wir die Vielfalt der Wesen nennen.

(2) **Erbarmen**: Erbarmen heißt: ein Herz für die Armen haben. Arm ist, wer bedürftig ist. Und wer ist nicht bedürftig von den Sterblichen, die dürstend im Saṃsāro herumirren? Wir sind alle Kameraden auf dem Wüstenmarsch durch den Saṃsāro. Wir Durstgenießer sind Leidensgenossen, weil wir den Durst durch Genießen nicht loswerden. Im Leiden sind wir innen und außen. Außen, bei der Materie, erleiden wir die Vergänglichkeit von Leib und Welt. Innen, in der Seele, erleiden wir den unstillbaren Mangel an wahrem Frieden.

Hast du Erbarmen mit der Wespe, die nach dem süßen Kuchen giert, den du gierig gerade verschlingen willst? Hast du Erbarmen mit der Mücke, die dein Blut saugen will, so wie du andere ausbeutest und etwas von ihnen willst? Hast du Erbarmen auch mit den Bösen? Wie unheimlich leer und unerträglich müssen sie sich seelisch fühlen, dass sie panisch vor sich fliehen in Streit und Terror. Und wie von Durst geplagt muss einer sein, der rücksichtslos Nächste überrollt und sie mit kalter Sachlichkeit wie Nummern verschiebt, anstatt barmherzig warmherzig sich an ihre Stelle zu setzen. Schon, dass wir streben, ist ja ein Leiden, denn wenn wir im Glück wären, brauchten wir doch nicht so nach Besitz, Genuss, Macht zu streben. Und auch die, die heute im Glück schwelgen, auf Erden oder als Götter, wie werden sie aus allen Wolken fallen, wenn ihr zerbrechliches Glück vorbeigeht?

Im Ozean von Blut und Tränen schwimmen die Wesen. Und wenn ich ihnen helfen möchte, wie unheimlich winzig ist meine Kraft, solange ich die Welt von außen sehe. Weinen sollte ich über mich, dass ich nicht die Kraft der Heiligen zum Helfen habe.

Und weinen sollte ich über die Wesen, die aus Unwissen ihr Heil versäumen und selbst einem Buddha nicht zuhören. Weinend nehme ich ihre Tränen vorweg, die sie morgen vergießen, weinend bin ich ihnen am nächsten. Das ist ja der Nerv des Daseins, Leiden, ein Meer von Dunkelheit und Qualen, selbstgeschaffen. Wahre Sympathie geht im Sinne des Wortes mit dem Leiden – und das spült alle Unterschiede fort und schwingt ein in den Strom des universalen Leidens aus Durst und Unwissen.

(3) **Gönnen**: Gönnen strahlen heißt: Mitfreude haben mit all denen, die momentan glücklich sind oder die es sein werden oder die es gewesen sind. Wenn die mir Lieben Erfolg haben oder wenn jemand sich über Gutes freut, dann kann ich leicht gönnend zustimmen. Wie aber wenn er sich über Vergängliches freut, das morgen zerbricht? Dass jemand überhaupt Mensch geworden ist, hat er ausschließlich seinen Tugenden zu verdanken, denn ohne die wäre er bestenfalls ein Gespenst und schlimmstenfalls ein in der Hölle Gequälter geworden. Und die Menschen, die innerhalb des Menschentums mehr Wohl als andere erlebt haben, die haben es alle, alle gerecht verdient. Alles Glück und Wohl und alle Freude in der Welt verdankt ihr Entstehen einem Impuls, der über die absolute Niedrigkeit der Hölle etwas höher führte oder sehr viel höher. Das Erbarmen, die *miseri-cordia*, die ein Herz und eine Seele mit den Armen werden ließ, ist nur eine Seite des Daseins. Das Gönnen, das als *concordia* ein Herz und eine Seele mit den Glücklichen ist, ist die andre. Wer immer in der Welt Wohl erlangte, erntete es durch gutes Wirken –und so kann ich in jedem Wohl verborgen diese Ursache der Tugend sehen. Und wer immer in der Welt Gutes erstrebt, geht ein Stück richtigen Weges – und so kann ich in jedem Streben verborgen das Heilsstreben sehen. Und wenn auch einer mitten im Genuss berauscht ist – er hat wenigstens mehr Wohl als ein Gequälter in der Hölle, als ein geängstigtes Tier, als ein heulendes Gespenst, als ein verkommener Bettler. Das Streben nach Wohl, das Sehnen nach Glückseligkeit, die Suche nach Freude, das Bemühen um Tugend und Erkenntnis – all das habe ich mit allen Menschen gemeinsam. Menschentum ist die Chance, die Lehre zu verstehen. Und so kann ich überall im Menschentum, in jeder Situation, die Menschen emporwürdigen, von ihrer besten Seite sehen und ihnen alles an guter Ernte gönnen und mich über jeden guten Impuls freuen, der wieder gute Ernte einbringt. Jeder Glückliche und jeder Besitzende ist ein Symbol des guten Wirkens, das dahin führte.

(4) **Gleichmut:** Gleichmut strahlen kann man nur, wenn man sich fragt: Was heißt überhaupt anderer, Nächster, Du? Die Vielheit ist doch nur eine Einbildung. In Wirklichkeit sind Ich und Du eines, in Wirklichkeit ist nur die Einheit des reinen Herzens. Was da außen scheint, sind leblose und bestandlose Schatten und unwesentliche Schemen gegenüber einem strahlenden Licht, Reste von Staub. Nicht mehr Ich und Du nebeneinander und in der Gleichheit, wie bei Liebe, Erbarmen, Gönnen, ist hier das Objekt, sondern der Gleichmut steht jenseits von Ich und Du. Formen (Leiber und Dinge) und Geistesinhalte sind zwar noch „da", aber nur als Rauchschwaden aus den fünf Hemmungen, und diese fünf Hemmungen sind nur wie Flecken auf der Einheit des reinen Herzens. Wenn ich mich damit identifiziere, mit dem reinen Herzen, dann kann ich Gleichmut strahlen, nach überall hin, weil alles gleich ist. Hier erst ist die Umkehr des Blickes ganz abgeschlossen und es ist nichts anderes mehr da als das reine Herz, ohne Ich und Du, auf alle Reste von Formen mit Abstand als Zuschauer blickend. Das geht am weitesten über unseren Horizont hinaus und ist eben auch die vierte und letzte Strahlung, die uns am fernsten ist. Von der Formlosigkeit her dagegen ist dieser Gleichmut noch formhafter Gleichmut und daher unterhalb von der Gleichmuts-Erweckung, wie noch zu zeigen sein wird. Was uns das Höchste scheint, ist von der

Formlosigkeit her der niederste Gleichmut. So muss man es je nach dem Standpunkt beurteilen.

50.5 Die großartige Gemüterlösung

In M 127 wird Anuruddho gefragt, ob unbeschränkte und großartige Gemüterlösung dasselbe oder verschieden seien. Dem Frager, einem guten Lehrkenner, scheint beides dasselbe. Und ist denn nicht auch die Großartigkeit eines der Merkmale der unbeschränkten Gemüterlösung (der Strahlung)? Aber Anuruddho sagt, beides sei verschieden. Bevor seine Erklärung vorgetragen werden soll, mag ein Bild den Unterschied verdeutlichen. Da ist ein Scheinwerfer, der erleuchtet nur einen Sektor, den aber ganz, und wenn man ihn dreht, erleuchtet er den nächsten Sektor, bis er rundum alles erleuchtet hat. Ein Kerzenlicht dagegen glimmt langsam auf und erleuchtet kreisförmig immer mehr von der Umgebung, bis die Kerze hoch brennt. Wie das Scheinwerferlicht sind die Strahlungen, wie das Kerzenlicht die großartige Gemüterlösung.

(1) Die erste Lichtwelle beginnt beim Nächstliegenden. Was liegt dem Mönch, an den sich der Buddha wendet, am nächsten? Die Umwelt des meditierenden Mönches ist der Baum, unter dem er zu sitzen pflegt („Dort laden Bäume ein, wirket Schauung"). Das ist sein Arbeitsplatz. Die mächtigen tropischen Bäume sind schon äußerlich ehrfurchtgebietend, erhebend, lenken ab vom Kleinlichen, sind jahrhundertealt, so dass das kurze Menschenleben dagegen in seiner Dürftigkeit offenbar wird. Als König Pasenadi mächtige Bäume an stillen Orten sah, fiel ihm der Erhabene wieder ein (M 89). Aber der Baum ist vor allem ein Mikrokosmos. Während der Sinnenmensch von der Natur in den Tropen zu jeder Jahreszeit ein eifriges Gekribbel und Gekrabbel erlebt, muntere Vögel, niedliche Eichhörnchen, lustige Eidechsen, schwebend bunte Falter – und freche Affen, schwatzende Fliegende Hunde, stechende Moskitos, lästige Termiten, durchstrahlt der Mönch, alles, was da kreucht und fleucht, das Genehme und das Unangenehme, das Geziefer und das Ungeziefer, ohne Unterschied. Er erkennt sie alle als Mitwesen und schließt sie in sein Herz ein: Mögen alle Wesen glücklich sein. Dazu gehören selbstverständlich auch die Baumgottheiten samt Elfen und Zwergen. Da wird alles Leben und Weben der Natur, das Sichtbare und das Unsichtbare eingeschlossen in das verstehende Herz. Und da versteht er „die Sprache der Blumen und stummen Dinge". Er versteht die Not und Angst, wo eins das andere auffrisst, wo eins das andere verdrängt im endlosen Kampf um Nahrung und Licht. Aber er leuchtet noch tiefer hinein und entdeckt überall das Seelenfünklein, das nach Erlösung strebt. Alle sogenannten niederen Wesen (Tiere) haben eine lange Herkunft und eine lange Hinkunft, wo alle alles waren und werden. Alle Wesen sind ja nur Abfall vom brahmischen Sein und auf dem Weg der Rückkehr zu ihm. All die Vielfalt ist nur eine relativ kurze Zwischenrolle in diesem Welttheater der Imaginationen. – Und heiter lächelnd lässt er geschehen, was da geschieht, voll Liebe, Erbarmen, Gönnen und Gleichmut, so wie der Erwachte bei den Motten, die es nicht lassen können, sich immer wieder ins Licht zu stürzen (Ud VI 9). Und mit demselben großartigen Herzen betrachtet der Mönch dann auch weitere Bereiche von Bäumen. Er sieht den Kampf der Bäume um Licht und Sonne, wie sie sich die Wurzeln abdrängen. Zwei Bäume: zwei Konkurrenten. Zwei Wesen: zwei Konkurrenten. So sieht es von außen aus.

(2) Die zweite Lichtwelle erfasst auch die Reisfelder der Dorfmark mit, wo Männer und Frauen und Kinder des nächsten Dorfes arbeiten, in dem der Mönch auf Almosengang geht und seinen Reis in die Schale bekommt. Mit den Feldern kommen auch die

Menschen in den Blick, deren Leben denselben Gesetzen unterliegt wie das der Tiere und Bäume. Da sind die Äcker und Wiesen, die trauten Hütten unter Palmen aus Palmen. Und alles sieht so friedlich aus. Und doch: Auch jedes Palmdach hat sein Ach. Da ist einer krank, der nächste lahm und blind, da streiten sich zwei Erben, da wird einer von Eifersucht verzehrt, da ist einer vom Schicksal niedergeschlagen, ein anderer vor Glück übermütig. Und da schimpfen die einen Dörfler den Mönch „unnützer Fresser und frecher Kahlkopf", die anderen fallen aus Verehrung vor ihm in den Staub. Da sind solche, bei denen er Abfall erhält, während andere ihm gesichteten Reis spenden. Da sind solche, die ihn um Rat fragen und andere, die sich bei den Würfelspielern Rat holen. So lebt sich da um die Dorfmark und ihre Reisfelder das Leben zwischen Geburt und Tod, jahraus, jahrein, endlos. Morgens erwacht man frisch, abends ist man von der Arbeit müde und erschöpft. Und glücklich ist im Grunde keiner, allen fehlt etwas, das Eigentliche, nämlich der Frieden. Sie sehnen sich alle nach dem Heil, aber sie wissen nicht, wo es ist. Mal resignieren sie, mal stürzen sie sich begeistert auf etwas. Es ist alles immer nur ein Vorspiel, eine Gastrolle im Karma. – Und wenn zwei oder drei Dorfmarken hinzu betrachtet werden, dann wachsen die Grenzstreitigkeiten ums Wasser, die Feindschaften, der Konkurrenzneid.

(3) Die noch weiter sich ausdehnende Lichtwelle geht über das konkret Sichtbare hinaus und beleuchtet das ganze Land, eben den Staat. Da ist für den Buddhamönch von damals z. B. das Reich Magadha mit dem Maharadscha Ajātasattu, dem Vatermörder, mit dem Hofarzt Jīvako, dem Wohltäter, mit all den Mönchen und Nonnen. Und da ist ferner das Nachbarreich Kosalo mit König Pasenadi, dem Schützer des Ordens, mit dem Wohltäter Anāthapiṇḍiko. Und da sind die Adelsrepubliken der Sakyer, bei denen der Buddha geboren wurde, der Maller, bei denen er sterben sollte, der feinen Licchavier, der groben westlichen Suner. Wir brauchen nur die Namen auszutauschen und einzusetzen: Deutschland, Frankreich, Italien, Schweden usw. Alle Staaten sind Gestalten der Geschichte: Kulturelle Blüte und Verfall, Moral und Laster, Krieg und Frieden, ein ewig wimmelnder Ameisenhaufen, Jahrhunderte kommen und gehen. Und in dem irdischen Gewimmel immer wieder ein paar leuchtende Namen, die Impuls und Ansporn gaben, der eigenen Sehnsucht nach dem Heil lebendigen Ausdruck verliehen. Welcher Glanz und welche religiöse Innigkeit im Hochmittelalter trotz aller Übel, welche Rohheit und Gehässigkeit im 30jährigen Religionskrieg. Gotische Dome und schwedische Reiter, Meister Ekkehart und Wallenstein. Erst haben wir Abendländer den Himmel erstürmt, dann haben wir die Erde verwüstet. Das ist Geschichte der Staaten: aufgeschichtet, umgeschichtet. Und immer wandert man durch die Zeiten und Räume. Bunt, unübersehbar bunt schillert die Vielfalt, die man nie bewältigt, aber eintönig, unendlich eintönig ist der Verfall an Altern und Sterben. Was ist der Staat anderes als eine Organisationsform der Gescheiterten, die den Sinn des Lebens verfehlten und sich wohl oder übel in der irdischen Vorläufigkeit etablierten? Da werden der Staat und die Gesellschaft aufgeblasen zu einem nationalistischen Popanz oder sozialistischen Luftballon – heillos.

(4) Der äußerste Lichtkranz überstrahlt den gesamten Erdkreis in Raum und Zeit. Im Nebel der sogenannten Vorgeschichte auftauchend die uralte Kultur der Inder in der Mitte, im Osten angeschlossen das alte China, im Westen die alten orientalischen Völker und dann die neuen Völker Europas und Amerikas, und die geschichtslosen Stämme Afrikas. Von den Ozeanen umbrandet liegen da die Länder der Erde, mal überflutet wie Atlantis, mal Eiszeit. Im ewigen Wechsel von Tag und Nacht bescheint die

Sonne seit Jahrmillionen die Erde. Jens Peter Jacobsen, ein dänischer Dichter des 19. Jahrhunderts, sagt nahezu buddhistisch visionär:

> *„Alles, was war und was ist,*
> *des Lebendigen Heere:*
> *keimen, sprossen, entstehen,*
> *wechseln, altern, vergehen.*
> *Welten sind gewandert,*
> *wo Welten jetzt wandern:*
> *einst in den Zeiten*
> *kommen die andern."*

Ob vor zehntausend Jahren ein Wesen im Gangestal oder in Babylon oder bei den Barbaren lebte, oder ob heute ein Wesen da oder dort lebt – alle sind dem gleichen Gesetz unterworfen, wir alle sind Gefangene auf dieser Erde, auch wenn wir nach dem Mond greifen. Und in dem ganzen irdischen Spiel ist ein Erwachter, der ein wahres Licht anzündete und den Ausweg zeigte, nachdem auch er denselben Weg gegangen war. Und so erreicht die großartige Gemüterlösung dasselbe, was auch die unbeschränkte Strahlung erreichte, die ganze Welt, und erfüllt sie mit den vier Eigenschaften, womit sie aufgelöst und umgewandelt wird.

50.6 Strahlungsberichte

Während es für die Schauungen derart viele Berichte gibt, dass oben nur eine kleine repräsentative Auslese vorgelegt werden konnte, sind solche Berichte über die Strahlungen ungleich dürftiger. Wie kommt das, wenn doch das Christentum geradezu als Religion der Liebe bezeichnet wird? Obwohl Liebe und Erbarmen von den christlichen Mystikern stark geübt und gepflegt wurden, sind sie doch mit Schilderungen ihrer universalen Ausstrahlung sehr zurückhaltend. Der Grund dafür dürfte in einer panischen Furcht vor dem sogenannten Pantheismus liegen, dessentwegen ja auch Meister Ekkehart verketzert wurde. Daher sind die Strahlungen bei den christlichen Mystikern meist derart mit den Schauungsberichten verwoben und mit Gottesnamen durchsetzt, dass sie kaum kenntlich wurden. So finden sich also nur relativ wenig deutliche Berichte.

Da heißt es bei dem Altvater Makarios von Ägypten in den Homilien:

> *„Es verurteilt der Mensch nicht mehr den Griechen oder Juden, den Sünder oder Weltmenschen. Vielmehr schaut der innere Mensch alle Menschen mit reinem Auge an, es freut sich der Mensch über die ganze Welt, und er will aus ganzer Seele Griechen und Juden verehren und lieben. Bald weinen und wehklagen sie gleichsam über das Menschengeschlecht und flehen für den ganzen Adam, vergießen Tränen und weinen, da sie entzündet sind von einer geistigen Liebe zur Menschheit. Bald werden sie von einer solchen Freude und Liebe vom Geiste entflammt, dass sie, wenn es möglich wäre, jeden Menschen in ihr Herz schließen würden, ohne Unterschied zwischen böse und gut."*

In der Ostkirche findet sich weiter bei dem im Westen ganz unbekannten Isaak dem Syrer ein solcher pantheistischer Text:

„Was ist ein erbarmungsvolles Herz? Ein Brennen über alle Kreaturen – über Menschen, Vögel und Tiere, ja sogar über die Dämonen und über alles, was ist. So dass in der Erinnerung an sie oder bei ihrem Anblick den Augen Tränen entströmen durch die Macht der Barmherzigkeit, die das Herz in großem Mitleid bewegt. Dann wird das Herz so weich und vermag nicht zu hören von Unrecht oder von einem noch so unbeträchtlichen Leiden, das die Kreatur erleiden soll. Und daher opfert es sogar für die, die ihm schaden, zu jeglicher Zeit Gebete und Tränen, dass sie bewahrt und gestärkt werden mögen, ja selbst für das Geschlecht der Kriechenden – aus großem Mitleid, das in sein Herz gegossen ist ohne Maß."

Aus der Provence, deren mildes Licht ein leiser Abglanz göttlicher Weite ist und die nicht umsonst von Cassian zur ersten Kolonie des Mönchstums im Westen wurde, sagt ein Traktat des 14. Jahrhunderts (*Scala divinia amoris*):

„In den Kreaturen, die unter dem Himmel sind, gibt es: in allen eine Süßigkeit und in allen einen Duft und in allen eine Harmonie und in allen eine Schönheit.

„Gegenwärtig ist die Nähe Gottes, ja Gott selbst und dabei näher und unmittelbarer als jedes von diesen Dingen in sich selbst ist. Es wird die Seele von großer Süßigkeit jener Laute, die alle Kreaturen hervorbringen, um Gott zu loben, so verzückt, dass sie weder sieht noch hört noch fühlt, denn sie vergisst sich selbst und erinnert sich bloß des Herrn."

„In aller Schönheit, die in den Geschöpfen ist, soll der Mensch verstehen und schauen das leuchtende Antlitz Jesu Christi, welches leuchtet und lächelt in der Schönheit der Kreaturen".

Ganz anders und viel tiefer klingt es bei Schwester Hadewich, einer niederländischen Mystikerin, nach der schönen, wenn auch etwas dogmatisierten Übersetzung von Decroos:

„Der Welt Gedränge
ward mir zu enge;
ich bin so weit!
Was unerschaffen,
wollt ich erraffen
auf ewige Zeit.
Das Gotterfassen
hat ohne Maßen
mich ausgedehnt;
das sollt ihr wissen,
die gleichbeflissen
ihr Gott ersehnt.
Ihr sollt gereinigt
mit ihm vereinigt
auf ewig sein.

So floss auch meine
Seel' in die seine,
die endlos, ein.
Die ihr im Irren
gottfern im Wirren
beengt noch seid,
nicht hingekommen
zu großem Frommem,
wo alles weit,
wisst, dass im Weiten
sich die Befreiten
stets hoffend freu'n,
furchtlos auf immer
vor dem Gewimmer
in ewiger Pein."

Eine Mystikerin der Barockzeit, Johanna Marie von Cambry, erlebte häufig als Nonne eine Verklärung, die oft zwei bis drei Stunden dauerte. Darüber sagt sie:

> „*Diese Klarheit ergießt sich durch die ganze Luft, durch alle Bäume und Pflanzen mit einer Heiterkeit, die meiner Seele so viel Freude, Wonne und Trost gibt, dass ich sie ganze Tage und Wochen lang anschauen möchte, wenn mir dieses Gesicht so lange gelassen würde.*“

Bei einer anderen Französin, Madame Guyon, heißt es aus jener Zeit ausklingend:

„Alles ist Lachen und Blühen
für den, der nichts begehret:
er hat ohne Mühen,
was das All nur gewähret:
ird'sche Blumen hienieden,
des Himmels Blau droben
und im Herzen den Frieden,
der aus Reinheit gewoben.“

In unserem Jahrhundert entstand 1952 ein Gedicht von W. Seel, „Helle“:

„Wehe weit, Gedanke voller Reinheit,
steige hoch ins lichte, klare Blau:
weihe dich den Wesen, wende dich zu jenen,
die dies grenzenlose, hohe, helle Weben
in der dunklen Brust vergessen haben;
sei der zarte Hauch, der sie umschwebt,
wenn die Stirne sie erheben,
reinen Blicks gen Himmel schau'n!
Fülle ihr Gemüt mit Liebe an!
Ströme durch das Fühlen, schwinge dann!
Hebe diese Wesen himmelan!
Löse ihren Sinn vom Erdenbann!
Du schimmerst nun aus jedem Blick.
Du tönst zu mir in jedem Wort.
Dich spiegelt mir die Welt zurück.
Du bist in uns – und bleibe dort!
Wehe weit, Gedanke voller Reinheit,
dringe durch und helle auf die Nacht:
wandle alle Wesen, lass sie bald genesen
von dem leidig' Wahn, heile helfend Helle,
Bosheit bannen, Gier vergessen, wissen,
sehen wie aus Meinen Leid entsteht,
sehend sehn im hellen Licht,
reinen Blicks gen Himmel schau'n.“

Vom gleichen Verfasser 1955 mit dem Titel „Strahlen“:

„Manchesmal da ist mein Herz
von Strahlen übervoll und arm:
ich mache dann von innerwärts
die Welt mit meinem Herzen warm.

Ich denke dann an dich und dich,
an dich, an dich und auch an dich,
gedenk der Heimat Häusermeer,
der Straßen in der Stadt am Meer.
Ich fühle dann das ganze Land,
den roten Sonnenuntergang,
das Mückenspiel, den Bernsteinstrand,
den Kiefernwald, der Heide Sang.
Dann wird die Erde selbst zu klein,
um genug für meines Herzens Well',
für dieses warme Strahlen hell,
in meiner kleinen Brust zu sein.“

Und wie sieht es nun in Asien aus? Dort dürften die Berichte über die Phänomene der Strahlungen doch ungleich häufiger sein. Das sind sie auch, aber sie sind viel weniger aufgeschrieben und wenn, dann nicht übersetzt. Und sind sie übersetzt wie manche Texte der BHAKTI-MYSTIK, besonders Bengalens, dann sind sie für uns ungenießbar, weil sie in nicht viel anderem als inbrünstigen Modulationen von Gottesnamen bestehen.

Ein moderneres Beispiel findet sich bei Ramakrishna, der so ekstatisch die Göttin Kali anbetete. Eines Tages verwandelte sich deren Statue vor ihm in Licht. Wie zwei mächtige Flügel breitete sich dies Lichtmeer über das ganze Tempelinnere aus. Alle Gegenstände begannen in diesem überirdischen Licht zu tanzen. In einem Meer durchsichtigen Nebels, umstrahlt von leuchtenden Wogen geschmolzenen Silbers, sah er endlich, was er ersehnt hatte, eine überirdische Gestalt der KĀLI. Jauchzend lief er aus dem Tempel und rief: „Ich hab' sie gefunden!“ Die Bäume, die Boote, die Menschen, die Vögel, der Himmel – alles war eines, alles war die Gottheit, alles war ein Licht. Jeden, dem er begegnete, rief er an: „Ich sehe die göttliche Mutter in dir! Kannst du sie nicht sehen? Dort ist sie, in deinen Augen, deiner Stimme, deinem Herzen – dies unergründliche Meer der Seligkeit.“ Und er sang und tanzte, wie die tanzende Göttin – und das Licht seines Antlitzes war so strahlend, dass es die Leute blendete. Das Dasein war eine strahlende Einheit von Licht geworden.

Und einer seiner Schüler berichtet ein ähnliches Erlebnis strahlender Einheit, nur weniger inbrünstig und ekstatisch:

„Das ganze Weltall ist in Licht gebadet. Alles – vom Staub der Straße bis zum Flug der Vögel – wirft das Kleid seiner Erscheinung ab und steht vor dir im Strahlen der Glückseligkeit. Dinge sind keine Dinge mehr, sie sind zum Wesen geworden“. (bei Mukerji, 1953, S. 126)

Vivekananda, der Lieblingsschüler Ramakrishnas, war ein Agnostiker gewesen und leugnete die Lehre des ADVAITA-VEDĀNTA, ja, machte sich lustig darüber. Eines Tages kam Ramakrishna dazu, als er wieder über die All-Einheit Scherze machte. Er tippte Vivekananda nur an die Schulter – und da verwandelte sich zu dessen Staunen die ganze Welt. Sein ganzes Fühlen und Wollen war verändert, er sah überall in allem nur Gott. Sein und Gott waren ihm eines. Nichts existierte außer Gott. Er ging nach Hause – aber alles war Brahman. Das Essen, die Menschen, er selbst – alles war eines, alles war die Soheit, es gab nichts Zweites. Ich und Welt waren eines: *Tat twam asi.*

Bei den chinesischen Zen-Meistern finden sich viele Berichte über ihre Erlebnisse der All-Einheit, jedoch sind diese nicht sozial gefärbt, nicht an der Identität der Herzen aufgehängt, sondern mehr an der Leerheit und dem Spiegelcharakter des Daseins. Und von den tibetischen Mystikern dürfte es manche Erlebnisse geben, da das Meditieren für das Heil der ganzen Welt dort viel gepflegt wurde. Ein Versuch, das nachzuempfinden und in Worte zu fassen, machte Albrecht Haushofer in einem der Sonette, die er im Gefängnis in Moabit niederschrieb:

„In jenem Land, wo klare Winterstürme
die höchsten Gipfel dieser Welt umweh'n,
soll man auf selt'ne Künste sich versteh'n,
geborgen in dem Schutz der Klostertürme.
Die Weisesten der Weisen leben dort,
in Zellen eingemauert, ihrem Denken.
Der Seele streng beherrschte Strahlung lenken
sie andern zu, gelöst von Zeit und Ort.
Was Fugenspiel und Symphonie dem Tauben,
was Rot und Grün dem Farbenblinden scheinen,
ist solche Kunst für stoffgebund'nes Meinen.
Wo Geistes-Wunder, sonst ein scheues Glauben,
schon hohes Können ist, verwandelt sich
ins große Du hinein das kleine Ich."

Zum Abschluss mögen einige Verse des Pāli-Kanons von der Strahlung künden:

Wenn liebevoll das Herz sich füllt,
zur ganzen Welt wohlwollend neigt,
nach oben, unten, quer hindurch,
unermesslich also allerwärts:
in solchem Herz, das grenzenlos,
entfaltet völlig, wohlgefügt,
da kann beschränkten Wirkens Art
nicht innewohnen irgendwo. (J 169)

Ein Mensch, der sich in Liebe übt,
in unbegrenzter, klarbewusst,
dem werden bald die Fesseln dünn:
der Haftung Schwinden spürt er gut.
Und liebt er so **ein** *Wesen nur,*
so rein vom Bösen, bringts schon Heil:
doch wer voll Mitleid alle meint,
schafft unermessliches Verdienst. (It 27)

Der Gier entgangen, wer den Makel meidet,
wer Liebe übt im Herzen unermesslich,
bei Tag und Nacht, und immerdar behütet:
der strahlt nach allen Orten unbegrenzbar. (Sn 507)

Liebe soll durchleuchten so die ganze Welt,
unbegrenzbar einbegreifen in der Brust:
oben, unten, mitten quer hindurch
unermesslich strahlen ohne Grimm und Groll. (Sn 150)

„Von Liebe weiß ich wahrlich nur,
von unbegrenzter, wohlgeübt
und wohl gegründet rund umher,
wies uns Erwachter vorgewirkt.“ (Thag 647)

51. Die Machtgebiete (*iddhi-pādā*)

„Durch regelmäßig und dauernd geübte geistige Zucht
bildet sich ein ‚geistiger Leib',
der mit ‚inneren' Augen und Ohren versehen ist.“ (Ramakrishna)

„Das sind die vier Machtgebiete, die er, der Erhabene,
der Kenner, der Seher, der Vollkommen Erwachte dargestellt hat,
auf dass man Mächte beherrschen,
Mächte entfalten, Mächte wirken lassen kann.“ (D 18)

Wenn der Buddha das Wesentliche der Lehrnachfolge nennt, dann führt er sieben Übungen auf: die vier Pfeiler der Einsicht, die vier großen Kämpfe, die vier Machtgebiete, die fünf Fähigkeiten, die fünf Kräfte, die sieben Erweckungen, den Achtpfad. Dabei kommt die Einigung als Fähigkeit, als Kraft, als Erweckung, als rechte Einigung generell vor, aber von den vier Arten der Einigung (Schauungen, Strahlungen, Machtgebiete, Freiungen) werden konkret allein die Machtgebiete genannt. In dieser Aufzählung ragen sie also gegenüber den anderen drei Arten hervor, so wie diese in anderen Aufzählungen gegenüber den Machtgebieten hervorstechen. Je nach dem Standpunkt muss man es also beurteilen.

Machtgebiete sind wörtlich „Magie-Schritte oder „Übermachtsfährten“. Es sind die Fußstapfen zu übersinnlicher Machtentfaltung im weiteren Sinne. Die Machtgebiete führen nicht nur zur Magie im engeren Sinne (*iddhi*), sondern zu den Weisheitsdurchbrüchen im Allgemeinen, eben zu Wissensklarheit, die als ihr Lohn verheißen wird (D 33 IV). Dies ist die Grundschule, der Exerzierplatz jener Bewusstseinserweiterungen, die dann als 9. Stufe des Pfades beschrieben werden. Hier geht es noch gar nicht um den Besitz übersinnlicher Fähigkeiten, wie er zur 9. Stufe gehört, sondern vielmehr um das schrittweise, stufenweise Hineinwachsen in die Grundlagen, welche überhaupt so etwas wie „Wunder“ ermöglichen. Für den normalen Menschen sind eben die parapsychologischen Phänomene Wunder, d. h. Ausnahmen und Durchbrechungen gegenüber den materialistisch gedeuteten Naturgesetzen des Leibes. Die Brücke, welche zu solchen Wundern hinzuführen vermag – das sind die hier zu behandelnden Machtgebiete. Es geht dabei darum, die im Leibe mit tausend Fäden verfestigte und verklammerte Seele allmählich von der lebenslänglich gewohnten Knechtschaft zu befreien und aus dem Gefängnis des Fleischleibes herauszuführen. Der Buddha stellt Meeresschätzen innere Schätze gegenüber. Dabei lassen, sich Machtgebiete und Muscheln vergleichen (A VIII 19): Die Muscheln sind abgelegte Schalen, deren Bewohner (Muscheltiere) nicht mehr darin sind. Die Muscheln sind ein Rückstand von Leben, das selber woanders ist. Ebenso sind die Machtgebiete der Weg, um aus dem Körper aussteigen zu können und ihn wie eine leere Muschelschale zurückzulassen, allerdings nur zeitweise. Angenommen, ein Mensch sei mit vier Fesseln an Händen und Füßen gefesselt: Dann wäre er erst völlig frei, wenn er auch die vierte und letzte Fessel gelöst hätte. Aber gegenüber der völligen Unfreiheit der totalen Fesselung ist schon die Lösung der ersten Fessel eine große Befreiung. Was kann man z. B. alles machen, wenn man allein die rechte

Hand befreit hat? Vor allem kann man sich dann viel leichter von den anderen Fesseln lösen. Ebenso sind die vier Machtgebiete die Lösungen von vier Fesseln, die die Seele an den Fleischleib binden.

51.1 Machtgebiete und Schauungen

Während die Schauungen mehr statischen Charakter besitzen (Ruhen im Herzensfrieden, Versinken in innerem Wohl), eignet den Machtgebieten ein dynamisches Element. Das Wesentliche der Schauungen ist Gefühl, das Wesentliche der Machtgebiete ist Aktivität – so steht jeweils eine der fünf Erscheinungen dabei im Vordergrund. Während man bei den Schauungen sozusagen rückwärts ins Licht des Projektors gewandt ist und sich darin badet, schwimmen die Machtgebiete mit dem Licht und seinen Emanationen. Wenn aus dem Herzen eine Ausdehnung hervorgeht, dann gehen die Machtgebiete dabei mit. In den Schauungen fällt die Welt wieder in das Herz zurück, aus dem sie hervorgegangen war; bei den Machtgebieten hingegen wird erlebt und erfahren und erforscht, wie ein solches Hervorgehen überhaupt möglich ist. Sie gehen auf die Schöpfung ein, auf das Geheimnis des Entstehens aus scheinbarem Nichts. Die Schauungen sind Involution, die Machtgebiete Evolution. Aber die Machtgebiete sind – und das ist das Gemeinsame jeder Einigung – ganz genauso weltfern und nur in der Stille des inneren Herzens erlebbar wie die Schauungen. Bei beiden wird die fünffache sinnliche Wahrnehmung des Körperwerkzeuges abgestellt, der Fleischleib in seiner Tätigkeit nach außen abgeschaltet. Aber während die Schauungen die Sinne lediglich abschalten, beginnen die Machtgebiete einen Umschaltprozess auf übersinnliche Sinne und ihr Werkzeug, den sogenannten Mentalleib. Vor allem aber ist noch hervorzuheben, dass bei den Machtgebieten auf keiner Stufe das Denken eingestellt wird, wie es ab der 2. Schauung der Fall ist. Das Denken ist bei den Machtgebieten so an der Geographie der inneren Seelenlandschaft, an der weltlosen Welt des inneren Lichts, interessiert, dass die registrierende und verarbeitende Tätigkeit des Denkens nicht entbehrt werden kann. Überhaupt sind die Schauungen der einzige Einigungsweg, der zur Stillstellung des Denkens führt.

Der Buddha gibt nun sowohl für den Übergang von den Schauungen zu den Weisheitsdurchbrüchen (M 53) wie für den von den Machtgebieten zur Erlösung (M 16) dasselbe Gleichnis. Es ist das Bild vom befruchteten Hühnerei, das die Glucke solange bebrütet, bis die Küken ausgebrütet sind und nun die Eierschale durchbrechen können. Die Entwicklung vom befruchteten Keim bis zum ausgewachsenen Küken – das ist der Brutprozess des *samādhi*. Erst danach ist der Durchbruch durch die Eierschale möglich, nämlich der Durchbruch durch die Eierschale des Nichtwissens, den der Buddha zu seiner Zeit in dieser Welt als erster vollzogen hat (A VIII 11). Der Ausbrütungs- und Wachstumsprozess spielt sich also noch innerhalb der Eierschale ab, d. h. weder Schauungen noch Machtgebiete erleben schon das Jenseits der Eierschale. Aber der *samādhi* ist, um ein verwandtes Bild zu gebrauchen, wie ein Verpuppungsprozess: Er führt dazu, dass die ohnmächtig am Boden kriechende gefräßige Raupe (Sinnesmensch) zum leicht dahinschwebenden Schmetterling wird (*Magiegewaltige fliegen durch die Luft*, Dh 175). All das aber geschieht durch Ausbildung des sogenannten Mentalleibes, des geistgebildeten Körpers (*mano-maya-kāyo*), der weit mehr ist als der Astralleib, mit dem man im Schlaf oder im Tod aussteigt. Der Astralleib ist noch sinnlich, ist der feinstoffliche Abklatsch des Fleischleibes; der Mentallleib ist dagegen ganz anders, ist ein Wunderding schlechthin, wie unten bei dem Kapitel über Magie noch zu schildern sein wird. In dem Bilde vom auszubrütenden Küken erfolgt dies nun in vier Stadien: Zuerst wird die zunächst allein vorhandene Gallertmasse des Keims im Dotter allmählich zum Eidotter strukturiert, dann verleibt dieser sich allmählich das Eiweiß ein und schließlich ist der gesamte Ei-Inhalt zum Küken geworden. Vorher ist es noch nicht „da", aber als Möglichkeit angelegt. Ebenso ist es beim geistigen Leib, den die Hindus *yog'aggi-maya sarira* nennen, d. h. „Im Feuer des Yoga gebildeter Leib". Von ihm sagt Ramakrishna in dem als Motto verwendeten Zitat weiter, dass nur ganz tiefe Gottesliebe dies zuwege bringe.

Derselbe Prozess der Ausbildung des Mentalleibes geht auch bei den Schauungen vor sich, nur ist dort die Aufmerksamkeit nicht darauf gerichtet, sondern auf Wohl. Die Schauungen sind eben Wohl, während die Machtgebiete Leben sind (D 26), d. h. sie berücksichtigen den Zeitfaktor: Das mit „Leben" übersetzte Wort *ayu* ist Lebenskraft und Lebensspanne. Was wäre auch ein Wohl, selbst das Höchste, wenn es gleich wieder verginge? Und was wäre das längste Leben ohne Wohl? Beides gehört eben zusammen, und ebenso gehören Schauungen und Machtgebiete so eng zusammen. Die Schauungen sind aber insofern überlegen, als sie auch noch die Möglichkeit bieten, die Formlosigkeit zu erlangen, worauf die Machtgebiete nicht angelegt sind. In den Lehrreden stehen deshalb Schauungen und Machtgebiete nur dort nebeneinander, wo ausdrücklich der Weg zu den magischen Dingen betont werden soll (M 77; D 26, D 33 IV; A VI 29). Der Buddha sagt, wer die vier Machtgebiete vernachlässige, der vernachlässige den Achtpfad (S [V] 51, 2) oder wer durch Gemüt- und Weisheiterlösung wahnversiegt werde (d. h. ein Beiderseitserlöster), der entfalte die vier Machtgebiete (S [V] 51, 7). Beides könnte ebenso von den Schauungen gesagt werden.

51.2 Machtgebiete und Äon

Wer die vier Machtgebiete ganz geübt, gehegt und gepflegt hat, der kann, wenn ihn danach verlangt, ein ganzes Weltzeitalter hier im Fleischleibe bestehen (D 16 III, D 26, S [V] 51, 10) – so heißt es jedenfalls. Aber die Bedingung „Wenn ihn danach verlangt", scheint nie einzutreten. Wozu sollte ein solcher auch danach verlangen, den lästigen Fleischleib solange künstlich am Leben zu halten? Das wäre höchstens sinnvoll, um dadurch anderen zu helfen, sie zu belehren. Aus diesem Grunde bot der Buddha der Menschheit das Opfer an, solange zu leben, aber Ānando merkte den Wink nicht und da der Buddha sich nicht aufdrängt, verfiel das Angebot.

Diese Lebenskraft, die ans Wunderbare grenzt, wird verständlicher, wenn berücksichtigt wird, dass ein Brahma ebenfalls ein Äon lang lebt – und wer die vier Machtgebiete übte, hat eben einen brahmagleichen Mentalkörper entwickelt, der der Dynamo ist, welcher auch den Fleischleib immer aufzuladen vermag. Das Ideal der Menschheit, unsterblich zu werden – hier kann es verwirklicht werden. So stark ist jedenfalls die Macht des Geistes über die Vergänglichkeit. Man ist der Unbeständigkeit nicht hilflos ausgeliefert, man kann sie sogar so weit meistern, wie es hier gesagt wird. Nicht erst im Jenseits verspricht der Buddha ein langes Leben, sondern schon im Diesseits kann ein „ewiges Leben" beginnen, denn „ewig" bedeutet eben im Griechischen ein Äon, ein Weltzeitalter, die längste vorstellbare Zeiteinheit. Das allein überschreitet schon das Denk- und Vorstellungsvermögen von Zeitdauer, wie erst, was darüber hinausgeht in die Vielzahl von Äonen.

Am Beginn eines Äons sind die Wesen, wie schon mehrfach betont, alle mindestens selbst leuchtende Brahma-Gottheiten. Im Abstieg – denn Weltentwicklung ist immer

Abstieg – verlieren sie dann den eigenen Glanz und dann erst entwickeln sich Sonne, Mond und Sterne und damit die Nacht, wenn das künstliche Sonnenlicht fehlt. Die Machtgebiete sind nun nichts anderes als die betonte Rückgängigmachung dieser unheilvollen Evolution im eigenen Herzen unter Erforschung von deren Gesetzmäßigkeit. Wer die Machtgebiete übt, wird nämlich zunehmend unabhängiger von dem geborgten äußeren Sonnenlicht: Das selbstleuchtende Gemüt des reinen Herzens beginnt, von innen hindurchzuleuchten. Das ist zunächst zwar noch kümmerlich, aber es ist bis ins Unfassbare steigerbar. Das beginnt damit, dass der Übende die Licht-Gewahrung, die, wie oben erwähnt, als Folge der Aufhebung der dritten Hemmung aufzuleuchten beginnt (vergl. dazu noch A VII 58), aufmerksam in Obacht nimmt und sich zu der Möglichkeit, immer eine Tagesgewahrung zu haben, eine eigene Sonne zu besitzen, positiv einstellt. So beginnen sich bei ihm Tag und Nacht anzugleichen und diese Hauptunterscheidung der Weltgewahrung des Menschen verliert an Bedeutung, ebenso wie die Notwendigkeit des Schlafes. Er übt die Vorstellungen und Merkmale der Vertiefung zu jeder Zeit (S [V] 51, 20). Darum heißt es:

> *„Da hat der Mönch das Licht aufmerksam in der Gewahrung, nimmt den Tag aufmerksam in Obacht: Wie lichter Tag, so Mitternacht; wie Mitternacht, so lichter Tag. So mag er mit entschleiertem Gemüte, frei von jeder Hülle, ein selbstleuchtendes Gemüt erwerben. Das ist ein Entfalten der Einigung, das geübt und gepflegt, zur Wissensklarheit hinlenkt.“*
>
> (D 33 IV = A IV 41, A VI 29)

> *„So entfaltet der Mönch das Machtgebiet der Willens-Einigung, das mit Kampfesaktivität zusammengeht: Mein Wille wird nicht über-träge sein, wird nicht über-eifrig sein, nicht nach innen zusammengeworfen, nicht nach außen auseinandergeworfen, das Frühere und Spätere gewahrend weilt er, wie früher so später, wie später so früher, wie oben so unten, wie unten so oben. Wie lichter Tag so Mitternacht, wie Mitternacht so lichter Tag: So mag er mit entschleiertem Gemüte, frei von jeder Hülle, ein selbstleuchtendes Gemüt erwerben.“*
>
> (S [V] 51, 20)

51.3 Der Text der Machtgebiete

Der Buddha definiert die vier Machtgebiete immer wie folgt:

> *„Da entfaltet der Mönch das Machtgebiet der Einigung von Willen, Tatkraft, Herz und Prüfen, indem die Kampfesaktivität damit verbunden wurde“.* (M 16 usw.)

In der näheren Beschreibung dieses Satzes heißt es dann in einer Lehrrede des Iddhipāda-Saṃyutta:

> *„Auf den Willen gestützt erlangt man Einigung, erlangt man Einheit des Herzens: das nennt man Einigung des Willens. Da weckt ein Mönch den Willen zu den vier großen Kämpfen: das nennt man Kampfesaktivität.“* [...]
>
> *„Daher heißen dieser Wille, diese Einigung des Willens und diese Kampfesaktivität: das Machtgebiet der Willenseinigung, das mit Kampfesaktivität verbunden wurde.“*
>
> (S [V] 51, 13)

Diese Beschreibung ist ebenso verschlüsselt wie die Beschreibung der Schauungen. Die Worte selber lassen die Erlebensweise dieser Form der Einigung überhaupt nicht erkennen. Sie ergibt sich nur aus anderen Andeutungen der Lehrreden und aus dem Erfahrungsmaterial der Mystiker.

Wenn man den Text betrachtet, so fällt zunächst folgendes auf: Hier wird eine Art der Einigung (8. Stufe des Pfades) ausdrücklich auf die vier großen Kämpfe (6. Stufe des Pfades) bezogen. Nun sind aber die vier großen Kämpfe unerlässliche Vorbedingung für jede Form von Einigung, z. B. auch die Schauungen. Warum aber wird nun beim Text der Schauungen kein Wort von den vier Kämpfen erwähnt, dagegen hier sogar in der Definition davon gesprochen? Die Antwort könnte in folgender Richtung liegen: Man kann bereits bei den vier Kämpfen wählen, warum und wozu man sie übt, nämlich im Hinblick auf welche Form von Einigung. Die Kämpfe werden ja als Rüstzeug der Einigung beschrieben. Man kann sich nun mit ihnen rüsten, um Schauungen zu erlangen, um Formlosigkeiten zu erlangen, um zu strahlen oder aber um Weisheitsdurchbrüche zu erlangen. Schon in der Motivation des Mühens auf der 6. Stufe wird die Frucht programmiert. Je nachdem, was mehr leuchtet und zieht, danach wird der Übende in seinem Mühen angespornt. Dabei sind die anderen Weisen der Einigung noch gar nicht so besonders unterschieden, dagegen wird bei den Machtgebieten das Mühen ganz betont in der Aktivität bewusst gemacht. Aktivität (*saṅkhāra*) ist eben das Schwergewicht dieser Form von Einigung, und das Mühen ist die intensivste Art der Veränderung der Aktivität. Die Stichworte, die bei allen vier Kämpfen vorkommen, sind auch die Stichworte für die ersten drei Machtgebiete. Es heißt nämlich bei den Kämpfen jeweils, dass man den Willen weckt, tatkräftig bestrebt ist, das Herz rüstet. Und Wille, Tatkraft, Herz sind Namen für die ersten drei Machtgebiete, wobei als viertes die Prüfensfähigkeit für die Weisheitsdurchbrüche noch hinzukommt.

Der Wille, die Tatkraft, das Herz, das Prüfen müssen durch die Kämpfe jeweils von den fünf Hemmungen ganz geläutert werden: Erstens dürfen sie nicht nach außen zerstreut sein (1. und 2. Hemmung), wozu die Betrachtung der Unschönheit des Leibes als Hilfe genannt wird; zweitens dürfen sie nicht am inneren Genuss träge hängen bleiben (3. Hemmung), drittens dürfen sie nicht aufgeregt sein (4. Hemmung) und viertens muss man des Früheren und Späteren (Saat und Ernte) lebendig eingedenk sein, womit jeder Zweifel über Herkunft und Hinkunft der bedingten Dinge endet (5. Hemmung). Auch die fünf Hemmungen muss jeder, der Einigung erlangen will, aufheben, aber hier geschieht es besonders betont und intensiv, nämlich, wie der Buddha sagt, mit besonderer Ausdauer („Heldenmut“, M 16). Darum wird die Aufhebung der fünf Hemmungen, wie eben geschildert, in S [V] 51, 13 so ausdrücklich als Kraftprobe hervorgehoben.

Mit glühendem Willen (D 33 VII) muss man die vier Kämpfe üben, um seinen gesamten Assoziationsprozess von allen Seiten von der verblendeten Auffassung „Das gibt es nicht“ abzulenken und immer mehr Vertrauen in das Jenseitige zu schaffen, das ja nur wegen unserer sinnlichen Einbildungen unsichtbar ist. Die Götter und die anderen Welten sind doch da, sind ebenso real vorhanden wie Amerika oder das Mittelalter. Wenn es die anderen Welten gibt und man sie erleben kann, dann müsste ich doch auch zumindest einen Anfang davon merken können. Mit solchen Erwägungen, genährt aus Berichten der Weisen und Seher über ihre übersinnlichen Erfahrungen, wird allmählich ein Wille gespeist, einen solchen *samādhi* zu erlangen, bei dem die sinnlichen Schranken fallen, die Materie überschritten, die Schwerkraft überwunden wird.

51.4 Die Vierheit der Machtgebiete

Die stufenweise Entwicklung der Macht über den Körper lässt sich an verschiedenen Bildern verdeutlichen:

Das Gleichnis vom Küken im Ei war oben bereits beschrieben: Gallertmasse, Dotter, Eiweiß, Schale – das sind die vier Etappen, an die das Astralwesen „Huhn“ bei seiner Entwicklung kommt, ehe es die Eierschale durchbricht. Und diesen vier Etappen gleichen die vier Machtgebiete.

Ein anderes Bild kann man vom Schwimmen-Lernen hernehmen: Zuerst übt man im Becken für Nichtschwimmer, dann im Becken für Schwimmer, dann im freien Fluss, dann schließlich im Meer. Man wird allmählich immer selbstständiger und mächtiger und lernt es, den Geistleib zu handhaben, so wie man als Kleinkind mühsam lernte, den Fleischleib zu handhaben. Oder man kann daran denken, dass einer zuerst auf einem Holzpferd reiten lernt, bevor er an das lebendige Pferd herangeht. Oder man kann denken, dass empfindliche Pflanzen erst im Mistbeet unter Glas großgezogen werden, ehe sie ins Freiland verpflanzt werden. All das sind Bilder für die allmähliche Entwicklung, die auch hier bei den Machtgebieten vor sich geht.

Die vier Machtgebiete sind sozusagen vier vorbereitende Durchbrüche, die die eigentlichen Weisheitsdurchbrüche ermöglichen: Durchbruch durch den Fleischleib mit seiner sinnlichen Beschränkung, Durchbruch durch die Statik der Bindung an ihn, Durchbruch durch die menschliche Welt, Durchbruch durch die *kāma-loka* überhaupt.

Die vier Machtgebiete und die vier Eigenschaften, die sie repräsentieren (Wille, Tatkraft, Herzensneigung, Prüfensfähigkeit), braucht man solange, bis man das Nirvāna erreicht hat, denn solange wendet man sie auf alle Phänomene an. Ist aber das Nirvāna erreicht, dann kommen sie von selber zum Stillstand und es ist keine unendliche Reihe. Dafür wird ein Gleichnis von jemandem gegeben, der zu einem Kloster gehen und die Mönche besuchen wollte. Da hat er zuerst den Willen aufzumachen, dies zu tun. Das war der erste Schritt dazu. Dann muss er zweitens seine Schritte dahin lenken, seine Tatkraft einsetzen, um seinen Leib zum Gehen und zur Fortbewegung zu bewegen. Je mehr er dann merkt, wie er vorwärtskommt, desto mehr gewöhnt sich sein Herz daran und neigt dazu. Und wenn er dort ankommt, dann prüft er, wo er ist. Und dann braucht er alle vier Dinge nicht mehr, weil er das Ziel alles Bemühens ja erreicht hat (S [V] 51, 15). Und Wille, Tatkraft, Herzensneigung, Prüfen richten sich darauf, aus dem Saṃsāro herauszukommen, aus der Sterblichkeit und Vergänglichkeit. Und ist man das, dann hat man jene vier Dinge nur noch für andere, um ihnen zum Gleichen verhelfen zu können.

51.5 Das erste Machtgebiet

Jeder Mensch steigt im Schlaf mehr oder weniger aus dem Fleischleib aus und schwebt mittels des Astralleibes etwas über ihm und schöpft dabei neue Lebenskraft, oder er reist in Erinnerungen oder bei erdgebundenen Geistern herum. All das aber vergisst der gewöhnliche Mensch mangels Schulung seiner Gedächtniskraft fast völlig wieder und hat nur blasse Erinnerungsfetzen, die er Traum nennt und die sich meist auf den Übergang von einem Zustand zum anderen beziehen. Besonders Flugträume deuten auf ein solches Aussteigen. Und jeder Mensch hat schon unzählige Male im Tode das Aussteigen erlebt, und auch das hat er vergessen. Der gewöhnliche Mensch ist eben völlig geworfen, ein Objekt seiner launischen Triebe, die ihn herumwerfen. Die Machtgebiete gewinnen nun schrittweise hierüber Macht und Gewalt und bewusste

Lenkung. Das mag anfänglich zunächst nachts im Schlaf geschehen („Den Seinen gibt's der Herr im Schlafe"), weil dann eben sowieso ein Aussteigen erfolgt, das am Tage völlig ungewohnt wäre, jedenfalls für den wahrer Meditation so sehr entfremdeten Menschen, wie es der weltvernestelte Abendländer ist.

So mag sich bei dem Nachfolger des Buddha etwas von dem, was bei den methodisch sich übenden Mönchen des Buddha bewusst und systematisch auf dem Heilswege sich entwickelte, zunächst nur andeutungsweise wie folgt entwickeln: Er wacht nachts aus dem Schlaf auf, aber nicht in sein gewöhnliches Tagesbewusstsein hinein, auch nicht in ein noch dumpferes Tagträumen hinein, sondern in ein höheres und klareres Bewusstsein, in eine andere Dimension. Es geht ihm ein inneres Licht auf – so lichter Tag wie Mitternacht – er sieht ohne Augen in einen Raum des Herzens, eben mittels des selbstleuchtenden Gemütes. Das Herz sagt sozusagen „Es werde Licht" und es wird licht, unabhängig vom Tageslicht und dem Sonnenlicht der Verblendungsnacht der Vielfaltsgewahrung. Oft mag ein solches Erlebnis dieser Dimension fast unbeachtet bleiben, weil man sich in der Phantasie das erste Machtgebiet – darum handelt es sich hier – viel großartiger vorgestellt hat, mächtiger und gewaltiger, vielleicht gar mit Geistersehen und Wundern: Doch ist der Anfang viel schlichter und keine Hexerei. Es fängt an mit dem ersten Schimmer des Lichtes, mit dem man später einmal den ganzen Saṃsāro durchleuchten kann. Man mag es vergleichen mit dem Anschalten eines Fernsehapparates: Zuerst erscheint nur eine diffuse bläuliche Lichtfläche, ohne dass man schon bildliche Umrisse erkennen könnte. Aber diese Lichtfläche ist doch die unerlässliche Voraussetzung für alle späteren Bilder. Oder es ist wie im Märchen von Frau Holle der Sprung in den Brunnen, der eine ganz andere Dimension von Welt offenbart. Die Lichtung dieses Lichts ist der erste fahle Abglanz eines Durchbruchs durch die Art der Finsternis des Leibes: Es ist Schein und Schimmer einer ungreifbaren Fläche, die da vor ein geistiges Auge rückt.

Der Buddha schildert aus seiner eigenen meditativen Erfahrung, aus seinem mystischen Werdegang als Bodhisattva, wie er zuerst „Abglanz und Anblick von Umrissen" erlebte und wie dieses Erleben durch elf Herzenstrübungen immer wieder verschwand, in denen sich eine Auffächerung vor allem der fünf Hemmungen erkennen lässt. Und erst als er die Überwindung dieser elf Herzenstrübungen beherrschte, war seine Einigung so, dass er nun systematisch auch den Schauungsweg beschreiten konnte (M 128). Dass es sich hierbei, bei Abglanz und Umrissen, um den Weg der Machtgebiete handelt, geht aus einer anderen Lehrrede hervor, wo der Buddha berichtet, wie er als Bodhisattva wohl Abglanz, aber noch nicht Umrisse wahrgenommen habe, später dann aber Umrisse himmlischer Gestalten bemerkte und darin immer vollkommener wurde und mit ihnen sprechen usw. konnte (A VIII 64). Die Machtgebiete sind zunächst nur Abglanz, während das Erblicken himmlischer Formen bereits zum Weisheitsdurchbruch des himmlischen Auges gehört. Der Buddha nennt hier die Entwicklung nur in ganz großen Etappen, während die Machtgebiete sie detailliert unterscheiden. Sowohl in M 128 wie in A VIII 64 zielt alles auf Wissensklarheit (*ñāṇa-dassana*), das aber ist die 9. Stufe des Weges. Und dafür sind die Machtgebiete eben die Treppenstufen, die Durchbruchsvorbereitungen.

Das erste Machtgebiet ist wie die Gallertmasse im Hühnerei, noch diffus und unstrukturiert, nur als bloßes Etwas lebendig vorhanden. Es ist wie das Schwimmen im Nichtschwimmerbecken oder wie der Willensentschluss, den Weg zum Kloster zu gehen, oder wie die erste Dimension des Durchbrechens durch die übliche Gewahrungsweise des Fleischleibes. Hier gibt es noch keine Visionen, noch nichts Dramatisches, sondern einfach ein stilles Licht, das aus dem Herzen kommt. Und wenn Yogis vom Wachwerden des Herz-Chakras sprechen, die Kontaktfassung mit dem psychischen Nervenzentrum des physischen Herzens, dann mag dies dasselbe meinen.

Kurz: Der Wille zum Durchbrechen der ersten Schranke der Gewahrung hat sich praktisch sinnenfällig dokumentiert, er ist geboren und gerichtet. Das Ziel steht vor Augen, nämlich, dass es immer lichter von innen werde. So wie der Weltwille die Sinnenwelt mit gebiert, so gebiert der Weltüberwindungswille die andere Welt mit, über die man Überblick gewinnen will und muss, wenn man sie ganz beherrschen und überwinden will. Und diese Schöpfung, diese geistige Geburt ereignet sich hier. Und das nennt man erstes Machtgebiet.

51.6 Das zweite bis vierte Machtgebiet

Während das erste Machtgebiet lediglich die Eröffnung einer neuen Dimension des inneren Sehens ist, sind die weiteren Machtgebiete dynamische Weiterentwicklungen dieser neuen Weltsicht. Es sind Eroberungen im inneren Neuland, so wie die goldhungrigen Konquistadoren die Neue Welt eroberten, kann hier sogar die Lust am existentiellen Abenteuer eine Rolle spielen, wie es vergleichsweise etwa Astronauten anziehen mag.

Zum zweiten Machtgebiet gehört es dann besonders, dass das Bewusstsein sich gezielt mehr oder weniger ruckartig vom Fleischleib löst und die Wahrnehmung von Fliegen sich einstellt, jedenfalls von Leichtigkeit und Bewegung. Es geht los. Bewegung, Dynamik, Kraft herrschen vor. Was der Buddha *viriya-samādhi* (Einigung der Tatkraft) nennt, ist an sich der größte Gegensatz. Die beiden Kräfte, *viriya* und *samādhi*, verhalten sich zueinander wie Feuer und Wasser, wie Bewegung und Ruhe. Hier aber ist es die kraftvolle Bewegung aus der Unruhe des Fleischleibes in die Ruhe übersinnlicher Schau hinein. Die gesammelte Kraft, gestützt auf den Willen des ersten Machtgebietes, schickt sich an, das Neuland zu erkunden. Hier fliegt man noch nicht etwa in eine Außenwelt, in die gewohnte Welt, sondern in die Erinnerungsbilder. Man fliegt im Astralgeiste, bewegt sich bewusst in der Phantasie, von der man sonst unbewusst bewegt wird. Dabei herrscht indes eine Räumlichkeit vor, die Räumlichkeit des „Weltinnenraums", der beim ersten Machtgebiet sich eröffnete. Während das erste Machtgebiet die bewusste und geeinigte Form des Erlebens eines eidetischen oder symbolischen Raumes ist, spielt sich das zweite Machtgebiet auf der Ebene ab, die beim dumpfen Bewusstsein Traum heißt. Hier aber ist die Traumreise erstens bewusst, zweitens lebendig und farbig und drittens deutlich als etwas Höheres als der Traum erlebt. Statt der schattenhaft-diffusen Traumdimension wird hier klar und transparent eine innere Landschaft erlebt, ohne dass dabei die Einbildung wie im Traum herrscht, dass man sich in einer objektiven Welt bewege. Es läuft der Film des Erlebensstromes aus dem inner-geistigen Werdesein, aus dem gespeicherten Archiv des Gedächtnisses – und diese Bilder ähneln verblüffend den Märchen-Symbolen und wären ein reiches Feld für archetypische Spekulationen. Sowie aber eine der fünf Hemmungen, vor allem die erste, wieder auftaucht, reißt der Film und wie mit einem Gummiband ist das Bewusstsein wieder in der gewohnten Dimension des Fleischleibes. In den Gleichnissen ausgedrückt: Die Wanderung beginnt, man übt sich in den ersten Machtschritten zur Astralwanderung; die Gallertmasse im Ei formiert sich im Dotter zu einer Struktur; man beginnt im Bassin für Schwimmer; man durchbricht die statische Dimension sinnlichen Erlebens.

Beim dritten Machtgebiet beginnt das Herz, die stets vorhandenen Fäden zum Jenseits zu aktualisieren. Das Herz ist ja so weit, wie die Dinge reichen und es ist nur im Fleischleib gefangen, so dass es seine Möglichkeiten nicht gebrauchen kann. Hier wird nun die Neigung, universaler wahrzunehmen, in ihren Anfängen entwickelt. Das Küken beginnt, sich den Ring des Eiweiß einzuverleiben, in eine neue Schicht vorzustoßen, sich eben auszudehnen. Oder der Schwimmer wagt sich in den Strom, in das fließende Gewässer, über das umgrenzte Schwimmbecken hinaus. Diese auf das Herz gestützte Einigung als drittes Machtgebiet mag sich in der verschiedensten Weise darstellen: als das, was man sonst Wahrträume nennt, als Hellsichtsphänomene, als Anfänge von Geistersehen, als Kontaktaufnahme mit der astralen Dimension. Es ist noch lange nicht das, was auf der neunten Stufe das unbegrenzte himmlische Auge ist, aber es ist ein Anfang davon. Man sitzt sozusagen noch im Gehäuse des Fleischleibes, aber die astralen Sinneswerkzeuge schauen hindurch, das himmlische Auge meldet sich schon mit. Es ist eine Art von Fern-sicht, die Ferne wird offenbarer, rückt näher, räumlich und zeitlich. Und das alles ist nur möglich, weil der jenseitige Leib in seinen Verklammerungen gelockert wurde und beim zweiten Machtgebiet das Umziehen dorthin aktiv geübt wurde, während es hier von der passiven Komponente her sich ereignet. Beim zweiten Machtgebiet herrscht das Empfinden, dass man etwas tut (eben Tatkraft), hier hingegen tut sich etwas. Es geht ein Vorhang auf.

Beim vierten Machtgebiet schließlich wird der gesamte Zusammenhang zwischen Fleischleib, Astralband und Astralleib klar. Die Kraft des Prüfens macht sich hier den ganzen bisherigen Vorgang bewusst und vollzieht nun klarbewusst die geistige Trennung vom Fleischleib, jedenfalls als Möglichkeit, die es dann auf der neunten Stufe zu aktualisieren gilt. So wie das Küken die Eierschale erreicht und nun zu prüfen beginnt, wo es mit Schnabel und Krallen durchbrechen kann, so schlägt das Prüfen hier mit seiner Kraft die Gefängnismauern der Vorstellung und Gewöhnung, sich mit dem Fleischleib zu identifizieren, ein. Dabei sind die Übergänge hier besonders fließend. So wie beim Küken einmal Schnabel und Kralle schon ein Stück aus dem Ei herausgucken und dann wieder eingezogen werden, ebenso ist man manchmal schon aus dem Fleischleib heraus und schaut auf ihn zurück, ist aber im nächsten Moment schon wieder darin. Die Zertrümmerung der Eierschale des Nichtwissens geht ebenso unsystematisch vor sich wie das Durchbrechen des Kükens. Der Schwimmer ist jedenfalls nun im Ozean, im Ozean der Bewusstseinserweiterungen, und hat ungeahnte Möglichkeiten vor sich. Und der Wanderer kann nun im Kloster das tun, was er wollte.

51.7 Berichte über die Machtgebiete

In dem Standardwerk über die christlichen Visionen (Ernst Benz, *Die Vision. Erlebnisformen und Bilderwelt*, Stuttgart 1969) werden von den Machtgebieten hauptsächlich die Phänomene des dritten beschrieben, das passive Sichereignen jenseitiger Einbrüche. Dagegen erscheint das bewusste Aussteigen mit den Übergängen zu den Weisheitsdurchbrüchen seltener. Der Grund könnte sein, dass hier ein Werk des Teufels vermutet wurde und dass auch der Wissensdrang, die Geheimnisse der „Schöpfung" zu ergründen, verpönt war. Die Phänomene der Hellsichtigkeit sind so zahlreich in der christlichen Visionsliteratur und dabei so schwer von den Weisheitsdurchbrüchen zu trennen, dass deswegen auf das genannte Buch verwiesen werden kann.

Besonders eindrucksvoll wird das Aussteigen von einer Dominikaner-Nonne des Klosters Töss in Winterthur beschrieben. Diese, Sophia von Klingnau mit Namen, sagt:

> *„Ich sah ein wunderschönes Licht vom Himmel kommen, das war ohne Maßen schön und wonniglich; und das umgab mich und durchleuchtete und durchglaste mich durch und durch, und es ward mein Herz ganz jäh verwandelt und erfüllt mit einer unsäglichen und ungewöhnlichen Freude, also dass ich ganz und gar alles Harmes und Schmerzes vergaß, den ich je zuvor gewonnen. Und in dem Licht und in der Freude, da sah ich und empfand, dass mein Geist aus dem Herzen emporgenommen und durch den Mund hinaus hoch in die Luft geführt wurde; und da ward mir gegeben, dass ich meine Seele rein und wirklicher sah mit dem geistlichen Gesicht, als ich mit dem leiblichen Auge je ein Ding gesehen; und ward mir alle ihre Gestalt und Gezierde und Schönheit völlig gezeigt. Und was wunders ich an ihr erkannte, das könnten alle Menschen miteinander nicht in Worte bringen."*

> *„Und da ich jetzt in der besten und obersten Freude war, da begann sich meine Seele wieder niederzulassen, wie es Gott wollte, und kam über den Leib, der da vor dem Bett lag wie ein toter Leichnam, und ward ihr Frist gegeben, dass sie nicht sofort in den Leib kam, sondern eine gute Weile ober dem Leib schwebte, bis dass sie seine Missgestalt und Hässlichkeit wohl besehen hatte. Und als sie ihn recht wohl beschauet, wie sterblich und wie jämmerlich er war und wie ihm Haupt und Hände und alle Glieder lagen gleich einem Toten, da gefiel er ihr gar übel und dünkte sie gar unheimlich und schmählich."*

Danach kam sie wieder in den Leib, ohne zu wissen wie. Und noch acht Tage sah sie nun ihre Seele durchsichtig in ihrem Leibe.

Eine andere Dominikanerin, Adelheid von Rheinfelden, berichtet im Kloster Unterlinden in Kolmar ein ähnliches Erlebnis:

> *„Da ward sie plötzlich verzückt und vom göttlichen Lichte dergestalt erleuchtet, dass ihre glückliche Seele gewürdigt ward, sich selber in ihrem einfachen Sein mit enthülltem Angesichte auf geistige Weise anzuschauen, wobei sie sich zugleich über den Leib, den sie unter sich liegend wahrnahm, gleichwohl aber als ihren Leib erkannte, erhoben erblickte."*

Benz berichtet von dem irischen Abt Furseus (um 650), der durch das Kirchendach hindurch seinen Leib in der Kirche liegen sah und nicht wieder in ihn hineinwollte, weil er ihm fremd war (S. 269).

Nach dem Mittelalter finden sich Berichte über die Machtgebiete im Abendland fast nur noch im Okkultismus. Man kann sagen, dass der Spiritismus ein Produkt der Verdrängung des Jenseits durch das Luthertum darstellt. Wusste man schon im kirchlichen Bereich selten etwas Vernünftiges mit solchen Erscheinungen anzufangen, so erst recht nicht im Dämmerlicht des Okkultismus. Entweder werden solche Fähigkeiten dort für Geld oder für Ehrgeiz ausgebeutet oder sie sind nur eine Vorstufe schwarzer Magie. Oder aber die medial begabten Menschen empfinden ihr Aussteigen als sinnloses Herumirren in einem neuen Labyrinth, wie der Amerikaner S. J. Muldoon (*Die Aussendung des Astralkörpers*, Freiburg 1964, S. 432), der die detailliertesten Schilderungen dieser Phänomene bietet.

Ganz anders in Indien. Dort waren solche Phänomene im Yoga allgemein bekannt, wurden systematisch erzeugt und meist auch im religiösen Sinne verwertet. Der sogenannte Kuṇḍalinī-Yoga zielt ausdrücklich darauf ab, die symbolisch als Schlange vorgestellte Lebenskraft durch die sieben Nervenzentren empor zu holen, um dann am Kopf aus dem Fleischleib auszusteigen.

So berichtet Ramakrishna, dass er auf seinem Läuterungsweg sieben Täler durchschritten habe (Mukerji), die er als die sieben Chakras beschreibt (so bei Mahendra Nath Gupta). Die ersten drei Zentren symbolisierten Besitz, Sexgenuss, Macht und müssen auch in ihren sublimen Formen durchschritten werden. Die nächsten vier Zentren dagegen weisen Parallelen zu den vier Machtgebieten auf: Das vierte Tal (Chakkra des Herzens) ist Herzenslicht, es beginnt hier ein überirdisches Licht zu leuchten, d. h. das selbstleuchtende Gemüt breitet sich aus. Das fünfte Tal war das des Ausdrucks, der sprachlichen Kraft, eben eine neue Aktivität aus neuer Schau. Das sechste Tal ließ nur noch eine hauchdünne Glaswand von Gott trennen, ein durchsichtiger Schleier, der schon viel Jenseitiges offenbarte. Das siebte Tal war dann das Aussteigen, bei ihm aber völliges Versinken im Schweigen der Weltlosigkeit, ohne Weisheitsdurchbruch.

Sein Schüler Vivekananda erlebte einmal bei der Meditation ein immer größer werdendes Licht im Kopf, das schließlich barst und sein Bewusstsein in Schweigen auslöschte. Dann kam er einen Augenblick wieder in seinen Leib zurück, merkte aber nur seinen Kopf und rief vor Schreck, wo denn sein Leib sei, denn dieser war ganz starr, also im Schauungszustand. Erst nach Stunden kam er wieder zu sich. Hier mischten sich, wie oft in indischen Berichten, die Formen des *samādhi:*

Dilip Kumar Roy wachte 1954 nachts auf und erlebte Folgendes:

> *„Mein hämmernder Schädel öffnete sich oben und ich sah mich selbst himmelwärts schnellen, das Blau im Flug durchqueren, bis ich auf einmal erkannte, dass ich mich außerhalb meines Körpers befand. Es war wirklich eine samādhi-Ekstase, die mich zutiefst erregte – ein gesegneter, befreiender Sprung aus dem Gefängnis des Fleisches."*

Seine mystische Partnerin, Indira Devi, erlebte öfter, wie ein elektrischer Strom ihr Rückgrat emporzuckte, aber beim Kopf anhielt. Einmal aber stoppte er dort nicht:

> *„Stattdessen öffnete sich ihr Haupt, als er es berührte, so schien es ihr zumindest, und sie befand sich außerhalb ihres Körpers, trieb auf samtenen Wogen der Seligkeit, weitete sich und bewegte sich so frei wie die Luft ... Sie konnte ihren Körper auf dem Fußboden sitzen sehen. Nach einer Weile spürte sie eine Schwere auf dem Kopf und befand sich wieder in ihrem Körper. Dies war ihre erste Erfahrung von savikalpa-samādhi."*

Oder sie sagt über eine spätere Erfahrung:

> *„Wie gewöhnlich stieg ein elektrischer Strom vom Ende ihres Rückgrats auf. Ihr Schädel öffnete sich, und sie war frei von der Knechtschaft ihres Körpers. Wie ein Vogel, der aus dem Gefängnis herausgelassen wird, schwang sich der Geist empor. Es war, als ob sie durch verschiedene Welten triebe und dem Anruf einer Flöte folgte. Indira erinnerte sich, Wesen des Lichts und der Harmonie gesehen und die Ekstase erdnaher Götter gefühlt zu haben."*

Im Pāli-Kanon finden sich fast keine Berichte über Einzelheiten der Machtgebiete, die nur Übergänge zu den vielfach erlebten Weisheitsdurchbrüchen waren. Anuruddho sagt:

In fünfgeteilter Einigung,
in unbeschwerter Innigkeit,
in hehre Lindheit eingehüllt
ging himmlisch mir das Auge auf. (Thag 916)

Oder Nandiyo sagt:

> *Wer innen leuchtet, immer licht,*
> *wer heilig ward im Herzen reif,*
> *den lasse, Frevler, unversucht,*
> *willst selber Leid nicht leiden du.* (Thag 25)

Oder generell heißt es:

> *Flamingos fliegen durch die Luft,*
> *die Mächtigen durch Raumes Reich,*
> *als Sieger im Verneinungskampf*
> *entfliegen Heilige der Welt.* (Dh 125)

Abschließend sei hier hervorgehoben: Bei der vorliegenden Darstellung der Machtgebiete lag der Schwerpunkt auf der Gemüterlösung. Der Buddha sagt jedoch, dass auch alle Weisheitserlösten die Machtgebiete entfalten (S [V] 51, 7) und dadurch zur Erwachung kommen (S [V] 51, 4). Den Weisheiterlösten dürfte es nicht so sehr um die leibhaftige Erfahrung der Trennung des Astralleibes (*dibba-kāya*) und Mentalleibes (*manomaya-kāya*) vom Fleischleib gehen, sondern abstrakter um die damit und dabei bewirkte Einigung des schweifenden Willens, der zersplitterten Kraft, des zerspaltenen Herzens und der vor lauter Bäumen den Wald nicht sehenden Fähigkeit des Prüfens. Die Möglichkeit zur magischen Bewusstseinserweiterung wird dann nicht weiter ausgebaut, sondern ein solcher *samādhi* ist Durchgangsstufe zum dritten Wissen, das hier direkter angestrebt wird, als es beim Gemüterlösten in der Regel der Fall ist. Das gilt aber entsprechend von allen *samādhi*-Formen des Weisheiterlösten. Wenn der Erwachte sagt, wer die Machtgebiete vernachlässige, vernachlässige den Heilsweg (S [V] 51, 2), dann bedeutet das nichts anderes als: Wer *samādhi* vernachlässigt, vernachlässigt den Heilsweg.

52. Die Freiungen (*vimokha*) als Überwindungsgebiete (*abhibhāyatana*)

> *„Wenn sich der Mensch abkehrt von zeitlichen Dingen und zurück in sich selbst wendet, da nimmt er ein himmlisches Licht wahr, das von den Himmeln gekommen ist."* (Ekkehart)

> *„Was für fünf Dinge sind zu entfalten? Fünf Glieder der rechten Einigung: strahlender Jubel, strahlendes Wohl, strahlendes Gemüt, strahlendes Licht, einhellige Betrachtung."* (D 34 V)

52.1 Wesen

Wenn der Erwachte den Beiderseitserlösten gegenüber dem Weisheitserlösten beschreibt, dann sagt er, dass ersterer auch alle acht Freiungen leibhaftig erfahren habe (D 15; A IV 87) und diese seien etwas, das zu verwirklichen sei (D 34). Ferner sagt er, dass ein Tierbändiger sein Tier nur horizontal durch die vier Himmelsgegenden laufen lasse, während er als Menschenbändiger den Menschen vertikal die acht Freiungen durchlaufen lasse (M 137).

Was sind nun diese Freiungen, diese Befreiungszustände? Sie sind eine Weise der Einigung, und zwar diejenige, welche durch folgende Besonderheiten von den drei anderen Arten der Einigung unterschieden ist:

(1) Die acht Freiungen reichen, anders als Schauungen, Strahlungen und Machtgebiete, über den Bereich der Formhaftigkeit hinaus, indem die 4. bis 7. Freiung die

Formfreiheit betreffen und die 8. Freiung gar das Nirvāna leibhaftig erfahren lässt. In diesem Kapitel geht es nun allein um die drei ersten Freiungen, noch nicht um die anderen, die in den Texten als die „stillen Freiungen“ bezeichnet werden (M 70). Aber auch die drei ersten Freiungen sind bereits auf die Formfreiheit ausgerichtet, sie haben einen Zug zur Vereinfachung der Bilder und Gestalten in sich, d. h. zur Entleerung (negativ ausgedrückt) oder zur Unendlichkeit (positiv ausgedrückt). Man kann z. B. die Gegenstände in einem Zimmer harmonisch ordnen und jeden einzelnen in Beziehung zu allen anderen sehen – aber man kann auch nacheinander alle Gegenstände aus dem Zimmer entfernen und dadurch eine Ordnung herstellen, bei welcher kein Inhalt mehr stört, weil es keine Inhalte mehr gibt. Eine solche Vereinfachung der Probleme: Das ist der Weg zu den „stillen Freiungen, die jenseits der Form keinerlei Form behalten“. Der Raum als solcher kann z. B. erst in den Blick treten und zum Gegenstand der Beobachtung gemacht werden, wenn die Gegenstände fort sind – und das geschieht bei der vierten Freiung. Die Freiungen betreten, heißt, auf die letzte und achte Freiung, das Nirvāna, zustreben. Sonst sind die Freiungen keine Freiungen. Die Formlosigkeiten wurden zur Zeit des Buddha auch von anderen Asketen erreicht, z. B. von seinen beiden Lehrern, aber es waren für sie keine Freiungen, weil sie den Endpunkt nicht kannten. Die Freiungen führen also nicht, wie die ihnen sonst am nächsten stehenden Machtgebiete, zur Schau und Beherrschung von jenseitigen Formen, sondern gerade zu deren Übersteigung.

(2) Die acht Freiungen gehen nicht nur nach oben über die Brahmawelten der reinen Formen hinaus, sondern reichen auch nach unten in deren Vorfeld, indem die ersten beiden Freiungen – wie unten noch näher zu zeigen sein wird – noch vor dem Zustand der vollen Einigung liegen und zu dem gerechnet werden können, was in späteren buddhistischen Texten als „angrenzender *samādhi*“ bezeichnet wird. Es ist nicht ohne Grund, dass dergleichen gerade und nur hier genannt wird, dagegen nicht bei den drei anderen Weisen der Einigung!

(3) Die ersten drei Freiungen, die in diesem Kapitel allein interessieren, sind ein freies Hindurchschauen durch die Sinnenobjekte, wodurch diese allmählich ihre scheinbare Festigkeit und Substanzialität verlieren. Das längst durchschaute Weltgerümpel wird als überflüssige Kulisse nun abgeräumt. So wie Welt projiziert, ausgebrütet und angewöhnt war, so kann sie vergeistigt, eingezogen und abgewöhnt werden. Die Kraft dazu liefert die *sati* als Fähigkeit, die *saññā* zu beherrschen und zu verändern. Hier bei den Freiungen ist *sati* entscheidend, ebenso wie bei den Machtgebieten *viriya*, bei den Strahlungen *saddhā* und bei den Schauungen *samādhi*. *Sati* ist hier sozusagen die Pumpanlage, die der Weltgläubigkeit die Luft absaugt, bis der künstlich aufgeblasene Luftballon „Welt“ zusammenschrumpft und zusammenfällt. Der Prozess dessen ist, wie schon bei anderen Weisen der Einigung geschildert, die Rückgängigmachung desselben Vorgangs, der – auf die Leinwand der Zeit entworfen – zur Weltausbreitung am Anfang eines Äons führte, nachdem das selbstleuchtende Gemüt sein Wohl verloren hatte.

(4) Die drei ersten Freiungen stellen sich dar als Lichterlebnisse. Zwar ist alle Einigung selbstleuchtend und damit lichthaft, aber hier bei den ersten Freiungen ist das Licht nicht Nebenprodukt, sondern es wurde methodisch entwickelt und als Mittel benutzt. Deshalb muss hier das meditative Licht generell mit behandelt werden. Bei der Schöpfung jedes Äons wurde eine Notbeleuchtung angezündet (es werde Licht und es ward Licht), bei den Freiungen wird diese Notbeleuchtung als überflüssig abgeräumt, weil das eigentliche Licht des selbstleuchtenden Gemütes wieder angezündet

wurde. Was allerdings die christlichen Mystiker im Gegensatz zum geschaffenen Licht der Welt (*lumen naturale*) das ungeschaffene Licht (*lumen supranaturale*) nennen, das Herzenslicht oder Taborlicht, ist zwar durch Abschaffung der Welt entstanden, ist aber auch geschaffen, nämlich bei der Läuterung des Herzens und bildet dabei den Inhalt der zweiten Wegstufe, die *via illuminativa*.

(5) Die bei allen Vertiefungen auftretenden vier Stufen stellen sich hier als vier Erlebnisse reiner Farben dar, wobei nur bei den mittleren Gliedern die Reihenfolge der Qualität vertauscht ist.

(6) Im Unterschied zu den anderen Formen der Einigung gibt es hier noch einige Sonderübungen, die bestimmte Aspekte hervorheben und eine größere Wahlmöglichkeit bieten. Es sind nicht weniger als vier: Überwindungsgebiete, Allheiten, Anblickserreichungen, Leerheiten. Davon seien die Überwindungsgebiete als wichtigste Übung direkt mit den Freiungen behandelt, die anderen drei unten gesondert.

52.2 Die erste Freiung

Der Text lautet hier sehr kurz „Formhaft erblickt er Formen“. Was bedeutet diese Aussage? Man könnte denken, das sei doch nichts Besonderes, ja, es sei die allgemeine Lebenssituation: Formhaft bin ich und Formen sehe ich. Was wäre daran Freiung? Da mag ein anderer antworten: Dies eben zu wissen, ist bereits befreiend. Wenn ich mir nämlich im Geiste klar mache, dass ich innen nichts als Form bin, von derselben Substanz wie draußen, dann ist das doch bereits erlösend! Gewiss, nur ist das rechte Anschauung über die Form oder bestenfalls eine Körperbetrachtung, aber noch nicht zur achten Stufe des Heilsweges gehörig, noch keine Einigung. Es mag dann wieder ein anderer erwägen: Das, was hier gesehen wird, sind übersinnliche, jenseitige Formen von Gottheiten. Das würde aber, wenn es gemeint sein sollte, nach der klaren Ausdrucksweise der Lehrreden auch eindeutig gesagt, indem, wie sonst, hier von himmlischen Formen gesprochen würde. Doch zeigt eine Betrachtung der Freiungen, wie schon oben erwähnt, dass sie überhaupt in keiner Weise auf Okkultes aus sind, indem sie Vereinfachung und nicht Vervielfältigung anstreben.

Was bleibt dann noch als Inhalt der ersten Freiung übrig? Es gibt die Erfahrung, dass man innerhalb der normalen Sinnestätigkeit und ohne Erscheinen himmlischer Jenseitigkeiten doch real etwas anderes an Formen sieht, nämlich eine Transparenz und eine Verdünnung. Man kann z. B. während der normalen sinnlichen Wahrnehmung plötzlich dazwischen einen Augenblick etwas Helleres, Lichteres hindurch schimmern sehen. Innerhalb der Vielfalt der bizarren Formen der Sinnenwelt meldet sich ein Vorgeschmack und Abglanz der reinen brahmischen Formwelt, die immer als vereinfachend und erhellend empfunden wird. Hier wird das lichthaft bestehende Gerippe der Dinglichkeit gewahrt und kommt zu Bewusstsein. Bei dieser Erlebensweise schieben sich sozusagen, wie zwei sich schneidende Kreise, zwei Welten übereinander: Im Vordergrund steht noch das gewohnte Gefängnis der objektiv gewähnten Materie-Welt, zwischendurch aber schimmert ab und an ein Licht der Freiheit von ihr aus der herzunmittelbaren Brahma-Welt. Oder anders ausgedrückt: Es ist der Hintergrund des meditativen Bewusstseins, der hier aufblitzt. Oder man kann sagen, es überschneiden sich hier zwei Prinzipien, nämlich Welt und Weltüberwindung. Und das entspricht genau der inneren Situation des Übenden, der nicht mehr ganz Sinnenmensch und noch lange nicht gänzlich Brahmisches Wesen ist. Es ist hier eine Art Grenzscheide möglicher Weltverleugnung, das erste zarte erlebnismäßige Rütteln an der Objektivität. Und das ist die erste Freiung.

Diese erste Freiung beginnt schon auf der Stufe der Achtsamkeit. Die Übergänge sind hier fließend. Die Veränderung der Gewahrung wurde auf der Achtsamkeitsstufe schon dadurch angedeutet, dass es dort bei der Aufhebung der dritten Hemmung (matte Müde) hieß, es gehe eine Licht-Gewahrung auf. Je mehr nun dabei ein Wohl des Herzens auftritt, desto mehr handelt es sich um die erste Freiung, die man dann als angrenzende Einigung (Sammlung) bezeichnen kann.

Die ersten beiden Überwindungsgebiete differenzieren nun die erste Freiung noch näher. An Hand dessen soll nun der Inhalt dieser Freiung genauer betrachtet werden.

Erstes Überwindungsgebiet: Der Text lautet hier: *Sich noch als formhaft gewahrend, aber einig, erblickt er äußere Formen, begrenzte, schöne und unschöne* (M 77). Der Übende betritt hier ein Gebiet, einen Bereich, wo er beim Sehen von Dingen und Menschen auch etwas anderes sieht, eine Begleitwahrnehmung feinerer Art, einen Schleier, einen engelhaften Heiligenschein, weiße Konturen um die scheinbar massiven Dinge, ein Hindurchblitzendes Blau. Es können aber auch unschöne Gewahrungen sein, wie unten bei den Anblickserreichungen naher zu erklären sein wird. Der Übende erlebt sich jedenfalls selber noch, wie bisher, als Sinnenmaschine, er schaut noch aus denselben Augen (innen Formgewahrig), aber außen sieht er die Dinge schon verändert. Sie beginnen sich zu entschleiern und zu enthüllen: Ihre wahre geistige Substanz schimmert schon hindurch, und damit beginnt Wahrheitsgewahrung (D 9). Diese Transparenz ist aber noch begrenzt, beschränkt, relativ wenig. Sie geschieht an einem bestimmten konkreten Ding innerhalb der Welt, wobei deren Massivität noch vorausgesetzt wird. Und das ist dabei noch zu überwinden. Deshalb wird hier von Überwindungsgebiet gesprochen, das zu überblicken ist, dagegen von Freiung, die zu verwirklichen ist (D 34). Der Begriff Freiung blickt zurück und beinhaltet etwas, von dem man frei wird; der Begriff Überwindung dagegen blickt nach vorn und zeigt, dass noch mehr zu tun ist. Die Verwendung des Begriffes „einig“ (*eko*) deutet dagegen an, dass es sich hier schon um Einigung (*samādhi*) handelt, und zwar um deren Eingang.

Zweites Überwindungsgebiet: Der Text lautet hier wie oben, mit dem einzigen Unterschied, dass es statt „begrenzte“ hier „unermessliche“ heißt. Da beginnt sich nämlich das Verhältnis umzukehren. Beim ersten Überwindungsgebiet war die Welt noch kompakt, das Lichte nur zaghaft am Rande, hier dagegen wird die Welt deutlich transparent und das Licht entpuppt sich als die stärkere Kraft, die die Welt trägt und schiebt. Wenn man z. B. einen Laubbaum ansieht, dann erscheinen jetzt die Blätter des Baumes als Hindernisse des Lichtes, das das Eigentliche ist. Die Materie wird als das erkannt, was sie wirklich ist, als Lichtbrechung, als Gitterstäbe. Oder es werden Odwellen gewahrt, die den Leib umhüllen wie wallende Nebel, die ihn aber einst aufbauten und die wahre Substanz der Welt sind, ein Gebräu aus Nebel. So weitet sich hier die begrenzte Wahrnehmung ins Unermessliche. Aber trotzdem empfindet man sich noch im Körper als Beobachter dessen, was außen vor sich geht. Und das ist das, was hier noch zu überwinden ist. Dieses zweite Überwindungsgebiet, zu dem ein fließender Übergang besteht, ist jedenfalls nicht so leicht übersehbar, wie es bei den Anfängen des ersten der Fall sein mag. Die Spuren einer solchen „Ver-lichtung“ der Form sind so unscheinbar, dass sie in den Berichten der Mystiker kaum erwähnt werden und erst aus Erscheinungen des zweiten Überwindungsgebietes als deren Vorstufe erschließbar sind. Außerdem kann sich beim ersten Gebiet leicht die Meinung einschleichen, es handle sich womöglich um ein rein physisches Phänomen, um irgendeine Anomalie beim Sehen, während auch dies beim wuchtigeren zweiten Gebiet nicht mehr angenommen werden dürfte.

52.3 Die zweite Freiung

„Innen ohne Form-Gewahrung erblickt er außen Formen: Das ist die zweite Freiung."

Was ist darunter zu verstehen? Bei der ersten Freiung wurde das Licht allmählich zum Wesentlichen, vor dem die Weltkulisse allmählich mehr zurücktrat. Hier bei der zweiten Freiung wird nun diese zunächst noch ausgedehnte Weltkulisse zum Symbol verdichtet und dadurch überwindbar. Dabei tritt notwendigerweise der Körper zurück und wird wegen des Interesses an der neuen Gewahrung momentan fast vergessen oder mit der Welt eines. Es ist damit eine Entwöhnung von der Sinnenraum-Einräumung und eine Gewöhnung an das Erkennen des Symbolcharakters der Welt eingetreten.

Dritte Überwindung:

„Innen ohne Form-Gewahrung, einig, erblickt er außen Formen, wenige, schöne und unschöne: Solche überwindend sagt er sich: ‚Ich weiß es, ich seh' es', nimmt es also wahr: Das ist das dritte Überwindungsgebiet."

Was steckt dahinter? Hier werden die sinnlichen Maßstäbe noch mehr gesprengt. Was außen ist, entpuppt sich nun deutlich als psychische Projektion, als traumhaft. Die bloße Transparenz der ersten Freiung wird hier zu einer Verdichtung der Form. Das gesammelte Herz reduziert die Welt auf ihren Symbolcharakter, was auf der Stufe der *sati* vorbereitet wurde, indem diese Stufe als *samādhi nimitta* definiert wurde (Vorstellungsgegenstände der Einigung). In der Überlieferung des Theravāda ausgedrückt: Der bloß aufgefasste Reflex (1. Freiung) wird hier verwandelt zum selbstständigen Gegenbild (*paṭibhāga-nimitta*), d. h. zum Symbol. Dieses ist zwar meist auf dem Sehwege erscheinend, es kann aber auch seltener – auf dem Hörweg sich ereignen, also statt Vision Audition sein.

Die erlebten Formen des Entwurfs des Herzens können hier äußerst verschieden sein. Je nach der Psyche sieht man hier Unterschiedliches: Der eine sieht mathematische Figuren (z. B. sah Ramakrishna zeitweise ein Viereck als Symbol der Welt), ein anderer sieht die natürlichen Symbole seiner Religion (Kreuz, Halbmond, Rad), oder die personalen (Christus, Maria, Buddha, Bodhisattvas) oder er sieht auch Unschönes, z. B. den Gekreuzigten. Seuse sah z. B. einmal in der Vertiefung eine wunderschöne rote Rose auf seiner Hand, und ein Engel sagte ihm, das bedeutete eine Zeit des Leidens. Hier ist jedenfalls ein riesiges Feld religiöser Visionen subjektiver Art: Das Herz entwirft hier seine verdichteten Symbole, auf die hin die Welt reduziert wird. Für einen Christen ist die Figur Christi die größte Einheit: So sieht er das Jesuskind, sieht Jesus als Jüngling, als Mann, als Engel, sieht Maria und Heilige. Dabei handelt es sich noch keineswegs um Einblicke in die andere Welt, um Jenseitserlebnisse und astrale Personen aus einer transzendenten Dimension sondern allein um „archetypische" Symbole der Psyche, wenngleich natürlich Übergänge in die jenseitige Dimension nicht ausgeschlossen sind. Der grundsätzliche Unterschied liegt in Folgendem: Die zweite Freiung wird hier im jetzigen Leben projiziert, während bei Jenseits-Visionen etwas in früheren Leben ins Werdesein Geschicktes erlebt wird, das also ein „wirklicher" erscheinendes Symbol ist, das den Eindruck von Objektivität erweckt. Beide Male handelt es sich um eine psychische Realität, nur die Zeit der Projektion ist unterschiedlich.

Wo dies nicht dank der Belehrung durch den Erwachten durchschaut wird, da ist die Erfahrung kein Überwindungsgebiet, sondern nur eine sublimere Ausbreitung von

Vielfalt, d. h. Weltschöpfung und Weltfortsetzung auf höherer Ebene, wie dies besonders krass etwa in der Johannes-Apokalypse vorliegt. Die erlebte Symbolik ist dem Mystiker so neu und so interessant, dass sie ihn fasziniert. Daher liegt hier die Brutstätte neuer Sekten und Lehren, die sich alle auf wirklich erlebte Visionen und Offenbarungen berufen, ohne deren selbst ausgebrüteten Charakter zu durchschauen. Die Geschichte ist voll von Beispielen dazu. Manche Visionärinnen, wie die Heilige Hildegard, kamen vor lauter symbolischen Visionen von großer Eindringlichkeit nicht viel weiter in der Einigung. Darum sind die Warnungen des Heiligen Johannes vom Kreuz vor der Begeisterung an den eigenen Visionsbildern und die Warnungen des japanischen ZEN vor dem „Teufelswerk" (*makyō*) genannten Projektions-Erlebnissen verständlich. Dagegen wusste man in der tibetischen Meditationspraxis noch um diese Dinge. Der Schüler wurde manchmal von einem Meister angehalten, solange seinen Geist auf eine Gestalt zu fixieren, bis er buchstäblich einen konkreten Geist vor sich sah, den sogar andere sahen und mit dem er sprechen konnte. Wenn der Schüler dann davon beeindruckt und vielleicht gar berauscht war, dann ließ der Meister den Schüler dies Phantombild wieder wegmeditieren, bis es sich aufgelöst hatte. Das alles diente aber dazu, dem Schüler die Macht des Geistes zu zeigen, der der eigentliche Weltschöpfer ist. Nur dann handelt es sich hier eben um ein Überwindungsgebiet. Dann wird diese Erfahrung hilfreich: Das Traumhafte der Existenz wird noch stärker als traumhaft gewahrt; man ist der idealen Dimension der Existenz einen weiteren Schritt näher gekommen.

Beispiele für eine sehr fortgeschrittene Form solchen meditativen Symbolerlebens, die schon fließend in das vierte Überwindungsgebiet übergeht, finden sich auch in der christlichen Mystik. So erlebte der Heilige Benedikt einmal die ganze Welt zu einem Tautropfen zusammengeschrumpft. Oder die Nonne Juliana von Norwich sah ein Ding kleiner als eine Haselnuss und erkannte, es sei alles Geschaffene, wobei sie staunte, wie leicht doch die Schöpfung zu nichts werden könnte. Eine Parallele hierzu ist das Erleben des ganzen Erdballs in den Leerheitsübungen, die unten noch zu erörtern sind. Bei all diesen Weltschrumpfungen ist das Körper-Ich, das ja sonst auf der Erde und in der Welt lebte, stillschweigend verflüchtigt und man ist innen ohne Form-Gewahrung. Es ist nur deswegen noch beschränkt oder wenig, weil der natürliche Umriss des Weltsymbols noch eine Abgrenzung darstellt und noch nicht in Auflösung übergeht, wie es bei dem vierten Überwindungsgebiet der Fall ist. Gerade davor aber schrecken manche Mystiker zurück, wie das Beispiel der Juliana zeigt, die die Schöpfung als etwas Positives ansah. – Man kann dazu ein Beispiel geben: Jemand knüllt ein Butterbrotpapier zusammen, aber wenn er es loslässt, entfaltet sich das Papier wieder.

Viertes Überwindungsgebiet: Der Text des vierten Überwindungsgebietes unterscheidet sich vom dritten nur dadurch, dass es unbeschränkt (unermesslich) statt beschränkt (wenig) heißt. Die Unbeschränktheit ist hier die Überwindung des Symbols, das die letzte Störung der Unendlichkeit ist. Erst muss die Welt zum Symbol vereinfacht werden (3. Überwindung), dann muss auch das Symbol aufgelöst werden (4. Überwindung). Je verliebter ein Mystiker in ein Symbol ist, besonders ein personales, umso schwerer fällt ihm die Überwindung. Besonders dramatisch ist hier Ramakrishnas Kampf, um über seine vergötterte KALI hinauszukommen. Schließlich nahm er in Gedanken ein Schwert und zerspaltete seine Kali-Vision. Oder ähnlich krass heißt es im ZEN, dass der Übende seine Visionsbuddhas nun totschlagen solle. Oder wie schwer mag es dem Tibeter fallen, das mühsam geschaffene Geistesbild nun wieder zurückzubilden. Mancher ist so verliebt, dass er auch nach der Auflösung des Symbols doch immer wieder zu ihm zurückkehrt, wie ein Gummiband, das wieder zurückfedert. Dies ist z. B. bei Ramakrishna zu beobachten, der auch später immer wieder die Kali verehrte und immer wieder über sie hinausstieg.

Es braucht aber, wie gesagt, das Symbol nicht ein ausgeprägt religiöses Bild zu sein. Jedes beliebige Gegenüber, jedes Welt-Objekt kann momentan und stellvertretend zum Symbol der ganzen Welt werden und dann überwunden werden. Da erlebt einer z. B., wie er sich unwillkürlich auf den Anblick eines Hauses sammelt, die übrige Welt vergisst und dann dieses Haus plötzlich zusammenschrumpfen und wie eine Pappkulisse zusammensacken sieht, um dahinter eine Unermesslichkeit freizugeben. Aber diese weitere Freiung ohne Welt ist dem Geiste so befremdend, dass er wieder zurückschreckt und fürchtet, ins Nichts zu fallen. Die beiden unten zitierten Erlebnisberichte Vivekanandas und Yoganandas liefern dazu Material. Wenn der Tautropfen „Welt" wirklich zu platzen beginnt, dann kann man erst ermessen, wie sehr man doch an ihm hängt.

52.4 Die dritte Freiung

Sie lautet, scheinbar ganz aus dem bisherigen Rahmen der Freiungen fallend, wie folgt:

> *„Schönheit nur hat er im Sinn (subhan t'eva adhimutto) oder wörtlicher: Von Schönheit (subha) ist er wahrlich (ava) angezogen (adhimutto)."*

Was ist der Sinn davon?

Es mag auffallen, dass doch auch schon oben bei den bisher genannten vier Überwindungen davon gesprochen wurde, dass schöne Formen wahrgenommen würden. Was ist also der Unterschied zu der hier genannten Schönheit? Im Pāli stehen da verschiedene Worte. Was bei den vier Überwindungen als schön und unschön übersetzt wurde, hieß *su-vaṇṇo* und *du-vaṇṇo*. Das heißt wörtlich wohlfarbig und missfarbig oder guter Überzug und schlechter Überzug. *Vaṇṇa* (Skt. *Varna*) ist Überzug, Farbe, Hautfarbe, und von daher auch Kaste. Bei der dritten Freiung dagegen steht *subha*. Das ist Glanz, Schimmer, lockendes Licht. Es ist die Dimension der Brahmagötter *subha* und die dritte Stufe dort heißt *subha-kiṇṇā*, mit Schönheit überschüttet, in Schönheit versunken. In der Sinnenwelt gibt es *subha* nur verbunden mit *asubha*, sie ist ein Gemisch aus Schönheit und Unschönheit, bei dem letzere weit überwiegt und darum die geringe Schönheit verständlicherweise sehr überbewertet wird. In der Sinnenwelt ist daher *subha* eine der größten Gefahren und der Buddha empfiehlt eindringlich die Betrachtung des *asubha*. In der Brahmawelt und bei der ihr entsprechenden dritten Freiung gibt es nun ein *subha*, das gänzlich ohne *asubha* besteht (D 24): Die an sich finstere Art der Sinnenwelt (*tama-dhatu*) geht völlig unter und die schönglänzende Art der Brahmawelt (*ābhā-* und *subha-dhātu*) geht auf (S [II] 14, 11). Dabei fallen Glanz (*subha*) und Farbe (*vaṇṇa*) zusammen, sind zwei Aspekte brahmischen Seins, wenn die Gegenteile (*asubha* und *duvaṇṇa*) völlig verschwunden sind.

Erheblich deutlicher wird das hier Gesagte aber erst, wenn man den Text der Überwindungen heranzieht. Das fünfte Überwindungsgebiet lautet nämlich wie folgt:

> *„Innen ohne Formwahrnehmung, einig, sieht er außen Formen, blaue, die blau schimmern, blau scheinen, blau aussehen. Gleichwie etwa eine Hanfblüte blau ist, blau schimmert, blau scheint, blau aussieht oder gleichwie etwa ein Seidenstoff, auf beiden Seiten blaugefärbt, blau schimmert, blau scheint, blau aussieht, ebenso nun auch sieht er, innen ohne Form-*

wahrnehmung, einig, außen Formen, blaue, die blau schimmern, blau scheinen, blau aussehen: solche überwindend sagt er sich: ‚Ich weiß es, ich seh' es', nimmt es also wahr. Das ist das fünfte Gebiet der Überwindung." (M 77)

Das, was bei der 3. Freiung *subha* ist, das ist bei der 5. Überwindung *nīla-vaṇṇa* (blaufarbig) und bei den weiteren Überwindungen die noch zu beschreibenden drei Farben. Schönheit ist hier gleich reine Farbe, unvermischt, ohne jedes andere. Nachdem bei der 4. Überwindung das Symbol überwunden und durchstoßen wurde, bleibt nun die bisher durch die Vielfalt der Umrisse verdeckte „Form an sich" übrig, und das ist nichts anderes als die vier reinen Farben. Auf dieser Meditationsstufe ist das jeweilige Gesamterlebnis eine einzige reine Farbe, nichts sonst, kein Ich und keine Welt, nicht Umrisse und nicht Gestalten – wobei dies Erlebnis selber natürlich auch Entwicklungsgrade kennt, indem das Blau anfänglich noch nicht so allerfüllend ist. Der Glanz des Schönen, das Leuchten des Hellen, das Licht einer einzigen der vier reinen Farben: Das ist der Inhalt des Erlebens der 3. Freiung. Sein und jene Farben sind hier identisch. Daher wird eben die Brahmawelt die reine Formwelt genannt. Die Gewahrung der vier reinen Farben ist die letzte Vereinfachung der Form-Gewahrung (M 43). *Rūpa* (Form) kommt von Skt. *varpa* (daher auch deutsch „Farbe"), und das bedeutet ebenso Farbe wie Skt. *varna* (Pāli *vaṇṇa*). Die Welt der sichtbaren Form ist eben auf Farben aufgebaut, besteht nur aus Lichtunterschieden.

Die Welt der Sinnlichkeit (*kāma-loka*) hat ihrer Natur nach die Art des Dunklen und Unschönen an sich (s. S [II] 14, 11). Konkreter ausgedrückt lässt sich dafür folgende Farbskala der Spiegelungen der Psyche aufstellen:

Schwarz:	Finsternis, Dunkel, Ort der finsteren Seelen, Hölle
Grau:	Nebelheim bei den Germanen, Gespensterwelt, Ort der leeren und kalten Seelen, fahle Öde, schmutzig-verschlampt
Braun:	Tierwelt, die Tiere (Pāli: Die Quergänger) gehen zur braunen Erde gebeugt, sind der Ort der grob-erdgebundenen Seelen
Grün:	Der schattige Laubbaum der Menschenwelt, der erste Bereich, aus dem man zum Licht aufsteigen kann (grün = Hoffnung).

Vom lichtlos Farblosen der drei Unterwelten über die Buntheit der um Grün drapierten Menschenwelt zum immer lichteren Bunt der Götterwelten bleibt die gesamte Sinnenwelt doch der Bereich des zerstreuten und zerrissenen Lichts, fern der Einheit. „Am farbigen Abglanz haben wir das Leben", sagt Goethe im Faust. Auch wo ab der Menschenwelt das Dunkle (*tamo*) abnimmt und das Hellere (*ābhā*) beginnt, da bleibt das Erleben doch noch fern der Schönheit, bleibt unschön (*asubha*).

Erst die Brahmawelt oder *Rūpa*-Welt ist der Ort der reinen Schönheit der reinen vier Farben, nämlich der drei Grundfarben (Blau, Gelb, Rot) und Weiß. Zwischen dem völligen Schwarz der Hölle und dem strahlend reinen Weiß der Erlebensart der vierten Vertiefungsstufe liegen alle Färbungen des Spektrums, d. h. die durch trübe Herzen bedingten Trübungen des Erlebens der Form. Auch in der Sinnenwelt gibt es natürlich die drei Grundfarben, aber nie allein und ausschließlich vom Auge aus sich heraus erlebbar. Sie sind immer verdrängt und eingeschränkt und getrübt durch die Buntheit. Auch die erste und zweite Freiung gehören noch zu diesem Bereich der Buntheit, die dort von der *sati* durchdrungen und überhöht wird, bis sie den reinen Farben der 3. Freiung Platz macht. Man kann sich folgenden Überblick verschaffen:

Fremdleuchten = *kāma* = unschön = Vielfalt = bunt bis schwarz

Selbstleuchten = *rūpa* = schön = Einheit = vier reine Farben bis weiß.

Während in den Kommentaren der buddhistischen Tradition – in Übereinstimmung nicht nur mit den Überwindungen, sondern auch mit den Farb-*kasiṇas* (s.u.) – die Freiung der Schönheit den vier Farben zugeordnet wird, findet sich einmal auch eine Abweichung davon, ja ein Widerspruch. Da heißt es in Ps II, 38, dass die dritte Freiung nichts anderes sei als ein Name für die vier Strahlungen. Man mag deshalb darauf gekommen sein, weil vorher die beiden ersten Freiungen schon mit dem Erleben der reinen Farben gleichgesetzt wurden, so dass für die 3. Freiung dieser Inhalt nicht mehr in Frage kam, so dass man etwas anderes suchen musste. Dass man dabei auf die Strahlungen verfiel, liegt nicht so fern, denn sie sind auch eine Schönheit des Herzens, wie alle Arten der Einigung, und sie sind auch, wie die formhaften Freiungen nach außen gerichtet – aber die Strahlungen sind doch ein anderer Vertiefungsweg und der Text in Ps II, 38 trägt zur Verwirrung bei.

Nach diesen grundsätzlichen Klärungen können nun die vier letzten Überwindungsgebiete näher besprochen werden:

Die fünfte Überwindung (blau): Man stelle sich vor: Man liegt im Sommer rücklings auf einer Wiese und schaut in den wolkenlosen, dunstfreien Himmel, in ein seidenblaues Himmelszelt. Das ist eine gewisse Einheit der Wahrnehmung. Wenn dabei nun Leib und Welt vergessen würden und die glückliche Seele dieses Blau aus sich selber erzeugte, dann hätte man einen Vergleich zum selbstleuchtenden Gemüt auf der Stufe des fünften Überwindungsgebietes. Als Assoziationen mögen auch folgende Stichworte herangezogen werden: Blaue Blume der Romantik, Blau der Gotik, blaue Stunde am Abend, wenn die Vielheit verblasst und verdämmert. Die Verbindung von Seele und Farbe kennen wir nur noch an so blassen Ausdrücken wie, dass Blau die Treue sei, ohne dass wir eine Begründung dafür geben könnten. Nun ist aber in der Tat die Treue eine der Eigenschaften und Erscheinungsformen der *saddhā*. Und so wie *saddhā* die grundlegende Seelenkraft ist, so ist Blau die grundlegende Farbe, der erste Schritt über das Schwarz hinaus, dem es von allen Farben am nächsten steht.

Blau hat als Licht die kürzeste Wellenlänge und entsprechend die größte Schwingung pro sec.: Von den drei Grundfarben ist Blau relativ noch am unruhigsten, daher der normalen Seele noch am nächsten, daher von den Einheits-Farben noch am leichtesten meditativ erreichbar. Verglichen wird die Überwindung, die Blau zum Inhalt hat, mit der Hanfblüte, d. h. der Leinsaat, die ein volles klares Blau hat.

Die sechste Überwindung (gelb): Nach Blau als dem Symbol des Dichteren folgt Gelb als Symbol des Lichteren: Es ist hell und durchsichtig. In den Reden wird es verglichen mit der Kaneel-Blüte (Zimt). Es hat schon eine größere Wellenlänge und daher einen kleineren Schwingungsausschlag als Farbe. Es ist schon ruhiger, d. h. schwerer erreichbar. Im sprichwörtlichen Gebrauch wird nur eine Fehlhaltung, keine Tugend, mit dem Gelb verglichen: Gelb ist der Neid. Daran ist richtig empfunden nur, dass Neid ein passives, statisches Übel ist, insofern zum konservativen Bereich gehörig. Es fällt auf, dass hier als zweite Farbe ein Symbol für *samādhi* angesprochen wird, während sonst in allen Vertiefungsreihenfolgen an zweiter Stelle eine Eigenschaft der *viriya* steht und erst an dritter Stelle eine des *samādhi*. Die Reihenfolge der Farben ist aber umgekehrt.

Die siebte Überwindung (rot): Die letzte der drei Farbigkeiten ist die Farbe der Liebe, des Blutes (Leidenschaft), der Revolution, der Veränderung. Rot heißt *lohita*. *Lohita* ist bei uns Lohe. Rot ist das Feuer, das Feurige, Glühende. Es wird verglichen mit der

Malvenrose. Rot ist als Farbe am langwelligsten, hat die kleinste Schwingung und ist daher am ruhigsten – trotz der Aktivität! Rot steht hier für das Verbrennen, das Auflösen der Farbe, so wie das Abendrot verglüht. Nach dunkler Dichte (Blau) und heller Lichte (Gelb) gibt es nur noch die Auflösung des polaren Gebietes von hell und dunkel in dieser Dimension. Und das bewirkt Rot. Rot ist hier der Abschied von der Farbe. Normalerweise führt in der Sinnlichkeit rot über violett wieder zu blau, so dass sich der Kreis schließt. Hier aber geht es um Überwindung, um ein Ausbrechen aus dem Kreis, um ein Beendigen des Farb-Kreisens.

Die achte und letzte Überwindung (weiß): Weiß ist die Reinheit, die Unschuld, das Farblose, verglichen nicht mehr mit einer irdischen Blume (Hanf, Zimt, Malve), sondern mit etwas Astralem, mit der Venus. Hier ist die Zerstreuung des Lichts in die Farben beendet und es geht um die Heimkehr in den Ursprung der Farbigkeit. Das ist die letzte Feinheit der Form, die Grenzscheide zur Formlosigkeit. Weiß ist auch weise, es entspricht dem vierten Vertiefungsgrad (Gleichmut). Das Überwinden des Weißen wäre bereits Formlosigkeit, worüber bei den weiteren Freiungen im nächsten Kapitel zu handeln ist.

52.5 Allheit, Leerheit, Erreichung

Von den drei besonderen Übungen bedürfen die sogenannten *Kasiṇas* (Allheiten) einer besonderen Betrachtung, weil unter diesem Namen in Asien noch heute hier und da eine Konzentrationstechnik zu betreiben versucht wird. Es handelt sich bei dem, was der Buddha unter den zehn *Kasiṇas* versteht (M 77; D 33/4; A X 26) aber nicht um eine technische Methode, sondern um eine Hilfe für die Freiungen, d. h. um von der beschränkten sinnlichen Erlebensweise zu immer feineren Bewusstseinszuständen zu gelangen. Ausgangspunkt dafür ist die Fähigkeit des Geistes zur Imagination, zur höheren Phantasie. Normalerweise benutzt der Geist diese Fähigkeit, wie alles, nur zur Weltausbreitung – sie kann aber auch in den Dienst der Weltüberwindung gestellt werden. Der Mensch, der normalerweise von der Zwiefalt und dem Glauben an eine Welt außer ihm hypnotisiert ist, kann nun eine Selbsthypnose zur Heilung von der Unheilshypnose betreiben, wozu Kasiṇas eine Hilfe sein können. – Ein einfaches Beispiel: Wer kennt nicht das Spiel der Phantasie, die in die Abendwolken manche Gestalten hineinsieht und über diesem Spiel selbstvergessen und ruhig wird? Das gibt einen gewissen Anhalt in die Richtung der zehn *Kasiṇas.*

Als erste vier *Kasiṇas*, die angrenzende Sammlung bewirken können, werden die vier Elemente genannt, hier ohne Zwiefalt in sich (zweitlos):

> *„Da hab' ich den Jüngern die Pfade gewiesen, auf deren Stegen meine Jünger zehn Gebiete der Allheit erkunden: Der Erde Allheit gewahrt er, einig, nach oben, unten und quer, zweitlos, unermesslich.“*

Man konzentriert sich auf eine Wand (so J 459), auf eine Wasserfläche (J 70), auf die Wolken, auf einen Lichtschein. Man sieht nichts anderes als das jeweilige der vier Elemente. Und da beginnt irgendwann das Objekt sich zu beleben. Die projizierende Tätigkeit des Geistes, die kein sonstiges Spielzeug hat, bemächtigt sich dieses Dinges. So wie das Herz ist, so projiziert es, malt aus, formt, gestaltet. Und schließlich versetzt man sich selbst in dieses Bild, vergisst den Leib und ist wahrhaft „im Bilde“, d. h. ist „zweitlos“ (*a-dvaya*) geworden. Damit ist dasselbe erreicht wie bei den vier ersten Überwindungsgebieten (*abhibhāyatana*), nur durch die vier ersten Allheitsgebiete (*kasiṇ'āyatana*).

Die nächsten vier Allheiten entsprechen dann genau den vier reinen Farben der weiteren Überwindungsgebiete. Die neunte und zehnte Allheit dagegen gehört schon zur Formlosigkeit und ist erst im nächsten Kapitel zu besprechen.

Die Kasiṇa-Übung wird genannt: einig (wie auch jede der Überwindungen), nach oben und unten und quer gerichtet (wie die vier Strahlungen), zweitlos (das ist wohl erst ab der 3. Überwindung), unermesslich oder unbeschränkt (wie die 4. Überwindung, wie alle Strahlungen). Im Kanon heißt es, dass der Bodhisattva in früheren Leben durch *Kasiṇas* Vertiefungen erreichte, ebenso tat es der Patriarch Bodhidharma.

Als zweites werden die Leerheiten (*suññatā*) genannt, jedoch nur einmal im Kanon als konkreter Stufenweg allmählicher Entleerung des Bewusstseins von vergänglichen Inhalten (M 121). Dieser Weg geht parallel zu den Freiungen, ohne dass gesagt wird, dass diese leibhaftig erfahren werden müssten. Auch hier ist der Schwerpunkt in der Formlosigkeit, so dass die Form nur mit zwei großen Schritten abgetan wird:

Der Mönch entlässt als erstes die Vorstellung Mensch und Dorf, auch die der Mitkämpfergemeinschaft, eben die Vielfalt der Sinne, und nimmt nur einen einzigen Vorstellungsgegenstand auf: Wald. Das ist sein Vereinfachungssymbol für Weltferne. Er riecht wohl noch als Waldeinsiedler gute Waldluft, er sieht noch die immer gleiche Einfachheit der Bäume, aber er will nichts davon besitzen. Die Vereinfachung der tausend bizarren Vielfaltsformen ist ja schon dem Normalmenschen wohltuend, wenigstens für kurze Zeit: sollte er länger nichts anderes erleben, dann würden die Wälder von seinem Geiste Besitz ergreifen, er würde überschnappen (M 4). Der Waldeinsiedler-Mönch aber nimmt die Einfachheit des Waldes noch bewusst in den Geist auf und beruhigt sich dabei. – Wenn er darin geübt ist und eine gewisse Einigung errungen hat, dann entlässt er die Vorstellung Wald und nimmt die Vorstellung Erde als einzigen Gegenstand auf: Was es bei ihr an Berg und Tal, Wald und Wüste, an Flüssen und sonstigem gibt, das entlässt er und nimmt nur die große kreisrunde Scheibe der Erde auf. In diesem Kreissymbol wird alle Vielfalt vereinigt: Geschichte, Raum und Zeit. Es bleibt nur ein Lichtunterschied, ein Farbfleck, wie beim Heiligen Benedikt. Dieser Erdkreis als letzte Form ist gleichzeitig auch schön, so dass hier die ganze Ebene der Schönheit der reinen Farben (3. Freiung) übersprungen werden kann und danach als nächste Leerheit schon der erste Grad der Formlosigkeit (Raumunendlichkeit) folgt. Obwohl die Leerheiten im Pāli-Kanon nur derart am Rande genannt werden, sind sie im Mahāyāna Indiens zu einem Zentralbegriff geworden, allerdings nicht als Übung.

Eine dritte und letzte Sonderheit, die auch nur einmal im Kanon vorkommt (D 28), sind die Anblickserreichungen (*dassana-samāpatti*), von Neumann „Erfüllungen der Gesichte" übersetzt:

> „*Vier Arten gibt es von Anblickserreichungen: Da hat irgend ein Asket oder Priester in heißer Buße, in stetem Kampfe, in ernster Übung, in unermüdlichem Eifer, in tiefer Bedachtsamkeit eine Einigung des Gemütes errungen, wo er innig im Herzen eben diesen Körper da von der Sohle bis zum Scheitel, den hautüberzogenen, den unterschiedliches Unreine ausfüllt, sich betrachten kann* (es folgen die einunddreißig Körperteile). *Das ist die erste Anblickserreichung.*"

> „*Und indem er des Menschen Haut, Fleisch und Blut überschreitet, betrachtet er sich das Gerippe. Das ist die 2. Anblickserreichung.*"

„Indem er das überschreitet, erkennt er des Menschen Erfassensstrom, nach beiden Seiten ununterbrochen in Brandung zu dieser Welt, in Brandung zu jener Welt. Das ist die 3. Anblickserreichung.“

„Indem er das überschreitet, erkennt er des Menschen Erfassensstrom nach beiden Seiten ununterbrochen, ohne Brandung zu dieser Welt, ohne Brandung, zu jener Welt. Das ist die 4. Anblickserreichung.“

Dies beginnt mit der Körperbetrachtung der Unschönheit (s. o. bei Achtsamkeit), nur auf der Ebene der Einigung. Die erste Stufe entspricht dabei der ersten Freiung, und zwar der Unschönheit, wie sie bei den ersten beiden Überwindungen vorkommt. Hier erlebt man den Leib noch als innen. Auf der zweiten Stufe (2. Freiung = 3.-4. Überwindung) ist der Leib als Skelett, als etwas Totes, nach außen gerückt und ich bin innen ohne Formwahrnehmung. Auf der dritten Stufe gibt es keine Unschönheit mehr. Die Erfassung brandet noch zu dieser Welt (Sinne), aber auch schon zu jener (Brahma), pendelt noch. Die vierte Stufe dürfte schon der Unverstörung der Formlosigkeit entsprechen, wo die Erfassung nicht mehr zur Welt brandet, wörtlich „nicht gegenständlich“ (*a-patiṭṭha*) ist.

52.6 Erfahrungsberichte

Licht, Leuchten, Strahlen, Glanz – das wird in allen Religionen von den Göttern, dem Himmel und entsprechenden Vertiefungszuständen ausgesagt. !Licht ist dein Kleid“, (Psalm 104) heißt es von Gott. Oder es wird gesagt: „Eine Leuchte des Herrn ist des Menschen Lebenshauch, die alles im Innern des Leibes erhellt“ (Spr. 27). Und von Christus wird auf dem Tabor berichtet: „Und er ward verklärt vor ihnen und sein Angesicht leuchtete wie die Sonne, und seine Kleider wurden weiß wie ein Licht“ (Matth.17, 2). Trotz dieser und einiger ähnlicher Aussagen gilt besonders hier doch die Erkenntnis eines indischen Philosophen unseres Jahrhunderts:

„Die Bibel ist der am wenigsten interessante und wichtigste Teil der christlichen Literatur. Die späteren Autoren des Christentums sind weit tiefgründiger, interessanter und lehrreicher.“ (Tarachand Roy, *Tagebücher*, 134. o)

Plotin, einer der Väter der christlichen Mystik, sagt:

„Bist ganz und gar reines, wahres Licht, nicht durch Größe gemessen, nicht durch Gestalt umzirkt in engen Grenzen.“ (*Über das Schöne*)

„Der Geist verharrt unbewegt, ins Schauen versunken; er blickt auf nichts anderes als auf das absolut Schöne, ihm wendet er sich ganz zu, gibt sich ihm ganz hin, stillstehend und gleichsam mit Kraft erfüllt.“ (*Enneaden* V, 5:8)

„Der Wüstenvater Makarios erklärt, die Seele des Vertieften werde ‚ganz Licht, ganz Auge, ganz Geist, ganz Wonne, ganz Jubel, ganz Liebe, ganz Erbarmen, ganz Güte und Milde.‘“
(*Homilie* 18, 10)

Vom Heiligen Antonios berichtet Cassian, wie schon oben gestreift,

„dass dieser oft so sehr im Gebet verharrte, dass er häufig, wie wir hören, in seiner Gebetsverzückung, wenn die aufgehende Sonne sich auszugießen anfing, voll Glut des Geistes ihr zurief: ‚Was hinderst du mich, o Sonne, die du nur dazu aufgehst, um mich von der Klarheit dieses wahren Lichts abzuziehen.‘“ (Coll. IX, 3)

Christina Poniatovia, eine Mystikerin des Barock, erlebte blendendes weißes Licht, das durch eine Öffnung im Himmel auf sie zuzukommen schien: Nach Abklingen dessen waren ihre Augen von diesem Glanz so affiziert, dass sie vier Tage lang weder Kerzen- noch Sonnenlicht vertragen konnte. Die Heilige Therese von Avila schreibt:

> *„Es ist dies ein Licht, welches von dem, das man auf Erden sieht, ganz verschieden ist. Im Vergleich mit diesem Licht erscheint selbst die Klarheit der Sonne, welche wir sehen, so dunkel, dass man ihretwegen nicht einmal die Augen mehr öffnen möchte."*
>
> (*Autobiographie*, München 1919, S. 366)

Der glanzreiche Widerglast (Seuse), das fließende Licht der Gottheit (Mechthild v. Magdeburg), von innen das Licht, so die Finsternis bricht (Ruysbroek), das wird von Symeon dem Neuen Theologen wie folgt beschrieben:

> *„Ich erblickte etwas Wunderbares, denn sieh, ein großes Licht leuchtete geistig in mir auf und ergriff Besitz von meinem Geiste und meiner Seele ... dieses Licht selbst, das aus meiner Seele die ganze Finsternis und jegliche irdische Überlegung verscheuchte. Es erzeugte in meiner Seele eine große Freude, ein geistiges Gefühl und eine Labsal, die über jede sinnliche Labsal hinausgeht. Auch die Freiheit schenkte es mir und die Vergessenheit aller Gedanken, die in der Welt sind."* (*Homilie* 86)

Immer wieder finden wir sehr ähnliche Erlebnisberichte des Lichtes:

> *„Mein ganzes inneres Wesen durchdringend, schien das unbeschreiblich glänzende Licht eine wunderbare Wirkung in allen Gliedern hervorzurufen, indem es mein Fleisch und Gebein bis ins Mark auflöste, so dass ich die Empfindung hatte, mein ganzes Wesen sei nichts anderes als jener göttliche Lichtstrahl, der in unbeschreiblich wonniger Weise in sich selber spielend meiner Seele eine unvergleichliche Heiterkeit und Fröhlichkeit bereitete."*
>
> (Gertrud d. Gr., *Gesandter* II, 21)

> *„Vermöge dieser Flut aber wird der Mensch im Innern unbeweglich, seiner selbst ohnmächtig und unfähig zu allem Tun. Und weder weiß noch fühlt er im Tiefsten seines Grundes, in Leib und Seele, etwas anderes denn allein einen wundersamen Lichtglanz voller Wonnegefühl und durchdringendem Wohlgeschmack."*
>
> (Ruysbroek, *Zierde der geistlichen Hochzeit* II, Kap. 71)

> *„Das Endlossein ist Gott zwar nit,*
> *jedoch das Licht, mit dem man sieht.*
> *Der, wer im Licht-Endlosen geht,*
> *das Unerschaffene erspäht."* (Ruysbroek, *Die 12 Beghinen*)

In der indischen Mystik finden sich ganz ähnliche Berichte noch aus neuester Zeit. Die bengalischen Mystiker sagen:

> *„Ich sah die ganze Welt mit feurigen Funken erfüllt; ich nahm wahr, wie alles in silbriges Licht getaucht schien: Da glich die Welt einem Quecksilbermeer oder einem Ozean aus flüssigem Silber. Dann erschienen mir die Weltgegenden wie mit Kerzen erleuchtet."*
>
> (Ramakrishna, *Evangelium*, S. 236 der deutschen Ausgabe)

> *„Mit offenen Augen sah ich, wie die Mauern und alles andere im Zimmer umeinander wirbelte und sich in Nichts auflöste. Das ganze Weltall zusammen mit meiner eigenen Person waren im Begriff, in einer alles umfassenden geheimnisvollen Leere zu versinken."*
>
> (Vivekananda)

„In meinem raumhaften Blickfeld vibrierten und zitterten die Gegenstände wie Filmbilder. Mein Körper, die Gestalt des Meisters, die Säulen des Hofes, Möbel, Flur, Bäume und Sonne bewegten sich immer heftiger, bis sie in einem einzigen Meer leuchtender Wellen untergingen; so löst sich der Zucker im Wasser auf, das man schüttelt ... Unsagbare Freude durchdrang meine Seele wie Wogen des Meeres.“ (Yogananda, *Autobiographie* S. 128)

„Zuerst floss eine wohltuende Kältewelle über meinen Rücken herunter bis zu den Füßen und brachte mir sofort Erleichterung. Dann schien sich der Tempel zu meinem großen Erstaunen in unendliche Weiten auszudehnen ... Ich wurde von unbeschreiblicher Freude erfüllt. Der Atem wurde auf geheimnisvolle Weise aus meinen Lungen herausgesogen. Mein Körper verharrte in vollkommener Ruhe und blieb doch belebt. In der Ekstase erweiterte sich mein Bewusstsein ... Die Mauern aller Gebäude erschienen durchsichtig ... Wie Röntgenstrahlen durchdringt die geistige Schau den Stoff... Alles Übrige behielt sein normales Aussehen, obwohl in sanftes Licht getaucht, strahlend, in allen Farben des Regenbogens. Mein Körper schien ätherisch geworden und bereit, sich aufzulösen“. (a.a.O. S. 180)

Und buddhistische Mönche Chinas sagen:

„Das ganze Universum ist dein eigenes Licht. Das ganze weite Universum ist in dem Lichte deines eigenen Bereichs enthalten. Im ganzen weiten Universum gibt es nichts, was nicht du selbst bist.“ (Djing tsen, in: *Biyānlu* Bd. 2, S. 74)

„Ich fühlte, als ob dieser endlose Raum in Stücke gebrochen und die große Erde gänzlich dahingeschwunden sei. Ich vergaß mich selbst. Ich vergaß die Welt. Ich war gleich einem Spiegel, der einen anderen Spiegel widerscheint.“ (Kao-Peng, bei: Dumoulin, Zen, 1959, S. 271)

„Als ich um mich und nach oben und unten schaute, erschien das ganze Weltall – mit seinen vielfachen Gegensätzen jetzt völlig anders. Was zuvor hässlich und mit Unwissen und Leidenschaften beschmutzt war, schien jetzt nichts anderes zu sein als der Ausfluss meiner eigenen innersten Natur, die in sich selbst hell, wahr und durchsichtig blieb. Dieser Bewusstseinszustand dauerte mehr als einen halben Monat.“ (Hsüeh-yen Tsu-ch'in, a.a.O. S. 272)

Ein japanischer Zen-Meister des 19. Jahrhunderts sagt:

„In einer Nacht während der Zazen-Übung war plötzlich die Grenze von Früher und Später wie abgeschnitten. Ich trat in den guten Bereich des überaus Wunderbaren ein. Ich befand mich wie auf dem Grunde des Großen Todes, keine Wahrnehmung vom Sein aller Dinge und vom Ich blieb. Ich fühlte nur, wie in meinem Leib ein Geist sich zu zehntausend Welten ausweitete und ein unendlicher Lichtglanz entstand. Nach einer kurzen Weile atmete ich auf. Blitzartig plötzlich waren Sehen und Hören, Sprechen und Bewegen von dem am gewöhnlichen Tage verschieden. Als ich die höchste Wahrheit und den wunderbaren Sinn des Weltalls suchte, war mein Selbst klar, und die Dinge erschienen offenbar. Im Übermaß des Entzückens vergaß ich, dass meine Hände von selbst sich in der Luft hin und her bewegten und dass meine Füße tanzten.“ (Imakita Kosen, a.a.O. S. 271)

53. Gleichmut und Gleichmuts-Erweckung (*upekkhā-sambojjhaṅgo*)

„Der Mensch, der gelassen hat und gelassen ist und nie mehr einen Blick auf das wirft, was er gelassen hat, und stetig unbewegt bleibt und unwandelbar in ihm selber: der Mensch allein ist gelassen."

(Deutscher Mystiker, bei Malzer, *Staunen und Gelassensein*, Hamburg 1960, S. 34)

Fernab im Rücken lassen Wohl und Wehe,
was Frohsinn war, was Trübsinn einst erschienen;
so Gleichmut innig üben, Ruhe, Reinheit:
allein nur wie das Nashorn mag man wandern. (Sn 67)

Bevor nun, auf die vier Arten der Einigungs-Erweckung folgend, die letzte der sieben Erweckungen zu behandeln ist, nämlich die Gleichmuts-Erweckung, bedarf es noch der Vorschaltung einer Klärung des Phänomens, was eigentlich Gleichmut ist.

53.1 Wesen des Gleichmuts

Vom deutschen Worte her ist Gleichmut ein in allen Lebenslagen gleiches Gemüt. Gemeint ist dabei natürlich nicht, dass das Gemüt entweder immer traurig oder immer fröhlich sei, gleichviel was geschehe, sondern dass es weder von Freude noch vom Leiden in seinem inneren Gleichgewicht gestört werden kann. Die Gleichheit des Gleichmutes ist also eine Ausgeglichenheit, die untreffbar und unbeeinflussbar ist, also eine Unabhängigkeit von den Dingen, die sonst den Menschen bewegen. Diese Unabhängigkeit ist nur möglich, wenn man Abstand von den Dingen halten kann, wenn man es vermag, sich nicht von ihnen hinreißen zu lassen. Der Gleichmut ist daher, wie das Pāliwort es deutlicher ausdrückt, die Haltung eines Zuschauens, eines neutralen Beobachters, der unparteilich ist. Gleichmut (*upekkhā*) ist wörtlich: Darüber hinaus (*upa*) sehen (*iks*), d. h. sehen, als ob man nicht sähe. Ein solcher Zuschauer überblickt die jeweilige Situation am allerbesten, er ist wirklich „bei der Sache" und sieht derart genau, dass er sie völlig durchschaut. Das Sehen des Gleichmuts ist also weder betontes Hinsehen (Anziehung), noch betontes Wegsehen (Abstoßung), noch ein nachlässiges Übersehen von etwas (Unachtsamkeit). Das darüber hinaus Sehen des Gleichmuts sieht nur über eines hinweg, übersieht nur eines, nämlich die eigene Engagiertheit, sofern sie noch vorhanden ist. Das reine Zusehen des Gleichmutes ist also nur möglich, wo man unbewegt, ungerissen, unfasziniert ist, wo man eben nur die Dinge sieht, wie sie sind. Nur wenn es mir gleich ist, ob etwas kommt oder geht, ob etwas ist oder nicht ist, dann sehe ich es unbeteiligt. Darum wird vom Gleichmut gesagt, dass er ohne Anziehung (D 33 VI), ohne Widerstand (M 55) und jenseits von widerwärtig und unwiderwärtig sei (M 152). Frei von Zu- und Abneigungen, von Sympathien und Antipathien sieht der Gleichmut immer mehr als die Beteiligten, die durch ihre Parteilichkeit die Dinge verzerrt und gefärbt sehen.

Indem der Gleichmut von höherer Warte aus sieht, ist er seinem Wesen nach eine Freiheit von Subjektivität. Wo man noch ein Ding dem andern vorzieht, da hat man Liebes und Unliebes, und da wird man durch Liebes angezogen und durch Unliebes abgestoßen. Wo derart die Triebe herrschen, sieht man nicht objektiv. Gleichmut ist also eine zumindest momentane Triebfreiheit, nämlich in Bezug auf das jeweils Begegnende. Jedes frei Sein von einer Tendenz, sei es, dass ich sie überhaupt nicht habe oder sie momentan nicht in mir aufkommt, ermöglicht einen Raum der Freiheit, in den der Gleichmut einzieht.

So leicht es ist, den Gleichmut derart zu definieren, so schwer ist es, ihn wirklich zu praktizieren. Wie würde vollkommener Gleichmut konkret aussehen? Ob ich gelobt oder getadelt werde, ob mir im Leibe wohl oder wehe ist, ob ich arbeiten muss oder ruhen kann, ob ich beachtet oder links liegen gelassen werde, ob in der Welt Krieg oder Frieden herrscht, ob die guten oder die bösen Dinge in der Welt zunehmen, ob gar die Welt besteht oder untergeht – wenn jeweils bei mir Gleichmut vorhanden wäre, würde ich in allen jenen Lebenslagen im Gemüte gleich ausgeglichen bleiben. Ohne Stellung zu nehmen, würde ich inmitten aller Bewegung unerschüttert bleiben und immer wieder nur das eine Urteil sprechen: „Ja, und?" Wenn der Gleichmut nicht eine solche Sicherheit erreicht, wohin nichts Störendes reicht, dann ist er noch kein Gleichmut.

Der wahrhaft Gleichmütige weiß, dass dies alles hier, was erlebt werden kann, nicht wirklich gilt. Er hat den Traum des Lebens als Traum durchschaut und ist Zuschauer des Welt-Theaters geworden. Er hat es aufgegeben, sich von tausend Einzelwissen bewegen zu lassen. Ob er noch dieses oder jenes weiß oder nicht – er weiß genug, um den Weg zur letzten Vollendung des Gleichmuts zu gehen. Fraglos, nicht mehr ein Spielball der Meinungen und Ereignisse, liest er überall nur das eine ab: *Das bin ich nicht.*

Gleichmut ist, kurz gesagt, ein Weder-wohl-noch-weh-Gefühl. Gleichmut ist also noch Gefühl, wenngleich wir dieses Gefühl nicht so zu nennen gewohnt sind, er ist nicht Nichtgefühl. Es ist noch eine Zweiheit da, insofern noch Berührung, aber die Berührung verändert das Herz nicht, das von ihr unbeeinflussbar ist. Der Körper als Gemächte des einstigen Durstes kann zwar sogar beim Heiligen noch Wohl und Weh empfinden und muss es erdulden, aber das Herz des Heiligen bleibt davon unberührt. Nur das Sinneswerkzeug wird dann noch berührt, aber in ihm haust kein Anliegen mehr. Der Gleichmut ist auch gleichmütig gegenüber den am Leibe noch möglichen Wohl- und Wehgefühlen. Sie machen ihm nichts aus, er macht sich nichts draus:

Berührt von Wohl bleibt er dabei nicht,
berührt von Wehe wird er nicht mehr wanken,
berührt von beiden bleibt er gleichen Mutes. (S [IV] 35, 94)

Indem man versucht, sich derart den vollkommenen Gleichmut vorzustellen, merkt man erst, wie weit man davon noch entfernt ist. Aber es lässt sich auch ahnen, welch ein lohnendes Ziel es ist, die unverletzbare Unverletztheit des Gleichmuts zu erlangen, bei welchem es keine Verluste und Gefahren und Bedrohungen mehr gibt.

53.2 Zur Begriffsgeschichte

Seit jeher wurde von den großen Menschen, die sich nicht mit vergänglichen Dingen begnügten, eine Verfassung des Gleichmutes angestrebt. Besonders bekannt wurde die antike Schule der Stoa. Die stoische Haltung der Unbewegtheit wurde zum Ideal und Programm dieser Lebensphilosophie. Der Stoiker strebte den Gleichmut unter drei Namen an:

a-patheia	= *im-passibilitas*	= Leidenschaftslosigkeit
a-taryia	= *im-perturbatio*	= Unverstörbarkeit
eu-thytes	= *in-sensibilitas*	= Unempfindlichkeit

Innen unempfindlich zu werden, von außen unverstörbar: das bedeutete *Apatheia*. Diese *Apatheia* ist keine „Apathie", nämlich Schwäche, Stumpfsinn, Interesselosigkeit, Fatalismus, Sich-Gehenlassen. Der philosophische Begriff der *Apatheia* meint wörtlich „ohne Leiden", nämlich weil man keine Leidenschaften mehr hat. Diese Leidenschaftslosigkeit ist eine Triebfreiheit im jeweiligen Rahmen, also ein relativer Gleichmut.

Thomas a Kempis nennt die Leidenschaftslosigkeit die gute *resignatio*, Ignatius von Loyola die *indifferentia* – indes haben auch die Worte Resignation und Indifferenz im Deutschen einen negativen Klang. Wegen der Verwechslung mit Apathie, Resignation und Indifferenz wurde die Leidenschaftslosigkeit auch immer wieder in Misskredit gebracht. Daher kann Thomas von Aquino sagen, es sei gar nicht das Ziel, die Leidenschaften zu zerstören und die Unempfindlichkeit sei gar keine Tugend, sei rücksichtslose Kälte: Diese Kritik richtet sich gegen eine Haltung, die nichts anderes tut, als aktive Leidenschaften durch passive zu ersetzen, die also überhaupt keine Leidenschaftslosigkeit ist. Überdies glaubte die offizielle Kirche nicht an völlige Leidenschaftslosigkeit im Leibe und musste daher konsequenterweise die Behauptung eines Gleichmuts, den man habe, als Nachlassen im Kampf gegen die Sünde verurteilen. So wandte sich die Kirche immer wieder gegen den Quietismus. Dieser regte sich schon in der Frühzeit im Osten bei der Sekte der Euchiten (Messalianer), die nicht arbeiten, sondern nur beten wollten, aber dabei aufdringlich Unterhalt für sich beanspruchten und oft streitlustig waren. Die Palamiten und Hesychasten, d. h. die Anhänger und Nachfolger von Gregor Palamas und Hesychius von Jerusalem, konnten dagegen die ostkirchliche Anerkennung erlangen und die Nüchternheit des Herzensgebetes als Weg zum Herzensfrieden (Hesychia) in die dortige Praxis einbauen. Im Raum der Katholischen Kirche hingegen war man weniger aufgeschlossen, und so wurden der Spanier Molinos und der Franzose Fénelon wegen Quietismus verurteilt. Dies war auch einer der Gründe, gegen Meister Ekkehart vorzugehen. Dieser hatte verkündet:

> *„Wahre Abgeschiedenheit bedeutet, dass der Geist so unbeweglich steht in allem, was ihm widerfährt, es sei liebes oder leides, Ehre und Schande, wie ein breiter Berg unbeweglich steht in einem kleinen Winde."* (*Traktat* 9)

> *„Das heiße ich Gnade, dass einen alle fröhlichen und lustlichen Dinge nicht erfreuen mögen und alle peinvollen und widerwärtigen Dinge nicht betrüben mögen."*
>
> (*Liber positionum* Nr. 71)

> *„Nichts im Himmel und auf Erden mag ihn betrüben, er sitzt in solchem Frieden, dass Himmel und Erde untergehen könnten, er bliebe unbewegt".* (*Predigt* 42)

> *„Der Himmel leidet keinen fremden Eindruck: kein Schmerz und Not, nichts, was ihn außer sich bringen könnte, kann in ihn dringen. So gefestigt und bestätigt muss auch die Seele sein, wenn sie Gottes inne werden soll, so dass nicht in sie zu dringen vermag weder Hoffnung nach Furcht, weder Freude noch Kummer, weder Liebe noch Leid, noch irgendetwas, was sie außer sich bringen könnte. Der Himmel ist ferner an allen Orten gleichweit von der Erde: so soll auch die Seele fern sein von allen irdischen Dingen."* (Predigt 64)

> *„Wenn er dazu kommt, dass ihn alles in Himmel und auf Erden nicht betrüben mag, so mag es ihn auch nicht erfreuen."* (*Spruch* 22)

> *„Das ist des Herzens Ruh und Frieden, dass kein lieb noch leid es mag bewegen noch betrüben."* (Bei Jostes, 1895, Anhang Nr. 2)

Ein Nachklang der kraftvollen Aussagen Meister Ekkeharts über die Gelassenheit, die sich selbst und alle Dinge lässt, findet sich noch bei Angelus Silesius:

„Ein grundgelassner Mensch
ist ewig frei und ein
kann auch ein Unterschied
an ihm und Gotte sein?“
(Chw II, 141)

„Gelassenheit fäht Gott:
Gott aber selbst zu lassen,
ist ein Gelassenheit,
die wenig Menschen fassen.“
(ChW II, 92)

Einige Bilder aus Asien mögen die Ausführungen über die Geschichte des Gleichmuts abrunden:

Es waren einmal drei indische Mönche, die besaßen magische Macht. Sie konnten ihre Gewänder beim Baden in die Luft hängen. Dabei sahen sie einmal, wie ein Fischreiher einen Fisch packte. Der Erste sagte: „Der böse Vogel“ – da fiel sein Gewand herunter. Der Zweite sagte: „Der arme Fisch“ – da fiel sein Gewand herunter. Der dritte dachte: „So ist es, alles ist Wandlung“ und sein Gewand blieb hängen, denn er verurteilte niemanden und missgönnte niemandem etwas.

Es waren einmal drei Chinesen, die diskutierten über das Sprichwort, das Leben gleiche dem Essig. Der eine war ein Anhänger des Konfuzius und sagte: „Das Leben ist sauer wie der Essig, man muss sich ständig anstrengen, um die Pflichten der Tugend zu erfüllen.“ Der zweite, ein Taoist, sprach: „Das Leben ist süß wie der Essig; überall waltet das TAO, mit dem in Einklang zu leben, höchste Süße ist.“ Der dritte, ein Buddhist, erklärte: „Das Leben ist süßsauer wie der Essig. Sauer wird süß, süß wird sauer, in unendlichem Kreislauf, darum wendet der Weise sich vom Unbestand ab und bleibt gelassen.“

53.3 Gleichmut und Gleichgültigkeit

Es gibt nun sehr verschiedene Ebenen des Gleichmuts, deren erste eine weltliche Gleichgültigkeit ist, die am meisten mit dem echten Gleichmut verwechselt wird und die daher einer besonderen Klärung bedarf.

Man kann die Gleichgültigkeit wie folgt definieren: als einen momentanen, rein zufälligen Gleichmut bei gewissen Sinnendingen bei gleichzeitiger umso stärkerer Bindung an andere Sinnendinge. Unter den tausend Sachen, die den normalen Menschen interessieren, gibt es auch einmal etwas, das ihn nicht interessiert und das ihm gleichgültig ist. Dafür einige praktische Beispiele: Mir kann es gleichgültig sein, ob hinten fern in der Türkei die Völker aufeinanderschlagen, aber ob mein Land Krieg führt oder ob jener Krieg die Benzinpreise erhöht, ist mir nicht gleichgültig. Oder mir kann es gleichgültig sein, ob ich heiße oder kalte Milch bekomme, aber mir ist es nicht gleichgültig, wenn ich stattdessen Wasser oder gar nichts zu trinken erhalte. Mir kann es gleichgültig sein, wie das Wetter draußen ist, aber ich bin nicht einverstanden, wenn gar kein Wetter mehr ist, indem die Welt untergeht. Oder mir ist es gleichgültig, wenn meinen Nachbarn ein Unheil trifft, aber nicht, wenn es mich betrifft.

Gleichgültigkeit in diesem Sinne ist also eine Art asozialer Egoismus dessen, der rein zufällig einmal an etwas unbeteiligt ist, das ihn vielleicht schon im nächsten Augenblick wieder bewegen kann. Solche Gleichgültigkeit richtet sich gegen Dinge und gegen andere Wesen, aber nicht gegen die eigenen Triebe. Insofern ist sie nur eine Erscheinungsform der Triebe, eine Verlagerung, die keinen heilsamen Nutzen hat. So kann man kurz sagen: Der echt Gleichmütige ist besonders auch gleichmütig gegenüber allem, was ihm selber geschieht; der Gleichgültige dagegen ist nur gleichmütig gegenüber dem, was anderen und außen geschieht. Der Gleichgültige sagt „Das bin ich nicht, das geht mich nichts an" nur vom anderen; der Gleichmütige dagegen sagt es von allem, was ihn betrifft.

Der echte Gleichmut ist also gerade nicht mitleidslos und pflichtvergessen wie die Gleichgültigkeit, sondern er ist geradezu die Voraussetzung, um echt helfen zu können:

> *„Nur ein völlig über den Dingen stehender Mensch, der dem eignen Wohl und Wehe gegenüber indifferent geworden ist – nicht aber gegenüber den anderen Wesen – ist imstande, allen Wesen die gleiche Anteilnahme zu widmen, unbeirrt, ob andere ihm Wohlwollen oder Feindschaft entgegenbringen."* (Govinda, *Psychologische Haltung der frühbuddhistischen Philosophie*, Zürich 1962, S. 153)

Nur der Gleichmütige kann erkennen, wie sehr alle, alle Wesen, er selber eingeschlossen, Erben ihres Wirkens sind und wie schwer es ist, an der Wucht der Triebe, der eigenen wie der fremden, etwas zu ändern. Der Gleichmut erkennt nüchtern, wieweit man anderen helfen kann und wieweit nicht, und er bleibt auch dabei gelassen und lässt die Werturteile hinter sich:

> *Gleichmütig ist er, achtsam stets,*
> *vergleicht nicht wieder sich der Welt,*
> *ob er da besser, schlechter sei,*
> *wird also nimmer sein empört.* (Sn 855)

Der Buddha nennt die Gleichgültigkeit „mit dem Hause verbundener Gleichmut" und sagt:

> *„Hat man mit den 6 Sinnen ein Objekt erlebt und bleibt gleichgültig, als Tor unbewusst, ein gewöhnlicher Mensch, der Einwirkung und Befruchtung nicht entfremdet, ohne das Elend zu sehen, ein unerfahrener gewöhnlicher Mensch, so kann ein solcher Gleichmut die Formen, Töne, Gerüche, Geschmäcke, Tastungen, Gedanken nicht überwinden. Darum wird dieser Gleichmut mit dem Hause verbunden geheißen."* (M 137)

Es ist der grobe Gleichmut (S [IV] 36, 29), der nur nach außen und nicht nach innen gerichtet ist (S [V] 46, 52), der vielfältig Vielfalt sucht (M 54).

53.4 Die Formen des höheren Gleichmuts

Jeder Gleichmut, der über die genannte weltliche Gleichgültigkeit hinausgeht, ist höherer Gleichmut. Er ist mit der Entsagung verbunden (M 137), ist fein (S [IV] 36, 29), nach innen gerichtet (S [V] 46, 52). Dabei lassen sich folgende Ebenen unterscheiden:

Es gibt, ohne Kenntnis der Lehre des Erwachten, in anderen Religionen eine Weise des höheren Gleichmuts, die weltüberhöhend, aber noch nicht existenzüberhöhend ist. Dieser Gleichmut kann jeweils in einer der vier Schauungen herrschen oder gar in einer der vier Formlosigkeiten. Auf diesen acht Stadien ist der Gleichmut jeweils gegenüber allen unter ihm liegenden Stadien gleichmütig und neutral und unbewegt, nicht dagegen betreffs des je erreichten Zustandes und dessen, was über ihm ist. Solcher Gleichmut, auch in seiner formlosesten Form, ist aber unbeständig, ist nur zeitweise, geht wieder verloren.

Wenn in den Lehrreden von Gleichmutsfähigkeit gesprochen wird (*upekkh'indriya*), die bis zum Nirvāna-Erlebnis hin als neutrales Gefühl bestehe (S [V] 48, 36 und 40), dann bedarf dieser Begriff in zweierlei Hinsicht einer Abgrenzung. Während die fünf heilsamen Herzensfähigkeiten allein durch die Lehre entstehen und nicht anderswo (S [V] 48, 18), wird dies von den fünf Gefühlsfähigkeiten, deren höchste die Gleichmutsfähigkeit ist, nicht gesagt. Vielmehr heißt es, dass ein Merkmal der Frucht der Hörerschaft gerade darin bestehe, diese fünf Gefühlsfähigkeiten in ihrer Wandelbarkeit zu durchschauen (S [V] 48, 32). Ferner gibt es hierbei auch nicht den Unterschied zwischen Fähigkeit und Kraft: Ein solcher besteht nur bei Herzenseigenschaften, nicht dagegen bei dem, was aus dem Herzen an Gefühl hervorgeht: Gefühl ist allein Fähigkeit, nicht Kraft.

Die Gleichmutserweckung hingegen ist diejenige Gleichmutsfähigkeit, welche erstens durch die Lehre von der Erwachung erzeugt ist und die zweitens bei der Formlosigkeit besteht. Ein Gleichmut, der auf dem Weg der Lehrnachfolge innerhalb der Form besteht und sich in den vier Vertiefungszuständen ausdrückt, gehört noch zur Einigungserweckung und noch nicht zur Gleichmutserweckung. Erst wo auch der Gleichmut der vierten Schauung oder Strahlung überschritten ist und Formlosigkeit aufgegangen ist, besteht Gleichmutserweckung. Oder man könnte sagen, dass sich in der vierten Schauung Einigungs- und Gleichmutserweckung gewissermaßen überschneiden. Die vierte Schauung wird ja oft als Inbegriff des Gleichmuts genannt – aber dieser Gleichmut ist insbesondere darauf gerichtet, der feinsten Formverdünnung, dem letzten feinen Weiß, zuzusehen und wenn auch das fortfiele, wäre er nicht mehr gleichmütig. Die Gleichmutserweckung hat alle Form als Beeinflussung, als Schatten, als Herzenstrübung abgetan. Jedes Ding wäre noch eine Ablenkung, ein Hindernis für den vollkommenen Gleichmut. Der letzte Schatten war das reine Licht des Weiß, eben der feinsten Schönheit bei der dritten Freiung, der Sprung darüber hinaus geht in das formbefreite Herz selber. Und das wird Inhalt des folgenden Kapitels sein, das die vier formlosen Freiungen als Ausdruck der Gleichmutserweckung behandelt.

Die Gleichmutserweckung als siebte Erweckung schließt die Erweckungen ab. Damit kommt auch das Ende der beiden großen Gleichnisreihen, die bisher durch alle Erweckungen verfolgt wurden:

In dem Bilde vom Garten wurde die Einigungserweckung mit dem Baden und Schwimmen im Teich verglichen. Will man die Überhöhung durch die Gleichmutserweckung im Bild ausdrücken, dann ließe sich sagen, dass man dabei auf einer Luftmatratze auf dem Wasser liegt und keinerlei Schwimmbewegung mehr zu machen braucht. Das ist noch ruhiger als selbst das Schwimmen in Rückenlage, wo man (normalerweise) nur ab und zu einen Beinschlag machen muss, um sich oben zu halten (das wäre etwa die 4. Schauung). Erst da, wo alle Körperlichkeit und alle Form überwunden ist, ist die Ruhe der Gleichmutserweckung.

In dem Bilde von den sieben Schätzen oder Juwelen ist die Gleichmutserweckung mit dem Kanzler des Kaisers zu vergleichen, mit dem klugen Ratgeber, der völlig unbeeinflusst die Dinge sieht. Die Gleichmutserweckung ist von keinerlei formhaften Dingen und Grenzen mehr beeinflusst, weil es eben keine Formen mehr gibt. Die Form, das größte Hindernis für die endgültige Befreiung, ist hier unwiderruflich durchschaut und wird zeitweise überwunden: Das ist die Unbeeinflusstheit des Kanzlers.

Es bleibt nun noch eine Frage, wieso es heißt, dass jeder Heilige die sieben Erweckungen durchschreite, während es andererseits heißt, dass der Weisheitserlöste die formlosen Freiungen – und das ist die Gleichmutserweckung – nicht erlebe. Der Weisheitserlöste erlebt danach also nur sechs Erweckungen. Dazu wäre zu sagen, dass es auch schon bei der Einigungserweckung das gibt, dass ein Weisheitserlöster allein die erste Schauung leibhaftig erfährt, alle anderen Vertiefungsgrade, formhafte und formlose, dagegen nur geistig erfährt. So muss jeder auf dem Weg zur Heiligkeit geistig auch die Gleichmutserweckung erfahren, dagegen erlebt diese körperlich nur der Körperzeuge. Allerdings ist der Unterschied zwischen leibhaftiger und geistiger Erfahrung hier, wo es sowieso um reine Geistigkeit geht, nicht mehr so groß. Die jetzt folgende Behandlung der Gleichmutserweckung bezieht sich dann ebenso gut auf das leibhaftige Erfahren (formlose Freiungen) wie auf das geistige Durchdringen, das sowohl der Weisheitserlöste als auch der Körperzeuge bewältigen müssen. Man kann ohne leibhaftiges Erfahren der formlosen Freiungen heilig werden, aber niemand kann ohne geistiges Durchdringen dieser Zustände die Triebe überwinden.

54. Die Stufen des Gleichmuts in der Formfreiheit (*arūpa*)

„Bloßheit steht ohn' Unterscheid,
es rührt sie weder Lieb noch Leid;
Bloßheit kam nie aus, nie ein:
sie ist ein stilles g'schieden sein.
Scheidet euch von icht,
dann sinket ihr in n'icht.“ (Anonymer Mystiker des 14. Jh.)

Wo die Erfassung anblickslos,
unendlich, allwärts selber-licht:
da kann nicht Flüss'ges, Festes nicht,
nicht Feuer und nicht Luft bestehn,
nicht groß und klein, nicht grob und fein
und was da schön und unschön ist. (D 11)

Die Gleichmutserweckung ist das Erfahren der vier Stufen der Formfreiheit durch den heilskundigen Nachfolger des Erwachten. Es ist jener Gleichmut, der einfältig, mit Einheit verbunden ist, nämlich der Gleichmut der vier Formfreiheiten (M 137). Was ist nun diese Formfreiheit, Formlosigkeit, Gestaltlosigkeit?

54.1 Form und Formlosigkeit

Die oberste und feinste der drei „Welten“ ist die formlose Daseinsebene, d. h. die Dimension formloser Gottheiten. Will man für diese Existenzweise eine Parallele in der anderweitigen religiösen Erfahrung finden, dann gehören hierher etwa die Begriffe des Para-Brahm (Über-Brahmā) oder *guṇ'atita* bzw. *a-guṇa* Brahma (eigenschaftsloser Brahma) im Hinduismus des VEDĀNTA sowie die Begriffe Gottesgrund und Gottheit im Sinne Meister Ekkeharts. Nur die größten Mystiker sind überhaupt bis in diesen Erfahrungsbereich vorgedrungen und im Abendland ist er nach Ekkehart bald wieder vergessen worden. Darum ist dieser Bereich dem westlichen Menschen noch unbekannter und unverständlicher als die bisherigen Formen der Einigung.

Um diese Ebene – die der Buddha bewusst nicht mehr Welt, sondern nur noch Dasein nennt – zu verstehen, muss man zutiefst sich selber verstehen. Man muss, mit Ekkehart ausgedrückt, Gott derart in der Seele erfahren, dass Seelengrund und Gottesgrund sich als identisch erweisen. Eine solche Erfahrung ist nicht mehr der Aufschwung zum Lichten, nicht mehr die Ekstase und Verzückung der Seele wie bei den formhaften Seinsweisen brahmischer Sphäre. Ekkehart sagt:

„Ein Meister aber spricht:
Der Himmel hat kein Licht.
Er ist zu hoch dazu.“ (Predigt 98)

Es handelt sich hier darum, die Dimension, welche im Gleichmut der vierten Vertiefungsstufe im geistgebildeten Körper (*manomaya-kāyo*) gewonnen wurde, nunmehr in den Tiefen des Geistes als wahrnehmungsgebildet (*saññāmaya*) zu befestigen und den Geist damit ganz zu durchdringen. Das ist ein Eindringen in jene Tiefen der Seele, wo Geist und Seele sich immer näher kommen, hinzielend auf ihre Identität. Während die formhaften Seinsweisen der Brahmawelt die Einheit von Körper und Welt zum Gegenstand hatten, d. h. die Allheit der Form (Pan), wird in der Formlosigkeit nun der Ursprung jeder Idee von Allheit im Geiste entdeckt. Die reine Formwelt war unbeschränkt (*a-ppamāṇa*), die Formlosigkeit ist unendlich (*an-anta*). Form ist immer endlich, Unendlichkeit gibt es nur im Geiste.

Ekkehart sagt: „Was wir von der ersten Ursache vorstellen, sind mehr wir selber“ (Predigt 99). Ähnlich sagt es der Ekkehart der Sufis, Bayazid. Einmal wurde er gefragt: „Alle verborgenen und offenbaren Dinge, der Thron Gottes und die Erde, die beiden Welten, Was ist das alles?“ Er erwiderte: „Das alles bin ich. Sobald die Leibseelenexistenz sich auflöst, gehen auch beide Welten unter. Nichts bleibt, wenn du nicht bleibst, denn du bist diese wie jene Welt.“ Alles Bisherige waren nämlich Vorstellungen eines Subjekts von formhaften Objekten, seien diese Vielheit (Sinnenwelt) oder Einheit (Brahmawelt). Jetzt geht es zurück von diesem räumlich ausgebreiteten Gegensatz von Subjekt und Objekt, auch von seiner feinsten Allheit, und es geht hin zu dessen Grund und Ursache und Idee. Nach Ekkehart ist Gott als Gottheit nicht irgendein von mir unterschiedenes Gegenüberwesen, also kein Objekt, sondern er ist ein anderes „Wesen“, d. h. eine andere Seinsweise des Subjekts, d. h. aber eine Dimension des reinen Geistes. „Gott ist Geist“, sagt man, aber man denkt nicht zu Ende, dass es nur **eine** Geistigkeit gibt, die alle Geistesinhalte enthalten kann. Fällt der Geistesinhalt „Form“ als Objekt fort, dann erscheint die Nichtform, die Formlosigkeit, insofern ein Nichts, und der unendliche Geist wird als reines Subjekt offenbar. Ekkehart sagt: „Gott ist nicht dies oder das. Wenn einer wähnt, er habe Gott erkannt und sich irgendetwas darunter vorstellt, so hat er irgendetwas erkannt, nur nicht Gott“ (Predigt 84).

Der reine Geist, die Nichtform, die unendliche Leerheit, die Unbewegtheit, der einfältige Gleichmut – darum geht es hier auf dieser Stufe. Es geht um das Sein selber, um die tiefste Existenzerfahrung, aber nicht um intellektuelle Existenzphilosophie sondern um mystisches Durchbrechen. Und diese Existenzerfahrung – sei sie leibhaftig als Körperzeuge oder sei sie geistig als Armut – ist die Vollendung der Einigung, ist ein noch höheres Wohl als die vier formhaften Vertiefungszustände. Indem der Gleichmut hier über jedes Wohlgefühl erhaben ist, ist das Wohl des Gleichmutes in der Gleichmutserweckung der Einigungserweckung noch überlegen. Die vier Stufen dieses formfreien Gleichmutswohles sind nun näher zu betrachten.

54.2 Raumunendlichkeit (4. Freiung)

„Durch völlige Überwindung der Formwahrnehmungen, Vernichtung der Gegenwahrnehmungen, Verwerfung der Vielheitwahrnehmungen gewinnt er im Gedanken ‚Grenzenlos ist der Raum' das Gebiet des unbegrenzten Raumes. Das ist die vierte Freiung."

Mit dieser Freiung beginnen die sogenannten „stillen Freiungen, die jenseits der Form keine Form behalten". Sie werden vom Buddha und in den Lehrreden niemals als „formlose Schauungen" bezeichnet. Dies wäre auch ein Widerspruch in sich, denn der Begriff *jhāna* (Schauung) bezeichnet in der Lehre allein den *samādhi* der reinen Formwelt.

Die Einleitung zu dieser Freiung besteht in einem Abtun von drei Dingen: Form, Widerstand (Gegen-), Vielheit. Wenn die Wahrnehmung von diesen drei Dingen frei ist, dann ist sie formlos. Dabei war die Form durch die drei vorangehenden Freiungen und die ihnen entsprechenden Vertiefungen immer mehr verfeinert und vergeistigt worden, bis hin zur Schönheit des Weiß, zur unbeschränkten Gleichmutsstrahlung, zur atemlosen Freiheit von Wohl- und Wehgefühlen der vierten Schauung. Die letzten zarten Andeutungen von Form kann man jetzt aus der Wahrnehmung entlassen. Und wo der Gedanke „Form" entfällt, da gibt es zweitens auch kein Gegenüber mehr, keinen Gegenstand, keinen Widerstand. Und damit gibt es drittens auch kein Außen mehr, keine Vervielfältigung der eigenen Spaltung, keinen Unterschied von Sein und Erkennen. Damit entfällt die Vielheit als Bezugssystem des Gegenüberseins einer formhaften Ausdehnung oder Ausdehnungs-Form.

Damit bleibt dann der reine Geist, die Wahrnehmung an sich, die formlose Gewahrung übrig. Und deren Inhalt ist Raum. Bisher kannte man nur den Zwischenraum, den Raum zwischen Dingen und den Abstand zwischen Sinnen und Gegenständen. Jetzt erfährt man zum ersten Mal den leeren Raum, die Leerheit „Raum". Der Zwischenraum war der endliche und beschränkte Raum, der leere Raum ist die unendliche Ausgedehntheit an sich. Der Zwischenraum setzte Dinge voraus, zwischen denen Abstand war; der leere Raum ist undinglich, dinglos. Daher gibt es hier kein Hier mehr, kein Hier und Da und Dort, sondern nur die Räumlichkeit als Dimension selber.

Der formgebundene Mensch schafft unermüdlich Raum, er bildet ihn sich tatsächlich ein, um Platz für seine Dinge zu haben. Weil er Vielfaltsdinge begehrt und ergreift, so bläst er einen Raum auf und setzt dann die Dinge in die Welt, die er selber schuf. Oder andersherum ausgedrückt: Indem er die Dinge sein lässt, indem er sie zulässt, schafft er, ohne sich dessen bewusst zu sein, gleichzeitig auch einen Raum für sie. So ist das normale Denken ständig einräumend, d. h. Raum schaffend. Immer mehr wird durch diese Schwerarbeit der Raum ausgedehnt, um immer mehr Platz zu schaffen für die gewollte Welt. Geschaffen und zusammengesetzt, geworden und gestaltet, bedingt entstanden ist der Weltraum und der kosmische Raum, das Feld eines Gegenübers.

Indem auf dem Heilswege die Inhalte dieses Raumes schrittweise und systematisch immer mehr ausgeräumt wurden, blieb zuletzt nur noch der leere Raum übrig, und zwar als unendliche Räumlichkeit, ohne Anfang und Ende, ohne Mitte und Grenze. Wo Raum, da gibt es keine Grenze, denn hinter der Grenze des Raumes müsste wieder ein Raum sein, in welchem die Grenze steht. Unendlichkeit und Raum-Leerheit gehören also zusammen.

Und das wird vom Mystiker als Gebiet der Raumunendlichkeit leibhaftig erfahren, vom entsprechenden Gott als Existenz lebenslänglich für Äonen erlebt und von jedem heiligen Jünger auf dem Heilsweg geistig durchschritten.

Was da erste Stufe der Gleichmutserweckung, vierte Freiung oder fünfte Verweilung heißt, das trägt auch noch zwei andere Namen:

„*Des Raumes Allheit gewahrt er, einig, durch und durch, zweitlos, unermesslich.*" (M 77)

So heißt der Text der 9. Kasiṇa-Übung. Diese Stufe wird erreicht durch Nichtmehr-Messen und sie kann daher auch als unermesslich bezeichnet werden, obwohl dieser Begriff sonst auf die formhaften Strahlungen beschränkt ist.

„*Da hat der Mönch den Gedanken ‚Wald' entlassen, den Gedanken ‚Erde' entlassen, den Gedanken ‚Unbegrenzte Raumsphäre' nimmt er auf als einzigen Gegenstand. Im Gedanken ‚Unbegrenzte Raumsphäre' erhebt sich ihm das Herz, erheitert sich, beschwichtigt sich, beruhigt sich. Also erkennt er: ‚Spaltungen, die aus dem Gedanken ‚Wald' entständen, die gibt es da nicht; Spaltungen, die aus dem Gedanken ‚Erde' entständen, die gibt es da nicht; und nur eine Spaltung ist übrig geblieben, nämlich der Gedanke ‚unbegrenzte Raumsphäre' als einziger Gegenstand. Er weiß ‚Ärmer geworden ist diese Denkart um den Gedanken ‚Wald', weiß ‚Ärmer geworden ist diese Denkart um den Gedanken ‚Erde', und nur einen Reichtum weist sie auf am Gedanken Unbegrenzte Raumsphäre als einzigem Gegenstand. Um was dann also weniger da ist, darum ärmer geworden sieht er es an, und was da noch übrig geblieben ist, davon weiß er: Bleibt dieses, bleibt jenes. Also kommt diese wahrhafte, unverbrüchliche durchaus reine Armut über ihn herab.*" (M 121)

Diese Stufe der Leerheit (Armut) ist auch ohne leibhaftiges Erfahren rein geistig zu erleben, um das letzte Hangen an der Form loszuwerden und den ersten Grad der Freiheit, das Angezogensein von Formlosigkeit zu gewinnen. Es ist Zweierlei, eine momentane (akute) Übung und eine chronische Herzensverfassung, die bei allem Formerleben gleichmütig bleibt. Wo das Herz der Raumunendlichkeit zugewandt ist, gilt ihm alle Form gleich nichtig.

54.3 Unendlichkeit des *viññāṇaṃ* (5. Freiung)

Wenn jemand die Dimension des unendlichen Raumes lange genug vorgestellt und erlebt hat und dadurch sein Herz von der Neigung zu Formen immer freier geworden ist, so dass Veränderungen der Form seinen Gleichmut nicht mehr berühren, dann ist es Zeit, die nächste Stufe ins Auge zu fassen. *Weiter sodann ...* heißt es in solchem Falle immer in den Anweisungen des Buddha. Wie geht es also weiter?

Bei der kritischen Betrachtung der Raumunendlichkeit merkt man, wenn man gründlich prüft, dass man dabei stillschweigend und unreflektiert doch schon wieder eine Perspektive eingenommen hatte, von welcher aus man den unendlichen Raum fixierte. Man hatte nämlich einen Beobachter gesetzt und damit wieder ein Subjekt, dessen Objekt jetzt „Unendlicher Raum" hieß. Wenn man nun nachprüft, woher denn dieser Betrachter ausgewiesen ist und wodurch er entsteht, dann geht es einem auf, dass es die geistige Funktion des Erkennens, Feststellens, Erfassens von etwas ist. Man ist so sehr an die Fähigkeit gewöhnt, immer ein Etwas aufzufassen, dass man dies bisher immer übersehen hatte und sich darauf zu beschränken pflegte, die aufgefassten Objekte zu analysieren und zu sublimieren. Auch das sublimste geistige Objekt, das Etwas „Unendlicher Raum", ist eben nicht objektiv vorhanden, sondern es ist vielmehr ein unendliches Erfassen da, welches noch im Nachklang der Form in der Gewöhnung räumlicher Dimensionen dachte. Diese Erfassungsgewöhnung, diese Erkennensfähigkeit, eben das *viññāṇaṃ*, ist das Eigentliche, während Raum nur dadurch bedingt, davon abhängig bestehen kann. Raum war also, indem er objektiv vorgestellt wurde, ein Irrtum des *viññāṇaṃ* über sich selbst. Das Erkennen (*viññāṇaṃ*) erkennt sich nun als den eigentlichen Träger der Unendlichkeitsvorstellung. Statt eines objektiven Raumes ist da ein subjektiver Erkenntnisraum, ein Geistraum. Die Unendlichkeit ist eine Dimension des Erkennens. Wenn man die Unendlichkeit einem Raume zuordnet, dann ist das noch ein feiner Rest von Formwahn; in Wirklichkeit birgt das Erkennen die Kategorie der Ausdehnung und Dimensionalität in sich. Das Erkennen zeitigt etwas, nämlich immer wieder sich selber. Es fließt. Es ist da ein Erfassungsstrom, der sich selber im unendlichen Nacheinander gebiert. Und das nennen wir Zeit. Die Kette der Erkenntnisblitze macht den Strom der Zeit. Da sind Erkennen und Sein, Schein und Erschienenes identisch im Fluss der sich zeitigenden Zeit.

Am meisten verbaut man sich ein Verständnis dessen, wenn man hier an die mancherlei philosophischen Theorien der Erkenntniskritik und des Idealismus von Parmenides bis Hegel denkt. Hier geht es nicht um philosophische Gebäude, in denen man sich gemütlich niederlassen kann, nicht um intellektuelle Konstruktionen, über die man geistreich diskutiert, sondern um Erfahrungen, die mit wörtlichen Beschreibungen nur unzureichend wiedergegeben werden können und bei denen die Mystiker ins Stammeln gerieten. Für den Mystiker, der dies erlebt, hat es eine totale Evidenz, bei welcher er mit seinem ganzen Sein hinter der „Philosophie" steht. Das unterscheidet einen solchen Mystiker grundsätzlich von allen philosophischen Konstruktionen derer, die im praktischen Leben eifrig den Begierden und Formen hingegeben sind und den in Raum und Zeit entworfenen Schattenbildern nachjagen. In Indien aber wusste man schon immer, dass allein die Abkehr von der Vielfalt zu philosophischen Einsichten führt, weshalb die indischen „Philosophen" keine wohlbestallten Philosophieprofessoren waren, sondern ledige Asketen, die im Umgang mit sich selber zu den tiefsten Einsichten in die Daseinsstruktur gekommen waren.

Unendlich ist das Erkennen: Das wird hier zum überzeugenden Erlebnis, zur Existenzerfahrung in Ruhe und Stille und einem Wohl der Befreiung vom Raumwahn. Dieses unendliche Erkennen hat nichts anderes zum Gegenstand als sich selber. Die Spaltung zwischen Erkennen und Ding, Erfassen und Sein, Subjekt und Objekt entfällt hier völlig, indem beides zusammenfällt. Das einzige Ding, das erkannt wird, ist das Erkennen selber. So wird das Erkennen mit sich selbst identisch, indem es nicht mehr außer sich, sondern bei sich ist, und so wird es wahr. So ist es überhaupt bei allen Freiungen: Jede zeigt eine größere Wahrheit, eine größere Annäherung an den Kern der Dinge, „zart gewahrte Wahrheit" (*sukhuma sacca saññā*) nennt es der Buddha (D 9).

Genau entsprechend wie bei der Raumunendlichkeit gibt es hier eine Übung der Allheit des Erkennens und eine Übung der Bewusstseinsunendlichkeit als Leerheit (Armut). Außerdem aber ist noch etwas zu nennen, was unter dem Namen Unverstörung (wörtlich: Regungslosigkeit, Unbewegtheit) vorkommt. Manchmal werden alle vier Formlosigkeiten als Unverstörung bezeichnet (A IV 190), manchmal alles, was zwischen Sinnlichkeit und Nichtsein liegt, d. h, die vier formhaften Vertiefungen und die beiden ersten Formlosigkeiten (M 106). In dieser Rede, die den Titel „Zur Unverstörung" trägt, werden nicht weniger als drei taugliche Vorgehensweisen dazu genannt. Als Erstes erwägt der heilige Jünger: Alle Sinnlichkeit ist nichts als des Todes Futterplatz und Weideland, aus dem außerdem unersättliche Habsucht, gehässiges Verabscheuen und Verachten hervorgehen. Und verweilt mit weitem, großartigem Gemüte, die Welt überwindend, über ihr stehend im Geiste. Und so wird sein Herz unbeschränkt, unermesslich, wohl ausgebildet. Und wie er weiter vorschreitet, emsig also ausharrt in diesem Gebiet (Strahlung), wird das Herz befriedet und er erlangt entweder Unverstörung oder wird von der Weisheit angezogen. Und nach dem Tode mag ihn das vorwiegende Erkennen der Unverstörung zukehren. – Als Zweites erwägt er, wie die gesamte Form, bei der die Sinnlichkeit nur eine Vergröberung ist, auch in ihrer feinsten Weise doch nichts als die vier Elemente samt dem Raum ist. Und so erlangt er die Unverstörung. – Als Drittes erwägt er noch die Vergänglichkeit aller Formen, die daher nicht der Liebe, Freude und Neigung lohnen. Danach kommt dann schon die Nichtdaseinssphäre. – Ebenso steht die Unverstörung in M 105 zwischen weltlichem Köder und Nichtdasein. Wer von Unverstörung angezogen ist, dem ist der weltliche Köder abgefallen wie ein welkes Blatt vom Baum.

54.4 Nichtetwasheit (6. Freiung)

Nach völliger Überwindung des Gebietes des unendlichen Erkennens (*viññāṇā-nañc'āyatana*) erreicht er im Gedanken „Nicht gibt es etwas" das Gebiet der Nichtetwasheit. Wie überwindet man nun das Gebiet der Erkennensunendlichkeit?

Wenn man das Erkennen, das doch soeben als scheinbar allerletzte Seinskategorie beschrieben wurde, noch gründlicher und noch tiefer betrachtet, dann mag man dabei merken, dass es selber gar keine Einheit und Unwandelbarkeit und unverstörbare Unbewegtheit ist, sondern dass es auch zusammengesetzt ist, und zwar aus ununterbrochenen Akten, die den Eindruck einer Zeit hervorrufen. Es wurde schon gesagt, dass das Erkennen zeitigt, dass es ein Erkennensstrom ist, ein Erfassungsfluss, aber dabei lag als selbstverständlich der Gedanke zugrunde, dass dieser Strom innerhalb einer objektiven Zeit ablaufe. Man dachte: Weil die Zeit da ist, gibt es ein Erkennen. Die Zeit wurde verstanden als das Zwischen, welches zwischen den geistigen Erkennensakten objektiv gegeben war. Prüft man diese Voraussetzung aber nach, dann erkennt man ihre Willkürlichkeit. Das Erkennen setzte etwas außerhalb seiner selbst, von dem es doch nur durch sich selbst Kenntnis erlangen konnte. Es ist also nicht das Erkennen in der Zeit, sondern die Zeit im Erkennen. Das Erkennen erweckt nur den Eindruck von Zeit. Aber das jeweilig aufkommende Erkennen ist die einzige Realität und der dabei auftauchende Eindruck einer Vielheit von Bewusstseinsmomenten ist eine Spiegelung des Erkennens selber – das heißt aber: kein Etwas. In Wirklichkeit ist nur Gegenwart. Indem das Erkennen aber immer ein Nacheinander von Vergangenheit, Gegenwart und Zukunft setzt, ist es ein Wahn. Die Gegenwart täuscht ein Vor und Nach vor, spiegelt eine Dimension zeitlicher Erstreckung vor, wo doch in Wirklichkeit die Zeit im Erkennen geboren wird. So heißt es in einem Spruch der chaotischen Barockzeit, in der Tiefstes neben Plattestem steht:

> *„Vor mir war keine Zeit,*
> *nach mir wird keine sein,*
> *mit mir gebiert sie sich,*
> *mit mir geht sie auch ein."* (Czepko, *Monodisticha* III, 11)

Dabei ist das „mir" aber nichts anderes als das Erkennen, das Subjekt an sich, das dann damit hinfällig wird, dass nichts da ist, was es zum Objekt machen könnte, womit es sich allein hält. Die reine Gegenwart des immerwährenden Jetzt (*nunc stans*), des ewig grünenden Nun (Ekkehart) ist ein Nichts an Etwasheit, damit an Erkennen und Zeit. Das Nichts vernichtet die Zeit, oder besser: Es erweist ihre Nichtigkeit. Es war immer nur Nichts, aber indem das Erkennen „war" sagt, setzt es schon wieder eine

Vergangenheit, d. h. ein Etwas. Und das ist ein Wahn, eine Täuschung, eine bloße Mache. Da geht nun das Bewusstsein auf: „Nichts ist da, nicht irgendetwas ist da, nichts ist gewesen und nichts wird sein."

Immer ungelenker werden hier die Worte, die sich nur äußerst schwer dieser letzten Vereinfachung anpassen können. Die Sprache ist an die Objektivität von Raum und Zeit, d. h. an Wahn, gebunden. Soll sie wahnlos sprechen, dann muss sie sich selber aufheben. Darum ist über das reine Nichts der Nichtetwasheit auch nichts weiter auszusagen, da alle Aussagen es doch nur wieder ins Etwas hineinzerren.

Das gilt allerdings nicht für die Erfahrenden dieser Stufe. Ihnen wird die Dimension des Nichts so vertraut und durchsichtig wie uns die des Etwas. So sagt der Erwachte über die Weisheit Sāriputtos:

> *„Weiter sodann hat Sāriputto nach völliger Überwindung des unendlichen Erkennensgebietes in dem Gedanken ‚Nicht gibt es etwas' das Gebiet der Nichtetwasheit erreicht. Und die Dinge des Nichtetwasheitsgebietes: Nichtetwasheitsgebietsgewahrung und Einigung des Herzens sowie Berührung, Gefühl, Gewahrung, Absicht, Herz, Wille, Entschluss, Tatkraft, Achtsamkeit, Gleichmut, Aufmerksamkeit – diese Dinge hat er der Reihe nach eingeordnet, diese Dinge lässt er wissentlich aufsteigen, standhalten und untergehen. Und er erkennt: ‚So kommen denn diese Dinge ungewesen zum Vorschein, und gewesen verschwinden sie wieder.' Und er ist diesen Dingen nicht zugeneigt, nicht abgeneigt, nicht angeschlossen, nicht angeheftet, ist ihnen entgangen, ihnen entronnen, ohne das Gemüt umschränken zu lassen. Denn ‚Es gibt noch eine höhere Entrinnung', erkennt er. Und indem er sie entwickelt, merkt er eben: ‚Das gibt es.'"* (M 111)

Welch eine Souveränität in der Durchschauung dessen, wo wir bestenfalls ein reines Nichts anwesend merken, zeigt sich hier! Das aber allein ist die Weisheit des Gleichmuts, ist Gleichmutserweckung. Hier hören die Allheiten auf, deren letzte eben die Unendlichkeit des Erkennens ist, aber Leerheit (Armut, Bloßheit, Wüste) ist auch dies. So sagt ein anonymes mittelhochdeutsches Lied:

> *„Lass Raum, lass Zeit,*
> *auch Bildlichkeit;*
> *geh ohne Weg*
> *den schmalen Steg:*
> *so kommst du auf der Wüsten Spur."*

Der Buddha sagt, wer vom Gebiet des Nichtdaseins (Nichtetwasheit) angezogen sei, dem sei die Fessel der Unverstörung zerspalten, so wie ein zerspaltener Felsblock sich nicht mehr zusammenfügen lässt (M 105). Die granitene Selbstverständlichkeit der Zeitkette ist gesprengt, der Glaube an die Objektivität der Zeit ist zerbrochen. Gleichmut herrscht auch gegenüber der Zeitvorstellung, die als ein Nichts sich erwiesen hat.

In M 106 nennt der Buddha gleich drei Stufen zum Nichtdasein: Die erste besteht darin, dass auch Unverstörung als eine bloße Vorstellung (Gewahrung) verstanden wird, wo diese Vorstellung von Zeit untergeht, das ist die Ruhe, das ist das Ziel, nämlich die Zeitlosigkeit und Ewigkeit des Nichtdaseins. – Die zweite Stufe ergibt sich aus der Überlegung, dass das reine Erkennen leer von Ich und Mein, arm an Selbst und ihm Gehörigen ist. D. h. es gibt da nicht mehr die Unterscheidung von Ich und Nicht-Ich, Subjekt und Objekt. Und diese Stufe wird in M 43 als Gemüterlösung der Leerheit („ledige Gemüterlösung" bei Neumann) bezeichnet. – Die dritte Stufe erkennt: „Nicht gehör ich irgendwo irgendwem irgendzu, noch gehört mir irgendwo irgendetwas an: Etwasheit gibt es nicht."

Mit solchen Gedanken lässt sich die Dimension des Nichts erreichen, das selber aber nur eine Stufe auf dem Wege zum Nirvāna ist. Einst sagte ein Jünger zum Buddha, uneingepflanzt, ohne Stütze könne er den Fluten nicht entkommen. Da rät ihm der Buddha, die Nichtetwasheit als Stütze zu benutzen, sozusagen als Floß, um die Wogen zu kreuzen (Sn 1070).

54.5 Grenzscheide möglicher Wahrnehmung (7. Freiung)

Diese vorletzte Freiung ist der seltsamste aller nur möglichen Erfahrungsbereiche oder Erreichungszustände. Er ist nicht Nicht-Wahrnehmung (*na a-saññā*), aber doch nicht eigentlich Wahrnehmung (*na eva saññā*) und wird daher von Neumann treffend mit „Grenzscheide möglicher Wahrnehmung" (*n'eva-saññā-n'a-saññ'āyatanaṃ*) übersetzt. Es ist die höchste der zarten Wahrheitswahrnehmungen, nämlich die Spitze der Wahrnehmbarkeit (D 9). Aber wie kann etwas gleichzeitig Wahrnehmung und Nichtwahrnehmung sein? Widerspricht das nicht dem Gesetz der Logik? Solcher Widerspruch kommt aber in der Existenz tatsächlich vor, und die Logik, die das nicht als Möglichkeit einbezieht, ist unvollkommen. Dieses meditative Freiungsgebiet ist keinesfalls Nichtgewahrung, aber dabei eine solch feine Gewahrung, dass sie an sich selber gar nicht mehr gewahrt werden kann. Der Zustand ist kein statischer, sondern ist ein Vorgang, ist eine Annäherung und ein Übergang, aber nichtsdestoweniger von größter Bestandsfestigkeit. Wohin man dabei auch blickt, ergeben sich Paradoxien. Es seien daher zunächst die Beschreibungen aus den Lehrreden herangezogen, zunächst diejenigen über Gemeinsamkeiten mit den anderen Formlosigkeiten, dann diejenigen über Unterschiedlichkeiten.

Die **Gemeinsamkeiten** der vier Formlosigkeiten:

M 8	alle vier sind stilles Verweilen (*santa vihāra*)
M 25	Bei allen heißt es von dem Erleber „Geblendet hat er die Natur (*Māro*), spurlos vertilgt ihr Auge, entschwunden ist er der bösen."
M 137	alle vier sind der Gleichmut, der einfach mit Einheit verbunden ist.
D 34 VIII	alle vier sind als Freiungen etwas, das zu verwirklichen ist.
A IV 190	bei allen vieren ist Reglosigkeit erreicht (*aneñja-patta*)
A IX 34, 42	bei allen ist das jeweils Niedere Bedrängnis (*ābedha, sambādha*)
M 120	die Götter der vier Bereiche leben lange, bestehen lange in Wohl
M 59	bei allen ist das jeweils Höhere ein besseres und erleseneres Wohl
M 121	alle sind jeweils größere Leerheit und geringere Spaltung
M 113	alle sind Erreichungen (*samāpatti*), die noch nicht die Soheit sind (*a-tammayatā*), so dass gilt: „Denn je mehr sie mehr vermeinen, immer wandelbarer wird es."
A V 170	alle sind noch Dasein (*bhava*), die Grenzscheide das höchste
M 106	alle sind Gleichmut, Ergreifen, Persönlichkeit, die Grenzscheide dabei das Höchste.

Die **Unterschiede** bestehen in Folgendem:

M 52	Nur die drei Formlosigkeiten werden Tor zum Nirvāna genannt, die Grenzscheide nicht
M 43	Mit dem von den fünf Sinnen gelösten Erkennen (*viññāṇa*) kann man die drei Formlosigkeiten erkennen, die Grenzscheide wird nicht erwähnt.
D 15, 34 VII	es gibt die drei Formlosigkeiten als „Stätten des Bewusstseins" (*viññāṇa-ṭṭhiti*), dagegen wird die Grenzscheide nicht als solche Stätte, sondern als Gebiet (*āyatana*) bezeichnet
A III 114	Die drei Formlosigkeiten dauern 20.000, 40.000, 60.000 Äonen, wonach der Weltling in die Hölle zurückfällt. Eine Zeitdauer der Grenzscheide wird im Kanon nicht genannt, die Scholastik gibt 84.000 Äonen an (Vbh 425)
S [II] 14, 11	Während die drei Formlosigkeiten durch Erreichung einer Wahrnehmung erreichbar sind, ist die Grenzscheide dagegen nur durch Reduzierung der Aktivitäten erreichbar (*sa-sankhārā-avasesā-samāpatti-pattabbaṃ*), s. auch M 102
S [V] 46, 54	durch Strahlungen sind auch die drei Formlosigkeiten erreichbar, von der Grenzscheide wird nichts gesagt
M 111:	Während bei den drei Formlosigkeiten genaue Inhalte genannt werden, heißt es bei der Grenzscheide nur „Aus dieser Erreichung kehrt er besonnen zurück" und gewahrt Überstandenes.
A IX 36	von jeder der drei Formlosigkeiten aus gibt es ein Erreichen der Triebversiegung. Soweit es ein Erreichen von Wahrnehmung gibt, gibt es Durchdringen zum Höchstwissen, was aber Grenzscheide und Nirvāna angeht, so sollten die Mönche dafür richtig unterwiesen werden.

Aus dem Gesagten ergibt sich, dass die Grenzscheide in den Lehren mit Vorrang behandelt wird. Man kann sagen, dass sie eher mehr erörtert wird als alle drei anderen Formlosigkeiten zusammen. Der Grund dafür liegt darin, dass hier ein wesentliches Unterscheidungsmerkmal zwischen allen anderen Lehren und dem Buddhismus vorliegt. Die höchsten mystischen Lehren – bei uns Ekkehart, im Hinduismus der zweite Lehrer des Buddha – führen in ihrer Spitze bis dort, aber niemals darüber hinaus, wie es der Buddha tut. Die Grenzscheide ist also der Punkt, an welchem sich die Geister scheiden, ob sie dabei stehen bleiben oder darüber hinausgehen. Wer stehen bleibt, kehrt von dort in den Saṃsāro zurück, nur wer darüber hinausgeht, entkommt ihm. Die Überwindung der Grenzscheide ist also der I-Punkt, der den Buddhismus gegenüber allen anderen Lehren unterscheidet. Und doch ist hier nicht der Ort, um den Unterschied darzulegen, denn dafür müsste die Grenzscheide erfahren oder zumindest erahnt sein. Es wäre eine richtige Fangfrage Māros, den genauen Unterschied zwischen der Grenzscheide und dem Nirvāna zu fordern und bei Nichtvermögen dazu dem anderen die Eigenschaft als Buddhist abzusprechen. Aus dem jetzt Folgenden wird sich die Begründung vielleicht besser ergeben.

Der Buddha lernte bei Uddako Rāmaputto, seinem zweiten Lehrer, was dessen Vater Rāma meditativ erlebt hatte, und er übertraf dabei Uddako im Erleben der Grenzscheide. Trotzdem war er davon unbefriedigt und sagte sich, dass solches Üben nur zur Wiedergeburt im Bereich der Grenzscheide führe, aber nicht aus dem Saṃsāro hinaus. Und dieses Sehen war sein Format, das Uddako nicht besaß. Aber ist nicht Voraussetzung der Formlosigkeit das Erleben der Schauungen oder ihrer Entsprechungen? Und fand der Buddha nicht gerade erst später den Zugang über die Schauungen als richtigen Weg zum Nirvāna? Vielleicht erlebte der Bodhisattva damals die Grenzscheide noch gar nicht leibhaftig, sondern nur geistig? Worin übertraf er dann aber Uddako? Und außerdem wird von dem ersten Lehrer des Buddha, der nur die Nichtetwasheit lehrte, gesagt, er habe solche Vertiefung erlangt, dass er 500 vorbeifahrende Karren nicht bemerkt habe (D 16 IV). Wenn das nicht leibhaftiges Erfahren der Vertiefung ist, was wäre es sonst? Die Lösung dieses Problems liegt vielleicht darin, dass ein Pioniertyp wie des Bodhisattva die Schauungsebene damals nur unbewusst geistig durchschritt, aber die Nichtetwasheit und Grenzscheide leibhaftig erfuhr, ohne allerdings mit seinem ganzen Sein dorthin gewachsen zu sein. Jedenfalls führte dieser „Abkürzungsweg" auch den Bodhisattva in eine Sackgasse und nicht hinaus. Und für den gewöhnlichen Menschen führt von der Grenzscheide überhaupt kein Grenzübergang zum Nirvāna: Da ist der Weg verriegelt und verrammelt.

Ein solcher muss erst in die Sinnenwelt zurück, um von einem Buddha belehrt zu werden, wie man weit vorher die Einsicht gewonnen haben muss, die den Grenzübergang von der Grenzscheide zum Nirvāna ermöglicht. Auch der Bodhisattva musste erst die Schauungen erleben und dann die Weisheitsdurchbrüche erfahren, die ihm die Durchschauung des Saṃsāro ermöglichten, ehe er den letzten Schritt von der Grenzscheide zum Erleben des Nirvāna gehen konnte. Nur wer vom Buddha über das Wesen des Saṃsāro und seine Täuschung, deren feinste die Grenzscheide ist, belehrt wurde, kann die Formlosigkeiten als Stufe zum Nirvāna erleben. Darum war es die Tragik seiner beiden Lehrer, dass sie in der Formlosen Sphäre wiedergeboren und damit für die Stimme des Buddha unerreichbar geworden waren.

Bevor aber von einem Heilskundigen die Grenzscheide derart überschritten und das Nirvāna kurz vor der Heiligkeit verwirklicht wird, muss aber die Grenzscheide überhaupt erst einmal erreicht werden. Auch das macht sich ja nicht von selbst, sondern bedarf der Übung, um von der 6. Freiung zur 7. Freiung zu gelangen. Die Frage ist also, wie man über das Nichtetwas hinauskommt. Gründlicher betrachtet, ist nämlich selbst das Erfahren „Nichts ist da" in Wirklichkeit doch noch eine Art von Etwas. Es ist doch ein Erkenntnisakt davon, dass nichts weiter erkannt wird als dieses Nichts. Es ist gar nicht Nichts, sondern ein erkanntes und damit seiendes Nichts. Das aber ist etwas. Und das gibt es nur, weil noch ein Festhalten und Wollen davon da ist:

Auch was als Nichts erscheint, entsteht,
Genügen hält als Fessel fest. (Sn 1115),

sagt der Buddha. Schon der Wille zum Formulieren der Vorstellung und zu ihrem Erkennen ist ein Genügen und damit eine Fessel. Angesichts dessen sagt sich der heilige Jünger: „Wie wenn ich nun auch diesen Willen losließe und, statt das Nichts zu wollen, nicht mehr wollte?" Der Wille zum Loslassen aller Vorstellungsmöglichkeiten ist mathematisch ausgedrückt *limes null* (lim 0). Es ist der Prozess des Übergangs zur Null, nämlich zur Null an Gewordenem, Vergänglichem und Leidigem, daher zur Fülle des Heils. Geistig zeigt sich dies als ein Loslassen. Meister Ekkehart ist vielleicht der einzige Mystiker, der dieses Loslassen des Nichts anschaulich darzustellen vermochte, nämlich als ein Entsinken und Fallen der Seele, als Entwerdeprozess. Eindringlich beschreibt er im Traktat „Von der Überfahrt der Gottheit" dieses Fahrenlassen, so dass man nichts will, nichts weiß, nichts hat. Dieser Prozess des Fahrenlassens ist der letzte

Zustand, wie man überhaupt ein Verhältnis zum Dasein haben kann. Es ist das Nichten des Nichts, wie es Heidegger nennt. Es ist das Nichtwollen des Nichtseins, um einzugehen in „des ungeschaffenen Wesens namenlose Istigkeit". Aber dieses Fahrenlassen ist als solches endlos. So beschreibt auch Ekkehart, wie jenes Fallenlassen und Entsinken zu keinem Ende kommt und kein Ende sieht. Es wird zum Dauerzustand, wird sozusagen Selbstzweck. Das Nichts wird zwar losgelassen, aber bei diesem Loslassen kann man 84 000 Weltzeitalter bleiben.

Woher kommt das? Worin liegt die Verblendung, die an kein Ende kommen lässt? Der Erreichende hält die Grenzscheide für das *Summum Bonum*, für das Höchste, der Buddhist hält sie leicht für das Nirvāna. Objektiv ist die Grenzscheide ja eben ein Freisein von fünf Erscheinungen wie das Nirvāna, so dass über den Inhalt beider gleicherweise nichts auszusagen ist (M 111), aber hinterher beschlagnahmt das Erleben die Grenzscheide sozusagen wieder für sich: „Ich habe die Grenzscheide erlebt" und hängt an einem Erleber dessen. Er erlebte zwar den momentanen Stillstand des *viññāṇa*, aber nicht das Aufhören der Fessel an diesen Stillstand. Er blickt mit Gleichmut auf das Erlebte, aber er identifiziert sich mit diesem Gleichmut. Dadurch aber behält er sämtliche zehn Fesseln als solche bei. Sie werden nur äonenlang verdrängt und unsichtbar. Doch spinnenwebendünn sind sie noch da, dabei umso zäher, weil sie unsichtbar und unerkannt sind. Der Zustand der Grenzscheide ist also noch im Saṃsāro, ist in den Erscheinungen, ist in der Zeitlichkeit. Er ist nur ein zeitweises Aufhören dessen, ist ein Loch, ein Ausfall. Aber danach rollt es weiter. Diese Atempause – und dauere sie 84.000 Äonen – führt also nicht zum Nirvāna. Diese „Zeitlosigkeit in der Zeit" ist eine Täuschung, während allein das Nirvāna wirklich zeitlos ist.

Die Grenzscheide ist *saka-saññī*, in sich wahrnehmend (D 9): Sie ist die letzte Reduktion der Wahrnehmung, die jetzt auch ohne das Objekt Nichts völlig objektlos geworden ist. Es ist also die Gewahrung als Subjektivität schlechthin. Der Erleber des Erlebens wird erlebt, indem das Erleben als Erleber aufgefasst wird. Diese Identität beider macht ein objektloses Subjekt. Und danach besteht ein Hang, mit einer feinen Abneigung gegen die Objektgewahrung des Nichts einerseits und gegen die Auflösung der Grenzscheide andererseits. Auf diesem scharfen Grat hält das Anhangen fest. Und weil es so fein ist, merkt man es nicht und kann schon glauben, man habe das Nirvāna erreicht und sei erlöst. Der Buddha rät daher hier zu folgender Betrachtung:

> *„Gedanken dulden bekommt mir schlechter, keine Gedanken dulden bekommt mir besser; wenn ich nun eben weiter denken und gestalten wollte, würde mir diese Wahrnehmung untergehen und eine andere gröbere Wahrnehmung aufgehen. Wie wenn ich nun nicht mehr zu denken und zu gestalten versuchte?"* (D 9)

Das Gestalten der Grenzscheide ist die allerfeinste Aktivität, der Rest von Aktivität (M 102), und zwar der seelischen Aktivität, die noch ein feines Gefühl und eine zarte Gewahrung dessen produziert. Das Gefühl ist der letzte Gleichmut, die Gewahrung ist der undefinierbare Rest. Es ist also nicht die Aufhebung jeder Aktivität, jedes Gestaltens, es ist noch nicht das Ungestaltete. Erst das Nirvāna ist die Aufhebung von Wahrnehmungs-Fühlbarkeit, wo man sich nicht mehr mit dem Gleichmut identifizieren kann.

Der Gleichmut dessen, der bis zur Grenze fortgeschritten ist, wird wie folgt definiert:

> *„Wo nichts es gibt, gibt's nichts für mich;*
> *wo nichts sein wird, wird mir nichts sein:*
> *was ist, was war, ich geb' es auf."* (M 106)

Ein solcher, heißt es, ist nicht mehr vom Werdesein angezogen, er hat keine Zuneigung zum Werden, und keine Abneigung gegen Werdensaufhebung (A VII 52, X 29), und doch hängt er noch daran. Andere Asketen erleben dies als höchste Läuterung und lehren es als höchste Ansicht (A X 29), aber es ist noch Aneignen und keine Triebversiegung (M 106). Ein solcher hat keine Vernichtungsansicht. Er denkt nicht, wie andere:

„Wenn ich nicht bin, gibt's nichts für mich,
wird' ich nicht sein, wird mir nichts sein." (S [III] 22, 81 und 152; [III] 24, 4)

Vielmehr hat er eine Ewigkeitsansicht, denn er denkt an einen Erleber, der das Schwinden allen Werdeseins erfährt und als Gleichmut übrigbleibt. Er denkt sich also noch geschieden vom Nirvāna: da ist das Nirvāna, und hier ist Erleben. Erleben ist es, das Nirvāna mit Gleichmut erlebt. Was es erlebt, ist aber die Grenzscheide.

Alles, was hier über die Grenzscheide als siebte Freiung gesagt wurde, ist aber auf dem Wege ein Vorgriff, denn mit der Einigung beginnen sich auch schon die Weisheitsdurchbrüche zu entwickeln, die allein die Garantie geben, auch über die Grenzscheide hinauszukommen und dann die achte Freiung, das Nirvāna zu erlangen. Daher muss die Darlegung der Freiungen hier abbrechen und es muss zunächst die gesamte Stufe der Weisheitsdurchbrüche (Stufe 9 des Heilsweges) behandelt werden, ehe dann die rechte Erlösung (Stufe 10 des Heilsweges) erörtert werden kann, zu der als Höchstes die 8. Freiung gehört. Um von der 7. zur 8. Freiung zu kommen, muss man also sozusagen einige Schritte zurücktreten, um dann im Anlauf den Sprung ins Ungestaltete vollziehen zu können. Sonst hält man die Grenzscheide dafür, wie im Folgenden:

„Nicht nach innen erkennend und nicht nach außen erkennend, noch nach beiden Seiten erkennend, auch nicht durch und durch aus Erkenntnis bestehend, weder wahrnehmend noch nicht wahrnehmend, unsichtbar, unbetastbar, ungreifbar, uncharakterisierbar, undenkbar, unbezeichenbar, nur in der Gewissheit des eigenen Selbst begründet, die ganze Weltausbreitung auslöschend, beruhigt, selig, zweitlos - das ist das vierte Viertel, das ist das Selbst, das soll man erkennen". (Māṇḍūkya-Upaniṣad 7)

STUFE NEUN: RECHTE KUNDE

55. Die Kunst der Weisheitsdurchbrüche (*sammā-ñāṇaṃ*)

„Setz dich in'n Mittelpunkt,
so siehst du all's zugleich,
was jetzt und dann geschieht,
hier und im Himmelreich.“ (Angelus Silesius, ChW II, 183)

Nun weiß ich, was ich jeher war,
das Aug ist himmlisch abgeklärt,
die Herzen schau ich magisch durch
und Himmelsklänge klingen mir. (Thag 379)

55.1 Wesen der Weisheitsdurchbrüche

Vom Erwachten finden sich folgende Aussagen über den geistigen Ort und damit das Wesen dieser Kunst der Weisheitsdurchbrüche:

M 117	- Dem recht Geeinten kommt rechte „Kunst“ (*ñāṇa*) zu
M 118	- Die sieben Erweckungen, geübt und gepflegt, lassen Wissen (*vijjā*) und Erlösung zustande kommen.
S [V] 46, 56	- Anlass und Bedingung für Wissensklarheit (*ñāṇa-dassana*) ist die Entfaltung der sieben Erweckungen.
S [V] 46, 40	- Die sieben Erweckungen machen sehend, machen kundig, lassen die Weisheit wachsen, führen nicht zu Sorgen, sondern zum Nirvāna.
D 16 I	- In Einigung (Vertiefung) ausgediehene Weisheit verleiht hohen Lohn, hohe Förderung
D 2	- Nach der 4. Schauung richtet und lenkt der Mönch das Herz auf die Wissensklarheit
S [V] 51, 9	- Durch die vier Machtgebiete ging bei früher nicht gehörten Dingen das Auge auf, die Kunde auf, die Weisheit auf, das Wissen auf, das Licht auf
S [V] 51, 4	- Die vier Machtgebiete, geübt und gepflegt, führen einzig zum Überdruss, zur Entreizung, zur Auflösung, zur Beruhigung, zum Überblick, zur Erwachung, zum Nirvāna

Oder kürzer gesagt: Auf die 8. und letzte Stufe des Heilsweges folgt als Frucht das, was man in der Entwicklung dann als 9. Stufe bezeichnen kann. Wer nicht Einigung erlebt oder mindestens einfühlend begreift, der kann auch die Weisheitsdurchbrüche nicht erleben oder mindestens einfühlend begreifen. Ohne diese Voraussetzung, nämlich die Einigung (sieben Erweckungen, vier Machtgebiete, vier Schauungen), ist die 9. Stufe unverständlich, unbegreiflich, bezweifelbar. Der Begriff Weisheitsdurchbrüche sei hier als Sammelbegriff für das genannt, was in den Lehrreden Wissen (*vijjā*), Kunde (*ñāna*), Wissensklarheit (*ñāna-dassana*), erfahrene Weisheit (*bhāvanā-maya-paññā*) genannt wird.

Dabei bedeutet *vijjā* (*vid-ya*) eigentlich wörtlich Finden, fündig werden, Entdecken, Wissenserlangung, und zwar in drei Ebenen: erstens intellektuelles Geheimwissen der Drei-veden (*tevijjā*) des HINDUISMUS, die auswendig gelernt wurden; zweitens eine praktische Wissenschaft des Okkulten, ein vulgäres Zauberwissen beherrschen; drittens als Gegenteil von Nichtwissen (*avijjā*) die universalen Weisheitsdurchbrüche. Nur in diesem letzten Sinne wird Wissen hier verstanden, besonders wenn der Buddha von drei Wissen spricht (*tevijjā*).

Der Begriff *ñāṇam* bedeutet etymologisch sowohl Kennen als auch Können, sowohl Kunde als auch Kunst. Es handelt sich dabei immer um ein praktisches Können (gewusst wo und wie), nicht um intellektuelles Kennen; daher sind die Weisheitsdurchbrüche eine Kunst.

Die rechte Kunst (*sammā-ñāṇaṃ*) ist die Kunst der das Bewusstsein erweiternden Anschaulichkeit (*ñāṇa-dassana*), die näher in sechs Überblicke (*abhiññā*) oder drei „Wissenschaften" (*vijjā*) unterteilt wird. Da wird die Eierschale des Unwissens durchbrochen, das Küken (geeintes Herz) bricht aus der dunklen Enge in die universale Weisheitsschau durch, wie weiter oben in diesem häufigen Gleichnis gezeigt wurde. Wie dieses Bild sich aus der mystischen Erfahrung zwangsläufig ergibt, zeigen die folgenden Worte des Angelus Silesius:

> *„Mein Leib ist eine Schal,*
> *in dem ein Küchelein*
> *vom Geist der Ewigkeit*
> *will ausgebrütet sein.*
> *Das arme Küchelein*
> *kluckst und pickt für und für:*
> *wird es denn nicht bald sehn*
> *des ew'gen Lichtes Zier?"* (ChW II,87-88)

Diese Weisheitsdurchbrüche offenbaren bisher Verborgenes (Okkultes heißt Verborgenes), machen Transzendentes transparent, eröffnen den Blick auf das Jenseits. Was bisher auf dem religiösen Weg von den Mitteilungen der Großen und Heiligen nur geglaubt und logisch eingesehen wurde, das kann nun auf dieser Stufe selber erfahren und erlebt werden, nämlich die Dimension der Allwissenheit, des Wachwerdens in vielen Entwicklungsstadien bis hin zum letzten Erwachen aus dem Daseinstraum. Vorher aber werden die Elemente dieses Traumes selber erfahren und es wird das ganze Gespinst mit dem Weisheitsblick durchdrungen. Auf Grund dessen kann man dann generalisieren und abstrahieren und erkennen, dass alles ein selbstgesponnener Traum ist, der in sich unendlich ist, wenn man nicht das Spinnen einstellt. Diese Erfahrungen sind das Material, das dann den Sprung vom höchsten Anhangen (Grenzscheide möglicher Wahrnehmung) zum Nichtmehranhangen (*Nirvāna*) ermöglicht.

55.2 Gemüterlösung und Weisheiterlösung

Je stärker jemand auf Gemüterlösung aus ist, je mehr er zum inneren Wohl des Herzensfriedens neigt, zu den stillen formfreien Freiungen, desto ferner scheinen ihm die Weisheitsdurchbrüche mit ihrer Vielfalt. Ihm genügt das Konzentrat an Weisheit, das der Erwachte anreicht, um sich damit auch von den feinsten Verhaftungen an Formlosigkeiten zu lösen. Ganz anders dagegen der betont auf Weisheitserlösung ausgerichtete Mensch. Darum eben unterscheidet der Erwachte nach diesen beiden Typen die Heilswege des Gemüterlösten und des Weisheitserlösten. Zwischen dem extrem Gemüterlösten, der alle acht Vertiefungen (vier Schauungen und vier Formlosigkeiten) beherrscht und mit einem Minimum an Weisheitsschau zur 9. Vertiefung (*Nirvāna*) durchbricht einerseits und dem extrem Weisheitserlösten, der mittels der vier Machtgebiete alle sechs Weisheitsdurchbrüche auskostet und durchschreitet andererseits gibt es zahlreiche Übergänge und Mischformen. Es gibt eben auch den Beiderseitserlösten, wie den Buddha selber und seine größten Jünger, die auf beiden Wegen zu Hause waren und dadurch zu den besten Menschheitslehrern werden konnten. Aber rein zahlenmäßig schien es schon damals so, dass der schmalste Weg der Weisheitserlösung das Erlöschen ohne andere als den 6. Weisheitsdurchbruch, am häufigsten war S [I] 8, 7). Nun ist aber Folgendes zu bedenken: Viele Menschen, besonders die Abendländer, die erst von der Kirche, dann von der Naturwissenschaft an der Allwissenheit der Weisheitsdurchbrüche gehindert wurden, haben eine viel stärkere Neigung dazu, als sie selber im Oberbewusstsein wissen und ahnen. Weil sie eben völlig resigniert haben, denken sie nur im Sinne des Faust:

„... und sehe, dass wir nichts wissen können,
das will mir schier das Herz verbrennen.“

Wenn sich solchen Menschen nun durch Übungen des Herzensfriedens die Möglichkeiten der universalen Bewusstseinsweise eröffnen würden, wenn sie nur zuzugreifen bräuchten, dann würden auch die darauf bezogenen Tendenzen sichtbar und die durch viele Leben angesammelte Enttäuschung und Resignation am Wissen-Können ließe sie nun umso stärker zugreifen. Die lange, lange unterdrückten und verdrängten Wünsche nach umfassender existentieller Erfahrung machen sich nun Luft und benutzen die Möglichkeiten ihrer Erfüllung. Das ist viel stärker, als man zu denken geneigt ist. Wir Abendländer sind eben nun einmal nicht solche Inder, wie es zur Zeit des Erwachten viele gab und noch heute manche gibt, die lange Leben im *samādhi* eingewöhnt sind, auf dieser Bahn still dahingleiten und alles Wissen nur Zubringerdienste zu noch mehr Herzensfrieden leistet. Immer wieder durch viele Leben, in einer Kultur aufgewachsen, wo durch die Lehre von Karma und Wiedergeburt das Jenseits ganz selbstverständlich einbezogen wurde, war kein solcher Mangel an Daseinskunde wie bei uns. Daher herrschte dort keine solche Nachfrage nach der Kunst des Durchbrechens, sondern mehr Nachfrage nach der Kunst der Stille. Der Buddha aber berücksichtigte beide Typen gleicherweise. Wer bewusst oder unbewusst stark zu den Weisheitsdurchbrüchen neigt, dem zeigt der Buddha die Wege dazu und lädt ihn sogar ein, sich dem eine Zeit lang intensiv hinzugeben und das Glück der Beherrschung der Natur zu genießen, um dadurch für immer von allen kleinlichen Weltgenüssen und allem kläglichen Weltwissen abzukommen.

55.3 Das Jenseits

Das, worauf sich die Allwissenheit bezieht, das Jenseits, die Sinnestranszendenz, sei hier einmal mit einem Gleichnis näher verdeutlicht:

In meiner Heimatstadt Hamburg kenne ich die Lage der einzelnen Stadtteile ziemlich genau. Wenn ich Blankenese oder Rahlstedt höre, dann weiß ich auch, in welcher Himmelsrichtung diese Stadtteile liegen und welche Verkehrsmittel dorthin fahren. In meinem Geiste ist ein Bild des Stadtplanes von Hamburg, so dass ich die Kunst beherrsche, mich dort zurechtzufinden.

Von Berlin hingegen weiß ich zwar die Namen vieler Stadtteile, aber ich habe keine Ahnung, in welcher Himmelsrichtung sie liegen, und erst recht ist mir das System des Bahnnetzes ein Irrgarten. Will ich mich dort zurechtfinden, dann muss ich fragen.

Und von New York, wo ich noch nie war, weiß ich höchstens die Namen von zwei, drei Stadtteilen, nicht aber von den übrigen, und ich weiß überhaupt nicht, welche Verkehrsmittel es dort gibt.

Und wenn ich z. B. den Namen einer Stadt „Guatamonco" höre, dann weiß ich nicht einmal, ob diese Stadt in Spanien oder auf den Philippinen oder in Venezuela liegt. Ja, ich weiß nicht einmal, ob es eine Stadt solchen Namens überhaupt je gegeben hat oder ob es nur ein reines Phantasiegebilde ist.

Je mehr ich mich vom Zentrum meines Lebens entferne, desto mehr nimmt meine Kenntnis und Kunde ab und desto weniger finde ich mich zurecht und bin auf Führer angewiesen.

Ganz ebenso verhält es sich mit dem Jenseits. Alle Kenntnis dieser Welt, die nahe (Hamburg) und die fernere (Berlin), ist nur ein Bruchteil der Möglichkeiten der Kenntnis jener Welt, der neuen Welt (New York), die weit vielfältiger und umfassender ist als unsere kleine Erdenwelt und von der ich aus Erfahrung überhaupt nichts und aus Beschreibungen wenig weiß. Aber wenn ich darüber hinaus von der ganz anderen Dimension der Brahmawelt höre, dann wird mein Begreifen ziemlich farb- und inhaltslos. Ich kann mir auch bei den Berichten darunter nicht viel vorstellen, und wie erst von der formlosen Welt? Und wie erst von der radikalen Weltenüberwindung, vom Nirvāna! All das, Brahmawelt, formlose Welt, Nirvāna, ist für mich so viel wie Guatamonco, ein zweifelhaftes Ding. Es ist gut, wenn ich mir das klar mache und erkenne, wie groß mein Unwissen ist. Näher komme ich der Durchbrechung der „Schallmauer des Unwissens" aber, wie gesagt, nur durch Zunahme der Einigung.

Dem gewöhnlichen Menschen ist das Jenseits der Inhalt von Märchen für Kinder, Sagen von Helden, Legenden von Heiligen, Mythos der Denker, Fabeln der Dichter. Er fragt nicht nach dem Wirklichkeitsgehalt, weil er alles gleichweise für unwirklich hält, was über seinen Horizont hinausgeht. Umgekehrt gibt es wieder manche gläubige Menschen, die unbesehen alle Jenseitsbeschreibungen für wirklich halten. Der Buddha unterscheidet dagegen, ob Aussagen über das Jenseits auf Erfahrung beruhen oder Erzeugnisse der spekulativen Phantasie sind. Aber das Eigenartige ist, dass selbst die mythische Phantasie oft mehr in Übereinstimmung mit dem wirklichen Jenseits ist, als der Urheber weiß, während die materialistische Phantasie des Diesseitsgläubigen oft nicht weniger phantastisch ist als der finsterste Hexenwahn, nur in eine andere Phraseologie eingekleidet.

Was die Mystiker und Großen vom Jenseits erleben, ist für den befangenen Menschen ungewöhnlich. Und was derart ungewöhnlich ist, nennen wir Wunder. Die Tieferblickenden hingegen sagen, dass alle sogenannten Wunder nichts weiter sind als zur jeweiligen Zeit noch unbekannte Psychologie. So wie für den Angehörigen eines primitiven Naturvolkes die Erzeugnisse des Westens mit seiner Technik Wunder waren, solange er nicht selber damit umzugehen lernte und sie studierte, ebenso machen die normalen Menschen große Augen und wollen ihren Augen nicht trauen, wenn sie staunend etwas erleben, was sie bisher noch nicht kannten und gar nicht auf Rechnung hatten. Wenn sie dagegen auf dem Heilswege durch das größte Wunder, das Wunder der Belehrung, selber zu entsprechenden Erfahrungen kommen, dann sind sie für sie keine Wunder mehr, sondern Ergebnisse des Läuterungsweges der Herzensumwandlung.

Die Weisheitsdurchbrüche zum Jenseits sind nur möglich, weil jeder Mensch, mehr oder weniger tief verborgen, die Anlage dazu in sich hat. Jedes Wesen ist an sich und in erster Linie Geist. Nur zwei Klassen von Wesen, Menschen und Tiere, sind zusätzlich zu ihrem geistigen Leib noch mit einem Fleischleib umkleidet, der ihnen dann den Blick auf sich selber und damit auf das Jenseits versperrt. So kommt es in der Menschenwelt zu jener wahnwitzigen Überschätzung des Fleischleibes und zu all jenen phantastischen Evolutionstheorien, die die Materie für die Substanz des Lebens halten. Das gewöhnliche und verbreitetste Dasein in der gesamten Existenz ist aber das spontane geistige Erscheinen, indem das geistige Wesen sich mit irgendwelchem Stoff umkleidet und sich so verdichtet. Die umständliche Geburtsentwicklung wie bei Mensch und Tier ist die Ausnahme, eine seltene Ausnahme, die sich im Jenseits auch nur bei den untersten erdgebundenen Geistern findet.

Der Buddha sagt nun von sich, er sei der Meister der Götter und Menschen und er kenne diese Welt mit ihren Göttern, mit ihren bösen und reinen Geistern. Böse Geister sind die untermenschlichen Wesen, reine Geister sind die Wesen der brahmischen Sphäre, und als Götter werden gewöhnlich die Wesen zwischen Menschen und Brahmas bezeichnet. Sämtliche Jenseitsformen sind aber nichts anderes als Objektivationen des Herzens: Die untermenschlichen sind Formen der Verdunkelung des Erlebens und der Belastung des Gefühls, die übermenschlichen sind Läuterungsformen des Herzens, Erhellungen des Erlebens und Entlastungen des Gefühls.

Ein zunächst kurz gefasster Überblick über sämtliche Existenzformen, von denen die allermeisten jenseitig sind, ergibt folgende in den Lehrreden immer wieder vorkommende Dreiheit:

(1) Es gibt als Höchstes und Reinstes und Feinstes die vier formlosen Welten abstrakter Geistigkeit. Diese sind bei den entsprechenden *Samādhi*-Übungen bereits ausführlich behandelt, nämlich bei den stillen Freiungen. Erlebensweise, Übung und Daseinsweise fallen da zusammen und es ist darüber nicht mehr auszusagen als oben. Hinzuzufügen wäre nur noch, dass diese formlosen „Welten" in den Lehrreden niemals Welten genannt werden: Sie heißen nicht *loka* (Welt) sondern *bhava* (Dasein) oder *dhātu* (Artung), weil es sich dabei nicht um einen Weltentwurf, sondern um reine Daseinsweise und Herzensart handelt.

(2) Es gibt als mittlere Welt die vier Brahmawelten, die den vier Vertiefungszuständen entsprechen. Was darüber noch mehr zu sagen ist, wird unten beim 6. Wissen zu erläutern sein, nämlich bei deren Durchschauung, ohne welche eine Überwindung nicht möglich ist.

(3) Und es gibt als unterste Daseinsform die Sinnenwelt, die am vielfältigsten und buntesten ist. Nur in dieser Welt gibt es Weltenentstehung und Weltenvergehung, gibt es Geschichte und Politik, die beiden anderen Daseinsweisen sind davon unberührt, sind reine Psychologie. Und nur in der Sinnenwelt gibt es Höllen und Geschlechtlichkeit. Das Grundsätzliche über die Tiefen und Höhen der Sinnenwelt, über Dämonen und Götter, Höllen und Himmel als Projektionen des Herzens ist unten beim fünften Wissen zu sagen. (Einzelheiten s. „Ethik des Buddha")

In allen diesen drei Daseinsmöglichkeiten kreisen die Wesen. Das ist der Saṃsāro. Diesen Saṃsāro aber als Saṃsāro zu durchschauen, das wird durch die fünf ersten Weisheitsdurchbrüche nur vorbereitet und erst beim sechsten und letzten ganz vollzogen.

55.4 Die sechs Durchbrüche

Der Erwachte sagt: Das, was er wisse, verhalte sich zu dem, was er davon mitgeteilt habe, wie die Gesamtheit der Blätter eines Riesenbaumes zu ein paar Blättern in seiner Hand, und was er nicht gesagt hat, habe er nicht mitgeteilt, weil es nicht heilsam sei (S [V] 56, 31). Das, was ein Erwachter – und ihm folgend andere Heilige – auf den Wegen der sechs Weisheitsdurchbrüche erfährt, ist schlechthin unendliches Wissen. Es ist unendlich in seinem raum-zeitlichen Inhalt, aber es ist endlich, insofern es immer nur auf diesen sechs Bahnen erworben wird. Die sechs Weisheitsdurchbrüche sind als Bahnen endlich, aber ihre Inhalte sind unendlich. Sie sind auch noch insofern endlich, als der Erlebende, nachdem er schon die Bahn der beschränkten sinnlichen Wahrnehmung abschalten konnte, es in der Hand hat, nun auch die Bahnen der übersinnlichen Wahrnehmung nach Belieben abzuschalten. Er entfaltet sie, entwickelt sie weiter, lernt daraus und geht zur nächsten Bahn weiter. Und wenn er genug weiß, um sich von allem abzulösen, dann kann er auch noch die letzte Bahn abschalten. Die Nennung der endlichen Zahl von sechs Weisheitsdurchbrüchen weist darauf hin, dass es sich um psychische Erlebnisweisen handelt, die nur mit der Psyche bestehen und von ihr beherrscht werden können. In sich selber können die übersinnlichen Erlebnisweisen nie zu einem Ende kommen, sind also unendlich in Raum und Zeit entworfen, aber das Erleben selber kann eingestellt werden, das diesseitige und das jenseitige und jegliches. Ein Kreis ist unendlich, aber nur solange er existiert: Wenn ich ihn ausradiere, erweist er sich als endlich. So löst sich die Paradoxie, dass etwas gleichzeitig endlich und unendlich sein kann. Und hier bei den Weisheitsdurchbrüchen gibt es überhaupt Gelegenheit zu manchen Paradoxien, denn die Existenz ist in sich selber widersprüchlich, gespalten, voller Täuschungen. Wer aber die Täuschung für orthodox (rechte Meinung) hält, dem muss die Ent-Täuschung, die Aufhebung der Täuschung paradox (gegen die Meinung) sein.

Die sechs Weisheitsdurchbrüche, die nun in den folgenden Kapiteln einzeln zu behandeln sind, stellen sich im Zusammenhang als ein Gefüge dar, bei dem sich das Wissen schrittweise immer mehr erweitert:

(1) Der Erwerb magischer Fähigkeit ist am leichtesten – und auch entbehrlichsten. Hier geht es nur darum, den Materieglauben restlos zu tilgen und die Allmacht des Geistes über den Leib zu erweisen. Dabei und damit werden die übersinnlichen Sinne frei, mit denen die folgenden Weisheitsdurchbrüche arbeiten.

(2) Das himmlische Gehör stellt die Kommunikation mit der Geisterwelt her, eröffnet den Zugang zum gesamten Wissensschatz der jenseitigen Wesen, die sich über Laute und Sprache mitteilen.

(3) Die Herzenskunde ermöglicht es, in Seele und Geist der Menschen und Geister zu lesen wie in einem offenen Buche. Und dadurch wird die unendliche Vielfalt der Herzensqualitäten überschaubar, auf wenige Grundarten zurückführbar.

(4) Die Rückerinnerung ist noch vergeistigter, reicht über die Dimension des jetzigen Lebens hinaus in die Unendlichkeit früherer Leben mit ihrem Erleben in aller Buntheit und Vielfalt.

(5) Das Kausalauge sieht nicht nur die Ernte, sondern die Saat allen Schicksals, sieht alle Zusammenhänge zwischen den Leben, sieht das karmische Gesetz in Aktion.

(6) Das letzte Wissen ist dann das Erwachen aus dem ganzen Daseinstraum, indem dessen Bedingungen in den Trieben erkannt und aufgelöst werden, so dass die Unendlichkeit endet.

Und daraus, nur daraus, folgt dann die 10. Stufe, die Erlösung, die anschließend zu betrachten sein wird, womit dann der Heilsweg zu seinem letzten Ziel gekommen ist.

56. Magische Macht (*iddhi*)

„*Der Glaube, Senfkorn groß,*
versetzt den Berg ins Meer:
denkt, was er könnte tun,
wenn er ein Kürbis wär!“ (Angelus Silesius, ChW I, 221)

Flamingos fliegen durch die Luft,
magiegewaltig Mächtige
durchfliegen jedes Raumes Reich,
als Sieger im Verneinungskampf
entfliegen Heilige der Welt. (Dh 175)

Die erste der sechs Möglichkeiten, welche sich als Weisheitsdurchbruch aus der Einigung – generell aus den Schauungen, speziell aus den Machtgebieten – ergibt, ist das, was wir Magie, Zauberei, Wunderkraft, okkulte Fähigkeiten, Charismata oder, modern ausgedrückt, parapsychologische Phänomene nennen würden. Der Pāli-Begriff *iddhi* meint allerdings nur den grundlegenden Bereich derartiger übersinnlicher Möglichkeiten, während die fünf anderen anschließend behandelt werden. Es gibt also Magie usw. im weiteren und im engeren Sinne. Was hier unter „Magischer Macht“ beschrieben wird, betrifft allein den engeren Sinn. Hierbei handelt es sich um eine aktive Magie. Und dieses Gebiet des Übersinnlichen liegt dem Menschen noch am nächsten, ist noch relativ am leichtesten erreichbar. Weil der Mensch grundsätzlich auf äußere Aktivität, auf Weltausbreitung, angelegt ist, deshalb entfaltet sich eine dem entsprechende Gewöhnung auch im übersinnlichen Bereich am ersten. Es ist dies, auf höherer Ebene, dasselbe, was der aktive Mensch auf niederer Ebene tagtäglich tut, nämlich dass er in der Welt herumläuft und herumwirkt. So bleibt auch der Mystiker, wenn er überhaupt den Weg zum Okkulten geht, hier einer, der am Umgang mit Objekten interessiert ist, nur jetzt an übersinnlichen. So wie man in der Sinnenwelt gestaltete – als Bürger, als Handwerker, als Künstler, als Manager, als Reisender – so gestaltet man auch in der Astralwelt.

In drei Lehrreden (M 77, D 2 und D 3) werden nun vor der sonst genannten Beschreibung magischer Macht noch zwei Vorstadien gesondert behandelt. Diese sind hier zunächst zu betrachten.

56.1 Der astrale Aufblick

Nach der Vollendung der vierten Schauung heißt es:

„*Solchen Gemütes, innig, geläutert, gesäubert, gediegen, schlackengeklärt, geschmeidig, biegsam, fest, unversehrbar, richtet und lenkt er das Gemüt auf die Wissensklarheit. Er erkennt nun: ‚Das ist mein Leib, der gestaltet, aus den vier Hauptstoffen entstanden, von Vater und Mutter gezeugt, durch Speis und Trank entwickelt, dem Vergehen, dem Untergang, der Aufreibung, Auflösung, Zerstörung verfallen ist; das hingegen ist mein viññāṇa, daran gebunden, daran geknüpft*‘.“ (D 2)

Die hiermit beginnende erste Ahnung von Wissensklarheit (*ñāṇa-dassana*) hat folgendes Verständnis zur Voraussetzung: Grundlage aller magischen und okkulten Phänomene ist die Möglichkeit eines anderen Sinneswerkzeuges, als es der uns allein bekannte Fleischleib mit seinen groben fünf oder sechs Sinnen ist. Das wird durch die Lehre von den drei Körpern dargestellt: Fleischleib, Astralleib, Mentalleib. Dabei wird als Astralleib (*dibba-kāya*) derjenige jenseitige Leib bezeichnet, der noch mit Sinnlichkeit behaftet ist, an der körperlichen Speise teilhat, nach Lust umherschweift (D 1 und D 9). Der Mentalleib (*maanomaya-kāya*) hingegen ist von sinnlichem Begehren ganz frei und repräsentiert nur noch die universale Form, wie sie ein Brahma besitzt, sozusagen das Prinzip der Form. Durch die Vertiefungsübungen wird nun der Astralleib völlig überwunden und aufgelöst, so dass am Ende des *Samādhi*-Weges, bei der vierten Schauung oder dem vierten Machtgebiet nur noch der reine Mentalleib übrig bleibt. All das unbeherrschte astrale Aussteigen, das im Schlaf oder unter besonderen Schockumständen erfolgt und das durch die Machtgebiete allmählich unter Kontrolle gebracht wird, bezieht sich noch auf den Astralleib und nicht auf den Mentalleib. Man muss sich diese drei Leiber sozusagen ineinander geschachtelt denken. Durch die Einigungs-Übungen – und das ist ihr Sinn als Vorbereitung der Weisheitsdurchbrüche – wird die normalerweise so äußerst enge und verfilzte Verbindung der drei Leiber gelockert. Nach der dritten Schauung ist der Fleischleib vollkommen und restlos stillgestellt, so dass auch der Atem aufhört und Außenstehende den Leib des Ekstatikers für tot halten. Trotzdem sind noch die letzten feinsten Reste des Astralleibes vorhanden, des feinstofflichen Doubles des Fleischleibes. Diese sind erst aufgelöst, wenn die vierte Schauung durchschritten ist. Dann bleibt nur noch der Drang nach übersinnlicher Erkenntnis und nach Macht über die Materie. Der Träger dieses übersinnlichen Erkenntnis- und Betätigungsdranges, des Reizes an der Form (*rūpa-rāga*), ist der Mentalleib. Er ist das noch feinere, ideenhaft rein geistige Gegenbild von Fleisch- und Astralleib.

Die vier Schauungen oder Machtgebiete brüten, wie das Küken-Gleichnis es ausdrückt, den Mentalleib aus. Ausbrüten muss hier verstanden werden als ein allmähliches Wachsen-Lassen dessen, was jedem Fleischleib als potentielle Möglichkeit zu Grunde liegt, nämlich als Idee der Form. Das wird in dem Gleichnis, welches zu obigem Text gegeben wird, noch deutlicher. Da heißt es:

Wie wenn man einen durchsichtigen leuchtenden Diamanten, der frei von jeder Trübung ist und der an einem Faden hängt, mit der Hand am Faden ergreift und anschaut, ebenso erkennt der Mönch nun den von jeder Begierdentrübung des Astralleibes befreiten hüllenartigen Fleischleib (Diamant), der durch das sogenannte Astralband (Faden in bunter Farbe) mit dem dirigierenden Mentalleib (Hand des Betrachters) verbunden ist, von welchem aus nun das exkarnierte Erlebnisvermögen (*viññāṇa*) alles – Fleischleib, Astralband und Mentalleib – beschaut. Zwischen dem von *kāma* völlig befreiten Fleischleib auf der einen Seite und dem rein geistigen Erlebnisvermögen auf der anderen Seite stehen als Bindeglieder das Astralband und der Mentalleib. Das ist der astrale Aufblick: Das von den fünf Sinnen befreite *viññāṇa* blickt auf den von *kāma* geläuterten Leib, und dieser Blick geht über Hand und Faden, die sozusagen als elektrische Leiter dienen. Das *viññāṇa* ist noch nicht von der Idee der Form befreit, es besitzt noch *rūpa-rāga*, während der Gemüterlöste den Weg der Auflösung dessen geht und auf *arūpa-rāga* umschaltet. Aber zur endgültigen und restlosen Überwindung von *rūpa-rāga* muss man dessen Wesen und Bereich erst ganz erforschen.

56.2 Herausziehen des Mentalleibes

Durch den zuvor geschilderten astralen Aufblick wurde die wesentliche Zweiheit von Fleischleib und „Astralperson" erkannt und geistig deren Trennung und Unterscheidung vollzogen. Das *viññāṇa* war exkarniert, der Vorgang, dass das *viññāṇa* bei der Zeugung in den Mutterleib herabsteigt und sich inkarniert, war rückgängig gemacht. Als Zweites geht es nun darum, diese geistige Exkarnation auch sinnenfällig zu vollziehen, indem das Erkenntnisvermögen (*viññāṇa*) völlig von der Verknüpfung und Bindung an den geläuterten Fleischleib gelöst wird. Das schildert der Buddha wie folgt:

> *„Weiter sodann hab ich den Jüngern die Pfade gewiesen, auf deren Stegen sie aus diesem Körper einen anderen Körper hervorgehen lassen: formhaft, geistig gestaltet, mit allen Gliedern begliedert, übersinnlich."* (M 77)

Dieser andere Körper hat vier Eigenschaften, die hier genannt werden: Erstens ist er noch formhaft, nämlich feinstofflich, aus Astralmaterie, aus Antimaterie bestehend; zweitens ist er unmittelbar aus dem Geiste gebildet, ist der Mentalleib (*manomayakāya*), der himmlisch (*dibbo*), d. h. in jenseitiger Dimension besteht, wie in D 1 noch hinzugefügt wird; drittens ist er mit allen Gliedern begliedert wie der Fleischleib, dessen Spiegelbild, Idee, Doppelgänger oder Schatten er ist, mit all den Besonderheiten und Eigenarten des Fleischleibes. Und viertens ist er mit übersinnlichen Fähigkeiten ausgestattet, d. h. mit Sinneskräften, die über die Enge unserer fünf Sinne hinausgehen. Und diese Übersinne sind es dann, mit denen alle übersinnlichen Fähigkeiten, außersinnlichen Wahrnehmungen und sogenannten Wunder vollzogen werden. Nur mittels der Existenz dieses Werkzeuges werden überhaupt die Wunder verständlich. Auf höherer Ebene sind sie dann wieder kausal erklärbar und haben einen Träger.

Als Gleichnis hierfür sagt der Buddha: Man könne dann den Mentalleib aus dem Fleischleib herausziehen wie aus einem Schilfrohr den inneren Halm oder wie ein Schwert aus der Scheide oder wie eine Schlange aus dem Korbe. Diese drei Gleichnisse nennen eine Stufenfolge wachsender Leichtigkeit der Ablösung. Im ersten Gleichnis ist der innere Halm noch sehr fest mit dem Schilfrohr verbunden, man kann ihn nur mühsam und langsam herausziehen und es ist das erste Mal, dass dies geschieht. Das Schwert dagegen lässt sich schon viel leichter aus der Scheide ziehen, denn es ist dafür gearbeitet, dass es herausgezogen wird. Es mag höchstens noch klemmen oder eingerostet sein. Die Schlange schließlich lässt sich ganz leicht aus dem Korb nehmen, es ist da keinerlei nähere Verbindung zwischen Schlange und Korb mehr. So auch geht die Herausnahme des Mentalleibes aus dem Fleischleib allmählich immer besser und bewusster. Es ist dies etwas anderes als das unbewusste nächtliche Aussteigen des Astralleibes, das der Mensch nicht beherrscht, sondern das i h n beherrscht. Auch erinnert man sich selten und nur vage daran, und der normale Mensch weiß mit diesen Erinnerungen überhaupt nichts anzufangen. Das wurde durch die Machtgebiete allmählich beherrschbarer – und jetzt mit dem Mentalleib ist die völlige Beherrschung des Exkarnationsvorganges erreicht. Nach Wunsch und Willen kann der Mönch hier aus- und einsteigen, wie in ein Auto.

Dieser geistgebildete Leib ist die gröbere Selbstgestaltung der Brahmas. Wenn ein Brahma überhaupt in gewissen Zeitabständen eine solche gröbere Selbstgestaltung annimmt, dann einen solchen Mentalleib. Denn meist weilt er in der Vertiefung und dort ruht der Mentalleib und genießt höheres Wohl („ein Glück empfindet er im Körper"). Es gibt also eine ruhende und eine bewegte Form des Mentalleibes. Mit der bewegten, aktiven Form erscheint ein Brahma den Göttern und Menschen. Während das brahmische Herz universal und unermesslich ist, ist der brahmische Leib, der Mentalleib, etwas Beschränktes und Begrenztes, sozusagen ein Gerät zur Übersetzung von Feinerem in Gröberes, so wie die allgegenwärtigen Radiowellen durch den Radioapparat in die Sinnenwelt übertragen werden, um überhaupt hörbar zu sein.

Dieser Mentalleib wird in den Lehrreden öfter erwähnt (M 77; D 1, D 2, D 9; A I 19, A V 100;, S 51, 22; Thag 901). Davon ist erwähnenswert:

Ein Schüler des Meisters der Magier, Mahāmoggallāno, wurde nach dem Tode mit einem Mentalleib wiedergeboren, der in der normalen Form so groß wie zwei bis drei Felder war, und doch belästigte er damit weder sich noch andere (A V 100). Er kann zwar beliebig vergrößert und verkleinert und vervielfältigt werden, wie unten noch zu erwähnen ist, aber er hat sozusagen doch eine Normalgröße.

Auf eine Frage Ānandos an den Buddha, ob dieser mit dem Mentalleib oder mit dem Fleischleib die Brahmawelt erreiche, erwidert dieser, dass beides ihm möglich sei. Er könne allein mit dem Mentalleib die brahmische Sphäre erreichen, die diesem ja entspricht. Er könne aber auch, jedoch durch zusätzliche Übung, dabei den Fleischleib mitnehmen. Dafür hole er bewusst das sonst bei ihm vom Körper getrennte Herz akuter- weise in den Körper zurück. Dann nehme er die Vorstellung der Wohligkeit und Leichtigkeit (*sukha-saññā, lahu-saññā*) ein, und damit könne er den Fleischleib spielend in Levitation bringen und so in den Luftraum erheben, wie eine lange geglühte Kugel leichter werde (S [V] 51, 22). Auch das geht schon in die Magie über.

56.3 Die Werke der Magie

Gegenüber den beiden bisher genannten Vorübungen besteht die eigentliche Magie (*iddhi*, Skt. *siddhi*) in verschiedenen „Künsten" oder Werken, die in einer immer wiederkehrenden Formel wie folgt beschrieben werden:

> *„Solchen Gemütes, innig, geläutert, gesäubert, gediegen, schlackengeklärt, geschmeidig, biegsam, fest, unversehrbar, richtet und lenkt er das Gemüt auf die Entfaltung magischer Macht. So mag er auf mannigfaltige Weise Machtentfaltung an sich erfahren: als nur einer etwa vielfach zu werden, und vielfach geworden wieder einer zu sein; oder sichtbar und unsichtbar zu werden; auch durch Mauern, Wälle, Felsen hindurch zu schweben wie durch die Luft; oder auf der Erde auf- und unterzutauchen wie auf dem Wasser, auch auf dem Wasser zu wandeln, ohne unterzusinken wie auf der Erde; oder auch durch die Luft sitzend dahinzufahren wie der Vogel mit seinen Fittichen; etwa diesen Mond und diese Sonne, die so mächtigen, so gewaltigen, mit der Hand zu befühlen und zu berühren; etwa gar bis zu den Brahmawelten den Körper in seiner Gewalt zu haben."* (M 112; D 2 usw.)

Als Gleichnis für diese verschiedenen Werke der Magie wird dabei der Handwerker angegeben: Ein Töpfer, ein Elfenbeinschnitzer, ein Goldschmied, die nach Wunsch aus dem jeweiligen Material die verschiedensten Schmuckstücke formen (M 77; D 2). Diese drei Handwerker sind – vergleichbar den drei Arten des Herausziehens im vorigen Gleichnis – wieder Ausdruck von Verfeinerungen. Der Töpfer hat das weichste Material und kann nur zerbrechliche Gegenstände machen. Der Elfenbeinschnitzer hat schon festeres Material, aus dem er zierlichere und haltbarere Dinge fertigen kann. Der Goldschmied hingegen stellt aus dem Edelmetall die wertvollsten, schönsten und haltbarsten Gegenstände her. Ebenso sind auch die Werke der Magie steigerbar: zuerst kann nur der Mentalleib diese Werke vollführen (Töpfer), dann nimmt er mühsam den

Fleischleib mit (Schnitzer), dann beherrscht er mühelos die Puppe des Fleischleibes vom Mentalleib her (Goldschmied). Es werden dabei folgende einzelne Künste genannt:

Festes beherrschen: Als erstes wird das sogenannte Doppelgänger-Phänomen genannt. Der Fleischleib ist hier an einem Ort, während der Mentalleib an einem anderen, auch weit entfernten, erscheinen kann. Das ist die Bi-lokation: das an zwei Orten (*locus*) zugleich sein können. Das gibt es aber nicht nur in dieser einfachsten Form der Verdoppelung, sondern die Vervielfältigungsmöglichkeiten sind grenzenlos, so wie man von einer Druckplatte beliebig viele Abzüge herstellen kann. Da wird Folgendes im Kanon berichtet: Ein Brahma erschien den 33 versammelten Göttern jedem einzelnen gleichzeitig (D 18). Der Mönch Klein-Panthako, der als Meister des astralen Aussteigens bezeichnet wird (A I 19), wird in einer reizenden Geschichte als solcher beschrieben, der sich verfünfhundertfachte und das ganze Kloster mit Mönchen bevölkerte, damit er genug zu essen bekam (J 4). In seinen Versen heißt es, er habe sich vertausendfachen können (Thag 563). Und von dem Meister der Magier, Mahāmoggallāno, heißt es, er könne sich vermillionenfachen (Thag 1183).

Dieser Mentalleib, den man einfach oder vielfach aussenden kann, der kann dabei nun sichtbar oder auch unsichtbar sein. Das Sich-unsichtbar-Machen kann sich aber auch auf den Fleischleib beziehen: So heißt es von einem früheren Buddha Sikkhi und unserem Buddha, dass sie sich so unsichtbar machten (S [I] 6, 14; M 49), um andere aufzurütteln. Auch Christus erschien und verschwand nach der „Auferstehung" seinen Jüngern. In den Märchen wird hier von einer so genannten Tarnkappe gesprochen, mit der man sich unsichtbar machen könne.

Eine dritte Weise besteht darin, durch die festen Gegenstände dieser Welt hindurch zu gehen, so wie ein Gespenst durch die Wand schwebt. Da der Mentalleib eine feinere Wellenlänge hat als alle grobstoffliche Materie, wird er von dieser ebenso wenig gehindert wie z. B. Radiumwellen. Durch diese „Kunst" kann der Betreffende seinen Materieglauben überwinden und sich handgreiflich überzeugen, dass man Herr über die so fest scheinende Materie werden kann, wenn man sich verfeinert.

Flüssiges beherrschen: Der Mönch kann in der Erde so auf- und untertauchen wie im Wasser, wandelt also sozusagen das Feste in Flüssiges um. Vor allem aber kann er dann umgekehrt das Wasser wie Erde behandeln und auf ihm wandeln, wie dies von Christus ebenso wie vom Buddha (D 16) gesagt wird – oder von den drei Einsiedlern im Nordmeer in Tolstois schöner Volkserzählung. Im Pāli-Kanon findet sich folgende Geschichte: Ein Laie will den Buddha besuchen. Als er an einen Fluss kommt, ist die Fähre nicht da. Er geht mutig los und schreitet herüber, getragen von seinem Glauben. So wie aber die Freude über und der Glaube an den Buddha schwächer wurde, begann er wieder einzusinken (J 190).

Luft-Herrschaft: Die „Luftherrschaft" besteht darin, zuerst den Fleischleib etwas über die Erde zu heben, dann zu schweben und schließlich gar zu fliegen wie ein Vogel durch die Luft. Alles das ist Levitation, d. h. Aufhebung der Schwerkraft. Von dem schon erwähnten Mönch Klein-Panthako heißt es, dass er den Nonnen immer nur einen einzigen Vers als Lehrvortrag vorsetzte. Als sie sich langweilten, erhob er sich wie beiläufig in die Luft und in der freien Luft sitzend und gehend wiederholte er den Vers, der die Zuhörer nun nicht mehr langweilte (P 22). Vom Buddha sagen die Texte, er sei mit anderen Heiligen einem Brahma in der Luft sitzend erschienen, um ihn zu belehren (S [I] 6, 5) oder er sei nach einer Belehrung durch die Luft davongeeilt (A III 64; D 24).

Feuer beherrschen: Mit dem Erheben in die Luft wird manchmal auch schon der Übergang zum Feuerelement verbunden. Da heißt es, einer erhob sich in die Luft und ging dann ins Feuerelement ein, d. h. verglühte momentan oder endgültig (D 24; S [I] 6, 5; Ud VIII 10). Der Mönch Dabbo, der als Meister dieser Kunst genannt wird (A I 19), vollzog so bei seinem Tode die Verbrennung seines Körpers. Auch wird dies von Ānando berichtet. Demgegenüber ist das Schreiten durch Feuer, ohne verbrannt zu werden, nur eine Vorstufe.

Im obigen Text der magischen Künste werden diese Weisen (Unverwundbarkeit durch Feuer, Selbstverbrennung) gar nicht extra aufgeführt, es wird vielmehr nur die höchste Form genannt. Da heißt es, dass der Mönch die so mächtige Sonne mit der Hand berühren könne. Er verbrennt sich also nicht daran, sondern ist Herr des Feuers. Er hat mehr Kraft als die Feuerkraft. Der Mittelpunkt unseres Sonnensystems, die Quelle aller Energie, von Licht, Wärme und Nahrung, von der wir total abhängig sind, ist ihm nur ein Gegenstand unter anderen, der ihn nicht verglüht. Er ist auch nicht mehr abhängig vom Licht, er könnte Sonne und Mond bedecken und verfinstern wie ein Geist.

Raum beherrschen: Das eben Gesagte geht schon nahtlos über in die letzte und höchste Form der Magie, nämlich das gesamte geistige Universum durchdringen zu können, von den untersten Höllen bis zu den höchsten Himmeln. In Sekundenschnelle kann ein magischer Künstler überall sein, mit dem Mentalleib oder auch mit dem Fleischleib. Dies ist die Krone physischer Allmacht. Ein solcher ist der wahrhaft selbständige „Astronaut“, der Astralwanderer. Häufig heißt es in den Texten, dass jemand, so schnell man einen ausgestreckten Arm einziehen oder einen eingezogenen ausstrecken kann, irgendwo in dieser oder jener Welt erschien, gedankenschnell.

In dieser Weise erschien der Buddha z. B. dreien seiner großen Mönche, um ihnen die letzten Schritte zur Heiligkeit zu erleichtern bzw. sie in Krisen zu unterstützen, nämlich Mahāgmoggallāno, der schläfrig wurde (A VII 58), Anuruddho, den er in dessen guten Gedanken noch überhöhte (A VIII 30) und Soṅo, der aus Verzweiflung die Askese schon aufgeben wollte (A VI 55). In der gleichen Weise überschritt der Buddha einmal den Ganges (D 16 I) und erschien in der Brahmawelt (M 49; D 14; S [I] 6, 5). Auch Moggallāno oder Kevaṭṭo erschienen so bei den Göttern (M 37 bzw. D 11). Und einmal nahm der Buddha seinen Stiefbruder Nando, der selber noch gar nicht reif für magische Fähigkeiten war, mit Gedankenschnelle mit in die Götterwelt (Ud III 2). Diese Fähigkeit der Raumbeherrschung geht also so weit, dass ein Buddha auch normale Fleischleiber derart beeinflussen kann, dass sie die Schwerkraft überwinden und in der Götterwelt besuchsweise erscheinen können. Ähnlich wird von manchen christlichen Mystikern berichtet, dass sie bei der Levitation andere mit empor rissen.

Zusammenfassung: Die vorstehend genannten fünf Aspekte magischer Kunst ergeben sich natürlicherweise aus der Tatsache, dass alle Form aus fünf Weisen besteht, nämlich aus den vier Elementen und dem Raume. So wird durch die Magie die Herrschaft über die Elemente begründet, ausgeübt und überstiegen. Jenes bedenkliche alttestamentliche Gebot „Macht euch die Erde untertan“ ist hier auf ganz andere Weise erfüllt. Der Machthaber der Magie hat sich die Erde, die Materie, die Form untertan gemacht und ist daher nicht mehr von ihr abhängig, ist dem Tod nicht mehr ausgesetzt, der ja nur den Fleischleib treffen kann, aber nicht den Mentalleib.

56.4 Telekinese und Zauberei

Unter Telekinese versteht man eine außersinnliche Beeinflussung der Materie, wörtlich eine Fernbewegung. Aber ob ich in der üblichen Weise mit meinem Körperwerkzeug Dinge bewege oder ob ich Elektrizität und drahtlose Telegraphie u. Ä. dazwischenschalte oder ob ich rein durch Magie Dinge bewege, ist im Grunde dasselbe. Der Mentalleib, ja schon der Astralleib, kann sporadisch aussteigen und dann Dinge bewegen. Entweder ist es der feinere Leib, der dann mit Dingen hantiert, oder es sind Geister, die dies im Dienste eines Magiers tun. In beiden Fällen sieht der normale Mensch ein Wunder: Etwas bewegt sich, aber es gibt keine materielle oder elektrische Ursache. Also muss er bestenfalls an Gedankenkraft oder sonstige Zauberei glauben. Wenn aber das Phänomen der feineren Leiber berücksichtigt wird, werden alle solche Phänomene viel verständlicher.

In den Lehrreden kommt dergleichen unter dem Stichwort magische Aktivität (*iddh'abhisaṅkhāro*) vor: Moggallāno ließ mit seinem großen Zeh magischerweise einen Palast erzittern (M 37; S [V] 51, 14), und zwar um Götter und Mönche vom Materieglauben etwas zu kurieren. Als der Mönch Pilindo durch Magie eine hoch aufgehängte Schale herunterholte, tadelte ihn der Buddha, dass er vor Laien magische Kunststücke sehen ließ (CV V 8). Noch mehr in den Bereich niederer Zauberei gehört Folgendes: Der Mönch Mahako ließ aus Mitleid für seine Ordensbrüder in der Tageshitze Regen fallen (S [IV] 41, 4). Umgekehrt ließ der Buddha Kassapo aus Mitleid den Regen nicht ins offene Dach von Ghātikāro regnen (M 86). Oder unser Buddha ließ Feuer erscheinen, um den Hochmut eines Asketen zu brechen (MV I 15) – als aber der erwähnte Mönch Mahako ein Feuerwunder bewirkte, nur um seine Macht vorzuführen, bekam er selber ein schlechtes Gewissen (S [IV] 41, 4). Ein siebenjähriges Wunderkind (später ein Heiliger) bannte magisch eine Schlange (Thag 429 ff). Oder der Buddha bewirkte, um Angulimālo, den Raubmörder, zu beeindrucken, eine magische Machtbezeugung derart, dass dieser ihn trotz Laufens nicht einholen konnte (M 86). Der erwähnte Mönch Pilindo machte einmal Kindern einen Goldring oder einen ganzen Palast (MV VI 15), um sie zu erfreuen. Als dagegen Māro den Buddha veranlassen wollte, Weltherrscher zu werden und den Himālaya in Gold zu verwandeln, wies ihn der Buddha kurz mit dem Bemerken ab, noch so viel Gold reiche nicht aus, die Gier zu befriedigen (S [I] 4, 20).

Alle solche Phänomene, die in den Pāli-Texten nur als schmückendes Beiwerk mit erwähnt werden, spielen in der buddhistischen Lehre eine derart untergeordnete Rolle, dass sie in der obigen Definition der Magie gar nicht extra erwähnt werden. Wer die Allmacht des Mentalleibes versteht, der kann eben nicht nur sich, sondern alle Dinge beliebig vervielfältigen, erscheinen oder verschwinden lassen. Mit der Beherrschung des eigenen Mentalleibes ergibt sich die Beherrschungsmöglichkeit der äußeren Natur von selber mit. Eine solche ist aber meist ganz ohne Sinn und Interesse. Nur um anderen zu helfen, sie aufzurütteln oder um Gefahren abzuwehren, eben aus Mitleid mit fremder oder eigener Form, mag dergleichen einmal vorkommen.

Wie steht es aber mit Krankenheilungen und Totenerweckungen, die bei Christus eine solche Rolle spielen? Warum hat der Buddha nicht dergleichen aus Mitleid vollführt? Weil Krankheit und vorzeitiger Tod Ernte früheren eigenen Wirkens sind und weil solche Ernte solange immer wieder eintreten wird, ehe nicht das Wirken endgültig geändert ist. Darum sagt ja auch Christus zu den von ihm geheilten Kranken, sie möchten hinfort nicht mehr sündigen. Ferner: Wer sich auf das Gebiet der Wunderheilungen begibt, der wird bald von Menschen überschwemmt, die geheilt werden wollen, um besser genießen und sündigen zu können. Der Buddha überlässt dieses Gebiet denjenigen, die dergleichen zum Lebensinhalt gewählt haben, nämlich den Schutzgeistern und helfenden Engeln. Zuwendung zur Tugend und zu jenen Verkörperungen der Tugend ist der beste Weg zur Krankenheilung. Der Buddha kuriert die Wurzeln, nicht die Symptome – und daher ist er der beste Arzt.

Das ganze Gebiet der Magie, und besonders diese letzte Erscheinungsform, ist dasjenige, welches am stärksten einen Missbrauch ermöglicht. Schwarze Magie gibt es vor allem hier, d. h. Ausnutzung übersinnlicher Fähigkeiten für sinnliche Zwecke. Die Verführung zur Macht liegt hier auch besonders nahe. Auch darum bewertet der Buddha dieses ganze Gebiet der Magie als gering (D 11). Ein besonders abschreckendes Beispiel war auch Devadatto. Er hatte sich magische Fähigkeiten erworben, ohne auf den Weg der Hörerschaft zu gelangen. Er nahm dann magisch die Gestalt eines Jünglings an und erschien so plötzlich König Ajātasattu, um ihn zu beeindrucken und gegen seinen Vater und den Buddha aufzuhetzen (CV VII 2). Er verlor aber seine magischen Fähigkeiten in dem Augenblick wieder, als in seinem Herzen der Wunsch um sich griff, an Stelle des Buddha den Orden zu leiten (A V 100). Ein anderes Beispiel berichtet Yogananda: Ein Yogi hatte sich einen Geist dienstbar gemacht, der alles, was er einmal berührt hatte, verschwinden lassen und ihm zutragen konnte. Das nützte der Yogi dafür aus, sich bei Juwelieren Steine zeigen zu lassen oder Fahrkarten zu berühren usw. Seine Habsucht bediente sich der Magie als verlängerten Hebel – bis er schließlich in sich ging und ein Einsiedler wurde, ähnlich wie bei Milarepa, der aus Rachsucht Geister gegen seine bösen Verwandten eingesetzt und sie zu Tode gebracht hatte, dann aber von Reue erfasst Einsiedler wurde. In diesen beiden Fällen ging es noch einmal gut ab, während Devadatto durch seine magischen Künste zur Hölle gelangte.

56.5 Erfahrungsberichte

Die Fülle der Berichte über alle Spielarten der Magie in anderen Religionen, bei christlichen, hinduistischen und tibetischen Mystikern, bei Sufis und Taoisten, ist so erdrückend, dass es unmöglich ist, auch nur eine gedrängte Überschau davon zu geben. Die Beispiele würden auch im Grunde nichts Neues bringen, sondern nur die oben abstrakt genannten Möglichkeiten konkretisieren und in Raum und Zeit lokalisieren. Es mag daher ein kurzer Hinweis auf Sammelwerke genügen, die solche Berichte zusammenfassen. Eines der ersten christlichen Sammelwerke über magische Phänomene aller Art hat Papst Gregor I in seinen Dialogen veranstaltet, in denen er zusammentrug, was er an ernsthaften Berichten erfahren hatte. Demgegenüber sind mittelalterliche Sammlungen, wie die des Cäsarius von Heisterbach, oft Zeugnisse kritikloser Mirakelsucht, die das ganze Gebiet in Verruf brachten. Aus neuerer Zeit sind vor allem zwei Werke zu erwähnen:

Der englische Jesuit Thurston behandelt in seinem Buch, das unter dem Titel „Die körperlichen Begleiterscheinungen der Mystik" (Luzern 1956) ins Deutsche übersetzt wurde, die Überlieferungen über Phänomene wie Levitation, Bilokation, Elongation (Verlängerung des Leibes), Telekinese (insbesondere bei der Hostie), Stigmatisation, innere Wärmeerzeugung, Unverwundbarkeit durch Feuer, Lichterscheinungen, jahrelanges Fasten, Unverweslichkeit des Leibes, anhaltender angenehmer Duft des Leichnams. Er prüft dabei die Berichte sehr kritisch und lässt nur die sicher und vielfach belegten gelten.

Görres schrieb in der ersten Hälfte des vorigen Jahrhunderts ein Standardwerk „Die christliche Mystik“ in mehreren Bänden, die 1960 als Reprint in Österreich wieder erschienen. Auch er trägt zu den einzelnen Phänomenen reiches Material bei, für das er eine Erklärungstheorie mitliefert. Besonders ausführlich behandelt er auch die Magie dämonischen Ursprungs, die ungleich viel häufiger ist als Schwindel und ehrgeiziges Vorspiegeln magischer Phänomene. Der uralte Mythos vom Menschen, der dem Teufel seine Seele verkauft und dem dafür von Dämonen geholfen wird, Wunder zu verrichten, taucht im Laufe der Geschichte seit Simon Magus immer wieder in konkreter Form auf in der Person von Schwarzmagiern, Zauberern, Hexern. Es ist ein überaus finsteres Gebiet mit unheimlichen Möglichkeiten. Umso entscheidender wird das Gewicht, das der Buddha auf die rechte Grundlage legt, nämlich dass nur der durch Tugendläuterung ausgediehene Herzensfriede zu heilsamer Weisheit führt.

57. Offenbarungen durch himmlisches Gehör (*dibba-soto*)

> *„Und alsbald war da bei dem Engel die Menge der himmlischen Heerscharen, die lobten Gott und sprachen: ‚Ehre sei Gott in der Höhe und Friede auf Erden und den Menschen ein Wohlgefallen!‘“* (Luk. 2, 13-14)

> *„Da kam mir, o Mönch, der Gedanke: ‚Wenn ich doch, ebenso wie ich Abglanz und Anblick der Umrisse gewahre und mit jenen Himmelswesen weile, spreche und mich unterhalte, auch wüsste, ob sie zu dieser oder jener Gattung der Himmelswesen gehören, so würde meine Wissensklarheit noch lauterer sein.‘“* (A VIII 64)

Das Hören ist unter allen Sinnen dadurch ausgezeichnet, dass durch dieses Sinnestor auch die Wahrheit zu uns kommen kann. Das unübertreffliche Hören ist das Hören der Lehre (A VI 30), die zur Hörerschaft führen kann. Überhaupt können wir durch das Hören geistige Inhalte und Zusammenhänge aufnehmen, können Werte und Urteile vernehmen. Wenn sich das normale Hören nun zum übersinnlichen, himmlischen Gehör erweitert, dann erweitern sich damit auch die Möglichkeiten zum Aufnehmen von Mitteilungen.

Damit steht man aber auch stärker Einflüssen offen, denn alle gehörten Aussagen und Urteile wirken irgendwie auf meinen Geist ein, bilden ihn und veranlassen ihn zu Reaktionen. Wird das Hören erweitert, so erweitern sich auch die Probleme. Und das kann sowohl heilsam als auch unheilsam sein. Wenn jemand die Stimmen von Geistern vernimmt, dann gibt es Menschen, die blindlings alles so Gehörte für Offenbarungen nehmen und sich danach richten. Das andere Extrem sind solche Menschen, die hinsichtlich des himmlischen Gehörs schwerhörig sind und selbst gutgemeinte Einflüsterungen, Mahnungen und Warnungen von jenseitigen Wesen in den Wind schlagen und „sich nichts sagen lassen“. Zwischen diesen beiden äußersten Extremen spannt sich der weite Bereich der bedeutsamen und folgenschweren Problematik, die durch das himmlische Gehör aufgeworfen werden kann. Viel, viel Schaden ist schon geschehen, indem Menschen auf Einflüsterungen und Täuschungen von Geistern hereingefallen sind, und gar mancher Nutzen wurde versäumt, indem man auf gute Hinweise von Himmelswesen nicht hören wollte, sondern in sein Unglück lief. Was hier notwendig ist, das hieß in der Meditationspraxis der Wüstenväter „Gabe der Unterscheidung der Geister“.

Diese Gabe gewinnt man nur, wenn man sich läutert und zur Reinheit des Herzens erhebt. Dann kommen die meisten üblen und täuschenden Geister schon gar nicht an einen heran, und die Dämonen, die sich noch vernehmen lassen, die erkennt man an ihrer Art und durchschaut sie. Ein hohes Maß an Vernunft ist nötig, um hier gewappnet zu sein. Man muss ein ganz sicheres Weltbild haben und muss wissen, dass viele Geister weit unwissender sind als Menschen, und dass die Tatsache, Stimmen von Geistern zu hören, noch nichts über die Qualität des Inhalts aussagt. Es gibt eben manche erdgebundenen Geister, die sich gern kundtun wollen und die mit interessanten Dingen aufwarten, die sie selber erfinden oder über die sie selber getäuscht worden sind oder über die sich gutgläubig im Irrtum befinden. Was ist nicht alles schon von Geistern prophezeit worden, an Gutem und Bösem, und es war eitel Unsinn. So wie auf Erden Kartenleger, Wahrsager und Astrologen dem Leichtgläubigen Mancherlei verkünden, wovon das meiste nicht stimmt, ebenso ist es bei den Geistermitteilungen. Je unsicherer jemand ist, umso empfänglicher ist er auch für Mitteilungen aus der Geisterwelt. Nur wer in der rechten Anschauung ganz fest steht und auf Erfahrung in der Tugendläuterung zurückblicken kann, der ist vor solchen Einflüssen gesichert. Es ist eben so, dass wir weit, weit mehr von Einflüsterungen aus dem Jenseits vernehmen, als wir selber auch nur im Entferntesten ahnen. Viele Intuitionen, Anmutungen und Impulse – sinnige und unsinnige – die scheinbar unversehens über uns kommen, mögen auf jenseitige Stimmen zurückgehen, für die uns nur ein klares himmlisches Gehör fehlte.

Es ist bemerkenswert und kaum im Bewusstsein, dass die nahöstlichen Religionen alle mehr oder weniger ausschließlich auf dem Wege über das himmlische Gehör entstanden sind. Die mosaische Religion geht auf die Stimmen zurück, die Moses auf dem Berge Sinai hörte und die ihm die zehn Gebote offenbarten. Der Islam geht auf die Stimme eines Engels, der sich Erzengel Gabriel nannte, zurück, welcher Mohammed die Suren des Korans offenbarte. Und wenn man einmal die Evangelien und die Apostelgeschichte daraufhin durchgeht, dann findet man auf Schritt und Tritt Weisungen von Engeln, die dem irdischen Geschehen eine Fernsteuerung geben. Und ebenso finden sich außer bei den danach genannten Offenbarungsreligionen noch bei zahlreichen Sektengründern, Propheten, Schwärmern und Medien solche Geisterstimmen, eben himmlisches Gehör. Auch alles, was durch Schreibmedien empfangen wird, ist himmlisch Gehörtes, was ihnen diktiert wurde. Ebenso voll wie von Radiowellen ist der Äther voll von Stimmengewirr der Schutzgeister, Gespenster und Dämonen, die ununterbrochen auf den Menschen einreden. Was Sokrates sein *daimonium* nannte, die Stimme seines Gewissens, ist auf gleicher Linie.

Was ist nun aber das Wesen dieses Übersinnes, der solche Probleme mit sich bringt? Wir können das himmlische Gehör mit Telefon oder Radio oder Lautsprechern vergleichen. Auch das ist insofern übersinnlich, als ich da Töne höre, ohne – wie normalerweise – einen Sprecher leibhaftig vor mir zu haben. Riesige Entfernungen können durch die elektrische Leitung des Telefons oder durch Radiowellen und Funk überbrückt werden. Das Fern-hören (*tele-phonein*) ist es also, welches dann auch ein Fern-sprechen ermöglicht. Vom Standpunkt anderer der Geistwesen ist nun ihr Einfluss auf mich ein Fern-sprechen. Sie rufen mich, gleichwie mich jemand per Telefon anruft. Oder es ist wie beim Radio: Die Radiowellen sind auch vorher schon da, durch das Einschalten mache ich sie nur hörbar. Ganz ebenso macht das himmlische Gehör nur das hörbar, was schon vorher sowieso an jenseitigen Tönen vorhanden ist. Das brauchen nicht immer sprachliche Mitteilungen zu sein. Ebenso wie ich beim Radio auch Musik hören kann, so gibt es auch Sphärenmusik und manche Mystiker berichten, dass sie wunderbare Harmonien von Engelschören hörten.

Abgesehen vom Inhalt des Gehörten (Wort oder Musik, Wahrheit oder Irrtum, Sinnvolles oder Sinnloses, Erhebendes oder Niederziehendes) gilt es noch, dessen Herkunft zu unterscheiden. Der Erwachte sagt nämlich beim himmlischen Gehör, dass es nahe und ferne Töne zu vernehmen gebe. Wenn ein Mönch des Buddha mit dem himmlischen Gehör irgendeine Unterhaltung aufnehmen konnte, die Hunderte von Kilometern entfernt in Indien zwischen Menschen stattfand, dann gehört dergleichen doch noch zu den nahen Tönen, denn es handelt sich um Dinge, die bloß in unserer Welt vonstattengingen. Alles, was über das normale Menschengehör ohne technische Hilfsmittel hinaus an Stimmen vernommen wird – sei es auf hundert Meter Entfernung in einem Nachbarhause, sei es auf zehntausend Kilometer Entfernung in einem anderen Kontinent – heißt nahe Töne. Alles aber, was von den primitivsten bis zu den höchsten Geistern vernommen wird, die aus dem Jenseits zu mir sprechen, heißt ferne Töne. Das mag mein Schutzgeist sein oder ein Dämon oder ein erdgebundener Geist oder eine Arme Seele, verstorbene Angehörige, Sakko, Brahma, Christus oder der heilige Franz. All das sind Stimmen aus dem Jenseits, aus der anderen Welt und insoweit aus der Ferne.

Bei den übersinnlichen Tönen werden in D 28 solche von Menschen, von Nichtmenschen und Göttern genannt. Die Töne von Menschen sind die nahen Töne. Die Töne von Nichtmenschen sind solche von Wesen, die geistig nicht höher als die Menschen stehen, bloß gerade nicht menschlich inkarniert sind, also Dämonen und Gespenster und niedrigste Himmelswesen (Erdgeister): daraus besteht das Gros aller Auditionen. So heißt es z. B., dass der Bodhisattva und Buddha und seine Mutter auch von Nichtmenschen nicht verletzt werden können (M 123; D 4), aber manchmal ist es auch nur ein Oberbegriff für alle Jenseitigen. Von Nichtmenschen (*a-manussā*) zu unterscheiden ist der Begriff *nippurisa* (ohne Männer, ohne Menschen). Da heißt es in A III 38, dass der Bodhisattva solche Magie besaß, dass er in seinen Palästen Musik von *nippurisa* hören konnte: Das dürfte Himmelsmusik gewesen sein.

Oft heißt es in den Texten, dass jemand etwas Jenseitiges erlebte und dass er beiläufig hinzufügte „und auch Gottheiten haben es mir mitgeteilt“ (M 31, 73 usw.): Da ist das himmlische Gehör nur eine sekundäre, ergänzende Quelle der Erfahrung.

Ein weiterer Unterschied besteht darin, dass jenseitige Wesen einmal von sich aus an den Menschen herantreten und mit ihm sprechen können, weil sie dazu Lust haben, und dass andererseits ein Mensch von sich aus, willkürlich oder unwillkürlich, mit dem himmlischen Gehör Töne vernimmt und Stimmen belauscht. Die Initiative kann also von beiden Seiten ausgehen. Allerdings können sich Geister mir nur verständlich machen, wenn ich eine gewisse mediale Bereitschaft aufbringe, um zuzuhören. Sonst haben die niederen Wesen jenseitiger Art keine Möglichkeit und die höheren kein Interesse, sich verlauten zu lassen. Die niederen Geister, die oft gern mit Menschen reden möchten, können dies an sich nicht. Sie können höchstens die Gedanken in gewisse Richtungen lenken und durch solche unerkannten Einflüsterungen wirken, was aber wiederum nur bei labileren oder passiveren Menschen möglich ist. Daher kommen diese Geister seit jeher auf die Idee, über Medien zu den Menschen zu sprechen. Sie benutzen dann die Sprachwerkzeuge des Mediums, um ihre Mitteilungen zu machen und sich auszureden. Das ist dann vom Zuhörer aus gesehen kein himmlisches Gehör mehr, sondern er hört mit dem sinnlichen Ohr die Stimme des Mediums, das durch einen Geist „besessen“ ist. Die höheren Geister hingegen haben auch die Macht, selber Menschen zu erscheinen und zu ihnen zu sprechen, wie es in der Bibel an zahllosen Stellen von Engeln berichtet wird und wie es auch im Pāli-Kanon vorkommt. Da heißt es dann, dass nachts eine Gottheit den ganzen Wald erhellte und dann zu sprechen beginnt. Sehen und hören kann einen solchen Geist aber dann meist nur der, welcher dafür empfänglich ist.

Bei dem eigentlichen himmlischen Gehör, dem zweiten der sechs übersinnlichen Wissen, besitzt der durch *samādhi* geläuterte Mönch die Fähigkeit, seine Aufmerksamkeit auf diejenigen Töne des Universums zu richten, die er hören will. Er ist vergleichbar einem Manne, der vor einem Superradio sitzt und nun nach Belieben tausend Sender einstellen kann. Was er hören will, bestimmt er selber. Mit voller Souveränität kann er entscheiden, wie lange er etwas hören will usw. Das setzt eine starke eigene Zurückhaltung voraus: Wer lauschen will, der darf nicht selber reden und planen wollen; dann würde er nämlich nur sich hören und sonst nichts. Gerade das übersinnliche Hören ist ausgesprochen passiv, es ist reines Aufnehmen, fast wie ein Tonbandgerät, welches ohne jeden Eigenwillen nur rezeptiv ist. Zwar sind im Gegensatz zur erstgenannten aktiven Magie alle weiteren Arten okkulter Wahrnehmung passiv und rezeptiv, aber das Hören ist vom Passiven wiederum das passivste. Das Hören ist am eintönigsten und einfachsten. Ich muss still sein, dann fließen die jenseitigen Töne in mich ein und ich kann mich, wenn ich will, sozusagen von Sphärenmusik oder astralen Nachrichten oder Hörspielen berieseln lassen. Was ich dann auf Grund des Gehörten denke und mache, ist wiederum etwas anderes: Da kann das passive Hören sehr aktive Auswirkungen haben.

Meist wird es so sein, dass übersinnlichem Hören ein Sehen entspricht, so wie wir ja in der Regel den Sprechenden auch sehen können. Aber ebenso, wie ich ausnahmsweise beim Telefon oder Radio den Sprecher nicht sehe, oder wie ich die Augen schließen kann, um intensiver zuzuhören, oder wie ich im Dunkeln eine Stimme hören kann, ganz ebenso gibt es astrales Hören auch einmal ohne Sehen. Das wird den Hörenden dann besonders verwundern: Er sieht nichts, aber hört eine Stimme, die ihm mehr oder weniger unheimlich vorkommen muss. Es kann aber auch jemand allein das himmlische Gehör ausbilden, ohne dass er visionär etwas zu sehen vermag und umgekehrt. So heißt es in D 6, dass ein Mönch das himmlische Gehör ausbilden könne und dann entzückende himmlische Töne höre, ohne dass er himmlische Gestalten sehe. In der Regel aber wird es so sein, wie es der Erwachte von sich sagt: Zuerst sah er Abglanz und Umrisse jenseitiger Gestalten, ohne etwas zu hören Das empfand er als unvollkommen und daher bemühte er sich, durch noch mehr Sammlung, nun auch die Stimmen der Götter zu hören (A VIII 64). Es scheint die Regel zu sein, dass bereits auf der Stufe des *samādhi* ein Schauen des Lichtes der astralen Sphäre stattfindet (Abglanz). Auf der nächsten Stufe konturiert sich dies klarer, weil der Mentalleib seine Übersinne nun frei gebrauchen kann: Und das ist erst der Ort des himmlischen Gehörs, wie es als zweiter Weisheitsdurchbruch beschrieben wird. Wie das Hören der zweite der Sinne ist, so wird auch das Sehen meist dem Hören vorangehen. Das alles wird hier vorausgesetzt, insbesondere dass *samādhi* in der Form der Machtgebiete das Eröffnen und Sichtbar-Machen der übersinnlichen Dimension ist.

Eine Frage stellt sich noch: Wie kann man die Sprache der Geister, die man hört, nun auch verstehen? So wie ja die Menschen verschiedene Sprachen sprechen, so könnte es doch auch bei den Geistern sein. Aber es fällt auf, dass in den okkulten Berichten nie von derartigen Sprachschwierigkeiten oder Übersetzungsproblemen die Rede ist. Die babylonische Sprachverwirrung scheint eine spezielle menschliche Krankheit zu sein. Ob die Geister alle dieselbe Sprache sprechen oder ob durch die Übung im *samādhi* die Fähigkeit entwickelt wird, alle Sprachen zu verstehen, mag dahingestellt bleiben. Es wird schon von den Aposteln beim Pfingstfeste zu Jerusalem berichtet, dass der Heilige Geist über sie kam und dass sie u.a. die Gabe der Zungen erwarben, so dass sie in den verschiedensten Sprachen sprechen und sie verstehen konnten. Der Heilige Antonios konnte sich mühelos griechisch unterhalten, obwohl er es nie gelernt hatte. Der Heilige Vinzenz Ferrer konnte nur spanisch sprechen, aber er durchzog im Mittelalter Westeuropa und predigte mit Riesenerfolg in der jeweiligen Landessprache. Oder der Heilige Franz verstand und sprach die Sprache der Tiere. Es hat den Anschein, dass dem himmlischen Gehör auch eine Gabe des übersinnlichen Sprechen- und Verstehen-Könnens korrespondiert. Trotzdem mag es sein, dass ein Ungeläuterter, der einmal jenseitige Töne vernimmt, diese sprachlich nicht verständlich findet. Das kann allerdings auch daher rühren, dass Jenseitige Sprachschwierigkeiten haben. So heißt es, dass König Pasenadi die abgehackten Silben *sa*, *na*, *du*, so von vier Höllenwesen hörte. Als er den Buddha danach fragte, erklärte dieser ihm, dass es Anfänge von Versen seien, die jene Wesen in ihrem großen Leiden nicht weiter sprechen könnten (J 341 und 418).

Als Gleichnis für das himmlische Gehör gibt der Buddha in D 2 folgendes Gleichnis: Ein Wanderer hört unterwegs auf der Landstraße drei Arten von Trommeln: große Kesselpauken, normale Trommeln, von Hörnern begleitete kleine Trommeln. Vielleicht sollen damit die verschiedenen Stimmen nach dem Grade ihrer Grobheit bezeichnet werden. Man könnte nämlich denken, dass am gröbsten die Menschenstimmen sind (Pauke), feiner schon die der Nichtmenschen, der Geister (Trommel) und am feinsten die der Götter (hörnerbegleitete Trommel). – Dagegen ist das Gleichnis, das in M 77 anstelle dessen gegeben wird, schwerer verständlich. Dort heißt es nämlich, das himmlische Gehör gleiche einem kräftigen Trompeter, der mühelos nach allen vier Richtungen posaune. Vielleicht soll es die Mühelosigkeit andeuten, mit welcher ein des himmlischen Gehörs Mächtiger seine Aufmerksamkeit auf jenseitige Töne in die Weite schickt.

Der Nutzen des himmlischen Gehörs liegt darin, dass es den Horizont des Wissens sehr erweitert. Über Vergangenes und Zukünftiges kann man dadurch Mitteilung erhalten, z. B. über eigene frühere Leben oder über den Zeitpunkt des eigenen Todes oder Entsprechendes von anderen. Und man könnte Jünger des Erwachten, die nach himmlischer Zeitrechnung erst vor ein paar Tagen von der Erde abgeschieden waren, vernehmen, so dass die Lehre des Buddha damit viel näher rücken würde.

Der Erwachte sagt, es gebe drei Wunder: das Wunder der Magie, das Wunder der Vorhersage und das Wunder der Belehrung. Das Wunder der Vorhersage gründe sich auf vier Ursachen. Erstens könne jemand aus „Merkmalen" (*nimittā*) wahrheitsgemäß vorhersagen, wie sich Herz und Gemüt eines anderen verhielten. Damit könnte gemeint sein, dass jemand an der Aura eines anderen seine Gemütsverfassung abliest. Die zweite und dritte Ursache gehen auf himmlisches Gehör zurück, und zwar mittelbar durch Stimmen Dritter („auch Gottheiten haben es mir mitgeteilt") oder unmittelbar durch eigenes Gedankenhören beim Gegenüber. Es wird nämlich gesagt, dass Erwägungen ein übersinnliches Geräusch machen, eine Art Gedankenschwingung oder Geistvibration, die ein Vertiefter dann hören kann. Das leitet dann schon zu der vierten Ursache über, nämlich der beim dritten Weisheitsdurchbruch zu behandelnden Herzenskunde.

Das Wunder der Belehrung hingegen bezieht sich auf das Überweltliche: Während die beiden ersten Wunder auch von Schwarzmagiern und ungeläuterten Menschen in gewissen Grenzen praktiziert werden können, ist allein das Wunder der Belehrung wahnlos und unbedingt heilsam (D 28, A III 60). Wenn aber z. B. der Buddha mit dem himmlischen Gehör von einem Geist hört, ein Mönch sei in inneren Konflikten und wenn der Buddha dann mit magischer Macht vor dem Mönch erscheint und ihn belehrt, dann verbinden sich alle drei Arten von Wundern, wobei die beiden ersten aber nur Hilfsdienste leisten.

Zusammenfassend lässt sich sagen, dass es folgende Arten des himmlischen Gehörs gibt: (1) Mit und ohne Wahrheitsgehalt (Irrtum, Täuschung); (2) Mit und ohne heilsamen Gehalt (Belangloses); (3)Mit und ohne Verstehen (unverständliche Laute); (4) Mit und ohne gleichzeitiges Sehen (visionäre Audition); (5) Willentlich oder wider Willen.

Die vollkommenste Form des himmlischen Gehörs hat also fünf Qualitäten: Man hört Wahres, Sinnvolles, Verständliches, wobei man den Sprecher auch sieht und man kann das Hören von sich aus beginnen und beenden.

58. Herzenskunde (*ceto-paricca*)

> „*Einem wird gegeben, Wunder zu tun, einem anderen Weissagung, einem anderen Unterscheidung der Geister, einem anderen mancherlei Sprachen, einem andern Auslegung der Sprachen.*“ (1. Kor.12, 10)

> „*Während ich die von Erwägen und Sinnen freie Einigung erreicht habe, erkenne ich im Geiste der anderen Gemüt: So wie dieses Verehrten geistige Aktivitäten gerichtet sind, wird er unmittelbar nach dieser Herzensverfassung solche Erwägung erwägen.*“ (A III 60)

58.1 Wesen der Kardiognosis

Beim okkulten Hören lässt man Stimmen und Töne und Schallwellen auf sich zukommen, bei der Herzenskunde (im Christentum Kardio-gnosis genannt) dagegen geht man eher auf den anderen zu, bis auf den Grund seines Herzens, bis in die verborgensten Schlupfwinkel der Seele. Nicht umsonst wird diese Fähigkeit im Pāli als ein Gehen bezeichnet, als ein Rundherumgehen oder Ganz-hinein-Gehen, eben *pari-i,* von der Wurzel *i* (gehen, lat. *ire*). Die beiden Fähigkeiten verhalten sich also wie ein mehr passives Kommenlassen (von Tönen) und ein mehr aktives Gehen (zum andern). Man bricht hier selber auf und geht sozusagen in den anderen hinein, ihn ganz und gar erfassend und daher verstehend. In der Beschreibung dieser Fähigkeit heißt es in immer gleicher Weise, dass man mit dem eigenen Gemüt (*cetasa*) das Gemüt des andern herumgehend (*ceto-paricca*) erkennt (*pajānāti*), und zwar zuerst, ob es mit und zweitens ob es ohne Gier, Hass und Verblendung ist, drittens ob es mit den und viertens ob es ohne die verschiedenen Herzensverfassungen ist, die in M 10 bei der eigenen Herzensbetrachtung beschrieben sind (s.o.). Zuerst werden also generell drei Paare genannt, nämlich wieweit Gier, Hass und Verblendung da sind oder nicht, dann werden konkreter fünf Paare genannt, die das auffächern und umfassend alle Möglichkeiten der Herzensverfassung beinhalten.

Nur wenn man selber das eigene Herz so gründlich kennt und unterscheiden kann, wie in M 10 beschrieben, und wenn man dann noch in der Einigung die unguten Herzensregungen mindestens zeitweise aufheben kann, ist man fähig, sicher ins Herz des anderen einzudringen und zu verstehen, was dort vorgeht. Dahlke sagte einmal, nur wenn man das eigene Licht ausgemacht habe, könne man am Abend die anderen Lichter draußen erkennen. So ist es hier: Wenn ich selber den Eigenwillen aufgegeben habe und ganz beruhigt bin, dann kann ich die Wellen anderer Gemüter erfassen und ihnen folgen. Diese Erkenntnis ist dann so klar, wie wenn jemand in einem Spiegel sein eigenes Gesicht und im Spiegelbild sieht, was daran schön und unschön ist – so lautet das Gleichnis zur Herzenskunde, das zweimal im Kanon vorkommt (M 77 = D 2). Das Unschöne sind Gier, Hass und Verblendung und deren Auffächerungen, das Schöne ist Gierlosigkeit, Hasslosigkeit, Unverblendung und deren Auffächerungen.

Aus dieser Fähigkeit der Herzenskunde wird das, was bei uns Telepathie genannt wird, erst verständlich. Es ist ein oberflächlicher Anfang einer Spur gewisser Annäherung an die Herzenskunde. Wenn ich bei nahestehenden Menschen etwas von ihrer Seelenverfassung ahnen – traurige oder freudige Gedanken – wenn es mich intuitiv anweht, oft über weite Entfernungen hinweg, dann habe ich mich ein wenig in den andern eingefühlt und, mir selber unerklärlich und unverständlich, etwas gemerkt, was „man" nicht merken kann. Solches Ahnungsvermögen, solches Einfühlungsvermögen ist sogar verbreiteter, als man zu denken gewohnt ist. Man weiß nur keine vernünftige Erklärung dafür.

Als Erklärungsgrundlage aller bisher beschriebenen magischen Phänomene einer außersinnlichen Wahrnehmung war das Phänomen des Astralleibes mit seinen übersinnlichen Erkenntnismöglichkeiten angeführt worden. Mit diesem Astralleib kann man nicht nur universal sehen (Hellsicht) und hören (Hellhören) und magisch etwas bewirken, sondern man kann auch universal „fühlen". Diese Hell-Fühligkeit ist aber kein Ferntasten, wie es bei der Magie vorliegt, die besonders an den Tastsinn gebunden ist, sondern lässt sich überhaupt nicht einem bestimmten der fünf Sinne zuordnen. Es ist ein Mit-Fühlen von Seele zu Seele, vermittelt von Geist zu Geist. Man könnte folgende Hypothese als Erklärungsversuch aufstellen: Man wandert sozusagen mit dem Geist des eigenen Empfindungsleibes zum Nächsten hin, bezieht ihn in den eigenen Anziehungsbereich ein oder besetzt ihn, so dass man dann seine Seelenregungen (Sender) mit dem eigenen (Empfänger) empfinden kann. Oder man könnte sagen, dass dies seelische Einfühlen, Abtasten und Erahnen ein Einatmen des PRĀṆA (Od) des andern ist, das bei jedem seelischen Verbrennungsprozess umgewandelt wird. Alle Leidenschaften sind ja ein Feuer, sind geschaltete elektrische Impulse, und in die Elektroströme dieses Schaltwerkes schalte ich mich ein und nehme sie auf. So wie ich mit meinem Atem von außen PRĀṆA (Od) aufnehme, so nehme ich hier übersinnlich die Feuer von Gier, Hass und Verblendung des andern auf und registriere sie – oft besser, als es der andere vermag, der auf alles eher achtet als auf sich selber.

58.2 Nutzen der Herzenskunde

Wenn ich weiß, dass es andere Wesen gibt – Asketen und Götter – die die Herzenskunde besitzen und die daher meine geheimsten Gedanken und Regungen lesen können, dann ist das ein starker Impuls für mich, mich vor dem Bösen in mir zu schämen und mich zu bemühen, vor jenen Wesen anders dazustehen. Ebenso wie ich Böses meide, wenn ich es offen vor aller Augen tun müsste, ebenso würde ich viel Böses meiden, wenn ich sicher wüsste, dass mein Herz den Großen völlig offen liegt. Alle Heuchelei, alle bewusste Verdrängung, alle insgeheim gepflegte Lüsternheit und Bosheit würden angesichts eines solchen Anblicks verneint werden. Es gäbe keinen Ort mehr für eine Heimlichkeit. Darum nennt der Buddha diese Überlegung auch als einen der Impulse, vom Bösen abzukommen (A III 40). Ebenso hat es vielen Christen geholfen, wenn sie sich sagten, dass der Mensch nur sieht, was vor Augen ist, dass aber Gott siehet das Herz an. Um vor seinem Gott bestehen zu können, hat der Christ dann das Böse viel stärker bekämpft. Ob es nun Gott ist oder mein Schutzgeist oder die Engel oder die Götter oder die Mystiker und Asketen und Hellseher – wenn ich weiß, dass höhere Wesen mein Niederes genau sehen, dann kann ich es intensiver verneinen und überwinden. Das ist der erste Nutzen, den die Herzenskunde, und zwar diejenige anderer, mir bringt.

Wenn ich aber selber die Herzenskunde zu erwerben beginne, und nun die bösen Regungen wirklich vor mir sehe, wie sie beim andern aufkommen und ihn verdunkeln, dann ist das für mich ein starker Impuls, gegen meine eigenen noch vorhandenen Trübungen vorzugehen. Ich habe ja nun z. B. den Neid oder Zorn als solchen plastisch vor mir gesehen und erfahren, wie dadurch das Gemüt verstört und getrübt wird. Wenn man bei anderen sieht, wie böse Regungen erst ganz schwach aufkommen und dann vom Geist im Nu aufgeblasen und verstärkt werden, dann gewinnt man noch mehr Abscheu vor dem eigenen Bösen, das auch scheinbar klein und harmlos anfängt, aber gewaltig anwächst, wenn man es nicht stoppt und im Keim vernichtet. Indem man beim anderen Einblick in den Willensbildungsprozess gewinnt, wird auch die eigene Selbsterkenntnis gefördert. Das ist der zweite Nutzen der Herzenskunde.

Ferner aber gewinnt der, der die Herzenskunde besitzt, ein schlechthin universales Verständnis der Psyche überhaupt. Es gibt nichts mehr, keine Charaktereigenschaft, keinen Trieb, den er nicht kennt. Er kann alle Menschen verstehen, niemand ist ihm mehr ein Buch mit sieben Siegeln. Und dadurch kann ein solcher anderen ungleich besser helfen und als Seelsorger tätig sein als ein Mensch, der bei seinem Helfen-Wollen nur auf Worte und Indizien des Nächsten angewiesen ist. So hat das Charisma der Herzenskunde auch vielen christlichen Heiligen dazu gedient, als echter Seelenführer tätig zu sein. Das ist der dritte Nutzen der Herzenskunde.

Und weiter noch: Durch die Herzenskunde gewinnt man eine Sicherheit in der Unterscheidung der Geister. Was man mit dem himmlischen Gehör von Jenseitigen erfährt, das kann man mittels der Herzenskunde darauf prüfen, ob die Geister aufrichtig sind oder ob sie einen täuschen wollen. Man kann also gute und böse Geister, Engel und Dämonen auch dann unterscheiden, wenn letztere als Engel auftreten. Man kann nicht mehr getäuscht werden. Und so kann man sein Wissen über das Jenseits schlechthin universal erweitern, indem einem der ganze Erfahrungsschatz jener Geister zur Verfügung gestellt wird. Was sie wissen, kann man auch wissen. So ist die Herzenskunde als Absicherung und Untermauerung des himmlischen Gehörs ein Weisheitsdurchbruch, der eine Fülle von Wissen über die Dimensionen der Existenz eröffnet. Das ist der vierte Nutzen der Herzenskunde.

58.3 Die Herzenskunde und die Buddhas

Mit Hilfe der Herzenskunde erschien der Buddha öfter Jüngern, die eines seelischen Anstoßes bedurften. Er durchschaute deren Herz, kam herbei und gab ihnen hilfreiche Impulse. So war es z. B. bei seinem Sohne Rāhulo (M 147), bei seinem Vetter Anuruddho (A VIII 30) und bei Soṅo (A VI 55). In allen drei Fällen führte sein durch die Herzenskunde ermöglichtes Eingreifen dazu, dass die Jünger die letzten Fesseln ablegten und die Heiligkeit erreichten. Frühere Buddhas belehrten überhaupt nur auf diese Weise, indem sie jeweils das Herz des anderen erkannten und ihm eine spezielle Anweisung gaben, ohne allgemeingültige Lehrsätze aufzustellen (Pj I, 3).

Es wird hervorgehoben (M 12), dass der Buddha drei Formen besonders intensiver Herzenskunde als Kraft besaß: Erstens konnte er alle die verschiedenen Neigungen (*adhimutti*) der Wesen – triebhafte und triebfreie – richtig erkennen. Zweitens konnte er die durch die Fähigkeiten (*indriya*) gesetzten Schranken der Typen erkennen, besonders Gemüts- und Weisheitserlöste. Drittens kannte er alle Besonderheiten, alle Vorzüge und Mängel bei den verschiedenen Formen der Einigung, bei Schauungen, Freiungen und sonstigen Erreichungen. – Ferner wird gesagt, dass ein Buddha stets weiß, welchen Rang jemand auf der Stufenleiter zum Heile einnimmt, d. h. er weiß, ob jemand Hörer, Einmalwiederkehrer usw. ist, er weiß jeweils den Pfad und die Frucht dabei (D 28). So sagte er durch Herzenskunde von Vacchagotto, dass er ein Heiliger geworden sei, der die drei Wissen besitze (M 73). Angesichts des Phänomens umfassender Herzenskunde erscheinen auch die scheinbar willkürlichen Wanderungen des Buddha durch Indien in einem anderen Lichte. Es heißt nämlich, dass der Buddha jeden Morgen mit seinem Allwissen in die Welt schaute und sein Augenmerk auf die Herzen der Menschen richtete, die für die Wahrheit am empfänglichsten waren. Danach richtet er dann seine Wanderungen aus. Durch die Herzenskunde wurde die Reiseroute bestimmt.

Gegenüber der universalen Herzenskunde, wie sie der Lehrer aller Lehrer, ein Buddha, besitzt, ist sie bei allen Jüngern mehr oder weniger stark eingeschränkt. Obwohl Sāriputto speziell in Herzenskunde unterwies (CV VII 4), musste er in D 28 zugeben, dass er nicht fähig sei, das Herz eines Erwachten – früher, später, jetzt – zu erfassen. Offenbar kann man also in das Herz derer, die einem überlegen sind, nicht eindringen. Nur ein Erwachter könnte das Herz eines Erwachten erkennen.

58.4 Nachteile der Herzenskunde

Die Herzenskunde scheint nach dem bisher Gesagten eine besondere charismatische Gabe, die für einen selbst und andere manchen Nutzen mit sich bringt und die nur durch Einigung erreicht werden kann. Was aber für den Menschen eine solche Gabe ist, das ist für die Jenseitigen eine natürliche Fähigkeit. Da die Jenseitigen keinen Fleischleib wie die Menschen und Tiere haben, so sind an ihrem geistigeren Leib ihre Seelenregungen und Gedanken offenbar. Und sie können auch in die Seele eines Menschen schauen. Das gilt nun nicht nur von den Göttern, sondern auch von den Dämonen und Teufeln. So wird ausdrücklich gesagt, dass Māro das Herz eines Mönches erfasste, der auf dem Heilswege in eine Klemme geraten war (S [I] 4, 23). Indem die Dämonen die Gedanken der Menschen lesen können, können sie auch versuchen, darauf einzuwirken und sie zu verführen. Die Fähigkeit der Herzenskunde kann also auch missbraucht werden – und das auch von Menschen, die sie aus früheren Leben in dieses mitgebracht haben und den Zusammenhang mit der Läuterung vergessen. Auch das Gedankenlesen der Herzenskunde kann zu schwarzmagischen Zwecken missbraucht werden, bestenfalls kann es bloß zum Geschäft werden.

Der Buddha stellt drei Arten von Wundern heraus und sagt: Das Wunder der Magie und das Wunder der Vorhersage (letzteres ist durch himmlisches Gehör und Herzenskunde möglich) sei noch triebhaft, wahnhaft, beeinflusst (*sa-āsava*), während nur das Wunder der Belehrung wahnlos sei. Das Wunder der Vorhersage habe das Elend an sich, dass Ungläubige davon nicht überzeugt würden, indem sie etwa sagen würden, das sei eine Zauberei mit einem Kristall, wobei man etwas als Spiegelkunst sehe und dann deute (D 11). Und ein Brahmane erklärt im Gespräch mit dem Buddha, die Wunder der Magie und Vorhersage seien bloß auf den Täter beschränkt und hätten die Natur einer Māyā, während das Wunder der Belehrung das edlere und erhabene sei.

Der Buddha antwortet ihm, dass es über fünfhundert Mönche gebe, die dieser drei Wunder mächtig seien (A III 60). In D 28 wird die Herzenskunde als vierte Art von Vorhersage beschrieben, während die drei anderen beim himmlischen Gehör im vorigen Kapitel behandelt sind: In dieser Rede sagt Sāriputto, wie unübertrefflich der Buddha bei diesen vier Arten von Vorhersage sei.

59. Rückerinnerung an frühere Leben (*pubbe-nivas'anusati*)

„Es lebte dort ein übermenschlich Weiser,
gewaltig war in ihm des Geistes Macht,
und Meister war er aller weisen Künste,
Denn reckt er sich mit allen Seelenkräften,
gleich schaute er ein jedes Ding der Welt
und selbst durch zehn und zwanzig seiner früh'ren Leben."

(Empedokles über Pythagoras, Frg. 129)

„Da hat ein Asket in heißer Buße, in stetem Kampfe, in ernster Übung,
in unermüdlichem Eifer, in rechter Aufmerksamkeit
eine solche Einigung des Gemütes erlebt,
wo er innig im Herzen seiner früheren Daseinsformen sich erinnert." (D 24)

59.1 Wesen der Rückerinnerung

Die Rückerinnerung an frühere Existenzen ist die erste der übersinnlichen Fähigkeiten, die mit dem Begriff „Wissen" (*vijjā*) bezeichnet wird. Warum hießen die bisher behandelten drei übersinnlichen Erlebnisweisen nicht auch Wissen? Man könnte sagen: Die Rückerinnerung bringt mehr Wissen um Zusammenhänge ein als alle anderen der drei bisher behandelten Erlebnisweisen zusammen. Diese liefen nämlich alle horizontal, sie gingen alle von meiner jeweiligen Existenzform aus und verbreiterten deren Wahrnehmungsweise bis ins Unendliche des Raumes. So war die Magie Selbstentfaltung, die die Herrschaft über materielle Dinge ermöglicht. Das himmlische Gehör entfaltete in Bezug auf andere alles Erleben sprachlicher Mitteilungen, und die Herzenskunde vertiefte dies noch hinsichtlich des Erlebens aller seelischen Dimensionen anderer. In Bezug auf mich (Magie) und andere (Hören, Herzenskunde) wurde also der gesamte Raum beherrscht. Die Rückerinnerung hingegen bezieht sich auf die Dimension der Zeit, innerhalb welcher alle Räume ja erst enthalten sind. Hier geht es um die Durchbrechung der Zeitmauer des Zeitgefängnisses. Wer Rückerinnerung gewinnt, der kennt damit auch alle Räume. Wer sich an viele, viele Leben erinnert, der kennt damit dort auch alle Wesen und Welten. Die Rückerinnerung lässt das, was die anderen Erkenntnisse stückweise zusammentrugen, in eins erfahren und ermöglicht darüber hinaus noch das Verstehen karmischer Zusammenhänge bis in die fernsten Zeiten. Damit erschließt die Rückerinnerung Erkenntnismöglichkeiten, denen gegenüber die bisherigen nur primitive Vorbereitungsübungen waren. Darum ist die Rückerinnerung der erste wirkliche Weisheitsdurchbruch, das erste von drei Wissen, die die Eierschale des Nichtwissens durchbrechen und zertrümmern.

Es heißt hierbei in den Texten einleitend, dass der Mönch sein Herz dahin richtet und lenkt. Es ist das Herz, mit welchem dieses Erleben ermöglicht wird. Das Herz hat die Fähigkeit, eine seiner Kräfte auf die Rückerinnerung zu lenken, und zwar die Erinnerungskraft, das Eingedenksein, die Achtsamkeit (*sati*). So heißt es, das erste Wissen sei durch *sati* zu verwirklichen (D 33 IV). Ob einer von dieser Möglichkeit Gebrauch machen kann und will, liegt an seinen Neigungen und Fähigkeiten: Viele Heilige haben jedenfalls keine Rückerinnerung gehabt. Es ist also nötig, erstens im Herzen nicht nur die Fähigkeit sondern die Kraft zur Rückerinnerung zu haben und sie zweitens auch einsetzen zu wollen. Das hängt ab von der Tiefe der Vertiefung, von der Gewöhnung an die Weltentwöhnung und die Hinwendung zur Psyche selber. Ferner von dem weisheitlichen Interesse an der Herkunft der Dinge, an die historischen Wurzeln der jetzigen Erlebensweise. Ein gewisser historischer Sinn, eine Neigung zur Erforschung der Vergangenheit muss also im Herzen vorhanden sein, um die Rückerinnerung zu pflegen.

Rückerinnerung ist Erinnerung an Realitäten, an früher lebendig Erfahrenes, genauso wie die Erinnerung im jetzigen Leben an frühere Ereignisse. Erinnerung ist ein Film von Vor-stellungsbildern, ist in erster Linie Sehen. Eine Situation blitzt auf und entwirft ein Ich und eine Umwelt und eine Vergangenheit und Zukunft: Das ist die Erinnerung. Wenn wir uns an etwas, das wir doch wirklich erlebt haben, nicht erinnern können, dann ist das ein Mangel: Wir nennen es Gedächtnisschwäche. Je mehr die Gegenwart fasziniert, desto schwerer fällt die Erinnerung. Der heutige Modernismus, der immer nur das gerade Aktuelle berücksichtigt und alle Lehren und Entwicklungen von früher als alten Zopf beiseiteschiebt, ist das geradeste Mittel zur Zerstörung der Erinnerungsfähigkeit. Wenn aber schon in diesem Leben der jeweilige Augenblick vergötzt wird und die Erfahrung der Geschichte beiseitegeschoben wird, wie erst sollte da auch nur ein Interesse und ein Glaube an frühere Leben geweckt werden können? Die Lebensform des modernen Abendländers der von Tagesneuigkeit zu Tagesneuigkeit taumelt, ist das größte Gegenteil zum tief in der Vergangenheit verwurzelten mythischen Denken der Asiaten, besonders der Inder, bei denen daher auch die Rückerinnerung am weitesten verbreitet ist. So sagt auch der Buddha, dass die Inder u.a. in der Fähigkeit der *sati* anderen Menschen überlegen seien (A IX 21).

Die Rückerinnerung läuft aber nicht in der Zeit ab, sondern eröffnet vielmehr alle Zeiten. So wie ein Ertrinkender in einer Minute sein ganzes Leben vor sich abrollen sieht, ebenso kennt die Rückerinnerung keine Zeitdauer. Der Buddha erinnerte sich während vier Stunden der Nacht, von sechs bis zehn Uhr abends am Tage vor der Erwachung an Hunderte von Leben. Die Rückerinnerung sprengt eben den Aberglauben an eine objektive Zeit vollkommen. Und daher ist sie eben Wissen.

59.2 Inhalt der Rückerinnerung

Der Buddha beschreibt die Rückerinnerung, die er zuerst und nach ihm viele Mönche erlangten, wie folgt als Folge der vierten Schauung:

> *„Solchen Gemütes, innig, geläutert, gesäubert, gediegen, schlackengeklärt, geschmeidig, biegsam, fest, unversehrbar, richtete ich das Gemüt auf die erinnernde Erkenntnis früherer Daseinsformen. Ich erinnerte mich an manche verschiedene frühere Daseinsform, als wie an ein Leben, dann an zwei Leben, dann an drei Leben, dann an vier Leben, dann an fünf Leben, dann an zehn Leben, in zwanzig, dreißig, vierzig, fünfzig, hundert Leben, dann an tausend Leben, dann an hunderttausend Leben, dann an die Zeiten während mancher Weltenentstehungen, dann an die Zeiten während mancher Weltenvergehungen, dann an die Zeiten während mancher Weltenentstehungen-Weltenvergehungen: ‚Dort war ich, jenen Namen hatte ich, jener Familie gehörte ich an, das war mein Stand, das meine Nahrung, solches Wohl und Wehe hab ich erfahren, so war mein Lebensende; dort verschieden, trat ich anderswo wieder ins Dasein: Da war ich nun, diesen Namen hatte ich ... Lebensende; da*

verschieden, trat ich hier wieder ins Dasein'. So erinnerte ich mich mancher verschiedener früherer Daseinsform, mit je den eigentümlichen Merkmalen, mit je den eigenartigen Beziehungen. Dieses Wissen hatte ich in den ersten Stunden der Nacht als erstes errungen, das Nichtwissen zerteilt, das Wissen gewonnen, das Dunkel zerteilt, da Licht gewonnen, wie ich da ernsten Sinnes, eifrig, unermüdlich, verweilte. Und das solcherart mir entstandene Wohlgefühl konnte mein Gemüt nicht fesseln." (M 36)

Die Rückerinnerung vollzieht sich nicht, wie beim Ertrinkenden, als rückwärts rollender Film, der vom Tod zur Geburt zurückläuft, sondern als Gesamtkomplex: Man erinnert sich an eine Bewusstseinsblase des vergangenen Lebens und damit sind Name und Umwelt und Vergangenheit mitgegeben. Und nun richtet sich der Scheinwerfer des Gedächtnisses auf nähere Einzelheiten dieses Lebens. Da werden nur Stichworte gegeben: Erstens der Name als Kristallisationspunkt des Ich, dann die Familie und Sippe als weitere Umwelt, dann drittens die Kaste (Stand), die gesellschaftliche Schicht mit den dementsprechenden Bildern und viertens die Nahrung, der Broterwerb, Beruf und Lebensstil samt der geistigen Ernährung. Als nächstes Stichwort werden die Gefühle genannt, die die eigentliche Farbe des Lebens ausmachen und von den Trieben einerseits und der Ernte früheren Wirkens andererseits abhängen. Als sechstes folgt schließlich die Erinnerung an das Lebensende, an den Zusammenbruch des ganzen jeweiligen Ichtraums.

Es ist nicht gesagt, dass unbedingt gerade das letzte Leben als erstes erinnert werden müsste. Wenn dieses z. B. ganz bedeutungslos war (ich war jung gestorben, ich war kurz ein Gespenst), aber das vorletzte Leben all die Akte enthielt, die das Schicksal meines jetzigen Lebens erklären, dann mag ich das zuerst erinnern. Vergleichbar verzeichnet auch unsere normale Erinnerung das stark und deutlich und hervorragend, was starke Gefühle mit sich brachte.

Es ist auch nicht unbedingt nötig, dass das letzte Leben oder das zuerst erinnerte gerade ein Menschenleben ist. Das letzte Leben des Buddha war z. B. im Tusita-Himmel als Gottheit und erst das vorletzte Leben war als Prinz Vessantara im Menschentum. Wer im letzten Leben dagegen ein Tier war, wird kaum die für die Rückerinnerung nötige Vertiefung aufbringen. So wird also in der Regel das letzte Leben menschlich oder gespenstisch sein, bei manchen auch göttlich. Wer überhaupt die Fähigkeit zur Rückerinnerung erlangt, muss ja viel vorgeleistet haben, und das kann er nicht in einem Leben. Die Rückerinnerung setzt ja nicht mit einem Status Null an, sondern ist auch eine Entwicklung.

Die Gesamtheit der Möglichkeiten früherer Existenzen beschreibt der Buddha als fünf Fährten: Höllenwesen, Tiere, Gespenster, Menschen und alle Grade von Gottheiten. Von einer Wiedergeburt bei Pflanzen wird höchstens insofern berichtet, als der Buddha sagt: Es gibt Baum- und Pflanzengötter, die in enger Symbiose mit Pflanzen leben, die sozusagen ihr Kleid und ihre Wohnung darstellen.

Die Rückerinnerung eröffnet einen riesigen Bereich von Buntheit, so als ob man Hunderte und Tausende von Biographien oder Romanen läse. Immer geschieht etwas, meist ist Dramatik, meist ist Auseinandersetzung und immer ist schließlich die Niederlage des Ich im Tode. Es ist eine unvorstellbare Buntheit. Wie viele Millionen Daten habe ich doch schon im jetzigen Leben gespeichert! Wenn ich nun Leben auf Leben dazu nehme, dann erweitert sich mein Erfahrungsschatz ins Unermessliche. Und Unterwelten und Oberwelten mit ihren ganz anderen Seinsweisen kommen dazu. Und da geht es auf und ab. Wie der Ewige Jude als rastloser Wanderer durch die Zeiten gedacht wurde, so bin ich ein ewiger Wanderer durch die Daseinsformen der fünf Fährten. Da ist kein Halt, kein Stillstand, da ist immer Bewegung, immer Veränderung, innen und außen. Das ist keine „Seelenwanderung“, denn auch die Seele ändert sich dauernd durch neue Eindrücke und Gedanken. Es ist ein Wandern von Kräften, ein Geschiebe, das sich gegenseitig stößt. Zuerst wird dies genauso faszinieren, wie ein spannender Film oder Roman. Staunend wird man gewahr, wie unendlich eng und primitiv doch das ist, was wir geschichtliche und vorgeschichtliche Zeit nennen. Hier in der Rückerinnerung eröffnen sich ganz andere Räume und Dimensionen, wo sich das gesamte Weltbild umkehrt. Nicht aus primitiven Neandertalern hat sich der heutige Mensch entwickelt, sondern je weiter zurück, umso höher und edler und großartiger werden die Kulturen und Verhältnisse. Das, was als Raunen von einem versunkenen Kontinent Atlantis oder von Lemurien usw. durch die Zeiten geht, zeigt sich in der Rückerinnerung schon bald als eine Abfolge von zahlreichen anderen Hochkulturen vor unserer. Irgendwo am Rande dieser Kulturen mag es dann Primitive geben, und wann im Laufe der zahlreichen Erdumwälzungen und kosmischen Katastrophen Weltteile untergehen, mögen zufällig gerade die Knochen der Primitiven übrigbleiben und daraus baut die naturwissenschaftliche Evolutions-Scholastik dann ein Dogmengebäude. In der Rückerinnerung erfährt man, wie es wirklich war. Und da ist alles ziemlich anders, als man es sich vorgestellt hat.

Irgendwann mag man in der Rückerinnerung auch einmal einem Buddha begegnet sein und man erfährt, wieso man damals nicht von seiner Lehre ergriffen wurde und als Ernte dafür weitere Leben und Tode aufgehäuft hat. Drei Buddhas sind unserem Buddha vorangegangen, wie der Erwachte es erfuhr und schaute. Wo war ich zu jenen Zeiten? Warum bin ich nicht Nachfolger geworden? Über all solche Fragen vermag der Antwort zu erhalten, der sein Interesse darauf richtet. Ein anderer, der ohne Belehrung durch einen Buddha Rückerinnerung bekommt, nimmt die früheren Buddhas als Asketen wie andere und geht an ihnen vorbei. Die Beziehung zu den früheren Erwachten ist sogar das Wichtigste und Interessanteste an der Rückerinnerung.

Alles, was bisher gesagt wurde, so schier unendlich es auch die Horizonte der Ichgeschichte erweitern mag, blieb doch noch innerhalb einer einzigen Dimension, nämlich innerhalb dessen, was da Weltzeitalter oder Äon (*kappa*, Skt. *Kálpa*) genannt wird. Für den außerindischen Menschen ist Äon Ewigkeit, welche beiden Worte die gleiche etymologische Wurzel haben (gr. *aion*), denn das Ahnen der Vorsokratiker von vielen Äonen wurde durch das Christentum gründlich verbaut. Aber das jetzige Weltzeitalter ist nicht das einzige. In der obigen Schilderung der Rückerinnerung werden zahllose frühere Weltzeitalter genannt. Das gilt es nun gesondert zu betrachten.

59.3 Voranfang

Die immer wieder im Menschen auftauchende Frage, wie „es“ angefangen habe, wird durch die Rückerinnerung einer Antwort zugeführt, indem jedenfalls der Anfang eines Äons erklärt werden kann. Aus seiner Schau sagt der Buddha hier Folgendes (D 27):

Wenn sich eine Welt zusammenballt, dann ballen die Wesen sich zumeist als Leuchtende zusammen, alle anderen niederen Wesenheiten verschwinden und es findet eine kosmische Einigung statt, ein genereller *samādhi*-Zustand der Welt, wo nur noch brahmische Seinsweise besteht. Die Leuchtenden sind selbstleuchtend, im Mentalleib bestehend, sich von Jubel ernährend, und lange, lange bestehen sie so. Und da es zu der Zeit keine niederen Wesen gibt, ist jedes Wesen einmal derart leuchtend gewesen und muss es in der Rückerinnerung erfahren. Dann aber kommt im Verlaufe langer

Wandlungen die Vergänglichkeit auch dieses Zustandes zum Vorschein. Es ballt sich wieder eine Welt auseinander, der kosmische *samādhi* endet. Zunächst kommt ein leerer Brahmahimmel zum Vorschein, in den eines der Leuchtenden absinkt, nachdem sein Verdienst dort endete. Nach langer Zeit erhebt sich aber in solchem Brahma Langeweile und er sehnt sich nach Gesellschaft. Unabhängig davon erscheinen dann andere Leuchtende dort niedersinkend und so füllt sich der Brahmahimmel. Es kommt die Sinnenwelt zum Vorschein, einzig als Wasser, außerhalb der selbstleuchtenden Brahmas finster. Nach langer Zeit erhebt sich auf dem Wasser ein Streifen saftiger Erde. Eines der Wesen, das am meisten latente Sinnenlust hatte, wurde neugierig, kostete fingernd davon und empfand einen süßen, angenehmen Geschmack. Da war Sinnlichkeitsdurst offenbar geworden, hatte sich an ein Objekt gebunden. Die Gefühlsbesetzung der Sinnesobjekte begann. Diesem Pionier nach abwärts folgten andere. Das war der Sündenfall. So heißt es auch am Anfang der Bibel: „Und die Erde war wüst und leer, und es war finster auf der Tiefe; und der Geist Gottes schwebte auf dem Wasser", wobei die sogenannte Schöpfung dann positiv bewertet wird, während sie in Wirklichkeit ein Abfallprodukt aus Bedürftigkeit und Wirkensdrang hoher, gelangweilter Geister ist.

Durch die Völker geht noch eine mehr oder weniger deutliche Ahnung von diesem Sündenfall und dieser Schöpfung, im indischen RIGVEDA X wie im tibetischen DULVA V. Als die Wesen dann zur Befriedigung ihres Sinnendurstes bissenweise die aus dem Wasser auftauchende Erde, die der Wind zusammengefegt hatte, kosteten und genossen, da verschwand ihr selbstleuchtender Glanz. Und da erschienen nach außen projizierte Notbeleuchtungen, nämlich Sonne, Mond und Sterne, womit Tag und Nacht und Jahre und innerweltliche Zeit entstand – nicht wie in der Genesis als großartige Schöpfung Gottes, der da sprach „Es werde Licht" und „Es werden Lichter an der Feste des Himmels, die da scheiden Tag und Nacht und geben Zeichen, Zeiten, Tage und Jahre", sondern als Verfallsprodukt. Damit waren Menschen da, zunächst noch wie Brahma ungeschlechtlich. Als sie aber immer mehr Erde fraßen, wurden sie immer gröber: Die viel fraßen, wurden schneller unschön, die anderen langsamer. Da brüsteten sich die Schöneren und überhoben sich, worauf das himmlische Manna verschwand und die Erdbodensprosse, die Krausbeerenstaude, die Rankenbeere nacheinander als zunehmende Vergröberung der Nahrung erschienen. Schließlich kam Naturreis zum Vorschein. Als die Wesen lange davon gegessen hatten, kamen die Geschlechtsunterschiede zum Vorschein und es begann, erst jetzt, die Paarung und Zeugung statt der bisherigen geistigen Geburt. Als die Wesen dann, statt sich täglich Reis zu holen, Vorratswirtschaft betrieben, nahm der Reis ab. Man musste die Felder abteilen, Eigentum begann. Und dann begannen alle Untugenden, es begann die Errichtung eines Staates, um die Rechtsbrecher zu strafen, und wegen der zunehmenden Untugenden nahm die Lebenskraft der ursprünglich über 84.000 Jahre alten Menschen rapide ab, bis zu den höchstens hundert Jahren des sogenannten geschichtlichen Menschen.

Und dieser ganze gewaltige Prozess des Welten-Entstehens und Welten-Vergehens, die wahre Weltgeschichte, wird in der Rückerinnerung nicht nur als einmaliges Ereignis erlebt, sondern als Kette. Jede untergehende Welt gebiert nach einiger Zeit wieder eine neue und so im endlosen Rhythmus. Was da „Schrumpfen und Erblühen" der Welten genannt wird, ist eine Bezeichnung der Verblendung. Das Erblühen ist nichts Positives, sondern ist ein Zerfallen der Einheit, ist ein Aufblasen von Bruch. Und das Schrumpfen ist nichts Negatives, sondern ist das Sammeln in die Einheit. Wenn die Menschen ganz und gar tugendlos geworden sind und die üblen Folgen dessen ihren

Höhepunkt erreichen, dann meldet sich das verdrängte Gute und die Menschen kehren sich wieder zur Tugend um, womit es immer heller und besser wird: Die Lebenszeit wird immer länger, die Verhältnisse immer günstiger und herrlicher. Schließlich sterben die Unterwelten gänzlich aus, weil Unmoral unmodern geworden ist. Und nachdem auch alle Menschen zu Göttern und Brahmas geworden sind, kommt die karmische Müllabfuhr: Nacheinander entstehen sieben Sonnen und verbrennen einschmelzend die überflüssige Menschenwelt. Und dann ist wieder lange brahmische Einheit. So entsteht eine ganz neue Kategorie des Denkens. Da wird in der Rückerinnerung nicht mehr nach der Zahl von Tausenden von Leben gerechnet, sondern nach der Zahl von Äonen, innerhalb derer ein einzelnes Menschenleben so bedeutungslos und kurz ist wie eine Minute innerhalb eines Lichtjahres.

Und da wird dem, der auf das Wesentliche achtet, auch klar, wie selten in den Äonen einmal ein Buddha erscheint, wie glücklich unser jetziges Äon ist, in dem bereits vier Buddhas erschienen und ein fünfter angekündigt ist. Vorher waren sechzig Äonen leer an Buddhas, daher völlig sinnlos. Die Hunderttausende von Leben innerhalb jedes dieser sechzig Äonen pendelten nutzlos herum, ohne Ausweg, in reiner Automatik.

59.4 Nutzen der Rückerinnerung

In dem bisher Gesagten war der geistige Gewinn, den die Rückerinnerung bietet, bereits mehr oder weniger deutlich mit angeklungen.

Der Buddha sagt, dass ihm die Rückerinnerung ein großes Wohl bereitet habe. Wie ist das zu verstehen? Weil die Rückerinnerung Antwort auf all die Fragen gibt, die den aufmerksamen Menschen beschäftigen und auf die er gewöhnlich keine befriedigende Antwort bekommt. Hier aber werden alle Rätsel des Lebens gelöst. Er erfährt hier, warum alles so geworden ist, wie er es vorfand, innen und außen. Er erfährt die Antwort auf alle Warum-Fragen: „Warum musste mir dies passieren? Warum bin ich bei solchen Eltern geboren? Warum bin ich nicht eher an die Lehre gekommen? Warum habe ich solche und solche Eigenschaften an mir?“ Alle solche Fragen beantworten sich hier. Das Kausalitätsbedürfnis, das Streben nach Verständnis der Gesetze des Lebens, wird hier immer weiter befriedigt und erfüllt. Und das ist das Wohl einer Allwissenheit, ein Wohl höher und umfassender als alles sonst vorstellbare, höher sogar als das Wohl der Schauungen. Man gewinnt hier unmittelbaren Einblick in die Werkstatt des Daseins. Man gewinnt ein Wissen, das andere Religionen sonst nur, und auch nur annähernd, Gott zuschreiben, der meist auch nicht über sein Äon hinaus denken kann. Vor dem Wohl dieses kosmischen All-Wissens wird alles, woran man sonst hing, belanglos wie Schatten und nichtig wie Spreu. Man denkt ganz von selber jetzt sub specie aeternitatis und lässt sich von den Einzelheiten dieses jetzigen Lebens immer weniger beirren und beeindrucken. Man sieht alles im größeren Zusammenhang. Und dadurch wird man immun gegen alle Irrlehren und Dogmen und Meinungen. Die Erfahrung macht sicher. Jetzt erfährt man selber, wie recht die Weisen hatten, die von der Präexistenz sprachen und die Wiedergeburt lehrten. Davor wird alle irdische und innerweltliche Erfahrung, einschließlich der der Naturwissenschaft und Geschichte, wie ein Nichts. Es erweist sich die klägliche Abseitigkeit und Beschränktheit alles solchen nicht aus der Erfahrung der Rückerinnerung gespeisten Wissens, das eben richtigerweise ein Unwissen ist. Die Leiber kommen und gehen, die Genüsse kommen und gehen, die Theorien über Welt und Ich und den Sinn des Lebens kommen und gehen: Aber die Seelenkräfte schieben sich durch alles hindurch, wie ein nie versiegender

Strom, der sich zwar dauernd wandelt, aber immer als Gefälle besteht. Der Buddha vergleicht dieses erste der drei Wissen mit einem Wanderer, der von Ort zu Ort, von Stätte zu Stätte wandert und sich dann rückblickend an alle seine Erlebnisse erinnert – so wie man nach der Urlaubsreise die Dias an die Wand wirft und sich erinnert: erst war ich dort, dann war ich dort, da habe ich das erlebt, da habe ich jenes erlebt. Dabei gehen Ich und Welt immer mehr ineinander über. Der sich Rückerinnernde erfährt, wie dies nicht zwei unabhängig voneinander bestehende Größen sind, sondern nur zwei Produkte des Wirkens, zwei Arten von Ernte. Ich bin immer mit irgendeiner Welt zusammen und diese Welt entwickelt sich nach dem Wirken, das vom Ich ausgeht, welches Ich dann wieder von der Welt beeindruckt und beeinflusst wird. So schiebt es sich ineinander und auseinander. Wo die Spaltung zwischen Ich und Welt immer größer wird, wo die Welt sich immer weiter auseinanderballt, da nimmt das Wehe immer mehr zu; wo die Spaltung abnimmt, wo die Welt sich zusammenballt, nimmt das Wohl immer mehr zu.

Aber man sieht auch, wie durch Wohl die Tugend, die allein dahin führte, vergessen wird und wie dadurch allmählich Wehe wieder zunimmt. In der Not fragt man wieder nach Beseitigung und kommt irgendwann wieder auf die Tugend. Dann wird wieder Wohl bewirkt. Aber dann folgt wiederum das Vergessen. Und so geht es endlos durch diese Welt und jene Welt, durch dieses Äon und durch frühere Äonen. Das Tagebuch meines Wandels durch den Daseinskreislauf enthält in der Quintessenz immer wieder dieselben Eintragungen des Auf und Ab, des Aufschwungs und Verfalls, in unendlichem Wechsel von Variationen der Szenen. Immer bin ich dabei gewesen, immer als Leidender, als Opfer des Gesetzes, wie ein Spielball von dem Schaukelgesetz der Wandelbarkeit geworfen.

Das einzig Interessante bei der ganzen Rückerinnerung – so ergibt sich irgendwann, nachdem man zunächst alles Neue aufgenommen hat – sind schließlich nur die Buddhas, die Vollkommen Erwachten, die den Ausweg aus dem heillosen Kreislauf zeigen und sich nicht durch zeitweise, möglicherweise Äonen lange dauernde Atempausen der Wandelbarkeit blenden lassen. So fragt man sich schließlich bei der Rückerinnerung nur noch, wann und wo ein Buddha erschien und ob man seine Lehre hörte und was er über die Auswertung des universalen Wissens sagte.

59.5 Unendlichkeit

Mit der Erfahrung des Voranfangs ist nur die Frage gelöst, womit ein Äon anfängt, aber die Frage bleibt offen, wo der Anfang der Äonen liegt. Es zeigte sich, dass jedes Äon die Folge eines vorangehenden Äons ist. Wie lang ist aber diese Reihe der Äonen? Bis wohin reicht sie? In zwei Lehrreden erwähnt der Buddha am Rande, er erinnere sich von unserem Äon aus rückwärts bis zum 91. Weltzeitalter (M 71; S [IV] 42, 9)! Ist das 91. Äon also der Anfang, ist es das Äon der Äonen? Davon kann keine Rede sein, denn jedes Weltzeitalter geht aus dem vorangehenden hervor, das 91. also aus dem 92. und so fort. Ist es dann aber vielleicht so, dass der Buddha sich nur bis zum 91. Äon zurück erinnern wollte oder konnte? Hatte er bis dahin die Gesetzmäßigkeit des Saṃsāro derart erfahren, dass alles weitere Erinnern nur noch Wiederholungen bringen würde? Davon kann keine Rede sein, denn schon die Götter, die der vierten Schauung entsprechen, leben fünfhundert Äonen und noch höhere Götter noch länger, bis hin zu 84 000 Äonen. Erst wenn ein Buddha solche Lebensformen erlebt, weiß er aus Erfahrung, dass auch sie vergänglich sind. Erst nach 84 000 Äonen vom Erleben der höchsten Götterwelt gibt es nichts Neues mehr. So wird in D 28 von der Rückerinnerung des Buddha an Dasein bei Wesenheiten der Grenzscheide möglicher Wahrnehmung gesprochen und derartige Gottheiten, die kaum noch als Wesen, zu erfassen sind, leben 84 000 Äonen. Und Anuruddho sagt, er erinnere sich an tausend Äonen (S [V] 52, 11). Ferner wird in S [II] 15, 7 in einem Gleichnis von Hunderttausenden von Äonen gesprochen, an die sich einer jeden Tag je erinnere. Warum spricht der Buddha aber in zwei Reden vom 91. Äon, an das er sich erinnere? In beiden Reden geht es darum, dass bestimmte Dinge auch in langen, langen Zeiten nicht vorkamen, so dass bis zum 91. Äon nur ein einziger nackter Büßer zum Himmel kam (M 71) oder dass bis zum 91. Äon der Bodhisattva in seinen Vorleben niemanden geschädigt habe (S [IV] 42, 9). Das 91. Äon ist nämlich dasjenige, in welchem der Buddha Vipassī lebte, über den der Buddha ausführlich berichtet (D 14) und dessen noch heute bei den Reinhausigen lebende Jünger zu ihm kamen. Dieses Äon ist also ein besonders bemerkenswertes.

Aus dem Gesetz der Kausalität und der Notwendigkeit, dass jedes Äon sich nur aus dem vorangehenden entwickelt, ergibt sich, dass ein Anfang der Äonen denkunmöglich ist. Die Reihe der Äonen ist anfanglos, d. h. reicht unendlich weit in die vorgestellte Vergangenheit: Die Rückerinnerung trifft auf keinen Anfang.

Der Buddha wurde öfter gefragt, wie lange denn ein Weltzeitalter sei. Er sagte, die Länge sei nicht leicht durch Zahlen anzugeben, aber man könne Gleichnisse dafür geben. Wenn da ein Felsen wäre, eine Meile lang, breit und hoch, ganz aus Granit, und alle hundert Jahre streifte ein Mann mit seinem Seidengewand einmal daran, dann würde dadurch der Felsen schneller abgenutzt, als ein Äon vergangen sei (S [II] 15, 5: dazu Grimms Märchen vom Demantberg). Oder wenn da eine Eisenstadt wäre, eine Meile lang, breit und hoch, voll winziger Senfkörner, und alle hundert Jahre nähme ein Mann ein Korn weg, dann würden eher die Körner zu Ende gehen als ein Äon (S [II] 15, 6). Auf die andere Frage, ob schon viele Äonen vergangen seien, erwidert der Erwachte: Wenn man die Sandkörner nähme, die zwischen Quelle und Mündung des Ganges lägen, so sei die Zahl der vergangenen Hunderttausende von Äonen größer als die Zahl dieser Sandkörner (S [II] 15, 8). Und warum?

> *„Anfangslos, ihr Mönche, ist dieser Saṃsāro; nicht kommt ein erster Anfang zum Vorschein bei den Wesen, die vom Unwissen gehemmt, vom Durst gefesselt, umherwandern und umherlaufen. Auf diese Weise ist ja lange Zeit hindurch von euch, ihr Mönche, Leiden, Pein, Verlust ausgekostet worden, das Leichenfeld gewachsen. Nun habt ihr wohl Grund genug, Widerwillen zu fassen gegen alle Gestaltungen, gleichgültig zu werden, euch davon loszulösen.“* (S [II] 15, 1 ff)

Anfangslos ist die Reihe der Väter und Mütter, die man schon gehabt hat (S [II] 15, 1-2), mehr Muttermilch hat man getrunken, als Wasser in den vier Weltmeeren ist (S [II] 15, 4), und kein heutiges Wesen gibt es, das nicht einst schon Vater, Mutter, Geschwister oder Kind von mir war (S [II] 15, 14-19). Was immer ich sehe an Glück oder Unglück, sicher kann ich sagen, dass auch ich es schon erlebt habe im Laufe der langen Wanderungen (S [II] 15, 11-12). Über den Verlust von Liebem, über den Tod von Eltern, Geschwistern, Kindern, Verwandten und den Verlust von Vermögen, habe ich schon mehr Tränen geweint als Wasser in den vier Weltmeeren ist (S [II] 15, 3). Und bei meiner Hinrichtung als Verbrecher oder meiner Schlachtung als Tier habe ich schon mehr Blut vergossen als Wasser in den vier Weltmeeren ist (S [II] 15, 13). Schon in einem einzigen Äon sind die Berge meiner Gerippe höher als der Berg Vepulla (S [II] 15, 10).

59.6 Irrtümer und Schranken

Wenn alles anfanglos ist, dann muss es doch auch endlos sein – so scheint es logisch zwingend. Damit würde dann der Saṁsāro ausweglos sein. Denn selbst wenn ich irgendwann erlöst und erlöschen würde, dann bliebe das anfangslose Spiel der Wandlungen und des Leidens übrig. Wie steht es mit solchen Argumenten? Die Rückerinnerung bezieht sich nur auf die Vergangenheit, auf das frühere Ende (M 79), nicht aber vermag das Gedächtnis Antwort auf etwas zu geben, was noch gar nicht geschehen ist. Dazu bedürfte es einer anderen Fähigkeit, und die zeigt erst das zweite der drei Wissen. Erst dadurch gäbe es eine erlebensmäßig fundierte Antwort auf die Frage, ob der anfangslose Saṃsāro auch endlos sein muss. Das erste Wissen löst noch nicht alle Fragen, so überwältigend es auch ist. Es ist erst Grünholz und noch nicht Kernholz (D 25).

Wenn nun aber, so lautet ein zweiter Schluss, alles sich wandelt, was ich betrachte, dann bin ich als Feststeller dessen doch unwandelbar, immer derselbe. Ich bin die unvergängliche Seele, der ewige Kern der Seelenwanderung. Dergleichen ist aus der Beobachtung, aus der Erfahrung der Rückerinnerung gar nicht zu entnehmen. Dergleichen gehört zur generellen Auswertung der in den ersten beiden Weisheitsdurchbrüchen erlebten Erscheinungen, und das ist der Bereich des dritten Wissens. Auch hier liegt also wieder ein unzulässiger Vorgriff vor, eine intellektuelle Voreiligkeit.

Wenn auch logischerweise Anfangslosigkeit herrschen muss, wo Kausalität ist, so scheint dem doch ein Erleben zu widersprechen. Es gibt, sagt der Buddha aus seiner Erfahrung, Götter unbewusst im Wesen, die beim Bewusstwerden aus ihrer Existenzform abscheiden. Wenn die sich bis dahin zurückerinnern, dann kommen sie an ein Ende, denn an das, was unbewusst war, gibt es keine Erinnerung. Daraus folgern sie, dass alles aus dem Nichts entstehe, dass eine Emanation vorliege (D 1 und 24). Mit der Rückerinnerung allein ist dieser Irrtum nicht behebbar, denn da ist ein Loch in der Kette und zu dem, was vor jenem Zustand der Götter unbewusst im Wesen war, fehlt dann die Verbindung mit dem Ich. Auch hierzu bedarf es der weiteren Wissen.

Die Erinnerung ist eben abhängig von dem, was früher erlebt und in den Geist gekommen ist. Was nicht erlebt wurde, wo keine Achtsamkeit war, wo ich etwas nicht beachtet habe, da kann ich mich auch nicht daran erinnern, wie eben besonders die unbewussten Götter, meist auch embryonale Zustände. Und wenn ich zu Lebzeiten früherer Buddhas nicht in ihrem Bereich lebte, kann ich mich auch nicht an sie erinnern. So zeigt sich die Rückerinnerung in ihren Schranken.

Noch ein großer Irrtum bei der Rückerinnerung ist es, wenn man überhaupt keine echte Rückerinnerung erlebt sondern mit starker Phantasie etwas projiziert und dann für Rückerinnerung hält – so wie bei den verschiedenen Experimenten mit postuteriner Hypnose. Je mehr Romane jemand gelesen hat, je mehr Filme er gesehen hat, desto mehr Stoff hat er im Gedächtnis angesammelt, der dann in der Hypnose abrufbar ist und als Eigenerleben umfunktioniert wird. Träume und Wunschträume und Suggestionen – all das sind weitere Quellen für die Schöpferkraft der Phantasie. Auf diese Weise nimmt man die Rückerinnerung viel zu leicht und meint, es genüge die Technik der Hypnose, um den ersten Weisheitsdurchbruch erzielen zu können.

59.7 Prä-Existenz als Erfahrung und Lehrsatz

Ein großes Manko bei der Behandlung des ersten Wissens ist, dass unsere Vorstellungskraft hier völlig versagt. Die diversen magischen Phänomene können wir uns zur Mühe noch einigermaßen vorstellen, gehören sie ja noch unserem Raum-Zeit-System an. Sie sind zwar höchst verwunderlich und märchenhaft, aber doch immerhin noch als konkrete Bilder vorstellbar. Die Rückerinnerung dagegen geht über den Bereich des Vorstellbaren völlig hinaus. Unser endliches, in geschichtliche Kategorien der Naturwissenschaft eingepferchtes Denken versagt hier kläglich und ist wie ein Rad, das sich wirkungslos in der Luft dreht. Wir können zwar logisch einsehen, dass es Rückerinnerung geben mag und dass sie alle Probleme des Schicksals löst, unser Geist mag das alles akzeptieren, aber die seelische Vorstellungskraft kommt dabei nicht mit und so bleibt es blass, trocken und unverbindlich.

Um dem abzuhelfen, könnte es hilfreich sein, das Material, das in unserem engen Geschichtswinkel darüber vorhanden ist, heranzuziehen und wenigstens die Geschichte der Rückerinnerung zu bedenken. Da bieten sich als erstes die Wiedergeburtsgeschichten aus früheren Leben des Bodhisattva an. Diese 547 Jātakas sind konkret, mit allen Einzelheiten und sie überfordern unser Denken noch nicht mit dem völlig unsere Horizonte überschreitenden Denken an andere Äonen. Sie können anschaulichen Stoff liefern, um uns allmählich an die dem Inder völlig vertraute Dimension der Präexistenz der Seele zu gewöhnen, so wie sich unser Auge eben nur allmählich an die Dunkelheit gewöhnt, wenn es aus dem blendenden Licht dorthin tritt. Bis in die moderne Zeit reichen diese Berichte aus Indien (Shanti Devi z. B.) oder anderen Gebieten des von Indien beeinflussten Asien (Katsuguro in Japan, bei Lafcadio Hearn).

Auch in der Antike, besonders im alten Ägypten, finden wir die „Seelenwanderung“ als vertraute Vorstellung. Bei den frühen Griechen waren es die Kreise der orphischen Mystik, die im Abendland erstmals diese Dimension eröffneten. Pythagoras, den wir nur als strengen Naturwissenschaftler (pythagoreischer Lehrsatz) kennen, besaß die Gabe der Rückerinnerung, und wohl auch Empedokles, der davon berichtet. Die Vorsokratiker Heraklit und Parmenides atmen noch in jener Dimension, bis hin zum Denken an eine Kette von Weltzeitaltern. Platon hatte selber schon keine Erfahrung mehr davon, überliefert aber die Seelenwanderung als Mythos im PHAIDON, während der im Erleben der Schauungen erfahrene Plotin wie selbstverständlich auch die früheren Leben einbezieht.

Im Christentum ist nur sicher, dass Christus selber die Rückerinnerung an sein früheres Leben bei Gott besaß, sich aber darüber hinaus nicht erinnerte. In D 1 findet sich, fünfhundert Jahre vor Christus, folgender Bericht: Am Anfang eines Äons sank ein Brahma von den Leuchtenden herab. Er wünschte sich dann aus Langeweile Gesellschaft. Unabhängig hiervon erschienen andere Wesen, von den Leuchtenden absinkend. Da dachte der erste Brahma, er habe sie geschaffen, da er längere Lebensdauer und Kraft hatte. Eines der anderen Brahmawesen stirbt nun und wird Mensch. Hier erringt es die Fähigkeit, sich eines früheren Lebens zu erinnern und denkt nun, dass es vom Großen Brahma, vom Allvater, erschaffen sei, der ewig bestehe, während er vergänglich sei. Auch im Übrigen zeigen sich in den Evangelien noch Anklänge, die eine Säuberung überstanden haben, z. B. die Aussage, dass Johannes der Täufer Elias gewesen sei (Matth. 11, 14 und 17, 12), welcher Elias einst gen Himmel gefahren war (2. Kön. 2, 11). Besonders der große Kirchenvater Origines, der zusammen mit Plotin in Alexandria bei den Meistern studiert hatte, verteidigte die Präexistenz der Seele, vorzüglich in zweien seiner zahlreichen Schriften (*Peri archon*; Fragment von der Auferstehung). Als die Kirche später diese Lehre des Origines ausdrücklich verwarf und verketzerte, wurde – wie Walter Nigg es ausdrückt – damit im Christentum alles flach. Die Katholische Kirche kann zwar notfalls behaupten, dass der Bischof von Rom damals auf dem Konzil gegen Origines nur als Beobachter vertreten war, aber das ändert nichts daran, dass die Lehre von der Präexistenz und damit von der Kausalität des Wirkens nun im Abendland nur noch im Halbdunkel der Ketzer, der Gnostiker, Katharer und Manichäer existierte.

Die Mystiker, die durch ihr Erleben des Herzensfriedens die Voraussetzung auch für die Rückerinnerung schufen, berichten aber nichts davon. Warum? Sie haben von ihren Lehrern und in ihren Lehren nie etwas davon gehört, dachten immer nur an die Zukunft und richteten daher keinen Blick auf die Vergangenheit. Um die Rückerinnerung zu erleben, muss man aber sein Herz dahin lenken und richten. Und selbst wenn Bilder der Rückerinnerung sie überfallen haben mögen, haben sie sie anders gedeutet und nicht auf sich bezogen, sondern für Visionen gehalten. Und selbst wenn sie überzeugt von der Präexistenz worden sein sollten, haben sie geschwiegen, um keinen Streit zu machen oder sind unterdrückt worden. So blieb die Lehre von der Fortexistenz und Präexistenz auf die modernen Gnostiker beschränkt, auf okkulte Kreise, Theosophen, Anthroposophen – und auf den einsam dastehenden Schopenhauer. Unter den Dichtern kommt der Ungar Imre Madách mit seiner „Tragödie des Menschen" der „Seelenwanderung" am nächsten, wenn er Adam und Eva immer wieder geboren werden lässt, durch die Zeiten wandernd.

Erst in neuerer Zeit hat sich auch die Wissenschaft der Frage der Rückerinnerung angenommen. So hat besonders der amerikanische Universitätsprofessor Jan Stevenson in seinem Buch „Reinkarnation" (deutsch Freiburg 1976) reiches Material zusammengetragen. Er ging den Berichten nach, in denen Kinder Dinge berichten, die auf frühere Leben deuten und stellte gründliche Nachforschungen an. Aus 1500 von ihm geprüften Fällen legte er zwanzig wohlfundierte Berichte vor und setzte sich auch mit den Hypothesen auseinander, die die Erinnerungsphänomene auf andere Weise als durch Reinkarnation zu erklären versuchen, wobei er zu dem Ergebnis kam, dass damit keine zureichende Erklärung zu finden sei.

60. Verschwinden-Erscheinen (*cut'upapāte*)

„In denselben Zeiten hatte er gar oftmals Gesichte von künftigen und verborgenen Dingen, und es ließ ihn Gott, soweit es denn sein konnte, klar erkennen, wie es im Himmelreich und in der Hölle und im Fegefeuer aussieht. Gewöhnlich erschienen ihm viele Seelen, wenn sie von dieser Welt geschieden waren, und taten ihm kund, wie es ihnen ergangen sei."

(Seuse, *Autobiographie*)

Wer queck wie Blitzes Blick das Welltall
tausendfach vor Augen hat – ist Brahma ähnlich;
doch wer magiegewaltig bei Göttern auch
ihr Schwinden und Erscheinen sieht, ist Mönch. (Thag 909)

60.1 Das zweite Wissen

Wenn jemand in der Rückerinnerung vielfältig erfahren ist und über seine eigene Vergangenheit, über seinen karmischen Werdegang, alles weiß, dann bedarf dieses auf das Ich bezogene Wissen noch der Ergänzung durch ein auf das Du bezogene Wissen. Beides gehört ja untrennbar zusammen und erst beides zusammen ist die ganze Wirklichkeit. Das zweite Wissen bringt nun diese Ergänzung hinsichtlich der anderen Wesen. Es ist noch einmal eine gewaltige Erweiterung zum wahrhaft universalen Bewusstsein der Unendlichkeit alles dessen, was mir als außen begegnen kann. Schon die

Rückerinnerung schien Allwissenheit, aber das zweite Wissen zeigt erst wirklich, was „alles“ ist. In der größten Stille der Nacht, in der Zeit zwei Stunden vor und nach Mitternacht, erlebte der Buddha als erster die Vollkommenheit dieses Weisheitsdurchbruches, den er als Höhepunkt von Askese und Abkehr bezeichnet (D 25), unmittelbar vor dem dritten, dem eigentlichen Erwachungswissen. Er schildert diese Erfahrung nach der vierten Schauung, wie es später zahlreiche andere Jünger auch erlebten, wie folgt:

> *„Solchen Gemütes, innig, geläutert, gesäubert, gediegen, schlackengeklärt, geschmeidig, biegsam, fest, unversehrbar richtete ich das Herz auf die Erkenntnis des Verschwindens-Erscheinens der Wesen. Mit dem himmlischen Auge, dem geläuterten, über menschliche Grenzen hinausreichenden, sah ich die Wesen dahinschwinden und wiedererscheinen, gemeine und vorzügliche, schöne und unschöne, glückliche und unglückliche, ich erkannte, wie die Wesen je nach den Taten wiederkehren: Diese lieben Wesen sind freilich in Werken, Worten und Gedanken dem schlechten Wandel zugetan, tadeln die Edlen, haben falsche Ansicht, nehmen ein Wirken aus falscher Ansicht an; und bei der Auflösung des Leibes, nach dem Tode, gelangen sie auf den Abweg, auf schlechte Fährte, zur Tiefe hinab, in untere Welt. Jene lieben Wesen sind aber in Werken, Worten und Gedanken dem guten Wandel zugetan, tadeln nicht die Edlen, haben rechte Ansicht, nehmen ein Wirken aus rechter Ansicht an; und bei der Auflösung des Leibes, nach dem Tode, gelangen sie auf gute Fährte in selige Welt.“* (...)
>
> *„Dieses Wissen hatte ich nun in den mittleren Stunden der Nacht als zweites errungen, das Nichtwissen zerteilt, das Wissen gewonnen, das Dunkel zerteilt, das Licht gewonnen, wie ich da ernsten Sinnes, eifrig, unermüdlich verweilte. Und das solcherart mir entstandene Wohlgefühl konnte mein Herz nicht fesseln.“* (M 36)

60.2 Das himmlische Auge

Das Erkenntnismittel, mit welchem der zweite Weisheitsdurchbruch verwirklicht wird, ist das Auge, das Sehvermögen, und zwar das himmlische Auge, welches über menschliche Grenzen hinausreicht. Was bedeutet das? Der Buddha nennt drei Augen (It 61; D 33 III): das fleischliche Auge, das aus Materie aufgebaut ist und mit ihr vergeht; das himmlische Auge, das ein Weg zur Erfahrung jenseitiger Dimensionen ist; und als höchstes das Auge der Weisheit, das vom Leiden befreit und das der Buddha in der umfassendsten Form besaß.

Alle unsere Ausdrücke für die Erkenntnis der Wirklichkeit – Ansicht, Einsicht, Anschauung, Einblick, Weltbild, Erleuchtung – sind am Sehen orientiert. Ebenso sind die meisten Träume Sehträume und die meisten Einbildungen Halluzinationen (von *lux* = Licht). Darum wird das Sehen eben bei der Aufzählung der fünf Sinne als erster genannt. Sehen ist der Sinn, welcher am meisten Erkenntniswert hat. Was man gesehen hat (*diṭṭhi*, 2. Partizip von sehen), das ist Ansicht (*diṭṭhi*): Das weiß man und davon weiß man „Das gibt es“. Das Sein wird vorzüglich durch Sehen bewusst gemacht. Daher spielt auch beim übersinnlichen Wahrnehmen das Sehen die entscheidende Rolle. Der ganze Bereich der neunten Stufe heißt eben Erkenntnisblick (*ñāṇa-dassana*).

Wir sind gewohnt, hier von „Visionen“ zu sprechen, was von lateinisch *videre* (sehen) kommt, was deutsch mit „Hellsicht“ wiedergegeben wird. Ein Hellseher (Spökenkieker niederdeutsch) sieht Dinge, die andere nicht sehen können, räumlich weit entfernte gegenwärtige, zweitens künftige, drittens Dinge aus anderen Welten. Erst das letztere ist das höhere okkulte Sehen und erst dort beginnt das zweite Wissen.

Das niedere okkulte Sehen, der Hellblick oder das dritte Auge, gehörte bereits zur Stufe der Einigung, zum Bereich des *samādhi*. Wie oben ausführlich dargelegt, ist es besonders der Bereich der Machtgebiete und der formhaften Freiungen, welcher Lichterlebnisse ermöglicht. Das selbstleuchtende Gemüt, das dabei ausgebildet wird, ist nichts anderes als ein allmählich geöffnetes himmlisches Auge. Damit wird zunächst die Aura, die Odschicht, der Astralleib des Menschen gesehen, dann auch die Umwelt. Wenn der Buddha Vipassī von Geburt an mit dem himmlischen Auge eine Meile im Umkreis sehen konnte (D 14), und wenn das Bürgerjuwel des Kaiserkönigs mit dem himmlischen Auge irdische Schätze erblicken konnte (D 17), dann sind das Reste früheren Wirkens auf dem Gebiet des *samādhi*, weshalb in beiden Fällen auch betont wird, dass dies als „Ernte des Wirkens geboren (*kamma-vipāka-ja*)“ sei. So hell wie die Seele war oder ist, so hell sieht sie. Je mehr sich einer um das reine Herz bemüht, umso mehr gewinnt er die Fähigkeit zur Hellsicht. Er kann daran kein Interesse haben, aber die Möglichkeit dazu stellt sich ein. Und er kann großes Interesse daran haben, aber wenn er das, was er als Ernte früherer Läuterung erwarb, nun nicht weiter pflegt, verliert er es alsbald wieder.

In dem Maße, wie auf der *Samādhi*-Stufe das niedere okkulte Sehen entwickelt wird, in dem Maße wird es auch möglich, das Herz schon auf anfängliche Grade des höheren, jenseitigen, okkulten Sehens zu richten. Das Maß dessen wird von Anlage und Interesse bestimmt. Es gibt Heilige, die das höhere okkulte Sehen überhaupt nicht ausgebildet haben, und es gibt Mystiker, die es in großer Breite besitzen, aber keine Ahnung von der Triebversiegung haben. So muss man es eben alles je nach dem Standpunkt beurteilen.

60.3 Das Weiterwandern Verstorbener sehen

Der Buddha hat öfter offenbart, wo ein als Mensch verstorbener Anhänger wiedergeboren wurde, d. h. wie er nach dem Tode weiterwanderte. Er sah, wie er hier verschwand, und wie er dort drüben wiedererschien. Der Buddha selber fragte einst seine Mönche, warum er wohl dies offenbare und antwortete dann:

> *„Nicht eben für die Neugier der Leute, nicht zum Gerede der Leute, nicht um Almosen, Ehre und Ruhm zu erlangen, nicht um bekannt zu werden, offenbart der Vollendete die Jünger, die dahingegangen, gestorben sind, je nach ihrer Auferstehung: ‚Jener ist da auferstanden, dieser ist dort auferstanden‘, sondern weil es edle Söhne gibt, die Zuversicht hegen, hohe Begeisterung, hohe Freude – haben die das gehört, so wenden sie das Herz dahin. Denen gereicht das lange zum Wohle und Heile.“* (M 68)

Immer sind es die vier Grade der Edlen, die der Buddha hier offenbart: Heiligkeit, Nichtwiederkehr, Einmalwiederkehr, Hörerschaft. Und wenn einer den Verstorbenen hier kannte, seine Tugend, seine Eigenschaften, seine Weisheit, sein inneres Verweilen und seine Erlösung, und wenn er nun seines Glaubens, seiner Tugend, seiner Erfahrung, Entsagung und Weisheit gedenkt, wendet er das Herz zum gleichen hin und erlangt selige Ruhe (M 68).

Als der Buddha einmal wieder dergleichen vor Anhängern einer Stadt offenbart hatte, vermisste Ānando, dass der Buddha nicht die Zukunft von im Lande Magadha Verstorbenen offenbart habe. Darauf richtete der Buddha, entsprechend Ānandos Bitte, sein Gemüt aufmerksam auf deren Fährte und erfuhr dabei, wo König Bimbisāro im Geisterreich wiedererschienen war (D 18). Aber als der Buddha auf Bitte Ānandos das Weiterwandern bestimmter Personen offenbart hatte, schloss er damit, dass das Sterben ja nichts Besonderes sei: Wenn er bei jedem Verstorbenen dessen Geschick offenbaren sollte, wäre das eine Plage (D 16 II).

Ebenso wie die Rückerinnerung unendliche Zeiten in einem kurzen Augenblick schauen kann, ebenso kann das himmlische Auge unendliche Dimensionen und zahllose Geschicke im Jenseits im Nu erblicken – aber dies in die Zeit zu transponieren, ist eine mühsame Plage. Daher nennt der Buddha in der Beschreibung des zweiten Wissens abstrahierend das Wesen dieses Weisheitsdurchbruchs durch die Eierschale des Nichtwissens. Das Wesen ist: zu sehen, wie die Wesen je nach ihren Taten wiederkehren. Bei der Rückerinnerung wurde diese karmische Kausalität in der Beschreibung noch nicht ausdrücklich aufgenommen, dort musste die Verbindung durch Folgerung hergestellt werden. Hier dagegen sieht man unmittelbar das Saat-Ernte-Verhältnis, sieht den Übergang von einem Leben zum anderen, ohne eine Unterbrechung, während bei der Rückerinnerung eine unendliche Kette von Geburt-Tod-Abläufen aneinandergereiht war, ohne dass der Zusammenhangs stets wirklich gesehen wurde. Beim zweiten Wissen sieht man das Gesetz als Ablauf vor sich, sieht einen Film der Kausalität von Saat (Wirken) und Ernte (Frucht). Wer sich in Werken, Worten und Gedanken – auf den drei Wirkensbahnen – dem Bösen zuneigte, der geht nach dem Tode abwärts; wer sich dabei dem Guten zuneigte, der geht aufwärts. Dabei spielt es keinerlei Rolle, ob einer körperlich schön oder unschön war, seelisch glücklich oder unglücklich, geistig primitiv oder vorzüglich. Auch der schöne, glückliche und vorzügliche Mensch kann abwärts wandeln, und auch der hässliche, unglückliche und primitive kann aufwärts wandeln. Näher präzisiert wird in M 130, dass dabei aufwärts Götter- und Menschenwelt, abwärts Gespensterwelt, Tierreich und Hölle bedeutet. Daher sagt der Buddha dann in M 12, dass er fünf Fährten im Saṃsāro sehe. Er durchschaue hier mittels der Herzenskunde, worauf ein Mensch hinarbeite, und dann sehe er nach dessen Tode mit dem himmlischen Auge, wie er die fünf Fährten beschritten habe. Darin sind alle Existenzweisen einbegriffen. Dabei gibt es aber bei den Göttern eine Existenz, die noch niemand der Menschen vorher durchlaufen haben kann, nämlich die der Reinhausigen Götter, die nur Nichtwiederkehrer umfassen. An diese Existenz kann sich also kein Mensch und auch kein Buddha erinnern und mit dem ersten Wissen erfassen, dazu bedarf es des Schauens mit dem himmlischen Auge.

Bei der Beschreibung des zweiten Wissens fällt ins Auge, dass hier jedes moralistische Urteil entfällt. Es wird nämlich immer nur von den „lieben Wesen" gesprochen: Diese lieben Wesen sind dem Bösen zugeneigt, tun Schreckliches und ernten Entsetzliches, jene lieben Wesen sind dem Guten zugetan, tun Herrliches und ernten Wunderbares. Da wird nichts verurteilt und nichts hochgespielt: da wird nur der unaufhörliche Wandel gesehen, wo die Guten von heute die Bösen von morgen und die Bösen von heute die Guten von morgen sind.

60.4 Ausdehnung auf die Vergangenheit

Die einfachste Form der beiden Wissen beantwortet die Fragen „Wie bin ich in dieses Dasein hinein gekommen" und „Wie bist du aus diesem Dasein heraus gekommen". Und so wie beim ersten Wissen dann die Erweiterung in alle Vergangenheit seiner Saṃsāro-Wanderung erfolgte, ebenso kann ich mit dem himmlischen Auge nun auch die unendliche Wanderung anderer Wesen sehen, wenn ich den Blick des himmlischen Auges für den Übergang von Leben-Tod-Wiedersehen, d. h. Verschwinden-Erscheinen, an dem nächstliegenden Fall geschärft habe. Ein solcher sagt sich von seinem Standpunkt aus etwa:

Dass die anderen Wesen ebenso wie ich seit Unendlichkeit säend und erntend den Wandelkreis durchlaufen, das kann ich mittels der Rückerinnerung nicht konkret feststellen. Ich sehe Wesen mir begegnen, wieder verschwinden, sehe andere mir begegnen – aber ich weiß nicht, wer früher was war und wie jemand sich gewandelt hat, der mir vor sechzig Leben und dann vor dreißig Leben wieder begegnet ist. Und ferner: Wenn ich in einem Leben in Europa gelebt habe, kann ich mich mittels der Rückerinnerung nicht an gleichzeitig in Asien geschehene Ereignisse erinnern, und ebenso, wenn ich in der Hölle war, nicht an den Himmel und umgekehrt. Die Rückerinnerung erweist hier also ihre Schranken, sie ist eben noch sehr ichbezogen und offenbart bloß die Kette meiner eigenen Existenzen bei der Saṃsāro-Wanderung. Zwar habe ich auf meiner langen Wanderung, wenn ich weit genug zurückgehe, schon alle Stätten (außer den Reinhausigen) kennengelernt und bin alles gewesen (außer ein Edler 3.-4.Grades), aber ich kann mittels der Rückerinnerung nicht feststellen, welche unendlichen Kausalreihen des Karma sonst noch ablaufen. Und wenn ich zur Lebenszeit von Buddhas gerade nicht deren Zeitgenosse als Mensch oder Gott war und nicht mit ihnen in Kontakt kam, dann kann ich mich auch nicht an einen Buddha und dessen Lehre erinnern. Und das wäre im Grunde das Wichtigste, was die Rückerinnerung einbringen könnte. Mit dem himmlischen Auge aber ist all das möglich. Es kann alle Dimensionen, alle Räume, alle Zeiten, alle Wesen in alle Richtungen erfassen und entsprechend auswerten. So erweitert sich der Bereich der Erfahrung hier noch einmal in ungeahnte neue Dimensionen. Das Karma-Gesetz wird hier viel deutlicher und plastischer erlebt. Ich kann hier die Wandelbarkeit sämtlicher Existenzformen deutlich vor mir sehen, auch die Wandlungen eines sich für ewig haltenden Brahma. Alles, was verschwindet, erscheint wieder und alles, was erscheint, schwindet wieder – solange Saṃsāro ist. Und auch der Wandel derer, die als jetzige Buddha-Jünger zum Ausweg wandelten, lässt sich nach rückwärts mit dem himmlischen Auge schauen. Und das ist etwas, was ich eben noch nie gewesen bin, es ist völlig Neues. Und es ist das Interessanteste, was die Existenz zu bieten hat.

Aus seiner eigenen Erfahrung schildert der Buddha, wie er vor der Erwachung Wissensklarheit über die Götter (*abhi-deva ñāṇadassana*) gewonnen habe: Zuerst gewahrte er nur Abglanz, dann auch Umrisse (beides ist noch die Stufe des *samādhi*), dann sprach er mit den aus den Umrissen sich abzeichnenden Göttern (himmlisches Gehör), dann merkte er, zu welcher Götterklasse sie gehörten, zu welchem Himmel (Herzenskunde), dann sah er, auf Grund welchen Wirkens als Mensch sie dort erschienen waren, danach erkannte er, wovon sie sich nähren und was sie an Wohl und Wehe erfahren, dann wie alt sie werden und wie lange sie leben, und als achtes schließlich, ob er schon früher in anderen Existenzen mit ihnen zusammenlebte und wie (A VIII 64). Alle vier letzten Weisen sind Ausdruck einer Erfahrung durch das himmlische Auge.

Und diese Erweiterung des himmlischen Auges auf die Vergangenheit zeitigt folgendes Ergebnis: Nur wenige Wesen werden, abscheidend irgendwo, unter Menschen und Göttern wiedergeboren, weit mehr in den drei Leidensstätten. So wie es auf der irdischen Erde weit mehr unwegsames Gelände, Steppen, Wüsten, Dschungel, Felsen als liebliche Gegenden gibt, ebenso auch gibt es in der Existenz weit, weit mehr leidige Daseinsstätten (A I 29; S [V] 56, 102-131). Von den fünf Fährten überwiegen die drei Leidensfährten nicht nur gegenüber den zwei Glücksfährten, sondern auch sonst haben sie weit das Übergewicht. Die Existenz hat einen Zug nach abwärts, ein Gefälle zum

Niederen, eben zur Kurzsichtigkeit, die über gegenwärtigem Wohl das künftige Wehe vergisst und so ins Leiden kommt. Vor allem aber sind verschwindend gering jene Wesen, die den Ausweg aus allem finden und auf dem Weg der Glücksfährten nie wieder ins Unheil geraten, weil sie zum Nirvāna gelangen (A I 29). Als der Buddha nach der Erwachung mit dem Buddha-Auge die Welt überblickte, sah er Wesen mit wenig Trübung, starken Seelenkräften, Gutes tuend, leicht auffassend, und Wesen mit viel Trübung, schwachen Seelenkräften, Schlechtes tuend, schwer auffassend – und nur wenige, die auf den Ausweg schon gerichtet waren, die wie ein Lotos über Wasser wuchsen, während die Schlechten unter Wasser blieben, die Guten nur bis zum Wasserspiegel kamen (M 26).

60.5 Ausdehnung auf die Zukunft

Während die Erinnerung immer nur die Vergangenheit bewältigen kann, ist das himmlische Auge auch insofern dem ersten Wissen überlegen, als es sich auch ungehindert auf die Zukunft beziehen kann. Das Noch-nicht-Herangetretene (*an-ā-gata*), wie die Zukunft auf Pāli heißt, kann mit dem himmlischen Auge vorausgeschaut werden. Diese Präkognition ist eine der weiteren Dimensionen der *Clairvoyance*, der Hellsicht. Wenn der Buddha prophezeit, dass der Asket Pāṭikaputto in sieben Tagen sterben und bei den Asuras unter der „Rotte der Schwarzen Köpfe" wiedergeboren würde und sich dies dann bewahrheitet (D 24) oder wenn er prophezeit, dass Devadatto in die Hölle kommen und bis zum Ende des Weltzeitalters dort bleiben werde (M 58, in Neumanns Übersetzung unerkennbar) oder wenn er prophezeit, dass nach Jahrmillionen in unserer Welt der fünfte Buddha dieses Äons, nämlich Metteyyo, erscheinen werde (D 26), dann ist das alles ein Wissen, das nur dadurch möglich ist, dass das himmlische Auge auf die Zukunft eingestellt wird. Das erste Wissen bezog sich auf das frühere Ende (*pubb'anta*), das zweite Wissen auf das andere Ende (*apar'anta*), wie es in M 79 heißt.

Da stellt sich sofort die Frage: Liegt denn die Zukunft schon jetzt fest? Ist alles prädestiniert? Nur wenn die Zukunft schon sicher festliegt, kann ein Hellseher sichere Aussagen über sie machen. Was festliegt, sind erstens die Weltentwicklungen des Auf und Ab eines Weltzeitalters, der große kosmische Rhythmus, der sich zwingend als die höhere Oktave des Verschwindens-Erscheinens offenbart, und zweitens die Verstrickungen der Wesen darin, die keinen Ausweg daraus kennen. Solange die Wesen sich auf das festlegen, was festgelegt an das Gesetz des Verschwindens-Erscheinens gebunden ist, solange sind sie auch festgelegt – nur so lange.

Und wie steht es mit meiner eigenen Zukunft? Kann ich mit dem himmlischen Auge auch sie erkennen? Wenn viele Mystiker ihren Tod genau voraussagen können und wenn manche Mystiker Asiens prophezeien, wo sie wiedergeboren würden, dann wäre das entweder mittels der Voraussage von Gottheiten (himmlisches Gehör) zu erfahren oder sicherer durch das himmlische Auge. Die Gottheiten könnten sich noch irren, das Erwachungs-Auge sieht Realitäten. Es ist ja auch ganz natürlich, dass so, wie ich früher und jetzt gesät habe, auch die Ernte sein wird. Ich habe durch mein Wirken etwas festgelegt – und das sieht nun das himmlische Auge. Wer wirklich zur Beherrschung des himmlischen Auges kommt, ist nur einer, der die vierte Schauung beherrscht, also brahmische Art bereits nach oben hin zur Formlosigkeit überwunden hat. Ihm steht also nur eine formlose Wiedergeburt bevor – aber was wäre daran noch zu sehen? Und wenn ein Jünger des Buddha, der erst ab der Nichtwiederkehr die Reife zur umfassenden Schau des zweiten Wissens hat, seine Zukunft sieht, dann sieht er noch den Rest an Dasein, das einem Nichtwiederkehrer bei den Reinhausigen Göttern noch bevorsteht.

Für das also erweiterte himmlische Auge liegen Vergangenheit und Zukunft, eigene und fremde, also gleichermaßen wie die Gegenwart offen. Alles Kommende ist dem Erwachungs-Auge der Präkognition schon Gegenwart. Da heben sich die Zeitbegriffe vollends auf.

60.6 Ausdehnung auf andere Welten

Aber mit dem bisher Gesagten ist die Reichweite des himmlischen Auges, das über menschliche Grenzen hinausreicht, immer noch nicht zu Ende. Es gibt noch eine weitere Ausdehnungsmöglichkeit, die nun schlechthin die universale Unendlichkeit einbegreift. Und das ist das Richten des Blickes über unser Weltsystem mit seinen Höllen und Himmeln und Brahmas und Buddhas hinaus auf andere Weltsysteme.

Anuruddho, der bereits in der ersten Regenzeit seines Ordenslebens das himmlische Auge erwarb (CV VII 1) und der an der Spitze der Jünger mit dem himmlischen Auge steht (A I 19) und dessen Schüler alle ebenfalls diese Fähigkeit erworben hatten (S [II] 14, 15), konnte mit dem himmlischen Auge über tausend Weltsysteme hin blicken (A III 128; M 32; S [V] 52, 11). Er sagte:

> *„Gleichwie etwa ein scharfsehender Mann von der Zinne eines hohen Turmes aus tausend Gehöfte im Umkreis überblicken mag, ebenso auch blickt ein Mönch mit dem himmlischen Auge, dem geläuterten, über menschliche Grenzen hinausreichenden, über tausend Welten hin. Ein solcher Mönch mag dem Gosiṅga-Walde Glanz verleihen.“* (M 32)

Das bedeutet: Man sieht neben und außerhalb unserer Welt-Art noch viele andere Welten bestehen. Man sieht, wie dort die Wesen ebenso säen und ernten, wie derselbe Prozess wie hier auch dort vor sich geht. So wird das Verschwinden-Erscheinen bis ins Unermessliche erweitert. So wie es Brahmas gibt, die tausend solcher Welten überblicken, so gibt es auch Hellseher wie Anuruddho, die es können. Und so wie es Brahmas gibt, die gar hunderttausend Welten überblicken, so gibt es auch die Möglichkeit, dass vollendete Hellseher wie ein Buddha auch hunderttausend Welten mit dem himmlischen Auge überblicken können. All das könnte man mit der Rückerinnerung niemals erfahren – vielleicht bleibt gar ein Wesen immer innerhalb eines Weltsystems.

Das ist nun freilich die weiteste Ausdehnung, die Erfahrung überhaupt haben kann. Dies ist absolut die höchste Möglichkeit des Allwissens. Die Unendlichkeit der Weltsysteme im Raume mit einem Blick vor sich zu sehen und dabei wiederum die entsprechenden Zeiten in Vergangenheit und Zukunft, das ist die größte Bewusstseinserweiterung, die nur denkbar ist. Dabei verlässt uns völlig die Anschaulichkeit. Dass gleichzeitig mit unserem Weltsystem in Diesseits und Jenseits noch unzählige andere Welten mit ihren Himmeln und Höllen bestehen sollen, das ist unfasslich. Und auf wie vielen dieser Welten mag gleichzeitig jetzt ein Buddha lehren? Vier Dinge gibt es, über die man nicht nachdenken soll, um nicht verrückt zu werden: der Machtbereich eines Buddha, der Machtbereich der Schauungen, die Reife der Taten, der Gedanke an Welt (A IV 77).

60.7 Das Gleichnis

Während das oben erwähnte Gleichnis Anuruddhos für das himmlische Auge (M 32) das Bild vom Turm nur kurz andeutet, wird dies in anderen Reden als Gleichnis für das zweite Wissen schon näher ausgeführt (M 39, 77, 130), aber nur in D 2 ganz ausgebreitet. Dort heißt es:

> *„Gleichwie etwa, wenn mitten auf dem Marktplatz ein Turm steht und ein scharfsehender Mann stiege hinauf und gewahrte die Leute, wie sie Häuser betreten und wieder verlassen, wie sie auf Straßen und Wegen herankommen und wie sie mitten auf dem Markt sich hingesetzt haben, der sagte sich nun: ‚Diese Leute treten in ein Haus ein, diese verlassen es, diese kommen auf Straßen und Wegen heran, diese haben sich mitten auf dem Markt hingesetzt.'"*

Der Turm ist die Höhe des Standpunktes der überweltlichen Betrachtung, die einen Aufblick auf den Saṃsāro ermöglicht. Der scharfsichtige Mann ist jemand, der auf dem Läuterungsweg sich das himmlische Auge abgeklärt hat. Der Marktplatz ist der „Jahrmarkt des Lebens": der Schnittpunkt der vier Elemente wird als Kreuzpunkt von vier Straßen bezeichnet (S [IV] 35, 204), d. h. als „Marktplatz", wie hier in Kürze übersetzt ist. So sagt der Erwachte von sich:

Wie einer, der am Gipfel hoher Berge steht,
und in die Lande blickt nach allen Seiten hin,
so blickt Alläugiger vom Turm der Lehre
in dieses Kummerreich, entgangen allem Kummer,
sieht hin als Weiser auf das Sein: Entstehn-Vergehn ist seine Pein. (It 38; M 26 als Imperativ)

Der vom Turm Blickende sieht dreierlei Vorgänge unter den Menschen, die er beobachtet. Die auffälligste Gruppe sind diejenigen, die am Markt Häuser betreten und wieder verlassen. Das ist das Erscheinen in einer Existenzform und das wieder Verschwinden aus ihr, d. h. Geburt und Tod. Der Mensch fühlt sich in seinem „Lebensraum" in der Tat wie in einem Haus, in einer Daseinsstube, die ihn anheimelt. Dass er einmal hereingekommen ist und einmal wieder hinausgehen wird, bedenkt er kaum. Der Buddha nennt die Gewöhnung (*viññāṇa*) „heim-suchend", und wenn sie ein Haus des Seins gefunden hat, dann gewöhnt sie sich daran und nimmt es als Ganzes. So kennt jeder nur sein Haus, seinen Raum, mit seiner Umwelt und er ahnt nichts von seinen früheren und späteren Häusern. Daher nimmt er das jetzige Lebenshaus als einziges und mindestens wichtigstes. Das eben ist sein Unwissen, seine Blindheit.

Die Fahrstraßen und Fußwege, auf denen die Wesen herankommen, könnten die anderen Daseinsformen sein, in denen es nicht so betonte Ein- und Ausgänge wie in der Sinnenwelt, besonders bei Menschen und Tieren, gibt. Man könnte auch daran denken, dass die anderen Fährten des Saṃsāro sämtlich zum Menschentum und zur Sinnenwelt zurückführen, da alles Wirken letztlich vom Menschentum einmal ausgegangen ist. Der Wanderer im Sonnenbrand des Saṃsāro, der zu den fünf Fährten wandelt, das ist wohl das gleiche Bild wie hier. Diejenigen schließlich, die sich mitten auf dem Markt hinsetzen, d. h. weder in Häuser gehen noch auf Straßen wandern, könnten die Wesen sein, die für lange Zeiten einen Ruhepunkt in der Existenz gefunden haben, wie ab der brahmischen Seinsweise. Sie sind sozusagen zeitweise auf Urlaub von der Unruhe. Endgültig machen aber erst die Heiligen nicht mehr mit, die dem Verschwinden-Erscheinen für immer entronnen sind.

60.8 Ausblick

Von allen bisher betrachteten fünf Weisheitsdurchbrüchen gibt es hier die wenigsten Irrtumsmöglichkeiten und Schranken. Nur bei einem anfänglichen Wissen kann es hier zu dem in M 136 beschriebenen vorschnellen Urteilen kommen: Da sehen Mystiker, wie ein schlechter Mensch, der hier verschwindet, im Himmel wiedererscheint, und wie ein guter Mensch in der Hölle wiedergeboren wird. Er folgert daraus voreilig: Weil jener schlecht war, kommt er in den Himmel, und weil jener gut war, kommt er in die Hölle. Und er generalisiert sogar: Jeder Schlechte kommt in den Himmel, jeder Gute in die Hölle. In Wirklichkeit ist dies Kurzsichtigkeit: Der Gute kam nicht wegen seines Gutseins in die Hölle, sondern wegen früheren noch nicht abgetragenen Bösen – und umgekehrt. So muss die karmische Kette auf längere Sicht gesehen werden, um sie richtig beurteilen zu können. Dann aber ergibt sich das moralische Gesetz, dass alles gute Wirken nur zu Gutem, alles schlechte nur zu Schlechtem führt. Zu dem Hellblick muss also der Weitblick kommen, zum himmlischen Auge das Auge der Weisheit.

Am meisten aber wird sich der Mystiker täuschen, der sich selber auf eine formlose Existenz zugehen sieht, deren Ende er nicht erkennen kann und die er daher für ewig hält, für den Ausweg aus dem Verschwinden-Erscheinen. Wenn er sein Auge nicht auf die Vergangenheit richtet und dabei auch den Unbestand solcher formloser Welten erkennt – sei es durch Rückerinnerung, sei es durch himmlisches Auge – dann bleibt er eben bei seiner Täuschung.

Und wie steht es nun mit den Erfahrungen christlicher Mystiker über das Verschwinden-Erscheinen? Oben wurde erwähnt, dass diese von Rückerinnerung nichts wissen. Wenn aber die Rückerinnerung die Voraussetzung für das zweite Wissen wäre, dann könnten sie dies doch nicht besitzen. Die Erfahrungsberichte aber zeigen, dass sie viel über Verschwinden-Erscheinen erfahren haben. Allerdings nur über die ersten Grade eines Zukunftswissen über Verstorbene oder über die eigene Zukunft. Da die Weisheitsdurchbrüche vom Richten des Herzens abhängig sind, kann eben das größere Interesse am Außen bewirken, dass man sich viel mehr auf das Verschwinden-Erscheinen richtet als auf die Rückerinnerung. Allerdings lässt sich die Fülle des zweiten Wissens, der Aufblick auf die Wandlungen des ganzen Saṃsāro, so nicht erreichen. Darum haben zwar christliche Mystiker mit dem himmlischen Auge Dinge gesehen, ohne die Rückerinnerung ausgebildet zu haben, aber dieses Sehen kam über die Anfänge nicht hinaus. Der organische Zusammenhang, den der Buddha zeigt, lässt dagegen aus der Breite des ersten Wissens dann auch die Breite des zweiten Wissens hervorgehen.

Das wichtigste Ergebnis des zweiten Wissens ist, dass die Wiedergeburts- und Karma-Lehre derart handgreiflich vor Augen steht und dabei das Leiden der Wechselhaftigkeit des Saṃsāro derart einleuchtet, dass man nun die beste Reife für das dritte und letzte Wissen hat, das sich auf die Entrinnung aus dem Verschwinden-Erscheinen bezieht. Solange man nicht entweder den Saṃsāro derart gesehen hat oder solange man ihn sich nicht so lebendig vorstellen kann, wie ihn der Hellsichtige sieht, solange kann man ihm auch nicht wirklich entrinnen wollen. Der Wille zur Entrinnung aus dem ganzen Saṃsāro, aus allen, auch den feinsten Stufen, kann nur entstehen, wenn man sieht, wie auch die längsten Ruhepunkte vergänglich sind und keine endgültige Zuflucht gewähren. So ist das zweite Wissen – als eigene Erfahrung oder als gläubige Übernahme – die notwendige Voraussetzung für das dritte.

61. Die Kunst der Triebversiegung (*āsavānaṃ khaya ñāṇaṃ*)

„*Wenn ihr vom Traum des Ich erwacht,*
dann ist der Weisheit Werk vollbracht." (Hadewijch)

Nur Leiden ist es, was entsteht,
nur Leiden ist es, was vergeht;
nichts außer Leiden je entsteht,
nichts außer Leiden kann vergehn. (S [I] 5, 10)

Im letzten Drittel der Tropennacht, d. h. in den vier Stunden von zwei bis sechs Uhr, erlangte der Bodhisattva das dritte und letzte und entscheidende Wissen. Wenn die Nacht auf den Morgen zugeht, dann nimmt langsam und allmählich die Dämmerung zu, ein erst fahles, dann helleres Licht verbreitet sich, bis sich der Himmel im Osten rötet und die Sonne aufgeht. Ganz parallel zu diesem Naturvorgang spielte sich in der Nacht der Erwachung der letzte Durchbruch des Bodhisatto durch die Eierschale des Nichtwissens ab. Mit der Zunahme jenes dritten Wissens tagte es in seinem Herzen, wurde immer heller und heller, bis die volle Sonne der Weisheit aufging. In seinem autobiographischen Bericht sagt er, nachdem er auf der Gemütshöhe der vierten Schauung die beiden vorangehenden Wissen erlangt hatte, nun abschließend:

„*Solchen Gemütes, innig, geläutert, gesäubert, gediegen, schlackengeklärt, geschmeidig, biegsam, fest, unversehrbar, richtete ich das Herz auf die Kunst der Triebversiegung. ‚Das ist das Leiden', verstand ich der Wirklichkeit gemäß. ‚Das ist die Leidensentwicklung', verstand ich der Wirklichkeit gemäß. ‚Das ist die Leidensauflösung', verstand ich der Wirklichkeit gemäß. ‚Das ist der zur Leidensauflösung führende Pfad', verstand ich der Wirklichkeit gemäß. ‚Das sind die Triebe', verstand ich der Wirklichkeit gemäß. ‚Das ist die Triebentwicklung', verstand ich der Wirklichkeit gemäß. ‚Das ist die Triebauflösung', verstand ich der Wirklichkeit gemäß. ‚Das ist der zur Triebauflösung führende Pfad', verstand ich der Wirklichkeit gemäß.*"

„*Also erkennend, also sehend ward da mein Herz erlöst vom Sinnestrieb, erlöst vom Daseinstrieb, erlöst vom Nichtwissenstrieb. ‚Im erlösten Herzen ist die Erlösung', diese Erkenntnis ging auf: Versiegt ist die Geburt, vollendet das Asketentum, gewirkt das Werk, nicht mehr ist diese Welt', verstand ich da.*"

„*Dieses Wissen hatte ich nun in den letzten Stunden der Nacht als drittes errungen, das Nichtwissen zerteilt, das Wissen gewonnen, das Dunkel zerteilt, das Licht gewonnen – wie ich da ernsten Sinnes, eifrig, unermüdlich verweilte. Und das solcherart mir entstandene Wohlgefühl konnte mein Herz nicht fesseln.*" (M 36)

Was hier genannt ist, zerfällt in drei Phasen: erstens das Verstehen der vier Wahrheiten, zweitens die Erlösung von den Trieben und drittens die Wissensklarheit der Erlösung. Nur die erste Phase des dritten Wissens ist in diesem Kapitel zu behandeln, die beiden anderen sind Gegenstand der folgenden Kapitel.

61.1 Das dritte Wissen im Allgemeinen

Die von den Buddhas entdeckten bisher genannten fünf Arten höherer Erkenntnis bezogen sich auf die Gesamtheit aller Erfahrungsmöglichkeiten der Wirklichkeit. Die sechste höhere Erkenntnis, das dritte Wissen, stellt nun die abschließende Auswertung dar. Diese Auswertung ist eine Bewertung, die alles Erfahrene zusammenfasst und sich dann als Wahrheit über die Wirklichkeit darstellt. Die konkrete Wirklichkeit wird erfahren und entdeckt, die Wahrheit darüber wird abstrakt in der Form eines Urteils gedacht. Und diese Wahrheit wird in vier Grundsätzen formuliert, eben den vier edlen Wahrheiten. Um diese zu finden, bedurfte der Buddha des gesamten Materials der übersinnlichen Erfahrung. Der Nachfolger dagegen hat es viel einfacher. Der Buddha vergleicht sich mit einem Manne, der einen Pfad durch dichten Urwald schlägt und eine überwucherte alte Stadt wiederentdeckt (das Nirvāna), der Nachfolger dagegen braucht nur den gebahnten Pfad entlang zu gehen, dem Wegweiser des Buddha zu folgen. Der Nachfolger kann, auch ohne dass er alle jene Erfahrungen selber macht, durch die abstrakte Formulierung der Buddhas dasselbe Verständnis der Wirklichkeit erlangen, wenn er der Wegweisung folgt. Das bedeutet: Der Nachfolger braucht von allen sechs höheren Erkenntnissen unbedingt nur die letzte. Was die Buddhas als Wirklichkeit geschaut haben, wurde von ihnen so eindringlich dargelegt und begründet, dass man es dadurch auch nachvollziehen kann.

Das Wissen über die Kunst der Triebversiegung (*āsavānaṃ khaye ñāṇaṃ vijjā*) ist nicht nur ein Begreifen einzelner Dinge, und seien sie noch so tief, sondern es erfasst das Gesetz, nach welchem alle Dinge werden und vergehen. Während es auch bei den ersten beiden Wissen noch um Bestandsaufnahme ging, um Inhalte des Bewusstseins, geht es bei dem dritten Wissen darum, jeden Geistesinhalt und Weltentwurf zu übersteigen. Das Wissen kommt hier zur Quelle, zur Fabrik selber, und geht damit über alle konkreten Bezüge zu den Fabrikprodukten hinaus. Es ist bezogen auf die „letzten" Dinge, nämlich die Gesetze, über die es hinaus nichts Weiteres gibt und nach welchen überhaupt Gesetzmäßigkeit ist. Es ist überweltlich insofern, als es das gesamte Wandelsein (Saṃsāro) übersteigt und das erkennt, was im Saṃsāro gerade nie enthalten ist, nämlich das Nirvāna als das Jenseits von allem Jenseits, als die Dimension des Durchschauthabens aller Wirklichkeit. Nur in dem Maße, wie der Saṃsāro als Saṃsāro erkannt wird, tritt Nirvāna hervor und wird die Erlösung anziehend, ja zwingend.

Bei den ersten beiden Wissen, die nur das Material für das dritte liefern, kann es beigemischt noch Unwissen geben. Die ersten beiden Wissen gibt es teils auch bei anderen Asketen, das dritte aber nur beim Buddha. Auch bei Rückerinnerung und Hellsicht wurde noch von einem raumzeitlichen Geschehensfluss ausgegangen, der zwar immer geistiger gesehen wurde, aber erst jetzt wird das Ganze als ein Traum erkannt. Der Heilige erwacht vom Traum des Unwissens von einem *atta*, das durch die Welt des Saṃsāro wandert. Er hat die letzte Spur des Nichtwissens getilgt, er träumt nicht mehr. Auch wenn die Erscheinungen des Lebenstraums nach dem Erwachen scheinbar noch weitergehen, so ist er in diesem Traum doch völlig klar darüber, dass es nur Traum ist. Er ist im Traum gleichzeitig wach – darum ist dieser Zustand des dritten Wissens so schwer zu verstehen und geistig nachzuvollziehen. Und nur dies ist wirkliches Allwissen: Gleichzeitig den Traum als Traum wissen und sein Gesetz erkennen einerseits und das Eigentliche, das Nirvāna andererseits kennen.

Schon der Begriff Saṃsāro ist eigentlich ein Aspekt von dessen Überwindung. Nämlich all die Bewegungen und Gesetze des Diesseits und Jenseits, von der Hölle bis zur Grenzscheide möglicher Gewahrung, zu erkennen als das, was sie wirklich sind – ein Kreislauf ohne Ausweg – das ist bereits der Anfang des Ausweges. Den Saṃsāro als Saṃsāro durchschauen, den Kreislauf als nichts anderes als sinnlosen heilsfernen Kreislauf erkennen, in diesem Begriff offenbart sich das dritte Wissen. Saṃsāro bedeutet: herumlaufen, immer umherwandern, beständig unterwegs sein. Und warum läuft man herum? Weil man das eigentliche Wohl nicht kennt. Man ist unterwegs nach einer Heimat, in der man noch nie gewesen ist und die man nie findet. Man ist immer in der Fremde und nie zu Hause.

Das zeigt das Bild von dem Wanderer in der Wüste, der dürstend und erschöpft, von der Hitze gebraten, nach Schatten und Stillung des Durstes sucht. Zeitweisen Schatten findet er – dürre Bäume, volle Bäume, schattige Häuser – aber zu trinken findet er in keiner der fünf Existenzformen. Dann aber kommt er an einen Teich, kann baden und trinken und sich im Schatten endgültig ausruhen – das ist das Nirvāna (M 12). Saṃsāro ist ständige Bewegung, Unruhe, Kreisen, Laufen, Wandern, Suchen. Nirvāna ist die Ruhe, das Ziel, die Löschung des Durstes, das Finden der ewig sicheren Stätte. Aber fern von der Sicherheit wandern die Wesen in der Daseinsrunde: *Lang ist der unverständigen Wahrheitverkenner Wandelsein* (Dh 60). Weil die Wesen die bedingte Entstehung, das Gesetz der Vergänglichkeit nicht verstehen, deshalb können sie dem Saṃsāro nicht entkommen (D 15). Weil vier Dinge nicht durchschaut und verstanden wurden, deshalb ist diese lange Laufbahn umwandelt worden, von uns wie von den Buddhas, nämlich weil edle Tugend, Vertiefung, Weisheit und Erlösung nicht verstanden wurden (D 16 IV). Und unmittelbar nach der Erwachung äußerte der Buddha rückblickend den Spruch:

Endlosen Lebens Daseinslauf
Hab' immer wieder ich durchirrt,
den suchend, der dies Haus erbaut,
leidvoll ist stets erneut Geburt.

Erkannt bist, Hauserbauer, du,
nicht mehr wirst du das Haus erbau'n!
All deine Balken sind zerstört,
vernichtet ist das ganze Haus,
vernichtungsselig hat das Herz
des Durstes Aufhebung erreicht. (Dh 153, 154)

Die vier edlen Wahrheiten vom Leiden, die kurz das soeben Skizzierte aussagen, kommen nun aber an nicht weniger als drei Stellen im Heilswege vor, nämlich als Inhalt der rechten Anschauung (Stufe eins), als eine der Achtsamkeitsbetrachtungen (Stufe sieben) und nun hier als Abschluss rechten Kennens (Stufe neun). Der Unterschied besteht darin, dass die drei Stellen jeweils einen anderen Gesichtspunkt enthalten. Auf der ersten Stufe werden die vier Wahrheiten, nachdem sie einmal blitzartig auf der neunten Stufe geschaut wurden, in den Geist aufgenommen und als Wertmaßstab einprogrammiert. Auf der siebten Stufe werden sie als letzte Übung der Achtsamkeit im Bewusstsein ausgebaut und intensiver verankert und nacherlebt. Auf der neunten Stufe hingegen werden sie zum einzigen Inhalt des Bewusstseins, zur Quintessenz allen Wissens und damit zur Grundlage der Erlösung. Oder kurz gesagt: Auf der Stufe der Anschauung hat man die vier Wahrheiten als Lebensprogramm vor sich, auf der Stufe der Achtsamkeit erzieht man sich zu ihren Vorstellungen, auf der Stufe des Kennens hat man das Programm durch Selbsterziehung erfüllt und blickt abschließend auf sie zurück. So schließen sich Anfang und Ende zusammen.

Dabei werden nun für die vier Wahrheiten Stichworte genannt, die bei der Darstellung der Himmelsleiter auf die Einigung folgen, nämlich wirklichkeitsgemäßes Erkennen, Überdruss, Entreizung, Auflösung, Wissensklarheit der Erlösung (A XI 1, ähnl. S [II] 12, 23). Das ist nun näher zu betrachten.

61.2 Überdruss an der Leidensernte

Wenn man durch das Erleben oder Nacherleben der beiden ersten Wissen den wirklichkeitsgemäßen Erkenntnisblick gewonnen hat, dann folgt daraus Überdruss an dieser ganzen Leidensmasse des Gewordenen, das als Ernte des Wirkens erlebt wird. Man sieht das Spiel der fünf Erscheinungen, wie es aufflackert, brennt und herumgeistert und doch nur Leiden bringt. Die Erkenntnisfähigkeit mit ihren groben und feinen Gewöhnungen als Empfindlichkeit und Energiefeld spiegelt all die Objekte und Bilder und Begriffe, die es gibt. Und diese Spaltung in Subjekt und Objekt, in Wunsch und Begegnung, gebiert die Berührung beider. Schlägt ein Ding an die Empfindlichkeit des Erkennens, dann erklingt Gefühl. Und dann schlägt das Erkennen zurück auf das Ding und stellt es als Gewahrung vor sich. Und mit den Vorstellungsbildern, den eigenen Projektionen des Herzens, geht man nun geistig um, gestaltet, reagiert, operiert und wirkt, ist eben aktiv. Und diese Aktivität des Denkens und Handelns verändert sowohl außen die Formen wie innen das *viññāṇaṃ* mit seinen Qualitäten. Das Spiel dieser fünf Faktoren ist der einzige Inhalt des ganzen Dramas der Erlebnisse. Unaufhörlich sind diese fünf in Veränderung und nie ist wahre Ruhe und wahrer Frieden. Wo die Fünfheit spielt, kann gar kein echtes Wohl sein. Das eben ist das Leiden, die Existenz dieser fünf Faktoren des Daseinstraumes. Der Geist erkennt jetzt, dass nichts daran ist als Leiden, als schmerzliche Unbeständigkeit und Sterblichkeit. Wer sie so betrachtet, der wird ihrer überdrüssig (S [II] 23, 1). Und der Buddha sagt:

> *„Auf diese Weise ist ja lange Zeiten hindurch von euch Leiden ausgekostet worden, ist Verlust ausgekostet worden, ist das Leichenfeld gewachsen. Wahrlich, da habt ihr nun Grund genug, aller Gestaltungen überdrüssig zu werden, Grund genug, sie zu entreizen und euch von ihnen zu lösen.“* (S [II] 15, 1)

Das ganze Sein fließt immer fort:
wer dies mit weisem Sinne sieht,
wird überdrüssig Leiden bald.
Das ist der Weg zur Läuterung. (Dh 277)

Dabei ist die Übersetzung mit Überdruss unzureichend. Das Pāliwort *nibbidā* bedeutet wörtlich „nichts dran finden“ (*nis-vindati*). Man findet nämlich an den Erscheinungen nichts als Leiden. Und das will ich doch nicht, das hab‘ ich satt, das bin ich nicht. Unwissen (*avijjā*) bedeutet „noch nicht finden“ (*a-vid-ya*) des Heils, und Überdruss (*nibbidā*) bedeutet „nichts mehr daran finden können“ (*nis-vid-ya*). Oder anders übersetzt: *Avijjā* ist nicht wissen, *nibbidā* ist nichts mehr davon wissen wollen, nämlich vom Leiden. Dieser Überdruss kommt nur aus innerem Reichtum des vollkommenen Wissens und Wohles, dem gegenüber man die fünf Erscheinungen nun gesättigt von sich schieben kann, man braucht sie nicht mehr, sie bieten nichts mehr. So sagt Paul Debes dazu:

> *„So wie ein Mensch, der bisher in Winter und Sommer sein Leben als Bettler gefristet hatte und immer nur auf die Gnade und das Mitgefühl der anderen Menschen angewiesen war und der nun plötzlich zu Reichtum kommt, seines Bettlerdaseins endgültig überdrüssig wird, so ist der Mensch, der aus der Reinheit seines Herzens zu vollkommenem inneren Wohl und aus dem vollkommenen inneren Wohl zu vollkommen klarer Durchschauung der gesamten Sinnenwelt gekommen ist, ihrer nun endgültig überdrüssig“.* (WW 1965, S. 54)

Umfasst dieser Überdruss alle Daseinsbereiche, so enden sie. Man trennt sich von der Leidensmasse des Saṃsāro, steht darüber. Das ist etwas ganz anderes als etwa Ekel, der noch Gegenwendung darstellt. Der Überdruss ist die Neutralität eines völligen Gleichmuts, der zum Ganzen sagt: „Ja, und?" Es ist ein Abgewandtsein, das nichts mehr anderes kann als Weggewandtsein vom Leidigen.

61.3 Entreizung vom Leiden-Säen

Wer satt ist, an dem prallen alle Reize ab. So ist auch, wer nichts mehr an den Erscheinungen findet und ihrer überdrüssig wurde, künftig gefeit gegen alles Ergreifen, Zuwenden und Aneignen. Ihm rückt alles immer ferner, er wird entfremdet. Es gehört nicht mehr zu ihm, sondern ist ein sinnloser Vorgang, der nur noch schal und schemenhaft an ihm vorbeizieht. Da ist nichts mehr saftig, lockend, reizend, interessant und lebendig. Alles ist durchschaut als seelenloser Leidensprozess, von dem das Herz sich endgültig abwendet. Man kehrt um, kehrt sich ab und stellt es ein, weiter zuzugreifen und die Spaltung aufrechtzuerhalten. Wo man des Gewordenen überdrüssig wurde, wird alles weitere Werden reizlos. Es ist in höchster Vollendung das, was in Ansätzen schon manche Mystiker hinsichtlich der Sinnenwelt erleben. So sagt eine zeitgenössische indische Mystikerin, Sri Ānandamayī Mā:

> *„Wenn sich wirklich Meditation in dir ereignet hat, werden weltliche Vergnügungen langweilig und nichtssagend für dich. Vairagya (d.i. Skt. Entreizung) geschieht, wenn jede Berührung mit Weltlichem in dir das Feuer des Verzichts schürt. Das heißt nicht, dass dann eine Abneigung oder gar Verachtung für die Welt in dir entsteht. Die weltlichen Dinge werden nur unannehmbar für dich. Dein Körper verweigert ihre Annahme. Alles, was zur Welt gehört, scheint zu brennen, du kannst es nicht berühren. Mit anderen Worten: Der Tod stirbt."* (Maschmann, Der Tiger singt Kirtana, S. 97)

Hier nun wird jegliche Hinneigung zum Saṃsāro reizlos (*vi-rāga*), denn jedes Ergreifen wäre Leiden ergreifen. Daher hat das Herz keinerlei Lust mehr dazu, weiteres Leiden zu ergreifen, festzuhalten, zu bestätigen. Alles Vergängliche und Tödliche wird reizlos, fade, öde, langweilig, uninteressant. Die einstigen Scheinreize verblassen, werden ganz farblos. Es war immer schon reizlos und farblos, aber erst jetzt wird es restlos als solches durchschaut. Erst jetzt wird offenbar, dass nie ein Ding reizend war, sondern dass immer nur das Herz ihm eine Farbe lieh, und zwar aus Verblendung und Mangel an überschauendem Blick auf das Ewige. Der Buddha sagt: „Zum Zwecke der Reiz–Entreizung wird der Reinheitswandel geführt" (*rāg-virāg'atthaṃ brahmacaricaṃ vussati*) (S [V] 45, 41). Da Reiz die Wurzel für sein Gegenteil, nämlich Abwehr ist, fällt mit ihm auch letzteres. Anziehung und Abstoßung werden gleicherweise entreizt, weil die Verblendung schwand. Die Täuschung war es ja, die im Saṃsāro das eine reizend, das andere abstoßend erscheinen ließ, so als gäbe es irgendein Ziel innerhalb des Traumbereiches. Jetzt aber fasziniert nichts mehr, die Leidenschaften sind abgekühlt und man sieht das Gewordene, wie es ist und setzt es daher nicht mehr fort. So wird die Leidensursache verneint und man weiß: Das ist die Leidensursache, die Leidenssaat, nämlich die Hingabe an den Traum, die Durstbefriedigung, die Reizerfüllung.

61.4 Auflösung der Leidens-Ernte

Wenn an allem Gewordenem (die fünf Erscheinungen) man nichts mehr findet (Überdruss) und man alles Werden als reizlos sieht, dann führt dies drittens dazu, dass sich der ganze Traum in nichts auflöst und so seine Nichtigkeit vollends erweist. Nach der subjektiven Ablösung (erste zwei Wahrheiten vom Leiden) folgt jetzt die objektive Auflösung. Wenn Abfall als Abfall erkannt ist, dann verbrennt man ihn und das Nichtige wird zunichte. So wird das Reizlose jetzt zunichte, löst sich auf, entschwindet, verschwindet – so wie wenn man den Fernsehkasten abstellt. Die Nacht der Nebel, die Nacht der Träume löst sich auf und das Erwachen vollzieht sich. Damit rückt das Nirvāna vor Augen. Bei der Auflösung ereignet sich nicht ein Fall ins Nichts, sondern es wird umgekehrt erlebt: Das Wertlose entschwindet, das einzig Heile und Wertvolle ist da. Die Leidensmasse war nur die Verdeckung und Überdeckung der Freiheit, eben des Nirvāna. Da sagt Sāriputto:

> *„Ich erreichte eine solche Einigung, dass ich angesichts des Festen ohne Wahrnehmung des Festen war, dass ich angesichts des Flüssigen, Feurigen, Luftigen, der Raumunendlichkeit, der Erfassungsunendlichkeit, der Nichtetwasheit, der Grenzscheide, angesichts dieser und jener Welt ohne Wahrnehmung von allem war und dennoch besaß ich Wahrnehmung. ‚Des Werdeseins Auflösung: das ist Nirvāna, diese eine Wahrnehmung stieg in mir auf und jede andere Wahrnehmung schwand.“* (A X 7)

Oder der Erwachte sagt, dass man angesichts der genannten Dinge ohne deren Wahrnehmung war und stattdessen die Wahrnehmung habe:

> *„Das ist die Ruhe, das ist das Ziel: das Zurruhekommen aller Gestaltungen, das Loslassen aller Bezüge, das Versiegen des Durstes, die Entreizung, die Auflösung, eben das Nirvāna.“* (A XI 7)

Diese Wahrnehmung der Auflösung ist eben Zweierlei: Auflösung des Leidens einerseits, Entdecken der leidlosen Stätte des Nirvāna andererseits. Nichts als Leiden löst sich auf, geht unter: *Das* ist die Leidensauflösung. Und das wird vom Gemüterlösten leibhaftig erfahren und vom Weisheitserlösten geistig verwirklicht, so als ob alles aufgelöst wäre. Der Fiebertraum des Leidens bekommt die Schwindsucht und geht an seiner eigenen, nun offenbar gewordenen, Leerheit zugrunde. Aber wenn schon der Überdruss uns kaum anders als von der Blasiertheit her vertraut ist und die Entreizung nur von der reizlosen Langeweile, so ist erst recht die Auflösung etwas, das alle gewohnten Maßstäbe übersteigt. Hier tritt das ganz andere, das Nirvāna, hervor, so wie sich eben bei Sonnenaufgang die Nacht auflöst und von der Dunkelheit nicht einmal mehr ein Überrest bleibt, der an sie erinnert. An eben dieser Fremdheit des Anblicks lässt sich ermessen, wie fern uns die dritte Heilswahrheit noch ist.

61.5 Loslassen des Leid-Säens

Von der Wahrheit der Leidensauflösung rückblickend offenbart sich der ganze Heilsweg, den man bis zur neunten Stufe also beschritten hatte, als ein einziges System des Loslassens. Man ließ nichts anderes los als Leiden, man ließ es fahren, entledigte sich seiner, Schritt für Schritt. Dabei wurde das Leiden immer weniger, die Freiheit immer gröber. Zuerst ließ man im Geiste die falschen Meinungen und Pläne los, dann ließ man die falschen Begegnungsweisen los, dann ließ man seelisch überhaupt alle Begegnung los und trat in die Welt der Einigung ein, die wiederum aus acht Stufen zunehmenden Loslassens bestand. Man stieg eine Leiter empor und ließ alle Stufen, die man erklommen hatte, dann wieder unter sich, bis man oben ankam und nun die ganze Leiter loslassen kann, das Floß nicht mehr braucht. Nun kann man auch alle Zukunft, alle Wiedergeburt, alle Daseinsfortsetzung loslassen, man braucht kein Dasein mehr, um sich daran und darin zu bewähren und zu läutern. Das Vergangene hat man überwunden, das Künftige lässt man los, der Gegenwart entzieht man den letzten Willensreiz (S [II] 21, 10). Das höchste und letzte Loslassen besteht darin, alle Bezüge loszulassen (*sabb'upadhi-paṭnissaggā*), d. h. das Bezugssystem der Erscheinungen überhaupt aufzugeben und fallenzulassen. Wenn man etwas, das man in der Hand hielt, nicht mehr künstlich in der Luft festhält, sondern loslässt, dann ist dies Fallenlassen der natürliche Weg zur Ruhe. Die Sache will auf die Erde, zu Boden, auf den Grund, sie will „zugrunde gehen" und nicht getrennt von ihm sein. Der letzte Bezug ist es eben, noch Bezüge zwischen Etwasheiten zu haben. Über alle Bezüge hinaus steigt, wer beziehungslos geworden ist, greifbar. Der Gemüterlöste entfaltete als Höchstes die Grenzscheide möglicher Wahrnehmung und ließ alles Darunterliegende los – und nun lässt er auch diese letzte Spaltung, diesen letzten Bezug los, diese letzte Beschränkung und weilt im Unbeschreiblichen. Das ist der letzte Schritt des Loslassens, die letzte Entfaltung auf dem Heilswege zur Auflösung hin. Das Loslassen ist der Weg, die Auflösung das Ziel. Und der Weisheitserlöste entfaltete, wie unten noch darzustellen ist, das Wissen um die neun Orte der Wesen und ließ jeden als ungenügend hinter sich. In beiden Fällen besteht das Loslassen in dem Gedanken, dass das Losgelassene nicht das Sosein, nicht die Soheit, nicht die Realität ist (*a-tammata*) (M 113, 137). Die Māyā, der Traum, der Schein von Leben wird losgelassen, die Sterblichkeit lässt man hinter sich, die Unsterblichkeit, das Todlose enthüllt sich. Und der Weg dazu, *das* ist der zur Leidensauflösung führende Pfad.

61.6 Das Wissen von der Versiegung der Triebe

In der Schilderung der ersten Phase des dritten Wissens folgt auf die Schau der vier Wahrheiten dann noch eine entsprechende Vierheit bezüglich der Triebe. Warum das? Bei den vier Wahrheiten vom Leiden ging es immer um die fünf Erscheinungen, an denen man nichts fand, die man entreizte, auflöste und losließ. Das Wesentliche dieser Leidensmasse der fünf Erscheinungen ist aber ein einziges Phänomen, nämlich die Treffbarkeit und Beeinflussbarkeit des Herzens, die Gewöhnung der Erfassung an die vier anderen Erscheinungen. Und das sind die Triebe. Das Pāliwort, das Neumann mit Wahn wiedergibt und das hier, wie sonst üblich, mit Trieben übersetzt wird (*āsavā*), entzieht sich als existentielles Grundwort unseren Begriffsvorstellungen und lässt sich weder mit Wahn noch mit Trieben zureichend wiedergeben. Wörtlich wäre es Beeinflussbarkeit und Ausfluss. Das Herz ist von Begegnungen beeinflussbar, ist nicht stabil und fest wie ein Diamant. Und diese Beeinflussbarkeit, Treffbarkeit und Verletzbarkeit zeigt sich daran, dass es geneigt ist, abgeneigt und zugeneigt. Das ist seine Schwäche, wodurch die Beeinflussbarkeit zum Ausfluss wird, indem das Herz in die Dinge einfließt und Bezüge dahin gebiert. Damit kommen wir dem Begriff der Triebe schon näher. Der Buddha erläutert das einheitliche Phänomen, dass das Herz eine „reizbare Substanz" ist, dass es treffbar und berührbar ist, mit verschiedenen Begriffen, die alle nur Aspekte einer Sache sind:

Beeinflussbarkeit, ausfließende Einflüsse (*āsavā*), das ist der Aspekt der Schwäche, Unselbständigkeit, Verführbarkeit, Irritierbarkeit, der Mangel an Festigkeit.

Der gegenteilige Aspekt ist die scheinbare Kraft und Stärke, das Anliegen, das treibt und drängt und neigt (*anusaya*), aber doch nur ein Gezwungensein ist, so wie das Gefälle des Wassers.

Ein ästhetischer und gemütsmäßiger Aspekt ist die Tatsache, dass alle Triebe Trübungen des Herzens sind, Verhinderer des reinen Herzens, eben Befleckungen, Störungen, Verdunkelungen, unwürdige Zutaten (*upakkilesā*), die nicht sein müssen.

Ein anderer Aspekt besteht dann noch darin, dass die Triebe Fesseln, Bindungen, Verstrickungen, Joche und Knoten sind, welche das Herz mit Objekten zusammenbinden und so die Spaltung verewigen (*saṃyojanā*). Alle Aspekte zusammen werden dann schließlich noch in der unheiligen Dreieinheit von Anziehung, Abstoßung und Verblendung (Gier, Hass, Irre) genannt, womit die Funktionsweisen der Triebe aufgezeigt sind: Hin zu etwas, weg von etwas, überhaupt an etwas glauben.

Das sind die Triebe. Und von ihnen wird nun gesagt, dass man sie vierfach erkennt: Die Triebe spiegeln die Welt, werfen Dinge als ihre Schatten aus sich hervor. Und nur wegen dieser Spaltung in Objekt und Subjekt gibt es dann Gefühle, Gewahrungen, Gestaltungen, d. h. die sekundären Phänomene der Interjektionen, Begriffe und Sätze. Alles ist also auf die Triebe bezogen, steht und fällt mit ihnen. Die Triebe sind also das primäre Leiden.

Das ist die Triebentwicklung: Jede gestalterische Tätigkeit des Geistes, jeder Gedanke, der noch irgendwie positiv zum Saṃsāro steht, produziert und unterhält Triebe, die sich dann in Durst und Unwissen darstellen. Jedes Ja zur Spaltung in Ich und Welt setzt die Spaltung fort. Die Bejahung der Triebe ist also die Leidensentwicklung.

Das ist die Triebauflösung: Wo keine Triebe sind, da ist das Heil, die heile Situation, das Nirvāna, die durstlose Stätte, die Todlosigkeit. Das Nirvāna ist der Zustand ohne Spaltung, die eigentliche Realität. Die Auflösung der Triebe ist die Leidensauflösung.

Das ist der zur Triebauflösung führende Pfad: Jede gestalterische Tätigkeit des Geistes, der den Saṃsāro verneint und eingehen lässt, verringert die Wucht der Triebe, entzieht ihnen Kraft, und das geht in einer bestimmten Reihenfolge von den allgemeinen Werturteilen aus über deren Anwendung außen und innen bis zu den feinsten Vertiefungsstufen. So führt der Triebauflösungspfad zur Leidensauflösung, ist der Weg dazu.

Damit endet die erste der drei Phasen innerhalb des dritten Wissens, die Kunst der Triebversiegung. Die daraus folgenden zwei Phasen (Erlösung und Wissensklarheit der Erlösung) sind in den weiter unten folgenden Kapiteln zu behandeln. Vorher ist aber noch ein Abstecher zu den neun Orten der Wesen zu machen.

61.7 Die Sinnenwelt (erster Ort der Wesen)

Neun Orte der Wesen und darin sieben Stätten des *viññāṇa* sind zu durchschauen (D 34), sagt der Buddha: Wenn man sie versteht, ihr Entstehen, Vergehen, Labsal, Elend und Entrinnung, dann kann man kein Genügen daran finden und so kommt man zur Weisheitserlösung (D 15).

Der erste Ort der Wesen und die erste Stätte des *viññāṇa*, das ist die gesamte Sinnenwelt, die unterste der drei Welten. Wer auf dem Heilsweg bis zum dritten Wissen kommt, der hat die Fessel zur Sinnenwelt lange abgeschüttelt, aber er lebt als Mensch noch in ihr. Und wenn er die Triebe betrachtet und ihre Manifestationen systematisch nacheinander abtun will, dann fällt es ihm bei der Sinnenwelt am leichtesten. Er braucht vielleicht nur einen einzigen Gedanken dazu, während für uns gerade dieser erste Schritt der schwerste ist und wir nur bei großer Konzentration in der Lage sind, die unheimliche Buntheit der Sinnenwelt mit einem Begriff zu fassen und dann noch loszulassen. Sinnenwelt ist für uns Welt schlechthin, ja die Menschenwelt samt den Tieren ist für uns die „Welt" überhaupt. Dabei erstreckt sich darunter und daneben die Gespensterwelt in grau und darunter die Hölle in schwarz, dagegen darüber die Götterwelt mit sechs Himmeln. Die Menschenwelt in ihrer Mischung von Dunkel und Licht, Wohl und Wehe, ist die Mitte zwischen der Unterwelt mit Nebel und Nacht einerseits und der Götterwelt mit immer mehr Licht andererseits. Aber jede Stufe der Sinnenwelt lebt gleichweise von außen, ist körperlich lokalisiert und gespalten in Sinneswerkzeuge innen und Sinnesobjekte außen. Die Wesen sind körperlich unterschieden und voneinander abgetrennt und gegenüber, und sie erleben wegen ihrer differenzierten Triebe die Sinnenwelt subjektiv ganz anders, woher so viel Streit, Gegensätzlichkeit, Missverstehen und so weiter kommt.

Was ist ihr Entstehen? Es ist ein Abfall vom Zustand der Einheit, eine Veräußerlichung, wie sie persönlich als Heraustreten aus dem *samādhi*, kosmisch als „Sündenfall" der Weltentwicklung (siehe oben) geschieht. Johann Scotus sagt: „Welt ist ewiges sich Ereignen": Immer wieder ballt sich Welt auseinander und gebiert die Vielfalt eines Äons.

Was ist ihr Vergehen? Es ist das Eingehen in den Zustand der Einheit, die zweite Stätte des *viññāṇa*. Welt geht unter, wenn die erste Stufe des *samādhi* aufgeht oder wenn, kosmisch gesehen, die Welt sich wieder zusammenballt und die Vielfalt der Sinnenwelt verschwindet.

Was ist ihr Labsal? Es ist Übereinstimmung von Verlangen und Erlangen, von Trieb und Triebobjekt. Das gibt es in unterschiedlicher Weise in allen zehn Stufen der Sinnenwelt: in der Hölle ist das Labsal der Dämonen das Quälen anderer, in der Tierwelt ist bei einigen eine gewisse dumpfe Labsal, die zeitweise die Daseinsangst zurücktreten lässt, bei den Hungergeistern der Gespenster ist gelegentlich ein Silberstreif in ihrem Grau, bei den Menschen ist mancherlei Wohl und bei den Göttern viel und immer mehr. Aber immer ist man vom Außen abhängig, ist gespalten, nicht selbstständig und leidet am Vergehen und sich Wandeln des Außen. Labsal ist hier nur ein Schein, wie ein Aussatzkranker, der bei seinem wahnsinnigen Jucken (Sinnestriebe) das Ausdörren am Feuer sinnesverwirrt für Wohl hält (M 75).

Was ist ihr Elend? Dass man nie vor der Unterwelt, vor der absoluten Qual der Hölle sicher ist. Im Genuss vergisst man, wird untugendhaft, erlebt Leiden, wird gehässig und gelangt so abwärts, sei es von der Brahmawelt aus, sei es von Götterwelten aus. Der Abweg ist jedem sicher, es ist immer nur eine Zeitfrage, wann er wieder bergab geht.

Was ist dabei die Entrinnung? Dem Leiden des Abweges ist der Hörer entronnen, dem Leiden der gesamten Sinnenwelt ist der Nichtwiederkehrer entronnen, dem Leiden, überhaupt noch, wenn auch unbeeinflusst, sinnlich zu erleben, entrinnt der Heilige bei Ablegung des Leibes endgültig.

61.8 Die Brahma-Welt (Zweiter Ort der Wesen)

Während die Götter (Engel) den größten Teil der Sinnenwelt ausfüllen, steht Brahma über ihnen und stellt eine ganz andere Existenzweise dar. Für uns ist das schwer zu verstehen, weil wir durch den Gottesbegriff der Bibel irritiert sind, indem dort mit dem gleichen Namen „Gott" die unterschiedlichsten Wesenheiten benannt werden, von einem zornigen rachsüchtigen anbetungssüchtigen Dämon über einen wohltätigen Geist bis hin zur Manifestation der All-Liebe. Brahma ist nur Letzteres. Er ist auch nicht der Herr der Heerscharen, sondern er ist weit mehr, ist der Herr des Kosmos. Brahma ist eine völlig andere Dimension gegenüber der sinnlichen, in welcher ein im Leibe lokalisiertes Ich einem Andrang von Welt gegenübersteht. Auch bei den beiden höchsten Sinnengöttern, die sich selber ihre Genüsse schufen oder solchem Schaffen anderer zusahen, gab es noch eine Welt außerhalb ihrer, in welche sie hineinwirkten. Bei Brahma aber sind Ich und Welt so zusammengerückt, dass eine All-Einheit besteht, in welcher ein liebendes Strahlen der Weltengrund ist. Die Brahmawelt ist noch formhaft – ja, sie wird überhaupt erst formhaft genannt – aber ihr gegenüber sind die Formen der Sinnenwelt äußerst grob, selbst noch in der relativ feineren Astralwelt. Die reine Formwelt Brahmas ist deshalb so gänzlich anders, weil sie kein leiblich verkörpertes Ich mehr kennt. Die Existenzweise ist hier so, dass der Körper sozusagen die weite Erde ist. Man identifiziert sich mit einer Unermesslichkeit. Die Inder nennen die Welt eine Ein- und Ausatmung Brahmas. Brahma kommt von der Wurzel *brh* (wachsen): Er ist in seinem Sein ein wachsendes Strahlen – und so gibt es einfache Brahmas, tausendfache Brahmas bis hunderttausendfache Brahmas.

Wo immer von Mystikern von Gott als dem Begriff ihrer Erlebensweise gesprochen wurde, da ist es ein solcher All-Einheitsgott. Da die Scholastiker ein solches allumfassendes Gemüt nicht erworben haben, fehlt ihnen dafür jegliches Verständnis und dieses Nichtverstehen belegen sie mit dem abwertenden Etikett „Pantheismus", während dieser Name für den Inder den höchsten Wertbegriff ausdrückt: Die Einheit von Ich und Gott (Atman und Brahman) ist auch die Einheit von Ich und Welt, wo es keine Bedrohung und Gefährdung eines Ich durch eine feindliche Welt mehr gibt, sondern nur noch eine einheitliche liebende Gewahrung aller Brahmas, die in ihrem Geistkörper noch verschieden strahlend sind.

Die Brahma-Welt entsteht entweder, wenn Wesen die Sinnenwelt überwinden und in das Gebiet der Einigung eintreten oder wenn Götter, wie es in D 27 heißt, aus dem Bereich der nächsthöheren Bewusstseinsstufe, den Leuchtenden, wegschwinden und auf die Brahma-Stufe absinken. Und ebenso vergeht die Brahmawelt, wenn Wesen aus ihr in die Sinnenwelt absinken oder wenn man aus jener zu den Leuchtenden aufsteigt.

Brahma-Welt ist im Grunde nichts anderes als die Objektivation der ersten Schauung oder ersten Strahlung, nämlich des von Sinnlichkeit abgewandten Herzens, das noch denkgewöhnt ist. Dieser Zustand erscheint, wenn die Trübungen der Begehrenswelt abgetan sind oder wenn die Denkstille der Leuchtenden endet. Er ist eine immer vorhandene psychische Möglichkeit, die dann realisiert wird, von unten oder von oben her, aufsteigend oder absteigend.

Das Labsal brahmischen Seins besteht in dem Wohl, das ein Mensch in der ersten Strahlung oder Schauung zeitweise hat, für unvergleichlich lange Zeiten. Der brahmischen Seele ist wohl, weil ihre Triebe erfüllt sind: Die Triebe wünschten das All zu besitzen und dieser Wunsch ist nun erlangt. Was der Mensch vergeblich anstrebt, Übereinstimmung zwischen Verlangen und Erlangen, das erlebt ein Brahma immerzu, weil er nicht mehr irgendwelche Einzeldinge in der Vielfalt will, sondern weil er alles umfassen will. Das Sein Brahmas lässt sich in etwa mit der Euphorie eines Verliebten vergleichen, der in Wonne schwebt – nur hier als Dauerzustand. Die Mystiker sprechen oft von mystischer Hochzeit der *Unio mystica*. So wie Hochzeit die hohe Zeit des Lebens, der Lebensfrühling ist, so ist bei Brahma immerzu Maienzeit: „Wohl um Wohl erzeugend verweilt er" (D 33 III). Das sei die erste Stufe im Wohlbereich, sagt der Buddha, und demgegenüber ist alles sinnliche Wohl eine Belästigung. Dieses Wohl ist Fülle der Macht, Allmächtigkeit. Zu einem großen Brahma wird nur ein Mensch, der die erste Schauung oder Strahlung vollkommen erlangte, der darin ganz und gar ausgebildet wurde und die Sinnlichkeit weit zurückdrängte, für ein ganzes Weltzeitalter. Wer die erste Vertiefungsstufe nur mittelmäßig oder gering im Gemüte ausbildete, der wird ein kleinerer Brahma und solche Brahma-Trabanten leben dann kürzer im dortigen Wohl – ein halbes oder drittel Äon (Vbh 424). Sie leben im gleichen Wechsel zwischen erster Schauung und angrenzender Sammlung wie auf Erden, während der große Brahma fast nur im Schauungszustand weilt und ihnen nur selten sichtbar wird. Sie sagen, sie wüssten nicht, wo, wie, wann Brahma sei – aber wenn sich Anzeichen zeigten, ein immer lichterer Abglanz, dann sei das die Vorankündigung seines Erscheinens in der Sichtbarkeit (D 11):

Sofern sich Zeichen zeigen an,
mag Brahma werden offenbar:
von uralt ist es Brahmas Art,
in breitem Abglanz aufzuglühn. (D 18)

Die brahmische Art, die quick wie Blitzesblick das Weltall tausendfach vor Augen hat, ereignet sich wie folgt:

Soweit die Sonne strahlt, der Mond,
in voller Pracht die Räume durch,
ist tausendfach die reiche Welt
in Deinen Willen eingewiegt.
Die Höh'n und Tiefen kennest Du,
Du kennst den Freien und den Knecht,
so dieses Sein wie jenes Sein,
der Wesen Kommen, Wesen Geh'n. (M 49)

Ausführlicher beschreibt der Buddha die Fülle brahmischen Seins wie folgt:

„Wieweit Sonne und Mond kreisen, die Himmel im Glanze erstrahlen, tausendmal so weit reicht eine Welt. In dieser Tausendwelt gibt es: tausend Monde, tausend Sonnen, tausend Merus als Könige der Berge, tausend indische Kontinente, tausend nördliche, östliche und westliche Kontinente, viertausend Weltmeere, tausend der Vier Großkönige und deren Himmel, tausend Himmel der Dreiunddreißig, der Gezügelten, der Seligen, der Schaffensfreudigen, der Selbstgewaltigen und tausend Brahmawelten." (A III 80, X 29)

Das Elend und die Unvollkommenheit brahmischen Seins liegen darin, dass dort normalerweise tiefes Unwissen über den Wert dieser Existenzform herrscht. Die Brahmas halten sich gewöhnlich für ewig, genießen ihre Fülle und ihr Wohl ohne Sorgen und Zweifel. Sie sehen die anderen Wesen in der Sinnenwelt wie Eintagsfliegen kommen und gehen – sich selber aber sehen sie unverändert bestehen. Sie wissen nicht, wodurch die vier Elemente, in denen auch sie noch leben, besonders im Licht, bedingt sind, kennen nicht deren Abhängigkeit vom *viññāṇa*, mit dessen Wandelbarkeit sie sich wandeln (D 11). Nur ein Buddha kann vielleicht einen solchen Brahma belehren und überzeugen (so S [I] 6, 5), aber beim Brahma Bako reichte auch die Lehrgewalt eines Buddha nicht gegen die Verblendung aus (M 49). Ein anderer Brahma rät dem Mönch Kevaddho auf dessen Frage nach den vier Elementen und ihrer Herkunft, zum Erwachten zu gehen: Dieser Brahma weiß also, dass der Buddha mehr weiß, aber er selber fragt den Buddha nicht (D 11). Ein Brahma ist eben zufrieden und fühlt sich zu sicher, um zu fragen. Er verharrt im Banne der mächtigen Stimme des Unwissens, das da aus ihm spricht:

> *„Ich bin Brahma, der Große Brahma, der Übermächtige, der Unübermächtigte, der Allsehende, der Selbstgewaltige, der Herr, der Schöpfer, der Erschaffer, der Höchste, der Erzeuger, der Erhalter, der Vater von allem, was da war und sein wird.“* (D 24)

> *„Hier ist das Ewige, hier das Beharrende, Immerwährende, hier ist Unauflöslichkeit und Unvergänglichkeit: denn hier herrscht kein Geborenwerden und Altern, kein Sterben und Vergehen und Wiedererscheinen und es gibt keine andere, höhere Freiheit als diese hier.“*
> (M 49)

Das ist eben die Schattenseite der brahmischen Existenz, dass man sich im dortigen Wohl für ewig gesichert fühlt und daher nicht mehr fragt, wie es weitergeht. Der Buddha aber erklärt:

> *„Da gewinnt ein Mensch, gar fern von Begierden, fern von unheilsamen Dingen die sinnend gedenkende einsam-geborene selige Glücklichkeit, die Weihe der ersten Schauung. Daran labt er sich, verlangt danach, fühlt sich da in der Fülle. Dabei verharrend, dahin geneigt, häufig darin verweilend, ohne darin nachzulassen, erscheint er nach dem Tode unter den Göttern der Brahmawelt wieder. Deren Lebenszeit währt ein Weltzeitalter. Ein Weltling nun, der seine Lebenszeit dort abgelebt und so viele Jahre wie die Lebenszeit jener Gottheiten währt, dort vollständig zugebracht hat, geht zur Hölle, zur Tierwelt oder ins Gespensterreich. Ein Jünger des Erhabenen aber, der dort seine Lebenszeit abgelebt, erreicht in eben jenem Dasein das Nirvāna.“* (A IV 123, IV 125 für erste Strahlung)

Wenn auch der Absturz aus der Brahmawelt nicht immer sofort in die Unterwelten erfolgt – manche Brahmas werden Mensch und streben dann wieder nach der Brahmawelt (D 1; J 263, 507, 540) – so ist es doch eine Zeitfrage. Der Bewusstseinszustand des brahmischen Wohles ist nur eine Pause: Nach dem Stillstand des Leidens beginnt es wieder und wird fortgesetzt. In den ersten beiden Wissen erkannte der Buddha, wie alle Wesen, die er in die Brahmawelt kommen sah, danach in den Saṃsāro zurückkehren mussten, ausgenommen die Nichtwiederkehrer. Im brahmischen Zustand ist zwar, solange er dauert, Wohl, aber er dauert eben nur eine gewisse Zeit. Und der Absturz ist dann umso tragischer und schmerzlicher, weil sich das Wesen an das brahmische Wohl gewöhnt hat, aber nichts wirkte, um es weiterhin zu erlangen. Es ist wie das Aufzehren eines Reiseproviants – danach steht man wieder hungrig da. Das Erleben dieses zweiten Ortes der Wesen und zweiten Zustands des *viññāṇa* ist eben nur Ernte, keine Saat; keine Ledigung ist es, einen Schauungszustand zu genießen (M 8).

Die Entrinnung aus dem Elend, dass die Brahmawelt vergeht, besteht nur in der Durchschauung aller Saṃsāro-Elemente und der Auflösung der fünf niederzerrenden Fesseln. Der Hörer ist dem Elend noch nicht entronnen, aber er kommt überhaupt noch nicht zur Brahmawelt. Erst der Nichtwiederkehrer erlebt einen Brahmazustand, der ohne Leiden endet und der zum Nirvāna führt – und dieser Brahmazustand heißt dann auch anders, nämlich Reinhausiges Götterdasein. Und der Heilige erlebt schon im Menschentum brahmisches Sein, das im Nirvāna endet. Diese sind dem Elend entronnen, während für andere die Brahmawelt nur eine der Umwegformen zur Unterwelt darstellt.

61.9 Die Leuchtenden (Dritter Ort der Wesen)

Wenn der Begriff „Brahma" im weiteren Sinne gebraucht wird, dann umfasst er alle vier Stufen der formhaften Daseinsart, deren zweite die Leuchtenden (*ābhassarā*), wörtlich „Die von Glanz Durchfluteten" sind. Sie sind ununterbrochen selbstleuchtend, selbstständig. In ihrem Dasein gibt es nicht mehr, wie noch in der Brahmawelt, Sonne und Mond und Sterne, sondern sie sind ständig ihre eigene Sonne, die nie untergeht, so dass nie Nacht ist. Ihre Daseinsform ist das innere Licht, das alles Außen geschluckt hat. Und dieses ihr Leuchten ist heller als Sonne und Mond, was bei den Indern als höchster Glanz von Schönheit galt (M 79). Es gibt bei ihnen noch gewisse Unterschiede in ihrer Leuchtkraft. Wo nämlich noch gewisse Reste von körperlichen Regungen, matter Müde und Unruhe vorhanden sind, da ist ihr Glanz dementsprechend ein wenig trüber, so wie bei einer Lampe, die etwas rußt. Und ferner kann ihr Leuchten beschränkter oder unbeschränkt sein, je nachdem, wie sie als Mystiker auf Erden begrenzte oder unbegrenztere Meditationen hinsichtlich der Form geübt hatten. Während die Farbe (Helligkeit) ihres Leuchtens ihrer Reinheit entspricht, hängt die Reichweite von der ihrer Meditationsobjekte ab (M 127).

Was ist ihr Entstehen? Wenn ein Äon zu Ende geht und die Vielfaltswelt wieder „einfältig" wird, d. h. sich zusammenfaltet, dann heißt es, dass die Wesen zumeist Leuchtende werden. Sie werden mindestens Leuchtende, alle Daseinsformen unterhalb dessen sind nicht vorhanden. Es gibt dann keine Höllen und keine Erde und keine Himmel und sogar keine Brahmas, sondern die unterste Existenzform sind die Leuchtenden, zu denen sich das Gros aller Sinnlichkeitswesen geläutert hat.

Was ist ihr Vergehen? Wenn die Welt sich wieder auseinanderballt und sich vervielfältigt, wenn die ewige Evolution des Minderwertigen wieder einmal beginnt, dann sinken zuerst Wesen vom Bereich der Leuchtenden ab, weil ihre Lebenszeit dort zu Ende ist und werden Brahmas: Ein leerer Brahmahimmel kommt zum Vorschein und darin sinken sie ab.

Was ist das Labsal? Persönlich bezogen erscheint die Dimension der Leuchtenden mit der zweiten Schauung oder Strahlung und vergeht nach oben hin mit der dritten. Ihre Seinsweise entspricht der zweiten Schauung und wird zweite Stufe im Wohlbereich genannt (D 33 III). Sie dauert doppelt so lang wie die Lebenszeit eines Brahma, nämlich zwei Äonen, d. h. sie überdauern eine Weltenentstehung-Weltenvergehung, ihr Wohl ist beständiger als die Welt. Von ihnen wird gesagt:

> *„Es gibt Wesen, von Wohl durchtränkt und durchdrungen, erfüllt und gesättigt, die hin und wieder einmal tief aufatmend ‚O Wonne, o Wonne' aushauchen. Das sind die leuchtenden Götter."* (D 33 III)

Ihr hauptsächlicher Zustand ist der von Nachdenken freie der zweiten Schauung, nur hin und wieder gleiten sie einmal zeitweise in die Dimension der Sprachlichkeit und äußern dann die reflektierende Feststellung über ihr Wohl. So wie die Erscheinung Brahmas als höchster Anblick, so gilt jener Wonneruf als höchster Klang

(A V 170). Ihre glückliche Existenz besteht also aus zwei Takten: sprachlos schweigendes Wohl meist, Ausdruck des Entzückens darüber manchmal. Meist kreisen sie in seligem Entzücken. Ihre Nahrung ist ihr Entzücken, ihr Jubel, ihre Beseligung – darum werden sie Jubel-Esser (*pīti-bhakkha*) genannt (Dh 200; D 1).

Was ist ihr Elend? Sie machen sich Anfang und Ende ihres Zustandes nicht klar. Wenn sie in ihrer Wonne schwimmen, dann gefällt ihnen alles daran und sie brauchen keine Gedanken mehr, die ja immer auf Verbesserung und Sicherung aus sind. Und wenn sie im Zustand des Denkens sind, dann denken sie nur an Wonne, nicht an deren Herkunft und Hinkunft. Der Buddha vergleicht die Leuchtenden daher mit Fliegen, die stillvergnügt zusammen schwärmend ganz in der Gegenwart aufgehen (M 127). Aber so wie einer Eintagsfliege Glück bald endet, so endet auch das Zwei-Äonen-Glück dieser Götter und dann gibt es ein schmerzliches Erwachen beim Absinken. Ihre Beschränkung ist, dass sie ihr Denken und Forschen eingestellt haben, ohne schon die Sicherheit des vollkommenen Zustandes zu besitzen.

Und was ist dabei die Entrinnung? Nur die Kenntnis des Nirvāna und dessen Anstrebung lässt der Vergänglichkeit der Dimension der Leuchtenden entrinnen und geht darüber hinaus.

61.10 Die Schönheit-Versunkenen (Vierter Ort der Wesen)

Diese Brahmagötter, die *Subha-kiṇṇā*, bedeuten: Sie sind von Schönheit (*subha*) ganz und gar bedeckt und eingehüllt, darin gebadet. Ihre Existenz besteht nicht mehr, wie die der Brahmas oder Leuchtenden, aus zwei Takten sondern ist in sich einig, obwohl es auch dort noch feine Unterschiede von beschränkterem und unbeschränkterem Wohl gibt, je nach ihrem früheren Üben (M 120). Wenn sich bei ihnen etwas ändert, dann nur darin, dass sie manchmal auf die Jubelstufe sinken, ohne aber in den sprachlichen Bereich zu gelangen, der eine Zweitakt-Reflexion bedeuten würde. Weil ihre Existenzweise so völlig einig ist, deshalb gibt es darüber nicht viel zu sagen. Sie sind auch dem Prozess der Weltentstehung-Weltvergehung entrückt, ihr Himmel wird davon nicht berührt.

Ihr Labsal, die dritte Stufe im Wohlbereich, dauert doppelt so lange wie die ihrer Vorgänger, nämlich 4 Äonen. Von ihnen heißt es:

> „*Es gibt Wesen, von Wohl durchtränkt und erfüllt und gesättigt, die erleben beseligt ein gar stilles geistiges Wohl. Das sind die Schönheit-Versunkenen Götter.*“ (D 33 III)

Ihre Erlebensweise, die der dritten Schauung oder Strahlung entspricht, gilt unter den Menschen als höchstes Wohl (A V 170). Der Buddha nennt ihren Bereich einzig von Wohl erfüllt (M 57).

Ihr Elend besteht darin, dass auch diese Existenz unbeständig ist, keine Dauer hat und nicht vor dem Absturz nach unten bewahrt, also dem Leiden nicht entronnen ist.

61.11 Der fünfte Ort der Wesen

Als vierte und letzte Existenzweise zwischen den Schönheit-Versunkenen und den formlosen Göttern werden die Reichgesegneten (*Veha-pphalā*) genannt (M 1, 49, 50, 120; A IV 123 und 125). Ihr Dasein entspricht der vierten Schauung oder Strahlung, indem dort Gleichmut herrscht. Wie groß der Abstand zu den anderen Brahmawelten ist, zeigt sich schon daran, dass ihre Lebenszeit nicht, wie bisher eine Verdoppelung der vorangehenden Lebenszeit bedeutete, sondern eine viel größere Verlängerung, nämlich den gewaltigen Sprung von 4 Äonen der Schönheitversunkenen zu fünfhundert Äonen (A IV 123). Auch sie bestehen noch in Schönheit, wie alle formhaften Götter (M 120).

Wo die neun Stätten der Wesen genannt sind, werden aber nun diese Götter gar nicht aufgeführt, sondern es werden dort „unbewusste Wesen" (*a-saññā-sattā*) genannt (D 33/4 IX = A IX 24), die dabei als unbewusst und ohne Fühlbarkeit (*asaññino apaṭisaṃvedino*) beschrieben werden. Und in D 15 werden nach den sieben Stätten des *viññāṇa* noch zwei Bereiche (*āyatanā*) genannt, nämlich die unbewussten Wesen und die Wesen der Grenzscheide, während von Reichgesegneten auch dort nicht die Rede ist.

Da die Reichgesegneten und die unbewussten Wesen nie nebeneinander, sondern nur einer an Stelle des anderen genannt werden, kann man davon ausgehen, dass es zwei Namen für dieselbe Sache sind. Der Ausdruck „unbewusste Wesen" nennt die existentielle Funktion ihrer Daseinsebene, der Ausdruck „Reichgesegnete" den Eigennamen.

Wenn den „unbewusste Wesen" genannten Göttern (*asaññāsattā nāma devā*) eine Gewahrung (Wahrnehmung, Bewusstseinserlebnis) aufgeht (*saññupādā*), dann schwinden sie aus ihrem Reich (*kāya*) hinweg und kommen dann zu dem Wahn, dass Welt und Ich aus dem Zufalls-Nichts entstanden seien (*adhicca-samuppanno*), indem sie da aus Nichtsein zu Wesenheit umgewandelt wurden (*a-hutvā sattattāya pariṇato*) (D 1 = 24). Sie verharren also ihre gesamte Lebenszeit – die nach Vbh 425 wie bei den Reichgesegneten fünfhundert Äonen beträgt – in einem Dornröschenschlaf, und wenn sie zu sich kommen, fallen sie sofort in tiefe Verblendung. Darum nannten indische Asketen diese Daseinsform Verwirrtheit (*sammoha*, M 102) und es heißt, dass ein Bodhisattva auf seiner Daseinswanderung nie darin verfallen könne (JE). Denn das Leben in diesem Dasein ist völlig nutzlos, ist nur eine Pause im Saṃsāro, der dann wieder von vorn beginnt, ohne dass man besser dafür gerüstet wäre. Und die Erwachten, die in den fünfhundert Äonen in der Welt erschienen sind, hat man alle verschlafen.

In den Texten wird diese seltsame Daseinsform sonst nur in einer Aufteilung genannt, in der gesagt wird, es gebe formhafte, formlose, wahrnehmende, wahrnehmungslose und weder-wahrnehmend-noch-wahrnehmungslose Wesen: Unter allen sei der Buddha der Höchste (It 90 = A IV 34 = V 32), in allen glauben Asketen das Ich nach dem Tode genesen (D 1; M 102). Oder es heißt, die Form könne man als Wahrnehmungsloser nicht überwinden (Sn 874).

Wie ist dies Dasein überhaupt zu verstehen: Es ist ohne Gewahrung und Gefühl und ohne *viññāṇa* – damit aber auch ohne jede Gestaltung. Die vier nichtformhaften Erscheinungen sind dort also nicht anwesend. Wie aber steht es mit der Form? In M 120 werden die Reichgesegneten schön genannt: Das ist Form. In Sn 874 heißt es, die Wahrnehmungslosen können der Form nicht beikommen. Dementsprechend heißt es, bei diesen Wesen sei noch ein Körper (Form) vorhanden, aber ohne die vier geistigen *khandha* (*Abhidharmakośa* VI 299). Gibt es also Form ganz für sich, ohne die geistigen *khandha*? Das würde bedeuten: Bei diesen Wesen ist die Form und das Formbedürfnis beides nur verdrängt, wie überhaupt bei solchen Wesen alle zehn Fesseln noch vorhanden sind. Dies Dasein ist also eine besondere Verdrängungskunst, aber keine Auflösung. Dass es dem Nirvāna so täuschend ähnlich sieht, das ist eben die wahnhafte Struktur der Existenz, die erst ein Erwachter durchschauen muss. Er muss erst in den ersten beiden Weisheitsdurchbrüchen diese Existenzform erkennen, ihren Anfang und ihr Ende, um sie verstehen zu können. Das Labsal dieser Existenz, die nur eintaktig besteht, ist also gleichzeitig ihr Elend: Sie erfahren Andranglosigkeit, völlige Stille, aber sie ist von keinerlei Nutzen. Es ist keine Entrinnung. Es ist ein Loch der Existenz, aber nicht das Nirvāna.

61.12 Die formlosen Orte der Wesen (sechs bis neun)

Die vier letzten Orte der Wesen sind identisch mit den vier formlosen Vertiefungen, die bereits oben bei der Einigung ausführlich behandelt sind. Hier gibt es nicht mehr, wie bei den vier formhaften Weisen der Einigung, einen Unterschied zu den ihnen entsprechenden Orten der Wesen, wie es sich am stärksten im Verhältnis des Zustands der vierten Schauung (mit Gefühl und Gewahrung) zum Bereich der unbewussten Wesen (ohne Gefühl und Gewahrung) zeigte. Bei den formlosen Orten und Vertiefungen dagegen herrscht Identität. Raumunendlichkeit, Unendlichkeit des *viññāṇa*, Nichtetwasheit, Grenzscheide: Diese vier formlosen Gleichmutszustände sind der sechste bis neunte Ort der Wesen. Das Labsal liegt hier im Entstehen und Bestehen, das Elend im Vergehen und Untergehen. Darüber heißt es beispielsweise vom vorletzten Ort der Wesen:

> *„Da gewinnt einer durch völlige Überwindung des Gebietes des unendlichen viññāṇa im Gedanken ‚Nichts ist da' das Gebiet der Nichtetwasheit. Daran labt er sich, hat Verlangen danach, fühlt darin die Fülle. Dabei verharrend, dahin geneigt, häufig darin verweilend, ohne darin nachzulassen, erscheint er nach dem Tode unter den Göttern des Nichtetwasheitsgebietes wieder. Deren Lebenszeit aber währt sechzigtausend Äonen. Ein Weltling nun, der seine Lebenszeit dort abgelebt und so viele Jahre, wie eine Lebenszeit jener Gottheiten währt, dort vollständig zugebracht hat, geht zur Hölle, zur Tierwelt, zum Gespensterreich."*
>
> (A III 114)

Und entsprechend heißt es auch vom letzten Ort, von der Grenzscheide, dass einer, der von den fünf niederzerrenden Fesseln nicht befreit ist, von dort in die Sinnenwelt zurückkehrt (A IV 172). Auch das hat ein Erwachter durch die ersten beiden Wissen gesehen, und ein Nachfolger, der es selber nicht erlebt, kann es verstehen: Wo die Triebe (die zehn Fesseln) nicht wenigstens hinsichtlich der fünf niederzerrenden Fesseln endgültig aufgehoben sind, da ziehen sie zu dem Bewusstsein der Sinnenwelt mit ihren Leiden zurück. Alles, was ohne deren Aufhebung erreicht wird, ist nur Verdrängung. Man kann also die Grenzscheide erreichen, obwohl man noch sämtliche zehn Fesseln besitzt: Das verdrängende Verdünnen nützt also letztlich nichts, ist nur eine edle Vergeblichkeit, ist keine Entrinnung. Solange noch irgendeine Spaltung in Trieb und Sein, Subjekt und Objekt, und sei es die allerfeinste Spaltung bei der Grenzscheide, bejaht ist, solange ist man dem Saṃsāro nicht entronnen. Der Hörer dagegen, der die drei ersten Fesseln abgestreift hat, geht zur Entrinnung, weil er sich vom Saṃsāro nichts mehr verspricht. Er kann sich, wenn er die Grenzscheide, deren Entstehen und Vergehen, Labsal und Elend und Entrinnung bedenkt, ihrer nicht mehr erfreuen und wendet sich ab. Er strebt zwar alle Vertiefungen in der Herzensläuterung an, aber nicht als letztes Ziel, nicht als Entrinnung sondern nur als Durchgangsstufe. Und wer auf dem Heilswege soweit geläutert ist, dass es nun auch zur Grenzscheide Überdruss, Entreizung, Auflösung, Loslassen hat, der hat die Kunde von der Triebversiegung voll verwirklicht, die Kunst der Wahnversiegung beherrscht. Und daraus folgt die Erlösung als die zweite Phase des dritten Wissens, die nun im nächsten Kapitel darzustellen ist – wofür es aber wiederum eines erheblich weiteren Ausholens bedarf.

STUFE ZEHN: RECHTE ERLÖSUNG

62. Rechte Erlösung (*sammā-vimutti*)

„Gleichwie das große Weltmeer nur einen Geschmack hat, den des Salzes, so hat diese Lehre und Ordnung nur einen Geschmack, den der Erlösung.“ (A VIII 19)

62.1 Arten der Erlösung

Wenn alle Dinge bis auf den Grund als vergänglich, als bestandlose Schatten durchschaut sind, so dass Überdruss daran aufsteigt (9. Stufe: rechte Kunde), dann verschwinden allmählich alle Triebe (10. Stufe: rechte Erlösung) und man wird sich dieser Befreiung auch bewusst (11. Stufe: Wissensklarheit der Erlösung). Und dann verschwinden beim Ablegen des letzten Leibes auch endgültig alle Dinge (12. Stufe: Nirvāna). Die oben genannten drei Phasen des dritten Wissens umfassen die Stufen neun bis elf. Davon ist hier und in den folgenden Abschnitten die 10. Stufe zu behandeln. Die darauf bezügliche zweite Phase des dritten Wissens lautet wie folgt:

„Also erkennend, also sehend ward da mein Herz erlöst vom Sinnentrieb, erlöst vom Daseinstrieb, erlöst vom Nichtwissenstrieb.“

Das also ist der Ort der rechten Erlösung auf dem Heilswege.

Aber das ist noch unvollständig, denn bereits, um den Heilsweg überhaupt beschreiten zu können, muss ein erster Akt rechter Erlösung bereits vollzogen sein, sozusagen ein kurzer Besuch in einer noch ungewohnten Dimension. Erst dadurch bekommt das Gehen auf dem Heilsweg die rechte Richtung, um die Erlösung nun selber vollständig zu erobern. Kurz gesagt: Um anzufangen, muss es bereits mit einem angefangen haben. Ehe ich aktiv und bewusst mich auf den Weg mache, muss passiv und unbewusst der Weg zu mir gekommen sein. Das aber tut der Buddha, er bringt den Weg zu mir, in mein Herz – erst dann kann ich ihn von mir aus beschreiten. Aber dafür muss auch ich schon wieder auf den Buddha zugehen. Und um das zu tun, muss ich einen Anstoß haben. Und so stützen sich Aktives und Passives gleichzeitig immer wieder.

Wie bei allen Dingen, gibt es auch hinsichtlich der Erlösung drei Möglichkeiten: falsche, wahnhaft rechte, wahnlos rechte.

Falsche Erlösung ist eine subjektive Herzensverfassung, die sich von Hindernissen befreit fühlt, und zwar ist es Erlösung der Triebe von den Schranken des Geistes. Wenn „der Geist als Widersacher der Seele“ überrollt und ausgeschaltet wird, fühlen sich die Triebe frei und hemmungslos. Alle falsche Anschauung zielt auf solche falsche Erlösung, auf Abwerfen von Zwängen, Tabus, Zöpfen und Autoritäten. Wir leben im Abendland seit der Zeit der sogenannten Aufklärung in zunehmender falscher Erlösung, indem der Libertinismus, das Ausleben der Triebe immer schrankenloser, rücksichtsloser, hemmungsloser und wilder wird. Auch diese falsche Erlösung ist – so paradox es auf den ersten Blick klingen mag – schwer, schwer wie alle Erlösung. Was hat es für Kämpfe, Revolutionen, Befreiungen und sogenannte Reformen gekostet! Was musste man sich bemühen, um das Gewissen zu widerlegen und niederzuwalzen! Wie schwer war es, alte Sitten und Gebräuche lächerlich zu machen und alles zu entmythologisieren und zu psychologisieren! Wie lange hat es gedauert, bis es gelungen war, die Straflosigkeit von Ehebruch und Kuppelei sowie Abtreibung durchzusetzen und Homosexualität wie Blutschande und so weiter als harmlos hinzustellen! Wir leben immer mehr in einer Orgie der falschen Erlösung, der Erlösung von jeglichem Vertrauen in Höheres und Edleres, das über die Sinnlichkeit und Materie hinausgeht. Weil die Wahrheit aber stark ist, deshalb ist der Kampf gegen sie so schwer. Mit einem Eifer, einem Einsatz und einer Anstrengung, die wahrlich einer besseren Sache wert wäre, kämpfen die Pioniere der falschen Erlösung um immer mehr Freiheiten und Zügellosigkeiten. Ein markantes Beispiel für falsche Erlösung zur Zeit des Buddha ist jener alte Pilger, der, als er vom Tode des Erwachten hörte, frohlockend ausrief:

> *„Erlöst sind wir endlich von jenem großen Asketen. Heimgesucht waren wir immer von ‚Das geziemt euch zu tun, das geziemt euch zu lassen.' Jetzt aber werden wir tun, was uns beliebt, und was uns nicht beliebt, werden wir lassen."* (D 16 VI)

Das war bereits vor 2500 Jahren ein Vorkämpfer der Emanzipation, des Libertinismus und der „freien Entfaltung der Persönlichkeit" als Rechtfertigung der Hemmungslosigkeit. Exakter als in jenen Worten lässt sich die Stimme des teuflischen Versuchers und seiner Propagandaabteilung kaum formulieren.

Und weil es falsche Erlösung zu allen Zeiten gegeben hat, darum warnt der Buddha vor ihren Schalmeientönen und mahnt, nicht jede Erlösung sei zu üben und zu pflegen, sondern nur die, bei der Heilsames zu- und Unheilsames abnimmt (A X 94). Noch unmissverständlicher sagt er, der edle Jünger habe die falsche Erlösung ausgespien wie ein Brechmittel (A X 109), denn aus ihr gingen zahlreiche, böse, unheilsame Dinge hervor (D 34 X):

> *„Das weiß die Welt, doch niemand weiß zu meiden*
> *den Himmelsweg zu solchen Höllenleiden."* (Shakespeare)

Wahnhafte rechte Erlösung ist eine solche, die auf Grund wahnhafter rechter Erkenntnis gewisse Ablösungen erzielt, diese aber für den Endzustand hält, so dass nicht noch weiter gestrebt wird. Ob diese Ablösungen Phänomene der angrenzenden Sammlung sind – Lichterscheinungen oder göttliche Stimmen und so weiter – oder ein gewisser innerer Frieden in der Einsamkeit, wie ihn die der zweiten Herde Wildes gleichenden Waldeinsiedler erreichten und wieder verloren (M 25), ob es weltüberwindende weitere Vertiefungsstufen mit entsprechenden Weisheitsdurchbrüchen sind wie in der Mystik aller Hochreligionen, ist gleich. Immer bezieht sich die Erlösung dabei auf eine mehr oder weniger starke Ablösung von der Sinnlichkeit oder gar von der ganzen Formwelt. Auf Grund solcher Einigung sich für erlöst zu halten, ist nur möglich, weil die Sinnenwelt verdrängt wird, und zwar weit verdrängt, vielleicht äonenlang. So werden ganz besonders die vier Strahlungen, die schon vor dem Buddha in Indien gepflegt wurden, als Gemüterlösung bezeichnet. Überhaupt werden in den Texten Einigung und Erlösung (*samādhi* und *vimutti*) auswechselbar gebraucht und nur bei ganz genauer Darstellung wird zwischen Ursache (Einigung) und Wirkung (Erlösung) unterschieden. Für den nicht vom Buddha belehrten Menschen sind eben Einigung und Erlösung identisch.

Die wahnhafte rechte Erlösung wird in den Texten noch mit einem anderen Namen bezeichnet, der sie noch deutlicher in ihrem Wesen charakterisiert. Sie heißt nämlich „zeitliche Erlösung". In M 29 folgt sie nach den Schauungen (Stufe 8) und der Wissensklarheit (Stufe 9) als deren natürliche Folge. Zeitliche Erlösung ist dabei Gemüterlösung ohne Weisheitserlösung, denn nur die Weisheit des Buddha macht eine wahnlose und zeitlose Erlösung möglich.

Es ist die Tragik aller großartigen Befreiungen in der außerbuddhistischen Mystik, dass sie nicht ewig bestehen, sondern wieder vergehen, eben noch innerhalb der Zeit liegen. Dies gilt besonders von den bewusstlosen Wesen, die äonenlang in völligem Frieden des Herzens verweilen. Wie viel an Überwindungskraft gehört dazu, jenen Stillstand der Leidensmotorik zu erreichen! Und doch ist es eine edle Vergeblichkeit, indem irgendwann die Existenz wieder zu rollen beginnt und zudem der Wahn verfestigt wird, aus dem Nichtsein sei das Sein entsprungen (s.o.). Bei all diesen Formen wahnhafter rechter Erlösung sind die zehn Fesseln nur verdrängt, keine einzige aber ist wirklich aufgehoben.

Wahnlose rechte Erlösung ist nur diejenige, die von acht Arten von Menschen nach vier Paaren gewonnen wird, nämlich vom Hörer, Einmalwiederkehrer, Nichtwiederkehrer und Heiligem, jeweils als Pfad zu diesen vier Stufen und als dessen Vollendung (Frucht). Nur das ist edle Erlösung (*ariya vimutti*). Und diese edle, wahnlose rechte Erlösung bezieht sich als höchste Form des Vertrauens auf den Punkt außerhalb Raum und Zeit, auf das Nirvāna. Sie ist daher zeitlos, ewig, weil hier nacheinander die Fesseln für immer aufgehoben werden, endgültig abgeschnitten werden, das kann in diesem Rahmen dann jeweils mehr auf dem Wege der Weisheitserlösung oder der Gemüterlösung (Beiderseitserlösung) geschehen, worüber unten alles Nähere folgt.

Die zeitlose, ewige Erlösung, die schon der Hörer gewinnt, ist bei ihm aber erst sporadisch, ist noch zeitweise, ja meist wieder überdeckbar, d. h. sie ist störbar (*kuppa*). Diese Störbarkeit nimmt bei den folgenden Stufen immer mehr ab, und erst beim Heiligen währt die zeitlose Erlösung auch für immer ungestört (*a-kuppa*). Bis dahin fühlt sich der Mensch noch immer wieder zeitweise vom Ewigen abgetrennt, aber weil er es weiß, strebt er auf den vom Buddha angegebenen Wegen wieder dahin. Seine Erlösung ist zwar qualitativ (vom Inhalt her) schon absolut, zeitlos, ewig, aber quantitativ (von der Dauer ihrer Fühlbarkeit her) ist sie noch relativ, zeitlich, störbar.

62.2 Die vier Grade edler Erlösung

Die Erlösung ist stets und ausschließlich eine Sache des Herzens. Jede Erlösung vollzieht sich in und an der Seele, während der Geist mit seiner Weisheit nur der Bewirker vorher und der Feststeller hinterher ist. Jede Erlösung ist also ihrem Wesen nach Gemüterlösung, Herzenserlösung, seelische Befreiung. Wenn vom Erwachten Gemüterlösung und Weisheiterlösung (*ceto-vimutti* und *paññā-vimutti*) unterschieden werden, so bezieht sich das lediglich auf den Zugang, nämlich ob die Erlösung mehr auf dem Wege der Gefühle (Herzensfrieden) oder mehr auf dem Wege der Vernunft (Weisheitsdurchbrüche) ihren Schwerpunkt hatte.

Die Erlösung als seelische Befreiung ist stets eine Erlösung von den Trieben (*āsavā*), ist daher Triebversiegung. Und das ist eine Erlösung von Gier, Hass und Verblendung (S [IV] 36, 29; M 29; D 33, 4 X). Das zeigt sich aufgefächert als Erlösung von den zehn Fesseln. Der Ausdruck „Zehn Fesseln" kommt allerdings in den Lehrreden nirgends vor. Es wird immer von den fünf niederzerrenden und den fünf emporziehenden Fesseln gesprochen, die nur der Einfachheit halber hier zusammengezählt werden. Diese zehn Fesseln schwinden auf dem Heilswege durch die vier Grade edler Erlösung wie folgt:

Auf dem Wege bis zur Frucht der Hörerschaft werden drei Fesseln völlig aufgelöst, nämlich Persönlichkeitsansicht, Zweifelsucht, Überschätzen von Tugendwerk, und die gröbsten anderen abgeschwächt. Auf dem Wege zur Frucht der Einmalwiederkehr werden auf breiter Front alle weiteren Fesseln verdünnt, d. h. Gier, Hass und Verblendung insgesamt gemindert. Auf dem Wege zur Nichtwiederkehr schwinden die letzten beiden der fünf niederzerrenden, an die Sinnenwelt bindenden Fesseln für immer, nämlich weltliches Begehren und Hassen. Und auf dem Wege zur Heiligkeit werden die fünf emporziehenden, noch an obere Welten bindenden Fesseln aufgehoben, nämlich: Angezogensein vom formhaften Dasein (*rūparāga*). Angezogensein von formlosem Dasein, Dünken, Aufgeregtheit und Nichtwissen. Näheres weiter unten.

Positiv ausgedrückt ist die Abwesenheit der zehn Fesseln eine Entwicklung zunehmender Reinheit, wie aus den sieben Stufen der Reinheit hervorgeht (M 24): Außerhalb der Hörerschaft und in anderen Religionen wird Tugendreinheit und Herzensreinheit betrieben, die akut durch den Buddha bei der Vermittlung des Hörerschaftsanblicks auch herbeigeführt werden. Das Schwinden der drei Fesseln bei der Frucht der Hörerschaft stellt sich dar als reine Ansicht, als Zweifels-Entrinnungs-Reinheit, als reine Wissensklarheit von Pfad und Nichtpfad. Einmalwiederkehrer und Nichtwiederkehrer und zur Heiligkeit Strebender verwirklichen zunehmende Reinheit der Wissensklarheit des Fortschreitens. Und der vollendete Heilige hat die siebte und letzte Reinheit, die Wissensklarheit in höchster Form, verwirklicht.

In M 66 werden die vier Edlen durch folgende vier Menschen repräsentiert: Der Mensch, der auf dem Wege ist, das Anhaften zu mindern, der ihm aber noch generell nachgeht, ist der Hörer (er kann nur sechs Dinge nicht mehr tun, und verstößt in der Regel nicht mehr gegen die fünf Tugendgebote, wie unten näher zu erörtern). Der Mensch, der auf breiter Front gegen die Triebe und Anhaftungen kämpft, ist der Einmalwiederkehrer. Der dritte Mensch, dem nur noch selten Anhaftungen kommen und der sie sofort vertreibt, wie Tropfen auf der glühenden Herdplatte verzischen, ist der Nichtwiederkehrer. Und der vierte, dem überhaupt keine Anhaftungen mehr aufkommen, ist der Heilige.

Der Fortschritt auf den acht Stufen der Edlen zeigt sich an drei geistigen Fähigkeiten (D 33). Der Nachfolger auf dem Wege zur Hörerschaft erwirbt die Fähigkeit „Nichterkanntes werde ich erkennen“; die nächsten sechs Edlen haben die Fähigkeit des höchsten Erkennens immer mehr zunehmend (*aññā*) und der vollendete Heilige hat die Dauerfähigkeit zu erkennen, dass er alles erkannt hat und dass es nichts mehr zu erkennen gibt (*aññā tāv'indriya*), was die vollendete Wissensklarheit der Erlösung ausmacht.

Überhaupt besteht der gesamte Fortschritt auf dem Heilswege in der Zunahme von fünf Fähigkeiten: Vertrauen, Tatkraft, Achtsamkeit, Einigung, Weisheit. Der gewöhnliche Mensch hat diese Fähigkeiten überhaupt nicht, und auch ein Mystiker hat zwar diese Eigenschaften, aber nicht als Fähigkeiten, zum Nirvāna zu kommen. Der Nachfolger auf dem Weg zur Hörerschaft hat sie schwach, der Heilige hat sie vollendet und zwischen diesen beiden Endpunkten nehmen sie allmählich zu (S [V] 48, 18). Dabei werden sie dann zu Kräften: Beim Hörer dominiert die Kraft des Vertrauens, beim Einmalwiederkehrer kommen die Kraft der Tatkraft und der Achtsamkeit hinzu, beim Nichtwiederkehrer kulminiert die Kraft der Einigung, beim Heiligen die der Weisheit.

Dabei werden die ersten sieben Edlen als „Übende“ (*sekho*) bezeichnet, der Heilige als Nichtmehr-Übender, weil er ausgeübt hat, während der gewöhnliche Mensch Nochnicht-Übender ist und als „Weder Übender noch Nichtmehr-Übender“ bezeichnet wird (D 33 III). Jeder Übende wird als unwankbarer Asket bezeichnet, so sicher wie ein Kronprinz der Krone sicher ist, während die Heiligen als roter bzw. weißer Lotos symbolisiert werden (Weisheiterlöster bzw. Beiderseitserlöster: A IV 86 ff). Oder der Hörer ist der unwankbare Asket, der Einmalwiederkehrer der rote Lotos, der Nichtwiederkehrer der weiße Lotos, der Heilige der unvergleichliche Asket (A IV 88). Überhaupt sind die vier Edlen die vier Asketen, die es gibt (M 11; A IV 39), denn nur sie fallen nie wieder von der Askese (Übung) zurück, während alle anderen nur Asketen auf Zeit sind, sei die auch äonenlang.

Noch immer mehr Beispiele und Entwicklungsreihen könnte man aus den Lehrreden für die vier Edlen bringen. Je mehr man in die Lehrreden eindringt, umso mehr sieht man, wie die Heilsentwicklung eben in nichts anderem als im Durchlaufen dieser vier Stadien besteht, deren nähere Beschreibung daher den Inhalt der folgenden Kapitel ausmachen wird. In diesem Kapitel geht es, sozusagen vor der Klammer, um den Zusammenhang der vier Stufen.

Von außen gesehen, vom Standpunkt des gewöhnlichen Menschen, erscheinen die vier Edlen im Abendland etwa wie folgt:

Der Hörer ist dem Weltling ein zwar anständiger und zuverlässiger Mensch, aber er redet ihm zu viel von Vergänglichkeit und Loslassen, obwohl er selber doch das Vergängliche noch nicht loslässt, sondern es ebenso genießt wie ein gewöhnlicher Bürger.

Der Einmalwiederkehrer dagegen erscheint geradezu als Idealmensch, als Engel in Menschengestalt, weil er alle sozialen Schwächen abbaute, ganz selbstlos wirkt, durch das Vorbild vom Genießen erheblich zurücktritt, ohne davon viel zu reden.

Der Nichtwiederkehrer wiederum würde nicht nur Bewunderung, sondern vor allem ein Gefühl ziemlicher Befremdung erwecken. Dieser buddhistische Mystiker ist ganz anders, wohnt außerhalb des Greifbaren in unerreichbarer Selbständigkeit.

Der Heilige schließlich wäre vom Nichtwiederkehrer überhaupt nicht unterscheidbar, ganz abgesehen davon, dass es buddhistische Heilige auf Erden schon lange nicht mehr geben dürfte.

62.3 Gleichnisreihen

Im Zusammenhang sind vor allem aber noch die Gleichnisreihen für die vier Edlen vorzuführen. Dabei ist bemerkenswert, dass die Gleichnisreihen, die der Buddha für die Stadien der rechten Erlösung gibt, sich alle irgendwie auf das Element des Wassers beziehen. Warum? Als Menschen sind wir das Leben an Land gewohnt, wir sind keine Fische. Das Wasser ist für uns das ungewohnte Element. Wir können dort nur existieren, wenn wir uns anstrengen, bewegen, schwimmen, um uns oben zu halten. Das aber ist das genaue Bild der Existenz. Das Dasein hat, wie das Wasser, einen Zug nach unten. Nur wer sich anstrengt, der kann sich oben halten, wie im Menschentum oberhalb der Unterwelten. Die Erlösung besteht nun darin, sich aus diesem gefährlichen Element überhaupt hinauszubewegen, um festen Boden unter den Füßen zu gewinnen. Der Materialist meint, er stünde auf festem Boden, aber in Wirklichkeit schwimmt er im Saṃsāro und sackt ab. Die Edlen ab Hörer sehen sich im Wasser schwimmen und streben auf sicheres Land.

Das erste Gleichnis bezieht sich auf sieben Arten von Schwimmenden: Die ersten drei davon stehen noch außerhalb der Lehre. Der Erste ist untergetaucht, versunken, und bleibt unten: Das ist der Tugendlose, der das Menschentum verspielte. Der Zweite taucht etwas auf, versinkt aber wieder: Das ist ein Tugendhafter, der die Tugend aber nicht halten kann. Der Dritte taucht auf und bleibt schwimmend oben: Das ist der Mystiker, der durch gute Eigenschaften lange oben bleibt, aber auch nicht immer. Erst der vierte sieht sich um und durchschaut die gefährliche Situation, beschränkt sich nicht auf Schwimmen, sondern sucht Land: Das ist der Hörer. Und der Einmalwiederkehrer ist der Aufgetauchte, der zügig vorwärts schwimmt. Der Nichtwiederkehrer ist der, der schon so nahe an Land gekommen ist, dass er Grund unter den Füßen gewinnt. Und der Heilige steht am Ufer auf festem Boden (A VII 15).

Das zweite Gleichnis bezieht sich auf eine Rinderherde, die einen Strom zu durchschwimmen hat. Der Strom ist der Daseinsstrom. Die Rinder sind die Wesen. Da nun werden die Heiligen mit den starken Stieren, den Führern der Herde, verglichen, die zuerst den Strom durchschwimmen. Ihnen folgen die starken Kühe und Ochsen, die Nichtwiederkehrer. Dann kommen die erstarkten Kälber, die Farren und Färsen, die Einmalwiederkehrer. Als letzte folgen die schwachen Kälber (Hörer), und unter ihnen sogar ein eben erst geborenes, das der Mutter mit Wehgebrüll entrissen wurde (Nachfolger). Aber auch dieses, wie alle, wird die Strömung kreuzen und ans heile Ufer gelangen, der Schwimmkunst des Erwachten trauend (M 34).

Das dritte Gleichnis bezieht sich auf vier Arten von großen Wesen, die im Meere leben. Da sind zunächst drei große Fische, übersetzt von Nyanatiloka, um überhaupt einen Anhalt für den nicht klassifizierbaren Pāli-Begriff zu haben, als: Walfische, Walfischfresser, Fresser von Walfischfressern. Und das sind: Hörer, Einmalwiederkehrer und Nichtwiederkehrer, wobei jeder den anderen in sich birgt, verschluckt hat. Die Heiligen aber werden verglichen mit göttlichen statt tierischen Wesen, nämlich mit Meergeistern, die zwar im Meeresgebiet geboren, aber nicht daran gebunden sind, sondern auch anderswo erscheinen können. Ebenso ist der Heilige, der im Menschentum geboren ist, jenseits des Wassers, außerhalb stehend (A VIII 19).

62.4 Gleichnisse für die Erlösung überhaupt

Einige Gleichnisse werden nun noch für die Erlösung als Endpunkt des Heilsweges und im Verhältnis zu ihm gegeben:

Wie der Lotos über das Wasser aufragt, aber von ihm unberührt in reiner unbenetzter Schönheit verharrt, so weilt der Erlöste als Heiliger über allem Gewordenem (A X 81). Dieses Symbol ist häufig.

Wie ein König alle Feinde besiegt hat und nun überall in seinem weiten Reiche zu Hause ist, auf eigenem Gebiet feindfrei verweilt, so ist der von Trieben (Feinden) erlöste Mönch, wo immer er weilt, frei (A IV 134 und 196).

Wie ein gebändigtes Ross zu guter Letzt noch die höchstmögliche Glättung und Strählung erhält, wo alle Falten, Widerborsten und Unschönheiten beseitigt werden, so ist die höchste Erlösung die Befreiung von aller Übung, weil alle Triebe versiegt sind, der Endpunkt der Selbsterziehung (M 65).

Wie alle Bestandteile und Zubehörteile eines Wagens nur dazu dienen, oben einen schattigen Sitzplatz für den Insassen zu schaffen, unter einem seidenen Sonnensegel, so dient alle Übung nur dazu, das Wohl der Erlösung vom Sonnenbrand des Saṃsāro zu genießen (S [IV] 41, 5).

Wie einem Mann, der festes Holz zum Bauen sucht, nur das Kernholz taugt und er alle anderen Baumteile hinter sich lässt, und wie er nur das Kernholz aus dem Walde mit nach Hause nimmt, ebenso auch ist alle Übung nur Mittel zur Erlösung, wird zurückgelassen, und nur Erlösung selber bleibt (M 29, 30, A V 24). Die Erlösung ist eben das einzig kernhafte Ding, der Kern aller Dinge (A VIII 83, IX 14, X 58).

63. Der Weg zur Hörerschaft (*sotāpatti*)

„Weisheit wird erworben durch die Gemeinschaft mit Weisen,
oder doch zumindest in der entsprechenden geistigen Atmosphäre.“

(Ramana Maharshi, 19.6.1936)

Wer irgend auch beim Buddha Zuflucht nähme,
er wird dann nicht durch Unterwelten wandern:
verlassend diesen Menschenleib
in Götterkreise kehrt er ein. (D 20)

63.1 Hörerschaft oder Stromeintritt?

Die Begriffe *sotāpatti* und *sotāpanno*, d. h. die Sache und die Person im Besitz der Sache, gehören zu jenen Worten, bei denen jede Übersetzung notwendig eine Verengung mit sich bringt. Das Pāli-Wort *sotā* ist 2. Partizip sowohl von *sunāti* (hören, Wurzel *śru*), als auch von *savati* (fließen, Wurzel *sru*). In ersterer Ableitung ist *sotaṃ* (Neutrum) das Gehör, in der zweiten Bedeutung ist *soto* (Maskulinum) der Strom oder *sotaṃ* (Neutrum) das Strömen. Der zweite Wortteil *āpatti* ist 2. Partizip von *āpajjati* (eintreten, hineingehen). Beide Wortteile sind also Partizip Perfekt und nennen damit etwas Abgeschlossenes.

Von *śru* (gesprochen *schru*) abgeleitet bedeutet *sotāpatti* dann „Eintritt ins Gehör“, Hineingegangensein in Gehörtes. Neumann übersetzt daher mit Hörerschaft bzw. nennt die Person „Hörer der Botschaft“ oder Hörer. – Zu dieser Übersetzung passt, dass der Gläubige Gehör leiht, offenen Ohres zuhört und mit dem Gehör der Lehre begabt ist (S [II] 12, 27), dass er auch *sottiyo* (Hörer) heißt (Dh 295, Sn 534) und dass die Begriffe *suta* (Erfahrung) und *sāvako* (Jünger) von der gleichen Wurzel stammen. – Gegen diese Übersetzung spricht: Das deutsche Wort Hörerschaft assoziiert leicht sowohl Unverbindlichkeit wie Intellektualismus. Einer, der bloß Worte hört, ist noch kein tätiger Nachfolger. Von einem solchen würde das Wort des Faust gelten: „Die Botschaft hör’ ich wohl, allein mir fehlt der Glaube.“ Und wenn man Hörerschaft naheliegenderweise mit Hörigkeit verbindet, dann ist solch blinder Glaube an eine Person auch nicht das, was hier vom Buddha gemeint sein dürfte. Die sinnvollere deutsche Assoziation von Hörerschaft zu Gehorsam liegt aber normalerweise so fern, dass man eher an ein Wortspiel als an eine sachliche Verwandtschaft der Worte denkt. – Rein sachlich wäre Hörerschaft das Zuhörenwollen beim Wort des Erwachten und, davon abgeleitet, der Gehorsam des Nachfolgers. Der Hörer in diesem Sinne hört in sich, in seinem Geist und Gewissen, unausrottbar die gleicherweise lockende wie mahnende Stimme des Erwachten, deren Botschaft ihn zum Gehorsam zwingt. Er ist der erste der vier „edlen Gehorsamen“ (*ariya sāvaka*).

Von *śru* abgeleitet bedeutet *sotāpatti* Stromeintritt, wie der Begriff von allen deutschen und englischen Indologen mit seltener Einmütigkeit übersetzt wird. Dazu passt, dass der Strom der Lehre (*dhamma-soto*) den Menschen herausziehe (A VI 44). Der Mensch braucht sich dem Strom zum Heil nur zu überlassen (S [IV] 35, 200). Der Jünger strömt zum Nirwahn wie Wasser zum Meer (M 73). Bei einer Erläuterung von *sotāpatti* wird *sota* ausdrücklich als Achtpfad definiert (S [V] 55, 5), und die *sotāpatti* wird mit Fluten heilsamer Dinge verglichen (S [V] 55, 41). – Dagegen spräche: Diese Übersetzung könnte zur Trägheit einladen, denn danach scheint sich der Stromeingetretene überhaupt nicht mehr anstrengen zu müssen, sondern würde von einer Selbstgänger-

Sicherheit getragen, die ihn automatisch ins Nirvāna brächte wie die Gnade den auserwählten Gläubigen. – Sachlich wäre Stromeintritt der Eintritt in die stromentgegengehende Heilsströmung, die es ihm ermöglicht, gegen den Strom der Gewöhnung zu kämpfen und die ihn aus dem Unheil herauskommen lässt. Der Achtpfad zwingt ihn zur Nachfolge, lässt ihn nicht mehr los und zieht ihn immer wieder heraus, wenn er abgetrieben werden oder versinken sollte.

Eine zweite Variante dieser Ableitung muss folgenden Tatbestand berücksichtigen: Das Bild des Stromes wird in der Lehre oft auch negativ gebraucht. Da heißt es z. B.: Der Nachfolger muss einen Strom überqueren, um ans heile Ufer zu kommen (M 22, 34, 64 usw.); der zu kreuzende Strom sind dabei die vier heillosen Triebüberflutungen (S [IV] 35, 197); der Mensch wird vom Strom fortgerissen (S [III] 22, 93), muss gegen den Strom des Durstes schwimmen (It 109), soll selbst unter Tränen gegen den Strom kämpfen (A IV 5), soll nicht im Daseinsstrom mitfließen (S [I] 1, 28) sondern die Flut überschreiten (S [I] 1, 1). Danach wäre Stromeintritt der Anfang des Bemühens, aus der Scheinsicherheit des sogenannten Festen am diesseitigen Ufer in die zeitweilige Unsicherheit des flüssigen (Askese) hineinzugehen, um dadurch zur wahren Sicherheit des jenseitigen Ufers zu kommen, so wie es heißt:

Gar wenige des Menschenvolks
durchkreuzen diesen Wandelstrom:
das ganze übrige Geschlecht
eilt nur am Ufer hin und her. (Dh 85)

Der Strom<u>ein</u>tritt wäre also darauf gerichtet, endgültig zum Strom<u>aus</u>tritt zu kommen!

Alle drei genannten Bedeutungen sind heilsam, hilfreich und für das Lehrverständnis und die Nachfolge nützlich. Diese heilsame Mehrdeutigkeit dürfte vom Buddha auch gerade beabsichtigt gewesen sein. Zusammenfassend lassen sich die drei Bedeutungen wie folgt darstellen: Ein *sotāpanno* ist derjenige Hörer der Lehre, der beginnt, gegen den Strom der Triebe zu kämpfen, getragen vom Vertrauen in den achtfachen Heilsstrom, dessen Mahnung er als rechte Anschauung im Geiste unüberhörbar hört. Im Grunde ist der Streit um die Übersetzung mit „Stromeintritt“ oder „Hörerschaft“ ein Streit um Gemüterlösung (der Strom der Lehre zieht) und Weisheitserlösung (ich muss der Warnung der Lehre vor dem Unheilsstrom gehorchen). Nur das mehrdeutige Pāliwort bringt es fertig, beide Aspekte zu erfassen und nicht in irgendeine beschränkende Einseitigkeit zu verfallen. Nur aus Gewöhnung an Neumanns Übersetzung, die am weitesten verbreitet ist und die in zweiundzwanzig Jahrgängen von „Wissen und Wandel“ allein vorkommt, sei es hier bei dem einseitigen Begriff der Hörerschaft belassen.

63.2 Die erste Heilsetappe

Nach diesen ausnahmsweise etwas langen Ausführungen zum Begriff kann nun die Sache selber zu uns sprechen. Und da zeigt sich, dass von *sotāpatti* ungemein viel ausgesagt wird, nämlich weit mehr als von den drei weiteren Heilsetappen (Einmalwiederkehr, Nichtwiederkehr und Heiligkeit) zusammen. Nächst der *sotāpatti* wird dann von der Heiligkeit viel ausgesagt – also von der ersten und letzten Heilsstufe – während die dazwischenliegenden bloßen Übergangsstadien weniger ausführlich beschrieben werden. Für uns und für jeden Menschen ist ja auch die erste Stufe das Interessanteste und Wichtigste, nämlich die Frage, wie man aus dem Leiden herauskommt und Sicherheit und Zufriedenheit erlangt. Und wenn man wirklich verstanden hat, wo das wahre Heil liegt und wie es erreichbar ist, dann braucht einen niemand zu zwingen, dahin zu gehen. Dann wird man durch die Sache gezwungen, es selber zu tun. Das Ziel ist dann nur noch eine Zeitfrage. Aus diesem Grunde ist der Anfang einer solchen Entwicklung das Wichtigste, nämlich der Übergang von der Endlosigkeit des Leidens zur Endlichkeit (Beendbarkeit) des Leidens. Diese Entwicklung ist nun im Folgenden zu behandeln.

63.3 Der Weltling (*puthujjano*)

Der Erwachte unterscheidet in letzter Hinsicht nur zwei Menschenarten: den Weltling (*puthujjano*) und den Edlen (*ariyo*). Wer nicht Edler ist, ist Weltling. Und wer nicht Weltling ist, ist Edler. *Puthu-jjano* heißt wörtlich „Breite Schar", im Sinne von: breite Masse, gewöhnlicher Mensch, Durchschnittsmensch. Das ist jemand, der an die Welt glaubt, daher ein Weltling. Die Weltlinge reichen aber sehr viel weiter, als man auf den ersten Blick denkt. Es gehören zu ihnen etwa auch die sinnlichen Götter, ja sogar Brahma – eben jeder, der die fünf Heilsfähigkeiten nicht besitzt (S [V] 48, 18). Da werden nun drei Stufen von gewöhnlichen, unbelehrten Menschen – von Weltlingen unterschieden, die wahrlich sehr weit, himmelweit, auseinander sind. Die unterste Gruppe sind die Tugendlosen, es folgen als zweite Gruppe die Tugendhaften und am Ende stehen die selbstständigen Wesen ohne Sinnensucht (M 142). Diese drei Typen lassen sich in den ersten drei Menschen wiedererkennen, die im Meere schwimmen (A VII 15). Die Tugendlosen sind die Untergetauchten, die unten bleiben, d. h. Wesen mit bösartigen und unguten Eigenschaften, die keine höheren Ziele anstreben. Die Tugendhaften sind aus dem gröbsten Wahn aufgetaucht, folgen guten Lehren und halten sich dadurch eine Zeit lang über Wasser, aber dann verführt das Blenden der Erscheinung sie irgendwann wieder und sie sinken ab, denn die Tugend allein bietet keinen Bestand. Die Selbständigen, die mystisch vertieften und eigentlich religiösen Menschen, sind aufgetaucht und bleiben oberhalb des Bösen, aber sie dringen nicht weiter bis zur wahren Heilserfahrung vor. Sie haben sich seelisch weit über den gewöhnlichsten der gewöhnlichen Menschen entwickelt, aber auch sie gehören noch zum Kreise der *puthujjanos*. Irgendwann müssen sie entweder wieder absinken oder zum Edlen werden, ewig bleiben sie nicht so, wie sie jetzt sind: Und das wissen sie nicht. Dieses Nichtwissen und die Sicherheit dort, wo keine ist, macht auch sie zu „Weltlingen".

Aus dem christlichen Bereich könnte man an das Gleichnis vom Säemann denken: Die Tugendlosen sind wie Stein, auf dem keine Samen aufgehen. Die Tugendhaften sind wie Dornengestrüpp, das den aufgegangenen Samen wieder erstickt. Und die Selbstständigen sind die, bei denen der Same Christi, die brahmische Lehre, auf gutem Boden aufgeht – jedenfalls solange es dauert.

Immer sind in der Welt diese drei Typen vorhanden. Man könnte nun denken, dass allein der letzte Typ für die Lehre der Edlen empfänglich wäre. Jedoch trifft das nicht so ohne Weiteres zu. Die hier genannte Dreiteilung ist eine solche der Seelenqualitäten, die *Sotāpatti* dagegen hängt vom Geiste ab. Daher kann es unter allen drei Gruppen solche geben, die sich der Lehre der Edlen zuwenden, wenngleich in der Regel die Selbstständigen am ehesten dazu geneigt sind – vorausgesetzt, dass sie nicht auf Grund eines in sich betont wahnhaften Weltbildes zu ihrer Weltüberwindung gekommen sind. So stehen manche Mystiker außerhalb der Wiedergeburtsreligionen, die trotz ihrer Vertiefungen und übersinnlichen Erfahrungen noch an ihren geliebten Dogmen festhielten, insoweit der Wirklichkeitslehre ferner als ein seelisch weniger Geläuterter, der aber doch geistig nicht vergewaltigt ist. Es finden sich unter den buddhistischen Heiligen – erst recht unter den *Sotāpannos* – manche, die man vorher für alles andere, nur nicht für einen Anwärter auf den Heilspfad gehalten hätte. Angenommen, man hätte die Greueltaten eines Mörders Aṅgulimālo erlebt oder die Genusssucht der Dirne Ambapālī oder die Vielgeschäftigkeit des Theaterdirektors Tālapuṭo – da wäre von sich aus kein Mensch auf den Gedanken gekommen, diese etwa mit dem Asketen Sāriputto oder der Schar der Mystiker Bavaris auf eine Stufe zu stellen.

Und doch waren alle diese Weltlinge Anwärter auf den Pfad zur Heiligkeit.

63.4 Der Anwärtling (*gotrabhu*)

Unter den Weltlingen gibt es nun verschiedene Möglichkeiten, jemanden als Anwärter auf das Heil zu bezeichnen:

Im Kanon kommt an drei Stellen der Begriff *gotrabhu* vor (einer, der zum gotto = Familie, Klan, Sippe gehört). Damit wird stets ein Mönch des Buddha bezeichnet, einer, der das Ordensgewand trägt, aber noch keinen der acht Heilsgrade erreicht hat. Von einem solchen *gotrabhu* heißt es, dass er in der Stufenfolge der der Gaben Würdigen, die bester Boden für Verdienst sind, der niedrigste ist (A IX 10, X 16). Der Buddha sagt, auch wenn in künftigen Zeiten Tugendlose das Ordensgewand trügen, dann gelten sie doch als *gotrabhu* und seien der Gaben würdig (M 142). Wer nämlich den Entschluss fasste, auf die Welt zu verzichten und sich damals im Orden der Belehrung und dem Einfluss der Heiligen aussetzte, der kam dadurch in den Anziehungsbereich der Wahrheit und in der Regel kam er dadurch zu Lebzeiten des Buddha auch zu einer der Heilsstufen. Dem sollte der Laie, der die Verfassung eines Mönches ja doch nicht nachprüfen kann, Rechnung tragen, indem er in jedem Träger des Ordensgewandes die Entsagung und Heilsmöglichkeit ehrt. Ebenso wie der Briefträger jedem in der Wohnung Angetroffenen die Post aushändigen darf und nicht prüfen kann und muss, ob der Betreffende auch wirklich empfangsberechtigt ist, so soll es entsprechend auch hier sein. Das Ordensgewand schafft eine Vermutung dafür, dass der Betreffende auch innerlich zur Familie der Gotamiden gehört.

Eine **zweite** Bedeutung des Begriffs *gotrabhu* findet sich in den späteren Teilen des Kanons. Da wird der *gotrabhu* definiert als solcher, der unmittelbar vor dem Eintritt in den Weg zur Hörerschaft steht, d. h. als ein Weltling, der unwiderruflich prädestiniert ist, in diesem Leben ein Edler zu werden (Pg 10; Ps I, 66). Es steht ihm danach unsichtbar an der Stirn geschrieben, dass er das Zeug habe, noch in diesem Leben mindestens ein Hörer zu werden, vielleicht sogar ein Heiliger. Er sei also ein Reifender, einer der unterwegs zum Edlen ist. Er befindet sich dabei in einem Zwitterzustand: Einerseits ist er noch Weltling, andererseits hat er die Möglichkeit und Notwendigkeit in sich, noch in diesem Leben ein Edler zu werden. Von diesem Gesichtspunkt aus kann man sagen: Er ist schon ein potentieller Edler, weiß es nur noch nicht. Ihm selber unbewusst ist er bereits in den Anziehungsbereich des Nirvāna geraten. Sein Geist ist so, dass er alsbald die Daseinsfrage so stellt, dass nur die einzig vollkommene Antwort ihn befriedigen wird, nämlich die der Erwachten. Wenn man dieses Phänomen mehr durchdenkt, dann beginnt man zu verstehen, warum der Buddha scheinbar so ziellos durch Indien wanderte. Er wusste mit seinem übersinnlichen Wissen, wo solche Anwärter waren – Laien oder Asketen oder Götter – und richtete sich entsprechend danach.

Eine **dritte** Gruppe gehört ebenfalls hierzu, ohne dass diese ausdrücklich als *gotrabhu* bezeichnet würde. Es sind solche Menschen, die sich vom Erwachten angezogen fühlen – meist Laien – aber in diesem Leben noch nicht zum Verständnis der Edlen durchdringen. Sie sind solche, die nur ein gewisses Maß an Vertrauen und Sympathie zum Erwachten besitzen: Sie glauben z. B. an die Wiedergeburt und vielleicht gar an die Brahmawelt, aber nicht ans Nirvāna. Das Eigentliche der Lehre fassen sie noch nicht. Von solchen sagt der Buddha, dass sie kraft ihres Vertrauens himmelwärts steigen (M 22) oder dass es ihnen lange zum Wohle und Heile gereiche (M 34). Jedenfalls haben sie einen Gewinn, und es mag sein, dass sich aus solchen dann der Schwerpunkt derer rekrutiert, die beim nächsten Buddha die Anwärter der zweiten Gruppe sind. Der Radius dieser dritten Gruppe reicht recht weit. Um einige Gruppen-Beispiele für eine gewisse Sympathie zur Lehre des Buddha zu nennen, reicht der Radius von der distanzierten Hochachtung des Gelehrten und Philosophen über die gemütsmäßige Sympathie des dichterischen Menschen und des Typs eines Künstlers bis hin zum bekenntnishaften Gleichklang einsamer Denker wie Schopenhauer.

63.5 Die vier Voraussetzungen zur Hörerschaft (*sotapattiy'aṅga*)

Die verschiedenen Stadien des allmählichen Heranwachsens zu dem, was unten als „Nachfolger" beschrieben wird, legt der Buddha meist als die vier Voraussetzungen (*aṅga*) zum Gewinn der Hörerschaft dar: sich den großen Menschen zugesellen, deren Lehre hören, selber gründliche Aufmerksamkeit haben und der Lehre lehrgemäß nachfolgen. Die „großen Menschen" sind, wo es um die Hörerschaft geht, nur die Edlen, d. h. die Buddhas und deren Jünger. Nur von diesen kann man die tiefste Weisheit hören.

Dieser vierfache Zusammenhang wird in anderen Lehrreden (z. B. M 95) etwas ausführlicher beschrieben. Da heißt es, dass ein Gläubigergebener herankomme, einer der angeborenes Vertrauen zum Heilsamen besitzt, mag dies ihm selber auch nicht bewusst sein. Er denkt jedenfalls, dass es überhaupt sinnvoll ist, nach dem Heil zu fragen. Er hat die Struktur eines gewissen weiträumigen Fragens und höheren Vertrauens mitgebracht. Das ist die Mindestvoraussetzung, um überhaupt den Buddhas zuzuhören. Wer da meint, das Dasein sei völlig sinnlos, es erschöpfe sich in mechanistischer Kausalität und alles Leiden sei bloßer Zufall oder Bosheit der anderen, der hat keinen Zugang zur Wahrheit. Der materialistische Nihilist und Anarchist steht der Lehre am fernsten.

Wer jenes Vertrauen mitbrachte und an die Lehre kommt, der horcht auf, gesellt sich zu, befasst sich damit, die Kunde anzuhören. Und wenn er äußerlich zugehört hat, dann gibt er auch innerlich Gehör, macht seine Aufmerksamkeit auf und hört intensiv und aufgeschlossen der Lehre zu. Dann behält er das Gesagte im Gedächtnis, bewegt es öfter im Geiste und betrachtet prüfend den Inhalt, vergleicht das Gesagte mit seinen Erfahrungen. Dann aber stellt er fest, dass es Hand und Fuß hat. So stimmt er innerlich zu. Damit wächst ihm ein Wille, sich danach zu richten und er bemüht sich mit Ausdauer, die Lehre nicht immer wieder im Leben zu vergessen sondern praktisch anzuwenden. „Wie würde hier der Buddha handeln? Wie würde die Sache vom buddhistischen Standpunkt aus anzusehen sein?" so übt er sich. Und er wägt ab: „So dachte ich früher, aber das ist aus den und den Gründen falsch; so sagt der Buddha und das ist so und so richtig. Man muss also jetzt anders handeln." Und dann beginnt er den Weg zu beschreiten. Irgendwo schlägt es dann ganz ein und er begreift die Wahrheit, wird ein Nachfolger (*Anusāri*).

Voraussetzung für all dies ist allerdings, dass überhaupt ein Erwachter in der Welt erschienen ist. In den dreißig Äonen, die unserem Weltzeitalter vorangingen, gab es nicht einen einzigen Vollkommen Erwachten und daher auch keine Nachfolge. Und auch in den Unterwelten gibt es keine Lehre der Erwachten, der man sich zugesellen könnte. Und wenn ein Buddha zwar auf Erden erschien, man aber nach seinem Tode geboren ist, dann bedarf es des Kontaktes mit seinen Jüngern, solange es solche gibt, oder des Kontaktes mit den Lehrreden, solange es solche gibt. Das aber lässt sofort das Problem der Übersetzung entstehen, wenn die Sprache der Buddhas von niemandem mehr als Umgangssprache verwendet wird. Der edlen Lehre zuhören kann man doch nur, wenn man die Worte versteht oder wenn die Übersetzung richtig ist.

So türmen sich für uns Abendländer und Menschen der Spätzeit 2500 Jahre nach dem Erwachten schon Hindernisse auf Hindernisse auf, bis wir überhaupt die Voraussetzungen realisieren können, die Lehre zu hören. Nur wo ein Buddha war, wo die von ihm verkündete Lehre noch vorliegt, da kann man in die Gemeinde der Nachfolger eintreten, in den unsichtbaren Orden der edlen Jünger, welcher Mönche und Laien, Menschen und Götter, Männer und Frauen, Inder und Nichtinder, Alte und Junge, Gemütswesen und Verstandeswesen umfasst.

63.6 Der Nachfolger (*anusāri*)

Wer sich auf dem Wege befindet, die Frucht der Hörerschaft zu verwirklichen (*sotāpattiphala-sacchikiriyāyā paṭipanno*), der wird als „Nach-folger" (*anu-sāri*) bezeichnet. Das Verb *anu-sarati* heißt wörtlich nach-fließen, mit-laufen. Der *anusāri* ist ein Mitläufer, der geistig mitgeht, eben der Nachfolger ersten Grades. Er ist der erste der acht edlen Jünger (*ariya-sāvaka*), der erste der sieben Übenden (*sekho*), die auf die Übungsledigung des achten, des Heiligen, hin üben.

Während der vollendete Hörer zielstrebig, klar bestimmt (*niyato*) der vollen Erwachung zueilt, fehlt jenes Adjektiv bei der Beschreibung des Nachfolgers noch. Er geht zwar auch auf die volle Erwachung zu, aber er hat subjektiv dabei noch keineswegs das Gefühl, zielstrebig geradeaus auf klarem Wege zu gehen. Er denkt eher, dass er dauernd stolpere, im Zickzack gehe oder im Kreise und dass er überhaupt nicht vorwärtskomme. Objektiv, von höherer Warte aus, ist aber all sein Hin und Her doch nur ein Übergangszustand, an dessen Ende die Zielstrebigkeit der Frucht der Hörerschaft steht. Unbestimmt geht er zur Bestimmtheit, ziellos zur Zielstrebigkeit. Es heißt, dass er nicht eher sterben kann, bis er sich die Frucht der Hörerschaft erkämpft habe (S 25, 1). Sie fällt ihm aber keineswegs in den Schoß; er kann es vielmehr trotz aller Widerstände des Gemütes nicht lassen, sie zu erringen. Mit unsichtbarer Gewalt sieht er sich gezwungen, sich umzuerziehen und sich zu wandeln. Unwiderstehlich ist er in den Anziehungsbereich des Nirvāna geraten.

Der Nachfolger hat ferner, wiederum im Unterschied zum vollendeten Hörer, noch nicht das Prädikat, ohne Abweg zu sein (*avinipāta-dhammo*). Der Nachfolger hat noch Möglichkeiten, Dinge, Eigenschaften, Gedanken – wie immer man *dhamma* übersetzen mag – zur Unterwelt im Herzen. Wäre er nicht auf den Weg zur Hörerschaft gekommen, so würden sich diese Möglichkeiten im Werdesein unweigerlich irgendwann, früher oder später, auswirken. Aber ebenso sicher ist es, dass er diese Existenzblasen, diese Traumgespinste der drei Unterwelten mit ihren Fäden noch in diesem Leben auflösen wird. Es ist also nur eine Zeitfrage, wann er diese dunklen Möglichkeiten aufheben wird. Da er aber immerhin noch mit diesen Möglichkeiten bis zur Frucht der

Hörerschaft belastet ist, verhindert diese Last auch die entsprechenden Befreiungsgefühle des Hörers. Es ist eigenartig: Im Werde-Sein sind diese Abgründe noch ebenso vorhanden wie alles Höhere, aber sie können sich nicht mehr auswirken. Die Kraft der Wahrheit ist schneller, ist das, was in der Wissenschaft „überholende Kausalität" genannt wird. Beim vollendeten Hörer sind dann, wie unten noch zu zeigen sein wird, alle Unterweltsfesseln völlig aufgehoben und entsprechend lauterer und leichter ist sein Lebensgefühl. In S [V] 55, 24 wird dieser Unterschied deutlich in Worte gefasst: Dort heißt es beim Hörer, dass er völlig erlöst (*parimutto*) von den Unterwelten sei, während es beim Nachfolger heißt, dass er nicht dorthin gehe (*a-ganta*) oder anders ausgedrückt, dass sie ihm „unzugänglich" sind.

In den Gleichnissen wird die Situation des Nachfolgers noch deutlicher: Er gleicht vor allem dem eben erst geborenen Kälbchen, das der Mutter mit Wehgebrüll entrissen ward, während der Hörer demjenigen Kalb gleicht, das immerhin schon schwache eigene Kraft hat (M 34). Die Mutterkuh: Das ist ein Symbol für die Welt, an der wir unseren Durst zu stillen pflegen. Das Kälbchen sehnt sich zum Euter der Mutter zurück. Wider Willen beginnt es, nachdem es einmal geboren ist, auf tapsenden stolpernden Beinen ein Eigenleben zu führen. So ist der Nachfolger der, der die allerersten Schritte der Selbständigkeit macht – und das ist noch ungewohnt, unsicher und nicht gerade beglückend. Er fühlt sich alles andere als siegessicher und heilsgewiss. Er erlebt eben das, was in den Religionen die Durststrecke genannt wird oder die „dunkle Nacht" oder nach den Worten des Buddha das Stadium, wo sich da Götter und Menschen nach dem alten wilden Sinnesleben zurücksehnen und den Zwang zur Selbsterziehung am liebsten wieder los wären (M 125). Aber der Geist sagt ihnen: „Dies ist doch richtig, dies ist das einzig Richtige – wenn es auch schwer fällt, wenn es auch unheimlich schwer fällt, wenn auch die Entsagung wie ein Abgrund scheint." Aber die Wahrheit zwingt ihn, die Dinge nüchtern und wirklichkeitsgemäß zu betrachten. Und so wird aus dem wehbrüllenden Kälbchen allmählich das selbständige Kalb und irgendwann die ausgewachsene Kuh.

In den beiden anderen Gleichnisreihen wird kein ausdrücklicher Unterschied zwischen Nachfolger und Hörer gemacht. Analog könnte man aber Folgendes sagen: Der Nachfolger ist ein Walfisch-Baby, das täglich an Umfang zunimmt, bis es sich zum Walfisch (Hörer) ausgewachsen hat. Oder der Nachfolger ist derjenige Aufgetauchte, der die ferne Küste erst nebelhaft und undeutlich erblickt, während der Hörer sie schon klar umrissen erkennt.

63.7 Unerkanntes werde ich erkennen

Am besten wird der Inhalt des Denkens des Nachfolgers durch den Stempel „Unerkanntes werde ich erkennen" (D 33 III) ausgedrückt. Und zwar wird dies als eine Fähigkeit (*indriya*) bezeichnet. Wieso? Es ist die Fähigkeit, mit Zuversicht und Hoffnung geistig den Gedanken der Lehre zu folgen und die Überzeugung, dass das, was davon jetzt noch unklar, nebelhaft und unsicher erscheint, eines Tages klar werden wird. Der Nachfolger ahnt das sichere Heil und ist überzeugt, dass es am noch dunklen Ende eines guten Weges liegt, dessen Anfang hell vor ihm liegt.

In der nachklassischen Literatur des Buddhismus wird versucht, diese Fähigkeit näher wie folgt zu umschreiben als:

„Die Weisheit zur Verwirklichung der unerkannten, ungesehenen, noch nicht erlebten, noch nicht verwirklichten Dinge, rechte Anschauung als des Tiefsinns Erweckung, ein Pfadglied, zum Pfade gehörig.“ (Dhs 296)

„Im Augenblick des Pfades zur Hörerschaft hat auf Grund der Fähigkeit ‚Unerkanntes wird' ich erkennen'

die Vertrauensfähigkeit die Folge des Hinneigens,
die Tatkraftsfähigkeit die Folge des Anfangens,
die Achtsamkeitsfähigkeit die Folge des Konzentrierens,
die Einigungsfähigkeit die Folge der Unverstörbarkeit,
die Weisheitsfähigkeit die Folge des Anblickens,
die Denkfähigkeit die Folge des Erkennens,
die Frohsinnsfähigkeit die Folge der Genugtuung, und
die Lebensfähigkeit die Folge der Gewalt über die weitere Entwicklung.

Die im Augenblick des Pfades zur Hörerschaft geborenen Dinge – außer der im Herzen entstehenden Form – sind alle heilsam, unbeeinflusst, hinführend, nicht abwärts gehend, überweltlich, auf Wunschlosigkeit gestützt. Und jene 8 Fähigkeiten haben die Folge des Zusammenbestehens, der Abhängigkeit voneinander, des Sichstützens, des Verbindens, sind eben zusammengefasst, zusammenbestehend, vereint, verbunden.“ (Ps II 30)

Karl Eugen Neumann spricht in diesem Zusammenhang von der „Bekehrung“ zur Hörerschaft und sagt über den Zustand der Annäherung daran:

„Wer bekehrt ist, kennt das Heilige, weiß, dass die Lehre der Buddhas zur Erlösung, zum Weltende führt, während die dumpfe Masse nichts weiß, nicht ahnt, dass es ein Heil gibt. Die bloße Hörerschaft, dieser erste Schritt zum Ziel, ist aber keineswegs imstande, den Lebenswahn sogleich aufzuheben: Gier, Hass und Verblendung sind, wenn auch durchsichtiger geworden, noch integrierende Lebenselemente des nur Bekehrten. Strebt er mit äußerster Energie weiter, so kann er noch in diesem Leben zur Heiligkeit gelangen, dem Leiden ein Ende machen, Nibbānam erreichen. Fehlt ihm die Kraft, so bleibt er ein Sotāpanno, ein zur Hörerschaft Gelangter: Er sieht in gralsgleicher Ferne das Ziel, aber weitere Lebensläufe können ihn erst läutern und kräftigen, eisernen Mutes vorzudringen zur Vollendung.“

(Anm. zu Dh 178)

Er ahnt, dass es ein endgültiges Heil gibt, nur hat er es noch nicht rundum erkannt: Er ist aber überzeugt, dass das, was jetzt in gralsgleicher Ferne in den Wolken schimmert, bald deutlich und sonnenklar sein wird und dass er dann dorthin gelangen wird. Jedenfalls weiß er, was ihm noch nicht klar ist. Das Noch-nicht-Erkannte, das er erkennen wird, ist bereits in Richtung und Lage abgegrenzt. Es ist sozusagen gleichzeitig bekannt (als Rahmen) und unbekannt (als Inhalt). Etwa so: „Das Nirvāna soll das vollkommenste Wohl sein? Ich weiß es zwar noch nicht, bin aber guten Mutes, dass ich es eines Tages verstehen werde.“ Oder so: „Wenn alles Gewordene (die fünf Erscheinungen) als etwas erkannt ist, das nicht ich und mein ist, dann weiß ich zwar noch nicht, wieso der dies erkennende Blick auch Nicht-Ich sein soll, aber ich glaube dem Buddha, dass ich es verstehen werde.“

63.8 Erkennbarkeit der Nachfolge

Wann sich der Übergang vom Weltling zum Nachfolger vollzieht, dürfte meist nicht leicht zu erkennen sein: Für andere schon gar nicht, für sich selber auch kaum. Irgendwann wird man eben merken, dass die Lehre klarer wird und ihre Verbindlichkeit stärker. Vielleicht vollzieht sich der Akt dieses entscheidenden Verständnisses auch ausdrücklich in einem lichten Moment größerer Vertiefung, den man als solchen bemerkt, aber nur noch nicht richtig bewertet. Indem man einmal einen Augenblick von allen Tendenzen frei ist, sie verdrängt hat, sieht man den Zustand der Freiheit und erfasst ihn als Heil – aber im nächsten Augenblick schlagen schon die Wogen des Wahnes wieder über einem zusammen und wenn man dann noch eine schwache *Sati*-Fähigkeit hat, dann vergisst man im Oberbewusstsein fast jenen Moment und scheint weiter zu „wursteln" wie früher, und doch war der entscheidende Übergang eingetreten.

Die Erkennbarkeit des Zustandes des Nachfolgers ist also ziemlich schwer. Man könnte sogar sagen: Sicher weiß man, dass man Nachfolger war, erst, wenn man die Frucht der Hörerschaft erlangt hat. Der Nachfolger ist auch kaum an seinem Verhalten zu erkennen. Er hat zwar ein gewisses Vertrauen zum Erwachten, zur Lehre und zur Jüngerschaft – aber noch kein absolutes (S [V] 55, 24) – und er hält auch die fünf Tugendregeln möglichst ein – aber wie tief das reicht, weiß keiner, auch er selber nicht. Auch der Anwärtling der dritten oben genannten Gruppe hat jene vier Eigenschaften, nur schwächer und nicht endgültig. Was einen solchen Anwärtling und den wirklichen Nachfolger voneinander unterscheidet, sind vielmehr unsichtbare Dinge, nämlich die im Verborgenen heranwachsenden fünf Fähigkeiten. Sie aber sind das Entscheidende. Die fünf Sīlas halten kann auch jemand, der vom Buddha keine Ahnung hat, ja sogar jemand, der auf dem Weg zur Hölle ist, weil er eine unsühnbare Tat beging, aber nun an sich hält. Und eine gewisse Sympathie zum Erwachten, zur Lehre und zur Jüngerschaft kann sogar ein Weltling haben, der kein Anwärter ist. Mancher findet den Buddha beachtlich, die Lehre interessant, die Jüngerschaft ehrenwert – aber doch hat er von der eigentlichen Erlösungslehre keine Ahnung. Er würde auch Ramakrishna oder Laotse oder Plotin ebenso beachtlich finden.

Wie steht es aber mit der Zufluchtnahme zu den drei Juwelen, zu den drei Kleinodien? Hat nicht der Nachfolger Zuflucht zum Erwachten, zur Lehre und zur Jüngerschaft genommen? Die Gegenfrage wäre: Was ist Zuflucht? Wer Zuflucht beim Buddha nimmt, um in den Himmel zu kommen; wer nur die moralischen Lehren anhört und wer nur mit solchen umgeht, die das zur Hauptsache machen, der hat noch keine Zuflucht zum Buddha als Buddha genommen. In den Himmel kommen kann er auch, wenn er Jünger Christi oder Mohammeds wird. Die wirklich tiefe Zufluchtnahme zur Lehre vom Nirvāna lässt sich erst auf der nächsten Stufe, bei der Frucht der Hörerschaft, richtig einschätzen. überhaupt ist Manches, was schon in Ansätzen für den Nachfolger gilt, erst richtig deutlich beim Hörer zu klären. Der Zustand des *anusāri* ist eben etwas zwielichtig und verschwimmend. Der Prozess der geistigen Entwicklung des *anusāri* spielt sich sozusagen unter Ausschluss der Öffentlichkeit ab, tief im Inneren. Was ihn auszeichnet, sind mehr Möglichkeiten, die sich aber sicher realisieren. Und er hat noch keine einzige der zehn Fesseln ganz aufgehoben, während der Hörer drei davon endgültig hinter sich ließ.

63.9 *Saddhanusāri, dhammanusāri*

Unter denen, die den Pfad zur Hörerschaft betreten haben, gibt es nun zwei Arten von Nachfolgern: Der eine folgt dem Glauben nach („Gläubigergebener" bei Neumann), der andere dem Gesetz („Wissendergebener"):

> *„Da hat einer jene stillen Freiungen, die jenseits der Formen keinerlei Form behalten, nicht leibhaftig erfahren und gefunden, und des weise Sehenden Triebe sind nicht aufgehoben, aber er hegt in gewissem Maße Glaube und Sympathie zum Vollendeten und folgende Fähigkeiten wirken in ihm: Glaube, Tatkraft, Achtsamkeit, Einigung, Weisheit. Den heißt man einen dem Glauben Nachfolgenden."* (...)
> (...) *„Da hat einer jene stillen Freiungen, die jenseits der Formen keinerlei Form behalten, nicht leibhaftig erfahren und gefunden, und des weise Sehenden Triebe sind nicht aufgehoben, aber die vom Vollendeten dargelegten Dinge werden von ihm in gewissem Maße durch Weisheit anschaulich gebilligt und folgende Fähigkeiten wirken in ihm: Glaube, Tatkraft, Achtsamkeit, Einigung, Weisheit. Den heißt man einen dem Gesetz Nachfolgenden."* (M 70)

> *„Da hat ein Mensch noch keine absolute Befriedigung am Erwachten, an der Lehre, an der Jüngerschaft, hat keine lächelnde Weisheit, keine schnelle Weisheit und besitzt noch keine Erlösung, aber folgende Dinge sind in ihm: die Fähigkeit des Glaubens, der Tatkraft, der Achtsamkeit, der Einigung, der Weisheit. Und er hat ein gewisses Maß von Glaube und Sympathie zum Vollendeten. Diesen Menschen sind Hölle, Tierschoß, Gespensterreich unzugänglich, der Abweg, die schlechte Fährte, das Verderben unzugänglich."*
>
> *„Da hat ein Mensch noch keine absolute Befriedigung am Erwachten, an der Lehre, an der Jüngerschaft, hat keine lächelnde Weisheit, keine schnelle Weisheit und besitzt noch keine Erlösung, aber folgende Dinge sind in ihm: die Fähigkeit des Glaubens, der Tatkraft, der Achtsamkeit, der Einigung, der Weisheit. Und die vom Vollendeten dargelegten Dinge werden von ihm in gewissem Maße durch Weisheit anschaulich gebilligt. Diesem Menschen sind Hölle, Tierschoß, Gespensterreich unzugänglich, der Abweg, die schlechte Fährte, das Verderben unzugänglich."* (S [V] 55, 24)

Der Gläubige hat im Herzen Zuneigung zum Vollendeten, Vertrauen und Sympathie, Glaube und Liebe. Er spürt eine Herzensverwandtschaft des Vollendeten mit seinen besten Gemütskräften. Von dem, was erhaben ist und was der Erhabene verwirklichte, fühlt er sich im Gefühl angezogen. Und daher neigt er auch dazu, alle Aussagen des verehrten Meisters über die Unbeständigkeit von Welt und Ich gläubig anzunehmen. – Der Denkende hingegen prüft zuerst die Aussagen als solche (logisch) und dann an der Erfahrung (empirisch) und allmählich billigt er deren Richtigkeit im Maße seiner Weisheit. Die Aussagen werden ihm evident, einleuchtend, anschaulich. überall sieht er das Fließen und den Unbestand.

Ersterer baut also mehr auf den Buddha, Letzterer mehr auf den Dhamma. Jener sieht vor allem auf ein lebendes Wesen (Meister, Guru), dieser sieht mehr auf das Wesen des Lebens. Der eine knüpft mehr an einen Menschen (Du) an, der andere mehr an Dinge (Es).

Der Gläubige hat seinen Schwerpunkt beim Positiven, beim Heilsziel, das er erblickt und nun freilegen will. Der Denkende durchschaut mehr das Negative und verneint es im Geiste. Der Erstere sieht also mehr die beiden letzten der vier Wahrheiten (Leidensauflösung und Weg), der Letztere mehr die beiden ersten (Leiden und Leidensursache). Daher fragt jener: „Was muss ich tun, dass ich selig werde?", hingegen dieser:

„Dasein, was bist Du?“, oder komprimierter: „Wie komme ich zum Nirvāna, was ist der Saṃsāro?“

Diese Unterscheidung zieht sich durch alle weiteren Stufen und gipfelt im Unterschied des Gemüterlösten und Weisheitserlösten. Beiden gemeinsam sind aber die fünf Fähigkeiten, die der Weltling überhaupt noch nicht als Heilsfähigkeiten besitzt, sondern als Eigenschaften verschwendet (S [V] 48, 18).

64. Die Eigenschaften des Hörers (*sotāpannassa aṅgāni*)

„Die bloße Ausübung der Askese ist bereits deren Fortschritt: es gehört Ausdauer dazu.“ (Ramana Maharshi, 19.1.1935)

Und er besitzt die Tugenden, die den Edlen lieb sind,
die ungebrochenen und unverletzten,
die ungemusterten und ungesprenkelten,
aus freiem Entschlusse als von Verständigen gepriesene,
die unüberschätzten, zur Einigung hinlenkenden. (D 33 IV)

Wenn der Nachfolger den Weg zur Hörerschaft vollendet hat, dann besitzt er die Frucht der Hörerschaft und heißt Ansichtvertrauter (*diṭṭhi-sampanno*), d. h. einer, der so in der rechten Anschauung aufgegangen ist, dass er sie geworden ist. Kommt er von der Gemütsseite, dann wird aus dem gläubigen Nachfolger der Gläubigerlöste (*saddhā-vimutto*), kommt er von der Weisheitsseite, dann wird aus dem Gesetzes-Nachfolger der Ansicht-Ergebene (*diṭṭhi-patto* = „Aufgeklärte“ bei Neumann):

„Da hat einer jene stillen Freiungen, die jenseits der Form keinerlei Form behalten, nicht leibhaftig erfahren und gefunden, aber des weise Sehenden Triebe sind zum Teil aufgehoben und der Glaube an den Vollendeten hat bei ihm Boden gefunden, Wurzel geschlagen, standgehalten. Den heißt man einen Gläubigerlösten.“ (...)
„Da hat einer jene stillen Freiungen, die jenseits der Formen keinerlei Form behalten, nicht leibhaftig erfahren und gefunden, aber des weise Sehenden Triebe sind zum Teil aufgehoben und die vom Vollendeten dargelegten Dinge sind von ihm klar durchschaut und durchwandert. Den heißt man einen Ansichtergebenen.“ (M 70)

Das Gemeinsame bei beiden ist, dass bei ihnen im Gegensatz zum Nachfolger Teile der Triebe wirklich aufgehoben sind. Und beide beziehen sich in bestimmter Weise auf den Vollendeten, der eine mit Vertrauen zur Erlösung des Buddha, der andere mit Weisheit der Durchschauung.

Die Eigenschaften und Merkmale, die nun die Frucht der Hörerschaft in beiden Fällen ausmachen, werden in zwei Beschreibungen näher ausgeführt. Die eine Beschreibung, genannt Spiegel der Lehre, nennt vier Glieder einer Kette von Eigenschaften; die andere nennt sieben Prüfungen über Eigenschaften. Erstere ist mehr abstrakter, letztere mehr konkreter. Beide stehen auch in einem bestimmten Verhältnis zueinander, jedoch ist es leichter, beide Beschreibungen getrennt zu betrachten.

64.1 Haltung zum Erwachten

Die Haltungen zum Erwachten, zur Lehre und zur Jüngerschaft, die hier für den Hörer genannt werden, sind oben in den allerersten Kapiteln dieses Buches bereits vorgreifend erörtert, soweit es dort schon möglich war. Diese drei Haltungen gibt es in sehr unterschiedlicher Tiefe. Der Anwärter tritt dem Buddha gegenüber wie einem

Objekt unter vielen und hat zu diesem Objekt besondere Sympathie und Achtung. Der Nachfolger nimmt beim Erwachten seine Zuflucht und merkt, dass ein Erwachter etwas Unvergleichliches in der Welt ist, der sichere Punkt in der Flucht der Erscheinungen. Aber erst der Ansichtvertraute, der mit der Frucht der Hörerschaft Begabte, hat unbeirrbare Zufriedenheit, absolute Zuversicht bei ihm. Er kann für Momente sozusagen den Platz des Buddha einnehmen, d. h. von einer anderen Dimension aus sozusagen im Geiste mit dem Buddha-Auge auf die Welt blicken. Mag dies auch nur ein gelegentlicher Blitz-Augenblick der Erleuchtung sein, so genügt dies doch schon für die Erkenntnis, dass dies ein unvergesslicher Aufblick auf die Existenz war, eben ein wirkliches Aufwachen aus dem Traum der Subjekt-Objekt-Spaltung. Mit dem Buddha-Auge wird der gesamte Traum selber zum Objekt, zum Gegenstand der Beobachtung, wird zur Bühne des Lebens, auf der man nicht mehr mitspielt. Unbeirrbare Zufriedenheit mit dem Buddha zu haben, heißt zu merken, dass nur jenes Erwachen Wahrheit und Freiheit ist. Nur bei jenem wachen Aufblick ist Untreffbarkeit und Erlösung vom Unbestand des Leidens. Das ist der „ewige Buddha“, das ist die „Buddha-Natur im Inneren“.

Mir gleich ja werden Siegende, sagt der Buddha. Und das heißt, allmählich bekommen wir Anteil an seinem Lächeln, das aus der Dimension kommt, in der es keinerlei Unterscheidungen mehr gibt. Der Hörer und auch der Einmalwiederkehrer haben zwar noch nicht die „lächelnde Weisheit“ (S [V] 55, 24), aber sie gewinnen zunehmendes Verständnis für sie, gewinnen das felsenfeste Vertrauen und die Sicht, dass nur der außerhalb des Traumes Stehende lächelnd auf alle seine Erscheinungen blicken kann. Wo auch nur für einen Augenblick das Buddha-Auge aufgeht, da gibt es kein Gegenüber mehr, zu dem ich hin müsste oder vor dem ich weg müsste, kein Ding mehr, das ich wegtun oder haben müsste, um glücklich zu sein. Der Schleier fällt – und alles ist ganz anders. Der Buddha ist alleigen (*kevalin*), er ist alles, überall und nirgends. Wer mit dem Buddha-Auge blickt, ist solange als Alleigener in die Dimension der Unwandelbarkeit eingetreten. Was für Stücke auch auf der Bühne gespielt werden, was für Traumszenen auch kommen und gehen, er bleibt Zuschauer. Dieser Anblick mit dem Buddha-Auge, das ist im tiefsten Sinne Zuflucht zum Buddha nehmen, sei es auch noch so sporadisch und noch so wenig fassbar. Von daher gewinnt die Zufluchtsformel hinsichtlich des Erwachten jedenfalls eine viel tiefere Bedeutung. Dass der Erwachte der Welt Kenner ist, der Meister der Götter und Menschen, der unvergleichliche Leiter der Menschenherde, der Wohlgegangene – das ist wirklich zu verstehen nur von jener Perspektive des Aufblicks. Nur von daher kennt man die Welt und die Wesen und ist zum Wohl gegangen, durch Wandel zum Wissen. Wenn gesagt wird, „Er traut der Wachheit des Vollendeten“, dann ist dieses gemeint.

64.2 Haltung zur Lehre

Das unerschütterliche Vertrauen zum Erwachten stellte sich dar als ein Heraustreten aus dem Fluss der Erscheinungen, die dann mit wachem Auge als Traumgebilde geschaut wurden. Während sich das sozusagen als Gesamtüberblick darstellte, wird beim unerschütterlichen Vertrauen zur Lehre (zum Gesetz) mit dem Mikroskop genauer hingeschaut. Das erste Merkmal der Hörerschaft stand unter einer Bewegung fort von den Dingen, das zweite Merkmal dagegen geht auf die Dinge zu. Beides aber steht in einem innigen Austauschverhältnis, weshalb vom Buddha gesagt wird: *Wer die Lehre sieht, sieht mich; wer mich sieht, sieht die Lehre* (S [III] 22, 87). Es ist nur eine Frage des Standpunktes, ob man durch den Erwachten hindurch die Lehre oder durch die Lehre hindurch den Erwachten sieht.

Die Lehre – das sind zunächst einmal die drei Merkmale alles Gewordenen. Das erste Merkmal ist die Unbeständigkeit: Alles fließt, alles wandelt sich, unaufhörlich, nichts Körperliches und nichts Geistiges ist mit sich identisch. Wenn sich aber das, was ich vor allem halten möchte, das Ichwerkzeug (Körper) und die Ich-Idee, ständig wandelt, dann zerfließt alles Wohl und so zeigt sich alles als Wehe, als Leiden. Und mit was für Mitteln ich auch bemüht bin, irgendetwas zu halten und das Wehe zu beseitigen, es ist nicht möglich, ich erweise mich als ohnmächtig. Das Ichgebilde hat nicht die Kraft, sich und seinen Besitz zu erhalten, sondern ist mitgerissen, ohne Souveränität, ist abhängig vom Gesetz des Wandels. Wie kann ich so etwas noch als „Ich" bezeichnen? Wenn alles Gewordene Objekt des Fließens ist, dann bin ich das doch gar nicht. Dann war es ein ungeheurer Irrtum, mich mit Unbeständigem zu identifizieren und in einen Leidenstraum zu begeben. So entpuppt sich das Leiden eines Ich als Illusion: Was Leiden ist, ist uneigen; und was eigentlich, wäre kein Leiden. Das Leiden kann nur tote, vergängliche Dinge treffen, die mir nie gehört haben. Das, was Leiden macht, was äonenlang Leiden machte und weiter machen würde, das bin ich gerade nicht, das ist ein bloßer Traum eines Spiels von sich schiebenden Phänomenen, die keinen anderen Bestand haben als den, welchen ich ihnen durch mein Ja verleihe.

Und wie kommt es zu dieser Einbildung? Es herrscht ein Gesetz der immer weiteren Spaltung und Aufspaltung. Weil man nicht mit dem Buddha-Auge die Existenz als Traumgebräu sieht, weil man den sicheren Ort des Außerhalbstehens nicht kennt, deshalb erzeugt man durch ununterbrochene positive Bewertung des Saṃsāro darauf gerichtete Bezüge (Triebe). Ein fehlendes Ja zum Nirvāna (Unwissen) ist ein Ja zum Saṃsāro (Gestaltungen), und damit ist ein Zug der Seele da, eine Gewöhnung daran (Erfassung). Und mit der inneren Zu- oder Abneigung der Gewöhnung erscheint, gleich einem Spiegelbild, außen ein Bild des Gegenstandes der Neigung. Und so entsteht die erste und fundamentale Spaltung, die in Subjekt (Neigung) und Objekt (Ding). Und das Subjekt setzt sofort auch einen Ständer des Blickens, einen Haltepunkt, ein Stativ, nämlich das Körper genannte Sechssinneswerkzeug. Damit ist die zweite Spaltung da, die in Körper und Welt, in Innengebiete und Außengebiete, in Ich und Umwelt auf der Sinnesebene. Das im Innengebiet sich wähnende Subjekt erlebt nun, dass seine Projektionen, der Fluss der Objekte, einmal dem Trieb entsprechen, einmal widersprechen. So gibt es Wohl und Wehe, Genehmes und Ungenehmes – und das ist die dritte Spaltung, die Gefühlsunterscheidung. Da wird nun das Wohlgefühl vom Trieb durstig angestrebt, das Wehgefühl durstig weggewünscht. Und so ergreift man zur Durstbefriedigung das Wohl. Und damit ist das Objekt fixiert, im Dasein festgehalten, verewigt. Wenn Angenehmes genossen ist, dann wird damit ein Stück Ernte aufgezehrt und der Trieb greift nächstes Mal mehr ins Leere. Wenn Unangenehmes weggestoßen wird, dann wird ihm damit eine Kraft verliehen, es wird aufgeblasen und kommt kraftgeladen nächstes Mal doppelt unangenehm wieder. Und das ist dann die vierte Spaltung, die Spaltung in die Zeitlichkeit, der man Raum gegeben hat durch Ergreifen: Da wird ein künftiges Schicksal abgespalten, eine Leere innen, ein Fließen außen. Das ist dann das sich drehende Rad von Entstehen und Vergehen, Geburt und Tod. Das ist die Vergänglichkeit, die leidige und nicht beherrschbare, die ohne den Buddha-Blick so weiterrollt.

Wer die bedingte Entstehung sieht, sieht die Lehre; und wer die Lehre sieht, sieht die bedingte Entstehung (M 28), so heißt es. Nur indem ich so in die Lehre, in das Gesetz eindringe, werde ich mit der Lehre zufrieden, wird mein Kausalbedürfnis befriedigt, ergründe ich aller Dinge Urart. Und so werde ich zuversichtlich darüber, dass Wissen Macht ist und dass ich so die Möglichkeit bekomme, Lenker des Schicksals zu werden, das Herz in die Gewalt zu bekommen, statt in seiner zu sein. Jetzt weiß ich, woher alle Dinge kommen, nämlich aus dem spaltenden Denken: Die geistige Tätigkeit gestaltet alles, Seele und Dinge und deren Verhältnis zueinander.

64.3 Haltung zur Jüngerschaft

Es liegt nahe, die drei buddhistischen Kleinodien mit der christlichen Trinität zu vergleichen, und da lässt sich sagen: Das Gesetz ist der Vater aller Dinge, der Erwachte ist der Sohn, der es entdeckte, indem er sich ganz in es fügte; und die Jüngerschaft sind die Söhne des Erhabenen, aus dem Munde geboren, sozusagen die Enkel des Gesetzes, das sie selber nicht finden konnten, wenn der Erwachte es ihnen nicht vermittelt hätte. Der „Heilige Geist" ist der Geist der Heiligen, der Edlen, die auf dem Wege zum Heil oder bei ihm schon angelangt sind. Ob ich unerschütterliche Zufriedenheit bei der Jüngerschaft, bei der Gemeinde, habe, zeigt sich in meinem Umgang mit ihr. Was das Gegenteil davon ist, lässt drastisch eine Geschichte aus dem christlichen Bereich erkennen. Ein Mann kam zu Jesus und sagte zu ihm:

> *„Meister, lass mich dir eine Zeitlang folgen. Deine Bergpredigten sind so originell, deine Wunder so interessant, deine Stimme ist so bezaubernd. Aber dein Jünger werden kann ich nicht, dazu bin ich zu selbständig."*

Die Befriedigung an der Gemeinde zeigt sich daran, dass ich in sie eintrete. Wenn jemand in den höchsten Tönen von einem Verein spricht, aber selber nicht beitritt, sondern 1000 Entschuldigungen vorbringt, dann überzeugt sein Lob nicht sehr. Was heißt nun, in den buddhistischen Verein eintreten und damit sein Vertrauen zu ihm dokumentieren? Es braucht nicht zu heißen, dass man in den Mönchsorden eintritt. Auch zu Zeiten des Erwachten traten die meisten Nachfolger nicht in den Orden ein, sondern blieben Hausleute, weil sie sich zu den Entsagungen der Askese noch nicht reif fühlten. Aber sie dienten als Anhänger dem Orden, unterstützten die Mönche, luden sie zum Essen ein, fragten sie um Rat, hörten ihre Lehrdarlegungen. Und so standen sie im engsten Kontakt zum Orden. Aber wo es, wie im Abendland, keinen Orden gibt, wie steht es dort mit jenem „Eintritt"? Jenes Eintreten ist rein geistig zu verstehen, es heißt, die Gemeinschaft mit den kongenialen Nachfolgern als höchste zu schätzen. Der *anusāri*, der Nachfolger, ist der erste, der jener Gemeinschaft, jenem unsichtbaren Orden der Edlen, beitritt. Und allmählich wird ihm klar, wo in der Welt er „wir" sagen darf, nämlich bei jenen Menschen, die wie er mit dem Buddha-Auge den Daseinstraum sehen und dessen Gesetz durchschauend ihm entrinnen wollen. Um jenen Anblick, der außerhalb der Welt steht, gegenüber der Unheilsströmung der Welt zu bewahren, ist eine Gemeinschaft Gleichgesinnter erforderlich, eben eine Gegenströmung. Diejenigen, die auf Erwachen aus dem Traum programmiert sind, bilden eine Kohäsion, einen Zusammenhalt, eben eine Gemeinschaft.

Diese dritte Spielart des Vertrauens des Ansichtvertrauten, des Hörers, bezieht sich auf sein gesamtes Weltverhältnis. Er ist überzeugt, dass es keinen besseren Umgang für ihn gibt als den mit Edlen, die der Lehre nachfolgen. Er sieht diese Gemeinschaft als höchste an, als letztlich einzig sinnvolle. Es erscheint ihm als Unding, stattdessen freiwillig eine andere Gemeinschaft zu wählen.

Im Abendland, in einer ganz anderen Umwelt, ist das natürlich viel schwerer als zur Zeit des Erwachten. Aber das Mindeste für den, der in seiner näheren Umgebung keine Gleichgesinnten findet und auch nicht die Fähigkeit besitzt, seine Umgebung zu „bekehren", ist es doch, in Kontakt mit solchen zu treten, brieflich oder durch Besuche usw., vor allem aber die Gesellschaft mit den Lehrreden zu suchen, in denen die Gemeinde zu ihm spricht. Ob es direkter Umgang mit Menschen ist, ob es brieflich oder durch Lesen von Schriften oder von Lehrreden erfolgt, immer geht es doch um die rechte Haltung zu den Weggenossen. Unerschütterliches Vertrauen zur Gemeinde hat nur, wer alle Unterschiede und Besonderheiten zurückstellt und wem das Gemeinsame wichtiger als die Eigenheiten des Typs ist. Wenn ich z. B. einen christlichen Lehrer treffe, der genau meinem Typ entspricht, der meine Gangart hat, und wenn ich außerdem einen Freund habe, der ein Edler ist, aber mir völlig konträr – dann entscheidet sich, was mir wichtiger ist. Folge ich der Herzensneigung oder der Stimme des Geistes?

Das heißt natürlich nicht, dass ich mich gegen heilsame Einflüsse aus anderen Religionen verschließe. Es heißt nur, dass ich die richtigen Wertmaßstäbe anlege. Wenn ich aus den Schriften vorbildlicher Christen an Tugend und Herzensreinheit Gewinn entnehme, dann ordne ich das eben in den übergreifenden Wertmaßstab ein und sehe es mit den Augen der Lehre. So wie heute Christen aus dem Zen-Buddhismus Meditationspraktiken übernehmen und sie in ihre christliche Weltanschauung einbauen, ebenso kann umgekehrt der Buddhist in einer christlichen Umgebung vieles davon in seine buddhistische „Elefantenspur" einbauen. Die Ordnung der Werte aber bleibt davon unberührt. Die Gemeinschaft der Edlen bleibt die höchste, der alles untergeordnet wird.

64.4 Haltung zur Tugend

Ebenso wie das dritte Kleinod bezieht sich das vierte Glied der Hörerschaft auf das Außen, auf die Umwelt. Aber während die Haltung des Vertrauens zur Gemeinde der Vorhut nachging oder sich nach oben reckte, besteht die Haltung des Vertrauens zur Tugend darin, die Nachhut mit zu ziehen und sich nach unten hin zu sichern.

Der Hörer hat überhaupt verstanden, dass der Heilsweg eine Übung in drei großen Schritten ist. Aufgrund des Vertrauens in die rechte Anschauung und Gesinnung geht es als erstes um Erhellung und Vereinfachung der Begegnungswelt durch Tugend, als zweites um Heimisch-Werden im reinen Herzen, als drittes um weise Ablösung von allem Gewordenen. Die Tugendübung gleicht dabei bei der Landarbeit dem Pflügen des Bodens (Selbsterziehung), die Einigung gleicht dem Säen des Friedens in sich, die Weisheit dem Bewässern (A III 91). Oder in einem anderen Bild: Die Tugend gleicht bei einem Tier dessen äußerer Farbe, die Einigung seiner Stimme (Klang des inneren Herzens), die Weisheit seiner Gangart (Durchschreiten der Bewusstseinsstufen) (A III 81).

Der Hörer hat nun außer zum Erwachten, zur Lehre und zur Jüngerschaft zu allen drei Arten der Übung größte Hochachtung, wie im Kanon überall betont wird (M 104; D 34 VI; A VI 92; S [V] 48, 58). Über diese vier Dinge hat er keine Zweifel und Unsicherheit, sondern er neigt im Herzen dazu, ist dabei befriedigt (M 16), und, gestützt auf die vier Dinge, überkommt er Übles (A VII 66). Aber von den drei genannten Übungen (Tugend, Herzensart, Weisheit) hat er eben nur die erste zu seinem Erfahrungsbereich gemacht. Nur da ist sein Vertrauen durch weise Erfahrung gestützt und insofern unerschütterlich und rundum eindeutig. Er hat zwar generell keine Zweifel mehr über den Weg (D 16 VI), aber es heißt beim vierten Glied der Hörerschaft eben nicht, dass er zur Übung im Ganzen schon unerschütterliche Zuversicht hat, sondern nur zum ersten Drittel, zur Übung in hoher Tugend (*adhisīla-sikkhā*).

Scheinbar davon abweichend werden als viertes Glied der Hörerschaft in einigen Lehrreden zwei andere Phänomene genannt:

In sechs Reden steht statt Tugend das Verzichten (*cāga*), das als Freude am Geben, Verteilen und Loslassen definiert wird (S [V] 55, 6, 32, 37, 39, 42; [IV] 41, 10). Aber das ist eben ein Aspekt der wohlwollenden Tugend, die am Loslassen Freude hat und bei der das Herz sich erhebt, weil man weniger für sich braucht und leicht abgeben kann. Es wird auch als ein Gabenverteilen ohne Zögern bezeichnet (S [V] 55, 6).

In M 7 wird als 4. Glied gesagt, man habe auf das Reagieren gemäß der sinnlichen Beschränktheit (*yath'odhi*) verzichtet, es aufgegeben, gelöst, überwunden, losgelassen. Das ist das Loslassen der dritten Fessel, des Überschätzens von Tugendwerk: Man reagiert nicht mehr, um in die Welt hinein zu wirken, sondern um loszulassen. Überdies steht dies aber erst nach der Überwindung der Herzenstrübungen, gilt also eher für Nichtwiederkehrer als für Hörer.

Das vierte Glied wird nun in der Regel wie folgt definiert:

> *„Er besitzt die Tugenden, die den Edlen lieb sind, die ungebrochenen, unverletzten, die ungemusterten und ungesprenkelten, aus freiem Entschlusse als von Verständigen gepriesene, die unüberschätzen und zur Einigung hinlenkenden."* (M 48, 104; D 16 II, 33 IV usw.)

Die meisten Übersetzungen erwecken hier den Eindruck, dass es sich um die Tugenden der Heiligen handele und dass der Hörer ihnen in der Erfüllung gleiche, d. h. dass er sie ungebrochen usw. einhalte. In Wirklichkeit ist nicht die Erfüllung der Tugendregeln ungebrochen, sondern es ist nur das angestrebte Ideal als Ideal ungebrochen. Vollkommen und lückenlos ist das Gebot, die Regel, das Ideal – aber noch lange nicht die Nachfolge darin. Erst die Heiligen (*Arahats*) sind in der Tugend vollkommen. Alle sieben anderen Edlen streben die Vollkommenheit erst an, wünschen und begehren sie. Der Hörer hat aber im Geiste das Bild der vollkommenen Tugend, besitzt es, ist damit unverlierbar ausgerüstet und ausgestattet (*samannāgato*).

Aber wird nicht in anderen Lehrreden gesagt, der Hörer sei in Tugend vollkommen (*sampanno*), aber noch nicht in Einigung und Weisheit (A IX 12)? *Sampanno* bedeutet hier: geübt, erfahren, bewährt. Der Hörer ist im Umgang mit der Tugend bewährt, hat aber noch kaum persönliche Erfahrungen in Einigung und Weisheit.

Die genannte Definition, die das Höchste der Tugend beschreibt (A V 32), lässt sich nun wie folgt verstehen:

Erstens gehört es zur rechten Anschauung des Hörers, dass er vollkommene Erfüllung der Tugend, ungebrochen und unverletzt, so anstrebt wie alle noch nicht heiligen Edlen. Das ist sein Programm und Ziel.

Zweitens gibt es für ihn keine Verkürzungen und Amputationen, keine Musterungen und Sprenkelungen, keine generellen Abstriche (z. B. Abtreibung ist kein Töten, Droge ist kein Rausch, Notlüge ist keine Lüge) und auch keine individuellen Entschuldigungen (einmal ist keinmal; unter den heutigen Verhältnissen kann man die Tugend nicht voll erfüllen).

Drittens übernimmt er die Tugend freiwillig, erstrebt sie auch ohne Aufsicht und Zwang, in Übereinstimmung mit den Verständigen. Auch wenn niemand einen Tugendverstoß merken würde und auch wenn kein Schaden anderer daraus entstünde – er tut die Tugend eben, um nicht eigenen Schaden an der Seele zu nehmen und um sich nicht vor den verständigen Vorbildern zu schämen.

Viertens überschätzt er die Tugend nicht (3. Fessel): Weltverbesserung genügt ihm nicht, er sucht Weltauflösung, Herzensfrieden, lenkt zur Einigung hin.

Das Einzige, was an Untugend für den Hörer wirklich unmöglich ist, das sind sechs Taten (vier des Tötens, zwei des Verrats), wie unten näher zu beschreiben ist. Zu allen übrigen Untugenden ist die Möglichkeit noch nicht abgeschnitten.

Wie steht es aber nun mit den fünf Sīlas? Wenn der Hörer sie noch brechen kann – abgesehen von den vier Extremen des Tötens – was unterscheidet ihn dann von dem Normalmenschen, der sie auch bricht? Es heißt, dass einer durch Nichtübertreten der fünf Sīlas furchtlos wird, dass er aber Hörer erst ist, wenn er das vierte Glied besitzt (A IX 27, X 92; S [II] 12, 41; [V] 55, 28-9). Entsprechend heißt es, wer die fünf Sīlas erfülle und die vier Glieder mühelos besitze, der sei Hörer (A V 179). Sogar wenn einer die sieben Sīlas dreifach erfüllt, wird er Hörer erst durch das 4. Glied (S [V] 55, 7). Was bedeutet das? Die fünf Sīlas halten kann auch ein Weltling und ein *anusāri*. Erst wer sie nicht nur innezuhalten bemüht ist, sondern außerdem die rechte Tugendansicht hat (4. Glied), der ist Hörer. Die fünf Sīlas sind der Mindeststandard dessen, was auch der Hörer sofort praktisch für sich fordert, andere Tugenden dagegen nur am Feiertag. Er wird sie also normalerweise innehalten und nicht mehr gewohnheitsmäßig eines oder gar mehrere der fünf Laster pflegen – aber vor einem Bruch im Einzelfall ist er nicht sicher. Wer dagegen auch nur in einem der fünf Sīlas regelmäßig versagt oder den Bruch gar systematisch pflegt und rechtfertigt, der hat noch nicht die Frucht der Hörerschaft. Je mehr ein *anusāri* die fünf Sīlas nur mit schlechtem Gewissen übertritt, je mehr Reue und Schuldgefühle er dabei hat, desto näher kommt er dem Lassen des Übertretens und desto näher ist er der Frucht, wie unten noch zu zeigen sein wird. Hier seien aus dem Kanon zwei praktische Beispiele dafür gegeben:

Ein Sakyer namens Sarakāṇi war als gewohnheitsmäßiger Trinker bekannt. Als er gestorben war, erklärte der Buddha, er sei Hörer gewesen. Da wunderten sich die Sakyer und murrten: Wenn jener Säufer schon Hörer sein solle, dann könne es schließlich jeder von sich behaupten. Da belehrte der Erwachte sie, dass Sarakāṇi erstens schon länger unwandelbare Zufriedenheit zu den drei Kleinodien besessen habe, dass er zweitens schon lange vom Töten, Stehlen, Ausschweifen, Lügen Abstand genommen habe, dass er drittens stark bemüht gewesen sei, gegen die Trinksucht vorzugehen und sich immer wieder aufgerafft habe, die Rückfälle zu besiegen, und dass er viertens kurz vor seinem Tode die letzte Faser der Trunksucht gelöst und auch im fünften Sīla vollkommen geworden sei (S [V] 55, 24). – Speziell von der Rauschsucht mag gesagt sein, dass Hörerschaft gerade damit unvereinbar ist: Drogen sind dabei wie Atombomben, Alkohol wie V2-Raketen, Weckmittel wie Maschinengewehrsalven, nämlich in Bezug auf Schädigung des Geistes.

Im zweiten Beispiel sagt der Buddha, der Kammerherr Isidatto sei Einmalwiederkehrer geworden, obwohl er in der Tugend noch Mängel hatte, weil er die volle Keuschheit noch nicht einhalten konnte (A X 75)! Vollkommenheit der Tugend beim 3. Sīla ist eben volle Keuschheit – aber von Laien fordert der Buddha diese keinesfalls. Hörer und Einmalwiederkehrer, die im Hause leben, werden immer als solche beschrieben, die noch sinnliche Genüsse pflegen und keusche Entsagung normalerweise nur am Feiertag unbedingt von sich fordern. Der Hörer steht nur von Ausschweifung ab, wie z. B. von gewohnheitsmäßigem Umgang mit Dirnen und vom Einbrechen in fremde Ehe.

64.5 Segen der vier Glieder

In vielerlei Weise beschreibt der Buddha den Besitz der vier Glieder generell als Segen, während die segensreichen Folgen im Einzelnen erst im nächsten Kapitel zu beschreiben sein werden:

S [V] 55, 38: So wie der Regen im Gebirge allmählich die kleinen Flüsse und dann die großen Ströme anfüllt, bis sich diese mächtig ins Meer ergießen, ebenso fließen für den edlen Jünger die vier Glieder zur Sicherheit des Nirvāna hin. – Dabei sind die vier Glieder der Regen heilsamer Gedanken, die den ganzen Menschen umwandeln, die seine Fähigkeiten zu Kräften machen, bis er mit diesen ins Nirvāna taucht.

S [V] 55, 41: Der Besitz der vier Glieder gleicht einer gewaltigen Überflutung durch Verdienst, das so unermesslich ist wie der Ozean. – Die Sicherheit und das Wohl, das zunimmt und schließlich zum ewigen Wohl führt, sind unvorstellbar. Alles andere Verdienst der Welt geht unweigerlich wieder verloren, einzig dieses nicht. Was der Hörer gewinnt, führt immer nur zu noch Besserem, ohne Rückfall und Verlust.

S [V] 55, 1: Der Besitz der vier Glieder gleicht einem Gewinn, demgegenüber die Herrschaft über die vier Kontinente durch einen Weltkaiser auch nicht ein Sechzehntel wert ist, denn der Kaiser entgeht nicht den unteren Welten, während der Hörer dabei ist, diesen Übeln in bestimmter Zeit endgültig zu entrinnen.

S [V] 55, 17: Während es in den vier Elementen Veränderungen gibt, kann es in dem Besitz der vier Glieder keinerlei Veränderung mehr geben. – Die Verteilung von Erde und Wasser auf der Erde wird sich ändern, Weltbrand und kosmische Wirbel wird es geben, wenn auch in langen Zeitläufen, aber an den vier Gliedern ändert sich nichts mehr, auch nicht in sieben Leben.

S [V] 55, 27: Weil der Weltling die vier Glieder nicht hat, gerät er wegen des Todes in Furcht und Angst, nicht aber der Hörer, der wegen des künftigen Daseins keine Furcht mehr zu haben braucht, da er nicht mehr absinken kann.

A V 179: Die vier Glieder sind vier erquickende und erhebende Dinge, auf die sich der Hörer ohne große Mühe immer wieder besinnen kann.

64.6 Die sieben Prüfungen (M 48)

Während der vierfache Spiegel der Lehre, mit welchem die Eigenschaften des Hörers feststellbar sind, an zahlreichen Stellen der Lehrreden beschrieben wird, erscheinen die sieben Prüfungen nur ein einziges Mal. Wäre die Rede M 48 zufällig nicht überliefert – so wie im tibetischen Kanon, während sie im chinesischen Kanon in der Angereihten Sammlung zu finden ist – so wären diese sieben Prüfungen nicht bekannt. Man würde sie auch kaum vermissen, sondern sich an die vier Glieder halten. Dies legt es nahe, sich zu fragen, ob jene sieben nicht nur eine Auffächerung und Konkretisierung der vier sind. Die folgende Prüfung der sieben Prüfungen mag es erweisen:

(1) Als Erstes heißt es, der Mönch gehe öfter für sich und besinne sich. Das gilt aber nicht nur für den Mönch, sondern ebenso für den Laien. Wenn schon der Mönch aus der heilsamsten Gesellschaft manchmal hinausgehen und die Einsamkeit aufsuchen soll, so hat der Hausner es erst recht nötig, gelegentlich „im Wald und auf der Heide“ zu sein, nämlich am wöchentlichen Feiertag. Weiter heißt es, dass er sich dann erforsche, ob sein Herz umsponnen sei, dass er nicht richtig erkennen und nicht wach sehen kann. Der Nachfolger hat eben seit dem ersten Erkenntnisblitz immer mehr gemerkt, dass das Verstehen der Lehre von seiner eigenen inneren Verfassung abhängt, von der Lauterkeit von Geist und Seele. Er weiß jetzt, dass es nur auf ihn ankommt und

eben deshalb geht er öfter mit sich zu Rate („meditiert). Er hat den wichtigsten Faktor des Bedingungszusammenhanges verstanden, nämlich dass alles Welterleben durch Geist und Seele entworfen ist und dass die Erkenntnis dieses Zusammenhanges nur bei geläutertem Inneren möglich ist. So weiß er, dass die Arbeit am eigenen Herzen das einzig Sinnvolle ist und dass alles Heilsame von dort ausgeht. Darum eben geht er öfter in sich und geht an die Wurzel aller Dinge. Um über den Kern der Lehre – nämlich dass alle Erscheinungen aus dem Herzen hervorgehen und dass es nichts anderes gibt als Wirken (*karma*) und Wirkungen – tiefer nachdenken zu können, muss aber das Herz momentan schon geläutert sein (s. A X 51-55). Unlauter ist es, wie der Buddha in M 48 sagt, wenn es von den fünf Hemmungen umsponnen ist, sowie von Gedanken über diese und jene Welt und von Streitlust. Dass Streitlust – als Form von Hass – extra genannt ist, dürfte durch die Situation der Rede bedingt sein, in welcher eingangs von einem der hartnäckigsten Streitfälle des Ordens zu Lebzeiten des Buddha berichtet wird. Das Denken über beide Welten aber ist nichts anderes als ein Reflex des Zweifels: Weil man die Welten nicht durchschaut, zweifelt man und weil man zweifelt, grübelt man über sie nach. – Wenn sich der Übende nun eingedenk des früher von ihm gewonnenen Wahrheitsanblicks bemüht, ihn zu wiederholen und dabei die Behinderung durch die fünf Hemmungen merkt, dann soll er sie beiseite drängen, um klar denken zu können. Wenn er aber wieder über den Anblick der Lehre nachdenkt, entwertet er die fünf Hemmungen von selber und desto klarer kann er denken. Das Beiseite-Drängen der fünf Hemmungen ist also das beste Mittel zu ihrer Auflösung. – Und bei diesem Bemühen gewinnt er immer mehr Erfahrung über die Wahrheit der Lehre. Das 2. Glied der Hörerschaft wird hier als erstes genannt, da es sich um einen Mönch handelt, der sein Vertrauen zum Buddha durch seinen Ordenseintritt schon bekräftigt hatte, so dass es hier als selbstverständlich vorausgesetzt wird.

(2) Als Zweites prüft er sich, ob er bei der rechten Anschauung still und wunschlos wird, ob er dabei zur „eigenen Ebbung und Erlöschung" kommt. Diejenigen, die unter dem Buddha und einige Jahrhunderte danach Hörerschaft erlangten, die erfuhren dies nicht durch einen Treue-Eid auf den Pāli-Kanon oder ein Bekenntnis zum Theravādo, sondern dadurch, dass das Klarwerden über die Existenz den Geist beruhigte und dass davon auch das Herz etwas stiller wurde. Es ist die unmittelbare akute Folge des rechten Anblicks vom Daseinstraum, dass die nur aus Irrtum geborenen Triebe einen Moment stiller werden. Bis dagegen aus dem Herzen heraus, von selber und aus eigener Kraft, Formen der Einigung erscheinen, dauert viel länger und kommt erst später. Hier geht es nur darum, dass die Triebe unter dem Eindruck der rechten Anschauung momentan kraftvoll zurückgedrängt werden, wenn sie den Hörer auch schnell wieder überschwemmen, so wie sich die Wogen des Roten Meeres hinter dem Zuge Moses sofort wieder schlossen. Während die erste Prüfung mehr die Weisheitsseite betraf (Klarsicht), hat die zweite es mehr mit der Gemütsseite zu tun (Ruhe). Erst beides zusammen macht aber das Vertrauen zur Lehre aus. Einer merkt mehr, dass ihm bei der Wahrheit frei und wohl wird (2. Prüfung: Gemüterlösungs-Typ), ein anderer merkt mehr, dass die Wahrheit so klar und wach macht (1. Prüfung: Weisheiterlösungs-Typ). Würde der Wahrheitsanblick nicht auch Wohl bringen, dann wäre man kaum fähig, immer wieder in der Einsamkeit fruchtbar zu meditieren und solange jedenfalls auf Sinnenwohl zu verzichten. Und würde das einsame Wohl nicht dem höchsten Anblick untergeordnet, dann würde man das Wohl doch irgendwann wieder auf bequemere Art suchen.

(3) Als Drittes folgt daraus die Frage, ob es solche Klarheit und Ruhe nur beim Buddha gibt oder vielleicht auch woanders, wo es vielleicht interessanter, vertrauter und be-

quemer ist. Der edle Jünger aber erkennt nun, dass nur der Kreis jener, die dem Erwachten nachfolgen, die höchste und umfassende Anschauung besitzt. Alle anderen Lehren und Asketen suchen das Heil noch irgendwo innerhalb der fünf Traumerscheinungen durch deren Verfeinerung, nur der Erwachte lehrt das Erwachen. Und die ihm folgen, sind ein Verein der Erweckungsbewegung. Andere suchen immer noch herum nach noch weiseren Asketen, nach passenderen Gefährten – wie eine Baumwollflocke herumgetrieben (S [V] 56, 39). Dem hat der Hörer ein Ende gesetzt. Innerhalb des Gewordenen ist der Kreis der Edlen das einzig heilsame Ding. Alle Erscheinungen sind letztlich leidig, aber an den Mitstreitern um Leidensüberwindung ist man ebenso befriedigt wie am Buddha und am *dhamma*. Die im Haltlosen sicher nach dem Halt streben: An die kann man sich halten.

(4) Die Art des Ansichtvertrauten (Hörers) ist auf Grundlage des Vertrauens zu den drei Kleinodien nun folgende: Wenn er einmal gegen ein Tugendgebot verstoßen hat, dann beichtet der Mönch es in vorgeschriebener Weise und bemüht sich künftig um Einhaltung und reines Gewissen, gleichwie ein gebranntes Kind das Feuer scheut. Ergänzend dazu sagt der Buddha an anderer Stelle, dass Hörer und Einmalwiederkehrer noch in den kleinen Ordensregeln fallen können, sich aber wieder herausarbeiten, während auch sie schon stark in der urasketentümlichen Übung seien (A III 86). Wenn also schon ein Mönch mit seinen genauen Ordensregeln und der asketischen Umwelt trotz der Hörerschaft noch immer wieder in der Tugend versagt, dann kann beim Laien-Hörer noch weit weniger von einer Vollendung der Tugend die Rede sein. Beim Laien bedeutet diese vierte Prüfung nun, dass er Tugendverstöße sich selber oder dem Partner oder Freunden nicht verheimlicht und dass er sie vor allem bereut und künftig achtsamer ist, um nicht gegen die fünf Sīlas oder die Gebote des Feiertags zu verstoßen.

(5) Die Art des Hörers ist ferner: Wenn er Pflichten zu erfüllen hat (in M 48 Ordenspflichten), wenn Aufgaben an ihn herantreten, dann ist er eifrig bemüht, sie bestmöglich zu erledigen. Wenn das geschehen ist, bemüht er sich wieder um hohe Tugend, hohe Herzensart, hohe Weisheit. Dazu sagt der Buddha an anderer Stelle: Herangetretene Pflichten erfüllt er, nicht herangetretene lädt er sich nicht auf (A II 54). Kurz: Er ist nicht mürrisch über Pflichten. Wenn ein Hörer bei seinem Meditationsprogramm durch eine Alltagspflicht gestört wird, bemüht er sich, nicht ungehalten zu sein, sondern jetzt mittels heiterer Geduld das Notwendige zu erledigen. Er weiß, dass er da so auch Selbstlosigkeit und Ledigung üben kann. Er ist also gegenüber der jeweiligen Gemeinschaft, von der er sich tragen lässt, kein Immer-nur-Nehmer, sondern ist um der Gerechtigkeit willen bereit, auch die geforderten Gegenleistungen zu erbringen. Erst wenn das erfüllt ist, widmet er sich wieder tieferen Übungen, mit umso größerer Freude, gleichwie eine Mutterkuh (Hörer) die Hürde (Störung) durchbricht, um wieder zum Kalb (Lehrnachfolge) zu kommen.

(6) Während die fünf ersten Prüfungen die vier Glieder betrafen (dabei zwei für die Lehre, eine für die Gemeinde, zwei für die Tugend) folgen nun darüber hinaus noch zwei weitere Prüfungen, die zur Erkennbarkeit des Besitzes der vier Glieder noch beitragen. Es wird hier beide Male von der Kräftigkeit (*balatā*) des Ansichtvertrauten gesprochen, d. h. von der Durchschlagskraft der Lehre in ihm, die auch schon die Übung in hoher Herzensart mit berührt, wenn auch zunächst nur sporadisch:

Die sechste Prüfung besagt: Bei der Darlegung der Lehre und Zucht des Vollendeten ist er auf den Sinn bedacht, aufmerksam, ganzen Gemütes hingegeben, hört er offenen Ohres die Lehre. Beim Vortrag der Lehre (heute auch beim Lehrredenlesen) und der Ordenszucht (das gilt nur für den Mönch) ist er auf den Heilssinn bedacht, nämlich sich dadurch in Herz und Geist zu läutern. Aufmerksam, unabgelenkt, konzentriert hört er zu: Das ist seine Form von Sinnenzügelung. Wer keine Lust zu heilsamen Lehrvorträgen und Lehrreden–Lesen hat, wer beim Hören dauernd abschweift und auf das Ende hofft, wer stumpfsinnig und unverbindlich die Lehrreden liest, ist noch nicht von der Kräftigkeit des Hörers erfüllt. Der Hörer ist wirklich Zuhörer, er kommt immer wieder auf den Buddha zurück, wie ein landspähender Vogel zum Schiff (D 11).

(7) Und beim aufmerksamen Zuhören gelangt er zum Verständnis des Sinnes und des Gesetzes, zu verständnisreifer Wahrheitwonne. Hier erklingt aus dem schon etwas verwandelten Herzen bereits eine feine Antwort: Das Herz macht schon mit, es reagiert mit Freude an der Lehre – wie oben näher beschrieben. Anklopfend vor dem Tor der Todlosigkeit stehend, öffnet sich das Tor bereits einen Spalt und lässt Frieden herausscheinen.

65. Die Früchte der Hörerschaft (*sotapatti-phalā*)

Ein achtes Leben wird er nicht ergreifen,
drei Dinge lernt er zu verwinden weiter,
vier Höllengründen ist er fern entronnen,
und sechs Verbrechen braucht er nicht mehr fürchten. (Sn 230, 1)

65.1 Die Aufhebung der drei Fesseln (*saṃyojanā*)

Mit dem Anwachsen der Sicherheit in den vier Gliedern des Hörers werden sämtliche Triebe vom Grunde her verneint und an der Oberfläche wenigstens etwas verdünnt. Restlos aufgehoben aber werden vom Hörer nur drei spezielle Fesseln, die dann völlig und für immer versiegen. Das sind: Persönlichkeitsglaube, Zweifelsucht und Überschätzen von Tugendwerk. Wo diese drei Fesseln geschwunden sind, da ist das Herz in seinem Erkenntnisteil geläutert, gesäubert und drei entsprechende Lauterkeiten stellen sich ein: Reine Anschauung, reine Zweifelsentrinnung und reine Wissenschaft der Wege. Und damit ist dann die Frucht der Hörerschaft rundum zur Reife gelangt. Ob die drei Fesseln alle gleichzeitig durchschnitten sind oder nacheinander, das mag individuell verschieden sein, jedenfalls ist die Hörerschaft erst mit Auflösung der dritten Fessel vollendet. Eine allmähliche Auflösung würde bedeuten, dass einer nicht mehr eigentlich Nachfolger und noch nicht Hörer ist, also ein Übergangsstadium. In einem Vergleich lässt sich sagen: Die Ausbildung der vier Glieder ist wie ein Taschenmesser, die drei Fesseln sind das zu durchschneidende vielfaserige dicke Schiffstau und die drei Reinheiten sind der Zustand der Fesselfreiheit.

Die erste Fessel übersetzt Neumann mit „Persönlichkeitsglaube" (*sakkāya-diṭṭhi*), wörtlich heißt sie „Fessel an die Ansicht von einer Persönlichkeit". Unter Persönlichkeit versteht der Buddha die fünf Erscheinungen des Aneignens (fünf Stücke des Anhangens) (M 44). Wo Persönlichkeit übersetzt wird, heißt es noch wörtlicher „Seins-Verkörperung" oder „Art des Seins" (*sat-kāya*). Da gibt es nun zwei Extreme: Es genügt noch nicht, nur an kein individuelles Ich zu glauben, aber eine objektive Welt weiter zu bejahen. Die Persönlichkeitsansicht ist erst durchschnitten, wenn alle fünf Erscheinungen innen und außen, überall, als bloßer Schein von Sein durchschaut sind, wenn sie als geistig gewirktes Geschaffenes erkannt sind, was kein Absolutes ist. Nur wer da sieht „Dies Ganze gilt nicht wirklich" (Sn 9 ff), dem hat der Buddha den Schleier der *Māyā* fortgezogen. – Es genügt aber auch nicht, bloß die Welt als *Māyā* zu sehen, als Produkt des Herzenswillens, so wie es der asketische Monismus des ADVAITA-VEDANTA tut (Ramana stark, Ramakrishna schwächer) oder die chinesischen Mystiker des TAO oder Schopenhauer. Zwar kommen sie von allen Anschauungen der Welt der Wahrheit am nächsten, aber sie setzen noch ein Selbst, welches die Funktion eines absoluten Erkennens hat und die Wonne dieser Seinserkenntnis auskostet. So heißt es bei den Anhängern des VEDĀNTA, der höchste Zustand sei *sat-cit-ananda* (Sein, Herz, Wonne). Der Buddha aber blickte tiefer und sah, dass es ein solches ewiges Sein nicht gibt. Kein Erkennen und keine Erkenntniswonne dauern ewig. Nichts an den fünf Erscheinungen ist das Ewige, das Absolute, das Ungewordene. Keine Erscheinung hat ein solches Sein, sondern alles ist zusammengesetzt, auch das Selbstsein (*sat*), auch das strahlende Herz (*cit*), auch die Wahrheitwonne (*ānanda*).

Es werden den Hörer noch manche, ja unzählige Anwandlungen im Geiste ankommen, an Ich und Welt zu glauben, die Dualität als Realität zu nehmen, aber er wird ihrer immer Herr. Solche Anwandlungen wären etwa: Der Gedanke, dass doch „andere“ da seien, die die Wirklichkeit der Welt bestätigen können; die Überlegung, dass wenn ich weg bin, doch die Welt übrig bleibt; die Meinung, dass es doch viel einfacher ist, eine objektive Welt und eine ewige Seelensubstanz anzunehmen. Und was dergleichen Träumereien mehr sind. Wenn er aber wieder ruhig nachdenkt – und er sieht sich dazu immer wieder von innen gezwungen (erste Prüfung in M 48) – dann vergehen vor seinem Wahrheitsblick und dem Erwachungsauge alle Theorien über die Realität von Ich und Welt wie Nebel vor der Sonne. Sein Denken kann nie mehr zu dem Ergebnis kommen, dass es da draußen eine aus Nichts oder Gott oder Evolution hervorgegangene Welt gäbe, in der ein Ich herumwandere und unter der es leide. „Ich bin in der Welt“: Das kann man nur träumen. Der Hörer kann solche Anwandlungen nicht mehr ernst nehmen. Aus alter Gewöhnung können sie zwar noch in seinem von Unwissen durchsättigten Geist aufkommen, aber sie finden keinen Halt mehr und werden hinausgeworfen. Er widerlegt sich selber alle solche Spaltereien und Haarspaltereien. Er sieht, wie alles durch Denken geschaffen ist, durch Aneignen weiter festgehalten wird und wie die Leidensüberwindung jenseits davon liegt. Der Buddha sagt, der Ansicht-Vertraute könne unmöglich noch irgendeine schaffende Aktivität (*saṅkhāra*) für beständig und glückbringend ansehen und könne unmöglich noch irgendein Ding als Ich angehen (M 115), auch nicht das ungeschaffene Nirvāna. Der Hörer handelt zwar noch unsagbar oft so, als gäbe es ein Ich – seine mehreren Leben sind nur deswegen möglich – weil eben die Fessel des Dünkens erst beim Heiligen verschwindet. Aber der Hörer ernährt diesen Wahn nicht mehr neu, sondern mindert allmählich den Trieb, für Leib und Seele etwas heranzuraffen, indem er sich immer wieder vor Augen führt, wie haltlos diese Spaltung ist. Er blickt hin: Da ist eine Geneigtheit, die sich für ein Ich hält, und da ist die gespiegelte Welt der Objekte und daraus kommen Gefühle, Vorstellungen und Aktivitäten. Und die Aktivitäten produzieren wieder Geneigtheiten und diese projizieren wieder Objekte. So dreht es sich im Kreise, im Leidenskreise. Alles Schaffen von einem Sein (*sat*) und darin sich inkarnieren (*kāya*), reicht nicht aus zum Bleiben, weil ununterbrochener Wandel herrscht: Film, Fließen, Flucht der Erscheinungen. Und wo das endet, da ist Nirvāna, da enden alle Begriffe, auch der Ichbegriff.

Die reine Anschauung, die bei der Überwindung der ersten Fessel gewonnen wird, setzt – in dem jeweiligen Augenblick jedenfalls – reine Tugend und reines Herz voraus, indem jene Unreinheiten verdrängt werden. Endgültig aber werden diese beiden Reinheiten erst später gewonnen. Es ist nicht etwa so, dass nur ein völlig tugendhafter Mystiker mit reinem Herzen zur reinen Anschauung fähig wäre, wie aus M 24 geschlossen werden könnte. Aber je mehr einer jene beiden Reinheiten besitzt, desto leichter fällt ihm das Verständnis der reinen Ansicht. „Selig sind, die reinen Herzens sind, denn sie werden Gott schauen“ – das bedeutet im Buddhismus: je reiner das Herz ist oder im Moment gemacht wird, je weiter Unreinheiten verdrängt werden, desto leichter ist der Wahrheitsanblick möglich, aber nicht notwendig. Wenn jedoch mit dem Blick des Erwachten das Gesetz des Erscheinens aus dem Geiste gesehen wird, dann tritt man über zur Gemeinde der Auswegbeschreiter, und dabei löst sich irgendwann die erste Fessel restlos auf.

Wie ein Wagen ein Ganzes scheint, aber nur aus Teilen besteht, die nach einer bestimmten Idee verbunden sind, ebenso bestehen die fünf Erscheinungen nur, wenn die Ich-Idee sie verbindet (S [I] 5, 10). Wie ein Spiegelbild im Wasser Eigenständigkeit vortäuscht, so spiegeln die fünf Erscheinungen aus sich heraus ein Ich, das sie hat (S [III] 22, 83). Oder wie eine Faust als etwas Substantielles erscheint, aber beim Auseinandermachen fünf Finger zeigt, ebenso geballt erscheint der Ich-Gedanke.

Die zweite Fessel, Zweifelsucht, ist eigentlich nur die Kehrseite der Persönlichkeitsansicht: Das eine ist Ansichtsgier, das andere Ansichtshass. Wo Gier nach falscher Ansicht, wo Gier nach der Saṃsāro-Weltanschauung ist, da ist Hass gegen das Nirvāna, gegen die Saṃsāro-Überwindung. Das aber äußert sich in unzähligen Bedenken, Zögern, Schwanken, Ausreden und Einwänden gegen die Lehre von der Desillusionierung und De-Suggestion. Bücher und Diskussionen sind voll davon. Wo nicht die Wahrheit der Lehre erkannt wird, da muss es ganz natürlich auch Zweifel an Scheinlehren geben – das ist gut. Aber das führt fast immer dazu, die eigentliche Lehre gar nicht mehr sehen zu wollen, in Resignation und Skeptizismus unterzugehen. „Die letzte Wahrheit ist unerkennbar: *Ignorabimus* (wir werden es nicht wissen)“: das ist eine der Formeln der Zweifelsucht, die sich verfestigt und verdichtet.

Man kann nun diese zweite Fessel nicht als solche direkt angehen („Wohlan denn, ich will nicht mehr zweifeln“), sie fällt zwangsläufig mit der ersten irgendwann. Beide sind ganz eng verbunden, und doch mag es eine Zeit dauern, bis einer, der die erste Fessel durchschnitten hat, nun auch merkt, dass er frei von allen existentiellen Zweifeln ist. Besonders bei dem Abendländer, der so viel Enttäuschungen mit Philosophien und Religionen erlebte, wird es eine Zeit dauern, bis er subjektiv auch merkt, dass er jetzt auf dem Felsgrund der Wirklichkeit steht. Das ist aber nicht eine Frage der zweiten Fessel, sondern der Erkennbarkeit ihres Wegseins, d. h. der Wissensklarheit der Erlösung von der 2. Fessel.

Hauptsächlich kreist das Denken der Zweifelsucht um die Frage, ob das geliebte Ich vielleicht doch im Nirvāna vernichtet würde oder ob nicht vielmehr das Nirvāna doch in Ich-Parzellen aufgeteilt werden könne, so dass es die Summe der Selbstverwirklichungen wäre. Wer das Nirvāna als Leiden ansieht, nämlich als Ichvernichtung, dem ist es ein Abgrund und niemand kann Leidiges als Heil anstreben. Die Lehre, dass das, was sich bisher für ein Ich gehalten hatte, bei der Heiligkeit vernichtet würde, während die Welt beim Tode des Heiligen übrig bleibt, ist eine sublime Nihilisten-Lehre, die der Buddha nie lehrte. Das instinktive Widerstreben des Geistes gegen solches „Nirvāna-Loch“ äußert sich dann in bohrenden Zweifelsfragen, ob der Buddha wohl recht habe, ob die Lehre wohl richtig überliefert sei usw. Und das führt entweder zu einer neuen Icherhaltungstheorie oder eben zur Auflösung der ersten Fessel und damit auch der zweiten. Solange ich das Nirvāna für irgendwie leidig, vernichtend halte, kann ich es gar nicht anstreben wollen. Und wenn ich sage, ich täte es heroisch, weil der Saṃsāro auch leidig oder noch leidiger sei, dann ist das eine der zahlreichen Selbsttäuschungen.

Alle diese Zweifel und Sorgen schwinden erst, wenn die erste Fessel beseitigt ist, wenn man außerhalb des Gewordenen stehen und gelassen darauf blicken kann (sei es auch nur für Momente) und wenn man auch diesen Blick nicht einem Selbst an sich zuschreibt. Erst dann entsteht ein Gefühl der Sicherheit und Geborgenheit, man kommt sozusagen wie nach Hause. Man entdeckt die einzig sichere Stätte (Nirvāna), der gegenüber alles Sonstige eine Odyssee durch Wüsten und Gefahren (Saṃsāro) war. Es ist so, als ob jemand beim Sägen allmählich die Sägekerbe eingespielt hat (1. Fessel weg) und nun nur noch gradlinig weitersägt (2. Fessel weg). Oder es ist im Bilde der Schwimmenden so, als ob der Hörer einen unsichtbaren Faden zwischen sich und dem Heilsziel geknüpft sieht, an den er sich nun immer halten kann, nämlich an das Empfinden der Heimat, der Sicherheit, der Geborgenheit als höchstem Wohl. Doch darüber ist Näheres erst im letzten Kapitel auszusagen.

Auch nach der Erringung der Reinheit der Zweifelsentrinnung gibt es noch Zweifelsanwandlungen, aber nicht mehr als Fessel, sondern nur noch als Hemmung. Es sind sekundäre Zweifel über Einzelheiten des Weges, über noch unklare Lehraussagen hinsichtlich höherer Zustände und ähnliches. Aber der Hörer kann sich immer wieder darüberstellen und sagt sich ohne jeden Zweifel: „Das werde ich entweder auf dem Wege erfahren, oder es ist etwas, das zum Heil nicht nötig ist". Über das Grundsätzliche der vier Wahrheiten ist er dagegen zweifelsfrei: Da ist er fraglos geworden (A X 46). Er sieht jetzt, wie all seine früheren Fragen aus der einen nach dem Wesen des Daseins und seinem Gesetz kamen. Er weiß jetzt, wie der Objektivismus die Zweifel ausbrütete: Der grobe Objektivismus, der an eine Materie an sich glaubte, brütete grobe Zweifel aus; der mittlere Objektivismus, der an einen objektiven Raum glaubte, innerhalb dessen die Materie karmisch gestaltet wurde, brütete mittlere Zweifel aus; der feine Objektivismus, der eine objektive Zeit projizierte, in welcher Bewusstseinsblitze abliefen, brütete feine Zweifel aus. Aber jetzt ist er in sich selber gewiss, kann sich solche Fragen selber beantworten.

Die dritte Fessel, diejenige der Überschätzung von Tugendwerk, ist anderer Art. Die beiden ersten Fesseln bezogen sich auf falsche Ansichten und wurden durch die Betrachtungen, die zum Vertrauen zu Buddha, Dhamma, Saṅgha führten, aufgelöst, d. h. letztlich durch die drei ersten Wahrheiten. Die dritte Fessel hingegen bezieht sich auf wahnhafte rechte Anschauung. Sie wird nicht durch die, sondern trotz der Übung in Tugend (viertes Glied) überwunden. Das ist ein großer Unterschied. Und darum ist es auch erst die Aufhebung dieser Fessel, die den Zweidrittel-Hörer zum vollendeten Hörer macht. So wie das Schwinden der zweiten Fessel mit der ersten besiegelt ist, so ist auch die Konsequenz aus beider Auflösung, dass die dritte aufgehoben werden muss, spätestens im Tode. Aber der Zeitraum zwischen der Aufhebung der zweiten und dritten Fessel mag relativ länger sein als der zwischen der ersten. und zweiten Denn ihre Aufhebung erfordert nicht nur – wie die der beiden ersten Fesseln – eine theoretische Bemühung, die mit Zurückdrängen der Triebe verbunden ist, sondern ein praktisches Bemühen, bei dem trotzdem der Weisheitsanblick bewahrt wird. Es ist sozusagen die Bewährungsprobe, das Gesellenstück des Hörerschaftslehrlings. Wie tief diese Fessel verwurzelt ist, zeigt das Beispiel des Buddha: Er hatte anfangs noch in diesem Leben die starke Neigung, ein Weltkaiser zu werden statt ein Erwachter. Die Wahl, den Weg zur Erwachung zu beschreiten, war aber eine Entscheidung gegen die dritte Fessel. Und die Theorien über ein Bodhisattva-Ideal sind nichts anderes als Verflechtungen in der dritten Fessel.

Es geht hier um die Kunst, gleichzeitig Tugend zu üben und nicht an ihr zu hängen. Tugend üben allein ist relativ einfach, das tut man in jeder Religion. Und schöne Worte darüber zu machen, dass man längst oberhalb der Tugend stehe und so etwas Banales längst hinter sich habe, wo es doch um viel Erhabeneres, wie die Buddhanatur in uns, gehe – auch das ist sehr einfach. Aber konsequent Tugend zu üben und keine Beschönigungen gelten zu lassen, sich aber trotzdem von ihren gewaltigen Früchten an Verdienst und Segen nicht fesseln zu lassen, das ist erst möglich bei Aufhebung der dritten Fessel.

Relativ am nächsten – wenn auch ohne die entscheidende Basis der Aufhebung der beiden ersten Fesseln – kommt dieser Haltung noch die Praxis des hinduistischen KARMA-YOGA. Das bedeutet: Bei dem Bemühen um Tugend nicht an deren Früchten hängen, sondern auf Verdienst gänzlich verzichten, so wie es in der BHAGAVADGITA beschrieben ist. Oder mit Meister Ekkehard: Nötig ist, nicht dass ich Tugend verschmähe, sondern dass ich ob der Tugend stehe.

Der Pāli-Begriff (*sīlabbata-parāmāsa-saṃyojanā*) bedeutet wörtlich: Die Fessel daran, Tugenden und Gelübde zu überschätzen. Gelübde (gute Vorsätze) sind das geistige Handlungsprogramm, das man sich setzt; Tugend (wörtlich Gewöhnung, und zwar an gutes Gehaben) ist der Bereich der Begegnungsebene, auf den sich das geistige Programm bezieht. Und das nicht zu überschätzen, bedeutet: die ganze Begegnungsebene nur als Durchgangsstufe ansehen, als Krankenhausaufenthalt, als notwendiges Übel, wo man sich bewähren muss, wie in einer Strafkompagnie, mit dem einzigen Zweck, dadurch möglich bald davon frei zu kommen. Es geht eben nicht um Weltverbesserung und Weltvergoldung, was allein durch Tugend möglich ist, sondern um die Übersteigung der ganzen Dualität, d. h. um Gesundung von der Spaltungskrankheit, um Befreiung vom Wahn der Vielheit. Was hülfe es dem Menschen, so er die ganze Welt durch Tugend harmonisierte, wenn er doch altern und sterben muss und von den Unterwelten im Laufe der Geburten nicht frei kommt? Sich klammern an Tugendwerk tut nur der Kurzsichtige, der nicht sieht, dass Pflaster nicht heilen. Die Wunde aber ist die Spaltung in Ich und Du, Subjekt und Objekt. Tugend allein kann die existentielle Wunde nicht heilen, wenngleich die Heilung nie ohne Tugend möglich ist. Tugend ist der Weg zur Harmonie; Harmonie setzt Polarität voraus; die Lehre aber zeigt die Überwindung der Polarität. Darum genügt kein Paradies.

Die dritte Fessel wird nun aber auch mit „Hängen an Riten und Zeremonien" übersetzt. Wieso? Wäre diese Übersetzung richtig, dann hätten zahllose Menschen die dritte Fessel nicht, denn sehr viele Menschen machen sich nichts aus Riten und Zeremonien: Sie lachen über all das feierliche Getue, besonders in der Jugend. Taufe, Konfirmation, Abendmahl, Liturgie, Gebete, Maskottchen, Aberglauben – wie viele Menschen sprechen dem jede Bedeutung ab. Haben sie deswegen die dritte Fessel überwunden? Dann wäre ein Mensch, je materialistischer und unreligiöser er ist, desto freier davon! In den Lehrreden findet sich auch nichts dergleichen. Gelübde gibt es vom allerprimitivsten Ritualismus (Baden im Ganges wäscht Sünden ab) bis zur feinsten ethischen Selbstdisziplin eines Sakko (S [I] 11, 12). Die einzige Stelle, die Anlass zu jener verengenden Übersetzung geben könnte, ist A VI 93:

> *„Unmöglich ist es und kann nicht sein, dass da ein Ansichtvertrauter irgendeine Aktivität für ewig und wohlig hält, dass er irgendein Ding für ein Selbst hält, dass er irgendeine unwiderrufliche Tat tut, dass er Läuterung durch Zeremonien und Gebete (kotūhala-maṅgala) erhofft, dass er außerhalb nach Gabenwürdigen sucht."*

Da steht nichts davon, dass darin die dritte Fessel definiert sei. Unter den manchen Dingen, die beim Hörer geschwunden sind, wird auch erwähnt, dass er nicht mehr an die läuternde Kraft von Zeremonien und Gebeten glaubt, so wie es ähnlich der Buddha auch in M 22 und D 1 hervorhebt. Das ist aber nur die allerunterste Stufe in der Begegnungsebene, nämlich die falsche Ansicht, dass man ohne eigene Läuterung durch allerhand Getue etwas am Schicksal bessern könne. Das hat überhaupt keinen Wert. Da gibt es nichts zu überschätzen. Die dritte Fessel dagegen reicht unendlich viel weiter, übersteigt auch noch die wahnhafte rechte Anschauung. Da wird dann auch die Beziehung zur fünften Lauterkeit („reine Wissenschaft der Wege“) deutlich: Es ist die Wissensklarheit geläutert über Weg und Abweg, Pfad und Nichtpfad (M 24). Tugend überschätzen und Welt vergolden wollen – das ist Nichtpfad; durch Tugend die ganze Tugendebene übersteigen – das ist Pfad, nämlich der Pfad zur Frucht der Hörerschaft.

65.2 Welche Triebe sind durch die Hörerschaft vermindert?

Der Buddha sagt, durch die vollendete Hörerschaft seien die Beeinflussbarkeiten (*āsavā*) teilweise versiegt (M 70). Es gibt nun vier Arten von Beeinflussbarkeiten, auch Joche oder Wogen genannt, die den Inbegriff aller Triebe ausmachen. Man kann nämlich beeinflusst oder getrieben werden zu folgenden vier Dingen: zu Sinnlichem, zu Dasein, zu Ansichten, zu Unwissen. Ferner heißt es, der Ansichtvertraute (d. h. der vollendete Hörer) habe außer den drei Fesseln all das an Gier, Hass und Verblendung aufgehoben, was zum Abweg führe: Solche Eigenschaften könnten in ihm nicht mehr aufsteigen (A VI 90-91). Gier und Hass sind nun die beiden Aspekte jeder Tendenz zu Sinnlichem, zu Dasein, zu Ansichten; und Verblendung ist ein anderer Name für die Beeinflussbarkeit durch Unwissen.

Die Frage ist nun, ob der Hörer außer den drei Fesseln noch weitere der insgesamt zehn Fesseln aufgehoben oder zumindest verdünnt hat. Die Antwort des Buddha: Der Hörer hat allein die drei Fesseln aufgehoben. Keine weitere der sieben Fesseln ist völlig aufgehoben, aber alle vier Triebarten, deren Erscheinungsformen die Fesseln sind, sind beim Hörer verdünnt:

Der Trieb zur Sinnlichkeit, das Habenwollen greifbarer Dinge, beeinflusst und jocht den Menschen an die fünf Sinnesobjekte, bei denen er Angenehmes begehrt und Unangenehmes verabscheut. Dieser Trieb ist beim Hörer am allerwenigsten gemindert. Wirklich ausgerodet sind nur die Tendenzen, die zu vier Arten von Mord und Blutvergießen führen können und die zu zwei Arten von Verrat an der Gemeinde führen können (s.u.). Nur die Triebe zu dieser Art von Untugend sind aufgehoben. Aber durch die Überzeugung von der Notwendigkeit der Tugend und die eiserne Übung darin sind alle Untugendtriebe schon weit zurückgedrängt und verdünnt. Wegen sinnlicher Dinge untugendhaft zu sein, das dämmt der Hörer immer mehr ein, so wie es heißt: *„Die Fesseln, die mich zum Mörder, zum Dieb, zum Lüsternen machen könnten, die beginne ich zu lösen, abzuschneiden.“* (M 54) Und doch verdünnt erst der Einmalwiederkehrer die sinnlichen Tendenzen sichtbar, und erst der Nichtwiederkehrer hebt sie auf.

Der Trieb zum Dasein, das Seinwollen, etwas werden und gestalten wollen, welcher ein Ich im Saṃsāro erhält und für dieses Ich im Werdesein eine neue Welt baut, ist objektiv entscheidend gemindert, indem die Zahl künftiger Daseinsmöglichkeiten und Sterblichkeitsnotwendigkeiten auf höchstens sieben reduziert ist. Innerhalb der sieben Leben aber sind alle Triebe zu untermenschlichem Dasein aufgehoben (s.u.). Der Trieb zu sinnlichem Werden ist entscheidend gemindert, indem von sechs sinnlichen Ebenen nur noch zwei übrig bleiben, nämlich Dasein als Mensch oder als Gott. Der Trieb zu formhaftem oder formlosem Dasein ist dagegen noch qualitativ unberührt.

Der Trieb zur Ansicht ist insofern im Wesentlichsten gemindert, als die drei Fesseln, die alle hierher gehören, restlos und für immer aufgehoben sind. Aber damit ist der Ansichtstrieb noch nicht völlig aufgelöst, wie man zunächst in Übereinstimmung mit der Scholastik (MNd 140, Ps I, 96) denken könnte. Aufgelöst ist nur der Trieb zu jeder Form falscher Ansichten und die drei Fesseln beziehen sich alle auf falsche Ansicht bzw. auf wahnhafte rechte Ansicht. Aber es gibt auch noch den Trieb zur wahnlosen (trieblosen) rechten Ansicht. Der Hörer freut sich z. B., wenn seine angehörte Weisheit auf dem Wege zunimmt und zu entfalteter Weisheit führt. Er hat dann *dhammanando*: das ist *diṭṭh'upādāna*. Und das kommt wiederum aus dem Erlösungsdurst als bestem Durst. Und das kommt aus Angezogensein (Gier) zu rechter Ansicht (*dhammarāgo*). Solange es eben noch Unverwirklichtes auf dem Wege gibt, freut sich sein Erkenntnistrieb bei Erreichtem. Er lebt insofern noch in einem Minus und die Freude ist ein Indiz für den vorherigen Mangel, der nun erfüllt ist. Solange noch Unwissen da ist, macht jede Unwissensminderung Freude, nämlich als Erfüllung des Wissensdranges. Aber das Sich-Anjochen an die Entfesselung wird nicht mehr Fessel oder Joch genannt.

Der Trieb zum Nichtwissen, d. h. die Anjochung an Unwissen verblendet festhalten, ist in den lichten Momenten des Hörers verdrängt und wird allmählich dünner. Aber erst beim Heiligen ist dieser Trieb ganz aufgelöst. Diese Beeinflussbarkeit wird bewirkt durch das Fehlen höherer Wegeserfahrungen, in Bezug auf die eben Unwissen herrscht. Der Hörer war sozusagen auf einer Autobahn durch den Pfad gerast, den er erst später zu Fuß erwandert und dabei Land und Leute kennenlernt. Erst dabei schwindet dann der Nichtwissenstrieb, die Verblendung, völlig. Mit dem letzten Rest von Nichtwissenstrieb ist auch die letzte Faser von Ansichtstrieb aufgehoben, der sein Reflex ist und wohl deshalb in manchen Reihen nicht extra genannt wird.

65.3 Und sechs Verbrechen braucht er nicht mehr zu fürchten

Unmöglich ist es und kann nicht sein, dass ein Ansichtvertrauter (Hörer) noch folgende sechs Taten tun könnte: Vatermord, Muttermord, Mord an Heiligen, böswillig das Blut eines Vollendeten vergießen, den Orden spalten, einen anderen Meister wählen (M 115; A VI 94).

Elternmord wird auch vom allgemeinen Rechtsempfinden als besonders gemeine und üble Tat angesehen. Denn den Eltern verdanken wir unser Leben, unser Aufwachsen und unsere Entwicklung. Ohne sie wären wir nichts. Die Eltern sind das Musterbeispiel für eine Dankesschuld. Elternmord heißt im Christentum eine himmelschreiende Sünde. Aber die heutige Familienzerstörungspropaganda mit ihrer Jugendaufhetzung beginnt bereits eifrig das Fundament, das Elternmord verurteilt, zu untergraben. Und die Älteren rächen sich an der kommenden Generation durch immer zügellosere Abtreibung (Kindesmord) oder durch Erziehungsverweigerung (antiautoritäre Erziehung) abwechselnd mit repressiver Gewalt wie in autoritären Staaten. Angesichts einer solchen Entwicklung wird die Tatsache, dass ein Hörer nie mehr, weder in diesem noch in den kommenden Leben, wo die Moral noch mehr gesunken sein wird, seine Eltern töten kann, unter keinen Umständen, auch nicht in den ausgefallensten Phantasiefällen und Euthanasiefällen, von erheblichem Gewicht.

König Ajātasattu von Magadha hatte seinen königlichen Vater Bimbisāro (einen Hörer) umgebracht, um schneller den Thron besteigen zu können. Damit hatte er seinem Vater die Hörerschaft nicht nehmen können, aber sich selber machte er die Hörerschaft unmöglich. Wer Elternmord begeht, kann in diesem Leben trotz aller Reue kein Hörer werden. Das Gebot des Nichttötens ist aber erst erfüllt, wenn man selber nicht tötet, andere nicht anstiftet und bei Töten nicht zustimmt (S [V] 55, 7 für den Hörer). Ein Hörer kann also nicht andere zu Elternmord anstiften, so wie Devadatto dem König Ajātasattu den Mord suggerierte. Der Hörer kann auch nicht Elternmord für vertretbar erklären und ihm zustimmen, wenn er propagiert wird. Er kann es nicht entschuldigen, wenn ein armes Kind seine Rabeneltern aus Notwehr umbringt usw.

Heiligenmord ist so selten wie Heilige selber. Während der Mensch normalerweise Eltern hat, die lange mit ihm zusammenleben, so dass er theoretisch mit dem Problem des Elternmordes konfrontiert bleibt, erscheint ein Heiligenmord mangels Heiligen ganz außer Reichweite. Fünfhundert Jahre, sagt der Buddha, würde die Lehre lebendig bleiben: Und das bedeutet, es würde die Kette der Heiligen solange bestehen. Eine makabre Geschichte erzählt, wie der letzte Heilige in Indien von einem Scholastiker ermordet wurde, weil er seinen Theorien über Buddhismus im Wege stand. Zu Zeiten des Buddha wurden Mogallāno und Kāḷudāyī als Heilige ermordet, beide Male aus Eifersucht von Laien. Ein Hörer könnte auch nicht einen Heiligen aus Mitleid töten, um ihn vom Körper zu befreien. Aber jemand, der jetzt Hörer ist, kann im übernächsten Leben unter dem Buddha Metteyyo leben und vielen Heiligen begegnen. Und da sind Extremfälle denkbar, wo ein Heiliger ihm im Wege steht, so dass der Gedanke an einen Mord aufkommen könnte. Aber all das ist mit der Hörerschaft unmöglich geworden. Und auch als ein mächtiger Geist könnte ein Hörer dann keinen Heiligen mehr ermorden, so wie es ein Yakkho versuchte, der Sāriputto einen gewaltigen Schlag auf den Kopf gab (Ud IV 4). Wegen dieses Versuchs eines Heiligenmordes hatte der Yakkho die Hörerschaft verspielt und kam unmittelbar zur Hölle.

Verletzung eines Vollendeten. Noch seltener als ein Heiliger erscheint ein Vollendeter, d. h. ein Vollkommen Erwachter. Er ist nicht tötbar, während ein Einzelerwachter anscheinend noch vorzeitig zu Tode kommen kann. Ein Mordversuch am Buddha oder auch nur böswillig dessen Blut vergießen (also nicht bei einem Arzt) kam nur einmal vor, und zwar durch Devadattos drei Mordanschläge. Das erste Mal befahl Devadatto einem königlichen Schützen, den Buddha zu erschießen: Dem Buddha gegenüberstehend, warf dieser aber seine Waffen fort und beichtete. Darauf führte der Erwachte mit ihm ein Lehrgespräch und brachte ihn bis zur Hörerschaft. Da dieser Mann den Versuch, den Buddha zu ermorden, aufgegeben und bereut hatte, war die Hörerschaft bei ihm nicht blockiert. Im allerletzten Augenblick war er noch gerettet worden.

Ordensspaltung: Während die bisher genannten vier Taten alle gegen das Gebot des Nichttötens verstießen, handelt es sich bei den letzten beiden Taten um Verstöße gegen die Eintracht, und zwar der Gemeinde. Den Orden spalten kann nun nur ein Ordensmitglied: Da es einen Nonnenorden im Theravādo nicht mehr gibt, könnte es dort nur ein Mönch. Aber Anstiftung, Beihilfe und Zustimmung gibt es auch bei Laien. Und zudem fragt sich, ob hier nur der Mönchsorden (*bhikkhu-saṅgha*) gespalten werden kann oder auch der Jüngerorden (*sāvaka-saṅgho*). Aber der ist eben nicht spaltbar, so dass es hier nur Anstiftung, Versuch usw. gäbe. Jedenfalls ist der Bereich dieser fünften Tat erheblich weiter, als man zunächst denken mag.

Ordensspaltung ist Hochverrat: Man spaltet die Lehre, um die eigene Meinung an die Spitze zu setzen, sozusagen als Konkurrenz gegen die Legitimität der bisherigen Macht. Der Ordensspalter ist ein Usurpator in Ansichten. Das Paradebeispiel des Kanons ist auch hier wieder Devadatto mit seinen Helfern, Mönchen, Nonnen und Laien.

Weil der Buddha ihm nicht die Ordensleitung übertragen wollte, spaltete der ehrgeizige Devadatto eine Sekte ab, der er auch ein dogmatisches Mäntelchen umhängte (rigorosere Gebote), womit er jüngere Mönche fing.

Bei näherem Zusehen geht es bei vielen Spaltungen der Religionen oft mehr um persönlichen Ehrgeiz, um Rechthaberei und Machtgier als um irgendwelche Theorien. Diese wurden oft erst nachträglich formuliert und immer mehr ausgearbeitet und festgelegt, unter Vortäuschung einer scheinbaren Sachlichkeit. Die Geschichte der christlichen Spaltungen ist ein Beispiel dafür. Nicht um die eigentlich sachlich entscheidenden Fragen – nämlich für und wider Origines oder Ekkehard – spaltete sich die Christenheit, sondern um der Machtpositionen willen.

In der Zeit nach dem Buddha begann bereits 100 Jahre später eine erste Form von Schisma, ein Ungehorsam gegen zu streng empfundene Ordenszucht, noch ohne jeden Dogmatismus. Später spalteten sich nach der gängigen Überlieferung siebzehn Sekten von der Lehre ab, deren dogmatische Besonderheiten in keinem Verhältnis zur Abspaltung standen. Alle blieben aber noch im großen Rahmen der Überlieferung. Dann kam um die Zeitwende aber eine Reformation auf, der Versuch einer Rückbesinnung auf den Ursprung, jedoch wurde daraus das Gegenteil, die größte Spaltung. Es entstand das Mahāyāna (große Fahrzeug). Im Verlaufe der Zeit wurden unzählige neue Lehrtexte erfunden und es entstand eine neue Religion, die manchmal dem ursprünglichen Buddhismus diametral entgegengesetzt war, manchmal noch um Wiedergewinnung der alten Tiefe bemüht war. Auch darin kam es zu zahlreichen Sekten.

Der Hörer, der heute diese Spaltung als gegebene Tatsache vorfindet, kann sie nicht noch vertiefen, indem er sektierhaft eine der Richtungen verteidigt. Denn keine vertritt noch die reine Lehre. Wer den Buddha durch Buddhaghosa, den *dhamma* durch ABHIDHAMMA, den *Sāvaka-Saṅgha* durch den *Bhikkhu-Saṅgha* ersetzen würde, der hätte doch wohl die drei Kleinodien vernachlässigt. Wäre etwas Derartiges dann aber nicht so anzusehen wie Spaltung, Spaltung der Eintracht der Jüngerschaft: An der vorhandenen Spaltung kann ein Hörer nichts ändern, aber er empfindet sie schmerzlich und wird mehr das Gemeinsame als das Trennende betonen und nicht durch parteiliche Vergleiche die Gegensätze weiter anheizen.

Einen anderen Meister wählen: Das ist Apostasie im Unterschied zur Häresie. Den Saṅgha spalten, das bezieht sich auf den Dhamma, einen anderen Meister wählen, bezieht sich auf den Buddha. Ordensspaltung oder Häresie ist Verrat. Abfall oder Apostasie ist es auch. Nicht der Austritt aus dem Mönchsorden und der Übertritt zum Laienstand sind hier gemeint, sondern der Austritt aus dem Buddhismus überhaupt. Der Apostat tritt über zu einer anderen Lehre und unterstellt sich der Autorität eines anderen Meisters, Lehrers und Gurus. Einen anderen Meister sucht man vor allem dann außerhalb der Lehre, wenn man es bequemer und mehr den eigenen Trieben entsprechend haben will, d. h. weniger gründlich und tief als beim Buddha. Die Gesellschaft der Lehre und die Unterordnung unter sie zwingt ja mein Herz zur Umerziehung – und das behagt ihm nicht, so dass es nach einer gemütlicheren und emotionaleren Umgebung Ausschau hält. Das wird oft mit großem Geschick bemäntelt. Oft wird der Buddha als Lehrer zunächst nur relativiert, allmählich aber seine Autorität ersetzt durch Christus, Krishnamurti, Ramana Maharshi, Rudolf Steiner usw. Alle diese anderen Meister haben zwar viel mit der Wahrheit der Lehre gemeinsam, aber sie erstreben alle weniger als der Buddha, begnügen sich mit einem geringeren Heil, d. h. bleiben letztlich im Vergänglichen. Wie könnte ein Hörer dergleichen wählen? Wie könnte jemand, der Honig hat, Kunsthonig wählen? Der Hörer kann nicht mehr dem Buddha untreu werden: Er kann nicht mehr ohne Gewicht und Gehorsam gegenüber den drei Kleinodien sein (A VI 92). Das wäre geistiger Selbstmord.

Alle anderen Taten außer diesen sechs sind für den Hörer noch nicht unmöglich. Gegen sie ist er noch nicht gefeit. In seltenen Extremfällen könnte ein Hörer vielleicht noch einen Menschen umbringen, der einen anderen angreift (Nothilfe) oder der ihm selber nach dem Leben trachtet (Notwehr). Es könnte sogar sein, dass ein Hörer – außer den sechs Verbrechen – eine Tat tut, die einen anderen zur Hölle führen würde, während der Hörer eine solche Tat derart bereut und abbüßt, dass diese Wirkung nicht eintritt, sondern er aus der Niederlage gestärkt hervorgeht. Ein Beispiel, allerdings vor Gewinnung der Hörerschaft, ist Aṅgulimālo, der vielfache Mörder, der doch ein Heiliger wurde.

65.4 Vier Höllengründen ist er ganz entgangen

Für den Hörer sind versiegt Hölle, Tierheit und Gespensterwelt, versiegt ist der Abweg, die schlechte Fährte, das Verderben (D 16 II; S [V] 55, 1 usw.). Er ist erlöst von vier Abwegen (Hölle, Tierheit, Gespensterwelt, Asuras: (549-231). Er hat keine Eigenschaften mehr, die ins Verderben führen (s.o.). Er hat dem Leiden insofern eine unübersteigbare Schranke gesetzt (A VI 97). Gier, Hass und Verblendung der Art, die in untermenschliche Ebenen führen könnte, hat er nicht mehr, sie können bei ihm nicht mehr aufsteigen (A VI 90-91).

Während der *Anusāri* noch Bezüge zu untermenschlichen Ebenen hat, wenngleich sie sich nicht mehr realisieren können, so ist der Hörer davon völlig erlöst (S [V] 55, 24). Nie wieder in den noch verbleibenden höchstens sieben Leben kann er tierisch, gespenstisch, höllisch, dämonisch werden. Von den sechs nur möglichen Daseinsformen, durch die das Lebensrad rollt, sind vier versiegt und es bleiben nur Menschentum und Götterwelt. Und weil die fünf ersten der sechs Verbrechen unhemmbar zur Hölle führen und in einem Leben nicht sühnbar sind, deshalb kann ein Hörer sie eben nicht mehr tun (A VI 93).

Dieses Abschneiden des untermenschlichen Werdeseins ist ein gewaltiges Ereignis innerhalb der Hörerschaft. Da könnte die Erde erschauern und erbeben, weil ein gewaltig starker Faden zerreißt. „Hölle, wo ist dein Sieg?“ – der Hörer darf so fragen. Aber seine Verblendung ist meist noch so stark, dass er es nicht merkt. Objektiv müsste er wegen der großen Entlastung emporfedern vor Leichtigkeit, aber die Unzahl der noch übrigen Tendenzen hat die Mehrheit und lässt die bessere Minderheit nicht hochkommen.

Im Einzelnen ist über die vier „Höllengründe“ (wörtlich Abwege) zu sagen:

Gespenster: Das normale Geschick der allermeisten Menschen nach dem Tode ist die Gespensterwelt, so dass bei den Indern für Verstorbene und Gespenster dasselbe Wort gebraucht wird (*peta*). Wörtlich heißt es „Die Vorangegangenen“, was auch andeutet, dass die noch Lebenden den Abgeschiedenen folgen werden. Auch bei den Griechen waren Hades und Tod dasselbe: Die Verstorbenen gelangten normalerweise in die Schattenwelt und Unterwelt des Hades. So wie es im gewöhnlichen Menschen aussieht, wenn er einmal seine gewohnten Genüsse entbehren muss – nämlich grau in grau, voll öder Leere – so auch hat er es nach dem Tode bei den Gespenstern. Das ist die Bürgerlichkeit minus Fernsehen, Kino, Parties, Fußball, Sex, Autos. Die Sinnenlust, die auf Erden durch die vielen Erfüllungsmöglichkeiten (die alle aus Tugend stammen) nicht nackt erkennbar ist, zeigt sich dort so, wie sie immer war und ist. Es ist genauso wie Plato es im Gastmahl schildert: Die sinnliche Liebe ist eine Bettlerin, eine hässliche alte Hexe, ein Hungerleider. Obwohl im Hörer nun die Sinnlichkeit fast ungebrochen ist, ist doch der Anblick der Wahrheit und die Freude daran so groß, dass dies ihn abzieht vom hemmungslosen primitiven Sinnenreiztaumel des gewöhnlichen Menschen, der lustig auf das Dämmerlicht des Gespensterreichs zugeht. Und da der Mensch sowieso seinen Gang zum Gespensterreich nicht merkt, so merkt auch der Hörer nicht das Abschneiden dieses Ganges.

Tierheit: Dahin gelangen Menschen, die ihren Geist dumpf und träge und stumpf gemacht haben, die über die Sinnlichkeit hinaus Moral und Gewissen abtöteten, an Rauschmittel gewöhnt, und die daher auch rücksichtslose Taten gegen andere tun können, mit tierischem Gekreische und Gekrächze. Wo Saufen und Gröhlen, Randalieren und Huren das Ideal ist, da vertiert einer eben und bringt sich selber zur Tierheit. So verspielen sie Geist und Sprache und aufrechten Gang, eben das Menschentum, sinken ab ins Animalische der rücksichtslosen Selbsterhaltung. Diese Formen von Gier, Hass und Verblendung sind mit der Geistesklarheit des Hörers unvereinbar, der die Einsicht höher stellt als alle Triebe.

Hölle: Das Schicksal der raffiniert Bösartigen, der planmäßigen Quäler, der intellektuell Gemeinen, die wider besseres Wissen höhnisch Böses taten, ist die Hölle. Je mehr einer das Gute weiß und trotzdem Böses tut, desto mehr verschreibt er sich der extremen Spaltungswelt der Hölle. Nicht die dumpf-animalischen Knechte der Sinne als solche, sondern die grausamen und die gegen ihr Gewissen Handelnden, oft gerade die höchst Intelligenten, bilden das Gros der Bewohner der Höllenbereiche. Diese Hybris des kalten Geistes hat der Hörer erkannt. Er erkennt die ganze Gefahr des amoralischen Intellektualismus, der kalt über Leichen geht. Die fünf Sīlas bewahren ihn vor dem Höllenweg des absoluten Leidens.

Asuras: Außer den in der Hölle Gequälten gibt es noch verschiedene Formen der Quäler, von denen die *Asuras* (Dämonen) besonders hervorgehoben werden. Sie sind gefallene Engel, Titanen. Dahin gelangen Menschen, die verhinderte Götter sind. Organisatoren, Willensmenschen, die überpersönliche Ziele verfolgen, wie gestern Faschisten und heute Terroristen. Soweit sie nicht derart viel Leid über andere durch Herzensverhärtung brachten, dass sie selber in der Hölle gequält wurden, werden sie, meist als Übergangsstufe, der Höllenbevölkerung zueilen. Weil der Hörer nicht mehr Tugendwerk überschätzen kann, kann er nicht mehr auf Weltverbesserung erpicht sein und daher kann er nicht gewaltsame Änderungen der gesellschaftlichen Verhältnisse erstreben, und daher schneidet er asurische Art ab. Übrigens sind die *Asuras* die einzigen der vier Abweg-ebenen, wo ein Buddha noch Anhänger hat (D 30).

65.5 Ein achtes Dasein gibt es nimmer

Unmöglich ist es, dass ein Ansichtvertrauter noch ein achtes Dasein erleben sollte (A VI 92), und sei er auch noch so leichtsinnig (Sn 230). Er hat nicht nur qualitativ (keine Unterwelt) sondern auch quantitativ (höchstens sieben Leben) dem Leiden eine Grenze gesetzt (A VI 97), es endlich gemacht. Wer mit der Frucht der Hörerschaft stirbt, der hat nämlich die bisherige Unendlichkeit des Werdeseins auf höchstens sieben Existenzen beschränkt. Die Dauer und Qualität der noch verbleibenden Existenzen zählt dabei nicht. Ein achtzigjähriges Menschenleben und ein Götterleben von achtzig Millionen Jahren gelten bei der Zählung der Leben gleich. Warum ist also die Zahl der Leben so entscheidend? Weil der Mensch den Tod für das Wichtigste und Leidigste hält: Da beginnt etwas Neues für ihn, da merkt er ein höheres Gesetz, da fühlt er sich am stärksten von der Vergänglichkeit bedroht. Und diese Katastrophe braucht der Hörer nur noch höchstens siebenmal durchzumachen. Darum ist die Zahl das entscheidende Merkmal: weniger Leben, weniger Tode und weniger Tode, weniger Leiden. An der Minderung der Zahl der Tode lässt sich die Leidensminderung und die Annäherung an die Todlosigkeit ablesen.

Und warum sind es gerade ausgerechnet sieben Leben? Genauso gut könnte man fragen, warum die Woche ausgerechnet sieben Tage hat. Die Antwort, dass Letzteres mit den viermal sieben Tagen des monatlichen Mondumlaufs zusammenhängt, mag wegen der makrokosmischen Grundzahl auch für den Mikrokosmos eine Entsprechung haben, wobei auffällt, dass die Zahl 7 x 12 x 100 (84 000) in den indischen Texten eine große Rolle spielt Wenn der Buddha in den Weisheitsdurchbrüchen geschaut hat, dass niemals ein Hörer länger als sieben Leben lebte, dann hat das eben den Grund in einer existentiellen Gesetzmäßigkeit. Darüber hat der Buddha aber nichts weiter mitgeteilt, und so mag dies zu den Dingen des Karma zählen, über die man nicht spekulieren soll, weil es zu nichts führt (A IV 77).

Überhaupt erscheinen unserem Gefühl sieben Leben doch noch sehr viel. Warum? Weil wir in der Tiefe unseres Gemütes doch hauptsächlich mit diesem einen Leben rechnen, während wir die Unendlichkeit des Saṃsāro zwar geistig bejahen, aber nicht plastisch nachfühlen können. Da können uns die sieben Leben wie eine Leidensverlängerung gegenüber dem einen erscheinen, mit dem wir bisher rechneten, fast wie eine Strafarbeit, die uns der Buddha aufbürdet. Für den Inder hingegen, der ein Gefühl für die Unendlichkeit der Wiedergeburten hatte, war die endliche Zahl sieben eine ungeheure Erleichterung: „Nur noch siebenmal statt unendlich steht mir das Leiden von Geburt und Tod bevor und muss ich die Tretmühle der Vergänglichkeit durchmachen. Was wird es auf eine solche Kleinigkeit wie sieben Leben noch ankommen, wenn dann die Unendlichkeit des Leidens überstanden ist!" Aus dieser realen Sicht sagt der Buddha, dass für den Hörer noch übrige Leiden der sieben Wiedergeburten wäre so gering wie sieben Bohnen gegenüber dem Weltgebirge Meru, wie sieben Kieselsteine gegenüber dem Himalaya, wie sieben Erdkügelchen gegenüber der ganzen Erde oder wie sieben Wassertropfen gegenüber dem Ozean (S [II] 13, 1-11 = S [V] 56, 49-60). Deutlicher kann man das Gefühl der ungeheuren Erlösung, die in der Reduzierung des Leidens auf sieben Tode liegt, nun wirklich nicht formulieren. Aber zu viel mehr als einem Hauch einer Spur von Ahnung rafft sich unser Gemüt trotzdem nicht auf – und danach fällt es sofort wieder in seine Gewohnheit zurück und stöhnt „sieben Leben – wie schrecklich", während dazu noch die Unterstimme der Triebe sagt: „Sieben Leben – Gott sei Dank!"

Es muss aber auch gar nicht sein, dass der Hörer noch alle sieben Leben durchlebt. Wem die sieben wirklich zu viel Leiden sind, der kann seinen leichten Sinn überwinden und die Zahl reduzieren. Nur der durchschnittliche, der schwächste Hörer braucht noch siebenmal zu sterben, er heißt „Höchstens noch Siebenmaliger". Der Buddha nennt nun nach der Zahl der Leben drei verschiedene Arten von Hörern. Gleich sind sie sich darin, dass sie in Tugend erprobt, in Einigung und Weisheit noch sehr mäßig sind (A IX 12), und dass sie sämtlich innerhalb der Sinnenwelt die Heiligkeit erlangen werden (A X 63), aber sie unterscheiden sich nach der Stärke der fünf Fähigkeiten (S [V] 48, 12, 15, 18, 24):

Am wenigsten Fähigkeiten hat der Siebenmalige: Er wird noch siebenmal unter Göttern und Menschen in der Sinnenwelt wiederkehren.

Stärkere Fähigkeiten zum Abbau der Daseinsfesseln hat einer, von dem es heißt, er gehe von guter Familie zu guter Familie und werde nur noch zwei- bis dreimal unter Menschen in besten Verhältnissen geboren. Außerdem mag er noch in Götterwelten erscheinen – im Ganzen aber weniger als siebenmal.

Die stärksten Kräfte zur Reduzierung der Fesseln hat der Einmalaufkeimende, der nur noch einmal zum Menschentum wiederkehrt. Im Unterschied zum Einmalwiederkehrer wird er aber außerdem offenbar noch bei Göttern geboren. Die gröbste Leidensform für den Hörer ist eben das Menschentum, und daher ist die Reduzierung der Zahl der Menschenleben das, was Fortschritt ausmacht.

Jeder Hörer wird in seinem vorletzten Leben dann ein Einmalwiederkehrer. Der noch siebenmal Erscheinende lebte etwa wie folgt: In den ersten fünf Leben genießt er die Frucht der Hörerschaft. Macht er kaum einen Fortschritt, so gilt er dann als leichtsinnig (S [V] 55, 40). Er findet es so interessant, die Sinnenwelt als Hörer zu erleben, dass er lange nicht genug davon bekommen kann, als Gesicherter in ihr zu leben. Im sechsten Leben erwirbt er dann Pfad und Frucht zur Einmalwiederkehr, im siebten Leben Pfad und Frucht zu Nichtwiederkehr und Heiligkeit.

Jeder Hörer absolviert seine sieben Leben innerhalb eines Äons, er muss spätestens bis zum Weltuntergang erlöschen, weil dann die Sinnenwelten, in denen er allein heilig werden kann, verschwinden und nur Brahmas übrigbleiben.

Ob ein Hörer nach dem Tode sofort wieder Mensch wird oder erst Gott, ist offen. Ersteres würde voraussetzen, dass es kein Zwischenstadium zwischen Tod und Wiedergeburt gäbe. Denn ein solches Zwischenreich (BARDO im tibetischen Buddhismus) wäre entweder Gespensterwelt (in die kann ein Hörer aber nicht kommen) oder Götterwelt (und dann ist es kein Zwischenstadium).

65.6 Wie der Buddha die Frucht der Hörerschaft vermittelte

Zum Abschluss aller Einzelheiten sei zusammenfassend der Bericht erörtert, der viele Male in gleicher Formulierung in den Lehrreden vorkommt und wonach der Erwachte jemanden – meist einen Laien – in einem einzigen Gespräch auf den Pfad (Nachfolger) und direkt zur Frucht der Hörerschaft (Ansichtvertrauter) bringt. Diese persönliche Weise der Führung war sogar bei Buddhas früherer Äonen die einzige, während unser Buddha auch allgemeine Darlegungen gab, die jemanden nach und nach zur Hörerschaft bereiteten.

Nach dem Bericht tritt also jemand an den Buddha heran, sei es um neugierig diesen Sakyer-Asketen zu sehen, sei es, um ihn zu widerlegen, sei es, um ihm philosophische oder alltägliche Fragen zu stellen. Oder der Erwachte tritt an jemanden heran, oft nach dem Mittagessen, und eröffnet ein Lehrgespräch. Da sitzt man also im Schatten großer Bäume oder eines Hauses und nachdem die einleitenden freundlichen, denkwürdigen Worte gewechselt sind, hat der Erwachte den anderen im Gespräch auf seiner Ebene angesprochen, ihn erheitert, ermuntert, ermutigt und angeregt. Da sprach der Erhabene zuerst vom Geben, dann von der Tugend, dann von seliger Welt; und er machte des Begehrens Elend, Ungemach und Trübsal und der Entsagung Vorzüglichkeit offenbar. Nachdem er so vom Bekanntesten zu immer höheren Themenkreisen vorgedrungen war – sei es in Form einer Pyramide oder einer umgekehrten Pyramide oder in gleichmäßiger Form – hatte er zunächst die humanistischen Neigungen angesprochen, die Bereitschaft zum Geben und Helfen, zur Nächstenliebe und Gerechtigkeit. Als Zweites sprach er dabei die ethischen Neigungen an, die Bereitschaft zur Läuterung und Selbsterziehung innerhalb der Begegnungsebene. Als Drittes spricht er die transzendente Bereitschaft an, die Ausrichtung auf das Jenseits und die Vorsorge für die Fortexistenz möglichst im Himmel. Als Viertes spricht er die mystische Neigung zum Herzensfrieden, zum Alleinheits-Bewusstsein an. Diese vier sind reine Tugend und reines Herz nach M 24, wonach dann dort die drei Reinheiten folgen, die zum Hörerschaftsanblick gehören. Das reine Herz, das hier durch Verdrängung der Triebe freigelegt wurde, zeigte fünf Eigenschaften: Der Buddha machte das Herz bereitsam, hellhörig für weitere Mitteilungen, weckte konzentrierte Achtsamkeit; dann war das Herz sanft, milde, still, es war ihm wohl, mit sich einig; damit war der Verstand bereit, da seine Wohlsuche erfüllt war, die Behinderung durch die fünf Hemmungen beiseite zu tun und sie nicht immer dazwischenfunken zu lassen, wo klare Weisheit nötig war; damit endete die Kraftverschwendung im Dienste des Scheinwohls der fünf Hemmungen und das Herz wurde aufgerichtet, erhoben, kraftvoll; und so war es befriedigt, vertrauensvoll zugewandt, was der Buddha nun noch Schönes und Wahres und Gutes sagen würde. Das war die Geburt der fünf Fähigkeiten zum Heil, nur in anderer als gewohnter Reihenfolge, nämlich hier: Achtsamkeit, Einigung, Weisheit, Tatkraft, Vertrauen.

Erst nachdem der Erhabene merkte, dass das Herz des anderen derart fünffach bereitet war, gab er eine Darlegung dessen, was den Erwachten eigentümlich ist, nämlich der vier Wahrheiten. Und damit und dabei machte er den Zuhörer zum Nachfolger (*anusāri*), der die vier Glieder der Hörerschaft dann vollendete. Wie ein gesäubertes Kleid Farbe gut annimmt, ebenso nimmt das gesäuberte Herz des Hörers die Farbe der Lehre an, unabwaschbar. Dem Hörer geht hier das geistige Auge der Lehre auf, das Auge der Wahrheit oder des Gesetzes (*dhamma-cakkhu = paññā-cakkhu*), das weder von außen durch den Staub falscher Ideen, noch innen durch Flecken des Herzens getrübt ist. Als Nachfolger dachte man „Was irgend auch entstanden ist, muss alles wieder untergehen – ach ja, leider, wie traurig“. Als Hörer aber denkt man: „Was irgend auch entstanden ist, kann alles wieder untergehen – glücklicherweise, das Leiden dauert nicht ewig.“ Aus dem Gefängnis des Gewordenen und wieder Vergehenden, aus dem Wandel, gibt es einen Ausweg, weil, was darin war, nie „ich“ war. So hat der Hörer das Gesetz gesehen, erreicht, erlebt und ist ganz darin eingetaucht, ist Gesetz geworden (*dhamma-bhūto*). Oder er hat, wenn *dhamma* auch als das Ungewordene aufgefasst wird, das Ungewordene gesehen, erreicht, erlebt, ist darin eingetaucht. Jedenfalls ist die erste Fessel damit geschwunden. Und dadurch ist er zweifelsentronnen, den Fragen entgangen fraglos, in sich selber gewiss und sicher. Damit schwindet die zweite Fessel. Und er ist auf keinen anderen gestützt, von niemandem abhängig in der Darlegung des Meisters, hinsichtlich der Übung und der generellen Frage „Was muss ich tun?“. Er weiß, dass es zunächst um Tugend geht, als Mittel zum Herzensfrieden. Und damit schwindet die dritte Fessel. Und mit der Frucht der Hörerschaft sind alle oben genannten heilsamen Folgen verbunden. Und dann sagt mancher: „Wohlan denn, nun muss ich gehen, gar manche Pflicht wartet meiner, manche Obliegenheit.“ Da schlagen die mühsam zurückgedrängten Wogen wieder zusammen, und er geht wieder in den Alltag und das Vergnügen und zu den Pflichten, aber er geht als Gewandelter.

66. Einmalwiederkehr (*sakadāgāmitā*)

„Da ist einer mit Tugend gesegnet, aber Einigung und Weisheit sind nur mäßig entwickelt. Was es an kleinen und kleinsten Übungsregeln gibt, da fällt er wohl zuweilen, aber erhebt sich wieder daraus. Wie ist das möglich? Nicht hab ich ja dies für eine Unfähigkeit zur Zielerreichung erklärt. Was es aber an jenen Übungsregeln gibt, die das Urasketentum betreffen, da ist er tugendstark, tugendfest und übt sich in den aufgenommenen Übungsregeln. Nach dem Schwinden der drei Fesseln und nach Verdünnung von Gier, Hass und Verblendung kehrt er nur noch einmal wieder. Und nur noch einmal zu dieser Welt zurückgekehrt, macht er dem Leiden ein Ende." (A III 85)

Vom Einmalwiederkehrer wird Viererlei ausgesagt: Er hat die drei Fesseln gänzlich versiegt. Er hat Anziehung, Abstoßung und Verblendung sehr verdünnt. Er kehrt nur noch einmal in diese Welt zurück. Er macht dabei dann dem Leiden ein Ende und wird ein Heiliger. Er hat Persönlichkeitsglauben, Zweifelsucht und Überschätzen von Tugendwerk restlos versiegen lassen, ganz ebenso wie der, der die Frucht der Hörerschaft besitzt. Was aber beim Hörer Abschluss, Höhepunkt und Seinszustand ist, das ist bei jenem nun die Grundlage, der Ausgangspunkt, die Voraussetzung. Das wird in einem Gleichnis verdeutlicht (A VIII 19): Wenn der Hörer ein Walfisch ist, dann ist der Einmalwiederkehrer ein Walfischfresser. Der Walfische fressende größere Fisch schluckt die Walfische, so dass sie unsichtbar werden; er verdaut sie völlig und hat dann all ihre Kraft in sich, hat sie sich zu eigen gemacht und assimiliert. So ernährt sich der Einmalwiederkehrer ganz selbstverständlich vom Hörerschaftsanblick. Das ist sozusagen sein tägliches Futter, ihm zur selbstverständlichen Gewohnheit geworden. Auf dem Hörerschaftsanblick baut er immer auf und denkt von da aus weiter. So wie der Walfischfresser mehr als der Walfisch, und so wie das ausgewachsene Kalb mehr als das junge Kalb ist (M 34), ebenso ist der Einmalwiederkehrer mehr als der Hörer. Was ist also dieses Mehr?

66.1 Was er überwindet

Er hat über die Austilgung der drei Fesseln hinaus die weiteren Fesseln sehr verdünnt, nämlich die weiteren aus Anziehung, Abstoßung und Verblendung bestehenden Fesseln. Während der Hörer aber drei bestimmte Fesseln gänzlich vertilgt hat, ist beim Einmalwiederkehrer keine einzige der weiteren Fesseln ganz ausgerodet und radikal vernichtet. Dafür ist aber die Gesamtheit der Fesseln deutlich verdünnt. Dazu heißt es konkreter: Bei ihm versiegen die stärkeren Beeinflussbarkeiten (Triebe) der Sinnlichkeit, des Daseins und Nichtwissens (Ps I, 96). Während der Hörer die Beeinflussbarkeit durch falsche Ansichten gänzlich aufhob, hebt der Einmalwiederkehrer von den übrigen drei Beeinflussbarkeiten nur die stärkeren, gröberen, dichteren, vordergründigeren (*oḷārika*) auf. Welche sind das? Da der Heilsweg immer von außen nach innen vorschreitet und zuerst die Läuterung in der Ich-Du-Beziehung erfordert, so gilt dieses allgemeine Gesetz auch hier. Die gröberen Triebe sind die, welche asozial sind. Und asozial sind vor allem die Herzenstrübungen der unsanften Begegnung, bei der man andere verletzt und durch andere verletzt werden kann. Diese Spinnenbeine der Verletzbarkeit sind es, die das Gröbste sind, das der Einmalwiederkehrer noch zu überwinden hat.

Bei den äußeren Sinnestrieben bekämpft er die Anziehung in folgenden Formen: ungerechte Habsucht, verderbtes Habenwollen, maßloses Raffen; eigensüchtiges Behalten-Wollen, geiziges sich Abriegeln, Knauserigkeit; mit den Dingen anderer viel planen, machtgierig schalten und walten, andere rücksichtslos „verheizen"; im Sinnengenuss besinnungslos, der Verdrängung des Rausches sich konzentriert hingeben. Und er bekämpft die entsprechenden Abstoßungsformen: Übelwollender Hass, andere zur Seite drängen wollen, Nächstenblindheit; missgünstiger Neid, der anderen Misslingen wünscht; Störende unterdrücken wollen, sie tyrannisieren, ihnen seinen Willen aufzwingen und sie als willenlose Werkzeuge benutzen wollen; Warnungen übermütig in den Wind schlagen, leichtsinnig in den Tag hinein leben, Gefahren mit Verkleinerungsbrille sehen.

Bei den äußeren Daseinstrieben bekämpft er in der Anziehung: Ehrgeizig andere überbieten wollen, den ersten Platz haben wollen, vor anderen ausgezeichnet sein wollen, eine besondere Rolle spielen wollen; wo man Anerkennung nicht auf geraden Wegen bekommt, da heucheln, täuschen, etwas vorspielen; wo man durchschaut wird und man auf Widerstand trifft, da Rachsucht hegen und Nachtragen; beim Geringsten sich schon überheben, sich eitel mit anderen vergleichen. Und die entsprechenden Abstoßungsformen: Bei Zurücksetzung Groll und Ressentiment; heimlich und listig ungerade Wege gehen; bei Hindernissen sie mit Wut und Zorn explodierend beseitigen wollen; andere kleinmachen, geringschätzen, verachten.

Bei den äußeren Unwissenstrieben: Sich nicht mehr ohnmächtig dem Schicksal ausgeliefert sehen und von ihm gefangen sein sondern Rückzugsmöglichkeiten in Richtung auf das Ungewordene erinnern. Daher und dabei nicht mehr völlig umgeworfen, überrascht werden und geistig ertrinken, sondern den Kopf über Wasser behalten.

Auf jenen drei Triebgebieten kommen jene genannten Trübungen beim Einmalwiederkehrer immer noch auf, aber er bekämpft sie kraftvoll und unermüdlich, er duldet sie nicht mehr so stark wie der Hörer, der noch kaum mit ihnen fertig wird. Er stellt sich ihnen erfolgreich entgegen und erreicht so eine sichtbare Verdünnung, wie der zweite Mensch in M 66, der die aufgestiegenen unheilsamen Dinge bekämpft. So ist der Einmalwiederkehrer der Mensch, der spürbar Fortschritte macht, der in Selbstüberwindung sichtbar voran kommt, was eben beim Hörer noch nicht der Fall war und ihn so schmerzte. Der Einmalwiederkehrer wird verglichen mit dem Schwimmer, der kraftvoll auf die gesichtete Küste zuschwimmt und ihr langsam näherkommt. Er erringt Siege und daher ist er zuversichtlich gestimmt. Wo er noch gegen kleinere Tugendregeln verstößt, zieht er sich schnell wieder heraus (A III 85).

Dabei gibt es aber, wie überall, mehr das Schwergewicht auf der Gemütsseite und auf der Weisheitsseite. Es gibt Einmalwiederkehrer, die stärker die Reinheit von Gier und Hass betreiben (Gemüterlösung) und solche, die mehr die Klarheit und Unverblendung betreiben (Weisheiterlösung). Ein Beispiel dafür sind die beiden Kammerherren König Pasenadis, die beide die Frucht der Einmalwiederkehr erlangten. Der eine lebte keusch, war selbstständig gegenüber dem Ergänzungsbedürfnis, aber war in Weisheit noch schwächer: Während er also im Gemüte schon dem Nichtwiederkehrer nahe kam, war er im Geiste noch kaum über den Hörer hinaus entwickelt. Der andere hingegen lebte zwar in den Freuden der Ehe, aber er war stark in Weisheit: Während er in der Gewinnung eines brahmischen Herzens noch kaum über den Hörer hinaus kam, war er in der Weisheitsübung schon dem Nichtwiederkehrer nahe. Der erstere hatte die Fesseln von Gier und Hass stärker verdünnt, weniger die Verblendung; der zweite hing noch stärker am Außen, aber wenn es sich änderte, fasste er schneller weise Gleichmut. Da man aber die verborgene Gleichheit beider nicht sehen kann und nur die Unterschiede ins Auge fallen und die Menschen irritieren, nahm der Buddha gerade diesen Fall zum Anlass, den Rat zu geben, die Menschen nicht abzuurteilen und abzuschätzen (A VI 44).

66.2 Seine Fähigkeiten

Mit jener Lehrrede war schon angedeutet, was dann eine andere Rede (S [V] 48, 18) ausdrücklich hervorhebt, nämlich dass der Status des Einmalwiederkehrers durch das Maß seiner fünf Fähigkeiten bestimmt wird: Er hat sie stärker als der Hörer und schwächer als der Nichtwiederkehrer. Und der Pfadbeschreiter hat sie schwächer als der, welcher die Frucht der Einmalwiederkehr erlangte. Die Überwindung der oben genannten Triebe drückt sich dadurch aus, dass die fünf Fähigkeiten stärker hervortreten:

Vertrauen: Indem der Einmalwiederkehrer klar das Gute im Nächsten sieht und ihn als Wohl Ersehnenden, Erlösungsbedürftigen versteht, empfindet er – wenn er auch noch getroffen wird – immer wieder mit (Liebe und Einfühlung). Für sich dagegen hält er sich zurück, weilt gern auch abgeschieden und ist unbedürftig der Anerkennung derer, die ebenso wie er im Saṃsāro schwimmen (Einsamkeit und Bescheidenheit).

Tatkraft: Er ist hilfsbereit, steht gern bei, ist fürsorglich und tröstend (Erbarmen und Teilnahme). Selber ist er pflichteifrig und tugendgezügelt, in seiner Aktivität sachgerecht und keinem schadend.

Achtsamkeit: Dankbar bleibt er aller Hilfen anderer eingedenk und die gelernten Einsichten hält er als Erfahrung fest. Die Mahnungen der Großen nimmt er ernst und gewichtig. Wo er Überlegene trifft, bleibt er ehrfürchtig und scheu, kurz: Er vergisst nicht die eigene Fesselung und auch nicht die Freiheit der Großen.

Einigung: Herzensfrieden hat er, indem er anderen gönnt, was sie als Verdienst erlangten und indem er deren Andersheit sanftmütig toleriert. Und für sich tritt er gern zurück, verzichtet auf eine Rolle und was Widriges kommt, erträgt er geduldig.

Weisheit: Statt ohnmächtig vom Saṃsāro geworfen zu sein, nimmt er das Steuer in die Hand und richtet sich weise nach den Umständen. Er weiß die Zeit zu ermessen, weil er alles genau prüft und bei Unvorhergesehenem sich gleichmütig neu orientiert. Er nimmt die Welt nicht so wichtig, weil er nicht wie die Blinden mit ihrem Bestande fest rechnet. So kann er in Wechselfällen gelassener bleiben. Indem er so die Verblendung verdünnt, gewinnt er mehr Unverblendung.

66.3 Seine Zukunft

Während der Hörer vor allem Besseres projiziert, der Einmalwiederkehrer weniger und der Nichtwiederkehrer gar nichts mehr in eine äußere Sinnenwelt, gestalten sie alle drei ihre Zukunft unterschiedlich. Der Einmalwiederkehrer kehrt nach dem Tode nur noch einmal in diese Welt zurück, während ein Nichtwiederkehrer nicht mehr aus jener Welt (Brahmischer Welt) zurückkehrt. „Diese Welt" ist also die Sinnenwelt. Wenn ein Einmalwiederkehrer in der Sinnenwelt gestorben ist, hat er nur noch eine einzige Geburt vor sich, und zwar in der Sinnenwelt, und diese kann nicht mehr untermenschlich sein, weil schon der Hörer die Unterwelten ausradierte. So gibt es hier folgende Fälle:

Ein Mensch hört auf Erden die Lehre, wird Nachfolger und Hörer, betritt den Pfad zur Einmalwiederkehr und erlangt ihre Frucht. Das erreicht habend, reicht seine Energie nicht weiter. Er genießt diese Frucht für den Rest seines Lebens. Danach wird er noch einmal in einer der sechs sinnlichen Götterwelten oder als Mensch geboren. So wurde Mahānāmo als Einmalwiederkehrer im ersten sinnlichen Himmel (bei den vier Großkönigen) wiedergeboren, dagegen die erwähnten beiden Kammerherren im vierten (Tusita). Wer ihre Lebensläufe kennt, versteht den Unterschied.

Ein Mensch hört auf Erden die Lehre und erreicht die Frucht der Hörerschaft. Er wird bei den Göttern wiedergeboren und erreicht dort die Einmalwiederkehr. Danach kehrt er noch einmal bei Göttern oder Menschen wieder. So war es bei Bimbisāro.

Jemand hört bei den Sinnengöttern die Lehre und wird dort Einmalwiederkehrer. Dann erscheint er noch einmal als Gott oder Mensch.

Jemand hört bei den Sinnengöttern die Lehre, wird Hörer und wird bei Menschen oder Göttern wiedergeboren, wo er die Einmalwiederkehr erlangt. Danach wird er noch einmal bei Göttern oder Menschen geboren.

In allen vier Fällen macht der Betreffende im letzten Leben dem Leiden ein Ende, d. h. in jenem einen Leben entwickelt er sich zum Nichtwiederkehrer und Heiligen. Dabei durchläuft er die Stufe des Nichtwiederkehrers aber nur innerlich im Herzen. Warum?

Jeder Nichtwiederkehrer und Heilige durchläuft auch die Stufe des Einmalwiederkehrers innerlich, ohne äußerlich als solcher zu erscheinen. Jeder Edle macht also innerlich die Stufe des Einmalwiederkehrers durch, aber nur bestimmte Edle erleben sie auch äußerlich. Äußerlich durchläuft diese Stufe, wer nicht genügend Kräfte für den neuen Aufschwung hat, sofort ein Nichtwiederkehrer zu werden. Ein solcher muss erst noch das Leiden erneuter Wiedergeburt erleben, um daran zu reifen. Er bleibt aber der Typ des Einmalwiederkehrers, denn ein Nichtwiederkehrer erlischt in der Welt oberhalb der Sinne.

Das Verhältnis von Hörern zu Einmalwiederkehrern wird durch die Nachricht verdeutlicht, dass in der Stadt Nādika fünfhundert Anhänger als Hörer starben, aber nur neunzig als Einmalwiederkehrer (D 16 II).

67. Nichtwiederkehr (*anāgāmitā*)

„Er löst sich von zwei Eigenschaften, von Habsucht und Übelwollen. Und fern von Begierden, fern von unheilsamen Dingen gewinnt er die sinnend-gedenkende selige Heiterkeit, die Weihe der ersten Schauung. Und wenn er stirbt, gibt es keine Fessel mehr, durch die gebunden der edle Jünger wieder zu dieser Welt zurückkehren könnte.“ (A III 92)

Wer Wünsche wie den Vipernkopf, der nach der Ferse faucht, umgeht,
entkommt aus dieser geilen Welt, gewitzigt ohne Wiederkehr. (Sn 768)

Der Nichtwiederkehrer wird in zwei Termini beschrieben, von denen der erste das Diesseits, der zweite das Jenseits betrifft:

(1) Er hat die fünf niederzerrenden Fesseln völlig versiegt, (2) er wird dadurch ein geistig Geborener, der dort erlischt, nicht mehr die Eigenschaft hat, aus jener Welt zurückfallen zu können.

Das bedeutet: Er hat hier außer den drei der untersten (Sinnen-)Welt zuteilenden Fesselverstrickungen, die schon auf der vorletzten Stufe beim Hörer aufgehoben wurden, auf dieser Grundlage nun, und das hebt ihn über den Einmalwiederkehrer hinaus, noch die zwei weiteren der fünf niederzerrenden Fesseln restlos versiegt, nämlich sinnliches Begehren (Habsucht) und sinnliches Hassen (Übelwollen). Er wird als Nichtwiederkehrer dem Fresser von Walfischfressern verglichen, d. h. er verzehrt auch den Einmalwiederkehrer (Walfischfresser), der den Hörer (Walfisch) verschluckte, hat sich auch die Lebensform des Einmalwiederkehrers ganz zu eigen gemacht und überschreitet sie nun.

Und nach dem Tode, heißt es weiter, wird er dann sofort ein Geistgeborener. Das sind zwar die meisten Jenseitigen, aber er wird ein von den fünf Fesseln der Sinnenwelt freier Geistgeborener – und das ist ein Brahma. Und er erlischt fern von der Sinnenwelt, entrückt der Sinnenwelt (*idha-vihāya*, A X 63). Er birgt nicht mehr die geringste Eigenschaft in sich, die ihn noch aus jener Welt (der Nichtsinnenwelt) zurückfallen und umkehren lassen könnte. Er kennt dann in jener Welt nur noch gradlinige Aufwärts- und Vorwärtsentwicklung. Jede Veränderung ist bei ihm nur eine Verbesserung. Die Veränderlichkeit, die Vergänglichkeit, die Unbeständigkeit besteht bei ihm darin, dass es immer nur besser wird.

67.1 Die Eigenschaften des Nichtwiederkehrers

Der Nichtwiederkehrer, der die Sinnlichkeitsfessel für immer und restlos löste und damit die Frucht der Nichtwiederkehr erntete, hat die Welt besiegt, die Welt überwunden. Und das bedeutet: Er ist in Vertiefung völlig eingetaucht, ist in Einigung gründlich erfahren, ist vom Herzensfrieden ganz und gar gesättigt und durchdrungen. Und damit hat er die Sinnlichkeit aus dem Leibe ausgetrieben, wie die Wärme die Feuchtigkeit aus einem nassen Holzstück austreibt (M 36)! Dasselbe Gleichnis brauchten, ganz unabhängig vom Buddha, die Mystiker der Ostkirche:

> *„Alles geht darum, das Herzensfeuer zu entfachen. Doch wird das nicht gelingen, solange die Leidenschaften in Kraft sind. Sie entsprechen der Feuchte im Holz. Das Holz sind alle Kräfte der Seele und des Leibes. Solange der Mensch achtlos lebt, sind seine Kräfte gleichsam von Feuchte der Leidenschaft durchsetzt. Feuchtes Holz brennt aber nicht. Von dem Zeitpunkt, da dein Herz sich erwärmt, beginnt die innere Wandlung. Die Herzenswärme trocknet die Feuchte, verbrennt alles Unreine in dir, schmilzt es um und beginnt alles zu durchgeistigen.“* (*Das immerwährende Herzgebet*, München 1973, S. 191)

Der Nichtwiederkehrer ist damit der Schwimmer im Saṃsāro-Meer, der dem Ufer so nahe gekommen ist, dass er erstmals Grund unter die Füße bekommt: Indem er weise Fuß in der Brahmawelt fasst, lässt er das unsichere Gebiet der schwankenden Sinnenwelt hinter sich. Oder es heißt, er gleiche einem starken Schwimmer, der auch ohne Floß den Fluss kreuzen kann (M 64). Oder er gleicht den erstarkten gebändigten Kühen, die mühelos den Ganges durchschwimmen (M 34). Damit ist er der *Samādhi*-Mensch, der buddhistische Mystiker, also derjenige edle Jünger des Buddha, der schon auf Erden ein Brahma ist, er ist im höchsten Sinne ein „Gott in Menschengestalt“. Als Wesen von endgültig reinem Herzen hat er nicht nur die ersten beiden Hemmungen (Wunscheswille und Übelwollen) verdrängt wie andere Mystiker, sondern er hat die entsprechenden beiden Fesseln getilgt und damit die Fünfheit der niederzerrenden Fesseln zunichte gemacht, jene beiden Fesseln, die als Fesseln so tief im Unbewussten schlummern, dass auch hohe Mystiker sie nicht durchschauen. Diese Fesseln aber sind es, die auch einen Brahma immer wieder zur Sinnenwelt niederzerren und die Verdrängung der Hemmungen wieder zunichtemachen.

Des Näheren bedeutet das Folgendes:

Die Befreiung von der vierten der fünf niederzerrenden Fesseln (sinnliches Begehren, Habsucht, Wunscheswille, sinnliche Anziehung) zeigt sich konkret daran: Er lugt nach nichts Sinnlichem mehr, er schaut weder nach Sinnesobjekten noch nach dem Sinneswerkzeug aus, ist z. B. völlig frei von Geschmäckigkeit und von den feinsten Fesseln des Eros. Und er kennt nicht mehr Trägheit, schlaffe Bequemlichkeit und Genüsslichkeit des Leibes, hat keine Lust mehr zu schlafen und auszuruhen. Ferner ist er auch frei vom Gegenteil dessen, frei vom nervösen Herumwirbeln, von aufgedrehter Anspannung, von rappeliger Agilität. Und schließlich ist er auch frei von Zerstreutheit und Ablenkbarkeit, seine Konzentration wird nicht mehr gestört, seine Selbstkontrolle und Selbstbeobachtung nicht mehr unterbrochen.

Und die Freiheit von der fünften Fessel (Übelwollen, sinnlicher Hass, sinnliche Abstoßung) zeigt sich konkret an Folgendem: Nichts Sinnliches kann ihn mehr stören und abstoßen, nichts ist ihm mehr unsympathisch, nichts ekelt ihn, auch gegen übelste Menschen hat er keine Abneigung mehr. Und er kennt keine Abneigung mehr gegen die aufrufende Lehre, kennt keine Unlust mehr bei der Lehre, hat keine Aversion mehr gegen das Loslassen. Und ebenso wenig ist das Gegenteil da: Es gibt keine Reue und keine Gewissensbisse mehr, keine Selbstvorwürfe, Selbstqual und sonstigen wilden Hass gegen sich, weil man in Einklang mit sich leben kann: Und wenn er noch bei kleinen Regeln versagt, dann korrigiert er sich ohne viel Aufwand (A III 85). Und schließlich: Er braucht nichts mehr ins Vergessen zu verdrängen, kennt keine Aversion gegen Achtsamkeit und Gewissensstimme mehr, pflegt nicht mehr die Programmierung des Vergessens dessen, was man nicht wahrhaben will.

Positiv ausgedrückt, zeigt sich sein Status daran, dass er die fünf Fähigkeiten stärker als der Einmalwiederkehrer besitzt, nämlich nicht nur nach außen angewandt, sondern auch nach innen, d. h. im Zurücktreten des Bezuges zum Außen überhaupt:

Als Gegenteil des sinnlichen Begehrens herrscht bei ihm die Haltung des Entsagens, die sich auf die vier ersten Fähigkeiten wie folgt auswirkt: Sein Selbstvertrauen ist so stark, dass er in sich genügsam und autark ist, ohne Anstrengung in sich zufrieden, unabhängig; Seine Tatkraft ist so beweglich, dass er nach Wunsch und Willen Vertiefungszustände erreichen kann; seine Einigung ist dann so weltabgekehrt, dass er das Glück des reinen Herzens mit und ohne Vertiefung ständig bei sich hat; und seine Achtsamkeit ist so wach, dass sie ihn auch im Schlaf und in der Vertiefung, auch bei Schmerz und Tod nicht verlässt: wie ein Tropfen auf heißer Herdplatte sofort wieder verzischt, so fängt sich seine Achtsamkeit, wenn sie noch einmal abirrt, sofort wieder (M 66).

Als Gegenteil des sinnlichen Hassens ist er vollendet in allem Nichtablehnen, das sich wie folgt auswirkt: sein Selbstvertrauen ist so stark, dass das Nirvāna für ihn nur eine Zeitfrage ist, er hat kein Misstrauen mehr in die eigene Kraft, es zu erreichen; seine Tatkraft ist so mutig, dass er das Nirvāna in keiner Weise mehr für das „Nichts" hält, sondern dass er das Nirvāna freudig anstrebt; seine Einigung ist so fest, dass er keine motorische Unruhe mehr kennt und der Körper immer entspannt und still ist; und seine Achtsamkeit ist so klarbewusst, dass ihn keine Gedanken mehr abziehen und unwillkürlich ablenken.

Und wie steht es mit der fünften Fähigkeit, der Weisheit? Einmal heißt es, er besitze größere Weisheit als der Hörer und Einmalwiederkehrer (S [V] 48, 18), dann aber heißt es wieder, seine Weisheit sei nur mäßig bzw. beschränkt (A IX 12 bzw. III 86). Das ist eben je nach dem Standpunkt zu verstehen. Vom Standpunkt des Heiligen aus, der in Weisheit vollendet ist, ist die Weisheit des Nichtwiederkehrers erst mäßig und beschränkt, dagegen vom Standpunkt des Einmalwiederkehrers viel größer. Diese Weisheit des Nichtwiederkehrers besteht einmal in viel größerer Klarheit der Durchschauung der fünf Erscheinungen (Weisheitserlösung) und zum anderen in den Weisheitsdurchbrüchen, die auf Grund der Schauungen möglich sind (Gemüterlösung). Sie ist nur noch nicht vollendet wie beim Heiligen. Ein besonderes Merkmal seiner Weisheit wird hervorgehoben, nämlich dass ihm bei der Darlegung der Auflösung der Persönlichkeit (Durchschauung der fünf Erscheinungen) sich das Gemüt immer wieder erhebt und erheitert, und dass er beim Kern der Lehre nur Genugtuung und Anziehung spürt (M 64), was alles beim Hörer und Einmalwiederkehrer noch längst nicht so der Fall ist.

67.2 Beispiele von Nichtwiederkehrern

Obwohl die Zahl der Nichtwiederkehrer kleiner als die der Einmalwiederkehrer war (z. B. fünfhundert zu neunzig im Falle der Stadt Nādika: D 16 II), sind im Kanon doch viel mehr Nichtwiederkehrer einzeln aufgeführt. Es fällt auch auf, dass gerade unter den Hausleuten, also bei Menschen, die nicht in die Askese gingen, so viele Nichtwiederkehrer sind. Das ist für uns höchst verwunderlich. So werden unter den Spitzen der Laien-Jüngerschaft vier Männer (Hatthako, Citto, Uggato, Uggo) und zwei Frauen (Nandamātā, Sāmāvatī) als Nichtwiederkehrer, dagegen nur ein einziger als Einmalwiederkehrer (Mahānāmo) genannt. Unter den Spitzen der Ordens-Jüngerschaft wird dagegen nur ein einziger als Nichtwiederkehrer genannt, nämlich Ānando, der aber auf dem Wege zur Heiligkeit war. Trotzdem gab es auch im Orden viele als Nichtwiederkehrer Abscheidende, nur werden sie kaum mit Namen aufgeführt: Ein Beispiel ist der unten zu erwähnende Tudu.

Am ausführlichsten und plastischsten wird die Lebensführung eines häuslichen Nichtwiederkehrers im Falle Ghātikāros geschildert, der allerdings unter dem vorigen Buddha (Kassapo) lebte. Über die allgemeine Tugendhaftigkeit eines Anhängers hinaus bewies er seine Weltüberwindung, die Wesensmerkmal des Nichtwiederkehrers ist, an Folgendem: Er aß nur einmal am Tag, verschönte den Leib nicht im Geringsten, kannte keinen Schmuck und Luxus des Leibes und lebte vor allem stets und mühelos in völliger Keuschheit, mit allem, was dazugehört. Und sein Beruf war die besinnliche Tätigkeit eines Töpfers, wo er allein arbeitete und fern der Vielfalt war. Und er hatte eine umfassende Liebe zu allen Wesen. Um z. B. bei der Tongewinnung kein Lebewesen zu verletzen, verzichtete er auf den Spaten und grub mit der Hand; und wo immer er in der Natur ein Tier schutzlos fand, fütterte er es. Und seine alten erblindeten Eltern schob er nicht irgendwohin ab, sondern pflegte und ernährte sie liebevoll. Und hätte er nicht seine Eltern zu unterhalten gehabt, so wäre er sofort Mönch geworden (M 81). Innerlich lebte er also schon asketisch. Und nach dem Tode wurde er bei der besten Form der Reinhausigen (s.u.) wiedergeboren (S [I] 1, 50 = S [I] 2, 24).

Aber es gab auch andere im Hause lebende Nichtwiederkehrer, die als normale Hausväter verheiratet waren und trotzdem volle Keuschheit bewahrten. Ein Beispiel für das Leben eines besonderen Falles ist Uggato: Schon beim ersten Anblick des Erwachten hatte er tiefe Befriedigung empfunden und seine Trunkenheit – er feierte gerade eine mehrtägige Party – schwand sofort. Dann brachte ihn der Buddha in einer einzigen Belehrung zur Hörerschaft. Da er volle Keuschheit einhalten wollte, aber vier Frauen hatte, stellte er ihnen frei, auch in Keuschheit zu leben oder einen anderen Mann zu heiraten. Da blieben drei dabei, gute Werke zu tun, und die vierte, die einen Mann wollte, übergab er diesem und während er sein schönes Weib fortgab, merkte er keine Veränderung im Herzen. Dann verteilte er gerne seine Reichtümer an gute Menschen. Den Mönchen wartete er nur ehrerbietig auf und hörte die Lehre – und wenn sie sie nicht vortrugen, trug er als Laie den Mönchen die Lehre vor. Und er wurde öfter von Gottheiten besucht, doch empfand er deswegen keinen Stolz. Und so lebte er als Nichtwiederkehrer im Hause (A VIII 22). Entsprechende Berichte über das Leben von Uggo, Citto, Hatthako, Nandamātā und Sāmāvatī finden sich ebenfalls in der Überlieferung. Alle lebten inmitten der Sinnendinge, aber ohne Fessel an sie.

Wenn der Buddha oder einer seiner Jünger Götter belehrte, dann war es auch möglich, dass diese die Nichtwiederkehr erlangten.

67.3 Der Himmel der Reinhausigen

Die Nichtwiederkehrer sind dadurch ausgezeichnet, dass sie nach dem Abscheiden in der Sinnenwelt ausnahmslos in einem eigenen Bereich wiedergeboren werden, nämlich bei den „Reinhausigen Göttern" (*suddh'avasā devā*). Diese „Stätte der Reinheit", wie man den Begriff auch übersetzen kann, setzt zweierlei Reinheit voraus, nämlich erstens Freiheit von sinnlichem Begehren und Hassen und zweitens Erlangung dieser Freiheit auf Grund der Belehrung durch den Erwachten andererseits. Diese Reinheit ist also sowohl eine solche des Herzens wie eine solche des Geistes. Es ist eine hohe Form von *citta-visuddhi* mit einer hohen Form von *paṭipadā-ñāṇadassana-visuddhi* (M 24). Das bedeutet: Es ist eine unverlierbare Herzensreinheit.

Dieser Himmel nun hat **ausschließlich** Nichtwiederkehrer zu Bewohnern, die sich dort bis zur Heiligkeit läutern. Er ist Weltlingen, auch höchsten Mystikern, unzugänglich. Niemand, der nicht Nichtwiederkehrer ist, kann dort wiedergeboren werden (A IV 124). Dieser Himmel ist also eine ganz besondere Daseinsstätte. Sie ist zusammengesetzt und gewirkt aus Erlösungsgedanken. Er steht aber nur solchen „Buddhisten" offen, die die Welt der Sinne völlig besiegt haben. Ein Einmalwiederkehrer oder ein Hörer kann sich niemals etwa dorthin hocharbeiten, denn beide können nur in der Sinnenwelt erlöschen (A X 63), und das bedeutet: Ihr letztes Leben kann nicht bei den Reinhausigen sein. So ist dieser Himmel die „exklusivste" Daseinsform, die es nur gibt: Die Gesetzmäßigkeit des Saṃsāro setzt als Einlassbedingung fest, dass nur von Buddhas belehrte Mystiker dorthin gelangen. Ja, nicht einmal besuchsweise können andersfährtige magiegewaltige Mystiker – Menschen, Götter, Brahmas – dorthin gelangen. Nur solche Nichtwiederkehrer oder Heilige, die auf dem Gemüterlösungswege wandelten und dabei Magie erwarben, können dort als Besucher auftauchen.

Eingereiht werden die Reinhausigen in den Aufzählungen der Götterklassen (M 120) zwischen den Reichgesegneten (der höchsten Existenzform der Brahmawelt) und den Raumunendlichen (der untersten Stufe der Formfreiheit). Es wird dabei von ihnen gesagt, sie seien langlebig, glücklich und schön, ebenso wie alle Brahmagötter, während das Merkmal der Schönheit bei allen formlosen Göttern fehlt. Schönheit ist eben Merkmal der Form, und zwar als Schönheit des reinen Herzens, die sich im geistgebildeten Körper widerspiegelt. Daher werden die Reinhausigen auch zur Brahmawelt, d. h. zur formhaften Welt, gerechnet. Es ist sozusagen die buddhistische Abteilung der Brahmawelt, die aber anderen Brahmas unbekannt und unsichtbar ist (M 90). Wenn es dagegen an zwei Stellen des Kanon heißt, dass Nichtwiederkehrer auch in den vier Stufen der formlosen Welt erlöschen können (A III 114, IV 172), dann wäre dies vielleicht so zu verstehen, dass einige Reinhausige noch bei den Formlosen wiedergeboren werden, um dort zu erlöschen, denn es gibt noch Wiedergeburt für manche Reinhausige (s.u.).

Der Buddha sagt, es gebe im gesamten Saṃsāro, im Leidenskreislauf, keine einzige

Stätte, an der das Leben wirklich erträglich wäre – vom Blick eines Erwachten aus gesehen – außer bei den Reinhausigen (M 12). Aber dort ist noch niemand auf der langen Laufbahn durch den Saṃsāro gewesen, weil es von dort keine Wiederkehr gibt. Es ist die einzige Welt, die man als heile bezeichnen könnte, aber den Zugang erlangen nur die, die auch nur eine derartige „heile Welt" nur als Durchgangsstufe zum Nirvāna ansehen. Das „Heile" besteht nur darin, dass mit ihrem Vergehen das Heil wirklich endgültig ist. Aber die Durchreise durch dieses Reich kann sehr, sehr lange dauern, unvorstellbar lange. Denn das Bewusstsein, im Besitze des ewig unverlierbaren Friedens zu sein, stellt sich diesen Göttern als so erhaben und so gewaltig dar, dass manche von ihnen viele, viele Weltzeitalter lang im Genuss dieses Bewusstseins verweilen – bis sie auch diese letzte Bewusstseinsfunktion noch als überflüssig loslassen und das Nirvāna verwirklichen.

Eine durchschnittliche Lebensdauer in den Abteilungen der Reinhausigen Götter – gerechnet natürlich wie in allen Brahmawelten in der Rechnungseinheit von Äonen – wird im Kanon nicht gegeben. Nur im Vbh 425 heißt es, ihr Leben dauere fünfhundert bis sechzehntausend Äonen.

Diese Daseinsform ist so unbekannt, ein so sagenhaftes Reich, wie vergleichbar etwa die alten Kulturen der Inkas, Mayas und Azteken es den Abendländern waren, als sie die Neue Welt entdeckten. Jene Kulturen bestanden jahrhundertelang, ohne dass die übrige Welt die geringste leiseste Ahnung davon hatte. Nicht einmal eine vage Kunde oder Sage wie von Atlantis gab es davon, so dass die Spanier völlig überrascht waren. Noch unbekannter und überraschender aber ist die Existenz der reinhausigen Welt. Wer, als andersfährtiger Mystiker oder auch als buddhistischer Mystiker oder gar als Bodhisattva kurz vor der Erwachung, in der Rückerinnerung unzählige seiner früheren Leben in allen Höhen und Tiefen durchschaut, Äonen über Äonen zurück, er stößt doch niemals auf die Reinhausigen. Höchstens hört er Wesen davon berichten. Erst durch das zweite Wissen aber, die Gabe des universalen himmlischen Auges, kann die Welt der Reinhausigen überhaupt entdeckt werden, und das auch wohl nur von Buddhas und ihren Nachfolgern. Da kann gesehen werden, wie Nichtwiederkehrer als Jünger früherer Buddhas beim Tode dort wiedererscheinen. Aber um besuchsweise dorthin zu kommen, musste sich der Buddha nach der Erwachung mit magischer Macht dorthin versetzen, in die nie zuvor leibhaftig erfahrene Stätte, so dass es also auch nach der Erwachung noch Neues gibt.

67.4 Einzelne Fälle Reinhausiger

Über diesen seinen Besuch im Himmel der Reinhausigen berichtet der Buddha in der Lehrrede „Offenbarung" (D 14). Er schildert dort, dass jene Stätte nicht etwa ein kleines Inselchen irgendwo im unübersehbaren Saṃsāro ist, sondern er sagt, dass ihm dort Hunderte und Tausende von reinhausigen Gottheiten entgegenkamen und ihm von ihrem Werdegang berichteten. Da waren welche, die unter dem vorigen Buddha dieses glücklichen Weltzeitalters, Kassapo, das Asketenleben geführt hatten und als Nichtwiederkehrer nun dort erschienen waren, ebenso wie der oben erwähnte Ghātikāro. Und da waren welche unter den anderen Buddhas dieses Äons, Koṇāgamano und Kakusandho oder gar unter Buddhas längst vergangener Äonen, Vessabhū und Sikhī, bis hin zu solchen, die vor einundneunzig Äonen unter dem Buddha Vipassī Nichtwiederkehrer geworden waren. Alle jene früheren Buddhas hatten eine Lebensdauer von Jahrtausenden, sie lehrten also unvergleichlich viel länger und hatten viel mehr Jünger, also auch viel mehr Nichtwiederkehrer. Falls also die Welt leer an Buddhas ist, in allen Äonen, in welchen keine erscheinen, so ist sie doch nie leer an Buddhisten – denn die Reinhausigen gibt es immer. So lebten seit einundneunzig Äonen jene Wesen in einer heilen Welt, ohne Leiden, ohne Sorgen, ohne Habenwollen, lebten in einem wahrhaftigen Paradies, im gelobten Land, auf den Inseln der Seligen oder wie immer die religiöse Phantasie und Sehnsucht ein solches Eldorado bezeichnen mag. Der einzige Inhalt ihres Daseins besteht darin, dass Leiden (Ek-sistenz) in homöopathischen Portionen immer weiter abnimmt und in bestimmter Zeit ganz versiegen wird. Und das wissen die Wesen auch. Dort gibt es also keinerlei Sorgen um inneren Fortschritt mehr. Weil aber dort so wenig Leiden ist, darum gibt es auch so wenig Ansporn und darum haben sie so lange Dauer. Dort sind fast keine Ereignisse. Diese Wesen leben zeitlos in Ruhe und Frieden, unberührt von periodischen Untergängen der Welt. Einundneunzigmal ist seitdem die Sinnenwelt untergegangen und hat sich durch einen Sündenfall wieder aufgebaut – aber jene Reinhausigen leben fern von solcher „Weltpolitik" im Reich des *Samādhi.* Das alles ist das unermessliche Verdienst für ihr irdisches Bemühen und Kämpfen um Weltüberwindung. So schwer das auch gewesen sein mag, es dauerte höchstens einige Jahrzehnte. Die Ernte dafür aber ist unermesslich. Da gilt wahrlich das Wort von Ruysbroeck: „Unendlicher Lohn für so ärmliche Werke".

Es ist nicht überraschend, dass dieser Himmel die Phantasie gläubiger Buddhisten Asiens lebhaft beschäftigt hat. Angesichts dieses Ideals aller Stätten entstand daraus die Idee eines Glückslandes Sukhāvatī, das sogenannte Westliche Paradies (weil Indien von China aus westlich lag), in welchem ein Amitābha („Unermesslicher Glanz") genannter Buddha angesiedelt wurde, der aus Erbarmen die Gläubigen aus dem Saṃsāro zu sich heraufholt, ohne dass sie dafür etwas tun müssen. Es ist dies ein Beispiel dafür, wie menschliche Tendenzen eine Sache in ihr völliges Gegenteil verkehren können: Aus dem Reich, das nur durch völlige Weltüberwindung erreichbar ist, wird ein gratis versprochenes Schlaraffenland für jedermann.

Wenn die Reinhausigen überhaupt einmal in der Sinnenwelt erscheinen und dafür eine gröbere Selbstgestaltung annehmen, dann eigentlich nur aus Seelenverwandtschaft zum Erwachten und den Edlen:

Ein Mönch, der beim Buddha Nichtwiederkehrer geworden und dann als Reinhausiger Einzelbrahma Tudu hieß, erschien einem einstigen Mitmönch, der auf üblem Wege war, um ihn zu warnen. Dieser aber schimpfte nur und meinte, der Buddha habe von ihm doch gesagt, er sei ein Nichtwiederkehrer, jetzt kehre er aber doch in die Sinnenwelt wieder. Da erwiderte Tudu mit einigen Versen, von denen einer lautet:

> *Alsobald ein Mensch geboren,*
> *wächst mit ihm der Dolch im Munde,*
> *wo er selber sich da schneidet,*
> *übt er böse Zunge bübisch.* (S [I] 6, 9-10; Verse: Sn 657-660)

Zwei andere Einzelbrahmas, Subrahmān und Suddhavāso, erschienen bei drei Gelegenheiten dem Buddha und sprachen in Bezug auf Anhänger Devadattos, die den Buddha beurteilen wollten:

> *Was unermesslich, wer das misst,*
> *wie könnte der bestimmen dies?*
> *Wer Unermessliches bemisst,*
> *er ist ein Tor, ein Weltling wohl.* (S [I] 6, 7)

Der Name dieser drei „Einzelbrahmas" (Pacceka-Brahmā) dürfte ein Synonym für Reinhausige sein.

Als einmal aus allen Himmeln Gottheiten dem Erwachten zum „Fest" huldigten, in einer Art indischen Sommernachttraums, da erschienen auch, gleichwie man den eingezogenen Arm ausstrecken mag, vier Gottheiten aus dem Bereich der Reinhausigen vor dem Erhabenen und sprachen je einen Vers über die Jüngerschar, deren letzte beiden wie folgt lauten:

Der Querbaum fiel, der Riegel ist entzwei,
das Tor erbrochen: unerschüttert stehen sie,
und schreiten heiter dann und fleckenlos hinweg,
vom Seher, jungen Elefanten gleich, bezähmt.
Wer irgend auch sich dem Erwachten zuneigt,
er wird nicht mehr durch Unterwelten wandeln:
den Erdenleib verlassend einst
in Götterkreise kehrt er ein. (D 20)

Auch Ghaṭīkāro erschien dem Buddha (S [I] 1, 50). Die wichtigste Erscheinung aus dem Reich der Reinhausigen aber war der Brahma Sahampati, der beim vorigen Buddha Nichtwiederkehrer-Mönch geworden war und nun dem Buddha den Anstoß zum Lehren gab (S [V] 48, 57). Das größte weltgeschichtliche Ereignis ging also von einem Wesen aus, das selber geschichtslos lebte. Aus dem so fernen Himmel der Reinhausigen ging also der Anlass aus, dass der Buddha die Lehre verkündete. Und dieser reinhausige Brahma Sahampati erschien dem Buddha noch recht oft.

67.5 Die fünf Arten von Reinhausigen

Der Himmel der Reinhausigen weist aber auch Strukturen und Staffeln auf. Es gibt auch dort, wie überall in der Form, noch Unterschiede und Besonderheiten. So werden je zwei Fünfergruppen von Reinhausigen Göttern bzw. Nichtwiederkehrern aufgezählt: (1) Gewaltlose, Strebsame, Schönanzuschauende (zweimal), Altvordere; (2) unterwegs, am Lebensende, mühsam, Mühlos-Erlöschende; stromaufwärts zu den Altvorderen Gehende (D 33 V).

Was damit existentiell gemeint ist, wäre ohne das Gleichnis in A VII 52 kaum verständlich:

(1) Diejenigen Nichtwiederkehrer, die die stärksten Kampfesfähigkeiten haben, kommen nach ihrem Erscheinen bei den Reinhausigen dort noch vor Ablauf ihrer Lebensspanne („unterwegs") zur Heiligkeit und leben den Rest ihres Daseins bei den reinhausigen Göttern ab. Dazu sagt das Bild: Da ist ein glühend erhitzter Eisentopf (ein Mensch mit den drei Feuern von Gier, Hass und Verblendung), darauf wird geschlagen (der Tod schlägt den Leib nieder), es springt ein glühendes Eisenstück ab (Wiedergeburt des geistgebildeten Körpers bei den Reinhausigen). Dann gibt es drei Unterfälle: Es erkaltet sofort, es springt in die Luft und erkaltet dort, es springt in die Luft und erkaltet erst während des wieder zur Erde Fallens. Das sind drei Stadien des Lebensbogens: Die reifsten Nichtwiederkehrer werden schon beim Anbruch der aufsteigenden Kurve heilig (also bald nach der Geburt bei den Reinhausigen), manche erst im zweiten Drittel, auf der Höhe des Lebens, und manche erst bei der absteigenden Lebenskurve. Alle diese drei Nichtwiederkehrer aber sind Gewaltlose (*a-vihā*), sie brauchen nicht mit Gewalt gegen sich vorzugehen, sondern wegen ihrer

Kampfeskräfte werden sie sozusagen von selber heilig. Sie sind sozusagen die Primaner, die erste Klasse.

(2) Die zweite Klasse sind die Strebsamen (*ātappa*), die sich anstrengen müssen, damit sie gerade noch eben mit dem Ende ihrer Lebenskurve auch noch sozusagen „die Kurve zum Erlöschen" bekommen. Erst beim Anklopfen des Todes, wie es wörtlich heißt (*upa-hat-ya*), kommt ihr Streben zum Ziel. Der Gedanke an das Ende lässt sie eine Kraftanstrengung vollbringen, um das Weitersein zu beenden und das Ende des Geistgebildeten Leibes auch das Ende der Erscheinungen sein zu lassen. Sie gleichen demjenigen fliegenden Eisenstück, bei dem Erkalten und wieder auf die Erde Fallen zusammentreffen.

(3/4) Die dritte und vierte Klasse sind die Schönanzuschauenden, und zwar mit männlicher Endung (*Sudassā*) und weiblicher Endung (*Sudassī*). Sie sind, wie alle Brahmas, schön, aber dadurch ausgezeichnet, dass sie nach dem Abscheiden in einer ersten Existenz bei den Reinhausigen nun dort eine zweite aufbauen, einen viel geläuterteren geistgebildeten Leib, der aus dem ersteren hervorging. Und dieser Leib ist viel schöner und reiner als der erste. Bei ihnen ist der Durst nach formhafter Welt, die Fessel der Form-Anziehung so stark, dass noch eine neue Form nach dem Tode aufgebaut wird. Die dritte Klasse gelangt nun dort mühelos (*a-saṅkhāra*) auf dem Wege des Herzensfriedens unmerklich zur Heiligkeit, so wie die Gewaltlosen in der ersten Klasse: sie sind sozusagen das „starke Geschlecht". Die vierte Klasse hingegen muss sich noch stärker anstrengen, um die Schwächen (Triebe) zu überwinden, entsprechend der zweiten Klasse: Sie sind das schwache Geschlecht – wobei kaum betont zu werden braucht, dass es bei Brahmas natürlich keine Geschlechtsunterschiede und Geschlechtsorgane gibt. Hier wird nur an einem geläufigen Bilde ein Unterschied der Kräfte ausgedrückt. Das Gleichnis sagt dazu: Das abgesprungene glühende Eisenstück fällt nicht auf die nackte Erde, sondern auf einen Strohhaufen (Haufen neuer *Khandha* im Werdesein, neue Zusammenhäufung), und zwar auf einen kleinen („Tertia"), oder großen („Quarts"): Der kleine Haufen verbrennt mühelos, der große leistet noch stärkeren Widerstand.

(5) Die fünfte und letzte Klasse („Quinta") sind diejenigen, bei denen die Lasten (Triebe, fünf emporzerrende Fesseln) gegenüber den Kampfeskräften noch am gewichtigsten sind. Sie erreichen auch bei der zweiten Wiedergeburt bei den Reinhausigen noch nicht die Heiligkeit, sondern werden ein drittes Mal dort wiedergeboren, sind dort also Dreimalwiederkehrer. Sie schwimmen mit dem Strom ihrer Triebe nach oben und sind die „Altvorderen", wörtlich die Nicht-Jungen, d. h. die Veteranen der Reinhausigen, die alle Generationen dort überdauern. Buddhas kommen und gehen – ganz zu schweigen von Welten – sie aber jubeln im Herzensfrieden vor sich hin, lassen sich vom Strom der Erlösungstendenzen treiben. Das Gleichnis sagt dazu: Nachdem das glühende Eisenstück einen gewaltig großen Strohhaufen verbrannt hatte (das zweite Leben bei den Reinhausigen), ergreift das Feuer der Triebe dann noch Gras, Büsche und Wald und kommt erst mangels Nahrung zum Erlöschen, wenn Wasser und Felsen (stärkere Gewalt des Nirvāna) ihm Einhalt gebietet. Diese „Quintaner" sind es wohl, die eventuell noch bei den formlosen Göttern geboren werden, um dort zu erlöschen.

68. Heiligkeit (*arahattaṃ*)

Den Gang der Fülle-Fliehenden,
Ernährung klar Erkennenden,
im Leeren, Unbeschreiblichen,
Erlösenden Verweilenden:
Gleichwie der Vögel Himmelsflug
ist schwer erfindbar deren Gang. (Dh 92)

Wer diesem Irrweg, diesem Sumpf,
dem Wahn der Wandelwelt entrann,
gerettet, welterlöst, vertieft,
unwandelbar, unzweifelhaft,
erloschen ohne Überrest:
Den heiß ich einen Heiligen. (Dh 414)

68.1 Was ist ein Heiliger?

Wir sind gewohnt, von christlichen, islamischen, hinduistischen oder taoistischen Heiligen zu sprechen. Ein solcher Heiliger ist ein Mensch, der auf Grund übermenschlicher, heroischer Tugend die Grenzen der beschränkten Erfahrung sprengte und reinen Herzens die Einheit des Bewusstseins erfahren hat. Das aber nennt man einen Mystiker. Viele als heilig Geltende und von der Kirche Heiliggesprochene sind aber keine Heiligen in diesem Sinne; und manche, die nie heiliggesprochen wurden, sind es.

Der buddhistische Begriff des Heiligen ist aber ein anderer. Vier Pāli-Worte werden von den Übersetzern mit „heilig" übersetzt:

Santo: Wegen der Identität dieses Wortes mit dem italienischen Wort für heilig (*santo*, von lat. *sanctus*) verführt es sehr zu solcher Übersetzung, bedeutet aber nur „Gestillter". Jeder Heilige ist zwar gestillt, aber nicht jeder Gestillte ist schon ein Heiliger: Gestilltheit ist ein relativer Begriff, Heiligkeit ein absoluter. Gestilltheit gehört zur Sphäre der Mystik, Heiligkeit geht noch darüber hinaus.

Ariyo: Dieses Wort bedeutet „der Edle". Das sind die acht Wesen, ab dem Pfad zur Hörerschaft (*Anusaris*), die die Garantie des Heilsziels mindestens besitzen. Neumann und ihm folgend andere übersetzen nun *ariyo* mit heilig: heiliger achtfältiger Pfad, heilige rechte Anschauung. Jeder Heilige ist ein *Ariyo*, aber nicht jeder *Ariyo* ist schon ein Heiliger, sondern sieben von ihnen sind erst auf dem Wege dazu.

Brāhmaṇo: Wörtlich Brahmane, der zu Brahma Gehörige, der Reine. Dieser Begriff wird vom Buddha in der Tat häufig auch als Synonym für den Heiligen gebraucht, und zwar im Sinne des wahren und reinsten Brahmanen. Diese Aufwertung des Wortes ist ein Entgegenkommen an die brahmanische Religion seiner Zeit. Das Heiligenkapitel des Dhammapadaṃ, aus dem der zweite obige Vers stammt, ist ein Beispiel dafür.

Arahat: Das Wort stammt von „wert sein, verdienen", und bedeutet: Wertvoller, Anerkennenswerter, Wertschätzung Verdienender, Wesen von höchstem Wert. Ein solcher *Arahat* ist allein der vollendete Triebversiegte, Wahnversiegte, Durstversiegte, eben der, welcher das höchste Ziel, das unübertreffliche Glück, den Frieden der Ewigkeit erreicht hat und nie mehr verlieren kann. Er ist das Symbol des höchsten Gutes, die Verkörperung des höchsten Wertes, die Verwirklichung der höchsten Möglichkeit menschlicher Freiheit. Er ist im Sinne des deutschen Wortes heilig, ein Heilgewordener, ein Geheilter, ein Gesundeter, der vom Fiebern und Blendwerk genesen ist.

68.2 Wer kann derart ein Heiliger werden?

Folgende fünf Fragen mag man insofern stellen:

(1) Kann nur ein Mensch es werden? Nein, auch viele sinnliche Gottheiten wurden durch Belehrung des Buddha oder seiner Jünger wahnversiegte Heilige (A II 28). Und sämtliche Nichtwiederkehrer bei den Reinhausigen Göttern werden dort Heilige, fern dem Menschentum.

(2)Kann es nur ein Mann? Selbstverständlich nicht, sondern Frauen können ebenso gut Heilige werden: In den Liedern der Nonnen kommen ausschließlich Heilige zu Wort.

(3) Kann es nur ein Erwachsener? Nein, zur Zeit des Buddha wurde Anuruddhos Schüler Sumano schon als siebenjähriger Klosterschüler heilig (Thag 429), ebenso wie zwei andere Siebenjährige (Thag 479 und 486) sowie nach der Überlieferung noch andere.

(4) Kann es nur ein Brahmane oder Adliger? Selbstverständlich gibt es Heilige aus allen vier Kasten und sogar unter Kastenlosen. Die Frage erscheint uns lächerlich, war es aber damals nicht.

(5) Kann es nur ein dem Orden Angehöriger? Nicht unbedingt ! Unter besonders günstigen Umständen wurden auch Menschen im Stande des Hausners heilig, wie der Vater des Buddha, allerdings auf dem Totenbett, als die Welt schon zurücktrat. Oder wie Yaso und Khemā, die allerdings noch am gleichen Tag der Heiligkeit Mönch bzw. Nonne wurden. Daher wurde der Lehrsatz formuliert: Wer im Hause heilig wird, stirbt entweder am selben Tag oder tritt am selben Tag in den Orden ein (Kvu 267).

Des Zusammenhangs wegen sei vorgreifend schon erwähnt, dass jene fünf Fragen bei einem Vollkommen Erwachten sämtlich umgekehrt, also bejahend, zu beantworten sind. Dadurch wird der Unterschied zwischen einem Heiligen und einem Vollkommen Erwachten besonders deutlich. Wer kann also ein solcher werden?

Nur ein Mensch?	- Ja
Nur ein Mann?	- Ja
Nur ein Erwachsener?	- Ja
Nur ein Brahmane oder Adliger?	- Nur solche bekannt
Nur ein Asket ?	- Ja.

Alle Vollkommen Erwachten, von denen die Tradition berichtet (sieben in den Hauptsammlungen, neunundzwanzig nach Bv) waren jedenfalls erwachsene Männer aus den oberen Kasten, die das Hausleben verlassen hatten.

Die Erreichung der Heiligkeit kann – wie das schon erwähnte Beispiel des Vaters des Buddha zeigt – auch erst in der Todesstunde erfolgen (A VII 16-17, VIII 83; S [V] 46, 3). Ein solcher wird *sama-sīsi* genannt (Pg 13), wörtlich „kopfgleich". Das Bild ist vom Pferderennen genommen, wo zwei Pferde Kopf an Kopf ans Ziel gelangen. Hier ist es der Klepper des Leibes und das Ross, das den Tod überspringt. Im letzten Augenblick vor der Notwendigkeit einer neuen Wiedergeburt und Wiedersterblichkeit tritt hier die Heiligkeit ein.

68.3 Was hat ein Heiliger überwunden?

Auf die Frage, was ein Heiliger sei und was ihn ausmache, wird im Kanon in vielfacher Weise geantwortet:

(1) Ein Heiliger ist, wer Gier, Hass und Wahn überwand (S [IV] 38, 2),
(2) wer die Beeinflussbarkeit durch die Triebe der Sinnlichkeit, des Daseins, des Nichtwissens aufhob (so überall im Kanon),
(3) wer auch die fünf emporziehenden Fesseln aufhob (M 22),
(4) wer auch noch die feinsten Anliegen aufhob, nämlich die des Dünkens, der Daseinsgier, des Nichtwissens (A VII 52),
(5) wer nicht mehr von Willen, Hass, Wahn, Angst bewegt wird (D 29),
(6) wer sieben Feinde erschlagen hat, nämlich Persönlichkeitsglaube, Zweifel, Überschätzen von Tugendwerk, Gier, Hass, Wahn, Dünkel (A VII 81).

Diese scheinbar so unterschiedlichen Formulierungen sagen im Grund alle dasselbe aus. Die drei niederen Fesseln hatte schon der Hörer aufgehoben, zwei weitere hob der Nichtwiederkehrer auf, während der Einmalwiederkehrer Gier, Hass und Wahn verdünnte. Es bleiben zum Heilwerden nur die Fesseln, Anliegen, Triebe aufzuheben, die den Rest von Gier, Hass und Wahn ausmachen.

Was für uns die hilfreichsten und feinsten Bezüge sind, die Seile, an denen wir uns hochziehen, das sind für den auf dem Weg zur Heiligkeit Befindlichen seine Feinde, seine Fesselungen, und das ist daher sein Arbeitsfeld und Übungsgebiet, nämlich die fünf emporziehenden (wörtlich: dem Oberen zuteilenden) Fesseln:

Diese Wesen wohnen ganz und gar auf der Ebene des Herzensfriedens, sie haben die Stufe des Nichtwiederkehrers, d. h. des buddhistischen Mystikers, zur Grundlage und zum Ausgangspunkt. Wenn ihnen zugeneigte Anwandlungen von „O Wonne" bei den Schauungen ankommen, dann merken sie die feine Fessel der formhaften Neigung (*rūpa-rāga-saṃyojanā*) und bemühen sich um Formlosigkeit.

Wenn sie dann in Betrachtungen der Formlosigkeit verweilen, in formfreier Vertiefung versunken, und sie beim Ende dieses Zustandes Sehnsucht dahin verspüren und anderes als grob und störend empfinden und sie die Stille wieder anmutet, dann merken sie auch die Fessel der Neigung zur Formlosigkeit. Und dann bemühen sie sich um das Loslassen.

Wenn sie dann aber Gedanken wie die folgenden durchziehen: „Ich muss jetzt aber endlich das Nirvāna erreichen! Wo ich schon so viel erreicht habe! Ich bin jedenfalls immer noch außerhalb des Nirvāna", dann lassen sich daran die Spuren der drei feinsten Fesseln merken, nämlich im ersteren Falle Aufregung, im zweiten Dünken, im dritten Nichtwissen. Und das sind die drei letzten emporziehenden Fesseln.

Was auf dem Wege zur Heiligkeit schwindet, lässt sich aber noch detaillierter als mit den fünf emporziehenden Fesseln ausdrücken, nämlich im Hinblick auf die Hindernisse der Fähigkeiten durch die letzten Reste des Daseinstriebes (und Nichtwissenstriebes), je nach Anziehung und Abstoßung:

Wünsche hat der Heilige für die Zukunft keine mehr, und das ist für uns kaum vorstellbar. Auch der Wunsch nach Heiligkeit ist ja gestillt, der letzte Wunsch. Und wo nicht mehr Wunsch und Verlangen ist, da gibt es auch keine Durchkreuzung, kein Nichterlangen, mehr, daher auch nicht die leisesten Formen von Ärger, Ungehaltenheit und aggressiver Reaktion. Weil er nichts mehr zu werden wünscht, wünscht er auch nicht mehr, dass etwas anders wird.

Treibenlassen möchte sich nichts mehr. Es ist nichts mehr da, was sich gehen lassen möchte und was daher jede Behinderung dessen als Öde und Langeweile auffassen müsste. Wer sich im Saṃsāro noch irgendwie treiben lassen will – in Schauungen – der mag auch noch leise Aversion gegen jeden Stillstand empfinden, sich unlustig gehemmt fühlen.

Gestalten und Entfalten und Erzeugen möchte er nichts mehr, kein begeisterter Schwung erregt ihn noch. Und daher gibt es umgekehrt auch keine Ungeduld mehr über das, was noch nicht entfaltet ist. Und das beides machte eben die achte. Fessel aus.

Dünken und stolzes Vermeinen, das etwas Erreichtes sich selber zuschreibt, gibt es nicht mehr. Und daher ist da auch kein starres sich Versteifen und Selbstbehaupten und verteidigen Wollen eigener Leistungen mehr – was die neunte Fessel ausmachte.

Verblendung, Wahn, Illusion, Einbildung gibt es nicht mehr, dass da etwa ein Ich in der Welt sei und dass dies Realität wäre. Der Wahn eines objektiven Seins ist restlos geschwunden. Er ist aus dem Traum völlig erwacht, der Schleier der Māyā ist gänzlich verschwunden, das Nirvāna ist die einzige Realität, alles andere ist ein Gespinst aus Resten früheren Wirkens aus Wahn. Und daher ist auch die letzte Angst um ein Ich weg. Es gibt kein Problem der Selbsterhaltung mehr, kein Zurückfahren vor irgendwas, körperlich oder geistig. Es heißt, dass alle sonstigen Wesen nur aus Fürchten beschwichtigt sind, indem sie aus Furcht vor dem Leiden des Saṃsāro zur Ruhe streben (M 47), während der Heilige ohne Fürchten beschwichtigt ist (Pg 11). Und das ist das Ende der 10. Fessel.

68.4 Was sind die Eigenschaften des Heiligen?

Positiv ausgedrückt, besitzt der Heilige die fünf Fähigkeiten und Kräfte in größtmöglichem Maße. Aber er braucht sie für sich überhaupt nicht mehr, sie sind ihm insoweit völlig gleichgültig. Er kann sie aber, wo es gewünscht wird, ganz für andere einsetzen. Es ist ganz paradox: Am Anfang des Heilsweges, wo man die Kräfte gegen viele Feinde dringend brauchte, hatte man sie nicht; und jetzt, wo alle Feinde besiegt sind und man keine Kräfte mehr benötigt, da hat man sie im Überfluss.

Im Einzelnen stellen sich die fünf Kräfte und Fähigkeiten beim Heiligen wie folgt dar:

- Größtmögliches Vertrauen hat er, indem er nichts Erlebtem mehr traut, sondern nur noch dem Nirvāna, das ihm nach dem Tode sicher ist. Darauf setzt er, damit zufrieden ruht er in sich. Und dadurch weiß er sich von allen Fesseln erlöst, die ihn noch an den Saṃsāro binden könnten.
- Größtmögliche Tatkraft hat er und Ausdauer bei körperlichen Schmerzen und Strapazen, bei der Belehrung anderer, bei magischen Dingen. Er hat unerschöpfliche Kraftreserven, könnte unter Umständen gar ein Welt(zeit)alter durch bestehen.
- Größtmögliche Achtsamkeit hat er: Er ist vollendet in Demut und in Scham. Er nimmt sich nicht im Geringsten mehr wichtig, hat keinen Ich-Bezug mehr, und er schämt sich „seines" Leibes als des Restes früheren Wahns. Ganz ichlos ist er Gesetz geworden, ohne Eigenwillen in Körper und Geist.
- Größtmögliche Einigung, Stille und Innigkeit hat er, seine Seele ist ständig in innerer Meeresstille, von nichts erregt und getrübt und beeinflusst, wo immer er sich befindet, in der Schauung oder außerhalb.
- Größtmögliche Weisheit besteht in Geborgenheit und vollendeter Sicherheit für ewig, alles Gewordene als Schaum und Schatten durchschauend.

Die unvorstellbare Erhabenheit eines Heiligen lässt sich indes mit begrifflichen Umschreibungen kaum zureichend erfassen. Darum sind hier die bildlichen Gleichnisse besonders nützlich:

- Die Heiligen sind wie die Leitstiere, die Führer und Väter der Herde, überragend an Stärke und Kraft, unvergleichlich allen anderen in der Herde überlegen (M 34).
- Die Heiligen gleichen der von den Indern für heilig gehaltenen Kobra, dem königlichen Schlangentier: Die Kobra ist es, die der kämpfende Mönch im Gleichnis vom Ameisenhügel als letztes am Grunde findet und die er verehren soll (M 23). Die Kobra kann furchtbar giftig sein für den, der sich mit ihr anlegt, und ebenso wirkt jedes Böse, ebenso wie jedes Gute, das man dem Heiligen antut, gewaltig potenziert auf den Täter zurück.
- Die Heiligen sind unter den Wesen im Weltmeere eine andere Kategorie als Walfische, Walfischfresser und Fresser von Walfischfressern. Diese Kategorien von Fischen sind einander immer nur graduell überlegen und größer an Umfang. Die Heiligen aber sind den anderen Edlen absolut überlegen, sind der Endpunkt und liegen nicht in gleicher Linie des Steigerbaren. Darum werden sie nicht mit Fressern der Fresser von Walfischfressern verglichen, sondern überhaupt nicht mehr mit Tieren. Die Heiligen sind in jenem Gleichnis göttliche Wesen, große Geister, die im Meere wohnen, sie leben in einer ganz anderen Dimension als die Tiere (Fische). So wie Götter Tieren überlegen sind, so die Heiligen den anderen Edlen (A VIII 19).

Aber auch scheinbar Vordergründiges gehört zum Bild eines Heiligen. Es wird gesagt, dass erst der Heilige nicht mehr in fünf Fälle geraten kann (D 29, 33 V):

(1) Er kann nicht mehr absichtlich ein Wesen töten, auch keine Ameise. Nur unabsichtlich mag er beim Gehen usw. noch Kleinwesen töten. Und er selber mag noch getötet werden.

(2) Er kann nicht mehr Ungegebenes nehmen, was man Diebstahl nennen würde. Aber ihm kann noch etwas gestohlen werden.

(3) Er kann nicht mehr der Sexualität frönen, kann sich nicht mehr derart grob mit dem Sinnenwerkzeug identifizieren. Aber eine Heilige mag noch vergewaltigt werden, wie das Beispiel der Uppalavaṇṇā Therī zeigt (Vinaya Bd. III, S. 35).

(4) Er kann nicht mehr bewusst etwas Falsches sagen, mag sich aber vielleicht noch einmal über Geringfügiges irren. Belogen werden kann er aber noch.

(5) Und er kann nicht mehr Vorräte anlegend Wünsche genießen wie einst im Hause, darum kann ein Heiliggewordener nicht im Hause bleiben.

68.5 Der Heilige und die fünf *Khandha*

Ein Heiliger identifiziert sich so wenig mehr mit den fünf Erscheinungen, dass er völlig unberührt bleibt, wenn sie sich ändern – so wie, wenn Holz aus dem Wald weggetragen würde, man nicht denkt „Ich werde weggetragen" (M 22).

Wenn er Körperschmerz empfindet, körpergefährdende oder gar lebensgefährdende Körpergefühle, dann empfindet er sie als ein Abgelöster: Das Wehe kommt nicht mehr ihm (M 140). Geistige Wehgefühle gibt es bei ihm überhaupt nicht mehr, und bei allen Wohlgefühlen steht er darüber, erhaben selbst über die Schauungsgefühle und noch über das Gleichmutsgefühl. Sie sind für ihn immer noch im Minus, tun nur der Körperlichkeit wohl. Er verharrt in heiligem Gleichmut: ob der Leib misshandelt wird oder getötet wird oder ob er sich im Schauungswohl badet, berührt „ihn" seelisch nicht mehr. Er hat eben alles Leiden überwunden und deshalb berührt ihn auch das Aufhören des Schauungswohls nicht mehr. Was den Leib noch an Leiden treffen kann, das trifft „ihn“, den Heiligen, nicht mehr.

Und was „der Heilige“ noch tut oder spricht oder denkt, das tut eine Maschine, ein Archiv, das zweckmäßig eingesetzt wird, aber nicht „er“ agiert mehr, er identifiziert sich mit keiner der Aktivitäten mehr.

Und was da noch an Wissen ist, an unvorstellbar umfassendem Wissen über die Existenz, das ist doch nur ein Wissen über Unbeständiges, bestenfalls bezogen auf den Ausweg daraus. Aber da er den Ausweg hinter sich hat, braucht er auch dies Wissen nicht mehr und es ist ihm nur ein Ballast. Darum heißt es, dass er die Lehre wie ein Floß hinter sich lässt, wenn er das sichere Ufer erreicht hat (M 22).

Die Erscheinungen (*khandha*) sind bis zum Tode noch da, aber er ergreift sie nicht mehr, eignet sie sich nicht zu, identifiziert sich nicht mehr damit. Und so sind die fünf *Upādāna-khandha* aufgelöst, nicht mehr vorhanden. Was noch vorhanden ist sind die fünf *khandha*, ohne Ergreifen (*upādāna*).

Der Heilige schaut auf die *khandha* hin wie Kinder auf ihre Sandburgen, die sie gestern mit Eifer aufbauten, aber die ihnen heute wegen anderer Interessen gleichgültig sind und die zerstört und verweht werden mögen, ohne dass es sie berührt: So wie die Kinder nicht mehr damit spielen, spielt der Heilige nicht mehr mit den *khandha* (S [III] 23, 2).

Der Heilige zu Lebzeiten ist dem intellektuellen Systematiker und scholastischem Grübler geradezu ein Gräuel, weil er alle Kategorien durcheinander zu werfen scheint. Man kann schön sauber unterscheiden: Wo die *khandha* sind, da ist der Wahn; wo die *khandha* aufhören, im Nirvāna, da ist kein Wahn. Aber die Gleichzeitigkeit von *khandha* und Nirvāna zu Lebzeiten des Heiligen sprengt alle Begriffsschächtelchen. Als der letzte in der Kette der Heiligen etwa fünfhundert Jahre nach dem Buddha von einem Scholastiker ermordet wurde, da stimmten die Kategorien wieder: Leben ist Wahn, Wahnloses darf nicht leben.

Der Buddha sagt über den Heiligen:

> *„Abgelöst von der Art der khandha ist der Vollendete tief, unermesslich, schwer zu erforschen, gleichwie etwa der Ozean.“* (M 72)

Was am Heiligen vergänglich ist, ist nicht der Heilige sondern nur sein Kleid:

> *Meine Spuren sind es nur,*
> *meine Bahnen nur,*
> *aber ich bin andrer Art.* (M 47)

Doch das leitet bereits zur Behandlung des Nirvāna über, die unten gesondert erfolgen soll.

68.6 Gemüterlösung und Weisheiterlösung

Es gibt nun zwei Typen von Heiligen, so wie es zwei Typen von *Anusaris* und Hörern gibt. Wer dort Gläubigergebener und Gläubigerlöster war, dem entspricht hier der Gemüterlöste; wer dort Lehrergebener und Ansichtvertrauter war, dem entspricht hier der Weisheiterlöste. Dabei aber hat jeder auch Anteil am Gebiet des anderen, nur die Gewichte sind jeweils verschieden. Der Gemüterlöste ist also auch Weisheiterlöster, der Weisheiterlöste auch Gemüterlöster. Der Gemüterlöste ist besonders stark in

Stufe acht der Heilsentwicklung, der Weisheiterlöste in Stufe neun. Der Weisheiterlöste durchschreitet rasch die Stufe der Einigung, der Gemüterlöste dagegen langsam. Es lassen sich nun folgende drei Formen unterscheiden:

Der Weisheiterlöste: Sein Anteil an Gemüterlösung besteht darin, dass er auf jeden Fall die erste Schauung oder einen entsprechenden Vertiefungsgrad (wie Liebes-Strahlung) erreicht, sich ganz und gar darin badet, mit seinem Erwägen alles durchdringt und sich dann von allen fünf *Khandhas* und allen höheren Gefühlen geistig ablöst, ohne weitere Vertiefungsgrade direkt erfahren zu brauchen. Er vergegenwärtigt sich zwar auch nacheinander die weiteren *Samādhi*-Zustände, fühlt sich darin ein und hebt sein Gemüt entsprechend, nur erfährt er sie nicht leibhaftig, während er in ihrer weisheitlichen Durchdringung hinsichtlich Entstehen und Vergehen, Labsal, Elend und Entrinnung stark ist (A IX 44). Was er überhaupt nicht vom Gemütsteil erfahren zu haben braucht, sind Formlosigkeiten und Auflösung von Gewahrung und Gefühl (*Nirvāna*), d. h. die fünf letzten Freiungen (M 70; S [II] 12, 70; A IV 87). Und was er überhaupt nicht vom Weisheitsteil erfahren zu haben braucht, sind die sieben ersten Weisheitsdurchbrüche. Der Weisheiterlöste dieser allereinfachsten Form kennt also nur folgende Ebenen: erstens wie jeder Mensch die Sinnenwelt, die er innerlich überwindet, zweitens durch die erste Schauung die Brahmawelt, drittens durch das achte Wissen das Nirvāna im geistigen Erkennen.

Die nachklassischen Schriften nennen den Weisheiterlösten den „Trockenerlösten", weil er die „Saftigkeit" der Gemüterlösung nicht erfahre und rein durch trockene Einsicht erlöst werde, eben durch *vipassanā* statt *samatha*. Das stimmt schon insofern nicht, als er ja die erste Schauung oder Strahlung erfährt (M 52). Und seine Himmelsleitergefühle, die er, wie jeder, aus zunehmender Ablösung erlebt, sind alles andere als trocken. Mit diesen Gefühlen hebt er sich, genau wie der Gemüterlöste, über die Welt, und dann durchschaut er alle Dinge bis auf den Grund als zusammengesetztes Wandelbares, daher als eine Täuschung über Selbstständigkeit und Bestand, daher als nicht der Mühe wert. In der Beobachtung des Wandelbaren beschreitet er den Pfad zum Unwandelbaren. Indem er die fünf Komponenten der Existenz als bloße Erscheinungen durchschaut, die vom Geiste ausgebrütet werden, steht der Geist außerhalb ihrer und hängt auch nicht mehr an sich selbst, weil eben der beobachtende Geist auch noch beobachtet und dann entlassen wird. In solcher Vorstellung, die an keiner Vorstellung mehr haftet, findet die Erlösung statt.

Der Gemüterlöste ist auch in seiner einfachsten Form ein Beiderseiterlöster. In seiner umfassendsten und vollendetsten Form hat er alle neun Vertiefungen leibhaftig erfahren – nämlich alle vier Schauungen, alle vier Formlosigkeiten, die Auflösung – und außerdem wurde nicht nur das dritte Wissen erfahren, sondern auch alle anderen sieben überschauenden Anblicke. Er hat dann beide Seiten – die des Gemütes und die der Weisheit – erfahren und erlöst. Und ein solcher kommt einem Buddha am nächsten.

Dazwischen gibt es nun alle Grade und Nuancen von Mischformen, so dass zahlreiche Typen und Schattierungen der Erlösung möglich sind. Davon werden als Beispiele hervorgehoben:

- Der reine Körperzeuge, der alle neun Vertiefungen, aber nur das dritte Wissen erlebte,
- der Sechswissensmächtige, der alle acht überschauenden Anblicke erlebt, aber nicht Formlosigkeit und Auflösung,
- der Dreiwissensmächtige, der die drei Weisheitsdurchbrüche – statt der sechs oder acht – erlebt, aber nicht Formlosigkeit und Auflösung,

- der dem weißen Lotos gleichende Asket, der alle acht Freiungen erlebte und dann als Beiderseiterlöster das dritte Wissen,
- der dem roten Lotos gleichende Asket, der nicht alle acht Freiungen erlebte, aber als Weisheiterlöster das dritte Wissen (S [II] 12, 70; A IV 87).

Alle Erlösten aber sind sich in der Erlöstheit von den Trieben gleich, die Unterschiede bestehen nur in der Erfahrungsbreite. Und das wirkt sich vor allem in der Lehrweise für andere aus. Je breiter die eigene Erfahrung, desto nützlicher kann man sich anderen erweisen, indem man sie versteht. Die Möglichkeit angewandten Erbarmens wächst damit.

Außerdem kann man erfolgreich dem eigenen Leibe Barmherzigkeit erweisen, indem man ihn stillstellen kann.

68.7 Einzelerwachte (*Paccekabuddhas*)

Alle bisher genannten Wesen, die Pfad und Frucht der Heiligkeit besaßen – und sei es die vollendetste Form des universalen Beiderseiterlösten – waren doch total abhängig von der Belehrung durch die Stimme eines anderen, nämlich eines Erwachten. Sie waren also nicht selbstständig, sondern waren bloße Schüler, Jünger, Nachfolger. Aus sich selber heraus waren sie nicht fähig, die Wahrheit zu finden, selbst nicht ein Sāriputto.

Wer daher ganz aus sich heraus, ohne Lehrer und Meister, die Erwachung finden kann, der ist an Weisheitskraft allen Jüngern gewaltig überlegen. Die Jünger müssen warten, bis einmal in der Welt ein Erwachter erscheint, und „gar selten trifft man in der Welt ein auferwachtes Angesicht". Die Meister aber werden selber Erwachte. Ein solches Wesen muss eine ganz unvergleichliche Kraft des Selbstvertrauens besitzen, auf deren Grundlage er alle anderen Kräfte autonom entwickelt und sich damit, wie Münchhausen, sozusagen am eigenen Schopfe aus dem Sumpf zieht. Sein Geist erzeugt selber den Lehrer, dessen Einsicht dann sich die Seele als Schüler unterwirft.

Die erste Erscheinungsform eines solchen absolut unabhängigen Wesens ist der Einzelerwachte. So wie ein Kaiserkönig in der Welt die größte Macht nach außen, so hat ein Einzelerwachter die größte Macht nach innen – und ein Vollkommen Erwachter nach außen und innen. Ein Einzelerwachter geht in erster Linie den Gemütsweg, er ist der vorwiegend Gemüterlöste unter den Erwachten. Er lässt die Welt Welt sein und sucht den Frieden. Und er findet ihn in sich, findet in der Tiefe der Vertiefung immer größeres Wohl, und kommt auf diesem Wege durch alle Stufen des Herzensfriedens schließlich kraft seiner Weisheit auch über die größte Klippe, über die Grenzscheide, hinaus und zum *Nibbānaṃ*. Er hat das unerschütterliche Vertrauen, dass es ein Absolutes, ein Unvergängliches geben muss und er stößt alles, was seine Weisheit als vergänglich ansieht, als unzulänglich ab: So pendelt er sich immer mehr auf das Nirvāna ein. Seine Weisheit benutzt er nur dazu, am jeweiligen Frieden nach einiger Zeit noch das Unzulängliche zu erkennen und dann weiterzustreben. Während alle anderen Mystiker spätestens bei der Grenzscheide aufhören, überschreitet er auch diese Grenze. Sein Vertrauen reicht noch darüber hinaus. Und so findet er das Ungewordene.

Weil er aber den Gemütsweg ging und die Weisheit nur in seinem unmittelbaren Dienste – fast als notwendiges Übel – entwickelte, deshalb hat er kaum Kenntnis von anderen Wesen, von ihrem Herzen, von ihren Wegen und Umwegen, von ihren Typunterschieden. Der Einzelerwachte mag Rückerinnerung haben und das Verschwinden-Erscheinen sehen, aber es interessiert ihn kaum, ist ihm eher eine Belästigung und höchstens eine kurzfristige Befriedigung letzter Reste von Tendenzen der Vielwisserei.

Wie ein Magnet immer zum Nordpol zeigt, so wendet sich sein Herz immer wieder dem Frieden zu. Darum hat er in seinem Geiste vor allem das Wissen um die Stufen zunehmenden Friedens, zunehmender Einfachheit, zunehmender Entweltung und Entfernung vom sprachlichen Unterscheiden. Und darum eben kann er nicht als Lehrer für andere auftreten und als Arzt mit den unterschiedlich nötigen geistigen Medizinen die Seelenkrankheiten anderer heilen. Er ist dem Bereich der Kompliziertheit und Vielfalt, der Spaltung und dem Bruch zu weit entrückt. Er kann höchstens einmal einen tiefsinnigen Spruch sagen, der die Menschen seltsam anweht, aber ihnen keine Brücke zur Tiefe schlägt. Oder er kann sagen, man müsse nach innen gehen. Aber er kann nicht in die Wahrheit einführen. Was er erlebt hat, gleicht dem Traum eines Taubstummen – so heißt es in der Tradition, wenngleich dieser Vergleich etwas hinkt. Wenn der Einzelerwachte wollte, könnte er wohl in die Schule seines eigenen Geistes gehen und sich nachträglich eine Berufsausbildung zum religiösen Lehrer verschaffen. Aber warum sollte er es wollen? Warum sollte er die Riesenmühe auf sich nehmen, um seine Traumgestalten im Traum zu geträumten Heiligen zu verwandeln?

Ein Einzelerwachter ist also vom Standpunkt des Heilsuchers aus gesehen die größte Enttäuschung. Da ist endlich einmal ein Wesen, das das Heil gefunden hat und alle Heilssehnsucht der Wesen befriedigen könnte, aber ein Abgrund trennt ihn von den anderen. Und keine Brücke führt hinüber und herüber. Ein Einzelerwachter kann im günstigsten Falle einige wenige Wesen, die ähnliches Format wie er haben, irgendwie dazu anspornen, irgendwann einmal selber Einzelerwachte zu werden. Für die meisten Heilssucher nützt aber ein Einzelerwachter weniger als ein Schüler des Buddha, und sei es bloß ein Hörer, falls er nur lehren kann.

Im Kanon wird über die Funktion des Einzelerwachten im Sozialen Dreierlei ausgesagt: Erstens bringt das Spenden an einen Einzelerwachten noch weit größeres Maß an Lohn, Segen und Verdienst als das an einen Heiligen (M 142), obwohl der Spender meist gar nicht weiß, dass der andere ein Einzelerwachter ist. Und selbst wenn er es wissen sollte, kann er sich darunter kaum etwas vorstellen. Zweitens heißt es umgekehrt, dass, wer einen Einzelerwachten verletzt oder gar umbringt (das ist im Gegensatz zum Vollkommen Erwachten möglich), dadurch unvorstellbares und größtes Höllenleiden über sich bringt. Drittens wird erwähnt, dass Menschen, die das Kuppelmal (Stupa), das einem Einzelerwachten gebührt, verehren, dadurch zufrieden, im Gemüte geglättet und gestillt würden und dadurch in den Himmel gelangen könnten (D 16 V).

Unter welchen Umständen Einzelerwachte erscheinen (nur in Indien?) und wie groß ihre Zahl im Verhältnis zu Vollkommen Erwachten ist – in M 116 wird von einer großen Schar gesprochen – wird im Kanon nicht erklärt. Auch die Frage, ob sie vielleicht nur außerhalb des Einflussbereiches Vollkommen Erwachter erscheinen, ob sie auch unter Göttern erscheinen können usw., wird nicht beantwortet. Auch über die Voraussetzungen, die einen Pacceka-Bodhisattva allmählich seine Kräfte entfalten lassen, herrscht Schweigen, ebenso wie über die Frage, ob er einige der zweiunddreißig Merkmale besitzt. Das ganze Gebiet gehört zu den vielen Dingen, über die der Buddha schwieg, weil das Wissen darum für das Heil nicht notwendig ist. Dies Gebiet gehört zum Buddha-Gebiet, einem der vier Themen, über die man nicht nachgrübeln soll, wenn man nicht in Verwirrung geraten will (A IV 77).

Das Wichtigste ist, dass es überhaupt so etwas gibt wie Einzelerwachte, dass ein Wesen also notfalls auch aus sich heraus erwachen kann, dass diese Möglichkeit in der Existenz enthalten ist. Darüber nachzudenken, ist eine heilsame Betrachtung über Erwachte (*buddh'anussati*).

68.8 Vollkommen Erwachte (*Sammāsambuddhas*)

Alles, was im Pāli-Kanon – und es ist viel – über „unseren“" Vollkommen Erwachten, den Buddho Gotamo, gesagt ist, gehört in eine Lebensgeschichte des Buddha. Eine solche habe ich 1973 herausgegeben. Hier in diesem Zusammenhang bleibt nur zu betrachten, was einen Vollkommen Erwachten als besondere Form des Heiligen ausmacht und was ihn vom Einzelerwachten unterscheidet, sowie was unseren Buddha von anderen Buddhas unterscheidet.

Der höchstmögliche Grad der Heiligkeit, sozusagen der Heilige der Heiligen, ist ein Vollkommen Erwachter. Er wird daher auch ein Vollendeter (*Tathāgata*) genannt. Er überragt den Einzelerwachten darin, dass bei ihm das Element der weisheitlichen Durchdringung aller Phänomene ebenso vollkommen und universal ist wie das Element der Gemütsruhe. Während der Einzelerwachte der Mystiker par excellence ist, ist der Vollkommen Erwachte außerdem noch der Lehrer der Mystik par excellence. Er kennt alle Himmel und alle Höllen, alle Phänomene der Vergangenheit und Zukunft. Und er hat sie verstanden, durchdrungen, eingeordnet. Dadurch ist er fähig, das Herz aller Wesen und alle Wege ihrer Entwicklung zu überblicken. Und dadurch kann er die Lehre universal darlegen, für jeden nach seiner Art. Er kann als Erziehungsinstitut zur Triebversiegung einen Orden gründen und ihn leiten. Und er ist nicht nur der Lehrer der Menschen, sondern auch der Götter. Und er ist dies geworden durch die langwierigste und schwierigste Berufsausbildung, die es nur gibt, durch die Gesellenzeit eines Nichtvergessens der Leidenserfahrungen, was ihn heranreifen ließ zu seinen Fähigkeiten. Während alle sonstigen Wesen die Erfahrungen ihrer langen Laufbahn durch den Saṃsāro immer wieder vergessen, so dass sie völlig nutzlos leben, behält ein Bodhisattva sie. Er sammelt tröpfchenweise und in homöopathischen Portionen seine Erfahrungen, filtriert daraus Fähigkeiten, bis er die Vollkommenheit darin erlangt und ein Vollkommen Erwachter, ein Vollendeter wird.

Jeder Vollkommen Erwachte hat am Leibe zweiunddreißig Merkmale, sozusagen die Narben aus den siegreichen Kämpfen mit Māros Heeren in unzähligen Leben, und sie sind die Symbole seiner universalen Fähigkeiten, das offenbare Tagebuch seiner Möglichkeiten. Mit diesen Fähigkeiten konnte er nur zwei Wege beschreiten: Entweder als Kaiserkönig die Erde beherrschen, oder als Vollendeter den Kosmos der Psyche zu beherrschen, entweder ein Lehrer und Vorbild in innerweltlichen Tugenden zu werden (Kaiser) oder ein Lehrer und Vorbild in weltüberwindenden Kräften zu werden (Vollendeter). Einen dritten Weg gab es nicht. Er konnte insbesondere auch niemals ein bloßer Einzelerwachter werden, ein nichtlehrender schweigender Buddha. Diese Möglichkeit war für ihn karmisch ganz ebenso ausgeschlossen wie die, ein Brahmā zu werden oder ein Māro.

Gerade dieser Punkt, der den Vollendeten vom Einzelerwachten unterscheidet und ihn über alle Heiligen hinaushebt, bedarf der näheren Betrachtung. Von jedem der beiden Typen der Erwachten heißt es, er könne „gehen, wohin er will“. Beim Vollkommen Erwachten aber steht gleichsam ein vollgetanktes bestausgestattetes Auto mit Lebensmitteln für ein Hungergebiet startbereit mit angelassenem Motor auf einer perfekten Autobahn bei günstigstem Wetter. Der Fahrer sitzt bereit am Steuer und könnte sofort starten. Er tut es aber nicht. – Das wäre das Bild für einen Vollendeten, wenn dieser nicht lehren würde. Das Auto: Das sind seine Fähigkeiten zum Helfen. Das Hungergebiet ist der Saṃsāro. Der Fahrer ist der Geist des Vollendeten. Das Nichtfahren wäre nun nur vorstellbar, falls noch Selbstsucht oder Mangel an Erbarmen vorhanden sein würde. Ein Vollkommen Erwachter aber kennt, ebenso wie andere Heilige, keinerlei Selbstsucht mehr. Und sein Erbarmen ist durch seine Berufsausbildung größer als das aller anderen Wesen und auch aller Heiligen. Er kann nicht stehenbleiben. Nun heißt es aber in der Überlieferung, dass unser Buddha gezögert habe, die Lehre zu verkünden, weil die Lehre so tief sei, dass andere sie nicht verstehen und dass ihm dadurch körperliche Plage und geistiger Anstoß gewiss sein würde. Das wäre in jenem Gleichnis Folgendes: Das Fahren macht müde, die angespannte Aufmerksamkeit lässt den Leib matt werden. Und bei der Ankunft im Hungergebiet gibt es viele Möglichkeiten des Anstoßes: Einige werden sich daran stoßen, dass überhaupt ein Auto kommt und lauten Lärm macht (sie stört die Trommel der Unsterblichkeit oder der Löwenruf als Lärmbelästigung). Andere sagen nur, da komme noch wieder ein Esser. Andere wollen den Wagen überfallen und ausrauben. Andere schimpfen über eine ungerechte Verteilung der Lebensmittel. Andere bemängeln, dass kein Alkohol dabei ist. Wieder andere merken nur, dass ausgerechnet ihre Lieblingskäsesorte fehlt usw. Das sind Vergleiche für die verschiedenen Misshaltungen der Menschen gegenüber dem Hilfswerk eines Vollkommen Erwachten. Und Entsprechendes ist im Leben des Buddha vorgekommen. Also ist es richtig, dass das Lehren Plage und Anstoß bringt.

Aber der Buddha ließ die Plage Plage sein, ließ den Anstoß Anstoß sein. Er lehrte trotzdem und verhalf Tausenden mindestens zur Hörerschaft, Vieltausenden zur Vorbereitung auf die Hörerschaft beim nächsten Buddha, Unzähligen aber zur sittlichen Läuterung. Er hat eben gelehrt, weil außer Selbstsucht und Mangel an Erbarmen kein Grund bestand, nicht zu lehren. Er wusste, dass er die Kräfte zum Lehren in reichstem Maße besaß und vielen damit helfen konnte. In vielen, vielen Leben hatte er die kaiserliche Fähigkeit entfaltet, immer für das Wohl eines großen Menschenkreises, für das größtmögliche Glück der größtmöglichen Zahl, zu denken und außer für sich immer auch für andere zu sorgen. Diese universale Fürsorge war ihm in den zweiunddreißig Merkmalen unausrottbar „eingebrannt". Und das eben unterscheidet ihn vom Einzelerwachten: Der kann nicht lehren und kann nicht wollen, die Lehrerausbildung rasch nachzuholen; ein Vollendeter aber kann nicht nichtlehren. Ein Einzelerwachter muss schweigen, ein Vollkommen Erwachter kann nicht schweigen. Er ist allerdings keineswegs getrieben, er drängt sich niemandem auf. Das Lehren ist für ihn, von außen gesehen, in der Tat Plage und Anstoß. Er belehrt daher nur die, die sich helfen lassen wollen, die Reifen. Sein Erbarmen ist mit Weisheit gepaart. Er steht gleichmütig auch über seiner Lehrtätigkeit. Er lässt seine Fähigkeiten laufen, aber er identifiziert sich nicht mit seiner Lehrerrolle. Er erduldet gewissermaßen diese karmische Ernte, als Lehrer aufzutreten. Und gerade darum ist er der vollendete Lehrer. Er steht oberhalb des Daseinstraumes und lässt darin noch den vorprogrammierten Film eines Menschheitslehrers ablaufen. Er schaltet dieses Programm nicht gewaltsam vorzeitig ab, sondern lässt es mit dem Tod des Leibes sanft von selber auslaufen.

Zwischen den Vollkommen Erwachten gibt es nun bei näherem Zusehen noch gewisse Besonderheiten und Schwerpunkte und Unterschiede, wie das in der Unendlichkeit der Vielfaltsmöglichkeiten nicht anders sein kann. Davon sind erwähnenswert:

Fast alle Vollkommen Erwachten entstammen der Kriegerkaste (Adel); nur die drei unserem Buddha in diesem Äon Vorangehenden der Priesterkaste (Brahmanen). Das ist ein Indiz dafür, dass das Entscheidende im Wesen eines Vollendeten die Fürsorge für andere und die Tatkraft sind, während die Wissenschaftlichkeit der Jenseitskunde, die bei den Brahmanen vorherrschte, bei ihm erst in zweiter Linie kommt.

In der Art der Lehrdarlegung der Vollendeten gibt es zwei verschiedene Spielarten.

Die Buddhas in früheren Äonen, Vipassī, Sikhī, Vessabhū, legten die Lehre ausschließlich persönlich dar, sie belehrten den Einzelnen bis zur Heiligkeit und wandten sich dann dem nächsten Schüler zu, folgten also dem Guru-Prinzip. Die Buddhas unseres Äons dagegen

brachten die Lehre in ein allgemeines Gedankensystem, das auch unabhängig von ihrer Person Bestand hatte. Der Vorzug des Guru-Systems war, dass jene Buddhas ihren Schülern schneller und intensiver helfen konnten, der Nachteil war, dass die Lehre nicht über die Schüler hinaus übertragbar war. Sie waren heilig geworden, ohne selber recht zu wissen wie.

Die Dauer des schmerzhaften Suchens und Experimentierens mit den Trieben – die sogenannte Schmerzensaskese – vor dem Durchbruch zur Erkenntnis des krampflosen mittleren Weges war bei den Buddhas verschieden. Von allen Buddhas dauerte sie bei unserem Buddha mit sechs bis sieben Jahren weitaus am längsten, während alle anderen ungünstigenfalls zehn Monate und im günstigsten Falle nur sieben Tage dazu benötigten. Der persönliche Weg unseres Buddhas war also am leidvollsten und schwersten.

Damit zusammen hängt die Tatsache, dass keiner der anderen Buddhas bei einem derartigen Tiefstand der Menschheit lehrte wie unserer. Sämtliche bekannten früheren Buddhas – und auch der angekündigte Buddha Metteyyo – erscheinen zu Zeiten, in der die Menschheit wegen höherer Moral auch viel länger lebt, nämlich zu Zeiten, in denen die Lebenskraft der Menschen zwischen zwanzigtausend und hunderttausend Jahren liegt. Unvorstellbare goldene Zeiten des Glücks waren einst. Dort fanden die das Leiden aufzeigenden Vollendeten aber trotzdem weit mehr Nachfolger (Vipassī hatte sieben Millionen Heilige im Orden) als unser Buddha, zu dessen Zeit das Leiden viel offenbarer war. Unser Buddha überragt daher an Heroismus alle anderen Buddhas. Die Schwierigkeiten, die er zu bewältigen hatte, gab es bei keinem anderen Erwachten: keinen Devadatto, keine Sechsermönche, keinen Sunakkhatto, Ariṭṭho und Sāti.

Verschieden ist auch der Rhythmus des Auftauchens der Buddhas. Es ist nicht so, dass es – ebenso wie in jedem Äon anfangs Kaiserkönige – auch in jedem Äon Buddhas gäbe. Dies ist im Gegenteil sogar die seltene Ausnahme. Vor unserem Äon gab es dreißig Weltzeitalter lang keinen einzigen Vollkommen Erwachten, daher keine Erlösungslehre, daher keinen Ausweg, sondern nur sinnloses Kreisen im Leiden. Dreißig unvorstellbar lange Äonen waren die Welten leer an Buddhas, leer an Wahrheit, leer an Freiheit. Und nachdem es im einunddreißigsten Äon rückwärts gleich zwei Buddhas gegeben hatte, war es dann gar sechzig Äonen lang völlig leer, bis erst im einundneunzigsten Weltzeitalter der Buddha Vipassī lebte. Demgegenüber ist unser Äon wahrlich das glücklichste aller Weltzeitalter, die beste aller Welten, weil es vor unserem Buddha hier schon drei gab (Kassapo, Kakusandho, Koṇāgamano) und ihm noch ein weiterer (Metteyyo) folgen soll. Mit gleich fünf Vollkommen Erwachten ist unser Äon daher das wachste, das buddhistischste, eben wirklich das Äon aller Äonen, *saeculum saeculorum.* Denn hier wird der Schleier der Māyā gleich fünfmal nacheinander zerrissen und kann kaum wieder so ganz geflickt werden. Wenn eben die Lehre eines Vollendeten untergegangen ist, kommt schon wieder ein neuer – gemessen an Äonenmaßen.

Aber so selten, so außerordentlich selten dies auch ist, so darf bei all solchen weiträumigen Überlegungen doch nicht Folgendes vergessen werden: Die Tatsache, dass wir überhaupt außen eine Gestalt namens Buddha erleben, ist ein Wahn, ist unsere Spaltung und Heillosigkeit. Bei weniger Wahn würden wir nicht von einem Außen abhängen, sondern die Erwachung aus uns selber vollziehen und den Traum der Vielfalt verscheuchen. Ein Buddha ist nicht mehr und nicht weniger real wie „ich“, „meine Eltern“, wie eben „die Welt“.

69. Wissensklarheit der Erlösung (*vimutti-ñāṇadassanaṃ*)

Alles Liebesglück auf Erden,
aller Götter Himmelswonnen
sind kein Sechzehntel des Glückes
dessen, der dem Durst entronnen. (Udānavarga)

Unstörbar die Erlösung mein:
Das letzte Dasein ist dies hier,
und nicht mehr gibt es Wiedersein. (M 26)

69.1 Schon auf dem Wege zu finden

Die Wissensklarheit der Erlösung ist das letzte der fünf heiligen *khandhas*, der fünf Abschnitte der Heilsentwicklung, nämlich da ist: Der Abschnitt der Tugend (1-5), der Einigung (6-8), der Weisheit (9), der Erlösung (10), der Wissensklarheit der Erlösung. Erst damit ist die Entwicklung abgeschlossen. Da aber die Wissensklarheit der Erlösung als subjektives Gewahrwerden der objektiven Erlösungssituation so äußerst eng mit dieser verbunden ist, war es nicht zweckmäßig, im Gang der bisherigen Darstellung, beides zu trennen. Beim Hörer, beim Einmalwiederkehrer, beim Nichtwiederkehrer ist daher in den bisherigen Abschnitten über die Erlösung auch die jeweilige Wissensklarheit der Erlösung schon mitbehandelt, nur nicht ausdrücklich unter diesem Namen. Es gibt nämlich, ebenso wie vier Grade der Erlösung, auch vier Grade der Wissensklarheit der Erlösung. Das mag rückblickend kurz wie folgt zusammengefasst werden:

Beim Hörer zeigt sich diese Stufe darin, dass er vor allem merkt, wie alle existentiellen Probleme und philosophischen Fragen und Konflikte und Antinomien sich in ihm gelöst haben, und wie er im besten Sinne des Wortes einfältig geworden ist, nämlich eindeutig auf das Nirvāna hin programmiert, wenngleich mit Langzeitzündung. Ihm steigt insoweit schon ein Wissen vom Erlösungsglück auf (Ps I, 195). Um die eigene Hörerschaft zu erkennen, empfiehlt der Buddha als Spiegel der Lehre die Betrachtung der vier Glieder (D 16). Noch konkreter sind die sieben Prüfungen aus M 48 nichts anderes als Anweisungen zur Erlangung der Wissensklarheit der Erlösung. Sie heißen ausdrücklich Erkenntnisse oder Wissen, nämlich sieben unvergleichliche Wissen (*asādhāra ñāṇam*). Und einer der sechs Vorteile der Frucht der Hörerschaft ist eben dieses unvergleichliche Wissen (A VI 97).

Beim Einmalwiederkehrer ist es wie folgt: Er merkt die Verdünnung der Fesseln an der Lösung der Begegnungsprobleme, die den Hörer noch sehr bewegen: Alles geht ihm in der Welt glatt und sanft. Durch Auflösung der Herzenstrübungen wird die Welt heiter und problemlos, so dass er gar manchmal denken mag „Es gibt gar kein Leiden“, bis es ihm eben wieder tiefer aufgeht.

Beim Nichtwiederkehrer zeigt sich Folgendes: Er merkt, wie die Welt völlig farblos und entreizt wird, wie ein bloßer Schatten vor dem strahlenden Licht des inneren Wohles. Er ruht ganz im Herzensfrieden, vertiefungsmächtig, abgekehrt der Sinnenwelt. Er merkt ständig die Erlösung von Sinnengier und Sinnenhass, so dass er derart daran gewöhnt wird, dass er sie schließlich gar nicht mehr bewusst registriert. Es ist ihm zur Natur geworden, dass die Welt ihm fern gerückt ist, und er kümmert sich nur aus Erbarmen um andere, nicht aus Bedürfen.

Beim Heiligen nun zeigt sich die Wissensklarheit am deutlichsten und markantesten, weil sie eben nicht mehr relativ, sondern absolut ist. Davon ist bisher noch nicht gesprochen worden, und das ist eben der Inhalt dieses Abschnittes, der auf die Darstellung der Heiligkeit folgt.

69.2 Fünf Aspekte der Wissensklarheit der Erlösung beim Heiligen

Die Wissensklarheit der Erlösung ist, kurz gesagt, die dritte und letzte Phase des dritten Wissens. Des Zusammenhanges wegen seien diese drei Phasen hier noch einmal zitiert:

> *„Solchen Gemütes, innig, geläutert, gesäubert, gediegen, schlackengeklärt, geschmeidig, biegsam, fest, unversehrbar, richtete ich das Gemüt auf die Erkenntnis der Triebversiegung. Das ist das Leiden, das seine Entwicklung, das seine Auflösung, das der zu seiner Auflösung führende Pfad, verstand ich der Wirklichkeit gemäß. Das sind die Triebe, das ihre Entwicklung, das ihre Auflösung, das der zu ihrer Auflösung führende Pfad, verstand ich der Wirklichkeit gemäß."*
>
> *„Also erkennend, also sehend ward da mein Gemüt erlöst vom Sinnlichkeitstrieb, vom Daseinstrieb, vom Nichtwissenstrieb. Im Erlösten ist die Erlösung: diese Erkenntnis ging auf. Versiegt ist die Geburt, vollendet das Asketentum, gewirkt das Werk, nicht mehr ist diese Welt, verstand ich da."*
>
> *„Dieses Wissen hatte ich nun in den letzten Stunden der Nacht als drittes errungen, das Nichtwissen zerteilt, das Wissen gewonnen, das Dunkel zerteilt, das Licht gewonnen, wie ich da ernsten Sinnes, eifrig, unermüdlich verweilte."* (M 36)

Die Elemente dieser dritten Phase des dritten Wissens werden in anderen Lehrreden noch durch einen anderen Stempel ergänzt. Der Einfachheit halber sei die obige Formel mit A, die jetzt folgende Ergänzung später mit B bezeichnet:

> *„Da ist ein Mönch ein Heiliger, ein Triebversiegter: ein Endiger, der das Werk gewirkt, die Last abgelegt hat, das Heil erreicht hat, völlig versiegt hat die Daseinsfesseln, in vollkommener Erkenntnis erlöst."* (M 1, 22, 34, 80, 107, 118 usw.)

Die Aspekte oder Elemente beider Formeln bedeuten Folgendes:

(1) Er ist ein Endiger (B), er hat vollendet das Asketentum (A), was Letzteres wörtlich heißt: zu Ende gelebt den Brahmawandel. Er ist eben völlig reinen Herzens, lauter wie Brahmā auf seiner Ebene, aber für immer und frei von allen Trübungen von Gier, Hass und Wahn. Das ist die Reinheit der Reinheit, die höchste Mystik. In der Erlösung kann auch kein Wille mehr nach Wohl aufkommen, denn das höchste Wohl ist erlangt, die Tendenz zur Erlösung ist erfüllt. Aber könnten nicht noch ein Wille und eine Tendenz nach Beibehaltung dieser Situation aufkommen? Da die Situation der vollkommenen Erlösung durch keinerlei Bedingungen bedingt ist, ist sie damit auch völlig unveränderlich, d. h. unauflösbar. Eine Nicht-Erhaltung ist also gänzlich unmöglich. Indem der Geist diese Tatsache feststellt, wird damit auch ein etwaiger Wille nach Beibehaltung erlöst und als erlöst erkannt, d. h. aufgelöst. Und daraus entspringt das Vertrauen bei der Wissensklarheit der Erlösung – hier i.S. der höchsten Gewissheit, dass Erlösung nicht enden kann.

(2) Er hat gewirkt das Werk (A, B), wörtlich: Das zu Tuende getan, das zu Wirkende gewirkt. Er hat nichts mehr zu tun, keine Aufgabe mehr, keine Pflicht und keine Mühe mehr. Er hat alle seine Kraft sinnvoll benutzt. Er steht jetzt sozusagen mit allen Kräf-

ten ausgerüstet da und fragt sich: Ist noch irgendetwas unvollendet und zu verbessern? Und er sagt sich: Nein. Daher kann er alle Kraft nun für andere verwenden, ohne dass er dazu getrieben wäre. Er hat eben, wie in B noch hinzugefügt wird, die Last abgelegt. Die Last sind die fünf *khandha* (S [III] 22, 22). Er hat sich in ihnen zur Heiligkeit gebracht, jetzt braucht er sie nicht mehr. Er ist mit seinen Kräften gänzlich frei. Das ist die Tatkraft bei der Wissensklarheit der Erlösung.

(3) Er hat das Heil erreicht (B) und weiß „Darüber hinaus gibt es nichts mehr" (A). Das Heil ist das Nirvāna, und das ist das Absolute an Ruhe und Frieden, das Ziel aller Ziele. Da ist endgültiger Frieden. Darüber hinaus gibt es wahrlich nichts mehr. Wörtlich heißt es: Nichts (*na*) Höheres (*apara*) als dies hier (*itthatta*). Neumann übersetzt, wie oben in der Formel ersichtlich „Nicht mehr ist diese Welt." *Itthatta* kann zwar heißen „dies hier" im Sinne von diese Welt, aber beim Heiligen ist „dies hier" wohl der Zustand des Nirvāna zu Lebzeiten, wo er trotz Noch-Vorhandenheit der Welt nicht mehr vom Nirvāna geschieden ist. Und das ist die Einigung bei der Wissensklarheit der Erlösung.

(4) Versiegt ist die Geburt (A), völlig versiegt sind die Daseinsfesseln (B). Dasein ist es, was im Bedingungszusammenhang zu Geburt führt. Wo Dasein durch Abschneidung der Fessel zum Weitersein versiegt, da versiegt auch Geburt. Für Heilige gibt es nicht mehr den Geburten-Kreislauf (*jāti-Saṃsāro*). Für ewig ist er davon erlöst, erlebte die letzte Geburt und sieht mit Abstand auf den wirren Traum der Wiedergeburten. Das ist die Achtsamkeit bei der Wissensklarheit der Erlösung.

(5) In vollkommener Erkenntnis ist er erlöst (B), die Erkenntnis geht ihm auf, dass im erlösten Herzen die Erlösung ist (A). Die höchste Erkenntnis, die vollkommene, ist eben die des Heiligen. Der Heilige hat *aññātāv'indriya* (Ps II, 30), d. h. die Fähigkeit des Wissens, dass er *aññā* (die höchste Erkenntnis) besitzt. Und das ist die Weisheit bei der Wissensklarheit der Erlösung.

69.3 Drei ergänzende Betrachtungen

Unter den mannigfachen Beschreibungen der Wissensklarheit der Erlösung seien folgende drei als repräsentative Auslese genannt:

Der Buddha nennt sieben **Kräfte** des Triebversiegten, die dieser verwirklicht hat und wodurch er bekennt, dass er die Triebe versiegt hat: Wirklichkeitsgemäß hat er mit vollkommener Weisheit gesehen, dass erstens alle Aktivitäten unbeständig sind, dass zweitens alle Sinnlichkeit wie eine glühende Kohlengrube ist. Und drittens ist er im Herzen zur Einsamkeit geneigt, gesenkt, gebeugt; auf Einsamkeit zielend ist er an Entsagung erfreut, hat ein Ende gemacht allen triebhaften Dingen. Und viertens bis siebtens hat er entfaltet: die vier Pfeiler der Einsicht, die fünf Fähigkeiten, die sieben Erweckungen und den Achtpfad (D 34 VII; A VIII 28). Dabei sind die vier Pfeiler die *Sati*-Fähigkeit, die sieben Erweckungen die *Samādhi*-Fähigkeit, der Achtpfad die Weisheitsfähigkeit. Und der Anblick der Allvergänglichkeit, der glühenden Sinnlichkeit und der Einsamkeit ist alles das höchste Vertrauen. Die Tatkraft braucht hier nicht genannt zu werden, denn sie braucht er für sich überhaupt nicht mehr.

Der Buddha nennt fünf Bilder, in denen der Gemüterlöste und Weisheiterlöste seine Situation erkennt, nämlich im Bilde einer eroberten Festung. Die Festung (das Herz) war früher von den Trieben als Feinden völlig besetzt. Von außen, durch die Stimme des Buddha, kam die erlösende Kunde. Und dann wurde die Festung erobert. Und der Eroberer ist ein Schrankensprenger, Grabenfüller, Pfostenausreißer, Riegelheber, Fahneneroberer: Weil er das Nichtwissen überwand, ist er ein Schrankensprenger, der die Palisaden, die hemmenden äußeren Festungsumzäunungen beseitigte. Weil er den Wiederdasein-brütenden Geburtenkreislauf überwand, hat er den Festungsgraben rundum zugeschaufelt, die Gräber zugeschaufelt als sinnlos. Weil er den Durst vertilgt hat, hat er die Stütz- und Eckpfosten der Mauern am Eingang ausgerissen. Weil er die fünf niederzerrenden Fesseln vernichtete, hat er die Verriegelung gehoben, und weil er die fünf emporzerrenden Fesseln, für die das Dünken pars pro toto steht, vernichtete, hat er die Fahne der Ichsucht heruntergerissen, die bedingungslos kapitulieren musste (A V 71; M 22). Dabei sind Nichtwissen und Durst die Schlacken der Gewahrung; jene zweimal fünf Fesselgewöhnungen sind die Schlacken des *viññāṇaṃ*, und der Geburtenkreislauf ist die Absonderung der Form.

Das klassische Gleichnis fürs dritte Wissen ist erst jetzt in diesem Kapitel zu verstehen, und zwar wie folgt: Ein scharfsehender Mann steht am Ufer eines Alpensees. Im windstillen klaren Wasser sieht er in der Tiefe Muschelschalen und Sand/Kies am Grund. Das einzige, was sich im Wasser bewegt, sind Scharen von Fischschwärmen, wie sie stehen und gehen. – Der Scharfsehende ist dabei der Mann, der die vier Wahrheiten schaute (1. Phase des dritten Wissens); dass er außerhalb des Teiches steht, ist die Erlösung von den Trieben, d. h. von der Flüssigkeit der Beeinflussbarkeit (2. Phase); und was er dann sieht, ist die Wissensklarheit der Erlösung (3. Phase). Entsprechend heißt es in D 34 X: Von Gier, Hass, Wahn erlöst ist das Herz wohlerlöst; und wohlerlöst in Weisheit ist es durch die Erkenntnis, dass es derart erlöst ist. – Dass das Wasser jetzt klar durchsichtig ist, ist das geläuterte, triebfreie Erkennen (*viññāṇa*). Sand und Kies sind die toten Dinge der vorbeirieselnden Formen, die Natur und das mit ihr auf Sand Gebaute. Die Muschelschalen sind die für ihn ebenso toten Leiber, die aus gleichem Stoff aufgebaut und verkalkt sind, hohl und leer von einem Ich, Gemächte des Durstes, des Hauserbauers Werk. Und das einzig „Lebendige“, die Fischschwärme, sind die im Heiligen bewusst kommenden und gehenden Gefühle, Gewahrungen, Gestaltungen (M 123), die ermöglichen, dass er das Wohl der Erlösung schon im Leibe erfährt.

69.4 Die Wissensklarheit der Erlösung beim Buddha

Was die Wissensklarheit der Erlösung beim Heiligen konkret ist, dafür gibt der Buddha selber das klassische Beispiel. Nach der Erwachung saß der Buddha sieben Tage lang unbeweglich unter dem Bodhi-Baum, das Glück der Erlösung empfindend. Dann erhob er sich, bewegte etwas die Glieder und setzte sich in der Nähe gleich wieder unter einen anderen Baum, das Glück der Erlösung empfindend. Und so ging es viermal je sieben Tage. Das Merken *Im Erlösten ist die Erlösung* ist eben nichts als Wohl. Und das nimmt der Geist zur Kenntnis, das programmiert sich jetzt in ihn ein. Damit ist er „beschäftigt“, wenngleich diese stillste Beschäftigung nur darin besteht, die Empfindung des Erlösungswohls zu gewahren. Das ist die höchste Wahrheitsgewahrung, das Beste, was sich in den Geist einschreiben kann. Und das vollzieht sich, da Gefühl und Gewahrung zeitigenden Charakter haben, darin, dass der Fluss der dreifachen Zeit jetzt *sub specie aeternitatis* gesehen wird:

Die Wissensklarheit blickt mit dem Auge der Erlösung auf die Vergangenheit und merkt erst jetzt richtig, welcher Leidensmasse man entronnen ist. Das fasste der Buddha in einem der Verse, die er nach der Erwachung äußerte, wie folgt:

Alles Liebesglück auf Erden,
aller Götter Himmelswonnen
sind kein Sechzehntel des Glückes,
dessen, der dem Durst entronnen. (Udānavarga)

Und indem er besonders an die unendlichen vergeblichen Bemühungen der Askese dachte, stieg ihm folgender Gedanke auf:

„Erlöst, wahrlich, bin ich von dem so mühseligen Tun; glücklich erlöst, wahrlich, bin ich von dem so mühseligen Tun, das ganz zwecklos gewesen ist. Wohl mir, dass ich fest und achtsam zur Erwachung gelangt bin." (S [I] 4, 1)

Nachdem er die ersten sieben Tage unter dem Baum der Erwachung gesessen hatte, blickte er nach dem Aufstehen auf jenen Sitzplatz und er dachte: Die ganze unendliche Leidensmasse kam hier zum Leidensende. Die Frucht der äonenlangen Bemühungen ist hier gereift. Alle meine Wanderungen durch den Saṃsāro sind jetzt hierauf zugeordnet. Von allen Orten aller Leben ist dies der beste und heilsamste, unendlich viel besser als selbst die höchsten Dimensionen und erhabensten Weilungen.

Nachdem er sich nach sieben Tagen aus dem *samādhi* erhoben hatte, blickte er mit dem Buddha-Auge auf die Welt. Und er sah nun, wie die Wesen in mancherlei Gluten geglüht, in mancherlei Fiebern verzehrt wurden, die alle aus nichts anderem als aus Gier, Hass und Wahn entstanden. Und tief aufatmend sprach er jene Verse, deren erster lautet:

Die Welt, die da von Glut erfüllt,
befangen in Berührung ganz,
erklärt die Krankheit für das Ich:
und je mehr sie mehr vermeinet,
immer wandelbarer wird es. (Ud III 10)

Was immer es als Gegenwart gab, war ein Fieberwahn – und davon war er befreit, erlöst für immer.

In die Zukunft blickend, wusste er, dass alle Zukunft zu Ende war und dass nie wieder solche Leidensmassen gebaut würden. Und er sprach den berühmten Vers:

Endlosen Lebens Seinsformen
hab immer wieder ich durchirrt,
den suchend, der dies Haus erbaut:
leidvoll ist stets erneutes Sein.

Erkannt bist, Hauserbauer, du,
nicht mehr wirst du das Haus erbau'n!
All deine Balken sind zerstört,
vernichtet ist das ganze Haus,
vernichtungsselig hat das Herz
des Durstes Aufhebung erreicht. (Dh 153-154)

69.5 Erkennbarkeit der Heiligkeit

Wenn einer heilig ist, dann spricht die Erlösung für sich selbst: Aus der Erlösung folgt zwangsläufig die Wissensklarheit der Erlösung. Wie aber, wenn jemand ehrlich meint, er sei ein Heiliger, er es aber noch nicht ist? Und wie ist außerdem von außen ein Heiliger erkennbar für andere?

Auf die Frage „Woran erkennt man einen Heiligen?", wäre zu antworten: An gar nichts.

Ein anderer kann die Reinheit eines christlichen Mystikers, eines buddhistischen Nichtwiederkehrers und Heiligen von außen überhaupt nicht unterscheiden, denn alle strahlen gleicherweise eine Sicherheit aus, die nicht von dieser Welt ist. Worauf sich nun diese Sicherheit gründet, das ist von außen her nicht sichtbar, auch nicht einmal für Hellsehende. Allenfalls könnte ein Unterschied erkennbar werden, wenn der Betreffende eine Darlegung seiner Lehre geben würde, aber sehr viele Heilige haben gar nicht die Fähigkeit, die Lehre darzulegen, und auch bei einem Sprecher der Lehre dürfte man erst nach langer Zeit und bei Vergleichsmöglichkeiten zwischen Heiligen und anderen vielleicht einen Unterschied feststellen können. Das Gleichnis, wonach der Nichtwiederkehrer im Wasser Boden gewonnen hat, der Heilige aber festes Land außerhalb des Wassers erreicht, zeigt schon den gemeinsamen Grund, auf dem beide stehen. Die Fesseln, die der Heilige zusätzlich und über den Nichtwiederkehrer hinaus noch überwunden hat, sind dem Beobachter weder bekannt noch sichtbar; dazu gehört vollkommenste Herzenskunde, wie sie der Buddha und einige seiner heilgewordenen Mönche besaßen.

Man kann einen Heiligen auch nicht etwa dadurch prüfen, dass er gefragt wird, ob er heilig sei. Es kann nämlich jemand, der noch kein Heiliger ist – sondern erst auf dem Weg dazu, oder ein Nichtwiederkehrer oder ein mystisch erfahrener Weltling innerhalb buddhistischer Übungen – subjektiv völlig ehrlich meinen, er sei ein triebversiegter Heiliger und daher dann die gestellte Frage bejahen und auch die Antwort begründen. Wenn schon zu Lebzeiten des Buddha manchmal Mönche aus Selbstüberschätzung ihre Heiligkeit erklärten (M 105), so ist solcher Irrtum in späteren Zeiten erst recht möglich.

70. Das Nirvāna (*nibbānaṃ*)

Das Nirvāna ist ein als überwältigende Realität erfahrener Heilszustand mit dem Charakter des *summum bonum.* (Dietrich Seckel, *Die buddhistische Kunst Ostasiens*, Stuttgart 1957, S. 13)

Wer aller Bande ledig ist,
der hat ohn' Wahn Nirvān erreicht,
in Abgeschiedenheit entrückt,
befreit wie von Gestein das Gold. (Thag 691)

70.1 Das Ziel und das Nichts

Gibt es über den Heiligen, über die höchste Erlösung und die Wissensklarheit der Erlösung hinaus überhaupt noch irgendetwas zu sagen? Ist damit nicht wirklich das Ende aller Wege, das Ziel aller Ziele erreicht?

Nun, alles bisher Gesagte war noch Weg gewesen, war noch Entwicklung, war noch Bewegung, aber noch nicht das Ziel selber! Nur um des Zieles willen war alle Entwicklung erfolgt. Gäbe es das Ziel nicht, gäbe es auch keinen Weg. Gäbe es nicht das Heil, gäbe es keine Heilsentwicklung. Aber, so wird man fragen, ist nicht die Heiligkeit und Erlösung bereits das Ziel? Die Antwort darauf wäre: Dies sind noch subjektive Bezeichnungen, die das angekommen Sein am objektiven Ziel nennen. Das Ziel aber war immer schon da, auch bevor jemand dort ankam und bevor der Erwachte es entdeckte. Das Ziel ist das Wozu der Erlösung, der Weg beschrieb nur das Wovon der Erlösung. Nur wenn und weil es das Ziel gibt, nimmt man die Mühe auf sich, sich von den Hindernissen zu lösen. Dies positive Ziel nennt nun der Buddha Nirvāna.

Es gibt nun allerdings die Auffassung, das buddhistische Heilsziel sei lediglich ein Ausfallwert, sei ein reines Nichts, sei die absolute Leerheit und Vernichtung. Dann gäbe es aber eigentlich gar kein Ziel, getreu der Maxime:

> *„Das Gute, dieser Satz steht fest,*
> *ist nur das Böse, das man lässt."*

Danach wäre das Nirvāna bloß ein leerer Name ohne Wirklichkeitsgehalt, eigentlich eine Absurdität. Danach nähme der Buddhist tausend Mühen einer geistigen Reise auf sich, um am Ziel zu erfahren, den es gar kein positives Ziel gäbe. Oder es wäre bestenfalls so, als ob einer sich mühte, der Glut des Saṃsāro zu entkommen, um dann nur in ein kaltes Nichts zu fallen. Er hat dann nur eine Art von Leiden durch seine Flucht mit einer anderen Art von Leiden vertauscht. Er hat also nichts gewonnen. Oder es ist so, wie wenn jemand von einer Rotte zähnefletschender Bestien verfolgt würde und käme an einen tausend Meter tiefen glatten Steilabhang. Da würde er sich lieber den Bestien entgegenwerfen in der geringen Hoffnung, ihnen durch ein Wunder zu entkommen, als sich in den garantiert sicheren Untergang zu stürzen. In Wirklichkeit aber gefällt den Menschen das, was eigentlich Hitze ist, leidlich; und die Bestien der Höllenhunde verniedlicht er zu ein paar Fliegen. Er schätzt seine Situation im Saṃsāro völlig falsch ein und hält sich für relativ sicher, während er eben deshalb das Nirvāna für den absolut sicheren Untergang hält. Das eben ist seine Verblendung und die Verblendung ist eine gewaltige Macht.

Mit solcher Art Hypotheken ist das Denken belastet, wenn vom Nirvāna die Rede ist. Während man – jedenfalls vor fünfhundert Jahren – das christliche Heilsziel, das Aufgehen in Gott, den Untergang des Geschöpflichen, die Unio mystica in Tönen der höchsten Heilssehnsucht pries und nur ängstliche Gelehrte in den geschraubtesten Ausdrücken zu beweisen suchten, dass es gar kein Aufgeben der Persönlichkeit gäbe, ist man beim buddhistischen Summum bonum im Abendland von vornherein der Meinung, dass es ein solches Ziel als positives gar nicht gäbe, dass man es besser wisse als die Buddhisten. Weil man selber in der Illusion der Sicherheit gefangen ist, muss das, was diese Sicherheit zu stören droht, als Scheinsicherheit verurteilt werden. Jedenfalls hat man im Abendland, nachdem das Heilsziel der Mystik völlig unbekannt wurde, keine Möglichkeit mehr, das buddhistische Heilsziel zu verstehen. Das muss als Tatbestand zur Kenntnis genommen werden, wobei die Ausnahmen, wie immer, die Regel bestätigen.

70.2 Der Begriff des Nirvāna

Nibbāna in Pāli ist Nirvāna in Sanskrit. Nirvāna ist Nir-Wahn, d. h. ohne Wähnen und Wünschen sein. Diese Freiheit von wähnendem Wünschen ist die Wahnerlöschung oder Wunschlosigkeit. Wo das Feuer der Leidenschaften von Gier, Hass und Verblendung erloschen ist, da wird dadurch das wunschlose Glück erreicht, entdeckt, gefunden, verwirklicht. Die Wünsche und Leidenschaften, der Feuerbrand des Saṃsāro mit seinen Fieberbildern, das ist das Negative, das ist ein Nichts an Wohl, ein Nichts an Bestand, ein Nichts an Substanz. Und die Negation dieses Negativen, die Vernichtung des Minus, das ist das Positive. Es ist ein Zustand realer Erfahrung, durch Meditation gewinnbar. So wie das Gold zum Vorschein kommt, wenn das Geröll abgeschichtet wird, so wird das Nirvāna entdeckt, wenn der Fieberbrand schwindet. Eigentlich ist überhaupt nur das Nirvāna, es ist das, was im Grunde allein den Namen Wahrheit und Wirklichkeit verdient, während die Traumwirklichkeit des Saṃsāro eben aus Täuschungen, schmerzlichen Täuschungen, besteht. Als das wunschlose Glück oder das Glück der Wunschlosigkeit ist das Nirvāna von der Sache her sogar das Ziel aller Menschen: sie glauben nur, es sei woanders, und sie suchen es innerhalb des Traumes. Und was sie da suchen und zeitweilig zu finden vermeinen, ist dem eigentlichen Nirvāna einmal näher und einmal ferner. Auf jeden Fall ist das, was Menschen als einen Zustand ansehen, den sie „wunschlos glücklich" nennen, dem Nirvāna weit näher als all das intellektuelle Gerede von einem Nichts.

Der Buddha unterscheidet nun drei Arten von wunschlosem Glück und damit von Nirvāna. Die beiden ersten sind relativ, nur die letzte ist absolut:

Sichtbares Nirvāna oder „Nirvāna zu Lebzeiten" (*diṭṭh'eva dhamma nibbānaṃ*) nannten damalige Asketen es, wenn die Wünsche der fünf Sinne einmal erfüllt waren, d. h. schwiegen (M 102, D 1). Und der Pilger Māgandiyo erklärte ganz naiv, wenn er sich gesund fühle und ihm nichts weiter gebreche, dann sei das das Wohl des Nirvāna. Das ist eine indische Art Epikuräertum. Es ist verfeinerter – also gemäßigter und gezügelter – sinnlicher Genuss, der in dieser Form als höchstes Wohl angesehen wird. Dieser Eudämonismus ist von Tugend untrennbar, denn nur dadurch wird eine gewisse Beständigkeit erreicht, ja, es wurde sogar die Tugend der Asketen als Voraussetzung für dies sichtbare Nirvāna unterstellt. Es ist nur möglich, wenn durch früheres gutes Wirken jetzt eine gute Ernte erlebt wird, also wenn die fahrenden Züge der Wünsche und der Erfüllung parallel fahren, so dass sie zu stehen scheinen. Es ist im Grunde ein äußerst anfälliger und störbarer Glückszustand. Eher als auf Erden ist solches sichtbares Nirvāna im sinnlichen Himmel der verschiedenen Religionen zu finden, wo man aber genießt und vergisst und dadurch wieder abstürzt, wovon die Hybris der Götter bei den Griechen Zeuge ist. So unbeständig dies epikuräische Glück eines Paradieses auch ist, es ist doch anziehender als das dürre Heil mit Halleluja-Singen, wie es sich der, nicht mit der Mystik Vertraute im Christentum oft vorstellt.

Relatives Nirvāna (*tadaṅga-nibbānaṃ*) nennt der Buddha das Erlebnis der vier Schauungen und vier Formfreiheiten (A IX 50), während er selber jene erste Art nicht Nirvāna nennt sondern nur erwähnt, dass andere in ihrem Unwissen es so bezeichnen. Dieses relative Nirvāna ist die größtmögliche Annäherung innerhalb des Saṃsāro an das eigentliche Nirvāna, und jede der acht Stufen ist ihm noch wieder näher als die vorige. Darüber ist oben bei der Einigung alles gesagt. Nur von dieser Dimension her ist eine Ahnung für das absolute Nirvāna möglich, und der Buddha selber nannte die erste Schauung den Weg zur Erwachung. Ekkehart sagt: „Niemand wird es verstehen, der dort nicht ist zu Gast gewesen, oder der es in sich hat als eine Sehnsucht seines Herzens." Die Tragik dabei liegt darin, dass es wieder verlorengeht, wenn und weil man nicht weiß, dass es nur ein relatives wunschloses Glück ist. Ein relatives Nirvāna ist es also nur für die Edlen, denn für sie ist es das Tor zum absoluten Nirvāna.

Das absolute Nirvāna, das eigentliche, von dem hier allein die Rede sein soll, ist dann in zwei Formen erfahrbar (It 44), die nun näher zu behandeln sind.

70.3 Die beiden Formen des Nirvāna

Es gibt eine immanente und eine transzendente Erfahrung des Nirvāna:

Das immanente Nirvāna ist das mit einem Rest von Bezügen (*sa-upādi-sesa-nibbānaṃ*). Es wird innerhalb der fünf Erscheinungen der Existenz erfahren und ist insofern immanent. Die fünf *Khandha* sind noch nicht aufgelöst, sondern noch anwesend. Sie werden als ein noch vorhandenes Bezugssystem (*upādi*) erfahren, jedoch ohne Ergreifen, Anhangen, Aneignen. Welch ein gewaltiger Unterschied zwischen dem Erfahren der fünf *Khandha* mit und ohne Ergreifen liegt, ist mit dieser nüchternen Begriffsunterscheidung überhaupt nicht nachvollziehbar. Das Nirvāna-Erlebnis ist hierbei so überwältigend, dass die fünf *Khandha* zum reinen Nichts werden, so als ob sie überhaupt nicht mehr vorhanden wären. Sie sind entlarvt und durchschaut und hinter ihnen und durch sie hindurch taucht die Unendlichkeit des Nirvāna auf. Es ist so, als wenn bei aufgehender Sonne (Nirvāna) der Mond (*Khandha*) als blasses Schemen noch mühsam sichtbar wäre. Das Nirvāna wird hier erfahren als das allerwirklichste Sein (*ens realissimum*).

Dieses Nirvāna wird von allen acht Edlen erfahren – es ist der Weisheitserlösungsanteil am Nirvāna. Dabei ahnt der *Anusāri* es fast nur; der Hörer, der anklopfend am Tor des Nirvāna steht, erkennt es in lichten Momenten wie durch einen Türspalt; aber die Erfahrung wird auf dem Wege deutlicher und hält länger an, bis der vollendete Heilige nur darin lebt. Es ist von Anfang an die gleiche Sache, qualitativ, nur quantitativ nimmt sie zu. Der Hörer sieht die Küste von ferne, der Heilige betritt sie. Dass das Endziel des Nirvāna schon so früh von Anfängern erlebt werden kann, liegt an der Kunst der Verdrängung. Der Hörer verdrängt momentan alle zehn Fesseln und löst dann 3 ganz auf. Die Unterschiede des Nirvāna-Erlebnisses werden nur bestimmt durch die Wucht der zurückkehrenden Wogen der Triebe, die es wieder überfluten. Jeder Erlösungsmoment ist ein Nirvāna-Moment. Ja, jede aufgelöste (nicht nur verdrängte) Tendenz ist gleichzeitig die Freilegung eines Stückes Nirvāna, so dass dieses der Summe der aufgelösten Tendenzen entspricht, erfahrbar als Summe an Wohl der Entlastung von den Tendenzen. An dieses Wohl des Heiligen, der mit den *Khandha* so lebt wie ohne sie, ändert sich durch den Wegfall des Leibes im sogenannten Tode überhaupt nichts. Wer im Todlosen wohnt, kann nicht mehr sterben. Nur für den von außen Blickenden ist da eine Veränderung. Da aber der Heilige schon zu Lebzeiten nicht auf die *Khandha* gestützt lebte, sie entbehrlich, überflüssig, ja sinnlos waren, ist ihr Nichtmehrvorhandensein genauso belanglos wie ihr Vorhandensein. Der Heilige wird durch das Sein der *Khandha* nicht weniger erlöst und durch ihr Nichtsein nicht mehr erlöst. Er ist davon völlig unberührt in unverletzbarer Unverletztheit. Und das ist wieder recht schwer vorstellbar.

Das transzendente Nirvāna ist dasjenige, was genauer dasjenige ohne einen Rest von Bezügen heißt (*an-upādi-sesa-nibbānaṃ*). Es ist das Erleben des Nicht-mehr-erleben-müssens der fünf *Khandha*, die Auflösung der letzten Gespinste, die Auflösung der Wahrnehmbarkeit überhaupt. Das, was der Weisheiterlöste erst bei Wegfall des Leibes erfährt, verlegt der Gemüterlöste sozusagen vor, indem er die Auflösung der Wahrnehmbarkeit schon während des Körperlebens erfährt. Und das ist der höchste *samādhi*, die achte Freiung, die Spitze des Körperzeugen, die vorstellungsfreie Gemüterlösung. Dies setzt ein erlebendes Durchschreiten aller *samādhi*-Stufen, aller sieben Freiungen, voraus. Es ergeben sich dann folgende Möglichkeiten:

Ein Nichtwiederkehrer kann als Körperzeuge unter Umständen schon zu Lebzeiten die achte Freiung erfahren, aber da sein Daseins-Joch trotzdem noch über dieses Dasein hinausweist, wird er noch wiedergeboren (als Reinhausiger) und erlebt das Nirvāna endgültig erst dort, wo er Heiliger wird (A V 166).

Einer, der auf dem Wege ist, die Heiligkeit noch im gegenwärtigen Leben zu verwirklichen, kann als Gemüterlösungstyp dann schon vor der Heiligkeit öfter die achte Freiung erleben, indem die Trennwand dorthin schon sehr dünn ist.

Ein als Gemüterlöster vollendeter Heiliger kann das Nirvāna nach Wunsch und Willen erfahren, jedoch nach der Überlieferung längstens für sieben Tage.

Und jeder Heilige, ob Gemüt- oder Weisheiterlöster erfährt das bezugsfreie Nirvāna spätestens bei Ablegen des letzten Leibes.

Zusammenfassend kann man die beiden genannten Formen des Nirvāna-Erlebens wie folgt unterscheiden: Der Gemüterlöste, der die Auflösung der Wahrnehmbarkeit auf dem Wege erlebte, löst erst alle Objekte (*khandha*) auf, danach später auch alles Subjektive (Triebe, Ergreifen). Der Weisheiterlöste löst dagegen erst das Subjektive auf und überlässt dann die Auflösung der Objekte dem sowieso ablaufenden Gesetz der Vergänglichkeit, welches den Tod bewirkt, der ihn aber nicht mehr trifft. Oder anders ausgedrückt: Der Weisheiterlöste erwacht und denkt noch an den Traum (erlebt noch die *Khandha*); der Gemüterlöste erwacht und kann die Erinnerung an den Traum so entlassen, dass er nie gewesen ist. Und beide kommen nach Wegfall des Leibes zum höchsten Wohl.

70.4 Die fünf Aspekte des Nirvāna

Da alles, was wir denken und benennen können, immer die fünf *Khandha* voraussetzt, ist auch das über die *Khandha* hinausweisende Verstehen des Nirvāna doch an den Bildern und Begriffen der *Khandha* orientiert. Es gibt keine andere Möglichkeit, vom Nirvāna zu sprechen, als von ihm in den Kategorien der Erfahrbarkeit, d. h. der *Khandha*, zu sprechen. So hat auch der Buddha die Sprache benutzt, um das eigentlich Unaussprechliche zu beschreiben. Und das ist vielleicht die unübertrefflichste Weise der Lehrdarlegung durch einen Erwachten. Da sind nun im 43. Saṃyutta nicht weniger als dreiunddreißig Namen des Nirvāna aufgeführt, zu denen in anderen Lehrreden noch weitere kommen. Diese Namen unterscheiden nicht so genau den subjektiven Erlösungszustand des Heiligen und das objektive Nirvāna, weil es eine solche Unterscheidung beim Wegfall von Subjekt und Objekt eben gar nicht mehr gibt. In diesen Namen klingt nun nach, wie die fünf Kräfte von den fünf *Khandha* fort zum Nirvāna hinführen, ohne dass damit feste Kategorien gesetzt werden sollen:

Wunschlose Fülle ist das Nirvāna in sieben Begriffen aus S [IV] 43: *Nibbānam*, Versiegung des Durstes (auch S [III] 23, 2), Unbeeinflussbarkeit, Erlöstheit, Reinheit, Reizfreiheit, Unangelehntsein. Dazu kommen als weitere Namen: Befreiung vom Hunger (M 51), ohne Gier, Hass und Wahn sein (S [IV] 38, 1), ohne Makel sein (S [V] 45, 7). Alle diese Beschreibungen haben einen Inhalt: Wunschlos glücklich in sich ruhen, in der

Fülle des reinen Herzens wesen, selbstgenügsam, unbedürftig. Ohne Hunger und Durst sein, völlig gesättigt und befriedigt und gestillt. Nichts fehlt, es ist keinerlei Mangel mehr, sondern es ist rundum alles gut. Man braucht nichts mehr zu suchen, nichts mehr zu ändern, nichts heranzuholen, nichts fortzustoßen. Das Herz braucht sich auf nichts zu richten, ist erlöst und befreit von allen Zwängen und allem Drängen. Das ist das Wasser des Lebens, der Trank, der ewig stillt. Diese wunschlose Fülle ist die höchste Form des Vertrauens aus der und in die Herzensfreiheit. Sie ist vom befreiten *viññāṇa* aus gesprochen. Um überhaupt nur eine gewisse Ahnung dieses Zustandes, zu vermitteln, sei hier ein Gedicht eines abendländischen Dichters angeführt, weil in der Dichtung bei uns noch am ehesten eine Nähe dazu erscheint:

„Solang du nach dem Glücke jagst,
bist du nicht reif zum Glücklichsein,
und wäre alles Liebste dein.
Solang du um Verlor'nes klagst
und Ziele hast und rastlos bist,
weißt du noch nicht, was Friede ist.
Erst wenn du jedem Wunsch entsagst,
nicht Ziel mehr noch Begehren kennst,
das Glück nicht mehr bei Namen nennst,
dann reicht dir des Geschehens Flut
nicht mehr ans Herz und deine Seele ruht.“ (Hermann Hesse)

Glück der Stille in ebenfalls sieben Begriffen aus S [IV] 43: Stille, Vorzügliches, Huld, Feines, Unbedrängtheit, ohne Not sein, Zustand ohne Not. Dazu kommen als weitere Namen: höchstes Wohl, Leidauflösung, Gesundheit, Kummerlosigkeit, und als Bild: ein entzückender Fleck Erde (S [III] 22, 84). Alle diese Beschreibungen haben einen Inhalt: Nirvāna ist das höchstmögliche Wohlbefinden, das Ende jeglichen Leidens, aller Bedrängnis, Bedrückung, Gebrechen, Notlagen und Kummermöglichkeiten. Es ist eben die feine glückliche Stille. So wie alle Geräusche, aller Lärm, alles Getöne eine Störung der Stille sind, die als feinerer Zustand immer vorhanden ist, so bleibt auch das Nirvāna übrig, wenn alles Leiden fort ist. Was bei den *khandha* Gefühl ist, bei den Kräften *samādhi*, das ist beim Nirvāna das Glück der stillen Ruhe. Der Wanderer durch den Dschungel kommt nach Sümpfen und Felsklippen endlich an einen heiteren entzückenden Fleck Erde, wo er sich entspannt ausruhen und glücklich niederlassen kann (S [III] 22, 84), während im Bilde des erstgenannten Merkmals der Wanderer sich an einem See laben und seinen Durst löschen kann (M 12). Beide Aspekte hängen aber nahe zusammen, und so bezieht sich auch das genannte Gedicht von Hesse sowohl auf die wunschlose Fülle als auch auf das Glück der Stille.

Sichere Zuflucht ist das Nirvāna in wiederum sieben Begriffen aus S [IV] 43: Das Jenseitige, das Hinübergehen; Insel, Höhle, Zuflucht, Schutz, Sicherheit. Dazu als weitere Namen: Das andere Ufer (S [IV] 35, 197) oder die Gefahrlosigkeit (It 112; Thag 1238). Alle diese Beschreibungen haben einen Inhalt: Nirvāna ist die Transzendenz schlechthin, auch schon zu Lebzeiten, nämlich es transzendiert alles Vergängliche, Schwankende und Unsichere. Es ist der sichere Halt, der Ausweg aus dem Saṃsāro, das Tor, das hinausführt ins Freie. Wie das Lebensgefühl eines Mannes, der dem Gefängnis entgangen ist und in seine Heimat zurückkehrt, so ist die existentielle Situation des Nirvāna als Sicherheit. Oft gebrauchen die Texte für die Stätte der Zuflucht, die das Nirvāna ist, das Bild von der Insel, vom Eiland:

Inmitten dieser Meeresflut,
wo furchtbar Wog' um Woge bricht,
und Alter euch und Tod umspült,
ein Eiland weis' ich, Kappa, dir:

Nichtetwasheit, falls frei vom Hang,
das ist das Eiland ohn' Vergleich,
Nirvāna dieses wird genannt,
wo Alter ganz versinkt und Tod. (Sn 1093-1094)

Mit Heldenmut und ernstem Sinn,
mit Selbstbezähmung und Verzicht
schafft, Standhafte, ein Eiland euch,
das jeder Flut gewachsen ist. (Dh 25)

Wie wilde Springflut näher wogt und näher,
so überwältigt dich Geburt und Sterben:
schaff selber dir das feste Felseneiland,
ein andrer Schutz ist nirgends dir beschieden. (Thag 412)

Im anderen Bild ist es statt der Insel die Küste des Festlandes, die der Schwimmer im Ozean erreicht. Und noch ein anderes Bild der gleichen Situation ist das andere Ufer, das schwimmend oder per Floß erreicht werden kann, wenn man diesem Ufer voller Gefahren entrinnen will. Was bei den *khandha* die Gewahrung und bei den Kräften die Achtsamkeit ist, das ist beim Nirvāna die sichere Zuflucht, der feste Punkt.

Ewige Todlosigkeit ist das Nirvāna in fünf Begriffen aus S [IV] 43: Unsterblichkeit, das Unverwelkliche, das Bleibende, das Unauflösliche, das Ende. Dazu als weitere Namen: Beständiges, Dauerndes, wo es keinen Abschied mehr gibt, das Ende des fließenden Werdeseins. Alle diese Beschreibungen haben einen Inhalt: Das Nirvāna ist der Zustand, der steht und nicht vergeht, der kein Kommen und Gehen mehr kennt, keine Veränderung, keine Bewegung, keinen Unbestand. Das Ende des Todes, des Sterbens, des Abscheidens, des Abschieds ist der Zustand, wo es dann kein Ende mehr gibt. Es ist die Situation des „an sich". Das Nirvāna ruht in sich, wankt nicht, steht unbeweglich und ist so unbesiegbar durch den Tod. Was alle Religionen suchen, die Unsterblichkeit, hier ist sie gefunden. Was die Griechen die ewiges Leben verleihende Götterspeise Ambrosia nannten, das ist das gleiche Wort wie im Indischen Amrita (Skt. *amṛta*, Pāli: *amata*), und das heißt Todlosigkeit, Ohne-Tod-sein. Dieses Ende der Zeit und der Zeitlichkeit ist dann das, was wir Ewigkeit nennen können:

Wo sich Ewigkeiten dehnen,
hören die Gedanken auf,
nur des Herzens frommes Sehnen
ahnt, was ohne Zeitenlauf. (Wilhelm Busch)

Was bei den *Khandha* die Form ist und bei den Kräften die formdurchdringende Weisheit, das ist beim Nirvāna die todlose Ewigkeit.

Unvergleichliches Ungeschaffenes ist das Nirvāna in sieben Begriffen aus S 43: Das Ungestaltete, ohne Sonderheit, die Wahrheit, das Erstaunliche, Außerordentliche, das schwer zu Erblickende, das Unanschauliche. Dazu als weitere Namen: Das Ungewordene, Ungeborene, das nicht Gewirkte und nicht Gedachte, das Merkmallose, das Unvergleichliche, was ohne Falsch ist, die Soheit, der Kern, das Begrifflose, Unausdenkbare. Das Nirvāna ist eben nicht geworden, nie geschaffen, von keinem erdacht. Es entsteht nicht und es wird nicht zum Entstehen gebracht. Sondern es ist immer schon gewesen, selbstständig, absolut, unbedingt, von nichts anderem abhängig, ohne Stützen und Voraussetzungen und Bedingungen. Das Nirvāna ist die Wahrheit selber, das Eine, die Soheit, das Sosein, das Einzige, was nicht anders scheint, als es ist. Und die Wahrheit macht die Gedanken zunichte. So wie der Raum übrig bleibt, wenn alle Dinge fort sind, so bleibt die Wahrheit übrig, wenn alle Konstruktionen fallen. Das Nirvāna macht die Worte überflüssig, es verschlägt die Worte und ist daher und insofern eigentlich unbeschreiblich. Da alle Gedanken, Vorstellungen, Namen und Worte etwas Geschaffenes sind, deshalb ist es im Grunde ungemäß, das ungeschaffene Nirvāna damit zu bezeichnen. Gerade zu diesem Aspekt finden sich überall Aussagen in Fülle:

„Der Sinn, den man ersinnen kann, ist nicht der ewige Sinn.
Der Name, den man nennen kann, ist nicht der ewige Name.“ (Laotse, *Taoteging* 1)

„Der Welt Gedränge ward mir zu enge: ich bin so weit!
Was ungeschaffen, wollt ich erraffen auf ewige Zeit.“ (Hadewijch, Gedicht Nr. 21)

„Und unerträglich sind die Zeiten,
wenn hinter ihren Eitelkeiten,
die maskenstolz vorüberschreiten,
nicht etwas waltet, welches ruht.“ (Rilke)

„Worte und Sätze werden durch das Gesetz der Kausalität erzeugt und bedingen sich gegenseitig - sie können die höchste Wirklichkeit nicht ausdrücken. Überdies gibt es in der höchsten Realität keine Unterschiede, die unterschieden werden könnten, und es gibt nichts darüber zu lehren.“ (...) „Höchste Realität ist ein erhabener Glückszustand, es ist kein Zustand von Wortunterscheidungen.“ (Laṇkāvatāra-Sūtra, Kap. 2)

Den Heimgegangnen fassen keine Maße,
was immer an man sage, ist es nimmer:
sind alle Dinge allgemach entwurzelt,
sind auch der Worte Wege hier entwurzelt. (Sn 1076)

Was bei den *Khandha* die Gestaltungen (Aktivitäten) sind, bei den Kräften die Tatkraft, das ist beim Nirvāna das unvergängliche Ungeschaffene, dessen Kraft darin besteht, dass es ohne jede Abhängigkeit von etwas ist.

70.5 Nirvāna und Emanation

Als letztes bleibt noch zu erörtern, wie sich Nirvāna und Saṃsāro zueinander verhalten. Gibt es zwei Wirklichkeiten: Eine Realität des Leidens (*Saṃsāro*, *Khandha*) und eine Realität des Leidlosen und Todlosen (*Nirvāna*)? Ist der Saṃsāro das Ding als Erscheinung und das *Nirvāna* das Ding an sich? Und ist der Saṃsāro aus dem Nirvāna entstanden?

Allgemeiner gesprochen handelt es sich hier um das Problem der Wirklichkeit überhaupt. Wäre es möglich, dass aus dem Unendlichen das Endliche, aus dem Vollkommenen das Unvollkommene wird? Eine befriedigende Lösung dieses Problems aller Probleme wird man in der gesamten Literatur außerhalb der Lehre nicht finden. Es gibt dabei in der Welt drei Lösungsversuche, die alle aber unhaltbar sind:

(1) Die Naturwissenschaft behauptet, alle Dinge hätten sich aus dem undifferenzierten unorganischen Urzustand der Materie entwickelt, d. h. es gäbe eine Aufwärtsentwicklung (Evolution) vom Primitiven zum Höchsten. Diese Theorie findet weder in der Erfahrung noch in den Denkgesetzen irgendeine Stütze. Es ist ein frei aus der Luft gegriffenes Dogma, ein Phantasieprodukt, aus Unwissen geboren. Wo Kausalität herrscht – und ihr Gesetz gilt auch da, wo noch nicht alle Ursachen bekannt sind – da gibt es keinen Anfang, sondern nur Anfanglosigkeit. Kausalität und Anfang schließen einander aus.

(2) Die Theologie behauptet, dass umgekehrt aus dem Vollkommenen (Gott) alles durch Schöpfung hervorgegangen sei. Diese Theorie ist der Naturwissenschaft in zweierlei Hinsicht überlegen: Sie anerkennt, dass nicht die Materie, sondern der Geist und Wille das eigentliche schöpferische Element ist und sie anerkennt ferner, dass nur aus dem Höheren das Niedere werden kann, nicht umgekehrt. Aber auch dies ist ein Dogma, das haltlos ist. Danach hätte ein vollkommener und allgütiger und allwissender Schöpfer absichtlich die unvollkommene Welt mit ihren Leiden und den triebhaft veranlagten Menschen geschaffen. An diesem sogenannten Theodizee-Problem ist die Theologie auch zugrunde gegangen und musste ihren Platz dem Dogma der Naturwissenschaft überlassen.

(3) Die Mystik behauptet, dass nicht am Anfang eine Person stehe, sondern eine Einheit, aus der die Vielheit herausgeflossen sei (Emanation). Es gehe jetzt darum, in die Einheit zurückzukehren, den Rückweg aus der Vielheit und Unbeständigkeit anzutreten. So lehren es Laotse, Plotin, Dionysius Areopagita, Meister Ekkehart. Und dementsprechend denken sich manche auch eine Emanation aus dem Nirvāna oder einem Urbuddha usw. Während das naturwissenschaftliche Dogma völlig fern jeglicher Erfahrung und Logik liegt, während das theologische Dogma zwar unlogisch ist, aber einen Schein von Erfahrung für sich haben kann, ist bei dem Dogma der Mystik der Irrtum durch einen großen Anschein von Erfahrung gestützt. Es gibt die Erfahrung, dass nach einem weltlosen Vertiefungserlebnis dem Menschen danach wieder die Vielfalt auftaucht oder dass einem Brahmā nach langen, langen Zeiten der Einheit dann wieder Welt erlebbar wird. Erst war also Einheit, dann kam Vielheit – also folgert man, dass aus der Einheit die Vielheit emaniert wurde und dass sich ebenso aus einem quellenden Urgrund seinsträchtiger Art die Wirklichkeit entwickelt habe.

In Wirklichkeit ist es aber so, dass jeder Weltanfang nur die Fortsetzung des anfanglosen Prozesses von Werden und Vergehen ist. Vor dem jeweiligen Weltanfang war ein Weltuntergang, danach eine Zeitlang Ruhe, dann aber zeigt sich die nur latent gewordene Tendenz zum Weltentwurf wieder. Es entsteht dabei weder aus der Ruhe eines Brahmā noch aus der Vertiefung eines Mystikers Welt, sondern Welt war nur zeitweise verdrängt, war nie aufgelöst worden und zeigt sich daher jetzt wieder. Die früher geschaffenen Absonderungen von Welt treten nun wieder heran und darum, nur darum, endet die Ruhe Brahmas oder des Mystikers. Ob individuelle Vertiefung oder kosmischer Weltanfang, es ist immer dasselbe Prinzip, dass nicht aus der Ruhe Bewegung wird, sondern dass eine nicht genügend stabilisierte Ruhe wieder von Bewegung überflutet wird. So wird also aus einem Gewordenen nur wieder ein anderes Gewordenes. Die Wunschlosigkeit des Nirvāna ist aber nun die endgültige Aufhebung jeden Wunsches, so dass es auch keine Latenz mehr gibt, aus der wieder Vergängliches entstehen könnte.

Nirvāna und Saṃsāro stehen nicht im Verhältnis von Ursache und Wirkung. Der Saṃsāro als ein Bedingungskreis ist als solcher anfangslos. Unwissen ist der Motor des Saṃsāro, mit welchem sich dieser sozusagen immer wieder von selbst aufzieht. Das Ungewordene und Absolute dagegen strahlt weder etwas aus, noch holt es etwas heim. Es ist das ganz Andere, das in keinem Verhältnis zum Saṃsāro steht als dem des *totaliter aliter*.

Dabei ist aber das Verhältnis vom Saṃsāro und Nirvāna nicht ein solches von zwei Größen auf gleicher Ebene, sondern es ist das Verhältnis von Schein und Sein. Wenn eine Seifenblase zerplatzt, dann hat sich ihre Vergänglichkeit und Nichtigkeit, die vorher auch schon war, nur manifestiert So ist also die Aufhebung des Saṃsāro nicht die Vernichtung von Etwas, sondern nur das Verschwinden von geträumter Nichtigkeit. Im Nirvāna ist der Saṃsāro aufgehoben, weil der Schein endgültig durchschaut ist. Ein Schein kann überhaupt nur durch Durchschauung erlöschen, dann aber endgültig. Hat man einmal den Glauben an den Sinn des Kreislaufs der Bedingtheiten verloren, dann ist das endgültig. Die Wunschlosigkeit ist dann die ewige Abwesenheit des Wünschens, während umgekehrt das Wünschen nur die momentane Abwesenheit der Wunschlosigkeit war. Die Wunschlosigkeit ist immer stärker und überzeugender, weil eben die Wesen Wohl wollen und weil es das endgültig nur in der Wunschlosigkeit gibt. Die Wunschlosigkeit ist immer vorhanden. Der Saṃsāro ist nur eine zeitweilige Zutat, eine Überdeckung, ein Traum und Schatten, dessen ganze Stärke darin besteht, dass man an ihn glaubt.

Dieser Glaube ist vor allem der Glaube an so etwas wie Zeit. Nur in der zeitlosen Gegenwärtigkeit liegt die Möglichkeit von Schöpfung und von Wiederauflösung. Auch der Gedanke „Früher habe ich etwas geschaffen, was jetzt herantritt" liegt nur in der Gegenwart und ist eine Gedankenschöpfung des Augenblicks. Alle Welten, die in der Rückerinnerung erlebt werden, sind nur ein Augenblicks-Spiegelbild, sind nur ein Wahntraum, der gegenwärtig noch projiziert wird. Der Anfang der Welt liegt nicht in der Zeit, die Schöpfung des Saṃsāro liegt nicht in der Zeit, sondern Zeit ist derjenige Wahn, der beim Erscheinen von etwas gleichzeitig eine Scheinbegründung projiziert, die das Bild einer objektiven Kausalkette liefert. Wird das Nirvāna endgültig erfahren, dann verschwindet auch Zeit und es verschwindet auch der Wahn, es sei jemals etwas anderes als das Nirvāna gewesen, denn auch die Erinnerung an Zeit ist eine Projektion der Gegenwart. Und auch der Ausdruck Gegenwart ist noch von der Zeitvorstellung her geborgt. Man kann eben das Ungeschaffene und Ungewordene nicht mit den Mitteln der Sprache, die etwas Gewordenes ist, zureichend ausdrücken. Es kommt dann nur zu Paradoxa oder zu Versuchen, wenigstens in die Nähe des Unsagbaren zu gelangen, so wie Ekkehart, der da spricht von: des ungeschaffenen Wesens namenlose Istigkeit. Der Buddha sagt:

„Jede Form, jedes Gefühl, jede Gewahrung, jede Gestaltung, jede Gewöhnung, durch welche man den Vollendeten bezeichnend bezeichnen wollte, ist vom Vollendeten überstanden, an der Wurzel abgeschnitten, einem Palmstumpf gleichgemacht, dass sie nicht mehr keimen, nicht mehr sich entwickeln kann: von der Art der Form, des Gefühls, der Gewahrung, der Gestaltung, der Gewöhnung abgelöst ist der Vollendete tief, unermesslich, schwer zu ergründen, gleichwie etwa der Ozean.“ (M 73)

Aber der Erwachte zeigt jedem Suchenden den Weg genau von dessen Standort aus und überfordert niemanden. Dementsprechend findet sich in den Texten immer wieder der Hinweis, dass ein Zuhörer nach einem Gespräch mit dem Erwachten sagt:

„Gleichwie etwa, o Gotamo, als ob man Umgestürztes aufstellte, oder Verdecktes enthüllte, oder Verirrten den Weg zeigte, oder Licht in die Finsternis brächte: Wer Augen hat, wird die Dinge seh'n, ebenso auch hat Herr Gotamo die Lehre gar mannigfach dargelegt.“ (M 75)

Abkürzungen

Buddhistische Literatur

A	Aṅguttara-Nikāya (Angereihte Sammlung)
Bv	Buddhavaṃsa (Teil der Kürzeren Sammlung [Khuddaka-Nikāya])
D	Dīgha-Nikāya (Längere Sammlung)
Dh	Dhammapada (Teil der Kürzeren Sammlung [Khuddaka-Nikāya])
Dhs	Dhammasaṅgaṇī (1. Buch des Abhidhamma-Piṭaka)
It	Itivuttaka (Teil der Kürzeren Sammlung [Khuddaka-Nikāya])
J	Jātaka (Teil der Kürzeren Sammlung [Khuddaka-Nikāya])
Kvu	Kathāvattu (5. Buch des Abhidhamma-Piṭaka)
M	Majjhima-Nikāya (Mittlere Sammlung)
Mil	Milindapañha (Die Fragen des Königs Milinda [Menandros])
MNd	Mahāniddesa (Kommentarwerk, Teil der Kürzeren Sammlung)
Pg	Puggalapaññatti (4. Buch des Abhidhamma-Piṭaka)
Pj	Parājika (im Vinaya [Ordensdisziplin] fixierte Ausschlussvergehen)
Ps	Paṭisambidāmagga (Teil der Kürzeren Sammlung [Khuddaka-Nikāya])
S	Saṃyutta-Nikāya (Gruppierte Sammlung)
Sn	Sutta-Nipāta (Teil der Kürzeren Sammlung [Khuddaka-Nikāya])
Thag	Theragāthā (Lieder der Mönche, Teil der Kürzeren Sammlung)
Thīg	Therīgāthā (Lieder der Nonnen, Teil der Kürzeren Sammlung)
Ud	Udāna (Teil der Kürzeren Sammlung [Khuddaka-Nikāya])
Vbh	Vibhaṅga (2. Buch des Abhidhamma-Piṭaka)
WW	Wissen und Wandel (Zeitschrift des Buddhistischen Seminars, Bindlach)

Nichtbuddhistische Literatur

ChW.	*Cherubinischer Wandersmann* von Angelus Silesius
Coll.	*Collationen* (Johannes Cassian, *Unterredungen mit den Vätern – Collationes Patrum*)
Gal.	Galater (Paulusbriefe)
Jes.	Jesaja (Propheten)
Joh.	Johannes-Evangelium
Kor.	Korinther (Paulusbriefe)
Luk.	Lukas-Evangelium
Mark.	Markus-Evangelium
Matth.	Matthäus-Evangelium
Röm.	Römer (Paulusbriefe)
Sir.	Jesus Sirach (Verfasser einer biblischen Spruchsammlung)